La marque est celle de Commines de
[illegible] [illegible].

J

1805

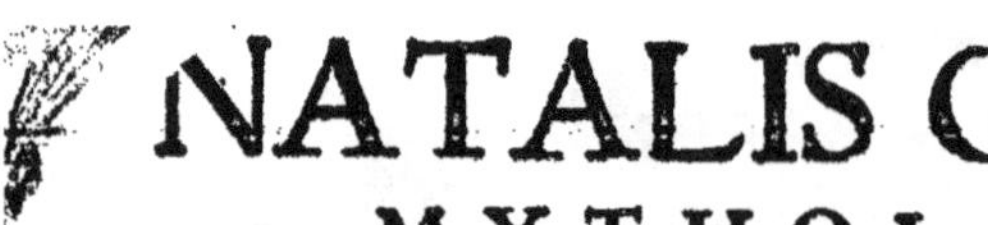

NATALIS COMITIS

MYTHOLOGIAE

SIVE

EXPLICATIONVM FABVLARVM

LIBRI X.

In Quibus omnia propè Naturalis & Moralis Philosophiæ dogmata contenta fuisse demonstratur.

Nuper ab ipso autore pluribus sexcentis locis aucti & locupletati, vt patebit cum antiquis conferentibus.

Quibus accedunt libri quatuor venationum carmine ab eodem conscripti.

Subsequitur index rerum memorabilium peramplus, præcedet operi vrbium & locorum index, quæ nomina à varijs Heroibus acceperunt. Atque alius plantarum & animalium singulis Dijs dicatorum.

Opus cuiusuis facultatis studiosis perutile ac propè necessarium.

CVM PRIVILEGIIS.

VENETIIS MDLXXXI.

ILL.^MO ATQVE REVER.^MO DOMINO IO. BAPTISTAE CAMPEGGIO MAIORICENSI EPISCOPO S. P.

DICAVERAM libros hos mythologicos, Serenissimo Gallorum Regi Carolo Nono Fel. Mem. tanquam munus non planè regia celsitudine indignum, vt in quibus omnia sapientiæ præcepta contineantur tam ad mores, quàm ad naturam huiusce vniuersi spectantia. Sed bellici tumultus de religione in vniuersa propè Gallia insurgentes ita illum Regem vexarunt dum imprimerentur, vt ad quiduis potius, quàm ad literarum cognitionem oculos detorquere liceret. Inde effectum est vt neque tunc missi sint ad Regem, vt importunè inter arma vbique obstrepentia; neque postea, vt res iam inueterata, & in manibus omnium diu versata. At nunc mortuo illo Rege cum multis rebus aucti locupletatiq; denuo prodeant in lucem, vel vt antiquorum institutum seruem, qui sua opera viris illustrioribus suæ tempestatis, præstantioribusque gloria, virtute, autoritate consecrarunt; vel vt per hanc opportunitatem in gratiam amplitudinis tuę admitterer, volui tibi Opt. Io. Baptista Campeggi hanc Mythologiam reuocatam à frustra instituta dicatione Regia cõsecrare. Neque existimo sanè meum consilium cuiquam non maximopere probatum iri, quoniam non est obscurum te Regio animo, Regiaq; magnificẽtia inter mortales plurimum præstare, & non mediocriter præterea oblectari sapientiæ studijs. Quid enim te illustrius dici aut cõmemorari potest, qui præ te fers Regiam quan-

dam admirabilem magnificentiam ac bonitatem in omnibus dictis factisque tuis? Non dico hoc temerè. Scio in his duobus omnem laudem humanæ vitæ contineri. Scio me hæc non supra animi tui bonitatem efferre: Nam vtriusque virtutis singulare argumentum dedisti, cum maximos prouentus episcopatus Maioricæ repulisti ob corporis tui imbecillitatem; quia sic & quod sit verè episcopi munus ostendisti, & te Dei cultum proprijs tuis commodis anteferre: cum alioquin non minor sit aliquando in contemnendis, quàm in consequendis magistratibus dignitas. Reliquum est vt pro singulari bonitate, amplitudineque animi tui meum hoc obseruantiæ in te meæ pignus beneuolo animo complectare. Venetijs Cal. Septembris anno. 1580.

Ampl. tuæ deditiss.

Natalis Comes

INDEX
NOMINVM VARIORVM
SCRIPTORVM ET OPERVM
quorum sententiæ, vel verba in his libris mythologicis citantur.

Acesander.
Acesodorus.
Achæus in Aethone Satyrico.
Acæsilaus.
Acusilaus.
Adæus Mitylenæus de statuariis.
Aeschylus in Prometheo.
  Eumenidibus.
  Persis.
  Bacchi nutricibus.
  Sacerdotibus.
Aetius.
Agamestor.
Agatharchides Cnidius in reb. Europicis.
  in rebus Asiaticis.
Agathias.
Agatocles de arte ferraria.
Agrætas in rebus Scythicis.
  Libycis.
Albertus magnus.
Alcæus epigrammatographus.
Alcimus in rebus Siculis.
Alcetas de depositis in Delphis.
Alcman melicus.
Alexander Myndius de iumentis.
Alexis epigrammatographus.
Alpheus Mitylenæus de laude Deli.
Anaxagoras Clazomenius.
Anaxandrides Rhodius.
Anaximander.
Anaximenes.
Andro Teius in nauigatione.
  epitomis affinitatum.
Andrætas Tenedius in nauigatione propontidis.
Androtio de satificiis.
Anticlides in rebus Deliacis.
  in redditibus.
Antigonus.
Antigonus Carystius in dictionibus.
  in historicis commentariis.
Antimachus argiuus in argonauticis.
  in centauromachia.
Antimenides in historiis.
Antipater Sidonius.
Antipater epigrammatographus.
Antipater Stoicus.
Anytes.
Apollinis oracula.
Apollodorus Gelous in Philadelphis.
Apollodorus Cyzicenus.
Apollodorus Cyrenaicus de Diis.
Apollodorus Athenensis in bybliotheca.
Apollonides epigrammatographus.
Apollonius Rhodius in argonauticis.
  in ædificatione Alexandriæ.
Apollonius Smyrneus.
Apollonius Pergeus de conis.
Apollonius Atalieus in compositione.
Arabius epigrammatum poeta.
Aratus in Phænomenis.
  de signis aquarum & ventorum.
Arati enarrator.
Archelaus de fluminibus.
Archemachus Euboicus.
Archias epigrammatum poeta.
Archæus de Archeanatide.
  de bello Erythræo.
Archiphus de piscibus.
Arctades Cnidius in rebus Macedonicis.
Aristiphus in rebus Arcadicis.
Aristo Chius
Aristocles de choris.
Aristocritus.
Aristodemus Abderites. de statuariis.
Aristophanes in auibus.
  equitibus.
  nubilis.
  Pace.
  Pluto.
  ranis.
  Vespis.
Aristophanis enarrator.
Aristophon Pythagorista.

INDEX.

Aristoteles de cœlo
generatione.
Metæorologicis.
motu animalium.
mundo.
historiis animalium:
Aristoxenus de tibicinibus.
de foraminibus tibiarum
de rebus gestis Alexandri.
Arrhianus in rebus gestis Alexandri.
Arrhianus de rebus Bithynicis.
Artemidorus Ephesius.
Arthemidorus de somniis.
Asclepiades Myrleanus.
Asius.
Athenæus.
Athenodorus Byzantius.

B

Bacchyllides.
Bito de musicis instrumentis.
Boethus de musica.

C

Cæsar Germanicus.
Calaber.
Callias ad Agathoclem.
Callimachus in hymnis.
de conditis insulis & habitatis.
urbibus, & illarum nominibus.
in Hecale
Callisthenes in nauigatione.
Callistratus de Heraclea.
Callixenus Rhodius de Alexandro.
Carystius historicus.
Carcinus tragicus poeta.
Catullus in argonauticis.
Chæremo.
Charax Mitylenæus.
Chæxecrates.
Chæris.
Chærilus.
Charicles in cathena.
Charon Lampsacenus.
Cecrops.
Cicero de natura Deorum.
finibus.
Legibus.
Vniuersitate.
Quæst. acad.
Disput. Tusc.
pro domo sua.
pub. sextio.
Roscio amer.
Lege manilia.
in Verrem.
aratæis carm.
Clearchus solensis de terrore.
tarpedine pisce.
amatoriis.
in libris vitarum.
Claudianus de rapta proserpina
Cleon in argonauticis.
Conon in Heraclea.
Cornelius agrippa.
Cornelius Gallus.
Cornelius tacitus.
Corinnus Delius.
Crates.
Cratinus in chirone.
Crato.
Crobylus.
Ctesias in Perseide.

D.

Dailochus de euersione Cyzici.
Daimachus Alexandrinus de reditibus.
Damageres.
Demarchus de cert. Dionysiacis.
Demarathus de cer. Dionysiacis.
de mutatis nominibus.
Demetrius Scepsius.
Demetrius Chlous.
Demetrius Byzantius in poematis.
Democritus.
Demosthenes in aristogit.
Contra Timocretem.
in Midiam,
ad epistolam Philippi.
Neæram.
Diagoras.
Dicæarchus in rebus Aegyptiis.
Dictys Cretensis de bello Troiano.
Didymus.
Dio in tertia compositione,
Diocles in lætiferis pharmacis.
in fabulosis.

Dio-

Diodorus poeta.
Diodarus historicus.
Diogenes Laertius.
Diognetus in rebus Smyrnæis.
Dionysiocles.
Dionysius Thrax in diæresibus.
Dionysius Milesius in argonauticis.
Dionysius Hallicarnasseus.
Dionysius chalcidicus de ædificatione.
Dionysius de situ orbis.
Dionysius Mitylæneus de Circulis
Dinysiodorus.
Dionysiocles.
Diophanes historicus Ponticus.
Dioscorides.
Dioscorides Sicyonius.
Dioxippus Corinthius in rebus patriis.
Diphilus.
Diphilus Siphnius,
Direchidas in rebus Megarensibus.
Dorion de piscibus.
Dortheus Sidonius.
Dorotheus in metamorphosi.
Duris Samius de Agathocle.
de rebus Libycis.
de rebus Macedonicis.

E

Echemenes in rebus Cresentibus.
Empedocles.
Ephorus de ponderibus.
Epicharmus in Hebes nuptiis.
in Busiride.
Epicurus.
Epicus.
Epigenes in Heroina.
Epimenides poeta.
Epimenides Cretensis.
Epiphanius in Ancorato.
Erato sthenes in architectonico.
Hermesianax.
Euanthes in fabulosis.
Eubulus in Chrysilla.
in Campylione.
Euclides in opticis.
Eudoxus Cnidius. de ambitu terræ.
Euenor de fluminibus.
Eumelus Corinthius poeta historicus.
Eumelus Tegeates.
Eumolpus de sacrificijs.
Eumolpus Thrax in historijs.
Euphorion.
Euphranor de tibicinibus.
Euphronius historicus.
Eupolis.
Euripides in Alcestide.
Andromache.
Bacchis.
Cyclope.
Electra.
Hecuba.
Helena.
Heraclidis.
Hercule insano.
Hippolyto Coronifero.
Ione.
Iphigenia in Aulide.
Medea.
Melanippe.
Oreste.
Phaethonte.
Phænissis.
Rhæso.
Supplicibus.
Troadibus.
Eusebius in prepar. euangelica.
de falsa religione.
temporibus.
Theologia Phenicum.
Euthydemus Athen. de salsamentis.

G

Gabrias in Iambis fabulosis.
Galenus in suasoria.
Georgius Gemistus in rebus Græcorum.

H

Hecatæus Milesius in Phoroneo.
in Genealogijs.
Hyperboreis.
Hegemon in Georgicis.
Hegesagoras in rebus Megarensibus.
Hegesander.
Hellanicus de ædificatione Chij.
Hellanicus Lesbius in rebus Aetolicis.
in Thessalicis.
in Cranaicis.

INDEX

Heliodorus Laryssæus de opticis.
Heraclides Ponticus in amatorijs.
Heraclitus Sicyonius de lapidibus.
Hermesianax elegiographus.
Hermippus de magnificentia templorum & sacris regum donarijs.
Hermocreon epigrammatum poeta.
Hermodorus Platonicus de disciplinis.
Hermogenes de Phrygia.
Herodianus in vniuersa historia.
Herodorus de Perseo & Andromeda.
de vinculis Promethei.
de bello Teleboico.
in Argonauticis.
Herophilus.
Herodotus in Calliope.
Clio.
Erato.
Euterpe.
Melpomene.
Polymnia.
Terpsichore.
Vrania.
Hesagoras in rebus gestis Megarensium.
Hesiodus in Theogonia.
operibus & diebus.
Scuto.
Sacro sermone.
Claris mulieribus.
Ceycis nuptijs.
Hippias de stat[illegible]lijs.
Hippocrates.
Homerus in Iliade.
hymnis.
Odyssea.
Horatius in libro carminum.
epodon.
Sæcularibus.
Sermonibus.
poetica.
Higinus de stellarum fabulis.

I

Iamblicus.
Ibycus.
Idmon.
Ioannes diaconus.
Ioannes Antiochenus.
Ion.
Iophon Gnosius in oraculorum explicationibus.
Isacius.
Isocrates.
Ister de Coronis.
Istrus de rebus Atticis.
Iulianus Aegyptius.
Iulius Pollux.
Iuuenalis.

L

Lactantius.
Lasus Hermioneus.
Leo Byzantius de fluminibus.
Lesches in parua Iliade.
Leonidas epigrammatographus.
Lucianus de Amoribus.
Astrologia.
Apoll. & Vulc.
Charonte.
Concilio Deorum.
Cygno.
Dea Syria.
Dialogis Deorum.
Dialogis mortuorum.
Dipsadibus.
Falso vate.
Ganymede.
Gymnasijs.
Hæresibus.
Historia vera.
Iunone & Ioue.
Ioue in tragæd. inducto.
Iride & Neptuno.
Luctu.
Marinorum Deorum dial.
Meretricio.
Nauigio.
Necycomantia.
Nigrino.
Pane & Mercurio.
Panope & Galatea.
Philopseudo.
Prometheo.
Sacrificijs.
Saltatione.
Saturnalibus.
Timone.
Venere & luna.

INDEX

Zephyri & Noti dial.
Lucianus epigrammatum poeta.
Lucretius.
Lycophron.
Lysimachides.
Lysimachus Alexandrinus in rebus Thebanis.

M

Mænander in Tibicina.
Mænander de mysterijs.
M. Manilius in astronomicis.
Marulus.
Melanthes de sacrificijs.
de mysterijs.
Melanthus de imaginibus Deorum.
Meleager.
Menecrates.
Menodotus Samius de reb. egregijs Sami.
Mercurius Trismegistus.
Metrodorus de consuetudine.
Mimnermus in Pumilione.
Mnaseas de Asia.
Mnesagoras.
Mnesimachus Phaselites.
Mæro.
Musæus de Isthmijs.
titanographia.
Myro Phianeus in Messeniacis.
Myrtilus in rebus Lesbicis.

N

Natalis comes in Venationibus.
epistolis.
aucupijs.
Naucrates Erythræus.
Nicander Aetolus in Alexipharmacis.
Nicãder Colophonius in Alexipharmacis. in Theriacis.
in rebus Aetolicis.
in libro Europæ.
linguarum.
mutatorum.
Georgicis.
Nicandri enarrator.
Nicanor Samius de fluminibus.
Nicephorus.
Nicetas Syracusius.
Nicocrates Cyprius in rebus patrijs.
Nicostratus.
Nilus.
Numenius de piscationibus.
Nymphis in Heraclea.
Nymphodorus Syracusius in historijs.
Asiatica nauigatione.
Erinnybus.

O

Olympionicus in libro de plantis.
Onasus in rebus Amazonicis.
Oppianus in venatoriis.
Oracula.
Orosius.
Orpheus in Argon.
in hymnis.
minore cratere.
sacro sermone.
lapillis.
Ouidius de arte amandi.
fastis.
remedio amoris.
medicamine faciei.
de tristibus.
de ponto.
in epistola Acontii.
Ariadnæ.
Cydippes.
Deianiræ.
Didus.
Helenæ.
Hypsiphyles.
Ibide.
Leandri.
Liuiæ.
Oenones.
Paridis.
Phædræ.
Phyllidis.
Sapphus.
Metamorphosi.

P

Palladas epigrammatographus.
Panyasis.
Pausanias in Atticis rebus.
Achaicis.
Arcadicis.

Bœoti-

Beoticis.
Corinthiacis.
Eliacis posterioribus.
Eliacis prioribus.
Laconicis.
Phocicis,
Messeniacis.
Paulus Silētiarius epigrammatum poeta.
Perimander de sacrificiorum ritibus.
Phanodemus in rebus Atticis.
Phanodius.
Pherecrates de sacrificiis.
metalla fodientibus.
Phæstus in rebus Macedonicis.
Pherecydes in Iunonis nuptiis.
Philippus Byzantius epigrammatū poeta.
Philochorus de sacrificiis.
Philostephanus in rebus Cypriis.
in rebus Italicis.
Philemon.
Phocylides.
Phylarchus historicus.
Phœnix Colophonius.
Pisander Camirensis.
Pindarus in olympicis.
Pythicis.
Pindari enarrator.
Plato in Apologia.
Axiocho.
Conuiuio.
Cratylo.
Critias
Euthyphrone.
Gorgia.
legibus.
Memnone.
Phædone.
Phædro.
Rep.
Timæo.
Plato comicus in Decipiente.
Plato poeta.
Plautus in Amphitryone.
Aulularia.
Plinius.
Plotinus.
Plutarchus in Alexandro.
Arato.
Aristide.
Bruto.
Catone Vtic.
Cleomene.
Lucullo.
Nicia.
Numa.
Paulo æmylio.
Pelopida.
Pyrrho.
Sertorio.
Solone.
Themistocle.
Theseo.
de fluminibus.
audiendis poetis.
problematis symposiacis.
de musica.
amore parentum in filios.
Sera dei vindicta.
de superstitione.
problematis.
fortuna Romanorum.
Ignis an aqua utilior.
industria animalium.
Polemo ad Adæum & Antigonum.
Eratosthenem.
Timæum.
Polycrates Samius.
Polybius.
Polyzelus de Rhodo.
Pollux.
Polyidus dithyrambicus.
Polycharmus in rebus Lyciis.
Pomponius Mela.
Pompeius.
Porphyrius de sacrificiis.
Posidippus epigrammatographus.
Posidonius de Diis & Heroibus.
Posis in amazonide.
Psellus de dæmonibus.
Proclus in Hesiodum.
Promachidas Heracleota.
Propertius.
Ptolemæus in almagesto.
Ptolemæus epigrammatographus.
Pytheas de ambitu terræ.
Pythagoras Samius.
Pythenetus in rebus Aeginetarum.

Q

Quintus Smyrnæus.

INDEX

R

Rhianus in Heraclea.
Rufus Auienus.

S

Sabinus.
Sappho.
Scymnus Delius.
Silenus Chius in fabulosus historiis.
Seleucus in miscellaneis.
Semus Delius in rebus Deli.
Seneca in Agamemnone.
Sesosthenes in rebus Ibericis.
Sibylla.
Simonides Amorgius.
Simonides poeta.
Simonides Ceus in genealogiis.
Socrates in commentariis ad idotheum.
Sophocles in Aiace.
  Antigone.
  Captiuis.
  Electra.
  Oedipode colono.
  Oedipode tyranno.
  Rizotomis.
  Trachiniis.
Sophoclis enarrator.
Sosibius tragicus.
Sosiphanes in Meleagro.
Sostratus in Introductione fabulosæ historiæ.
  de animalibus.
Staphylus de Thessalia.
Statinus in rebus Cypriis.
Stesichoruss.
Stesimbrotus.
Stesichorus Himereus.
Strabo.
Suidas in rebus Thessalicis.

T

Tarrhæus.
Thales Milesius.
Theætetus.
Theagenes de Diis.
Thelytus Methymnæus in Bacchicis carminibus.
Theocritus in Adonia celebrantibus.
  Amaryllide.
  Bubulcis.
  Cerealia celebrantibus.
  Cyclope.
  Dioscuris.
  Epitaphio Adonis.
  Encomio Ptolemæi.
  Epitaphio Bionis.
  Europa.
  Hercule paruo.
  Hercule leonicida.
  Hyla.
  Pastoribus.
  Pharmaceutria.
  Syracusiis.
  Thelesiis.
  Thalysia celebrantibus.
  Thyrside.
  Viatoribus.
Theocriti enerrator.
Theodorus de bello Giganteo.
Theodorus Cyrenensis in Metamorph.
Theognis.
Theolytus in Horis.
Theopompus in Callæschro.
  in rebus Græcis.
  in Philippicis.
  in epopæis.
Theophrastus in historiis plantarum.
  causis plantarum.
  de igne.
  de lapillis.
  de iis quæ in sicco degunt.
  de signis ventorum & serenitatis.
Theophanes.
Theseus in rebus Corinthiis.
Thrasybulus in historiis.
Thurcydides.
Tibullus.
Timachidas de coronis.
Timagetus de portubus.
Timæus Siculus in rebus Siculis.
  in historiis.
  in rebus Deliacis.
  in rebus Italicis.
Timarchides.
Timocles.
Timocreon Rhodius in scoliis.
Timonax in rebus Scythicis.
  in rebus Italicis.

Vale.

Regionum, vrbium, locorumque nomina, quæ originem ceperunt à filijs variorum Deorum antiquorum

INDEX

Scy-

Quæ plantæ, & quæ animalia quibus Dijs fuerint antiquitus consecrata.

Nar-

INDEX.

NATALIS COMITIS MYTHOLOGIAE,

LIBER PRIMVS.

Quod sit totius operis argumentum. Cap. I.

CVM TANTAM esse perspicio cognitionis antiquarum fabularum vtilitatem Illustriss. atque optime Io. Baptista Campeggi, quas poetæ, veteresque sapientes suis scriptis inseruerunt; quantam nullo orationis genere complecti possem; admirabile quiddam profectò mihi videri solet, cur nullus ex antiquis scriptoribus ad hanc vsque diem vniuersam insignium fabularum explicationem susceperit. Atque id eò magis, quòd vniuersa philosophiæ præcepta sub his ipsis fabulis antiquitus continebantur: quippe cum non ita multis annis ante Aristotelis, & Platonis, & cæterorum philosophorum tempora, omnia philosophiæ dogmata non apertè, sed obscurè sub quibusdam integumentis traderentur. Græci enim cum eruditam philosophandi rationem ab Aegyptijs in patriam adduxissent, ne res admirabiles in vulgus ederentur, quod illis male perceptis ab religione, & ab omni probitate plerunque id facile desisceat; & ipsi per fabulas philosophari clam cæperunt. Deinde cum sequentibus temporibus res fuisset denudata, omnisque recta philosophandi ratio ex his in lucem educta, pauci fabulas, antiquum philosophiæ domicilium, vt ita dicam, respexerunt: easque modo vanam theologiam stultorum hominum, modo aniles nugas, futiliaque mendacium poetarum figmenta fuisse crediderunt. Præclarè idcirco sacri, integerrimique veræ theologiæ scriptores & orthodoxi patres abusus pluribus verbis insectantur eorum, qui sequentibus temporibus per vanam superstitionem diuinos cultus, diuinosque honores in res naturales, figmentaque antiquorum à vero, sempiterno, perfectissimo, viuente Deo transtulerunt. Hæc vna res fuit, vt ego quidem sentio, ignoratio fabularum artificij scilicet, cur nemo po-

stea fabulas has explicandas susceperit: aut siquis non nullas explicauerit, eam tantum declarationem attigerit, quæ pertinebat ad exteriorem corticem fabularum, hoc est ad simplicem & omnibus obuiam explicationem. Qui vero altissima & occultissima fabularum secreta denudauerit, qui philosophiæ dogmata ex obscuris fabularum tenebris in lucem eduxerit, aut ad vires actionesque naturæ patefaciendas pertinentia, aut ad mores informandos, vitamque rectè instituendam, aut ad vires motusque astrorum intelligendos, adhuc repertus est nemo, vt mihi quidem videtur, tolerabilis. Hoc autem eò magis est mirabile, quòd neque poetarum, neque philosophorum, neque vllorum scriptorum sententias sine hac diligenti fabularum inuestigatione percipere rectè possumus; cum illius cognitionis præsertim vtilitas ad omnes non mediocriter pertineat. Quæ cum ita sint, ego dabo operam pro viribus quantum mihi à diuina bonitate concedetur, vt illa, quæ ab antiquis scriptoribus in hanc cognitionem prætermissa fuerunt, aut certè ad nos non peruenerunt, conspicua sint scripta nostra legentibus: quod scriptionis genus plurimum & vtilitatis et voluptatis allaturum certò scio. Quis est enim per Deos immortales adeo disciplinarum contemptor, qui ea sapientiæ præcepta scire non magnopere cupiat, quæ ne exirent in vulgus, fuerunt sub varijs figmentis ab antiquis sapientibus occultata? veruntamen nequis illud a nobis expectet, quod scribentibus iniucundũ, legentibusque foret inutile; nullas hominum in arbores mutatorum, aut in corpora vel sensu vel ratione carentia afferemus interpretationes: nisi quæ vtiliter afferri poterunt; nullamque habebimus fabularum illarum rationem, quæ insulsè fuerunt a nonnullis excogitatæ. Neque portenta rursus, aut prodigiosa monstra adducere conabimur ad ingeniosum naturæ opificium; cum eas tantum fabulas simus explanaturi, quæ homines ad rerum cœlestium cognitionem erigunt; quæ instituunt ad probitatem; quæ deterrent ab illegitimis voluptatibus; quæ patefaciunt arcana naturæ, quæ vel ad scientias denique rerum necessariarum humanæ vitæ, vel quæ ad integritatem perducant, & quæ plurimum faciunt ad optimos quosque scriptores rectè intelligendos.

De fabularum vtilitate. Cap. II.

TAnta est sanè vtilitas, quam ex fabularum cognitione percipimus, quanta nullis verbis explicari posset, quod tamen nemini ferè est perspicuum, nisi siquis præclaro ingenio sit ab ipsa natura præditus, multaque antiquorum scripta diligentius considerarit. nos igitur, sicuti solent medici, qui è venenatis etiã vel herbis vel animalibus utilia pharmaca colligunt, & quod optimum sit secernunt è singulis, atque vel perniciosa temperamẽtorum beneficio sanitati perquã accommodata reddunt, ita facere debemus. Nam altiora fabularum sensa rectè perscrutantes, quid vtile humanæ vitæ sub illis contineretur debemus inuestigare; è quo plurimum reportabimus vtilitatis; illis interim neglectis, quæ nihil nobis conferre videbuntur. Quòd autem plurimum commodorum ex hac cognitione consequemur, vel illud maximum est argumentum; quòd diuinus etiã Plato primam puerorum eruditionem ab honestis fabulis incipere iussit in libro secundo Reip cum ita inquiat; τοὺς δ' ἐγκριθέντας πείσομεν τὰς τροφούς τε καὶ μητέρας λέγειν τοῖς παισὶ, καὶ πλάττειν τὰς ψυχὰς αὐτῶν τοῖς μύθοις πολὺ μᾶλλον ἢ τὰ σώματα ταῖς χερσί. Selectas autem fabulas matrès ac nutrices pueris narrare hortabimur, animosque illorum fabulis diligentius, quàm corpora ipsa manibus informare. Nam profectò quis nesciat, omnia propè Deorum gentium mysteria fuisse ab antiquis sub fabulis occultata? Cum enim turbæ fœminarum, & imperitæ multitudini religio, & Deorũ metus, & fides, & probitas & temperantia esset in animis inserẽda, qui neque dei naturam intelligerent, neque integritatẽ rapinæ ac libidini sine aliquo Deorum metu anteponerent, non solum fabulosæ de Dijs narrationes à sapientibus fuerunt excogitatæ, sed etiam fabulosæ imagines, & picturæ monstris propè similes introductæ. Sic fulmina Ioui tributa sunt, tridens Neptuno, sagittæ Cupidini, fax Vulcano; ac varia terrorum instrumenta Dijs cæteris. Nam cum minime sit inexpugnabilis mortalium natura, neque validissimas machinas expectet; quippe quæ omnium calamitatum semina intra se contineat; si vel paullulum oculos ab illius custodia Deus deflexerit; per se, sine alijs pugnæ instrumentis, continuo labefactabitur. Hanc tantam percipiendam esse ex fabulis vtilitatem aperte declarauit ita Dionysius Halicarnasseus lib. primo Rerum antiquarum; καὶ μηδεὶς ὑπολάβοι με ἀγνοεῖν ὅτι τῶν ἑλληνικῶν μύθων εἰσί τινες ἀνθρώποις χρήσιμοι οἱ μὲν ἐπιδεικνύμενοι τὰ τῆς φύσεως ἔργα δι' ἀλληγορίας. οἱ δὲ παραμυθίας ἕνεκα συγκείμενοι τῶν ἀνθρωπίνων συμφορῶν, οἱ δὲ ταραχὰς ἐξαιρούμενοι ψυχῆς, καὶ δείματα, καὶ δόξας καθαιροῦντες οὐχ ὑγιεῖς. οἱ δ' ἄλλης τινὸς ἕνεκα συμπλασθέντες ὠφελείας. Neque mihi obscurum esse quis existimet, quòd è Græcis fabulis nonnullæ sunt hominibus perutiles: aliæ siquidem sunt, quæ naturæ opera sub allegorijs contineant, aliæ humanarum calamitatum habent consolationem, aliæ terrores, animorumque perturbationes à nobis depellunt, opinionesque parum honestas destruunt, aliæ alterius cuiuspiam vtilitatis causa fuerunt inuentæ. Nos idcirco vniuersam fabularum diuisionem ita faciendam censuimus; quòd aliæ fabulæ naturæ secreta cõtinent; vt illa, quòd Venus [illegible] spuma sit genita, quòd Phœbus Cyclopas occiderit, quodque illi fulmina Ioui fabricarent. Aliæ fortunæ inconstantiam declarant, nosque ad eam forti animo ferendam instruunt, vt ea quæ de Phœbo dicta sunt, quòd armenta pauerit Admeti: Aliæ ab impuris opinionibus & à crudelitate, atque ab omni perfidia & impura libidine nos retrahunt, vt Lycaonis fabula. Aliæ, ad deterrendos homines à rebus turpibus sunt inuentæ, vt Ixionis supplicium apud inferos. Aliæ cohortantur ad strenuitatem, vt ea quæ tradita sunt de Hercule. Aliæ ex auaritiæ sordibus nos eripiunt, vt sitis Tantali. Aliæ ad deprimendam temeritatem confinguntur vt calamitas Bellerophontis & cæcitas Marsyæ. Aliæ ad virtutes nos alliciunt, ad integritatem vitæ, ad fidem, ad æquitatem, ad religionem, vt mirifica Elysiorum camporum amœnitas. Aliæ ab omnibus denique flagitiis reuocant, vt seuerissimi Triumuiri apud inferos singulorum animas defunctorum iudicantes, & grauissima consceleratorum supplicia. Equidem sic existimo, quasi suauissimum humanæ vitæ condimentum extitere fabularum inuentionem, ac earum ærumnarum, quas in vita patimur, non mediocre solatium: quas etiam idcirco à sapientibus fuisse excogitatas censeo. Hinc enim cum singulari oblectatione ea percipimus vitæ rectè degendæ præcepta, quibus sine suauitate fabularum terga continuo verteremus. Hanc tantam è fabulis vtilitatem capere minime possunt ij, qui altiora fabularum sensa non inspexerint, quique primi corticis, vt ita dicam, mirabilitate irretiti nihil diuinius sub illo inesse crediderunt. Hi etenim tanquam parui pueri per brumam apud ignem sessitantes aniles nugas, fabellasque è poetis imbibunt, cũ interim de vtiliore sanctioreque sententia minime sint solliciti.

De fabularum varietate Cap. III.

SVnt autẽ plura fabularum genera, quæ nũc à locis, in quibus inuẽtæ fuerunt, nunc ab inuẽtoribus, nũc ab argumentorum natura, nomen obtinuerunt. A loco quidem Cypriæ, Ciliſsæ, Sybariticæ. Cum multi fuerint earum inuentores, obtinuit consuetudo vt omnes Aesopicæ dicerentur cæteris inuentoribus silentio prætermissis, quia in confingendis fabulis Aesopus omnium aliorum fuit artifex ingeniosissimus. illæ, quæ Sybariticæ dicebantur, agebant de brutis, quæ Aesopicæ, de hominibus. Politicæ dictæ sunt, quibus vsi sunt sapientes ad demulcendos animos potentiorum, atque ad deducendam multitudinem ad humaniorem vitæ rationem. Aliæ rursus morales, aliæ rationales sunt vocatæ, aliæ ex his ambabus formis cõmistæ. inter politicas fabulas argumenta comœdiarũ & tragœdiarũ sunt connumeranda, quia & si ab agresti vita homines per hæc non euocantur, traducuntur tamen ab illegitimis voluptatibus & ab omni intemperantia ad vitæ moderationem. Sed horum argumẽtorum varia sunt nomina, quia aliæ, togatæ, à togis histrionum dicuntur: aliæ palliatæ à palliis Græcorum, aliæ tabernariæ pro vestibus & conditione introductarum personarum. Aliæ planipediæ quod neque soccis, neque cothurnis, vt in cæteris, horum argumentorum histriones vterentur. Aliæ Attelanæ à loco vbi fuerunt inventæ, cum tamẽ simplex sit tragœdiarum nomen. Aristoteles in *Rhhetoricis* libycas fabulas ab Aesopicis disiunxit, quia libycæ de hominibus, Aesopicæ de brutis agerent, id autem idcirco factum est, quia cum Aesopicis aliorum complures fuerunt cõmistæ. Fabularum nomine tam apologi, quæ figmenta sunt Aesopica, quàm fabulæ, quæ sunt poetarum argumenta, continentur, vt formæ sub suis generibus. Illæ, quas explicaturi sumus, fabulæ, ac figmenta antiquorum sapientum, in nullum horum generum simpliciter incidunt, sed uirtute cum omnibus his fere commistæ sunt, atque ex omnibus generibus aliquo pacto constant. Quippe cum vel generationem rerum naturalium contineant, vel agant de natura Deorum immortalium, vel de *vi* planetarum, vel de vita hominum recte instituenda, quarum singularum natura paulo post à nobis explicabitur.

De

De Apologorum fabularum, aliorumque differentia. Cap. IIII.

SEd ante quam poeticarum fabularum, & earum, quas explanare instituimus, explicationem aggrediamur, operæprecium me facturum esse censeo, si demonstrauero quæ sit inter hæc ipsa genera differentia. E fabulis igitur aliæ sunt, quæ logi siue apologi dicuntur à Græcis, aliæ vocantur μῦθοι, siue fabulæ simpliciter. Apologi vel de brutis fiunt solis, vel cum his homines colloquentes faciunt, apologorumque illud est munus vt pro exemplis sint in concionibus sicuti testatur Aristoteles in Rhetoricis. fabulæ illæ, quæ μῦθοι dicuntur, cum argumenta tragædiarum & comœdiarum complectantur, & omnem vim denique poeseos, quæ fit per imitationem communi nomine, poeticas etiam, quas tractaturi sumus, continent fictiones. Atque sicuti apologi vel agendarum rerum, vel omittendarum sunt in concionibus exempla, ita fabulæ in scenis agitantur ad mores hominum vel corrigendos vel informandos: quod etiã testantur musicæ formæ singulis generibus poematum attributæ, vt comico generi Lydia, tragico Dorica, satyræ Satyrica. His præterea generibus propriæ fuerunt saltationes, sicuti testatur Plutarchus in libello de Musica. Censuerunt enim ex maioribus nonnulli nihil omnino recte fieri posse, quod musicæ rationi non conueniret, nihilque tantopere in moribus posse hominum informandis, quam numerorum concinnitatem, & vocum ac fidium harmoniam, ad quarum modulationem omnes & animi & corporis motiones componerentur. Sed quoniam summatim de generibus poematum mentionem fecimus, non erit fortasse iniucundum, si quæ de his in mentem veniunt, paucis explicauero, vel quia cum his permistæ sunt fabulæ, de quibus tractabimus, vel certe quia non longe ab his dissident. Omnium igitur poematum fons est id, quod poema communi nomine appellatur ob suam præstantiam: hoc enim generibus reliquis impertit argumenta. Hæc inter se differunt tempore, vt ait Aristoteles in poetica, quòd poeta dictus ob præstantiam longi temporis res gestas complectitur, cum reliqua poemata intra vnum diem suum negotiũ absoluant, vnamque tantum contineant actionem. In hoc rursus hi poetæ omnes conueniunt, quod omnibus idem est scopus, & ad vnum finem omnes animum intendunt, vt homines meliores efficiant. Idcirco Homerus, vt prudentem atque omnibus virtutibus cumulatum Vlyssem effingeret, illi Phæacum delitias, & blanditias Circes iniungit, & Cyclopum pericula proponit, & monstrorum marinorum terrores, à quibus eius socii perdantur, cum tamen ipsum admirabili quadam prudentia ac diuino consilio hæc omnia superantẽ faciat. Idem rursus Agamemnonem multis facit difficultatibus circumuẽtum, fortissimorum Heroum contentiones excitat, exercitum ira Apollinis prope labefactatum introducit, Troianis aliquando diuinam vim adesse, ac Deos illis præbere admirabilem strenuitatem, commemorat, quo ex his omnibus incredibilem fuisse Agamemnonis fortitudinem & constantiam declaret: quippe qui vel tot propositis difficultatibus, tamen Priamum debellarit. fuit enim gloriosum pro tuenda æquitate, & pro violato iure hospitii, non pro recuperanda meretricula forti animo pericula subire, cum in arduis, difficillimisque rebus gloria collocata sit, nihilque egregium ignauis & desidiosis hominibus sit expositum. Accedit propius tragædia quam prior inuenit Glaucus ad poema ob maiestatẽ personarum, quod in ea nihil non Regium aut Heoricum sit: quare nullum habent prologum tragædiæ sicuti comœdiæ: cuius inuentor fuit Susario: quippe cum res priuatas nemo nisi edoctus scire, publicas calamitates vel si velit, nemo ignorare possit. Quis n. Regnorum ruinas, fragoremque, euersarum ciuitatum, ex quibus oriuntur tragædię, non audiuit? aut quis incensarum vrbium & oppidorum caliginē è longinqua regione non prospexit? Differunt igitur ab excellenti poeta hęc duo poemata tēpore, ac inter se personarum dignitate. Atque de his poematum argumentis satis. Differt Aenus ab apologis, quia nuda fit in illis brutorum sententia, nisi admonitū, quod ἐπιμύθιον vocant addideris. in eo vnà cum sententia admista est admonitio, vt ait in his Aristophanis interpres; αἶνος δὲ μύθου διαφέρει, τῷ τὸν αἶνον μὴ πρὸς παῖδας, ἀλλὰ πρὸς ἄνδρας πεποιῆσθαι. καὶ μὴ πρὸς ψυχαγωγίαν μόνον, ἀλλὰ καὶ παραίνεσιν ἔχειν τινά. βούλεται γὰρ ἐπικρυπτόμενος παραινεῖν τι καὶ διδάσκειν. Differt Aenus ab apologo scilicet, quia fit Aenus virorum causa, at is habetur ad pueros: neque delectationis tantum fit causa, sed habet præterea admonitionem nam conatur clam docere & adhortari. Neque apologus igitur simplex, neque fabulæ illæ, quæ sunt poematum argumenta dicuntur Aeni: sed quod ex his vtrisque quodammodo compositum fuerit, cum admonitione intra se inclusa. atque hæc sufficiant de apologorum, Aenorum, fabularumque differentia.

De Partibus fabularum. Cap. V.

FAbularum partes, earū scilicet, quæ apologi dicūtur præcipuè, duę sunt; rei explicatio, & id cuius causa: siquidem Aeni & poematum argumetá eam uim habent, vt insitas partes has intra se contineant. quas nemo propè est, qui suopte ingenio non possit ellicere. At quoniam apologi simplices sunt plerūque, omnesque fabulæ probitatis & prudentiæ causa fiunt, necesse fuit singulis suos fines addidisse. Vbi igitur priorem orationis partem ad informandos mores accommodamus, præcedit προμύθιον appellatum, quasi præcedens fabulæ admonitus: vbi extremam partem ad mores regendos deduxeris, fiet ἐπιμύθιον sequens scilicet admonitus fabulæ. Quæ fabulæ alteram harum partium non habuerint, sed intra se inclusam, collocandæ sunt in priore classe. Quæ fabulæ sunt Deorum genealogicæ simpliciter, illæ quoniam his maxime vsi sunt poetæ suis poematis exornandis, poeticæ vocantur, quæ vel ad generationem elementorum attinent, vel ad res arcanas naturæ, vel ad motus & vim planetarum; omnes siquidem hæ haud simplicem habent narrationem. Cùm fabulas has ad veram interpretationem deducimus, esset interpretationi proprium nomen tribuendum, sed adhuc sine illo persistit, nisi appellemus allegoriam. Sunt autem hæ solæ propè fabulæ, quę iucunda, quæ magnifica, quæ admirabilia fecerunt antiquorum poemata, eaque locupletarunt: nam si fabulæ hæ de scriptis poetarum eximerentur, nihil propè esset in iis admirabile, aut iucundum.

De fabularum scriptoribus. Cap. VI.

APologorum & fabularum poeticarū antiqui fuerunt scriptores complures: qui tamen ad ætatem nostram peruenerint, non adeo multi. Fuit Aesopus Samius ingeniosissimus confingendorum apologorum artifex, à quo omnes postea apologi dicti sunt Aesopici. Hesiodus præterea fabulosos Deorum ortus carminibus cecinit. Memoriæ prodidit Eusebius Porphyrium etiam libros composuisse, in quibus fabulosas Deorum genealogias ad naturæ rationem & opificium perducere conatus est. Zeno, Cleanthes, Chrysippus, vt ait Cicero in libris de Natura Deorum, fabularum antiquarum expositiones in suis voluminibus complexi fuerant, quæ tamen ad nos non peruenerunt. Istud ipsum fecit Orpheus, Musæus, Mercurius, Linus, antiquissimi poetæ, & Phurnutus, & Palęphatus stoicus

eus, Dorotheus. Euanthes, & Ponticus Heraclides. Silenus Chius, & Anticlides, & Euartes & alii complures mythologi, quorum commentarii vnà cum scriptorũ nominibus penè interciderunt, è quibus Ouidius sua in varias formas mutatorum corporum deprompsit argumenta. Nam in quibus voluminibus tot extabant figmenta, quantam aliarum fabularum fuisse mirabilitatem credibile est? ac tot de fabularum scriptoribus.

De Dijs uariarum gentium. Cap. VII.

ENimuerò, quoniam vniuersa antiquorũ religio & Theologia sub fabulis occultabatur, pluraque sunt in illis ad generationes, & res gestas creditorum Deorum spectantia, necessariò dicendum videtur quam variæ fuerint diuersarũ nationum de Diis ipsis sententiæ, antequam ipsas fabulas explanadas aggrediar: quæ res quantum afferet vtilitatis & commodi ad suceptum laborem, omnibus postea fiet manifestum, vt censo. Atque in primis ita facienda est Deorum diuisio. Ex antiquis Diis alii cœlestes, alii terrestres, alii aquatici sunt crediti: & aquaticorum aliis maris, aliis fluuiorum, aliis fontium cura fuit commissa. è terrestribus rursus alii montani, alii syluarum & pastorum præsides, alii agricolarum fuerunt, atque hi in planis locis habitare plerunque putabãtur: Cœlestium alii summę rerum haumanarum præerant, alii consultores, alii præfuerunt tempestatibus & certis cœli regionibus: alii loca tantum inferna habitare, & sceleratorum presse suppliciis, putabãtur: neque vlli præter hos, Dii posse esse crediti sunt. Nam tametsi omnes nationes Deos esse crediderunt, nullæque fuerunt tam feræ gentes, (ut insulsissimorum hominum, qui se sapientes dicere ausi sunt, opiniones taceam) quæ hunc mundum aut fortuito genitũ esse existimarint, aut sine aliqua incredibili prouidentia gubernari; cum sit è tam varijs rebus tam concinno ordine cogmentatus: tamen paucæ fuerunt, quæ Deos introducere ausæ sint, nisi ab aliis acceptos. Cum enim suos Magos haberent Persæ, prophetas Aegyptii, Chaldæos Assyrii, aliosque sacerdotes aliis nominibus vocatos aliæ naciones, omnium propè religionum origo ab Aegyptiis in Græciam, & in Persas prius, deinde ad alias nationes manasse credita est. Quamuis omnes isti vno ordine falluntur, quòd ante Aegyptios, primi omnium mortalium Hebræi non solum religionẽ, sed etiam verum Dei cultum acceperunt; & non humanis consiliis, sed diuinis præceptis ad ueram religionem fuerunt instituti. Græcia postea sequentibus temporibus cum bellicæ laudis gloria florere inciperet, paulatim & sacrorum ritus immutauit, & tantum *Deorum* numerum auxit, quamuis disciplinarum cognitionem acquireret, vt magnam Deorum coloniam ad cæteras ciuitates postea transmiserit. In hoc vnum tamen omnium prope populorum ac gentium sentẽtiæ primum conuenerant, vt diuina illa quæ uidentur, superna corpora, Solem, Lunam, reliquaque astra cum perpetuo motu agitari conspicerent, ab ea celeritate & Deos appellauerint, & esse crediderint; vt Plato testatur in Cratylo. Neq; vlla ferè gens inuenta est, quæ aliud esse Deos, quam ipsa cœlestia corpora primũ crediderit. Hanc opinionem secutus videtur Homerus, cum Solem omnia audire, omnia que videre inquiat, quod est, vt ait Plato libro secondo de legibus, solius Dei munus: ita vero se habet Homeri carmen;

> ἠέλιος ὃς πάντ' ἐφορᾷς, καὶ πάντ' ἐπακούεις.
>
> Sol qui cuncta audis, quique omnia conspicis vnus.

Huius opinionis autores fuerunt Aegyptii, à quibus & templorum extruendorum rationem, & imaginum, & rituum sacrorum Græci in patriam reportarunt, ſicuti teſtatur Herodotus in Euterpe his verbis; δυώδεκα θεῶν ἐπωνυμίας ἔλεγον πρώτους αἰγυπτίους νομίσαι, καὶ ἕλληνας παρὰ σφέων ἀναλαβεῖν βωμούς τε, καὶ ἀγάλματα καὶ νηοὺς θεοῖσιν ἀπονεῖμαι σφέας πρώτους. καὶ ζῶα ἐν λίθοισι ἐγγλύψαι. Duodecim Deorum nomina primos Aegyptios exiſtimaſſe, atque Græcos ab illis cepiſſe, eoſque primos aras, & imagines, & templa Dijs ſibi erexiſſe. Neque horum tamen ſolam rationem extruendorum in Græciam Aegyptij tranſmiſerũt; ſed etiam ipſa nonnullorum Deorum nomina, vt idem ſcriptor teſtatur in eodẽ libro: σχεδὸν δὲ καὶ πάντα τὰ ὀνόματα τῶν θεῶν, ἐξ αἰγύπτου ἐλήλυθε ἐς τὴν ἑλλάδα, omnia ferè Deorum nomina ex Aegypto in Græciã cõmigrarunt, ac deinde: ὅτι γὰρ δὴ μὴ Ποσειδέωνος, καὶ Διοσκούρων, ὡς καὶ πρότερόν μοι ταῦτα εἴρηται, καὶ ἥρης, καὶ ἱστίης, καὶ Θέμιδος, καὶ χαρίτων, καὶ νηρηΐδων, καὶ ἄλλων θεῶν Αἰγυπτίοισι αἰεί κοτε τὰ οὐνόματα ἐστὶν ἐν τῇ χώρῃ. Niſi profectò Neptuni, & Dioſcurorũ, ſicut antea dictũ à me fuit: & Iunonis, & Veſtę, & Themidis, & Charitũ, & Nereidũ, & aliorũ deorũ noĩa ſemper ſunt in Aegyptiorũ regione. Neq; ſolos hos Deos coluit Aegyptia ſimplicitas, ſed monſtra quædã, & animalia partim hoĩbus infenſa, partim vtilia, vt canes, boues, anguillas, vt ait Herodotus in eodẽ libro; νομίζουσι δὲ καὶ τῶν ἰχθύων τὸν καλεύμενον λεπιδωτὸν, ἱρὸν εἶναι, καὶ τὴν ἔγχελυν καὶ τῶν ὀρνίθων τοὺς χηναλώπεκας. ἐστὶ δὲ καὶ ἄλλος ὄρνις ἱρὸς, τῷ οὔνομα φοῖνιξ. Exiſtimarunt è piſcibus ſquãmoſum ſacrum eſſe, & anguillam, & ex auibus vulpanſerẽ. Eſt item alia auis ſacra, cui nomen eſt Phœnix. cũ paulatim ab ipſa religione ad ſuperſtitionẽ lapſi eſſent, (eſt.n. arctiori religioni ſuperſtitio, vt parſimoniæ auaritię, vitium propinquum. Nam, vt ait Diuus Paulus ad Rom. 12. rationi conueniens ſit obſequiũ veſtrum) iure Rhodius Anaxandrides comicus poeta, his carminibus, ita Aegyptiorum deridet inſaniam.

οὐκ ἂν δυναίμην συμμαχεῖν ὑμῖν ἐγώ,
οὔθ' οἱ τρόποι γὰρ ὁμονοοῦσ', οὔθ' οἱ νόμοι
ἡμῶν, ἀπ' ἀλλήλων δὲ διέχουσιν πολύ.
Βοῦν προσκυνεῖς, ἐγὼ δὲ θύω τοῖς θεοῖς.
τὴν ἔγχελυν μέγιστον ἡγῇ δαίμονα,
ἡμεῖς δὲ τῶν ὄψων μέγιστον παρὰ πολύ.
οὐκ ἐσθίεις ὕεια, ἐγὼ δέ γ' ἥδομαι
μάλιστα τούτοις. κύνα σέβεις, τύπτω δ' ἐγὼ
τοὔψον κατεσθίουσαν ἤνικ' ἂν λάβω.
Haud eſſe vobiſcum queo commilito,
Concordibus nec moribus nec legibus,
Per maxima interualla differentibus.
Bouem colis, Deis ego macto bouem.
Tu maximum anguillam Deum putas, ego
Obſoniorum credidi ſuauiſsimum.
Carnes ſuillas tu caues, at gaudeo
His maxime: canem colis, quem verbero,
Edentem vbi deprehendo forte obſonium.

Neque tamen his brutis Diis contenti fuerunt Aegyptij, ſed multa herbarũ genera in Deorum numerum retulerunt, ſicuti teſtatur Iuuenalis, vbi Aegyptiam ſimplicitatem carpit hoc pacto;

quis neſcit qualia demens
Aegyptus portenta colat? Crocodilon adorat. & alibi;
Porrum & cœpe nefas violare, ac frangere morſu.
O ſanctas gentes, quibus hæc naſcuntur in hortis
Numina.

Atqui

Atqui non hæc ab Aegyptijs monſtra tã abſurda acceperunt Græci in numerum Deorum, ſed alia his non multo fortaſſe meliora. Qui Dij fuerint in Græciã primum tranſlati, declarauit Homerus in lib. 3. Iliadis, ita inquiens,

Ζεῦ πάτερ, Ἴδηθεν μεδέων, κύδιστε, μέγιστε,
Ἠέλιός θ' ὃς πάντ' ἐφορᾷς καὶ πάντ' ἐπακούεις
καὶ ποταμοὶ, καὶ γαῖα, καὶ οἳ ὑπένερθε καμόντας
Ἀνθρώπους τίνυσθον.
Iupiter ex Ida clariſsime, maximeq; & vnà
Sol qui cuncta audis, quique omnia conſpicis vnus:
Fluminaque, & tellus, & ſub tellure virorum
Crimina qui caſtigatis.

Atque infinita eſt prope illorum Deorum multitudo, quos Græcia poſtea ceremonijs, altaribus, ac tẽplis magnificentiſsimis auxit. Perſæ hos prope Deos exiſtimarunt, quos antiqui Græci, qui non nati eſſent è mortalibus hominibus, vt aſſerit Herodotus in Clio his verbis; οἱ δὲ, νομίζουσι Διῒ μὲν ἐπὶ τὰ ὑψηλότατα τῶν ὀρέων ἀναβαίνοντες θυσίας ἔρδειν τὸν κύκλον πάντα τοῦ οὐρανοῦ Δία καλέοντες, θύουσι δὲ ἡλίῳ, καὶ σελήνῃ καὶ γῇ, καὶ πυρὶ, καὶ ὕδατι καὶ ἀνέμοισι, τουτοισι μὲν δὴ μούνοισι θύουσι ἀρχῆθεν. Illis vero ſancitũ eſt vt in altiſsimos montiũ vertices aſcẽdẽtes Ioui ſacrificẽt, Iouẽ vniuerſum cœli ambitũ appellãtes. Sacrificãt & Soli, & Lunæ, & Telluri, & igni, & aquæ, & ventis; his. n. ſolis vt ſacrificent, antiqua obtinuit cõſuetudo. Hi cũ priſcã tantum Theologiam retinerent, nouos Græcorum deos irridentes, vbi Xerxes in Græciã cũ exercitu traieciſſet, omnĩa deorũ Græciæ tẽpla Magis autoribus inflãmarunt, quod nullũ in locũ dicerent deorum numen eſſe includendũ, quibus cuncta debent eſſe libera & patẽtia, vt teſtatur Cicero in lib. ſecundo de legibus. Nam deridere conſueuerunt Perſæ eos qui res huiuſmodi facerent, vt ait Herodotus in Clio in his verbis: Πέρσας δὲ οἶδα νόμοισι τουτοῖσι χρεωμένους, ἀγάλματα μὲν καὶ νηοὺς, καὶ βωμοὺς, οὐκ ἐν νόμῳ ποιευμένους ἱδρύεσθαι, ἀλλὰ καὶ τοῖς ποιεῦσι, μωρίην ἐπιφέρουσι. Perſæ, vt ego cognoui, his legibus vtuntur, imagines quidem, & templa, & aras non erigunt pro ſuis inſtitutis, ſed & illos, qui hæc faciunt, accuſant inſaniæ. Atque Romani nullam deorum effigiem per multos annos habuerunt: quia docuit Numa deum eſſe mentem puram, minime genitam, aut viſui ſubiectam mortalium, quæque aliqua humana induſtria exprimi poſſet. cum inquiat etiam Demoſth. cõtra Ariſtogitonem pectus mortalium eſſe templum deo gratum, & optimum & anguſtiſsimum iuſtitia, verecundia, & obſeruantia legum communitum. Hæc ratio non eſſet magnopere fortaſſe improbanda, ſi vel omnes eſſent ſapientes, vel ſi ſapientum etiam mens ſemper opportunis temporibus ad res diuinas eſſet conuerſa, neque humanis cogitationibus ab inſtituto culto diſtraheretur. Sed cum res aliter ſe habeat, & templa, quò ad diuinum cultum cõuenirent, & imagines Dei & ſanctorum hominum, tanquam monumenta amicorum Dei fuerunt inſtituendæ. Nam ſi ſtatuæ clarorum virorum, & eorum qui pro patria fortiter occubuiſſent, iure apud Romanos & cæteras nationes tanquam præclara virtutis exempla erigebantur, quibus incitarentur poſteri ad virtutem, quo pacto virorum bonorum, & amicorum Dei, & qui pro veritate, Chriſtianaque rep. fortiter occubuerunt, tanquam præclara monumenta virtutis, & fidei, & conſtantiæ, quibusque deprecatoribus apud Deum vteremur, nõ erunt iure optimo vbique imagines erigendæ? Eſt enim omnium templorum auguſtiſsimum pectus mortalium fide, pietate, innocentia, ſanctitate, manſuetudine, pro pulcherrimis aulæis inſtitutum & communitum. Atque ne ita Deorum religio paulatim deficeret, quæ anima eſt ciuitatum, & omnis humanæ vitæ ſtabilimentum, & templa, & imagines, & dies ſolennes

lennes,& sacrorum ritus, & publicæ ceremoniæ fuerunt in ciuitatibus prudenter institutæ. Scytharum Deos Herodotus in melpomene ita recensuit; θεοὺς δὲ μούνους τούσδε ἱλάσκονται ἱστίην μὲν μάλιστα, ἐπὶ δὲ Δία τε, καὶ γῆν, νομίζοντες τὴν γῆν τοῦ Διὸς εἶναι γυναῖκα. μετὰ δὲ τούτους, Ἀπόλλωνά τε, καὶ οὐρανίην Ἀφροδίτην, καὶ ἡρακλέα, καὶ ἄρεα. τούτους μὲν πάντες οἱ Σκύθαι νενομίκασι Deos autem solos hos placant, Vestã quidem præcipue, postea Iouem ac Tellurem, Tellurem Iouis vxorem existimantes. Post hos, Apollinem, cœlestem Venerem, & Herculem ac Martẽ. Hos.n.oẽs Scythæ Deos putarunt. Ac in eodem lib. scribit deinde Libyæ populos Soli ac Lunæ sacra facere, neque vllos præterea Deos putare. At Iudæi, vt memoriæ prodidit Cornelius Tacitus lib. 21. solam mẽtem antiquitus, vnumq; numen intellexere, profanosque esse putarunt eos, qui Deorũ imagines mortalibus materijs in species hominũ effingerent: summum illud, & æternũ, neque mutabile, neque interiturum. Igitur nulla simulachra vrbibus suis, nedum tẽplis fuerunt. at Strabo lib. decimoseptimo Geographiæ varios fuisse diuersarum nationum Deos ita tradidit, vt singulę prope ciuitates suos proprios Deos haberent. Nam cum tria ex terrestribus animalibus vniuersa Aegyptus coleret, bouem, canem, felem; ex auibus accipitrem, ibim; ex aquaticis squãmosum, oxyrinchum; tum Saitæ vt inquit, & Thebani ouem colebant præcipue, Latum piscẽ Nili, Latopolitani: lupum Lycopolitani: Cynocephalum Hermopolitani: cepũ Babylonij qui colebant iuxta Memphim. Aquilam Thebani: Leonem Leontopolitani: capram & hircum Mendesij: murem, & araneum Athribitæ. Longum esset omnium nationum ac populorum opiniones, vel potius delirationes de Dijs recensere, qui cum religionis originem ab Aegyptijs accepissent vel antiquam non retinentes Theologiam deriserunt magistros postea, vel ipsi in peiores superstitiones inciderunt. Hanc igitur Deorum notionem cum homines primum habuissent, perspicerentque quod mundus prouidentia gubernaretur, neque tamen cuius intelligere possent; quippe cum sidera in humanis rebus agere permulta intelligerent, neque tamen omnia pro illorum arbitrio gubernari, rem diutius inuestigantes & cognitionis desperatione capti, paulatim à religione in superstitiones delapsi sunt: atque alij alios Deos introduxere. Est enim ab ipsa natura comparatum, vt cum nimio Deorum metu homines opprimuntur, ad humilia & sordida quæque declinent, nihilque posse committi tam paruum putent, quod Dij maxima cum iracundia ac supplicio non vlciscantur. Hæc res fecit vt ijdem Græci, qui Aegyptiorum, aliarumque nationum acceptas ab ijs superstitiones deriserant, in multò maiores errores sint postea collapsi. Nam & adulteros, & latrones, & ebriosos, ac facinorosos homines, qui multo erant brutis impuriores, pro Dijs coluerunt: quare cum de Diis loquerentur adulteria, furta, parricidia, prælia, crudelitatemque illis iniunxerunt, quæ propria sunt latronum & scelratorum hominum facinora, vt res Diis talibus conuenientes. Athenienses tamen cum sapientiores essent, ac horum Deorum turpitudinem intelligerent, neque vllum nisi sempiternum & optimum esse posse Deum putarent, quia esse omnino cognoscerent, qui esset, ignorarent, aut etiam fateri ob cæterorum Græcorum metum non auderent, ignoto Deo aram erexerunt. Hanc tantam Deorum multitudinem tot fabularum inuolucris postea implicarunt, cum liceret omnibus quidquid de Diis collibuisset confingere, vt quamuis multi postea conati sint, nemo tamen hactenus expedire illos Deos ex his inuolucris potuerit, sed adhuc complures impliciti permanent, & in perpetuum fortasse nonnulli mansuri sunt. Qui enim omnia, quæ de Diis ab antiquis dicta fuerunt, ad optimum finem se deducturum putarit, idem speret se omnia nauigia, quæ vbique nauigant sine vlla iactura in portum posse perducere. Non

re. Non enim semper cum ratione insanierunt antiqui sapientes vocati, aut poetæ in his consingendis. Perdurauit huiusmodi de multitudine Deorum opinio vsque ad Platonis tempora, qui priscam Græcorum theologiam quodammodo immutauit, cum vnum esse Deum crederet, & eum vniuersum assidue gubernare, quem modo mundi animam, modo mundum ipsum appellauit; modo vim illam, quæ esset in omnibus naturalibus corporibus diffusa, ac permista, quam antea ad Monadem deduxerat Pythagoras. Atque horum vterque recte, si diutius in eadem sententia permansissent, nam cæterorum; qui se appellabant sapiētes nugas lubens prætereo. Romani postea Græcia subacta quasi captiuam Græcorū religionem in patriam transtulerunt, cum & antea Græcorum sacrorum ritus per multos haberent, & siquid ad absolutam superstitionem deficeret, illud totum ex Hetruria sæpius acciuerint: donec omnium superstitionum euersor Christus, non modo tantam Deorum impurorum multitudinem profligauit, sed etiam veram, sanctam, & omnibus saluberrimam religionem introduxit: quæ nulla vnquam vel leuitate gentium, vel impuritate ac scelere populorum, vel sacerdotum auaritia, vel hæreticorum calumnijs, labefactabitur. Vbique enim veritatem emergere necesse est. Atque tot breuiter dicta sint de diuisione Deorum variarum gentium.

Quòd unus necessario sit Deus. Cap. VIII.

ETsi res est, quæ ad veram theologiam potius, quàm ad fabularum explicationem pertineat, num vnus, an plures esse possint Dii, inquirere: tamen quia non prorsus abhorret à theologia fabularum expositio, videtur conuenire huic loco vt breuiter declarentur ea, quæ de vno Deo ab antiquis sapientibus probabiliter dicta fuerunt. Neque vnquam Platonis illam sententiam probandam esse magnopere censui, qui nefas esse dicebat, vbi huiusce vniuersitatis parentem inueneris in vulgus proferre, quasi vero alia sit omnibus vtilior aut magis necessaria cognitio, quàm omnium bonorum autorem Deum cognoscere, aut rem non cognitam conueniat venerari. Nisi fortasse ita inquiat, nullam oportere vulgus teneri Dei religione ac reuerentia, & nescio quid colere & beneuolentia prosequi, quando amare Deum maxime omnium opus est. Multæ sunt igitur rationes, quæ vnum esse, ac non plures Deos ostendunt. nam si plures sint Dij, hunc ipsum Deorum numerum ob singulorum imbecillitatem esse necesse est. Ij si sint imbecilli, quo pacto sunt Dij appellandi? fient enim eo pacto supplices potentiori, & aliquando deficient, quorum vtrunque cum miserum sit, Dei naturæ qui conuenire poterit? videmus siquidem in omnibus animantibus eam esse naturæ prouidentiam, vt, quanto quæque sunt debiliora, citiusque moriūtur, tanto plura ex his producantur, fæcundioraque sint. Quòd si sit tantus erat Deorum numerus, quantum habuerunt antiqui, atque inter hos mares & fœminæ, breui futurum erat vt tot Dijs deficerent magistratus & imperia, & nisi otiosi ac desides viuere mallent, cerdones, & agricolas, & fabros Deos haberemus, neque terra hominibus habitanda nostris temporibus iam esset relicta. Sed quoniam repugnat Deos esse, & plures esse, & esse mares ac fœminas, terra tota hominibus relinquitur. Præterea si plures sint Dii, necesse est eos esse vel pari vel impari potentia, vt Xenophanes ait Colophonius. Si sint quidam impares, quo pacto debiliores sint Dij, ipsi viderint. Sin omnes pares existant, nolensque alius volentem impediat; res iam neque fieri, neque non fieri poterit, quod non potest sine risu intelligi. Multa igitur odia & pugnæ assiduè inter hos Deos intercedent, quoniam sempiternę intercedent causę,

quæ

quæ nunquam cessabunt:neque enim par parem vnquam, nisi fortuna profligabit. Alterum igitur horum necesse est, vel fortunam Diis etiam dominari, vel perpetuas esse inter Deos discordias & contentiones:quorum neutrum Deo conuenire ullo pacto potest. Est igitur Deus vnus, sempiternus, potentissimus, optimus, felicissimus, quorum nihil potest esse cũ animi perturbatione. Non sunt igitur antiquorum Dii, cum plures sint, cum cœlum contentionibus sit plenum, cũ multò sint mortalibus miseriores, cum eos & dormire dixerint poetæ, & potationibus atque conuiuiis indulgere, & Veneris stimulis mirificè exagitari. Quis enim nesciat somnum & epulas esse ob corporis debilitatem, cum ille ad labores corpus reficiat, hæ ad naturæ vim conseruandam requirantur? Inde effectum est vt Alexander Macedo se Deum esse adulatoribus prædicantibus respondèrit, se longe diuersa à diuina natura experiri, cum & somnum, & Veneris titillationes sentiat. Quod si horum Deorum natura deficiente nutrimento deficeret, & ad libidinem illi incitantur, qui possunt non esse mortales, aut qui potest eorum genus nisi reparetur, non deficere? Non sunt igitur dii illi antiquorum, sed fabulæ illæ partim naturæ res occultas habent, partim mores informant, partim sunt inania vulgi figmenta, vt dicebamus.

Quo pacto Dij antiquorum fuerint sempiterni. Cap. IX.

Atque vt pateat vera esse illa, quæ dicta sunt hactenus de deorum antiquorũ mortalitate, quid de Ioue ipso principe omnium deorum scriptum fuerit à poetis, consideremus, quem modo patrem modo Regem omnium deorum vocarunt, sicuti Homerus in primo odysseæ,

τοῖσι δὲ μύθων ἦρχε πατὴρ ἀνδρῶν τε, θεῶν τε.
Hos ita compellat hominum pater, atque deorum.

modo sempiternum, vt Virgilius lib. 1. Aeneidos in his significauit,

ò qui res hominumque deumque
Aeternis regis imperiis, & fulmine terres.

& Orpheus in hymnis,

ζεῦ πολύτιμε, ζεῦ ἄφθιτε.
Iupiter ò venerande, Iupiter sempiterne,

quem eundem facit rerum omnium autorem, vt ex his patet,

Ὦ βασιλεῦ, διὰ σὴν κεφαλὴν ἐφάνη τάδε ῥεῖα.
Γαῖα θεὰ μήτηρ, ὀρέων θ' ὑψηλέες ὄχθοι.
καὶ πόντος, καὶ πάνθ' ὁπόσ' οὐρανὸς ἐντὸς ἔταξε.
Iupiter alme tuo sunt omnia munere nata.
Diua parens Tellus, præcelso vertice montes,
Et maria, & quidquid cœlum complectitur altum.

Hunc tamen sempiternum Iouem, & rerum omnium autorem, Virgilius in Dictæo monte Cretæ nutritum existimauit, quem etiam ab apibus educatum fuisse scribit lib. 4. Georgicorum, vt patet in his carminibus,

Nunc age, naturas apibus quas Iupiter ipse
Addidit, expediam: pro qua mercede canoros
Curetum sonitus, crepitantiaque æra secutæ,
Dictæo cœli Regem pauere sub antro.

Sed illud magis mirum fortasse videbitur, quòd neque tamen certum est vbi educatus fuerit hic præclarus & illustris antiquorum Deorũ pater. Messenii enim apud se natum & educatum fuisse Iouem contendebant, cuius ostendebant apud se incunabula, & à Neda Ithomeque nutricibus, & à Curetibus seruatum

fuisse

fuisse affirmabant, et ait Pausanias in rebus Messeniacis. Hanc ipsam de Iouis ortu contentionem ita attigit Callimachus in hymnis;

Ζεῦ, σὲ μὲν ἰδαίοισιν ἐν οὔρεσί φασι γενέσθαι,
Ζεῦ, σὲ δ' ἐν ἀρκαδίῃ, πότεροι πάτερ ἐψεύσαντο;
Iupiter Idæis aiunt te in montibus ortum,
Iupiter Arcadicis; vtri sunt falsa locuti?

Quod si nutricũ varietatem perspiciamus, si modo vera est sententia Aethii medici clarissimi, quòd ingeniũ & mores nutricũ in lacte referũtur, nõne fera potius Iupiter quàm homo videbitur, qui tot brutorum lac suxerit? qui truculẽtissimas feras habuerit nutrices, qui ab apibus, à capris, ab vrsis fuerit educatus? atque quòd capræ lac hauserit, ita Ouidius in quinto fastorum libro ait;

Oleniæ surget sydus pluuiale capellæ,
Quæ fuit in cunis officiosa Iouis.

Hãc Iouis caprã idcirco nominauit Aratus in Phænomenis, vt est in eo carmine;

Ὠλενίην δέ μιν αἶγα διὸς καλέουσ' ὑποφῆται.
Oleniam, capramque Iouis dixere poetæ.

Atque de vrsis, cuius lac Iupiter suxerit, ita meminit idem Aratus in his;

Ἄρκτοι, ἅμα τροχόωσι, τὸ δὴ καλέονται ἅμαξαι.
Αἱ δ' ἤτοι κεφαλὰς μὲν ἐπ' ἰξύας αἰὲν ἔχουσιν
Ἀλλήλων αἰεὶ κατωμάδιαι φορέονται,
ἔμπαλιν εἰς ὤμους τετραμμέναι· εἰ ἐτεὸν δὴ
κρήτηθεν κεῖναι δὴ διὸς μεγάλου ἰότητι
οὐρανὸν εἰσανέβησαν, ὅ μιν τότε κουρίζοντα
Δίκτῳ ἐν εὐώδει ὄρεος σχεδὸν ἰδαίοιο
Ἄντρῳ ἐγκατέθεντο, καὶ ἔτρεφον εἰς ἐνιαυτὸν,
Δικταῖοι κούρητες ὅτε κρόνον ἐψεύσαντο
Vrsæ vertuntur, quas dicunt nomine Plaustrum.
Alterne quarum semper caput ilia tangit:
Inque humeros versæ, his pronis illæ vsque feruntur.
E Creta, si vera ferunt, conscendere cælum
Consilio meruere Iouis, quia cum puer esset
Dicto in odorifero vicino collibus Idæ
Deposuere Iouem, quem nutriuere per annum,
Fallere Saturnum Curetes cum potuere.

Hunc ipsum Iouem, quem Hesiodus in Theogonia hominum patrem atque Deorum appellauit, mortuum ac sepultum fuisse apud Cretenses sermo vulgatus fuit; quam uis eam famam conatus frustra Callimachus refellere, vt patet in his carminibus;

καὶ γὰρ τάφον ὦ ἄνα σεῖο
κρῆτες ἐτεκτήναντο. σὺ δ' οὐ θάνες, ἐσσὶ γὰρ αἰεί.
tuum Rex magne sepulchrum
Cretes struxerunt, es semper, viuis & vsque.

Quòd si fatorum necessitati subijciebatur, vti testatur Aeschylus in Prometheo ita inquiens;

πρ.	Μοῖραι τρίμορφοι, μνήμονές τ' ἐριννύες
χορ.	τούτων ἄρ' ὁ ζεὺς ἐστὶν ἀσθενέστερος.
Prom.	Parcæ triformes, & memores Erinnyes.
Chor.	His ergo cunctis Iupiter impotentior.

Quo pacto Deus, & pater, & Rex hominum ac Deorum dici poterat? Sed nõ hominum sermones tantũ, at Deorum etiam ipsorum sententias de Ioue cõsideremus,

mus,hunc vel a Mercurio ipse finxit Plautus in proœmio Amphitryonis mortalem appellari his verbis;

Mirari non est æquum sibi si prætimet,
Atque ego quoque & qui Iouis sum filius
Contagione meæ matris metuo malum.
Etenim ille quoius huc iussu venio
Iupiter,non minus quam nostrum quiuis formidat malum,
Humana matre natus, humano patre.

Quare si ipse natus est, vt cæteri homines & mortuus, & a mortalibus originem duxit,quo pacto sempiternus esse potuit? siquidem omnia quę nascuntur,aliquãdo interire necesse est. At quo pacto iupiter dictus est sempiternus? quia, vti dicetur, cum de illo tractabimus, cũ gloriæ cupidus maxime fuerit, templaque sibi extrui vbique studuerit, fecit vulgaris opinio illorum qui magistratus & imperia admirantur vt summus Deus putaretur, quare postea nunc vim fatorũ nũc prouidentiam Dei,nunc Deum ipsum,quam mũdi animam appellarunt nonnulli, nunc æthera, Iouem nuncuparunt: quæ cum sempiterna sint, Iouem etiam putarunt sempiternũ.sic, vbi pro vi diuina per aquas diffusa,Neptunus intelligitur, dicitur sempiternus. pro Vulcano ignis, pro Venere naturalis procreandi libido, pro Cerere, terræ feracitas. Nam si hoc pacto Dij antiquorum accipiantur,erunt sempiterni ex illorum sententia, qui mundum, eiusque elementa sempiterna, putarunt. sin eorum genealogiam inuestigemus, omnes fuerunt mortales, & ab hominibus procreati,vt patebit postea. Atqui absurdum fuit hominum nominibus res sempiternas appellare, diuinæq; prouidentię splendorem sub his humanis velare integumentis, quippe cum minime conueniat res admirabiles horum profanorum nominum collutione inquinare. At quia viderent sapientes animos multitudinis apertis rationibus ad eruditionem non posse adduci, horũ figmentorum suauitate illos ad se allexerunt, quæ sola causa fuit,cur tot postea fabulæ sint inuentæ.

De sacrificijs superorum Deorum. Cap. X.

VT autem pateat elementorum,rerũque naturalium virtutes,& vires dæmonum eorum,qui in ijs inhabitarent,qui Dij à multitudine imperitorum fuerunt existimati,his nominibus vocatas fuisse à sapientibus, nõ erit absurdum si genera sacrificiorum Diis singulis attributorum breuiter explicauero, quippe cum multa sacrorum genera fuerint ab antiquis pro singulorum Deorum natura instituta,& victimæ variæ, & varia suffimentorum ratio, & non idem habitus sacrificantium. Neque enim omnibus molæ offerebantur, neque omnibus accendebantur lumina, neque sacra fiebant semper super sublimibus aris,neq; semper per diem. Diuersa denique pro singularum nationum more, pro varietate temporum, pro creditorum Deorum natura, sacrificia vbiq; offerebantur; quòd alia cęlestibus,alia terrestribus,alia aquaticis.alia Diis inferis conueniebãt, quorum alia priuatim, alia fiebant publicè. Primum igitur omnium scire conuenit non solum in animalibus, aut in plantis, ad vires, bonitatemque singulorum plurimum conferre ciborum vim,aerisque temperiem,sed etiam in illis dęmonibus, quibus plenum esse hoc vniuersum, quod intuemur, tradiderunt sapientes. Qui enim in obscuris cauernis habitãt, multum sunt magis & immites & feri, & crassiore quadam materia, quippe quæ propius ad corpus accedat,sicuti testatur Psellus in iis libris, quos scripsit de Dęmonibus, quam illi sint dęmones,qui regionem ignis vel aeris incolũt, quod accidit ob habitationis naturam turā ac vim syderum. Quid enim mirum est astra in his plurimum posse, cum & metallis, & durissimis lapidibus, & plantis dominari putentur? Aut quis nesciat alia metalla Soli, alia Lunæ, alia Veneri, alia Mercurio, alia aliis astris propter quasdam proprietates ac similitudines, quod aliis etiam contingit corporibus, esse attributas? omnem igitur vim sacrorum, omnemque Deorum rite expiandorum rationem in cognoscenda dæmonum natura consistere arbitrabantur: Quare cū cœlestia corpora ignea esse crederent, quæ opinio non solum fuit Anaxagoræ & Empedoclis, sed multorum etiam aliorum philosophorum, in horum sacrificijs & lumina, & figuras, & multa ad visum spectantia addiderunt, quorum aræ sublimes struebantur, super quibus accendebātur lumina, & victimæ cęsæ imponebantur. Cū igitur sacra fiebant superis, ac Ioui præcipue, aræ in sublimibus locis extruebantur, vt inquit Melanthes in libro de sacrificiis hoc pacto; πᾶν δὲ ὄρος τοῦ Διὸς ὄρος ὀνομάζεται, ἐπεὶ ἔθος ἦν τοῖς παλαιοῖς ὑψίστῳ ὄντι τῷ θεῷ, ἐν ὕψει θυσίας ποιεῖσθαι. Omnis autem mons Iouis mons appellatur, quoniam mos fuit antiquorum, vt altissimo Deo existenti in loco sublimi sacrificarent. Sic etiam è Iouis ipsius oraculo sacra fiunt in montibus apud Apollonium in lib. 2. Argonaut.

> καὶ βωμὸν ποίησε μέγαν Διὸς Ἰκμαίοιο,
> ἱερά τ' εὖ ἔρρεξεν ἐν οὔρεσιν ἀστέρι κείνῳ
> Σειρίῳ, αὐτῷ τε Κρονίδῃ Διί. τοῖο δ' ἕκητι.
> Ingentem Iouis humentis tunc extruit aram,
> Et sacra imponit in montibus: hic quoque sacra
> Sirius accepit, sic Iupiter ipse volebat.

& vt est apud Herodotum in Clio, quem locum citaui, cum de Diis variarum gētium loquerer. Quin etiam & Apollini aram in littore erexerunt Argonautæ, atque cū mons ibi nullus esset, sublimem illam fecerunt, vt in his ait idem poeta.

> τάδε ῥέξομεν δια πάρεσι.
> Βωμὸν ἀναστήσαντες ἐπάκτιον
> Iustaque soluentes in primo ereximus aram
> Littore sublimem.

Huius rei vel illud argumento est, quod etiam apud Latinos altare, quasi alta area, vocatum fuit. Erat præterea illa templorum erigendorum consuetudo vt non modo sublimia & ampla extruerentur, sed etiam quę orientem solem statim exciperent, vt ait Plutarchus in Numa Pompilio, neque vlla re impedirentur, sed forent vndique libera, & minime occupata, vt testatur Promachidas Heracleota, atque Dionysius Thrax his verbis in lib. 3. diæreseon, οἱ γὰρ ναοὶ τῶν παλαιῶν καὶ τὸν ἥλιον ὑπερκύψαντα εὐθὺς ὑποδέχεσθαι ᾔδεσαν, καὶ τοῦ φωτὸς εὐθὺς ἐμπιμπλᾶσθαι τῶν θυρῶν ἀναπεπταμένων, ὅπου καὶ τὰ ἱερὰ ἔρρεξαν. Antiquorum enim templa exoriētem solem statim excipere solebant, & statim orto lumine fenestris ac foribus patefactis repleri, vbi sacrificia fiebant. Neque illud sanè prætermittendum duxerim, quòd voluerunt antiqui genera etiam ædificiorum, deorum illorum naturæ, quibus dicabantur, plurimum conuenire. Nam Ioui, Marti, Herculi, non nisi Doricum; Baccho, Apollini, Dianæ, Ionicum; Corinthia cum virgini Vestæ conuenire præcipuè creditum est: quamuis aliquando omnibus his generibus in eodem templo vtebantur. Nam in delubro Aleæ Mineruę, cuius architectus fuit Scopas Parius apud Tegeatas, cum triplex esset columnarū ordo, primus ordo, qui ingredientibus sese offerebat, erat Dorici operis; secundus corinthiaci, tertius qui iuxta templum fuit, erat Ionico artificio elaboratus. Istud autem fiebat cum delubra essent dijs varijs consecrata, vel cum dijs illis essent dicata, quorum multiplex esset facultas, & ad mares ac feminas elementa spectarent. Nam cum Ioui olympio apud Eleos templum esset erectum Dorica ex ædifi-

ædificatione, cuius in exteriore parte columnæ cum Doricis epistylijs ostendebantur, tum Iunonis etiam templum triphyliæ, quod fuit ab Oxylo artifice erectum, cum operis figura Dorica extructum fuit columnis eiusdem artificij circũquaque illud ambientibus, ad explicandam credo maximam vim aeris, & ad significandum quòd Iuno Iouis esset soror, aer scilicet ab ignis natura non longo interuallo in suprema parte dissentiens. atqui extruebantur ita ipsa templa, vt apertis fenestris statim ortum solem exciperent, sicuti testatur Posidippus epigrammatum poeta in his carminibus;

ἦριδ' ἀνοιγομένων πρῶτον λάβον ἠελίου φῶς
Ναοὶ Λητοΐδου, καὶ ἡφαίστοιο θεοῖο.
Vlcani ac Phœbi radios cepere priores
Surgentis Solis foribus delubra reclusis.

Non inscitè itaque Virg lib. 12. Aeneidos sacrificantes inducit ad solem orientem conuerti, cum ita inquiat;

Illi ad surgentem conuersi lumina solem.

Erat prætérea consuetudo vt Diis superis mane sacra fierent sole oriente, sicuti vita defunctis & inferis occidente sole, velut ait Callixenus Rhodius in iis, quæ scripsit de Alexandria, hoc pacto; τοῖς μὲν οὖν κατοιχομένοις περὶ τοῦ ἡλίου δυσμὰς ἐναγίζομεν, τοῖς δὲ οὐρανίδαις ὑπὸ τὴν ἕω τοῦ ἡλίου ἀνατέλλοντος ἱερεύομεν. vita defunctis sanè circa occasum solis parentamus, at cœlestibus Diis auroræ tempore sub exortum solis sacrificamus. Coronabantur autem in ipsis sacrificijs, & victimæ & altaria & homines sacrificantes, vt testantur hæc carmina oraculi Delphici, quæ sunt in oratione Demosthenis contra Midiam;

Αὐδῶ Ἐ'ρεχθείδῃσιν ὅσοι Πανδίονος ἄστυ
Ναίετε, καὶ πατρίοισι νόμοις ἰθύνεθ' ἑορτάς,
Μεμνῆσθαι Βάκχοιο, καὶ εὐρυχόρους κατ' ἀγυιὰς
ἱστάναι ὡραίων Βρομίῳ χάριν ἄμμιγα πάντας,
καὶ κνισᾶν βωμοῖσι κάρη στεφάνοις πυκάσαντες.
Impero Erechthidis vobis Pandionis vrbem
Qui colitis, patrio & facitis solennia ritu,
Vt memores Bacchi sitis, lateque per vrbem
Primitias Bromio cuncti statuatis, & ijdem
Soluatis grates passim fumantibus aris
Tempora sacratis redimiri rite coronis.

Quod etiã significauit idẽ Demosthenes in oratione cõtra Neęrã seruari in aliorum deorum sacrificijs in his; ἁγιστεύω καὶ εἰμὶ καθαρὰ καὶ ἁγνὴ ἀπὸ τῶν ἄλλων τῶν οὐ καθαρευόντων, καὶ ἀπ' ἀνδρὸς συνουσίας. sum enim pudica & pura & casta ab alijs puritati aduersantibus, & ab hominum congressu. Et quoniã aliæ arbores Diis alijs fuerunt consecratæ, idcirco Diis varijs sacrificaturi sacerdotes varijs coronis ornabantur: vt pote in Dionysiacis myrto, vt ait Thimachidas in libro de Coronis: & Aristophanes in Ranis in his anigit:

Πολύκαρπον μὲν τινάσσων
Ἀμφὶ κρατὶ σῷ βρύοντα
Στέφανον μύρτων
Fructiferam quidem quatiens
Circa caput tuum virentem
Coronam myrtorum.

At in Cerealibus quercu coronabantur, ad perpetuam accepti ab illa Dea beneficij memoriam: vt significauit in his Virg. in primo lib. Georgicorum.

nec ante

Falcem

Falcem maturis quisquam supponat aristis,
Quàm Cereri torta redimitus tempora quercu
Det motus incompositos, & carmina dicat.

In sacris Herculis populo coronabantur, vt testatur idem lib. 8.

Populeis adsunt euincti tempora ramis.

In sacrificijs Apollinis lauro coronabantur, vt ait Apollon. lib 2. Argon.

ξανθὰ δ' ἐρεψάμενοι δάφνῃ καθύπερθε μέτωπα.
Flauaque sunt [illegible] redimiti tempora lauro.

Scriptum reliquit Andrætas Tenedius in nauigatione Propontidis antiquos triplici ordine coronandi vtos fuisse in sacris: quem locum etiam declarauit enarrator Apollonij, cū alij capiti superius coronas imponerent, alij ad tempora vsque deprimerent, alij ad collum vsque detraherent. verum non solum coronabantur sacerdotes in sacris, aut sacrificantes, sed etiam vasa, quibus vtebantur, & victimæ, quæ fuerant immolandæ, quibus coronę circa collum apponebantur, earumq; cornua inaurabantur, ac vittis coloribus Dijs quibusque gratis innectebantur, vt illud est Ouid. lib. 7. Metamorph.

feriuntque secures
Colla torosa boum vinctorum cornua vittis.

Quòd autem vasa etiam coronarentur, ita testatus est Virg. lib: 3. Aeneid.

Tum pater Anchises magnum cratera corona
Induit, impleuitque mero, diuosque vocauit.

Neque vero victimæ quæuis eligebātur in sacrificia, sed quę præstantiores essent, multo ante reseruabantur: quare cum è grege deligerentur, egregię victimæ dictæ sunt, at cum eximerentur ex armentis, quibus notæ inurerentur sacræ, eximię. Nam trifariam armenta diuidebant antiqui, cum aliam partem destinarent fœturæ, aliam laboribus, aliam reseruarent ad altaria, vt innuit Virg. lib 3. Georg.

Continuoque notas, & nomina gentis inurunt.
Et quos aut pecori malint summittere habendo,
Aut aris seruare sacris, aut scindere terram.

Erant autem singulari diligentia delectæ victimæ, quę Deorum sacrificiis dicabantur, non solum ob eximiam pulchritudinem, sed etiam ob puritatem coloris, cum diuersi omnino reijcerentur, neque liceret mutilam, aut aliqua corporis parte carentem victimam ad aram adducere atque hanc diligētiam ita breuiter attigit Lucianus in dialogo de sacrificiis: ἀλλ' οἵγε θύοντες στεφανώσαντες τὸ ζῷον, καὶ πολύγε πρότερον ἐξετάσαντες εἰ ἐντελὲς εἴη, ἵνα μηδὲ τῶν ἀχρήστων τι κατασφάττωσι, προσάγουσι τῷ βωμῷ. enimuero sacrificantes victimam coronant, multoq; prius studio perquirunt num perfecta sit, ne quid inutile iugulent, atque ad ara deducant. Deinde vestes sacerdotum puras, neque vlla macula inquinatas conuenire putarunt, quod ita innuit Virg. lib. 12

puraque in veste sacerdos
Setigeræ fętum suis, intonsamque bidentem
Attulit, admouitque pecus flagrantibus aris.

Nam neque laboribus assuetas victimas, neque illas, ex quibus aliqua vtilitas capta fuisset, Diis conuenire arbitrabātur. Deinde alius Diis alius coloris vestes magis erant idoneæ, nam Diis inferis atræ vestes, cœlestibus purpureæ, vt ait Mænander in libro de Mysteriis, conueniebant. quibusdam vero albæ vt sacrificiis Cereris, sicut testatur Ouid. lib. x.

Festa piæ Cereri celebrabant annua matres,
Illa, quibus niuea velatæ corpora veste
Primitias frugum dant spicea serta suarum.

et lib. 4. Fast.

Alba decent Cererem, vestes cerealibus albas
Sumite; nunc pulli velleris vsus abest.

Deinde Diis aliis fœminæ victimæ tantum, aliis soli mares immolabantur. in omnibusque sacrificiis committebatur piaculum siquis cæde pollutus, vel alio flagitio, ad aras accessisset; minimeque grata erant sacrificia, quæ ab impuris manibus sceleratorum hominum offerebantur. Idcirco per nouem dies noctesque; saltem oportebat ab omni libidine sacerdotes, aut mulieres æditu as, aut initiaturas abstinere, vt est in his;

Perque nouem noctes Venerem, tactusque virorum
In vetitis memorant.

Sic & cybeles sacerdotes membrum genitale sibi quodam lapide abscindebãt, vt casti viuerent. & Athenis alij bibebant cicutam, vt vim membri genitalis amitterent, & mulieres præterea initiaturæ sibi lectos è viticis folijs substernebant, vt refrenarent libidinem, quare iure scripsit Demosthenes in oratione contra Timocratem hæc de præsidibus sacrorum; ἐγὼ μὲν γὰρ ἡγοῦμαι δεῖν τὸν εἰς ἱερὰ εἰσιόντα, καὶ χερνίβων καὶ κανῶν ἁψόμενον, καὶ τῆς πρὸς θεοὺς ἐπιμελείας προστάτην ἐσόμενον, οὐχὶ προειρημένων τακτὸν ἡμερῶν ἀριθμὸν ἁγνεύειν, ἀλλὰ τὸν βίον ὅλον ἡγνευκέναι τοιούτων ἐπιτηδευμάτων. ego sanè sic existimo, eum qui ad sacra accedit, & res sacras sit tractaturus, aut res ad Deos spectantes curaturus, oportere nõ prædictũ, aut statutũ dierũ numerũ esse castũ, sed per vniuersum vitæ suæ cursum ab huiusmodi turpibus studijs abstinuisse. Neq; enim ad sacra accedere cui quã licebat, nisi lotis manibus, quare & Aeneas sacra attingere ita vel per summã pietatis opportunitatem recusat apud Virgil. lib. 2.

Tu genitor cape sacra manu, patriosque Penates
Me bello è tanto digressum, & cæde recenti
Attrectare nefas; donec me flumine viuo
Abluero.

Et Homerus lib. ζ. Iliad.

χερσὶ δ' ἀνίπτοισι Διῒ λείβειν αἴθοπα οἶνον
Ἅζομαι, οὐδέ πη ἐστὶ κελαινεφεῖ χρονίωνι
Αἵματι, καὶ λύθρῳ πεπαλαγμένον ἐυχετάασθαι.
Non decet illotis manibus libare superno
Vina Ioui, pudor hoc prohibet fecisse; cruore
Turpatum me & cęde virum Diis fundere vota.

Existimabant enim antiqui eandem esse animi quam etiam corporis purgationem; vt cum quis in flumine manus aut corpus abluisset post cædem, ille purus statim efficeretur: quare ita scribit Anticlides lib. 74. reddituum; ἔτος γὰρ ἦν τοῖς παλαιοῖς. ὅπερ καὶ νῦν ἀκμάζει, ὅταν ἢ φόνον ἀνθρώπων, ἢ καὶ ἄλλας σφαγὰς ἐποίουν ὕδατι ἀεννάῳ τὰς χεῖρας ἀπενίπτειν εἰς τοῦ μιάσματος κάθαρσιν. Erat enim mos antiquorum, qui nunc etiã seruatur, vt qui cædem hominum, vel aliorum animalium cõmisissent, perenni aqua manus abluerent, ad commissi piaculi lustrationem. quare iussit Hesiodus nulli deorum sacra fieri oportere antequam manus lotæ fuerint mane, cum ita scribat in operibus:

Μηδέποτ' ἐξ ἠοῦς Διῒ λείβειν αἴθοπα οἶνον
χερσὶν ἀνίπτοισι μηδ' ἄλλοις ἀθανάτοισι.
Nunquam vina Ioui, superisue rubentia, libes,
Ante manus fluuij quàm pura laueris vnda.

Nam cum purus sit Deus, & ab omni prorsus sorde immunis, non conuenire crediderunt illi ministro, qui ad eius altare accederet, manus, aut aliquam corporis

partem

partem habere inquinatam aut impuram. Quare siquis neglecta purgatione ad sacrificia accessisset, illius preces Deos neque audire neque respicere arbitrabantur. erat præterea nõ parua diligentia in eligendis lignis, quæ conuenirent singulis sacrorum generibus: quoniam non ex quibusuis lignis ignis accendebatur, sed ex lignis in legibus sacrificiorum nominatis. Sic in sacris Bacchi antiquitus nulla ligna, nisi oporobasilidis, aut phibaleæ ficus, aut viticis cum folijs vitium vtebantur, vt ait Hegemon lib. 2. Georgicorũ. in sacris Veneris myrtus vtebatur. at apud Sicyonios ignis non fiebat nisi è lignis Iuniperi, quibus folia addebantur pæderotis, vt ait Pauſ. in Corinthiacis. In Iouis sacris ilicis ligna, in Martis fraxinorum, in sacris Herculis albæ populi, cerri, aut æsculi, aut corni, vt scriptum est ab Ephoro lib. 2. de Ponderibus Asiæ, & ab Epigene in Heroina. Sunt autem huic rei argumento illa, quæ scripta sunt à Timeo Siculo in libro secundo historiarũ in hũc modum: μετὰ τῆς Τροίας ἅλωσιν πολλοὶ τῶν Λοκρῶν περὶ τὰς γηρέας ναυαγήσαντες ἀνῃρέθησαν. οἱ δὲ λοιποὶ σὺν αἴαντι μόλις εἰς λοκρίδα διεσώθησαν. φθορᾶς δὲ καὶ λοιμοῦ τὴν χώραν αὐτῶν μετὰ τὸν τρίτον ἔτος ἐχόντων διὰ τὴν μῖξιν ἀθέμιτον αἴαντος τῇ κασσάνδρᾳ, ἔχρησεν ὁ θεὸς δεῖν εἰς ἔτη χίλια τὴν ἀθηνᾶν τὴν ἐν ἰλίῳ ἱλάσκεσθαι, πέμποντας δύο παρθένους ἐπὶ κλήρῳ καὶ λογήσει καὶ μετὰ ταῦτα ἔθος ἦν τοῖς τρωσὶ τὰς πεμπομένας φρουπαντοῦσι καταχεῖν καὶ ἀναιρεῖν καὶ τοῖς ἀκάρποις καὶ ἀγρίοις τῶν ξύλων καίειν ὅπερ ἐποίουν μέχρι τοῦ φωκικοῦ πολέμου. τότε γὰρ ἐπαύσαντο ταύτης τῆς θυσίας, μᾶλλον δὲ ἀσεβείας. Post captam Troiam multi ex Locris naufragium iuxta Gereas passi perierunt, reliqui verò cũ Aiace per summas difficultates in Locridem tandem euaserunt. At vero anno deinde tertio cum fames & pestilentia eorum regionem inuasisset, quia neglecta religione Aiax cum Cassandra rem illegitime habuisset, respõsum est redditum ab oraculo oportere per mille annos placare Palladem Troianam duas virgines è suis quotannis sortitos Troiam mittentes. Mansit postmodo illa consuetudo Troianis vt missas virgines obuij caperẽt ac iugularent, quas postea sterilibus, & agrestibus lignis comburerent, qui ritus ad belli Phocensis vsque tempora perdurauit. Tunc enim immunitatem eius sacrificij, vel potius eius impietatis Locrenses obtinuerunt. Est autem illud argumento, quòd summam diligentiam adhiberẽt antiqui in eligendis lignis ad sacrificia, quòd cum ædituis, auguribus, fæcialibus, interpretibus, lignatores etiam vocati præerant sacrificijs, quibus id tantum curæ erat, vt legitima ligna pararentur, & concinne igni imponerentur. nam nisi omnia seruarentur legitima in sacrificijs, publicæ inde calamitates oriebantur, cuius rei vel illud est argumento, quòd si quis in Iouis Lycæi templum, aut ẽt in aream, minime peractis prius lustrationibus legitimis, ingressus fuisset, intra annum omnino mori necesse erat, vt scripsit Hegelander lib: 17 & Pauſ. in Arcadicis. idcirco scriptum est a Pauſ. in prioribus Eliacis in Iouis olympij fano. vbi magistratus nigro ariete faciebant, neque vlla portio victimæ dabatur vati, sed collum tãtum lignatori more maiorum, mandatũ fuisse negotium lignatori vt ad sacrorũ vsum ligna certo precio daret vel publice ciuitatibus, vel priuatim cuilibet, quæ nõ erãt ex alia arbore, quã ex alba populo, qui honor habitus est arbori, quòd eã Hercules è Thesprotide primus in Græciã portauit quã ad fluuiũ Acherõtẽ Thesprotidis reperit, cuius etiam lignis victimarum femora cremauit. Dicebantur esse in Lydis Persicis cognomento vocatis vrbes duæ, Hippepæ & Cæsarea, in quibus vtrisque templum erat amplissimum cum cellis & aris, super quibus erat cinis lõge diuerso colore à cinere cõi. Huc ingressus sacerdos lingua græcis ignota aris imponebat, caput tiara velabat, implorabat Dei ignoti cognomen, cũ recitasset carmen ex libro lingua plane ignota Græcis ac perorasset, sponte sua è lignis nullo igne admoto, purissima flamma omnibus procul absistentibus emicabat, vt ait

Theagenes in libro de Dijs, & Pauſ. in prioribus Eliacis. Tanta diligentia & in purgationibus & in omni ſacrificiorum ratione vti oportebat. Summæ præterea obſeruantiæ & reuerentiæ Deorum templa fuerunt apud maiores, nam ſiquis ſupplex ad aras Deorum confugiſſet, eum inde diuellere per religionem non licebat, vt ſcribitur à Pauſ. in Achaicis. quare cum Athenienſium magiſtratus in eos ſæuiiſſent, qui cum Cydone in arcem Mineruæ confugerant, & ipſi, & omnes eorum poſteri violatæ religionis Mineruæ pœnas dederunt. Sic Lacedæmonij cum violaſſent eos, qui ſupplices in templum Neptuni confugerant, tam ingentibus tamque crebris terræ motibus Sparta concuſſa eſt, vt nulla propè domus expers tantæ ruinæ fuerit, atque longum eſſet calamitates eorum memorare, qui propter neglectam vel falſam antiquorum religionem in ſummum capitis diſcrimē inciderunt. Erant præterea nonnullis in ciuitatibus quædā familiæ, quæ ſolæ nōnullorum deorum ſacris initiarētur, ſicut Herculi Pinarij, vt eſt apud Virg lib. 8. At Cereris ſacris apud Athenienſes ſoli initiabantur Eumolpidæ, quia primus Eumolpus illa ſacra celebrauit, vt teſtatur Acesodorus his verbis: κατοικῆσαι δὲ τὴν ἐλευσῖνα ἱστοροῦσι, πρῶτον μὲν τοὺς αὐτόχθονας, εἶτα θρᾷκας τοὺς μετ' εὐμόλπου παραγενομένους πρὸς βοήθειαν, εἰς τὸν κατ' ἐρεχθέως πόλεμον. τινὲς δ' ἔφασι καὶ τὸν εὔμολπον εὑρεῖν τὴν μύησιν τὴν συντελουμένην κατ' ἐνιαυτὸν ἐν ἐλευσῖνι, δήμητρι καὶ κόρῃ. Habitaſſe in Eleuſine prius indigenas narrant, at deinde Thraces, qui Eumolpo ſuppetias tulerunt per bellum, quod fuit illi cum Erectheo. at alij inquiunt, Eumolpum inueniſſe ſacrificia quæ fiunt anniuerſaria in Eleuſine Cereri & Proſerpinæ. Androtio vero lib. 2 de ſacrificijs non eum Eumolpum inquit illa ſacrificia inueniſſe, ſed alium Eumolpum, qui fuit quintus à primo qui pugnauit aduerſus Erectheū, ſic enim inquit, εὐμόλπου γὰρ γενέσθαι κήρυκα, τοῦ δὲ εὔμολπον τοῦ δὲ ἀντίφημον, τοῦ δὲ μουσαῖον τὸν ποιητὴν, τοῦ δὲ εὔμολπον τὸν καταδείξαντα τὴν μύησιν, καὶ ἱεροφάντην γεγονότα. Nam Eumolpum fuiſſe præconem, ex quo naſcitur Eumolpus, ex hoc Antiphemus, ex hoc Muſæus poeta, ex hoc Eumolpus, qui ritum ſacrorum demonſtrauit, atque functus fuit ſacerdotio. Erat illa præterea conſuetudo, vt victimæ inauratis cornibus ad aras candidę adducerētur, vti teſtatur Valerius Flaccus in primo Argonauticorum.

> Dabit auratis & cornibus igni
> Colla pater, niueique greges altaria cingent.

Neque parua adhibebatur præterea diligentia in obſeruādis victimis, vbi ad aras adductæ fuiſſent, an libenter aſtarent: nam ſi reluctarentur, remouebātur ab aris, quia Diis minime gratæ eſſe putabantur. quare ita ſcripſit Virg. lib. 2. Georg.

> Et ductus cornu ſtabit ſacer hircus ad aram.

Experiebantur præterea voluntatem victimarum per molarum inſperſiones, cū illis & cultri & victimarum tergora conſpergerentur, & cultrum obliquū a fronte ad caudam ante immolationem deducere ſolebant, quod innuit Virg. lib. 12.

> Dant fruges manibus ſalſas, & tempora ferro
> Summa notant pecudum.

Enimuero tantum erat in obſeruandis victimis ſtudium, vt non ſufficere videretur ſi quietæ ad aram aſtitiſſent, niſi etiā annuerēt ſacrificijs, vt ait Myrtilus lib. 2. rerum Lesbicarum his verbis: οἱ μὲν οὖν ἱερεῖς τὸ ὕδωρ εἰώθασιν ἐμβαλεῖν εἰς τὸ οὖς τοῦ ἱερείου, ὡς ἐπινεύῃ ταῖς τελεταῖς. Nam ſanè ſacerdotes aquam infundere in aurem victimæ conſueuerunt, vt illa annuat illis ſacrificijs. Erāt aquę præterea proprię ſingulis ſacrificijs magis aptæ creditæ. nam in ſacris & in nuptijs Athenis nulla aqua, niſi Callirhoes fontis vti mos fuit. In Delo aqua templi nulla alia in re, niſi in ſacris vti ſolebant. ac neque fluuiorum quidem cæterorum omniū aqua omnibus ſacrificijs aptę putabantur: ſiquidem Ioui olympio aqua Alphei

grata

grata fuit, vt in Arcadicis rebus testatur Pausanias. At Amphiarai fontis vocati, qui erat in Oropiorum agro Amphiarai & Apollinis templo proximus, aqua neque ad lustrandum, neque ad lauandas manus vti fas esse centebant. tanta erat antiquorum in rebus sacris rite peragendis industria ac diligentia. obseruabatur præterea ex institutis sacrificiorum vt ternarius numerus in sacris vsurparetur: nam, vt scripsit Porphyrius in libro de sacrificiis, mos fuit antiquorum vt cum floribus herbas, & ramos arborum & animalia dæmonibus prius offerrent, cum essent altissimo Deo immolaturi, quod quidem ter faciebant, vt illi dæmones ipsi summo Deo vota ac preces hominum sacrificantium asportarent, quos Dei supremi nuntios esse arbitrabantur. His enim & gratias agebant pro impetratis à Deo beneficijs, & salubria precabantur, & hos venerabantur vt summi & excelsi Dei illius ministros. His ita obseruatis tum sacerdotes preces incipiebant, ac paucis præmissis vinum inter cornua victimarum effundebāt, vt innuit Ouid. lib. 7. Metam.

> Admoti quoties templis dum vota sacerdos
> Concipit, & fundit purum inter cornua vinum.

Atque Virg. non solum sacerdotes, sed illos etiam, quorum ergo sacra fiebant, vinum inter cornua fundere solitos ait lib. 4. Aen.

> Ipsa tenens dextra pateram pulcherrima Dido
> Candentis vaccæ media inter cornua fudit.

Deinde paucis interiectis precibus farina hordei cum sale permisto primum in tergus victimæ spargebatur, quæ ista de causa tenui aqua, tanquam leui imbre, fuerat à ministro perfusa, atque illæ molæ dicebantur: quas Græci οὐλοχύτας vocarunt, cum sit οὐλὴ hordeum, χέω fundo. Vbi igitur ita conspersæ victimæ aliquandiu stetissent, dum preces à sacerdotibus, sacrorumque præfectis agerentur, cultri ad eas iugulandas aut secures parabantur, & hydria aqua plena ad lauandas manus ministrorum. Deinde post nonnullas precationes aliam molarum partem cum villis è fronte victimæ euulsis in ignem super aram tunc accensum conijciebant, quæ prima libamina vocabantur. hoc ita significauit Hom. lib. 3. Odyss.

> χέρνιβά τ' οὐλοχύτας τε κατήρχετο, πολλὰ δ' Ἀθήνῃ
> εὔχετ' ἀπαρχόμενος, κεφαλῆς τρίχας ἐν πυρὶ βάλλων.
> Fudit aquas, iniitque molas, ac multa precatus
> Pallada, dat flammæ euulsos de vertice villos.

atque postea idem poeta libro etiam ξ.

> Ἀλλ' ὅγ' ἀπαρχόμενος κεφαλῆς τρίχας ἐν πυρὶ βάλλεν
> Ἀργιόδοντος ὑός, καὶ ἐπεύχετο πᾶσι θεοῖσι
> Verum hic sacra ferens dat flammæ forte suillos
> E capite euulsos villos, Diuosque precatur.

Sic Virg. lib. 6. Aeneidos;

> Et summas carpens media inter cornua setas,
> Ignibus imponit sacris libamina prima.

Erat illa præterea cōsuetudo, vt illi, quorū causa fiebant sacrificia, altera manu cū precibus, dextra scilicet, aram tenerent, quē ritū ita attigit Virg. lib. 4. Aeneid.

> Talibus orantem dictis, aramque tenentem,

Nec longo sanè interuallo peractis quibusdam precationibus victimas securi pertutiebant, vt patet ex lib. 3. Odyss. vbi hæc sunt carmina;

> πέλεκυν δὲ μενεπτόλεμος Θρασυμήδης
> ὀξὺν ἔχων ἐν χειρὶ παρίστατο βοῦν ἐπικόψων.
> Sumpsit Neoptolemo est audaci deinde securis,

Ille bouem cæsurus erat quo proximus aræ.

Atque si sacra fiebant superis, nulla ratio sanguinis habebatur. Enimuero hunc fuisse ritum sacrorum apud Romanos etiam, eaque in sacris seruari, quæ diximus, ita summatim complexus fuit Dionys. Halicarnass. lib. 7. rerum antiquarũ: συντελεσθείσης δὲ τῆς πομπῆς ἐβουθύτουν εὐθὺς οἱ ὕπατοι, καὶ τῶν ἱερέων οἷς ὅσιον, καὶ τῶν θυηπόλων. τρόπος ὁ αὐτὸς ἦν τῷ παρ' ἡμῖν. χερνιψάμενοί τε γὰρ αὐτοὶ καὶ τὰ ἱερὰ καθαρῷ περιαγνίσαντες ὕδατι, καὶ δημήτρος καρποὺς ἐπιρράναντες αὐτῶν ταῖς κεφαλαῖς, ἔπειτα κατευξάμενοι, θύειν τότε τοῖς ὑπηρέταις αὐτὰ ἐκέλευον. τῶν δὲ οἱ μὲν ἑστῶτος ἔτι τοῦ θύματος, σκυτάλῃ τοὺς κροτάφους ἔπαιον· οἱ δὲ πίπτοντος ὑπετίθεσαν τὰς σφαγίδας, καὶ μετὰ τοῦτο δείραντές τε καὶ μελίσαντες ἀπαρχὰς ἐλάμβανον ἐξ ἑκάστου σπλάγχνου καὶ παντὸς ἄλλου μέλους, ἃς ἀλφίτοις ἀναδεύσαντες ζειᾶς προσέφερον τοῖς θύουσιν ἐπὶ κανῶν. οἱ δὲ ἐπὶ τοὺς βωμοὺς ἐπιθέντες, ὑφῆπτον καὶ προσέσπενδον οἶνον κατὰ τῶν ἁγιαζομένων. Vbi transacta fuisset pompa, continues statim boues immolabant, & ex sacerdotibus aut ministris cuicunque munus illud conuenire putaretur. erat idem qui est apud nos ritus. Nam manus ipsi lauantes, puraque aqua victimas lustrantes, ac Cereris fructibus illarum capita spargentes, postea precati, iubent ministris illas mactare. Ex iis vero, alii statis adhuc victimę tempora scytale percutiebant, alii sub illam cadentem sigilla supposuerunt, ac postea corio nudantes, membratimque dissecantes è singulis intestinis primitias capiebãt, cæterorumque membrorum: illas igitur farina hordei conspergentes in canistris ad sacrificantes afferebant. Illi super altare imponentes ignem accendebant, vinumque libantes in eas victimarũ primitias effundebant. Hæc summatim à Dionysio. Adhibebãtur & alia lumina in sacrificiis Deorum cœlestium præter ignem vrendis sacrificiis necessarium: per quæ significabant vim clarissimam Deorum patere in rebus omnibus; atque per ipsa lumina puritatem etiam ipsorum Deorum demonstrabant, ad quorum sacrificia non liceret, nisi puros accedere. Vbi igitur purgatæ, & molis conspersę, & dissectæ fuissent victimæ; antequam illarum membra incensis altaribus imponerentur, thus in flammas iniiciebatur, & in illud vinum è pateris in flammas in Deorum honorem, quod ita innuit Ouid. lib. 13 Metam.

Thure dato flammis, vinoque in thura profuso,
Cæsarumque boum fibris de more crematis.

Postquam hæc egissent, elegissentque partes victimæ quas Diis offerrent, reliquas in conuiuia, quæ per omnes solennitates in honorem Deorum fiebant, reseruabant. at illæ partes quæ electæ forent sacrificiis, vt ignem facilius admitterent, molis conspergebantur; sicut patet ex lib. 8. Apollon.

Ἀγκαῖος δ' ἑτέροιο κατὰ πλατίων αὐχένα κόψας
χαλκείῳ πελέκει κρατεροὺς διέκερσε τένοντας.
ἤριπε δ' ἀμφοτέρῃσι περιρρηδὴς κεράεσσιν.
τοὺς δ' ἕταροι σφάξαντε βοῶς, δειράντε βοείας.
κόπτον δαιτρεύοντε, καὶ ἱερὰ μῆρ' ἐτάμοντο.
κὰδ δ' ἄμυδις τά γε πάντα καλύψαντες πύκα δημῷ
καῖον ἐπὶ σχίζῃσιν, ὁ δ' ἀκρήτους χέε λοιβὰς
Αἰσονίδης.
Tum bouis alterius percussit colla securi
Area ibi Ancæus, fortes neruosque cecidit.
Prolapsus ceciditque ingens in cornua humi bos.
Hos socii iugulãte citi, his & tergora costis
Diripere: & coxas, & cædere singula membra:
Hæc adipe & tegere, & sacris imponere flammis

Aeso-

Aesonides, atque inde molas conspergere salsas.

Cum ignis postea exarsisset, vt etiam magis extolleretur, supra hæc vinum effundebant, sicut ait Hom. primo Iliad.

καῖε δ' ἐπὶ σχίζος ὁ γέρων, ἐπὶ δ' αἴθοπα οἶνον
λεῖβε.
Vsit ligna super senior: tum munere Bacchi
Libauit, fuditque merum.

In sacrificijs illorum Deorum qui aerij putabantur, præter ignem cantilenas etiã addiderunt, cum illos harmonia delectari arbitrarētur, atque Dei huiusmodi credebantur omnes illi dæmones, qui à terra & ab aqua omnem regionem vsque ad locum stellarum supremum gubernarent. Nam ad triginta millia dæmonũ esse scribit Hesiodus, qui Iouis sint ministri, & obseruent quæ fiant à singulis hominibus: ita nihil, quod Deo cognitum non sit, esse existimarunt. Sic enim inquit:

τρὶς γὰρ μύριοι εἰσὶν ἐπὶ χθονὶ πουλυβοτείρῃ
Ἀθάνατοι Ζηνὸς φύλακες θνητῶν ἀνθρώπων.
οἵ ῥα φυλάσσουσίν τε δίκας, καὶ σχέτλια ἔργα
ἠέρα ἑσσάμενοι, πάντῃ φοιτῶντες ἐπ' αἶαν.
Millia triginta terras habitantia diuum
Sunt Iouis. hi obseruant hominum mortalia facta.
Obseruant pariter peragrantes fasque nefasque.
Aeris induti velamine.

At Iamblicus, & Trismegistus, & Psellus, & reliquorum sapientum complures non solum triginta millia dęmonum esse censuerunt: sed vniuersum aera & cœlos plenos esse dęmonibus crediderunt, qui latè per aera vagarentur, & ad nidores sacrificiorum accurrerent. His igitur dęmonibus aeriis cum sacra fierent, præter lumina, & nidores cæsarum victimarum, cantus etiam, & odores multos, & thus adhibebant, vt testatur id Virg. lib. 3. Aeneid.

Iunoni Argiuæ iussos adolemus honores.

sic lib. v. Farre pio, & plena supplex veneratur acerra.

Idcirco Medea vtpote venefica sacrorum rituum peritissima, cum ventis sacrificaret apud Apollonium Rhodium lib. 4 maximè odorifera ac suauia offert sacrificia, vt est in his:

τοῖα παραφαμένη θελκτήρια φάρμακ' ἐπάσσεν
Αἰθέρι καὶ πνοιῇσι, τά κεν καὶ ἀπωθεν ἐόντα
Ἄγριον ἠλιβάτων κατ' οὐρέων ἤγαγε θῆρα
Tantum effata leuia mulcentia pharmaca ventos,
Aetheraque inspersit, procul illa è montibus altis
Deduxere feram syluestrem, quò illa cupiuit.

& Hom. lib. 1. Iliadis pro depellenda pestilentia nidores victimarum Apollini etiam obtulit in his:

Αἴκέν πως ἀρνῶν κνίσης, αἰγῶν τε τελείων
Βούλεται ἀντιάσας, ἡμῖν ἀπὸ λοιγὸν ἀμῦναι
Si vult caprarum, si vult nidoribus ille
Obuius agnorum fieri, ac depellere pestem.

Et quoniam cantus, & harmonia, musicorumque instrumentorum soni non sine quadam voluptate aera permouent, illa de causa cantu etiam delectari illi dæmones crediti sunt, quare vt ait ibid. Hom.

οἱ δὲ πανημέριοι μολπῇ θεὸν ἱλάσκοντο
καλὸν ἀείδοντες παιήονα κοῦροι ἀχαιῶν,
μέλποντες ἑκάεργον. ὁ δὲ, φρένα τέρπετ' ἀκούων.

Phœbeas iras placabant carmine Graij
Per luces totas pulchrum pæana canentes.
Cantantes Phœbum: huic mulcebant gaudia pectus.

Sic in sacris matris Deum, et nonnullorum Deorum, addebantur etiam musica instrumenta, quare inquit Ouid. in lib. primo de Ponto;

Ante Deûm matrem cornu tibicen adunco
Cum canit, exiguæ quis stipis æra neget?

Istud autem efficere putabant, vt tibijs vterentur in sacris, quo animi præsentium hominum diuerterentur à priuatis cogitationibus ad Deorum immortaliū reuerentiam, quia nescio quid diuinū imprimit in animis nostris vis musica. Ioui, cum mens illa suprema diuina credebatur, non adhibebantur nisi lumina in sacrificiis, at cū Iupiter pars esset summa aeris, tunc adhibebantur musica instrumenta, vt cæterorum Deorum sacris nonnullorū; quippe cū simulatis sacrificiis & paruus per illorū strepitum paternæ crudeliter fodicatus fuisse surreptus. In antiquis huius sacrificijs strophe & antistrophe modulè canebantur, ad imitationem motuum stellarum, vt ait Aristoxenus in lib. primo de foraminibus tibiarum, & Bito in libro quē scripsit ad [illegible] de musicis instrumentis. Nam modo huc, modo illuc inter illa sacra saltantes voluebantur, atque per strophen motū primum huius vniuersi, per antistrophen, proprias singulorum planetarum motiones, significabant. Erant autem carmina in sacris nihil aliud quàm commemorationes eorum beneficiorum, quæ Dij ipsi in homines benignè contulerant, cum virium ipsorum Deorum, & clementiæ & liberalitatis amplificatione, & cū precibus vt benigni ac faciles precantibus accederent, vt ait Philochorus in lib. de sacrificijs, vt significant hymni orphei, & iubet omnis ratio conscribendorū hymnorum, quale est id Apol. lib. 2.

Ἀμφὶ δὲ δαιομένοις εὐρὺν χορὸν ἐστήσαντο
καλὸν ἰηπαιήον' ἰηπαιήονα φοῖβον
μέλποντες· σὺν δέ σφιν ἐὺς πάις οἰάγροιο
Βιστονίῃ φόρμιγγι λιγείης ἦρχεν ἀοιδῆς.
ὥς ποτε πετραίῃ ὑπὸ δειράδι παρνασοῖο
Δελφύνην τόξοισι πελώριον ἐξενάριξε
κοῦρος ἐὼν ἔτι γυμνὸς, ἔτι πλοκάμοισι γεγηθώς. ἱλήκοις.
Incensa statuere choros altaria circum.
Cuncti ibi Iopæona Iopæona Phœbum
Cantantes, vnaque Oeagri filius Orpheus
Bistoniâ sumpta cithara canere incipit altè.
Horrendum vt fixit serpentem rite sagittis
Ad iuga Parnasi saxosi paruulus infans
Phœbus adhuc, nudusque, & gaudens crinibus aureis.
Sis placidus, facilisque veni.

Sic apud Virgilium Euandrus accedenti Aeneas commemorat post conuiuium, quæ causa ipsum compulerit ad illa sacrificia instauranda: quippe cum non solum inter sacrificia, sed etiam in conuiuiis, & in omnibus solennitatibus antiquorum essent sermones de rebus ab illis Diis gestis. Laudes autem Deorū & hymni dum vrerentur victimarum partes aræ impositæ circa ipsam aram canebantur, at cum vstæ fuissent illæ, & quæ reseruatæ erant in conuiuium coctæ, his vescebantur. Deinde post conuiuium antequam discederent gratias Diis agentes, quòd eos in conuiuium accepissent, vltimam sacrificiorum partem linguas victimarum in sacros ignes coniiciebant, & vini parum super illas, vt testatur Apollon. lib. 1.

τῇισιν ἐπὶ γλώσσῃσι χέοντας
Αἰθομέναις.
Interea accensis fundunt libamina linguis.

Sic etiam Homerus lib. 3. Iliad. γλώσσας δ' ἐν πυρὶ βάλλον. inijciūt igni linguas. Istud autem fiebat vbique in honorem Mercurij, cui linguæ erant cōsecratæ, atq; post exustas linguas gratias Dijs agentes vnusquisque læti ex illis sacrificijs domū discedebant. at nunc de sacrificijs marinorum dicamus.

De sacrificijs marinorum Deorum. Cap. XI.

AT vero quoniam dæmones illi, qui mari præerant, pro natura loci crasſiores esse putabantur; idcirco in eorum sacris crasſiora quædam corpora quàm essent vel nidores vel cantus offerebantur, quæ ad gustum pertinerent, corpusq; haberent magis solidum. Nam cum vinum in sacrificijs Deorum superorū offerretur, & delectæ partes victimarum, tamen ex illis in ignem coniectis & concrematis nihil aliud ad eos Deos nisi nidor & vstulatorum animalium fumus perueniebat: vel odor thuris. At in sacrificiis marinorum Deorum res longe aliter se habere credita est. nam cum taurus Neptuno mactabatur, tunc sanguis colligebatur in crateres, atque non percutiebantur securi victimæ, sed cultris iugulabantur. Erant autem nigræ illæ victimæ, quæ vel Diis inferis, vel tempestatibus, vel Dijs marinis offerebantur, vt patet ex lib. 3. Odyss. cum semper in littore maris sacra fierent marinis:

τοὶ δ' ἐπὶ θινὶ θαλάσσης ἱερὰ ῥέζον,
ταύρους παμμέλανας ἐνοσίχθονι, κυανοχαίτῃ.
Ad maris vndisoni faciebant litora sacrum,
Nigranti tauro Neptuno, qui regit vndas.

atque cum turbato Neptuno taurus immolaretur, tunc vbi esset placidus, mactabatur agnus, & aper aliquando: quæ etiam animalia cum maris naturam variis tēporibus indicarent, omnia simul aliquando cædebantur in Nept. sacrificiis, vt indicat Home. lib. λ. Odysseæ;

ῥέξας ἱερὰ καλὰ Ποσειδάωνι ἄνακτι
Ἀρνειὸν, ταῦρόν τ', συῶν τ' ἐπιβήτορα κάπρον.
Legitimè regi Neptuno sacra peregit,
Agno, tauro, aproque sues qui suetuit inire.

Iugulatarum deinde victimarum in sacris marinorum sanguis collectus in mare è patera fundebatur cum precibus, quod genus rituum à sacrificantibus in littore seruabatur. sin autem in naui initiarentur, victimas non in pateram, sed in mare cum precibus iugulabant, vt ait Apollonius lib. 4. in his.

ἦ ῥ' ἅμα δ' εὐχωλῇσιν ἐς ὕδατα λαιμοτομήσας
ἧκε κατὰ πρύμνης.
Ille preces fundens iugulauit in æquoris vndam.
Mox de puppe iacit.

cum iugulassent igitur ac dissecuissent victimas, prius exta cum precibus, deinde vinum in aquam deiiciebant vt ait Virgilius lib. 5. his carminibus;

Ipse caput tonsæ folijs ornatus oliuæ,
Stans procul in prora pateram tenet: extaque salsos
Porricit in fluctus, ac vina liquentia fundit.

& Valerius Flaccus lib. 2. Argonauticorum, qui ita scribit;

Tum pelago vina inuergens dux talibus infit.

Neque vero conuenire horum Deorum naturæ videtur illud, quod scribitur ab Ouid.

Ouid.lib 11. Metamor.qui thuris etiam odorem Diis marinis tribuit, cum aeris tantum numinibus,vt diximus, at non etiam aquaticis, id genus sacrificij ad altiora tendentis conueniat: sic enim inquit;

> Isque Deos pelagi vino super æquora fuso,
> Et pecoris fibris, & fumo thuris adorat.

Apud Virgil præterea lib 4 Georg in sacrificiis Oceani, quæ fiunt à Nymphis, vinum in flammas, at non in mare funditur; quod non fiebat contra ius sacrorum, cum illæ essent sub aquis, quamuis mathematicus & philosophus acutissimus Hector Ausonius de antiquorum sapientum sententia ad chemicam artem hanc rem pertinere arbitratur. neque etiam ob eam causam parum conuenit is ritus Oceano,quia per Oceanum modo patrem omnium,modo humorem diuinitus in omnia naturalia corpora,omnemque materiam diffusum,antiqui significarunt. sic autem ait Virgil.

> Oceano libemus ait,simul ipsa precatur
> Oceanumque patrem rerum, Nymphasque sorores,
> Centum quæ syluas, centum quæ flumina seruant.
> Ter liquido ardentem perfudit nectare vestam:
> Ter flamma ad summum tecti subiecta reluxit.

Vtebantur autem ternario numero in sacrificijs, quoniam ille numerus perfectus est,non solum ob dimensiones corporum vt ait Arist. in primo cœli, sed etiam quia Deus est omnium quæ videntur, & quæ videri non possunt, moderator: non aliter atque paris & imparis vim habet trias, cum omnes sint numeri pares aut impares,atque sicut Deus est principium omnium quæ aguntur, ita primus ternarius numerus omnium reliquorum per se ipsum auctus triangulum cõstituit parium laterum,quę prima est earum figurarum,quæ pluribus constant lateribus. Atqui quòd eo numero in sacris vterentur, ita testatur Valer. lib. primo Argon.

> Ipse ter æquoreo libans carchesia patre.

Nam non quouis impare gaudere dictus est Deus à Virgilio,sed eo qui primus est numerorum imparium,& initium corporum solidorum constantium è pluribus areis. In sacrificij, etiam fluuiorum & patriorum Deorum ac heroum, siqui per flumen nauigarēt (nam mos fuit antiquis vt dijs eorum locorum,ad quæ nuper accedebant, sacrificarent antequam de naui exirent,vt ij benigni ac fausti exciperent accedentes) idem ritus seruabatur, cum vina in fluuios effunderentur cum precibus,vt ait Apollon.in lib 2.

> Α'υτὸς δ' αἰσονίδης χρυσέῳ ποταμόνδε κυπέλλῳ
> οἴνου ἀκηρασίοιο μελισταγέας χέε λοιβὰς
> γαίῃ τ' ἐνναέταις τε θεοῖς, ψυχαῖς τε καμόντων
> ἡρώων. γουνοῦτο δ' ἀπήμονας εἶναι ἀρωγοὺς
> Εὐμενέως
> Ipse merum è cyatho libamen fudit, & auro,
> Aesonides liquidum in fluuium: sic inde precatur.
> Tellurem, indigetesque Deos,animasque sepulcrorum
> Heroum, placidi at veniant, facilesque profectis.

Nymphæ item cum aquarum Deæ esse putarentur, crassiora quædam & ipsæ sacrificia requirebant: quibus mel & lac offerebatur, & mulsum. ac nunc de sacris inferorum.

De

De sacrificijs inferorum. Cap. XII.

SAcrificia illa, quæ Diis inferis fiebant, non solo tempore, sed etiam colore victimarum, & ritu plurimum differebant: nam, vt diximus, hæc sacrificia nō nisi per noctem fieri consueuerunt, vt ait Virg. lib. 6.

Tum Regi stygio nocturnas inchoat aras.

quòd autem nigræ victimæ Dijs inferis immolarentur, testatur ita idem poeta;

huc casta sybilla
Nigrarum pecudum multo te sanguine ducet:

vt autem victimæ, quæ superis mactabantur cum iugularentur, cogebantur iugulum superius vertere: ita quæ mactabantur inferis, caput ad terram depressum tenebant: vt ait Cleon in primo Argonauticorum: & Myrtilus in secundo rerum Lesbycarum his verbis: εἰώθασιν οἱ ἱερεῖς τὰ ἔντομα τοῖς κάτω θεοῖς ἐναγιζόμενα ἐν τῇ γῇ ἀποτέμνεσθαι τὰς κεφαλὰς, οὕτω γὰρ θύουσι τοῖς ὑποχθονίοις. τοῖς δὲ οὐρανίοις ἄνω ἀναστρέφουσι τῶν ἱερείων τὸν τράχηλον σφάζοντες. consueuerunt sacerdotes victimis, quæ mactantur inferis, humi capita incidere: sic enim subterraneis sacrificant. At cęlestibus immolantes colla sursum conuertentes iugulant. in horum igitur Deorum sacrificijs victimæ in effosas foueas iugulabantur, vt est in lib. 3. Apollon.

Πυχύιον δ' ἀρ' ἔπειτα πέδῳ ἔνι βόθρον ὀρύξας
Νήησε σχίζας ἐπὶ δ' ἀρνειοῦ τάμε λαιμόν.
Inde in planitie foueā defodit in vlnam,
Atque agni iugulum ferro, cultroque cecidit.

Sic etiam Ouid. lib. 7. Metamorph.

Aut procul egesta scrobibus tellure duabus
Sacra facit, cultrosque in guttura velleris atri
Conijcit, & patulas perfudit sanguine fossas.

Cum iugulassent in foueam, vinum deinde cum precibus in sanguinem effundebant, quare ita inquit idem.

Tum super inuergens liquidi carchesia Bacchi,
Alteraque inuergens tepidi carchesia lactis,
Verba simul fundit.

Lucianus tamen in Necyomantia videtur existimasse sanguine tantum cōspergi foueas, at non eò totum infundi. Colligebatur aliquādo sanguis et victimarū iugulatarū in his sacrificijs, non aūt in foueas effluebat, vt est apud Virg. lib. 6.

Supponunt alij cultros, tepidumque cruorem
Suscipiunt pateris, ipse atri velleris agnam
Aeneas matri Eumenidum, magnæque sorori
Ense ferit, sterilemque tibi Proserpina vaccam.

Cum vero sacra fierent Plutoni inferorū Regi, isque mens diuina putaretur, quæ in vniuersam terræ molem esset diffusa, omniaque gubernando penetraret, sicut Oceanus per mare penetrare creditus est: eius sacra non prorsus abhorrebant à superorum sacrificiis, quare addebatur ignis huius sacris, & illi delectæ cæsarum victimarum partes imponebantur comburendæ, vt patet ex eodem.

Tum Regi Stygio nocturnas inchoat aras.
Et solida imponit taurorum viscera flammis,
Pingue superq; oleum fundens fumantibus extis.

Nam oleum pro vino sacrificiis Plutonis adhibebatur, omnino vero Diis illis, qui erant benefici, & albæ victimæ, & placidæ mactabantur: at maleficis, ne nocerent, & nigræ & ferociores putabantur conuenire: ea tamen lege seruata vt mari-

maribus, at fœminis fœmineæ victimæ cæderentur. vinum præterea omnium prope Deorum sacris erat accommodatum, at non in sacris Cereris, nam in eius sacrificia vinum inferri non oportebat, vt testatur Plautus in Aulularia;

Cererin' mi strobile hi sunt facturi nuptias?
Qui? quia temeti nihil allatum intelligo.

Verum qui ritus sacrorum singulis generibus dæmonum conueniant, & quæ victimæ singulis fuerint dicatæ, atque omnia propè quæ seruabantur in his sacris, non solum in legibus sacrificiorum fuerunt diligenter perscripta, sed etiam ex oraculi mandato ad vnguem seruare cogebantur antiqui, quorum omnium leges ita traduntur ab Apolline,

Ἐργάζευ φίλε τήνδε θεόσδετον ἐς τρίβον ἐλθών.
Μηδ' ἐπιλήθεο τῶν μακάρων θυσίας ἐναρίζειν.
Πρῶ μὲν ἐπιχθονίοισι, τῆδ' οὐρανίοισι, ποτὲ δ' αἰθὴρ
Αὐτοῖσιν βασιλεῦσι, καὶ αἰθέρος ὑγροπόροιο,
ἠδ' ἠερίοις, καὶ ὑποχθονίοισιν ἅπασι.
Πάντα γὰρ ἐνδέχεται φύσεως μετρήματι τῶνδε.
Ξοανοῦ δ' ὡς θέμις ἐστὶ τελευτῆσαι καθαγισμοὺς
Ἀείσω, δέλτοις δὲ χαράσσετε χεινομένοιο.
τρεῖς μὲν ἐπιχθονίοις, τρεῖς δ' οὐρανίοισι θεοῖσι.
φαιδρὰ μὲν οὐρανίοις, χθονίοις δ' ἐναλίγκια χροιῇ.
Τῶν χθονίων διάνειμε τριχῇ θυσίας ἐναρίζων.
Νερτερίων καταθάπτε, καὶ εἰς βόθρον αἷμα ἴαλλε.
χεῦε μέλι νύμφαις Διονύσοιό τε δῶρα.
ὅσσοι δ' ἀμφὶ γαῖαν ποτώμενοι αἰὲν ἔασι,
Τοῖς δὲ φόνου πλήσας πάντη πυριπλήθεα βωμόν,
Ἐν πυρὶ βάλλε δέμας, θύσας ζώοιο ποταιοῦ,
καὶ μέλι φυρήσας δ' ἐπὶ οἱ ἀλφίτῳ οἴνῳ,
Ἀτμοῖσι λιβάνοιο, καὶ οὐλοχύτας ἐπίβαλλε.
Εὖτε δ' ἐπὶ ψαμάθοισιν ἴῃς γλαυκὴν ἅλα χεύας
κὰκ κεφαλῆς θυσίασε, καὶ ἐς βαθὺ κῦμα θαλάσσης
ζῶον ὅλον προΐαλλε τελευτήσας τάδε πάντα
Ἐς πλατὺν αἰθέριον χορὸν ἔρχεο οὐρανιώνων.
Ἀεραίοισι δ' ὕπειτα καὶ αἰθερίοισ' ἐπὶ πᾶσιν
Αἷμα μὲν ἐκ λαιμῶν κρουνώμασιν ἀμφὶ θυηλὰς
Αἱμάζει, τὰ δὲ γυῖα θεοῖς ἐν δαιτὶ πονεῖσθαι.
Ἄκρα μὲν ἡφαίστῳ δόμεναι, τὰ δὲ λοιπὰ πάσασθαι.
Ἀτμοῖσιν λαροῖσιν ἐνιπλήσαντας ἅπαντα
ἠέρα ῥευσαλέον, ἐπὶ δ' εὐχὰς πέμπετε τοῖσδε.
Hæc age qui nutu diuorum ingressus amice es
Huius iter vitæ, mactanda est hostia cunctis
Multa Deis; seu qui terras, seu qui mare vastum,
Aera seu qui habitant, latum seu qui æthera, seu qui
Alta tenent cœli, seu qui infima regna barathri.
Quæ quibus obseruanda modis sint singula dicam.
Tu memori percepta animo mea dicta teneto.
Terna quidem diuis cœlestibus hostia, & ipsa
Candida mactanda est, terna & terrestribus, atque
Atra eadem, gaudent porrò, & capiuntur apertis
Celestes aris; foueas cum numina contra
Exposcant atro imbutas inferna cruore.

Nec

Nec placeat, nisi quę terræ mandetur humata
Hostia. mel verò Nymphis, atque liquentia vina
Offerri lætantur, at ignem accendite aris
Quæ circum uolitant terram sibi numina quærunt,
Imponique atrum corpus. tum thura simulque
Iniicite salsas fruges, & dulcia liba.
Hæc facito. verum quibus est data cura profundi
His ipso semper fer sacra in litore, totum
Porcique in fluctus animal. cęlestibus autem
Extremas reddēs partes, atque igne cremabis.

Fuit autem illa causa cur Diis inferis sacrificaretur, quòd illi putabātur esse omnium malorum autores, vt significauit Sophocles in Electra ita scribens:

κακῶς ὄλοιο μηδέ σ' ἐκ γόων ποτὲ
τῶν νῦν ἀπαλλάξειαν οἱ κάτω θεοί.
Perdare pessime, è malis præsentibus
Nunquam Dei te liberent opto inferi.

His sacra fieri solebant ab iis, qui ad aliquo morbo conualuissent, tanquā pepercissent, quod genus καθαρισμὸν, quasi lustratio nominabatur. Sola fuerunt Eumenidum sacrificia, quæ illum pręcipuum ritum habuerunt, vt à tacitis sacerdotibus agerentur, qui Hesychidę dicti fuerunt, ante quæ sacrificia Heroi Hesycho aries immolabatur: vt testatur Polemo in iis quæ scripsit ad Eratosthenem, his verbis τὸ δὲ τῶν γένος εὐπατριδῶν οὐ μετέχει τῆς θυσίας ταύτης, ἀλλὰ μόνοι οἱ ἡσυχίδαι ὅδε γένος ἐστὶ περὶ τὰς σεμνὰς θεάς· καὶ τὴν ἡγεμονίαν ἔχει καὶ προθύονται πρὸ τῆς θυσίας κριὸν ἡσύχῳ ἥρωι, τοῦτον οὕτω καλοῦντες διὰ γοῦν εὐφημίαν οὗ τὸ ἱερόν ἐστι παρὰ τὸ κυλώνιον ἐκτὸς τῶν ἐννέα πυλῶν. At nobilioribus ad hæc sacrificia accedere nefas est: sed solis Hesychidis, quod genus est deabus Seueris gratum, principatumque obtinet in illis sacrificiis. solent immolare ante sacrificia arietem Hesyco heroi sacrum, quem ita nominant boni ominis causa, cuius sacellum est iuxta Cylonium extra nouem portas. induebantur nigris vestibus Diis inferis sacrificantes nigro hoc est nocturno tempore, vt patet ex his carminibus Apollonii lib 3. Argonaut.

ἑπτάκι δὲ βριμὼ κουροτρόφον ἐγκαλέσασα,
Βριμὼ νυκτιπόλον χθονίην, ἐνέροισιν ἄνασσαν,
λυγαίῃ ἐνὶ νυκτὶ σὺν ὀρφναίοις φαρέεσσιν.
Tunc almam Brimo stans terque quaterque vocauit,
Brimo nocturnam, terrestrem, quæ imperat vmbris,
Induta obscuram per noctem vestibus atris.

Mactabatur his ouis nigra pręgnās, vt suo loco dicetur. neq; vinū harū deatū sacrificiis erat accōmodatū, cū Nephalię dicerent. at nūc de sacrificiis defunctorū dicamus.

De sacrificijs mortuorum. Cap. XIII.

NEque verò Diis solum, qui res humanas gubernare putabantur sacrificia fiebant ab antiquis, sed etiam mortuis, tanquam dęmones quidam & ipsi existerent, sacra offerebantur, siue cum quis ad inferos descendere putaretur, siue cum anniuersariis solennitatibus, aut aliis de causis, ab inferis euocarentur, his parentabant. Cum aliquis igitur propinquus mortuus fuisset, mos fuit antiquorum vt capillos deciderent, & lugerent in eius honorem, qui mortuus esset, vt significauit Hom. lib. 4. Odyss.

νεμεσσῶμαί γε μὲν οὐδὲν

κλαίειν

κλαίειν ὅσκε θάνησι βροτῶν, καὶ πότμον ἐπίσπῃ
τοῦτο, καὶ γέρας οἶον ὀϊζυροῖσι βροτοῖσι
κείρασθαί τε κόμην, βαλέειν τ᾽ ἀπὸ δάκρυ παρειῶν.

Illum nec enim reprehendere fas est,
Qui fleat hunc, cuius fregerunt stamina Parcæ.
Solus honor sequitur mortales ille misellos,
Et tondere comam, & lacrymas in funere spargi.

Sicut etiam Alcæus epigrammatographus in his carminibus;

Πᾶσά σοι εἰχομένῳ πυλάδη κωκύεται ἑλλὰς
Ἄπλεκτον χαίταν ἐν χροὶ κειραμένη.
Extinctum luget Pyladen te Græcia tota,
Ad viuam tonsis crinibus vsque cutem.

Hos vero capillos, qui cædebantur, mos fuit tanquam inferias mortuis consecrare, & cum lacrymis in tumulũ extremum donum conijcere, vt patet ex Iphigenia in Tauris apud Eurip.

τύμβον τε χῶσον, κἀπίθες μνημεῖά μοι.
καὶ δάκρυ ἀδελφὴ, καὶ κόμας δότω τάφῳ.
Tumulumque congere, & monumenta imponito:
Comas sepulcro det soror cum lacrymis.

Nam mos fuit antiquorum vt per triduum mortuos ante lugerent, quàm iusta persoluerent, sicuti testatur Apollonius lib. 2. Arg. in his;

Ἀμφὶ δὲ κηδείῃ νέκυος μένον ἀσχαλόωντες.
ἤματα δὲ τρία πάντα γόων, ἑτέρῳ δὲ μιν ἤδη
τάρχυον μεγαλωστὶ συνεκτερέϊζε δὲ λαὸς
Αὐτῷ ὁμοῦ βασιλῆϊ λύκῳ. πὰρ δ᾽ ἄσπετα μῆλα
ἣ θέμις οἰχομένοισι ταφήϊα λαιμοτόμησαν.
καὶ δή τοι κέχυται τοῦδ᾽ ἀνέρος ἐν χθονὶ κείνῃ
τύμβος, σῆμα δ᾽ ἔπεστι καὶ ὀψιγόνοισιν ἰδέσθαι.
At circumsteterant curantes funera tristes.
Assiduos luxere dies tres. lumine quarto
Magnificè exequias struxerunt. tota parentat
Vrbs cum rege Lyco. Iugulant in funera multas
Lanigeras pecudes, defunctis munera sueta.
Illa dies tumulum erexit regionibus illis,
Quem seri poterunt etiam monstrare nepotes.

Vbi præstãtiores viri essent mortui & opulentiores, illis pyra insignis struebatur insignis; & si essent in bello mortui, captiui pro victimis cũ illis vrebantur, Vt innuit Verg. lib. 11.

Vinxerat & post terga manus, quos mitteret vmbris
In ferias, cæso sparsuros sanguine flammas.

Veruntamen non solum captiui, sed etiam res cariores in pyram vnà mittebantur, vel animalia, quibus maxime delectarentur viui, vt testat Hom. lib. 23. Iliad.

Ἐννέα τῷ γε ἄνακτι τραπεζῆες κύνες ἦσαν.
καὶ μὲν τῶν ἐνέβαλε πυρῇ δύο δειροτομήσας.
Δώδεκα δὲ τρώων μεγαθύμων υἱέας ἐσθλοὺς
χαλκῷ δηϊόων.
Namque nouem assueti mensæ huic catuli ante fuere.
Atque pyræ geminos iugulatos tradidit horum.
Magnanimum Troum bis senaque pignora ferro
Occidit.

Sic Virg. lib. x. Quatuor hic iuuenes, totidem quos educat Vfens

Viuentes rapit inferias, quos immolet vmbris:

Captiuoque rogi perfundat sanguine flammas.

Vbi has inferias obtulisset, cadauer ad pyram afferebatur; quo pyræ imposito ignis à propinquiore subiiciebatur, in quam pyram vltima dona omnes amici congerebant vel ad odorem, vel ad gustũ pertinentia, vel vt pyra facilius concremaretur, deinde cineres, & quod reliquum erat ossium colligebatur, vinoque rigabatur, vt cum suaui odore extingueretur, & in vasa modo aurea, modo argentea, modo ærea includebatur, vt ait Virg. lib 6.

& subiectam more parentum

Auersi tenuere facem: congesta cremantur

Thurea dona, dapes, fuso crateris oliuo.

Postquam collapsi cineres, & flamma quieuit,

Relliquias vino, & bibulam lauere fauillam:

Ossaque lecta cado texit Chorineus aheno.

At vbi anniuersariæ fierent exequiæ, nihilominus munera super aras extructas deponebantur, vt est in lib 5. apud eundem:

Nec non & socij, quę cuique est copia, læti

Dona ferunt, onerantque aras, mactantque iuuencos.

Erat tamen consuetudo vt sterilis vacca animabus mortuorum plerunque mactaretur, vt ait Homerus lib. 11. Iliad.

πολλὰ δὲ γουνούμην νεκύων ἀμενηνὰ κάρηνα,

Ἐλθὼν ἐς ἰθάκην στεῖραν βοῦν ἥτις ἀρίστη

ῥέξειν ἐν μεγάροισι, πυρήν τ᾽ ἐμπλησέμεν ἐσθλῶν.

Defunctorum animas supplex sum multa precatus.

Inquę Ithaca sterilem vaccam mactare domi sum

Pollicitus: multisque pyram contexere donis.

Cum colligerentur ossa & cineres mortuorum pyra exusta, non facile intelligere possum cur potius cadaueris, quàm lignorum essent illi cineres, qui colligebantur, si corpus super pyra impositum cremaretur, quare facile venio in eam opinionem vt credam aliquas fuisse lapideas arcas, in quibus inclusa cadauera vrerentur: cum præsertim inquiat Theophrastus in lib. de Igne, omnia quæ intra lapidem circularem includerentur, in cinerem conuerti cadauera, cum vsta alioquin deserant reliquias: καὶ πάλιν διὰ τί τὸ μὲν ἐν πυρὶ κατακαιόμενον νεκρὸν γίνεται λείψανον ὁ δὲ κύκλῳ λίθος ἐξ οὗ τοὺς σωροὺς ποιοῦσι, καὶ ὅπου ἄλλοθι τοιοῦτος ἀφανίζει πάντα, καὶ ἐν ἑαυτῷ τέφραν ποιεῖ: ac rursus, cur cadauer, quod combustum sit in igne, reliquias deserit: at lapis circularis, ex quo struem faciunt, & vbi alibi talis extiterit, omnia consumit, & intra se inclusa vertit omnia in cinerem? Sin domi mortui essent qui vrebantur, neque vlli essent captiui, qui iugularentur in pyram, res quæ cariores extitissent viuis vna comburebantur: quare Virg. Didonem facit inter cætera Aeneæ res relictas secum in pyram deferētem. Sin exequiæ fierent pro ijs, qui mortui fuissent absentes, erigebantur illis tumuli pro aris, atque his vinum & sanguinem victimarum ad radices tumuli offerebant, & aliquando lac cum sanguine, vt ait Lucianus in Necyomantia & in Charonte, animasque vocabant ad bibendum sanguinem, vt innuit Virg. lib. 3. Aeneid.

Ante vrbem in luco falsi Simoentis ad vndam

Libabat cineri Andromache: manesque vocabat

Hectoreum ad tumulum.

Ornabantur autem aræ siue tumuli, quæ pro absentibus defunctis erigebantur cupresso, quæ arbor funebris putabat, & vittis nigris aut cæruleis: mulieres quæ

adesse

adesse his exequiis non solebant, nisi solutis capillis: cuiusmodi exequiæ illæ sunt apud Virg. lib 3.

Ergo instauramus Polydoro funus, & ingens
Aggeritur tumulo tellus, stant manibus aræ
Cæruleis mæstæ vittis, atraque cupresso,
Et circum Iliades crinem de more solutæ.
Inferimus tepido spumantia cymbia lacte,
Sanguinis & sacri pateras: animamque sepulchro
Condimus, & magna supremum voce ciemus.

Hæc fieri consueuerunt pro absentibus, quæ omnia facile possunt è poetarū scriptis à quouis cognosci. Erat etiam consuetudo vt fores illarum domorū, in quibus aliquis mortuus esset cypaisso ornarentur, nequis nesciusingrediens pollueretur, quæ arbor iudicata fuit funebris, quia semel cæsa non amplius repullulet. At cineres eorum, qui vsti fuissent domi, sepeliebantur, vt testatur Sophocles in œdipode tyranno. Cum vero anniuersariæ fierent exequiæ, nigræ oues mactabantur, & sanguis catū in crateres collectus cū precibus in effosas foueas effundebatur, animæque vocabantur ad bibendum, vt significauit Euripides in Hecuba:

Δέξαι χοάς μου τάσδε κηλητηρίους
Νεκρῶν ἀγωγούς. ἐλθὲ δ' ὡς πίῃς μέλαν
κόρης ἀκραιφνὲς αἷμ', ὅ σοι δωρούμεθα.
Has mortuorum inferias meas cape
Mulcimen, adsis vt bibas hunc sanguinem
Castæ puellæ, quem tibi donauimus.

Sic Hom. etiam lib. 3. Odyss.

Αὐτὰρ ἐγὼν αὐτοῦ μένον ἔμπεδον, ὄφρ' ἐπὶ μήτηρ
ἤλυθε, καὶ πίεν αἷμα κελαινεφές.
At ibi ego mansi, genitrix donec mea venit
Sanguinem & illa bibit atrum.

Neque vero sanguinem solum, sed vinum etiam in terram effundebant, vt est Iliad, lib. 23.

οἶνον ἀφυσσόμενος χαμάδις χέε, δεῦε δὲ γαῖαν
ψυχὴν κικλήσκων πατροκλῆος δειλοῖο.
Ad terram fudit vinum, terramque rigauit,
Patroclique animam suprema voce vocauit.

His etiam fuit mos lac addere, vt superius patuit in exequiis Polydori. Quibus flores etiam addidit Virg. lib. 5 in his:

Ille è concilio multis cum millibus ibat
Ad tumulum, magna medius stipante caterua.
Hic duo rite mero libans carchesia Baccho
Fundit humi, duo lacte nouo, duo sanguine sacro:
Purpureosque iacit flores, ac talia fatur.
Salue sancte parens, iterum saluete recepti
Nequidquam cineres, animæque, vmbræque receptæ.

Mulsum præterea, & aqua, & molæ supra vinum & sanguinem in foueam iaciebantur, vt in his ait Hom. lib. 11 Odyss.

Ἔνθ' ἱερήια μὲν περιμήδης εὐρύλοχός τε
Ἴσχον, ἐγὼ δ' ἄορ ὀξὺ ἐρυσσάμενος παρὰ μηροῦ
Βόθρον ὄρυξ' ὅσσον τε πυγούσιον ἔνθα καὶ ἔνθα.
Ἀμφ' αὐτῷ δὲ χοὴν χεόμην πᾶσιν νεκύεσσι.
πρῶτα μελικρήτῳ, μετέπειτα δὲ ἡδέι οἴνῳ,

τὸ

τὸ τρίτον αὖθ' ὕδατι. ἐπὶ δ' ἄλφιτα λευκὰ πάλυνον
Sacra simul ducunt Perimedes, Eurylochusque.
Ast ipse eripui vagina protinus ensem.
Effodi foueam, quæ descendebat in vlnam.
Inferias in quam cunctis effudimus vmbris.
Ac primum mulsum, plena hinc carchesia Bacchi:
Rursus aquam, niuea texi quæ deinde farina.

Omnino verò & res aliæ complures in foueam iaciebantur; & quod putabatur superfuisse mortuis, siue quæ res è fouea nõ euanuissent, post absolutas exequiarum ceremonias nõ longo tẽporis interuallo vrebantur: vt significauit Lucianus ita in Charõte; καὶ βόθρον τινὰ ὀρύξαντες καίουσί τε ταυτὶ τὰ πολυτελῆ δεῖπνα, καὶ εἰς τὰ ὀρύγματα οἶνον καὶ μελίκρατον, ὥς γοῦν εἰκάσαι, ἐγχέουσιν. Atq; foueam quandã excauantes magnificas istas cænas vrunt, & in foueas vinũ & mulsum, vt mihi quidem videntur, infundunt. vbi animas aduocarent supra congestum tumulum ascendebant, atque inde ter animas altissima voce vocabant ipsorum mortuorum, vt ait Euripides in Oreste;

μελίκρατ' ἄφες, γάλακτος οἰνωπόν τ' ἄχνην,
καὶ στᾶσ' ἐπ' ἄκρου χώματος λέξον τάδε.
Mulsumque sparge, lactis atque asperginem,
Tumuloque summo stans loquare talia.

Quod si vocatæ animæ ad has exequias non accederent, inter mortuos illi non numerabantur; quare ita scripsit Virg. lib. 1. Aeneid.

Spemque metumque inter dubii seu viuere credant,
Siue extrema pati: nec iam exaudire vocatos.

Ac de mortuorum exequiis satis, nunc de lustrationibus dicamus.

De lustrationibus. Cap. XIIII.

ET quoniam omnis antiquorum theologia ad homines ad probitatem, & ad metum Deorum deducendos spectabat; idcirco minime grata Diis immortalibus illa sacrificia fore tradiderunt, quæ ab impuris hominibus offerebantur: sed leges rite faciendorum sacrorum omnem prius iniquitatem, omnemque crudelitatem deponere iubebant; cum illi, qui aliquo flagitio polluti ad aras accessissent, nullo pacto à Diis audiri, sed magis etiam illorum iram in se concitare, crederentur. Ea de causa non solum homines, sed animalia etiam, & loca, & vasa prius purgabantur, quam ad aram admitterentur. fiebant autem lustrationes, siue expiationes, non simplici modo: nam antequam ad sacrificia veniretur, lauabantur victimæ, ne vllam prorsus sordem haberent, atque loca vel animalia vel vasa a sacrificaturis sulphuris odore leuiter perfundebantur; sicut testatur illud Iuuenalis.

cuperent lustrari si qua darentur
Sulphura cum tædis.

Sic etiam apud Homerum in lib. 16. Iliad. poculum expiatur atq; purgatur prius sulphure, quo vsuri sunt in sacrificiis, deinde aqua perennis fluuii lauitur, vt patet in his:

τό ῥα τότ' ἐκ χηλοῖο λαβὼν ἐκάθηρε θεείῳ
Πρῶτον, ἔπειτα δ' ἔνιψ' ὕδατος καλῇσι ῥοῇσι.
Νίψατο δ' αὐτὸς χεῖρας, ἀφύσσατο δ' αἴθοπα οἶνον.
Deprompsit theca: purgauit sulphure primum.
Post lauit puris lymphæ labentibus vndis,

Inde manus lauit, tunc hausit muncra Bacchi.

Enimuero fuerunt etiã propria dijs quibusdã vasa, sicuti videtur innuisse Hom. lib. Π Iliad. ad vsum certorum Deorum reseruata, cum ita inquiat de Achille:

Ἔνθα δὲ οἱ δέπας ἔσκε τετυγμένον, οὐδέ τις ἄλλων
οὔτ' ἀνδρῶν πίνεσκεν ἀπ' αὐτοῦ αἴθοπα οἶνον,
οὔτε τέῳ σπένδεσκε θεῶν, ὅτε μὴ Διὶ πατρί.
Poculum erat promptum, vnde ardentia vina bibebat
Ex aliis nemo mortalibus, atque Deorum
Nulli libabat, nisi ad aram forte tonantis.

Addebantur à Romanis cępæ etiam, & crines, & mænides pisciculi, vt ait Plut. in Numa. accedebant oua etiam his lustrationibus, quibus vnà cũ sulphure vrebantur, vt est apud Ouid. lib. 2. de arte.

Et veniat quæ lustret anus lectumque locumque.
Præferat & tremula sulphur & oua manu.

Nam cum aliquis sui purgandi causa sacrificia instituisset propter cõmissum scelus, vel cædẽ, tunc porcellus paruus mactabatur à sacerdotibus, eiusq; manus sanguine illius porcelli luebãtur, quo sanguine animarũ quoque maculæ putabantur purgari, cuius consuetudinis ita mentionem fecit Apollonius Rhod. lib. 4.

πρῶτα μὲν ἀτρέπτοιο λυτήριον ἥγε φόνοιο
Τειναμένη καθύπερθε συὸς τέκος, ἧς ἔτι μαζοὶ
Πλήμυρον λοχίης ἐκ νηδύος αἵματι χεῖρας
τέγγεν ἐπιτμήγουσα δέρην.
Adduxit duræ, sæuæque piacula mortis
Porcellum tenerum tum matris ab vbere raptum,
Cuius abundabant etiam tunc vbera lacte.
Huius dissecuit collum, atro sanguine laui
Inde manus.

In his lustrationibus parui porcelli vrebantur, quos nominarunt καθάρσια. Postea vero quam loca sulphuris accensi fumo lustrauissent, mos erat salem in aquam conicere, & ramo vel lauri vel oliuæ vel alterius arboris, quæ esset illi Deo, cui sacra fiebant, consecrata in illam aquam demerso locum leuiter irrorare, quod fiebat iure lustrationum, vt significauit Theocr. in paruo Hercule;

καθαρῷ δὲ πυρώσατε δῶμα θεήῳ.
Πρᾶτον, ἔπειτα δ' ἅλεσσι μεμιγμένον ὡς νενόμισται
θαλλῷ ἐπιρραίνειν ἐστεμμένον ἀβλαβὲς ὕδωρ.
Incenso purganda domus est sulphure primum
Puro: tum sal, lex velut est, mittatur in vndam,
Atq; coronatum decet hac perfundere ramo.

Neque vlla satis legitima putabatur fuisse lustratio, nisi quæ fieret ab iis, qui ad orientem solem fuissent conuersi; veluti scriptum reliquit his verbis Cratinus in Chirone;

Ἄγε δὴ πὰρ ἐς ἕω πρῶτον ἁπάντων ἴσω.
καὶ λάμβανε χερσὶ σχῖνον μεγάλην,
χέω ταδί. τὸ ὕδωρ ἐκ τῶν κρατήρων χέω.
Age verò ad auroram primum omnium consiste,
Et cape manibus iuncum magnum;
Funde hæc, aquam è crateribus funde.

Spargebãtur autẽ ter illi, qui lustrationis aqua irrorabantur, vt ait Virgil. lib. 6.

Idem ter socios pura circumtulit vnda
Spargens rore leui, & ramo felicis oliuę.

Cum

Cum fiereni etiam lustrationes aruorum, ter hostiæ circa fruges agebantur, vt ait idem in primo Georg.

Terque nouas circum felix eat hostia fruges.

Si quis igitur, vbi aliquis fuisset mortuus, vel in locum impurum ingressus esset, ille hac aqua ita perfundebatur: quare cum Iuno descendisset ad inferos, ad superos reditura ita lustratur ab Iride, vt est lib.4. Metam.

Læta redit Iuno: quam cœlum intrare parantem
Roratis lustrauit aquis Thaumantias Iris.

Veruntamen non sine quibusdam precibus hac aqua spargebantur, vt est apud Ouid. lib. quinto:

Spargit & ipse suos lauro rorante capillos.
Incipit & solita fundere voce preces.

Et in septimo Metamorph.

Ter se conuertit, ter sumptis flumine crinem
Irrorauit aquis: ternis & hiatibus ora
Soluit.

Ante omnia porro lustrationum genera manus luere ad aras accessuris hominibus erat necessarium: cum aras ipsorum Deorum precantes essent de more apprehensuri: neque liceret illotis manibus, aut aliqua sorde pollutis ad aras accedere: quare inquit Hector lib. 6. Iliad. apud Hom.

χερσὶ δ' ἀνίπτοισι Διὶ λείβειν αἴθοπα οἶνον
Ἅζομαι. οὐδέ πη ἐστὶ κελαινεφέϊ Κρονίωνι
Αἵματι καὶ λύθρῳ πεπαλαγμένον εὐχετάασθαι.
Non decet illotis manibus libare superno
Vina Ioui, pudor hoc prohibet fecisse: cruore
Turpatum me & cæde virum Diis fundere vota.

Nam non modo ad aras accedere pollutis non licebat, sed neque Deos quidem precari, qui oēm iracundiam siue indignationem in impurè precātes cōuertebāt, quippe cū Timarchidas in lib. de coronis Asteriū inquiat fulmine fuisse percusū, quia manibus impuris aram Iouis attigisset, vt patet ēt ex his carminibus:

χερσὶν ἀνίπτοισιν ῥέζων Διὸς ἥψατο βωμοῦ,
τοὔνεκα μὲν πυρόεντι πατὴρ κατέφλεξε κεραυνῷ.
ἔξοχα γὰρ καθαρὸν χρὴ θνητὸν θεῖα σέβεσθαι.
Illotis manibus libans Iouis attigit aram,
Quo pater hunc vssit flagrantis fulminis igne.
Egregie purum fas est contingere sacra.

Erat illa præterea lustrationum differentia, vt qui superis sacrificaturi essent, toti lauarentur, si fieri posset; sin autem saltē manus. at litaturi inferis, tenui aqua tantum irrorabantur: vt patuit ex superioribus. Polluebantur etiam qui insepultum cadauer in itinere conspexissent, nisi tenuem puluerem saltem iniecissent, vt est apud Soph. in Oedip. Tyranno. polluebatur ēt ager vel classis, quæ inhumatum cadauer haberet, vt illud est Virgil. lib. 6.

Preterea iacet exanimum tibi corpus amici.
(Heu nescis) totamque incestat funere classem.

Quod nisi sepeliretur, publicæ alicuius calamitatis causa putabatur, nisi tñ impii, & Deorum inimici planè haberentur illi, qui mortui essent; tūc enim publicarum calamitatum autores erant iis regionibus, in quibus essent sepulti: nisi id oraculi iussu factū fuisset: sicuti de Oedipode scriptum reliquit Lysimachus Alexandrinus libro 13. rerum Thebanarum hoc pacto: οἰδίπου δὲ τελευτήσαντος καὶ τῶν φίλων ἐν Θήβαις θάπτειν αὐτὸν διανοουμένων, ἐκώλυον οἱ Θηβαῖοι, διὰ τὰς προγε νημένας συμφορὰς ὡς ὄντος ἀσεβοῦς. οἱ δὲ κομίσαντες αὐτὸν εἴς τινα τόπον τῆς Βοιωτίας καλούμενον κεὸν ἔθαψαν αὐτόν. γιγνομένων δὲ τοῖς ἐν τῇ χώρῃ κατοικοῦσιν ἀτυχημάτων τινῶν, οἰηθέντες αἰτίαν εἶναι τὴν οἰδίπου ταφὴν, ἐκέλευον τοὺς φίλους ἀναιρεῖν αὐτὸν ἐκ τῆς χώρας. οἱ δὲ ἀπορούμενοι τοῖς συμβαίνουσιν, ἀνελόντες ἐκόμισαν εἰς ἐτεωνόν. βουλόμενοι δὲ λάθρᾳ τὴν ταφὴν ποιήσασθαι καταθάπτουσι νυκτὸς ἐν ἱερῷ δήμητρος ἀγνοήσαντες τὸν τόπον. καταφανοῦς δὲ γενομένου πέμψαντες οἱ τὸν ἐτεωνὸν κατοικοῦντες, τὸν θεὸν ἐπηρώτων τί ποιῶσιν. ὁ δὲ θεὸς εἶπε, μὴ κινεῖν τὸν ἱκέτην τῆς θεοῦ, διόπερ αὐτοῦ τέθαπται. Cũ mortuus esset Oedipus eumque amici illi Thebis sepelire pararent, Thebani ob preteritas calamitates quia is esset impius, id facere vetuerunt. tunc illi in locum quendam Bæotiæ Ceum nomine asportantes illum sepelierunt, cum vero quædam calamitates regionem inuasissent, loci eius incolæ rati sunt causam illarum esse, quod ibi sepultus esset Oedipus, quare iusserunt eius amicos ipsum efferre de regione. Illi ob illa quæ contigerant ambigui quid sibi agendũ sit, eum capientes in Eteonum detulerunt: qui cum vellent eum clam sepelire, per noctem in loco sacrato Cereri humarunt, qui locus esset ignorãtes, verum cum res cognita fuisset, incolæ Eteoni miserunt ad oraculum qui percunctarentur, quid esset agendum: quibus responsum fuit supplicem Deæ non esse remouendum, quare ibi demum sepultus est. at nunc de proprijs ritibus, qui apud nonnullas nationes quorundam Deorum fuerunt, dicamus.

De proprijs ritibus quorundam Deorum apud varios homines. Cap. XV.

FVerunt præterea varij sacrificiorum ritus apud nonnullas nationes, vbi sacra quorundam Deorum solennia celebrarentur, quæ nullis cæteris Dijs ex aliqua parte prorsus viderentur cõmunia, quod quidem factitatum est partim stultorum hominũ inscitia, & ignarorũ quantum ratio & religio requirat, partim insidiis eorum sacerdotum, qui conabantur per varietatẽ ceremoniarũ rem in precio retinere, cum res ridiculę potius iure videri possent, quæ fierent, rectè intuẽtibus, quàm vllam sanctitatem cõtinere. Partim etiam fiebat hoc dæmonum malignorum fraude, cum esset adhuc potestas tenebrarum, qui per has ambages homines in seruitio retinere, & perpetuo falsæ religionis idolatriæque vinculo astringere nitebantur, neque vllam liberè respirandi animis illis superstitionibus oppressis concedebant facultatem, vt possent tantum fallaciarum secum parumper considerare, & aliquando cognoscere quàm absurdam, quàm vanam, quàm ridiculã, quàm omni scelerũ genere cõtaminatã religionẽ cõplecterẽtur. atq; vt facilius cognoscere posimus q̃ multiplex, quamq; diligẽs esset illorũ Deorũ cultus, præter illas obseruationes Deorũ, temporum, victimarum, lustrationum, templorum, rituum, ac cæterorum, quę superius fuerunt à nobis commemorata. illud etiam poterit rem demonstrare, quòd in illis sacrificiis anniuersariis, quæ Patrenses patrio ritu Dianæ Laphyrę cognomento instituerunt, mos fuit vt sexdecim cubitorum longitudinis ligna viridia in orbem circa aram illius deæ digererentur, atq; intra hæc ipsa aridissima & aræ propinqua. Tum cœno locum in morem septi vndique obstruere consueuerunt: quibus peractis pompam cum magnificentissimo apparatu Deę transmittebant. Per eam pompam virgo nubilis, quæ foret omnium pulcherrima & sapientissima iudicata sacerdotio in his sacris perfungebatur, quę sequebatur pompam postrema omnium bigis inuecta ceruis pto equis currum trahentibus. deinde die postero eius diei, quo pompa ad templum transmissa fuisset, cum magno finitimorum omnium tum priuatorũ tũ etiam publico studio sacra rite celebrabantur, atque intra illud aræ septũ multa viuẽtia animalia conijcere pro victimis mos fuit: apros scilicet & hinnulos ceruorũ, capreatũ, luporum,

& vrso-

& visorũ, & aliquando feras iam prægrandes, tum multiplicia auium adultarum genera quibusdã plumis detractis. His addebantur semina omniũ propè fructiferarũ arborũ quibus intra septũ iniectis ignibus immissis aridiora ligna accendebãtur. quòd si qua immissarum ferarum forte aufugisset ex illo septo, astantes studiosè cursitabant ad eã capiendam, atque receptas feras intra ardens septũ iniijciebãt, vti testatus est Porphyrius in lib. de sacrificiis, & Pausanias in rebus Achaicis. Neque verò in illis sacrificiis arcanis, quæ in honorẽ Heræ deæ vocatæ celebrabantur apud Arcades, quã Neptuni filiã fuisse nonnulli crediderũt, mos fuit victimas iugulare, sicut in aliorũ deorũ sacris vsus obtinuit: sed cũ victimæ cõplures & peropimæ illi deæ mactarẽtur pro suis cuiusq; copiis artũ victimarũ, quem quisque primũ apprehẽdisset casu & fortuito, pcidere iure illorũ sacrorũ iubebãt: quẽ solũ artũ deæ sacrificiis offerre primũ mos fuit, atq; illo vsto p primitiis, tum ad offerẽdas victimas accedebãt. In sacrificiis Isidis cognomẽto Tithoreæ apud Phocẽses, quæ fiebãt anniuersaria, mos fuit vt horis pomeridianis hoĩes opulẽtiores boues aut ceruos ĩmolarẽt: qui verò magis tenui essent fortuna offerrẽt anseres, aut aues meleagrides, aut alias huiusmodi tenues victimas, cũ capræ & sues tã quã impura aĩalia ad illa sacrificia omnino nõ admitterent. Iubebantur aũt legibus sacrorũ rituũ, & institutis illius deæ victimas illas, quas offerrẽt, in pyrã, quæ fuerat extructa intra quẽdã adytũ, demittere lineis aut byssinis vinculis ligatas, quæ quidẽ omnia efficiebãtur cũ põpa & musicis instrumẽtis strepẽtibus, vti traditũ est in historiis ab Antimenide. Atqui Cereris sacrorũ ritus is fuit apud Phigalẽses, vt nullæ victimæ cæderẽtur, sed fructus cõsitarũ arborũ, & fauos, & succidã lanã ad arã porricerent, quæ ad quandã speluncã extruebatur, quibus oleũ postea super infusum accẽdebatur, quæ sacra fieri quotãnis cũ publicè tũ priuatim consueuerũt, vt scriptũ est à Pausania in rebus Arcadicis. Huic eidẽ deæ Chthoniæ cognomẽto siue indigenæ apud Argiuos, quanta adhiberetur diligẽtia in iis sacrificiis, quæ statis diebus per æstatẽ agebantur, patet vel ex eo ritu, quod nõ modo cum pompa sacrificuli, qui annuis fungerentur magistratibus agmen ducebãt, quos viri ac feminæ sequebãtur, & pueri, oẽs albis vestibus induti coronas capitibus è multis hyacinthis intextas habẽtes, sed & in extrema deinde agminis parte boues sequebãtur eximiæ præduris vinculis distentæ ac reluctãtes, quæ ad tẽplũ attrahebantur. eò cũ venissent, vnã ipsarum boum immissis retinaculis intrò agere mos fuit, atq; foribus adstãtes vbi intromissam viderẽt, postes obiicere consueuerunt. Erant in eo templo aniculæ quatuor cũ falcibus relictæ, quibus curæ erat bouẽ intromissam interficere, atq; vna illarũ, vbi casus tulisset, collũ hostiæ pcidere iubebatur. Tũ reclusis foribus alterã eodẽ ritu mactandã immittebãt, atq; singulatim quotquot offerebãtur boues ab illis aniculis mactabantur. At ridiculus erat planè mos ille, qui seruabatur in Iouis cognomẽto Poliei sacrificiis, de quo scriptũ fuit à Nicocrate Cyprio in rebus patriis & à Pausania ĩ Atticis rebus. Nã fuit cõsuetudo in illis sacrificiis vt hordeũ cũ tritico permistum aræ imponeretur eius Iouis, neque vlli sinerẽtur ibi esse custodes: atq; cũ bos ad parata sacrificia ad arã accederet, easq; fruges super ara attingeret, vnus è sacerdotibus arreptã securim in bouẽ iaculabatur, ac statim fugiebat. Illi qui astiterãt, quasi non viderint percussorem, securim in iudiciũ vocabãt tanquã autorem ac reã eius cædis, quæ cõdemnabatur vt infringeretur. victimã verò, quia non posse viuere arbitrarentur, Ioui Polieo decernebant immolari omnibus suffragiis, & cõmuni cõsensu. atqui si velim quàm varios ritus sacrificiorum antiqua insania in variis locis ac variis temporibus introduxit commemorare, longum esset & laboriosum opus nimiũ, & quod magnum volumen posset explere, quare hoc argumento scribendi relicto de hymnis antiquorum summatim verba faciamus.

De hymnis antiquorum. Cap. XVI.

NOn erit inutile fortasse neq; insuaue auditu si summatim explicemus quibus precationũ generibus in sacris vterentur antiqui, quippe ꝙ illud nõ mediocriter faciat ad cognoscendã illorũ vel hominũ simplicitatẽ, vel illorũ Deorũ naturã, qui ab iis colebãtur. fuit igitur illa hymnorũ forma, vt deorum laudes, & res præclarè ab illis gestas prius inter sacrificia decantarẽt, & quibus beneficiis dij ipsi affecissent mortales, qua benignitate ciuitates complexi ac tutati fuissent, qua clementia in supplices homines esse consueuerint, atque institutũ cõponẽdorũ hymnorum facile ille hymnus nobis demonstrare poterit, qui scribitur à Callimacho in laudem Apollinis, qui prius ita decantat eius dei facultates.

Τέχνῃ δ' ἀμφιλαφὴς οὔτις τόσον, ὅσσον Ἀπόλλων.
κεῖνος ὀϊστευτὴν ἔλαχ' ἀνέρα, κεῖνος ἀοιδόν.
φοίβῳ γὰρ τόξον ἐπιτέτραπται ἠδ' ἀοιδή.
κείνου δὲ θριαὶ, καὶ μάντιες, ἐκ δέ νυ φοίβου
ἰητροὶ δεδάασιν ἀνάκλησιν θανάτοιο.
φοῖβον καὶ νόμιον κικλήσκομεν.
Arte magis varius nullus, quàm clarus Apollo.
Sunt illi artifices cantus curæ, ille sagittas,
Ille arcus curat, pariterque oracula, vates,
Suffragia. ex illo didicerunt funera primum
Differre, & gelidæ vitare pericula mortis.
Phæbum pastoremque vocabimus.

Tum paulo post.

φοίβῳ δ' ἑσπόμενοι πόλιας διεμετρήσαντο
Ἄνθρωποι φοῖβος γὰρ ἀεὶ πολίεσσι φιληδεῖ
κτιζομένῃσι. αὐτὸς δὲ θεμείλια φοῖβος ὑφαίνει.
τετραέτης τὰ πρῶτα θεμείλια φοῖβος ἔπηξε
καλῇ ἐν ὀρτυγίῃ.
Vrbes metiri Phæbo didicere magistro
Mortales, structas vrbes nam Phæbus amauit.
Fundamenta prior Phębus subtexuit vrbis
Quadrimus puer, Ortygiæ quę mænia cernas.

Deinde commemorat idem poeta quemadmodum pythonem perniciosum serpentẽ, multisque mortalibus exitiũ afferentẽ multis sagittis confecerit, qui agrũ & pecudes & omnia propinqua populabatur, vt est in eodem hymno in his;

Πυθῶνι τοι κατιόντι συνήντετο δαιμόνιος θὴρ
Αἰνὸς ὄφις τὸν μὲν σὺ κατήναρες, ἄλλον ἐπ' ἄλλῳ
Βάλλων ὠκὺν ὀϊστὸν ἐπηΰτησε δὲ λαός.
E Pythone tibi confestim bellua dira
Occurrit serpens, geminatis sæpe sagittis
Hanc occidisti, clamor sublatus ad auras.

Nam Orpheus eum seruauit ordinem in suis hymnis vt prius virtutes & potentiam deorum, pro quibus beneficia in homines cõferre possint, commemoret per vim adiunctorum nominum. deinde precatur vt fausti felicesq; adsint, quod facile vel ex illo per breui hymno in Latonam colligere possumus, qui ita scribitur:

Λητὼ κυανόπεπλε, θεὰ διδυματόκε, σεμνή,
κοιαντὶς μεγάθυμε, πολυλίστη, βασίλεια.
εὔτεκνον ζηνὸς γονίμην ὠδῖνα λαχοῦσα.
Γειναμένη φοῖβόν τε, καὶ ἄρτεμιν ἰοχέαιραν.

τὴν

τὴν μὲν ἐν ὀρτυγίῃ, τὸν δὲ κραναῇ ἐνὶ Δήλῳ.
κλῦθι θεὰ, δέσποινα, καὶ ἵλαον ἦτορ ἔχουσα
βαῖν' ἐπὶ πάνθειον τελετὴν, τέλος ἡδὺ φέρουσα.
Diua gemellorum mater Latona, grauisque,
Cyaneis induta, & amabilis, edita Cæo.
E' Ioue felices quoniam perpessa dolores,
Editus vt Phæbus tibi, bellatrixque Diana est.
Edita in Ortygia hæc, in Delo est ortus Apollo.
Audito regina dea, atque accede benigna,
Concedens lętum finem, ad conuiuia lęta.

Fuit enim mos omnibus peractis sacrificiis parari conuiuia in honorem illorum Deorũ, quibus illa sacrificia fuissent instituta. Illud autem fiebat illo præcipue die quotannis, quo eos liberatos fuisse contigit ab aliqua calamitate, qui illa sacrificia instituissent, vt testantur Virg. carmina in lib. octauo;

Rex Euandrus ait; non hæc solennia nobis,
Has de more dapes, hunc tanti numinis aram
Vana superstitio, veterumve ignara Deorum
Imposuit. sæuis hospes Troiane periclis
Seruati facimus, meritosq; nouamus honores.

atque idem poeta paulopost sacerdotes introducit ad aram; Herculis laudes & res gestas canentes in classes iuuenum ac seniorum diuisos, eumque denique post laudes aduocantes vt lætus faustusque accedat cum ita inquiat:

Tum Salii ad cantus incensa altaria circum
Populeis adsunt euincti tempora ramis.
Hic iuuenum chorus, ille senum, qui carmine laudes
Herculeas & facta ferunt, vt prima nouercæ
Monstra manu, geminosque premens eliserit angues.
Vt bello egregias idem disiecerit vrbes,
Troiamque œchaliamque, vt duros mille labores.
Rege sub Eurystheo fatis Iunonis iniquæ
Pertulerit. Tu nubigenas inuicte bimembres
Hyleumque Pholumque manu. tu Cresia mactas
Prodigia, & vastum Nemeæ sub rupe leonem.
Te stygii tremuere lacus; te ianitor orci
Ossa super recubans antro semesa cruento.
Non te vllæ facies, non terruit ipse Typhæus
Arduus arma tenens. non te rationis egentem
Lernæus turba capitum circumsetetit anguis.
Salue vera Iouis proles, decus addite diuis,
Et nos, & tua dexter adi pede sacra secundo.

At enim cum illos Deos aduocarent, aues diis illis consecratas cantu deorũ aduẽtum significare dicebãt, vt fecit Callimachus in hymno in Apollinem, vbi cygnos canentes facit dei aduentum, aut mare, aut ęthera tranquillũ, atque omnia tristia in iucundissima conuerti ob Deorum præsentiam introducit. nã neque Thetis Achillem aduentante Deo luget, nec Niobe filiorum multitudinem, at contra infœcunda animalia fiunt prægnantia & fœcunda, & prægnantia gemellos pariunt, & omnia crudelia ob præsentiam Dei feritatem deponunt: quare hymnicã naturam ac suauitatem imitatus Lucretius per Veneris aduẽtum terram flores effundere facit, & mare ait fieri tranquillum, & omnes ventos mitigari, & omnia mirificè lætari, vt est in his:

Te Dea, te fugiunt venti, te nubila cœli.
Aduentoque tuo suaues tibi dędala tellus
Submittit flores, tibi ridens æquora ponti,
Pacatumque nitet diffuso lumine cœlum.

Atque vniuersa hymnorum natura ex his constabat, vt rem paucis absoluam, vt ita aduentum deorum per hæc lętitiam vbique præ se ferentibus præpararēt, eorumque laudes & res gestas ad aras canerent, & beneficia, quæ in homines contulissent commemorarent. deinde precarentur vt faciles, benigni, felicesque accederent ad illa sacrificia quæ sibi fierent. atque tot breuiter de hymnis dicta sint. nunc verba faciamus de victimis.

De victimis. *Cap. XVII.*

Erat pręterea non parua diligentia in eligendis victimis in singulorum Deorum sacrificiis: cum aliæ Deis bonis vt prodessent, aliæ malis ne obessent, cæderentur. Nam malis nigræ, bonis albæ conueniebant: sterilibus steriles, fertilibus prægnantes; maribus mares, fœminis fœminæ. vt Telluri prægnans iuuenca mactabatur, Proserpinæ sterilis, Cereri non mare sue, sed fęmina res sacra fiebat, at Baccho nō capra sed hircus mactabatur. Præterea victimæ ob aliquam similitudinem aliquando mactabantur, vt equus Soli ob celeritatem, vt est apud Ouid. lib. 1. Fastorum;

Placat equo Perses radiis Hyperiona cinctum,
Ne detur celeri victima tarda Deo.

Cereri vero primitias frugum offerri mos fuit, sicuti testatur Philippus in his carminibus;

Δράγματά τοι χώρου μικραύλακος ὦ φιλόπυρε
Δηοῖ Σωσικλέης θῆκεν ἀρουροπόνος.
Alma Ceres paruo, vt potuit, de rure maniplos
Hos tibi Sosiclees dedicat agricola.

In eiusdem deæ sacrificijs præterea aliquando porca offerebatur ac cædebatur, quòd esset id animal inuentis ipsius Deę infestum, vt ait idem Ouid.

Prima Ceres auidæ gauisa est sanguine porcæ.
Vlta suas merita cæde nocentis opes.

Sic Bacchus, quia caper in festum sit animal suis inuentis, eius cæde lætari creditus est, vt ait Virg lib. 2. Georg.

Non aliam ob culpam Baccho caper omnibus aris
Cæditur.

At vero Marti furibundo taurus ferox animal immolari solitus est, & Apollini, cum ob nimium calorem excitaret pestem, & frementi Neptuno, & implacabili Plutoni, quare ita inquit Virg lib. 6.

Sic fatus, meritos aris mactauit honores,
Taurum Neptuno, taurum tibi pulcher Apollo.
Tum Regi stygio nocturnas inchoat aras,
Et solida imponit taurorum viscera flammis.

Ioui verò nefas erat taurum immolari rerum omnium moderatori, siue furibundum aliud animal: quia rerum omnium gubernatorē minime omniū furibundum, aut ferum esse conuenit, sed omnem suam præstantiam in consilio & humanitate & prudentia collocatam esse putare. Est enim Imperatorium humanitas & liberalitas munus, & in rebus administrandis prudentia: quorum siquid defecerit, quo pacto vel maiorum nobilitas, vel opes amplissimæ, vel alia omnia

quæ

quæ sunt extra animum possint aliquem à vulgo secernere, non video: nisi dicamus syluestres arbores, quæ plurimum simum circa se habuerint, esse cæteris nobiliores, non quę melioris succi fructus & mollioris produxerint. Putabatur igitur piaculum committi si quis taurum Ioui mactasset. mactabatur tamen bos arator aliquando vt Dodonæo, vti patet ex oratione Demosthenis in Midiam. Homerus in Iliade lib. τ. suem cicurem immolari facit Ioui & Soli, quod animal sanè non immite est, neque ferum, sic autem inquit:

κάπρον ἑτοιμασάτω ταμέειν Διί τ' ἠελίῳ τε
Mactandumque suem Solique Iouique superno Præparet.

Sic & Theocr. in paruo Herc.

Ζηνὶ δ' ἐπιρρέξαι καθυπερτέρῳ ἄρσενα χοῖρον.
Atque marem mactare Ioui decet è grege porcum.

Lucianus in dialogo Ganymedis ait arietē Ioui etiam immolari solitum. Hom. alibi Soli, & Telluri, & Ioui agnos obtulit in sacrificijs, cum ita inquiat:

οἴσετε δ' ἄρν' ἕτερον λευκὸν ἑτέρην δὲ μέλαιναν
γῇ τε καὶ ἠελίῳ Διὶ δ' ἡμεῖς οἴσομεν ἄλλον
Ferte agnum niueum, & nigram portabitis agnam
Telluri, Solique, Ioui portabimus ipsi.

Mactabantur tamen aliquando Libero patri cum Apolline, & Cereri, & Iunoni iuuencæ iniuges, vt est apud Virg. lib. 4. Aeneidos,

mactant lectas de more bidentes
Legiferæ Cereri, Phœboque, patrique Lyæo:
Iunoni ante omnes, cui vincla iugalia curæ.

Illud non est visum silentio prætermittendum, quòd in rebus firmis ac stabilibus futuris crescentes victimas adhibebant, at in parum firmis senescentes, quare ait Virg. lib. 12.

Setigeræ fętum suis, intonsamque bidentem
Attulit.

Dianæ cerua immolari solebat, vt ait Ouid. lib. 1. Fastorum;

Quæ semel est triplici pro virgine cæsa Dianæ,
Nunc quoque pro nulla virgine cerua cadit.

Fauno capra cædebatur, vt idem ait lib. 2.

Capripedi Fauno cæsa de more capella.

quamuis aliquando res sacra illi fiebat agna vel hædo, vt ait Horatius lib. primo carminum:

Nunc & in vmbrosis Fauno decet immolare lucis,
Seu poscat agna, siue malit hędo.

Termino Deo apud Romanos frugibus in ignem iactis, & fauis & vino, & agno litabatur, vt ait Ouid. in 2. lib. Fast.

Inde vbi ter fruges medios immisit in ignes,
Porrigit incisos filia parua fauos,
Vina tenent alii, libantur singula flammis,
Spectant, & linguis candida turba fauent.
Spargitur & cæso communis Terminus agno.

Nymphis vero lac & mulsum conueniebant, variaque sacrificiorum genera Diis variis offerebantur, vt suo loco pertractabitur, cum de singulis agemus, atque sacrificia vel ab iis fiebant, qui ab aliquo morbo conualuissent, vel ob commissum piaculum, quæ victimæ animales vocabantur. Aliæ mactabantur consultandi gratia, quę vocabantur Consultatoriæ. in his cæsis hepatis & fibrarum situs ab aruspicibus diligenter obseruabatur, ex quibus Deorum voluntatem prędicebant

bant; nam pluribus de causis antiqui Diis sacrificarunt: nunc, vbi gratias agerẽt: nunc vbi aliquid peterent: nunc, vbi iratos placarent: nunc autem honoris gratia tantum, vbi illos colerent. Fuerunt autem multi diuinandi modi; aut ab aspectu auium, vnde erant auspicia; aut à cibo, vnde solistimum ac tripudium; à garritu auguria, à cantu oscinæ, à volatu præterea vel dextero vel sinistro, ab afflatu diuino vaticinia, à fulgurum obseruatione, astrorumq; peritia, vt ait Virg. lib. 3. Aeneid.

Troiugena interpres diuum, qui numina Phœbi,
Qui tripodas, Clarii lauros, qui sydera sentis;
Et volucrum linguas, & præpetis omina pennæ.

Sic Ouid. primo Tristium.

Hoc mihi non ouium fibræ, tonitrusve sinistri,
Lingua ve seruatæ, pennaue dixit auis.

Diuinabant preterea inspicientes ignem, vel aquam, vel terram, & visis ostentis, aut prodigiis, portentis, monstris, somniis, aliis que huiusmodi signis: diuinabãt etiam vates, qualis fuit Amphiaraus, vnde Iophon Gnosius oracula vatum multa carminibus complexus est. Qui consulendi causa ad templũ accedebãt, omnes prius lustrabant, deinde arietes immolabant, quorũ substratis pellibus dormiẽtes nocturna visa expectabãt, de qbus fit mẽtio a Pausi. in Atticis rebus, & à Virg. li. 7.

Hinc Italæ gentes, omnisque œnotria tellus
In dubijs responsa petunt: huc dona sacerdos
Contulit, & cæsarum ouium sub nocte silenti
Pellibus incubuit stratis, somnosque petiuit.
Multa modis simulacra videt volitantia miris:
Et varias audit voces, fruiturq; Deorum colloquiis.

Hæc vbi contigissent, opus esse Deos placare per sacrificia crediderunt, aut eorũ voluntatem inquirere. Ac de sacrificiorũ ritibus & obseruationibus & victimis satis, nunc ad reliqua prosequamur.

Quod quales Dij, talia fuerunt postea uota & preces. Cap. XVII.

POterat hæc tam varia, tamque diligens sacrificiorum ratio, quæ superius ex oraculi responsis variis temporibus editis tradita est, homines fortasse compellere ad credendum aliquid subesse diuinitatis in ipsis Diis, si vna cum puritate hostiarũ quæ mactabant, animi potius, quã corporis sordes expurgãdas esse sacrificantiũ idem iussisset, atque pro mũditie corporis animi integritas, & fides, & temperantia requisita fuisset. Nam qui tam diligenter tradidisset qui ritus essent seruandi in sacrificiis singulorum Deorum, & quæ victimæ immolandę, quo pacto potuit sine obliuionis aut auaritiæ nota illud prætermittere quod erat magis Dei propriũ, homines admonere scilicet, quod Deus ferè solũ animũ spectat sacrificãtiũ, cum reliqua terrestria munera parui faciat; nisi forte parasiti & helluonis dæmonis non sit frequentibus hostiarum, rerumque super altaribus vstarum nidoribus perfrui, nulla habita ratione num illæ victimæ ab impuris latronibus, vel à viris bonis sint oblatæ. Quod si magis acceptæ Deo sunt virorũ bonorum preces, vt sunt re ipsa iucũdioraque munera ab amicis manibus accipiuntur, illud in his prætermissum fuit, quod erat magis necessarium, vitæ integritatẽ, scilicet & æquitatem & temperantiam optimas esse, & Deo acceptissimas victimas, quibus si qs gratius vllum sacrificium arbitratur, vel profanus est & impius, vel prorsus ignorat Dei bonitatem. Nam si muneribus potius, quam sanctitate & integritate vitæ Deus delectaretur, amicissimum Deum haberent opulenti; at pauperes & Deo & hominibus essent inuisi. sed quoniam nullum mendacium potest esse diuturnum

turnum, neque diutius capi pro veritate, cum homines impuri fabularum figmētis postea induti pro Diis culti sint, necesse fuit diuinitus mandata esse obliuioni illa, quæ erāt fundamentum nō veræ aut probandæ religionis, vt illa veræ postea locum cederet. Atque cum minimus error in principio, fiat maximus in fine, inde effectum est vt impurorum Deorum aris & sacrificiis impuriores sacerdotes præficerentur, qui artificiose homines deciperent, nullunque fallaciarum genus prætermitterent vt superstitione oppressos in officio retinerent. Fuit enim legibus antiquorum sacrorum non leue suplicium illis propositum, vt ait Dionysius Thrax in secundo libro Diæteseon, qui vel alios Deos introducerent, vel eos nō colerent: quare quos in sua religione impura retinere non poterant fallaciis, cum altaria & templa tanquam lucri tabernæ vbique extruerentur, eos vel Deorum metu, vel legibus latis à sacerdotibus, vel metu concitati vulgi deterrebāt. nulla igitur improbitas, nullum flagitiorum genus, nulla crudelitas ab aris & à templis horum Deorum, vt sequebatur ex his principiis, abesse consueuit: cum in animalia omnium scelerum expertia sæuirent & eorum sanguine crudelissime persunderentur & præclare actum fuisset, nisi illa feritas in homines etiam prorupisset. Pauca horū ex infinitis propè, vt res apertior fiat, explicemus; quæ pertinent ad horum Deorum crudelitatem cognoscendam. Scriptum reliquit Dionys. Halicar. lib. 1. magnam pestem aliquando ortam fuisse in Pelasgorum regione, atque omnia propè animalia Deorum ira intercidisse, & fœminas vel mutilos infantes peperisse, vel abortum fecisse. Istud vero contigisse, quoniam orta sterilitate agrorum, ab ea, vt liberarentur, vouerant quæ optima nascerentur, ea se Diis consecraturos: mox facti voti compotes non reddiderunt quod promiserāt, cum multo preciosiora cæteris retinuissent. Deinde sciscitantibus quo pacto liberari possent hac tanta calamitate, respondit oraculum; ὅτι τυχόντες ὧν ἐβούλοντο, οὐκ ἀπέδοσαν ἃ εὔξαντο, ἀλλὰ προσοφείλουσι τὰ πλείστου ἄξια. οἱ γὰρ Πελασγοὶ, ἀφορίας αὐτοῖς γενομένης ἐν τῇ γῇ πάντων χρημάτων, εὔξαντο τῷ Διῒ καὶ τῷ Ἀπόλλωνι καὶ τοῖς Καβείροις καταθύσειν δεκάτας τῶν προσγεγενημένων ἁπάντων. Quòd ea consecuti quæ poposcerant, nō dedissent omnia quæ promiserant, sed preciosiora retinuissent. Pelasgi enim orta in sua regione sterilitate, vouerunt se Ioui & Apollini & Cabiris decumas omnium eorum, quæ nascerentur sacrificaturos, quod etiam testatur Euseb. lib. 4. Euang. præpar. Mox hominum decumas fuisse ab ipso oraculo petitas ita testatur Dionys. εἰσηγησαμένου δέ τινος γνώμην τὸν θεὸν ἐπέρεσθαι εἰ αὐτῷ φίλον ἀνθρώπων δεκάτας ἀπολαμβάνειν, πέμπουσι τὸ δεύτερον θεοπρόπους, καὶ ὁ θεὸς ἀνεῖλεν οὕτω ποιεῖν. Sententiam ferente quodam Deum esse interrogandum an sibi gratum esset hominum decumas persolui, rursus sciscitatū mittunt, quibus respondit oraculum ita esse faciendum. Atqui omnium Deorum qui celebres fuerunt, antiquissimo propè Saturno, mos fuit hominem immolare, vt testatur idē Dionys. λέγουσι δὲ καὶ τὰς θυσίας ἐπιτελεῖν τῷ Κρόνῳ τοὺς παλαιοὺς, ὥσπερ ἐν Καρχηδόνι, τέως ἡ πόλις διέμεινε, καὶ παρὰ Κελτοῖς εἰς τόδε χρόνου γίνεται, καὶ ἐν ἄλλοις τισὶ τῶν ἑσπερίων ἐθνῶν, ἀνδροφόνους. Fama est antiquos Saturno, veluti Carthagine, antequam vrbs euerteretur, & vt fit apud Celtas hoc etiam tempore, & in aliis nōnullis locis apud Hesperias nationes, sacra facere solitos, in quibus hoīes cæderētur. nā vt ait Plut. in libello de superstitione, Carthaginēses spōte liberos huic Deo mactabāt, qui verò liberos nō haberent, à patribus emebāt immolādos, astabāt parētes, qui si lacrymauissent, aut ingemuissent, sine honore vitā in posterum degebant, ac nihilominus mactabantur filij. atque ante statuā Saturni omnia tibiis & tympanis personabant, ne puerorū dum mactarentur exaudiri posset eiulatus & luctus. Hanc postea sacrificiorum immanitatem Hercules cum in Italiam accessisset aram Saturno erecturus, in mansuetiorem ritum

ritum commutauit, Iussitque pro veris hominibus apud Italos hominum simulachra in Tyberim deiici, vt ait Ouid in 2. Fastorum. Siue ne prorsus tollere religionem videretur, siue quòd mitiorem Deum se habiturum putaret si rem mitigasset, ac non penitus sustulisset. Patuit igitur Ioui, Apollini, Saturno homines fuisse aliquando pro victimis immolatos, quod etiam fiebat in honorem Iunonis Carthagine. Dianæ vero, quæ nauigationem Græcorum ad Troiam impediebat, eosque Aulide retinebat, quid exposcebatur? an nõ necesse fuit Agamemnoni ante quam à litore solueret, Iphigeniam illi mactare? aut nonne iussi sunt id ex oraculo facere? rem autem ita breuiter attigit Virg. lib 2. Aeneid.

Suspensi Eurypilum scitatum oracula Phœbi
Mittimus, isque adytis hæc tristia dicta reportat.
Sanguine placastis ventos, & virgine cæsa,
Cum primum Iliacas Danai venistis ad oras.

& Luc. lib. 1. meritò inquit;

Religio peperit scelerosa, atque impia facta.
Aulide quo pacto Triuiai virginis aram
Iphianassæo turparent sanguine fœdè.

Euripides enim luculentissimam tragædiam composuit, de ipsa Iphigenia in Aulide, in qua omnem hanc sacrificij crudelitatem declarat. Neque tamen prætermittenda duxerim hoc in loco, quę de iphigenia fabulantur ad excusandam illorum deorũ crudelitatem ac feritatem. Scripsit Phanodemus historicus Iphigeniæ misericordia commotam Dianam illam in visam vertisse: at verò Nicander in iuuencam, alij in ceruam, alij in anum edentulam, quare cum minimè cognita fuisset, in Scythiam profugit ad Dianæ templum, ibique in omnes Græcos hostilem animum exercens illos eidem supplicij generi addixit, cui ipsa antequam fugeret, addicta fuerat. Hesiodus verò in eo libro, quem scripsit de claris mulieribus, Iphigeniam neque cæsam fuisse, neque in belluam mutatam tradidit, sed à Diana Hecaten factam fuisse; in Sardo præterea insula, quæ non procul distat ab Herculis columnis, senes qui ad septuagesimum ætatis annum accessissent, à suis filijs ridentibus in Saturni honorem lignis cædi solebant, deinde è præcipiti loco deijciebantur, vnde ductum est prouerbium risus Sardonici, sicuti scripsit Timæus historicus in rebus Deliacis. Neque tamen solis Diis, sed hominibus etiam, & manibus mortuorum homines cædebantur. Memoriæ proditum est in Taurica regione præterea, cui Thoas ijs temporibus imperabat, eam fuisse sacrorum legem, vt quicunque eò delati maris tempestate fuissent, vel quicunque denique aduenissent, ij mactarentur pro victimis Dianæ Tauricæ, quod licet ex Iphigenia in tauris Euripidis cognoscere: qui etiam impuram esse illam religionem inquit his versibus.

τὰ τῆς θεοῦ δὲ μέμφομαι σοφίσματα,
ἥτις βροτῶν μὲν ἤν τις ἅψηται φόνου,
ἢ καὶ λοχείας, ἢ νεκροῦ θίγῃ χεροῖν,
βωμῶν ἀπείργει μυσαρὸν ὡς ἡγουμένη.
Αὐτὴ δ' θυσίαις ἥδεται βροτοκτόνοις.
Deæ probandam non puto sententiam
Quæ siquis impetiuerit quem, vel thorum
Concusserit mœchus, vel attingat manu
Cadauer, arcet à suis altaribus.
At ipsa cæso gaudet in sacris viro.

Scriptum tamen reliquit Herodotus in Melpomene non Dianæ, sed Iphigeniæ Agamemnonis filiæ naufragos in Tauris, qui eo appulissent, aut quicunque è

Græcis

Græcis capri fuissent, immolari solitos. Immolabantur Marti præterea homines apud Scythas, vt idem testatur hoc ritu: ὅσους ἂν τῶν πολεμίων ζωγρήσωσιν, ἀπὸ τῶν ἑκατὸν ἀνδρῶν ἄνδρα ἕνα θύουσι τρόπον οὐ τῷ αὐτῷ ᾧ καὶ τὰ πρόβατα, ἀλλ' ἑτεροίῳ. ἐπεὰν γὰρ οἶνον ἐπισπείσωσι κατὰ τῶν κεφαλέων, ἀποσφάζουσι τοὺς ἀνθρώπους ἐς ἄγγος. quoscunque ex hostibus viuos ceperint, singulos è centum hominibus deligunt, quos non eodem modo, quo pecudes mactant, sed longe diuerso, vbi enim vinum in capita effuderint, homines in quoddam vas iugulant sanguinem eorum colligentes: nam cum Martem præcipua religione colerent id in Martis honorem faciebant. An vero humanior fuisse existimandus est Neptunus; is enim Idomeneo in patriam è bello Troiano redeunti eam immisit tempestatem vt coactus sit promittere se Neptuno sacrificaturum quod primum ex animalibus sibi exeunti è naui obuium fuisset, mox cum filius primus occurrisset, eum sacrificare necesse fuit. Lunæ quoque in Albania, quæ regio non procul distat à mari Caspio, homo immolari solebat, cum maxime omnium Deorum Luna ibi coleretur: nam multi è seruis numine afflati ibi diuinabant, quorum qui plurimum numine correptus esset solus per syluam errans sacra cathena comprehensus à sacerdotibus vinciebatur, sumptuoseque & opiparè per annum nutriebatur, deinde cum aliis hostiis ad Deæ sacrificia mactandus ducebatur; vt ait Str. lib. xi. Neque Lacedæmonii, quidem qui vitæ seueritate, ac prudentia cæteros homines antecellere studebant, hanc superstitionem effugere potuerunt. nam, vt scribit Pauſ. in Laconicis, Orthiæ siue Lygodesmæ Deæ nuncupatæ, quæ esse Dianæ statua putabatur è Tauris eò ab Oreste & Iphigenia deportata, homines sorte destinatos immolabant; quem postea ritum Lycurgus ad puberes transtulit, atque ijdem Pherecydem sapientem mactarunt, & pellē ob quoddam oraculi responsum asseruarunt regibus vt ait Plut. in Pelopida. cum à cædibus res incœpta esset, quā cōmiserunt Astrabacus & Alopecus Irbi filij vbi reperto Deæ simulacro mente capti sunt, atque inter sacra ipsius Deæ responsum mox est ab oraculo illam aram humano sanguine aspergi oportere. atque cum prius mactandi sorte ducerentur, deuentum est tantum ad plagas, vt ita sanguine nihilominus imbueretur. præerat sacris sacerdos fœmina, quæ tamdiu paruam & leuem Deæ statuam sustentabat, dum pueri cæderentur: at verò si illi quibus datum erat negotium cædendi misericordia ducti ob formam aut claritatē epheborū parcius aut lenius hoc facerent, ita fieri graue signū dicebatur: vt sacerdos illud non posset sustinere, vt ait Silenus Chius in fabulosis historiis. Huic eidem Deæ cognomento Triclariæ virgo & puer mactabantur apud Achæos, vt est in Achaicis Pauſ. Quid opus est Leucadum ritum commemorare? illi enim quotannis auertendæ Deorum & Apollinis præcipue iræ impurum aliquem hominem deligebant, quem mactare consueuerunt: sed postea mutatus fuit ritus, cum è specula deiectum multis pennis & auibus alligatis seruandum curarent, ita tamen vt extra patriam postea incolumis deportaretur, vt ait Str. lib. 10. nā Semnonum, Druidarum, Lycæarumque & Pergæarum victimarum consuetudinem silentio prætetibo, & aliarum nationum, qui homines Diis immolare solebant. Hoc vnum dicam, cum tanta Deorum crudelitate, tamque impia religione, nullam omnino probitatem esse potuisse. quid enim feritatis ac sceleris ab horum Deorum impurissimis aris absuisse putandum est? neque vero in singulos homines tantum aliquando sæuierunt, sed in vniuersos exercitus. nam cum Brennus Gallorum imperator insignem cladem accepisset à Græcis, cum quibus acie dimicauerat, mox per noctem Panos furore cum reliquiis exercitus agitatus est, atque Gallicæ acies inter se ita dimicauerunt, vt penitus fuerint deletæ. Cum igitur homicidiorum, omnisque crudelitatis autores Deos haberent antiqui, non

est mirum

est mirum, si pro cædibus, & adulteriis, & rebus huiusmodi impuris vota concipiebant. Nam cum crudeles essent illi Dii, tum auaritia maximo vitiorũ omnium præcipue laborabant, quare facile muneribus ad omnem improbitatem, omniaque peccata hominibus dimittenda adduci posse censebantur: Idcirco præclare dictum est ab Euripide in Medea:

Πείθειν δῶρα καὶ θεοὺς λόγος.
Fama est Deos parere donis cælites.

& id ab Ouid lib. 3. de arte;

Munera crede mihi placant hominesque Deosque:
Placatur donis Iupiter ipse datis.

Sed quid opus est pluribus? Iupiter ipse cum esset vrbem Troianam Græcis diripiendam concessurus, non crudelitatem quidem aut insolentiam victorum, neque Troianorum vel iustitiam, vel probitatem tanti facit, quanti sacrificiorum iacturam, quæ sępius a Priamo & à reliquis Troianis capiebat, cum ita inquiat in primo Iliad.

αἱ γὰρ ὑπ' ἠελίῳ τε καὶ οὐρανῷ ἀστερόεντι
Ναιετάουσι πόληες ἐπιχθονίων ἀνθρώπων,
τάων μοι περὶ κῆρι τιέσκετο Ἴλιος ἱρή.
καὶ πρίαμος, καὶ λαὸς ἐυμμελίω πριάμοιο.
οὐ γάρ μοι ποτὲ βωμὸς ἐδεύετο δαιτὸς ἐίσης,
λοιβῆς τε, κνίσης τε, τὸ γὰρ λάχομεν γέρας ἡμεῖς.
Quæ sunt sub cœlo, & splendentis lumine solis
Oppida culta viris mortalibus, omnibus vna
Troia fuit dilecta magis mihi: gratior vna,
Et Priamus, Priamique domus, regnumque, nec ara
Nidore aut libis caruit, quæ munera diuum.

Qui enim fieri potest vt iustus & bonus sit is Deus, qui bonam, piam aliquam ciuitatem esse fateatur, & tamen illam euertendam concedat nulla satis honesta sui cõsilii reddita ratione? Sic etiam Neptunus Aeneam ab Achille liberaturus nullam protulit Aeneæ probitatem, sed verebatur ne muneribus & scrificiis in posterum careret, vt est in lib. 7. Iliad.

κεχαρισμένα δ' αἰεὶ
Δῶρα θεοῖσι δίδωσι, τοὶ οὐρανὸν εὐρὺν ἔχουσιν.
gratissima semper
Dona Deis offert, qui cæli regna frequentant.

Non est igitur mirum si sæpius est ad parricidia accersitus Iupiter, cum ita esset auarus, vt pro acceptis muneribus ad omnia scelera conniueret, quare iure propè optimo Diis omnibus crudelior appellatur à Philætio in lib. φ. Odyss.

Ζεῦ πάτερ, οὔτις σεῖο θεῶν ὀλοώτερος ἄλλος.
οὐκ ἐλεαίρεις ἄνδρας.
Iupiter haud quisquam Diuum mortalibus est te
Sæuior, atque ferus magis: haud miserere virorum,

Iure igitur Pallas eum & insanum & malum vocat in lib. θ Iliadis in his:

Ἀλλὰ πατὴρ οὑμὸς φρεσὶ μαίνεται οὐκ ἀγαθῇσι.
σχέτλιος, αἰὲν ἀλιτρὸς ἐμῶν μενέων ἀπερωεύς.
Sed pater ipse meus vesana mente, malaque est,
Infelix, atque iniustus, mea numina vertens.

Atque Achilles lib. vltimo Iliad. omnium malorum, omniumque calamitatum autorem Iouem esse demonstrauit his versibus.

οὐ γάρ τις πρῆξις πέλεται κρυεροῖο γόοιο.

ὡς γὰρ ἐπεκλώσαντο θεοὶ δειλοῖσι βροτοῖσι,
ζώειν ἀχνυμένους, αὐτοὶ δέ τ' ἀκηδέες εἰσί.
Δοιοὶ γάρ τε πίθοι κατακείαται ἐν Διὸς οὔδει
δώρων, οἷα δίδωσι κακῶν, ἕτερος δὲ ἑάων.
ᾧ μὲν κ' ἀμμίξας δώῃ Ζεὺς τερπικέραυνος.
Ἄλλοτε μέν τε κακῷ ὅγε κύρεται, ἄλλοτε δ' ἐσθλῷ.
Nil prosunt lacrymæ, nec tristia pellere possunt:
Fata Dei statuere viris mortalibus ista,
Vt viuant tristes, ipsi mala nulla verentes.
Dolia bina iacent Iouis in penetralibus altis
Muneribus repleta, bona hic sunt, idque malorum
Plenum est. Ista viris miscens dat Iupiter ipse,
Nunc mala multa haurit, nunc & bona plurima cepit:

Non solum in his malorum autorem Iouem putauit Homerus, sed etiam in cõsideratum & temerarium, qui non consilio & ratione, sed vt sors obtulerit, bona cuique dispenset. sic igitur Euripides etiam in Hecuba illum malorum autorem facit;

οὐδ' ὤλεσέ με Ζεύς, τρέφει δ' ὅπως ὁρῶ
κακῶν κάκ' ἄλλα μείζον' ἢ τάλαιν' ἐγώ.
Nec Iupiter me perdidit, seruauit vt
Peiora multo cernerem infelix ego.

Sed Venus non solum Iouem, verum Deos omnes inclementes vocat apud Virgil. lib. 2. Aeneid. quia Troiam propter inuidiam, & ob accepta à Græcis muneaeuerterint: sic enim inquit;

Non tibi Tyndaridis facies inuisa Lacænæ,
Culpatusue Paris, verum inclementia diuum
Has euertit opes, sternitque à culmine Troiam.

Idem Iupiter Iunonis illecebris ductus auctor fuit violandi fœderis, quod percussum fuerat inter Græcos & Troianos, vt est in lib. 4. Iliad. cum Palladem iusserit in aciem Troianorum descendere, eosque impellere ad fœdus violandum.

ὡς ἔφατ', οὐδ' ἀπίθησε πατὴρ ἀνδρῶν τε θεῶν τε.
Αὐτίκ' Ἀθηναίην ἔπεα πτερόεντα προσηύδα.
Αἶψα μάλ' ἐς στρατὸν ἐλθὲ μετὰ Τρῶας καὶ Ἀχαιούς
πειρᾶν δ' ὥς κεν Τρῶες ὑπερκύδαντας Ἀχαιοὺς
Ἄρχωσι πρότεροι ὑπερόρκια δηλήσασθαι.
Annuit his dictis hominum pater, atque Deorum,
Palladaque arcessens ad sese hæc inde profatur,
Protinus in Troum & Græcorum castra recede,
Experiare volo Troiani, primi vt Achiuos
Marte petant, primi percussaque fœdera rumpant.

Atque cum leuissimi hominis & impuri sit dicere mendacium, neque hoc quidem vitio caruit Iupiter, quî ità fuit mendax ab Hyrtacide vocatus, vt est in lib. μ. Iliad.

Ζεῦ πάτερ, ἦ ῥά νυ καὶ σὺ φιλοψευδὴς ἐτέτυξο
πάγχυ μάλα:
Iupiter, an mendax pater es; nec iam vlla loquenti
Danda fides?

Cum fuisset Apollo et autor crudelitatis creditus, sæpius fuit ad cædes inuocatus mortalesq; ad cædes faciẽdas sæpius adiuuit, vti testatur illa carmina Virg. lib. 6.

Phœbe graues Troiæ semper miserate labores,

Dardana

Dardana qui Paridis direxti tela manusque
Corpus in Aeacidæ. & lib. 9.
Dextra mihi Deus, & telum quod missile libro,
Nunc adsint.

& Hom. lib. ζ. Iliadis;

Νῦν δ' αὖτ' ἐμὰ φίλα' ἀθήνη
Δὸς δέ τε μ' ἄνδρ' ἑλεῖν, καὶ ἐς ὁρμὴν ἔγχεος ἐλθεῖν.
Rursus amica mihi concedito Pallas,
Cædere daque virum, ac forti concurrere telo.

Enimuero multò sunt etiam crudeliores Polynicis preces apud Euripidem in Phœnissis, cum ita inquiat:

ὦ πότνια ἥρα, σὸς γάρ εἰμ', ἐπεὶ γάμοις,
Ἔζευξ' Ἀδράστου παῖδα, καὶ ναίω χθόνα,
Δός μοι κτανεῖν ἀδελφὸν, ἀντήρη δ' ἐμὴν
καθαιματῶσαι δεξιὰν νικηφόρον,
Iuno verenda sum tuus: nam nuptijs
Iunxi ego Adrasti filiam, terram incolo,
Concede fratrem occidere, & victoria
Dextram cruentam ferre fratris sanguine.

Et quod peius est, non deterretur vel cognita turpitudine petitionis ab illis tam impuris precibus cum inquit:

Αἴσχιστον αἰτῶ στέφανον, ὁ μογενῆ κτανεῖν.
Occidere affinem peto, hæc turpissima est
Corona.

Aduocabantur ad furta etiam Dij antiquorum, qui latronibus, & insidiatoribus fauere putabantur, cum essent pleni omnis impuritatis, quare ita scripsit Horatius in epistolis:

Iane pater clarè, clarè cum dixit Apollo,
Labra mouet metuens audiri, pulchra Lauerna
Da mihi fallere, da iustum, sanctumque videri.
Noctem peccatis, & fraudibus obijce noctem.

Multi denique ad cædes, ad flagitia complura, ad latrocinia, ad adulteria ab his Diis se adiuuari crediderunt, & non dubitarunt vt adiuuarentur precari: quippe cum intelligerent vel innocentissimos homines per hos Deos grauissima supplicia subiisse, cum vel vnus Hippolytus in mentem veniret. Enimuero, quia nihil diuturnum est, quod ad extremam improbitatem venerit: multò fuit tolerabilior, quam hos pro Diis colere, illa Cyclopis sententia, quæ homines ad voluptates, vitæque suauitates percipiendas hortatur: quæ vniuersam illam religionem euertit, ita enim inquit apud Euripid. in Cyclope:

ἡ γῆ δ' ἀνάγκῃ κἂν θέλῃ, κἂν μὴ θέλῃ,
τίκτουσα πόαν τ' ἀμὰ πιαίνει βοτά.
ἃ 'γὼ οὔτινι θύω, πλὴν ἐμοὶ, θεοῖσι δ' οὔ.
καὶ τῇ μεγίστῃ γαστρὶ τῇδε δαιμόνων.
ὡς τοὐμπιεῖν γε, καὶ φαγεῖν τοὐφ' ἡμέραν,
Ζεὺς οὗτος ἀνθρώποισι τοῖσι σώφροσι.
λυπεῖν δὲ μηδὲν αὑτόν.
Necesse terræ sit volenti, siue non,
Herbas creare, pinguis vt sit grex meus,
Nulli deorum, sed mihi quem nutrio,
Et huic Deorum maximo ventri, viris,

Vt

Vt solus est hic Iupiter prudentibus,
Bibendi, edendi vt lex diebus singulis:
Viuendi & vsque suauiter.

Hoc autem consilium est non hominis, sed filii Neptuni, & Iouis ipsius nepotis, cui vanum fuisse illum Deorum cultum facile credi potest. at contra fieri non potest, vt ille suauiter viuat, nullaque tristitia afficiatur, qui totus feratur ad voluptates, nulla habita ratione innocētię, cum illa sola omnem vitæ suauitatem largiri possit. Sed quid opus pluribus? tanta fuit horum Deorum crudelitas, vt Læsionem, quam Aten vocarunt, Iouis ipsius filiam esse tradiderit Homerus lib. 7. Iliad. quamuis Dei sola proprium sit beneficentia:

πρέσβα Διὸς θυγάτηρ ἄτη ἣ πάντας ἀᾶται,
Ate prisca Iouis proles, quæ læserit omnes
Mortales.

Patet ex iis quæ hactenus dicta sunt, vt arbitror, quod talia fuerunt hominum vota, qualia Deorum sacrificia, & quales Dii ipsi credebantur, à quibus viuendi rationem acceperant, & quod omnibus vitiis credebantur Dii illi fuisse contaminati, & quòd nulla vel religio vel ciuitas, quæ ad summum malitiæ peruenerit, diuturna esse potest. nunc consideremus quales Dii inter se fuerunt.

Quales Dij inter se fuerunt. Cap. XIX.

NEque mirum est sanè Deos tam sæuos erga homines extitisse, atque omnia discordiæ, crudelitatis, & perfidiæ semina in homines à Diis ipsis manasse, cum tanta fuerit iam inde ab initio inter hos Deos contentio, quantam neque cœlum, neque terra capere potuit. Quod si sceleratum est illum armis persequi, à quo aliquod magnum beneficium acceperis, profectò sceleratissimus fuit Saturnus, qui illum insecutus est, à quo huius lucis vsuram acceperat. Verum non solum insecutus est, sed etiam captiuo virilia membra amputauit, vt testat Ouid. in Ibim;

Saturnus vt illas
Subsecuit partes, vnde creatus erat.

Hoc paternum exemplum cum sibi ante oculos ad imitādum Iupiter proposuisset, Saturnum patrem & ipse cum armis insecutus est, & in Italiam confugere compulit, a quo, cum apud Ianum regem in Italia latuisset, quædā pars Italiæ Latium fuit appellatum, vt est apud Virg. lib 8.

Primus ab ætherio venit Saturnus Olympo
Arma Iouis fugiens, & regnis exul ademptis.
Is genus indocile & dispersum montibus altis
Composuit leges quæ dedit, Latiumque uocari
Maluit, his quoniam latuisset tutus in oris.

Iam vero quanta fuit Saturni feritas, qui suos filios vorabat? an potest is esse tolerabilis in alios, qui tam fuit ferus in suos filios? an potest aurea ętas, hoc est iustitiæ, humanitatis, pudicitiæ, æquitatis plena administratio sub hoc rege fuisse, qui tam impius in parentes, & in filios suos extitisset? sed neque Iupiter quidem omnes contentiones patre de regno deiecto sustulit: neque regnum quietum possidere potuit, cum Gigantes, quasi paternæ iniuriæ vltores in illum conspirarint, eumque penè de regno deiecerint. Enimuero cum hęc quoque certamina aboleuisset, victoriamque fuisset consecutus, non tamen regnum quietum possedit, sed omnes propè Dii in illum aliquando insurrexerunt, atque ab affinibus penè fuit in vincula coniectus, vt est apud Hom. lib 1. Iliad.

ὅτ' ἔφησθα κελαινεφεῖ κρονίωνι

οἷσιν ἐν ἀθανάτοισιν ἀεικέα λοιγὸν ἀμῦναι.
ὁππότε μιν ξυνδῆσαι ὀλύμπιοι ἤθελον ἄλλοι,
ἥρη τ', ἠδὲ ποσειδάων, καὶ παλλὰς ἀθήνη.
Dixeris vt superos inter depellere pestem
Te potuisse Iouis Saturni sanguine creto.
Cælicolæ voluere Iouem vt vincire tonantem,
Neptunus, Iunoque, & Pallas.

Præclarum sanè regnum, ac verè dignum, vt eius rex beatus appelletur, in quo neque coniux, neque soror, neque filia, nec frater fuit amicus. Neque tamen inter se solum inimicitias hi Dii exercuerunt perpetuas, verum etiam tantum autoritatis ac virium hominibus alius in alium tradiderunt, vt sæpius ab hominibus fuerint vulnerati: sicut Iuno ab Hercule sagitta, vt ait Hom. lib. 4. Iliad.

τλῆ δ' ἥρη ὅτε μιν κρατερὸς παῖς ἀμφιτρύωνος
Δεξιτερὸν κατὰ μαζὸν ὀϊστῷ τριγλώχινι.
Perpessa est Iuno cum filius Amphitryonis
Percussit dextram mammam, petiitque sagitta.

Vulneratus fuit etiam Pluto ab eodem, vt est in his;

τλῆ δ' ἀΐδης ἐν τοῖσι πελώριος ὠκὺν ὀϊστόν,
Εὖτέ μιν αὐτὸς ἀνὴρ υἱὸς διὸς αἰγιόχοιο
Ἐν πύλῳ ἐν νεκύεσσι βαλὼν ὀδύνῃσιν ἔδωκεν.
Passus & est Pluto horrendus cum dira sagitta
Intulit huic vulnus nati Iouis huius; & ille
Inter defunctos duros tulit inde dolores.

Quin etiam Mars ipse belligerantium Deus, mortalium arma effugere non potuit, vt est apud eundem Hom. in his;

τῇ ῥά μιν οὖτα τυχὼν διὰ δὲ χρόα καλὸν ἔδαψεν
Ἐκ δὲ δόρυ σπάσεν αὖτις, ὁ δ' ἔβραχε χάλκεος ἄρης.
Huic pulchramque cutem lacerat, ferroque cecidit,
Extrahit hinc hastam, Mars alta voce boauit.

Idem postea ab Oto & Ephialte fuit in vincula coniectus. fuit Venus etiam vulnerata à Diomede. atque longum esset sanè commemorare quot incommoda Dii passi fuerint ab hominibus. facile igitur adducor, vt durissima illorum hominum ingenia fuisse credam, quibus erat religionis & Deorum metus in animis imprimendus, cum virorum bonorum exemplis, & sapientum oratione eo adduci non possent: sed essent vel sceleratorum, quos ipsi admirabantur, autoritate, vel implicitis fabularum figmentis ad Deorum cultum adducendi, nam hæc omnia tradita sunt ab antiquis nulla alia de causa, nisi vt homines ad probitatem instituerent, & res naturæ aperirent obscuras, vt suis locis explicabimus.

NATALIS COMITIS MYTHOLOGIAE,

LIBER SECVNDVS.

De vno rerum omnium principio & autore Deo.

EXPLICATA sunt à nobis superius nonnulla, quæ ad antiquorum Deorum naturam cognoscendam pertinebant: & quales illi erga homines, & quales inter se fuerint patefecimus, & quod nullus denique fuit illorum sempiternus, nisi cum eorum nominibus pro rerum naturalium formis antiqui sapientes vterentur. Nunc autem consequens est vt demóstremus vnum fuisse rerum omnium principium, vnumque autorem, per quem omnia procreata fuerint, & in lucem edita, cum nullus ex iis Deus fuerit, vt dictum est; neque plures Dii simul esse posint. Sed hoc quo ad fieri poterit quàm breuissimè explicemus, quoniam hæc vna disputatio vel magnum volumen posset implere, si quæcunque necessaria sunt, inuestigemus. Nam cum rerum multarum sub eadem forma positarum numerus imbecillitatem arguat singularum, quia procreatione filiorum indigeant, & morti sint obnoxiæ, frustra in tanta Deorum multitudine colenda laborabimus, quia & illi nos aliquando deficient, & semper noua vota Diis iunioribus erunt concipienda. At quid aliud sexus significat quàm interitum? quod enim oritur, & intereat aliquando necesse est: quia omnia quæ oriuntur, cõstant ex quibusdam principiis, in quę denique soluuntur. Si omnes Dii sint mares, aut fœminæ, & ad procreandum apti, nihilque producant, multo magis sequetur absurdum: frustra enim potest is, qui nunquam vim suam exercet, quare vbi sit sexus, ibi procreare necesse sit, atque ibidẽ Dei natura sempiterni esse non potest. Erit igitur necessariò vnus Deus, qui neque genitus erit, neque generabit ex se alium, cuius substantia ab ipso dissideat. Nam veri, piique theologi Deum generare Filium tradunt, sed eiusdem substantiæ. & idem immortalis existens cũ ex nullis principiis constet, nullum sortitus est temporis principium. Rursus cum sit principii expers, potentia existet infinita, quoniam finitorum corporum, rerũque omnium finitarum finita est pro corporis ratione potentia & virtus: quare omnipotens fuit merito ab antiquis appellatus; & cum nullus ante Deum visus sit, cum primus is extiterit, dictus est Protogonus siue primogenitus ac φανὴς, vt est apud Orpheum in Hymnis. erit is igitur rerum omnium quæ sunt, autor necessariò existimandus. Enimuero cum magna fuerit inter sapientes de naturalium corporum materia disceptatio, quòd alii vnum, alii plura rerum naturaliũ principia generationi subiicerent, nemo tamen adeo fuit inops consilii, qui plures Deos opifices introduxerit. Nam & Thales Milesius vnus è septem sapientibus, aquam rerum omnium principium ratus, mentem inquit cuncta ex illa formasse, & Anaxagoras Clazomenius cum è similibus inter se particulis corpora naturalia consistere credidisset, inutilem earum præsentiam est arbitratus, nisi opifex ad eas inter se componendas accessisset, quem diuinam mentem appellauit, cuius hoc celeberrimum carmen circunfertur.

Νοῦς ἐςὶ διακοσμῶν τε πάντων αἴτιος
Mens autor vna est omnium quæ cernimus.

Pythagoras Samius principia rerum omnium numeros ratus, cum monadem ac binarium introduceret, materiam scilicet & opificem, Deum in medium protulit, quem per monadem significauit. Empedocles Agrigentinus post elemēta quatuor, quæ tanquam generationis materiam introduxit, quòd videret ea esse per se segnia & inutilia, amicitiam opificem & conciliatricem, dissidium corruptionis causam putauit. Socrates & Plato post materiam & Ideam, quæ vt formæ exemplar intelligitur, Deum addiderunt generationis autorem. Zeno Citieus cum formam nusquam sine materia posse consistere crederet, solam materiam & Deum cuncta efficere dixit, quod ex iis forma oriretur cum ad opus accederent. Anaximander qui infinitum, Anaximenes qui aerem, Heraclytus qui ignem, Epicurus qui corpora solida, non creata, sempiterna, mente percepta, quas atomos vocat, Aristoteles, qui materiam & formam principia putarunt esse omnium, cum nihil de opifice dixerint, aut simulantes de Deo quidpiam dixerunt, nullumque crediderunt esse, aut cum res humanas non curare putarunt. Qui enim potest quod nusquam est existenti accedere sponte sua, & à nemine accersitum? aut id, quod neque rationem in se habet, neque cognitionis initium, quomodo potest rem tam præclaram ad se accersire, & vt ad se veniat impetrare? An fieri potest vllo tempore poculum vel si sit argentum, nisi artifex ad poculi formam illud perducat? nunquam profectò forma sua sponte accedet ad argentum, neque argentum illam non audientem omnino vllo tempore aduocabit: quæ res, vt in iis quæ sunt artis, ita in naturæ actionibus continet: nihil enim fieri potest, quod non fiat diuina prouidentia. Quare mihi valde ridiculi videntur illi, qui omnia fortunæ attribuunt, mundumque ipsum ex minimis corporibus assiduè, celeriterque fortuito & temerario motu agitatis multis in vnum conglomeratis coagmentatum fuisse censuerunt: qualis Epicuri & Democriti fuit opinio. Nam tametsi de Deo nescio quid balbutiebant, tamen in idem propè cum Diagora Milesio & Theodoro Cyrenensi, Eumeroque Tegeate reciderunt. Patet igitur neque sine opifice Deo quidquam fieri posse, nec Deos esse plures, sed vnum, & eundem sempiternum, & cuius infinita sit potentia, & eum esse rerum omnium autorem, qui neque mas est, neque fœmina. at num Iupiter is sit ab antiquis appellatus, an alius fuerit Iupiter, nunc perquiramus.

De Ioue. Cap. I.

AGe vero Iupiter is, quem patrem hominum, ac Deorum regem appellarunt antiqui, quid diuinitatis habuerit, aut quam originem, nunc inuestigemus. Sed quoniam non vnus, at plures Ioues fuerunt, idcirco varia loca in quibus natus sit, variæque educationes, & variæ res gestæ Iouis à variis scriptoribus referuntur. Nam Iupiter, qui Saturni filius fuit, ad quem omnia propè aliorum facinora referuntur, modo in Creta, modo Thebis, modo in Arcadia, modo apud Messenios natus esse dicitur, cū nullo pacto fieri possit vt hæc inter se tam diuersa consentiant. Nam tametsi multas educationes propter varios rerum euentus vni facile quis accommodauerit, tamen vt idem multis in locis natus sit, fieri omnino non potest. Quòd autē multæ ac variæ fuerint nationes, quæ apud se natū Iouem gloriantur, testatur Pausanias in Messeniacis, vbi longū & difficile fore inquit populos enumerare, qui Iouem apud se natū & educatū affirmarunt. Verū cum Ioues plures extiterint, tum omnes Reges

Ioues

Ioues appellabātur antiquus, vt ait Isacius his verbis. Δίας οἱ παλαιοὶ πάντας ἐκάλουν τοὺς βασιλεῖς. Ioues Reges omnes vocarunt antiqui. & Zetzes in varia histo-ria; τοὺς βασιλεῖς δ' ἀνέκαθε Δίας ἐκάλουν πάντας. Reges autem olim Ioues voca runt omnes. Ea causa factum illud est, quòd Iupiter is, qui primus ita fuit nominatus, præclara in mortales beneficia, & in Athenienses præcipue contulit. Nam rudes adhuc populos legibus à se constitutis parere persuasit. certa matrimonia instituit. ferino more viuentes ad cultum Deorum erexit. omnia diuina prouidentia gubernari demonstrauit, arasque, & sacerdotes & cerimonias illis instituit: qui cum Arcas esset, & obscuro loco natus, pro anim i virtutibus ignobilitatem corporis occultantes homines beneficiis affecti Aetheris illum & Dici filium esse tradiderunt: quod ego nihil aliud significare voluisse crediderim, quā veritatis & sapienitæ. Vt igitur Cæsares omnes Romanorum Imperatores ab primi Cæsaris auspicium vocati fuerunt, ita Ioues Reges omnes ad Iouis Arcadis auspicium dicti sunt ab antiquis. Cum vero omnia postea & Arcadis & cæterorum eius nominis facinora vni Saturni filio Ioui tertio attributa sint à poetis, reliquis omissis qui ortus & educatio ipsius extiterit, pquiramus. Scriptum reliquit Pausanias in Messeniacis fontem fuisse in Ithomes iugo, cui nomen Clepsydræ, in quo ab Ithome & Neda nymphis nutricibus Iupiter, à Curetibus ob metum Saturno surreptus, lotus fuerit: atque cum Iouis incunabula Messenii sibi vendicent, tum à furto Curetum fonti nomen datum, & à nutricibus fluuio & monti asserunt, sacraque solennia Ithomata in honorem ipsius Iouis apud se ostendere ad rem confirmandam solebant, Cum hæc scripsisset in rebus Messeniorum Pausanias, mox in Arcadicis apud suos fontes fluuium illum inquit qui Gortynā præterlabitur, Lusium appellari, quòd in eo Iupiter recens natus lotus fuisse credatur. Hæc loca nō parum inter se distabāt, cum Messene ciuitas esset nobilis Peloponnesi non parū distās ab Arcadia, quæ à dextra Patras vrbē respiciebat & ipsam nō ignobilē, à frōte sinū Naupactiū: at Arcadia ppè esset in altera parte insulæ mari finitima. Mox idē Pausanias in Bæoticis Saturno ereptū Iouē in Bæotia scribit, & supra Cheronæ mænia præruptā esse montis crepidinē, qui mons vocatus est Petrarchus, vbi pro Ioue oblatū esse saxū Saturno à Rhea memorant; qui locus etiam non parum distat ab Arcadia, & à Messene non etiam parum. Neque credibile est nuper nati Iouis sanguinem, & reliqua immunda excrementa, quibus nascentes infantes operiuntur, in tam longinquis fontibus lota fuisse: qui si his non erat, vt cæteri, cum nascūtur, inquinatus, quid opus erat omnino vel in Lusio flumine lauari; Sunt qui Thebis Bæotiæ natum esse Iouem autument, quod in his sensit Lycophron, apud quem Cassandra loquitur de Hectore, illa significans, quę erant illi euentura: vt est in his;

Σὺ δ' ὦ ξύναιμε πλεῖστον ἐξ ἐμῆς φρενὸς
στερχθείς, μελάθρων ἕρμα καὶ πάτρας ὅλης,
οὐκ εἰς κενὸν κρηπῖδα φοινίξεις φόνῳ
ταύρων, ἄνακτι τῶν ὀφίωνος θρόνων,
Πλείστας ἀπαρχὰς θυμάτων δωρούμενος.
Ἀλλ' ἄξεταί σε πρὸς γενέθλιαν πλάκα.
Frater mihi dilecte mente plurimum,
Tutela sola qui domus, & patriæ es:
Cruore taurino inquinabis crepidam,
Regi Ophionis sedium cum plurimas
Mactabis hostias. is inde dux erit
Petas vt eius ipse patrium solum.

Fama est enim quòd cum fames & annonæ penuria cœli vitio Græciam occu passet, responsum datum fuit cessaturam eam calamitatem, si Hectoris ossa in Ophryno loco Troiæ iacentia in eam Græcam ciuitatem comportarentur, quæ Iouis esset patria, & ad Troiam non militasset. Hanc vrbem perquirentes solas Thebas Bœotiæ immunes fuisse ab ea militia inuenerunt. Atque id patrium solum Iouis dictum est, quòd is ibi natus esse à nonnullis credatur, vt testatur illud epigrāma, quod adulans Thebanis dicit ibi esse Beatorum insulas, quamuis Thebæ non fuerint omnino insulæ;

Αἵδ' εἰσὶ μακάρων νῆσοι, τόθι περ τὸν ἄριστον
Ζῆνα θεῶν βασιλῆα ῥέη τέκε τῷδ' ἐνὶ χώρῳ.
Insulæ ibi fortunatæ sunt, regem vbi Diuum
Alma Iouem peperit Rhea, qui nunc fulmina torquet.

Alii in Creta Iouem natum & educatum fuisse dixerunt, vt testatur Lucianus in sacrificiis hoc pacto; οἱ δ' αὖ κρῆτες, οὐ γενέσθαι παρ' αὐτοῖς, οὐδὲ ταφῆναι μόνον τὸν δία λέγουσιν ἀλλὰ καὶ τάφον αὐτοῦ δεικνύουσι, Rursus autem Cretenses non solum natum esse apud se Iouem memorant, aut sepultum, verumetiam sepulchrum illius ostendunt. Illud etiam confirmauit Virgilius lib. 4. Georgicorum, vt patet ex eo carmine;

Dictæo cœli regem pauere sub antro.

Est enim Dicte mons Cretæ vt ait Ptolemæus. aiunt in Creta Ioui dato nutriendo cecidisse vmbilicum apud fluuium Tritonem, cui locus consecratus dictus est Omphalus, & propinqua planities omphalium, cum Græci omphalon vmbilicum appellent. Hunc in antro Dictæi montis habitasse testatur Apollonius Rhodius ita lib. 1. Argonaut.

ὄφρα ζεὺς ἔτι κοῦρος, ἔτι φρεσὶ νήπια εἰδὼς
Δικταῖον ναίεσκεν ὑπὸ σπέος.
Donec erat paruus, donec puerilia sensit
Iupiter, incoluit Dictæi montis in antro.

Eundem Idæum appellauit Callimachus in hymno in Iouem, quòd in Ida sit natus & educatus;

ζεῦ, σὲ μὲν ἰδαίοισιν ἐν οὔρεσί φασι γενέσθαι,
ζεῦ σὲ δ' ἐν ἀρκαδίῃ.
Iupiter Idæis aiunt te in montibus ortum
Iupiter Arcadicis

Est enim Ida mons Cretæ, ut ait Dionysius in libello de situ orbis;

κρήτη τιμήεσσα διὸς μεγάλοιο τιθήνη
Πολλή τε λιπαρή τε, καὶ εὔβοτος, ἧς ὕπερ ἴδη,
ἴδη καλλικόμοισιν ὑπὸ δρυσὶ τηλεθόωσα.
Creta Iouis magni nutrix veneranda, feraxque
Et frugum & pecoris, nemorosa huic imminet Ida,
Ida frequens piceis & quercubus optima mater

Sic Virg. lib. 3. Aeneidos;

Creta Iouis magni medio iacet insula ponto,
Mons Idæus vbi, & gentis cunabula nostræ.

Qui igitur Cretensem Iouē crediderūt, ab eo monte Idæū appellarunt, vt illud;

Idæumque Iouem, Phrygiamque ex ordine matrem.

At qui in Arcadia Olympium, quia Lycæus dictus est Olympus vt ait Pausanias in Arcadicis, cuius vertex Sacrum Iugum vocatū est, quòd ibi Iouem vulgo credunt fuisse educatum. Cum tantam igitur de Iouis patria contentionem videret Callimachus, ita cecinit in Hymnis.

Πῶς καί νιν δικταῖον, ἀείσομεν, ἠὲ λυκαῖον,

Ἐν δοιῇ μάλα θυμὸς, ἐπεὶ γένος ἀμφήριστον.
Dictæum ne Iouem cantabimus, an ne Lycæum;
Sum dubius, genus est quando certamine plenum.

Hunc igitur, quem hominum patrem & Deorum vocarunt, cum recens natus esset, quia oraculũ cepisset Saturnus, fore vt è regno à filio pelleretur, vel quod ita conuenisset cum Titanibus, vt filios omnes è se natos occideret, statim conatus est inhumaniter de medio tollere: sed eum Rhea, quã etiam Opim dixerunt vt memoriæ prodiderunt quidam, primum ipsa per aliquo dies clam educauit, sed cum diu se illum occultare non posse arbitraretur, Corybantibus, qui vocati sunt Curetes, & Dactyli Idei, clam in Cretam transmittẽdum concessit: qui simulatis sacrificiis inter cymbalorũ tympanorumque; strepitum infantis vagitum occultarũt. Opis vero quia Saturnus filios omnes de medio tollere conaretur pro Ioue dicitur saxum fasciis inuolutum illi obtulisse: quod ille cõtinuo deglutiuit, vt scripsit in Arcadicis Pausanias. Illud autem contigit paulo supra Cheronæ mœnia, vt idem ait in Bæoticis. Atqui cũ tantopere de Iouis patria dissentiant inter se antiqui scriptores, nõ minor est nutricũ numerus & cõtrouersia quàm de locis in quibus sit educatus. Nã alii ab apibus educatũ putarũt, vt ait Virg. lib. 4. Georg.

Nunc agè naturas apibus quas Iupiter ipse
Addidit, expediam: pro qua mercede canoros
Curetum sonitus, crepitantiaque æra secutæ
Dictæo cœli Regem pauere sub antro.

Fama est ad eius beneficii memoriam quod Iupiter apum colorem mutauit in aureũ, cum prius essent ferrugineo. Aratus in Phænomenis Iouem à capra nutritum fuisse asserit in his:

αἲξ ἱερὴ, τὴν μέντε λόγος Διὶ μαζὸν ἐπισχεῖν.
Sacra Ioui capra est, quod præbuit vbera paruo,

Quod affirmauit etiam Lucianus in sarificiis. Illa cum apud Olenum Bæotiæ ciuitatem, vbi post Aegarum euersionem, conditum fuit Aegium, nutrita fuisset, Olenia dicta fuit, vt ait idem Aratus in eo carmine:

Ὠλενίην δή μιν αἶγα Διὸς καλέουσ' ὑποφῆται.
Oleniam Iouis altricem dixere capellam.

Quam rem ita expressit Ouid. in secundo Fastorum;

Oleniæ surget sydus pluuiale Capellæ,
Quæ fuit in cunis officiosa Iouis.

Superius etiam de Neda & Ithome nutricibus Iouis mentionem fecimus, quas commemorauit Pausanias in Messeniacis. Apollonius Rhodius de Adrestea Iouis nutrice meminit lib. 3. Argonaut.

καί κέν τοι ὀπάσαιμι Διὸς περικαλλὲς ἄθυρμα,
κεῖνο τό οἱ ποίησε φίλη τροφὸς Ἀδρήστεια
Ἄντρῳ ἐν Ἰδαίῳ ἔτι νήπια κουρίζοντι.
Perpulchrum tibi ludicrum illud munero, nutrix
Adrastea Ioui paruo quod præbuit ante,
Idæo latuit cum paruus conditus antro.

Habuit enim præter supradictas, Adrasteam & Idam nutrices Melissei filias ac sorores Curetũ, à quibus sit educatus: cũ Lactantius in libro de falsa Religione ab Amalthea & Melissa filiabus Melissei Cretẽsiũ Regis caprino lacte & melle nutritum scribat. Apollodorus Atheniẽsis grammaticus libro primo Bybliothecæ ab Adrastea & Ida nutritum quidem scribit, sed lacte Amaltheæ. Cicero in secundo de Diuinatione scriptũ reliquit castissime quodam in loco cultũ fuisse Iouem qui vna cum Iunone in gremio Fortunæ sedens mammam apprehenderet. at

Pausanias in Arcadicis nymphas quasdam nutrices Iouis nominare solitos Arcades inquit; Thisoam, Nedam, Agnô, quarum prima in Parrhasiorum finibus nomen dedit vrbi, secunda flumini, tertia fonti in Lycæo monte Arcadiæ, quæ mirum etiam donum à Ioue consecuta dicitur. Nam cum solum laboraret siccitate, re diuina rite peracta, mactatisque hostiis Lycæi Iouis sacerdos cum precatione ad aquam conuersus ramum è quercu in summam aquam deiiciebat, inde halitus ex fonte nebulæ similis tollebatur atque obducto cœlo conuocatis nubibus Arcadum fines vberrimis & optatis imbribus perfundebantur. Has in vrsas mutatas fuisse scribitur in commentariis in Apollonium Rhodium, sed qua de causa, non inueni: ita enim scribitur ibi: ταύτῃ οὖν τῇ χερρονήσῳ παράκειται ἄρκτον ὄρος κυρίως οὕτω λεγόμενον, ἐπειδή φασι τὰς τροφοὺς τοῦ Διὸς ἐκεῖ διατριβούσας εἰς ἄρκτους μεταβληθῆναι Huic igitur Cheronneso mons adiacet, qui proprio nomine Vrsus appellatur, quoniam Iouis nutrices aiunt ibi degentes in vrsas fuisse mutatas. non defuerunt qui à columbis & aquila illum educatũ fuisse arbitrati sint, vti testatur Mæro in his

Ζεὺς δ' ἄρ' ἐνὶ κρήτῃ τρέφετο μέγας, οὐδ' ἄρα τίς νιν
ἠείδει μακά[ρ]ων, ὁ δ' ἀέξετο πᾶσι μέλεσσι.
τὸν μὲν ἄ[ρ]α τρήρωνες ὑπὸ ζαθέῳ τρέφον ἄντρῳ
Ἀμβροσίην φορέουσαι ἀπ' ὠκεανοῖο ῥοάων
Νέκταρ δ' ἐκ πέτρης μέγας αἰετὸς αἰὲν ἀφύσσων
Γαμφηλῇ φορέεσκε ποτὸν Διὶ μητιόεντι.
τὸν, καὶ νικήσας πατέρα κρόνον εὐρύοπα Ζεὺς
Ἀθάνατον ποίησε, καὶ οὐρανῷ ἐγκατένασσεν.
ὣς δ' αὔτως τρήρωσι πελειάσιν ὤπασε τιμὴν
Αἳ δή τοι θέρεος καὶ χείματος ἄγγελοι εἰσίν.
Iupiter in Creta nutritur, cumque Deorum
Nouerat haud vllus. crescunt cum corpore membra.
Hunc in spelunca sacra pauere columbæ,
Fluctibus oceani ambrosiamque tulere volantes.
Ast aquila huic nectar de petra dulce quod hausit
Mox rostro sublime volans afferre solebat.
Hanc patri altitonans mox regno victor adempto
Esse immortalem voluit, cœloque locauit.
Nec nullo timidas decorauit honore columbas
Agrestes, gens hæc hyemis fit nuntia, & æstus.

Sunt autem illæ quæ liuiæ vocabantur, agrestes scilicet columbæ, à quibus Iupiter fuit educatus, atque ad tanti beneficij memoriam fuit aquila inter sydera collocata. vtebatur Iupiter cum paruus esset eorundem Curetum tutela & familiaritate, quorum studio fuerat à Saturni voracitate protectus, vt testatur Apollonius lib. secundo:

ὁ δὲ κρηταῖεν ὑπ' ἄντρον
Ζεὺς ἔτι κουρήτεσσι μετετρέφετ' ἰδαίοισι.
Inter Curetas Cræțæo Iupiter antro
Idæos etiam tum nutribatur.

& Lucret. lib. 2.

Dictæos referunt Curetas, qui Iouis illum
Vagitum in Creta quondam occultasse feruntur.
Cum pueri circum puerum pernice chorea
Armati in numerum starent, pernice chorea
Armati in numerum pulsarent æribus æra.

Atque

Atque vt summatim rem colligamus, incertum adhuc est, & omni contentione plenũ, vbi natus sit Iupiter, aut vbi, & à quibus educatus: neque quispiam eorum, qui Deorum ortus & naturas inuestigarunt, quidpiam certi de loco aut educatione tradidit. Hic cum primum natus fuit, ab Opi matre, vt dictum est, Curetibus alendus in Cretam transmittitur: vt Eusebio placuit in Temporibus, etiam Creti, qui tunc imperabat in Creta, commẽdatur, & in Gnoso regia ciuitate educatur. Alii in Creta natum esse volunt, at non alibi natum eò transmissum; alii in Arcadia natum & educatum putarunt: alii Messenæ, alii alibi, quorum omniũ longum esset opiniones recensere. Mox aiũt, cum occultandi vagitus gratia cymbala & tympana & alia tinnientia instrumenta pulsarentur, apes ad tinnitum aduolasse, & illum educasse: alii dicunt à nymphis alendum fuisse datum, alii capræ, alii vrsarum vbera suxisse. atque tot de Iouis incunabulis memorantur. Atqui Cicero libro tertio de Natura Deorum principio tres inquit fuisse Ioues ab iis numeratos, qui Theologi nominabantur, quorum primus & secundus in Arcadia nati sunt: primus patre Aethere, secundus Cœlo. At tertius Cretensis Saturnum patrem habuit. Mox cum ex primo Proserpinam & Liberum natos asseruisset, paulopost Dioscuros primos ex antiquissimo Ioue Athenarum Rege & ex Proserpina natos scribit: quare adductus sum vt alium fuisse Iouem etiam præter hos crediderim. Neque mirari conuenit si tam varii ortus & educationes fuerunt de tertio Ioue traditæ, cum cæterorum omnium & ortus & educationes, & res gestæ postea fuerint ad eundem à variis scriptoribus poetisque præcipue delatæ, vt diximus. Sic nos, quæ cæterorũ communia sunt, poetarum secuti opiniones, huic vni concedentes, ea quo pacto instituimus, persequemur. Iam vero cum adoleuisset Iupiter, & capra mortua esset, eius pellem ad perpetuam memoriam ad suum scutum accommodauit, & ob acceptum lactis beneficium inter astra Capræ signum retulit; scutumque Aegis à Græcis scriptoribus vocata est, cũ αἴξ capram significet, de quo meminit Virg. lib. 8.

Arcades ipsum
Credunt se vidisse Iouem, cum sæpe nigrantem
Aegida concuteret dextra, nimbosque cieret.

Atque Iupiter ipse dictus est Aegiochus, habens ęgida scilicet, vt ait Homerus in libro Iliad.

κλυθί μοι αἰγιόχοιο διὸς τέκος ἀτρυτώνη.
Audi me Iouis Aegiochi Tritonia nata.

Hic Iupiter duos habuit fratres, præter sorores, Neptunum & Plutonem, qui & ipsi per dolum fuerũt Saturni crudelitati subtracti. Fama est enim quòd cum Titan maior natu Saturni frater cuperet imperare, Vesta & Opi & Cerere precantibus cessit fratri de Regno, cum quo ita pactus est, ne vllum ex maribus filiis educaret, si quem habiturus esset, sed omnes necaret, ne Regem procrearet sibi successorem, vt saltem post ipsum ad se regnum perueniret. Saturnus igitur ea causa quicunque ex se nascerentur, vorabat, vt significauit Lycophron in his;

τὴν πρέσθ' ἄνασσαν ἐμβαλοῦσα ταρτάρῳ,
ὠδῖνας ἐξέλυσε λαθραίας γονῆς.
τὰς παιδοβρώτους ἐκφυγοῦσ' ἐμευγέτου
θοίνας ἀσέπτους, οὐδ' ἐπίασεν βορᾷ
νηδὺν τὸν ἀντίποινον ἐκλαφὰς πέτρον,
ἐν γυιοκόλλοις σπαργάνοις εἰλημένον,
τύμβος γεγὼς κένταυρος ὠμόφρων σπορᾶς.
Regina prima pulsa ad ima tartari est,

Mox

Mox ipsa partus à dolore soluitur,
Clam, quòd videre coniugis conuiuia
Nefanda nolet. inuolutum fasciis
Saxum ille degluttiuit, haud sit pinguior,
Crudis sepulchrum quòd sit ipse filiis.

Quòd autem id fieret per iuramentum, patet ex illis Sybillinis versibus, in quibus declaratur Titanes parturienti Rheæ semper assistere solitos: quod iuramētum datum fuit Saturno antequàm susciperet imperium:

ὅρκον δ' αὖτε κρόνῳ μεγάλους τιτᾶν ἐπέθηκε,
μὴ θρέψ' ἄρσενα, καὶ παίδων γένος, ὡς βασιλεύσῃ
αὐτὸς, ὅταν γῆράς τε κρόνῳ καὶ μοῖρα πέλῃσι.
ὁππότε καὶ δὲ ῥεῖ τίκτεν, παρὰ τοῖσιδ' ἐκάθηντο
τιτῆνες, καὶ τέκνα διέσπων ἄρσενα πάντα.
Conceptis verbis Titan iurare coegit
Saturnum, de se natum ne nutriat vllum;
Quo possint regnare senis post fata nepotes.
Cùm paritura foret Rhea, tum Titania pubes
Assedit marium lacerans crudeliter artus.

Mox cum sensisset Titan clam Saturni filios contra iusiurandum, legesque capti imperii educari, ipse vnà cum Titanibus filiis ira exarsit, atque Saturnū & Opim comprehensos in vincula & in custodias coniiciunt. Hæc vbi per nuncios accepisset Iupiter, collecta magna militum Cretensium, externorumque ibi exulantiū manu ad liberandos parentes è vinculis quàm citissime traiecit, Titanibusq; primo impetu debellatis patrem in regnum restituit, vt ait Lactantius in libro de falsa religione. Sed huic antequam in bellum exiret sacrificanti in Naxo augurium futuræ victoriæ aquila dedit, quare illam sibi sacram auem in posterum esse voluit, & in reliquis expeditionibus aquilæ effigiem pro signis militaribus habuit. Hic idem Iupiter cum ad Cercopas genus hominum fallax ac planè dolosum aduentasset in insulam Inarimen, siue ad Arimos populos, illos ad stipendia inuitauit, cum patrem è regno esset electurus. illi acceptis stipendiis data fide ac iuramento obstricti mox retentis stipendiis Iouem subsannabant, cū pluribus fraudibus in omnes vterentur. Iupiter periuriis indignatus hos in simias conuertit, insulasque Pithecusas appellauit, vt ait Callimachus in insulis. Verum post eam victoriam cum Saturnus responsi oraculi meminisset, vt sibi à filio caueret; futurum enim vt ab eo è regno pelleretur, Ioui insidias parare clam cœpit, quibus patefactis per vnum è familiaribus, rursus Iupiter expeditionem suscepit, collectaque priorum militum manu patrem de regno deiecit laneoque vinculo ligauit, & in tartarū deiecit vt ait Agathonymus in Perside, cū regnādi cupiditate iam arderet, & superiores res feliciter gestæ ad id faciendum facile inuitarēt. Nulla sunt enim vel naturæ vel amicitiæ vel beneficentię satis firma vincula, vbi maiestatis & imperandi furiosum desiderium inuaserit: illa omnia siquidem facillime conculcantur & prosternuntur. Cum patrem igitur captiuū fecisset Iupiter primum, dicitur virilia membra illi falce eadem amputasse, qua ille Cœlo patri amputauerat, quæ postea iacta fuit in insulam Phæaciam non procul à Corcyra, quod etiam significauit Lycophron in Cassandra in his:

νῆσον δ' εἰς κρόνου στυγουμένην Ἅρπην περάσας.
Saturno vt inde venerit in insulam Drepanum inuisam.

Nam Corcyrā insulam, vbi Saturnum secuit Iupiter, ab eo tempore nominatū Drepanum, vt ait Isacius. Ex eius virilibus membris amputatis, & in mare deiectis & è spuma maris, dicitur nata esse Venus, quæ in concha marina in Cyprū naui-

nauigauit. fabulati sunt antiqui post fugatũ per arma Iouis è regno Saturnũ Apollinẽ victoriam Iouis carminibus ad citharam cecinisse purpurea toga decorum & coronatum lauro, mirificeque deos omnes, qui accubuerant in conuiuio, delectauisse, vnde sumpserunt originem epinicia, quod innuit in secundo libro elegiarum Tibullus in his;

Sed nitidus, pulcherque veni, nunc indue vestem
　Purpuream, longas nunc bene necte comas,
Qualem te memorant Saturno rege fugato
　Victoris laudes tunc cecinisse Iouis.

Saturno igitur paulo post è vinculis fugiente, & ad Ianum Latii Regem in Italiã profecto, Iupiter ipse regnum occupauit, quod ita innuit Virg. lib. 8.

Primus ab æthereo venit Saturnus Olympo,
Arma Iouis fugiens, & regnis exul ademptis.

Ferunt Iouem Vestæ proposuisse, per quam adeptus erat imperium, vt quod mallet eligeret: at hanc prius virginitatem poposcisse, deinde primitias omnium quæ Diis offerrentur ab hominibus. Enimuero placidissima omnia, & ab omni insidiarum genere libera sub Saturni administratione, atque adeo ætas aurea fuisse dicitur, cum Ioue regnum obtinente omnes difficultates humanum genus inuaserint; nam

Ante Iouem nulli subigebant arua coloni.
Nec signare quidem, aut partiri limite campum
Fas erat: in medio quærebant, ipsaque tellus
Omnia liberius nullo poscente ferebat.
Ille malum virus serpentibus addidit atris,
Prædarique lupos iussit, pontumque moueri.

Quod equidem nihil aliud significare crediderim, nisi latronibus, & sceleratis hominibus concessam fuisse licentiam multa iniqua faciendi, quibus sociis & adiutoribus in occupando regno paterno vsus fuerat; cum bellorum licentia multos huiusmodi homines alere consueuerit, sicut pax legibus omnes obedientes facit. Quid enim aliud est aurea ætas, quam communis omnium libertas in ciuitate bene legibus instituta; cum feræ cum domesticis animalibus, cum canibus lepores scilicet, agni cum lupis, & cætera huiusmodi impune versantur? nam pacis tempore viri boni inter siccarios & impuros latrones legum patrocinio sunt tuti, nisi iudices ipsi propter auaritiam fiãt latrones, aut propter desidiã viros bonos vexari æquo animo patiantur. id significare voluisse antiquos testatur Tibul. lib. 1.

Nunc Ioue sub domino cædes & vulnera semper.
　Nunc mare, nunc læti mille repente viæ.

Neque tamen Iupiter, qui regno per vim potitus fuerat, insidiatoribus caruit: exemplum enim dederat posteris quo pacto regna per vim sint occupanda. Aegæon igitur Iouis exemplo inuitatus vna cum cæteris Gigantibus illum è Regno depellere conatus est: cui centum manus erant, capita quinquaginta, & magnitudine corporis reliquos omnes mortales antecellebat, ignemque ex ore eructabat, vt testatur Virg. lib. x.

Aegæon qualis, centum cui brachia dicunt,
Centenasque manus, quinquaginta oribus ignem,
Pectoribusque arsisse: Iouis cum fulmina contra
Tot paribus streperet clypeis, tot stringeret enses.

Quem idcirco sub Aetnam montem fuisse à Ioue fulmine detrusum fabulantur, qui quoties latus moueret Aetna flammas ingentes eructaret, vt ait Callimachus in lauachrum Deli;

ὡσδ᾽ ὁπότ᾽ αἰτναίου ὄρεος πυρὶ τυφομένοιο
Σείονται μυχὰ πάντα κατουδαίοιο γίγαντες
Εἰς ἑτέρην βριαρῆος ἐπωμίδα κινυμένοιο
Θερμάστραί τε βρέμουσιν ὑφ᾽ ἡφαίστοιο πυράγρης.
ἔργαθ᾽ ὁμοῦ.
Monte sub Aetnæo veluti cum conditus olim
Perpetuis flammis vsto vult vertere fessum
Ipse Gigas Briareus latus, interiora mouentur,
Fornacesque fremunt Vulcani, is forcipe massam
Vertit, opusque simul.

Quamuis omnes hi venti sunt, & ventorum natura fabulosè ita explicata, vt suo loco dicetur. Paucis tamen ante diebus idem Briareus Ioui aduersus Palladem & Iunonem, & Neptunum, & reliquos Deos, qui in Iouis Tyrannidem coniurarant, fuerat auxilio, vt testatur Homer. in 1. lib. Iliad.

ὁππότε μιν ξυνδῆσαι ὀλύμπιοι ἤθελον ἄλλοι,
ἥρη τ᾽, ἠδὲ Ποσειδάων, καὶ Παλλὰς ἀθήνη.
Ἀλλὰ σύ γ᾽ ἐλθοῦσα θεὰ, ὑπελύσαο δεσμῶν
Ὦχ᾽ ἑκατόγχειρον καλέσασ᾽ ἐς μακρὸν ὄλυμπον,
ὃν βριάρεων καλέουσι θεοί.
Cum vincire Dei reliqui voluere tonantem,
Et Iuno & pallas Neptunusque, inde tu ad illum
In cœlum Briareum, superi sic nomine dicunt.
Centimanum arcessens soluisti fortia membra.

Hunc ideo vna cum Gyge & Cotto Iouis custodes ac satellites Hesiodus nominauit in Theogonia in his.

Ἔνθα γύγης κόττος τε, καὶ ὁ βριάρεως μεγάθυμος
Ναίουσιν. φύλακες πιστοὶ διὸς αἰγιόχοιο.
Hic Cottusque Gygesque colunt, simul & Briareus:
Custodes Iouis æterni, quæ pectora fida.

Hic igitur Iupiter subactis nationibus orientis, pluribusque viribus se semper adiungentibus, vt mos est in prosperis successibus, Reges nonnullos regionum instituit: quare dictum est in Hymnis Homericis:

ἐκ γάρ τοι μουσάων καὶ ἑκηβόλου ἀπόλλωνος
Ἄνδρες ἀοιδοὶ ἔασιν ἐπὶ χθονὶ καὶ κιθαρισταί.
ἐκ δὲ Διὸς βασιλῆες.
Cantorum Musis, & phœbo munera curæ,
Qui tractant plectro citharas aut pollice chordas,
Ab Ioue sunt Reges.

Mox ad cæteras nationes cum maxima accessione virium penetrans vniuersum prope terrarum orbem perdomuit & subiugauit. Tum Regibus illis, qui ab ipso fuerunt instituti, & parendi sibi, & subditis nationibus imperandi leges tradidit. nam dictus est Iupiter primus Cretensibus æquitatis leges & iniurias ostendisse, qui eos reuocauit à violentia, persuasitque vt iudicio & subsellis, nulloque animorum motu exagitatis iudicibus res committerent diiudicandas. deinde prædones cum peragrauit orbem terræ puniuit, æquitatem & iustitiam vbique introducens. inde dictus est gigantes interemisse, quorum dux erat Typhon, qui aduersus Deos vel iustitiam insurgerent in Pallene Macedoniæ & in Phlegreis campis Italiæ, qui deinde dicti sunt Cumæi. idem ad iustitiam viris bonis honores & magistratus & præmia & præfecturas tribuit: quare vt principi sempiterno imperio digno diuinos honores illi tribuerunt cæteros principes ad imitationem inuitantes.

tantes.

tantes. quare scitè scriptum est ab Homero in primo Iliad.

ἐν παλάμῃς φορέουσι δικασπόλοι, οἵτε θέμιστας
Πρὸς Διὸς εἰρύαται.
In manibus gestant dicentes iura Pelasgi
Qui leges hausere Iouis.

Nam cum Saturni tempore ante Iouem homines carnibus humanis vescerentur, Iupiter vetuit nequis eo cibo vteretur, & ab humanis carnibus ad glandes conuertit, quæ arbor, vt ab eo primum monstrata, consecrata illi creditur. Post orbem subiugatum cum duo fratres illi ab insidiis patris superessent, quos ita recensuit Homerus lib. 16. Iliad.

τρεῖς γὰρ ἐκ κρόνου εἰμὲν ἀδελφεοὶ, οὓς τίκετο ῥέα,
Ζεὺς, καὶ ἐγὼ, τρίτατος δ' ἀΐδης ἐνέροισιν ἀνάσσων.
Tres Rhea Saturno fratres nos edidit: vnus
Iupiter, alter ego, & defunctis qui imperat vmbris.

Inter hos vniuersus terrarum orbis ductis sortibus communi consensu, cum communibus etiam armis subiugassent, diuisus fuit: atque mare Neptuno, inferorum imperium Plutoni, cœlum Ioui obtigisse dicitur, vt est apud Homerũ in his carminibus.

τριχθὰ δὲ πάντα δέδασται, ἕκαστος δ' ἔμμορε τιμῆς.
ἤτοι ἐγὼν ἔλαχον πολιὴν ἅλα ναιέμεν αἰεὶ
Παλλομένων. ἀΐδης δ' ἔλαχεν ζόφον ἠερόεντα.
Ζεὺς δ' ἔλαχ' οὐρανὸν εὐρὺν, ἐν αἰθέρι καὶ νεφέλῃσι.
Omnia sunt partes in tres diuisa: & honorem
Quisque suum cepit, mihi parent æquoris vndæ.
At tristis Pluto defunctis imperat vmbris.
Mox æther, cælumque Ioui conceditur altum.

Atque cum istud factum fuerit in Creta, vt quidam tradiderunt, locus vocatus est Claros ἀπὸ τοῦ κεκληρῶσθαι, a sortiẽdo scilicet. Hæc fabulosè de Ioue dicta sunt primũ à poetis, qui vt potentiorum gratiam aucuparentur, nihil sibi non mentiri licere arbitrati sunt. Non est illud credendum, quòd cœlum, ac mare, & inferorum locos ita diuiserint, sed magis rationi conuenit id, quod scribitur à Lactãtio in libro de falsa religione his verbis; Ergo illud verum est, quòd orbem terræ ita partiti sunt, vt orientis regio Ioui cederet, Plutoni pars occidentis obtingeret, at Neptuno maritima omnia cum insulis obuenerunt. Sic cum orientis regio, vnde lux mortalibus exoritur, superior sit, occidentis inferior, dicitur inferorum imperium habuisse Pluto, at cœli Iupiter: qui cum ambitiosus esset supra modum, gloriamque & existimationem plurimam sibi apud homines cõparare vellet, effecit vt magna cum reuerentia coleretur, quare illi Pudorem assessorem addidit Sophocles in Oedipode in Colono:

Ἀλλ' ἔστι γὰρ καὶ Ζηνὶ σύνθακος θρόνων
Αἰδὼς ἐπ' ἔργοις πᾶσι.
In omnibus rebus Ioui sed assidet
Pudor, thronosque seruat.

Et quoniam nulla esse potest vera in malos homines reuerentia, ac vis simulata quidem, in eadem tragœdia Aequitatem quoque illi assidere facit idem poeta:

εἴπερ ἐστὶν ἡ παλαίφατος
Δίκη σύνεδρος Ζηνός.
Vetusta si Ioui assidet modo Aequitas.

Fama est quòd Metim oceani filiam vxorem duxit Iupiter, vt scriptum reliquit Athėniensis Apollodorus lib. 1. Bybliothecę. Illa, vt aiunt, pharmacum postea bibe-

bibendum Saturno præbuit, quo ille prius lapidem, deinde voratos filios euomuit, quod tamen factum fuit antequam filio Saturnus insidias pararet, aut de regno pelleretur, quibus auxiliaribus postea vsus est aduersus Saturnum & Titanes. Mox cum decimo eius belli anno, Tellus victoriam Ioui vaticinata esset si in tartarum deiectos sibi socios assumeret, is Campe custode cæsa illos è vinculis liberauit, atque ita iis adiuuantibus victoria dicitur fuisse potitus. Neque minus ridiculum, ac monstro simile est illud, quod dicitur, quòd Iupiter Metim vxorem, quam primam duxit, vt ait Hesiodus;

Ζεὺς δὲ θεῶν βασιλεὺς πρώτην ἄλοχον θέτο μῆτιν.
Vxorem primam Metim sibi Iupiter addit.

Grauidam factam deglutiuit, vt scripsit Ioannes Diaconus his verbis, καὶ ἔγκυον ταύτην ποιησάμενος, καταπίνει αὐτὴν, ἵνα μὴ ἄλλος τις τῶν θεῶν ἀποκυηθείη παρ' αὐτῆς ἀναιδὴς καὶ ἀτάσθαλος, quam cum grauidam fecisset deglutiuit, ne quis alius Deorum nasceretur ex ea, impudens ac fatuus. Ex eo cibo mox ipse Iupiter pro vxore grauidus factus Palladem armatam è capite peperit, quod quidem monstrum tantopere contra naturæ consuetudinem fictum, nescio quo pacto primum æquis animis perferri potuit, neque fuerit cum maximo omnium risu explosum, quippe cum mendacia & res supra credulitatem fictæ, soleant etiã veris & probabilibus plerunque fidem detrahere. postea Themim duxit, vt quidam tradiderunt, ac tertiam, quam cepit in regione Gnosia apud fluuium Therenum. Vxorem postea duxit Iunonem, quam semper tenuit, neque vt primam deglutiuit. Huius filiæ dicuntur fuisse Preces, sicut ait Orpheus in Argonaut.

οὐ γάρ ἄτιμοι
ἱκεσίου Ζηνὸς κοῦραι λιταί. non sine honore
Conuenit esse Preces Iouis alto è semine natas.

Hoc autem fictum est, quia Reges & potentiores homines magna semper rogantium aliquid frequentia circumsistit. Enimvero ita ab ipsa natura comparatum est, vt animus hominum, sicuti sunt res omnes humanæ, nunquam in eodem statu consistere possit: qui nisi honorificis studiis teneatur, ad omnia vitiorũ genera maxime sit propensus, quod etiam præstantioribus maxime conuenire necesse est. Nam sicuti fertilissimus optimarũ frugum ager, si cultura hominum, & semina vtilia desint, eximiam spinarum, & vrticarum, & inutilium herbarum copiam alit: neque nihil omnino potest producere: sic animum nostrum, vbi cessauit honesta virtutum exercitatio, tanto maiora vitia & scelera aggrediuntur, quãto maioribus virtutibus antea poterat exornari. Iupiter igitur, qui terrarum orbe per imperatorias virtutes potitus fuerat, post insignes populorum victorias totus in libidines & in conuiuia vertitur: neque vlla fuit formosa mulier, quam quidem viderit, à qua abstinuerit, vt testatur Apollonius Rhodius lib. 4. Argonaut.

οὕνεκεν οὐκ ἔτλης εὐνῆς Διὸς ἱεμένοιο
λέξασθαι, κείνῳ γὰρ ἀεὶ τάδε ἔργα μέμηλεν.
ἠὲ σὺν ἀθανάτοις, ἠὲ θνητῆσιν ἰαύειν.
Aspernata Iouis quòd lectum sis cupientis.
Semper enim curæ est illi sibi iungere Diuas,
Fœmineosve cupit complexus, munera amoris.

Neque sorori suæ sanè pepercit, cuius concubitum cum palam petere non auderet: se in cuculum vertit, (natura enim videbatur illum ab eo illegitimo desiderio deterrere.) & in Corinthiorum agrum ad collem, qui ea de causa Coccyx vocatus fuit, aduolauit. Nam illius nutu, vt fertur, maxima cœli tempestas exorta est, quare Iuno in collem Thronacem tunc dictum conscendit: tum cuculus ille tremens super genibus eius consedit, cuius illa miserta, ob frigoris enim iniuriam

tremere

tremere existimabat, sub vestibus texit: qui postea Iupiter factus illam vitiauit, vt aiunt nonnulli. alii dicunt non prius sororem compressisse, quàm promiserit matri se vxorem illam ducturum. quod & postea fecit, vt testatur Pausanias in Corinthiacis. At verò quam gloriosa sint illa trophęa, quæ ipse ambitiose commemorauit apud Homerum, lib. ξ Iliadis, videamus. Neque omnia tamen græca carmina hic scribenda putaui, cum omnibus sint in prõptu, sed sententiam latinis carminibus expressi, sic enim illa incipiunt;

τὴν δ' ἀπαμειβόμενος προσέφη νεφεληγερέτα Ζεύς·
Ἥρη, κεῖσε μὲν ἔστι καὶ ὕστερον ὁρμηθῆναι.
Iupiter altitonans, sic est huic inde locutus.
Huc iterum rediisse licet Iuno. ipsi at amore
Iungamur, Dea nulla vnquam vel fœmina mouit
Corda mihi tantum, quantum nunc vris amore,
Non cum Pirithoum peperit Ixionis vxor,
Non Danae, peperit quæ mox mihi Persea clarum,
Non Europa, tulit præstantem quæ Rhadamanthum,
Et Minoa. nec aut Semele, aut Alcmena: ferocem
Altera cum genuit Alciden, altera Bacchum.
Nec me flaua Ceres, nec me Latona, nec ipsa
Mouisti tantum, quantum nunc vris amore.

Hic idem Deus cum Ledam Tyndari regis filiam vitiare conaretur, dicitur in cygnum esse conuersus, atque cum aquilam se insequi fecisset, dicitur præ timore deterritus vt simulabat confugisse ad Ledam, vt illius misertæ ope protegeretur, atque ita illam decepisse, ex quo concubitum Leda duo oua peperit, quippe quæ cum aue concubuisset: e quorum altero gemini pulli nati sunt Pollux & Helena, ex altero gemini item Castor & Clytemnestra: ad cuius præclaræ rei memoriam dicitur cygnus inter astra esse collocatus, qui iuxta Cephei dextrã manum conuoluitur, vt ait Aratus Solensis in Phænomenis;

ἤτοι γὰρ καὶ Ζηνὶ κατασρέχει αἰόλος ὄρνις.
Cum Ioue formosa, & cum cœlo voluitur ales.

Et paulo post; Αὐτὰρ ὅ γ' εὐδιόωντι ποτὴν ὄρνιθι ἐοικὼς,
οὔριος εἰς ἑτέρην φέρεται κατὰ δεξιὰ χειρὸς κηφῆος
Hęc ales volucri similis tranquilla volanti
Dextra petit Cephei.

Quod etiam planius explicauit Euripides in Helena his carminibus;

ἐςὶ δ' ἤδη
λόγος τις· ὡς Ζεὺς μητέρ' ἔπτατ' εἰς ἐμὴν
λήδαν, κύκνου μορφώματ' ὄρνιθος λαβών.
εἰς δόλιον εὐνὴν ἐξέπραξ' ὑπ' ἀετοῦ,
δίωγμα φευγὼν, εἰ σαφὴς οὗτος λόγος. fama est enim
Quod Iupiter volauit ad matrem meam
Ledan oloris alitis forma obsitus.
Fugaque ficta quòd volucris nuntia
Iouis sit insecura, mox compressit hanc.

Sed quid opus pluribus? Lucianus iure optimo sanè in dialogo de Mercurio & Sole Iouem exagitat vt adulteriorum autorem, cum ante illum Saturni tempore magna esset temperantiæ & pudicitiæ dignitas & existimatio, vt significauit Iuuenalis in Satyra sexta ita scribens;

Credo pudicitiam Saturno rege moratam
In terris, visamque diu, cum frigida paruas

Præ-

Præberet spelunca domos, ignemque, laremque.

Nam cum diuitijs & omnium commodorum facultate desidia, & remissio animi & libido nasci consueuit, quare scitè dictum est ab eo Oratore; πλοῦτος γὰρ κακίας μᾶλλον, ἢ καλοκαγαθίας ὑπηρέτης ἐστίν diuitiæ scilicet improbitatis potius, quam probitatis sunt ministræ. idcirco elegans illud in Iouem dictum fuit eius poetæ, qui ita nonnulla Iouis adulteria connumerauit;

Ζεὺς κύκνος, ταῦρος, σάτυρος, χρυσὸς, δι' ἔρωτα,
Λήδης, Εὐρώπης, Ἀντιόπης, Δανάης.

Fit taurus, cygnus, Satyrusque, aurumque, ob amorem
Europæ, Ledes, Antiopæ, Danaes.

Suscepit filios Iupiter ex Europa à qua dicta est pars tertia mundi Minoem ac Rhadamantum, Arcadem è Callisto, Pelasgum è Niobe, sarpedonem & Argum ex Laodamia, Herculem ex Alcmena vxore Amphitryonis, Taygetum e Taygete, a quo mons dictus fuit, & Saoné à quo Sauona, quamuis eum Mercurio quidã tribuunt, Amphionem & Zetum ex Antiope, Castorem & Hellenam & Pollucẽ & Clytemnestram è Leda, Perseum è Danae, Deucalionem ex Iodama, Britomartim è Carme Eubuli filia, Megarum ex vna Sithinidũ nympharũ, Aethliũ patrem Endymionis è Protogenia, & Epaphus eius filius fuit ex Ione Memphis Aegyptiæ conditor, qui coniugem habuit Libyam, à qua regio Africæ dicta est. Aeginam quoque in insulam desertam è regione agri Epidaurij portauit Asopi filiam, quæ insula cũ prius Oenope vocaretur postea dicta est Aegina & habitata, vt ait Callimachus de conditis insulis. Et Arcesilaus & Carbius è Torrebia, & Colaxes ex Ora, & Cyrnus è Cyrno de cuius nomine dicta est insula, cũ antea Therapne diceretur, & Dardanus ex Electra, qui profugus à patria in locis Hellesponto proximis Dardanum vrbem condidit, vniuersamque regionem Dardaniam appellauit, vt ait Archelaus in lib. xij. de fluminibus. & Palici fratres è Thalia, quę cum se grauidam e Ioue cognouisset verita Iunonis indignationem optauit sub terram occultari. at partus tempore terra reclusa cum Thalia tamdiu latuisset, duo pueri non procul à Catanis eruperunt, ex quo locus factus est summę venerationis apud incolas, vti scripsit Heraclytus Sicyonius in secũdo de lapidibus. & Hiarbas è Garamanthide, & Phyleus & Pilumnus, qui primus vsum pinsendi frumenti adinuenit, & Preces, & Titias, & Proserpina & alii complures Iouis filii nati esse dicuntur ex variis adulteriis, quos omnes numerare longum sanè esset opus. Quam enim in formam non mutatus fuit Iupiter, vt optatis amoribus potiretur? aut quis formosioris mulieris maritus domo securus discedere poterat? quam multas dolo vitiauit? quam multas stuprauit? quam multas extra patriã asportauit? quid? num fuit is innumerabilium propè fœminarum complexibus contentus? nonne Ganymedem pulcherrimum suę ætatis adolescentem in delitiis habuisse creditus est? tot impuris sceleribus Iouis vita dicebatur fuisse contaminata, quem tamen Deum appellare plerosque non puduit. at hic tamen & optimus & maximus, vt ait Cicero in secundo de natura Deorum, & in oratione pro Domo sua, dictus fuit: quo nihil minus meruit. Tanta igitur fuit ambitione, quanta nemo per omnes ætates inuentus est, aut inuenietur; quare alii ipsius iussu, alii vt eius gratiam aucuparentur, templa & altaria Ioui instituerunt, & sacerdotes, & proprios ceremoniarum ritus. Neque id mirabile debet videri, cum multis etiam Romanis Imperatoribus per tot simulatarum religionũ annos aræ erectæ fuerint post mortem, & sacerdotes instituti, & publicę ceremoniæ, & per illorum nomen iurare, & multa alia ad diuinitatem spectantia. Huius ambitionis præclarum habeo testimonium Attæ cædem, qui cum Phrygius pastor esset, & inter pascendũ matris Deorum laudes cantaret, & ab illa mirifice amaretur idcirco

circo diceretur, Id Iupiter ægre ferens palam quidem occidere ob matris reuerentiam deuitauit, at aprum per dolum illi dictus est in fabulis immisisse, à quo Attes fuit dilaniatus, vt ait Nicandri interpres, quod est in Alexipharmacis;

ἦχι τε ῥείης
λοβρίνης θαλάμαι τε, κὴ ὀργαστήριον Ἄττεω.
hic Rhææ vbi sunt
Lobrinæ thalamique, Attæque ergastula prisca.

Quanquam Hermesianax elegorum scriptor Atten Calai Phrygis filium ad suscipiendam sobolem inutilem factum ab ipsa Dea scripsit; qui cum adoleuisset, magnę matris ceremonias in Lydia monstrauit, quare tanto in honore fuisse apud Deã dicitur, vt, Iupiter illud grauiter ferens immanem aprum in segetes Lydorũ immiserit, à quo & alii Lydorum complures, & ipse Attes fuerit interẽptus. fama est præterea Attem in arborẽ pinũ ab ipsa Dea cõuersum fuisse, quare pinus matri Deũ fuit cõsecrata, quã deã terrã quidã putarunt, quamobrẽ vestẽ ex herbis & ramusculis arborum texuerunt, clauẽque tribuerunt, quia clausa sit per hyemẽ, ac verno tẽpore aperiatur, & idcirco illi porca prægnãte sacrificabatur vt animali fęcundo. At verò quid? nonne maximũ ambitionis indiciũ est, quod scribitur à Lactantio in libro de falsa religione? quòd in Olympo monte plerunque versabatur, omnesque propositis præmiis, qui nouum aliquod inuentum humano generi vtile ex cogitassent, inuitabat, vt ad se primum deferrent: cuius ipse inuentor postea creditus est, & idcirco huic, vt multis præterea rerum vtilium inuentoribus, diuini honores sunt habiti? Quòd vero in Olympo monte præcipuè habitaret, scripsit ita Pindarus in Olympicis.

Ἀλλ' ὦ Κρόνιε παῖ, ῥέας
ἕδος ὀλύμπου νέμων
Sed ò Saturni fili & Rheæ
Solum colens Olympi.

Hic quot annos imperauerit, nemo prorsus coniectura assequi potest: quoniam non mortuum esse contendunt antiqui. at quod ad grãdiorem ætatem peruenerit, & ad canitiem, facile ex eo coniicere licet, quod scriptum est à Luciano in sacrificiis, quia cum multorum Deorum formam describat, solum Iouem id præcipuum habere dicit, quod sit barbatus. in concilio præterea Deorum cornua etiã illi iunxit arietis. colebatur Ammonius Iupiter in Libya, quem diuinatorem appellabant sub arietis forma, vt in his declarauit Ephæstus ille, qui res Macedonicas conscripsit.

Ζεῦ λιβύης ἄμμων κερατοφόρε κέκλυθι μάντι.
Iupiter hæc Ammon audi cornute Libumque
Vates

Hunc mortuum tamen & sepultum fuisse in Creta constat eiusdẽ Luciani testimonio, qui ita scribit: οἱ κρῆτες οὐ γενέσθαι παρ' αὐτοῖς, οὐδὲ ταφῆναι μόνον τὸν Δία λέγουσιν, ἀλλὰ καὶ τάφον αὐτοῦ δεικνύουσι Cretenses non solum natũ apud se, & sepultum Iouem testantur, sed ẽt sepulchrum eius ostendunt. Scriptum reliquit in suo Ancorato Epiphanius suis quoque temporibus in Iasio mõte Cretę sepulchrũ Iouis mõstrari solitũ; quod ẽt affirmat Callimachus in hymnis;

κρῆτες ἀεὶ ψεῦσαι, καὶ γὰρ τάφον ὦ ἄνα σεῖο
κρῆτες ἐτεκτήναντο, σὺ δ' οὐ θάνες, ἐσσὶ γὰρ αἰεί.
Cretes mendaces semper. rex alme sepulchrum
Erexere tuum, tu viuis semper, & vsque es.

Post Iouis huius obitum tanta fuit eius nominis apud omnes nationes celebritas & reuerentia, vt nemo postea vocatus sit Iupiter; vel si qui vocati fuerunt, eius rerum gestarum memoria obruti, obscuri, minimeque illustres fuerint.

Illud non parum miratus sum, quo pacto ex oculis hominum Iouem euanuisse dicant nonnulli, qui illum in humanis fuisse affirmarunt, & postea sempiternũ in cœlo regnantem collocarunt, cum neque mortuum fuisse inquiant, neque viuũ in cælũ aliquo vehiculo asportatũ, cũ nihil prsus diuinũ in illo extiterit vt patuit è multis eius sceleribus hactenus à nobis demõstratis. Cępit igitur nõ multo post audire mortaliũ vota, & ad multorũ sacrificiorũ conuiuia fuit inuitatus, vt fumãtium patinarum nidoribus exaturaretur. quid igitur? Inter infinitum votorum numerum si cui fortuna aspirasset, vt voti fieret compos, is à Ioue se id cõsecutum ratus continuò aras & templa erigebat, & ab eo euentu, vel à loco in quo id euenisset, cognomen Ioui iniungebat. Is colebatur apud Eleos Muscarius, quia Hercule mactante & porriciente, magna quę aderat muscarum copia Iouis opera trans Alpheum auolauerit, vt asserit Pausanias in prioribus Eliacis. Sic cũ diuturna siccitate aliquando laboraret Græcia vniuersa, missi sunt in Delphos qui ab oraculo causam & remedium calamitatis sciscitarentur, quibus responsum fuit Iouem placari ab vniuersa Græcia oportere, atque vti deprecatore Aeaco. Ille Panellenio Ioui (sic enim appellauit,) sacris rite peractis, ac nuncupatis votis Græciæ vberrimam imbrium copiam impetrasse dicitur, vt ait idem in Corinthiacis. Sed quis est adeo fatuus, qui nesciat post diuturnam siccitatem mitti solitos esse imbres; aut contra? quid opus fuit Iouem illum minime audientem iis precibus fatigare? si quoties vana & irrita fuerunt Iouem precantium vota, templa aræque erectæ fuissent, nescio an satis ampla area fuisset vniuersus terrarum orbis tot Iouis ædibus vbique erigendis. Neque decet sanè diuinam bonitatem pro facilitate impetratorum votorum metiri: quia omnibus vnus est pater Deus, omnibus pro sua bonitate prouidet, neque his magis propensus est, illis surdior. Illud vero magis rationi conuenit, si quid petentes impetrare a Deo nõ possumus, id futurum contra salutem nostram existimare, vel contra honestatem, vel contra diuinam bonitatem expetitum esse, cum nemini Deus perniciosa libenter impartiat. Multa sunt inde cognomina Ioui indita vel ab euentu, vti dicebam, vel à locis, vel à personis quibus felix aspirarat, vt Abretanus, Agoræus, Agonius, Alexiterius, Ambulius, Anchesmius, Anxurus, Apesantius, Aratrius, Atabyrius, Cæneus, Camiræus, Catæbates, Carius, Catharsius, Chaonius, Chthonius, Citheronius, Corniger, Cosmeta, Cragus, Ctesius, Cynetheus, Dator, Dodonæus, Drymnius, Dulius, Elaratæus, Eleæus, Eleutherius, Ephestius, Epicarpius, Epidotes, Erechtheus, Fulminator, Genetęus, Genethlius, Gnidius, Gyrapsius, Hecalæsius, Hetærius vel socialis, Hammonius, Hercæus, Heliopolites, Hospitalis, Homoloius, Horcius, Hymettius, Hypsistus, Hypatius, Icesius, Labradeus, Laæta, Laphystius, Larisæus, Lycænus, Lycoreus, Mærageta, Melissæus, Milesius, Milichius, Molossus, Morius, Munychius, Nemæus, Olympius, Omarius, Osogus, Parthenius, Papæus, Parnætius, Pharius, Pisæus, Phratius, Prometheus, Sinopyra, Stratius, Tarantęus, Tropæus, Trophonius, Xeenius, & apud Latinos Latialis, Feretrius, Elicius, Viminius, Vltor, Stator, & multa alia præterea sunt cognomina, quæ possent numerari, si quis hunc laborem perferre voluerit. Hæc ea sunt propè omnia quæ de Ioue fabulati sunt antiqui, quæque fuerunt ab illis pro variis rerum successibus excogitata. At Aegyptii, alterum fratrem Atlantis Saturnum aiunt Rheam sororem duxisse, de qua susceperit Iouem Olympium vocatum, ac fuisse alium Iouem gloria rerum gestarum multo inferiorem, qui regnauit in Creta, qui decem filios Curetas vocatos habuit, atque insulam Ideam vocauit ab vxore Idea, vbi fuit sepultus. Cretenses tamen longe diuersa à cæteris scriptoribus tradiderunt, qui Saturnum Siciliæ ac Libyæ & Italiæ imperasse inquiunt, & ad occasum omnino firmasse suum re-

gnum

gnum cum arces & munitiones haberet tanquam custodes ipsorum locorum. Iouem igitur mansuetudine & clementia insignem aiunt quidam imperium a patre sponte concedente accepisse; alii ab inuito extorsisse per odium patris à à populis electum. at Saturno cum Titanibus bellum aduersus illum gerente victoria dicitur fuisse penes Iouem, qui per illam rerum omnium potitus est, vniuersum igitur terrarum orbem peruagatus est de mortalibus optime merens, qui cum virtute & viribus præstaret facile vniuersi orbis imperium subiugauit. atque cum de malis supplicia sumeret omnesque homines ad bene viuendum per vim legum cõuertisset, Deus ab omnibus fuit appellatus & vniuersi orbis dominus. alii tamẽ Iouẽ Olympiũ dictũ fuisse tradiderunt, quòd ab Olympo magistro sit eruditus, nam Dionysum aiunt post deuictos Titanas ac Saturnum & Rheam, cum ex his natus esset Iupiter eum cum Dionysus in Aegyptum militaret, regem regionis instituisse. Sed cum esset valde iuuenis, illius magistrum ac tutorem instituit Olympum virum & rerum astronomicarum peritum, & prudentia clarum; à quo Iupiter fuit eruditus, & Olympius appellatus. sic autem scriptum est ab iis qui res Aegyprias conscripsere. Cæterum nunc reliquum est, vt quid per hæc senserint ii, qui fabularum figmenta ad naturæ opificium accommodarunt, & qui Iouem sempiternũ esse dixerunt, inquiramus.

¶ Iupiter Aetheris ac Diei filius creditus est primum, quia cum is humanioris, politiorisque vitæ cultum reperisset, vt diximus, omniaque demonstrasset diuina prouidentia gubernari, creditus est primus ex ignorãtiæ tenebris emersisse, splendoremque attulisse rebus humanis. Nam ex aduerso qui vitæ humanę vim omnem ex æterni Dei administratione & voluntate pendere ignorauerit, quo pacto non Noctis & Inscitiæ filius dici potest? Qui secundus item hoc ipso nomine vocatus fuit, pro diuinitate præstantiaque ingenii dictus est Cœli filius, quoniam & ipse plurimum genus humanum iuuerit, multis rebus vtilibus adinuentis, vnde etiam Ioui nomen apud Latinos postea fuit inditũ, quamuis à vita potius Græci nominarunt. Tertius Saturni fuit filius, qui Saturnus cũ tempus esse putaretur, vt suo loco dicemus, quo pacto è tempore natus sit Iupiter, si sit Deus, omnino explicari non potest. Si pro elemento Iupiter nominetur, nihil fortasse sequetur absurdi pro illorum sententia, qui vniuersitatem hanc rerum aliquando à Deo fabrefactam fuisse asserunt. Nam Iouem alii ex poetis esse arbitrati sunt aera, vt illud est Horatii in primo Odarum,

Iacet sub Ioue frigido.

Et alibi; Quod latus mundi nebulæ, malusque Iupiter vrge

Sic etiam Theocritus egloga quarta:

χ' ὠ ζεὺς ἄλλοκα μὲν πέλει αἴθριος, ἄλλοκα δ' ὕει.
Iupiter & quandoque pluit, quandoque serenus.

Euripides non pro aere solum, sed pro quadam aeris concitati motione Iouem intellexit in Cyclope.

οὐδ' οἶδα ὅτι ζεὺς ἔς' ἐμοῦ κρείσσων θεός.
οὔ μοι μέλει τὸ λοιπόν. ὡς δ' οὔ μοι μέλει;
Ἄκουσον. ὅταν ἄνωθεν ὄμβρον ἐκχέῃ,
Ἐν τῇδε πέτρᾳ, σέγ' γ' ἔχω σκηνώματα.
Ignoro cur sit Iupiter maior Deus.
Non est mihi curæ: quòd haud curæ mihi est,
Audito. quando fundit imbres desuper
In hac petra condensa sunt mi vmbracula.

Et Aratus in Astronomicis:

τότε δὴ κρυερ ἐκ Διός ἐςὶ

Ναύτῃ μᾶλλ' ἰόντι κακώτερον.
Torpenti nautæ peius tunc ab Ioue frigus.

Atque Stoicorum eadem fuit sententia, quòd hic aer per omnia penetraret, & idcirco dictus sit Iupiter in omnia esse diffusus: alii aera non Iouem ipsum, at Iouis oculū crediderunt, vt fuit illud Hesiodi cum de aere loqueretur; πάντα ἰδὼν Διὸς ὀφθαλμὸς Cuncta videns oculus Iouis. alii Iunonem potius aera esse crediderunt sororem Iouis, cum Iupiter ab iis ignis regio esse crederetur; quam eius vxorem putarunt, quia calefactus aer ab ignea vi Iouis, sole adiuuante multa ex his oriuntur: quam sententiam expresit Homerus in lib. ξ. Iliad. hoc pacto.

ἦ ῥα καὶ ἀγκὰς ἔμαρπτε Κρόνου παῖς ἣν παράκοιτιν.
τοῖσι δ' ὑπὸ χθὼν δῖα φύεν νεοθηλέα ποίην.
Sic ait: vxoremque suam complectitur ortus
Saturno. tellus his herbas fundit vbique.

Nam quo pacto herbæ & animalium genera procreari possent, nisi per calorem, qui est architectus in omnibus naturæ negotiis? Neque alio tempore terra vestitur herbis, nisi cum calescit, quippe cum frigus inutile sit vniuersis naturæ operibus. idcirco Hippasus & Heraclytus ignem rerum omnium autorem existimarunt, quare scitè in hanc opinionem dictum est in hymnis Orphicis:

Ὦ βασιλεῦ, διὰ σὴν κεφαλὴν ἐφάνη τάδε ῥεῖα,
Γαῖα θεὰ μήτηρ, ὀρέων θ' ὑψαύχενες ὄχθοι,
καὶ πόντος, καὶ πάνθ' ὁπόσ' οὐρανὸς ἐντὸς ἔταξε.
O rex per te creuerunt hæc omnia solum.
Diua parens tellus, montanaque flumina, fontes,
Aequoraque, & quidquid complectitur altus olympus?

Nec defuerunt qui æthera Iouem esse crediderint, quem patrem appellauit Lucretius lib. 1. ac terram matrem, quod ex his omnia oriantur, vt dictum est:

Postremo, pereunt imbres, vbi eos pater æther
In gremium matris terrai præcipitauit.

At Virgilius non solum patrem, sed etiam omnipotentem vocauit æthera, quo nomine nullum neque elementum, neque Deum, neque mundi partem præter vnum Iouem vocarunt antiqui: sic enim scribit lib. 2. Georg.

Tum pater omnipotens fœcundis imbribus æther
Coniugis in gremium lætæ descendit, & omnes
Magnus alit magno commistus corpore fœtus.

Atqui Cicero lib. 2. de Natura Deorum scriptum reliquit ex Euripidis sententia Aethera summum Deum esse appellandum, vt ex his patet:

Vides sublime fusum, immoderatum æthera:
Qui tenero terram circumuectu amplectitur,
Hunc summum habeto diuum, hunc perhibeto æthera.

Quid est autem aliud æther, quàm vniuersa regio illa, quàm Anaxagoras igneā esse credidit, & quia semper arderet, ita nominatam? alii perbenignum Iouis planetam ac stellam esse putarunt; quem idcirco crediderunt esse Deum, quia sidera pro Diis colebantur antiquitus. Deorum vero maximum ob naturæ benignitatem, quippe cum nihil magis quam bonitas & munificentia diuinæ naturæ conueniat, cuiusmodi esse putatur Iouis stella. Id autem experiuntur ii, qui sub dominante Ioue nati sunt. Hunc omnia videre, omniaque audire crediderunt antiqui, vt testatur Sophocles in Antigone ita scribens;

Ἐγὼ γὰρ ἴστω Ζεὺς ὁ πάνθ' ὁρῶν ἀεί.
Ego quidem, tu Iupiter qui conspicis
Cuncta, hoc scias.

Et

Et Apolloniuſ lib. 2. Argon.

Ζεὺς αὐτὸς τὰ ἕκας ἐπιδέρκεται, οὐδέ μιν ἄνδρες
λήθομεν ἔμπεδον οἵτε θεουδέες, οὐδὲ δίκαιοι.
Nemo latere Iouem potuit, nam conspicit vnus.
Omnia, ſiue bonus fueris, ſiue impius idem.

Orpheus in hymnis videtur Iouem eundem putaſſe & ſolem, quod recte carmẽ id intuentibus patet;

Ζεῦ πάτερ, ὑψίδρομον, πυραυγέα κόσμον ἐλαύνων
Iupiter impellens ignitum protinus orbem,
Altaque currentem.

Sic Diuinus Plato de Ioue ſcripſit in Phædro; ὁ μὲν δὴ μέγας ἡγεμὼν ἐν οὐρανῷ Ζεὺς ἐλαύνων πτηνὸν ἅρμα πρῶτος πορεύεται διακοσμῶν πάντα, καὶ ἐπιμελούμενος. τῷ δ' ἕπεται στρατιὰ θεῶν τε καὶ δαιμόνων κατὰ ἕνδεκα μέρη κεκοσμημένη· μένει δὲ ἑστία ἐν θεῶν οἴκῳ μόνη. Magnus ſanè dux in cœlo Iupiter volucrem impellẽs currum, primus incedit omnia coordinans atque curans hunc ſequitur Deorum ac dæmonũ exercitus in duodecim partes diſtributus: ac Veſta ſola in atrio Deorum permanet. Quis ènim magnus eſt ille Dux Iupiter, niſi quem ſolem appellamus? is ſiquidem velociſsimum currum impellit, & dum conuoluitur, ſequitur illum ſtellarum exercitus quæ Dii credebantur in duodecim partes ſigniferi circuli diſtributarum. Veſtà autem, ſiue terræ moles, in atrio harũ ſtellarum, & in medio mundi immota conſiſtit Quare, vt ex his patet, Plato nihil aliud Iouem, quàm ſolem eſſe credidit; cui ſententiæ aſſentitur, & carmen eius poetæ præclarum, quod ita inquit:

εἷς Ζεύς, εἷς ᾅδης, εἷς ἥλιος, εἷς Διόνυσος.
Iupiter eſt idem, Pluto, Sol, & Dionyſus.

Qui Iouem æthera, aut aliquid prædictorum eſſe crediderunt, illum Parcis inferiorem putarunt. at Hæſiodus in operibus & Diebus cum de tranquillitate maris loqueretur, Iouem fatum eſſe arbitratus in hæc verba prorupit:

εἰ μὴ δὴ πρόφρων γε Ποσειδάων ἐνοσίχθων,
ἢ Ζεὺς ἀθανάτων βασιλεὺς ἐθέλησιν ὀλέσαι.
Mergere ni cupiat promptus Neptunus in vndas,
Rex ſuperum magnus vel perdere Iupiter optet.

Nam quidam ipſum eſſe Iouem exiſtimarunt τῶν ἀνέμων καὶ στοιχείων κρατοῦσαν, εἱμαρμένην fatum ſcilicet ventis & elementis imperans: at omnium fatum eſſe ſenſit Homerus in lib. 1. Odyſſ.

οὔ νύ τ' ἀοιδοὶ
Αἴτιοι, ἀλλά ποθι Ζεὺς αἴτιος, ὅστε δίδωσιν
Ἀνδράσιν ἀλφηστῇσιν, ὅπως ἐθέλησιν ἑκάστῳ.
Non tibi cantores cauſæ, ſed Iupiter ipſe,
Qui miſeris quæcunque viris vult, munera donat.

Ea de cauſa efficitur vt Euripides in Supplicibus vanam eſſe ſapientiam mortalium exiſtimarit, cum omnia humana fato, & ineuitabili quadam neceſsitate traherentur, quam vim Iouem in his appellauit:

Ὦ Ζεῦ, τί δῆτα τοὺς ταλαιπώρους βροτοὺς
φρονεῖν λέγουσι; σοῦ γὰρ ἐξηρτήμεθα
Δρῶμέν τε τοιαῦτ' ἂν σὺ τυγχάνεις θέλων.
O Iupiter quid eſt miſellos vt viros
Dicant ſapientes; eſt neceſſe quod tibi
Libet, facere. pendemus è nutu tuo. & in Troadibus;
ὅστις ποτ' εἶ σὺ δυστόπαστος εἰδέναι

ζεὺς, εἴτ' ἀνάγκη φύσεως, ἢ νοῦ βροτῶν.
O Iupiter mortalibus non cognite
Quis sis. virumne mentis, an necessitas
Naturæ.

Merito igitur fingit Homerus lib. 5. Iliad. Martem ægrè ferentem Palladis vim, eamque pernitiosam appellãtem, non solũ quia leges improbis & furiosis tanquam frænũ equis molestæ sint, sed etiam quia fati virtutem sapientia aliquando impediat. Idcirco sapientissimus poeta Iouem introducit non reprehendentem quidẽ Palladem, quia Venerem ac Martem filios vulnerauerit, sed Martem, quia nimis sit insanus; quoniam sapientia resistit libidini & furori & influxu ac vi aeris & stellarum facultate concitatis motibus; atque siquid malorum euenit, illud ex imprudentia totum fit eorum, qui planetarum ductu abiecta trahuntur ratione, vt patet ex his;

τὸν δ' ὑπόδρα ἰδὼν προσέφη νεφεληγερέτα ζεύς.
Μή τί μοι ἀλλοπρόσαλλε παρεζόμενος μινύριζε.
Ἔχθιστος δέ μοί ἐσσι θεῶν, οἳ ὄλυμπον ἔχουσιν.
Αἰεὶ γάρ τοι ἔρις τε φίλη, πόλεμοί τε μάχαι τε.
Μητρός τοι μένος ἐστὶν ἀάσχετον οὐκ ἐπιεικτὸν
ἥρης. τὴν μὲν ἐγὼ σπουδῇ δάμνημ' ἐπέεσσι.
τῷ σ' ὀίω κείνης τάδε πάσχειν ἐννεσίῃσιν.
Affatur toruè aspiciens sed Iupiter illum,
Ne iactes tua dicta mihi, quæ plena querelis.
Tu magis inuisus superis celestibus vnus.
Sunt pugnæ, rixæque tibi, sunt prælia grata,
Indomita est materna tibi vis haud toleranda
Iunonis, verbis ipse hanc & numine placo.
Consiliis eius credo quoque te ista subire.

Fuerunt alii qui Iouem opinarentur esse cœlum: vt sensit Cicero in secundo de Natura Deorum ex opinione antiquorum, qui dicebant Ioue tonante aut fulgẽte, id est cœlo; quem etiam omnipotentem olympum vocarunt vt Virg. lib. x.

Panditur interea domus omnipotentis Olympi.

Alii mundi animam Iouem esse crediderunt, quæ per omnia humana corpora esset diffusa, vt ait Aratus in principio astronomicorum;

Ἐκ Διὸς ἀρχώμεσθα, τὸν οὐδέποτ' ἄνδρες ἐῶμεν
Ἄρρητον. μεσταὶ δὲ Διὸς πᾶσαι μὲν ἀγυιαὶ,
Πᾶσαι δ' ἀνθρώπων ἀγοραὶ, μεστὴ δὲ θάλασσα,
καὶ λιμένες, πάντῃ δὲ Διὸς κεχρήμεθα πάντες.
Ab Ioue principium: mortales tempore nullo
Prætereamus eum. loca sunt hæc plena viarum,
Sunt fora plena, simul sunt plenæ marmoris vndæ,
Et portus; fit vbique Iouis nam copia cuique.

Atque Orpheus in quodam hymno idem significauit, qui vniuersitatem hanc rerum à Ioue & produci & gubernari inquit, vt ex his carminibus quæ sunt ex illius hymno translata in latinam linguam apparet.

Iupiter omnipotens est primus & vltimus idem.
Iupiter est caput, & medium: Iouis omnia munus.
Iupiter est fundamen humi, ac stellantis Olympi.
Iupiter & mas est, & nescia fœmina mortis:
Spiritus è cunctis, validi vis Iupiter ignis.

Quid enim esse potest idem mas ac fœmina immortalis, nisi mundi anima, quæ habeat in se hæc omnia producendi facultatem? nam Deus omnino sexum non

habet

habet, vt diximus, cum sexu omni sit magis perfectus. Neque spiritus quispiam ex his Deus est, neque vis ignis, sed omnibus his superior & omnibus imperans. Scriptum reliquit Pausanias in Arcadicis Cecropem illum, qui regnauit Athenis, qui & ipse Iupiter fuit appellatus, primum omnium mortaliũ Deum Iouem cognomine Supremum vocasse, nihilque vita præditum illi immolandum duxisse, sed liba tantum patria, cum omnem crudelitatem à suis altaribus repellere diuinam naturam arbitraretur; cui nihil magis conuenit, quàm clementia & beneficentia. Idcirco Deum siue Iouem datorem omnium bonorum, hoc est δωτῆρα ἐάων vocarunt antiqui, & patrem omnium, quia viros bonos multis beneficiis prosequeretur, at temeratios & scelestos per calamitates & bonorum iacturam ad meliorem vitæ rationem aliquando reuocaret. Quod nisi fiat, quo pacto verũ esse poterit id, quod scriptũ est apud Sophoclẽ in Trachiniis?

ὁ τῶν ἁπάντων ζεὺς πατὴρ ὀλύμπιος.

Celestis omnium parens est Iupiter.

Quidam tamen censuerunt omnes hasce virtutes planetam Iouis illis largiri, quorum in ortu dominetur, quarum virtutum autorem fuisse Iouem recensuimus. Quem tamen non hominum solum, sed etiam Deorum patrem appellauit Hesiodus in Theogonia; quia cum omnium rerum humanarum administrationem exerceat, vt à munificentia pater, ita à sapientia in regenda vniuersitate rerum, vocatus est Rex, vt hæc carmina indicant Theognidis;

οὐδὲ γὰρ ὅς θνητοῖσι καὶ ἀθανάτοισιν ἀνάσσει
ζεὺς κρονίδης θνητοῖς πᾶσιν ἁδεῖν δύναται.

Omnibus haud placuit Saturni Iupiter ille,
Imperio superos qui regit, atque homines.

Hæc igitur summi Dei bonitas vbi in regendis superioribus consideratur, Iupiter Olympius dicitur. vbi agit in elementa, varia nomina sortita est apud antiquos; vbi in subterraneas vires, Iupiter infernus aut Stygius dicitur, de quo meminit Vir. lib 4.

Sacra Ioui Stygio, quæ ritè incœpta paraui.

Et Homerus lib. 1. Iliadis

ζεύς τε καταχθόνιος, καὶ ἐπαινὴ περσεφόνεια.

Iupiter infernus, simul & Proserpina diua.

Hanc triplicem Iouis potestatem, quòd in cœlo scilicet, in mari, & in terris dominaretur, significarunt antiqui cum tertium oculum Ioui in fronte addidissent, cuiusmodi fuisse signum illud ligneũ dicitur, ad quod capta Troia fama est Priamũ cõfugisse, vt testatur Agatharchides in Asiaticis, & Pausanias in Corinthiacis

¶ Age verò nunc, quid sub harum fabularum figmento occultauerint antiqui, inuestigemus, rem, vt par est, ab initio repetentes. Omnes antiqui sapiẽtes in duas classes fuerunt distributi: atque horum alteri hunc mundum sempiternum esse existimabant, alteri aliquando habuisse principium: atque hinc præstãtissima erant clarissimorum hominum ingenia, hinc diuini homines, & diuinitus edocti. Apud eos igitur, qui mundi originem de medio tollunt, nullum habet locum huiusce fabulæ explicatio. Apud aliam classem, altissimam habebit significationem de rerum vniuersarum origine. Saturnus enim, qui Iouis fuit pater, è Cœlo natus est, qui Saturnus genitales partes patri abscidit. Est siquidem Saturnus tempus, vt suo loco dicetur, quod non, nisi ex cœli creatione & ortu, natum est, vt ait Platonis Timæus: quippe cum ante cœlum nullum esset tempus. Hunc aiunt partes genitales patri Cœlo abscidisse, quoniam vnum est tempus, neque aliũ Saturno similem generare potuit, cum vnus sit, at non plures mundi. Neque aliud est quòd Titan ita cum Saturno conuenerit, vt Saturnus filios omnes necaret;

caret; nisi id quod sensit Empedocles Agrigentinus amicitiã & dissidium esse potẽtissima duo rerũ naturaliũ principia. Neque vlli dubiũ est, quin subito atque cœlũ fuit ab opifice Deo creatũ, & ab aliis corporibus inferioribus seiunctum, vt putarunt sapiẽtes, statim nata sit lis & amicitia, quæ intra illam informẽ materiã delitescere credebãtur. Mox ab eodem Deo procedẽte iam tempore, quod nullũ ante fuerat, creata sunt elemẽta: quod illi significarunt, qui Iouẽ siue æthera, vniuersam scilicet illam regionẽ, quam igneam putauit Anaxagoras, ex tempore & opi siue terra natam esse, & Iunonem aera, & Neptunũ ac Glaucam aquæ elemẽtũ, & Plutonem siue Cererem terrestres Deos, vim terræ crediderunt. Nam hos à Saturno procreatos fuisse, quid aliud est, quàm primum cœlum à Deo fuisse factum, mox natum ex illo tempus, è quo nata sunt Deo summo è nihilo faciẽte elemẽta: quę cũ Saturnus deglutiuisset, deinde coactus est rursus euomere: per quod significatur mutua secũdum partes elemẽtorum generatio & corruptio. Lapis ab eodem qui primus editus est per vomitum, significat compositorum corporũ itẽ generationẽ & interitũ, quæ digerere non potuit Saturnus, cum elemẽta sint sempiterna, neque vllo tempore aut vlla vi labefactari possunt, nisi cum opifici Deo euertere aliquando placuerit. Iupiter idcirco non voratus est à Saturno, quia nullam vim sentit temporis, nullamque iniuriam ætherea plaga lucida, & ab omni corruptione immunis. Dicitur datus fuisse Vestę educandus, quoniam cum animalia & plãtæ ex terra procreẽtur, tum crebior elemẽtorum mutatio fit circa terram, circa quam existunt vapores, à quibus putauit Thales quòd ætherea regio aleretur. Illa autem regio cũ ob celeritatem motus harmoniam efficere putaretur à Pythgoricis, dictus est Iupiter inter cymbalorum tympanorũque strepitũ fuisse seruatus. Hunc ab apibus nutritum fuisse memorant, quia sine sexu maris & fœminæ se inuicem gignũt elementa, quibus, vti dicebã, alitur regio ætherea. & à nymphis eadem de causa. Aiunt nonnulli à capra fuisse educatum, quia semper sublimia petat id animal: quam rem tamen ad inferiorem humilioremque explicationẽ nonnulli traducunt. Aiũt enim Iouem à Melissa & Amalthea Regis Melissei filiabus caprino lacte fuisse educatum: atque cum melissa dicta sit apis apud Græcos locum esse datum fabulæ, quòd apes ad Iouem infantem aduolauerint, eumque nutriuerint, & quòd capræ lac suxerit. Qui contrà mundum non Dei summi & altissimi prouidentia gubernari, sed fortuna, & ab atomis fortuitò in vnum cõfluentibus procreatum censuerunt, illi Iouẽ, ęthercam regionem scilicet, & vniuersum denique orbem a Fortuna nutritum putarunt, cuiusmodi fuit Epicuri & nonnullorum opinio: illi siquidem.

> Sunt, qui in fortunæ iam casibus omnia ponunt,
> Et nullo credunt mundum rectore moueri.

Cuius impuri hominis opinio tam est nefaria, vt omnia humana diuinaque iura subuertat ac funditus destruat, quo nihil minus est nõ modo philosophicũ, sed vel humanũ. Memorię proditũ est pręterea Iouẽ Saturnũ de regno depulisse, & in vincula coniecisse, quia Saturnus extra naturã agit regionis pręnictæ: cuius vim ętherea regio obtudit. Huic partes genitales abscidit Iupiter, quia nullo tẽpore alius mũdus generabitur, cũ hic cõllet ex vniuersa materia. Atqui illud repugnare videtur, quod scriptũ est à nobis superius, quod sub Saturno sanctissima legũ maiestas viguerit, & vis æquitatis: & quòd ipse vel naturæ ipsius vincula, quibus homines inter se coniunguntur, tam nefarie violauerit, cum filios suos necaret. At illud scire conuenit, homines tunc simplices, non ad Saturni exemplum viuere solitos, qui verè & filios regno priuauit, & fratrem Titanum, sed ad legum ab illo institutarũ rationẽ. Semper enim fuit is regnantiũ furor, vt cum vel filius, vel frater, vel coniunctus in aliquam suspicionem inciderit, corruant è vestigio omnia naturæ vincula,

neque

neque quidquam magis periculosum est aut minus constans, quam regnātium amicitia. Huc accedebat quòd homines in Imperio constituti seuerissimè cęterorum illa vitia præcipuè puniunt, quibus ipsi sunt obnoxii, neque comites scelerum habere facilè patiuntur. tunc igitur ob acerbitatem pœnarum homines simplices, vtpote recentiores, & natura perhumani facilè à vitiis refrænabātur: quo accidit vt omnia pacatissima, omnia tuta, omnia suauia essent mortalibus: quod viuendi genus aurea ætas, & incredibilis ferarum inimicissimarum concordia dicta est. Inde vulgatum fuit flumina lactis & nectaris plena defluxisse, damas impune cùm canibus lusisse, feras crudelissimas cum domesticis animalibus stabulata fuisse: quod nihil aliud sanè significauit, quam viros bonos legum patrocinio fuisse tutos à siccariis crudelissimis. Nam cum cœpissent homines sub Ioue pristinam simplicitatem deponere, & impunitas propter adiutores Iouis dū patrem de Regno depelleret, data fuisset sceleribus, omnis pristina libere viuēdi licentia soluta est: via patefacta ad prædas impuris latronibus: ostia patuerunt adulteris, licentia data est siccariis: neque homines iam Regis instituta, sed vitæ lasciuiam ac temeritatem imitati sunt. Nam cum Iupiter patrem de Regno deiiciens prope parricidium commisisset, paternamque crudelitatem omnino superasset, quibus verbis eos coercere potuit, quos cum priuatis armis scelerum suorum socios habuisset? aut quibus verbis illos poterat ad æquitatem reuocare, quorum animos ad omnes iniurias incitasset? Inde sumpta est fabula à poetis quòd Ioue imperāte omnis antiquorū pigritia expulsa est, & in omnes volucres, & feras, & pisces ab hominibus sæuitū. Et hæc fuerūt tātopere, tam mirificis laudibus, tāta cū admiratione à poetis decantanda: Quòd ab humanarum carnium esu homines absterruerit, id propè vnum præclarum est inter omnia quæ de Ioue commemorantur facinora: qui cū ad esum glandium illos conuertisset, meruit iure optimo, vt sibi glandiferæ quercus consecrarentur: atque in Dodone monte, qui frequentissimis quercubus vestiebatur in Chaonia Molossorum regione, nobile fuit Chaonii siue Dodonæi patris oraculum, quod vel ex malorum dæmonum illusione, vel sacerdotum fraudibus à petentibus sortes consulebatur, vbi columbæ duæ dicebantur dare responsa. Hæc ea sunt quæ ad naturalium rerum principia, viresque pertinebant, inter illa quæ de Ioue ab antiquis scriptoribus memoriæ prodita sunt: quæ ab historia originem sumentia, ad philosophicam rationem mox retorquentur. Nam si quis ea, quę dicta sunt de Ioue, recte perpendat, vniuersa prope naturalis philosophiæ principia sub his occultari comperiet. ¶ Nūc quæ spectent ad humanæ vitæ institutionem, perquiramus. fingebatur in Creta eius imago sine auribus, quia regibus non conueniat quasuis nugas audire. Cum tamen ad diligentiam administrandi quatuor aures lacedæmones iniungerent, & aquilam attribuerint antiqui Ioui propter perspicacitatem, quibus sensibus nunc plerique tamen principes non ad rectam administrationem, sed ad auaritiam & cumulandas opes, extorquendasque a subditis acerrimè vtuntur, quibus & aquila ob rapacitatem meritò tributa est, & perspicacitas ob exploratores, ingeniososque consultores imponendorum tributorum. Quod Iupiter cum natus esset fuerit Saturni voracitati & crudelitati surreptus, quid aliud significat, quàm diuitiis nullum locum esse tutū, ac neque inter suos quidem natura coniunctissimos? quippe cū opulentia vndique sit insidijs circumuenta, neque vllum videre licet breuissimo tempore diuitem factum, qui sit idem vir bonus. Aegæona igitur aduersus Iouem etiam excitarunt poetæ, vt ab externis & à coniunctis circumueniri demonstrarent Reges, vbi spes imperandi oblata fuerit. Nulla est enim vel fides, vel Deorum immortalium religio, vbi maximarum diuitiarum splendor enituerit, vel vbi fuerint vires eximiæ: quibus

rebus

rebus qui maxime excellunt, vel Deos ipsos solent paruifacere. Huic finxerunt antiqui assidere Pudorem & Aequitatem, cum sapientem principem formarent, quia maxima erga sapientem virum est omnium reuerentia, quæ aduersus tyrannos nulla esse potest, cum illis assideat Iniuria & Timor. Id ita esse cõfirmatur vel ex eo, quòd Iupiter Μῆτιν siue consilium duxit vxorem, quæ prudentia est rebus domesticis conseruandis necessaria, quæ grauida est quoniam è consilio res faciendæ nasci debent. hanc vxorem Iupiter deglutiuit, cuius caput grauidum factum est, quia vis ratiocinandi sedem præcipuam habet in capite ex ea ratiocinatione nascitur Pallas armata, quo tempore pluit auro in Rhodiorum insula, per quę significatur inbibendum esse consilium bonorum & perpendendum, vt inde nascatur sapientia quam sequitur felicitas, & defensio tutissima rerum singularum, & tranquillitas, quam sapientia tuetur in rebus humanis, cum sapientem nemo fallere, aut imparatum vnquam inuenire possit. Quod Iupiter cum rex esset Deorũ ac hominum ad Danaen Acrisioneam aurum descenderit, & postea in tot alias formas brutorum ob amores mulierum fuerit mutatus; quid aliud significat, quàm auaritiæ & largitionibus omnia patere, nihilque tutum esse, quod ab insignibus diuitibus oppugnetur? Deinde necesse est, vt is qui ad alienas vxores illegitimè accedit, cũ vel humanam vim, vel Dei vindictam, vel infamiã timeat, varios effectus induat belluarũ, nam modo timidus fit, modo furibundus, vnde illa de Ioue adultero sępius sunt excogitata. Nemo enim potest retinere regiam dignitatẽ & illegitima eodẽ tẽpore perpetrare: quare scitè dictum est id ab illo poeta;

> Non bene conueniunt, nec in vna sede morantur,
> Maiestas & Amor.

Quo pacto aquila ad Iouem Ganymedem attulerit, non conueniunt inter se scriptores. nam cum fabulati sint poetæ, quòd illa, quæ prima sacrata est Ioui ob auspicium, aduolans rapuerit: inquiũt ex historiographis alii cohortem fuisse, quæ aquilam insigne haberet, alii maluerunt fuisse nauigium, quod aquilam in prora haberet pictam, quod raptum Ganymedem ad Iouẽ detulerit: quę res vt aiunt locum dedit fabulæ apud antiquos scriptores. nulla est enim fabula, quæ ab historia initium non sumpserit. Manifestũm esse sanè arbitror ex iis, quæ hactenus dicta fuerunt, quod Iupiter homo mortalis extiterit, at quod inter Deos relatus sit, dictum fuit: cui tamen nullum certum officium, quemadmodum Diis cæteris, concessum est, sed modo huc, modo illuc peruagatur, multo magis miser, quam Dæmones illi Empedoclei, qui nullibi possunt consistere:

> Impellit ęther namque eos in pontum atrum.
> Pontus subhinc in continentemque proiicit.
> Tellus eos rursus agit solem in rapidum.
> Hic ętheris dehinc implicat vertigini.

Nam modo in cœlo est, modo in æthere, modo est aer, modo fatum, modo sub aquis, modo sub terra, modo in imbrem, modo in varia animalia se mutat, qua cõditione quid dici aut excogitari potest miserius? Sed Iouem tam multiplicem ac per omnia vagantem relinquamus, & ad Saturnum orationem nostram conuertamus.

De Saturno Cap. II.

SAturni qui parentes fuerint, non ita facile est, quemadmodum fuit Iouis, inuenire: quoniam plurimum antiqui scriptores inter se dissentiunt. Nos tamẽ maiorem scriptorum partem, communioremque sententiam in huius parentibus diiudicandis sequemur. Plato Saturnum Oceani & Tethyos fuisse filium scripsit

psit

phit in Timæo his verbis; γῆς τε καὶ οὐρανοῦ παῖδες ὠκεανός τε καὶ τηθὺς ἐγενέσθην. ἐκ τούτων δὲ φόρκυς τε, καὶ κρόνος, καὶ ῥέα, καὶ ὅσοι μετὰ τούτων ἐκ δὲ κρόνου καὶ ῥέας, ζεὺς ἥρα τε καὶ πάντες ὅσους ἴσμεν πάντας ἀδελφοὺς γενομένους αὐτῶν. quæ verba ita sunt à Cicerone in libro de Vniuersitate latine dicta; Sic igitur vt ab his est traditum, horum Deorum ortus habeatur, atque dicatur, vt Oceanum Salaciãque Cœli satu, Terræq; cõceptu generatos, editosq; memoremus: ex his Phorcyn, Saturnum, & Opim: deinceps Iouem, atque Iunonem, reliquos, quos fratres inter se, agnatosque vsurpare atque appellare videmus, & eorum, vt vtamur veteri verbo, Prosapiam. non defuerũt tamen qui Doluncum etiam inter Saturni filios connumerarint. At Hesiodus in ortu Deorum, cum Cœli vxorem Terram fuisse cecinisset his carminibus;

> Θεῶν γένος αἰδοίων πρῶτον κλείουσιν ἀοιδῇ.
> Ἐξ ἀρχῆς οὓς γαῖα καὶ οὐρανὸς εὐρὺς ἔτικτεν.
> Diuinumque genus celebrant hæc carmine Diuum
> In primis, quos Terra tulit, Cœlumque supernum.

Mox paulo inferius inter eorum filios Saturnum etiam commemorauit, vt patet ex his;

> τοὺς δὲ μέθ' ὁπλότατος γένετο κρόνος ἀγκυλομήτης.
> Editus est iunior post hos Saturnus & ipse.

Et Orpheus hymno quodam in Saturnum composito ita inquit:

> Γαίης τε βλάστημα, καὶ οὐρανοῦ ἀστερόεντος.
> Progenies Terræ pariter Cœlique nitentis.

Patet ex his modo Cœli, modo Oceani fuisse filium Saturnum, & modo Terræ, modo Tethyos siue Salaciæ, ne plures commemorem: quæ res tam diuersæ vt vno tempore veræ sint, effici non potest. Cum adoleuisset Saturnus, audiuissetque ex matre quòd Cælus Cyclopas in tartarũ vinctos deiecisset, id ægre ferẽs, matre inflammante aduersus patrem Titanas præcipue, & falcem Saturno suggerente, insidias Cœlo tetendit, vt ait Apollodorus lib. primo, atque fratres è tartaro eduxit, quibus etiam sociis vsus est in regno paterno occupando, quod accidit anno trigesimo secundo illius regni, vt ait Eusebius in Theologia Phœnicum. Illi igitur comprehenso genitales partes Saturnus amputauit, atque à fratribus facile impetratum est vt expulso patri in regnum succederet. Quãquam non Cœlum, sed Saturnum primum omnium mortalium regnasse indicat illud carmen Silbyllæ Erythreæ, quod ita se habet;

> Πρώτιστος μὲν ἄναξεν ἐπιχθονίων κρόνος ἀνδρῶν.
> Primus mortales inter Saturnus at olim
> Regnauit.

Hic fratres habuit, pręter Cyclopas, etiam Centimanos, Oceanum, Cœum, Crium, Hyperionẽ, Iapetum, Titanũ: Sorores Rheam, Tethym, Themim, Phœben, Mnemosynen, Thiam, Dionem, vt ait idem Apollodorus, quibus tamen nonnulli Cererem addiderunt. Ex his Titanus & Iapetus dicuntur aliquando communi consilio cum Saturno regnasse, quod patet ex his versibus;

> καὶ βασίλευσε κρόνος, καὶ τιτὰν, ἰαπετός τε,
> Γαίης τέκνα φέριστα, καὶ οὐρανοῦ ἐξεκάλεσσαν.
> Regnauit Titan, Saturnusque, Iapetusque:
> Optima quæ Cœli dixere, & pignora Terræ.

Deinde cum regnum vnum tres reges perferre non posse videretur, à matre Vesta, sororibusque Ope ac Cerere precantibus impetratum est, vt solus Saturnus imperaret, ea tamen conditione, ne Saturnus mares filios educaret, siqui nascerentur, satisque haberet quòd ipse regnaret: vt ad quos iure hæreditario post ipsum, regnum spectabat, perueniret. Tum Saturnus Opim sororem in matrimonium

monium duxit, cumque audisset futurũ esse vt a filio è regno pelleretur, omnes mares necare statuit, quod grauiter ferens Opis siue Rhea in Cretam fugit, ibiq; Iouem peperit vt dictum est. Alii dicunt propterea quod iurasset Titanibus se nullos mares educaturum, ac non ex responso, Saturnum filios necare solitum, tanta fuit & patrui crudelitas in nepotes, & patris feritas in filios ob furiosam regnandi cupiditatem. Nullum fuit scelus, nullum latrocinium, nullum parricidium, à quo isti, qui Dii habiti sunt, abhorruerint, modo aliquam præ se tulerit commoditatẽ. alij neque a Titanibus laniari solitos Saturni filios arbitrati sunt, neque à Saturno cæsos, sed voratos ab ipso complures, vti significauit Hesiodus in Deorum ortu, vbi loquitur de Saturno in his;

Πεύθετο γὰρ γαίης τε καὶ οὐρανοῦ ἀστερόεντος,
οὕνεκά οἱ πέπρωτο ἑῷ ὑπὸ παιδὶ δαμῆναι
καὶ κρατερῷ περ ἐόντι Διὸς μεγάλου διὰ βουλάς.
τῷ, ὅγε οὐκ ἀλαοσκοπιὴν ἔχεν, ἀλλὰ δοκεύων
Παῖδας ἑοὺς κατέπινε, Ῥέην δ᾽ ἔχε πένθος ἄλαστον.
Audiit ex Terræ dicto, Cœlique nitentis
Se fore vincendum à nato. sic fata reuolui.
Quare obseruabat natos non segniter: omnes
Atque vorabat eos genitos. Rhea at ipsa dolebat.

Atque Lucretius eadem de causa ereptum Iouem inquit, vt patet in his;

Ne Saturnus eum malis mandaret adeptus,
Aeternumque daret matri sub pectore vulnus.

Vbi sensissent Titanes Saturni filios contra leges, pactionesque superius factas esse educari, Saturnum ac Rheam comprehendunt, & in vincula coniiciunt, muroq; & custodiis circundant. Id cum per exploratores cognouisset Iupiter, collecta magna militum Cretensium manu, vt diximus, cum de Ioue loqueremur, arma mouit aduersus Titanas, iisque in fugam versis & profligatis liberatos parentes in regnum restituit, quod ita declarauit Erythræa Sibylla.

Ἡνίκα δ᾽ ἤκουσαν Τιτᾶνες παῖδας ἐόντας
λάθριον, οὓς ἔσπειρε Κρόνος τε, Ῥέη τε σύνευνος.
καὶ ῥ᾽ εἶχ᾽ ἐν δεσμοῖσι Κρόνον τε Ῥέην τε σύνευνον:
κρύψεν δ᾽ ἐν γαίῃ, καὶ ἐν ζωσμοῖς ἐφύλασσεν.
καὶ τότε δή μιν ἄκουσαν υἱεῖς κρατεροῖο Κρόνοιο,
καὶ οἱ ἐπήγειραν πόλεμον μέγαν, ἠδὲ κυδοιμόν.
Atq; vbi Saturni Titan de semine natos
Deque Rhea sensit; trahit hos in vincula vtrosque.
Condens sub terra vinclisque coercuit illos.
Hoc vbi senserunt Saturni pignora fortis,
Protinus exarsit triste & lacrymabile bellum.

Saturnus in regnum per Iouem restitutus vt audiuit se pulsum iri de illo à filio, insidias Ioui parare cœpit, quod sentiens Iupiter, vt dictum est, illum in Tartarum deiecit consilio Promethei vsus, vt ait Aeschylus in Tragœdia Promethei his carminibus;

Ἐμαῖς δὲ βουλαῖς Ταρτάρου μελαμβαθὴς
κευθμὼν καλύπτει τὸν παλαιγενῆ Κρόνον
αὐτοῖσι συμμάχοισι.
Me consulente Tartarum nunc incolit
Saturnus, vnà cum suis sodalibus,
Auxiliisque.

Deinde Saturnus è carcere elapsus classe in Italiam ad Ianum, qui tunc ibi regnabat,

bat, vectus, comiter ab illo hospitio capitur, quem & viuendi rationem docuit, & cultum agrorum, vt aiunt. Huic Ianus pro accepta disciplina illa fertur dimidium sui regni remunerasse, & in pecuniis quæ ex illius ingenio primum sunt impressę, nauim fuisse ex altera parte impressam, ex altera bifrontem effigiem, quia regnum scilicet communi consilio Iani & Saturni gubernaretur, quam rem expresit Ouidius lib. 1. Fastorum:

Hac ego Saturnum memini tellure receptum,
   Cælitibus regnis nam Ioue pulsus erat,
Inde diu genti mansit Saturnia nomen,
   Dicta fuit Latium terra latente Deo,
At bona posteritas puppim signauit in ære,
   Hospitis aduentum testificata Dei.

Fertur igitur Saturnus primus per id tempus in Italia plantationes & insitiones & educationes omnino arborum, & omnium fructiferarum rerum culturam docuisse, quare tanquam humanioris vitæ repertor cum coniuge Rhea pro Deo est habitus. Ab eo igitur edoctos fuisse Italos ita cecinit Virg. lib. octauo:

Primus ab æthereo venit Saturnus Olympo,
Arma Iouis fugiens, & regnis exul ademptis.
Is genus indocile ac dispersum montibus altis
Composuit, legesque dedit, Latiumque vocari
Maluit, his quoniam latuisset tutus in oris.

Nã, vt ait Trismegistus, tres omnino sapientes viri floruerunt Trismegisti tempore, Cælus, Saturnus, Mercurius: quare etiam Charondas earum legum quas dederat Carthaginensibus, autorem Saturnum commemorabat, vt ait Marsilius Ficinus. Huiusce prudentię ac sapientiæ, cuius consultor & autor fuit Saturnus apud Ianum Regem, tanta fuit apud gentes Italas admiratio, tantaque omnium pax, & tranquillitas rerum propter æquitatem, vt aurea ætas sub illo fuisse dicatur à poetis: ac neque tum solicitatum fuisse mare, nec vllam fuisse militiam, sed omnia propter vberrimam terræ feracitatem omnibus fuisse communia, quod ita decantauit Tibullus;

Quam bene Saturno viuebant rege prius, quàm
   Tellus in longas est patefacta vias.
Nondum cæruleas pinus contempserat vndas.
   Effusum ventis præbueratque sinum.
Nec vagus ignotis repetens compendia terris
   Presserat externa nauita merce ratem.
Illo non validus subiit iuga tempore taurus,
   Non domito frenos ore momordit equus.
Non domus vlla fores habuit, non fixus in agris
   Qui regeret certis finibus arua lapis.
Ipsæ mella dabant quercus, vltroque ferebant
   Obuia securis vbera lactis oues.
Non acies, non ira fuit; non bella, nec enses
   Immitti sæuus presserat arte faber.

Verum hanc sanctissimarum legum, iustitięque reuerentiam non in libris notatam, aut incisam in ære, sed in animis hominum impressam, & consuetudine ciuitatũ inueteratam esse oportere credidit, vt testatur Virg. qui ita scripsit lib. 7.

neue ignorate Latinos
Saturni gentem haud vinclo, nec legibus æquam,
Sponte sua, veterisque dei se more tenentem.

Nam

Nam is certe quidem qui ob metum pœnarum solum, aut ad scriptarum legū integritatem vitam suam accommodare cogitur, at non sponte facit quæ recta sunt, vir bonus esse nullo pacto potest: quoniā qui nullum flagitium propter metum pœnæ committit, non is quidem vir bonus est, sed tantum non malus. Ille solus vir bonus iure habetur, qui naturæ ductu ad ea quæ gloriosa, quæ honorifica, quæ honesta, quæ decora sunt contendit: at non metu pœnarum; ille integer, ille æquus, ille probus. Inde contigit vt scripserint poetæ Iustitiam è terris aufugisse, & in cœlum conuolasse: quæ naturæ fuit æquitas in animis hominum insita, quæ paulatim crescentibus scriptis legibus ob hominum malitiam, ex animis mortalium deleta est: non illa è terris euolauit, quę scripta est in tot tantisque iurisperitorum codicibus. Nam quanto simpliciores erant homines, tanto iustiores erant natura: vbi legum volumina in ciuitatibus, quasi Astręæ testamenta composita sunt, illa simplicitas paulatim ad rusticos homines extra ciuitatem recessit, & ad horum testamentorum ignaros, quare inquit poeta quod

extrema per illos
Iustitia excedens terris vestigia fecit.

Quidam tamen fabulati sunt leges non esse Astręæ testamentum, sed hominū placita vel aduersus æquitatē per potentiā subditis imposita, & quædā propria ciuitatū, instituta ad propriā ciuitatū & serentiū ea excogitata, quæ in varias etiam sententias possent distorqueri; quibus inspectis non ausa sit Astræa testamentū condere, cum nullum propè inexpugnabile videretur sibi facere posse tum ob multitudinē inter se pugnantiū legū: tum etiamne per lites euerteret carissimorū facultates. quos erat hæredes factura. Hanc hominum simplicitatem & innocentiam immensi bonorum cumuli sequebātur. nam tanta erat quies, tanta felicitas, tanta bonorum omnium copia, vt merito ista suauissima carmina de illa ætatē scripserit Pherecrates in actu metalla fodientibus inscripto;

πλούτῳ δ' ἐκεῖν' ἦν συμπεφυρμένα.
ἐν πᾶσιν ἀγαθοῖς πάντα τρόπον εἰργασμένα
ποταμοὶ μὲν ἀθάρης, καὶ μέλανος ζωμοῦ πλέοι
διὰ τῶν στενωπῶν τονθολυγοῦντες ἔρρεον.
Αὐταῖσι μυστίλαισι, καὶ ναστῶν τρυφῆ.
ὥστ' εὐμαρῆ, ἤγειν αὐτόματ' ἐς τὴν ἔνθεσιν
χωρεῖν λιπαρὰν κατὰ τοῦ λάρυγγος τοῖς νεκροῖς.
φύσκαι δὲ καὶ ζέοντες ἀλλάντων τόμοι
παρὰ τοῖς ποταμοῖς σίζοντες ἀντ' ὀστρέων
καὶ μὴν παροῖν τεμάχη μὲν ἐξωπτημένα
καταχυσματίοισι παντοδαποῖσιν εὐτρεπῆ.
Pluto simul permista erant ibi omnia,
Bonisque prorsus plena cunctis. nam caua
Plena & farina, & iuris atri flumina
Fluxere per loca arcta murmurantia
Ob per leues panes calentes, qui cibus
Facillime vel sponte sanè curreret
In ora mortui viri coactus haud.
Lucanicæ & tuceta bullientia
Loco ostrearum sparsa erant per flumina
Piscesque conditi natabant vndique
Suaui parati iure simplici haud modo.

tum paulopost.

ὀπταὶ κίχλαι γὰρ ἀνάβραστ' ἠρτυμέναι

περὶ τὸ στόμ᾽ ἐπέτοντ᾽ ἀντιβολοῦσαι καταπιεῖν
ὑπὸ μυρρίναισι κἀνεμώναις κεχυμέναι.
τὰ δὲ μῆλ᾽ ἐκρέματο τὰ καλὰ τῶν καλῶν
ἰδεῖν ὑπὲρ κεφαλῆς ἐξ οὐδενὸς πεφυκότα.
Turdi volabant ora circum, qui bene
Conditi erant, coctique mirè, supplices
Edi rogabant pulchra per papauera
Myrtosque fusi: mala pendebant super
Caput decora maximè, nec arbore
Producta, nullo vel retenta germine.

Nam sine vlla solicitudine, curaque viuebant: sine laboribus, sine calamitatibus: neque corporis vigor vlla senectute minuebatur. Vbi mortis tempus aduentasset sine aliqua difficultate, tanquam in suauissimum somnum deflectentes naturæ necessitati concedebant, quæ omnia Saturno regnante contingere solita dicuntur, vt testatur Hesiodus in operibus & diebus.

οἳ μὲν ἐπὶ Κρόνου ἦσαν ὅτ᾽ οὐρανῷ ἐμβασίλευεν.
ὥστε θεοὶ δ᾽ ἔζωον ἀκηδέα θυμὸν ἔχοντες.
Νόσφιν ἄτερ τε πόνων καὶ ὀϊζύος, οὐδέτι δειλὸν
Γῆρας ἐπῆν, αἰεὶ δὲ πόδας καὶ χεῖρας ὁμοῖοι
τέρποντ᾽ ἐν θαλίῃσι κακῶν ἔκτοσθεν ἁπάντων.
θνῆσκον δ᾽ ὡς ὕπνῳ δεδμημένοι.
Nam cum Saturnus cælo regnabat: habentes
Viuebant homines nullas in pectore curas,
Vt Dii felices. Nec vires curua senectus
Inflexit: similesque pedes similesque fuere
Vsque manus illis. Ibant conuiuia læta.
Vt somno domiti fatis cessere benignis.

Et profectò nulla maior est in senectute aut in morte consolatio sapienti viro, nihil quod leuiorem mortem efficiat, quàm rectè anteactæ vitæ recordatio, & per vniuersum vitæ cursum seruatæ intergritatis memoria. Non enim illa est vera consolatio, quæ videtur insulsis nostræ tempestatis senibus, qui se æquo animo posse mori gloriantur, quia nullum voluptatum genus nescierint, vel quia multas viderint regiones, vel quia omnibus honoribus in patria sua perfuncti sint: quoniam nihil horum vel virum bonum efficit, vel animum sapientiorem ac beatiorem, aut ad omnia difficilia constantem. Qui cæteris rebus nihil ad probitatem pertinentibus potiti sunt, nullisque voluptatibus pepercerunt, aut functi sunt honoribus, illi in difficillimam omniū mortem & curarum plenissimam incidunt: quo tempore ob metum illarum pœnarum, quæ viris nefariis post mortem proponuntur apud inferos, mirum in modum discruciantur, coguntur que vniuersæ anteactæ vitæ rationem percurrere. Hi si nihil sanctum laudabileque inueniant, non in somnum quidem suauissimum, sed in maximas incidūt molestias & difficillimas animi solicitudines: & quasi tunc discruciari incipientes decedunt. Iure igitur Orpheus Eunomiam quasi bonam legem vt nomen significat, siue iustitiam, tanquam omnis felicitatis autorem apud thronum Iouis collocauit, vti testatur Demosthenes orator his verbis in oratione in Aristogitonem: πάντα τὰ τοιαῦτα ἔθη παριδόντας, τήμερον ὀρθῶς δεῖ δικάσαι, τὴν τὰ δίκαια ἀγαπῶσαν εὐνομίαν περὶ πλείστου ποιησαμένους, ἣ πάσας καὶ πόλεις καὶ χώρας σώζει, καὶ τὴν ἀπαραίτητον καὶ σεμνὴν δίκην, ἣν ὁ τὰς ἁγιωτάτας ἡμῖν τελετὰς καταδείξας ὀρφεὺς παρὰ τὸν τοῦ Διὸς θρόνον φησὶ καθημένην πάντα τὰ τῶν ἀνθρώπων ἐφορᾶν. omnes huiusmodi mores vbi cognoueritis, hodierno die vobis recte iudicare cōuenit,

uenit plurimi facientibus Eunomiã, quę omnes vrbes, omniaque sanctissimas ceremonias ostẽdit, Iouis solio assidentem inquit omnia mortaliũ facta obseruare. Fuerunt alii qui bifrontis Iani pecuniam impressam idcirco fuisse significarunt, quia Ianus post acceptum hospitio Saturnum mitiore viuendi ratione inuenta; hominibusque è feris mansuetioribus factis, duplicis vitæ Deus & autor habitus est, cum vtraque sub illo fuisset, vt testatur Plutarchus in vita Numæ hoc pacto, ὁ γὰρ ἰανὸς ἐν τοῖς παλαιοῖς πάνυ, εἴτε δαίμων, εἴτε βασιλεὺς γενόμενος πολιτικὸς καὶ κοινωνικὸς ἐκ τοῦ θηριώδους καὶ ἀγρίου λέγεται μεταβαλεῖν τὴν δίαιταν, καὶ διὰ τοῦτο πλάττουσιν αὐτὸν ἀμφιπρόσωπον. ὡς ἑτέραν ἐξ ἑτέρας τῷ βίῳ περιποιήσαντα τὴν μορφὴν καὶ διάθεσιν. Ianus apud antiquos siue dæmon, siue rex Vrbanus fuit & perbenignus à ferina & agresti vita dicitur homines ad aliam meliorem reuocasse; quare eum bifrontem effingunt, tanquam qui alteram ex altera viuendi rationem instituerit. Fuerunt tamen qui putarint Saturnum fuisse à Ioue comprehensum & in vincula traditum, non autem fugisse: quorum sententiam secutus est Plato in Euthyphrone: αὐτοὶ γὰρ οἱ ἄνθρωποι τυγχάνουσι νομίζοντες τὸν Δία τῶν θεῶν ἄριστον καὶ δικαιότατον, καὶ τοῦτον ὁμολογοῦσι τὸν αὑτοῦ πατέρα δῆσαι, ὅτι τοὺς υἱεῖς κατέπινεν οὐκ ἐν δίκῃ, κἀκεῖνόν γε αὖ τὸν αὑτοῦ πατέρα ἐκτεμεῖν δι' ἕτερα τοιαῦτα: Ipsi enim homines arbitrãtur Iouem Deorum optimum ac iustissimum esse, & tamen hunc patrem suum in vincula iecisse inquiunt, quod filios inique voraret: illumque rursus patrem incidisse ob alia his similia. At Homer. in lib. θ. Iliadis non solum Saturnum vinctum fuisse à Ioue memorat, sed etiam eius fratrem Iapetum, ambosque fuisse coniectos in tartarum, vt in his patet;

σέθεν δ' ἐγὼ οὐκ ἀλεγίζω
χωομένης, οὐδ' εἴκε τὰ νείατα πείραθ' ἵκηαι
Γαίης καὶ πόντοιο, ἵν' ἰαπετός τε κρόνος τε
ἥμενοι, οὔτ' αὐγῆς ὑπερίονος ἠελίοιο
τέρποντ' οὔτ' ἀνέμοισι, βαθὺς δὲ τάρταρος ἀμφίς.
Ipse tuam haud tanti facio, quam concipis iram.
Nec si extrema petas terræ, pelagique; vbi sentit
Lumina nec solis, nec ventos Iapetusque,
Saturnusque senex; quos tartara dira coercent.

Memoriæ tamẽ prodidit Lucianus in Saturnalibus Saturnum neque fuisse à Ioue vinctum, neque regno priuatum, sed libenter ac sponte regnum illi concessisse, vt dictum est, rerumque omnium, vtpote ob ætatem impotentem filio tradidisse administrationem: quippe cum & alij fuerint complures reges qui istud ipsum fecerint. Neque tamen primus omnium mortalium Saturnus regnauit, vt voluit Sibyllæ carmen superius: cum ante Saturnum & Rheam, Ophionem & Eurynomen Oceani filiam imperasse constet, quos & ipsos Titanas vocarunt: quo tempore Saturnus post captum Ophionem & Eurynomen à Rhea in tartarum deiectos, Deorum Imperio potitus fuisse dicitur, donec eam ipsam vim passus est & ipse à Ioue, vt ait Isacius. Huic falcis inuentionem tribuerunt antiquorum nonnulli, quoniam, vt diximus, vitæ humanioris author fuit Italiam incolentibus, quos plantandi ac falce metendi rationem docuit. Alii dixerunt eam falcẽ sibi à matre fuisse datam, cum aduersus patrem, & ad liberandos è vinculis fratres armatus fuit, qua etiam genitalia Cœlo abscidit, quæ postea decidit in Siciliam, vt ait Apollonius lib. 4. Argonaut.

Ἀμφιλαφὴς πίειρα κεραυνίῃ εἰν ἁλὶ νῆσος.
ᾗ ὕπο δὴ κεῖσθαι δρέπανον φάτις. ἵλατε μοῦσαι.
οὐκ ἐθέλων ἐνέπω προτέρων ἔπος, ᾧ ἀπὸ πατρὸς

μήδεα

μυῖδεα παλειῶς ἔτεμε κρόνος.

Insula cæruleo nemorosa Ceraunia ponto
Cingitur. hæc cælat falcem, (mihi parcite Musæ,
Inuitus nam prisca cano hæc,) vt fama, parentis
Saturnus qua olim genitalia membra cecidit.

Hæc insula ab ea falce postea Drepanum fuit dicta, cum Græci δρέπανον falcem nominent Quamuis alii maluerunt dictã fuisse ab illa falce, quam Ceres à Vulcano captã donauit Titanibus, cum eos metere docuit. Timæus vero antiquissimus scriptor existimauit dictã fuisse Drepanum ab i la falce, qua Iupiter Saturnũ incidit, quæ ibi occultata fuisse dicitur, cum antea illa insula Macris a nutrice Bacchi diceretur, & postea Coryca ab Asopi filia, vt testatur Pausanias in Achaicis, & Lycophronis Apolloniique enarratores. Alii crediderunt falcem illam non a matre datam fuisse Saturno, sed Telchinem è Creta Rhodum venisse per Cyprum, indeque ferrum & æs laborasse, falcemque illam fabricasse Saturno, vt memoriæ prodidit Strabo lib. 14. Geographiæ. Ego vero magis illorũ sententiæ accedo, qui neque hac, neque illa de causa Drepanum vocari putarunt, sed quia crebræ maris vndæ eò cum impetu irruẽtes ita terrã corroserint, vt insulam in formam falcis excauarint. Fuit Saturnus ad res Venereas maxime propensus, quare illa fabula de illo circunfertur, quòd cum Phyliram oceani filiam amaret Opi superueniente in equum se conuertit, vt sub ea forma amores suos occultaret, quod innuit Virg. lib. 3. Georgicorum his carminibus;

Talis & ipse iubam ceruice effudit equina
Coniugis aduentu pernix Saturnus, & altum
Pelion hinnitu fugiens impleuit acuto.

Huic sacra fiebant humanis hostiis, vt proditum est memoriæ à Platone in Minoe, καὶ ταῦτα ἔνιοι αὐτῶν υἱεῖς τῷ κρόνῳ ὡς ἴσως καὶ ἀκήκοας θυόυσιν. Atque nõnulli ipsorum vel filios immolant Saturno, vt fortasse audiuisti, Hic ritus sacrorum per multos annos & vsque ad Herculis tempora perdurauit in Italia, quod fiebat ad Saturni imitationẽ, ne solus is crudelissimus fuisse Deus videretur, qui suos filios omnes interimere conatus sit. ¶Saturni ara cereis accensis excolebatur, cereique mittebantur ditioribus: quia Saturnus quasi lumen fuit humanæ vitæ, quam è tenebris ad bonarum artium cognitionem excitarit. In huius Dei honorem, cum celebrarentur Saturnalia apud Romanos, domini seruiebant seruis, ad memoriam pristinæ libertatis omnium, quę fuit sub illo rege, cum nemo alteri seruiret. Qui voluerunt Saturnum esse dictum, quod annis saturetur, quàm ridiculi fuerunt Dii boni. Nam qui ab annis dictus est, & à satietate apud Latinos, erit ne idem κρόνος apud Græcos, an alius? aut male ficta est & ridicula hæc etymologia, aut præclari isti nominum interpretes mihi dicant velim, cum κρόνος ἀπὸ τοῦ κορεῖν hoc est à saturando dicatur, illud ὄνος quod asinum significat, num ipsi addendum putent in compositione. quod nisi addatur, videbitur nomen datum Saturno ante apud Latinos quàm apud Græcos: quod falsum est. si addatur, significabit Saturnum asinis saturari, qua etymologia quid magis ridiculum est? Sed post res à Saturno gestas ita summatim explicatas, quam sententiam occultauerint antiqui sub his narrationibus inuestigemus. Quidam antiqui scriptores voluerunt Saturnum regnasse in Aegypto, ac Rheam sororem duxisse in matrimonium, è quibus nati sint Iupiter & Iuno, qui ob virtutem, præstantissimaque animi ornamenta vniuerso terrarum orbi imperarint, ex his natos esse quinque filios omnino memorant, Osirim, Isim, Typhonem, Apollinem, Venerem, atque Osirim esse Dionysum atopere à Græcis celebratũ, Isim autem Cererem. Saturnũ è Cœlo & Rhea, quæ tera est, natum esse nihil aliud significat, quàm illud idem quod diximus superius; tempus scilicet cum cęli astrorumque agitatione & motu cępisse, vt crediderunt illi, qui Deum fuisse architectatum hunc mũdum putarunt. Quidam cum Ianũ solem ac Saturnum tempus esse crederent, eosque communi consilio imperantes, clauem & virgam tribuerunt, vt qui rebus præesset. nam putabant clauẽ habere, quia per diem illa mundum aperiret, & mox vesperi clauderet, alij claues tribuerunt, quod belli pacisque esset arbiter, quæ certè omnia pro prudentia sunt intelligenda. Hunc idcirco senem & falcatum, & detecto capite, & laceris vestibus, & porrigentem serpentem finxerunt, quem circũstabant duo pueri & duæ puellæ, pro quatuor elementis, in eius sinistra manu serpens erat, qui sibi caudam morsu apprehenderat, quòd omnia tempus & vicissitudines rerum hæc significarent. at cur patri genitalia membra abscidit? explicauit id Cicero in secũdo de natura Deorum: nam cum æther Saturnus esse ab antiquorum nonnullis crederetur, vt videtur putasse Orpheus in Argonauticis, cum inquiat;

καὶ κρόνον, ὃς ἐλόχευσεν ἀπειρεσίοισιν ὑπ' ὁλκοῖς.
Αἰθέρα.
Aethera Saturnum qui late amplectitur altum.

Hunc existimarunt patrem abscidisse, quoniam vnus est æther à Deo siue Cœlo procreatus ex vniuersa ætheris materia. neque alius æther procreari potest, qui si pro tempore capiatur, idem nihilominus continget. Conuenit ita cum Titano fratre vt filios omnes occideret, quod quid aliud est, nisi solem cum tempore coniurasse, vt omnia quæ nascantur properarent ad interitum? quippe cum autor sit generationis & corruptionis rerum naturalium sol, quorum nihil fit sine tempore. cum igitur rerum sit omnium vicissitudo, omniaque, quæ quidem nata sunt, interire aliquando necesse sit: quia quæ cõposita sunt, denique in sua principia soluuntur, quorum omnium mutationis architectus est tempus, dictus est Saturnus filios vorasse. quòd saxum vomuerit Saturnus, & reliqua omnia quæ comederat, quid aliud est, quàm alias res in demortuarum locum suffici ab ipsa natura & reparari? Sic enim ait Sophocles in Aiace;

ἅπανθ' ὁ μακρὸς κἀναρίθμητος χρόνος
φύει τ' ἄδηλα, καὶ φανέντα κρύπτεται.
Tantum valet tempus, vetustas vim hanc habet;
Ignota profert, celat inde cognita.

Quod autem Saturnus sit tempus, ac nihil aliud, quod omnia destruit, & omnia producit, indicat carmen illud Orphei in hymno Saturni;

ὃς δαπανᾷς μὲν ἅπαντα, καὶ αὔξεις ἔμπαλιν αὐτός.
Omnia qui profers, consumis & omnia rursus.

Et Aeschylus in Eumenidibus;

χρόνος καθαιρεῖ πάντα γηράσκων ὁμοῦ.
Simul senescens cuncta tempus destruit.

Neque mirum est, cum tempus esse Saturnum dicamus, illũ fuisse Deum existimatum, quando Sophocles in Electra tempus palam Deum appellauit;

χρόνος γὰρ εὐμαρὴς θεός.
Deus profecto tempus est facillimus.

Cum enim sol nunc ad septentrionem, nunc ad meridiem declinet, quare nunc hyemes nunc æstates faciat, atque pro mutationibus temporum omnia, quæ terra mariue nascuntur, initia causasque accipiãt sui ortus, merito dictus est Saturnus ab Orpheo pater & hominum & Deorum, vt est in hoc versu:

Αἰθαλιὲς μάκαρ ὦ κρόνε, θεῶν πάτερ, ἠδὲ καὶ ἀνδρῶν.
Flammiger ò Saturne hominum pater, atque Deorum.

Qui falcē quoq; illi attribuerunt, nihil aliud putasse videtur Saturnū nisi tempus ipsum, à quo omnia inciduntur, prosternuntur & labefactantur, quippe cum tempori etiam falcem antiqui tribuerint, vt patet ex his libri tertii Epigrammatū:

ψήχει καὶ πέτρην ὁ πολὺς χρόνος οὐδὲ σιδήρου
φείδεται, ἀλλὰ μιῇ πάντ' ὀλέκει δρεπάνῃ.
Marmora discindit vis temporis, ac neque ferro
Parcit: inhumana cunctaque falce secat.

Falcem Saturni vel Iouis vel Cereris occultatam fuisse in Sicilia fabulati sunt, propter insulæ frumenti, rerumque victui necessariarum fertilitatem, nam insularū omniū prope fertilissima est Sicilia, vt scripsit Polybius lib. 1. historiarum. Est enim Sicilia omniū propè insularū optima & amplissima dignitate ac frequentia hominum, & in primis ab antiquis & recentibus scriptoribus celebrata. eius ambitus est stadiorū quatuor millium trecentorum & sexaginta, cū à Peloro Siciliæ promontorio ad Lilybæum mille & quingenti stadii intercedant: inde ad Pachynum, Syracusanamque regionem mille & quingēti. reliquum latus (est enim triquetra insula) continet stadios mille & quingentos & sexaginta, de cuius insulæ feracitate ita scribit poetarum celeberrimus:

Ἀλλὰ τάγ' ἄσπαρτα καὶ ἀνήροτα πάντα φύονται.
Πυροὶ καὶ κριθαὶ, ἠδ' ἄμπελοι, αἵτε φέρουσιν
οἶνον ἐριστάφυλον, καί σφιν Διὸς ὄμβρος ἀέξει.]
Omnia sponte sua hæc sine aratro aut semine surgunt.
Hordea, frumentum, vites quæ mollia vina
Producunt, augetque Iouis gratissimus imber.

Nam putatur à plerisque frumentum in Sicilia prius inuentum fuisse, cui rei argumento fuit quòd in planitie Leontia Siciliæ frumentum syluestre sponte nasceretur. dicta est apud Ennam ab his rapta fuisse Proserpina in quibusdam pratis, vbi violæ & alii multiplices flores odoriferi sponte nascebantur, qui semper ita vigebant vt odorem canum venantiū naturalem impedirent. Est illud pratū planū in medio, at circum cliui molles attolluntur ita vt vmbilicus insulæ iure dicatur. habet circum nemora & fontes & viridaria, & apud ipsa paludem, & propinquā speluncam satis amplam, quæ habet hiatum subterraneum, quà currum Plutonis cum rapta Dea descendisse ferunt. Sed cur fuit Saturnus à Ioue de Regno depulsus? cur ligatus? cur in tartarum deiectus? quia sublimiora corpora, quæ sunt supra elementa & corpora simplicia, omnem vim temporis ad inferiora, quæ patiuntur mutationem, relegarunt: cum ipsa sint ab omni vel senectute vel labore vel mutatione immunia, vt senserunt Peripatetici. Vocarunt igitur tartarum locum hunc inferiorem corruptioni & perturbationi scilicet obnoxium. Sic igitur & se, & fratres suos Iupiter ab immanitate Saturni liberauit: cuius fratres sunt elementa, quorum etsi partes singulæ corrumpuntur, vniuersa certe interire nō possunt. Lucianus tamen in dialogo de Astrologia idcirco datum esse fabulæ locum inquit, quod Saturnus fuerit ligatus, quia tardus segnisque sit planetæ illius motus: cum tamen ligatus nunquam fuerit Saturnus, neque in tartarum deiectus, qui locum dedit fabulæ propter multas tergiuersationes & varietates, quæ contingunt illius motui. Idem cum non facilis sit visui mortalium, dictus fuit aliquando in tartarum sub terram deiectus, quam tarditatem ac varietatem motus mirifica sanè elegantia orationis expressit Virgilius in primo Georgicorum eo versu:

Frigida Saturni sese quò stella receptet.

Italia Saturnia de nomine Saturni fuit appellata, illique sacra credita, quod multorum bonorum autor Saturnus Italis hominibus fuerit, vt inquit Halicarnasseus

Dionysius in lib. primo; οὐδὲν οὖν θαυμαστὸν τοὺς παλαιοὺς ἱερὰν ὑπολαβεῖν τοῦ κρόνου τὴν χώραν ταύτην. τὸν μὲν δαίμονα τοῦτον οἰομένους εἶναι πάσης εὐδαιμονίας δοτῆρα καὶ πληρωτὴν ἀνθρώποις, εἴτε χρόνον αὐτὸν δεῖ καλεῖν, ὡς ἕλληνες ἀξιοῦσιν, εἴτε κρόνον, ὡς ῥωμαῖοι, πᾶσαν δὲ περιειληφότα τὴν κόσμου φύσιν ὁποτέρως ἄν τις ὀνομάζῃ. Neque mirum est sanè si antiqui sacratam Saturno regionem hanc existimarunt: quippe cum omnium bonorum, omnisque feracitatis autorem & largitorem hunc dæmonem crediderint: siue tempus ipsum nominari conuenit, vt arbitrantur Græci, siue Saturnum, vt Romani. hic quocunque nomine quis vocauerit, vniuersam mundi naturam complexus est. Platonicorum præterea classis, cum cœlum illum, cuius Saturnus fuit filius, Deũ esse putarent: at non sublime istud corpus, quod omnia continet: mentemque illam diuinam, quæ cæteras complectitur, hanc mentem modo Iouem, modo Venerem, modo Saturnum vocarunt. & quoniam locus illi in cœlo præcipue assignatur ab omnibus, cuius nutu cuncta gubernantur, idcirco Cęli filium Saturnum, siue mentis virtutem è cœlo prouenientem, & in omnia corpora diffusam dixerunt. cum diuina illa mens æthercam regionem gubernans intelligitur, tunc vocatur Iupiter: ast vbi in inferiora corpora descendit ad ea ad generationem concitanda, tunc appellatur Venus. hinc accidit vt is Saturnus mens superna aliquando intelligatur, in qua sit lex vniuersa rerum omnium atque prouidentia, quæ ad ordinem & vitam & mutationes omnium fortunarum pertineat. Alii tamen eius sphæræ cęlum, quæ aplanes nuncupatur, animam: at inferioris, Saturnum dixerunt. qui ordo postea seruatur in cæteris. Atque hæc ea sunt, quæ fabulosè de Saturno dicta ad physicas rationes detorquentur: quorum fundamentum res à Saturno gestas fuisse ego crediderim: quæ tum voluptatis, tum etiam religionis causa fuerunt ab antiquis ita formata. Nunc quid astronomicè ista significent explicandum est. ¶Scriptum est à genethliacis Saturni sidus frigidum esse ac siccũ, quare bilis atræ ferax est, hominesque facit, in quibus præualuerit in ortu, inuidos, malignos, superbos, auaros & ad iram tardos, sed in ea diutius insistentes, atque iidem tamen plurimum pollent consilio & ingenio, audaces facit in periculis, senilique sapientia. Hanc tamen planetæ malignitatem aiunt placari aut certe leniri Iouis coniunctione vel receptione, vel oppositione, vel trino vel sextili aspectu. Sicut enim Mars cum in angulis cęli, vel in secunda, vt aiunt, domo, vel in octaua fuerit, multa nascẽtibus portendit: cuius tamen malignitatem minuit Venus vel opposita, vel coniuncta, vel recepta, vel per sextam circuli partem distans ab eo, vel per tertiam, omnemque feritatem & rabiem propè compescit, sic accidit Saturno ob Iouis aduentum: quare dictus est à poetis Saturnus à Ioue filio esse vinctus, qui sub ipso Saturni circulo est: & in tartarum deiectus, quoniam eius vires infringit & obscuras facit. Quòd si vera sit illorum sententia, qui dicunt sidera significare tantum hominibus superarum mentium voluntatem, tanquam aues augurium, nullamque vim in nos habere ad commouendum, cur Venus dicta est à sapientibus Martis malitiam infringere, aut Saturni Iupiter retardare? Dictus est rursus in equum conuersus Saturnus animal in Venerem propensum ac pene furiosum, quia libidini deditos vis planetæ clam facit, ac furorem Venereum penè concitat in iis corporibus, quibus plurimum dominatur. Eum multorum commodorum inuentorem fuisse asserunt, quia melancholici, & quibus in ortu dominatur Saturnus, plurimum valent ingenio & prudentia. ¶Præterea cum singulis planetis ob similitudinem quandam metalla singula sint attributa, metallorum tortores siue chemistæ artifices, hanc totam fere fabulam ad suam artem retorserunt: cum se Gebrum, Hermetem, & Raymundum platonicos, imitari

velle

velle profiteantur. Dicunt enim fictum fuisse ab antiquis quòd Iupiter Saturno genitales partes absciderit acuta falce, easq; in mare deiecerit, ex quibus & è spuma nata sit Venus, quia Saturnus sal sit quidam; pater Iouis, præparati salis scilicet, qui fit ex eo præparato. Sed quoniam cum Iupiter in vase vitreo existit in perfacutam tenuemque aquam soluitur propter vim ignis, quæ sumitur etiam ab ipso Ique cum viriles partes secum afferat incidens ac separans, sulphur intimum ac in sale latens, quæ recidunt in vas, quod accipiendis apponitur; idcirco & Saturno amputatas viriles partes dicunt, & cum sal in aquam tanquam in mare decidat, ex illo sale ac sulphure gignitur Venus. Conantur enim metallorum tortores & has, & alias his similes artes excogitare, quibus possint metalla in alias formas trāsferre teterrima paupertatis forma perterriti, ac semper illam lepidissimi poetæ Timoclis sententiam in animo habentes, qui ita inquit;

ψυχὴ βροτοῖσιν, αἷμά τ' ἐστιν ἄργυρος.
τουτουὶ ὅστις οὐκ ἀθροίζων ἀθρόον
πλάζει θανόντος ἀνδρὸς ἐν ζῶοις σκιά.
Est sanguis atque spiritus pecunia
Mortalibus, quæ nulla cui sit copia,
Viuos pererrat inter vmbra mortui.

Pingebatur autem ab antiquis Saturnus senex pallidus, curuus, altera manu falcem gestans, & draconem caudam sibi mordentem: altera filium paruum ori apponebat, ac vorabat: caput galea regebatur, & super illa erat amictus. Habebat iuxta se quatuor filios, è quibus Iupiter virilia amputabat, ac in mare proiiciebat, è quibus Venus oriebatur. Senex is nimirum ob motus tarditatem ita fingebatur, & ob caloris inopiam. falcem habebat, quia retrogradus planeta, quòd per serpentem etiam significabant. vorabat filios, quia pauci viuunt qui nascentes habent Saturnum in horoscopo dominantem. Iupiter virilia amputat, quia coniunctus tēperat malitiā, & de imperio deiicit, quia se exaltat in Saturni circulo hanc enim & picturam & interpretationem Saturni tradiderunt antiqui nonnulli. atq; hæc physicè & astronomicè summatim dicta sint, nunc quo pacto possint eadem ad humanæ vitæ institutionem accōmodari, vestigandū videtur. ¶ Saturnū deiecisse patrem suum è regno propter iniurias fratrum, quid aliud significat, quàm iniuriarum denique vindicem esse Deum? cum nemo malus diu felix esse possit. At fuit idem Saturnus postea idem passus, quia nulla iniquitas iniquitatis est remedium: idcirco qui iniurias vlciscuntur, illud prius videre debent quo tenus viro bono procedendum sit, atque eædem iniuriæ, quas in parentes contulerimus, sunt nobis à filiis postea expectandæ: cum omnes domesticis exemplis maxime incitentur. Si quis rursus post datas pœnas suorum peccatorum sapiens extiterit, illud experitur denique apud omnes bene institutas & politicas nationes apertum esse externę virtuti locum, ac vbique viris bonis esse patriam, & vbique mortalium sapienti viro humanam felicitatem quantulacunque est, patere. Ac de Saturno satis, nunc de Cœlo dicamus.

De Cœlo. Cap. III.

Cœlus, quem alii Cœlium, alii Vranum Græco nomine appellant, Aetheris & Diei filius fuisse dicitur, vt testatur Cicero lib. 3. de natura Deorum his verbis: Quod si ita est, Cœli quoque parentes Dii sunt habendi Aether & dies, eorumque fratres & sorores. Huius vxor Vesta fuisse dicitur, quam nihil aliud esse quàm terram, suo loco dicetur. Scriptum reliquit tamen Hesiodus Cœlum è terra natum fuisse, vt patet ex his carminibus;

> Γαῖα δέ τοι πρῶτον μὲν ἐγείνατο ἶσον ἑαυτῇ
> οὐρανὸν ἀστερόενθ', ἵνα μιν περὶ πάντα καλύπτοι.
> Terra sibi par stellatum Cælum alma creauit,
> Quod complectatur lato velamine totam.

Quæ mox cum Cœlo nupsisset, eique coniunctaque fuisset insignem filiorum multitudinem illi procreauit, Cæum scilicet, Crium, Hyperionem, Iapetũ, Thian, Rheã, Themim, Mnemosynen, Phæben, Tethym, Saturnum, Brontem, Steropem, Argem, Cottum, Briareum, Gyan, quos oẽs commemorauit Hesiodus in Theogonia & Apollodorus Atheniensis i libro 1. Bybliothecæ, vt dictum est superius, atque eadem terra postea è Tartari cõgressu Typhoeum genuit, vt ait idem Hesiodus. In hunc excitatus Saturnus natu minor ex omnibus Cœli filiis, accepta adamãtina harpe a matre ob fratres vinctos patrem cepit, ac illi genitalia membra præcidit, è quorum sanguine Alecto, Tisiphone, & Megæra natæ fuisse dicuntur. Scriptum reliquit Lactantius in libro de falsa religione, Cælum præstitisse potentia cæteris mortalibus, atque cum reges antiquitus pro Diis colerentur, inde accidit vt Cœlus pro æthere cultus sit: & Saturnus ad extollendam generis claritatem, quòd gloriæ splendorisque generis desiderium omnibus mortalibus in altissimo fortunæ gradu constitutis, maxime est innatum, se è cælo Deorum omnium sede & è terra natum esse gloriabatur. Attamen, siquis recte consideret, idem nobilitatis genus & ranis, & muscis, & cæteris animalibus compluribus natura abunde largita est, quòd ex æthere siue calore siderum, & ex terra per imbres multa huiusmodi semina concipiuntur, & producuntur, vt est in iis carminibus:

> Tum pater omnipotens fœcundis imbribus æther
> Coniugis in gremium lætæ descendit: & omnes
> Magnus alit magno commistus corpore fœtus.

Neq; plura his fabulati sunt antiqui de Cœlo. ¶Quod Atheris ac Diei filius fuerit, videtur nihil aliud significare, nisi naturæ ordinem in cælestibus corporibus collocandis: quæ puriora sunt enim, cęteris superiora sunt, & in sublimiore loco: quare in coordinandis iis corporibus cum à cæteris secessisset, dictus est natus ex Aethere & Die ob inferiorum siderum lumen. alii è terra natum dicunt, qui mundum ab opifice Deo fabrefactum putarunt ex informi materia. Veruntamen idem cælum pars est ætheris, atque cœlũ æther fuit appellatus, vt testatur carmen illud Pacuuii apud Ciceronem in secundo libro de natura Deorum:

> Hoc, quod memoro, nostri cœlum, Graii perhibent æthera.

Sic Orpheus in hymnis nihil aliud esse cælum existimat, nisi hunc ęthera, qui constat ex altissimis illis ignibus, vt patet ex hoc:

> οὐρανὲ παγγενέτωρ, κόσμου μέρος αἰὲν ἀτειρές.
> Omniparens Cœlum, pars & sanctissima mundi
> Perpetua.

Vocatum est cœlum, quia concauum sit, quòd κοῖλον significat apud Græcos. Quod autem exectus fuerit à Saturno filio, in neminem adhuc incidi, qui satis probabilem causam attulerit. nam ridicula est illa, quam affert Cicero in secundo de natura Deorum hoc pacto: Nam vetus hæc opinio Græciam oppleuit, cęlum exectum à Saturno filio, vinctum Saturnum ipsum à filio Ioue: Physica ratio non inelegans inclusa est in impias fabulas: Cœlestem enim altissimam æthereamque naturam: idest igneã, quæ per se omnia gigneret vacare voluerunt ea parte corporis, quæ coniunctione alterius egeret ad procreandum. Hoc si ita sit, cur aliquo tempore eas partes habuerit æther declarandum fuit: aut si Saturnus pro tempore intelligatur, quòd Saturetur annis, cum dicantur omnia

è temè tempore nasci, & rursus ab eodem labefactari, cur idem fuit exectus à Ioue filio? nunquid nihil aliud ab eunucho tempore nascetur? Aut nulla igitur vera est, & quæ seruari possit harum rerum interpretatio: aut hæc ad mundi procreationem, vti dicebam, respicit: quæ partim ab historiis, partim ab impositorum nominum natura sumpsit originem. Exectus fuit igitur Cœlus, vt ego quidem sentio, quia vnus sit æther, vnumque cœlum, neque vllum tempus patietur posse alium æthera aut aliud cęlum procreari, cum ex vniuersa constet materia. Nam cum vnus sit mundus, at non plures, cum neque esse possint, merito dicunt cœlum exectum à filio, quia sibi simile quidpiam tempus non sinet procreari. Vnum est igitur cęlum, & vnum tempus, quod nascitur ex illius motu: ambo execti, quia non plures esse possint: vnde hausta fuit peripateticorum disciplina. Cęlites gestæ nullę ad nostræ ætatis memoriam peruenerunt, quare facile adducor vt putem ob prudentiam probitatemque hominis principatum ad ipsum fuisse delatum. vnum de illo apud varios scriptores inuenio multorum testimonio comprobatum, quòd mortuus est in Oceania (nam Creta, vt opinor ita vocabatur.) in oppidoque *Aularia* fuit sepultus vt ait Lactantius. Nec me præterit nonnullos fuisse, qui cœlum intellexerint animam esse *supremi & stellati cœli.* quam modo *Deum*, modo *Dei* ipsius fęcunditatem putarunt. Atque cum Iouem beneficam voluntatem Dei omnibus prouidentem existimarent, aiebant eum execuisse Saturnum, hoc est ad Dei mentem peruenire: mox Saturnus execat Cœlum, quia mens ipsa plurima extorquet a Dei optimi fæcunditate, à quo, ea quæ proueniunt, non integra & perfecta sunt, vt in Deo: sed à Ioue ligata & angustioribus naturæ limitibus accipiētis vitio coarctata. Quæ ad mores attinēt, similia propè sunt atque in Saturno. nunc de Iunone dicatur.

De Iunone. Cap. IIII.

CVm de Saturno verba faceremus superius, inter cæteros Saturni filios Iunonem etiam commemorauimus: nam duas tantum fœminas è Saturno natas fuisse accepimus, Glaucam scilicet & Iunonem. Erat id fœdus Saturno cum Titanis, vt dictum est, vt mares omnes, siqui nascerentur è Saturno interficerent, at filias vt imperio minime aptum genus, pro arbitrio ac voto educare licebat. Cum eodem partu Iupiter & Iuno nati fuissent: Iupiter, vt diximus, clam per Corybantes in Cretam deportatur, at Iuno, vt quæ sola eodem partu nata sit Saturno oblata, quod facile creditum fuit. At enim de loco vbi nata fuit Iuno ambigitur, quod ab aliis scriptoribus in alio loco nata esse dicatur. Strabo libro nono scriptum reliquit Iunonem Argis natam esse, quod videtur significasse Homerus lib. 4. Iliadis hoc versu:

ἥρητ' ἀργείη, καὶ ἀλαλκομενὴς ἀθήνη.
Iunoque Argiua, atque Alalcomenia Minerua.

Quam tamen Samiam Iunonem esse scribit Pausanias in Achaicis, cum Samii Iunonem apud se natam esse dixerint apud Imbrasum fluuium sub quadam vitice. Atqui vt eadem in vtroque loco nata f[...]ieri non potest: communior tamen sententia est quòd in Samo sit edita, cui sententiæ &, Apollonius accedit, vt scripsit in primo Argonauticorum his verbis.

ὃδ' ἰμβρασίης ἕδος ἥρης
Παρθενίης ἀγκαῖος ὑπέρβιος.
Ast hic Imbrasiæ Iunonis sede relicta.

Partheniæ præstans Ancæus.

Nam cum Samus Melantheus & Anthemusa antea vocaretur, dicta fuit postea Parthenia, quia Iuno virgo in illa sit educata; vt scripsit Callimachus in lib. περὶ κτίσεων νήσων καὶ πόλεων καὶ μετονομασιῶν. hoc est de cōditis & habitatis insulis, & ciuitatibus, & de illarum nominibus: quam rem explicauit etiā Apollonii Rhodii enarrator. Huius nutrices dicuntur fuisse Eubæa, & Porsymna, & Acræa Asterionis fluuii filiæ, vt memoriæ prodidit Pausanias in Corinthiacis. Atque Olen poetam perantiquum carmina quædam in honorem Iunonis composuisse accepimus, in quibus scriptum erat, Iunonem ab Horis fuisse educatam. Idem Pausanias in Arcadicis Iunonem à Temeno educatam scribit; cuius etiā nutrices fuisse Oceanitides inquit Ouid. lib. 2. Metamorph.

At vos, si læsæ tangit contemptus alumnæ:
Gurgite cæruleo septem prohibere triones.

Nec defuerunt qui ab Oceano & à Tethye nutritam fuisse dixerint, quorum sententiam, secutus est Homer. lib. ξ. Iliadis, vbi inquit:

εἶμι γὰρ ὀψομένη πολυφόρβου πείρατα γαίης.
ὠκεανόν τε θεῶν γένεσιν, καὶ μητέρα τηθύν.
οἵ μ' ἐν σφοῖσι δόμοισιν ἔτρεφον ἠδ' ἀτίταλλον.
Oceanum visura peto namque vltima terræ,
Vnde genus superis, vnà Tethymque parentem.
Qui me aluere suis domibus feliciter olim.

Habitauit igitur Iuno in Samo insula donec virgo fuit, cuiusce rei argumentum fuisse inquiunt, quod anniuersaria sacrificia ibi fieri solebāt in nubentis Deæ morem, vt scripsit Lactantius. Quo autem pacto Iouis fratris facta sit coniux cū ad nubilem ætatem adoleuisset, ita fabulose narratum est à nonnullis. Dicunt Iouē potiundæ sororis desiderio arsisse, quam cum à cæteris Deabus seiunctam vidisset, cuperetque ex eius conspectu euanescere & occultari, sese mutauit in cuculum, & in montem, qui Thronax antea, postea Coccyx ab ipso cuculo dictus fuit, conuolauit. Iupiter igitur eo ipso die magnam tempestatem excitauit, ad quem montem, Iuno cum sola esset, accessit, ibique consedit, vbi Iunonis adultæ postea sacellum erectum fuit. Cum tremens igitur ac frigens cuculus ad Iunonis genua aduolasset, ea illius miserta aniculæ vestem continuo circuniecit. At Iupiter resumpta prima figura rem habere cum illa tentauit, quæ matrem veritā, vbi se vxorem ducturum Iupiter promisisset & iurasset, assensit, quare apud Argiuos, qui maximo eam habent in honore, in Iunonis templo, eius statua sedēs in throno cum sceptro, & cuculo super sceptro erecta fuit, vt ait Dorotheus in libro secundo Metamorphoseon. Lucianus autem in mortuorum dialogis scriptum reliquit ex instituto Persarum & Assyriorum id fecisse Iouem, quibus mos fuit vel sanguine coniunctas vxores ducere. Postea Iuno nuptiis præfecta fuit, atque cum Iunoni ante nuptias sacrificaretur, fel victimarum post altare abiiciebatur. Hæc filios Martem Argen. Ilithyam, & Heben dicitur habuisse, vt testatur Pausanias in Corinthiacis. Atque Lucianus in iisdem dialogis Iunonem scribit citra vllum congressum maris è subuentaneo conceptu grauidam Vulcanum peperisse, fabulati sunt præterea fontem fuisse apud Argiuos, cui Canatho nomen fuit, in quo proditum est Iunonem, vbi quotannis se lauerit, denuo virginem fieri, qui sermo manauit ab arcanis initiorum & mysteriorum, quæ solēni ritu apud illos fiebant, vt ait Lysimachus Alexandrinus lib. 13. rerum Thebanarū, & Pausā in corinthiacis. fabulantur Iunonē aliquādo iratam Ioui in Eubœam recessisse, quam cum Iupiter placare nullo pacto potuisset ad Cithærōnem adiit Platæensium regem callidissimum tunc omnium mortalium. eius monitu Iupiter simuachrũ è ligno fabricauit, quod vestimentis egregiè indutum plaustro imposuit, famamque edidit se Platæam Asopi filiam esse ducturum, id intelligẽs Iuno zelotypia capta ad plaustrum irruit. vestes discidit. fraudẽ n cognouit, quare ridens facile cum Ioue in gratiam rediit, vt scripsit Dorotheus in lib. 1. narrationum fabulosarum. Hæc eadem matrimoniorum præses ab antiquis dicebatur, vt sensit Virg. lib. 4. Aeneidos;

Iunoni ante omnes, cui vincla iugalia curæ.

Quæ idcirco quod præesset matrimoniis pronuba fuit appellata, vt ait idẽ poeta;

Dant signum prima & tellus, & pronuba Iuno.

& Ouid: in Phyllidis epist.

Iunonemque, thoris quæ præsidet alma maritis.

Ferunt Iunonem lac Herculi infanti præbuisse, quo immortalitatem assequeretur, cum illum idcirco Pallas ad illam attulisset, quod innuit Lycophron in eo versu;

μαζὸν τροπαίας μυσὸν εὐθηλον θεᾶς.

Gratumque cultori Tropeæ vber Deæ.

Nam fabulantur Iouem aliquando dormientis Iunonis vberibus Herculem infantem admouisse, quo ab excitata reiecto pars lactis quæ in cœlum cecidit, viã inde vocatum lacteam fecit. at quod cecidit in terram, fecit candida lilia, cum prius essent crocea. Hæc Dea tria loca præcipuè dicitur habuisse, in quibus colebatur summa religione, quę ipsa sibi gratissima esse memorat apud Homerum lib. 4 Iliad.

τὸν δ' ἠμείβετ' ἔπειτα βοῶπις πότνια ἥρη.
ἤτοι ἐμοὶ τρεῖς μὲν πολὺ φίλταταί εἰσι πόληες,
Α'ργος τε, σπάρτη τε, καὶ εὐρυάγυια μυκήνη.
At Iuno contra sic est exorsa vicissim.
Sunt mihi tres vrbes dilectæ, Sparta, Mycenæ
Atque Argos, quæ sacra ferunt mihi tempore in omni.

Enimuero cum multis aliis in locis magna religione Iuno colebatur, tum apud Eleos, vt ait Pausanias in Eliacis, quinto quoque anno matronæ sexdecim ludos instituebant, qui Iunonia vocabantur, atque virginibus pro ætate in classes diuisis certamen cursus proponebatur. Currebant primæ impuberes puellæ, mox grãdiores natu, postremæ natu maximæ, quę ad Olympica certamina etiam accedebant, sed iis minora stadia proponebantur. Hypercheriæ Iunonis præterea delubrum extructum fuit apud Lacedemonios, quo tempore Eurotas agrum Laconicum latè diluit ex oraculi responso. Hanc Iunonem Venerem etiam nominabant, cui vota facere matronæ pro filiarum nuptiis, vtpote pronubæ Deæ, consueuerunt. Colebatur etiam Lacinia Iuno cognomento in agro Crotoniate, sicuti testatur Dionysius in libello de situ orbis in his carminibus;

ἱμερτὸν πτολίεθρον ἐϋστεφάνοιο κρότωνος.
Ναιόμενον χαρίεντος ἐπ' αἰσάρου προχοῇσιν,
Ε'νθα κεν αἰπὺν ἴδοιο λακινιάδος δόμον ἥρης. hic vbi ab illis
Exigua vrbs colitur valde iucunda Crotonis;
Aesari vbi ad primas herbosi fluminis vndas,
Alta Laciniadis Iunonis templa videntur.

Hanc Deam cum cœlicolarum reginam putarent cum sceptro & diademate fingere mos fuit antiquorum fama est Iunonem infensam maxime omnium mortalium Herculi fuisse, quod è pellice Alcmena natus fuisset, propter quam & vniuersum Thebanorum genus odio habebat, quare fuit etiam ab ipso Hercule vulnerata, vt testatur Homer. in lib. 5. Iliad.

τλῆ δ' Ἥρη ὅτε μιν κρατερὸς πάϊς Ἀμφιτρύωνος
Δεξιτερὸν κατὰ μαζὸν ὀϊστῷ τριγλώχινι
βεβλήκει.
Passa fuit Iuno cum filius Amphitryonis
Dextrum vber ferro percussit forte trisulco.

Veruntamen cum infinitas propè difficultates, multaque pericula illi proposuisset, effecit vt immortalis eius gloria apud homines vigeret. neque vllus prope fuit, quin per Iunonis odium gloriosus inter mortales euaserit & illustris, quando gloria omnis & rerum gerendarum præstantia, non nisi in arduo & difficili loco sit constituta. Neque vlla fuit omnium Dearum quæ magis pellicum multitudine infestata fuerit. idcirco Numa apud Romanos lege sanciuit nequa pellex Iunonis templum ingrederetur his verbis: Pellex ædem Iunonis ne tangito: si tangat Iunoni agnum fœminam crinibus dimissis cædito. Hæc, cum Dii cæteri territi ob metum Gigantum in Aegyptum aufugerent, ac alii aliam formam sumpsissent, in vaccam se conuertit, vt est apud Ouid. lib. 5. mutationum;

Huc quoque terrigenam venisse Typhoea narrat,
Et se mentitis superos celasse figuris.
Duxque gregis dixit fit Iupiter, vnde recuruis
Nunc quoque formatur Libyis cum cornibus Hammon.
Delius in coruo est, proles Semeleia capro,
Felle soror Phœbi, niuea Saturnia vacca.
Pisce Venus latuit, Cyllenius ibidis ales.

Credita fuit esse diuitiarum Dea ab antiquis, quod etiam sensit Ouidius, vt est in Epistola Paridis;

Tantaque vincendi cura est, ingentibus ardent
Iudicium donis sollicitare meum.
Regna Iouis coniux, virtutem filia iactat.
Ipse potens dubito, fortis an esse velim.

Huic Deæ candida vacca litari mos fuit, vt testatur Virg. lib. 4. Aeneid.

Ipsa tenens dextra pateram pulcherrima Dido
Candentis vaccæ media inter cornua fundit.

Fuit anser auis consecrata Iunoni & Inacho flumini, existimata, quia illud animal facillimè sentiat omnem vel minimam aeris motum. Fama est, quod Iupiter hanc Deam aliquando altè suspenderit, pedibusque illius duas incudes appẽderit, atque aureum vinculum iniecerit manibus. Tum vero cum Iuno penderet in æthere Dii cæteri grauiter ferebant, neque soluere tamen potuerunt, vt testatur Homerus in lib. o. Iliadis, his carminibus;

ἦ οὐ μέμνῃ ὅτε τ' ἐκρέμω ὑψόθεν, ἐκ δὲ ποδοῖιν
Ἄκμονας ἧκα δύω, περὶ χερσὶ δὲ δεσμὸν ἴηλα
χρύσεον, ἄρρηκτον. σὺ δ' ἐν αἰθέρι καὶ νεφέλῃσιν
Ἐκρέμω· ἠλάστεον δὲ θεοὶ κατὰ μακρὸν Ὄλυμπον,
λῦσαι δ' οὐκ ἐδύναντο· παρασταδὸν ὃν δὲ λάβοιμι
ῥίπτασκον τεταγὼν ἀπὸ βηλοῦ.
An subit vt te suspendi, pedibusque ligaui.
Incudes binas, manibusque vt vincula ieci.
Aurea, firma leui sublimis ab æthere at ipsa
Pendebas, grauiter superi doluere, sed vllus
Soluere non poterat. cepi quemcunque propinquum
De cœlo ieci.

Illud

Istud ipsum significauit aurea Homeri cathena, è qua pendebant Dii omnes Iouem de cœlo detrahere conantes, quorum tamen conatus fuit irritus, vt ait Home. in lib. Iliad. θ.

> Σειρὴν χρυσείην ἐξ οὐρανόθεν κρεμάσαντες,
> Πάντες δ' ἐξάπτεσθε θεοὶ, πᾶσαί τε θέαιναι.
> Ἀλλ' οὐκ ἂν ἐρύσαιτ' ἐξ οὐρανόθεν πεδίονδε
> Ζῆν' ὕπατον μήστωρ', οὐδ' εἰ μάλα πολλὰ κάμοιτε
> Aurea sit vobis superi suspensa cathena
> De cœlo, hanc trahite ô Diui, cætusque Dearum.
> Sed non detrahere è cœlo, neque vincere summum
> Vlla Iouem poterit vis. labor omnis inanis.

Per huiusmodi fictas ambages rerum naturalium seriem declararunt poetæ. nūc scientiam & præcepta, nunc naturaliū vires & principia, nunc vitæ humanæ recte instituendæ rationem sub his fabularum arcanis integumentis occultarunt, quæ non poterant nisi à sapientibus, aut quibus sapientes explicassent, intelligi. Quid autem Iuno suspensa ita significet, & cur Iouem de cęlo Dii omnes detrahere nō possent, declarabitur paulo inferius. Attribuerunt antiqui nymphas quatuordecim Iunoni, quæ illius seruitio semper assisterent, vt ait Virg. lib. 1.

> Sunt mihi bis septem præstanti corpore nymphæ.

Quarum omnium maxime Iridis seruitio vtebatur. Huic Deæ sacer erat pauo, quia propter illam cæsus fuit Argus à Mercurio, & in illam auem mutatus, vt ait Theodorus in libro Metamorphoseon, vbi Io custodiret mandato Iunonis. Illius currum idcirco finxerunt antiqui à pauonibus trahi, vt indicauit Ouid. lib. 2. Mutationum:

> habili Saturnia curru
> Ingreditur liquidum pauonibus æthera pictis.

Idcirco Adrianus Romanorum Imperator in eo Iunonis tēplo, quod fuit in planiore Eubeæ parte situm, inter cætera memoratu digna, quæ visebantur, pauonem ex auro & lucidis preciosissimisque lapillis dicauit, cū aurea corona & purpurea palla, vbi erant cælatæ Herculis & Hebes nūptiæ argenteæ, vt ait Alcetas in lib. 2. depositorū in Delphis. & Pausanias in Corinthiacis. Multa & huic Deæ tributa fuerunt cognomina, vel à locis in quibus colebatur, vel ab illis qui templa dicauerant, vel ab euentu rerum, vel à cæteris rebus huiusmodi. & ab officio Lucina, & Bellona, & a loco Argiua, & Samia. Sic quia Hercules illi capram mactasset, vocata est Aegophaga, cui apud Lacedæmonios hoc nomine mos fuit capram immolare. Sic Populonea, Lacinia, Hoplismia, Bunea, Acræa, Hyperchæria, Vnxia, Moneta, Calendaris, Februa, Fluonia, Domiduca, Cynthia, Interduca, Socigena, & alia complura his similia.

¶Hæc illa sunt, quæ de Iunone fabulosè ab antiquis sunt tradita. Nunc quid sub his fabulis contineretur, explicemus. Cur Iuno Saturni fuerit filia, dictum fuit cum de generatione elementorum superius de Ioue verba facientes, loqueremur. Hæc elementum aeris esse putabatur, vt in hymno in Iunonē patefecit Orpheus his carminibus.

> Κυανέοις κόλποισιν ἐνημένη ἀερόμορφε
> Ἥρα παμβασίλεια Διὸς σύλλεκτρε μάκαιρα.
> Ψυχοτρόφους αὔρας θνητοῖς παρέχουσα προσηνεῖς.
> Aeriam ostentans faciem Iuno alma, sinu quæ
> Cyaneo resides, præbens mortalibus auras
> Magna Iouis coniux faciles, ventosque salubres.

Quæ apud Virgilium etiam libro quarto se facultatem habere concitandorum

imbrium

imbrium & grandinum inquit hoc pacto;

> His ego nigrantem commista grandine nimbum
> Desuper infundam, & tonitru cœlum omne ciebo;

Vbi enim Iupiter Iunonis amore incaluit, eamque complectitur, omnium pullulant herbarum fructuumque genera: aer enim nisi superiorum corporum calore commoueatur, generare omnino non potest, quod significauit Homerus in libro ξ. Iliad.

> ἦ ῥα καὶ ἀγκὰς ἔμαρπτε κρόνου παῖς ἣν παράκοιτιν.
> τοῖσι δ' ὑπὸ χθὼν δῖα φύεν νεοθηλέα ποίην.
> Sic ait: vxorem amplexus Saturnius hinc est,
> Sub quibus alma parit tellus cum gramine flores.

Et quoniam aer non solum est per quem spiramus, per quem viuimus, per quem videmus, sed etiam qui nobis occultam vim naturalem in sanguinem præbeat, vt vel formidemus pericula, vel ea fortiter subeamus, idcirco Iunonem Timoris & Audentiæ potestatem habere crediderunt antiqui, vt Orpheus testatur in Argonauticis;

> δεῖμα δ' ἐνὶ φρεσὶ θῆκε θεὰ λευκώλενος ἥρη:
> Terrorem his menti iniecit Saturnia Iuno.

Fertur in Samo insula nata & educata fuisse, quoniam saluberrimus ibi est aer. Hæc habuisse Horas nutrices dicitur, quia ita sibi vicissim succedunt elementa, vt assidue & singulis horis corrumpantur secundum partes ac gignãtur, quod nisi contingeret, periret omnino aeris elementum, cum eam facilis sit aer ad omnes mutatione. educata fuit, Iuno etiam ab Oceano & Tethye, vel à filiabus fluuii Asterionis, vel à nymphis Oceaninis, quoniam aer ex aquis præcipue rarioribus factis gignitur; quemadmodum è densioribus terra. Hæc ideo ex Ioue peperit Vulcanum, quia ignem calefactus aer procreat vt frigidior & densior aquã; quod ita expressit Lucretius in lib. 1.

> Et primum faciunt ignem se vertere in auras
> Aetheris; hinc imbrem gigni, terramque creari
> Ex imbri, rursusque à terra cuncta reuerti.
> Humorem primum, mox aera, deinde calorem.

Hæc eadem filios habuit Heben & Martem, tum quia temperies aeris causa est abundantiæ & vbertatis rerum omnium; tum etiam quia affectus quodammodo aer diuinitus bellorum & discordiæ semina imprimit in animis mortalium; eandemque lætitiæ & pubertatis Deam putarunt, quòd ea omnia bene affectus aer agat, inde dicitur.

> Adsit lætitiæ Bacchus dator, & bona Iuno.

Neque placet Zezæ sententia, qui Martem & Heben è Iunone natos putauit, q̃a frequentia bella ꝑpter salubria loca oriantur inter hoïes. Hinc Pronuba, hinc cõiugiis præfecta putabatur, quod aeris benignitas omnia in lucem euocet, quare & iure credita est diuitiarũ Dea. Hæc Iouis coniux, quia in ipsum aera calor æthereus agit, & quia summa pars aeris propius accedit ad ætheream puritatem, vt ait Cice. in secundo de natura Deorum. aer autem, vt Stoici disputant, interiectus inter mare & cœlum Iunonis nomini consecratur, quæ est soror & coniux Iouis, quòd & similitudo est ætheris, & cum ea summa coniunctio. Effeminarunt autẽ eum, Iunonique attribuerunt, quòd nihil est eo mollius. Ob eam mollitiem cũ Dii in Aegyptum propter Gigantum metum fugientes varias formas sumpsissent, in vaccam mutata dicitur, & à cucullo molli auicula decepta. Hæc ligata fuisse à Ioue dicitur, quia aer sit inferior vi naturali cum superiore corpore coniunctus vt ait Plato in Timæo. Incudes sunt aqua & terra, quæ videntur ex ipso

aere

aere pendere, cum aer super his omnibus supernatet :neque Dii omnes possent ipsam Iunonem ab his vinculis liberare, quia tanta est Dei potentia, tantumque artificium in his mundanis corporibus coniungendis, vt nulla vis vel humana vel diuina, quidquam horum dissoluere posset, nisi idem artifex, qui ea fabrefecit. Idem significauit per auream cathenam: quæ est vis æthereorum & superorum corporum inter se diuinitus connexorum. Dicitur fuisse ab Hercule vulnerata, quoniam grauissima semper ferè est fortuna virtuti aduersaria, cum raro vtrunque sidera in alicuius ortu coniungere consueuerint. Nymphæ complures Iunonis seruitio assistentes quid aliud significant, quam varios in aere mutationum euentus? Sacer est illi pauo quòd superbum, quòd ambitiosum, quòd alta petens, vtpotè aerio temperamento animal, quòd variis coloribus ornatum, quòd multos habet oculos: quia superbi sunt, ambitiosi, rerum arduarum appetentes, qui diuitiarum Deam habent tutelarem, quos multos homines obseruare neccesse est ad rerum suarum custodiam. neque tamen totum est corpus coloribus distinctum, sed quædam pars desormis, cùm nihil omnino felix posit contingere. varietates autem colorum quid aliud significant, quàm facultatum iacturas, fortunæque multiplices vicissitudines, & insidias ab externis & amicorum carissimorumque mortem & calamitates, quæ omnia intimam animi partem eorum, qui cæteris felices videntur, infestant. Huic Deæ templum in ea via, quæ ducebat è Phalero Athenas, sine foribus, aut tecto fuisse extructum scripsit Pausanias in Atticis: quod quidem nihil aliud significat, nisi Deam hanc nullum in locum esse includendam, cum Dea sit per quam spiramus ac viuimus. Hæc illa sunt quidem, quę physicè de Iunone ficta fuerunt ab antiquis. Nunc quid horum possit ad mores retorqueri vestigandum est. ¶Quod attinet ad auream cathenam, quòd omnes Dii Iouem de cœlo detrahere non possent, ego modo auaritiam, modo ambitionem esse auream cathenam crediderim; quæ & si potentissima est, multosque à vera Dei religione ad falsa dogmata retraxit, multasque sectas falsarum religionum à Christo solo veridico, Dei summi, sapientiæque summæ filio desciscentes, instituit; tamen virum bonum suo loco dimouere non poterit, neque veritatem vllo tempore labefactare, quæ aduersus omnes iniurias inconcussa persistit. Qui enim vir bonus uerè existit, ille neque auaritia neque ambitione vlla loco dimouetur; quare vnusquisque sui potest experimentum habere, an vir bonus nominari posit, cum hęc sint tanquam indices lapides. Sic igitur neque Iupiter cum in rebus ciuilibus pro lege capiatur, neque lex Christi, quæ est anima ciuitatum bene institutarum, neque iudices, vel præfecti vrbium, vel Imperatores, si viri boni sint dimoueri possunt de recta sententia largitionibus, cum posit ipsa lex, aut iudices, corruptores & sceleratos homines labefactare. Non potest igitur Iuno per suas opes, neque per eloquentiam Mercurius, neque blãditiis Venus, nec minis Mars Iouem de cœlo deiicere, neque quantuscumque fuerit reliquorum Deorum cætus. Chemici artifices prætereа conati sunt non nullas fabularum Iunonis partes ad suos ignes & ad sua vascula retrahere. Dicitur Iuno, inquiunt, Saturni & Opis filia, Iouisque soror & coniux, & ante Iouem nata eodem partu, Reginaque esse Deorum & diuitiarum Dea, partubus & matrimoniis præfecta: quæ nihil est aliud quam aqua Mercurii, quæ Iuno nominatur. Saturni ea de causa est filia, quod ab eo & eius terra distillat, ac manat. Hæc terra dat opes, siue aurum chemicum, quòd vnà distille Iuno & Iupiter siue aqua Mercurii, & sal in ima parte vasculi vitrei ac in fæce relictus. Cum verò prius effluat aqua Mercurii è vasculo, nascitur Iuno ante Iouem, Præest eadem partubus, quod cum manat Phœbum chemicum educit in lucem, vnde de Lucina etiam vocata est. Præfecta connubiis putatur eadem, quoniam media est coniungendis sulphureis humoribus Venere ac Marte scilicet: quæ quòd antequam manet cum Ioue coniungatur, & ambo gignant solem chemicum, Iouis vxor vocata fuit. Regina deorum dicta est, quoniam illa regit, soluit coniungit, separat, ac reprimit metalla, quæ variis Deorum nominibus appellantur. Ac de Iunone satis, nunc de Hebe dicamus.

De Hebe. *Cap. V.*

CVm de Iunone loqueremur superius, dictum fuit Heben, quam Latini Iuuentatem vocarunt, Iunonis fuisse filiã. Huius patrem fuisse Iouem alii crediderunt, inter quos fuit Homerus, qui ita scripsit lib. λ. odyss.

τὸν δὲ μετ' εἰσενόησα βίην ἡρακληείην
Εἴδωλον, αὐτὸς δὲ μετ' ἀθανάτοισι θεοῖσι
τέρπεται ἐν θαλίῃς, καὶ ἔχει καλλίσφυρον ἥβην
Παῖδα Διὸς μεγάλοιο, καὶ ἥρης χρυσοπεδίλου.
Post hunc, Alcidæ mihi nota accessit imago.
Is superos inter conuiuia læta frequentat.
Nata Iouis magni, Iunonisque additur illi
Nunc Hebe coniux.

Alii magis fabulosum Hæbes ortum memorarunt: dicunt enim Iunonem aliquãdo ab Apolline in domum Iouis ad conuiuium fuisse conuocatam, atque inter alias epulas lactucas agrestes appositas fuisse, quas vbi comedisset, cum antea esset sterilis, repente fit grauida, atque Hæben filiam postea peperit. ea cum pulcherrima esset, ac Ioui placuisset, iuuentuti pręficitur ab ipso Ioue, & id praterea illi munus datum est vt Ioui pocula ministraret, cui varijs floribus compositum sertum capiti impositum fuit. Veruntamen cum lapsa aliquando inter ministrandum fuisset, partesque pudendas omnibus præsentibus ostendisset, ab illo officio remouetur, & Ganymedes Laomedontis Troiæ regis ab aquila in cœlum Iouis iussu portatus, sufficitur. Quod Hæbe pocula Ioui porrigere antea consueuerit, testatur Homerus ita lib. 4. Iliadis:

μετὰ δέ σφισι πότνια ἥβη
Νέκταρ ἐῳνοχόει, τοὶ δὲ χρυσείοις δεπάεσσι
Δειδέχατ', ἀλλήλους. Hos Hæbe venerabilis inter
Fundebat nectar pateris: hi portinus aurum
Excipere è manibus, seque inuitare vicissim:

Cum Ganymedes igitur ad id munus fuisset assumptus, tum Iuno grauiter tulit

Et genus inuisum, & rapti Ganymedis honores.

Quod testatur etiam Cicero in lib. 1. de natura Deorum ita inquiens: at poetæ quidem nectar, ambrosiam epulas comparant, & aut Iuuentatem, aut Ganymedem pocula ministrantem. Hãc fuisse aliquando Ganymedam vocatam ab antiquis testatur in Corinthiacis Pausanias: nam antiqui Heben oblectationẽ seu voluptatem quæ percipitur in conuiuijs vocarunt, quare Homerus in conuiuiis ministerium illi attribuit. Apud Sicyonios & in Phliunte Dia nominabatur: quibus in locis fuit eximium illius fanum, & illa eximiè colebatur, vt ait Strabo libro octauo. Memoriæ prodiderunt antiqui Herculi post absoluta certamina cum in cęlum ascendisset, Heben datam fuisse à Ioue in matrimonium: quare in ea regiuncula, quæ Horti dicebatur apud Athenienses, aræ in communi templo Herculi & Hebæ consecratæ fuerunt, vt ait in Atticis Pausanias: quę, vt ait Apollodorus lib. 2. illi Alexiaren filiam & Anicetum peperit.

Hæc

¶Hæc breuiter de Hebe, nunc sententiam ex his eliciamus. Ego Ciceronis opinioni sanè facile accedo, qui ita scribit in libro primo Tusculanarum disputationum; Non enim ambrosia Deos, aut nectare, aut Iuuentate pocula ministrante lætari arbitror: nec Homerum audio, qui Ganymedem à Diis raptum ait propter formam vt Ioui pocula ministraret. Non iusta causa, cur Laomedonti tãta fieret iniuria. Fingebat hæc Homerus, & humana ad Deos transferebat. Quo pacto Hebe Iunonis filia dicitur? quoniam è felicissima aeris temperie omnia herbarum, arborumque genera pullulant, & pubescunt. Nam quomodo sine parente Ioue vel nasci vel Iunonis filia esse poterit? nulla est aeris temperies, quam non efficiat ætheris calor ex motu, cum omnis inferiorum corporum actio ex agitatione superiorum proueniat. Qui enim potest aer aliquid ad ortum euocare, nisi solis, æthereæque regionis calore concitatus istud ipsum efficiat? Quippe cum litigium & amicitia non solum principia sint ortus & interitus rerum, vt sapiens credidit, verumetiam omnia nata conseruent: quibus suas vires æquè impertiuerint. Martis soror Hebe esse dicitur, quoniam vbertas rerum omnium, & fertilitas agrorum ex eiusdem aeris temperamento oriatur, ex quo etiam bella, & illorum omnium deuastationes. Mars prǽterea bonitate regionum alitur, cum nemo prope de sterili & inope regione contendat. Quòd autem esis lactucis agrestibus Iuno facta est grauida, quid aliud significat, quàm ex ipsa aeris temperie natam fuisse Heben? Iuno vbi est conuiuio accepta ab Apolline in domum Iouis, nimio calore solis exarsit ac ætheris: quare agrestes lactucas, quæ frigidæ sunt comedit, ac fit prægnans. Quis non videat per hęc aeris temperiem significari? qui vbi plus ęquo incaluerit, frigus expetit & symmetriam ad res generandas. Inde nascitur Hebe, quæ iuuentuti tam plantarum quàm animalium præest. Hac vbi lapsa fuisset dum ministraret, pudendasque partes superis ostendisset, priuata est à Ioue eo munere quod propter pulchritudinem obtinuerat: hoc quid est aliud, nisi cum folia deciderunt arboribus iuuentutem & honorem plantis delabi? quæ si cum priore conditione comparentur turpes sunt, & parum decoræ. Eo tempore Ganymedes in eius locum subrogatur, qui nihil aliud quàm hyemem significat, quæ dicta est etiam à pluuiis: quare & in Aquarium signum denique Ganymedes conuersus est. Hæc ea sunt, quæ mihi spectare videbantur ad naturales rationes. ¶Quod attinet ad mores, ita intelligendum censeo, gratiam atque fauorem principum rem esse inconstantissimam, quippe quibus aliud pulchrius alio tempore appareat: neque vlla res est illis tantopere iucunda, cuius non breui tempore nascatur satietas. Hęc leuitas in illis est pręcipuè principibus, qui fortunæ ornamentis cæteris pręstant hominibus, at prudentia animi illorum vulgo adæquatur: nam facultatum copia multos facit insipientes. Apud sapientes vero principes omnis turpitudo vel exterorum vel familiarium potest animum vel beneuolentissimum alienare: quia pulchritudo omnis ad integritatem morum & æquitatem & innocentiam transferenda est, sine quibus virtutibus omnino est ex oculis viri boni remouenda. Ac de Hebe satis: nunc de Vulcano dicamus.

De Vulcano. *Cap. VI.*

VVlcanus, sicuti dictum fuit, Iunonis fuit filius, vt testatur Hesiodus in Theogonia;

ἥρη δ᾽ ἥφαιστον κλυτὸν ἐν φιλότητι μιγεῖσα Γείνατο
Vulcanum peperit Iuno coniuncta in amore Præstantem.

Hunc, vt dictum est, quidam voluerunt subuentaneo conceptu fuisse genitum

fine

sine patre, quem tamen Homerus è patre Ioue Iunoneque matre natum esse putauit. Neque enim fieri potest vt natus sit sine maris desiderio, vt ostendetur, neque fieri potest rursus vt frustra Iuno marem tantopere cupierit. Sed audiamus quemadmodum incredibili prope furore & desiderio maris concitentur feminę, quæ subuentaneos concipiunt.

Continuoque auidis vbi subdita flamma medullis,
Vere magis (quia vere calor redit ossibus) illæ
Ore omnes versæ in Zephyrum stant rupibus altis,
Exceptantque leues auras: & sæpe sine vllis
Coniugiis vento grauidæ.

Num tantum maris desiderium frustra Iunonem inuasit? ò infelicissimam Iunonem, si neminem neque Deorum, neque hominum inuenire potuit, cum adeo stimulis libidinis agitaretur, qui suo desiderio satisfaceret. Fuerunt qui dixerint Vulcanum Iouis fuisse filium, qui cum deformis natus esset, fertur à Ioue in insulam maris Ae gæi Lemnum præcipitatus, vt ipse de se ipso testatur apud Homerum in primo libro Iliadis;

ἤδη γάρ με καὶ ἄλλοτ' ἀλεξέμεναι μεμαῶτα,
ῥῖψε ποδὸς τεταγὼν ἀπὸ βηλοῦ θεσπεσίοιο.
Πᾶν δ' ἦμαρ φερόμην, ἅμα δ' ἠελίῳ καταδύντι
κάππεσον ἐν λήμνῳ, ὀλίγος δ' ἔτι θυμὸς ἐνῆεν.
Me quoque de cœlo pede iecit Iupiter olim,
Contra illum auxilium misero vt mihi ferre pararem;
Ast ego cum cœlo, Phęboque cadente ferebar;
In Lemnum vt cecidi vix est vis vlla relicta.

Quòd autem diu fuerit in Lemno Vulcanus Iunonis Iouisque filius, ita scripsit Cicero lib. 3. De natura Deorum; Vulcani item, primus cęlo natus, ex quo Minerua Apollinem eum, cuius in tutela Aethenas antiqui historici esse voluerunt. Secundus Nilo natus Opas, vt Aegyptii appellant, quem custodem esse Aegypti volunt. Tertius ex Ioue & Iunone, qui Lemni fabricæ traditur præfuisse. Quartus Męnalio natus, qui tenuit insulas propter Siciliam, quæ Vulcaniæ nominabantur. Verum Lucianus in dialogo de Sacrificiis fabulam hanc non sine risu recitat, quod Vulcanus ita fuerit è cœlo præcipitatus; χωλευθῆναι γὰρ αὐτὸν ἀπὸ τοῦ πτώματος, ὁπότε ἐρρίφθη ὑπὸ τοῦ Διὸς, ἐξ οὐρανοῦ. καὶ εἴγε μὴ οἱ λήμνιοι, καλῶς ποιοῦντες ἔτι φερόμενον αὐτὸν ὑπεδέξαντο, ἐτέθνηκεν ἂν ἡμῖν ὁ ἥφαιστος, ὥσπερ ὁ ἀστυάναξ ἀπὸ πύργου καταπεσών. Claudum factum esse inquiunt ab eo casu, cum de cælo fuit à Ioue præcipitatus: ac nisi Lemnii recte facientes, cum ferretur adhuc, illum excepissent, mortuus esset omnino nobis Vulcanus, tanquam Astyanax cum cecidisset è turri. Myrtilus libro primo rerum Lesbicarum memoriæ prodidit Lemnum idcirco fuisse consecratam vulcano existimatam, quia calida sit quædam uis terræ eius insulæ, quam etiam sigillatam vulgo medici appellant, cuius vsus vermes necat si fiat ex ea lutũ cum vino albo, atque non parũ prodest illis etiam, qui venenum hauserunt, multasque alias facultates præterea obtinuit. nam non solum res philosophicæ, sed etiam medicæ aliquando per fabulas ab antiquis explicabantur. At Homerus in hymno, quem scripsit in Apollinẽ non à Ioue, sed à Iunone Vulcanum præcipitatum fuisse de cœlo memorat, ac in mare decidisse, fuisseque non à Lemniis, sed a Thetide educatum, qui Iunonẽ ita narrantem factum introducit in his;

Παῖς ἐμὸς ἥφαιστος ῥικνὸς πόδας, ὃν τέκον αὐτή.
ῥῖψ' ἀνὰ χερσὶν ἑλοῦσα, καὶ ἔμβαλον εὐρέϊ πόντῳ.
Ἀλλὰ ἑ νηρῆος θυγάτηρ θέτις ἀργυρόπεζα

Δέξατο,

Δέξατο, καὶ μετὰ ᾗσι κασιγνήτῃσι κόμιζεν.
Ipse meus natus claudus Vulcanus, ego ipsa
Hunc peperi, manibus capiens & in æquora ieci.
Filia mox cepit Nerei Thetis alma marini,
Germanasque adiit, quibus hunc portauit alendum:

Alii dixerunt fuisse à simiis educatum. Neque mirari conuenit, si cum de Ioue superius loqueremur, paucos filios illi tribuimus, cum præter supradictos Mercurius quidam, & Venus, & alii nonnulli eius filii extiterint: quoniam ita obscuri fuerunt, vt eorum nomina pene deleta & extincta sint eodem quo vita die. Memoriæ prodidit in Atticis Pausanias, Vulcanum iniuriæ acceptę à matre minime oblitum auream sellam cum occultis quibusdam vinculis dono matri misisse, quæ Deam, cum assedisset, statim implicauerunt, quod etiam Plato innuit in secũdo de rep. καὶ τοὺς ποιητὰς ἐγγὺς τούτων ἀναγκαστέον λογοποιεῖν, ἥρας δὲ δεσμοὺς ὑπὸ υἱέος, καὶ ἡφαίστου ῥίψεις ὑπὸ πατρός. Atque poetæ cogendi sunt vt moderata vtantur oratione, vt Iunonis vincula à filio, & à patre Vulcanum deiectum. Habuit vxorem Vulcanus Aglaiam vnam è Gratiis, vt ait Isacius. Communior tamen est hominum sententia, quod Venerem è Lemno duxerit: quare Virgilius eam vxorem Vulcani nominauit hoc pacto in octauo Aeneidos.

At Venus haud animo nequidquam exterrita mater
Laurentumque minis, & duro mota tumultu,
Vulcanum alloquitur, thalamoque hæc coniugis aureo
Incipit, & dictis diuinum inspirat amorem.

Hunc Deum facem ferre in nuptiis inquit Euripides in Troadibus, cum faces accensæ ad nuptias afferri solerent, vt patet ex his;

ἥφαιστε δᾳδουχεῖς μὲν ἐν γάμοις βροτῶν.
In nuptias mortalium Vulcane fers Faces.

Certamina currentium præterea cum accensis facibus in honorem Vulcani celebrabantur, quæ dicebantur Lampadophoria, de quibus ita mentionem fecit Herodotus in Vrania; κατάπερ ἕλλησι ἡ λαμπαδοφορίη, τὴν τῷ ἡφαίστῳ ἐπιτελέουσι. vt apud Græcos Lampadophoria, quæ in honorem Vulcani peragunt. Erat horum certaminum consuetudo vt currentes summo studio conarentur accensas faces ad metam vsque deferre: at cui fax esset extincta, ille cum infamia cessabat à cursu. Si quis cum accensa face fuisset à sequente superatus currendo, lege certaminum cogebatur sequenti accensam lampadem tradere: quam rem indicauit Lucretius in lib. 2. ita scribens:

Et quasi cursores vitai lampada tradunt.

Nam si quis recte consideret, huic certamini simillima vniuersa vita mortalium videbitur. Fuit autem ea de causa certamen Vulcano cum igne institutũ, quod is ignem inuenisse à nonnullis creditur, vt testatur Zezes in historia 335. decimæ chiliadis, his versibus;

ἥφαιστος τὶς αἰγύπτιος ἐν χρόνοις τοῖς τοῦ νῶε,
ὃς Νῶε, καὶ Διονύσος καὶ ὄσιρις καλεῖται,
ἐφεῦρε πῦρ, καὶ τέχνας δὲ τῶν ἐκ πυρὸς ὁπόσας.
Vulcanus quidam Aegyptius temporibus Noe,
Qui Noe, & Dionysus, & Osiris vocatur,
Inuenit ignem, & artes ex igne quot sunt.

Veruntamẽ in Prometheis quoque & Panathænęis sacrificijs lãpades pari ratione ferebantur, & quamuis multi fuerint Vulcani, nos, sicuti de Ioue loquentes fecimus, omnes vni res gestas reliquorum tribuentes, communem scriptorum opinionẽ sequemur; qui solũ ferè Iunonis & Iouis filiũ nominare solent. Neque enim multum differre putamus ad suscepti laboris vtilitatem, hicne an ille huius nominis hoc vel illud fecerit, modo factum fuisse dicatur a Vulcano. Non enim historicas narrationes, aut res gestas nunc scribimus: sed antiquorum fabulosa figmenta explicare contendimus. Veruntamen neque illud est sine controuersia, quod Vulcanus ignem primus inuenerit; cum illius inuentionem non nulli Prometheo ascribant, ac Lucretius multò his probabiliorem inuenti ignis rationem attulit in lib. 5.

Illud in his rebus tacitus ne forte requiras:
Fulmen detulit in terras mortalibus ignem
Primitus; inde omnis flammarum diditur ardor.

Illud fortasse contigit quod igne ita inuento primus Vulcanus eas artes, quæ fiunt per ignem, inuenerit: qui cum per ignem durissima metalla in varias formas diduceret; creditus est igni imperasse, & fuisse ignis Deus, quē tamen succedentibus temporibus ignem etiam esse putarunt, vt sensit Orpheus in eo hymno;

ἥφαιστε, ὀβριμόθυμε, μεγασθενὲς, ἀκάματον πῦρ,
λαμπόμενε φλογέαις αὔραις φαεσίμβροτε δαῖμον.
Vulcane & præstans, & fortis, flamma perennis.
Flammatis auris splendens peramabile numen.

Verum quid opus pluribus? vt antiquorum consuetudinem intelligamus, & quòd ij variis nominibus Deorum rem eandem nominarunt, huc ascribenda existimaui carmina quædam ex minore Cratere Orphei ad hanc rem valde spectantia; in quibus quid sint Dii nonnulli exprimitur;

ἑρμῆς δ' ἑρμηνεὺς τῶν πάντων ἄγγελός ἐστι.
Νύμφαι ὕδωρ, πῦρ ἥφαιστος, σῖτος δημήτηρ.
ἡ δὲ θάλασσα Ποσειδάων μέγας, ἠδ' ἐνοσίχθων.
καὶ πόλεμος μὲν ἄρης, εἰρήνη δ' ἐς ἀφροδίτη.
οἶνος, τὸν φιλέουσι θεοὶ, θνητοί τ' ἄνθρωποι,
ὅστε βροτοῖς εὗρεν λυπῶν καλλίστορα πασῶν
ταυρογενὴς Διόνυσος εὐφροσύνην τό, ρε πᾶσιν.
ἡδίστην, πάσησιν ἐπ' εἰλαπίνησι παρεστι.
καὶ θέμις, ἥπερ ἅπασι θεμιστεύει τὰ δίκαια.
ἥλιος ὃν καλέουσιν Ἀπόλλωνα κλυτότοξον,
φοῖβον ἑκηβελέτην, μάντιν πάντων ἑκάεργον
ἰητῆρα νόσων ἀσκληπιόν. ἓν τάδε πάντα.
Nuntius interpres Cyllenius omnibus ipse est.
Nymphæ aqua sunt, frumenta Ceres, Vulcanus at ignis.
Est mare Neptunus canentia litora pulsans.
Mars Bellum, pax alma Venus, mortalibus ipse
Taurigena, & superis animi, curæque leuamen.
Corniger est Bacchus conuiuia læta frequentans,
Aurea institiamque Themis, rectumque tuetur.
Sol est mox idem contorquens spicula Apollo,
Eminus & peragens, & Diuinator, & Augur,
Morborum expulsor Deus est Epidaurius, Ista
Omnia sunt vnum, sint plurima nomina quamuis.

Sic etiam suauissimus poeta Menander stellas & elementa ex Epicharmi sententia Deum fuisse creditum inquit in his carminibus;

ἐπίχαρμος ὕδωρ, ἀέρα, γῆν, πῦρ, ἥλιον,
Ἀνέμους, σελήνην ἡ θεοὺς ποτ' ἔφησεν.
Aquam, Deum, terramque, Solem, sidera,

Ventosque, Lunam, ignemque Epicharmus asserit.

Atque Orpheus in hymnis Vulcanum, Solem, & Lunam, & astra, & lumen Purissimum atque æthera ipsum nominauit, vt est in his;

Αἰθὴρ, ἥλιος, ἄστρα, σελήνη, φῶς ἀμίαντον.
Aether, Sol, lumen purum, idem sidera, Luna.

Neque minus luculenter sanè hoc explicauit p̄clarus ille & suauis poeta Hermesianax, vbi ita cecinit; Πλούτων, περσεφόνη, δημήτηρ, κύπρις, ἔρωτες,
Τρίτωνες, νηρεὺς, τήθυς, καὶ κυανοχαίτης,
ἑρμῆς θ', ἥφαιστός τε κλυτὸς, πὰν, ζεύς τε καὶ ἥρη,
Ἄρτεμις, ἠδ' ἑκάεργος Ἀπόλλων, εἷς θεός ἐστι.
Pluto, Persophone, Ceres, & Venus alma, & Amores,
Tritones, Nereus, Tethys, Neptunus, & ipse
Mercurius, Iuno, Vulcanus, Iupiter, & Pan,
Diana, & Phæbus iaculator, sunt Deus vnus.

Cum igitur Vulcanus artes illas excogitasset, quæ per ignē exercentur, ac Deus ignis fuisset creditus, Aetnæ montis cauernas, in quibus magna vis ignis subterranei exæstuat, Vulcani officinā esse crediderunt antiqui, vbi Ioui fulmina fabricaret. idcirco Agathocles in iis commentariis quos de arte Ferraria Vulcani scripserat, duas fuisse insulas narrat apud Siciliam, quarum altera Hiera, altera Strongyla vocabatur: in quibus per diem ac noctem ignis assiduè emittebatur: cum tamen in septimo Historiarum alteram fuisse Aeoli, alteram Vulcani dixerit. idcirco Apollonius etiam Rhodius in lib. 4. Argonaut. vbi de Lipara & Strongyla loquitur, ibi fuisse Vulcani incudes scribit his carminibus; αὐτὰρ ἔπειτα
ἐλθεῖν εἰς ἀκτὰς, ὅθι τ' ἄκμονες ἡφαίστοιο
χάλκειοι στιβαρῇσιν ἀράσσονται τυπίδεσσιν
tum rursus adire
Littora, vbi resonant percussæ pondere vasto
Vulcani incudes, fumique exæstuat vnda.

Hanc eandem rem expressit Iuuenalis breuiter suauissimis his carminibus in Satyra tertia post decimam;

Et priuatos adhuc Idæis Iupiter antris
Nulla super nubes conuiuia cœlicolarum.
Nec puer Iliacus, formosa nec Herculis vxor
Ad cyathos, & iam siccato nectare tergens
Brachia Vulcanus Liparæa nigra taberna.

Fuit aūt olim Lipara præpotēs, imperiumque latè habuit, cū coloniā Gnidiorum accepisset, quæ vocabatur prius Meligunis, & opima spolia multa deposuit in Delphis. Habebat autem terram feracem aluminis, & multas aquas calidas, tanquam Sicilia, & ignes erumpentes. Inter hanc & Siciliā fuit insula, quam Vulcano consecratam dixerunt, tota saxosa & deserta & ignifera. habuit tres voragines tanquam tres hiatus ignis, quorū è maximo flammæ ignitas massas euomebant, sed postea sunt obstructi. ex illorum obseruatione cognitum est quòd flāmæ à ventis excitabantur, quę & ibi erant & in Aetna. Neque hoc est absurdū credendū, quando venti gignuntur ac nutriuntur initium sumentes è marinis vaporibus tanquam à proxima materia & actu. Dictus est maior hiatus habere ambitum quinque stadiorum, quòd si Notus esset afflaturus, caligo turbida circa insulam dispergebatur tanta vt Sicilia prospici non posset. sin Boreas, flamma in altum efferebatur ab ipso hiatu, fiebantque maiores fremitus. Sin zephyrus, media quædam ratio seruabatur. Reliqui hiatus erant consimiles, at vi vaporum longe ērant inferiores, atque è differentia fremituum & è loco vnde incipiunt piũt flatus & flãmæ & nebulæ significabatur mutatio vẽtorũ flaturorũ vel tertio ante die. cũ aũt nõ esset è Lipara soluẽdũ prędicebatur futurus vẽtus à Vulcano vt quidã voluerũt, vt alii ab Aeolo, neque cognoscebatur aliter euenire. inde proditũ est memoriæ à fabulosa antiquitate Vulcanũ fuisse ignis Deũ, atq; Aeolũ quæstorẽ regẽque ventorũ, quod sub ænigmate proferebatur, vt scriptũ reliquit Diocles in rebus fabulosis. scripsit ẽt Posidonius circa solstitiũ æstiuũ inter Hierã & Euonymam per aurorã mare aliquando visum esse in sublime elatũ, atque sic aliquãdiu cõstitisse assiduè tumefactũ, ac postea resedisse. Qui ausi sunt adnauigare, & calore & fætore repulsos ab unda reiectosq; refugisse, vidisseq; pisces mortuos. multos post dies mare cænosum apparuisse, exhalauisseq; flãmas & fumos & caliginem atque post modo coaluisse, fuisseque cõpactũ simile lapidibus molaribus. Nonnulli voluerunt Vulcanum peritissimum fuisse illius diuinationis, quæ fit per ignem, quæ pyromantia à Græcis nominatur, sicuti Nereus habitus est inuentor hydromantiæ, diuinationis per aquam scilicet. Hic Vulcanus creditus fuit in ea insula Lipara & diis multis arma fabricasse & Ioui fulmina facere, vti dicebã: cuius famuli erant Brontes, Steropes ac Pyracmon Cyclopes, vt scripsit Virgilius libro octauo;

Insula Sicanium iuxta latus, Aeoliamque
Erigitur Liparen, fumantibus ardua saxis.
Quam subter specus, & Cyclopum exesa caminis
Antra Aetnæa sonant: validique incudibus ictus
Auditi referunt gemitus, striduntque cauernis
Stricturę Calybum, fornacibus ignis anhelat,
Vulcani domus, & Vulcania nomine tellus.
Huc tunc ignipotens cœlo descendit ab alto.
Ferrum exercebant vasto Cyclopes in antro,
Brontesque, Steropesque, & nudus membra Pyracmon.
His informatum manibus iam parte polita
Fulmen erat, toto genitor quæ plurima cęlo
Deiicit in terras.

Ex quibus patet vbi haberet officinam Vulcanus, & qui essent eius ministri, & quod esset eorum officium. scriptũ reliquit Iulius Pollux lib. 5. canem æneum eximiæ pulchritudinis à Vulcano fuisse fabricatũ, quẽ cum viuum fecisset postea Ioui largitus est: Iupiter illũ dono dedit Europæ, illa Procridi, quæ Cephalo, atque is canis postea fuit à Ioue in lapidem conuersus. huic leones consecratos fuisse quidam tradiderunt propter vim ignis. fabulantur præterea de Vulcano, quòd, vbi arma Ioui aduersus Gigantes fabricasset, pro suæ diligentię laborisque mercede Mineruæ nuptias expetiuit: illi cum Iupiter perpetuam incorruptamque virginitatem iuratus concessisset, neque tamen huic abnuere posset, quia per Stygiã paludem iurasset, se quidquid peteret esse daturum; Mineruam clam monuit vt suam virginitatem defenderet, atque huic quod peteret, se concedere dixit. Deinde cum Minerua Iouis monitu Vulcani desiderio ac libidine reluctaretur, Vulcani semen dicitur in terram cecidisse, vnde natus est Erichthonius, quod nomen & contentionis & terræ nomen intra se continet. Habuit communem arã cum Prometheo Vulcanus, quia crediderunt nonnulli ignem à Prometheo, at artes per ignem à Vulcano fuisse repertas. Huic insulam Lemnum tribuerunt, quòd in ea insula primum & ignis & armorum faciendorum ars fuerit inuenta, sicuti scriptum fuit ab Hellanico in commentariis de ædificatione Chii. Nam cum multo antiquior Vulcano fuisset Prometheus, is idcirco ignifer Titan à Sophocle dicitur in Oedipode in Colono;

ἐνδ' ὁ πυρφόρος θεὸς
Τιτὰν Προμηθεύς. intus ignifer Deus
Titan Prometheus.

Memoriæ prodidit Sophoclis enarrator de Lysimachidæ sententia multò antiquiorem fuisse Vulcano Prometheum, atque illius statuam cum sceptro effingi solitam, aramque communem fuisse vtrique in base. Homerus præterea in hymno, quem scripsit in Vulcanum, illum fabricandi inuentorem vnà cum Pallade, autoremque putauit, vt patet in his;

ἥφαιστον κλυτόμητιν ἀείδεο μοῦσα λίγεια.
ὃς μετ' ἀθηναίης γλαυκώπιδος ἀγλαὰ ἔργα
Ἀνθρώπους ἐδίδαξεν ἐπὶ χθονὸς, οἳ, τὸ πάροιθεν
Ἄντροις ναιετάασκον ἐν οὔρεσιν ἠΰτε θῆρες.
Arte mihi clarum Vulcanum dicite Musæ.
Plurima mortales docuit cum Pallade vt olim
In terris. homines speluncas more ferarum
Incoluere prius vitantes frigora cœli.

Deinde cum Iupiter pro igne à Prometheo rapto magnas calamitates hominibus machinaretur, hic Pandoram Iouis iussu formauit, vt ait Hesiodus in operibus & diebus cum aqua rigasset, vt est in his,

ἥφαιστον δ' ἐκέλευσε περικλυτὸν, ὅττι τάχιστα
Γαῖαν ὕδει φύρειν.
Egregium iussit Vulcanum spargere lympha
Continuò terram.

Fabulantur Venerem huius vxorem fuisse, quæ cum maritum ob deformitatem corporis & claudum non magnopere amaret, dum is esset fabrilibus operibus intentus, clàm cum Marte bellorum Deo congrediebatur, adulteriumque committebat: Gallumque iuuenem sibi dilectum adolescentulum secũ Mars adducebat custodem quem relinquebat ad ostium, vt aduentantes nuntiaret, obseruaretque Solem præcipuè, quem maximè omnium Deorum Mars metuebat ne rem Vulcano indicaret propter singularem inter illos amicitiam. at Gallus fertur in somnum versus fuisse, quare nemine præsciente Sol rem conspexit superueniens, Vulcanoque indicauit. Illud demum supplicii à Marte Gallo illatum est, vt in animal sui nominis verteretur, quare nunc etiam solis exortum insigni vociferatione indicat, quasi Marti significaturus vt solem caueat. vbi sol igitur rem persensisset, Vulcanoque indicasset: is tenuissimum rete ferreum confecit, & circa thorum ita tetendit, vt conspici non posset. Mox vtrosque nudos in illo rete implicatos omnibus Diis ridendos exposuit: quam rem explicauit Ouid. in lib. 2. de arte amandi;

Fabula narratur toto notissima cœlo,
Mulciberi capti Marsque Venusque dolis.

Quam rẽ etiã Home. multis carminibus complexus fuit in lib. θ Odysseę. ex hoc adulterio nata est Hermione tutelare numen vt ait Plut. in Pelopida. Habuit Vulcanus filios Ardalum qui cellam fecit Musarum apud Trezenios, & à quo tibiam inuentam ferunt. Brotheũ, qui irrisus ab omnibus propter deformitatem ...is in ignem se coniecit vel morte infamiam deuitaturus. Corynetã Aethiopẽ, ...i nomen dedit Aethiopibus, cum ante illum Aetherii dicerentur, vt ait Arist. lib. 4. de fluminibus. Olenum à quo vrbs vocata est Bœotiæ. Albionem, Morgionem, Aegyptũ à quo dicta est Aegyptus. Periphemum, Ericthoniũ, Acumque, & alios complures ex variis fœminarum Dearumque congressibus.

¶ Atque hæc ea sunt ferè quæ de Vulcano fabulati sunt antiqui. nunc quid sub his ambagibus verborum occultauerint antiqui perquiramus. Atque illud primum, quod è sola Iunone subuentaneo conceptu natus sit Vulcanus, vt ait Plato in Cratylo, qui φάεος ἴςωρ ἐςὶν siue luminis præses, fieri omnino non potest. nam præterquod inauditus est in fœminis huiusmodi conceptus, quæ cum Veneris titillationibus infestantur facile medicinam suo dolori inuenire solent: tum si sit ignis Vulcanus, qui ex aere procreatur, vt esse omnium elementorum naturam accepimus à sapientibus, quæ ex sese vicissim oriuntur; certe nulla fieri potest ignis ex aere generatio nisi per calorem, ac superiorum corporum motum. Neque Iuno si consistere possit, & à nulla vi externa calefiat, vllum Vulcanum vel Martem vel Heben è se gignet: quia calor artifex est, marisque locum obtinet in rerum naturalium generatione. quare cum pro igne illo purissimo ac sublimi corpore, quod purissimum est elementorum omnium capitur, Vulcanus ex Iunone & Ioue, siue ex aere superiorum corporum motu calefacto nasci dicitur. Idem è cœlo deiectus à patre dicitur, vel, vt alii maluerunt à Iunone propter deformitatem, quia ignis ille qui in nubibus cogitur cum è crassiore materia constet, si conferatur cum eo qui sublimis est, & in purissima supremaque regione constitutus, crassus est & deformis, & vix dignus vt ignis nominetur. & illa de causa ad impuriorum corporum locum, tanquam ex illegitima possessione depellitur, & vi superiorum corporum, & ab ipsa superioris aeris natura. alii maluerũt Lemnum illi fuisse dicatã, & illũ collem, in quẽ præcipitatus fuit, propter colorem ac sterilitatem loci, qui cum sit exusto similis nullam omnino plantam producit: nam nimius calor loci comburit at nõ procreat. Hic educatur à Thetide & a marinis nymphis exceptus, quoniam ex humore & cũ illo vniuersa eius ignis materia colligitur. Enimuero cum terra omnium sit diuitiarum mater, aurea sella fingitur, cui Iuno sit Vulcani artificio alligata: hoc quid significat, nisi partem illam aeris, quæ propinquior est terræ, & impurior superiorum corporum motu non agitari, quippe quod intra montium vertices includatur, sed propè firmam esse & alligatam terræ? non enim facile vi superiorum corporum extenuatur, sed tanquam aquarum stagnum consistit. Vxorem Aglaiam & Venerem habuisse dicitur, quia è calore & humore vniuersa rerum humanarum generatio fit, quorum omnium semper intelligenda est symmetria. Nihil est enim aliud Aglaia, quam splendor & vbertas rerum quæ calorem ipsum consequitur, quod etiam nomẽ ipsum significat. Et quoniam nulla esse potest in rebus humanis naturalis procreatio sine calore, ea causa fuit cur faces in nuptiis accenderentur, quibus præesse putabatur Vulcanus. Effectum est præterea vt qui currerent in Lampadophoriis extinctis facibus cessarent à cursu, quia cum cessauerit calor, rerum omnium vita extinguitur, & cessat. At quòd si posterior priorem cursus superasset, ille prioris accensam lampada caperet, id ad successionem rerum omnium, vicissitudinesque ostendendas fictum fuit. Neque mirum est si cum elementa & sidera pro Diis sint culta, hic quoque tanquam Deus cultus fuit, quippe cum idem esse Sol, Luna, æther, astra, ignisque putaretur, vt diximus. Hunc finxerunt diis cæteris arma fabricare, quia calor sit artifex omniũ operum naturæ, quippe cũ nulla alia res sit, quæ vel animantia aptius per excessum impellat ad interitum, vel per mediocritatem conseruet, vel ægrotãtia sanitati restituat, quã uis moderati caloris. nam & hæc concoqueret & innatũ eorũ calorem excitare vbi naturalis calor nõ potuerit, iam de eius animantis salute spes omnis abiecta est. Iure igitur arma seu vires Diis omnibus, vbi oporteret, dictus est Vulcanus ad singulorũ conseruationẽ ac sui tutelam fabricare ac tribuere solitus. Fulmina dicuntur à Vulcano Ioui fieri solita, qui ignis est in sublime elatus, qui vbi à circumstante frigore comprimitur, vi erumpit, cuius

ius famuli sunt βροντὴ, καὶ ἀστεροπὴ, καὶ πῦρ ἀκμάζον, Brōtes, Steropes, Pyracmon. nam βροντὴ tonitrum significat, ἀστραπὴ fulgur, πῦρ ἀκμάζον ignem multum, sic enim nomina ipsa rem per se significant: nam nisi multa ut ac densa uis ignis, fit fulgur tantum & tonitrus, at non etiam fulmen. Hic igitur ignis cum sit impurus, vtpote qui adhuc in materia, deorsum à Ioue depellitur cum incredibili impetu, quæ est fulminum natura. Nam neque lapis, neque ferrum neque solidum aliquod corpus, meo quidem iudicio, putandum est fulmen, cuius tot tergiuersationes, tantamque vim, & tam mirabilem videmus: sed vis crassioris ignis frigore & antiperistasi magno cum impetu disrupta, qui deorsum impellatur. Eum Vulcanum Minerua, quæ purissima est pars ętheris, è qua nulla nascuntur animalia, cum perpetuam obtinuerit virginitatem, amore sui captum repellit, qui semen in terram effundit, ac inde monstrum nascitur. quid hoc est portenti Dii boni? quod monstrum ita horrendum? Natura illa ætheris superioris ad inferiora vsque corpora ita pura non descendit; sed calor ille qui generationem adiuuat impurus est, & in materia crassa commistus, quare semen Vulcani in terram decidens multiplicia gignit animalia, quæ res per variam Erichthonii formam indicatur, turbulentus enim ignis & in materia commistus vbique Vulcanus est intelligendus; qui aptus est rerum generationi. Hic formauit Pandoram, omnium Deorum donum, vt nomen ipsum significat, quoniam hic calor & Cereris, & Bacchi, & Palladis, & aliorum creditorum Deorum inuentiones adiuuat. Hanc omnes artes edocuit, quoniam in quibus vis est ignea, quorumque sanguis subtilior est, & rarius corpus, illi plurimum valent ingenio & prudentia. Hic idem obscuris omnino retibus, & quæ videri non possent, Martem bellorum Deum cum Venere implicauit, & nudos omnibus Diis ridendos exposuit: quod quidem si ad rationes astronomicas transferatur, nihil aliud significat quã Martis & Veneris planetarum congressu adulterorum fieri ortus, sed si sol propius accesserit, minime latebunt adulteria. Quamobrem dictus est Sol Veneris adulterium patefecisse, vt ait Plutarchus in libello de audiendis poetis. At Lucian. in astrol. quosdã filios deorũ ait dictos q̃ sidera habuerint in ortu bona. Homerus per hanc fabulam videtur homines ad æquitatem adhortari, & ad integritatem vitæ, & ad innocentiã, cum facile Dii viã inueniant. qua in sceleratos quãuis fortissimos & potentissimos homines animaduertant, ita enim scribit;

οὐκ ἀρετᾷ κακὰ ἔργα, κιχάνει τοι βραδὺς ὠκύν.
ὡς καὶ νῦν Ἥφαιστος ἐὼν βραδὺς εἷλεν Ἄρηα
ὠκύτατόν περ ἐόντα θεῶν, οἳ Ὄλυμπον ἔχουσι
χωλὸς ἐὼν τέχνῃσι, τὸ καὶ μοιχάγρι᾽ ὀφέλλει.
Si quid turpe facis, lento pede magna Deorum
Ira capit celerem. Sic nunc Vulcanus iniquum
Retibus implicuit Martem, tardissimus alter
Sit quamuis, superorum at velocissimus alter

Quis enim vir malus, & iniqua faciens, diu felix esse poterit? non amplitudo diuitiarum, non amicorum stipantium frequentia, non nobilitas generis, non virium & imperii magnitudo, non armatorum numerus, possunt virum nefarium meritis supliciis & vindictæ Dei demum surripere. est enim verum quod.

Ἀνθρώπους μὲν ἴσως λήσεις ἄτοπόν τι ποιήσας, | Si q̃d turpe facis, mortales forte latebis.
Οὐ λήσεις δὲ θεοὺς οὐδὲ λογιζόμενος. | Nemo Deũ latuit turpia mente putans.

Nam sola est innocentia, vitæque integritas, quę nullam vel à Diis vel ab hominibus vindictam expectat, quæque vbique tuta & trãquilla est. Finxerunt hũc Deum uxoriũ qui relictis Iouis & Martis ministeriis adoptata Veneris se conuerterit, per quod innuunt, libidinosos esse honoris, facultatum, uirtutumque cōtemptores, omnesque deos relinquat pro arbitrio Veneris, vt finxit Virg. lib. 8. qui facit Vulcanum pro precibus Veneris omnia incœpta reliquisse. Nec me preterit illorum, qui torquendis metallis per ignem studēt, esse opiniones nonnullas, quas suis vasculis accommodare conantur. Neque enim credibile est metallorum formas posse per artem inter se conuerti, non solum quia ars naturæ est imitatrix & adiutrix ac ministra, quæ cum formas non confundat, neque ars apparet illud posse efficere, sed etiam quia natura ad singula puriora perficienda in singulis formis, puriore indiget materia, purioribusque quibusdam principiis, vt ait Theophrastus in libro de lapillis, quæ certè ipsa sibi pro arbitrio effingere semper non potest. nam non solum proprijs principijs indigent singulæ formæ ad suam generationem, quæ in plurimum diuersa non possunt referri, sed etiā ijs ipsis purioribus opus est ad singula perfectiora peragēda. inde fit vt alia sint adamantis, alia smaragdi, alia sardonychis principia, alia marmoris, atque itē alia ferri inter metalla, alia æris, alia auri, alia argenti, neque eadem horum omnium putanda sunt: quod si contingeret omnia in omnibus esse generationis principia, non minus saxa aut ligna, quā metalla in aurum possent per artem conuerti. Neque omnia esse in omnibus denique cōcludendum est, & certa esse rerum singularum principia, & ea non posse per artem inter se confundi, deinde in alterius naturam conuerti. Dicunt enim Vulcanum ob deformitatem deiectum de cœlo fuisse, nihil aliud esse, quàm aut sulphur, aut argentum cursitans: quod nihil, nisi suæ naturæ, in se recipit, sed ab omnibus separatur. Modo Mineruam dicunt amari à Vulcano, quia existimāt sulphur id & ferrū amare aquam Mercurialem: quam nominant Mineruam: qui cū simul sint, in putrefactione separātur, cum diuersas naturas sint sortiti, quare dicta fuit Minerua fugere Vulcanum. Et ne persequar huiusmodi ineptias, quas tormenta & calamitates multorum loculorum fuisse certo scio, multorumque etiam in posterum futuras, multi ad has suas inuētiones antiquorum fabulas detorquere conati sunt. quod autem vanam esse artē chemicam putemus, & quid de arte illa sentiamus, ita in epistola quadam aliquādo expressimus, quam aduersus fuliginosas chemicorum fallacias scripsimus, è qua nonnulla hic ascribenda putauimus.

Ars fallax, inuisa bonis, dulcedine captos
Iucundè vt perimis. dementibus improba siren.
Naturam superare putas te posse per ignem?
Stulta. quid insanis? te longis passibus illa
Deserit ac tandem nil perficis: Illa colorum
Te fallit, rerum te ludit mille figuris.
Sic fertur Protheus se in multas vertere formas,
Cum fieret serpens dirus, cumque vnda, vel ignis.
Vris opes, properans quas fumus portat in auras.
Inde ardens miseris torquet præcordia virus,
Exitialis amorque auri, sæuique dolores
Quos semel insanæ fallacia ceperit artis.
Occupat hæc nulli misero vesania mentem,
Ni pro peccatis hominum sator atque Deorum
Supplicia, ingentesque paret mox sumere pęnas.
Mendici fiunt: semper caligine barba
Squallet, & immodico turpantur pallia fumo
Et noua quærentes semper mendacia iactant,
Defecisse sibi vires, vbi noua reperta est
Mercurium ratio qua possint sistere in aurum.

At

Adnotos homines inde hæc contagia serpunt.
Si quenquam arripiant, qui stultas præbeat aures,
Non prius effugiet, quàm sit perpessus eandem
Fortunam, scopuloque ratem confregerit vno.

Neque satis validam rationem illam vnquam fore putaui, qua nonnulli artifices suam artem confirmare conantur, quod scribitur à Suida in hanc sententiam, artem illam aliquando apud Aegyptios floruisse; Chemia argenti aurique præparatio est cuius libros aliquando conquirens Diocletianus concremauit propter illa quę aduersus ipsum Aegyptii innouarunt. Hos enim crudeliter trucidauit, ac libros de chemia auri & argenti ab antiquis conscriptos inquirens igni absumpsit: ne Aegyptii ex arte illa diuitias compararent, atque opum abundantia freti arma mouere Romanis auderent in posterum. Neque enim lex est diuina quidquid à Suida dicitur, & multa fabulosa de sapientia Aegyptiorum circumferuntur. Neque illud sanè prætermittendū videtur ꝙ quidam primū Vulcanū regnasse in Aegypto, illumque fuisse primū inuentorem ignis tradiderunt: quia cum fulmē ignem detulisset in arborem, dicitur Vulcanus hyberno tempore propius ad ignem accessisse, ac sensisse caloris beneficium, cessātique igni materiam iniecisse, atque sic naturam ignis cognouisse, & conuocatis aliis hominibus vtilitatem naturamque ignis ostendisse. At nunc de Marte.

De Marte. *Cap. VII.*

DIctum est à nobis superius quòd Mars Iunonis fuit filius, at quod nonnulli arbitrati sunt, hunc etiam sine patre fuisse natum, id omnino absurdum est, & portento simile; Neque enim omnium partium fabularum legitima expositio semper inueniri potest; quoniam aliæ additæ sunt ad fabulas ornandas, aliæ ad probabilitatem, aliæ continent veram rerum gestarum explicationem. Iupiter igitur cum primam vxorem Metim, deinde Themim, tertiam Iunonem duxisset, ex ea sucepit Martē & Heben, vt in his testatur Hesiodus in Theogonia;

λοισθοτάτην δ' ἥρην θαλερὴν ποιήσατ' ἄκοιτιν,
ἣ δ' ἥβην, καὶ ἄρηα, καὶ εἰλείθυιαν ἔτικτε.
μιχθεῖσ' ἐν φιλότητι θεῶν βασιλῆι καὶ ἀνδρῶν.
Addita mox vxor post has est vltima Iuno,
Lucinam, Martemque parit: quibus est prior Hebe:
Iuno hominum Regi, Regi coniuncta Deorum.

Habuit Mars nutricem Thero, vt ait Pausanias in Laconicis. Hic cum Halirrhotium Neptuni filium interemisset Alcippæ filiæ suæ vim inferre conantem, causam capitis dixit audiētibus duodecim Diis, de qua cæde meminit Pauf. in Atticis, atque omnibus suffragiis fuit ab ea accusatione absolutus. Locus vero in quo dicta est causa, vocatus est ab illo Areopagus, atque inde causæ capitales ab Areopagitis iudicibus duodecim auditæ: Hic nullā certā ac legitimam vxorē habuisse dicitur, quod ego quidē meminerim, cū quidā Nerienen siue Nerien putarint: cū multos filios è diuersis susceperit, cū quibus congressus est. Nam & Aenomaus, & Aschalaphus, & Biston eius filii dicuntur, & Thespius, Ialmenus, Pylus, Parrhasius, Thereus, Molus, Parthaon, Thestius, Euannes, Zesius, Cupido, Hyperius Chalybs qui populis nomē dedit, Otrera, Bithys è Seta, à quo Bithynia. Tlepolemus ex Astyochia & Thrace, à quo Thracia dicta est. Parthenopęus è Menalippe. Phlegyas Pangæus è Critobule. & Strymō illi natus est ex Helice. & Tmolus è Theogone, à quo mōs dictus est & Theogones alter Oxylus, Etholus, Sithon, Euenus. Sinope, Caltdon, Hermiona, & alii nonnulli è furtiuis congressibus. fabulantur hunc in curru vehi solitum, cuius auriga erat Bellona, sic enim ait Virg.

Quam

Quam consanguineo sequitur Bellona flagello.

Nam Terror & Pauor equi vocati currum ipsum Martis trahebanт. Hic cum feroci & acri esset ingenio nullam certam habuit sedem, sed tãquam furiosus huc illuc peterrans, omnia luctu & calamitatibus replebat. Veruntamen neque ipse mortalium omnium iram deuitauit, cum fuerit aliquando à Diomede vulneratus, vt scripsit Homerus lib. 5. Iliadis. Huic Deo lupus ob rapacitatem ac feritatem consecratus fuit. vt ait Virg. lib. 9.

Quæsitum aut matri multis balatibus agnum
Martius à stabulis rapuit lupus.

Inter aues picus consecratus fuit Marti, qui etiam inde cognomen obtinuit vt Martius diceretur, atque gramen inter plantas, quia putetur plurimus nasci ex hominum sanguine, & apud Thraces eximiè colebatur Mars, vt in hoc carmine ait Lycophron:

ὁρκωτομῆσαι τόν τε κρηστώνης θεὸν.
Sanctè Deum iurare Crestones item.

Est enim Crestone Thraciæ ciuitas, ac Deus Thracum Mars vt ait Lycophronis enarrator. Id ea de causa dictum fuit ab Homero in lib θ. Odysseæ, quòd vbi solutus fuit à Vulcano cũ Venere implicitus hic in Thraciã, illa in Cyprũ se cõtulit:

τὼ δ' ἐπεὶ, ἐκ δεσμοῖο λύθεν κρατεροῦ περ ἐόντος,
Αὐτίκ' ἀναΐξαντε, ὁ μὲν Θρῄκηνδε βεβήκει.
ἡ δ' ἄρα κύπρον ἵκανε φιλομειδὴς ἀφροδίτη.
Hique, vbi sunt illis durissima vincla soluta,
Discedunt subito. Thracas mox ille petiuit:
Ipsa Venus Cyprum petit alma nata Dione.

Habuit hic Deus multa cognomina à locis in quibus templa erecta fuerunt, vel ab euentis, vel ab iis qui dicarunt templa. Sic Candæus, & Mamertus, & Rhacius, & Equestris dicitur, quem tamen, nihil esse aliud quam bellum putauit Heraclides Ponticus, vt patet ex his eius verbis, ὁ ἄρης οὐδέν ἐστιν ἄλλο, πλὴν ὁ πόλεμος, παρὰ τὴν ἀρὴν ὠνομασμένος, ἤ περ ἐστι βλάβη. Nihil aliud Mars est quã bellũ, ita ab imprecationibus nominatum, siue à detrimento, & Orpheus in hymno in Martem furorem belli ac rabiem in animis hominum Martem esse putauit, vt patet in his:

Ἄρες ἄναξ δολόδουπε, φόνοις πεπαλαγμένος αἰεὶ.
Αἵματι ἀνδροφόνῳ χαίρων, πολεμόκλονε φρικτὲ.
ὃς ποθέεις ξίφεσίν τε καὶ ἔγχεσι δῆριν ἄμουσον.
Mars Rex perpetua sanieque & cæde cruente
Horrende, humano gaudens & sanguine numen,
Qui gladiisve hastis ve cupis contendere semper.

Hic deus in Lemno colebatur, cui fiebant sacra humanis hostiis, sed cum res crudelis videretur, mox ritus mutatus est, & modo sus castratus, modo verres illi mactabatur, quamuis propria fuit victima equus ob similem illi ferocitatem. Lupus ob perspicacitatem, canis ob vigilantiam & gallus, & picus ac vultur. Neque illud prætermittẽdũ sanè hoc loco duxerim, ꝙ poetæ bellorũ Deũ Martẽ existimantes illi Timorẽ & Irã & Clamorẽ comites addiderũt, qui Deũ ipsum assidue cõsequerẽtur: licuit enim oĩbus poetis quidquid collibuisset pro suo ingenio de Diis cõfingere. Hunc Deũ, quia nullã propriã haberet arborẽ, gramine coronabãt, quã herbam abductis per bellũ agricolis, fouere videbatur, cũ pateretur illam latè serpere plerique putarunt. At nũc quæramus quid memoria dignum sub his figmentis occultaretur. ¶ Cur natus esse dicitur è Iunone. an quòd Iuno sit diuitiarũ Dea, ex quibus inuidentia & cõtẽtio exoritur, vt dictũ est superius, & ꝙ nemo est opulentus cui non assiduè ab inuidia & maleuolentia bellũ indicatur? Quis enim

aduer-

aduersus inopem bellũ gerit? omnes qui exercitũ cogunt alias quidẽ bellorũ causas multas proferunt cur arma susceperint, at verã fateri palã pudet, vt per has causas tanq̃ lenas, exterarũ gentiũ occupẽt ciuitates. Nã si pro æquitate tantũ pugnaretur, suppliciũ sumeretur tantum de conscleratis, at res relinquerentur. Nutritus fuit apud barbaras nationes Mars sub septentrionis plaga, quæ gẽtes cũ minime digestũ habeãt sanguinẽ calore solis, plurimũ vi corporis & proceritate valent, at minimum consilio & prudentia. Hunc educauit Thero nutrix, quæ feritas est. Deinde cum tyrannus sit Mars, vt dicere solebat Timotheus iuxta Plutarchum, merito murorum percussor & euersor dictus fuit: cum lex contra ciuitatũ omnium regina sit, vt ait Pindarus. Atque Homer. Iouem omniũ regẽ & patrẽ non bellica tormenta, neque rostratas naues, sed leges & æquitatẽ regibus dedisse scribit ad regna cõseruãda, quæ his omnibus sunt potentiores. Istud ipsum fecit vt nullũ certũ Mars haberet domiciliũ aut sedẽ, cũ Iupiter in cœlo omnibus & Diis & hominibus imperaret. Demosthenes idcirco in oratione contra Aristogitonẽ primas leges inquit tanquam optimum quiddam ac inuentũ deorũ esse vniuersæ vitę mortaliũ ac ciuitatũ moderatrices, quarũ beneficio siquid deprauatũ sit in rerum natura corrigitur apud viros bonos sponte: at malos cogũt vel inuitos ea quæ iniqua sunt euitare, sic enim inquit: ἅπας ὁ τῶν ἀνθρώπων βίος ὦ ἄνδρες ἀθηναῖοι κἂν μεγάλην πόλιν οἰκῶσι, κἂν μικρὰν, φύσει καὶ νόμοις διοικεῖται. τούτων δ᾽ ἡ μὲν φύσις ἐστὶν ἄτακτον καὶ ἀνώμαλον, καὶ κατ᾽ ἄνδρα ἕκαστον ἴδιον τοῦ ἔχοντος: οἱ δὲ νόμοι, κοινὸν καὶ τεταγμένον τοῦτο πᾶσι. ἡ μὲν οὖν φύσις ἂν ᾖ πονηρὰ, πολλάκις φαῦλα βούλεται· διόπερ τοὺς τοιούτους ῥᾳδίως ἐξαμαρτάνοντας εὑρήσετε. οἱ δὲ νόμοι τὸ δίκαιον καὶ τὸ καλὸν καὶ τὸ συμφέρον βούλονται, καὶ τοῦτο ζητοῦσι καὶ ἐπειδὰν εὑρεθῇ, κοινὸν τοῦτο πρόσταγμα ἀπεδείχθη πᾶσιν ἴσον καὶ ὅμοιον, καὶ τοῦτ᾽ ἐστὶ νόμος, ᾧ πάντας προσήκει πείθεσθαι διὰ πολλὰ καὶ μάλιστα, ὅτι πᾶς ἐστὶ νόμος εὕρημα καὶ δῶρον θεῶν, δόγμα δὲ ἀνθρώπων φρονίμων, ἐπανόρθωμα δὲ τῶν ἑκουσίων καὶ ἀκουσίων ἁμαρτημάτων, πόλεως δὲ συνθήκη κοινὴ καθ᾽ ἣν πᾶσι προσήκει ζῆν τοῖς ἐν πόλει. vniuersa mortalium vita ò viri Athenienses, siue magnam siue paruam quis habitet ciuitatem, natura & legibus gubernatur: horũ alterũ, natura nimirũ inordinata est & inæquabilis, atque pro ingenio cuiusq; priuatorũ. leges aũt commune & institutũ idem omnibus. natura igitur si mala sit, iniqua sæpius suggerit consilia, quare tales homines facile peccantes inuenietis, at leges & iustũ & bonũ & vtile procurãt atque hoc inuestigãt, quod vbi repertũ sit, illud mandatũ omnibus proponitur æquum & sibi constans, atque id lex est, cui conuenit oĩbus parere cum multis alijs de causis, tum præsertim quòd omnis lex inuentũ est & munus deorũ, atque institutũ sapientũ hominũ, & correctio vel consulto vel incõsulto peccantiũ, cõisque institutio ciuitatis, secundũ quam cõuenit omnibus ciuibus vitam degere. Sed quoniam pro variis euentis variè fabulas interpretati sunt antiqui, ita vt aliæ ad res naturæ, aliæ ad astronomam, aliæ ad mores spectarent, aliæ ad hæc simul omnia; quid Martis cum Venere adulterium significat explorandum est. Quid est tam contrarium quam occidere & procreare, expolire & deuastare, erigere & prosternere? At Mars tamen qui hæc oĩa facit, vt ait Homerus;

ἆρες ἄρες βροτολοιγὲ, μιαιφόνε, τειχεσιπλῆτα.
Mars hominum occisor, qui agros popularis & vrbes.

Cum venere, quæ omnia animalia, plantasque in lucem producit, congreditur. Quid ex hac tam discordi coniunctione orietur? nihil omnino superueniente Vulcano præcipuè. Nam litigium & amicitia sunt Mars & Venus intelligendi, quorum vtrũque opprimit Vulcanus, siue calor immodicus, principiaque vincit, neque ita illa suis fungũtur viribus. Ad exprimendum igitur quod sym metris necessaria est rebus naturalibus, ista fabulosè consinxerunt. Hunc eundem Deum & solem esse aliquando putatũ superius expresſimus, & apud Aquitanos Hispaniæ populos Martis simulachrum radiis ornatum eximia religione cultum fuisse memoriæ proditur. & ratio ipsa, naturaque videtur expetere vt corpora illa superna, quæ calorem rebus inferioribus inserunt, nominibus potius, quàm re ipsa sint diuersa: Et Homer. lib. o Iliad. Martem vim igneam videtur putasse cum inquiat;

Μαίνετο δ᾽ ὡς ὅτ᾽ ἄρης ἐγχέσπαλος, ἢ ὀλοὸν πῦρ.
Insurgit veluti Mars strenuus, ignea vel vis.

Bellonam aurigam Martis populatoris finxerunt, quia aer pestifer est mortis auriga, & artifex. Quidam memoriæ prodiderunt Martem bellorum deum fuisse creditum, quòd is prior armare inuenerit, & in aciem instruere, & omnes bellicos vsus, cum impios delere niteretur. Quòd Mars omnium deorũ fortisſimus & velocisſimus arte Vulcani fuerit retibus implicitus, & debilis & claudicantis & tardi Dei, quid aliud significat, quàm sceleratos homines nullis viribus, nulla pedum celeritate fretos posse Dei vindicis omnium flagitiorũ iram deuitare? quod etiam innuit Theognis his versibus;

καὶ βραδὺς εὔβουλος εἷλεν ταχὺν ἄνδρα διώκων
κύρνε, σὺν εὐθείῃ θεῶν δίκῃ ἀθανάτων.
Vel celerem tardus comprendit Cyrne secutus
Iniustum cursu, huic numina cuncta fauent.

Et illa carmina.

οὐκ ἀρετᾷ κακὰ ἔργα, κιχάνει τοι βραδὺς ὠκὺν,
ὡς καὶ νῦν ἥφαιστος ἐὼν βραδὺς εἷλεν ἄρηα,
ὠκύτατόν περ ἐόντα θεῶν οἳ ὄλυμπον ἔχουσι,
χωλὸς ἐὼν τέχνῃ τὸ καὶ ζωάγρι ὀφέλλει.
Si quod agis virtute caret, celerem capiet te
Vel tardus. tardo Mars est comprensus vt ipsi
Vulcano, superum cum velocisſimus esset.
Ars etenim prodest cunctis animalibus ipsa.

Atque tot de Marte dicta sint, nunc dicendum de Neptuno.

De Neptuno. Cap. VIII.

NEptunus Saturni & Opis filius, vt dictum fuit, eandem sortem, patrisque crudelitatẽ expertus propè est, quam etiam Iupiter. Nam cũ Rhea Neptunum peperisset, puerum in ouilli absconditum opilionibus educandũ inter agnos tradidit, atque pullum equinum, quem se simulabat peperisse, Saturno, vt fabulantur, vorandum tradidit. Isacius Neptunum educatum fuisse scribit ab Arno nutrice, quam ita appellatam fuisse dicunt, quia quærenti Saturno Neptunum se non habere respõderit, ac negauerit: ex quo etiam ciuitas Beotiæ ita vocata fuit, quæ antea Sinoessa dicebatur, vt scripsit Theseus lib. 3. rerum Corinthiacarum, cũ alii ab agnorum multitudine maluerint dictam fuisse, inter quos fuit Crato. Alii contra putarunt Neptunum à Iunone educatum fuisse. Hic cum Iouis socius & adiutor fuisset in bellis post Saturnum è regno depulsum, iactis sortibus de totius mundi imperio, mare & omnes insulas, quæ in mari existunt, tenere cum imperio sortitus est Neptunus; cum cęlum Ioui, infernus locus, vt diximus, Plutoni obtigisset. vxorem habuit Amphitriten, quam cum deperiret, neque in amorem sui vllo pacto posset allicere, Delphinum misit, qui eam sibi conciliaret, persuaderetque vt maritum Neptunum æquo animo ferret. Id cum Delphinus impe-

trasset,

traſſet, ad perpetuam tanti beneficii memoriam dicitur Delphini ſignum inter ſidera relatum, vt ait Hyginius in fabulis ſtellarum: isque Delphinus eſt non longe à Capricorno collocatus, vt ſcripſit Aratus in Aſtronomicis;

Δελφὶς δ' οὐ μάλα πολλὸς ἐπιτρέχει αἰγοκερῆι
μεσσόθεν ἠερόεις. τὰ δέ οἱ περιτέσσαρα κεῖται
Γλήνεα παρβολάδην.

Quæ carmina ita ſunt alicubi elegantiſsimè expreſſa:

Tum magni currens Capricorni corpora propter
Delphinus iacet haud nimio luſtratu nitore.
Præter quadruplices ſtellas in fronte locatas,
Quas interuallum binas diſterminat vnum.

Alii Venilliam fuiſſe Neptuni vxorem crediderunt. Scriptum reliquit Lucianus in Sacrificiis Neptunum nigros habuiſſe capillos, & oculos cæruleos, vt ait in primo Cicero de natura Deorum: quem nudum cum tridente & concha aliquã do introduxere poetæ: aut qui indutum putarunt veſtem habere cyaneam dixerunt, vt ait Phurnutus. Memoriæ prodidit Pauſanias in Arcadicis Neptunum primum equitandi artem inueniſſe, quod etiam Pamphi antiquiſsimi hymnographi teſtimonio comprobatur, qui Neptunum equorum, roſtratarumque & turritarum nauium largitorem vocauit. Ac Sophocles videtur apud Athenienſes, vbi erecta poſtea fuit Academia, Neptunum primum iunxiſſe equos putaſſe, vt patet in his ex Oedipode in Colono:

Δῶρον μεγάλου δαίμονος εἰπεῖν
Αὔχημα μέγιστον,
Εὔιππον, εὔπωλον, εὐθάλασσον.
Ὦ παῖ κρόνου, σὺ γάρ νιν εἰς
τόδ' εἷσας αὔχημ' ἄναξ ποσειδᾶν
ἵπποισι τὸν ἀκεστῆρα χαλινόν.
Munus magni dæmonis dicere,
Gloriam maximam,
Equis, pullis, mari bene imperitantem:
O fili Saturni, tu enim ipſum in
Hanc ducis gloriam, Rex Neptune
Equis moderans fræno.

Apollonii vero enarrator Seſonchoſem Aegypti Regem qui poſt Orum Iſidis ac Oſiridis filium regnauit, quem nonnulli Seſoſtim vocarunt, primum inueniſſe equum aſcendere ſcribit, quod affirmauit & Dicæarchus in libro ſecundo rerum Aegyptiacarum: quod tamen quidam Oro acceptum ferunt. Neptunum idcirco finxerũt poetæ in curru vehi ſuper æquore, vt ſenſit Apollonius in lib. 4.

εὖτ' ἂν δέ τοι ἀμφιτρίτη
Ἅρμα Ποσειδάωνος ἐΰτροχον αὐτίκα λύσῃ.
quam mobilis Amphitrite
Neptuni celerem currum apto tempore ſoluet.

Orpheus in hymnis currum hunc à quatuor equis trahi ſolitum ſcribit, vt eſt in eo verſu:

κυμοθαλὴς, χαίρτοντα, τετράορον ἅρμα διώκων.
Quadriiugum impellens currum, ſummo æquore labens.

Alii maluerunt eius currum trahi à vitulis marinis & cete quã ab equis: quippe cũ eo tempore equum inueniſſe dicatur, cum in Areopagum cum Minerua in cõtentionem deſcendit de nomine Athenis imponendo, cum ipſe equũ hominibus, Minerua oliuam munus attulit, vt ſcripſit Plutarchus in Themiſtocle.

fabu-

fabulantur Theseum Phædræ vxoris precibus commotum à Neptuno patre impetrauisse vt Hippolytum filium necaret. quem Phædra falsò accusauit tentatę pudicitiæ, quia nouercę libidini noluisset assentiri. Neptunus phocas Hippolyto iuxta litus maris vecto in curru immisit, quibus tanta trepidatio equis iniecta est vt in fugam versi illum è curru delapsum discerpserint, quare Phædra postmodo pœnitentia ducta, vt plerique senserunt, laqueo vitam finiuit: Aedificauit mœnia Troiana Neptunus, qui hac de causa Laomedonti Troianorum Regi seruiuisse dicitur;: cum Iouē ligare Dii voluerunt, id Iupiter cognouit è Thetide, ac in cæteros quidem Deus animaduertit; & Neptuno atque Apollini iussit vt Laomedonti seruirent, dum Troiam ædificaret. Laomedon diuinis honoribus prosecutus est Apollinem, at Neptunus vbi diu seruiuisset, nullamque accepisset mercedem, indignatus horrendum ac infestissimum cete immisit, quod mare euomens vniuersam regionem inundauit. illa de causa & filiam Hesionen quam vnicè amabat, ac multo magis quàm vel Aethasam vel Astyochen vel Medicastē, quas cæteras filias habebat, ceto exponere iussus est ab oraculo Laomedon, & multa alia incommoda inde sunt consecuta. At Herodotus non verum esse inquit quod Laomedonti Neptunus & Apollo seruierint, sed datum esse locum fabulæ, quia pecuniam Neptuni & Apollinis sacrificiis dicatam Laomedon ad extruenda mœnia ciuitatis conuerterit. atqui Virgilius Neptunum scribit suis manibus Troiam ædificasse, vt est in libro nono;

> an non viderunt mœnia quondam
> Vulcani fabricata manu consídere in ignes?

Quamuis Ouidius in epistola Paridis mœnia Troiana Apolline lyram pulsante ædificata fuisse inquit his carminibus;

> Ilion aspicies, firmataque turribus altis
> Mœnia Phœbeæ structa canore lyræ.

Cum Amphitriten vxorem, vt diximus, haberet, infinitus propè filiorum est numerus, quos ex variis nymphis & pellicibus suscepit. Phœnicem habuit enim è Lybia & Belum & Agenorem; è Calæno vna Danaidum Calænum: Nauplium ex Amymone; è Pitane, à qua vrbs Laconum dicta fuit. Euadnen, & Aonem à quo vocata est Aonia regio, & herum Pheacē, à quo Phæacia dicebatur quæ nūc Corcyra vocatur, phænicem a quo phœnicia, & Athon à quo mons. nam plerique vrbibus nomina imposuerūt eius filii, & Dorum, a quo Dorii, & ex Ori filia Laide Althepum; Ancæum ex Astypalæa & Periclymenum & Erginum. ex Alcyone Atlantis Anthamum: & Anthan & Hypereten à quibus oppida condita nominataque sunt apud Trœzenios. Bœotum ex Arne, Hippothoum ex Alope Certionis: Asopum è Cecluse: Orionem è Brylle: Tritones alterum cum Eurypylo è Celæno, alterum ex Amphitrite. Palæmonem & Neleum è Tyrrho: Creatum, & Eurytum è Molione. Myriam è Chrysogone Almi filia. Delphum è Melantho Minyum è Callirrhoe: Erycem è Venere: Ogygum ex Alistra: Taphium ex Hippothoe: Cygnum alterum è Cayce, alterum è Scamandrodice. Minyas è Tritogenia filia Aeoli: è Midea nympha Aspledonem: Parnasum è Cleodora: Eurypylum, & Euphemum è Mecionica; cui munus dedit vt super vndis tanquam super terra proficisceretur, vt ait Asclepiades. Neque vero hi solum filii eius commemorantur, sed Euphemus præterea, qui proreta fuit in Argonaui: Amycis, Albion, Aello, Antæus, Amphimanus, Aethusa, Aon, Alebius, Dercylus, Neleus & Pelias, & Astræus qui per inscitiam congressus cum Alcippa sorore sequēti die cognita affinitate ex anulo mœrore captus se in fluuiū præcipitauit, qui prius dictus est Astręus ab ipso, mox Caicus à Caico Mercurij Ocyrhoesq; filio vt scripsit Leo Byzantius in lib. 3. de fluminibus, & Melane à qua Melas prius Nilus dictus est.

est. Actorion, Borgion, Brontes, Busiris, Certion, Crocon, Crômus, Chrysaor, Cenchreus, Chrysogenea, Chius, Dorus, Euphemus, Irceus, Lelex, Lamia vates & sibylla, Halirrhotius, Lestrygone, Megareus Mesapus, Ephialtes, Nycteus, Melion, Nausithous, Orhus, Occipite. Polyphemus, Pyracmon, Phorcus, Pelasgus, Onchestus, Phæax, Pegasus, Phocus, Peratus, Siculus, Sicanus, Steropes, Tarus, Theseus, Tarantus, Hyrtus: vt alios infinitos propè pretermittam. nam plures quam octognita me legisse memini: quos tamen omnes non putaui hic esse numerandos. quod si verum est id, quod scribitur à Zeze in historia 51. Chil. 2. multo etiam plures fuerunt Neptuni filii. inquit enim:

τοὺς δυναμικοὺς γὰρ σύμπαντας, καὶ πάντας τοὺς ἀνδρείους,
υἱοὺς καὶ φίλους, καὶ ἐραστὰς φασὶ τοῦ Ποσειδῶνος.
Elatos animo enim omnes, & omnes strenuos
Filios, & amicos dicunt, & amatos à Neptuno.

Hunc aliquando venisse in contentionem de artificio cum Minerua & Vulcano scripsit Lucianus in Hermotimo: quo tempore Minerua domum excogitauit, hominem fecit Vulcanus, Neptunus taurum, atque ea de causa crediderunt posteri Neptunum primum equos domuisse. Quòd illi in orbis diuisione maris imperium contigit, iam dictum fuit superius. Scriptum reliquit Herodotus in Polymnia Thessalos dicere solitos Neptunum Lacunam fecisse, per quam fluat Peneus, idque iure putari censuit ab iis, qui Neptunum terram concutere existimant: nam loca distantia interiecto maris spatio sunt opus huius Dei terræmotus, quod etiam Neptunus fecisse dicitur. Hæc est Herodoti sententia, qui iuxta opinionem antiquorum vim aquarum causam esse terremotuum credidit, at non ventos sub terra inclusos, qui erumpere conentur, vt scripsit Aristoteles libro tertio metæororum & Lucretius lib. 6. in his;

Quod nisi prorumpit, tamen impetus ire animai,
Et fera vis venti per crebra foramina terræ
Dispertitur, vt horror. & incutit inde tremorem:

Huius Dei duplex erat munus, & nauigantium curam habere scilicet, & equorum: vt in hymnis Homerus scriptum reliquit:

Διχθά τοι ἐννοσίγαιε θεοὶ τιμὴν ἐδάσαντο,
ἵππων τε δμητῆρ' ἔμεναι, σωτῆρά τε νηῶν.
Bina tibi superi Neptuno munera donant,
Flectere equos, regere & naues, quę marmora sulcant.

Quæ eadem scripta sunt & in hymno Orphei. idcirco Hippii siue Equestris Neptuni ędes fuit in Arcadia apud fluuium Milaontem, vt ait pausanias in Arcadicis, & Prosclystii siue inundantis: qui est ita appellatus, quia quo tempore Inachus, & qui cum eo erant in consilio, terram Argiuorum Iunonis esse debere nuntiarunt, maxima pars agri fuerit inundata atque summersa. Deinde Iunone Neptunum precante vt mare deduceret, per quem locum refluxit, in eo Argiui Prosclystii Neptuni delubrum erexerunt, vt est apud Paus. in Corinthiacis. Ad huius rei memoriam formasse factus fuit & dicatus Neptunus apud Athenienses vndam proferens, vt est in Atticis. Multa sunt denique cognomina, quæ propter varios euętus huic Deo sunt attributa, vt Tænarius, Phitalmius, Heliconius, Temenius, Onchestus, Speculator, Natalitius, Hippocurius, Crenesius, Gæaochus Domatitis, pater, Rex, Aegæus, Taraxippus. Plutarchus cômemorauit in vita Pompeii tria templa fuisse Neptuni opulentissima, vbi loca Deorum à piratis spoliata recenset; quorum vnum in Isthmo, aliud in Tęnaro, aliud fuit in Calabria: erat enim Calabria Neptuno consecrata, vt scriptũ fuit à Philostephano in rebus italicis, atque loca nô nulla recêset Apol. lib. 3. quibus pręesset Neptunus.

inad

οἷος δ' ἴσθμιον εἶσι Ποσειδάων ἐς ἀγῶνα
Ἅρμασιν ἐμβεβαὼς, ἢ Ταίναρον, ἢ ὅγε Λέρνης
ὕδωρ, ἠὲ κατ' ἄλσος Ὑαντίον Ὀγχηστοῖο,
καί τε Καλαύρειαν μετὰ δῖον ἅμα νίσσεται ἵπποις,
Πέτρηνθ' αἱμονίην, ἢ δενδρήεντα Γεραιστόν.
Ad ludos properat qualis Neptunus in Isthmum,
Quadrigis inuectus adit cum flumina Lernæ,
Tænariumue solum, vel Hyantia rura, Geræstum
Syluosum, Aemoniamue petram, fumantia colla
Cum premit alipedum, Calabra idem ut rura reuisit:

Huic Deo taurum immolare consueuerunt, vt ait Homerus in lib. 5. Odysseæ;

ταύρους παμμέλανας ἐνοσίχθονι κυανοχαίτῃ
Cyaneos crines taurus mactetur habenti.

Sic Virgilius libro quinto;

Taurum Neptuno, taurum tibi pulcher Apollo.

Quod genus victimæ illi mactari iussit oraculum. aiebant enim aliquando euenisse Corcyræ, vt multis bobus per bellum Persarum relictis taurus è pastu rediens sæpius in pelagus mugitus ediderit, ibique per totu diem constiterit: deinde cum ad mare bubulcus descendisset, magnum atque infinitum propè thunnorum numerum conspexit, quod significauit Corcyræis. Illi cum capere thunnos conati operam luserunt; quare sciscitantibus oraculum postea reponsum est Neptuno taurum mactari oportere; qua re peracta incredibilem piscium numerum cepere, vt ait Paus. in Phocicis. quamuis thunnus aliquando mactari Neptuno cõsueuit, vt scriptum est ab Antigono Carystio in lib. de Dictione. Atque Neptuno pisces illi cœlestes consecrati esse putabantur, vt scriptum est à Marco Manilio in libro secundo rerum astronomicarum vbi signa cœlestia, quæ sint dijs quibusque tributa, commemorat,

Lanigerum Pallas, Taurum Cytheræa tuetur.
Formosos Phœbus geminos, Cyllenie cancrum.
Iupiter & cum matre Deum regit ipse leonem,
Spiciferæ est virgo Cereris, fabricataque libra
Vulcano. pugnax Mauorti scorpius hæret.
Venantem Diana virum sub partis equinæ.
Atque angusta fouet Capricorni sydera Vesta.
Et Iouis aduersum Iunonis Aquarius astrum est.
Agnoscitque suos Neptunus in æquore pisces.

Neptunum magna Deorum marinorum ac nympharum manus comitabatur, quorum nonnullos ita numerauit Virg.

Tum variæ comitum facies, immania cete,
Et senior Glauci chorus, Inousque palæmon,
Tritonesque citi, Phorcique exercitus omnis
Læua tenet Thetis, & Melite, Panopæaque virgo,
Nisæe, Spioque, Thaliaque, Cymodoceque.

Hunc in varias formas ob amores fuisse mutatum scripsit Ouidius lib. sexto maioris sui operis. atque hæc ea sunt, aut certe non multo plura his, quæ de Neptuno fabulosè dicta sunt ab antiquis scriptoribus. nunc quid ea significent, perquiramus. ¶ Iam primum omnium, quid sit neptunus ita explicat Cicero in primo libro de natura Deorum, de Chrysippi sententia; quique aer per maria manaret, eum esse Neptunum. Veruntamen non aer simpliciter per maria manans, sed ipsum aquæ elementum Neptunus plerunque nominabatur: aut aliquando

spiritus

Spiritus ille ac mens diuina, quæ per maria esset diffusa, totamque aquę naturam ac molem à corruptione præseruaret, quod quidem nihil aliud est, quam anima per elementa diffusa, sicut in animalibus est, & in plantis. Vbi enim illa recesserit, siue harmonia sit & quædam symmetria, siue numerus seipsum mouens, siue diuina quædam & immortalis οὐσία, corpus ad corruptionem statim properare necesse est. Quare etsi elementa nobis non viuere apparent, tamē diuina quadam virtute & potentia seruante ab interitu, ita sunt commista, itaque fermentata, vt ab ea seruentur à corruptione. Hanc vim diuinam in æthere Iouem, in aere Iunonem, in aqua Neptunum, & in singulis horum partibus variis Deorum nominibus appellarunt antiqui. Quod Saturno ereptus clam fuit Neptunus, & quid Saturnus sit, & quo pacto crudelitati Saturni erepta sint elementa, dictum est satis vt arbitror, cum de Ioue & de Saturno loqueremur. At cur ab Arno fuit educatus? quia nullam fidem præstandam esse pelago experiuntur nauigantes. Nam quo tempore recens fuit Arnus nutricis Neptuni memoria apud antiquos, non fuit tanta nauigiorum multitudo mare sollicitantiū & propè infestantium, nec vt ait Lucretius lib. 5.

turbida ponti
Aequora lædebant naues ad saxa, virosque.
Nec temerè incursu fluctus mare sæpe coortum
Sæuibat, leuiterque minas ponebat inanes.
Nec poterat quenquam placidi pellacia ponti
Subdola pellicere in fraudem ridentibus vndis.

Quid enim verius de mari dici potest, quam nullam illi esse constantiam? nā cum leuissimus ventorum flatus aliquando extiterit, tanta oritur tempestas, vt iratæ vndæ in cœlum minaces insurgere appareant, atque incredibilis earum fremitus vel è longinquis montibus exaudiatur. Huic Deo taurus niger merito immolabatur, quod tauri & furorem & mugitum imitaretur Neptunus. Huius vxor dicebatur esse Amphitrite, quæ nihil aliud est, quam ipsa aqua, vt in Cyclope ait Euripides;

Ἄνωδ' ἐπ' ὄχθον εἶμι καὶ πέρ ὢν τυφλὸς,
Δι' ἀμφιτρίτης τῆσδε προσβαίνων ποδί.
Ego vadum pertranseo cæcus licet,
Per Amphitriten hanc meo incedens pede.

Quam Amphitriten glaucam & piscosam nominauit Orpheus in Argonauticis, cum illa sint maris, at non alicuius Deæ propriè adiuncta;

Γλαυκὴν δ' ἰχθυόεσσαν ἀπείριτον ἀμφιτρίτην
Glaucam, piscosam, immesam simul Amphitriten.

Hæc cum aqua sit, dicitur vxor Neptuni, cum is sit spiritus, vti dicebam, per vniuersam aquæ molem diffusus, & tanquam anima ipsius aquæ elementi: est enim Amphitrite corpus & materia humoris omnis, qui vel circa terram est, vel intra terram ipsam includitur. Neque aliud significare voluerunt illi, qui delphinum Neptuno amatam Amphitriten conciliasse fabulantur, quam omnium marinorum piscium maxime ingenio & cognitione, corporisque celeritate Delphinum præstare; cum reliqua marina animalia amentia atque prope stupida sint, quæ profundius habitant in mari propter indigesti à sole humoris copiam; ita vt de nonnullis merito dubitent an sint animalia dicenda. Fieri tamē potuit, vt homines hi fuerint ita vocati, ad quorum gratiam ista fuerint ficta, ita vt possint etiam ad rerum naturalium morumue rationem accommodari. Neptuni forma, quæ fingitur à poetis, quid aliud est quam maris vel natura vel color? quis enim dubitat cyaneum colorem esse aquæ marinæ? Rursus nudus Neptunus nihil aliud est, nisi dulcium aquarum natura. Illæ enim aquæ sunt saluberrimæ, quæ nullum habeant colorem, aut qualitatem apparentem. Tridens vero quem habet Neptunus pro sceptro, triplicem illius ostendit potestatem, quod habet facultatem scilicet tollendi æquoris & placandi & seruādi. quod alij fictum esse maluerunt, quia dulcibus, salsis, mediocribus aquis, quales sunt lacustres, imperet. Dictus est equum prior inuenisse, & equitandi peritiam, quoniam quidam vocatus Neptunus vir Thessalus prior omnibus equitandi artem excogitauit: quamuis non desunt qui ad nauigationem id referant, quoniam videntur nauigia super maris dorso quasi equitare. Dictus est Neptunus vehi curru super æquore comitantibus Tritonibus, ac marinis monstris: quia cū multo vndarum strepitu vndis quasi rotis carinæ subiectis naues vidētur deferri per tempestates. Hoc ita esse probatur Plutarchi testimonio, qui scripsit in vita Themistoclis ea de causa locum datum esse fabulæ de contentione Palladis ac Neptuni de nomine Athenis imponendo, quod Neptunus equum, Pallas oliuam attulisset, & pro munerum præstantia iudicati sunt, quia ἐκεῖνοι μὲν ὡς λέγεται πραγματευόμενοι τοὺς πολίτας ἀποσπάσαι τῆς θαλάσσης, καὶ συνεθίσαι ζῆν μὴ πλέοντας ἀλλὰ τὴν χώραν φυτεύοντας, τὸν περὶ τῆς Ἀθηνᾶς διέδοσαν λόγον, ὡς ἐρίσαντος περὶ τῆς χώρας τοῦ Ποσειδῶνος τὴν μορίαν τοῖς δικασταῖς, ἐνίκησεν. Illi sanè, vt ferunt, cum studerēt ciues à mari retrahere, vt assuescerēt viuere vel nō nauigantes, sed regionem arboribus ornātes, sermonem illum vulgarunt, quod Neptuno de regione contēdente Pallas oliuam iudicibus obtulerit, ac vicerit. Qua in contentione si Neptunus equum obtulisset, ac nisi pro nauigio intelligeretur equus, quo pacto viderentur ciues à nauigatione reuocari? Dictus est Neptunus & Apollo Laomedonti Troianorum Regi seruiuisse, quoniam is pecuniam horum Deorum sacrificiis dicatam in suam vtilitatem & ad extruenda mœnia ciuitatis conuertit, quam tamen sacerdotibus non restituit, vt promiserat. At calamitates, quas pro neglecto Neptuno passus est, quid aliud significant quam Dei cultum sine calamitate non negligi? ingens filiorum Neptuni numerus præterea quid nisi maris fertilitas est? Nam nisi tantam filiorum copiam squammosis illis marinis gētibus natura dedisset, facile futurum erat vt mare piscibus orbatum haberemus; quippe cum vix tanta sit feracitas aquarum, quanta est voracitas piscium. Hæc ipsa causa fuit cur crudeles Neptuni filii dicerentur omnes. ¶ Nunc quid sub his lateat ad humanæ vitæ institutionē spectans, explicemus. Ac primum cum virtutum omnium princeps & Regina sit, vt ita dicam, liberalitas & munificentia, quæ non nisi ad Deum vel ad Reges pertinet, omnium vitiorum grauissimum merito iudicabitur acceptorum obliuio, quæ non nisi in sordidos animos cadere potest. Ea de causa finxerunt antiqui quòd Neptunus gratias retulit Delphino pro accepto beneficio: atque vt æterna huius facinoris memoria, & ad beneficientiam adhortatio ad posteros manaret, numerus & ordo quidam stellarum Delphini nomine in eius honorem fuit appellatus. Quòd autem ob neglectos Deos Laomedon pœnas persoluerit, multasque calamitates subierit, id etiam ad religionem Deorum immortalium homines impellit: quoniam qui piè sancteque per probitatem & integritatem vitæ Deum coluerit, quique illa quæ instituta sunt à sapientibus, Deo persoluerit, ille solus Deum placatum in omne tempus habebit, multa incommoda deuitabit, & se in omni molestia rectorum consiliorum conscientia consolabitur. Qui vero beneficiorum omnium autorem, omniumque patrem Deum neglexerit, quo pacto vir iustus, & bonus & temperans esse poterit? aut si nihil horum poterit, quo pacto non in multas calamitates illabetur? Nos igitur ad religionem, & ad memoriam acceptorum beneficiorum sempiternam per hanc Laomedōtis

fabu-

fabulam sapientes antiqui adhortabantur: fortunæque in constantiam ante oculos proponebant, cum vel Dii inhumaniter agentes aduersus Iouem de cœlo expulsi coacti sint homini seruire. Imprudens est omnino Theseus, qui filio Hippolyto mortem à Neptuno precatus fuit, quem falsò nouerca Phædra apud Theseum accusauerat, quod eam de stupro interpellasset, at id tamen Theseo concessit Neptunus. Quid hoc est nequitiæ Dii boni carissimis illa concedere, quę in omne tempus pernitiosa futura sunt? nam phocas Neptunus in equos Hippolyti iuxta mare equitantis immisit, quibus in fugam versis ille discerptus fuit. Cui tamen Hippolyto Diomedes lucum eximia pulchritudine postea dicauit cum delubro, & antiqui operis simulacro, ac rem diuinam primus omnium fecit, vt ait Pausanias in Corinthiacis: & apud Trœzenios virgines sibi succisum capillum ante nuptias in eiusdem templo consecrabant. voluerunt igitur antiqui per has ambages verborum nos adhortari vt æquo animo essemus si quãdo ad nostra vota Dii surdi viderentur, quoniam pernitiosa sæpius expetuntur ab ignaris hominibus, & quæ maximo detrimento impetrantibus in posterum sint futura. Sapienter ideo dictum est ab illo poeta:

> Nil ergo optabunt homines. si consilium vis,
> Permittes ipsis expendere numinibus quid
> Conueniat nobis: rebusque sit vtile nostris.

Quod autem hæc huius rei causa tantum ficta sint, vel ex eo patet, quod omnium mortalium imprudentissimum & crudelissimum finxerunt Neptunum. Quis enim vir bonus esse poterit, qui causam ignotam iudicarit? aut qui pro vel carissimorum precibus viros bonos & iustos & temperantes trucidarit, vel condemnarit, quo pacto non sceleratus & nefarius esse poterit? Nõ fuit igitur Deus sapiens Neptunus, sed neque bonus quidem, aut iustus si tam iniqua filio Theseo concessit: quæ de Deo dicenda omnino non sunt; cum hæc solum institutionis ergo sint inuenta. Non defuerunt qui putarint imperium maris idcirco attributum fuisse Neptuno, quia prior ille classem instruxerit, cui Saturnus cõmisit rerum maritimarum imperium, vnde datus est locus fabulæ. At de Neptuno satis, nunc dicamus de Plutone.

De Plutone *Cap.* IX.

PLuto quem inferorum Deum putarunt antiqui, natus est ex Opi & Saturno, vt dictum est, isque vna cum Ioue militauit, & post varias victorias, rerũque gestarum felices successus cum Ioue & Neptuno iactis sortibus terrarũ mundique totius, vt aiũt, imperium diuisit: cui Hispaniarum, & locorum omniũ ad occidentem solem obtigit imperium. Scriptum reliquit Pausanias in Atticis Plutonis & Amphiarai statuas quodam in loco fuisse Apud Athenienses, vbi Pluto puer à Pace nutrice portabatur. Fama est hunc claues habuisse pro insigni, sicuti sceptrum Ioui, & Neptuno tridens tribuebatur, vt idem Pausanias ait in prioribus Eliacis. Et Orpheus in hymno in Plutonem idẽ affirmauit his verbis;

> Πλούτων, ὅς κατέχεις γαίης κληῖδας ἁπάσης.
> Pluto qui terræ claues & regna gubernas.

Plutonem præterea fuisse opulentiæ Deum, & in Heberia apud Pyrenæos mõtes habitasse memoriæ prodidit Strabo lib. 3. Geographiæ. Hunc defunctorum Deum esse crediderunt, quem appellarunt Iouem siue deũ terrestrẽ, cui sacra faciebant pro defunctorum manibus, vt testatur Euripides in Phænissis;

> τοῖς γὰρ θανοῦσι χρὴ τὸν οὐ τεθνηκότα
> τιμὰς διδόντα, χθόνιον εὐσεβεῖν θεόν.

Cum iusta soluit mortuis viuus, decet
Deum simul terrestrem honore prosequi.

Quo vero tempore illi sacra hæc fierent, Februus vocabatur. Plutonem finxerunt antiqui in curru vehi atrorum equorum, vt testatur Ouidius libro Metamorph. quinto;

Hanc metuens cladem tenebrosa sede tyrannus
Exierat: curruque atrorum inuectus equorum
Ambibat Siculæ cautus fundamina terrę.

Attribuerunt claues Plutoni, quia non datur reditus eius regiã ingressis, cui Deo narcissus & adiantum & ciparissus in coronas erat dicata, sicuti narcissus Parcis. Aiunt hunc Deum aliquando grauiter tulisse, quod solus omnium Deorum cęlibem & filiis carentem vitam traduceret, cum tanti imperii Deus esset, neque vllam inueniret quæ sibi nuptui daretur: quippe cũ & Iouis esset frater, & Deorum omnium opulentissimus. Nulla enim Dea illum ob deformitatem & obscuritatem regni maritum esse suum pati poterat. Ille igitur hac opinione, vel vt verius dicam, hoc animi furore agitatus atrorum equorum currum conscendit: & in Siciliam peruenit. Ibi forte Proserpinam Cereris filiam inter cæteras virgines flores colligentem visam adamauit; quippe cum omnes illas & forma & corporis elegãtia antecelleret. Hanc igitur rapuit, & in curru ad fluuium Chemarum deportauit; vnde ad sua regna, quæ sub terris esse putantur, deportauit, vt testatur Pausanias in Corinthiacis, & Claudianus rem totam carmine elegantissimo complexus est. Magno in honore fuit in Pylo Pluto, templumque eius ibidem magificentissimum, vt ait Strabo libro octauo. Neque procul distat à Pylo mons qui vocatus fuit Menthes, à Menthe Plutonis pellice, quam dolo circumuentam Prosepina in herbam hortensem sui nominis mutauit. Testatur idem Strabo libro nono ad ripas Coralii fluuii, vbi sacra fiebant Pambæoria, constructam fuisse ob mysticam quandam causam Plutonis ac Palladis aram communem. Immolabantur tauri Plutoni, vt testatur Horatius libro secundo carminum;

Non si tricenis, quotquot eunt dies,
Amice places illacrymabilem
Plutona tauris.

Scriptum reliquit Strabo lib. tertiodecimo Plutonii os in Cybirensium regione apud Hierapolim in paruo quodam montis cliuo fuisse; in quod homo excipi poterat, idque fuisse miræ profunditatis, & admirabilis multo magis potentiæ. Nam huic oppositum fuit vallum quadratum, ambitu dimidii fere iugeri, quod nebulosa crassaque caligine tegebatur; at propinquus aer erat innoxius. Quod si aliquod animal ingrederetur, continuo moriebatur, taurique eò adducti statim concidebant. fuit Pluto à Latinis Orcus appellatus, vt scripsit Cice. in actione sexta in Caium Verem: Hic dolor erat tantus, vt Verres alter Orcus venisse Ennam, & non Proserpinam asportasse, sed ipsam abripuisse Cererem videretur. dictus est autem Pluto, quia diuitias largiatur, vt ait Lucianus in Timone & Plato in Cratylo his verbis: τὸ δὲ πλούτωνος, τοῦτο μὲν κατὰ τὴν τοῦ πλούτου δόσιν, ὅτι ἐκ τῆς γῆς κάτωθεν ἀνίεται ὁ πλοῦτος, ἐπωνομάσθη. Plutonis vero nomẽ ob diuitiarũ largitionẽ, qa diuitię è terra in lucẽ emittantur, dictũ fuit quãuis Lucianus in dialogo postea de Luctu, Plutonẽ putat, διὰ τὸ πλουτεῖν τοῖς νεκροῖς, qa abũdet mortuis scilicet. Dicebãtur ad hũc oẽs animæ mortuorũ descẽdere, quas vbi ille acceperat, ineuitabilibus vinculis coercebat iudicibusq; tradebat iudicãdas, atq; oĩbus ꝓ meritis vel pęnas, vel præmia dispẽsabat. Neq; vlli cõcessum est prætereq̃ admodũ paucis ad superã regionẽ reuerti id maximis de causis, vt fama est. Illius Dei regio turbidissimis & amplissimis fluuiis vel ipsis nominibus horrendis interluitur. Defluit cum magno strepitu cocytus, cum rapidissimis flammarum vndis Phlegethon deuoluitur; ibidem cęno plena est profundissimo & graueolenti Acherusia palus. Quid de squallore cymbę, portitorisque animarum, deque tremenda illius voce tonitrui non dissimili dicam? Terret altissimis & stridulis latratibus vel longinquos nauigantes Cerberus triceps. horrent viperinis capillis furiæ, formidabilis est iudicum iustissimorum seueritas, ita vt nemo sit tam sanctus aut integræ vitæ, qui ad id iudicium accessurus non aliquantulum expauescat. Verum de his in sequenti libro pertractabimus.

¶ Nunc huius fabulæ explicationem aggrediamur. Pluto siue elementum sit terræ, siue diuitiarum Deus, vtroque nomine filius est Saturni: nam primũm omnium architectatus est cœlũ Deus, ex quo natũ tẽpus, in quo reliquum quod erat ædificii expletum est. Si diuitiarum Deus rursus sit Pluto, nemini obscurum esse arbitror ciuitates & regiones per diuturnam pacem opibus, & hominũ frequentia repleri: quare Pax illius merito dicitur fuisse nutrix. Rursus quod fuerit Saturni filius, & Iouis Iunonisque frater quid aliud hoc est quam genus omne diuitiarum è tempore nasci, & cęli aerisque bonitate ac temperie procreari & adiuuari? Dicitur idcirco illi imperium inferorum obtigisse, quoniã apud occidentis nationes & in Hispania, vt diximus, regnauit, quæ fertilissima est propè omnium prouinciarum, & omnis generis frugum plenissima, præter loca illa, in quibus effodiebantur metalla, vt testatur Strabo libro tertio. Qui vero Plutonem elementum terræ esse putarunt, non solum diuitiarum Regem, quę omnes è terra oriuntur, esse crediderunt: sed etiam mortuorum omnium, quia omnia quæ nata sunt, in ea tandem principia soluuntur, è quibus sunt orta: quod etiam expressit Cicero libro secundo de Natura Deorum his verbis; Terrena autem vis omnis atque natura Diti patri dedicata est: qui Dis, vt apud Græcos Πλούτων dicitur, quia & recidant omnia in terras, & oriantur è terris. & quoniam quod semel mortuum est nunquam idem reuiuiscit, inde dictum est ab antiquis quod Pluto habet claues, à quo ita sedes inferorum clausæ sunt, vt exitus nemini pateat, sicuti testatur Pausanias in Eliacis. Hic idem Proserpinam Cereris filiam rapuit, quia, vt ait Cicero in secundo de Natura Deorum, ea est quæ Περσεφόνη Græce nominatur, & quam frugum semen esse volunt, abscondi tamque à matre quęri fingunt, vt ait Eusebius libro secundo Euangelicæ præparationis. Plutonem esse virtutem terræ, & aliquando terram ipsam, ita scripsit Orpheus in hymno in Plutonem;

Πλουτοδοτῶν γενεὴν βροτέην καρποῖς ἐνιαυτῶν.
Nam facis ipse homines opulentos fructibus anni.

Attrahit igitur vis terræ ad se radices frugum inferius, quare dictus est Pluto sub terram rapuisset Proserpinam, quadrigis inuectam, cum per tot mensium tempus ad inferiora crescãt frugum radices, sic autem quadrigarum nomina expressit Claudianus in 1. lib. de raptu Proserpinæ;

Orphneus crudele micans, Aethonque sagitta
Ocyor; & stygii crudelis gloria Nycteus
Armenti, Ditisque nota signatus Alastor.

Quæ cum finguntur, & alicubi fieri necesse sit; scripsit Orpheus in Attico solo non procul ab Eleusi id contigisse, vt Pluto sub terram sit ingressus, sicuti patet ex his versibus:

ἁγνοπόλου Δημήτερος ὅς ποτε παῖδα
Νυμφεύσας λειμῶνος ἀποσπάσας διὰ πόντου
τετρώροις ἵπποισιν ὑπ' ἀτθίδος ἤγαγες ἄντρον.

Δήμου ἐλευσῖνος, τόθιπερ πύλαι εἰς ἀΐδαο.

Pluto tibi castæ Cereris, nam filia quondam
Cum legeret flores in prato rapta quadrigis
Imposita est; & Cecropium portata sub antrum,
Huc vbi Eleusis adest, vbi nigri ianua Ditis.

Enimuero non solum de rebus gestis, quæ Diis inferis tribuuntur, hæc intelligenda sunt, sed multo magis ad mores hominum, vitęque institutionem pertinēt. Nam quibus curis torquentur, quantisque molestiarum fluctibus agitantur diuitum animi? cæcitas enim mentis prius occupet mortalium animos necesse est, quam opes acquirantur: pro quibus diu laborandum est, cum breuissima futura sit, aut etiam nulla aliquando partarum rerum fruitio. Quas tamen si quis breui comparare studeat, ad omnem probitatem & innocentiam conniueat oportet, omnemque impuritatem induat & crudelitatem, cum primum ingētium opum desiderio capitur. illud autem significatur per illorum equorum nomina, quibus vehebatur Pluto, cum sine sceleribus nemo prorsus breui ditescere possit. quidam putarunt Plutonē esse dictum regem mortuorū quia primus ille inuenerit sepulturas & exequias, cūprius cadauera sine vllo cultu passim vt cōtingebat sepelirentur; aut etiam inhumata feris relinquerentur. atque de Plutone satis, nunc de Pluto pertractemus.

De Pluto. Cap. X.

PLutonem sapientes antiqui vim ac naturam esse terræ crediderunt, quamuis illi diuitiarum etiam nonnulli tribuerint imperium. At Pluto, nemo est quin omnibus suffragiis distribuendarum diuitiarum munus cōcessum esse sciat: quē Cerere & Iasione natum commemorauit Hesiodus in Theogonia:

Δημήτηρ μὲν πλοῦτον ἐγείνατο δῖα θεάων
ἰασίῳ ἥρωι μιγεῖσ' ἐρατῇ φιλότητι.

Alma Ceres Plutum peperit coniuncta in amore
Iasio Heroi Cretes in diuite regno.

Theocritus in tertia Aegloga significasse videtur dormientem Iasionem fuisse à Cerere adamatum, cum illum inter eos cōmemorauerit, qui dormientes à Deabus adamati fuerunt, vt est in his;

ζαλωτὸς μὲν ἐμὶν, ὁ τὸν ἄτροπον ὕπνον ἰαύων
Ἐνδυμίων, ζαλῶ δὲ φίλα γύναι ἰασίωνα.

Endymiona velim sopitum posse profundo
Somno imitari, sum simul æmulus Iasioni.

Hunc Deum cæcum esse tradiderunt, & cuiusmodi ab Aristopnane in comædia introducitur; quod passus est à Ioue propter inuidiam: cum antea dum acutissime videret, ad viros bonos tantum accederet, multique flagitiosi homines rerum necessariarum inopia perirent, vt ex his carminibus indicatur;

ὁ Ζεύς με ταῦτ' ἔδρασεν ἀνθρώποις φθονῶν.
Ἐγὼ γὰρ μειράκιον ὢν ἠπείλησ' ὅτι
Ὡς τοὺς δικαίους καὶ σοφοὺς καὶ κοσμίους
Μόνους βαδιοίμην· ὁ δέ μ' ἐποίησε τυφλὸν,
ἵνα μὴ διαγιγνώσκοιμι τούτων μηδένα.
οὕτως ἐκεῖνος τοῖσι χρηστοῖσι φθονεῖ.

His Iupiter me affecit inuidens viris.
Puer minatus ipse quod sum, me fore

Solis

Solis bonis, solis viris prudentibus
Domesticum: tunc ille me cæcum facit:
Ne quem bonum, ne quem malum dignoscerem.
Sic is bonis, sic inuidet prudentibus.

Hunc eundem Deorum omnium timidissimum finxerunt antiqui, sicuti testatus est Euripides in Phenissis;

Δειλὸν δ' ὁ πλοῦτος, καὶ φιλόψυχον κακόν.
Plutus timidus, vitæ sueque amans malum.

Quare ad hoc festiue allusit is poeta qui inquit;

Nocte iter ingressus gladium, contumque timebis,
Aut motæ ad lunam trepidabis arundinis vmbram.
Cantabit vacuus coram latrone viator.

Quidam omnium Deorum maxime pernitiosum esse crediderunt, in quẽ etiã Timocreon Rhodius epicus poeta scoliũ siue cõuiuale carmen cõscripsit, cuius est initium:

Ὤφελες ὦ τυφλὲ πλοῦτε μήτ' ἐν γᾷ, μήτ' ἐν θαλάττῃ,
Μήτ' ἐν ἠπείρῳ φανήμεναι ποτὲ,
Ἀλλὰ τάρταρόν τε ναίειν κ' ἀχέροντα.
Διὰ σὲ γὰρ πάντ' ἐν ἀνθρώποις κακά.
Debebas cæce Plute neque in terra, neque in mari,
Neque in continente apparuisse vnquam.
Sed tartarum habitare, atque Acheronta.
Per te enim omnia inter homines mala.

Hunc Deum esse minime cæcum existimauit Theocritus cum dicat. τυφλὸς δ' οὐκ αὐτὸς ὁ πλοῦτος. cæcus non ipse Plutus. Sic etiam Plato primo de Legibus scribit Plutum non solum non esse cæcum, sed etiam acutissime cernere; τέταρτον δὲ δὴ πλοῦτος, οὐ τυφλὸς, ἀλλ' ὀξὺ βλέπων ἅπερ ἂν ἕπηται φρονήσει. Quartum autem Plutus, non cæcus, sed acute videns, quæ prudentiæ sunt adiuncta. Hic Plutus Deus esse creditus est à nonnullis, maiorique honore cultus, quam Dii cæteri. vt scripsit Theognis;

οὔ σε μάτην ὦ πλοῦτε βροτοὶ τιμῶσι μάλιστα.
ἦ γὰρ ῥηϊδίως τὴν κακότητα φέρεις.
Num merito coluere viri te maxime Plute?
Nequitiæ facile est pondera ferre tibi. Et alibi;
Πλοῦτε θεῶν κάλλιστε, καὶ ἱμεροέστατε πάντων,
Σὺν σοὶ καὶ κακὸς ὢν, γίγνομαι ἐσθλὸς ἀνήρ.
Optime cunctarum Plute & dulcissime rerum,
Vel prauus, tecum vir bonus esse ferar.

Non tamen multò mitius est monstrum paupertas, nisi volũtaria sit, quæ ad infimum vergat, in quam nos his Græcis carminibus aliquando lusimus;

Ἡ Πενίη εἶναι μᾶλλον δειλήμονας ἄνδρας
Ἀθανάτων πάντων ἀλγινόεσσα θεά.
Ὠχρὸς ἀεὶ δαίμων, πεινῶν, ῥακέεσσι γεγηθώς.
Ἀρρωστεῖ δ' οὐ πάμπαν, κ' οὐδὲ γυναῖκα λέγοι.
Οὐδ' ἔμεν οὐδὲ βροτῶν, οὐδ' εὐλόγῳ ἐστὶν ἐοικὸς
τοῦτο τέρας, πᾶσαν καὶ κακότητα φέρει.
Ταρτάρῳ ἐν φιλότητι μιγεῖσα μελάμπτερος ἡ νὺξ
Ἣν τέκε δειλαίοις πῆμα κακοῖο βροτοῖς.
Ἔσχε τιθήνας δ' ἀλλεινῶν πολλὸν ἀριθμόν.
Μαίνουν πρῶτως ἐκλαδὸν Ἀφροσύνη.
Ἀργί' ἐδέξατο τὸ βρέφος, ὃ, τρέφεν, ἠδ' ἀτίταλλεν.

Ἑλκεχίτων Τρύφη μαζὸν ἑοῖο πόρε.
Σπαργάνισεν δ' Ἀθυμία αἷς εἰκὸς ἀτέκνους
Χειμῶν' ἐν κρυερῷ, καὶ γὰρ ἔγεντο τότε.
Ἐνδείαν τε Φόβον τε φίλους, καὶ Θρῆνον ἑταίρους
Ἀτρυφέρους εἶχεν αἰὲν ἀτεμβομένους.
Αἶσχος, Ἐρημία ἐπεὶ αὐτῇ συμπαίστορε βίστην.
Ἀπορία τε κακὴ, Ἀφιλία τε κόρη.
Οὔποτε γίνετο τέρας θνητοῖς φοβερώτερον ἄλλο,
Οὐδ' ἐχθρὸν μᾶλλον τοῖς μακάρεσσι θεοῖς.
Τοῦτο γὰρ ἐκφεύγων κατὰ τὸν μεγακήτεα πόντον
Ἔμπορος, οὐ τρομέει βένθεα, κ' οὐκ ἀνέμους,
Οὔτε θεῶν μῆνιν τόσον, οὓς κατὰ πόλλ' ἐπιορκεῖ,
Οὔτε πόνον κατὰ γῆν, εἴτε ἄτ' ἀλλοδαπῶν,
Ὅσσον τῆς Πενίας δυσφερὲν βλέμμα· ἀθρόα καὶ γὰρ
Προὔπεσ' ἀπ' ἐκφεύγειν ἔθνεα δεινὰ κακῶν.
Δοῦλον καὶ δύσποτμον, ἀναιδῆ, πᾶσι γέλοιον,
Νωθρὸν ἄπιστον ἐπεὶ ποιέεται Πενία.
Ἄφρονα, δύστηνον, καὶ ἀλήτην, πτωχὸν, ἄυπνον,
Ἄθλιον, ἀγροῖκον, παίγνιον ὥστε τύχης.
Πάσης ἀτυχίας βάθρον τὰ πλεῖστα ταράπλει
Ἡ Πενί' ἀνθρώπων δακρυόεντα βίον.
Ἔαρος ἀρχομένου ὅσ' ἄνθεα γίνεται ὥρῃ,
Ἢ δ' ὅσσους καρποὺς ἡ καλ' ὀπώρα φέρει,
Τόσσα πάρεστι κακῇ πενίῃ κακὰ, τόσσα βέβηλα,
Τόσσ' ἀλιτρὰ, αὐτῶν γὰρ τίς κεν ἀριθμὸς ἔῃ;
Ῥᾷον ἀριθμεῖσθαι νιφετοῦ μέτρα, ἠὲ χαλάζης
Δένδρε' ἀποθραύει ῥιζόθεν ὅσσ' ἄνεμος.
Οὔτις σῶστρα δίδωσι πενιχροῦ χάριν, οὔτις ἄποινα.
Οὔτε πένης ζώων ἐν λόγῳ, οὔτε θανών.
Οὔποτε τῆς Πενίας σκόπελον κακὸν ἤλυθ' ἀπήμων·
Οὐ μὰ τὸν Πλοῦτον τὸν χαρίεντα θεόν.
Τῶν ἑκατὸν πλοίων ῥοφέει δέκα μήτε θάλασσα,
Μήτε Ποσειδάων πολλάκις ἰχθυφάγος,
Τῶν χιλίων χίλιοι κακοδαίμονες εἰσὶ πένητες.
Ἔχθιστον Πενία γίνετο πῆμα βροτοῖς.
Ἐστὶ τέλος Πενίας, ὀλοώτερον οὐδὲν ἰδέσθαι,
Πλὴν τῆς Ἀδικίας, ἣ μάλα δὴ κακίων.
Improba Pauperies nocuit mortalibus vna
Plus superis cunctis, sæua, grauisque Dea.
Vestibus & gaudet laceris, & pallida semper
Ora fame est: nec mas, fœmina & illa nec est.
Non est illa homini similis, non illa animanti.
Hoc monstrum secum tristia cuncta tulit.
Tartarus hanc genuit Nocti coniunctus, at illa
Pœna viris facta est, exitiumque graue.
Sordida nutricum fuit illi copia multa.
Nam fuit obstetrix improba Stultitia.
Segnities cepit, quam nutrijt inde, puellam.
Discinctumque dedit vbera Delitium.
Vilibus arte carens inuoluit Inertia pannis,

Frigora per brumæ; hoc tempore nata fuit.
Se comitem querulam mox illi iunxit Egestas,
Cui Pauor, & Luctus charus amicus erat.
Hinc Solitudo atque Pudor colludere sueti,
Et mala Formido, nulla & Amicitia.
Nec magis horrendum monstrum mortalibus ortum est,
Inuisum superis cęlicolisve magis.
Hoc fugiens per monstriferum mare nauita ventos
Mercator spernit, nec maris alta timet.
Nec tanti superum facit, hos cum peieret, iram,
Non quæ fert tellus, quæq; e pericla mare,
Quanti Pauperie aspectum toruum. inde malorum
Aufugere hortatur plurima turba procul.
Iure quidem: infelix, seruus, ridendus, inersque
Fit pauper; pudor huic excidit atque fides.
Insomnis, demens, querulus, mendicus, & erro est,
Implacidus, ludus stantis in orbe Deæ.
Pauperies est vna mali certissima sedes,
Vita superposita est qua lacrymosa virum.
Quot flores verno nascuntur tempore, vel quot
Vtilis autumnus dulcia poma tulit,
Tot mala Pauperiem, tot ponè impura sequuntur,
Tot delira, quis hæc dinumerare queat?
Sed citius quando conuellunt robora venti,
Percipias numerum grandinis atque niuis.
Præmia seruato donat pro paupere nemo,
Viuat, vel pereat, nulla inopis ratio est.
Pauperie illęsus copulum nemo attigit vnquam.
Testificor Pluti numina magna Dei.
Nauibus è centum haud sorbet Neptunus & vnda
Sæpe decem; reliquæ marmora tuta secant,
Sint inopes si mille, videbis mille misellos.
Pauperies cunctis denique dira lues,
Qua pestis non vlla viris nocet acrius vrgens.
Est peior multo sed tamen improbitas.

Hunc Deum, quem alij potentissimum putarunt, quidam crediderunt imbecillum ac debilem esse, quia sine virtute non posset homines ad honores extollere, aut elatos retinere, quare scitè dictum est;

οὔτ᾽ ἀρετῆς ἄτερ ὄλβος ἐπίσταται ἄνδρας ἀέξειν,
οὔτ᾽ ἀρετὴ ἀφένοιο.
Tollere mortales nequeunt virtute carentes
Diuitiæ, aut inopem virtus.

Nam vtræque conspirent necesse est ad mortaliũ felicitatem. Filiam habuit Eubeam, de qua meminit Apollodorus lib. 1 Bybliothecę. Sed insulsus est omnino qui Plutum aut fuisse Deum, aut fuisse aliquid omnino putarit: qm̃ antiqui singulis animorum motibus ꝓprios Deus præfecerunt, ne quid diuina prouidentia non gubernari crederetur.

¶ Nunc quid hæc significent perquiramus. Plutus è Cerere & Iasione natus esse dr̃, qm̃ opes è prædiorum prouentu, & ex agricolarum diligentia nascuntur. Est aũt dictus Iasion ἀπὸ τοῦ ἰᾶσθαι siue à medendo, quia Ceres medetur inopiæ mor-

mortalium. Quod Plutus factus est cæcus à Ioue, qui viris bonis Iupiter inuideret, quid hoc tam scelestum & impium facinus significat? an potest bonitas diuina impuris fauere, ac bonos persequi? Cum Iupiter sit fatum, & vis illa mentis diuinæ, quæ res humanas gubernat, cum modo huc, modo illuc facultates pro arcano & inexplicabili Dei iudicio transferat, arbitrati sunt nonnulli illud temerè fieri, quare cæcum diuitiarum Deum esse dixerunt. Hoc autem ita accidit, quia diuitiarum possessio illis non solum concedebatur, qui vel ingenio, vel robore vel aliquo virtutis genere præstarent cæteris, ac seruatũ fuit apud antiquos, sicuti testatur Lucretius libro sexto;

> Et pecudes, & agros diuisere atque dedere
> Pro facie cuiusque, & pro viribus, ingenioque.

Neque tamen præmium virtutibus oportuit proponi diuitias, cum virtus per se expetenda sit à viris bonis. Nam qui propter præmium virtutis virtutem amplectitur, aut vitia relinquit propter metum pœnarum, is non est planè vir bonus: iure igitur Plutus factus est cæcus à Ioue. Hunc potentissimum existimarunt ac nobilem, quia & virtuti diuitiæ vulgo adæquentur, cum tamen vera nobilitas sola sit virtus, & vulgus, quod curet virtute pro ea introduxit opes. Deinde cum multitudo hominum creuisset, auctaque fuisset singulorum audacia & inertia, leges latæ sunt, prædia singulis assignata, & certi agrorum termini statuti. Inde rapinæ, latrocinia, rerum alienarum direptiones inceptæ. Cum igitur alij pro comparandis opibus nulli labori parcerent, nullumque periculum deuitarent, quibus tamen repugnante fortuna nihil commodi accidebat, alijs contra omnia succederent feliciter, nunc cæcam fortunã, nunc cæcum diuitiarum Deum appellarunt. Atque ita ficta est fabula, quod cum Plutus antea fuisset perspicax, Iupiter viris bonis, ad quos prius solos accedebat, inuidit; & idcirco illum cæcũ fecit, qui nullo postea delectu ad quosuis accedere coactus est. Vulgus enim mortalium ea quæ fiunt, quorum certam causam non uideant, non quidem diuina prouidentia gubernari, sed fortuito accidere arbitrantur. Tantus honor postea diuitiis accessit, vel quod illæ non sine prudentia & industria parari cœperint, vel quod multa commoda humanæ vitæ præberent, vt Plutus nullo Deorum fuerit habitus inferior. Nunc vero virtus omnis, & scientia, & probitas sanctissime diuitiarum Maiestati cedere cogitur: maioremque honorem obtinet is, qui largiri potest cum libeat, quamuis sit amens, & sicarius, & latro; quam prudentissimus quisque, & integerrimus, & qui multa beneficia in omnes ciues suos contulerit.

NATALIS COMITIS MYTHOLOGIAE, LIBER TERTIVS.

Quam præclare dicta de inferis excogitata sint ab antiquis.

SAPIENTISSIMI & optimi sanè illi homines fuerunt, illustriss. Campeggi qui primi inter mortales hanc opinionẽ introduxeruntquod anima nostra immortalis existens, post quam fuerit ex his corporum vinculis soluta ad seuerissimos iudices accedat, ibique pro meritis vel ingentia præmia, vel grauissima supplicia sortiatur. Nā si nulla esset veræ religionis, si nulla christianæ veritatis cognitio, poterat tamen vel ratio ista ita homines ad probitatem informare vt se potius præmiis dignos præberent, quam vt vitare supplicia conarentur, quam ipsam veritatem Iesus Christus postea clarius intelligere volentibus omnibus nationibus explicauit. Quid enim tam potest ab omnibus sceleribus animos hominum retrahere, quam si sibi persuaserint omnibus tum reddendam esse anteactæ vitæ rationem, cum neque mentiri, neque tergiuersari licebit; sed omnia quæ fuerint nefarie in vita commissa, vniuersis gentibus cõspicua tanquam maculæ, aut putrescentes pustulæ in corpore apparebunt? Quæ leges ciuiles, quæ consuetudo ciuitatum, quæ seueritas iudiciorum tantum potest in animis hominum? His enim neglectis multa flagitia clam committi possunt, & nonnulli tormenta paruifaciunt, & mortem, si res ita poscat, æquissimo animo perferunt. At vbi neque tunc tamen finem laborum & calamitatum sibi adesse sentiunt, mirum est quātopere ab ipsa conscientia, & ab æternorum suppliciorum metu retardātur. hoc ita esse facile fuit viris bonis & temperantibus persuadere; at multitudini, quę non, nisi crassiore quodam modo, allicitur aut impellitur, non faciebant hæ rationes satis ad persuadendum: sed multa apud inferos terribilia, & vel dictu horrenda ficta sunt, multa ad voluptatem excogitata, quibus rudiores homines ad probitatem adducerentur. Quis enim non commoueretur magnopere, cum sciret post mortem sibi adeundam esse paludem Acherontis, quæ prima excipiebat obuias animas? cum terribilis animarum portitor Charon squallidus, barbaque promissa, ac rutilantibus oculis nigram nauiculam gubernaret, & nigro malo annexa caliginosa antenna velificaret? cum Phlegethontem animo complecteretur frementibus flammarum vndis conuolutum? cum Cocytus subiret grauissimus & tristissimus amnis, cuius fremitus querularum animarum voces imitabatur? cum Cerberus triceps, cum seuerissimi iudices, cum Furiæ venirent in mentem? quæ singulos cogerent per varia tormenta commissa scelera fateri, quis intrepido animo aliquod flagitium aggrederetur? Accedebat ad terrorem terribilis inferorum tyranni vultus, stridularumque cathenarum strepitus à vinctis animabus tractarum. sonabant plagarum verbera, quæ sontibus infligebantur. vndique exaudiebantur cruciatarum animarum lamentationes. Hæc tametsi à nonnullis paruifierent ac deriderentur; tamen nemo erat, qui extremũ vitæ præsentis diem sibi adesse sentiret, quin magnopere for-

formidaret, atque vniuersæ vitæ suæ rationem ad hæc non timenda, si fieri posset, quam paratissimam esse non cuperet. Vnum est enim morituris bonum viaticum innocentiæ, recteque præteritæ vitæ recordatio, quæ sola nos intrepidos ad omnium iudicum præsentiam, & ad omnia pericula perducit. Ex altera parte nos hortabantur sapientes ad probitatem ingentibus & iucundissimis voluptatibus propositis in campis Elysiis. Nam quicunque virorum bonorum instituta seruasset, sancteque vixisset, hic in beatorum cætum deducebatur, vbi omnis generis ferax erat tellus fructuum; aquæque de fontibus lympidissimis fluebant, ac prata variis floribus ver perpetuum agentia vestiebantur. ibi concilia erant philosophantium, ibi theatra poetarum, ibi cyclici chori, ibi musica oblectamenta, ibi cõcinna & elegantia conuiuia, voluptasque nulli molestiæ coniuncta. Neque enim calor immodicus nec frigus sentiebatur, sed aer semper erat salubris & temperatus, neque vehementioribus solis radiis inflammabatur. Quod est enim suauissimarum auicularum genus, quod ibi non mirificos concentus exerceret; aut quæ arbores sunt odoriferæ, quæ non semper amœnissimis floribus vestirentur? hinc lites, hinc inimicitiæ, hinc odia, hinc latrocinia, hinc doli, hinc periuria, hinc inuidia exulabat. Hic felicissima vita, & ab omni molestia tranquilla sine mortis aut ægritudinis metu traducebatur, vt dicebant. Quod felicitatis genus illis solis expositum erat, qui sancte pieque vixissent, aut qui peccata quidem non nulla, sed medicabilia & leuia commisissent; quæ quodam in loco non longe ab hoc expurgabantur. His rationibus ad corporis volutaptes pertinẽtibus (alias enim voluptates vulgus non percipiebat) aliisque similibus conati sunt antiqui multudinis animos partim spe voluptatum, partim metu suppliciorum ad iustitiam, vitæque integritatem reuocare. Sed quoniã primus omnium mortalium Pluto istas rationes excogitauit, vt sensit Hecatæus, hunc esse locorum illorum Regem crediderunt: sicuti ventorum Aeolum, quia mutationes ventorum prior obseruasset, Lunæque amicum Endymionem, quia lunę cursum prior & mutationes percipisset. Et quoniam de Plutone verba fecimus, nunc quæ formidabilia fuisse crederentur in eius regno inuestigemus, ac primum de Acheronte loquamur.

De Acheronte. Cap. I.

SCriptum reliquit diuinus Plato in Axiocho, si modo legitimus est eius scriptoris dialogus, Opim & Apollinem tabulas quasdam æneas in Delum ex Hyperboreis detulisse, in quibus scriptum erat, animam, postquam fuerit à corpore exoluta, in ignotum quendam subterraneum recessum peruenire, vbi Regia sit Plutonis, nihilo minor quam Iouis sit aula. Nam cum medium globosi orbis terra obtineat, superius hemisphærium Iupiter & eius filii gubernant, cum inferiori Pluto Iouis frater & nepotes dominẽtur. Sed antequam ad Plutonis regiæ vestibulum peruentum sit, vbi porta ferrea firmissimis pessulis claustrisque offirmata excipit adeuntes, primus est Acheron fluuius, post quem Cocytus, ac alii deinceps, vt explicabitur. Hunc fluuium igitur Acherontem, qui primus accedentes ad inferos mortuorum animas excipit, ac traiiciendus est, nonnulli Cereris, alii Terræ filium esse fabulantur, quem alii alia de causa missum fuisse ad inferos dixerunt. Acherontẽ fluuiũ esse, qui in Acherusiam paludem illabatur ita scripsit Plato in Phędone: τούτου δὲ καταντικρὺ καὶ ἐναντίως ῥέων ἀχέρων, ὃς δι' ἐρήμων τόπων ῥεῖ ἄλλων, καὶ δὴ καὶ ὑπὸ γῆν ῥέων, εἰς τὴν λίμνην ἀφικνεῖται τὴν ἀχερουσιάδα, οὗ αἱ τῶν τετελευτηκότων ψυχαὶ πολλῶν ἀφικνοῦνται. καὶ τινας εἱμαρμένους χρόνους μείνασαι, αἱ μὲν μακροτέρους, αἱ δὲ βραχυτέρους, πάλιν ἐκπέμ-

πονται

φύονται εἰς τὰς τῶν ζώων γενέσεις. At contra, è regione huius fluit Acheron, qui per alia loca deserta labitur, atque sub terrem occultatus in Acherusiam paludem ingreditur: quo multæ mortuorum animæ perueniunt. Ibi tempora quędam diuinitus statuta aliæ longiora, aliæ breuiora expectantes rursus in animalium ortus relabuntur. Alii contra non ingredi, sed egredi ex Acherusia palude Acherontem fluuiuum putarunt, vt sensit Strabo libro octauo, qui Acherontē scribit in portum Chimeriū dulcē multis acceptis fluminibus intrare, atque eū sinū dulcem efficere, qui non procul distat ab Ephyra Thesprotorū ciuitate, quē etiam Acherontem & Dauliū inquit in Alpheū irrūpere. Huic fluuio datū esse nonnulli inquiunt id nomen, quoniam Cereris, Proserpinæque ac Plutonis templa, quæ magno in honore apud Triphylicam Hypanam fuerunt, alluebat. Enimuero scire conuenit duo fuisse flumina variis in locis eodē nomine appellata: fuit Acheron fluuius in agro Brutio iuxta Pādosiam, vbi Molossorū Rex Alexander ab oraculo Dodonæo deceptus, trucidatus fuit, vt ait Strabo libro sexto; cum iuberetur Acherontem atque Pandosiam deuitare: isque arbitratus esset ea esse loca in agro Tesprotio, quæ erant eo nomine per id tempus celeberrima. Alius item fuit Acheron Epiri fluuius ex Acherusia palude defluens iuxta Pandosiam ciuitatem, qui multis flumminibus auctus, vt dictum est, in sinum Ambracium illabebatur. Erat autem Acherusia palus, per quam sub terra dictus est Acheron in Mariandynorum regione defluere, vt ait Apollonius libro 2.

κεῖθεν δ' οὐ μάλα πουλὺ διὲξ ἁλὸς ἀντιπέρηθεν
Γῆν μαριανδυνῶν ἐπικέλσετε νοστήσαντες.
Ἔνθα μὲν εἰς ἀΐδαο καταιβάτις ἐστὶ κέλευθος,
Ἀκτή τε προβλὴς ἀχερουσιὰς, ὑψόθι τείνει
Δινήεις τ' ἀχέρων αὐτὴν διανειόθι τέμνων
Αἴκρης ἐκ μεγάλης προχοὰς ἵησι φάραγγος.
Inde iter exiguum redeuntes per mare, terram
Ibitis ad Mariandynam è regione locatam.
Est ibi Tartarei descendens ianua Ditis:
Atque altè tellus Acherusia prominet. inde
Hanc Acheron scindens sub terra vortice multo
Voluitur: atque specu de magno effunditur vnda.

Hæc palus Acherusia non multum à Cichyro oppido distabat, vt ait Pauf. in Atticis, & Strabo lib. quinto proximam fuisse scribit Miseno promontorio, quæ deinde reducta profundum litus in sinu Baiano aperiebat, aquasque præbebat sanandis morbis accommodatas. Cum essent igitur duæ Acherusiæ, altera in agro Brutio, altera iuxta Pandosiam in agro Thesprotio siue in Epiro apud vrbem Heracleam, non procul à Sinope: iuxta hanc Epiri Acherusiam Acherontem fluuium inferorum fluere scripserunt antiqui, quem sub terram immergi, & inferos vsque peruenire, Paludemque ibi altissimam efficere crediderunt. Iuxta hanc Acherusiam fuit descensus ad inferos, vt scripsit his verbis Aretades Cnidius in lib. secundo rerum Macedonicarum, & repetiuit perdoctus Apollonij enarrator: ἡ περὶ τὴν ἡράκλειαν ἀχερουσιὰς καλουμένη πανταχόθεν ἐκ θαλάσσης ἐστὶν ὑψηλή τε καὶ ἀπονεύουσα εἰς δυσμὰς εἰς τὸ πρὸ τῆς βιθυνίας πέλαγος, καὶ προσπίπτον αὐτῇ τὸ κῦμα σφοδροὺς ἀποτελεῖ ἤχους. καὶ περὶ τὸν ἐπ' ἄκρας αὐτῆς πεφυκυιῶν πλατάνων, καὶ τοῦ ἐπ' αὐτῇ πεδίου, καὶ δοκεῖ αὐτόθι καταβάσεις εἰς ᾅδου ὑπάρχειν Acherusia vocata, quę est iuxta Heracleam, vbique alta est & præceps supra mare: atque in occidētē respicit in mare Bithyniæ, cui vnda incidens ingentes sonos efficit. Huius in summa parte natæ sunt platani, & in eius planitie; ibique videtur esse ad inferos descensus, quod scripsit etiam Nymphis

Samius

Samius in primo Heracleæ. Nam apud eum fluuium speluncam fuisse, quæ duceret ad inferos, creditum est, vti scripsit de prædictorum scriptorum sententia Apollonius in secundo Argonauticorum;

ἐκ δ' αὐτῆς εἴσω κατακέκλιται ἠπείροιο
κοίλη ὕπαιθα νάπη, ἵνα τε σπέος ἔστ' Ἀΐδαο
ὕλῃ καὶ πέτρῃσιν ἐπηρεφές, ἔνθεν ἀϋτμὴ
πηγυλὶς ὀκρυόεντος ἀναπνείουσα μυχοῖο
Συνεχὲς ἀργινόεσσαν ἀεὶ περιτέτροφε πάχνην.
Nec procul, interius prospectat terra propinqua,
Ad medium conuersa diem, spelunca remittit
Frigida, vbi exhalat graueolentes vsque vapores:
Semper & hæc aluit se circum cana pruinam.

Ex hac palude Acheron fluuius in mare fluit, quod est orientem versus, de quo nunc loquimur: qui cum sub terram occultetur, mox per quandam speluncam vallemque emergit, tanquam ab inferis, ad quos per multum spatium accedere creditur, vt est apud eundem poetam;

Ἔνθα δὲ καὶ προχοαὶ ποταμοῦ Ἀχέροντος ἔασιν.
ὅς τε διὲξ ἄκριος ἀνερεύγεται εἰς ἅλα βάλλων
ἠοίην. κοίλη δὲ φάραγξ κατάγει μιν ἄνωθεν.
Hic Acherontæi vasti sunt ostia fluctus:
Qui summa de parte fluens prorumpit in æquor
Eoum: reuocat valles in luminis auras.

Fama est hinc & per hanc speluncam Herculem Cerberum in lucem eduxisse, vt in his scripsit enarrator Nicandri: Ἀχέρων δὲ ποταμὸς ἐν Ἡρακλείᾳ τῇ Ποντικῇ, ἔνθα τὸν τοῦ ᾅδου κύνα Ἡρακλῆς ἐξήγαγε, καὶ ὁ λόφος ἀκόνιτος λέγεται. Acheron fluuius est Heracleæ Ponticæ, qua Hercules Plutonis canem eduxit, atque collis Aconitus dicitur. Huius fluminis aquam insuauissimam fuisse, sicuti etiã Cocyti, scripsit Pausanias in Atticis, cuius alumna est alba populus, vt oleaster Alphei, populus nigra Eridani: quare cum ad Cerberum Hercules per eam portam accessisset, dicitur fuisse alba populo coronatus, cum ob caliginem tamen inferorum facta sit postea nigra illa corona, de qua apud Padum defossa nata est nigra populus, vt fabulantur. Hic Acheron dicitur è Gorgyra filium Ascalaphum habuisse, quem tamẽ quidam ex Orphne nympha Auerni suscepisse maluerunt, qui Proserpinam accusauit, quia ieiunium apud inferos soluisset, de quo ita scripsit Apollodorus Grammaticus lib. primo: καταμαρτυρήσαντος δὲ αὐτῆς Ἀσκαλάφου τοῦ Ἀχέροντος, καὶ Γοργύρας. cum testimoniũ aduersus ipsam dixisset Ascalaphus Acherontis & Gorgyre filius. Quare Ascalaphus vel iustus accusator ob accusationis inuidiam fuit in bufonem mutatus. Dictus fuit Acheron ἀπὸ τοῦ ῥεῖν ἄχεα, quia fluant vndæ molestiarum scilicet, nam vt ait Isacius ῥεῖ ἄχη καὶ λῦπαι τῶν τεθνηκότων συγγενῶν. quia dolores scilicet & mærores coniunctorũ mortuis magnis vndis deuoluantur. Ego tamen illorum sententiæ potius accesserim, qui Acherontem dictum putarunt, ab Acheronte illo, qui in ijs locis regnauit, vt scripsit Andro Teius in sua nauigatione. Atque ex his patuit primũ Acherontem descendentes ad inferos animas excipere solitum, & Cereris, vel vt aliis magis placuit, Terræ fuisse filium. Hunc quia potum præbuerit Titanibus aduersus Iouem pugnantibus, ad inferos detrusum crediderunt, qui ex Acherusia deflueret, per loca subterranea, atque per vallem profundam rursus ederetur in lucem, aquamque haberet insuauissimam.

¶Hæc illa sunt, quæ de Acheronte fabulose scripta inueniuntur, quæ cur ficta sint, nunc perquiramus. Cur Acheron primus excipit mortuorum animas? quia

cum

cum morituri sunt homines, torpor quidam mentem, animumque ita labefactat, vt propinqua mors esse facile sentiatur, tunc enim conscientia, rerumque gestarum memoria animum perturbat: quæ palus est omnibus primum traiicienda vt fabulose fingitur à poetis: neque enim in hac præteritæ vitæ inuestigatione potest animus non magnopere commoueri. Cereris autem siue Terræ filius hic fluuius dicitur, quoniam vniuersa animi molestia & perturbatio aut ex acquirẽdarum aut seruandarum diuitiarum studio nascitur. Hic fluuius potum Titanibus aduersus Iouem pugnantibus præbuit, quoniam multæ iniquæ cogitatio nes aduersus sacra Dei mandata insurgunt, quas si animus diutius aiuerit, à vera Dei lege desciscit, & in brutorum naturam delabitur. Vbi vero quis vir bonus vel etiam malus omnem spem in Dei clementia & benignitate collocaue rit post hanc præteritæ vitæ ratiocinationem, cum mæror ille, qui Acheron dice batur, per vallem profundam pectoris scilicet in lucem extollitur, atque lubẽs ad optimi iudicis Dei præsentiam contendit. Hic fluuius insuauissimæ aquæ esse dicitur, quoniam vitæ nostræ ratio, si diligenter perpendatur, multas habet insuauitates. atque vt rem paucis explicem, nihil aliud per hæc, quę sunt apud inferos ficta, significare voluerunt antiqui, quam ita vitam nostram oportere comparare, vt recordatio præteriti temporis quam maxime animos nostros ob innocentiam & integritatem consoletur in morte, & intrepidos ad omnem iudicum seueritatem nos perducat. sub his enim fabulis omnes morituri hominis cogitationes exprimuntur. At nunc dicamus de Styge.

De Styge. Cap. II.

STyx item inferorum fluuius post Acherontem ad inferos accessuris se offert; quam alii ex aliis parentibus ortam crediderunt. Nam Hesiodus in Theogonia ex Oceano natam esse Stygem tradidit in his;

Δεινὴ στὺξ θυγάτηρ ἀψορρόου ὠκεανοῖο
Πρεσβυτάτη. νόσφιν δὲ θεῶν κλυτὰ δώματα ναίει
Μακρῇσι πέτρῃσι κατηρεφὲ' ἀμφὶ δὲ πάντῃ
κίοσιν ἀργυρέοισι πρὸς οὐρανὸν ἐστήρικται.
Styx grauis, Oceani refluí de semine nata.
Quæ procul à superis colit alta palatia, longis
Marmoribus suffulta, tenent vtrinque columnæ
Argento è puro, & cęlum firmantur ad ipsum.

Atque Pausanias in Arcadicis hanc ipsam fuisse etiam Lini poetæ opinionem scribit. Alii Acherontis, alii Terræ fuisse filiam crediderunt. Apollodorus, Grammaticus è petra quadam apud inferos stygem effluere inquit libro primo; τὸ δὲ τῆς στυγὸς ὕδωρ ἐκ πέτρας ἐν ᾅδου ῥέον. stygis .n. aqua è petra apud inferos fluit. Hanc Pallanti quidam nupsisse arbitrati sunt, quidam Piranti, vt ait Pausanias, cui peperit Hydram. habuit filiam Victoriam ex Acheronte patre, vt tradiderunt nonnulli. cum huius filiæ Victoria, Vis Robur, Zehysque Ioui aduersus Titanas opem tulissent, illi nobilitatem hanc & dignitatem Iupiter concessit, vt sanctissimum iusiurandum per stygem Dii haberent, quod testatur Home. libro 5. Odys.

ἴστω νῦν τόδε γαῖα, καὶ οὐρανὸς εὐρὺς ὕπερθεν,
καὶ τὸ κατειβόμενον στυγὸς ὕδωρ, ὅς τε μέγιστος
ὅρκος δεινότατός τε πέλει μακάρεσσι θεοῖσι.
Hoc sciat & tellus, & vasti sydera mundi.
Quæque stygis de fonte fluit venerabilis vnda.

Quæ

Quæ iuramentum est superis, numenque beatis.

Sic etiam Apollonius in lib. 2. Irim per stygiam aquam iurantem introducit;

Sic ait, & stygiam iurauit protinus vndam
Quæ superis veneranda Deis, quam fallere terror.

Fingebant antiqui victoriam huius filiam quidem fœminam esse super globo altero pede stantem, sed non alatam, tanquam lubricam; cui primus alas addidisse dictus est pater Bupali & Athenidis, cum alij dicãt Aglaophontem pictorẽ istud primum fecisse, alij Pergamenum Caristyũ. Erat iis illa pœna proposita, qui per aquam stygiam peierassent, vt per quoddam temporis spatium ab epulis Deorum abstinerẽt, & ab omni Deorũ cõsuetudine, vt testatur Hesiodus in Theog.

ἡ δὲ μὶ ἐκ πέτρης προρέει μέγα πῆμα θεοῖσιν.
ὅς κὲν τὴν ἐπίορκον ἀπολείψας ἐπομόσσῃ
Ἀθανάτων, οἳ ἔχουσι κάρη νιφόεντος ὀλύμπου.
κεῖται νήυτμος τετελεσμένον εἰς ἐνιαυτόν.
οὐδέποτ' ἀμβροσίης καὶ νέκταρος ἔρχεται ἆσσον
Βρώσιος. ἀλλά τε κεῖται ἀνάπαυστος καὶ ἄναυδος
στρωτοῖς ἐν λεχέεσσι, κακὸν δ' ἐπὶ κῶμα καλύπτει.
Αὐτὰρ ἐπὴν νοῦσον τελέσῃ εἰς ἐνιαυτὸν,
Ἄλλος δ' ἐξ ἄλλου δέχεται χαλεπώτατος ἆθλος,
Ἐννάετες δὲ θεῶν ἀπομείρεται αἰὲν ἐόντων.
οὐδέποτ' ἐς βουλὴν ἐπιμίσγεται, οὐδ' ἐπὶ δαῖτας
Ἐννέα πάντ' ἔτεα. δεκάτῳ δ' ἐπιμίσγεται αὖτις
Εἰρέας ἀθανάτων, οἳ ὀλύμπια δώματ' ἔχουσι.
τοῖον ἄρ ὅρκον ἔθεντο θεοὶ στυγὸς ἄφθιτον ὕδωρ.
Supplicium superis de petra profluit vnda,
Quam si quis Diuum superorum peieret, horum
Queis domus incolitur præcelsa niualis Olympi,
Bis senos iacet infelix ex ordine menses.
Nectare & Ambrosia simul abstinet: inque grabato
Decumbit mutus oppressus membra veterno.
Ast vbi per longum morbum tolerauerit annum,
Tum grauiora manent miserum certamina semper.
Ille nouem procul à Diuis depellitur annos:
Concilio totidem Diuorumque abstinet, idem
Cum superis pariter conuiuia nulla frequentat.
Pristina conditio decimo cui redditur anno.
Tantus honor stygiis iuratis additur vndis.

Tum idem poeta declarauit qui ritus in Deorum iuramẽtis seruaretur, dicitque Irim poculum aqua stygia plenum mentientibus Diis afferre solitam, cum Iupiter ita iuberet, vt est in his carminibus;

καὶ ῥ' ὅστις ψεύδηται ὀλύμπια δώματ' ἐχόντων
Ζεὺς δέ τε ἶριν ἔπεμψε θεῶν μέγαν ὅρκον ἐνεῖκαι,
τηλόθεν ἐν χρυσέῃ προχόῳ πολυώνυμον ὕδωρ
ψυχρόν. ὅς τ' ἐκ πέτρης καταλείβεται ἠλιβάτοιο
ὑψηλῆς πολλὸν δ' ὑπὸ χθονὸς εὐρυοδείης,
Ἐξ ἱεροῦ ποταμοῖο ῥέει διὰ νύκτα μέλαιναν
Ὠκεανοῖο κέρας, δεκάτη δ' ἐπὶ μοῖρα δέδασται.
Cum quis de superis mendacia dixerit, Irim
Iupiter afferre hinc iuramentum sibi mandat
Aurato in cyatho lympham, celeberrima sensim

Quæ

Quæ fluit è petra,& paulatim labitur alta.
Sub terris fluit,& tenebras per noctis opaca
Flumine de sacro:cornu maris Atlantæi.
Nam decima Oceani pars est styx ipsa profundi.

Alii honorem illum datum fuisse Stygi dixerũt, quia coniurantium Deorum aduersus Iouem,cum illum vincire voluerunt,insidias patefecerit, vt sensit Isacius. vbi fuerit styx vere,multa est controuersia apud scriptores: nam alii non procul à Lucrino portu,Auernoque lacu in sinu Baiano existimarunt, quod fiebat fraude sacerdotum, qui vt fructibus amęnissimi loci potirentur, & multis fructiferis arboribus consiti,illum consecratum inferis esse dicebant, nullique, nisi placatis per solẽnia sacrificia manibus,locus putabatur adeundus. Ibidem cum fons esset scatens aquis fluuialibus,& in mare defluens,omnes ab eius aqua abstinebant, quod aquam stygiam è sermone sacerdotum esse opinarentur. At Herodotus, vbi de Nonacri ciuitate loquitur in Erato, ita de aqua stygia scripsit: ἐν δὲ ταύτῃ τῇ πόλι λέγεται εἶναι ὑπ' ἀρκάδων τὸ στυγὸς ὕδωρ. καὶ δὴ καὶ ἐστι τοιόνδε τι. ὕδωρ ὀλίγον φαινόμενον ἐκ πέτρης στάζει εἰς ἄγγος, τὸ δὲ ἄγγος αἱμασιῆς τις περιθέει κύκλος. ἡ δὲ νώνακρις ἐν τῇ, ἡ πηγὴ αὕτη τυγχάνει ἐοῦσα, πόλις ἐστὶ τῆς ἀρκαδίας πρὸς φενεῷ. In hac autem ciuitate dicitur aqua esse stygia ab Arcadibus. Est autẽ huiusmodi: apparet aqua exigua in vas quoddam defluens,quod sæpis cuiusdam circulus ambit,atque Nonacris, vbi fons ille existit,ciuitas est Arcadiæ parum distans à Pheneo flumine. Hanc aquam memoriæ prodidit Pausanias in Arcadicis è prærupta rupe ad Nonacrim in præcelsum saxum guttatim cadere, ac inde fluuium Crathim delabi,cuius potus pernitiosus est omnibus animalibus. Sed neque illis solum pernitiosa est aqua, verum etiam omnia metallorum genera ab ea solui dicebantur,neq; vllum erat vas,quod aquę vim sustinere posset. Declarauit Plato in Phędone nõ solum quo pacto deflueret styx apud inferos, sed etiam qui illi color adesset: ὁ τέταρτος ἐκπίπτει εἰς τόπον πρῶτον δεινόν τε καὶ ἄγριον, ὡς λέγεται. χρῶμα δὲ ἔχοντα ὅλον οἷόν κυανός, ὃν δὴ ἐπονομάζουσι στύγιον, καὶ τὴν λίμνην ποιεῖ ὁ ποταμὸς ἐμβάλλων στύγα. Quartus incidit prius in locum grauem ac terrũ, vt aiunt: coloremque habet cyaneum prope, quem fluuium stygium nominant: & paludem, quam hic fluuius ingressus facit, stygiam. Hic fluuius, quoniam fluit sub terra, aquamque habet insuauissimam, creditus est ad inferos vsque descendere, & esse fluuius inferorum, qui ob insuauitatem suam dictus est styx, quasi στυγερὸς, quod odiosum significat apud Græcos. Hoc in flumine cum alia complura monstrosa esse dicerentur, tum pisces ita graciles, vt magis piscium vmbris similes, quàm piscibus viderentur, vt ait Pausanias in Phocicis. Hic erant omnia animalia nigra, & ranæ nigræ, vt ait is poeta:

Esse aliquos manes,& subterranea regna,
Et contum,& stygio ranas in gurgite nigras,
Atque vna transire vadum tot millia cymba.

Nam cum loquerentur poetæ de rebus fabulosis,illis omnia iniunxerunt,quę res veras consequi solent,quo probabiliores viderentur. hæc ea sunt, quæ memoriæ prodita fuerunt de styge. Nunc ex his veram sententiam eliciamus.

¶ Vbi de Acherõte loqueremur superius,diximus Acherontẽ esse mœrorẽ illũ ac tristitiã quæ nascere? in mente hominis morituri è cõsideratione rerum præteritarum,at styx odium est illud erga transacta facinora,quod pœnitentiam consequitur: cum enim peccata præterita odio habere incępimus, tunc dicuntur animæ stygiam paludem traiicere, quæ ex Acheronte exoritur. At qui ad fluminis ipsius ortum suam orationem conuerterunt, illi omnem vim aquarum Oceano cõcedentes eo flumina omnia confluere, & ex illo fontium imbriumq; materiã manare crediderunt. Rursus qui ex aere in locis cauis sub terra concreto & in aquam verso dulciũ aquarum vim oriri putarunt, illi Terræ filiam stygẽ, vt cætera flumina, arbitrati sunt: quare non est absurdum si res eadem alijs de causis varios ortus apud fabularum inuentores sortita sit. Quòd autem honorem illũ consecuta sit Styx, quia Ioui aduersus Titanas fuerit auxilio, vel quia Ioui insidias indicasset, nihil aliud significare voluerunt antiqui, nisi principes suos à singulis nationib. esse pro viribus in imperio retinendos, si viri boni sint præcipue: atq; principes ipsos munificos esse oportere erga illos, qui sceleratorum proditiones & insidias patefaciunt: qua re nihil esse potest neque sanctius, neque ad seruandas ciuitates accommodatius. ac de styge satis, nunc de Cocyto dicamus.

De Cocyto. Cap. III.

COcytum quoque defunctarum animarum multitudini transeundum esse fabulati sunt antiqui, priusquàm ad inferos deueniretur. hic fluuius & quò illabatur, & vnde oriatur, ita patefecit Plato in Phędone: ὁ δ' ἐμπεσὼν ἐνταῦθα καὶ δεινὰς δυνάμεις λαβὼν ἐν τῷ ὕδατι, δὺς κατὰ τῆς γῆς περιελιττόμενος χωρεῖ ἐναντίος τῷ πυριφλεγέθοντι, καὶ ἀπαντᾷ ἐν τῇ ἀχερουσιάδι λίμνῃ ἐξ ἐναντίας καὶ οὐδὲ τὸ τούτου ὕδωρ οὐδενὶ μίγνυται, ἀλλὰ καὶ οὗτος κύκλῳ περιελθὼν, ἐμβάλλει εἰς τὸν τάρταρον, ἐναντίος τῷ Πυριφλεγέθοντι, ὄνομα δὲ τούτῳ ἐστὶν, ὡς οἱ ποιηταὶ φάσκουσι, κωκυτός. Hic vero huc delatus, magnasque vires ab aqua assumens, terramque ingressus ac circumuolutus contrarius fluit Pyriphlegethonti, illique fit obuius in stagno Acherusiæ: neque huius aqua cum alia commiscetur, sed in gyrum circũuolutus in tartarum irrumpit Pyriphlegethonti aduersus. Fabulati sunt antiqui Minthẽ nympham nõ indecoram fuisse Cocyti filiam, quã vbi Proserpina cum Plutone deprehendisset tandiu indignationem dissimulauit, donec Pluto recederet. Deinde post grauem reprehensionem in mentham herbam conuertit, & de prisco nomine appellauit. Istud cum in monte Pylo propinquo accidisset, mons etiam nomen inde accepit vt ait Sostratus in secundo introductionis fabulosæ historiæ. fratrem etiam spuriũ m, qui furto conscius assensisset vel propter metum, vel propter reuerentiam Plutonis, in syluestrem herbam prope similem odore & aspectu conuertit. Scripsit Homerus in lib. λ. odyss. Cocytum & Pyriphlegethontem in Acherontem perfluere, cum sit Cocytus tanquam riuus stygis vt patet ex his:

> ἔνθα μὲν εἰς Ἀχέροντα πυριφλεγέθοντέ ῥέουσι,
> κωκυτὸς θ' ὃς δὴ στυγὸς ὕδατός ἐστιν ἀποῤῥώξ.
> Atque Pyriphlegethon, Cocytusque è styge labens
> Immensas Acherontis aquas mox fluctibus augent.

neque plura fere de Cocyto memoriæ prodita sunt ab antiquis, nunc veritatem ex his eliciamus.

¶Dictus est autem Cocytus à querelis & lamentationibus, vt nomen ipsum significat & veluti testatur Plato in tertio libro de rep. quia morituri plerique post commissorum pœnitentiam lamentantur, quia illa contra Dei optimi omnium parentis leges commiserint. Alij maluerunt dictum esse, quia queruntur & grauiter ferunt quia res carissimas sint relicturi: alij ob lamentationes coniunctorum dictum putant hunc fluuium, qui morituris est transeundus. Neque potest quispiam ad inferos accedere, nisi per hæc flumina, vel, vt verius dicam, per turbulentissimas has animi cogitationes, quas antiqui per suas fabulas significarunt. Qui quidem ita viuendum esse per hæc figmenta ostendebant, vt intrepidi essemus ad omnem post mortem fortunam. Nunc dicatur de Charonte.

De Charonte. Cap. IIII.

CHaron vero, cuius nomen lætitiam significat, qui fuit Erebi & Noctis filius vt sensit Hesiodus, qui in Theogonia omnia prope inferorum monstra ex ijs nata esse affirmauit, portitor animarum & trium horum fluuiorum nauta dicebatur. Erat quidem præter hos Phlegethon siue Pyriphlegethon, de quo cum fabula in idem recidat cum Cocyto, plura dicenda nō putaui. Hic Charon dictus est ab antiquis grandæuus, & à Polygnoto pictore senex pingebatur: qui Minyadem poesim fortasse secutus fuit, in qua erat de Charonte huiusmodi sententia:

Atque hic exangues longæuus portitor vmbras
Puppe vehit patula.

Sic etiam Virgilius libro sexto Charontem senem esse demonstrauit, vbi illius formam describit,

Portitor has horrendas aquas, & flumina seruat
Terribili squallore Charon, cui plurima mento
Canities inculta iacet, stant lumina flamma.
Sordidus ex humeris nodo dependet amictus.

Hic erga omnes implacidus esse dicebatur, quos traijciebat, neque Reges ac principes ciuitatum à reliqua multitudine putabat differre, cum omnes vno ordine nudos, & omnibus bonis spoliatos cerneret, vt testantur ea carmina:

κάτθαν᾽ ὁμῶς ὅτ᾽ ἄτυμβος ἀνὴρ, ὅστ᾽ ἔλλαχε τύμβου.
Ἐνδ᾽ ἰῇ τιμῇ Ἶρος, κρείων τ᾽ Ἀγαμέμνων.
Θερσίτης δ᾽ ἶσος Θέτιδος παῖς ἠυκόμοιο.
Πάντες εἰσὶν ὁμῶς νεκύων ἀμενηνὰ κάρηνα.
Γυμνοί τε ξηροί τε, κατ᾽ ἀσφοδελὸν λειμῶνα.
Mortuus est æquè tumuli qui haud cepit honorem,
Quique fuit nactus prægrandis pondera saxi.
Non Iro magis est Agamemnon clarus: & ipsi
Thersitæ similis Thetidis pulcherrima proles.
Hi pariter nudi atque inopes per regna vagantur
Vmbrarum, apta suis referentes præmia factis.

Testatur Lucianus in dialogo de luctu moris id fuisse apud antiquos: vt obolum numisma perexiguum in os singulis mortuis includerēt, quod naulum esse Charontis arbitrabantur, cum ita scribat: *ὥστ᾽ ἐπειδάν τις ἀποθάνῃ τῶν οἰκείων πρῶτα μὲν φέροντες ὀβολὸν, ἐς τὸ στόμα κατέθηκαν αὐτῷ, μισθὸν τῷ πορθμεῖ τῆς ναυτιλίας γενησόμενον.* Quare cum quis è domesticis obierit, primum quidem obolum illi in os depositum naulum portitoris fore arbitrantur, is autem nummulus Danace à Græcis dicebatur, sicuti testatur Callimachus his carminibus in Hecale:

τοὔνεκα καὶ νέκυες πορθμήϊον, οὔτι φέρονται,
μοῦνοι ἐπιπτολίων ὅτι μὴ θυμιάσομεν αὐτοῖς·
Ἀλλὰ κενοῖς στομάτεσσι νέας ἀχερουσιὰς ἴσαν
Βάθρον, καὶ δανάκης ἐπιδεύεται οὔτις ἀπιών.
Idcirco nulli naulum portare feruntur
Vrbe ex hac vita functi: nisi sacra feramus
Nos, & suffitus adeunt Acherusia templa
Ore illi vacuo: danace non indiget vllus.

Aristophanes autem in Ranis duos obolos postea naulum eiusdem fuisse scripsit in his versibus:

ἐν πλοιαρίῳ τυννουτωΐ σ᾽ ἀνὴρ γέρων
Ναύτης διάξει δύ᾽ ὀβολὼ μισθὸν λαβών.

Mercede capta nauta te senex vehet
Binis obolis in naue parua protinus:

Neque tamē ea parua mercede semper contentus fuit, sed aliquādo ab Atheniēsium Imperatoribus, ne illi æquari multitudini cogerentur, auctū est Charonti stipēdiū, & vsque ad triobolum peruētū est. Tanta fuit antiquorū nonnullorū demētia, vt inferos etiā auaritia, & nummorum desiderio vexari arbitrati sint. dicitur nonnullos Charon viuos ad inferos traiecisse: nā Hercules, Vlysses, Orpheus, Aeneas, Theseusque eo descendisse memorātur, quæ omnia ficta sunt, vt singula suis locis explicabuntur. Soli ex omnibus hominibus Hermionenses nullum naulū mortuis in os includebant, quod sibi breuissimū esse ad inferos descensum dicerent, quamuis ille poeta vndique tantundem itineris esse ad inferos inquiæ,

εἰς ἀΐδην ἰθεῖα κατήλυσις, εἴτ᾽ ἀπ᾽ ἀθηνῶν
στείξεις, εἴτε νέκυς νείσεαι ἐκ μερόης.
καὶ σύ γ᾽ ἀνιάτω πάτρης ἄπο τῆλε θανόντα,
πάντοθεν εἷς ὁ φέρων εἰς ἀΐδην ἄνεμος.

Vndique recta ibis sera tartara, siue ab Athenis
Mortuus accedas, seu magis è Meroe.
Nec doleas procul à patria quod sorte peribis,
Vndique nanque idem ad tartara ventus aget.

¶ Nunc quid hæc fabulosa significent explicemus. Charon Erebi & Noctis filius dicitur, qui animas trans Acherontem, & Stygem & Cocytum ac Phlegethontem traiicit, qm ex illa hominum mente, quæ prius erat cōfusa, peccatorūque tenebris inuoluta, ac minime examinata cōsciētia, prius illi motus, qui superius nominati sunt per illa flumina exoriūtur: deinde vbi innocētiæ opinio, aut innocētiæ proxima deliberatio in posterū integritatis seruādæ, surrexit: quæ per præteritorū scelerū pœnitētiā cōparatur, cū piget summi Dei voluntaté, per auaritiā, crudelitaté, impietaté ve offendisse, tū spes de bonitate Dei exurgit atque inde lætitia, quę nos trās ea turbulenta flumina traiicit: & Charon appellatur. Hæc ad seueros iudices intrepidos nos deducit, hæc in grauissimis periculis nos consolatur & adiuuat, hæc pro viatico est quocunque accedamus. Quare siquis recte consideret, inueniet antiquos omnes animorum motus illos, qui sub mortis tempus in homine nascerentur, sub his fluuiorum figmentis fuisse complexos. Nam cū senex sit Charon, quid aliud significat, quam rectum consilium, & quæ ex illo concepto prouenit, lætitiam? aut quæ alia lætitia in morituro homine excitabitur, quam illa quæ nascitur ex opinione innocentię, aut è spe veniæ? Illa vero quæ ad obolos, naulumque portitoris attinent, ego ridicula esse cēseo, & pro simplicium mulierecularum opinionibus inuenta, & tāquam ad inuentæ fabulæ probabilitatem admissa à sapientibus, si modo hæc ab illis manarunt. nunc de Cerbero dicamus.

De Cerbero Cap. V.

VBi superiora illa flumina mortuorū animæ traiecissent, tum cerberus atrocissimus canis inferorum custos in spelunca quadam ante fores Plutonis recūbebat; qui omnibus ingressuris humanissime blandiebatur; at neminem patiebatur exire, sed omnes egressuros altissimis & maxime horrendis latratibus deterrebat. Hic Cerberus è Typhone & Echidna natus est, vt scripsit Hesiodus in Thegonia. quod autem seruaret inferorum sedes ita testatur Virg. lib. 6.

Cerberus hæc ingens latratu regna trifauci
Personat, aduerso recubans immanis in antro.

Eius

Bius formam corporis cani persimilem fuisse dicebant, cuius tamen è capite angues densissimi pro villis pendebant, vt ait Horatius in libro tertio Odarum.

Cessit immanis tibi blandienti
ianitor aulæ
Cerberus: quamuis furiale centum
Muniant angues caput eius. atque
Spiritus teter, saniesque manet
ore trilingui.

Huius totum denique dorsum pro villis serpentes habuisse, & anguinea cathena vinctum fuisse videtur significasse Tibullus lib. 3.

Nec canis anguinea redimitus terga cathena,
Cui tres sunt linguæ, ter geminumque caput.

Tria capita illi fuisse testatur ita Sophocles in Trachiniis:

Α῞δου τρίκρανον σκύλακ' ἀπρόσμαχόντε.
Canemque Ditis efferum, huic trinum caput.

Quod etiam affirmauit Cicero in primo lib. Tusculanarum disputationum. at Hesiodus in Theogonia quiquaginta capita illi tribuit, vt patet in his carminibus.

Δεύτερον αὖτις ἔτικτεν ἀμήχανον οὔτι φατειὸν
κέρβερον, ὠμηστὴν, ἀΐδεω κύνα χαλκεόφωνον.
πεντηκοντακέφαλον, ἀναιδέα, κρατερόντε
Crudelem rursus catulum parit illa nefandum,
Cerberon, vmbrarum custodem, ferrea cui vox.
Quinquaginta simul capita: illis nilque pudoris.

Veruntamen Isacius illum centum capita habere scribit, quem & canem inferorum nominat, & eius diligentiam ita describit: ἐκεῖ δὲ λέγουσιν εἶναι τὰς τῶν ἀνθρώπων ψυχὰς, ἃς φυλάσσει σκύλον τοῦ ᾅδου, ὃς ἔχει ἑκατὸν κεφαλάς. καὶ λέγουσιν ὅτι τοὺς εἰσερχομένους μετὰ κολακείας προσδέχεται, τοὺς δὲ ἐξελθεῖν θέλοντας οὐκ ἐᾷ. εἰ δέ τις τολμήσειε τῷ τάχει αὐτοῦ λαθέσθαι καταδαπανᾷ αὐτόν. Ibi hominum animas esse inquiunt, quas Plutonis canis custodit. qui centum habet capita. Aiunt præterea quod accedentes animas cum blanditiis excipit, at egredi conantes deturbat: quare si qua celeriter effugere conetur, illam repente corripit ac vorat. Sic etiam Horatius illum centum capita habere scribit in secũdo Carminũ;

Demittit atras bellua centiceps
Aures.

De illius forma ita meminit Apollodorus lib. secundo; Δωδέκατον ἆθλον ἐπετάγη κέρβερον ἐξ ᾅδου κομίζειν. εἶχε δὲ οὗτος τρεῖς μὲν κυνῶν κεφαλὰς, τὴν δὲ οὐρὰν δράκοντος, κατὰ δὲ τοῦ νώτου, παντοίων εἶχεν ὄφεων κεφαλάς. Duodecimum certamen impositum Herculi, cerberum ab interis educere. Habebat hic pro communi sententia tria canina capita, caudam draconis, at in tergore variorum serpentum capita. Quem Hesiodus in Theogonia & blandiri adeuntibus vt diximus & vorare egredientes animas ita inquit;

δεινὸς δὲ κύων προπάροιθε φυλάσσει
Νηλειὴς. τέχνην δὲ κακὴν ἔχει. ἐς μὲν ἰόντας
Σαίνει ὁμῶς οὐρῇ τε καὶ οὔασιν ἀμφοτέρησιν.
Ε'ξελθεῖν δ' οὐκ αὖτις ἐᾷ πάλιν. ἀλλὰ δοκεύων
ἐσθίει, ὅνκε λάβησι πυλέων ἔκτοσθεν ἰόντα.
Hic canis horrendus nigrantia limina seruat,
Præditus arte mala: cauda blanditur & aure
Vtraque, accedat siquis. si euadere contra
Conetur quisquam, hunc auidam mox condit in aluum.

Atqui cum nullos esse inferos putarent antiquorum nonnulli, scriptum reliquit Pausanias in Laconicis non solum nulla esse Deorum regna subterranea, quò animæ deuenirent, vbi è vita excesserint, sed cerberum etiam tetrum ac immanem serpentem fuisse, qui lustrum haberet in spelunca quadam apud Tænarum: qui quemcunque momordisset, continuo vis veneni interimebat, vt sensit etiam Hecatæus Milesius, quare dictus est canis inferorum. Hunc serpentem primus omnium Homerus, vt ait Pausanias, canem appellauit, qui nihil tamen de illius forma fabulatus est, cum posteri & cerberum nominarint, & tot illi belluæ capita iniunxerint. Alii fabulati sunt illum ab inferis eductum fuisse ab Hercule, per eam speluncam, quæ nõ procul distat à Tænaro, qui cum primum lucem sensisset vomuit, ex quo vomitu, spumaque oris natum est aconitum, vt asserit Strabo lib. octauo. Lucretius Epicureus philosophus, quoniam hæc reuocare à voluptatibus videbantur, non solum cerberum de medio ex Epicureorum sententia sustulit, sed omnia prorsus illa, quæ supplicium aliquod nefariis hominibus apud inferos post mortẽ minitarentur: cum ita scribat in lib. 3. sui poematis:

> Cerberus, & furiæ iam vero, & lucis egenus
> Tartarus horriferos eructans faucibus æstus,
> Hæc neque sunt vsquam, nec possunt esse profecto.

Fuerunt qui fabulas has conati sint ad historias, verasque narrationes traducere. Dicunt enim quod cum Theseus & Pirithous Helenam rapuissent, quæ obuenit Theseo, coactus est Theseus iurare se opem laturum Pirithoo, dum is quoque aliquam eximiam mulierem sibi raperet. Tunc in Epiro Aidonei Molossorum Regis eximia forma filiam esse audientes, eò contenderunt, vt illam raperent. Est autem idem Aidoneus, & Aides, & Orcus, & Pluto vocatus, huius filię nomen fuit Proserpinæ: matri, Cereri; canemque habuit acerrimum, qui Cerberus dicebatur. Iubebantur cum Cerbero prius pugnare, qui Proserpinæ nuptias peterent: qui victi laniabantur. hanc Theseus cum Pirithoo per insidias rapere conati sunt, quos cum nõ vt procos, sed vt raptores accessisse intellexit Aidoneus, in vincula coniecit, ac Pirithoum cani statim vorandum exposuit. Theseo, cum sponte sua nõ accessisse cognouisset, pepercit: at in custodias tradidit, vt scripsit Zezes, & Plutarchus in vita Thesei. fabulati sunt postea poetæ Theseum & Pirithoum ad inferos descendisse, Plutonisque vxorem Proserpinam rapere voluisse, quod ita attigit Virgilius libro sexto:

> Nec vero Alcidem me sum lętatus euntem
> Accepisse lacu, nec Thesea Pirithoumque:
> Diis quanquam geniti, atque inuicti viribus essent.
> Tartareum ile manu custodem in vincula petiuit,
> Ipsius à solio regis, traxitque trementem,
> Hi dominam Ditis thalamo deducere adorti.

¶ Atque hæc ea sunt, quæ de cerbero fabulati sunt poetæ: nunc illorum sententia est exprimenda. Cur cerberus Echidnæ & Typhonis filius dictus est? Nam si rem hanc ad naturę vires conferamus, nihil aliud erit cerberus, quam rerum naturalium generatio: cum enim Typho ardens sit, frigidissimumque animal Echidna, quæ viperam significat, ex harum qualitatum commistione fit ortus rerum naturalium. hinc efficitur vt animalibus e cœlo ad inferos descendentibus, hoc est nascentib. cerberus blandiatur: at contra nitentes, morituras scilicet aĩas deterreat, quia natura reclamat: nec ęquo aĩo interitũ ferre põt. Qui terram cerberum esse putarunt, has easdem vires illi dare nihilominus coguntur Hunc in spelunca obscura habitare dixerunt, ob ignorationem sui, & ob sordi-

das

das res, ex quibus singula oriuntur: alii propter sepulchrorum tenebras putarunt, cui viperas tribuerunt pro villis, quoniam id animal in sepulchris frequenter versetur. At pro vi occulta terræ, quæ sepulta cadauera absumit, & pro ratione temporum, quæ plurimum conferunt ad celeritatem aut tarditatem corruptionis, illi tot capitum numerum addiderunt. Ipsum siquidem nomen significat sepulchrum esse cerberum, quia κρέας caro est, βορῶ autem voro. Atque hæc ad vim naturæ. Hunc extraxit Hercules, quia virtus nominis sui perpetuitate & sepulchri & mortis vires infregit, & ab omni temporũ iniuria se vendicauit. ¶ Qui ad mores, vitæque humanæ institutionem hæc transtulere, cerberum auaritiam esse, diuitiarumque cupiditatem arbitrantur: quæ non nisi è malis cogitationibus oritur: cum nemo vir bonus diues breui euadat. est enim auaritiæ propriũ aduenientibus opibus blandiri, at vbi vel in res necessarias faciendus est sumptus, grauiter ferre, discruciari, & prope præ mœrore insanire. ꝙ si vlla necessitas opes ipsas in lucem extraxerit, tum reclamat auarus, & nulla cum dignitate vel iudicio ipsas profundit: quare visa luce cerberus vomuisse dicitur. habet multorum capitum numerum, vel quia multorum scelerum & flagitiorum principium & fons est auaritia, vel quia mortales in multas miserias inducit, cum alii ferro, alii veneno, alii aliis insidiarum generibus propter diuitias opprimantur. quippe cum nullus sit auarus, quem & filii & vxor & coniuncti omnes nõ quam citissime decedere cupiant. Dictus est cerberus in obscura spelunca habitare, quoniam omnium propè vitiorum stultissimum sit auaritia: cum neque sibi prosit, nec reliquis: nec sibi vel posteris gloriam comparare studeat, sed semper inter sordidos & obscuros homines versetur. At Hercules, quæ virtus est animi magnitudo, cerberum in lucem extraxit, sibique perpetuam gloriam comparauit. Quis enim sine opibus facilem esse sibi viam ad perpetuitatem nominis affirmauerit? Illæ sanè nihil aliud putandæ sunt à viris prudentibus, quam commodiores rationes rerum præclarè gerendarum. nunc de Parcis dicendum.

De Parcis. Cap. VI.

ET quoniam nihil horum sine Parcarum imperio & voluntate fieri poterat, vt creditum est ab antiquis, tempus iam postulat vt de illis loquamur. Fuerunt autem Parcæ sorores tres, ita concordes, vt nulla vnquam illarum dissensio, sicuti cæterorum Deorum, audita fuerit. Has Iouis & Themidis fuisse filias scriptum reliquit Hesiodus in Theogonia hoc pacto;

Δεύτερον ἠγάγετο λιπαρὴν θέμιν, ἣ τέκεν ὥρας,
εὐνομίην τε, δίκην τε, καὶ εἰρήνην τεθαλυῖαν.
Αἵ τ' ἔργ' ὡραίουσι καταθνητοῖσι βροτοῖσι.
Μοίρας θ', ᾗς πλείστην τιμὴν πόρε μητίετα ζεύς,
κλωθώ τε, λάχεσίν τε, καὶ ἄτροπον, αἵ τε διδοῦσι
θνητοῖς ἀνθρώποισιν ἔχειν ἀγαθόν τε κακόν τε.
Inde Themin duxit Saturnius: hæc parit Horas,
Eunomiamque, Dicenque, Irenen deinde virentem:
Omnia maturant miseris mortalibus istæ.
Parcas: quis multum mox Iupiter addit honoris,
Clothoque, & Lachesim, simul Atropon, Hæ bona cunctis,
Hæ mala dant, nutuque suo res queq; geruntur.

Idem tamen poeta in eodem libello Noctis filias & Parcas & Mortes, siue fata malueris nominare, fuisse scribit, cum illas inter Noctis filias connumerauit, vt patet ex eo versu:

καὶ μοίρας, καὶ κῆρας ἐγείνατο νηλεοποίνας:
Et parcas parit, & Mortes mala multa ferentes.

Cui sententiæ accessit etiam Orpheus, qui ita scripsit in hymno in Parcas;

Μοῖραι ἀπειρέσιαι, νυκτὸς φίλα τέκνα μελαίνης.
Immensæ Parcæ, nigrantis pignora Noctis.

Alii Necessitatis, siue vt aiunt. Græci ἀνάγκης filias esse Parcas crediderũt. Has in spelunca quadam sublimi habitasse scripsit Orpheus, atque inde ad humana opera, vbi libuerit, euolare solitas;

κλῦτέ μου εὐχομένου πολυώνυμοι, αἵ τ' ἐπὶ λίμνης
οὐρανίας, ἵνα λευκὸν ὕδωρ νυχίας ὑπὸ θερμῆς
ῥήγνυται, ἐν σκιερῷ λιταρῷ μυχῷ εὐλίθου ἄντρου
Ναίουσαι, πεπότησθε βροτῶν ἐπ' ἀπείρονα γαῖαν.
Audite orantem, celebres audite sorores.
Quæ excelsum colitis stagnum;, qua murmurat vnda
De Nychia tepida, vmbroso quæ habitatis in antro
Marmoreo, celeres hominumque per arua volatis.

Alii putarunt has ex illa confusa & informi materia cum Pane pastorum Deo natas fuisse, quæ Chaos ab antiquis fuit appellata: seque in illam speluncam recepisse, vnde quocunque liberet facile conuolarẽt. creditæ sunt ipsæ Parcæ esse Deorum scribę, atque quidquid euenturum esset nascentibus iam tum hominibus impartire, vt testatur Homerus in lib. η Odysseæ.

ἔνθα δ' ἔπειτα
Πείσεται ὅσσα οἱ αἶσα, κατακλῶθες τε βαρεῖαι
Γεινομένῳ νήσαντο λίνῳ, ὅτε μιν τέκε μήτηρ.
ille deinde
Cuncta feret, quæ facta dabunt, Parcæque seueræ
Nascenti neuere, parens quando edidit ipsum.

Non defuerunt qui & id munus habere Parcas crediderint, quæ nulla necessitate natas, sed maris esse filias, sicut innuit Lycophron in his versibus.

Γραῖαι γὰρ εὐνάστειραι ἀμνάμοι τριπλαῖς
Πήναις κατεκλώσαντο δηναιᾶς ἁλός.
Parcæ senis maris seueræ filiæ,
Filis tribus iam destinant adulteros.

Has Parcas triformes nominauit Aeschylus in Prometheo: quæ pro Diis summa religione colebantur apud Sicyonios, & eodem propè ritu, quo vocatæ Eumenides, vt testatur Pausanias in corinthiacis. Harum Parcarum nomina varia fuerunt: nam vt scribit in Atticis Pausanias: Venus cęlestis vna fuit earum, quę Parcæ appellebantur, natu maxima. Idem scribit in Eliacis fęminam quandam apud Eleos sculptam fuisse dentibus & vnguibus aduncis quauis fera immaniorem, quã inscriptio vnam fuisse è Parcis significabat, Mortã nomine. Idem rursus in Achaicis Fortunam omnibus sororibus Parcis potestate præcellere. deinde in Arcadicis, Lucinam εὔλινον, quasi Lanificam dixerim, vnam esse putauit è Parcis, quæ dicta est Pepromene: quæ Saturno multo fuit antiquior: quod etiam sensit Lycius Delius antiquissimus poeta, qui hymnos cum in alios Deos, tum in Lucinam composuit. Patet ex his, è quibus genitæ sint Parcæ, & quot, & quod earũ esset officium, & quæ illarum essent nomina, nunc quid occultatum sit sub his, inquiramus.

¶ Existimarunt antiqui, quibus Christianæ sapientiæ semina nondum innotuerant, omnia quæ nascerentur siue animalia, siue essent plantæ, siue ædificia ac ciuitates, nõ solum proprium habere Genium, à quo perpetuo gubernarẽtur; sed

etiam

etiã sub Parcarũ atq; fati potestate esse sita, ita vt quoties nasceret aliquid, illi post certũ dierũ numerũ ex ordine fatorũ vel ferro, vel igne, vel ęgritudine, vel sideratione, vel alio mortis genere esset pereundũ: quam necessitatem nulla ratione, nullaque hominis prudentia deuitari posse putarunt: atque eandem vim in omnia sese extendere. Hanc vim Latini scriptores fatum vel Parcã, at Gręci μοῖραν vel αἶσαν dixerũt: de cuius fati necessitate ita scripsit Aeschylus in Prometheo;

τὴν πεπρωμένην δὲ
χρὴ αἶσαν φέρειν.
Statutum vero
Opus est fatum perferre,

Id ipsum fatum ineuitabile esse dixit ita Euripides in Ione:

Ἀνοικτέον τάδ᾽ ἐστὶ, καὶ τολμητέον.
τὰ γὰρ πεπρωμέν᾽ οὐδ᾽ ὑπερβαίη ποτ᾽ ἄν.
Hæc sunt ferenda, conuenit, confidere.
Decreta fato præterire quis quæat?

Sed hoc etiam apertius enucleauit Homerus in lib. ζ. Iliadis, qui non solum multum tribuit fatis, sed etiam propriam esse Parcam singulorum credidit, quæ quid euenturum esset singulis cum nascerentur, statueret.

μοῖραν δ᾽ οὔτινά φημι πεφυγμένον ἔμμεναι ἀνδρῶν.
οὐ κακὸν, οὐδὲ μὲν ἐσθλὸν ἐπὴν τὰ πρῶτα γένηται.
Non potuit Parcam quisquam vitare virorum,
Fortis vel timidus: cum visit luminis auras. Et Apol. In 1. Arg.
μοῖραν ἀνέπλησεν, τὴν γὰρ θέμις οὔποτ᾽ ἀλύξαι
θνητοῖσιν, πάντῃ γὰρ περὶ μέγα πέπταται ἕρκος.
Impleuit Parcam: mortalis vincere nullus
Quam potuit: circumuolitat septa omnia prepes.

Arbitratus est Herodotus fatum nõ hoib. solum, sed &etilde; Diis ipsis dñari: qui ita scripsit in Clio. τὴν πεπρωμένην μοῖραν ἀδύνατά ἐστιν ἀποφυγεῖν καὶ θεῷ. ipsum aũt fatum deuitare nec Deus quidem vllo pacto potest. Quid aliud tres Parcæ, quam tria tempora, instans, elapsum, & venturum. f. existimatæ sunt? nam vt est in libro de Mundo, siue Aristotelis sit, siue alius cuiuspiam; τρεῖς αἱ μοῖραι κατὰ τοὺς χρόνους μεμερισμέναι νῆμα ἀτράκτου τὸ μὲν ἐξειργασμένον, τὸ δὲ μέλλον, τὸ δὲ περιστρεφόμενον. τέτακται δὲ κατὰ μὲν τὸ γεγονὸς μία τῶν μοιρῶν ἄτροπος, ἐπεὶ τὰ παρελθόντα πάντα ἄτρεπτα. κατὰ δὲ τὸ μέλλον λάχεσις, εἰς πάντα γὰρ ἡ κατὰ φύσιν μένει λῆξις. κατὰ δὲ τὸ ἐνεστὸς κλωθὼ συμπεραίνουσά τε καὶ κλώθουσα τὰ οἰκεῖα. Tres sunt Parcæ iuxta tria tp̃a diuisæ, quarum alia res transactas, alia vẽturas, alia præsentes significat. Nã vna Parcarũ Atropos noĩe res præteritas spectat. quia quæ preterierũt, nulla ratione pñt conuerti, aut reuocari. Alia quæ futuri curã sortita est, Lachesis dicitur, quoniã qui rerũ naturalium est euentus, stabilis est. At Clotho præsentia perficit, illaque absoluit, quæ sui sunt muneris. Dictæ sunt Parcæ stamina de colo nascentibus detrahere, quibus vniuersa vitæ fortuna contineretur: quia pro primo aeris temperamento, quem nascentes infantes imbiberunt, crediti sunt à philosophis & mores, & fortunã, & actiones, & vim etiam vitalem habere & haurire: quarum omnium rerum euentum ac finem fatum siue Parcam appellarunt. illud ita esse testatus est Iuuenalis Satyra septima in his: distat enim quæ

Sydera te excipiant modo primos incipientem
Edere vagitus, & adhuc à matre rubentem.

Illud sanè non negauerim plurimũ posse in nobis aeris vim, quo nascentes primũ imbuuntur, tũ ad vires corporis, ad tẽperamẽtum, & ad fortunæ benignitatẽ, quã

imprimis

imprimit in nobis occulta vis siderum, et etiam ad morum bonitatem, & animi magnitudinem, quod et expressimus ita in nostro libello de Venationibus;

Scilicet & multum refert ad corpora, vires,
Et mores, genitale solum quæ sidera spectent.

Nullam tamen vim astorum esse putamus tantam, quæ vim inferre vel nolentibus nobis posit, vel rationis consiliique potentiam opprimere: siquidem corpus animi habenis, at non contra, corporis animus paret & obtemperat. Neque me tamen præterit, quidquid ex anteactis rebus accidat, illud fatum à vulgo sapientum vocari solitum, quod alii Fortunam vocarunt, cum minime viderent omnia diuino quodam ordine gubernari, ac nihil frustra accidere, neque è nullis antecedentibus principiis.

¶At nunc, quid ad morũ probitatẽ sub his occultari senserint antiqui, ex his discutiamus. Cum Parcas Iouis & Themidis, quæ iustitia est, filias esse dicerẽt, illud significare voluerunt, quidquid vnicuique eueniret, illud & iure & pro meritis, rerumque gestarum dignitate contingere, & altissimi Dei consilio. Qui vero minus erant perspicaces, & in his magis cæcutiebant, illi non pro meritis singulorum, sed ex inordinato fortunæ cursu mala & bona hominibus euenire putarunt: quare ex illa prima confusa materia Parcas euocatas dixerunt. Qui ex inscitia hominum mala contingere putarunt, ii Noctis filias Parcas appellarunt. Illi vero etiam qui obtusiore adhuc fuerunt ingenio, neque diuina prouidentia res humanas gubernari, neque quidquam diuino consilio regi putarunt sed solam suppliciorum acerbitatem considerantes, minime perpendentes scelerum grauitatem, quia omnes maris filii crudeles & inordinati fuerunt, Parcas maris esse filias sunt arbitrati. Diuinus præterea Plato Parcas Necessitatis filias nominauit in duodecimo dialogo de Rep. quoniam supplicia, quæ pro rebus gestis hominibus debentur, necessario subeunda sunt, neque quispiam vir malus Dei vindictam iustam denique effugere potest. Hæ dictæ sunt in spelunca quadam obcura habitare solitæ, quoniam occulta sunt Dei iudicia, neque statim ad sceleratos homines conuolant supplicia; verum vbi opportunum tempus vindictæ Dei accesserit, nulla neque arx munitissima, neque legio peditum, aut cataphractorum equitum præsidia possunt ab homine nefario Dei vindictam depellere vel retardare. Atque hæc dicta sint de Parcis, pro quarum arbitrio animæ ad inferos accedere putabantur. nunc de iudicibus inferorum dicamus.

De Minoe Cap. VII.

SEd quoniam vulgus imperitorum non facile intelligebat, omnes animi nostri recessus, omnesque cogitationes Deo esse conspicuas, quare vel præmia vel supplicia singulis pro meritis tribuerentur, idcirco necesse fuit crassa quadam & populari ratione hominibus id fieri aliquo pacto persuadere: quare iudices & tortores animarum post mortem apud inferos constituti sunt, qui singulos confiteri sua scelera cogerent, vt singulis deinde vel præmia vel supplicia pro seuerorum iudicum sententia darentur. Inter hos iudices præcipuum locum obtinuit Minos Rex Cretæ Iouis filius; de quo ita scripsit Homerus in lib. λ. odyss.

ἔνθ' ἤτοι μίνωα ἴδον Διὸς ἀγλαὸν υἱὸν
χρύσεον σκῆπτρον ἔχοντα θεμιστεύοντα νεκύεσσιν
ἥμενον. οἱ δέ μιν ἀμφὶ δίκας εἴροντο ἄνακτα
ἥμενοι ἑσταότες τε κατ' εὐρυπυλὲς ἄϊδος δῶ.

Hic vidi Minoa Iouis de semine natum,
Iura sedens vmbris dabat hic, sceptrumque tenebat.

Quem

Quem Regem stantes, quem Regem iura sedentes.
Poscebant; aulam ditis quæ turba frequentat.

Natus est autem Minos ex Europæ, quam alij Phœnicis, alij Agenoris filiam crediderunt, & ex Iouis concubitu, quæ Sarpedonem etiam & Rhadamanthum peperit, vt ait Isacius. Hic cum furtiuo partu natus esse crederetur, post Iouis Asterij obitum impediebatur à Cretensibus quominus in paternum imperium succederet: Quare cum persuadere Cretensibus niteretur se diuinitus regnum esse suscepturum, Neptuno se taurum immolaturum vouit, si sibi faustum signum ostenderet. Cum taurus insignis repente è mari apparuisset, regnum illi à Cretensibus delatum est, vt scripsit Zezes in historia 19. primæ chiliadis. Reliqua quę ad labyrinthum, Dædalumque pertinent, in Dædalo explicabimus. Fuerunt qui dixerint Minoem fuisse insulæ hospitem Cretæ, alij putarunt fuisse indigenam, at non Iouis filium. Verum difficillimum huiusce rei veritatem inuenire existimo, tum ob varias scriptorum sententias, tum etiam ob temporũ interuallum. Ephorus autem Minoem Rhadamanthyos cuiuspiam antiquissimi, & propter iustitiam ac æquitatem celeberrimi viri imitatorem fuisse scribit, qui postea propter iustitiam Iouis filius fuit existimatus. Homerus in Odyss. τ. non Iouis filium post ea, sed ὀαριςὴν tantum, discipulum scilicet Minoem nũcupauit, quem per annos nouem scribit regnasse in Creta, vt patet in his.

κρήτη τὶς γαῖ' ἐςι μέσῳ ἐνὶ οἴνοπι πόντῳ,
καλὴ καὶ πίειρα περίῤῥυτος. ἐν δ' ἄνθρωποι
Πολλοὶ ἀπειρέσιοι, καὶ ἐνενήκοντα πόλεις.
Α'λλη δ' ἄλλων γλῶσσα μεμιγμένη. ἐν μὲν ἀχαιοὶ,
Ε'ν δ' ἐτεόκρητες μεγαλήτορες, ἐν δὲ κύδωνες,
Δωριέες τε τριχάϊκες, δῖοίτε πελασγοί.
τοῖσι δ' ἐνὶ κνωσσὸς μεγάλη πόλις, ἔνθατε μίνως
Ε'ννέωρος βασίλευσε Διὸς μεγάλου ὀαριςής.
Creta mari medio iacet insula: fertilis illa est,
Et multis habitata viris. hanc vndique fluctus
Pulsant. sunt vrbes hic nonaginta, nec vnus.
Est sermo, è cunctis sed mistus. sunt ibi Achiui.
Magnanimi, & veri Cretes, pariterque Cydones,
Martigenæ Dores, gens & diuina Pelasgi.
Has inter Gnosus præclara vrbs, ipseque Minos
Discipulus Iouis hic nonum regnauit in annum.

Quamuis Eusebius, & alij scriptores, non parum inter se de numero annorum, quos Minos in Creta regnauit, dissentiunt. Vsus est, vt aiunt, Minos Rhadamanti opera viri quidem boni, sed qui tamen regias artes non prorsus fuerat edoctus, quem Minos in vrbe habuit legum custodẽ, cum extra vrbem Talais opera vteretur, qui vocatus fuit Aereus, quia tabulas æreas per vicos circũferret. Fama est longe lateque Minoem mari imperasse, atque propter Androgei mortem bello Atheniensibus illato illos tributarios fecisse, vt in Theseo scriptum est à Plutarcho, & nos suo loco declarabimus. Habuit Minos Androgeum, Glaucum, Deucalionemque filios & Phedram & Ariadnam. memoriæ prodidit Zezes 19. primæ chiliadis Minoem à filiabus Cocali per dolum fuisse ita necatum: cum fugientem Dædalum insequens venisset in Siciliam, à Cocalo perbenigne hospitio accipitur, tum ab eius filiabus, buliente aqua arte Dædali è laqueari, summoque fastigio domus repẽte demissa in balneum perfusus enecatur. fuit eius filius etiam ex Acacallide Oaxus, qui nomen dedit vrbi Cretensi. Verum siue Iouis & Europæ fuit filius, siue ob suas virtutes Iouis filius dici meruit, iudex apud inferos fuit credi-

creditus, vt scripsit Plato his in Gorgia; Ἐγὼ μὲν οὖν ταῦτα ἐγνωκὼς πρότερος ἢ ὑμεῖς, ἐποιησάμην δικαστὰς υἱεῖς ἐμαυτοῦ, δύο μὲν ἐκ τῆς ἀσίας, μίνωτε καὶ ῥαδάμανθυν, ἕνα δὲ ἐκ τῆς εὐρώπης, αἰακόν. Ego sane vel vobis prior cum hæc ipsa cognouerim, filios meos iudices institui, duos quidem ex Asia Minoem ac Rhadamanthum; vnum ex Europa Aeacum Atque ne omnia hic ascribam, eorum quæ sequuntur hæc est sententia: hi ergo postquam mortui homines eò accesserint, iudicabunt in prato, & in triuio, ex quo geminæ procedãt viæ, altera ad Tartarũ, altera ad insulas beatorum. Asiaticos Rhadamanthus: eos vero, qui ex Europa accedent, Aeacus iudicabit. Minoi illud erit muneris, vt si quid fuerit ambiguum diiudicet, vt quam iustisimum fiat iudicium, ac legitimè in posterum animæ demittantur. hæc sunt illa, quæ traduntur de Minoe inferorum iudice ab antiquis, quæ spectant ad id, de quo agitur, negotium. Nunc de reliquis iudicibus transigamus.

De Rhadamantho. Cap. VIII.

Rhadamanthum etiam Iouis Asterij & Europæ filium ob singularem prudentiam & æquitatem animarum fuisse iudicem antiqui scriptores tradiderunt. Hunc aiunt omnium hominum suæ ætatis fuisse temperantisimum, cuius temperantiam admiratus Theognis, hæc de illo cecinit:

> οὐδ' εἰ σωφροσύνην μὲν ἔχοις ῥαδαμάνθιος αὐτοῦ.
> Πλείονα δ' εἰδείης αἰολίδεω σισύφου.

Quorum carminum sententia hæc est.

> Non tibi si ipsius temperantia sit Rhadamanthi,
> Pluraque cognoscas Aeolide Sisypho:

Fuerunt enim, vt constat, legumlatores Cretensium antiquisimi, viri optimi ac iustisimi: inter quos hi dicuntur excelluisse. Erat Rhadamanthus præfectus inquirendis criminibus præcipuè, quæ quis in vita commisisset, vt testatur Virgilius libro sexto:

> Gnosius hæc Rhadamanthus habet durisima regna.
> Castigatque, auditque dolos, subigitque fateri
> Quæ quis apud superos furto lætatus inani,
> Distulit in seram commissa piacula mortem.

Hic & Aeacus virgam tenere solebant dum iudicarent, vt scripsit Plato in Gorgia. Memoriæ prodidit Cicero lib. primo Tusculanarum Disputationum, quod dixit & Plato in Socratis Apologia, non hos solos fuisse iudices apud inferos, sed etiam Triptolemum iis fuisse additum. Sic enim scribit Cicero; id multò iam beatius est, te, cum ab iis, qui se iudicum numero haberi volunt, euaseris, ad eos venire, qui verè iudices appellentur, Minoem, Rhadamantum, Aeacum, Triptolemum, conuenire que eos, qui iuste & cum fide vixerint. Rhadamanthum tamẽ exulem è patria profugisse scribit Isacius, quia fratrem suũ interfecisset: ita enim inquit, μετὰ γὰρ θάνατον ἀμφιτρύωνος ῥαδάμανθυς ἀνελὼν ἴδιον ἀδελφὸν φυγὼν ἐκ κρήτης, καὶ ἐν ὠκαλέᾳ τῆς βοιωτίας ἐλθὼν γαμεῖ τὴν ἀλκμήνην. Post Amphitrυonis mortem profugit Rhadamãthus, quia fratrem occidisset è Creta: atq; in Ocaleam Bœotiæ ciuitatem profectus Alcmenam duxit vxorem. Illud est proprium virtutis, vt viri boni patriam vbique inueniant: neque vllus est locus honorificus, quin pateat virtuti: quare qui se in aliquem locum, vt propriam patriam includẽdum putat: aut qui, nisi vbi natus est, se viuere non posse arbitratur, is omnino vel animi vel consilii est inops: cum solis plantis natura propriam patriam tradiderit, vbi illas affixit. Nunc de Aeaco dicamus.

De

De Aeaco. Cap. IX.

AEacus & ipse mortuorum iudex, ex Aegina Asopi filia & Ioue natus esse dicitur, quam in ignem conuersus compressit, vt innuit Ouidius in libro sexto maioris sui operis, in his;

Aureus vt Danaen, Asopida luserit ignis.

compressit enim illam in insula Aegina, quæ ita ab ipsa vocata est. Fama est Aeginæ colonos aliquando vniuersos morbo fuisse absumptos, ita vt solus Aeacus fuerit superstes: qui cum, vt aiunt, grauiter ferret insulæ solitudinem Iouem precatus est, vt pote Iouis filius, vt aliquo pacto homines repararet, cum ita inquiat apud Ouid. lib. 7.

Iupiter ò dixi, si te non falsa loquuntur
Isse sub amplexus Asopidos Aeginæ.
Nec te magne pater nostri pudet esse parentem,
Aut mihi redde meos, aut me quoque conde sepulchro.

Iupiter illius precibus commotus formicas, quæ in annosa quercu & vacua vagabãtur, in hoĩes mutauit, vt testatur idẽ poeta & Hesio. in Thegonia, qui inquit;

Μοῦνος ἐὼν ἤσχαλλε, πατὴρ ἀνδρῶν τε θεῶν τε
ὅσσοι ἔσαν μύρμηκες ἐπηράτου ἔνδοθι νήσου,
τοὺς ἄνδρας ποίησε, βαθυζώνους τε γυναῖκας.
οἱ δ᾽ ἤτοι πρῶτα ζεῦξαν νέας ἀμφιελίσσας.
Solus tristis erat: hominum sator atque Deorum,
Insula quas habuit formicas, protinus omnes
Has homines facit, vt mas est, aut fœmina in illis.
Hi falsas primum sulcarunt puppibus vndas.

Hi vocati fuerunt Myrmidones, quia græci myrmicas formicas vocent. ceterum tantæ fuit autoritatis & existimationis Aeacus, vt cum diuturna siccitate vniuersa Græcia laboraret, responsum sit à Pythia iis, qui Delphos ea de causa legati accesserant, placandum esse Iouem: quod facile impetrari posset, si de precatore Aeaco vterentur: qua re impetrata Ioui Panellenio templum fuit erectum, vt diximus. Huic tres filii fuisse dicuntur è duabus mulieribus: Phocus è filia Nerei Psammathe, Telamon & Peleus ex Endaide filia Chironis, quam vxorem duxit, vt testatur Isacius.

¶ Nunc quid significent hi iudices perquiramus. Vbi Parcæ alicuius stamina expleuerint, ac mortis instat dies, tunc animus morituri hominis, vti dicebam, id futurum præsagiens, vniuersam vitæ suæ rationem examinat: atque ad præsentiam & iudicium cõscientiæ, vt ita dixerim, omnia antiqua peccata reuocat. Nam cum animæ nostræ partim rationem dominari dicant sapientes, partim rationi illam minime obtemperare, rursus expers rationis pars in iracundiam propensa est, pars alia appetentia ducitur. Hi iudices igitur primi, siquid per iracundiã, aut per huiusmodi animi affectus perpetratum sit, aut si per appetentiam illegitime, diiudicant. His accedit ratio ipsa pro Minoe, quæ rursus siquid a prioribus iudicibus non sit discussum, aut siquid sit ambiguum, examinat. Quare siquis se grauissima scelera aduersus sanctam Dei religionem, vel aduersus patriæ incolumitatem, vel aduersus eos, quibus plurimum pro acceptis beneficiis debebat, commisisse inuenerit per iram, aut per auaritiam, aut alicuius libidinis explendæ causa, aut propter ambitionem, ille grauissimis animi cogitationibus ante extremum vitæ diẽ necessario discruciatur, suoque vel ipsius iudicio iam grauissimis suppliciis putatur dignus. Sin contra leuissima sint peccata, quæ commiserit: tristatur quidem animus, quia Dei uoluntatem offenderit, at cum diuinæ clementiæ venit in mentem, statim illi spes veniç suboritur. Qui vero piè sanctèque se vixisse inuenerit per vniuersum vitæ suæ cursum, maior hũc lætitia capit, quam vllo orationis genere explicari possit. Quid enim tam iucundum, quid tã optabile, aut tam gloriosum cuiquam esse potest, quod tam præclarum viaticum ante summi Dei tribunal, quam conscientia ab omnibus sceleribus libera? aut quæ diuitiæ, quæ nobilitas, qui honores cum animi nullius turpitudinis sibi conscii felicitate, vel etiam præclarorum facinorum memoris, comparari potest? illi mærores, qui è conscientia multorum scelerum exurgunt, illi inquam sunt tartara, illi Phlegethontes, illi Styges, illi Acherontes. At lætitia quæ ex integritatis & innocentiæ memoria oritur, illi sunt campi Elysii, illæ beatorum insulæ, illa summa felicitas animarum, quam viris bonis antiqui sapientes proponebant. Hæc enim omnia futuram Dei vel vindictam, vel remunerationem præsagiunt: hæc illa sunt omnia quę sapientes antiqui de inferis ad coercendam ab omni turpitudine multitudinem excogitarunt. Illa grauitas suppliciorum in sacris libris, quæ sceleratis proponuntur: aut præmiorum magnitudo, quæ viris bonis: iam non amplius fabulosè, sed verè à summi Dei filio Christo est proposita: atquę eadem nulla vi humana est explicabilis. Dicuntur ab antiquis inferorum iudices fuisse Iouis filii: q̃ anima nr̃a, in qua sunt illæ prædictæ iudicandi facultates, diuina est, & ab anima mundi, vt voluerunt antiqui, tanquam aliqua eius portio, in hæc corpora profecta. At enim quid est hæc anima mũdi, nisi Deus omnipotens, qui omnia curat, omnia gubernat, omnia quæ veniunt in generationem dispertit ac distribuit? quod fabulati sunt Aeaci precibus formicas in homines fuisse conuersos, quid per hãc fabulã significarẽt antiqui explicauit Theagenes in rebus quas scripsit Aeginetarum, lib. 3. quod Aeginetæ perrari erant aliquando in insula, quia frequentibus piratarum, aliarumque nationum incursionibus infestarentur: qui cum minimè scirent resistere, in speluncis tanquam formicæ delitescebant. Aeacus autem naues ædificare illos docuit, populosque ad rei militaris exercitationem euocauit, quare timore deiecto, externisque viribus paulatim resistere docti, è speluncis in apertum prodierũt: inde è formicis in homines dicuntur fuisse cõuersi, vt scripsit Zezes historia 133. septimę Chiliadis. At Strabo lib. 8. fabulæ locum datum fuisse inquit, quia formicarum more terram fodiẽtes vt agriculturæ locum haberent, ad petras transferrent: fossasque incolerent, ne in ędificia sumptus facerent. alij dicunt eos prius formicarũ more ex illis fructibus, qui sponte nascerentur in speluncas congestis victitasse, ignaros prorsus agriculturæ aut nauigationis & omnis politioris victus, quæ omnia per Aeacum edocti dicuntur è formicis in homines fuisse conuersi. Hoc ipso vsi sunt Græci deprecatore: quia virorum bonorum & iustorum & temperantium preces possunt vel vniuersis ciuitatibus à Deo veniam & calamitatum finem impetrare. atque de iudicibus inferorum satis dictum est; nunc de Eumenidibus dicatur.

De Eumenidibus. Cap. X.

At enim quia poterat nonnullos ea fallere opinio, quod possent descendentes ad inferos sua crimina occultare; cum & pauci homines multis peccatis testes adhibeantur, & siqui fuerint testes, illos non eodem tempore esse perituros, cum prius mortui iudicentur, quam testes accesserint: necesse fuit persuadere multitudini imperitorum, quibus impressi iam erant in animo hi iudices, & tortores esse, & suppliciorum ministros his iudicibus assistere, qui mirificis modis, variisque suppliciis reos confiteri quid turpe in vita egissent, cogerent. Additæ sunt igitur illæ quas variis de causis modo Furias, modo Erinnyas, modo

Eumenides

Eumenides nominarunt: quę Iouis cœlestis & inferni mandata afficiendis meritis calamitatibus hominibus exequerentur, & quæ ministræ essent prædictorũ iudicum in excutiendis cuiusque sceleribus. Dictæ sunt autem furię à furore, quo sontes homines ob conscientiam scelerum exagitantur, Erinnyes ab ἐριννύω, quod indignari ac magnopere commoueri significat: Seueræ à quibusdã ob acerbitatem. Eumenides dictæ sunt ab Oreste, quia Palladis consilio illas Argos profectus placasset à beneuolentia & mansuetudine, cum prius ab indignatione Erinnyes dicerentur: vt scripsit Sophocles in Oedipode in Colono.

Ὥς σφας καλοῦμεν εὐμενίδας ἐξ εὐμενῶν
στέρνων δέχεσθαι τὸν ἱκέτην σωτήριον.
Ipsas vocamus Eumenidas, pectore
Quod supplicem seruauerint amabili.

Eumenidas fuisse Noctis filias testatur Lycophron in Cassandra his versibus:

ἧμος ξυναίμους πατρὸς αἱ νυκτὸς κόραι
πρὸς αὐτοφόντην στρῆνον ὥπλισαν μόρον.
Fratres vbi patris puellæ filiæ
Noctis, parauerunt graues in mutuas
Cædes.

Et Aeschylus in Eumenid.

ἡμεῖς γάρ ἐσμεν νυκτὸς αἰανῆ τέκνα.
Nos filiæ Noctis sumus grauissimæ.

Alii Noctis & Acherontis filias fuisse Eumenides crediderunt. At Orpheus in hymno, quem scripsit in Eumenides, illas Plutonis, siue Iouis terrestris & Proserpinæ filias dixit in his:

Δεῦτέ μου εὐμενίδες μεγαλώνυμοι εὔφρονι βουλῇ
Ἁγναὶ θυγατέρες μεγάλοιο Διὸς χθονίοιο.
Φερσεφόνης τ' ἐρατῆς κούρης καλλιπλοκάμοιο.
Audite Eumenides me orantem mente benigna,
Terrestris Iouis, & casta, & dignissima proles
Infernę Iunonis.

Hesiodus in eo libro, quem scripsit de Origine Deorum, è terra & Saturni sanguine natas esse Erinnyes putauit, cum Iupiter patri pudenda abscidit, ac guttæ sanguinis in terram cecidissent, vt est in his:

ὅσσαι γὰρ ῥαθάμιγγες ἀπέσσυθεν αἱματόεσσαι,
Πάσας δέξατο γαῖα. περιπλομένων δ' ἐνιαυτῶν
Γείνατ' ἐριννῦς τε κρατερὰς, μεγάλους τε γίγαντας.
Tum quæ fluxerunt atro de sanguine guttæ,
Terra bibit cunctas. mox & labentibus annis
Edit Erinnyas hęc tristes, magnosque gigantes.

Epimenides poeta Cretẽsis scriptum reliquit illas Euonymes & Saturni filias fuisse, vt patet ex his versibus:

Γείνατο δ' εὐωνύμην θαλερὰν κρόνος ἀγκυλομήτης,
Ἐκ τοῦ καλλίκομος γένετο χρυσῆ ἀφροδίτη,
Μοῖραί τ' ἀθάνατοι, καὶ ἐριννύες αἰολόδωροι.
Euonymen teneram Saturnus duxit, & illi
Nascitur alma Venus primum, Parcę inde decoræ,
Aeternæque: simul nascuntur Erinnyes atræ.

At Sophocles in Oedipode in Colono Terræ & tenebrarum filias illas esse scribit in his.

αἱ γὰρ ἔμφοβοι
θεαί σφ' ἔχουσι γῆς τε καὶ σκότου κόραι.
nam terribiles
Terræ & tenebrarum tenent natæ Deæ.

Has ait Hesiodus in libello de Diebus esse Rixæ filias, vindicesque pelerantium, in quos iussu Plutonis animaduertunt, & die quinto Lunæ natas esse:

ἐν πέμπτῃ γάρ φασιν ἐριννύας ἀμφιπολεύειν,
ὅρκον τινυμένας, τὸν, ἔρις τέκε πῆμ' ἐπιόρκοις.
Inde die quinto Eumenides versantur, & errant
Vltrices, quas Rixa parit pœnam periuris.

Et Virgilius in primo Georg.

quintam fuge: pallidus Orcus,
Eumenidesque satæ.

Atque id quidem ex Pythagoricorum sententia, qui numerum illum in diebus lunaribus iustitiæ & æquitatis diem esse tradiderunt: Nam & exuperans adimit, & quod deficit, restituit æquitas, quorum vtrunque est iudicis munus. Istud ipsum efficit dies quinta, quæ prima addit deficienti, cum altera quinta labentis & occidentis mensis adimat, quod est exuperans. Dicebantur Eumenides pro capillis angues contortos habere in morem cincinnorum, vt innuit Horatius in secundo Carminum:

& intorti capillis
Eumenidum recreantur angues.

Sic & Catullus in Argonaut.

Quare facta virum mulctantes vindice pœna
Eumenides, quibus anguineo redimita capillo
Frons expirantis præportat pectoris iras.

Et in primo Elegiarum Tibull.

Tisiphoneque impexa feros pro crinibus angues
Sæuit: & huc illuc impia turba fugit.

Fabulati sunt antiqui neque has quidem seuerissimas Deas Cupidinis vim potuisse deuitare, quando scriptum reliquit Mænander in rebus fabulosis Tisiphonem in amorem cuiusdam pueri formosi Cytheronis nomine incidisse, cuius desiderium cum ferre non posset, verba de congressu ad illum perferenda curauit. at is formidandũ aspectum veritus, neq; responso quidem dignam fecit, quo illa vnũ è suis draconibus è capillis conuulsum in eum coniecit, quem serpẽs intra nodos constringens interemit, vbi deorum misericordia mons ab illo dictum fuit, qui prius Asterius dicebatur. Sophocles præterea in Electra sic Erinnym æripedem nominauit:

ἁ δεινοῖς
κρυπτομένα λόχοις χαλκόπους ἐριννύς,
Ingrauibus
Insidiis Erinnys æripes latens.

Licet autem ex libro τ. Iliadis cognoscere has Furias tanquam aues aerinagas à poetis fuisse vocatas, quia volantes ad iussa sceleratorum supplicia conuolarent:

Ἀλλὰ Ζεὺς, καὶ μοῖρα, καὶ ἠεροφοῖτις ἐριννύς.
Iupiter, & Parcæ, quæque aera transit Erinnys.

Has in vestibulo inferorum habitare dixerunt poetæ, de quibus Virgilius cecinit libro sexto:

Vestibulum ante ipsum, primisque in faucibus orci,
Luctus, & vltrices posuere cubilia curæ.
Pallentesque habitant morbi, tristisque senectus.

Et

Et metus, & malesuada fames, & turpis egestas.
Terribiles visu formæ, læthumque, laborque,
Tum consanguineus læthi sopor, & mala mentis
Gaudia: mortiferumque aduerso in limine bellum,
Ferreique Eumenidum thalami.

Qui idem tamen postea in duodecimo illas & ad solium Iouis assistere scribit, & eius nutum obseruare si quando mortalibus calamitates velit immittere:

Dicuntur geminæ pestes cognomine Diræ,
Quas & tartaream Nox intempesta Megæram
Vno eodemque tulit partu, paribusque reuinxit
Serpentum spiris, ventosasque addidit alas.
Hæ Iouis ad solium, sæuique in limine Regis
Apparent: acuuntque metum mortalibus ægris.

Harum nomina, & locum vbi habitabant apud inferos, atque adeo officium declarauit Orpheus in hymno, quem scripsit in Eumenides.

κλῦτε θεαὶ πάντιμοι, ἐρίβρομοι, εὐάστειραι
τισιφόνητε καὶ ἀλληκτὼ, καὶ δῖα μέγαιρα.
Νυκτέριαι, μύχιαι, ὑπὸ κεύθεσιν οἰκί' ἔχουσαι
Ἄντρῳ ἐν ἠερόεντι παρὰ στυγὸς ἱερὸν ὕδωρ.
οὐχ ὁσίαις βουλαῖσι βροτῶν κεκοτημέναι αἰεί.
Horrisonæ hæc audite Deæ veneranda propago.
Tisiphone, & simul Allecto, & diuina Megæra.
Nocturnæ, arcanæ, vmbroso quæ habitatis in antro
Sacratas fluuij stygii nigrantis ad vndas.
Consilia ad non recta virumque volatis acerbę.

Ac deinde:

Ἀλλ' αἰὲν θνητῶν πάντων ἐπ' ἀπείρονα φῦλα
ὄμμα δίκης ἐφορεῖτε δικασπόλοι αἰὲν ἐοῦσαι.
Iuititiæ quæ oculos gentes torquetis ad omnes,
Iustitiæ asseclæ semper, rectique ministræ.

Cum grauissimæ scelerum vltrices haberentur Eumenides, magna fuit earum reuerentia apud omnes gentes: atque ita vt illarum nomina nemo prope auderet proferre, quare hæc iuquit Electra apud Euripedem in Oreste:

ὀνομάζειν γὰρ αἰδοῦμαι θεὰς
Εὐμενίδας, αἳ τόνδ' ἐξαμιλλῶνται φόβῳ.
nominare haud audeo
Eumenides, quæ istum pauore territant.

Orestes idcirco cum suas calamitates quas passus fuerat ob matris cędem, Iphigeniæ in Tauris enarraret, vbi in mētionem Eumenidum incidisset, illas *ἀνωνύμους θεὰς* appellauit: hoc est Deas, quas nominare non liceret, quia propter seueritatem nemo illas nominare auderet, ita enim scribit Euripides in illa tragædia:

ἔνθεν μοι πόδα
εἰς τὰς ἀθήνας δῆτ' ἔπεμψε λοξίας
Δίκην παρασχεῖν ταῖς ἀνωνύμοις θεαῖς.
hinc me pedem
Apollo ferre iussit Atticum in solum,
Anonymis iusta & Deabus soluere.

Tantus vero fuit earum timor, vt cum cęcus Oedipus in Atticam ductus fuisset, Dearumque Erinnyum nemus intrasset, nescius cui Deorum dicatum esset, aut quæ foret eius loci religio, magnus Atticorū colonorū concursus fuerit ad ipsum;

Oedipum, qui mirabantur illum eò ausum esse ingredi, cum ipsi neque aspicere quidem lucu prætereuntes auderent, vt est in ædipode Colono apud Sophoclē:

Πλανάτας τις ὁ πρέσβυς, οὐ
δ' ἐγχώριος. πρόσβα γὰρ οὐ
κἄν ποτ' ἀςιβὲς ἄλσος ἐς
τᾶνδ' ἀμαιμακέταν κορᾶν,
ἃς τρέμομεν λέγειν.
καὶ παραμειβόμεσθ' ἀδέρκτως.
Erro nam quispiam senex, at non.
Indigena: non adijsset is vnquam
Lucum glabrum Erinnyum grauium,
Quas tremimus vel dicere.
Nec intuentes transimus.

Neque id sanè iniuria, cum tantopere essent graues ac implacidæ, vt si quis spectandi causa vel cæde vel aliquo incęsti aut impietatis genere pollutus in Eumenidum templum illud intrasset, quod illis Orestes in Gerynea Achaiæ oppido dicarat, continuo fieret mente captus, dirisque terroribus exagitaretur, vt ait Pausanias in Achaicis. Illas arbitrati sunt antiqui vestibus atris fuisse indutas, vt ait Isacius, ac nigras vestes, Erinnyum vestes appellarunt, quas ἐριννύων ἐσθῆτας vocauit Lycophron. Colebantur eximia religione Erinnyes in Telphusia ciuitate Arcadiæ, vt ait Isacius, quibus ouis nigra prægnans mactabatur, totaque comburebatur in Carmia Peloponnesi, vt ait Sophoclis enarrator. fiebant vero illa sacra tacite, & quietis tempore, neque quisquam è nobilibus his sacrificijs interesse iure religionis poterat, vt scriptum reliquit Polemo. Tum illi sacerdotes, qui hæc sacrificia faciebant, Hęsychidæ nominabantur. Hinc & aries sacer Hero taciturno ante solennia immolabatur, quem boni ominis gratia appellabāt, cuius sacellū fuit apud Cydonios extra nouem portas. Quòd vero in illis sacrificijs mulso pro libamentis meliceris etiam vterentur, testatur Callimachus in his carminibus.

Νηφάλιαι τῇσιν ἀεὶ μελιηδέας ὄπας
λύτειρας καίειν ἔλαχον ἡσυχίδαις.
Mellitos succos semper ieiuna sacerdos
Vrere perpetuis assolet Hesychidis.

Vtebantur floribus præterea Sicyonij pro corollis, quo ritu etiam Parcis sacrificare solenne fuit, vt ait Mænander in secundo libro mysteriorum, & Pausanias in rebus Corinthiacis. Magnus erat omnino labor has inuocare, magnaq; opus erat veneficis mulieribus sacrificiorum multitudine, quæ illas ad se allicerent, (nam & hæ plurimum conferre ad veneficam facultatem putabantur) quod patet ex ijs carminibus Orphei in Argonauticis, vbi Medea sacrificat pro Iasonis incolumitate, veneficijsque conatur draconem sopire. Non enim illa sacrificia quæuis ligna admittebant, ex quibus ignis fieret, sed cedrum tantum, & alnum, & Iuniperum, & rhamnum: è quibus pyra fiebat ante foueam quandam triplici ordine excauatam, tum victimarum illis sacrificijs conuenientium sanguis in foueam effundebatur: at corporum membra super pyra vrebātur cum quibus multæ res, multaq; herbarum genera miscebantur cum precibus, quorum magna pars continetur in his versibus:

Σκύμνους παμμέλανας σκυλάκων τρισσοὺς ἱερεύσας.
Αἵματι δ' αὖ κάλκανθον ἰδὲ στρούθειον ἔμιξα.
κνῆκόν τε σχιστὴν, ἐπί τε ψύλλιον ἀειδὲς,
Ἄγχουσάν τ' ἐρυθρὴν, ἰδὲ χάλκιμον. αὐτὰρ ἔπειτα
Νηδύας ἐμπλήσας σκυλάκων φιτροῖσιν ἔθηκα

ὕδατι,

ὕδατι, ἐξ δ' αὖμας χηλάδας χεόμην περὶ βόθρον·
ὄρφνινα θ' ἑσσάμενος φάρη, καὶ ἐπήχθεα χαλκὸν
κρούων ἐλλισάμην, αἱ δ' ὀξαλέως ἐπάκουσαν.
ῥήξασαι κευθμῶνας ἀμειδήτοιο βερέθρου,
τισιφόνη τε καὶ ἀλληκτὼ, καὶ δῖα μέγαιρα,
Ἀζαλέαις πεύκαις φόνιον σέλας αἰάζουσαι.
Mactaui catulos tres toto corpore nigro.
Purpura tum miſta & lanaria ſanguini eorum,
Sciſsilis & cnecus, pulicaris triſtis, & vnà
Additur his anchuſa rubens, & chalcimus: inde
Oppletos ventres catulorum in vaſa repono.
Funditur ad foueas lympha, atque omenta, cauatas.
Induor & nigras veſtes, odioſaque pulſans
Aera vocans oro, quę me audiuere repente.
Rumpentes tetrici feralia monſtra baratri
Accenſasque tulere faces, crudeleque lumen,
Tiſiphone, & ſimul allecto, & diuina Megæra.

Exiſtimabatur vinum illis omnino non placere in ſacrificijs, quare Oedipus, vt diximus, cum in illarum lucum acceſsiſſet, iubetur ab accolis eius loci aquam è perenni fonte afferre, deinde pocula quædam in hunc vſum parata coronare & labra & anſas lana iuuenis agnæ, vt ſcribit Theocritus in Pharmaceutria. Deinde cum ſteterit ad orientem ſolem inferias effundere mulſum, neque vinum vllo pacto afferre: ſed poſt effuſas inferias iubetur nouem ramos oleæ ambabus manibus ter ad terram cum precibus deflectere & deiicere. His Deabus creditis mos fuit Sicyoniis hominibus prægnantes oues mactare, ac mulſo vti pro libamentis, floribusque loco coronarum, vt traditum eſt à Mænandro in ſecundo Myſteriorum. Fiebant coronæ è narciſſo, quibus coronabantur his Deabus ſacrificantes, quæ planta illis erat dicata: ſiue quia apud ſepulchra plerunque naſceretur, ſiue quia illæ torporis ac timoris eſſent Deæ, quod cōuenit cum Narciſsi nomine. Hanc fuiſſe plantam vna cum croco coronis Eumenidum dicatam, teſtatur Sophocles ita in Oedipode colono:

ὁ καλλίβοτρυς κατ' ἦμαρ αἰεὶ
Νάρκισσος, μεγάλαιν θεαῖν
Ἀρχαῖον στεφάνωμ', ὅ, τε
χρυσαυγὴς κρόκος.
O pulchris racemis in dies ſemper
Narciſſe magnarum Dearum
Antiqua corona, ſimul &
Aureus crocus.

Scriptum reliquit Pauſanias in Arcadicis Cererem aliquando fuiſſe nominatam Erinnym, quia Neptunus, cū illius filiam quærētis amore captus eſſet, illā conatus eſt vitiare: ſed cū in equā ſe Ceres vertiſſet, & ad Onciū inter armēta paſceretur, à Neptuno cognita nihilominus cōpreſſa eſt, cū is equi formā cepiſſet. Id cū illa grauiſsime tuliſſet, quia furere Arcades erinnire dicūt, dicta fuit eo nomine. Apud eoſdē erecta fuit Erinnyis ſtatua, quæ manu ſiniſtra ciſtam, dextera facem præferebat. Plutarchus in libello quem ſcripſit de ſera numinis vindicta, vnā tantum Erinnym eſſe putauit, quæ Adraſtiæ Iouis ac Neceſsitatis eſſet filia, vindex & ſcelerum miniſtra. & quæ omnes animas huc illuc curſitantes & tergiuerſantes cōprehēderet, ad ſuppliciū raperet, & in æternas inauditas, profundiſſimasq; tenebras demergeret. ¶ Nūc quid hæc ſignificēt perquiramus. Nullus ilimulus vel acrior vel vehementior conscientia hominesad confitendum impellere potest, quæ vel sine testibus se prodit: quare illa est diligentissima iudicum inferorum ministra. Hi timores, qui traditi sunt in fabulis, flagitiosis hominibus assidue ante oculos obuersantur. Nam, vt ait Cicero in oratione pro Roscio Amerino, nolite putare, quemadmodum in fabulis sæpe numero videtis, eos, qui aliquid impie scelerateque commiserint, agitari, & perterreri Furiarum tædis ardentibus: sua quemque fraus, & suus terror maxime vexat: suum quemque scelus agitat, amentiaque afficit: suæ malæ cogitationes, conscientiæque animi terrent. Hæ sunt impijs assiduæ, domesticæque Furiæ, quæ noctesque diesque pœnas præteritorum peccatorum à consceleratissimis hominibus repetunt. Atque Orestes nihil aliud esse, quàm conscientiam, commemorauit apud Euripidem in sua tragædia, quæ ipsum pro Furiis assidue torqueret & exagitaret, vt patet ex his:

τί χρῆμα πάσχεις; τίς σ' ἀπόλλυσι νόσος;
ἡ σύνεσις, ὅτι σύνοιδα δείν' εἰργασμένος.

Menel. Quis conficit morbus? quid est tibi mali?
Orest. Quòd multa feci turpia hinc conscientia.

Quid enim aliud sunt istæ Furiæ, quàm affectuum vindices, vel potius affectus commissorum scelerum causa? omnia enim flagitia, quorum nobis sumus conscij, vel per inuidiam, vel per odium, vel propter spem alicuius commodi committuntur. Idcirco τίσις vltio, φόνος cædes est, quod scelus per iram aut odium nascitur, quod vlciscitur Tisiphone. μεγαίρειν vero inuidere significat, quæ Megæra per inuidiam commissa peccata punit. At ἄληκτος nunquam cessantem significat, quæ titillatio est voluptatum: per quas in peccantes Allecto animaduertit. Hæ dicuntur Noctis filiæ, propter inscitiam mortalium, & ignorationem rerum futurarum. Quis est enim omnium mortalium, qui non turpe putet, si rem diligentius perpenderit, se illa propter breuissimas voluptates committere, quæ mox æterna supplicia consequentur? aut quis non intelligat indecorum esse homini tanquam belluam huc illuc his impuris voluptatibus agitari? ex ignoratione sui igitur nascuntur hi affectus, qui vbi in aliqua scelera homines impulerint, discruciatur animus, quorum recordatio fit quasi crudelissimi & infestissimi in animo tortores. Alii Iouis terrestris & Proserpinæ filias illas esse tradiderunt, & id quidem iure optimo: nam cum Pluto præsit diuitiis, Proserpinaque sit vis frugum, vt patebit: quibus è Diis aptius oriuntur furiæ, quàm è diuitiis, aut vnde apertius originem capient? quippe cum omnia scelera, omnesque voluptates è diuitiarum copia, tanquam ex vberrimo fonte manent. Quæ tamen si ad bonum & temperantem virum affluxerint, illum minime à suo instituto possunt deturbare: quare videtur mihi Deus sapientissimus facultates tanquam viaticum ad probitatem optimis earum moderatoribus, aut tanquam duces ad æterna supplicia impuris latronibus, concessisse. Necesse est igitur aut eximie bonum & Dei amicum esse virum opulentum aut egregie sceleratum, & Diis hominibusque inuisum illum, qui multa possideat: quoniam nulla diuitiarum præstantia vel bonitatis vel malitiæ patitur mediocritatem. Idem sensisse mihi videntur, qui è turpibus partibus Saturni & ex terra natas esse Erinnyes putarunt. Quid enim Saturnus est, nisi tempus? aut quid pudendæ partes, nisi turpitudines quæ in ipso tempore committuntur? terra omnium diuitiarum parens est, ex quibus nascuntur. Sunt igitur illæ animi solicitudines, quæ ob diuitiarum facultatem exurgunt per temporis opportunitatem. Qui Saturni & Euonymes filias putarunt, nil diuersum ab his sentiebant. Hæc, & quæ dictæ sunt superius rationes, in

Idem

idem recidunt: nam qui Saturni, qui Noctis, qui Terræ, qui Tenebrarum filias esse Erinnyes arbitrati sunt, solo inter se nomine differebant, re ipsa idem putarunt. Quidam Erinnyas dictas crediderunt, quia imprecationes, exaudirent: nam ἀρὰς imprecationes significari inquiũt, ἀνύειν vero perficere & exaudire. Alii quia in terra habitent, cum ἔρα sit terra, ναίειν habitare. est. Dicuntur natæ Erinnyes die quinto Lunæ, ea ratione quæ dicta est superius. Aeripedes dictæ sunt, quia cum Dei sint ministræ, scelerumque vltrices tardè ad impiorum supplicia mitterentur, non enim Deus repente in sceleratos animaduertit, sed pro tarditate temporis grauitatem pœnarum plerumque compẽsat. Aeriuagæ dictæ sunt, quia citißime ad impurorum pœnas conuolarent vbi Deus aliquos vel publicè vel priuatim punire statuisset. Ego tamen aeriuagas ea de causa fingi crediderim, quia vbi vel pestis, vel fames homines inuadit, vel bellorum motus excitantur in animis mortalium, id ex aere quodammodo affecto ita Deo iubente proueniat. Nam hæc tria morborum genera ita sunt inter se connexa, vt ex iisdem parentibus & eodem partu nata sint, quod ita expreßit Virg. lib. 12.

Hæ Iouis ad solium, sæuique in limine Regis
Apparent: acuuntque metum mortalibus ægris:
Si quando læthum horrificum, morbos ve Deum Rex
Molitur, meritas aut bello territat vrbes.

Dicebantur habitare in vestibulo inferorum, quia soliciti sunt præcipuè animi morientium, grauiusque torquentur recordatione præteritorum scelerum: quod etiam senserunt ii, qui dixerunt illas ad vndam Stygis in antro quodam habitare. Hoc antrum quid est aliud, nisi obscurißimus cordis & conscientiæ recessus, in quo latent hę cogitationes, & animorum solicitudines? Quod per hæc significare voluerunt antiqui soli viro bono omnia esse tuta, solamque integritatem & innocentiam homines intrepidos & tranquillos ad omnem fortunæ commutationem perducere, iam explicauimus superius: ac de furiis satis, nunc dicendum est de carcere impiorum.

De Tartaro. Cap. XI.

VBi sceleratorum animæ multis grauißimisque vitiis contaminatę per tormenta fuerint cognitæ à iudicibus: quod inter voluptates per cæterorum hominum iniurias vixerint, quod patriam prodiderint, quod multos ob diuitias fefellerint, quod propter auaritiam vel amicos, vel viros bonos, vel parentes, vel benemeritos deseruerint, quod Deorum immortalium religionem ob pecuniam cultumue neglexerint, illæ Furiis prędictis traduntur in Tartarum deducendæ: qui locus est pœnarum, luce omnino carens, neque inde exire in perpetuum licitum est. Hic Tartarus quod antiquißimus sit locus, omnes affirmant: & Aristophanes comicus illum coætaneum cum Nocte, & confusa mundi materia existimauit, vt est in Auibus:

χάος ἦν καὶ νὺξ, ἔρεβός τε μέλαν πρῶτον καὶ τάρταρος εὐρύς.
Γῆ δ' οὐδ' ἀὴρ, οὐδ' οὐρανὸς ἦν. ἐρέβους δ' ἐν ἀπείροσι κόλποις.
Chaos erat & Nox Erebusq; niger primum, & Tartarus amplus:
Terræ nec aer, nec cœlum erat: Erebiq; immensis finibus.

Hesiodus in Theogonia videtur Tartarum ex illa confusa mole, quæ Chaos vocabatur, genitum esse credidisse; vt ex his licet cognoscere:

ἤτοι μὲν πρώτιστα χάος γένετ', αὐτὰρ ἔπειτα
Γαῖ' εὐρύστερνος πάντων ἕδος ἀσφαλὲς αἰεὶ
Ἀθανάτων, οἳ ἔχουσι κάρη νιφόεντος Ὀλύμπου.

τάρταρά τ' ἠερόεντα μυχῷ χθονὸς εὐρυοδείης.
Ante Chaos natum: post Tellus ampla, Deorum
Firma domus semper, colitur queis culmen Olympi.
Tartaraque obscura, hæc terra conduntur in ima.

Maximum sanè spatium fuit à Tartaro ad terram, & quanto tellus distat ab ipso cœlo, tanto à terra tartarum distare putarunt, vt expressit idem poeta in his carminibus:

τόσσον ἔνερθ' ὑπὸ γῆς, ὅσον οὐρανός ἐστ' ἀπὸ γαίης.
ἶσον γάρ τ' ἀπὸ γῆς ἐς τάρταρον ἠερόεντα,
ἐννέα γὰρ νύκτας τε καὶ ἤματα χάλκεος ἄκμων
οὐρανόθεν κατιὼν, δεκάτῃ ἐς γαῖαν ἵκοιτο.
ἐννέα δ' αὖ νύκτας τε καὶ ἤματα χάλκεος ἄκμων
ἐκ γαίης κατιὼν δεκάτῃ δ' ἐς τάρταρον ἵκοι.
τὸν περὶ χάλκεον ἕρκος ἐλήλαται, ἀμφὶ δέ μιν νὺξ
τριστοιχεὶ κέχυται.

tum tartarus ipse
Nam patet in præceps tantum, tenditque sub auras,
Quantus ad æthereum cœli suspectus Olympum,
Ferrea nam cœlo si incus mittatur ab alto,
Vix poterit decima terram contingere luce.
Ferrea mox si incus terra mittatur ab alta,
Tartara vix poterit decima contingere luce.
Aerea septa tenent isthæc: nox atra tenebris
Ordine mox cingit triplici.

Qui Tartarus quod obscurissimus sit, indicauit his versibus Homerus in libro Iliadis θ.

ἤ μιν ἑλὼν, ῥίψω ἐς τάρταρον ἠερόεντα,
τῆλε μάλ', ἧχι βάθιστον ὑπὸ χθονός ἐστι βέρεθρον.
ἔνθα σιδήρειαί τε πύλαι, καὶ χάλκεος οὐδὸς
τόσσον ἔνερθ' ἀΐδεω, ὅσον οὐρανός ἀπὸ γαίης.
Aut ipsum capiens obscura in tartara mittam,
Sunt vbi sub terris vastissima regna barathri.
Aerea sunt ibi septa, solumque ex ære: sub ima
Tantum tellure, hæc quantum quoque distat Olympo.

Hunc autem & Erebum & Chaos esse locum, in quo scelerati homines excruciarentur ita declarauit autor Axiochi; ὅσοις δὲ τὸ ζῆν διὰ κακουργημάτων ἠλάθη, ἄγονται πρὸς ἐριννύων ἐπ' ἔρεβος καὶ χάος διὰ ταρτάρου, ἔνθα χῶρος ἀσεβῶν, καὶ Δαναΐδων ὑδρεῖαι ἀτελεῖς, καὶ ταντάλου δίψος. At illi, quibus per scelera vita fuerit transacta, per Tartarum à Furiis ad Herebum chaosque trahuntur, vbi impiorum locus est, & Danaidum hydriæ nunquam saturæ, & sitis Tantali. Atqui Plato cum in Phœdone Tartarum locum esse intellexerit id, quod ab Homero barathrum nominatum fuit superius, quem locum esse putauit sub terra propè centrum, e quo, & in quod omnes aquæ laberētur, sub finem demum dialogi de Rhetorica scelestorum carcerem appellauit his verbi; τὸν δὲ ἀδίκως καὶ ἀθέως, εἰς τὸ τῆς τίσεώς τε καὶ δίκης δεσμωτήριον, ὃ δὴ τάρταρον καλοῦσιν, ἰέναι. Qui vero iniustè ac impiè vixisse comperientur, in punitionis, iustique supplicii carcerem, quem tartarum appellant, accedere. Ibi etiam animæ vinctæ tenebantur, vt his, declarauit Aeschylus in Prometheo;

εἰ γάρ μ' ὑπὸ γῆν νέρθεν τ' ἀΐδου τοῦ νεκροδέγμονος
εἰς ἀπέραντον τάρταρον ἧκε

Δεσ-

Δεσμοῖς ἀλύτοις ἀγρίοις πελάσας.
Nam ſi me ſub terram ſub inferos mortuos capientes
In immenſum tartarum detruſiſſet
Vinclis firmiſsimis aſpereque alligaſſet.

¶ Atque hæc ea ſunt, quæ de Tartaro ab antiquis ſcripta inuenimus, nũc quid ſub his lateat, perquiramus. Nonnulli antiquorum Tartarum locum eſſe crediderunt ſub vtroque cardine, vt aiebat Crates, tum ob frigoris acerbitatem, tum etiam ob diuturnitatem tenebrarum. Verum illi meo iudicio fallũtur: quia multo maiores ſunt tenebræ nocturnæ ſub æquante circulo habitantibus, quam prope cardines. Nam tametſi continui ſunt ſex menſes vna nox ſub Arctico cardine, dum ſol à principio Libræ vſque in finem Piſcium ſigna meridiei percurrerit, tamen non eſt adeo obſcura nox vt literæ legi non poſsint. quare non videtur is locus obſcuritatis cauſa poſſe Tartarus appellari. Ego ſanè potius acceſſerim Zezæ opinioni, qui Tartarum ſubterraneum incẽdium eſſe credidit, quia vapores ibi gignantur, quare & clamores & ſtrepitus incerti, & tremores apparẽt, vnde Tartarus appellatus eſt à Græcis, quia multæ ibi ταραχαὶ ſiue perturbationes exiſtant. Neque id nomen ſortitus eſt is locus quod ibi præcipuè, ac nullibi, præterea fiant res huiuſmodi. Sed varia loca variis nominibus dicuntur: cum id in ſublimi fit, æther: cum ſub terra, Tartarus vocatur: At nos quid dicemus eſſe tartarum, in quem deducantur mortui, vnde non amplius datur reditus? terram ipſam nimirum, ſub qua occultantur cadauera, quæ vbi ſemel deciderint in perpetuum carcerem, nunquam omnino reſurgere poſſunt. ibi ęſtuantes igne plurimo lacus eſſe dicuntur, & alii rurſus conglaciati, in quos viciſsim animæ ſceleratorum à dæmone merguntur, vt ait Plutarchus in libello de ſera numinis vindicta. His fidem fecerunt loci ignibus ſubterraneis fremẽtes & æſtuantes propter varios vapores, qui ſub terra concipiuntur. Fuerunt igitur iſta de inferis excogitata ad deterrendos homines à flagitiis: quæ ſi ita credita eſſent, pauci omnino ſcelerati homines, pauci ſiccarij, pauci latrones in omnibus ætatibus fuiſſent. Atque vtinam iam non fabulis, non vanis inuentionibus, non figmentis poetarum amplius, ſed ſoli veridico, ſoli ſapienti, ſoli bonorum omnium autori Chriſto crederetur, vel ſaltem ab iis, qui ſe Chriſti imitatores eſſe profitentur. Huic æterna ſupplicia conſceleratis hominibus minitanti, ſi crederetur, quis peieraret? quis prædaretur? quis vel fratrem, vel virum bonum pulſaret. aut falleret? quis homo ineptiſsimus, & omni plebecula rudior ac impurior intrepido animo alterius controuerſias iudicaret, ſi crederet ſuorum iudiciorum rationem aliquando ſibi eſſe reddendam? cum nulla fides vel antiquorum dictis, vel Chriſto denique ſummi Dei filio habeatur: inde accidit vt omnia fraudibus, omnia inſidiis, omnia controuerſiis plena ſint, omnia periuriis. atque plus poteſt in iudiciis opulẽti hominis, quam legum humanarum vel diuinarum autoritas. ſed malos denique male perdet. hactenus de Tartaro ſatis dictum eſt, nunc de reliquis inferorum miniſtris dicamus, ac primum de Nocte.

De Nocte. Cap. XII.

NEque Nox quidem paruo in honore fuit apud antiquos, quã Deorum omnium antiquiſsimam crediderunt, cum omnes locos ante Deorum ortus occupaſſet, & informem materiam, quæ Chaos dicta eſt. Hanc tamen nonnulli ex ipſa informi materia natã eſſe putarũt, ſicuti teſtatur Heſiodus in Theogonia;

Ἐκ χάεος δ' ἔρεβός τε, μέλαινά τε νὺξ ἐξεγένοντο.
Inde Chao eſt Erebus, Nox & tenebroſa creati,

Hanc antiquissimam vocarunt illi poetæ, qui è Chao natam esse crediderũt, cum neque illam quidem ante mundum in ordinem digestum vsquam fuisse intelligant. Sic igitur illam antiquam appellauit Aratus in Astronomicis:

ἀλλ' ἄρα καὶ περὶ κεῖνο θυτήριον ἀρχαίη νὺξ
ἀνθρώπων κλαίουσα πόνον χειμῶνος ἔθηκεν
εἰνάλιον μέγα σῆμα.
Nox antiqua suo curru conuoluitur aram
Hanc circum, quæ signa dedit certissima nautis
Commiserata virum metuendos vndique casus.

Non iniuria igitur Orpheus in hymnis hanc Deorum ac hominum matrem appellauit, quòd omnia ex illa nata esse credantur, vt in his legitur:

Νύκτα θεῶν γενέτειραν ἀείσομαι, ἠδὲ καὶ ἀνδρῶν.
νὺξ γένεσις πάντων, ἣν καὶ Κύπριν καλέσωμεν.
Te canimus Nox alma parens hominumque Deumque,
Cunctorum alma parens, quam Cyprida dicimus esse.

Hæc vehebatur in curru, vt fictum est à poetis: cuius ante rotas astra nitescere dicebantur, ac præuia esse, sicut in his scripsit Theocritus:

χαίρετε δ' ἄλλοι
ἀστέρες εὐκήλοιο κατ' ἄντυγα νυκτὸς ὀπαδοί.
Salueteque Noctis
Sydera, quæ canthis tacite præcurritis alta.

Finxerunt hanc Deam antiqui nigris vestibus indutam, nigroq; capitis velamine quam etiam sequerentur astra, at non solum præcederent, sicut testatur Euripides in Ione in his:

μελάμπεπλος δὲ νὺξ ἀσείρωτον ζυγοῖς
ὄχημ' ἔπαλλεν. ἄστρα δ' ὡμάρτει θεᾷ.
Induta nigris vestibus currum insilit.
Nox, astra sunt Deam secuta protinus.

Vehebatur autem à bigis, vt ait Virgilius libro quinto:

Et nox atra polum bigis subuecta tenebat.

Quamobrem Apollonius libro tertio Noctem venientem describens, illam dixit iugum equis imponere:

νὺξ δ' ἵπποισιν ἔβαλλεν ἐπὶ ζυγά.
Nox iniecit equis iuga.

Quod genus incedendi in Nocte recentius est Homeri temporibus: nam ad Homeri vsque tempora nemo prorsus poetarum vectam fuisse in curru Noctem scriptum reliquit. alij alatam illam fuisse, sicut Cupidinem & Victoriam, tradiderũt: quam opinionem secutus Virgilius ita scripsit libro octauo:

Nox ruit, & fuscis tellurem amplectitur alis.

Alij præterea voluerunt hanc ex Oceano consurgere decedente die, sicut idem poeta libro secundo Aeneidos:

Vertitur interea cœlum, & ruit Oceano Nox,
Inuoluens vmbra magna terramque polumque.

Quam tñ non vt ex Oceano, sed vt ex Erebo veniẽtem ita Euripides inuocauit:

Πότνια πότνια νὺξ,
ὑπνοδότειρα πολυπόνων βροτῶν
ἐρεβόθεν ἴθι. μόλε μόλε κατάπτερος.
Verenda verenda Nox,
Quæ das somnia miseris mortalibus
Ex Erebo veni, cede cede volueris.

Et

Et Orpheus ad inferos lucem mittere, ac rursus ipsam ad illos accedere scribit in eo carmine:

> ἡ φάος ἐκπέμπεις ὑπὸ νέρτερα, καὶ πάλι φεύγεις
> Εἰς ἀΐδην.
> Quæ lucem pellis sub terras, rursus & ipsa
> Tartara nigra petis.

Huic, vbi sacrificaretur, mos fuit vt gallus immolaretur, tanquam animal silentio aduersarium, vt ait in libro secundo de Dijs Theagenes. Multi Noctis filij fuisse commemorantur. nam & Rabiem eius filiam fuisse scripsit Euripides in Hercule insano:

> Θαρσεῖ τε νυκτὸς τὴν δ' ὁρῶντες ἔκγονον
> Λύσσαν γέροντες.
> Rabiem senes hanc nocte natam sidite
> Cuncti videntes.

Sic etiam Rixam siue Contentionem atque Inuidiam eius filias vocauit Hesiodus in Operibus & Diebus inquiens:

> τὴν δ' ἑτέρην προτέρην μὲν ἐγείνατο νὺξ ἐρεβεννή.
> Namque illam primam pariens Nox edidit atra.

Et quæ in hanc sententiam sequuntur. deinde idem poeta in Theogonia multos scripsit fuisse Noctis filios quasi subuentaneos, vt est in his versibus:

> Νὺξ δ' ἔτεκε στυγερόν τε μόρον, καὶ κῆρα μέλαιναν,
> καὶ θάνατον, τέκε δ' ὕπνον, ἔτικτε δὲ φῦλον ὀνείρων,
> οὔτινι κοιμηθεῖσα θεὰ τέκε νὺξ ἐρεβεννή.
> Nox peperit Fatumque malum, Parcamque nigrantem,
> Et Mortem, & Somnum, diuersaque Somnia natos
> Hos peperit nulli Dea Nox coniuncta marito.

Cicero autem in tertio libro de Natura Deorum cum omnes Noctis filios connumerauit, tum illos patre Erebo genitos fuisse tradidit, vt patet in his: Quod si ita est, Cœli quoque parentes Dij habendi sunt, Aether, & Dies. eorumque fratres & sorores: qui à Genealogis antiquis sic nominantur, Amor, Dolus, Metus, Labor, Inuidētia, Fatū, Senectus, Mors, Tenebræ, Miseria, Querela, Gratia, Fraus, Pertinacia, Parcæ, Hesperides, Sōnia, quos omnes Erebo & Nocte natos ferunt.

¶ Verum de ijs, quę fabulose de Nocte dici solent, satis. Ex illa nuper cōmemoratæ pestes natæ esse dicuntur, quoniam inscitia & malitia mortalium, quæ Nox est mentis, omnium prope calamitatum, quæ humanum genus inuadunt, parens est & altrix, cum æquitas, tanquam Aquilo leuissimas nubes, has ex hominum conspectu possit propellere. Hæc enim omnia inscitiam consequuntur, cum ea quoq; quæ sunt naturæ possint nonnihil retardari sapientia, aut certe leuiora effici, vt senectus, amor, fatum, mors, & alia huiusmodi. Noctem antiquissimam appellarunt, quia antequàm sol & cœlum fieret, nulla erat lux: quam ex Erebo & ab inferis venire finxerunt, cum terram semper circumeat: nam sole inferiore cęli parte sub terra occultato, apud nos vmbram esse terræ necesse est, cum nihil aliud sit Nox, quàm vmbra terræ. Hanc ipsam Noctem tamen nonnulli Cupidinis filiam fuisse dixerunt, vt testatur Orpheus in argonauticis in his carminibus:

> καὶ διφυῆ περιωπέα κυδρὸν ἔρωτα
> Νυκτὸς ἀειγνήτης πατέρα κλυτόν, ὅν ῥα φάνητα
> ὁπλότεροι κικλήσκουσι βροτοί· πρῶτος γὰρ ἐφάνθη.
> geminum præstantem dicite amorem
> Obscuræ noctis patrem, dixere Phanetem
> Illum mortales, quod primum apparuit ille.

Quod

Quod certe nulla alia de causa fictum est, nisi quod amoris ratio plerunque reddi non posit, aut quod eius causam conueniat plerunque nocte & silentio occultari. Hanc in curru vehi finxerunt antiqui, quia nihil cum labore sit diuturnum, & ad narrationis voluptatem. Dicta est eadem mater omnium, quia rerum omnium partum antecesserit, & à nocendo Nox dicitur, vt quidam voluerunt, quia noctis humor infestus sit hominibus, quod vel in laborantibus scabie, vel febre, vel alijs morbis, patet: qui quidem grauiores fiunt, magisque infestant per noctem. nunc de morte dicamus.

De Morte. Cap. XIII.

Mors cum esset sola prope & potentissima omnium inferorum satelles, omnesque mortales ad Acherontem fluuium traijciendos deduceret, nihil propè de se fabulosum audiuit: nisi quod soror esset Somni, vt scriptum reliquit Homerus in lib. ξ. Iliadis.

ἔνθ' ὕπνῳ ξύμβλητο κασιγνήτῳ θανάτοιο.

Tum Mortis fratrem Somnum conuenerat ipsa:

Quodque à Nocte matre sua fuisset educata. Quare memoriæ prodidit Pausanias in Eliacis apud Eleos in templo quodam fœminā expressam fuisse, quæ pueros sopitos sustineret, manu quidem sinistra, album: at dextra alterum nigrum: & hunc dormienti similem distortis pedibus: quorum inscriptiones indicabant, alterum esse Somnum, alteram Mortem: at fœmina quæ illos alebat, Nox erat. Mos erat Morti gallum gallinaceum, sicuti Marti & Aesculapio aliquando immolare, quòd ea victima Nox lætaretur vt silentium suum infestante, ac sępius perturbante. Hanc finxerunt antiqui alas habere nigras vt ait Horatius in secundo libro sermonum in his:

Seu mors atris cum volat alis.

& illud:

Et mors atra caput fuscis circumuolat alis.

Hæc ipsa mors omnium malorum, hæc omnium humanarum calamitatum, hæc omnium dolorum remedium optimum data est hominibus Dei sapientissimi beneficio, quod in illo epigrammate suauiter expressit Agathias:

τὸν θάνατον τί φοβεῖσθε, τὸν ἡσυχίης γενετῆρα,
 τὸν παύοντα νόσους, καὶ πενίης ὀδύνας;
Μοῦνος ἅπαξ θνητοῖς παραγίγνεται, οὐδέ ποτ' αὐτὸν
 εἶδέν τις θνητῶν δεύτερον ἐρχόμενον.
Αἱ δὲ νόσοι, πολλαὶ, καὶ ποικίλαι, ἄλλοτ' ἐπ' ἄλλον
 ἐρχόμεναι θνητῶν, καὶ μεταβαλλόμεναι.

Cur timor est vobis genitrix Mors alma quietis,
 Quæ morbos placat, pauperiemque leuat?
Illa semel tantum mortales visere sueuit,
 Nec quisquam vidit mox rediisse virum.
Sæpe recurrentes cum vexent corpora morbi
 Mutati, huc illuc & sine lege fluant.

Hæc vna durissima omnium Deorum, maximeque implacabilis habebatur, quæ cum nullius precibus flecteretur, nulla etiam sacrificia, nec templa, nec sacerdotes, nec ritus sacrorum obtinuit. Huius duritiem & implacabilem voluntatem ita significauit Orpheus in hymnis:

οὔτε γὰρ εὐχαῖς σου πείθειν μένος, οὔτε λιταῖσιν

Nec prece, muneribus nec tu placabilis vlli:

Induta

Induta erat veste stellata quæ erat atri coloris. hanc miris laudibus antiqui sapiẽtes extulerunt, vt solam portum sedemque tutissimam quietis. Hæc multis corporis morbis nos liberat, hæc tyrannorum crudelitati subtrahit, hæc principibus adæquat, hæc omnibus viris bonis iucũdissima accidit, nisi quãtum naturæ leges repugnant: neque quisquam est, quin eam lætissimo animo excipiat præter sceleratos, qui grauiora se passuros esse post mortem iam nunc viuẽtes augurantur & quasi præsentiunt. Huius laudandæ amplissimum & vberrimum argumentum habuit Alcidamus, qui orationem composuit de laudibus Mortis. hanc multis rationibus æquo animo ferendam esse demonstrauit Plut. in consolatoria: & profecto nihil aliud est vita, quàm vsura lucis à Deo nobis mutuo concessa, quæ si repetatur, non ægrius ferendum est, quam si in domum amici profecti vesperi domũ nostram redire: aut instrumẽtum mutuò acceptum, reddere domino iubeamur: quare nulla certe nobis fieret iniuria si à Deo quod suum est repetatur: de qua quoniam nihil mystice dictum ab antiquis video, reliqua quæ de illa dicuntur fabulose prætermittere decreui, & de Somno pertractare.

De Somno. Cap. XIIII.

QVòd Somnus ex Erebo Nocteq; natus sit, dictum est iam superius: cui præter supradictas Mortem sororem etiam addidit Orpheus. Huic ἐλπίδας siue Spes sorores quidam ex antiquis iniunxerunt. Hunc tamen non ab inferis, sed è cœlo missum fuisse ad Palinurum scripsit Virgilius libro quinto:

Cum leuis æthereis delapsus Somnus ab astris
Aera dimouit tenebrosum, & dispulit vmbras
Te Palinure petens.

Hunc alatum esse tradiderũt poetæ, quia celerrime vniuersum terrarum orbem peragret, & leuissimus ac tacitus inopinantium oculos aggrediatur vt ait Tibullus in secundo Elegiarum:

Postque venit tacitus fuluis circundatus alis
Somnus, & incerto Somnia nigra pede.

Illud vero, quod scribitur ab Homero in principio secundi libri Iliadis, non facile intelligo, cur Somnus scilicet a Ioue mittatur ad excitãdum Agamemnonem, quo armari iuberet multitudinem: cum sit Somni munus vel magis etiam opprimere Somno grauatos, quàm excitare: nisi tamen pro Somno Somnia ibi intelligantur. Hic Somnus facit vt vulnera, vt vincula, vt seruitutem, vt carceres, vt omnia incommoda mortales, dum adest, æquo animo ferant, vt omnium malorum obliuiscantur, vt omnes animi curæ solicitudinesque recedant, vt ait Euripides in Oreste:

Ὦ φίλον ὕπνου θέλγητρον, ἐπίκουρον νόσου,
Ὡς ἡδύ μοι προσῆλθες ἐν δέοντί γε.
ὦ πότνια λήθη τῶν κακῶν, ὡς εἶ σοφὴ,
καὶ τοῖσι δυστυχοῦσιν εὐκταία θεός.
Somne ò leuamen dulce, & ægritudinis
Medela dulcis, vt venis mi optabilis.
Obliuio malorum vt apto tempore
Nobis misellis aduenis iucundaque.

Hic Somnus tanquam atrocissimus publicanus, vt dicere solebat Aristo, dimidiũ ætatis nostræ ad se rapit: quare & Lethes frater iure dictus est ab Orpheo, & rerum omnium quies, vt est in hymno in somnum:

ὕπνε ἄναξ μακάρων πάντων, θνητῶν τ' ἀνθρώπων.

λυσι-

λυσιμέριμνε κόπων ἡδεῖαν ἔχων ἀνάπαυσιν.
καὶ πάσης λύπης ἱερὸν παραμύθιον ἔρδων.
καὶ θανάτου μελέτην ἐπάγεις, ψυχὰς διασώζων:
Αὐτοκασίγνητος γὰρ ἔφυς λήθης θανάτου τε.
Somne beatorum Rex, & Rex Somne virorum.
Quem fugiunt curæ, sequitur quem blanda quies: &
Solus habes grauium solamina certa malorum.
Qui mortis formam inducens animalia seruas.
Nam germana tibi cum Lethe pallida Mors est.

sic Ouidius etiam in lib. 11. mutationum illum inter deos ob beneficientiam collocauit, cum tot beneficia in mortales conferat, vt patet ex hijs:

Somne quies rerum, placidissime Somne Deorum,
Pax animi, quem cura fugit, qui corpora duris
Fessa ministeriis mulces, reparasque labori.

Cuius mira elegantia poeticaque suauitate domum descripsit idem poeta, cui mille filios, vel potius infinitam filiorum multitudinem tribuit, sed tres præcipue nominauit Morphea, Icelum, & Phãtasum. Est enim Somnus omnium prope rerum naturalium dulcissimus optimus ac vtilissimus, si moderatus existat, cui omnia animalia subiiciuntur, quare iure ab Orpheo Rex hominum & Deorum dictus est. Quam misera sit eorum qui cæteris felicissimi videntur conditio, qui summæ rerum sunt præfecti, demonstrauit Homerus in lib. 2. Iliad. cũ omnes Deos & homines dormientes induxerit vno excepto Ioue. Idem poeta lib. ξ. ingentibus donis à Iunone solicitatum Somnum facit, vt Iouem consopiret, qui se id facere alias aggressum memorat, sed ea causa iratum Iouem ipsum in mare deiecisse: quem nisi Nox hominum ac Deorum domitrix seruasset, ad quam confugit, periisset omnino: quare se id nulla ratione ausurum contendit. tanta est regum summorumque Imperatorum felicitas: qui, cum vt Dii coli videantur, omnium etiam mortalium sunt miserrimi. Fabulosam Somni ciuitatẽ, in qua Somnia habitare dicebantur, non ineleganter descripsit in libro secundo verarũ historiarum Lucianus: qui in amplissima planitie illam sitam esse inquit, circa quam sylua est frequentissimis procerisque arboribus, quæ papauera sunt, altissimæque mandragoræ, atque herbæ ibidem complures, quarum succi inducant soporem, quæ florent vbique in illa planitie. Magna vespertilionum copia est huc illuc ad illos arbores volitantium, & noctuarum, & bubonum, & nocturnarum auium: neque vllæ præterea aues ibi esse consueuerunt. Fluuius hanc vrbem alluit placidissimus Lethe nomine, quem alii Nychtiporũ appellant, cuius cursus tacitus est, & oleo persimilis. Nascitur is è duobus fontibus in obscuro & nulli cognito loco scatentibus: quorum alter Pãnychius, alter Negretus appellatur. Habet hæc ciuitas duas portas, alteram corneam miro quodam artificio constructam, in qua omnia prope expressa sunt, tanquam in pictura, quæ dormientibus vera in somnia occurunt: alterã ex ebore candidissimo; in qua & ipsa sunt Somnia, sed non expressa, at adumbrata tantum. In hac ciuitate templum est Noctis augustissimũ omnium, quod eximia religione colitur. Tum aliud est Apates Deæ, & aliud Alethiæ delubrum, in quibus vtrisque & adytum esse inquiunt & oracula. At Somniorum à quibus frequentissimis ciuitas habitatur, nulli eadẽ est forma; siquidem alia sunt gracilia & parua, & contortis cruribus & gibbosa & monstris similia, alia procera suauique facie & rubicunda, & aurea, vt ita dicam. Alia sunt terribili aspectu, & alata, & videntur assidue aliquam calamitatem minitari. Alia sunt regali pompa luxuque induta, quam ciuitatẽ siquis mortalium ingrediatur, continuo illi sunt obuia domestica Somnia, quæ blandè ve-

nientes

nientes excipiunt, atque aliquæ semper prædictarum formarum se illis offerunt, modo aliquid lætum, modo triste nuntiantes, quæ modo fidem seruant, quod quidem perraro accidit, (mendax est enim magna ex parte illius ciuitatis multitudo & subdola) modo cõtraria etiam loquũtur, atq; in animo excogitauerint.

¶ Hactenus de Somno, nunc quæ conficta sint de illo, explicemus. Somnum non ausum esse Iouem sopire idcirco fingitur, quoniam illi, cui commissa est rerum omnium cura & administratio, dormire non conuenit, neque diuina natura Somno indiget, vt per illum vires recuperet, aut incrementum capiat, cum nullum vel laborem vel incommodum patiatur. Lethenque Somni sororem illa de causa faciunt, quia per somnum omnium ærumnarum & malorum obliuiscimur, qui cum ad multa animalia eodem tempore veniat & citissimus & alatus fingitur, & Noctis filius. Cum enim noctis humor stomachi vapores ad supremas partes corporis ascendentes augeat, qui postea facti frigore cerebri frigidiores descendunt inferius, atque ita gignant somnum, iure optimo Somnus dictus est Noctis filius. Ab illo maxime plantarum & animalium omnium fit incrementum, quibus per ætatem id licet, quod accidit nocturni humoris beneficio: cum vis diurni caloris interim, tanquam occulta vis fermenti in corporibus lateat, dum nox superueniat. Ex iis igitur vaporibus nascuntur plures somniorum formæ pro ciborum, regionum, temporum, impressorum in mente negotiorum, ac pro temperamentorum cuiusque varietate: quæ omnia cõsideranda sunt in explicandis somniis. Nã somnia sunt tanq̃ duces aut exploratores aliqñ medicis ad dignoscendos morbos cum fiant pro uaporibus diuersa, quamuis somnia aliquando formæ sint rerum optatarum, quæ subministrantur ab ipsa phantasia. vt enim ait Artemidorus in libro primo de somnijs, ὄνειρος ἐστὶ κίνησις ἢ πλάσις ψυχῆς πολυσχήμων, σημαντικὴ τῶν ἐσομένων ἀγαθῶν ἢ κακῶν, somnium est motus vel figmentum animæ multiplex significans vel bona vel mala futura. cõsimili ratione spes addiderunt sorores, quia sæpius in rebus dubijs, variosque habentibus exitus, collocantur, quare euanescunt tanquã somnia. Alii tamen humana, alii diuina esse somnia contenderunt. Ciuitas autem illa somniorum quæ descripta est superius, propter humorum abundantiam, ex quibus somnia oriuntur, apud Oceanum fuisse fingitur, vt patet ex his carminibus:

> Πὰρ δ' ἴσαν ὠκεανοῦ τε ῥοὰς, καὶ λευκάδα πέτραν,
> ἠδὲ παρ' ἠελίοιο πύλας, καὶ δῆμον ὀνείρων.
> Oceani fluctus petiere, & Leucada petram,
> Et Solis portas, quæ gens insomnia fertur.

Dicuntur esse duæ Somniorum portæ, vt diximus: atque per corneam vera somnia exire, quod ita fictum est, quia sicut ignis in laterna inclusus si cornea sit, & subtilis materia, facilè lumen transmittit, atque aliquo pacto videtur: Ita si corpus hominum fuerit per temperantiam ab omni sordidorum humorum colluuione expurgatum, facile anima per id veritatem, & spectra sibi diuinitus oblata recipit, quæ somnia ἐκ διὸς ἐστιν. At si crassa fuerint corpora, & multorum ciborum, vel sordidorum humorum è diuturna crapula oppleta, tunc ea corpora animam tanquam in laterna cui eburnea sint latera & crassioris materiæ, inclusam veritatem somniorum intueri non patiuntur: quod per somni portas Homerus explicauit & Virgilius. Didymus tamen pelliculam primam oculorum corneam habere formam sensit, atque visa significare: ebur dentes sunt, quia falsa insomnia edunt: nam veriora certioraque sunt visa, quam audita, & ab aliis relata. ac de somno hactenus, nunc dicamus de Hecate.

De

De Hecate. *Cap.* XV.

AT Hecate quibus è parentibus orta sit, non facile affirmauerim: siquidem alii ex aliis natam esse tradiderunt. Bacchylides Noctis filiam esse dixit, cum inquiat:

Ἑκάτα δᾳδοφόρου Νυκτὸς μεγαλοκόλπου θύγατερ.
Hecate faciferæ Noctis amplæ filia.

Musæus Iouis & Asteriæ, Pherecydes Aristæi Pęonis filii: Orpheus in Argonauticis Tartari filiam putauit, quam ita cum Eumenidibus ad sacrificia accedere scripsit:

σὺν δ' αἰολόμορφος ἵκανε
τρισκέφαλος ἀδεινὸν ἰδεῖν τέρας, οὔτι δαπτὸν,
ταρταρόπαις ἑκάτη
Cumque illis Hecate properans horrenda cucurrit
Cui trinum caput est, genuit quam Tartarus olim.

Atque idem Orpheus hanc ipsam Hecaten alibi Cereris filiam & Iouis fuisse scripsit, vt est in his;

καὶ τότε δὴ ἑκάτην Δηὼ τέκεν εὐπατέρειαν
ἐκ Διὸς αἰγιόχοιο.
De Cerere est Hecate fata nobilis atque tonante
De Ioue,

Hesiodus antiquissimi eius Persę, qui fuit & Cæi filius, & Asteriæ filiam Hecaten scripsit:

Γείνατο δ' ἀστερίην εὐώνυμον, ἥν ποτε πέρσης,
ἠγάγετ' ἐς μέγα δῶμα φίλην κεκλῆσθαι ἄκοιτιν.
ἡ δ' ὑποκυσαμένη ἑκάτην τέκε
Edidit Asteriam pulchram, quam Persea dicunt
Vxorem duxisse domum: quæ mox parit illi
Natam Hecaten.

Quod etiam testatur Ouid. in lib. 7. maioris sui operis in his:

Ibat ad antiquas Hecates Perseidos aras,
Quas nemus vmbrosum, secretaq; sylua tegebat.

Et Apollodorus lib. 1. hanc eandem esse Proserpinam, & Hecaten, & Lunam credidit, quare Lucifera dicta est ab Euripide in Helena:

ὦ φωσφόρ' ἑκάτη, πέμπε φάσματ' εὐμενῆ.
Lucifera Hecate benigna da phasmata.

Hanc terribilem aspectu, proceritateque corporis vel ad mensuram dimidii stadii accedere dixerunt: pedesq; habuisse ad serpentis formam, cum vultus & aspectus figura proxime ad Gorgonum naturam accederet. Pro coma densissimi dracones & viperæ, aliæ in cincinnorum morem contortæ, atque sibilantes visebantur: aliæ collum ipsum amplexabantur, aliæ spargebantur in humeros demissæ, vti testatur Lucianus in Philopseud. Dicta est etiam Brimo a fremitu, quoniã in Apollinem inter venandum, cum illam vitiare conaretur, infremuisset. vel aduersus Mercurium potius vt sensit Isacius. vocatam autem fuisse Brimo ita testatur Apollonius in libro tertio Argonauticorum;

δαΐδα φηγοῦ
πῦρ ὑπένερθεν ἱεὶς, ἐπὶ δὲ μιγάδας χέε λοιβάς.
Βριμὼ κικλήσκων ἑκάτην ἐπαρωγὸν ἀέθλων.
tum vasa cremauit
Ignibus impositis mistim libamina fundens.

Auxilio

Auxilio Brimoque vocans Hecaten sibi diuam:

Credebatur esse inferorum Regina, vt idem poeta testatur in eodem libro,

Ἑπτάκι δὲ Βριμὼ κουροτρόφον ἐγκαλέσασα,
Βριμὼ νυκτιπόλον χθονίην ἐνέροισιν ἄνασσαν.
Protinus hæc Brimo stans terq; quaterque vocauit.
Brimo nocturnam, Reginam quæ imperat vmbris.

Hanc canes complures sequebantur, vt apparet in his.

ἀμφὶ δὲ τήν γε
ὀξείῃ ὑλακῇ χθόνιοι κύνες ἐφθέγγοντο
Hanc circum latrare canes latratibus altis.

At alij memoriæ prodiderunt illam querneo ramo coronatam apparere, quam etiam serpentes ingentes habere circa caput in his significauit Sophocles in radices cædentibus siue Rizotomis tragædia inscripta,

ἥλιε δέσποτα, καὶ πῦρ
ἱερὸν τῆς εἰνοδίας ἑκάτης.
ἔγχος, τὸ δι' ὀλύμπου
πωλοῦν φέρει, καὶ γῆς ναίουσ' ἱερὰς τριόδους
στεφανωμένη δρυῒ καὶ πλεκτοῖς
ὤμων σπειράμασι δρακόντων.
o Sol, o rex, & ignis
Sacer in uia habitantis Hecates
Hasta, quam per cęlum
Recte fert, ac terræ habitat sacra triuia
Coronata quercubus plurimis
Super humeris spinis draconum.

Idcirco cum de venefica quadam muliere loqueretur Tibullus in primo Elegiarum, canes Hecates domuisse pro scientia veneficiorum & artis magicæ dixit, quia rabidi canes illam semper sequerentur:

Sola tenere malas Medeæ dicitur artes,
Sola feros Hecates perdomuisse canes.

Dicta est etiam canicida Dea, & caniuora quoniam illi canes immolarentur, vt scripsit in Mimis Sophon, & Lycophron:

Ζήρινθον ἄντρον τῆς κυνοσφαγοῦς θεᾶς.
Zerinthon antrum mox caniuoræ stat Deæ,

Quidam putarunt canes illi immolari, quia inuisum sit id animal, cuius latratu phantasmata quæ ab Hecate mittuntur, dissoluantur: nam cum aer vel æris tinnitu, vel alicuius rei strepitu concutitur, illa offenduntur grauissime, quare non possunt diutius consistere. Huic Deæ sacrificabatur in triuiis, vnde etiam Triuia dicta est: quod ideo accidit quia eadem Luna & Diana & Hecate sit, de qua sic Virgilius,

Tergeminamq; Hecaten, tria Virginis ora Dianæ.

Alii dictam fuisse triuiam arbitrati sunt, quia eadem sit Iuno: Diana, Proserpina. Alii triformem illam putarunt, quia nunc in cornua, & propè vacua surgit: nunc diuidua est, nunc orbe pleno. Alii quia dextrum caput equinum habeat, sinistrum caninum, medium hominis, vel vt alii maluerunt, suis agrestis. Non defuerunt, qui triuiam vocatam Hecaten putarunt, quia in triuiis sit exposita, & à pastoribus inuenta ac educata, alii quia in cęlo, in terra, & apud inferos polleat, alii quia centum grana pro singulis tritici ferat, alii quia centum hostiis placetur Hecaten nominarunt. Alii quia cẽtum annos insepultos errare faciat. Huic Deæ sacrificabat in triuiis apud Athenienses singulis mẽsib. in nouilunio, quo tpe

illi,

illi, qui erant opulenti, cœnam in triuio exponebant, ac pauperes eò per noctem conuenientes vorabant. Hecatenque edisse dicebant: quam consuetudinem ita significauit Aristophanes in Pluto:

παρὰ τῆς ἑκάτης ἔξεστι τοῦτο πυθέσθαι
Εἴτε τὸ πλουτεῖν, εἴτε τὸ πεινῆν βέλτιον· φησὶ γὰρ αὕτη,
τοὺς μὲν ἔχοντας καὶ πλουτοῦντας δεῖπνον κατὰ μῆνα προπέμπειν.
τοὺς δὲ πένητας τῶν ἀνθρώπων ἁρπάζειν πρὶν καταθεῖναι.

Ex Hecate licet id cognoscere:
An ditescere quam famescere melius: iubet enim ipsa
Habentes & diuites cęnam singulis mensibus exponere:
At pauperes homines rapere vel antequam exponatur.

Vocabatur autem sordida propter id cęnæ genus & parca, quia vmbræ porro, malua, mænidibus, & triglis vesci creditæ sunt, atque in triuiis præcipue colebatur, quod ibi, vt diximus, exposita fuit, vt quidam putarunt, ab Aeolo & Pheræa parentibus, à bubulcis Pheretis fuerit educata. Hanc vestibula domorum tueri arbitrabantur, quare ante fores aras erigebant, vt in his testatur Aeschylus:

Δέσποιν' ἑκάτη τῶν βασιλείων πρόδρομος
μελάθρων.

Regalium atriorum præuia Hecate.

Huius vires & officia ita commemorauit Hesiodus in Theogonia:

τὴν περὶ πάντων
Ζεὺς κρονίδης τίμησε, πόρεν δέ οἱ ἀγλαὰ δῶρα.
μοῖραν ἔχειν γαίης τε καὶ ἀτρυγέτοιο θαλάσσης.
ἡ δὲ καὶ ἀστερόεντος ὑπ' οὐρανοῦ ἔμμορε τιμῆς.
ῥεῖα μάλ' ᾧ πρόφρων γε θεὰ ὑποδέξεται εὐχάς,
καὶ οἱ ὄλβον ὀπάζει, ἐπεὶ δύναμίς γε πάρεστιν.
ὅσσοι γὰρ γαίης τε καὶ οὐρανοῦ ἐξεγένοντο,
καὶ τιμὴν ἔλαχον, τούτων ἔχει αἶσαν ἁπάντων.

nam super omnes
Iupiter ingentes illi largitur honores,
Muneraque. imperium terræque marisq; profundi
Cunctorumque simul quæ cęlum amplectitur altum
Admittitq; preces facilis Dea, prompta, benigna,
Diuitias præbet, quod ei concessa potestas.
Imperat hæc cunctis, qui sunt è semine nati
Et terræ & cœli, cunctorum fata gubernat.

Præerat & veneficiis, quam magicas artes exercentes inuocare consueuerunt cũ Luna. vt Theocritus scripsit in Pharmaceutria:

τᾷ χθονίᾳ θ' ἑκάτᾳ, τὰν καὶ σκύλακες τρομέοντι.
Ἐρχομέναν νεκύων ἀνά τ' ἠρία καὶ μέλαν αἷμα.
χαῖρ' ἑκάτα δασπλῆτι, καὶ ἐς τέλος ἄμμιν ὀπήδει.

Terrestrique Hecate, catulis quæ terror & horror,
Dum per defunctos ruit, & vim sanguinis atri.
Salue Hecate grauis, & nobis hęc perfice Diua.

Hac de causa maxime omnium Deorum illam se colere inquit Medea venefica in his apud Euripid.

οὐ γὰρ μὰ τὴν δέσποιναν, ἣν ἐγὼ σέβω
μάλιστα πάντων, καὶ ξυνεργὸν εἱλόμην
Ἑκάτην.

Non per Hecaten, ego colo quam maximè

Vnam omnium, quam ferre opem legi mihi.

vocabatur autem septies, mox illi sacrificia fiebant, certis ac propriis ritibus, qui omnes propè sunt ab Apollonio expreßi ita in libro tertio Argonauticorum:

Δὴ τότε μέσσην νύκτα διαμμοιρηδὰ φυλάξας
Ἀκαμάτοιο ῥοῇσι λοεσσάμενος ποταμοῖο
Οἶος ἄνευθ' ἄλλων ἐνὶ φάρεσι κυανέοισι
Βόθρον ὀρύξασθαι περιηγέα· τῷ δ' ἐνὶ θῆλυν
Ἀρνειὸν σφάζειν καὶ ἄδαιτον ὠμοθετῆσαι
Αὐτῷ πυρκαϊὴν εὖ νηήσας ἐπὶ βόθρῳ.
Μουνογενῆ δ' Ἑκάτην Περσηΐδα μειλίσσοιο,
Λείβων ἐκ δέπαος σιμβλήϊα ἔργα μελισσῶν.
Ἔνθα δ' ἔπειτα θεὰν μεμνημένος ἱλάσηαι.
Ἂψ ἀπὸ πυρκαϊῆς ἀναχάζεο· μηδέ σε δοῦπος
Ἠὲ ποδῶν ὀρσῃσι μεταστρεφθῆναι ὀπίσσω,
Ἠὲ κυνῶν ὑλακή. μήπως τὰ ἕκαστα κολοῦσας.

Obserua: medium vt nox fecerit humida cursum,
Fluminis ipse petas vndas: ibi lotus & vnus
Cyanea veste indutus, fodere ipse memento
Mox foueam. Iugulata tibi sit protinus agna
Fœmina: & inde super fouea pyra structa cremetur.
Atque voces Hecaten Perseida, mellaque libans
Dulcia munera apum places hanc. hisque peractis
Rursus abire pyra moneo. conuertere nullus
Te retro strepitusue pedum, fremitusue caninus
Cogat: nam sacri fiet labor irritus omnis.

His ita peractis sacrificiis quædam phasmata continuò apparebant, quæ solebant vocare Hecatæa, eaque in varias formas se conuertebant. Dicuntur moly, quam rutam agrestem esse nonnulli arbitrantur, & laurus, & pulicaria. & rhamnus, & salyx, & stella marina, & Iaspis magicis artibus resistere, & alia complura plantarum, animalium & lapillorum genera: quæ nunc omnia non opus est recensere, de quibus scripsit & Albertus Magnus, & Orpheus in libro de Lapillis. Præcipuò in honore fuit Hecate apud Aeginetas & Bæotos, vti memoriæ prodidit Pausanias in Corinthiacis. Cur inferorum Dea credita sit Hecate, Sophron fabulam huiusmodi recitauit, vt ait Theocriti enarrator: cum Iupiter Iunonem aliquando compreßisset, nata est puella Angelus nomine, quæ nymphis educanda data fuit. illa cum adoleuisset, vnguentum, quo Iuno perungebatur, cum fieri vellet splendida, occultauit: quod cum pixi de Europæ Phænicis filiæ tradidit. Illud facinus cum sensisset Iuno, velletque in illam animaduertere, primum Angelus in domum mulieris, quæ nuper pepererat, confugit: atque inde ad efferentes mortuum, vnde abstitit Iuno. Iupiter Cabarnos illam expiare iussit, qui in Acherusiam portantes expiarunt: deinde mortuorum & terrestris Dea credita est: quæ ob prædictas causas postea vocata fuit Hecate. Non defuerunt tamen, qui illam natam è Ioue & Cerere crediderunt, quæ cum robore corporis & magnitudine excelleret ad quærendam Proserpinam missa est: & postea regnis subterraneis præfecta, quæ dicta fuit Hecate ab illo tempore, vt quidam putarunt, quia procul absit à nobis. alii quia ab illa recedendum sit, alii quia centum obeat munia in negotiis naturæ. ac de fabulosis hactenus.

Quidam ex antiquis scriptoribus Hecaten fuisse Persæ filiam venatricem egregiam memoriæ prodiderunt, sed tamen immanem, quæ si feras non posset assequi, sagittas in homines conijceret. Hæc pharmaca læthifera inuenit quomodo componerentur,& in primis reperit aconitum,quare formidabilis Dea inferorũ credita est. Experiebatur singularum herbarũ vires in cibis,quos hospitib. exhibebat.pharmaco patrẽ prius è medio sustulit, accepit imperium,postea Dianæ erexit sacellũ,vbi ad nauigantes Deę mactabat. deinde Aeetæ nupta Circen & Medeã filias peperit,ac filiũ Aegialeũ. Circe ad pharmaca instructa inuenit & ipsa varias vires herbarũ,patreq́; venenis necato imperiũ suscepit : sed ob crudelitatem ex illo excidisse dicitur,fugisseq́; ad Oceanum in insulam desertã,vel,vt alij maluerunt,in Italiam ad promontorium ab illa vocatum Circæum. Medeæ diuersum fuisse consilium inquiunt:quippe quæ mirificè salutis omnium peregrinorũ esset studiosa,cum à sorore & à matre multa medicamina didicisset. sæpius etiã fuit à patre reprehensa quòd per nimiam facilitatem regnum patriũ esset in magnum periculum cõiectura, cum patri moriendum esset pro oraculi responso cũ vir externus aureum vellus cepisset. Eius preces cum nihil profecissent,aiũt Aeetam veritum insidias illam in custodias tradidisse,quę cum fugisset in sacrum lucum solis ad mare,mox accedentibus Argonautis omnia proposita pericula, & paternam crudelitatem narrauit, & vt per insidias omnes hospites mactare solebat. Deinde ab Argonautis exorata tulit opem Iasoni ad superãda pericula,quia Iason iurauit se illam virginem in stabile matrimonium ducturum. Nam & ingẽtia formidabiliaq; pericula exteris proponebantur ante quam vellus aureum caperetur,& curabat Aeeta per famam crudelitatis omnes externos & aduenas homines ab illis litorib. absterrere. ¶ Quid igitur per has fabulas significare voluerũt antiqui? Aut cur Noctis filia dicta est Hecate, quoniam fatorum cuiusq; ordo ac vis est Hecate, vt patet è superioribus carminib. Hesiodi, quæ diuinitus in mortalia corpora infunditur, illa Iouis est filia vel Persæ: at quia nulli mortalium ordo ille est cõspicuus aut manifestus,ea causa Noctis filia dicitur. Illi, qui Iouem rerum omnium moderatorem existimarunt,cum omnia ab illo proficisci intelligerent,vim illam,quæ occulte per astra ad inferiora corpora agens descenderet, Hecaten Iouis & Asteriæ filiam nuncuparunt. At qui solem omnia prospicere,omniaq; audire tradiderunt,& omnibus moderari,illi Persæ filiam Hecaten,vim illam.s. prædictam putarũt. Eam Luciferam dictam fuisse constat,quia per sempiternos illos astrorum ignes descenderet. Eadem rursus inferorum Regina credita fuit,quia hoĩes oẽs fatorũ necessitati,hoc est Dei voluntati parent. Quid aliud canes sunt rabidi illã comitantes, quam calamitates & molestiæ, quæ homines è fato assiduè infestant? eius item forma tam formidabilis varietatem ærumnarum præ se fert. Potest eadem rursus veneficiorum præfecta fluuiorum cursus conuertere, segetes aliò transferre,montes in profundũ deijcere,astra deducere de cœlo quod veneficæ facere dicebantur,quia fatorum necessitati ac volũtati diuinæ nihil est quod non pareat. Cum vellent igitur significare antiqui omnibus esse moriendum,neque quenquam posse Deorum volũtatem effugere,aut ab illis statutum diem præterire,omniaque & commoda & incommoda proficisci ex arbitrio voluntateque Deorum,hæc & ad ortum & ad formam Hecates spectantia excogitarunt. At nunc de Proserpina verba faciemus.

De Proserpina. *Cap.* XVI.

PRoserpinam alij eandem esse voluerunt Hecaten. Quam Dæram etiam vocarunt,vti scripsit Timosthenes. alij cum Hecaten è superioribus parentibus natam esse affirment, Cererem matrem Proserpinæ fuisse contendunt, quæ si è diuersis parentibus natæ sunt, eædem certe esse non possunt. Hanc Cereris fuisse filiam declarauit Hesiodus in Theogonia:

Αὐτὰρ

Αὐτὰρ ὁ Δήμητρος πολυφόρβης ἐς λέχος ἦλθεν.
ἣ τέκε περσεφόνην λευκώλενον, ἣν ἀϊδωνεὺς
ἥρπασεν ἧς παρὰ μητρὸς· ἔδωκε δὲ μητιέτα Ζεύς.
Diuitis hic Cereris lectum conscendit, ab illo
Nascitur amplexu Proserpina: quam rapit inde
Pluto, restituit matri sed Iupiter almus.

Apollodorus Atheniensis in primo lib. Iouis & Stygis filiam esse Proserpinam tradidit. Scriptum reliquit Strabo lib. septimo, Valentiam, quæ Hipponium olim dicebatur, ciuitatem esse Siciliæ in loco amænissimo, vbi florentissima prata esse consueuerunt, quo in loco cum flores legeret Proserpina à Plutone fuit rapta. Verum quoniam rem totam luculentissime expressit Cicero, & loci amænitatem mirificè oratione pinxit, non grauabor ea ascribere, quæ sunt in actione sexta in verrem ad hunc locum pertinentia: Vetus est hæc opinio Iudices, quæ constat ex antiquissimis Græcorum literis atque monimentis: insulam Siciliam totam esse Cereri, & Liberæ consecratam. hoc cum cęteræ gentes sic arbitrantur, tum ipsis Siculis tam persuasum est, vt animis eorũ insitũ, atque innatũ esse videatur nã & natas esse has in his locis Deas, & fruges in ea terra repertas arbitrãtur, & raptam esse Liberam, quã eandẽ Proserpinam vocant, ex Ennensium nemore qui locus, quod in media est insula situs, vmbilicus Siciliæ nominatur: Quam cum inuestigare, & conquirere Ceres vellet, dicitur inflammasse tædas iis ignibus qui ex Aetnæ vertice erumpunt: quas sibi cum ipsa præferret, orbem omnium peragrasse terrarum. Enna autem, vbi ea, quæ dico, gesta esse memorantur, est loco præcelso atque edito, quo in summo est æquata agri planities, & aquę perẽnes: tota vero omni aditu circumcisa, atque dirempta est. Quam circa lacus, lucique sunt plurimi, & lectissimi flores omni tempore anni: locus vt ipse raptum illum virginis, quem iam à pueris accepimus, declarare videatur. Etenim propter est spelunca quædam conuersa ad Aquilonem, infinita altitudine, qua Ditem patrem ferunt repente cum curru extitisse, abreptamque ex eo loco virginem secum asportasse, ac subito nõ longe à Syracusis penetrasse sub terras, lacumq; repẽte in eo loco extitisse, vbi vsq; ad hoc tempus Syracusani festos dies anniuersarios agunt, celeberrimo virorum mulierumq; cõuentu. Pausanias tñ in Atticis ait locum fuisse apud Cephissum amnem, cui nomen fuit Caprifico, vnde fama est cum rapta Proserpina Orcum ad inferos descendisse. Idem in Corinthiacis inquit apud Chemarum fluuium septũ fuisse è lapidibus, vnde cum rapta Proserpina Pluto ad subterranea deuenerit. Inde vero effectum est, vt, cum omnes è Sicilia raptam Proserpinam putent, per Proserpinam Siculi, tãquam per familiare numen iurare consueuerint, vt est illud Aristophanis in Vespis: ναὶ τὰν κόραν. Sane per Proserpinã. Orpheus tamen in Argonauticis vř significasse Proserpinam non in specu à Plutone, sed super mare latam fuisse, cum ita scribat:

Ὥς ποτε φερσεφόνην τέρεν' ἄνθεα χερσὶ δρέπουσαν
ἐξ ἀπαφὸν συνόμαιμοι ἀν' εὔρυτε καὶ μέγα ἄλσος.
Αὐτὰρ ἐπεὶ ὅσ μιν πλοῦτος κυανότριχας ἵππους
ζευξάμενος κούρην ἐπεβήσατο δαίμονος αἴσῃ.
Ἁρπάσασα δ' ἔφερεν διὰ κύματος ἀτρυγέτοιο.
Vt teneros olim carpens Proserpina flores
Sit patrui decepta dolo, & portata frequentes
Per syluas, vt iunxit equos sua sub iuga Pluto
Terrificos, celeres, rapta vt Proserpina vasti est
Per dorsum portata maris, perque æquoris vndas.

Scriptum reliquit Sophoclis enarrator Proserpinam raptam fuisse à Plutone, cum narcissum colligeret his verbis: ὅτι ἔμελλεν ἢ τὸν Πλούτωνα αὐτὴν ἁρπάσαι, τοῦτῳ ἐπέπρωτο. συλλέγουσαν οὖν φασιν αὐτὴν τὸν νάρκισσον ἁρπασθεῖσαν. Nam vel antequàm raperetur à Plutone, eo delectabatur. Aiunt igitur ipsam cum narcissum colligeret, raptam fuisse. Obtinuit deinde Proserpina propter multas matris lacrymas & lamentationes vt eiulatus, & capillorum lacerationesi, & plagæ, quæ in funere familiarium & carissimorum fierent, in eius honorem ederentur, tanquam quædam sacrificia, quod ita expressit Euripides in Oreste:

κτύπον τε κρατὸς, ὃν ἔλαχ' ἁ κατὰ χθονὸς
Νερτέρων Περσέφασσα καλλίπαις θεά.
Capitisque plagæ, pulchra, subterranea,
Sortita quas olim Dea est Proserpina.

Quæ cum mortuorum esset Regina, dicti sunt omnes ab Horatio in primo Carminum à Proserpina excipi in his:

Mista senum ac iuuenum densantur funera: nullum
Sæua caput Proserpina fugit.

Cum rapta fuisset igitur Proserpina, ac Ceres eius mater ieiuna illam quæreret ab Hippothoonte Neptuni & Alopes Cercyonis filio, & à Meganira eius vxore, quam alii Celei vxorem fuisse tradiderunt, in hospitium fuit accepta. Tunc Meganira illi & mensam parauit & vinum miscuit: at Dea mœrens recusauit, cum diceret sibi non fas esse bibere vinum in filiæ calamitate: at cinnum è farina sibi parari iussit, quem bibit. Erat Iambe muliercula quædam Meganiræ ancilla, vt tradidit Philochorus, Panos & Echus filia, quę cum Deam mœstam videret, ridiculas narratiunculas, & sales Iambico metro ad commouendam Deam ad risum, & ad sedandum dolorem, interponebat: quare genus id carminis non ante obseruatum, Iambicum ab illa dictum fuit, vt testatur Nicander in Alexipharmacis:

ἐμπλήδην κυκεῶνα πόροις ἐν κύμβεσι τεύξας
Νησαίης Δηοῦς μορόεν ποτόν. ᾧ ποτε Δηὼ
Λευκανίην ἔβρεξεν ἀν' ἄστυρον Ἱπποθόωντος.
Θρηϊκίαις ἀθύρμασιν ὑπαὶ ῥήτρῃσιν Ἰάμβης.
Ipse mihi reple spumantia cymbia cinno,
Ieiunæ Cereris, potu multa arte parato.
Quo Ceres os olim penes Hipothoonta rigauit,
Ludicris salibus cum lætaretur Iambes:

Atque cum nusquam Proserpina inueniretur à Cerere, dicta est demum ab Arethusa Nympha à Plutone rapta fuisse, & ad inferos deportata. Tum vero Iupiter roganti Cereri pro filia, & temeritatem fratris accusanti promisit se facturum vt filia sibi restitueretur, si ea conditione ad eam rapiendam accederet, vt nihil eorum gustasset, quæ forent apud inferos. Verum cum illa tria grana mali punici, vel nouem, vt alii maluerunt, edisset indice Ascalapho filiam liberam educere omnino nõ potuit. Verũtamen ad mitigandum Cereris dolorem statuit Iupiter vt alternè sex menses apud maritum, totidemque cum matre degeret Proserpina: sic enim ab omnibus qui de Deorũ antiquorũ natura scripsere, memoriæ proditũ est. Scriptum reliquit Theagenes & Apollodorus Cyrenaicus in lib. 1. de Diis Iouem ad placandam Proserpinam, ipsi Siciliam donasse.

Ideirco fama est didita de Syracusis metropoli eius insulæ, quòd futura esset vrbs opulenta, cum enim Archias & Myscellus oraculum sciscitarentur de cõdendis vrbibus, responsum retulerunt.

Χώρας καὶ πόλεως οἰκήτορα λαὸν ἔχοντες
ἤλθετ' ἐρησόμενοι Φοῖβον τίνα γαῖαν ἵκοισθε.
Ἀλλ' ἄγε δὴ φράζεσθ' ἀγαθῶν πότερον κεν ἕλοισθε

Πλοῦ-

Πλοῦτον ἔχειν κτεάνων, ἢ τερπνοτάτην ὑγίειαν.
Ductores populi culturi mœnia & agros,
Quæritis è Phœbo quas terras præstet adire.
Voluentes animis legite vtrum gratius horum,
Diuitias ne magis vultis, terras ne salubres?

Atque cum Myscellus salubritatem, Archias diuitias potius elegisset, hic Crotonem multorum athletarum patriam condidit, ille Syracusas regiam ciuitatem Siciliæ. quippe cũ nihil ex omni parte felix in rebus humanis à Deo concessum sit. Fama est Pirithoum ac Theseum audita Proserpinæ pulchritudine, illam rapturos ad inferos descendisse; quippe cum ita coniurassent vt alter alteri in acquirenda muliere opem ferret. ac iactis sortibus vtri prima obueniret, Theseo rapta Helena contigit. Cum vero Pirithous in Proserpinæ desiderium incidisset, iure iurando astrictum habuit adiutorem Theseum, qui ambo per Tænarum ad inferos descenderunt. Illi cum super petra quadam consedissent, inde consurgere nõ potuerunt, donec Hercules ad rapiendum Cerberum profectus, Theseum, vt qui coactus eo accesserat, liberauit: At Pirithoum ibi reliquit, quoniam consulto se in ea pericula coniecerat: quam rem ita scripsit Apollonius in primo Argonauticorum:

Θησέα δ' ὃς περὶ πάντας Ἐρεχθεΐδας ἐκέκαστο
Ταιναρίην ἀΐδηλος ὑπὸ χθόνα δεσμὸς ἔρυκε
Πειρίθῳ ἑσπόμενον κεινὴν ὁδόν.
Thesea, Erecthidas inter clarissimus omnes
Qui fuit, & celeber, durissima vincla tenebant
Tęnaria sub humo. quoniam comitatus euntem
Illuc Pirithoum fuerat.

Et Virgilius lib. sexto ita de his querentem Charontem inducit:

Nec vero Alciden me sum lætatus euntem
Accepisse lacu, nec Thesea, Pirithoumque.
Diis quanquam geniti, atque inuicti viribus essent.
Tartareum ille manu custodem in vincla petiuit,
Ipsius à solio regis, traxitque trementem.
Hi dominam Ditis thalamo deducere adorti.

Proserpinæ mos erat modo canes, modo nigras & steriles victimas immolari, quare ita scripsit Virgilius:

ipse atri velleris agnam
Aeneas matri Eumenidum, magnæque sorori
Ense ferit, sterilemque tibi Proserpina vaccam.

Hoc in loco non solum varios ritus sacrorum, sed etiam aliam esse Hecaten, aliam Proserpinam obseruare conuenit: quoniam & Hecaten sororem Eumenidum, & Proserpinam poeta nominauit, cum huic agnam, illi vaccam sterilem immolari dixit. Scripsit Pausanias in Bæoticis Proserpinam adhuc paruulam ad capiendum anserem, quem inuita de manu dimiserat, in cauernosum antrum ingressam, quo ansere, à lapide sub quo se occultauerat retracto, statim fluuius ex eo loco emersit, qui fuit nominatus Ercyna. Fuit in agro Phocensi Proserpinæ Venatricis templum, & Soteræ siue seruantis siue Sospitæ apud Arcades. Apud Phlyenses Primogeniæ. Nam & huius Deæ pro rerum euentis antiqui multa cognomina excogitarunt: atque cum fabulas huiusmodi ex historiis rerum verarum finxerint poetæ, tum multa ad ornatum, & ad probabilitatem adiũxerunt. Scriptum reliquit Zezes historia 41. Chiliad. 2. Theseũ in Molossorũ regionẽ vna cũ Pirithoo venisse, cuius regionis Rex dicebat

Aidoneus, vxor Ceres, filia Proserpina (nam mos fuit Molossorum omnes formosas mulieres Proserpinas appellare.) canemque habebat Aidoneus eximiæ magnitudinis, qui Tricerberus vocabatur. Hi cum per insidias filiam Regis rapere conarentur, re patefacta in vincula coniecti sunt: atque quoniam Pirithous autor illarum insidiarum fuerat, Tricerbero proiectus ab eo laniatur & voratur. Theseus, quia non sponte, sed coactus & alieno ductu accesserat, in vinculis fuit retētus, donec Hercules eò ab Eurystheo missus ad abducendum Tricerberum, illum è vinculis liberauit.

¶ At nunc cur fabulas has finxerint, explicemus. Cicero in libro secundo de Natura Deorum vim omnem terrenam scribit esse Plutoni patri dedicatam: qui & Pluto & Dis ideo vocatus fuit, quod omnia & recidant in terras, & oriantur è terris. Is igitur rapuit Proserpinam, quam frugum semen esse volunt, absconditamque quæri à matre fingunt. Illa Cereris filia nominatur, quia semina, quæ iaciūtur, è præteritis frugibus sunt exempta. At cur cum flores colligeret fuit à Plutone rapta? aut cur narcissum præcipue colligens? quia per flores Siciliæ fertilitatem & aeris temperiem demonstrarent scriptores: quippe cum in Sicilia per omnes prope menses anni flores esse consueuerint: sicut de Lusitania scripsit Athenæus libro octauo, quòd ibi rosæ ac violæ per maius spatium trium mensium deesse non consueuerunt. Præterea cum sub terra occultatur semen, tanquam spongia ad se nutrimentum attrahit, & impletur per hyemem, quod in radices trahitur: quippe cum à superiore frigore semen depressum excrescat in caput, radicesque in loco tepidiore dilatet, illud semen cum impleatur nutrimento in futuram æstatem semen colligit, quare colligens flores Proserpina sub terra detinetur à Plutone. At quos flores? Narcissum præcipue, quod nomen torporem & segnitiem significat. Non enim statim erumpit semen vbi nutrimentum collegit, ac florum materiam, sed in se continet: donec anni tepore illud paulatim euocatur & in thyrsos diffunditur. Rapta esse dicitur in Sicilia, quòd ea insula cæterarum omnium tritici feracissima sit, quæ etiam horreum fuisse dicitur Romanorum. Hæc ab Arethusa, quę virtus est seminis, vt nomen ipsum significat, Cereri indicatur, quia apto tempore ab ipsa insita virtute expellitur. Hæc latet sex menses apud maritum, dum sol in signis Australibus à semente fuerit, donec ad maturitatem fruges perducens ad Borealia paulatim redierit: tunc enim non amplius semen est sub terra per sex menses, sed in horreis agricolarum, & apud superos in locis editioribus. Dicta est vt quidam putarunt à Latinis à serpendo, quia semen per terram serpat, quam alii ita dictam iexistimarunt, quia luna sit, & modo ad dēxteram, modo ad sinistram declinet. Hæc filia est Iouis & Cereris, caloris scilicet ac terræ: quam tamen lunam esse sensit Orpheus in hymnis, vt in his apparet:

Εὐφεγγής, κερόεσσα, μόνη θνητοῖσι ποθεινὰ,
Εἰαρινὴ, λειμωνιάσιν χαίρουσα πνοῇσιν
ἱερὸν ἐκφαίνουσα δέμας βλαστοῖς, χλοοκάρποις.
Splendida, sola viris optabilis, vnaque vernam
Ostentans faciem, cornutaque frugibus almis
Quæ sacrum corpus monstras ridentibus agris.

Qui igitur lunam, & Hecaten, & Proserpinam esse putarunt vnam, illam sex menses apud inferos esse alternè dixerunt, quia tantundem sub terra, quantum supra terram luna in toto anno commoretur. Physici pręterea ac Mythologi antiqui superius hemisphęriū, quod nos incolimus, Veneris appellatione coluerunt, inferius Proserpinam nominarunt: qua ratione Proserpinam à Plutone sub terram deportatam in fabulis tradiderunt. atque de Proserpina sat is, nunc de luna dicamus.

De

De Luna. Cap. XVII.

AT vero Lunam diuersam esse ab Hecate existimatam, diuersorum parentum ratio patefacit: cum Lunam alii Hyperionis filiam esse crediderint, alii Pallantis cuiusdam, inter quos fuit Homerus, qui ita scripsit in hymno in Mercurium:

τάχα δ' ἔρθρος ἐγίγνετο δημιοεργός.
ἡ δὲ νέον σκοπιὰ προσεβήσατο δῖα σελήνη,
Πάλλαντος θυγάτηρ μεγαμηδείαο ἄνακτος.
Hinc Aurora tulit mortalibus orta labores.
Diuinæ ad speculum venit præsentia Lunæ,
Quæ Megamedeo fuerat Pallante creata.

At Hesiodus in Theogonia Lunam filiam fuisse Hyperionis & Thiæ putauit, cum ita scribat:

Θεία δ' ἠέλιόν τε μέγαν λαμπράν τε σελήνην,
ἠῶ θ', ἣ πάντεσσιν ἐπιχθονίοισι φαείνει
Ἀθανάτοις τε θεοῖς τοὶ οὐρανὸν εὐρὺν ἔχουσι
Γείναθ' ὑποδμηθεῖσα ὑπερίονος ἐν φιλότητι.
Thia parit Solem magnum, Lunamque nitentem,
Quæ superis exorta, viris quæ lumina pandit.
Auroram, rebus reddit quæ exorta colores.
Has parit amplexu coniuncta Hyperionis almi.

Alii Solis filiam, at non sororem, fuisse crediderunt, vt testatur in his Euripides in Phœnissis:

ὦ λιπαροζώνου θύγατερ
Ἀελίου σελαναία χρυσεόκυκλον
φέγγος, ὡς ἀτρέμα κέντρα,
καὶ σώφρονα πώλοις μεταφέρων, ἰθύνει.
O clarissimi filia
Solis Luna aurei circuli
Lumen, quam certos stimulos,
Et prouidos pullis addens regis.

Cum vero Luna lucem à Sole accipiat, eam & Phœben nominarunt, vt Solem Phœbum, & in curru vehi finxerunt, vt scripsit Virgilius libro decimo.

Iamque dies cœlo concesserat, almaque curru
Noctiuago Phœbe medium pulsabat Olympum.

Quæ cum in Delo insula nata fuisset, Delia vocata fuit. atque vt Sol quadrigis, ita Luna bigis vehi solita fuit, sicuti testatur in libro quinto rerum astronomicarum Marcus Manilius in his:

Quadriiugis & Phœbus equis, & Delia bigis.

Quem currum tamen alii à mulo trahi finxerunt, alii ab equis discoloribus, albo & nigro, alii à iuuencis, at Ouidius fuisse albos Lunæ equos inquit in libro primo de remedio amoris in his:

Vt solet in niueis Luna vehetur equis.

At hymnogrophus Homerus ille, qui hymnum in Lunam scripsit, non solum in curru vehi solitam Lunam scribit: sed etiam poetica quadam suauitate vestes splendidas induere, & exuere solitam inquit cum vellet: quippe cum nunc lucida, nunc obscura sit pro vestium splendore, quam etiam in Oceano lauari inquit priusquam vestes sumeret: vt est in his:

εὖτ' ἂν ἀπ' ὠκεανοῖο λοεσσαμένη χρόα καλὸν,

εἵματα ἑσσαμένη τηλαυγέα δῖα σελήνη,
ζευξαμένη πώλους ἐριαύχενας αἰγλήεντας.
Rursus Atlanteis in lymphis membra lauataq;
Vestibus induta & nitidis Dea luna micantes
Curru iunxit equos celeres, quibus ardua colla.

Quidam tradiderunt Lunam fuisse vxorem Aeris, è quo Rorem filium concepesit ac genuerit, vt ait Alcman Melicus in eo carmine:

Ἄγρωσιν δρόσος αὔξει μὲν μήνης τε καὶ ἀέρος υἱός.
Ros Iouis & lunæ soboles, qui gramina nutrit.

Fuerunt qui crediderint quoddam fuisse tempus, quo nondum nata esset luna, quæ iunior esse sole credebatur, cum vel Arcades ante illam nati fuisse putati sunt illi, qui non procul ab Apidano incoluerunt, vt testatur Appollonius libro quarto Argonaut.

οὐδέ τί πω Δαναῶν ἱερὸν γένος ἦεν ἀκοῦσαι
πευθομένοις. οἶοι δ' ἔσαν Ἀρκάδες Ἀπιδανῆες,
Ἀρκάδες οἳ καὶ πρόσθε σεληναίης ὑδέονται
ζώειν φηγὸν ἔδοντες ἐν οὔρεσιν.
Nulli erat auditum Danaum genus. Apidanenses
Arcades at soli fuerant olim: Arcades illi,
Qui Lunam superare ferunt se tempore & annis.
Cum glandes ederent dispersi in montibus altis.

Nam Theodorus paulo ante bellum, quod ab Hercule aduersus Gigantes gestum est, Lunam apparuisse scribit libro vigesimonono. Aristo Chius & Dionysius Chalcidensis in primo suæ ædificationis idem confirmarunt. At Mnaseas ait Proselenum Orchomeni filium Arcadibus imperasse: quod etiam affirmauit Duris Samius in libro quintodecimo rerum Macedonicarum, qui inquit Arcadiam ab sese, ac fluuium Orchomenum à patre nominauisse. vnde & Mnaseas Arcades ante lunam genitos fuisse dixit, vt scripsit Apollonij enarrator, qui etiam Arcades ipsos vocatos fuisse Proselenos: quasi antelunares dixerim, ab Aristotele scripsit. Aiunt prætcrea lunam ipsam esse cornutam, qualis Bacchus ab antiquis fingebatur, vt est in hymno Orphei:

κλῦθι θεὰ βασίλεια, φαεσφόρε, δῖα σελήνη,
ταυρόκερως μήνη, νυκτιδρόμε, ἠεροφοῖτι.
Audi luna Dea, & clarissima luminis autor.
Cornuta, & noctu incendens, quæ curris & altè.

Quam eandem marem esse & fœminam putauit idem, vt est in eodem hymno.

αὐξομένη, καὶ λειπομένη, θῆλύς τε καὶ ἄρσην.
Aucta, & deficiens: eadem quoque fœmina masque.

Huic sagittas tribuerunt poetæ, quam Cynthiam à monte Deli celeberrimo & altissimo appellarunt, quo in loco Diana & Apollo nati creduntur: atque Diana eadem est luna, vt suo loco explicabitur. Sic igitur sagittas illi tribuit Horatius in tertio Carminum:

Tu curua recines lyra
Latonam, & celeris spicula Cynthiæ
Summo carmine.

Credita est luna præesse veneficijs, quare inuocatur apud Theocritum in Pharmaceutria cum Hecate, quas diuersas fuisse existimatas cõstat, cũ vtraq; inuocet. Hanc crediderunt antiqui è cœlo magicis artibus deduci. Quippe cum antiquæ veneficæ mulieres putarentur solem lunamque abolere & ad Democratis vsque tempora vulgo solis lunæque defectus abolitiones appellauerint: quod facile

cile colligi potest ex his carminibus Sosiphanis, quæ sunt in Meleagro:

Μάγοις ἐπῳδαῖς πᾶσα Θετταλὶς κόρη
Πάντες λέγουσιν ὡς καθαιρεῖ. καὶ γὰρ ἂν
ψευδὴς σελήνης αἰθέρος καταιβάτις.
Quæuis puella Thessalorum carmine, vt
Ferunt aboler Sed illa vana fama, quòd
Labatur alto luna puro ex æthere.

Et velut illud carmen octauæ eglogæ Virg. declarat.

Carmina vel cœlo possunt deducere lunam.

Atque Thessalæ mulieres præcipuè illam artem callere, & in ea excellere putabantur, vt innuit Aristophanes in Nebulis his versibus.

Γυναῖκα φαρμακίδ' εἰ πριάμενος Θετταλὴν,
καθέλοιμι νύκτωρ τὴν σελήνην.
Veneficam si fœminam ipse Thessalam
Coemero, captabo lunam noctibus.

Inde vero natam fuisse hanc opinionem scripserunt antiqui, quod specula quædam rotunda ita parabantur, vt in his luna omnino appareret è cœlo deducta. Atque Pythagoræ ludicrum fuit quoddam luna plena existente vt quis in speculo quodam sanguine quæcunque collibuisset, scriberet: atque alteri prædicens à tergo illi assisteret, ea quæ scripsisset lunæ ostentans: atque ille deinde intenta acie oculorum in lunam, vniuersa quæ forent in speculo scripta perlegeret, tanquam in luna scripta fuissent. Inde existimo artificium Cornelij Agrippæ originem cępisse, qui in occulta philosophia videtur rationem quandam attingere, vt qui maxime a nobis distant, possint quæ volumus in luna descripta perlegere.

¶ Id eo tempore contigisse mihi narratum est, quo Franciscus prestantissimus Gallorum Rex bellum gerebat pro Mediolanensi principatu aduersus Carolum V. Romanorum Imperatorē ibi redut Mediolanum. nam Roma in Insubriam, inde Venetias paruulus accessi cum patre, quo accidit vt plerique me Venetum esse crediderint. Nam non semel quæ per diem agerentur Mediolani, per noctem significata fuisse dicuntur Parisiis. Existimabantur igitur veneficiorum scientia præstare Thessalæ mulieres, quod essent rerum astronomicarum peritæ: atque inter cæteras Aglaonice Thessalorum Regis filia hac scientia præstitisse dicitur, quæ quoties immineret lunæ defectus, se velle lunam è cœlo detrahere profitebatur. At enim quia multitudinem imperitorum deciperet, cum Deus nullam fraudem impune committi denique patiatur, in grauissimas calamitates incidit, quare id postea vsurpatum fuit apud posteros, vt, cum quis ageret infeliciter, lunam detrahere diceretur. Primus omnium mortalium ausus est Anaxagoras lunæ defectum hominibus patefacere, vt scripsit Laertius Diogenes in eius vita: primusque illius viam aperuit, cum antea solis quidem defectum nemo admiraretur, cum scirent omnes id interposito lunæ corpore ita contingere: at lunæ defectum aliquam grauissimam calamitatem minari arbitrarentur. Nam cuius causa esset ignota, id diuinitus fieri semper putatum fuit ab antiquis: & de his rebus non tutum fuit Philosophis verba facere: cum potius ad contemnendas vanas religiones, quàm ad illustrandam veritatem dicere crederentur, vt ait Plutarchus in Nicia. Anaxagoras vero spretis falsarum religionum minis primus declaravit quod terra inter duos præstantiores planetas interposita, vmbrā tāquam pyramidē facit, cuius basis sit in planitie, dorsoq; ipsius terræ conus vero vel ita extendat vt lunæ regionē pertingat. nō defuerūt tñ qui a Typhone, qui ab Endymione, & qui ab Atlante lunę circuitum

tum & mutationes prius obseruatas fuisse putarint, inter quos fuit Anaxagoras. Vbi fuerint oppositi isti planetæ, ita, vt alterius centrum cẽtro alterius ac centro terræ per rectam lineam opponatur, tunc luna incidens in vmbram tota occultatur, ac deficit repente illius lumen, cum nequeat tanquam speculum lumen ab eo accipere. At cum centra vtriusque planetæ non opponuntur, tanto minus obscuratur, quanto magis centrum eius a linea recta distiterit alterius. Quantus esset antiquorum timor, quantaque trepidatio cum luna deficeret, declarauit Plutarchus ita in Paulo Aemylio; αἰφνίδιον ἡ σελήνη πλήρης οὖσα καὶ μετέωρος ἐμελαίνετο. καὶ τοῦ φωτὸς ἀπολιπόντος αὐτὴν χρόας ἀμείψασα ἠφανίσθη, τῶν δὲ ῥωμαίων ὥσπερ ἐστὶ νενομισμένον χαλκοῦ τε πατάγοις ἀνακαλουμένων τὸ φῶς αὐτῆς, καὶ πυρὰ πολλὰ δαλοῖς καὶ δᾳσὶν ἀνεχόντων πρὸς τὸν οὐρανὸν, οὐδὲν ὅμοιον ἔπραττον οἱ μακεδόνες ἀλλὰ φρίκη καὶ θάμβος τὸ στρατόπεδον κατεῖχεν. Repente vero luna cum plena esset & sublimis, facta est oscura: lumineque deficiente multiplicibus mutatis coloribus euanuit. Romanis, sicut est apud eos consuetudo, æris tinnitu lumen reuocantibus, ignesque multos, & faces, & tædas in cœlum protendentibus nihil simile fecerunt Macedones: sed timor & trepidatio multa vniuersum habuit exercitum. Atque Nicias dux Atheniensium ab hostibus circunuentus tanta trepidatione repletus est luna deficiente, vt iussis suis à prælio abstinere cum quadraginta millibus hominum fuerit trucidatus, vt ait Plutarchus in libello de superstitione. Existimabant enim antiqui æris tinnitu & luminibus alte sublatis lunæ lumen in defectibus adiuuari: quare & Ouid. in lib. 4. mutationum æra lunæ auxiliaria dixit, quæ pulsarentur:

Cum frustra resonant æra auxiliaria lunæ:

Alii tubarum strepitu, musicorumque instrumentorum lunæ lumen reuocare conabantur, quod ita scribit Cornelius Tacitus in libro primo: Igitur æris sono, tubarumque & cornuum concentu strepere: prout splendior obscuriorue, lætari ac mærere: & postquam ortæ nubes offecere visui, creditumque conditam tenebris, vt sunt mobiles ad superstitionem perculsæ semel mentes, sibi æternum laborem portendi, sua facinora auersari Deos lamentabantur. Arbitrabantur enim antiqui non solum in defectu lunæ, sed etiam in morte pereuntium vtilem esse æris tinnitum, quoniam purus esset, & cui nullum piaculum posset accedere; qua de causa in omnibus lustrationibus & expiationibus illo vtebantur, quod scriptum fuit ab Apollodoro Cyrenaico in libro de Diis. Eximias esse vires lunæ supra omnes planetas ferè vno sole excepto facile sentimus, quamuis magnitudine corporis sit illis inferior: luna enim, vt ostendunt Mathematici, vix maior est dimidia parte terræ: cum alia sydera conspicua maiora vniuersa terra esse dicantur. Neque solum illius forma mutatur tum crescendo, tum ad initia recurrendo: sed ẽt regio, cum modo ad Aquilonem, modo ad Austrum declinet à circulo animalium: atque in illa modo est quædam brumæ, modo solstitii similitudo. Multa denique ab illa manant & fluunt quibus animantes alantur, & augescant, pubescant, & maturitatem assequantur, quæ oriuntur è terra. Idcirco Chaldæi dicere solebãt lunam ortus nascentium moderari, cum sydera notent & animaduertant ea quæ lunæ fuerint adiuncta. Sed carmina quædã huc ascribẽda putaui: quibus vniuersa propè lunæ natura in omnib. mutationibus explicatã;

Ἐμοὶ τὸ λοιπὸν χρώμενος διδασκάλῳ
ἄκουε λεπτῶς τὴν σεληναίαν φύσιν.
φύσεις ἁπάντων τῶν χυμῶν πληρουμένην.
ὑγρὰ μὲν ἐστιν δίχα τῆς πρώτης μέχρι.
τὴν β. ἑορ κὴν αὔξησιν ἐκμεμηνυμένην
ἀπὸ μηνὸς τὰ σελήνης ἀντέχει δρόμον

ἀκμαστικὴ γὰρ καὶ σφριγᾶν δοκεῖ τότε.
ἔπειτα λοιπὸν εἰς διχάδα δευτέραν,
ξηρὰ ταπεινὴ πρὸς παρακμὴν γὰρ τρέχει.
ἔπειτα γηρᾷ καὶ δοκεῖ τεθνηκέναι.
ψυχρὰ δυσειδὴς συγκρυβεῖσα τῷ γνόφῳ.
κἂν ἐξ ἀδήλου πάλιν ἔρχεται νέα,
Πρόσωπα καλλύνουσα καὶ πληρουμένη.
ταυτὶ μὲν οὕτως, εἰ δέ τις πλείω γράφει
κόμπος περιττὸς, καὶ κενὴ στωμυλία.
In posterum me vsus magistro discito
Natura lunæ quæ sit aptè: hæc omnium
Vim continet succorum, & hæc potentiam.
Est vda primum, donec illa creuerit,
Infantibus prorsusque fit simillima.
Tepens at inde plena cursum perficit,
Vigere tum videtur, esse & florida.
Decrescere vt cœpit deinde, mox die
Vigesima remissus acta fit vigor,
Aretque sensim. longa nec fit hinc mora,
Senescit illa, mox videtur emori
Deformis, a'gens, atque operta nubibus.
Rursusque fit noua hæc pr us quæ nulla erat.
Vultu decoro prodit, & repletur hinc.
Hæc sic habent. Si plura quis dicat tibi,
Nugas loquacis credito, atque fabulas.

Has autem mutationes sortita est luna pro situ quem tenet solem respiciẽs: nam cum semper lunæ dimidium illustretur, accidit in coniunctionibus eam lunæ partem illustrari, quæ superior est, nec nobis conspicua: quæ semper propè cum sole supra terram consurgit. Illud autem longe aliter se habet in plenilunio, cũ sola pars nobis conspicua illustretur, solique opponatur, quippe cum media sit nox vbi ad cœli medium peruenerit. Hæc autem tanto magis vel minus contingunt, quanto magis luna, vel minus recesserit a sole. Cum vero corpus lunæ nõ sit ex aliqua materia densa vt terra est, aut ex ea composita, mirum videtur cur xenophanes adductus sit, vt in luna habitari dixerit, eamq; locũ esse multarum vrbium. Ego sanè illam causam fuisse censeo, cur is eam sententiam introduxerit: quia sicut in frequentissimis ciuitatibus, multi sunt rerum nouarum cupidi, ita in philosophia contingit: nonnulli enim ne nihil sciſse videantur, aliqua noua mostra in philosophiam introducunt, vt alicuius rei inuentores fuisse appareant, Sic etiam Nicetas Syracusius cęlum, solem, lunam, stellas, supera denique omnia stare dixit, neq; quicquam præter terram in mundo moueri: qua circa axem suum versa omnia illa contingere dicebat, quæ si cœlum stante terra mouerentur, contingerent, vt testatur etiam Cicero in secundo quæstionum academicarum, & Ptolemæus in primo Almagesti. Multæ fuerunt fabulæ de luna fictæ, quod dormientem Endymionem in Latmo, Cariæ monte adamarit, & cum eo concubuerit, vt in his significauit Catullus:

Vt Triuiam furtim sub Latmia saxa relegans,
Dulcis amor gyro deuocet aerio.

Sic Ouidius in ea epistola, quam scribit ad Heronem Leander:

Luna mihi lumen tremulum prębebat eunti,
Vt comes in nostras officiosa vias.

Hanc

Hanc ego suspiciens faueas ò candida dixi.
Et subeant animo Latmia saxa tuo.
Non sinit Endymion te pectoris esse seueri:

Et quòd Panos amore in arietem versi capta fuit, vt significauit Virgilius libro 3. Georgicorum:

Munere sic niueo lanæ, [si credere dignum est]
Pan Deus Arcadiæ captam te Luna fefellit,
In nemora alta vocans: nec tu aspernata vocantem.

Memoriæ prodidit Rhianus Cretēsis in lib. 13. Heracleæ Lunam cum Endymione dormiuisse in montibus apud Trachinem. Atque Nicander in rebus Aetolis montes illos vocatos fuisse Aselenos ait, quia Lunæ lumine per id tempus carere consueuerint, quo Luna dormiret cum Endymione. Scriptum reliquit Pausanias in Eliacis Endymionem filias quinquaginta ex ipsa Luna suscepisse. Ac præter ceteros mares Aetolum, qui cœso per imprudentiam Chærone Cleodori filio in Hyantim profugit, quæ postea ab ipso vocata fuit Aetolia, vt testatur Antigonus Carystiusin Dictionibus. Lunæ & Dionyso mos erat sues immolari apud Aegyptios, vt ait Herodotus in Euterpe: τοῖσι μὲν οὖν ἄλλοισι θεοῖσι θύειν ὗς οὐ δικαιεῦσι αἰγύπτιοι, σελήνῃ δὲ καὶ Διονύσῳ μούνοισι, τοῦ αὐτοῦ χρόνου, τῇ αὐτῇ πανσελήνῳ τοὺς ὗς θύσαντες, πατέονται τῶν κρεῶν. Cæteris quidem Diis sues immolare nefas esse putant Aegyptii, at Soli, Lunæ, & Dionyso eodem tempore, in ipso plenilunio scilicet sues mactantes, carnes conculcant pedibus: quo in loco ritus multiplex sacrorum, in quibus sues immolabantur apud Aegyprios, ostendit Herodotus. Erat tamen consuetudo apud alias nationes vt nulli Deorum, nisi Cereri, sus immolaretur: cum Lunæ, cum haberet cornua, taurus mactaretur, vt ait Lactantius in libro de Falsa religione.

¶ Ac de his, quę fabulosè de Luna dicta fuerunt, satis dictum est: nunc ex illis sententiam sapientum explanemus. Hæc filia fuisse Hyperionis, quoniam super nos asiduo & celerrimo motu conuoluantur superna corpora, dicta fuit. Alii non ab etymologia nominis, sed ab Hyperione viro rem deductam arbitrati sunt, quia primus Hyperion astrorum motus obseruauerit: qui etiam pater astrorum vocatus fuit, & lunæ solisque præcipue, quod ita Homerus videtur significasse in primo Odyss.

αὐτῶν γὰρ σφετέρῃσιν ἀτασθαλίῃσιν ὄλοντο
Νήπιοι, οἳ κατὰ βοῦς ὑπερίονος ἠελίοιο ἤσθιον,
Stultitia periere sua, quod cædere adorti,
Quod solis mactare boues Hyperionis ausi:

Cum lumen à sole accipiat, Solis filia dicta est. At eadem soror, quod ex Hyperione cum sole nata creditur, vel quod eodē tempore nata sit & ab eodem parēte creatore rerum omnium Deo, vel quod illi sol tāquam sorori lumē impertiat, vel quod fraterne tempora inter se diuiserint, cum luna nocti, sol diei moderetur. nam cum sol per se sit lucidus, luna nullum habet proprium lumen, sed tanq̄ speculum corpus diaphanes existens receptum à sole lumen ad terram transmittit. Dicta est in curru vehi, propter celeritatem, quam sine vehiculo vulgus intelligere non poterat, q̄ ēt attinet nō mediocriter ad orationē poeticē exornandā. Quod vestes indueret variorum colorum, id excogitatum fuit ad explicandas multiplices mutationes: quòdque in Oceano lauaretur dictum est ad opinionem vulgi, cum tantundem vndique distet à terra & ab aquis. Illud sanè ridiculum est fuisse aliquod tempus, cum luna nō esset, neq; tamen vllum vel architectum, vel ferramenta proferri, vnde luna fabricari cœperit. Ad exprimendam lunæ naturam, siue ingenium multorum mortalium, qui mutātur in horas, fabulati sunt

antiqui

antiqui lunā orauisse matrem vt sibi aptā tunicā contexeret, quæ respondit nulla ratione illud fieri posse, cum nunc plena sit, nunc in cornua curuata, nūc vtrinque gibba, quare modo crescenti tunica disrumperetur, modo decideret è gracilio e corpore. Fuit eadem Lucina dicta, quia luna per incrementum humorum semiplena faciliorem reddit nixum atque partum euocat in lucem, quamobrem scite ait Timotheus:

Διὰ κυάνεον πόλον ἄστρων,
Διά τ' ὠκυτόκοιο σελάνας.
Per & cęruleum polum astrorum,
Per & citiparę lunę.

Huic filiam natam esse memorant antiqui Ersam nomine, quam è Ioue conceperit, sic enim ros dicitur à Græcis, qui pro lunæ potentia variatur, vnde non insuauiter scripsit Alcman:

οἷα Διὸς θυγάτηρ ἔρσα τρέφει, ἤτε σελάνας.
Ros Iouis & lunæ vt soboles grauissima nutrit.

Hæc eadem mas & fœmina putata est, quia humorem & nutrimentum præbeat animantibus, & quia maris vice nocturnum præberi calorem, quo plurima ad putredinem & ad generationem adiuuantur, vt ait Ptolemæus in magna compositione: quare, illi sacrificabatur à maribus veste muliebri: à mulieribus virili indutis, vt scripsit Philochorus. Deinde sagittas lunæ tribuerunt antiqui vel propter radios, quos ad corruptionem demittit, vel propter dolores parientium: cum illi non valde sint dissimiles doloribus vulnerum, acerbitatem eorum exprimentes. Hanc idcirco parturientes ad leuandos dolores inuocabant, vt infantes facilius in lucem ederentur, Lucinam nominantes: atque cum vna esset varia nomina pro variis facultatibus sortiebatur. Credita est plurimum conferre veneficiis, quoniam multæ sunt admirabiles planetarum vires certo quodam ordine collocatorum. Nam alia vis est oppositorum, alia coniunctorum, alia in regionibus aliis existentium planetarum, cum per tertiam vel quartam vel sextam partem circuli distiterint. Neque hoc mirum videbitur si quis cognouerit Mercurium Trismegistum in statuas certo ordine collocatas certis magnitudinum rationibus seruatis dæmones solitum accire, ita vt illæ mox loquerētur. At quoniā eadem est etiam Diana vocata, nunc de Diana verba faciamus.

De Diana. Cap. XVIII.

CVm eadem luna sit, & Hecate, & Diana, tamen non omnes hæ vires, quæ per has intelliguntur, vno nomine dicuntur, etsi ab vno fonte manant. Cū enim Hecate nunc Iouis, nunc Aristæi, nunc Tartari, nunc Persæ filia dicatur: luna modo Hyperionis, modo Pallantis: quod illa sit fatorum vis à Deo proficiscens, vt diximus: hæc velocissimus sit planeta, cuius multiplex est potentia in rebus inferioribus, quæ quoniam maximè remouetur à vi primi motus, maximè sua natura vtitur. Hanc eādē esse Hecaten patefecit Callimachus in hymno in Dianā, qui illā Pheræā nominauit, cuiatē fuisse Hecatē cōstat, vt est in his:

Πότνια, μουνυχίη, λιμενοσκόπε, χαῖρε φεραία.
Salue Munychia, & portus tutela, Pheræa.

Hanc filiam fuisse Latonæ Cæique Titani constant, quam Nicander in Theriacis ita Titanidem nominauit:

τὸν δὲ χαλαζήεντα κόρη Τιτηνὶς ἀνῆκε
Σκορπίον ἐκ κέντροιο τεθηγμένον, ἦμος ἐπάχθη
Βοιωτῷ τεύχουσα κακὸν μόρον Ὠρίωνι.

Gran-

Grandine signatum Titanis at inde puella
Scorpion immisit, qui cuspide surgat acuta
Bæoto meditata necem vt fuit Orioni.

Alii ex Ioue & Latona natam esse dixerunt, de qua ita scripsit Cicero in secundo de natura Deorum: Dianæ item plures: Prima Iouis & Proserpinæ, quæ pin natum Cupidinem genuisse dicitur. Secunda notior: quam Ioue tertio & Latona natam accepimus: tertiæ pater Vpis traditur, Glauce mater: eam Græci sæpe Vpim paterno nomine appellant. Inter has omnes Iouis filia celeberrima fuit, quare omnia cæterarum illi vni tribuũtur à poetis. Hanc Deliam nominarũt, quia nata sit in Delo, sic enim vocauit Ouid. in Phædræ epist. ad Hippolytũ:

Iam mihi prima Dea est, arcu præsignis adunco
Delia, iudicium subsequar ipsa tuum.

Hanc non solum Iouis filiam, sed etiam χθονίαν vocauit Orpheus in hymnis siue terrestrem, vt dictum est de Hecate. Hanc eandem lunam esse demonstrauit in his Virgilius lib. nono:

Suspiciens altam lunam sic voce precatur:
Tu Dea, tu præsens nemorum succurre labori
Astrorum decus, & nemorum, Latonia custos.

Sic Ouid. lib. 15. Metamorph.

Nec par, aut eadem nocturnæ forma Dianæ
Esse potest vnquam, semperque hodierna sequente,
Si crescit, minor; est maior, si contrahit orbem.

Sic Cicero in secundo de natura Deorum: *Dianam autem & lunam eandem esse putant. hæc cum nata esset ante Apollinem, at eodem tamen partu: obstetricis munere postea apud matrem est functa nascente Apolline.* Quod autem illa quæ Iouis & Latonæ filia fuit, fuerit celeberrima, patet vel ex eo hymno Homeri, qui ita se habet in Apollinem,

χαῖρε μάκαιρ' ὦ Λητοῖ, ἐπεὶ τέκες ἀγλαὰ τέκνα,
Ἀπόλλωνά τ' ἄνακτα, καὶ ἄρτεμιν ἰοχέαιραν.
τὴν μὲν ἐν ὀρτυγίῃ, τὸν δὲ κραναῇ ἐνὶ δήλῳ,
Salue Latona: vt peperisti pignora clara.
Venatrix Diana tua est, & clarus Apollo:
Edita in Ortygia hęc, in Delo est ortus Apollo;

Et Cornelius tacitus in libro tertio; Primi omnium Ephesij adiere memorantes, non vt vulgus crederet Dianam atque Apollinem in Delo genitos esse apud se Cenchium amnem locum Ortygiam, vbi Latonam partu grauidam, & oleæ quę tum etiam maneat adnixam edidisse ea numina., deorumque monitu sacratum nemus, atque ipsum illic Apollinem post interfectos Cyclopas Iouis iram vitauisse. Hanc Cereris & Dionysi & ipsam & Apollinem fuisse filios scribit Herodotus ex Aegyptiorum sententia, at Latona fertur illorum fuisse nutrix, vt patet in his. *Ἀπόλλωνα δὲ καὶ ἄρτεμιν Διονύσου καὶ ἴσιος λέγουσιν εἶναι παῖδας, Λητὼ δὲ τροφὸν αὐτοῖσι καὶ σώτειραν γενέσθαι.* Apollinem vero & Dianam Dionysi & Isidis filios esse inquiunt: at *Latonam eorum nutricem & servatricem fuisse* asserunt: quam opinionem secutum postea Aeschylum inquit Herodotus Dianã Cereris filiam appellasse, cum Ceres dicta sit Isis ab Aegyptiis, vt testatur Pausanias in Arcadicis. Alii Cæi Titanis & Phebes filiam putarunt. Cum mares omnes Diana auersaretur, quia viderat quæ passa erat mater, cum obstetricata est, impetrauit à patre Ioue vt perpetuam virginitatem seruare posset, vt apparet ex his Callimachi carminibus.

Δός μοι παρθενίην αἰώνιον, ἄππα, φυλάσσειν.

Da michi perpetuo vt ſim virgo, da pater alme.

Arcus præterea & ſagittas & puellas ſocias ſexaginta Oceaninas, & alias viginti, quæ illi arcus cothurnosque & canes curarent Iupiter poſtulanti tribuit: deditque venationibus præeſſe, & viis & portubus, ꝙ patet ex his apud Callimachũ:

Ε᾿σσῇ καὶ λιμένεσσιν ἐπίσκοπος.

καὶ μὲν ἀγυιαῖς

Nam præfecta viis & portubus ipſa fereris.

Quæ quoniam venationibus delectaretur Dictynna vocata fuit à retibus: nam δίκτυον rete eſt apud Græcos. Sic enim illam nominari inquit à nymphis Callimachus in lauacrum Dianæ, & Ouidius lib. 2. multationum:

Ecce ſuo comitata choro Dictynna per altum
Mænalon ingrediẽs, & cęde ſuperba ferarũ, Aſpicit hanc.

Cuius etiam cognomen fuit ἰοχέαιρα apud Crecos, quia ſagittis delectaretur, quibus inſectaretur feras, vt eam nominauit heſiodus in Theog.

Λητὼ δ' Ἀπόλλωνα, καὶ ἄρτεμιν ἰοχέαιραν,
ἱμερόεντα γόνον περὶ πάντων οὐρανιώνων,
Γείνατ' ἄρ, αἰγιόχοιο διὸς φιλότητι μιγεῖσα.
Naſcitur hinc Phebus, gaudensque Diana ſagittis
Pignora Latonæ. peperit clariſsima Diuum
Hæc Latona Ioui magno coniuncta in amore.

Fabulãtur hanc per imprudẽtiam venando, Cenchriam Pirenes nymphæ filium intere miſſe, quare cum Pirene eum lugeret tantam vim lacrymarum profudiſſe vt in fontem ſui nominis ſit conuerſa. Cur venationibus præfecta credita ſit Diana, cauſa huiuſmodi ab antiquis memoratur: Nympha quędam Britomartis, vel vt alii maluerunt, Bretimartys, cum venaretur in quędam retia cecidit. vnde cũ ſe explicare non poſſet fera ſuperueniente præcipue, Dianæ ſacellum vouit ſi incolumis euaderet, quod poſtea erexit, & Dianæ Dictynnæ ab iis retibus nominauit, vnde dicta eſt poſtea venantibus præfecta Dea, vt ſcripſit Dicæarchus, & Ariſtophanis enarrator. Alii tamen maluerunt Dianam ipſam venationibus præfectam fuiſſe; quod venationibus mirum in modum delectaretur, quare eius imagini ſemper arcus adhiberi ſolitus fuit, vt ſcripſit Melanthus in libro de imaginibus Deorum. alij dicunt Britommartim Ioue & Charmes filiam cariſsimã fuiſſe Dianæ ob venandi ſtudium, quæ cum Minoem inſequentem fugeret præ amore ſe in mare deiecit in retia, quæ ad capiendos piſces erant in mare demiſſa, & à Diana in Deorum numerum delatam, Dictynnæ & Apheæ nomine culta eſt ab Aeginetis & à Cretenſibus vt ait Apollodorus Cyrenaicus in libro de Dijs. Hæc eadem Dea choris, & muſicis inſtrumentis delectari ſolita creditur, vt ait Home. in hymno in Venerem.:

οὐδέποτ' ἀρτέμιδα χρυσηλάκατον κελαδεινὴν
Δάμναται ἐν φιλότητι φιλομειδὴς ἀφροδίτη.
καὶ γὰρ τῇ ἅδε τόξα, καὶ οὔρεσι θῆρας ἐναίρειν,
φόρμιγγές τε χοροί τε διαπρύσιοί τ' ὀλολυγαί,
ἄλσεά τε σκιόεντα. δικαίων τε πόλις ἀνδρῶν.
Dianæ haud potuit mentem peruincere amore
Alma Venus, quam circunſtant riſusque ióciq;.
Huic arcus placuere, feras & cædere ſyluis.
Huic citharæ atq; chori, clamor concinnus; & vrbes
Iuſtorum huic hominum, vmbroſę ſuper omnia ſyluæ.

Cum virginitatem perpetuam ſeruare, viis ac portubus præeſſe, à tot nymphis ſociis obſeruari impetraſſet à Ioue in ſyluis perpetuo ferè degebat, vt marium conſue-

consuetudinem deuitaret, quare & venatrix dicta est, & nemorum atque montium custos existimata: vt ait Hora.lib.3.Carminum.

Montium custos nemorumque virgo,
Quæ laborantes vtero puellas
Ter vocata audis, adimisq; letho
Diua triformis.

Et Virgilius libro vndecimo:

Alma tibi hanc nemorum cultrix Latonia virgo.

Præfecta fuit præterea parturientibus, vt intelligeret quantum malorum cumulum deuitasset, cum virginitatem expetiuit: vt licet ex his Callimachi versibus intelligere, vbi se nunquam in vrbem aditurам dicit, nisi cum à parturientibus vocabitur:

πόλεσιν δ' ἐπιμίξομαι ἀνδρῶν
μοῦνον ὅτ' ὀξείαισιν ὑπ' ὠδίνεσσι γυναῖκες
τειρόμεναι καλέουσι βοηθόον.
Vrbes accedam solum, ac sub tecta virorum,
Pressa dolore graui nisi cum me fœmina partus
Auxilio arcesset.

Multiplex denique officium fuit Dianæ, quippè cum virgines pertæsæ iam virginitatis, vt eius Deæ, cuius hactenus in tutela fuissent, iram deuitarent, consueuerint in canistris sacrificia ad Deæ templum deportare, eius numinis veniam postulantes, quod à Grecis κανηφορεῖν dicebatur. neque eos canistros, nisi illæ ferebant, quæ ad nubilem ætatē peruenissent, de qua cōsuetudine meminit Theocritus in Pharmaceutria. Deinde cum ita vterus excreuisset grauidis puellis, vt sueta zona vti amplius non possent, eam zonam mos fuit in templo Dianæ λυσιζώνου cognomento zonam soluentis scilicet, quod fuit apud Athenienses, deponere, quare postea dictum est zonam soluere, pro eo quod est grauidam fieri, quod patet ex his carminibus Apollonii lib. primi:

μίτρην πρῶτον ἔλυσα καὶ ὕστατον, ἔξοχα γάρ μοι
εἰλείθυια θεὰ πολέος ἐμέγηρε τόκοιο.
Prima soluta mihi est postremaq; zona, quod ipsa
Inuidit multos natos Lucina misellæ.

Eam vero dicandæ zonæ consuetudinem, vt Veneri coronas ob nuptias, ita significauit Agathias in his carminibus:

τῇ Παφίῃ στεφάνους, τῇ Παλλάδι τὸν πλοκαμῖδα,
Ἀρτέμιδι ζώνην ἄνθετο Καλλιρόη,
Εὕρετο γὰρ μνηστῆρα, τὸν ἤθελε, καὶ λάχεν ἥβην
Εὔφρονα, καὶ τεκέων ἄρσεν ἔτικτε γένος.
Mineruæ crines posuit, Venerique corollas,
Dianæ zonam candida Callirhoe.
Nacta procum fuit hæc, quem tota mente petebat,
Atque maris mater facta fuit generis.

Cum igitur obstetricis munere fungeretur, dicta est à Græcis εἰλείθυια, à Latinis Lucina, quia nascentia omnia in lucē euocaret. Cum vero venatum exiret, quo cultu corporis vteretur, expressum est in illo Epigrammate:

Ἄρτεμι. ποῦ σοι τόξα, παρ' αὐχένι τε φαρέτρη.
Ποῦ δὲ λυκαστείων ἔνδρομις ἀσβολίδων.
Πόρπη τε χρυσέω τετυγμένη. ἠδὲ πρὸς ἄκρην
ἰγνύην, φοίνιξ πέπλος ἑλισσόμενος;
κεῖνα μὲν εἰς ἄγρην ὁπλίζομαι. εἰς δὲ θυηλὰς

εἰμ'

εἶμ᾽ αὔτως, ἱρῶν ἄντομένη θυέων.

Arcus vbi Diana iacet, vel plena pharetra?
  Aut vbi Cretensis Endromis arbylidis?
Fibulaq; ex auro, fucataq; murice vestis,
  Quæ solita est summi poplitis ora tegi?
Arma ea sunt prædæ: sed cum mihi sacra parantur,
  Vt cernis, læta ad pocula inermis eo.

Huic Deæ currum aureum à ceruabus candidis tractum tribuerunt antiqui, vt ait in his Callimachus:

Ἄρτεμι παρθενίη τιτυοκτόνε, χρύσεα μέν τοι
ἔντεα, καὶ ζώνη, χρύσεον δ᾽ ἐζεύξαο δίφρον.
ἐν δ᾽ ἔβαλευ χρύσεια θεὰ κεμάδεσσι χαλινά.
Aurea nam domitrix Tityi sunt arma Diana
Cuncta tibi, & zona, & iuga quæ ceruicibus aurea
Ceruarum imponis currum cum ducis ad aureum.

Credita est Diana fuisse piscatorib. etiã præfecta, sicuti testat̃ in his Apollonidas:

τρίγλαν ἀπ᾽ ἀνθρακιῆς, καὶ θυννίδα σοὶ λιμενῖτι
  Ἄρτεμι δωροῦμαι Θῆρις ὁ δικτυβόλος.
καὶ ζωρὸν κεράσας ἰσοχειλέα, καὶ τρύφος ἄρτου
  Αὖον ἐπιθραύσας, τὴν πενιχρὴν θυσίην.
Ἀνθ᾽ ὧν μοι πλήθοντα δίδου θηράμασιν αἰὲν
  Δίκτυα, σοὶ δίδοται πάντα μάκαιρα λίνα.
E pruna dono triglamque apuamque Diana
  Piscator Theris hanc tibi litoream.
Pocula plena mero spumantia, siccaque frusta
  Vrsi: læta cape è paupere sacra manu.
Pro quibus alma mihi da prædæ plena videre
  Retia: sunt etenim retia sacra tibi.

Memoriæ prodidit Pausanias alatam fuisse Dianæ effigiem apud Eleos, quæ dextra pardum, sinistra leonem porrigeret. Ignifera præterea siue Lucifera Dea vocatur ab Euripide in Iphigenia in Tauris: qui eandem putauit esse & lunam, vt diximus. Illam facultatem idcirco Dianæ tribuit Callimachus, vt grauissimis afficiat calamitatibus quos libuerit, vt est in his:

Σχέτλιοι, οἷς τύνη χαλεπὴν ἐμμάξεαι ὀργήν.
κτήνεά σφιν λοιμὸς καταβόσκεται, ἔργα δὲ πάχνη.
κείρονται δὲ, γέροντες ἐφ᾽ υἱάσιν. αἱ δὲ γυναῖκες
ἢ βληταὶ θνήσκουσι λεχωΐδες.
O miseri, quibus ipsa grauem tu concipis iram.
Nam morbus depascit oues, segetemque pruinæ.
Orbanturque senes natis, & fœminæ abortum
Mox pariunt.

Nam horum omnium facultas est lunæ concessa. Scriptum reliquit Plutarchus in vita Arati, Dianæ imaginem admirabilem quandam fuisse apud Pellenenses: quæ cæteris quidem temporibus neglecta iacebat, at vbi à sacerdote efferretur, neminem quidem respiciebat, sed omnium refugiebat intuitum in faciem. Illius enim aspectus non hominibus solum, quos demẽtes faciebat, erat formidabilis ac grauis: sed etiam arbores vel faciebat infœcundas, vel fructus deijciebat, quacunque lata fuisset. Et Strabo libro 12. Castabalim fanum fuisse Dianæ Persicæ scribit, vbi sacræ mulieres illæsis pedibus super prunas ambularent. Legẽ fuisse in Tauris scribit Herodotus in Melpomene, vt omnes Græci, qui naufragi eò appulissent, virgini Dianæ immolarentur, vel vt alij maluerunt, præcipites è quodam sublimi loco deijcerentur. Alij id moris fuisse inquiūt vt caput eorum percuteretur, qui cum essent mortui, eorū capita in crucem tollebantur, quæ alij tñ humari putarunt. Fuerunt qui putarint Tauricam illam Dianam Iphigeniam fuisse Agamemnonis filiā, de qua Diana talis refertur fabula à Pausania in posteriorib. Eliacis. Fama est q̄ Alpheus amore Dianæ captus vbi neq; gratia, neq; precibus se quicquā ad nuptias proficere intelligeret, sit ad vim conuersus: at illa fugiendo insequentem Alpheum vsq; ad Letrinos ad nocturnos choros protraxit, vbi interesse Nympharum lusibus consueuerat. Ibi Dea sibi, suisque socijs os cœno obleuit, quam cum dignoscere non posset Alpheus elusus abijt: tum Letrini Dianæ Alpheiæ templum dicarunt. Huic Deæ mos erat boues immolare, quare apud Persas Persicæ Dianæ in traijciendo Euphrate scribit Plutarchus in Lucullo obuias fuisse boues, quæ incustoditæ per regionem vagabantur lampadem Deæ notam habētes impressam. Quamuis Hora. verrem illi mactari dicit in his:

Imminens villę tua pinus esto:
Quam per exactos ego lætus annos,
Verris obliquum meditantis ictum
Sanguine donem.

Alij dicunt omnium quæ nascerentur è terra primitias huic Deæ offerri solitas, vt apparet ex his versibus Euripidis:

ὅτι γὰρ ἐνιαυτὸς τέκοι
κάλλιστον, ηὐξόφωσφόρῳ θύσειν θεᾷ.
Ego quod annus optimum produxerit,
Voui immolare Luciferæ certe Deæ.

Sic cum ab Oeneo neglecta fuisset, qui primitias Dijs cæteris agrestibus obtulerat, illa aprum Calydonium eximiæ magnitudinis excitauit ob indignationem, qui vniuersum agrum Oenei infestaret, quod expressit Ouidius in libro octauo mutationum:

Huius opem Calydon, quamis Meleagron haberet,
Sollicita supplex petijt prece. causa petendi
Sus erat infestæ famulus, vindexque Dianæ.
Oenea namq; ferunt plenis successibus anni
Primitias frugum Cereri, sua vina Lyæo,
Palladios flauæ latices libasse Mineruæ.
Cœptus ab agricolis superos peruenit ad omnes
Ambitiosus honor: solas sine thure relictas
Præteritas cessasse ferunt Latoidos aras.

Fuit consuetudo vt candida cerua Dianæ mactaretur, quæ sibi grata victima credita est, quòd eam pro Iphigenia substituerit, quare inquit Ouidius:

Candida quę semel est pro virgine cęsa Dianæ,
Nunc quoque pro nulla virgine cerua cadit.

Mos fuit apud Plateenses antequam nuptias celebrarent Dianam cognomento Eucliam placare sacrificijs, quod cum esset virgo, putaretur habere odio matrimonia, de qua consuetudine meminit Plutarchus in Aristide. Habuit celeberrimum omnium templorum & augustissimum Ephesium, quod totius Asiæ studio ducentis & viginti annis architecto Chersiphrone fuerat ædificatum, cuius erat longitudo pedum quadringentorum & quinque ac viginti, latitudo ducentorum & viginti, in quo fuerant centum & viginti septem columnæ à totidem Regibus erectæ admirabilis longitudinis ac pulchritudinis: nam ad sexaginta pedū mensuram accedebant, quarum triginta sex fuerūt incredibili artificio & magnificè cœlatæ, cum aptis tanto artificio columnarum epistylijs. Aderant & picturæ mirificæ, & pulcherrimæ statuæ magnificentiæ eius templi conuenientes: quæ omnia ab Herostrato viro Ephesio incensa fuerunt, vt hac ratione, cum ingenij præstantia non posset, sibi perpetuitatem nominis compararet. Illud autem incendium accidit circiter Idus Sextilis, quo die natus est Alexander Macedo cognomento Magnus, vt ait Plutarchus in eius vita. Ne potiretur autem Herostratus re per tantum scelus optata, sanxerunt Ephesij propositis grauissimis supplicijs ne quis in posterum Herostratum nominaret. Atque huius magnificentissimi templi sublimitatem & mirabilitatem præclare expressit poeta in illo epigrammate, quod etiam ipsum templum Parthenæonem vocauit, siue virginum thalamum:

τίς ποτ' ἀπ' οὐλύμποιο μετάγαγε παρθενεῶνα,
　τὸν πάρος οὐρανίοις ἐμβεβαῶτα δόμοις;
Ἐς πόλιν ἀνδρόκλοιο θοὰν βασίλειαν ἰώνων,
　τὰν δορὶ καὶ μούσαις αἰπυτάταν ἔφεσον;
ἦ ῥά σοῦ φιλαμένα τιτυοκτόνε μέζον ὀλύμπου
　τὰν τροφόν, ἐνταυθοῖ τὸν σὸν ἔθευ θάλαμον;

Quis tulit è cęlo sublimem partheneonem,
　Qui fuerat superis cognitus ante Deis?
Męnia vbi Androchli, Imperiumque existit Ionum,
　In claram Musis, militiaque Ephesum?
An quia grata magis cœlo tibi terra sit altrix,
　Diana hic thalamum percupis esse tuum?

Scriptum reliquit Strabo in libro decimoquarto quod cum illud templum, quod affabre & multo artificio à Chesiphrone extructum fuerat, conflagrasset, aliud Ephesij non minus magnificum construxerunt resectis prioribus columnis, detractis mulieribus aureis ornamentis, multisque opibus & publice & priuatim vndique in vnum collatis. Hanc inuocare consueuerunt cum fierent sacrificia veneficæ, vt est in libro Epodon apud Horatium, in his:

O rebus meis
　Non infideles arbitræ
Nox, & Diana, quæ silentium regis,
　Arcana cum fiunt sacra.

Multa cognomina sortita est Diana, à locis in quibus culta est, ab ijs qui templa dicarunt, ab euentu rerum, sicut de Dijs cæteris dictum est. Vt Tauropola siue Taurica, Persica, Minthia, Pergæa, Ephesia, Epione, Forensis, Orthosia, Istria, Hægomache, Isora, Limnæa, Lycea, Lucifera, Patroa, Pherça, Propylæa, Leutophryne, Orthia, Suadela, Sospita, Saronis, Salaminia, Hegemona, Hemeretia, Callista, Cnacalysia, Agrotera, Elaphiæa, Cõdyleatis, Alpheia, Hymnia, Agrestis, Pyronia, Laphria, Euclea, Stymphalia, Triclaria, Sciaditis, Philomirax, Chrysylacathe, Sacrificula, Cordace, Lycoatis, Lymnea, Iaculatrix, Venatrix. Rursus illius varia vsurparũt nomina varię nationes: nam Cretenses Dictynnã, Thraces Vpim, Arcades Orthosiam, parturientes Lucinam tantum vocarunt. ¶ Atq; tot de Diana dicta sufficiant, nunc sensa horũ explicemus. Latonæ & Iouis filia putatur Diana, ac Phębi soror: Quid ita? quia Latona, quam Plato in Cratylo à mãsuetudine nominatam dicit, potest etiam à λανθάνω, quod latere significat, deduci, quia è tenebris Apollo & Diana nati sunt, è confusa.s. rerum natura. Horum pater fuit Iupiter qui ex illa materia euocauit: Deus.s. omnium parens & moderator, vt diximus. Alij ad mores hoc referentes, Latonam iniuriarum obliuionem putarunt, vt sensit idem Plato. alij qm̃ illi, quibus est lunæ temperamentum, sunt obliuiosi, quibus humidum est cerebrum scilicet magnopere. Hanc virginem dixerunt, quod Veneris vsus plurimum obsit huiusmodi hominibus, cum illorum natura venationibus, aliisq; exercitationibus naturalem calorem adiuuantibus maxime conseruetur ac vigeat. Alii Dionysi & Cereris filiam putarunt, alii Cæi & Phœbes: cum tamen omnes ad lunæ naturam respicerent, scirentq; Dionysum ac Cęum Titanem solem esse: Cererem nunc terram vocari, nunc crassiora corpora, cuiusmodi lunæ corpus apparet. Atque cum luna lumine luceat alieno, iure solis & crassioris materiæ filia esse dicitur. Dicta est viarum & montium esse custos, quoniam viatoribus & venantibus lumen præbeat per noctem, quare etiam Lucifera vocata est. Hæc eadem confert parturientibus, quia ob humoris copiam facilius partus oriuntur, & cum maxime viget, in plenilunio scilicet facilius. Inde sagittas etiam illi tribuerunt antiqui ob dolorum grauitatem. Et quoniam humectandis rebus accommodata est eius natura, neque vlla pestilentia sine humoris copia exoriri potest, hanc iure pestilentiæ autorem dixit esse Callimachus: cui pinus merito dicatur quia lunæ temperamentum illa arbos obtineat. Illius velocitatem admirati antiqui alatam esse finxerunt, & in curru à ceruabus cādidis velocissimis trahi, quia color albus lunæ præcipuè tribuitur: qua de causa argētum inter metalla est illi cōsecratum. At dicatur iā de cāpis Elysiis.

De Campis Elysiis. Cap. XIX.

ATque quoniam superius locuti sumus de omnibus monstris, quibus impiorum animæ torquendæ traderentur: nunc reliquum est, vt quæ præmia illis, qui sanctè pieque vixissent, proponerentur, breuiter explicemus. Ita enim homines ad probitatem denique adduci poterant, si & in puniendis peccatis nō negligens Deus fuisse monstraretur: & in eos, qui præstantes viri fuissent, atque optime de patria, vel de viris bonis, vel de vniuerso hominum genere meriti essent, non illiberalis: cum minime æquam rationem ignaui & scelerati, atque viri boni post mortem sortirentur. Pro scelerum igitur grauitate vbi tandiu pœnas dedissent animę, vt essent ab omni humana colluuie, & contagione corporis expurgatæ, tunc in Elysios campos transmittebantur, si modo illa fuissent peccata, quæ aliqua ratione possent expurgari: idcirco Virgilius de antiquorum sententia ita scripsit libro sexto.

Ergo exercentur pœnis, veterumque malorum
Supplicia expendunt: aliæ panduntur inanes
Suspensæ ad ventos: aliis sub gurgite vasto
Infectum eluitur scelus, aut exuritur igni.
Quisque suos patimur manes: exinde per amplum
Mittimur Elysium, & pauci læta arua tenemus.

Sed antequam ad cætera pergamus, videbimur operæprecium facturi si perquiramus vbi fuisse dicantur campi Elysii, quoniam apud inferos non esse videbantur, cum purgatæ animæ eo transmitterentur. Alii igitur campos Elysios esse circa aplanes sphæram tradiderunt, vnde animæ ab antiquissimis per tria elementa descendere putabantur. Alii circa lunarem globum, vbi purior est aer, alii in medio inferorum, alii in Hispaniis, & in insulis fortunatis. Isacius non procul a columnis Herculis, vbi Gades est insula, quæ prius Cotinusa dicebatur, fluuiusque Bœtis campos Elysios esse sensit: vbi dies non paulatim, sed repente tanquam fulgur decidit, quod fit in extrema parte & in margine Europæ ibi enim fuerunt insulæ beatorum, & in illis regionibus, quæ mari Libyco dominantur. Fuerunt sanè Herculis columnæ, quarum altera Alybe, altera Abena dicta est, in occidente ab ipso Hercule ex ære extructæ: in quibus scriptū

fuerat

fuerat non esse vlterius progrediendum: quoniam nullum littus post illas colum nas inuenire liceret, vt ipse credidit: quia amplissimum & infinitum prope spatium Oceani nauigandum relinqueretur. At Caroli Quinti eius nominis Romanorum Imperatoris iussu vel alterius nauigatum est, multaque fertilissima loca, eaque tota Europa non minoris ambitus inuenta, in quibus more ferarum adhuc, sicut ante Orphei tempora, homines viuebant. Non desuerunt tamen, qui non columnas, sed montes fuisse arbitrati sint columnas Herculis: quorum alter in extrema Europæ à sinistra, alter in extrema Africæ parte à dextera ex Oceano redeuntibus sese offerebant, qui cum essent altissimi, illis, qui mare mediterraneum ingrederentur, columnis persimiles è longinquo apparebant. Scriptum reliquit Clearchus Solensis has beatorum insulas fuisse iuxta Herculis Briarei columnas, ad quas in Gades & Tyrius & Græcus postea Hercules accessit. Plutarchus Sertorium inquit In extremam Iberiæ oram haud multum super Betæ fluuii ostia ad Gades transuectum, vbi Betes in mare Atlanticũ ingreditur, profectum esse: quo in loco obuios habuit quosdam ex insulis beatorum redeuntes. Hi duas esse paruas insulas referebant mari inter se diuisas, atque ventos ibi plurimum suaues & odoriferos leniter spirare, tanquam per incredibilẽ florum varietatem & amœnitẽ transeuntes. Nã qualis odor est multis rosis, violis, hiacynthis, lilijs, narcissis, myrtetis, lauris, cyparissis, talis aspirantiũ ventorum est suauitas. Hic in syluis motorum sensim foliorum iucundissimi sunt susurri. Solum vero ita est pingue, vt non solum facile arari & plantari possit sed etiam plurima sponte producat sua sine humana diligentia, ibique multam & sine molestia hominum copiam alere potest: nam ter quotannis fructum producit. Hic semper est ver, neque vllus ventus præter Zephyrum aspirare solet, locusque ipse omnibus florum generibus & mansuetis plantis vestitur At vineæ fructum ferunt singulis mensibus. Aer sincerus & temperatus, qui nullam prope patitur mutationem temporum: nam Aquilo, & alii accerrimi venti prius per inania spatia defatigantur, quam eo ad eas insulas peruenire possint, ac deficiũt. Qui vero perueniunt Zephyri & Argestæ placidissimos imbres aliquando excitant: nam locus imbribus plerunque non indiget, cum ipso aeris humore ac bonitate omnia & animalia plantas ferè sustentare possit. Esse dicuntur ibidem mirifici variarum auicularum cantus huc illuc ad ramos domesticarũ arborum volitantium: ibi cantilenæ suauissimæ exaudiuntur, chorosque ducunt virgines cum pueris, quibus peritissimi cantores cum musicis instrumentis accinunt: quales fuisse dicuntur Arion Methymnæus, Eunomus Locrus, Stesichorus Himeræus, & Teius Anacreon. Epulæ, quæ ibi nascuntur, saluberrimæ sunt, nullisque noxiis succis refertæ: neq; ibi senectus, neque ægritudo, neque vlla sentitur mentis perturbatio. Non auri, non diuitiarum cupiditas, non magistratuum ambitio mentes hominum infestat: omnes priuatam vitam rebus necessariis contentam publicæ seruituti anteponunt: nam multis velle imperare, multis seruire ibi existimatur. Nam cum sit pratum pulcherimum, circa illud nemus est omni arborum fructiferarum genere consitum. ibi fiunt conuiuia, ac nemus vmbrã facit discunbentibus in campo Elysio, quibus flores plurimi substernuntur. ministrant viris puellæ formosissimæ, atq; illis rursus pulcherrimi adoloscentes mutuis se poculis inuitantes. Tanta denique loci eius tranquillitas & aeris temperies in insulis fortunatis esse credita est, vt nullus neque aptior locus, neque accommodatior videretur, in quo virorum bonorum animæ post mortem habitarent, aut vbi campi Elysii collocarentur: quare ibi alium mundum esse dixerunt, alium solem, non hunc aliquando molestum, alium æthera, alia sydera vt scripsit Plato in Gorgia & Virg. in lib. sexto:

• Deuenere locos lætos, & amæna vireta,
• Fortunatorum nemorum, sedesque beatas.
• Largior hic campos æther & lumine vestit
• Purpureo, solemque suum sua sydera norunt.

Fuerunt nõnulli qui Thebanorum agrum tantum habere fęlicitatis crediderint, quantum de campis Elysiis antiqui diuulgarunt, illo epigrammate decepti, in quo hi sunt versus:

Αἵδ' εἰσὶ μακάρων νῆσοι τάθιπερ τὸν ἄριστον
Ζῆνα θεῶν βασιλῆα ῥέη τέκε τῷδ' ἐνὶ χώρῳ.
Insulæ ibi fortunatæ sunt Regem vbi Diuum
Alma Iouem peperit Rhea.

Non enim insula fuit, vt diximus, ager Thebanus, quem & id epigramma, & Lycophron postea ita beatorum insulas nominauit, vbi loquitur de Saturno:

τύμβος γεγῶς κἀνταυρος ὠμόφρων ἀπορᾶς,
Νήσοις μακάρων δ' ἐνκατοικήσεις μέγας.
Sæuum sepulchrum filiorum qui fuit.
Magnus beatorumque habebis insulas.

Atqui cum Thebanus ager neque insula quidem fuerit omnino, quo pacto beatorum insula esse potuit? aptius igitur credetur Homero, qui scripsit in libro quarto Odysseæ iuxta Britanniam nõ procul ab Herculis columnis, & in Gaditana regione beatorum esse insulas, & campos Elysios:

ἀλλά σ' ἐς ἠλύσιον πεδίον καὶ πείρατα γαίης
ἀθάνατοι πέμψουσιν, ὅθι ξανθὸς ῥαδάμανθυς
τῇ περ ῥηίστη βιοτὴ πέλει ἀνθρώποισιν.
οὐ νιφετός, οὔτ' ἄρ χειμὼν πολὺς, οὔτε ποτ' ὄμβρος.
ἀλλ' αἰεὶ ζεφύροιο λιγυπνείοντος ἀήτας
Ὠκεανὸς ἀνίησιν ἀναψύχειν ἀνθρώπους.
• Te vero Elysium ad campum, vel ad vltima terræ
• Cœlestes mittent, flauens vbi nunc Rhadamanthus.
• Victus vbi facilis, non nix, non frigora, & imbres.
• Stridula sed semper Zephyrorum sibilat aura,
• Quam placidam Oceanus mittitit per amæna vireta.

Tibullus propterea poetica quadã suauitate vniuersas camporum Elysiorum voluptates paucis carminibus summatim complexus est ita in primo libro:

Sed me, quòd facilis tenero sum semper amori,
  Ipsa Venus campos ducet in Elysios.
Hic choreæ, cantusque vigent: passimque vagantes
  Dulce sonant tenui gutture carmen aues.
Fert casiam non culta seges, totosque per agros
  Floret odoratis terra benigna rosis.
Ac iuuenum series teneris immista puellis
  Ludit: & assiduè prælia miscet Amor.

Atque cum fortunatæ insulæ, campique Elysii in ea parte Britãniæ de communi omnium propè præstantiorum scriptorum sententia, quæ est inter Occidentem Britanniam & Thulen ad ortum solis, dicerentur: piscatores quidam fuisse in littore maris Oceani narrantur iuxta hanc Britanniam insulam: qui ab aliis rebus omnibus & tributis essent immunes, quia defunctorum animas ad se euntes eò traiicerent, vt aiunt. Hi homines per noctem domi suæ dormientes voces audiebant, quibus vocarentur, & strepitum sentiebant circa fores: surgentes autem lembos quosdam non suos viatoribus plenos inueniebant, quos ingressi citissime in Britanniam remigantes perueniebant, quo vix per totam noctem aptissimis vsi ventis in suis nauiculis nauigantes possent peruenire. eò igitur adeuntes educebant quos ferrent viatores nescientes, neminemque videntes. voces illos excipientium audiebant, qui singulos nomine & tributim & ex affinitate atteque appellabant, illosque pariter respondentes exaudiebant. Deinde ex eo loco citissime domum redeuntes lembos leuiores factos sentiebant, quam cum illos ferebant. Huic rei addiderunt scriptores C. Iulium Cæsarem, cui in illa felicissime successerunt, in has insulas cum triremi, in qua centum erant milites, appulisse: atque loci amænitate captum habitare decreuisse: sed inuitum ab ijs, qui erant in insula fuisse depulsum. Scriptum reliquit in secundo libro verarum historiarum Lucianus homines, qui ibi sunt, neque carnem, neque ossa, neque quidquam quod tangenti resistat, habere: sed solam esse corporis formam, & animas quasdam corpori simillimo velamine coopertas, quæ moueantur, intelligant, vocem emittant ac cætera omnia faciant, quæ viuentes solent, cum nulla tamen temporis diuturnitate senescant, sed semper eandem ætatem, eundemque vigorem retineant: atque quales sunt ipsi homines, talia sunt omnium fructuum genera, quibus vesci dicuntur. Neque id admirabile videbitur illis, quibus fide digna videbuntur ea, quæ scripta sunt ab Arrhiano in Lybica nauigatione Hannonis Imperatoris Carthaginensium, qui nauigauit vltra columnas Herculis, quam etiam nauigationem diligentissime descriptam in templo Saturni depositam fuisse constat. Scriptum autem fuit ibi Hannonem in magnum sinum, qui Cornu Vesperis dicebatur, vt intellexit ex interpretibus, peruenisse: in quo sinu insula erat permagna, in qua stagnum mari simile. Erat in eo insula, in quam exeuntes per diem quidem nihil, nisi sylua densa videbatur: at per noctem multi ignes accensi erant, & tibiarum soni exaudiebantur, cymbalorumque & tympanorum strepitus erat permultus. Sic autem scribit Arrhianus: ἐνδὲ ταύτῃ νῆσος ἑτέρα, εἰς ἣν ἀποβάντες ἡμέρας μὲν οὐδὲν ἀφεωρῶμεν ὅτι μὴ ὕλην. νυκτὸς δὲ πυρά τε πολλὰ καιόμενα, καὶ φωνὴν αὐλῶν ἠκούομεν κυμβάλλων τε καὶ τυμπάνων πάταγον, καὶ κραυγὴν μυρίαν φόβος οὖν ἔλαβεν ἡμᾶς. In hac autem alia erat insula, in quam exeuntes die quidem, nisi syluam, nihil videbamus. at per noctem multi erant ignes accensi, sonumque tibiarum audiebamus, & cymbalorum tympanorumque strepitum, clamoremq; immensum. tunc autē timor nos inuasit, territus igitur Hanno, & qui cum ipso erāt, locum fugientes reliquerunt. Neque audiendi sunt illi qui nullos esse inferos tradiderunt, quam opinionem secutus est Pausanias in Laconicis, Cic. pro Cluētio, & Iuuenalis, qui de illorum sententia ita scripsit:

Esse aliquos manes, & subterranea regna
Et contum; & stygio ranas in gurgite nigras,
Atque vna transire vadum tot millia cymba,
Nec pueri credunt, nisi qui nondum ære lauantur.

Et Lucretius libro quarto:

Cerberus, & Furiæ iam vero, & lucis egenus
Tartarus horrificos eructans faucibus æstus,
Hæc neque sunt vsquam, nec possunt esse profectò.
Sed metus in vita pœnarum pro malefactis
Est insignibus insignis, scelerisque luela
Carcer, & horribilis de saxo iactus eorum,
Verbera, carnifices, robur, pix, lamina, tædæ.

Nam tametsi non illa sunt ad vnguem, quæ de iis traduntur, tamen aliqua ratione ipuniri scelera impiorum necesse est: quia nisi improbis supplicia, & viris bonis præmia proposita sint, qui locus erit iustitiæ? aut quid reliquum erit in vita mortalium, quod nos ad probitatem adhortetur? aut quæ præmia magis sunt alliciendæ ad honestatem multitudini accommodata, quam illa quæ per sensus capiuntur? aut enim Dei optimi iustitiam nullam esse necesse est, quod vel dictu nefarium est: aut cum solus is id facere posit, in omnes sceleratos animaduertat oportet, & viris bonis pro rebus præclare gestis præmia impartiat. Nullus autem facilior modus est, neque verior quàm vt à malignis dæmonibus tanquam crudelissimis tortoribus improbi torqueantur. Cum enim vera non esse dicantur ea, quæ pertinent ad supplicia apud inferos: neque illa vera sunt, quæ spectant ad suauitatem ciborum & reliquarum voluptatum, vt in his scripsit Theognis:

οὐδεὶς ἀνθρώπων, ὃν ἐπεί ποτε γαῖα καλύψει
Ἔς τ' ἔρεβος καταβῇ, δώματα περσεφόνης,
τέρπεται οὔτε λύρης, οὔτ' αὐλητῆρος ἀκούων.
οὔτε Διωνύσου δῶρ' ἐσαειράμενος.
Non vllus, quem terra tegat post funera: quique
Iuerit ad Ditis, Persephonesque domum,
Mox cithara, sonituque tubæ lætatur: & illum
Non mulcent Bacchi dulcia dona Dei.

Sed quoniam mors est certus terminus creditus vitæ cuiusque statutus pro viribus temperamenti, non solum illa est causa vt viri boni commoda multa post vitam sortiantur, sed etiam mala multa deuitentur præsentis vitæ, vt nos lusimus his græcis carminibus:

Τίπτε θεῶν δαίμοσι θνητοὶ χαλεπαίνομεν ἄνδρες
καὶ θανάτῳ; δρεπάνῳ πάντα τάμεν μογερά.
οὗτος μὲν φοβερῶν θραύει καὶ σκληρὰ τυράννων
Δεσμά, κρατεῖ πάντων ῥεῖα θεὸς φιλόφρων.
καὶ γναμπτοῖσιν ἀποστραφθέντ' ὀνύχεσσι λέοντας
οὗτος ζῶα σόει, καὶ κεράεσσι βόων.
οὗτος καὶ δ' ἱεροὺς δήμους κτίστεσιν ὑφαιρεῖ·
οὗτος ἐλευθερόει τὰ πτερόεντα γένη.
οὐδὲ μὲν οὐδὲ σοφοὺς ποιητάς γ' ὕστατον ἦμαρ
Δηλαίνει, καὶ χθὼν σώματ' ἔχησι μόνα.
Σώματ' ἄρ' ἐστὶ πίθοι, ψυχαὶ ὧν τ' ἔργματα θεῖα·
Ἃ εἰς ζωὴν θάνατος, καὶ μόρος ἐστὶ βίος.
ἐνδεία, πημῆνε πέλει, καὶ πορθμὸς ἄπιστος
τοῖς ἀνέμοις θάνατος· κ' οὐδὲν ἔνεστι βαρύ·
οὗτος ἔνεστι ῥίζεν ἐν οὐρανῷ ἢ ῥαχλῆα.
οὗτος λαμπρύνει καὶ καλὰ τέκνα Διός.
οὐ θεὸς ἠελίου ποτ' ἐς αὐγὰς κηδομένας περ
Πέμπε φίλας ψυχὰς ἐς κακὰ τῶν νεκύων.
Εἰς πόνον, εἰς τε νόσους, καὶ ὀϊζύας ἠδ' ὀδυνάων
Παντοδαπῶν πέλαγος, ἄθλιον ἄθλον ὅλον.
Εἶτα τε δῆτ' ἀνθρωπίσκων ἀμμὶν ἵνα χάρμα
τίπτε βροτῶν βίος; οὐ καλὸν ἄθυρμα τύχης;
κάλλος ἐπεὶ μογερὸν γῆρας ἐνοσσε μαραίνει.
οὐδὲ χρόνον πολλόν γ' ἔμπεδον ἐστ' ἄφενος.
καὶ σθένος ἢ πεδανὸν γηράσκει. καὶ κλέος. οὐδεὶς
Πρὶν θάνατόν γ' ἐλθεῖν ὄλβιός ἐστι τέλος.

Quæ carmina ita sunt à Laurentio Gottio in latinam linguam cóuersa, quæ à

præci-

præcipuum inter amicos propter singularem morum bonitatem, modestiam, studium literarum, iudicium & habeo & vnice amo.

Cur grauiter ferimus superorum munere mortem
  Concessam? falce hæc cuncta odiosa secat.
Vna tyrannorum firmissima vincula fregit,
  Omnia cognouit vincere rite Dea.
Vnguibus hæc seruat duris substrata leonum
  Corpora, & à sæuis cornibus vna boum.
Hæc madidas gentes ceto subtraxit, auesque
  Liberat è caueis, carceribusq́; feras.
Sed neque diuinis nocuit suprema poetis
  Lux, quorum tellus corpora sola tegit.
Corpora sunt animis ergastula, vasaq; diuis:
  Vita quibus mors est, mors quoque vita quibus.
Mors statio, quam nec venti, nec nubila cœli
  Concutiunt, tuta est: nil graue habere solet.
Hac duce & Alcides clara inter sydera fulget
  Hæc illustrauit pignora bina Iouis.
Defunctas animas vel amatas solis in auras
  In mala non patitur rursus adire Deus.
In morbos, curasque graues, certamina prorsus
  Tristia, in ærumnas, est vbi vbique dolor.
Dicite mortales, nisi vanum fortis habendum
  Ludicrum vita est nostra, quid esse feram?
Abstulit aut morbus formam, aut morosa senectus.
  Ipsarum haud vsus fit diuturnus opum.
Gloria fit senior, viresque, ac nemo beatus
  Supremum recte dicitur ante diem.

Accedebat ad cæteras voluptates, quas viris bonis tribuebant antiqui in campis Elysijs, quod vel mortui delectabantur iisdem studijs & exercebantur, quæ magis viuentibus placuissent. Ita vulgus suauissimorum conuiuiorum spe post mortem, multa scelera deuitabat. Sic Homerus in lib. λ. Odysseæ idolum Achillis inquit minitabundum sagittas feris intentare. Atque Virgilius rem totam pluribus verbis expressit, & quemadmodum eadem in campis Elysijs exercerentur, quibus delectabantur viuentes singuli in his:

Pars in gramineis exercent membra palæstris:
Contendunt ludo, & fulua luctantur arena.
Pars pedibus plaudunt choreas, & carmina dicunt:
Necnon Threicius longa cum veste sacerdos
Obloquitur numeris septem discrimina vocum,
Iamque eadem digitis, iam pectine pulsat eburno:

Ac deinde paucis interpositis:

Arma procul, currusque virum miratur inanes,
Stant terræ defixæ hastæ: passimque soluti
Per campos pascuntur equi: quæ gratia currum,
Armorumque fuit viuis, quæ cura nitentes
Pascere equos, eadem sequitur tellure repostos.

Propterea cum philosophis optimis hominibus summam felicitatem excogitare niterentur antiqui: nullam maiorem illis oblectationem inuenerunt, quam veritatis inuestigationem & quam illud, quod scriptum reliquit Cicero in lib. 5. de

Finibus

Finibus his verbis: Ac veteres quidem philosophi in beatorum insulis fingunt, qualis natura sit vita sapientum, quos cura omni liberatos, nullum necessarium vitæ cultum, aut paratum requirentes, nihil aliud esse acturos putarunt, nisi vt omne tempus in quærendo ac discendo, in naturæ inuestigatione consumant.

¶ Atque de campis Elysiis tot à nobis dicta sint. Quid significare voluerint antiqui per hos campos Elysios manifestum esse arbitror. Nam vbi vitæ nostræ ratio diligenter examinata fuerit: si sancte pieq; vixerimus, incredibilis lætitia sub extremum vitę diem mentes nostras capit, sicuti mærore afficimur ob multorum scelerum recordationem, & ad eos inferorum fluuios traiicimur intrepidi, omniaque monstra horrenda & terribilia præterimus, quæ quidem lætitia quãtum valere debet ad homines ad probitatem adhortandos nulla orationis copia explicari potest. Hæc ea sunt, quæ apud inferos vel bona, vel mala ab antiquis proponebantur, cũ simplex & magis vera ratio à summę veritatis autore Christo proposita sit, ignis sempiternus improbis scilicet: at viris bonis inexplicabilis bonorum cumulus. At nunc de Lethe fluuio dicamus.

De Lethe fluuio *Cap.* XX.

POst huiusmodi vitę examinatæ diligenter considerationem exoritur paulatim omnium rerum obliuio, sensúsque amittuntur, neque vlla est amplius rerum præteritarum recordatio: quare effectum est vt antiqui scriptores multa de Lethe fluuio commenti sint. Verum nos pauca prius ad hanc rem pertinentia inuestigemus, deinde quid de Lethe senserint antiqui, explicemus. fuerunt quatuor fluuij Lethæi tamẽ, qui ad Magnesiam non procul à Mænandro, qui ad Gortynen vrbem Cretæ, qui ad Triccam vrbem Thessalię, vbi natus est Aesculapius, & qui in Libya Hesperiæ. Illa fuit Pythagoræ, & nonnullorum philosophorum opinio, non solum quod animæ immortales existant, verum etiam sempiternæ fuerint antequam in animalium corpora peruenirent. Huiusce sententiæ his similes rationes afferebant: nam si immortalis existet anima, & ex aliquo nascatur, vel ex immortali, vel è mortali necessario nascetur. E mortali non orietur, quia sic omnia fieri possent immortalia: neque sempiternum quidquam in natura mortalis rei commistum est suopte ingenio, nisi a Deo misceatur aliquãdo secernẽdum. Neq; rursus ex immortali, quod illud quod tale est, nihil è se gignit. Atqui cum immortales animæ existant, multaq; tamen nascantur animalia, illud contingere putabant, quia circuitum animæ intra duodecim annorum millia peragant, per omnesq; sphęras & choros dæmonum ac Deorum discurrant, quod Plato in Phædone, Gorgia, Phædro, & aliis in locis variis modis scripsit. Est autem per duodenarium numerum intelligendus numerus mundanarum sphærarum apud antiquos, qui supra quatuor elementorum globos octo cœlos esse putarunt, per quos animæ à corporibus solutæ, satisq; purgatæ permeare, & circumuolui putabantur, donec suos circulos prefecte absoluerent: tunc autem Deo ita iubente, putabantur in corpora pro prioris vitę rebus gestis demitti. Nõnulli tamen crediderunt annum magnum, quo spatio anima hominis suum circuitum expleret, & in idem reuerteretur, duodecim horum annorũ millibus comprehendi: cum annus mundi magnus tribus annis huiusmodi absoluatur: nam & ipsa mundi anima per motum firmamenti eo spatio suum circuitum absoluit, quod efficitur intra triginta & sex millia nostrorum annorũ: si quis enim firmamentũ aut aplanes quæ vocatur sphæram, proprio motu contra motum diurnũ cœli centsimo quoq; anno per gradum vnum fere secundum successionem signorum procedere intellexerit, numerumque annorum collegerit, is facile magnũ

annum

annum mundi ex ambitu ipsius firmamenti intelligit. Hæc res quoniam ab imperitorum multitudine intelligi nō poterat, excogitarunt permulta poetæ ad vtiliter adducendam multitudinem, quibus illam in hac sententia confirmarent, quod immortalis anima existat, vt spe aliquando melioris vitæ, & pñtes calamitates æquo animo, fortique perferret, & ne nimium rebus prosperis tolleretur, cum sciret omnibus reddendam esse anteactæ vitæ rationem: & quam maximè se ad integritatem innocentiamq; compararet, cum iucundissima præmia harū virtutum post mortem à Deo esset relatura. Finxerunt igitur post diuturnas voluptates Lethen esse fluuium apud inferos, qui obliuionem significet, cuius aquā siquis bibisset, illi continuo rerum omnium præteritarum obliuio exoriebatur. Nam nulla ratio facilius eam dubitationem diluere poterat, cur quæ per tot annorum millia tam admirabilia animæ vidissent, nullo pacto prorsus recordarentur. Hic igitur fluuius Deus suauissimus & Somno simillimus ab Euripide putatur: quando Orestes cum ab insania aliquantulum conquieuisset, vtrisque gratias egit Somno & Lethe, siue Obliuioni hoc pacto:

Ὦ φίλον ὕπνου θέλγητρον, ἐπίκουρον νόσου
Ὡς ἡδύ μοι προσῆλθες ἐν δέοντί γε.
Ὦ πότνια λήθη τῶν καλῶν, ὡς εἶ σοφὴ.
καὶ τοῖσι δυστυχοῦσιν εὐκταία θεός.
Gratum leuamen Somnule ægritudinis
Quam suauis aduenisti, & opportunus huc.
Et tu malorum Obliuio quam dulcis es,
Optabilis viris misellis & Dea.

Solus ex omnibus hominibus dictus est Aethalides rerum præteritarum memoriam non prorsus deposuisse, vt scriptum reliquit Apollonius in primo Argonauticorum:

οὐδ' ἔτι νῦν περ ἀποιχομένου Ἀχέροντος.
Δίνας ἀπροφάτους ψυχὴν ἐπιδέδρομε λήθη
nondum illum ex Acheronte profectum
Vorticibus rapidis Lethe perfuderat vnda.

Hunc enim munus illud à patre Mercurio obtinuisse inquiunt, vt aliquando esset apud superos aliquando apud inferos. Hunc aiunt Pythagorici, cum anima sit immortalis, primum Troianis temporibus reuixisse, atque fuisse Euphorbum Troianum Panthi filium, deinde Pyrrhum Cretēsem, postea quēdā Eleū, mox Pythagorā, quā rem plane expressit Ouidius in decimo quinto libro Mutationū;

O genus attonitum gelidæ formidine mortis,
Quid Styga, quid tenebras, & nomina vana timetis
Meteriem vatum, vastiq; pericula mundi?
Corpora siue rogus flamma, seu tabe vetustas
Abstulerit, mala posse pati non vlla putetis.
Morte carent animæ, semperq; priore relicta
Sede nouis domibus viuuntq;, habitantque receptæ.
Ipse ego (nam memini) Troiani tempore belli
Panthoides Euphorbus eram.

Plato præterea in Memnone non solū animas esse immortales commemorat, sed postquam certum temporis spatium, & quædam munia absoluerint, à Proserpina in hominū corpora remitti, sic enim scribit: φασὶ γὰρ τὴν ψυχὴν τοῦ ἀνθρώπου εἶναι ἀθάνατον, καὶ τοτὲ μὲν τελευτᾶν, ὃ δὴ ἀποθνήσκειν καλοῦσι, τοτὲ δὲ πάλιν γενέσθαι, ἀπόλλυσθαι δ' οὐδέποτε. δεῖν δὲ διὰ ταῦτα, ὡς ὁσιώτατα διαβιῶναι τὸν βίον. οἷσι γὰρ ἂν περσεφόνα ποινὰν παλαιοῦ πένθεος δέξεται, εἰς τὸν ὕπερθεν

ἅλιον

ἅλιον κείνων ἐνάτῳ ἔτει ἀνδιδοῖ ψυχὰν πάλιν ἐκ τᾶν βασιλῆες ἀγαυοὶ, καὶ σθένει κραιπνοὶ, σοφίᾳ τε μέγιστοι ἄνδρες αὔξοντας. Aiunt enim homini animam immortalem esse, ac tunc quidem decedere, cum mori appellatur: atque iterum redire, Interire vero & extingui nunquam, quare vita est quam sanctissime transigēda. Qui enim Proserpinæ pœnas antiquæ miseriæ iam dederint, eorum animas illa rursus ad supernum solem transmittit nono anno, atque reges fiunt gloria, potētia, sapientiaque præstantissimi, atque isti in numerum Deorum aut Heroum capiuntur. Physici duos tropicos signiferum circulum secantes portas duas esse putarunt, per quas animæ è cœlo in terras ferantur, & ascendant. Cancer hominum porta putatur: Capricornus Deorum, quia per illum ad immortalitatē ascendant: hinc Pythagoras à lacteo circulo Ditis imperium incipere credidit, quod animæ inde lapsæ à superis recesserint, inde in corpora lapsuræ. Hæ quandiu in Cancro sunt, nondum à superis recessisse creduntur, at ad Leonem profectæ vitæ exordium auspicari, cum in corpora defluant. Plato in Phædone noua ebrietate trepidantem animam in corpus fluere ait, atque potum materiæ circunfusæ alluuionem intelligit, nam sicut obliuio comes est ebrietatis, ita huiusce alluuionis materiæ. Dicitur igitur Lethe obliuio, quoniam animæ in corpora lapsuræ originis diuinæ, fontisque, ac dignitatis suæ singulæ obliuiscantur. Cū ad inferos igitur animæ descenderint, diuque fuerint in campis Elysiis, vt ad cōmuniorem opinionem reuertamus, antequam ad supernum solem transmittantur, dicuntur aquam fluminis Lethes bibere, vt omnium præteritorum obliuiscantur, vt ait Virgilius in sexto:

animæ, quibus altera fato
Corpora debentur, Lethæi ad fluminis vndam
Securos latices, & longa obliuia potant.

Bibebatur autem duplici de causa aqua Lethæi fluminis, tum vt obliuiscerētur animæ illarum delitiarum, quibus fruebantur in campis Elysiis, tum etiam vt fierēt immemores earum molestiarum, quas antea in vita pertulissent: quarum rerum si perdurasset memoria, nemo reperiretur qui vellet reuiuiscere, aut qui cum primum posset non vel sibi ipse manus inferret. Sed alterum Deos iubere dicebant, alterum quominus fiat repugnat natura. Quis enim eorum qui mortui sunt, vellet, si posset, in hanc vitam molestiarum plenam redire, in tot animi perturbationes, corporisque incommoda, nisi grauissimis suppliciis apud inferos vrgeatur? nam quanto diuturnior est hominum vita, tanto fit maior incommodorum cumulus, sunt filiorum vel amicorum vel propinquorum mortes, facultatum iacturæ, honorum repulsæ, infamia, morbi, vulnera, discordiæ, lites, quæ tanto plura videre necesse est, quanto diutius vixerimus. Duo igitur erant necessaria, alterum vt purgarentur animæ antequam in Elysios campos peruenirēt alterum vt post lōgissimum temporis spatium epota aqua Lethæa omnium præteritorum obliuiscerentur, quare dictum est:

exinde per amplum
Mittimur Elysium, & pauci læta arua tenemus.
Donec longa dies perfecto temporis orbe
Concretam exemit labem, purumque reliquit
Aetherium sensum, atque aurai simplicis ignem.
Has omnes, vbi mille rotas voluere per annos,
Lethæum ad fluuium Deus euocat agmine magno:
Scilicet immemores supera vt connexa reuisant,
Rursus & incipiant in corpora velle reuerti.

Quis enim, vti dicebam, in hanc plenam miseriarum vitam, nisi & antiquarum

miseria

miseriarum prius fiat immemor, & voluntati Deorum ac necessitati parere cogatur? nulla est adeo felix hominum conditio, quam non multo plura incommoda infestent, quam bona consolentur, quamuis parum firmis & subfrigidis rationibus contra hanc sententiam scripsit Euripides in Suplicibus:

ἔλεξε γάρ τις ὡς τὰ χείρονα
Πλείω βροτοῖσιν ἐστὶν τῶν ἀμεινόνων.
Ἐγὼ δὲ τούτοις ἀντίαν γνώμην ἔχω,
Πλείω τὰ χρηστὰ τῶν κακῶν εἶναι βροτοῖς.
Εἰ μὴ γὰρ ἦν τόδ', οὐκ ἂν ἦμεν ἐν φάει.

Quidam vir olim protulit mortalibus
Mala esse plura, quam bona adsint. ast ego
Diuersa longe sentio: viris bona
Puto esse multo plura, quam sint iis mala.
Quod ni sit, haud solem liceret cernere.

Hæc enim ratio mihi valde videtur absurda, quia non est tanquam frigoris & caloris, quorum symmetria omnino necessaria est viuentibus corporibus, calamitatum, & molestiarum, & incommodorum, natura: nam tametsi iactura filiorum, aut carissimorum, aut facultatum, aut dignitatis, rerumque huiusmodi euentus animum perturbant, tamen non necessario interimunt: nisi forte hæc non esse mala, aut raro contingere, inquiat Euripides. Plura enim horum contingunt nonnullis quam bona in vniuersa vita, ad quæ iterum subeunda nullæ animę omnino adduci possent, nisi fluminis Lethei plenę, ac propè ebriæ. Fuerunt igitur hæc partim ad persuadendum multitudini animas pro meritis in corpora denuo redire conficta: partim etiam declarant morituri iam hominis conditionem vt illi sanctius viuant. cum sensus animique vigor paulatim post vitę preteritę considerationem deficit, omnesque cessant corporis actiones, atque illud demum extinguitur.

NATALIS COMITIS MYTHOLOGIAE,

LIBER QVARTVS.

Cur Lucinam parturientibus præfectam antiqui putarint.

XISTIMO me in superioribus libris ostendisse partim animorum affectus & cogitationes, quę in moriturorum animis nascerentur, partim vires elementorum, cœlestiumque corporum, quæ transfunderentur in hæc inferiora corpora, diuinis nominibus fuisse ab antiquis appellatas, & diuinis etiam honoribus cultas. Sed quoniam eo scribendo perducti sumus, vt res interire, & iterum post quoddam annorum spatium reuiuiscere, & animas easdem in alia corpora transmitti diceremus, quæ res sub Lucinæ tutelam primum concidebant, videtur rationes illæ inuestigandæ, quibus adducti sunt sapientes vt sibi persuaderent Lucinam præesse parturientibus. Hac in re illud horum omnium debet esse fundamentum, quod superius dictum fuit, quod Græci, id quod ceperunt ab Aegyptiis, solem, lunam, cæteraque sydera, quorum vires ac moderationes temporum apud nos essent conspicuæ, Deos putarunt: quos suffimentis, & cantilenis, & cæsarum victimarum nidoribus placarunt, cum res postularet. Cum lunam igitur plurimum conferre parturientibus arbitrarentur, illam alij à luce, alii à circumuoluendo nuncuparunt. Aliæ similiter rationes sunt à rerum naturalium peritis traditæ, aliæ ab astronomis. Atqui luna a rerum naturalium peritis partubus præesse credita est, quia illius ope propter vim propriam humoris fętus adiuuetur, cum illius beneficio is in vtero intumescat: ad quam rem & solis & lunæ ratio præcipuè conferre putatur. Nam manifestum esse arbitror omnibus vel mediocriter eruditis, quod lunæ beneficio augentur humores, cuius vis in multis est conspicua, sed in conchyliorum genere præcipuè, quę cum lunæ lumine augentur & decrescunt Huc accedit quod parturiēdi tempore plurimus humor sero persimilis in membranis cum fętu continetur in vtero, quare & vterus insurgit ad expellendum cum fętu humorem: cui rei cum moderator humorum sit lunæ planeta, plurimum conferre putatur, & idcirco luna parturientibus præesse credita est. Qui vero ex astrorum potentia omnia humana pendere censuerunt, has omnes causas ad astronomicas rationes retulerunt: nam senserunt homines rerum cœlestium periti, quod septimo mense fętus perficiatur & absoluatur, qui mensis dicatus est lunę: quare iure optimo luna præest parturientibus. Atque huiusce rei talis est ratio & ordo. Primus mensis est Saturni, qui suo frigore ac siccitate facit vt semen, quod fluebat aquæ simile, densetur & cōsistat. Deinde sequenti mense Iupiter suo calore & humore nutrit, quibus indiget viribus vt augeatur & dilatetur; quippe cum superioris planetæ natura formationē lineamentorum impediret si perduraret diutius. Tertio deinde mense Marti cura ista committitur, qui per naturalem suum calorem humores superuacaneos

exicat,

exiccat, fœtumque calefacit, & motum in illo procreat: est enim calida vis & sicca maxime ad motum propensa. Hunc eundem fœtum excipit mox Sol astrorũ omnium & mundi princeps ac moderator, qui & vigorem plurimum adhibet, & non mediocriter confert ad vitam. Huic succedit Venus Martis Solisque calorẽ & siccitatem suis his aduersatiis viribus temperans, multoque magis auget fœtũ, & illius membra ad figuram homini conuenientem perducit. Negotium ipsum mox in manus tradere Mercurio putatur, qui superuacaneum quodque exiccãdo temperiem & ipse induxit, vniuersasque corporis partes etiam magis distinguit, & clariorem formam exprimit. At septimus mensis lunæ tribuitur, quæ ita fœtum suo humore nutrit, vt perfectus completusque sit: possitque vel si tunc ex vtero exeat viuere. Quod si humoris copia adhuc suppetat, & respiratio nondũ sit præualida, quam per vmbilicum capit infans, ita vt oris respiratione non magnopere indigeat, natura optima horum alimentorum cellaria & moderatrix in nonum mensem partum prorogat: at si inops sit humorum, & non amplius satis magna aeris copia per vmbilicum trahatur, ac si vterus tractabilis molisque sit, qualis esse solet fere puerperarum, tunc septimo mẽse partus in lucem prodit & viuit: Quamobrem siue ad planetarum vires, siue ad physicas rationes quis respexerit, omnino lunæ humor plurimum ad emittẽdos fœtus adiuuabit. Sed quoniam explicauimus quibus causis commoti antiqui Lucinæ tantum tribuerunt, nunc reliquum est, vt quæ de Lucina ab iis dicta fuerint, percurramus.

De Lucina. *Cap* I.

Lvcinam filiam fuisse Iouis & Latonæ, sororemque Phæbi iam dictum est superius, cum de Diana loqueremur. Atqui cum reipsa vna eademq; sit Diana, Lucina, Hecate, Luna, quamuis varia sunt nomina, & res variæ, in quibus illæ suas vires exercent, tamen varii parentes earum siue Dearum siue facultatum, siue eorum nominum, fuisse traduntur. Cum enim Luna filia esse Thiæ & Hyperionis, Diana Iouis & Latonæ, Hecate vel Iouis vel Aristæi, & Noctis vel Asteriæ: ita Lucina Iouis filia fuisse dicitur, vt apparet in hymno Callimachi in Dianam, Iunonemque habuit matrem, vt memoriæ prodidit Pausanias in Atticis, qui illam in Gnosio agro apud Amnisum fluuium ex opinione Cretensium natam esse scribit. Qui Latonæ filiam esse dixerunt, hanc in Ortygia natam esse inquiunt, atque statim natam obstetricis munere functam esse apud matrem, cum mox Apollinem esset paritura, vt dictum est superius. Pausanias tamen in Atticis Lucinam ait in Delum ex Hyperboreis aduentasse, vt parturienti Latonæ adesset obstetrix. Hæc varia habuit nomina: nã Ilithyia in encomio Ptolemæi vocata est à Theocrito, quam Lysizonam appellat siuẽ soluentem zonam. Solebant enim antiqui, sed Græci in primis vsurpare, zonam soluere, pro eo quod est rem cum viro habere, quia prægnantes mulieres priorem zonam gestare nõ amplius possent, quam soluere cogebantur: cum ob ventris amplitudinẽ, tum ob molestiam, quam affert grauidis zona ad respirandum quare cum venirent sub tutelam Lucinæ zonam soluebant. Sic autem ea sunt Theocriti:

Ἔνθα γὰρ εἰλείθυιαν ἐβήσατο λυσίζωνον
Ἀντιγόνας θυγάτηρ βεβαρυμένα ὠδίνεσσιν.
Hic Lysizonam Lucinam nata vocauit
Antigones, tristi partus oppressa dolore.

Nam & Horatius in secularibus carminibus multis nominibus vocatam fuisse innuit in his:

Rite maturos aperire partus

Lenis

Lenis Ilithyia, tuere matres:
Siue tu Lucina probas vocari:
Seu Genitalis.

Tanta fuit Lucinę reuerentia apud antiquos, vt non solum præesse parturientibus credita sit, cum inuocaretur, illisque opem ferre: verum etiam tanquam custodis, cui ortus & vitæ salutisque humanæ initia deberentur, illius imago ante fores domorum ponebatur, quare ita hymnum scripsit Orpheus in eius laudem, quam Prothyræam nominauit,

κλῦθί μοι, ὦ πολύσεμνε θεὰ πολυώνυμε δαῖμον
ὠδίνων ἐπαρωγὲ, λεχῶν ἡδεῖα πρόσοψι
θηλειῶν σώτειρα, μόνη φιλόπαις ἀγανόφρον,
ὠκυλόχεια, παροῦσα νέαις θνητῶν, προθυραία.
Audi me veneranda Dea, cui nomina multa.
Pręgnantum adiutrix, parientum dulce leuamen:
Sola puellarum seruatrix, solaque prudens.
Auxilium velox teneris Prothyræa puellis.

Atque paulo post eandem esse & Dianam, Ilithyiam, & Prothyræam apertè demonstrat in his:

μούνην γάρ σε καλοῦσι λεχοὶ, ψυχῆς ἀνάπαυμα,
ἐν γάρ τοι τοκετῶν λυσιπήμονες εἰσὶν ἀνίαι.
Ἄρτεμις, εἰλείθυια, καὶ ἡ σεμνὴ προθυραία.
Solam animi requiem te clamant parturientes:
Sola potes diros partus placare dolores.
Diana, Ilithyia grauis, simul & Prothyræa:

Credita est autem fuisse à Parcis parturientibus præfecta, quoniam neque cum illam mater gestaret in vtero, neque cum pareret, vllos dolores sensit, vt in his ait Callimachus:

ᾗσί με μοῖραι
γεινομένην τὸ πρῶτον ἐπεκλήρωσαν ἀρήγειν.
ὅττι με καὶ τίκτουσα, καὶ οὐκ ἤλγησε φέρουσα
μήτηρ, ἀλλ' ἀμογητὶ φίλων ἀπεθήκατο κόλπων.
hisce leuare
Vix bene me natam Parcæ statuere dolores.
Quod me cum pareret, vel cum gestaret in aluo
Mater non vnquam doluit, sine læta dolore
Deposuit quod ventris onus.

Mos fuit apud antiquos vt Lucinam ipsam dictamo coronarent, quoniam id plurimum conferre videretur ad facilitatem pariendi: quam consuetudinem possumus vel ex hoc carmine Euphorionis colligere, vbi loquitur de Lucina:

στεψαμένη θαλεροῖσι συνήντετο δικτάμνοισι
Obuia dictamis teneris redimita fit illa.

Neque hominibus solum præesse parturientibus hæc Dea putabatur, sed etiam brutis, & plantis: quoniam his omnibus lunæ humor vel nascentibus vel parientibus confert: quare ita Virg. inquit de bobus:

Aetas Lucinam, iustosque pati Hymenæos,
Desinit ante decem, post quatuor incipit annos.

Effingebatur imago Lucinæ, cuiusmodi fuit illa apud Aegienses, quæ alteram manum vacuam porrigebat, altera gerebat facem: ita enim & infantem susceptura videbatur, in lucemque eductura: & dolores, quos inflammatio totius corporis consequitur, significare. At mihi magis huic loco cõuenire illud Theophrasti

sti videtur, quod scriptum est in secundo de causis plantarum, exuri maxime vires naturæ fœcunditate fœtuum tum in animalibus, tum etiam in plantis, quare fax Lucinæ merito assignabatur: nam quæ minus fœcunda sunt in singulis generibus, illa magis sunt diuturna. Scripsit in hanc hymnum quendam Lycius Dellus, vt diximus, cum loqueremur de Parcis: qui illam Eulinum, quasi lanificam appellauit: quam fati sororem esse credidit, vt est apud Pausaniam in Arcadicis. Maxima religione apud Eleos præcipue colebatur Lucina, cuius ope victoriam Elei ex Arcadibus reportarunt. Nam cum Arcades Eleorum agrum hostiliter inuasissent, omniaque incursionibus popularentur, in aciem aduersus illos prodierunt Elei. Tum fama est mulierem, quæ puero mammam præberet, ad Eleorum duces accessisse, quæ se puerum illum peperisse diceret, hortataque est, vt eum eius belli sociū sibi asciscerent, quòd ipsa ita fuisset per somnum admonita. Tum qui summæ rei præerant inter Eleos fidem mulieri præstantes puerum nudū ante signa locandum curarunt: deinde cum facerent impressionem in hostes puer is in serpentem vertitur in conspectu omnium. Eo prodigio territi Arcades in fugam vertuntur, atque Elei quo in loco sub terram ingressus est serpens, vbiq; victoriam sunt adepti, templum illi puero erexerūt, quem Sosipolim, siue vrbis seruatorem appellarunt: ibidemque sunt Lucinæ solennes honores decreti, quod illam puerum illum peperisse & attulisse Elei interpretati sunt. Annua sacerdos ibi eligi solita fuit, quæ Lucinæ sacrificaret, ad quam omnibus erat aditus. Ad Sosipolim vero nemini accedere licebat, nisi vetulæ sacerdoti, quam etiam certo ritu ornatam esse oportebat: nam & capite & facie velata candido textili ad illius simulachrum accedebat. In templo Lucinæ tum virgines tum etiam nuptæ remanentes hymnum in Sosipolim decantabant, atque quoduis odorum genus adolebant, cum vinum ex illis sacrificijs omnino exularet. Culta est apud Hermionenses etiam præcipuo quodam honore Lucina, quam summa religione & hostijs, & odoribus, & donis quàm plurimis decorabant: neque illius signum cuipiam, nisi illis mulierculis, quę rem sacram facerent, conspicere fas erat, vt ait Pausanias in Corinthiacis.

¶Hæc illa sunt fere omnia, quæ de Lucina dicta sunt ab antiquis, quæ ex iis, quæ dicta sunt superius, manifesta esse censeo: nisi illud fortasse non pateat cur Iunonis aut Iouis filia esse dicatur. explicatum fuit superius Lucinam esse lunam, humoresque ab ipsa luna aliquando augeri, quod cum fiat per aera, quem modo Iunonem, modo Iouem appellari ostendimus: iure Lucina, siue vis illa, quæ agit per aera in inferiora corpora, Iunonis filia dicta est. vocata fuit luna Lucina, quia luceat per noctem, vel quia lucem præbeat fœtibus, qui nati ante septimum lunæ mensem hac solis luce perfrui minime possunt, vel quia maturos fœtus in lucem ex vtero euocet. Dicitur eadem à Græcis Ilithyia, quia pręsto sit parturientibus. reliqua nomina, quæ illi tribuuntur, sunt à contingentibus rebus à poetis ficta, & illi tributa. Nunc de Penatibus dicendum est.

De Penatibus. *Cap.* II.

IAm vero statim natos infantes, vbi Lucina suum munus expleuisset, Penates Dij suscipiebant, vt fuit opinio antiquorum: qui Penates qui essent, aut quod esset illorum munus, videtur esse inuestigandum. Fuerunt igitur nonnulli, qui Penates Deos esse putarunt illos, per quos spiramus, per quos cognoscimus, per quos viuimus, per quos solem intuemur: Iouem scilicet, & Iunonem, & Mineruam, & Vestam: hanc etiam siquidem nonnulli addiderunt. Nam Iouem æthera medium, Iunonem aera imum, Mineruam summam ętheris partem quæ vis est diuina intelligentiæ, Vestam terram esse dixerunt. Hos & Deos patrios & familiares & ciuitatum præsides & priuatarum domorum custodes nominarunt & crediderunt, vt in his significare videtur Cicero in oratione pro domo sua: vosque qui maxime me repetistis, atque reuocastis: quorum de sedibus hæc mihi proposita est contentio, patrij Penates, familiaresque, qui huic vrbi & reipublicæ præsides estis. Sic & Alicarn. in primo antiquitatum: τοὺς δὲ θεοὺς τούτους ῥωμαῖοι μὲν πενάτας καλοῦσιν, οἱ δ᾽ ἐξερμηνεύοντες εἰς τὴν ἑλλάδα γλῶσσαν τοὔνομα, οἱ μὲν πατρῴους ἀποφαίνουσιν, οἱ δὲ γενεθλίους, εἰσὶ δ᾽ οἱ κτησίους, ἄλλοι δὲ ἑρκίους, οἱ δὲ μυχίους. Deos autem hos, Romani Penates vocant: atque nonnulli in Græcam linguam transferentes, genitales interpretati sunt: alij vocant Deos patrios, alij domesticos ac familiares, alij possessionum præsides, alij arcanos. At vero cur erant hi patrij, ac non potius communes omnium ciuitatum & domorum? Quoniam nõ modo singulas ciuitates, sed etiam singulas domos, atque adeo singulos homines & animalia & plantas certos ac peculiares habere Deos crediderunt, quorum essent illi tutelares. Idem prope sensisse videtur Cicero, vbi ita scribit in secundo de Natura Deorum: nam Vestæ nomen à Grecis: ea est enim quæ ab illis ἑστία dicitur. Vis autem eius ad aras & focos pertinet. itaque in ea Dea, quæ est rerum custos intimarum, omnis & precatio, & sacrificatio extrema est. Nec longe absunt ab hac vi Dij Penates, siue à penu ducto nomine, (est enim omne quo vescuntur homines, penus.) siue ab eo quod penitus insident, ex quo etiam Penetrales à poetis vocantur. Erant igitur Penates Dij familiares, quibus vinum & thus in sacris offerebatur penes quos nos nati essemus, qui superius commemorati esse putabantur. Alij tamen voluerunt Penates esse Apollinem & Neptunum, qui Troiana mœnia extruxere, & Vestam: qui eximia religione apud Samothraces sculpti colebantur. mox à Dardano in Phrygiam, & è Phrygia in Italiã ab Aenea fuerunt delati quam rem expressit Virg. lib. 2. vbi Hector Aeneæ Penates Deos ita cõmendat:

> Sacra, suosque tibi commendat Troia Penates.
> Hos cape fatorum comites, his mœnia quære:
> Magna pererrato statues quæ denique ponto.
> Sic ait: & manibus vittas, Vestamque potentem,
> Aeternumque effert adytis penetralibus ignem.

Hæc siquis recte consideret, nihil aliud esse Penates Deos existimabit, quam elementa ipsa, penes quæ nati sumus. Qui enim Apollinem & Neptunum Penates putarunt, nonne duo generationis principia Deorum nomine appellarunt, cum ex humore tanquam materia, & è calore tanquam artifice ad formam euocante, omnia nascantur? humor enim fœminæ, calor maris vice fungitur in rebus naturæ. His merito Vestam comitem addiderunt, tanquam condensandi corporis, quod gignitur, fundamentum. Quod idem sensisse videntur illi, qui corporis generationem elementis concedunt, vt animi vim de cœlo deducunt, vt illi superiores, qui Iouem, Iunonem, Mineruam, ac Vestam censuerunt. Finxerunt nonnulli adolescentes duos esse Penates, qui sedentes pilam vtrinque tenerent: qui quidem nihil aliud esse putabant, quam propriam singulorum fortunam atque euentus, cum penes nos nascerentur. Hos penates vocarunt & magnos Deos, & bonos, & potentes, quod penes illos vniuersam humanæ vitæ moderationem singulorumq; esse arbitrarentur. Horum Deorũ imagines quæ forent apud ciuitatum principes aut apud Reges, rerum vniuersarum ciuitatum tutelam credebantur habere: at quæ forent apud priuatos, priuatarum domorum: quippe cum omnia serie quadam fatorum gubernari & seruari crederentur: quam etiam Genium nominarunt, quare nunc dicamus de Genio.

De

De Genio. Cap. III.

ENimuero Genius Iouis & Terræ filius fuisse dicitur, vt asserit Pausanias in Achaicis. Hic sine fœminæ congressu è semine Iouis in terram per somnum profuso natus esse dicitur, figura quidem humana, sed ambiguo sexu, quem postea Agdisten appellarunt. Huic cum sacra fierent ab antiquis flores complures humi spargebantur, vinumque illi in pateris offerebatur, vt innuit Horatius in secundo Epistolarum:

Tellurem porco, Syluanum lacte piabunt,
Floribus & vino Genium memorem breuis æui.

Inter arbores fuit platanus dicata Genio: atque crediderunt singulos homines, statim atque nati fuissent, dæmones duos habere, alterum malum, alterum bonum, quorum nos sub tutela essemus, quos ambos Genios vocarunt, & putarunt nobiscum esse natos. Eius formam descripsit Pausanias in prioribus Eliacis, atque ait quo tempore vnus ex Vlysis socijs à Temessensibus cæsus fuit, illos iussos fuisse per assiduas patriæ calamitates vnam è virginibus, quæ esset formosissima vouere quotannis manibus eius socij Vlysis. cū vero Euthymus ille, qui septuagesimam quintam olympiadem pugillatu vicerat, eo accessisset, ac postulans in templum fuisset admissus, puellæ misericordia ductus, & eius amore præterea inflammatus, quæ sese illi nuptui concessum iri promiserat, si eius virtute liberata fuisset ac euasisset periculum: fertur sumptis armis cum Genio eius socij Vlysis cæsi, qui tunc illi apparuit, dimicasse. at Genius denique victus non solum extra mœnia Temessensium, sed etiam extra Temessensium agrum profugisse dicitur, tandemque se in mare demersisse. dicitur is fuisse colore vehementer atro, reliqua forma magnopere formidabili, ac pelle lupina, vt aiunt, apparebat amictus.

¶Dictus est autem Genius, vt placuit Latinis, à gignendo, vel quia nobiscum gignatur, vel quia illi procreandorum cura diuinitus commissa putaretur. Hic creditur nobisclam nunc suadens, nunc dissuadens vniuersam vitam nostram gubernare, esseque mentis & voluntatis nostræ prope moderator. Nam existimantur Genij dæmones rerum, quas voluerint nobis persuadere, spectra & imagines sibi tanquam in speculo imprimere, quod illis facillimum fit, in qua spectra cum anima nostra clam respexerit, illa sibi veniunt in mentem, quæ si ratione perpendantur, tum recta fit animi deliberatio. At siquis post habita ratione malorum spectrorum & visorum ductu feratur, ille in multos errores incurrat necesse est, si spectra fuerint præcipue à malignis dæmonibus oblata. Ita multi fiunt supra modum libidinosi, aut crudeles, aut auari, quæ omnia ad Genium referuntur. Inde factum est vt ita Socraticus crediderit Euclides, & Plato de Socratis dæmone consultore mentionem fecerit sæpius. Quod vero Genius dæmon fuerit, testatur Plutarchus, qui illum Bruto per noctem apparuisse scribit ita in eius vita: ὁ δὲ συλλογιζόμενός τι καὶ σκοπῶν πρὸς ἑαυτόν, ἔδοξεν αἰσθέσθαι τινὸς εἰσιόντος. ἀποβλέψας δὲ πρὸς τὴν εἴσοδον. ὁρᾷ δεινὴν καὶ ἀλλόκοτον ὄψιν ἐκφύλου σώματος καὶ φοβεροῦ σιωπῇ παρεστῶτος αὐτῷ. τολμήσας δὲ ἐρέσθαι, τίς ποτ' ὢν εἶπεν ἀνθρώπων ἢ θεῶν ἢ τί βουλόμενος ἥκεις ὡς ἡμᾶς, ὑποφθέγγεται δὲ αὐτῷ τὸ φάσμα ὁ σὸς ὦ Βροῦτε δαίμων κακός ὄψει δέ με περὶ Φιλίππους· καὶ ὁ Βροῦτος οὐ διαταραχθείς, ὄψομαι εἶπεν ἀφανισθέντος δ' αὐτοῦ τοὺς παῖδας ἐκάλει μήτε ἀκοῦσαι τινὰ φωνὴν μήτ' ἰδεῖν ὄψιν φασκόντων. Is igit, cū quoddā secū recogitaret, visus est sibi ingredientē quendā ad se perspexisse; quare oculis ad ingressum conuersis mōstrosam quādam & horrendā formā aspexit, quę silētio sibi postea astitit. Hāc interrogare ausus est Brutus, & qs inquit hominū es, aut Deorū? aut qd tibi vis? cur ad nos venisti? ad q̄ submurmurās illa forma tuus sum inqt ò Brute malus

Genius, me videbis postea in Philippis. Tum Brutus minime exterritus, videbo respondit. Cum vero is dæmon euanuisset, pueros ad se intro vocauit Brutus, qui nullam neque vocem se audiuisse, neque quidquam vidisse responderunt. Alij igitur crediderunt elementorum symmetriam, quæ corpora humana ac viuentia omnia cōseruaret, Genii nomine fuisse vocatam. Alij occultam vim planetarum, qua ad singulas res gerendas impellimur. Nā dæmones illi primum Geruli, deinde Genij vocati sunt. Neque vero homines solum Genios habere credebantur, sed etiam plantæ, & ædificia, & loca, vt in his ait Virgilius libro septimo:

Sic deinde effatus, florenti tempora ramo
Implicat: & Geniumque loci, primamque Deorum
Tellurem, Nymphasq; & adhuc ignota precatur
Flumina.

Sed quoniam symmetria elementorum mores pro sua bonitate in nobis imprimit, quod etiā putatur vis syderum efficere, illud inuito Genio facimus, quod ab alia externa necessitate, & non sponte facimus. Defraudamusque Genium, vel illi indulgemus, cum iucunda voluntati nostræ subtrahimus, vel cōcedimus. Dixerunt Genio frontem præcipue esse dicatam, quoniam illa pars plerunque indicio est an inuiti, vel sponte quid faciamus: & an læti simus, vel tristes. Ac de Genio satis, nunc dicamus de Laribus.

De Laribus. Cap. IIII.

AT Laribus diuersa à Penatibus & à Genijs origo fuisse traditur: nam fama est è furtiuo Mercurij Laræque Almonis filiæ concubitu Lares geminos fuisse genitos; quia cum Lara Iouis adulteria Iunoni indicasset, Iupiter iratus illi linguam præcidit, & ad infernam paludem relegauit, quam cum Iouis mandato eo deduceret Mercurius, in itinere compressit, ex quo nati creduntur ij dæmones, qui Lares sunt vocati. Id significauit Ouid. lib. secundo Fastorum in his:

Iupiter intumuit: quaque est non vsa modeste,
  Eripit huic linguam, Mercuriumque vocat.
Duc hanc ad manes, (locus ille silentibus aptus.)
  Nympha, sed infernæ Nympha paludis, erit.
Iussa Iouis fiunt, accepit lucus euntes.
  Dicitur illa duci tum placuisse Deo
Vim parat hic, vultu pro verbis illa precatur.
  Et frustra muto nititur ore loqui.
Fitque grauis, geminosque parit, qui compita seruant,
  Et vigilant nostra semper in æde Lares.

Hāc Larā, siue vt alij dixerūt, Larundā, nonnulli Maniā etiā appellarūt: cui vna cū Laribus compitalia ex oraculi respōso sacra fiebāt: atq; pueri apud Romanos pro familiarū salute immolabātur. Nā credita est Mania si qua pericula familijs imminerēt, ea depellere cū fuisset expiata. Sequētibus postea tēporib. apud eosdē Romanos alliorū papauerumq; capitib. pro pueris immutato ritu sacrificatū fuit. Credebātur ab antiquis hi dæmones curā habere cōpitorū & ciuitatū, vt patuit è superioribus carminibus Ouid. Erāt his dæmonibus canes præterea, veluti etiā Dianæ, dicati, quia cões familiarū custodes putabātur: quib. etiā focus erat cōsecratus, existimabāturq; tanq̄ penates domorū curā habere, quos et esse penates quidā crediderūt, quare effectū vt Laris noīe focū & vniuersā domū vocauerint. Alij agrorū custodes esse Lares censuerunt, vt ait Tibullus in j. lib. Elegiarū.

Vos

Vos quoque felicis quondam, nunc pauperis horti
Custodes, fertis munera vestra Lares.

Et quoniam Penates esse Lares putabantur, quæcunque de Penatibus dicta sunt, Laribus etiam conuenire sunt putanda. Erat prætereà consuetudo, vti Laribus vinũ & thuris odor offerretur, exornarenturq; varijs florum coronis: quibus dijs etiam aliquando offerebantur soluti flores & primitiæ frugum. Nunc autem de Pallade verba faciamus.

De Pallade. Cap. V.

EXistimo sanè nos rem minimè absurdam esse facturos, si post eorum Deorum explicationem, qui natos infantes excipere putabantur, Deos illos exposuerimus, qui pueros erudiendos iis artibus excipiebant, ad quas Genius ipse credebatur impellere: illius interim fabulosis ac ridiculis Diis Deabusque prętermissis, qui variis temporibus à vanis superstitionibus fuerunt introducti, vt Edulia, Potica, Cuba siue Cunina, & reliquis Diis huiuscemodi autoritatis. Et quoniam Pallas sapientiæ præfecta putabatur, quæ rebus omnibus magis humanæ vitæ est necessaria, eaque non inutilis Dea formandis credita est adolescentum ingeniis, de hac primum verba faciamus. Scriptum reliquit Pausanias in Atticis Mineruam Neptuni & Tritonidis Africæ paludis filiam fuisse, quæ Gygis temporibus floruit, de qua sic Herodotus in Melpomene: τὴν δὲ ἀθηναίην φασὶ ποσειδέωνος εἶναι θυγατέρα, καὶ τῆς τριτωνίδος λίμνης. Mineruam inquiunt Neptuni fuisse filiam & Tritonidis paludis: cui fabulæ faciũt fidem quod per eius natalem diem virgines certare inter se ludicris solebant apud eam paludem, natalem Mineruæ celebrantes. est enim eadem & Pallas. Fuerunt tamen qui è Iouis cerebro armatam Mineruam natam fuisse memoriæ prodiderint, vt scripsit Apollonius libro quarto Argonaut. in his;

ἡρῶσσαι λιβύης τιμήοροι, αἵ ποτ' ἀθήνην
ἦμος ὅτ' ἐκ πατρὸς κεφαλῆς θόρε παμφαίνουσα
Ἀντόμεναι τρίτωνος ἐφ' ὕδασι χυτλώσαντο.
Egregiæ Libyæ Heroinæ, Pallada quondam,
Cum patris è capite exiliit clarissima, paruam
Lauerunt Tritonis aqua, sordesque puellæ.

Atqui primus omnium Stesichorus Mineruam è Iouis capite natam fuisse dixit: quem secutus est Apollonius: & acerrimus derisor humanę dementiæ Lucianus in dialogis Deorum Iouem parturientem introducit, & Vulcanum cum acutissima & præualida securi, vt sibi caput diuidat, quod erat sibi pro castris: nam ex illo in duas partes diuiso armatam virginem erupisse inquit. neque Ioui, vt cæteris parturientibus, Lucina, aut obstetricum mulierculatum turba astabat, cum nata sit Minerua sine matre, qua de causa illi fuit septenarius numerus consecratus à Pythagoricis. Illud autem idcirco contigisse memorat, quia Iupiter, cum Iunonem sterilem esse videret, grauiterque ferret orbitatem, cerebrum sibi percussit, vt aliquem filium procrearet, vnde nata est Pallas. At Homerus libro quarto Iliadis non à Tritonide palude, sed ab oppido Beotiæ Alalcomenio Alalcomeniam nominauit, quòd apud se natam fuisse Mineruam dicerent Alalcomenij, vt ait Strabo libro nono, qui postea libro decimoquarto scriptum reliquit in insula Rhodiorum aurum pluisse cum Minerua è capite Iouis nata est. Apollodorus inquit lib. primo Biblyothecæ Persen, & Astrę̃u, & Palladem fuisse Crij & Eurybææ filios. Qui tamen videtur libro tertio diuersas Mineruã & Palladem credidisse, cũ ita scribat: φασὶ γεννηθεῖσαν τὴν ἀθηνᾶν, παρὰ τρίτωνι τρέφεσθαι, ᾧ θυγάτηρ ἦ παλλάς. ἀμφοτέρας δὲ ἀσκούσας τὰ κατὰ πόλεμον, εἰς φιλονεικίαν προσελθεῖν. Fama est natam Mineruam apud Tritonem educatam fuisse, cui filia erat Pallas: atque ambas cum res bellicas exercerent, in contentionem venisse: verum cum Pallas Mineruam esset vulneratura, Iouem veritum illi ægidem obiecisse. Tum territa Pallas respexit ad ægidem, quo tempore à Minerua vulnerata obijt: quod ægrè ferens Minerua eius effigiem effinxit, thoracique ac pectori suo ægidem, quam timuerat, iniunxit: quod Palladium postea sequẽtibus temporibus fuit ad Troianos delatum. Nam vt ait Apollodorus Pallas Tritonis filia fuit, at Minerua alumna. Alij dicunt, inter quos Athenodorus fuit Byzantius, Thetidem in varias formas versam deniq; compressam à Ioue fuisse: quæ cum esset grauida, audiens Iupiter fore vt ex ea nasceretur, qui cœli imperio potiretur, illam absorbuit: quare ipse grauidus factus apud amnem Tritonem peperit. At vero ridiculum videtur, quòd modo è Ioue, modo è Tritonide palude, modo è Cranao, vt sensit Zezes, nata sit. Verum illud accidit, quia plures fuerunt Mineruæ, de quibus ita Cicero in tertio de Natura Deorum: Minerua prima, quam apollinis matrem supra diximus. Secunda orta Nilo, quam Aegyptij Saitæ colunt. Tertia illa, quam Ioue generatam supra diximus. Quarta Ioue nata est Coriphe Oceani filia, quam Arcades Coriam nominant, & quadrigarum inuentricem ferunt. Quinta Pallantis: quæ patrem dicitur interemisse, virginitatem suam violare conantem: cui pinnarum talaria affingunt. Atqui harum Mineruarum omnium facinora ad vnam Iouis filiam tertiam referuntur, sicuti de Ioue & reliquis Dijs dictum fuit. Ferunt natam Mineruam à Dædale nutrice educatam fuisse, muliere sanè ingeniosa, & ad omnia præclara opera prompta, quæ illam in teneris annis omnibus artibus ingenuis erudijt, vt scriptum reliquit Posidonius in libro de Dijs & Heroibus. Callimachus in hymno in lauacra Palladis, non solum eãdem Palladem & Mineruam esse censuit, verum etiam ostendit quidquid Mineruæ collibuerit, idem Iouis nutu comprobari, in his:

> Ὣς φαμένα κατένευσε, τὸ δ' ἐντελὲς οὐκ ἐπινεύσῃ.
> Παλλὰς, ἐπεὶ μούνᾳ Ζεὺς τόγε θυγατέρων
> Δῶκεν ἀθηναίᾳ πατρώϊα πάντα φέρεσθαι.
> Annuit his dictis Pallas, quòdque annuit illa
> Perficitur. Natæ Iupiter hoc tribuit
> Ipse Mineruæ vni, quæ sunt patris omnia ferre.

Sic etiam Herodotus in Melpomene cum Mineruam Neptuni & Tritonidis paludis filiam nominasset, eãdem Iouis filiam ascititiam rursus vocauit, vt est in his: καί μιν μεμφθεῖσάν τι τῷ πατρὶ, δοῦναι ἑωυτὴν τῷ Διὶ τὸν δὲ Δία ἑωυτοῦ μιν ποιήσασθαι θυγατέρα. Atque illam quadam de causa succensuisse patri, seque ipsam Ioui tradidisse: Iouemqne suam ipsius asciuisse filiam, quare ita inquit Homerus:

> Διὸς θυγάτηρ κυδίστη τριτογένεια.
> Iouis filia gloriosa Tritonia.

Neque Homerus, aut reliqui poetæ illam Tritoniam appellarunt, quia sit è palude genita: quod quidem foret ridiculum, sed quia vel à Tritone educata sit, vel quia apud amnem eius nominis sit nata, cum ibi primum apparuerit, vbi circa Tritonidis oram gentes Machlyes & Auses habitasse dicebantur: quorum virgines in turmas diuisæ, se inuicem per Mineruæ solennia fustibus & lapidibus cedebant. Harum siqua acceptis vulneribus obijsset, illam dicebant non fuisse virginem, quæ vero constantissima omnium fuisset, pluraque ac maiora vulnera pertulisset, illa cum Græco armorum apparatu, cistaque Corinthia in curru circa paludem cum magno suarum virginum applausu & lætitia circumferebatur

batur domumque quam lætissima deducebatur, vt scripsit Herodotus in Melpomene. Alii Itonii potius filiam fuisse crediderunt, & in Deorum numerum relatam, quia bellicosissima extiterit, vt in his ait Isacius: τὸ θὲν αὐτὴν θεοποιῆσαι ἕλληνες, καθάπερ καὶ τὴν πολεμικωτάτην ἀθηνᾶν ἰτωνίου μὲν ὑπάρχουσαν θυγατέρα. Vnde ipsam in Deorum numerū Græci retulerunt, tanq̃ bellicosissimā Mineruā quę fuit Itonii filia. fuerunt qui Pallātis filiam fuisse dixerint, vt dictū fuit, atque Mineruam primum fuisse vocatam: deinde Palladem, quia Pallantem patrem suum alatum sibi vim inferre, ac virginitatem rapere conantem obtruncarit: cuius pellem in ægidem composuerit, alasque sibi talaribus adiunxerit, vt ait in his idem Isacius: ἢ πάλλαντα τὸν ἴδιον πατέρα πτερωτὸν ὑπάρχοντα, καὶ βιάζοντα ταύτην, ὡς θέλοντα συγγενέσθαι, ἢ τὴν παρθενίαν τιμῶσα τοῦτον ἀνεῖλε. καὶ τὸ δέρμα αὐτοῦ εἰς αἰγίδα περιεβάλλετο, καὶ τὰ πτερὰ τούτου τοῖς ποσὶ ταύτης προσηρμόσεν. Vel Pallantem patrem suum alatum, ipsamque violantem, vt; volentem cum illa concumbere, quæ virginitatem plurimi faciēs ipsum cecidit eiusque pellem vt ægidem gestabat, atque alas suis pedibus accommodauit. quare Illam Græci in Deorum numerum retulerunt, cum tam præclarum suæ constantiæ ac temperantiæ argumentum edidisset, & Iodamam præterea ipsam impedire conatam interemisset. quare de illa ita scriptum fuit à Simonide Cæo in secundo Genealogiarum:

ὑψηλῶν ὀρέων
Πηλιάδες κορυφῇσιν ἐθάμβεον εἰσορόωσαι,
ἔργον ἀθηναίης ἰτωνίδος. ἠδὲ καὶ αὐτοὺς
ἥρωας χείρεσσιν ἐπικραδάοντας ἐρετμά.
Peliades timuere videntes montibus altis
Palladis Itonidos factum, vel protinus ipsos
Spumosa heroas ferientes æquora remis.

Alii Palladem nominatam fuisse maluerunt, quia cum aduersus Gigantes pro Ioue pugnasset, vt ait Callim. In lauacra Palladis,

οὐδ' ὅκα δὴ λύθρῳ πεπαλαγμένα πάντα φέροισα
τεύχεα τῶν ἀδίκων ἦνθ' ἀπὸ γηγενέων.
Non armis quando permulta cęde cruentis
Venit ab iniustis horrida terrigenis.

Pallantem Gigantem iaculo interfecerit, vt ait idem Isacius. Alii vocatam fuisse Palladem putarunt, à iaculis mittēdis, cum bellicosa sit Dea. alii quia cor palpitans Dionysi ad Iouem detulerit. Nam Dionysus Iouis & Proserpinæ filius frustatim à Titanibus fuit discerptus, cuius cor attulit ad Iouem Minerua, vt traditum est in fabulis. Huic Deæ cum armata dicatur è capite Iouis exiliisse, mox arma & currum tribuerunt, vt testatur Horatius in primo carminum:

Iam galeam Pallas & ægida.
Currusque & rabiem parat.

Et in his carminibus Stesicorus.

Παλλάδα περσέπτολιν κλήζω, πολεμαδόκον, ἁγνὰν
Παῖδα Διὸς μεγάλου, δάμνοπλον.
Pallada bellorum studiis cantamus amicam.
E Ioue progenitam magno, quæ destruit vrbes.

Callimachus iam tum illi currum fuisse, cum pugnauit aduersus gigantes ait, & equos multo sanguine, multaq; cæde conspersos: quia pugnabant antiqui è falcatis curribus. Hi igitur equi fuerunt à Pallade è bello redeunte in vndis Oceani loti, vt est in his:

Ἀλλὰ πολὺ πράτιστον ὑφ' ἅρματος αὐχένας ἵππων

λυσαμένα παγαῖς ἐνέκλυσεν ὠκεανῶ.
Sed prius illa iugis fumantia soluit equorum
Colla, lauans alti fluctibus Oceani.

Mirificum fuisse huiusce Deæ clypeum, miroque artificio extructum inquiunt, cuius formam ita describit Virgilius libro octauo:

Aegidaque horrificam turbatæ Palladis arma,
Certatim, squamis serpentum, auroque polibant:
Connexosque angues, ipsamque in pectore Diuæ
Gorgona desecto vertentem lumina collo.

Nam vbi illud scutum concuteret, mirificum terrorem illis incutiebat: aut contra quos in bellum prodibat. Dictus est is clypeus, ideo Aegis, quod ita vocaretur ante scutum Iouis, quia è pelle capræ factum fuerat: nam postea obtinuit consuetudo vt omnium Deorum scuta ægides vocarentur, quippe cum Herculis scutum ægidem etiam vocauerit Hesiodus in descriptione ipsius scuti. Fuerunt qui dixerint Palladem fuisse belli inuentricem, quod testatur Cicero in tertio de natura Deorum hoc pacto: Liberum alterum patre Cœlo, qui genuisse Mineruam dicitur, quam principem & inuentricem belli ferunt: quam etiam Virgilius libro vndecimo præsidem belli nominauit:

Armipotens, belli preses Tritonia virgo.

Nam & Arion Methymnæus omnibus mortalibus prior Orthria carmina in Palladem composuit & cantauit, quorum is erat rhythmus, vt eo animi hominum mirum in modum ad bellum inflammarentur, quibus postea modulis vsi sunt in castris Methymnæi. Hæc Dea semper virgo fuisse creditur, vt Diana, & Vesta, quas omnes Homerus in hymno in Venerem commemorauit, Ac ita de Mineruæ officio, virginitate & inuentis:

τρισσὰς δ' οὐ δύναται πεπιθεῖν φρένας, οὐδ' ἀπατῆσαι.
κούρην τ' αἰγιόχοιο Διὸς γλαυκώπιδ' ἀθήνην.
οὐ γάρ οἱ εὔαδεν ἔργα πολυχρύσου ἀφροδίτης.
Ἀλλ' ἄρα οἱ πόλεμοί τε ἅδον, καὶ ἔργον ἄρηος.
ὑσμῖναί τε, μάχαι τε, καὶ ἀγλαὰ ἔργ' ἀλεγύνειν.
Πρώτη τέκτονας ἄνδρας ἐπιχθονίους ἐδίδαξε.
Ποιῆσαι σάτιρα, καὶ ἅρματα ποικίλα χαλκῷ.
ἡ δέ τε παρθενικὰς ἁπαλόχροας ἐν μεγάροισιν
Ἀγλαὰ ἔργ' ἐδίδαξεν, ἐπὶ φρεσὶ θεῖσα ἑκάστῃ.
Sed tribus haud potuit suadere, aut fallere mentes,
E Ioue prognatæ, cui lumina glauca, Mineruæ.
Aurea non illi Veneris sunt munera cordi.
Prælia sed placuere, feri ad munera Martis:
Sed cædes, sed bella, sed & certamina, pugnæ.
Prima viros docuit currus: orbesque rotarum
Supposuisse: ligent quas partes robora ferri.
Virginibusque eadem monstrauit prima domi quæ
Munera conueniant, animisque impressa notauit.

Hæc prima ædificandi viam inuenisse dicitur, vt testatur Lucianus in Hermotimo: φησὶ γὰρ ὁ μῦθος, ἐρίσαι ἀθηνᾶν καὶ ποσειδῶνα καὶ ἥφαιστον εὐτεχνίας πέρι, καὶ τὸν μὲν ποσειδῶ ταῦρόν τινα ἀναπλάσαι, τὴν ἀθηνᾶν δὲ οἰκίαν ἐπινοῆσαι. Inquit enim fabula Palladem Neptunum ac Vulcanum de artificio contendisse: atque Neptunum taurum fabricasse, Palladem excogitasse domum, eiusdem inuétum est colus, vt ait Teocritus Aegloga tregesimaquarta, & Virgilius libro septimo

non illa colo, calathisue Mineruæ

Fœmineas assueta manus.

Hæc eadem tibiarum vsum & musicam excogitauit, hæc acu pingere, telam texere, omne lanificium, leges, cassicaque adinuenit, quorum inuentorum mētionem fecit Ouidius libro sexto Mutationum, & ita libro tertio Fastorum:

> Pallade placata lanam mollire puellæ
> Discant: & plenas exonerare colos.
> Illa etiam stantes radio percurrere telas
> Erudit: & rarum pectine densat opus.
> Hanc cole qui maculas læsis de vestibus aufers,
> Hanc cole velleribus quisquis ahena paras.
> Nec quisquam inuita faciet bene vincula plantæ
> Pallade: sit Tychio doctior ille licet.

Cultum præterea & plantationem oleæ inuenit, & fructus expressionem, cum planta quidem ante nasceretur, sed ignota inter cęteras arbores. nam vt testatur Herodotus in Terpsichore, quibusdam temporib. apud neminem, nisi apud Athenienses oliua inueniebatur. Atque cum Epidaurij ex oraculo Apollinis Delphici statuas erigere Damiæ & Auxisiæ iuberentur, percunctati sunt æreas ne an lapideas erigerent. Cum respondisset Pythia ex oliua domestica, ad Athenienses cōfugerunt. ἐδέοντο ὦν οἱ ἐπιδαύριοι ἀθηναίους ἐλαίην σφι δοῦναι ταμέσθαι· ἱρωτάτας δὴ κείνας νομίζοντες εἶναι. λέγεται δὲ ὡς ἐλαῖαι ἦσαν ἄλλοθι γῆς οὐδαμοῦ κατ' ἐκεῖνον τὸν χρόνον, ἢ ἀθήνῃσι. Rogarunt igitur Athenienses Epidaurij, vt sibi oliuam cędere permitterent, cum maxime sacras illas arbitrarētur. Ferunt enim quod per id tempus nullibi, nisi apud Athenienses, erant oliuæ, quare etiam annua sacrificia mittere Athenas pro cęsis oliuis Epidaurij pepigerunt. Cum vero oliuæ fructus ad omnes artes sit accōmodatus, oleum. s. oēs deniq; artes Minerua inuenisse creditur. Nam profectò nulla est ferè ars, quæ non olei beneficio vtatur, aut aliqua ex parte adiuuetur; sicuti etiam ignis munere: quare non iniuria sensit Aeschylus, vt antiquorum scriptorum plerique, Prometheum omnes artes excogitasse, quòd ignem de cœlo ad mortales detulit, vt suo loco apertius à nobis & opportunius explicabitur, cum pertractabimus illa, quæ fabulose dicta sunt à maioribus de ipso Prometheo.

Fama est adeo virginitatis fuisse studiosam Mineruam, vt cum forte se lauans in fonte Heliconidis Hippocrenes cōspecta fuisset à Tiresia, illum cęcum fecerit, quī periniquū sibi videbatur, ꝙ mortalis aliquis gloriari posset se nudam lauantemq; Mineruam vidisse. veruntñ Chariclo Tiresię mater ab eadem postea impetrauit, vt pro lumine corporis, mentis splendorem & artem diuinandi ab ipsa Minerua Tiresias obtineret, vt patet ex hymno Challimachi in lauacra Palladis. Quare illud nō satis considerate dictū est à poetis, ꝙ Paris nudam Palladem cum reliquis Deabus iudicarit. Nec defuerunt qui illam propè violatā fuisse inquiant à Vulcano, cum ad illum accessit petens, vt sibi arma fabricaret, vt scribit Apollodorus libro tertio. Nam Vulcanū absente Venere cōstuprādæ Mineruæ cupido incessit, quæ cum reluctaretur, neque virum vllo modo pati vellet, fertur Vulcanus semen in eius femur denique effudisse, quod ab ea lana detersum & in terram deiectum fuit, è quo natus est Erichthonius, qui & contētionis & terræ nomen cōtinet, qui Pandrasi Cecropis filiabus in cista seruādus traditus fuit: quæ postea in furorem actæ, quia contra Deæ mandatū cistam aperuissent, se ex arce summa præcipitarunt: vel vt aliis magis placuit, à serpēte in cista cū Erichthonio latēte fuerūt interemptæ. Neque pretermittēda esse illa sanè hoc loco cēluerim, quæ mirifica de vi Palladij ab antiquis scriptorib. memoriæ prodita fuerūt: appellata sunt Palladia, vt dicere solebat Pherecydes, oēs imagines, quæ manib. nō

essent

essent factæ, & omnes quæ forent è cœlo in terram deiectæ, cuiusmodi fuisse dicitur illud Mineruæ celeberrimum Palladium. Id enim fuisse trium cubitorum fertur, & è cœlo in Pesinuntem Phrygiæ ciuitatem, quæ ab eo casu nomen obtinuit, vt Dio putauit & Diodorus, delapsum. Quanquam non defuerunt historici qui ab alio casu circa Ganymedem raptum, cum multi ibi in bello cecidissent, quo tempore Ilus frater Ganymedis aduersus Tantalum, quem rapuisse Ganymedem putabat, dimicaret. ita vocatum fuisse crediderint. Ioannes Antiocheus Palladium illud non quidem de cœlo cecidisse scribit, sed ab Asio quodam philosopho, ad cuius gratiam vocata sit Asia mundi pars, ac mathematico per optimum horoscopum fabrefactum: ita vt illa ciuitas esset inexpugnabilis, in qua illud Palladium inuiolatum seruaretur: quod etiam largitus est Troianis. At Apollodorus scriptum reliquit libro tertio, quod vbi Ilus Ilium condidit discolorem bouem secutus, Deos precatus est, vt aliquod sibi signum appareret, atque tunc decidit Palladium trium cubitorum, quod sponte ambulare videbatur dextra hastam tenens, ac sinistra manu colum & fusum: Huic Ilo postea responsum fuit ab oraculo tamdiu ciuitatem Troiæ incolumem futuram, quamdiu inuiolatum illud Palladium in vrbe seruaretur. Quidam addiderunt difficultatibus capiendæ Troiæ sagittas Herculis, quæ dono datæ fuerant Philoctetæ, cui moriens Hercules in Octa monte inter Thessaliam & Macedoniam mandauit ne cui corporis sui reliquias indicaret, atque illud factum iuramento affirmari voluit, cum donauit illi sagittas. Sed cum post modo Delphicum oraculum Græcos monuisset Troiam sine sagittis Herculis capi non posse, aut sine reliquijs corporis, inuentus est Philoctetes, & de Hercule interrogatus negauit se quidquam scire. Sed cũ maxime cogeretur, ne iusiurandum violaret, tacuit quidem, sed pede locum ostẽdit Fuerunt tamen nonnulli, qui non semper virginem fuisse Mineruam crediderint, quippe cum Pausanias in Atticis Hygiam Mineruæ & Aesculapii filiam fuisse scribat. Atque Minerua ipsa Hygia siue salubris cognomento fuit appellata. Sic & Laphria & Mamersa apud Athenienses, vt meminit Lycophron in his:

οἱ δ' ἐ λαφρίας
οἴκοι μαμέρσας ἠθαλωμένοι φλογί:

atque Laphriæ
Domus Mamersæ exusta flammis horridis.

Vocata est fortasse Laphria, quoniam spolia, quæ de captiuis hostibus reportantur, Laphyra dicuntur & rursus Pylætis, quoniam pingebatur ab antiquis in portis ciuitatum, quam etiam in priuatarum domorum foribus collocabant, tanquam Martem in suburbanis. Hanc nominauit Budiam & Aathyiam Lycophrõ, quia arantes & nauigantes protegere & seruare putabatur. Dicta est & Iconia à ciuitate Bœotiæ, vt ait Apollonij enarrator. Fuit eadem Ismenia & Aeeæa apud Thebanos, vel vt putarunt alij Alalcomenia & Cadmea culta est & Tritoria, & Telchinia, & Polias, & Machinatrix, Pronea, Zosteria, Panadæis, Halea, Ergana, Cydonia, Coria Hippoletis, Pania, Tithrone, Sospita, Ergtae, Ophthalamis, Alea, Axiopœna, Narcæa Cissæa, Promachorma, Saitis, Poliuchus, Chalciæcus, Equestris Apaturia, Cyparissia, Pugnatrix, Ambulia, Hospitalis, Perspicax, Pœonia, Scirias, Stenias, atque multa denique fuerunt illi varijs de causis iniuncta cognomina. Celebrabantur Lampadophoria in huius honorem Deæ, vt alibi dicemus, cui taurus candidus aliquando, aut indomita iuuenca immolari consueuit ab antiquis, vt testatur Ouidius libro quarto Metamorphoseon.

Dijs tribus ille focos totidem de cespite ponit,
Læuum Mercurio, dextrum tibi bellica virgo,
Ara Iouis media est, mactatur vacca Mineruæ,

Alipe-

Alipedi vitulus, taurus tibi summe Deorum :

Atque tot de iis, quæ fabulosè dicta fuerunt de Minerua, dicta sufficiant:

¶ Nunc reliquum est, vt quid per hæc fabulosa significare voluerint antiqui, perquiramus. Quid aliud significat Palladem fuisse Neptuni & Tritonidis paludis filiam, quam sapientiam ex illis perturbationibus nasci, quas homines in vita & in mari præcipue experiuntur? aut quis nesciat vitam nostram multis calamitatibus assidue, quasi Neptuni tempestatibus, exagitari? nam qui maris est ignarus, vt ego quidem censeo, malorum est ignarus. Ex importunis igitur vitę perturbationibus, & è cæno tenebrarum mentis & inscitiæ nascitur sapientia: quæ quoniam res est diuina & Dei munus, dicitur à nonnullis merito Minerua è Iouis capite fuisse nata, quando memorię & sapientiæ sedes est caput, in quo diuinum est & incredibile Dei & naturæ opificium. Dicta est rursus Iouis filia, quia sapientia & peritia nascitur regibus ex assidua exercitatione ac uarietate negotiorum. Nata est armata, quod nunquam inermis est animus sapientis ad euētus fortunæ vel consilio, vel patientia superandos. Hanc Deam populatricem ciuitatum appellarunt, quia plurimum possit sapientia & consilium in rebus bellicis ad euertendam consceleratorum improbitatem, cum graue sit sapientē hominē hostē habere. nam & Homerus non Aiacem aut Achillē populatores vrbiū appellauit ob ferocitatem, sed Vlyssem ob sapientiam. Hęc nata esse dicitur sine matre, quia perrara est in fœminis sapientia. Nec me latet sane illam dictam fuisse ab Aegyptijs sibi perpetuā virginitatem indixisse, quia præstiterit temperantia, quæ cum esset ingeniosa, multas artes inuenit, & in primis studiosa fuit rei bellicę cum robore & fortitudine præstaret. confecit & alias res memorabiles & Aegida feram vocatam monstrum propè inexpugnabile obtruncauit. illud cum è terra genitum esset immensam flammam ex ore proflabat, primumq; apparuit in Phrygia, quam combussit, vnde Phrygia diutissimè vocata fuit vsta. Inde accessit ad loca monti Tauro proxima, omnesque syluas ad Indiam vsque in cineres conuertit. Atque cum ad mare descendisset apud Phœnicas, concremauit syluas ad montem Libanum, per Aegyptumque in Libyam penetrauit, ac demū in nemora Ceraunia, qua regione concremata hominibusque vel extinctis vel fugatis è patria ob metum, Palladem inquiunt prudentia & robore præstantem monstrum interemisse, eiusque pellem suo pectori gestamen adaptasse, partim ad propulsanda pericula, partim etiam vt gloriosum monumentum rerum gestarum. At terra mater monstri dicitur irata peperisse gigantes Dijs aduersarios, quos Iupiter adiuuantibus Pallade & Dionyso vna cum Dijs alijs debellauit. Vocata fuit Tritonia, vt sensit Callisthenes, quia tertio die lunæ nata fuerit, cuiusce rei facit argumentum, quia apud Athenienses is dies consecratus est Palladi. Ab hoc magnopere dissentiūt qui Trito caput dici apud gētes Ponticas existimarunt, cum cranium in tres partes findatur. alii lunam ita dici crediderunt, quia tertio die à coniunctione apparere soleat: quamuis eodem die aliquando nonnullis causis cumulatis & vetus & noua prodeat. Nec defuerunt qui animā esse arbitrarentur, quæ sic vocetur, cuius tres sunt vires ratiocinandi, cupiendique, & qua ira concitetur. Alij aera esse maluerunt, qui tribus temporibus maxime immutatur & generatur, vere, æstate, hyeme: cum annus fuerit in hæc tria tempora diuisus. Hanc marem & fœminam esse inquit Orpheus in hymnis : Ἄρσην μὲν, καὶ θῆλυς ἔφυς. fœmina, masque eadem es. quoniam sapientis est & cedere tempori, & vti opportunitatibus. Præclare sanè fictum est ab antiquis Iouē suas vires vni Mineruæ impertiuisse, quia Deus maxime amat sapientem virum neque vlla esse potest sapientia, quæ à Deo dissideat: quæ eadem causa est, cur fuerit à Ioue pro filia ascita. Aegyptij hanc Iouis fuisse filiam & semper virginē

tradi-

tradiderunt, cum aer sit natura incorruptibilis, supremumque locum habeat, vnde è capite Iouis nata dicitur. at Tritonidem quia ter mutat naturam quotānis æstate, vere hyeme. Demonstrauit hæc præterea in bello giganteo oēm vim humanam, quæ aduersus Deum insurgeret: omnem temeritatem, omnemque arrogantiam esse vanam, cū nonnullos ex iis nullo propè negotio trucidarit. Sed quoniam in bellis gerendis præcipuè necessaria est sapientia, hæc bellis præfecta est, cui scutum perlucidum, & multis anguibus circūtectum tribuitur. At enim quæ natura est anguium? vt acutissime cernant, vnde etiam nomen à Græcis obtinuerunt. Nam nisi vigilantia & prudentia rebus vel longe prospiciendis Imperatorem castrorum decorauerit, quis non videat sæpius hostium insidias aut impetus repentinos a castris arceri non posse? quibus omnibus periculis castrorum & ciuitatum prospicit rerum omnium moderatrix & Deo amica sapientia. Eius scutum quod præseferret, clarissimum & crystalinum effingitur: quoniam sapientis veritatem, & omnem vitæ rationem omnibus conspicuam esse, maximum est aduersus fortunæ iniurias propugnaculum, & in aduersis rebus consolatio. Huic Deæ noctuam sacram auem esse voluerunt, quia vbique videat sapiētia, & illa etiam diiudicet, quæ cęteris obscura videantur: cui gratus est draco eadem de causa. at cornicem ob garrulitatem auersatur. Datur illi crista & galea: quia non solis viribus vti conueniat, sed etiam vrbanitate & moderatione quadam in rebus omnibus cum ornamento. Cuspis vero tribuitur propter necessarium acumen ingenii: nam qui crasso ingenio est ab ipsa natura præditus, neque munus Dei clarissimum acceperit iudicium, hunc vel decem Mineruæ expolire nunquam poterunt. Insidebat casidi huiusce Deæ gallus gallinaceus, vt ait Pauf. in prioribus Eliacis, quia pugnax sit id animal, vel potius, vt ego arbitror quia præscia sit futurorum temporum illa auis & vigilantissima. Hæc amica Musarum & semper virgo existimata est, quoniam voluptates omnes grauissimæ sunt sapientiæ aduersariæ, ac Venus præcipue, quæ memoriam, bonitatemque ingenii maxime debilitat. Neque aduersus hanc insurgere quisquam audet, cum faciem horrendam Gorgonis gestaret in pectore, quæ viperas habebat pro capillis, quoniam maxime formidabilis est sceleratis hominibus vir sapiens, & vigilans, & moderatus, & in rebus agendis prouidus. Hanc vnam ex omnibus Diis proximum Ioui locum tenere putarunt poetæ, quare ita scribit Horatius:

Proximos illi tamen occupauit
Pallas honores.

Est enim vir sapiens Deo similis tum ob rerum humanarum contemptum, quas longo interuallo sub se relinquit, tum etiam ob potentiam, & in negotiis transigendis felicitatem. Tanta est enim ipsius sapientiæ præstantia & splendor, vt Pallas artes propè vniuersas exogitasse dicatur. Hæc oleam inuenisse etiam dicitur quoniam disciplinæ & præstantes omnes artifices oleo & lucubrationibus egeāt. Tiresiam idcirco cæcum fecisse dicitur, quod ipsam nudam vidisset, quia qui dulcissimum sapientiæ fructum gustauerit, aut lumen eius perceperit, ad res cæteras cæcus lubens efficitur: vel, vt alii maluerunt, quia cum diuinam sapiētiam inspicimus, nos cæcos esse & nihil scire omnino cognoscimus. At si postea diuina ope adiuuante res inspiciamus, tunc quod demptum fuerat corpori, mentis, oculorum, & animi incredibile acumen recuperamus, resque futuras sapienter prædicimus. Neque videntur rem altius considerasse, qui Paridem nudas inquiunt has Deas iudicasse Venerem, Iunonem Palladem: quia si diuinæ sapientiæ suauitatem semel percepisset, eamque paulo diligentius fuisset intuitus, omnes voluptates corporis nedum immundæ libidinis, omnemque humanam potentiam pedibus conculcasset. Nam illas indutas iudicauit, cum nō bene cognouisset,

uisset,

uisset & donis potius, quam conscientia commotus. Credita est portis ciuitatum, priuatarumque domorum præfecta, vt ait Aeschylus in Eumenidibus:

καὶ κλῇδας δωμάτων μόνη θεῶν

Claues domorum sola Dijs ex omnibus Seruo.

Quia sapientia omnibus & ciuitatibus, & priuatis domibus moderatur: cum illa sola ciuitas, vel domus diu incolumis esse posit, quæ Mineruæ legibus obtemperarit, modestiæ scilicet & parsimoniæ, & temperantiæ: cum Martis opus sit pernoctare extra ciuitatem, vrbesque ab hostibus defendere. Nam domi leges, & consilium in rebus deliberandis, foris industria & robore opus est, non segniter iis quæ deliberata sunt & cito peragendis. Erit igitur tandiu ciuitas incolumis & inexpugnabilis ab hostibus, quandiu inuiolatum in ea Palladium seruabitur. Quid hoc significabat Dij boni? an adeo stupidi sunt homines, vt nesciant neque lapideam, neque ligneam, neque æream statuam per hæc recte significari? an credendum est statuarios esse in cœlo, è quorum officinis, vt primum absolutæ sunt statuæ, ad nos aufugiant? quid hoc est monstri Dij boni. Quis non intelligat mirificam quandam sapientiam sub hac fabula occultari? Nam ciuitas illa, in qua religio, ac Deorum metus paruifiat, in qua sapientia desit in rebus publicis administrandis, in qua iustitia nulla sit, in qua non viri boni, sed opulenti & gratiosi summæ rerum præficiantur, diutius consistere non potest. Ast vbi sapienter omnia gubernantur, neque vlli impune fit iniuria, tunc inuiolatum persistit Palladium, neque vlla vis est humana, quæ ciuitatem illam vel posit vel cupiat euertere. Ilud videtur significasse Aeschylus in Persis in eo carmine;

θεοὶ πόλιν σώζουσι παλλάδος θεᾶς.

Vrbem Dei Deę tuentur Palladis.

Quod si Paris vel res alienas per iniuriam non attigisset, vel si Priamus male ablatas reddidisset, & eandem rationem secuti fuissent posteri, nunc etiam staret amplissimum Troianorum Imperium. Dicitur Palladium è cœlo delapsum, quia res diuina sit sapiētia, cuius initiū est timor Dei atq; omnis humana sapientia originem habet à Deo, quare Palladium de cœlo cecidit. Hæc necessaria est terram colentibus, hæc nauigantibus, hæc artes exercentibus, cum omnia sapientiæ pareant: quod ea Mineruæ cognomina significarunt. Non defuerunt tamen, qui Mineruam esse crediderunt vim, Solis, quæ mentibus humanis sapientiam infundat, cui multos angues tribuerunt ob flexum solis cursum in signifero circulo. Splendorem clypei clarissimam solis naturam putarunt. Gorgonis caput in pectore gestabat, quia nemo contra solis claritatem aut contra sapientiā aciem oculorum intendere impune potest. Hæc nata est è Iouis capite, è summa scilicet ætheris parte, quæ purissima est, paresque sibi vires Iupiter impertiuit, quoniam post Deum ipsum omnium agentium in res humanas vis solis potentissima est, quæ facit vt aliæ res intereant, aliæ oriantur, semperque nouetur præsentium rerum vicissitudo. Atq; de Pallade satis, nunc de Prometheo dicamus:

De Prometheo. *Cap.* VI.

ATqui Prometheum multarum artium inuentorem omnes consentiunt Iapeti fuisse filium, sed de matre magna est controuersia, siquidem, vt aliis placuit, Asiæ Nymphæ filius fuit: alij ex Asope, alii ex Themide natum esse putarunt. Hesiodus in Theogonia Clymenes & Iapeti filium fuisse scribit in his:

κούρην δ' ἰαπετὸς καλλίσφυρον ὠκεανίνην

ἠγάγετο κλυμένην, καὶ ὁμὸν λέχος εἰσανέβαινεν.

ἡ δέ οἱ ἄτλαντα κρατερόφρονα γείνατο παῖδα.
τίκτε δ' ὑπερκύδαντα μενοίτιον ἠδὲ προμηθέα.
Ποικίλον αἰολόμητιν ἁμαρτινοόν τ' ἐπιμηθέα.
Iapetus Clymenen cuius de hinc Oceaninen
Perpulchram, simul hique thorum pressere iugalem.
Mox Atlanta parit prudentem, deinde Menæti
Te genuit, pariterque Prometheu callida cui mens.
Hinc Epimetheus exoritur, quem fallere promptum est.

Fuit autem Iapetus vnus è Titanibus, qui aduersus Iouem arma sumpserunt, qui ante bellum giganteum filiam habuit Anchialen, à qua nominata est vrbs Ciliciæ, de quo ita Virg. in primo Georg.

cum partu terra nefando
Cæumque, Iapetumque creat, sæuumque Typhæa.

Quare cum herbas, quas colligebat Medea, recenseret Apollonius, & inter illas quandam, cuius vires prior obseruarat Prometheus, vel vt alii maluerũt, rem fabulosè explicantes, ex ipso Prometheo natam nominaret, illam Titanidem vocauit ita in lib. tertio:

μυκηθμῷ δ' ὑπένερθεν ἐρεμνὴ σείετο γαῖα,
ῥίζης τεμνομένης τιτηνίδος. ἔστενε δ' αὐτὸς
Ἰαπετοῖο πάϊς ὀδύνῃ πέρι θυμὸν ἀλύων.
Terribili tremuit mugitu terra sub ipsa
Radice incisa Titanide. at ipse dolore
Filia Iapeti gemuit, tenuitq; querelas.

Hic habuit vxorem Asiam, vt inquit Herodo. in Melpomene, & præterea Hesionem, & Axiotheam, vt Isacius meminit. Habuit sororem Ephyram, fratrem Epimetheum, Buphagum, Menætium, Atlantem, & alios complures: nam ad triginta fratres fuisse dicuntur. filium habuit Deucalionem, de quo ita Apollon. lib. 3.

ἔνθα προμηθεὺς
Ἰαπετιονίδης ἀγαθὸν τέκε δευκαλίωνα.
ὃς πρῶτος ποίησε πόλεις, καὶ ἐδείματο νηοὺς
Ἀθανάτοις.
Hic ipse Prometheus
Filius Iapeti genuit mox Deucalionem
Primus templa Deis, primus qui condidit vrbes:

Habuit filium præterea Lycum & Chimareum è Celeno, Hellenem è Pyrrha, à quo dicti sunt Græci. Suscepit ex alia nympha etiam Theben, quæ nomen dedit Thebanę vrbi, sicut eius soror Aegina Aeginæ. Hic fertur homines primum è luto finxisse, & vniuersi generis hominum fuisse parẽs, vel potius artifex, quod ita testatur Ouid. in libro primo maioris operis:

Siue recens tellus, seductaq; nuper ab alto
Aethere cognati retinebat semina cœli.
Quam satus Iapeto mistam fluuialibus vndis
Finxit in effigiem moderantum cuncta Deorum.

Et Antipater in hisce carminibus:

Α῾ δάμαλις δοκέω μυκήσεται, ἦ ῥα προμηθεὺς
οὐχὶ μόνος, πλάττεις ἔμπνοα καὶ σὺ μύρων.
Mugiet ipsa puto bos olim. haud ergo Prometheus
Effinxit solus viua, sed inde Myro.

Nam fama est Prometheum cum hominem fingeret portiones captas è singulis elementis suo operi admiscuisse, atque pro ipsorũ elementorũ tẽperamentis non

solum

solum vires singulis corporibus addidisse, sed etiam motus animorum & mores. Qui vero etiam magis fabulosè rem aggressi sunt explicare, dixerunt timorem leporis, astutiam vulpis, pauonis ambitionem, tigridum feritatem, leonum iracundiam & magitudinem animi fuisse hominibus ab ipso Prometheo iniunctas: quod Ita significauit Hora. in primo Carminum:

Fertur Prometheus addere principi
Limo coactus particulam vndique
Delectam: & insani leonis
Vim stomacho apposuisse nostro.

Nam memoriæ prodidit in Phocaicis Pausanias non procul à Panopæsibus apud torrentem quendam saxa fuisse ingentia, reliquias creditas eius luti, è quo Prometheus vniuersum genus hominum finxit. Hunc poetica quadam cum suauitate reprehendit Propertius in lib. 3. quia cum plurimum operæ in corpore hominum rectè formando consumpsisset, mentem neglexerit, in qua scitè & optimè formanda totum studium erat adhibendum: sic enim inquit:

O prima infelix fingenti terra Prometheo
Ille parum cauti pectoris egit opus:
Corpora disponens, mentem non vidit in arte.
Recta animi primum debuit esse via.

Dicitur Prometheus aliquando duos tauros Ioui immolasse, atque eorum carnes ab ossibus diuisisse: tum in alteram pellium carnes, in alteram ossa inclusisse, deinde Ioui dedisse optionem vtrum mallet taurum eligendi. Iupiter capta optione cum dolos eius viri grauiter ferret, vt iustam opportunitatem vltionis nactus videretur, ossa elegit, atque illa fraude iratus ignem mortalibus eripuit, vt testatur his verbis Hesiodus in Theogonia:

τῷ μὲν γὰρ σάρκας τε καὶ ἔγκατα πίονι δημῷ
Ἐν ῥινῷ κατέθηκε καλύψας γαστρὶ βοείῃ.
τῷ δ' αὖτ' ὀστέα λευκὰ βοὸς δολίῃ ἐπὶ τέχνῃ
Ἐυθετίσας, κατέθηκε καλύψας ἀργέτι δημῷ.
Δὴ τότε μιν προσέειπε πατὴρ ἀνδρῶν τε θεῶν τε.
Ἰαπετονίδη πάντων ἀριδείκετ' ἀνάκτων
ὦ πέπον, ὡς ἑτεροζήλως διεδάσαο μοίρας.
Pelle sub hac bubula carnes, & pinguia cuncta
Viscera composuit, rectèque ligauit in vnam.
Altera repleta est, quę condidit arte dolosa,
Ossibus, ijsque adipis tectis candore superne.
Talia deinde refert hominum pater, atque Deorum:
Iapetoniade cunctorum maxime Regum
Stulte, quid has partes componis ita arte dolosa?

Cum vero iratus Iupiter illa de causa ignem hominibus rapuisset, fertur Prometheus Mineruæ auxilio ascendisse in cœlum, ibique ferula ad currum solis admota ignem rursus in terras detulisse, quod inquit Horatius in primo carminũ,

Audax Iapeti genus
Ignem fraude mala gentibus intulit.
Post ignem ætheria domo
Subductum.

Id cum resciuisset Iupiter Vulcano imperauit vt fœminam è luto componeret, quæ cũ astutissima esset & omnibus artibus à Dijs donata, vocata fuit Pandora. Neq; ante illã extitisse fœmineũ sexum crediderunt, vt testatur Pausanias in Atticis. Hanc fabulantur missam fuisse à Ioue ad Prometheum cũ omnibus malis

in

in vasculo inclusis, q munus cū spreuisset Prometheus, illa ad Epimetheum contendit, qui dempto vasculi operculo omnia mala euolare sentiens, vix vltimam, & in imo residentem spem occlusit, cum qua vas illud seruauit. Cum vero Prometheus Iouis munus reiecisset quod insidias formidaret, dicitur à Mercurio Iouis iussu ad Caucasum montem adductus, & in spelunca, quæ erat apud Paropamisadas vinctus, vt testatur Strabo libro decimoquinto ne tantum furtum videretur impune contra Iouis voluntatem commisisse. dicunt præterea huic additā fuisse aquilam, Typhonis filiam vt ait libro secundo historiarum Pherecydes, & Echidnæ Phorbantis, quæ iecur illius assiduè renascens laniaret ac deglutiret, vt ait Apollonius libro secundo:

καὶ δὴ καυκασίων ὀρέων ἀνέτελλον ἐρίπναι
ἠλίβατοι, τόθι γυῖα περὶ στυφελοῖσι πάγοισιν
ἰλλόμενος χαλκείῃσιν ἀλυκτοπέδῃσι προμηθεὺς
Αἰετὸν ἥπατι φέρβε παλιμπετὲς ἀΐσσοντα.
Exoriebantur rupes, & grandia montis
Culmina Caucasij, vinclis vbi membra Prometheus
Fræduris, ferroque miser iacet ipse ligatus.
Sæpius atque aquilam redeuntem pectore pascit.

Erat enim columnæ alligatus, neque vllo pacto se mouere poterat: cui quantum iocinoris per diem ab aquila consumebatur, tantundem per noctem excrescebat ne vnquam doloris materia deficeret, vt ait Hesiodus in Theogonia:

Δῆσε δ᾽ ἀλυκτοπέδῃσι προμηθέα ποικιλόβουλον
Δεσμοῖς ἀργαλέοισι μέσον διὰ κίον᾽ ἐλάσσας.
καί οἱ ἐπ᾽ αἰετὸν ὦρσε τανύπτερον, αὐτὰρ ὅγ᾽ ἧπαρ
ἤσθιεν ἀθάνατον, τὸ δ᾽ ἀέξετο ἶσον ἁπάντῃ
νυκτὸς, ὅσον πρόπαν ἦμαρ ἔδοι τανυσίπτερος ὄρνις.
Implicati Indomitis, nectitque Promethea vinclis:
Astrictumque columna tenet medium, fera semper
Pascitur immortale iecur Iouis ales: at illud
Deficit haud vnquam: nam quantum luce volucris
Carpserit, huic misero tantum nox vda reponit.

Duris autem Samius scriptum reliquit non ob ignem raptum, sed quia Palladem amauerit Prometheum coniectum fuisse in vincula, & ita excruciatum: cuiusce rei facit argumentum, quia ad montem Caucasum habitantes populi soli Ioui & Mineruæ non sacrificabant, vt illius supplicij autoribus, cum eximie colerent Herculem, qui Prometheum è vinculis liberasset. Fabulam quandam attigit Nicander in Theriacis, quæ apud antiquos circumferebatur, quòd ingrati homines, ad quos ignem Prometheus detulerat, furtum Promethei Ioui indicarūt, pro qua accusatione præmium perpetuam iuuentutem à Ioue impetrarunt. Hanc igitur cum suo asello clitellario imposuissent redeuntes, asinusque graui siti in itinere laboraret, ad fontem quendam peruenit, vbi serpēs ne ad aquam accederet prohibuit, nisi prius pacto precio. Tum vero pactus est asinus se quodcunque haberet esse daturum, ne siti periret, inde senectutem exeunt quotannis serpentes, ac fiunt iuuenes. Sic fabulam describit Nicander:

Ὠγύγιος δ᾽ ἄρα μῦθος ἐν αἰζηοῖσι φορεῖται,
Ὡς ὁπότ᾽ οὐρανὸν ἔσχε κρόνου πρεσβύτατος υἱός,
Νειμάμενος κασίεσσιν ἑκὰς περικυδέας ἀρχὰς
ἰδμοσύνῃ νεότητα, γέρας πόρεν ἡμερίοισι
κυδαίνων. δὴ γάρ ῥα πυρὸς ληΐστορ᾽ ἔνιπτον,
ἄφρονες, οὐ μὲν τῆς δὲ κακοφραδίῃς ἀπόναντο.

Νωθεῖ

Νωθεῖ γὰρ κάμνοντες ἀμορβεύοντο λεπάργῳ
δῶρα, πολυσκαρθμὸς δὲ κεκαυμένος αὐχένα δίψῃ
ῥαίετο γωλειοῖσι δ' ἰδὼν ὁλκήρεα θῆρα
οὐλοὸν ἐλλιτάνευσε κακῆ ἐπαλαλκέμεν ἄτῃ
σαίνων. αὐτὰρ ὁ βρῖθος ὃ δή ῥ' ἀνεδέξατο νώτοις,
ᾔτεεν ἄφρονα δῶρον, ὃ δ' οὐκ ἀπανήνατο χρειῷ.
Fabula per iuuenes celeberrima oberrat, vt olim
Fratribus imperia diuisit maximus æuo
Vnus natorum Saturni. præmia honorisque
Indicium cepere domestica turba iuuentam.
Mortales preciosa Deum sed munera posthæc
Dementes carpsere: nihil iuuere querelæ.
Nam tardi dorso imposuerunt pondus aselli
Dona Dei: cui sicca siti præcordia vbi essent
Ad fontem properat. prægrandem hic repperit anguem
Quem supplex orauit opem sibi ferre: sed ille
Quod gestet precium lymphæ, pondusque petiuit.
Ille siti pressus facile annuit ista petenti.

Quare merito Prometheus de hominibus ingratis queritur, vt scripsit Iulianus poeta in eo epigrammate:

τέχνης πυρσὸν ὄπασσα φερέσβιον, ἀλλ' ἄρα τέχνης,
καὶ πυρὸς, ἀλλήκτου πήματος ὄψιν ἔχω.
ἦ μερόπων ἀχάριστον ἀεὶ γένος, εἴγε Προμηθεὺς
ἀντ' εὐεργεσίης ταῦθ' ὑπὸ χαλκοτύπων.
Lumina sunt artis nobis inuenta: sed ignis,
Atque repertori grandia damna ferunt.
Ingratum genus est hominum, si pœna Prometheo
Tanta repertori, pro meritisque dolor.

Nam si qui beneficium acceperant non tales fuissent, quales diximus, quo pacto ingrati possent appellari? Scripsit tamen Pausanias in rebus Corinthiorum non Promethei, sed Phoronei cuiusdam ignem fuisse inuentum: quare apud Corinthios templum fuit Apollinis Lycij, in quo statua erat Phoronei ignem accendentis. Torquebatur Prometheus ab aquila illa in Scythiam supra Caucasum montem deportatus, vt ait Lucianus in Prometheo, & in dialogo de Sacrificijs. At Mænander suauissimus poeta merito torqueri Prometheum inquit, non quia ignem, sed quia multo grauius malum, quia fœminam scilicet omnium humanarum calamitatum autorem, & scelestum omnino animalis genus inuenerit, vt est in his:

εἶτ' οὐ δικαίως προσπεπατταλευμένον
Γράφουσι τὸν Προμηθέα πρὸς ταῖς πέτραις;
καὶ γίνετ' αὐτῷ λαμπὰς ἄλλο δ' οὐδὲ ἓν
Ἀγαθὸν ὃ μισεῖν οἶμ' ἅπαντας τοὺς θεοὺς,
Γυναῖκας ἔπλασεν. ὦ πολυτίμητοι θεοὶ
Γένος μιαρόν.
Ergo immerentem dictitant Prometheum
Pendere fixum Caucasi de rupibus?
Repertus ignis huic, aliud nihil boni.
Sed, quod Deos odisse cunctos credidi,
Inuenit idem fœminas. ô Dij boni
Genus nefandum.

O Huic

Huic ipsi Prometheo ara fuit in Academia cum Vulcano & Pallade communis, vt ait Sophoclis enarrator: fuitque, vt scripsit Lysimachides, Vulcano multo antiquior Prometheus, cuius statua cum sceptro in dextera manu erigebatur. Scriptum est à Pausania in Atticis non solum aram illi fuisse erectam in Academia, sed etiam Lampadiferorum cursus certamen inde incœpisse, qui in vrbem accensas faces deferentes decurrebant: in quo certamine studebant vt accensæ faces seruarentur. Nam cuius fax extincta fuisset, is victoriam succedenti concedebat, atque hic eodem modo sequenti si sua extingueretur, & reliqui eodem ordine. Quod si nemo accensam facem tulisset, palma in medio relinquebatur. Atque hæc fiebant in honorem Promethei, quòd is omnium artium fontem & autorem ignem putabatur inuenisse, vt ait Aeschylus in eius nominis Tragædia:

πυρὸς
Πηγὴν κλοπαίαν, ἣ διδάσκαλος τέχνης
Πάσῃ βροτοῖς πέφηνε, καὶ μέγας πόρος.
Artis magistrum ignem, suis namque is viris
Magnum iuuamen, pluribus pervtile,
Inuenit.

Sed non solùm inuentionem ignis Prometheo tribuunt, verum etiam medicinæ, pharmacorumque mistiones, & leges diuinationum, & somniorum interpretationes: primusque Prometheus inuenisse auguria, quamuis alij ea quæ sunt auium à Cara rege Cariæ primum inuenta fuisse putarunt, & obseruasse auium volatus, eorumque qualitates, & quarum essent auium, & quid significarent. Inuenit idem extorum obseruationes, & colores, & situs, & quibus victimis, & quo ritu mactatis Dij singuli lætarentur: idemque fulgura, & signa de cœlo notauit, inuenitque metallorum vsum, & omnium denique artium est inuentor vt ipse de se ipso apud Aeschylum testatur: cuius carmina, etsi plura sunt, tamen ob mirificam argumenti suauitatem huc ascribenda putaui:

τὰ λοιπά μου κλύουσα θαυμάσῃ πλέον.
οἵας τέχνασα, καὶ δόλους ἐμησάμην.
τὸ μὲν μέγιστον εἴτις εἰς νόσον πέσοι,
οὐκ ἦν ἀλέξημ' οὐδὲν, οὐδὲ βρώσιμον,
οὐ χριστὸν, οὐδὲ πιστὸν ἀλλὰ φαρμάκων
χρείᾳ, κατεσκέλλοντο πρὶν ἐγὼ σφίσιν
ἔδειξα κράσεις ἠπίων ἀκεσμάτων,
αἷς τὰς ἁπάσας ἐξαμείβονται νόσους.
τρόπους δὲ πολλοὺς μαντικῆς ἐστοίχισα.
κἄκρινα πρῶτος ἐξ ὀνειράτων ἃ χρὴ
ὕπαρ γενέσθαι, κληδόνας τε δυσκρίτους
Ἐγνώρισ' αὐτοῖς ἐνοδίους τε συμβόλους,
Γαμψωνύχωντε πτῆσιν οἰωνῶν σκεθρῶς
Διώρισ', οἵτινές τε δεξιοὶ φύσιν,
Εὐωνύμους τε, καὶ δίαιταν ἥντινα
Ἔχουσ' ἕκαστοι, καὶ πρὸς ἀλλήλους τίνες,
Ἔχθραι τε καὶ στέργηθρα καὶ συνεδρίαι.
Σπλάγχνων τε λειότητα καὶ χροιὰν τίνα
Ἔχοντ' ἂν εἴη δαίμοσι πρὸς ἡδονὴν.
χολῆς, λοβοῦ τε ποικίλην εὐμορφίαν.
κνίσῃ τε κῶλα συγκαλυπτὰ καὶ μακρὰν
ὀσφὺν πυρώσας δυστέκμαρτον εἰς τέχνην.
Ὥδωσα θνητοὺς, καὶ φλογωπὰ σήματα.

ἐξωμμα

ἐξωμμάτωσα πρόσθεν ὄντ' ἐπάργεμα.
τοιαῦτα μὲν δὴ ταῦτα. ἔνερθε δὲ χθονὸς
κεκρυμμέν' ἀνθρώποισιν ὠφελήματα,
χαλκὸν, σίδηρον, ἄργυρον χρυσόν δὲ τίς
φήσειεν ἂν πάροιθεν ἐξευρεῖν ἐμοῦ;
οὐδεὶς σαφ' οἶδα μὴ μάτην φλῦσαι θέλων.
βραχεῖ δὲ μύθῳ, πάντα συλλήβδην μάθε
Πᾶσαι τέχναι βροτοῖσιν ἐκ Προμηθέως.
Miraberis mage audiens at cætera.
Artes repertæ quæ mihi sunt, aut doli.
Illudque primum, siquis ægritudinem
Sensisset, vllum non erat remedium.
Nulla vnctio, nullum fuit potabile
His pharmacum. arebant prius quam ipsis ego
Commistiones pharmacorum protuli,
Omnes quibus leuantur ægritudines.
Modosque multos vaticinandi repperi.
Quæ sint putanda vera dixi somnia,
Quæ sint viarum signa, quæ sint omina.
Tum diligenter qui volatus dexteri
Sint, quæ sinistræ nominentur alites:
Quis singulorum victus, & benignitas
Inter se, odiumue, primus ipse comperi.
Tum qualia exta sint, colores qui Deis
Grati magis videntur immortalibus.
Bili decora forma, quæ fibrisue sit.
Ostendi ego quo sacra ritu conuenit
Imponere aris, vrere atque victimas.
Artemque feci ex his ego mortalibus.
Hæc nota feci, quæ fuere incognita.
Hæc sic habent. quid proferam quot commoda
Educta per me sunt humi latentia?
Ferrum, vel argentum, vel aurum, vel quis æs,
Ni mentiatur, repperit? quis me prior?
Nemo profectò, ni velit mentirier,
Vt cuncta dicam, pluribus ne te morer,
Artes repertæ quæque sunt Promethei.

Memoriæ prodidit Pausanias in prioribus Eliacis inter cætera Herculis facinora illud quoque censeri, quod aquilam sagitta transfixerit, Prometheumque è vinculis exemerit: quod testatus est Pherecydes in libro decimo de nuptijs Iunonis, qui à sole Herculem poculum accepisse scribit, ac in eo nauigasse per Oceanum, qui est extra terras cum ad aurea mala Hesperidum contenderet: à quo etiam Prometheo post quam fuit è vinculis liberatus, viam didicit eò tendentem. Lucianus vero in Dialogis Deorum Prometheum à Ioue solutum fuisse scribit, quoniam illi vaticinatus esset, quod si rem cum Nerine nympha haberet, futurum erat vt filius nasceretur, à quo eadem Iupiter pateretur, quæ ab ipso passus fuerat Saturnus. Fuerunt Lycus & Chimæreus Promethei filij, quos ille è Celæno Atlantis filia suscepit, quibus alij Horæum & Alcimenen adiunxerunt. ¶ Atque hactenus fabulosa dicta sint de Prometheo: nunc quid illa significent, explicemus. Est autem Prometheus, vt sensit Zezes, mens, quæ res futuras multo ante præuidet: ſicut Epimetheus cognitio quam acquirimus poſt rerum euentus, cuius filia eſt Pœnitentia. Orpheus tamen in hymno in Saturnum, Prometheum tempus eſſe, ſiue Saturnum putauit, cum ita inquiat:

ῥέας πόσι, σεμνὲ προμηθεῦ.

Rheæ coniux alme Promethen;

Eſt enim tempus rerum omnium & artium magiſter & inuentor, vt dictum eſt de Prometheo. Dicitur fuiſſe filius Iapeti, qui nihil aliud eſt, vt ſenſit Proclus, niſi celerrimus motus cęli, & huius vniuerſi: qui vocatus eſt Iapetus apud Græcos ἀπὸ τοῦ ἵεσθαι καὶ πέτεσθαι. à motu ſcilicet & volatu. cum Prometheus igitur ex Iapeto matre Themide oriatur, erit optimus affectus in animis noſtris, qui ex impreſsione cœlorum nobis naſcitur: mater Iuſtitia atque æquitas, è quibus bona conſilia, & prudentia tum in rebus priuatis, tum etiam in publicis adminiſtrandis, & rerum humanæ vitæ neceſſariarum inuentiones exurgunt. Nam niſi ſit ratio in nobis Prometheus diuinitus immiſſa, & ex æquitate, iuſtitiaque exorta, ac quaſi rerum futurarum præcognitio, quo pacto erit Prometheus, aut quo eorum parentum filius? Alij Clymenen matrem Promethei putarunt, quoniam æquitas omnes ad ſe aduocet, vel quia ab omnibus audiatur, qua etiam de cauſa Clymenus dictus eſt Pluto. Qui aliarum filium putarunt, in eandem ſententiam ſenſim delabuntur. Quod Prometheus hominem finxerit, cui ſingulorum animalium particulas adiunxerit, quid aliud ſignificat, quam prudentiam multas mutationes animis noſtris imprimere? alij rem hanc ad hiſtoriam magis tranſtulerunt: dicuntque illos è Græcis ſapientibus, qui mundum aliquando cœpiſſe putarunt, humanæ vitæ initia per hanc fabulam explicaſſe. Nam cum primum aer & aqua & ignis ſeceſſerunt inuicem, terraque limoſa ac tenera adhuc illis omnibus ſubſtitit, membranas quaſdam ex ipſa terra natas autumant, ex quibus per diem à ſole calefactis, lunæque humoribus nutritis, varia animalium genera pullularunt. Ex his igitur poſt incrementum diſruptis putantur homines exijſſe. Verum terra poſtea calore ſolis paulatim exiccata ceſſauit & ipſa è terra generatio, & animalia ex mutuo congreſſu coniunctioneque ſunt orta. Tunc vero homines ſimplices neque arandi viam neque artem vllam ſciebant: neque morbos eſſe aut mortem opinabantur, ſed in terram collapſi ignari quid ſibi accidiſſet, expirabant: viuebantque ferarum more agreſtium arborum fructibus aut oleribus veſcentes, nudique aduerſus feras nudis manibus pugnabant. Hi cum nullam omnino futuri temporis haberent rationem, nullis fructibus in hyemem reſeruatis inedia per hyemem multi eorum abſumebantur. At experientia paulatim neceſsitateque magiſtra & cauatas arbores ingreſsi ſunt, & ſpeluncarum beneficio ab aeris iniuria protegebantur: quod genus vitæ degebant omnium fraudum & ignis expers: neque quid eſſent leges, quid Reges, quid furta, quid cædes, quid militia cognorant. Verum cum diuturna incommoda illos prudentiores feciſſent, (nihil enim facit magis ingenioſos, quam pericula & difficultates.) dictus eſt Prometheus ſiue prudentia ignem inueniſſe, & per illum poſtea omnes artes, quibus humana vita excolitur. Nulla enim prope eſt ars, quæ igne non egeat. Quod vero Prometheus homines ad vrbaniorem vitam è ſyluis euocauerit, iiſq; domos extruxerit, quod illorum linguam formauerit, quod illos rationes ſyderum docuerit, quod literarum compoſitionem inuenerit, ipſe teſtatur ita apud Aeſchylum:

οἳ πρῶτα μὲν βλέποντες ἔβλεπον μάτην
κλύοντες οὐκ ἤκουον. ἀλλ' ὀνειράτων,
Ἀλίγκιοι μορφαῖσι τὸν μακρὸν χρόνον
ἔφυρον εἰκῆ πάντα, κοὔτε πλινθυφεῖς

δόμους

Δόμους προσείλους ἴσαν, οὐ ξυλουργίαν.
κατώρυχες δ' ἔναιον ὥστ' ἀείσυροι
μύρμηκες ἄντρων ἐν μυχοῖς ἀνηλίοις,
ἦν δ' οὐδὲν αὐτοῖς οὔτε χείματος τέκμαρ,
οὔτ' ἀνθεμώδους ἦρος, οὔτε καρπίμου
θέρους βέβαιον. ἀλλ' ἄτερ γνώμης τὸ πᾶν
ἔπρασσον. ἔστε δή σφιν ἀντολὰς ἐγὼ
Ἄστρων ἔδειξα, τάστε δυσκρίτους δύσεις:
καὶ μὴν ἀριθμὸν ἔξοχον σοφισμάτων
ἐξεῦρον αὐτοῖς, γραμμάτων τε συνθέσεις.
Μνήμην δ' ἁπάντων μουσομήτορ' ἐργάτιν.
κἄζευξα πρῶτος ἐν ζυγοῖσι κνώδαλα,
ζεύγλαισι δουλεύοντα σώμασιθ', ὅπως
θνητοῖς, μεγίστων διάδοχοι μοχθημάτων,
γένοινθ' · ὑφ' ἅρματ' ἤγαγον φιληνίους
ἵππους ἄγαλμα τῆς ὑπὲρ πλούτου χλιδῆς.
θαλασσόπλαγκτα δ' οὔτις ἄλλος, ἀντ' ἐμοῦ
λινόπτερ' εὗρεν ναυτίλων ὀχήματα.
τοιαῦτα μηχανήματ' ἐξευρὼν τάλας.
Videre frustra qui videbant antea.
Nec audiebant audientes, somnijs
Simillimi turpare cuncta nouerant
Stultè, indecorè, nec domos effingere,
Dolare ligna nec sciebant arborum.
Formicæ vt antra nam colebant concaua:
Vmbrosa, luce solis & carentia.
Non vlla cogitatio nec frigoris,
Nec floridi veris fuit, nec vtilis
Aestatis illis. ast agebant omnia
Vt sors ferebat: donec ipse repperi
Signorum obitus ortusque qui mortalibus
Sint vtiles: & multitudinem artium
His repperi, componere inde literas.
Matremque Musarum auxi ego Memoriam,
Perutilem cunctis. ego iunxi prior
Iugo feroces belluas, quæ pro viris
Ferrent labores. additi sunt curribus
Equi trahentes, quos habenæ flecterent.
Liniuola inde nauitæ vehicula
Inueni ego prior freto currentia.
Inuenta sunt mihi misello hæc omnia.

Fabulati inde sunt antiqui, quod Iupiter ob ignis inuentionem iratus Prometheo omnia malorum genera demisit hominibus: quia nullum est malum quod non ex voluptaria vita, quæ multas artes habet ministras, proueniat. Nam vna cum artibus ipsis & Reges exorti sunt, & latrocinia, & bella, & sollicitudines animorum eruperunt, & omnia illa denique, quibus humana vita vndique vexatur. Dicunt præterea Ioui Prometheum carnes in alteram pellem inclusas, in alteram ossa obtulisse: quia cum voluptatibus & delirijs nō solum legum & æquitatis ob spem commodorum, sed etiam Deorum immortalium cōtemptus in genus humanum irrumpit. Quis enim vere gloriari potest, aut certe quā pauci sunt qui magis sint solliciti de vero & legitimo Dei cultu, quam de bonitate prædiorum, aut numero pecuniarum. Hæc vna contentio multas fecit hæreses: atque si auaritia & spes diuitiarum priuatorumque commodorum de medio tollatur, collabentur omnes hæreses facillime, eritque omnibus gentibus vnus Deus, vna religio, vnus ritus, vnus pastor, vnum ouile. Verum ob has fallacias sub forma religionis latentes & bella intestina, & cædes, & calamitates è cęlo, & perpetuæ animorum curæ oriuntur, & orientur in posterum, donec hæ auaritiæ radices in animis hominum insidebunt. Nam certe quidem omnes qui dissident à Christi legibus, & à sanctis Romanæ Ecclesiæ dogmatibus, præter illud quod viri boni esse non possunt: tum id fateantur necesse est (si modo verum fateri velint) se vel auaritia, vel ambitione, vel odio quodam proprio, vel inscitia veritatis ductos ab ecclesia Romana, hoc est à Spiritu sancto & ab omnium bonorum cœtu desciuisse: non quod ita sentiant. horum nos temeritatem & dementiam aliquando ita reprehendimus in quibusdam carminibus, quæ misimus ad clarissimum virum Valerium Faenzum hęreticæ prauitatis Quęsitorem prudentissimum apud Venetos, & ob singulares animi sui dotes Romano Pontifici gratissimum. Sic enim quædam ex illis carminibus se habent:

Improba Lutheri soboles, quæ dogmata Christi,
Iuraque naturæ pariter contemnis, & æquum.
Qua tua ferre putas cœlestia numina mente
Delicta, erroresque? modo nos turpia quæque
Autore ac cogente Deo facere inquis: eundem
Et modo segnitie captum facis. ac nihil illum
Humanum curare putas. delira vagaris
Huc illuc, certaque nihil ratione, modoue
Conaris: de Dijs plena inter pocula quæris,
Fortunæque regi credis moderamine cuncta:
Sic etenim sentis, sic & fateare necesse est.
Esse Deo si forte putas mortalia curæ,
Respicere & res humanas: hæc accipe paucis.
Vna fides, vna est pietas, est vna colendi
Rite Deum ratio: dementia cętera cuncta.
Quòd si nostra videt summi clementia patris
Pectora, si exauditque preces diuina potestas:
Quo magis illa mouet mortalia tempore corda
Apte, quàm populus cum sacris rite peractis
Inspirare Deum delectis patribus orat
Quas statuant leges Christi cultoribus: & quo
Lætetur ritu magis. Hæc sententia cunctis
Quæ placuit, latam diuino numine remur.
Adde quòd æterni patris, sine labe, carensque
Sordibus humanis, natus de virginis aluo,
Filius, has leges primus tulit: vtque colendus
Sit pater omnipotens docuit. quia legibus orbem
Viuendi recte instituit, scelerumque profundas
Radices tetigit, subijt sub Rege nefando
Diræ supplicium mortis. prior edidit aras
Esse nefas posthac taurorum sanguine tingi,
Atque alios ritus idem mox protulit, illis
Nunc colimus sanctum numen. namque edidit esse

Cuncta Deo curæ mortalia, nullus auarus,
Nullus crudelis potuit quem fallere, nullus
Impius: huic notæ fraudes sub vulpe latentes.
Nunc quoque Pontifices oderunt impia sanctos
Sæcula, quod leges curent seruarier illas:
Nec mirum. semper probitas inuisa figuris
Mille fuit scelerum, circunstant plurima namque.
Est vna, & similis semper sibi viuida virtus.
Quos iuuat ebrietas & crapula, sobrius illis
Displicet: insanumque vocant, solatia vitæ
Qui non gustarit. Quos vexat dira libido,
Quos Veneris stimulus, quos immoderatus habendi
Vrget amor, stupidum dicunt, qui temperet istis.
Sobrius at contra tutus cum sæua podagra
Articulos tumidos fecit, capitisque dolores
Infestant, tanquam nautas è litore ridet,
Qui se consulto turbantibus æquora ventis
Crediderint, quorum prædixit sibilus auras.
An quia diuitijs & nobilitate parentum
Te Latio præstare putas, populisque Latinis
Idcirco Christi leges audire recusas
Vt magis obscuræ venientes gentis ab ore?
Fabula nobilitas maiorum & nomina picta.
Denique nobilitas sola est, atque vnica virtus.
Quid cum diuitiis & nobilitate parentum
Legibus est sanctis, & veræ religioni?
Scilicet auratis donantur lancibus aræ
Munera grata magis superis, iucundaque: quàm si
Fictilibus puris veniant de paupere tecto.
O vanas hominum mentes, ò pectora multo
Plena mero, quando cœlestia numina auara
Creditis: & pro opibus voces audire precantum.
Omnibus est idem Deus, est pater omnibus idem.
Siue decem vertas saxosæ iugera terræ,
Seu iuga mille boum tibi sudent pondere aratri,
Tantundem referes, nec gurges cuncta vorabis.
Munera grata Deo credas, quæ pectore casto,
Quæ manibus sint lata pijs. tolle ambitionem,
Tolle & auaritiam, quæ Dijs inuisa beatis,
Cuncta regi dices diuino numine recte.
Quod si persistes in eadem mentis iniquæ
Stultitia, vt recte viuendi spernere leges
Libertas sit visa tibi: nec iura, nec æquum
Esse putes, nisi quod libeat, si denique Christi
Dogmata, Pontificis si spernas iussa, piumque
Consilium: quanto spargetur sanguine campus
Teutonicus? video splendentes ære cateruas,
Armorumque grauem sonitum, radiosque tremisco.
Ista mouente Deo loquimur, iam dira bipennis
Credite adest sterilis radicibus addita plantæ.

Dum licet, & veniç locus est, temeraria vitæ
Crimina corrigite, & vestras conuertite mentes
In melius, precibusq; piis orate tonantem
Vt cladem vertat mox relligionis in hostes,
Et donet vobis longam per sæcula pacem.

Dicta est Iouis aquila iecur Promethei assidue lacerare, quia prudentioribus hominibus mens semper ad varias cogitationes distrahitur. Et quoniam nullus dolus, nullumque latrocinium diuturnam sociam habere tranquillitatem consueuit, inde traditum est in fabulis, quod igne inuento Iupiter omnem prioris vitæ tanquillitatem mortalibus eripuit. Crescere per noctem tantum iocinoris solitum Prometheo dicitur, quantum aquila per diem deglutiuerit, quoniam natura alterna tempora quieti & animi curis cogitationibusque determinauit. Alligatus columnæ dicitur, quoniam corpori alligata est anima prudentiæ sedes & domicilium, quod ipsum per se est tanquam saxeum, cum nullam habeat cognitionem. At hepar est rationis motus, quia nonnulli sapientes id cogitationibus mentis sedem esse crediderunt. Dicitur formasse Pandoram Vulcanus, quia calor & temperies apta cœli donet fertilitatē, quę vt ait Theophrastus in caussis plātarum, magis quam vllus labor mortaliū operatur. Sic illi omnes Dijs sua munera concesserunt, & Horæ ac Dei siue elementa dederunt ventos, pluuias, calorem quibus semina aluntur. Quid vero significant Lampadophoria quæ in honorem Mineruæ, Vulcanique & Promethei celebrabantur, in quibus cursores accensis facibus currebant? nihil aliud sanè, quam vniuersum præsentis vitæ cursum esse nobis molestiarum atque curarum plenum, quæ vbi cessauerint, à cursu ipsius vitæ cessandum est, & succedētibus lampades, lites, morbi, calamitates, animorumque solicitudines in manus tradendæ. Atque vt summatim colligam, significare voluerunt per hæc sapientes maximam esse vitæ præsentis perturbationē, auaritiam cuncta recta subuertere: viris bonis esse semper aduersus difficultates pugnandum, omnem mortalium vitam esse curarum plenam, neque vlli sperādam esse quietem dum viuimus. Hæc sub Promethei fabula, & alia his similia cōtinebantur. Nonnulli tamen ad historiam hæc detorquenda putarunt: quippe cum Cicero etiam libro quinto Tusculanarum Disputationum Prometheum, Atlantem, Cepheum scribat aliosque nonnullos, ob rei astronomicæ peritiam locum fabulæ dedisse. Sic enim inquit: Nec vero Atlas sustinere cœlum, nec Prometheus affixus Caucaso, nec stellatus Cepheus cum vxore, genero, filia traderetur, nisi diuina cognitio nomen eorum ad errorem fabulæ traduxisset. At alii ad aliam historiam transtulerūt. Nam Herodorus memoriæ prodidit in eo libro, quem composuit de Vinculis Promethei, Scytharum fuisse Regem Prometheum; qui, cum subditis populis res victui necessarias suppeditare non posset, quod Aquila fluuius ita vocatus illius regionem inundaret, in vincula coniectus à Scythis fuit. At Hercules cum eo diuertisset, fluuiumque detorsisset in mare, ita vt non amplius inundaret regionem, dictus est interemisse aquilam, & ipsum Prometheum è vinculis liberasse. Scriptum est ab ijs qui res Aegyptiacas memoriæ prodiderunt, & à Polycharmo in reb. Lyciis atq; à Diodoro Siculo Nilum Aegypti fluuium aliquando sub exortum canis Sirii quo tempore per Ethesias maxime solet intumescere, aggeres disrupisse, atque Aegyptum inundasse, & illam partem præcipue cui imperabat Prometheus. Tanta vero facta esse dicitur inundatio vt omnes ferè homines perierint, quare proprius periculo fuit ne per desperationem Prometheus sponte vitam cum morte commutaret. Is autē fluuius ob celeritatem & vim cursus Aquila fuit vocatus, qui intima Aegypti deuastabat, fama est Herculem gnauum continuo obturasse eruptionē, fluuiumque

que in suum alueum cōclusisse, quare Græci postea fabulati sunt quòd Hercules aquilam occiderit iecur Promethei assidue rediuiuum vorantem. Agrætas autem libro decimo tertio rerum Scythicarum, quia Aquilam fluuius optimam atque intimam partem Scythiæ, cui imperabat Prometheus, laniaret, locum esse datum fabulæ scripsit, quòd aquila hepate Promethei vesceretur: idque Iouis iussu, quoniam imbres frequentes eius impetum & amplitudinem augerent. At Theophrastus in quibusdam commentarijs, scriptum reliquit Prometheum dictum fuisse ignem ad homines è cœlo detulisse, quia rerum diuinarum & philosophiæ cognitionem primus omnium mortalium hominibus ostenderit, primusque oculos illorum ad illa cœlestia & sempiterna corpora speculanda erexerit: cui sententiæ astipulantur ea, quæ scripta sunt ab Aeschylo: atque scripsit Duris Samius, quòd ita Prometheus torqueatur, quia Palladem amauerit. At nunc de Atlante dicamus.

De Atlante. *Cap.* VII.

DE Atlante vero quòd frater fuit Promethei, ac filius Iapeti, & Clymenes vel Asiæ, vel Asopes, vel Libyes, dictum fuit superius. Verum ex hac matrum varietate facile cōijcere possumus diuersos fuisse Atlantes ac Prometheos, cum tamen cæterorum res gestæ omnes ad eius nominis celebriorem deferantur. Habuit Atlas vxorem Pleionem Oceani filiam & Tethyos, vt patet in libro quinto Fastorum apud Ouidium.

Duxerat Oceanus quondam Titanida Thetim,
Qui terram liquidis, quà patet ambita quis.
Hinc sata Pleione cum stellifero Atlante
Iungitur vt fama est, Pleiadesque parit.

Suscepit è Pleione septem filias, quas vnà cum matre cum Orion per quinquennium insecutus esset, vt cum ijs congrederetur, illæ Deos tandem precatæ sunt, ne vim Orionis paterentur. Iupiter igitur earum precibus commotus illas inter sydera, vt fama est, collocauit, quarum nomina ita recensuit Aratus in Astronomicis:

ἑπτάδ' ἐκεῖναι ἐπιῤῥήδην καλέονται,
Ἓξ οἶαί περ ἐοῦσαι ἐπόψιαι ὀφθαλμοῖσιν.
Ἀλκυόνη, μερόπη τε, κελαινώ τ', ἠλέκτρη τε,
καὶ στερόπη, καὶ ταϋγέτη, καὶ πότνια μαῖα.
septem illæ esse feruntur,
Quamuis sint oculis hominum sex obuia signa.
Alcyone, Meropeque, Electraque, diua Celęno,
Taygete, Sterope, præclaro lumine Maia.

Sic & ex illis carminibus patet has fuisse filias Atlantis:

ταΰγέτη τ' ἐρόεσσα, καὶ ἠλέκτρη κυανῶπις.
Ἀλκυόνη τε καὶ ἀστερόπη, δῖη τε κελαινὼ,
Μαῖά τε καὶ μερόπη, τὰς, γείνατο φαίδιμος Ἄτλας.
Taygete suauis, nigris Electraque ocellis,
Alcyone, Asterope, pariter diuina Celęno,
Et Maia & Merope genuit quas splendidus Atlas.

Quas etiam, cum in capite sint tauri, ita vt duæ cornua, duæ nares, duæ oculos designent, alia in medio frontis, vbi pili vertuntur, collocatæ sint, Atlantidas appellauit Virgilius in primo Georgicorum, & sole cum scorpione exoriente, in vndas cum oppositæ sint demergi inquit in his:

Ante

Ante tibi Eoæ Atlantides abſcondantur:

Fuerunt tamen nonnulli, qui duodecim fuiſſe Atlantis filias dixerint, & Hyantem fuiſſe illarum fratrem: qui cum à ſerpente ictus obiuiſſet, quinque illarum ita eius mortem defleuerunt, vt præ dolore denique mortuę ſint. At Iupiter illarum miſertus, dicitur in Hyadas eas mutaſſe, quarum nomina hæc ſunt apud Heſiodum:

φαισύλη ἠδὲ κορωνὶς, ἐυστέφανός τε κλέεια,
φαιώθ' ἱμερόεσσα, καὶ εὐδώρη τανύπεπλος,
νύμφαι ἃς ὑάδας καλέουσιν φῦλ' ἀνθρώπων.
Phęola, ſiue Coronis, & hinc formoſa Cleia,
Phæoq; Eudoreq; implexis crinibus auro.
Quas Nymphas Hyadas mortales nomine dicunt;

Alii Ambroſiam ſiue Coronidem nominarunt, & Eudoram, & Dionen, & Aeſilam, & Polyxo: alii Phileto, Thyenen, & Proydilen his addiderunt. quas etiam Bacchi fuiſſe nutrices crediderunt, & Dodoninas à Dodono Europæ filio nuncuparunt: qu[illegible] etiam non ex his, ſed aliis parentibus natas arbitrantur, cum alii Erechthei, alii Cadmi filias fuiſſe putent. Quidam Calypſo etiam filiam fuiſſe putarunt Atlantis. Ac neque numerus quidem Hyadum caret cõtrouerſia; quoniam Thales Mileſius duas tantum eſſe putauit, quarum altera Borealis, altera Auſtralis, nominaretur. Euripides in Tragædia quam de Phaethonte ſcripſerat, tres: Achæus autem quatuor, at Pherecydes, ſex. Quidam Hyadas putarunt nominatas, quia Dionyſum educauerint, qui Hyes dictus eſt, vt teſtatur illud Euphorionis:

ὕη ταυροκέρωτι Διωνύσῳ κοτέσασα.
Hyæ cornuto Dionyſo irata.

Alij à pluuia dictas putarunt, quod illarum ortus imbrem vernis diebus exciret. Nam certiſsima ſunt illa ſigna quę ex ortu Hyadum colliguntur à nauigantibus, vti demonſtrauit Euripides in Ione cum ita ſcribat:

πλειὰς μὲν ᾔει μεσοπόρου δι' αἰθέρος,
ὅ τε ξιφήρης ὠρίων· ὕπερθε δὲ,
Ἄρκτος στρέφουσ' οὐραῖα χρυσήρη πόλῳ.
κύκλος δὲ πανσέληνος ἠκόντιζ' ἄνω
Μηνὸς διχήρης, ὑάδες τε ναυτίλοις
Σαφέστατον σημεῖον, ἥ τε φωσφόρος
Ἕως διώκουσ' ἄστρα.
Pleias medium vadit ſecans per æthera,
Enſifer atque Orion. at deſuper
Poſtrema cum polo aureo vrſa voluitur.
Ac luna plena menſis medij circulum
Oppleuit. Hyades nauitis clariſsimum
Signum dedere, & proferens lucem ſimul
Aurora ſtellas aſſequens.

Mentionem fecit Pauſanias in Arcadicis de Mæra Atlantis filia, quæ nupſit Tegeatę Lycaonis filio. Et Home. de Calypſo in 1. Odyſſ. in his:

θεὰ δ' ἐν δώμασι ναίει.
Ἄτλαντος θυγάτηρ ὀλοόφρονος ὅστε θαλάσσης
Πάσης βένθεα οἶδεν.

colit atria Diua
Fillia prudentis Atlantis, qui alta profundi
Omnia cognouit pelagi.

Fama

Fama est Atlãtem nationibus Hesperiis imperasse, habuisseque respõsum à Themide Parnasia futurum esse, vt à quodam Iouis filio regno priuaretur, quod testatur Ouid. lib. 4 Metamorph.

memor ille vetustæ
Sortis erat: Themis hanc dederat Parnasia sortem:
Tempus Atla veniet, tua quo spoliabitur auro
Arbor: & hunc prædæ titulum Ioue natus habebit.

Deinde cũ Perseus abscissum caput Medusæ reportaret, petiissetque ab eo vt in hospitium caperetur, reiectus fuit & vi depulsus ab Atlante; quia semper recens in memoris illud oraculi responsum haberet. Huic igitur Medusæ caput Perseus ostendit ita inquiens:

at quoniam parui tibi gratia nostra est
Accipe munus ait: leuaq; à parte Medusæ
Ipse retrouersus squalentia protulit ora.
Quantus erat mons factus Atlas.

Alii dixerunt, quod Atlas homo fuit libycus, qui, vt facilius astrorum cursus specularetur, in montem illum solebat ascendere: qui postmodo ab ipso Atlãte in propinquum mare per errorem delapso ac mortuo Atlas fuit appellatus. Polyidus tamen dithyrambicus poeta pastorem fuisse ait Atlantem, qui fuerit in montem sui nominis à Perseo conuersus. Mentionem fecit de hoc monte Strabo libro 17. quem esse scribit in Libya extra columnas Herculis procedenti ad sinistram, qui fuit etiam Dyris à nonnullis nominatus. Eius loci incolæ Atlantes communi nomine dicti sunt, neque vllum proprium nomen habuerunt. Esse vero Atlantem montem altissimum ita testatur Herodotus in Melpomene: ἔχεται δὲ τοῦ ἁλὸς τούτου, οὖρος, τῷ, ὄνομα ἄτλας. ἐστὶ δὲ στεινὸν καὶ κυκλοτερὲς πάντῃ. ὑψηλὸν δὲ οὕτω δή τι λέγεται, ὡς τὰς κορυφὰς αὐτοῦ οὐκ οἷά τε εἶναι ἰδέσθαι· οὐδέκοτε γὰρ αὐτὰς ἀπολείπει νέφεα οὔτε θέρεος, οὔτε χειμῶνος. τοῦτο κίονα τοῦ οὐρανοῦ λέγουσιν οἱ ἐπιχώριοι εἶναι. ἐπὶ τούτου τοῦ οὔρεος οἱ ἄνθρωποι οὗτοι ἐπώνυμοι ἐγένοντο. Extat in hoc mari mons, cui nomen Atlas. Est aũt vbiq; perangustus & teres. ita vero sublimis esse dr̃, vt ad illius verticẽ oculi mortaliũ peruenire non posſint Neq; ibi vnq̃ vel per æstatem vel per hyemẽ nubes deesse consueuerunt. Huncincolæ cœli columnam esse dicunt, in quo monte habitantes homines eodem nomine quo mons vocantur. Hi populi sunt in extrema parte Libyæ ac Mauritaniæ, qui ex orientem solem conuitiis insectabantur, quod ipsos, ipsorumque regionem radiis exureret. Sic etiam Pausanias in rebus Atticorum famam esse inquit, quod mons Atlas vertice cęlum attingat, tanta est eius altitudo: qui ob frequentiam proceritatemque arborum, & ob aquarum defluentium copiam interclusus, nemini accessibilis dicebatur. Huius montis situm ac sublimitatem ita attigit Virgil. lib. quarto Aeneidos:

Oceani finem iuxta, solemque cadentem,
Vltimus Aethiopum locus est, vbi maximus Atlas
Axem humero torquet stellis ardentibus aptum.

Qui poeta in eo monte describendo omnia hæc & historice & fabulosè, tanquã in descriptione alicuius hominis expressit:

Iamq; volans apicem & latera ardua cernit
Atlantis duri, cœlum qui vertice fulcit.
Atlantis, cinctum assidue cui nubibus atris
Piniferum caput & vento pulsatur & imbri.
Nix humeros infusa tegit. tum flumina mento
Præcipitant senis, & glacie riget horrida barba.

Ab

Ab hoc monte vniuersus Oceanus qui vel extra vel intra columnas Herculis est in extrema parte Mauritaniæ Atlanticum mare appellatur, quod idem & Rubrum dicitur, vt Herodotus testat in Clio: καὶ ἡ ἔξω στηλέων θάλασσα ἡ Ἀτλαντὶς καλουμένη, καὶ ἡ ἐρυθρή, μία τυγχάνει ἐοῦσα. Atq; mare illud, quod extra columnas Herculis est, Atlanticum vocatum idem est quod & rubrum. quamuis scriptum reliquit Plato in Critia mare Atlanticum ab Atlāte Neptuni filio fuisse vocatum. Huius finxerunt esse Oceanum socerum, at alij fratrem, quoniam mare illud Atlanticum & Oceanus multis nominibus pro differentijs locorum nominatur. Nam vt in Hesperiis regionibus Atlanticum, ita apud Septentrionem Boreę expositum, glaciale dicitur: alii mortuum vocarunt. quoniam sol & tardos & imbecillos radios supra hoc mare transmittit. vbi vero prius apparet exoriens, Eoum vocatur aut Indicum. Quod ad Austrum est Aethiopicum, & rubrum nominatur. Cum vero altissimus sit Atlas mons ille Mauritaniæ, ita vt vertex cerni non possit ac cœlum attingere summo vertice appareat, locus datus est fabulæ, quod Atlas is qui regnauit in Mauritania, cœlum sustineret, vt ait Aeschylus in Prometheo, quem Oceani ita fratrem nominauit:

ὠκεανός. οὐδ' ἧτ' ἐπείμε καὶ κασιγνήτου τύχαι
τείρουσ' ἄτλαντος, ὃς πρὸς ἑσπερίους τόπους
Ἕστηκε κίον' οὐρανοῦ τε καὶ χθονὸς
Ὤμοις ἐρείδων ἄχθος οὐκ εὐάγκαλον.

Ocean. Non sic profecto. torquet infortunium
Atlantis inde fratris. ille pondera
Solem ad cadentem sustinet prægrandia;
Cęli columnam, totius terræque onus.

Hunc montem etiam Homerus columnam nominauit in primo Odysseæ, & vnā cum illo alium montem, qui non procul distat à columnis Herculis, vt est in his:

Ἔχει δέ τε κίονας αὐτὸς
μακράς, αἳ γαῖάν τε καὶ οὐρανὸν ἀμφὶς ἔχουσιν
habet ille columnas
Prælongas, cęlum ac terram fulcire valentes.

Huic Hesperum quoque fratrem nonnulli addiderunt, à quo dicta sit Hesperia, qui cum montem fraternum ascendisset ad sydera speculanda, neque amplius apparuisset, creditus est in stellam lucidissimam mutatus de suo nomine vocatam. alij dixerunt Hesperum fuisse filium Atlantis religione, iustitia, humanitate prestantem, qui à ventis repēte raptus è supremis partibus montis, nullibique inuētus fabulæ locum dedit, quod in stellam sui nominis sit conuersus. Atq; hæc ea sunt, quæ de Atlante memoriæ produntur ab antiquis scriptoribus. ¶ Nūc quid hæc significent explicemus. Atque illud primum nullo pacto fieri potest, vt Atlas cęlum sustineat, sicuti demonstrauit Arist. in secundo lib. cœli, quia si cęlum vt sustineatur indigeat, erit graue. At non est tale, vt multis rationibus ibi ostēditur. Ipse præterea Atlas præ labore aliquando deficiet, quoniam nihil cum labore est sempiternum. Scriptum reliquit Zezes hist. 1. quintæ Chil. Atlantem Aegyptium, qui multis annis libyco Atlante fuit antiquior, dictum fuisse cœlum humeris sustinere, quia rerum cęlestium & astronomicarum primus inuentor fuerit apud Aegyptios. Atque illa quæ de Hercule Aegyptio Atlanteque dicta sunt ab Aegyptiis, Græci ad posteriorem & Atlantem & Herculem Alcmenæ filium transferentes fabulis accommodarunt. Dicunt enim cœlum sustentādum Herculi ab Atlante parumper datum fuisse, quia res astronomicas & stellarum motus Hercules ab Atlante didicerit. idcirco etiam Pleiades & Hyades filiæ Atlantis dicuntur, quod ille prior & ipsas stellas, & quas vires exerceat in rebus

bus humanis obseruarit. Refert Pausanias in Bœoticis Polosum vicum fuisse non procul à Tanagris, in quo Atlas consedisse, & ea quæ sunt sub terra, resque cœlestes accurata diligentia inuestigasse dicitur. Sunt qui dicant Atlantem primum fuisse, qui lunæ cursum obseruauerit: quod alii tamen tribuunt Arcadi Orchomeni filio, vnde dicta est Arcadia, quare Arcades ante lunam, vel potius ante lunæ obseruationem, vt ego quidem iudico, glorianturse natos esse. Alii obseruationem lunæ Endymioni tribuunt, alii Typhoni, inter quos fuit Xenagoras Philosophus. Isacius Lybicum Atlantem primum fuisse scribit, qui astrorum motus, lunæque mutationes obseruauerit, quem postea secutus est Thales. Alii dictum esse in fabulis existimant, quod Atlas pedes in terra habuerit, humeros ad ortum & occasum, caput ad meridiem: quod ait Aristoteles in libro de causis motuum animalium: quia indicabant mundum firma sede indigere, circa quam volueretur: nam per eam sedem transire intelligitur diameter, qui ea quæ supra nos sunt, ab inferioribus disterminat Atlantem igitur & cœlestium & subterranearum rerum habere cognitionem putarunt hi, qui axē mundi ita appellarunt, quod & nomen ipsum significat: dicitur enim ἄτλας à particula incrementum aliquando significante τλῆμι persero & sustineo, quia indefessus sit axis in mundi machina sustinenda. Columnas esse Atlantis Borealem & meridianum polum quidam censuerunt, quod ab his cardinibus mundus sustineri videatur. Atlantis filiæ Hyades & Pleiades fuerunt, quia post cœli siue axis ortum & stellæ ipsæ natæ sunt. Has ita nominatas quidam putarunt à filiabus Atlantis Libyci peritissimi astronomi, qui ad perpetuam sui memoriam nomina suorum filiorum astris indidit, quod & alii plerique fecerunt, & Conon Ptolemæi tempore Comam vocauit Berenices. Proclus in commentariis quos in Opera & Dies Hesiodi scripsit, omnium sphærarum animas, viresque diuinas, illas esse scripsit, quæ Pleiades vocantur: vt Celeno Saturni sit anima, Sterope spheræ Iouis, Merope Martis, Electra solis, Alcyone Veneris, Maia Mercurii, Taygete lunæ: quarum aliæ cum suis planetis, aliæ cum aliis Diis rem habuisse dicuntur, quod Ouid. indicauit lib. 4 Fastorum;

Pleiades incipient humeros releuare paternos,
  Quæ septem dici, sex tamen esse solent:
Seu quod in amplexus sex hinc venere Deorum
  Nam Steropen Marti concubuisse ferunt.
Neptuno Alcyonen, & te formosa Celeno.
  Maiam, atque Electram, Taygetenq; Ioui.
Septima mortali Merope tibi Sisyphe nupsit.
  Pœnitet: & facti sola pudore latet.

Cætera multa, quæ de his fabulantur antiqui, prætermittēda censui in præsenti, quia ad hāc partē suscepti negotii nō attinēt. Nunc de Endymione dicamus.

De Endymione. *Cap.* VIII.

Endymion autem fuit Aethlii filius & Calices. Hic vt scribit Pausanias in Prioribus Eliacis, à Luna fuit amatus, ex qua filias quinquaginta suscepisse fabulantur, cum tamen alii tres tantum filios inquiant, Pæonem, Epenum, ac Aetolum, filiam Eurydicen ex Asterodia, vel Chromia, vel Hyperippe illum, suscepisse. Habuit filiam præterea Pisam, quæ Pisæ Olympicæ nomen dedit. Habuit Endymion filium etiam Aetolum, a quo Aetolia dicta est, cum antea Hyanthis diceretur, vt ait Demaratus in primo libro de mutatis nominibus prouinciarū & locorū quāuis alij Mortis alij Martis eū fuisse filiū crediderīt.

Huic

Huic alium filium addidit Isacius cum ita scribat:

Alij dicunt quod Phthir fuit Endymionis filius, quidam addiderunt illi filium Eleum, quem ex Eurycyda suscepit, qui imperauit Epeis, a quo postea vocati sunt Elei. Hunc aiunt Iouis fuisse nepotem, quippe cum Aethlius Iouis & Protogeniæ fuisset filius; qui munus id à Ioue obtinuit, vt vitæ mortisque sibi esset arbiter, vt traditum est ab Hesiodo, Acæsilao, Pisandro, Pherecyde, & Nicandro in secũdo rerum Aetolicarum, & vt scripsit *Theopompus* in Epopęis. Fertur præterea Iupiter illum in cœlum accepisse: quem, cum Iunonem, vitiare conatus esset, deceptum ab Idolo oblato ad inferos detrusit. Fuerunt qui dicant Endymionem fuisse Elidis Regem, atque ob iustitiam in Deorum numerum relatum, mox impetrasse à Ioue vt perpetuo dormiret, quem alii Spartanum, alij Eleum esse crediderunt. Fama est hunc in Latmo Cariæ mõte in antro quodam versari solitum, vbi ciuitas erat Heraclea, vt scripsit Nicander in secũdo Europæ. Dicunt lunam in illud antrum venire solitam, & cum Endymione congredi, quod ita attigit Ouid. in Epistola Leandri:

> Non sint Endymion te pectoris esse seueri·
> Fac subeant animo Latmia saxa tuo.

Cicero tamen lib. primo Tusculanarum disputationum perpetuo dormientem Endymionem in Latmo Cariæ monte à luna adamatum dicit sola oscula lunæ accepisse, neque vnquam experrectum fuisse, cum ita scribat: Endymion vero, si fabulas audire volumus, nescio quando in Latmo obdormiuit, qui mons est Cariæ, nondum opinor experrectus. Num igitur eum curare censes, cum luna laboraret, à qua consopitus putatur, vt eum dormiẽtem oscularetur? quod ipsum scripsit etiam *Lucianus* in dialogo Veneris & lunæ. Theocritus felicem putauit Endymionem, quia semper dormiret, neque vllas sentiret molestias, cum ita scribat in tertia Aeglog.

> *ζαλωτὸς μὲν ἐμὶν ὁ τὸν ἄτροπον ὕπνον ἰαύων*
> *Ἐνδυμίων*
> Inuideo dulci somno, semperque grauato
> Endymioni.

Atque tot fere sunt de Endymione fabulose ab antiquis tradita.

¶ Nunc quæ causa horum fingendorum fuerit, inuestigemus. Atque primũ scire conuenit multa antiquos ad illustrium virorum perpetuam memoriam cõfinxisse, quæ postea fabulosis ornamentis vestita ad humanæ vitæ vtilitatem & eruditionem fuerunt informata. Sic illa, quæ dicta sunt de Endymione, ad perpetuam eius viri memoriam ab antiquis poetis fuerunt ficta. Qui vero magis historicè rem explicarunt, dicunt Endymionem dictum fuisse in eo monte perpetuo dormire, & à Luna amari, quia cum dormiret per diem, per noctem, quo tempore feræ exire solent de suis latebris, ad lunæ lumen venaretur: neque vnquam per diem videbatur. Alii dicunt primum Endymionem rerum sublimiũ speculationem inuenisse, cui rei fabulæ locum dedit luna ob tam varias luminis formas & mutationes, cum de illa præcipuè cognoscenda esset sollicitus: qui cũ noctu his considerationibus esset intentus, somno non fruebatur. at dormiebat per diem. Hic prior, vt testatur Lucianus in Astrologia, lunæ rationem mortalibus ostendit, sicuti Phaethon deprehendit solis cursum: quæ causa extitit cur luna illum amasse dicta sit, vt testatur Plinius in lib. secundo. Non defuerunt tamen qui Endymionem *hominem segnem, ac somno desidiaque deditum* fuisse putarint, vnde in illos qui sunt huiusmodi conuenit id dictum: somnus Endymionis: in illos enim conuenit, qui negligenter adeo aliquid faciunt, vt dormire videantur. Neque mirum videri debet Endymionem virum Astronomiæ peritum,

ritum' & in considerandis stellarum cursibus diligentissimum, ab illis segnem & voluptarium fuisse creditum: cum etiam Aeneas, quem nonnulli tantopere extollũt laudibus, vt bibax & gloriosus & iactabũdus ab Apolline carpatur apud Homerum in lib. vigesimo Iliadis:

Αἰνεία, Τρώων βουληφόρε, ποῦ τοι ἀπειλαὶ,
τὰς, Τρώων βασιλεῦσιν ὑπίσχεο οἰνοποτάζων;
Aenea, Troum ductor, quò grandia facta,
Quæ Reges inter, repletaq; pocula lætus
Pollicitus fueras?

Quæ res forte causa fuit cur Aeneas Veneris & Anchisæ filius creditus sit. Me tamen non præterit alios fuisse; qui pastorem fuisse Endymionem putarint, qui nocturnis pascuis delectaretur, cum alii pastores clausos greges in stabulis haberent: atque cum huius greges magnopere pinguescerent, fabulæ datus est locus, quod luna eius amore capta illud Endymionis gregibus donaret. Hunc mortuum esse & sepultum apud se testati sunt Elei, qui insigne sepulchrum illi erexerunt. Nihil aliud autem per hæc significatur, quam diligentiam omnibus in rebus esse vtilem, cum maxime Dei auxilium iis pręcipue præsto esse soleat, qui & ipsi non sint desides, & illud suppliciter implorauerint. Nã certe quidẽ Deus non fauet desidiæ. At Endymione relicto de Fortuna dicamus.

De Fortuna. Cap. IX.

DE Fortuna, quæ maxime omnium Deorum in quotidianis sermonibus nominatur, & penes quam omnes humanæ vitę mutationes, omneque facultatum & honorum, & amicitiarum, & commodorum arbitrium esse creditur, nihil neque certum, neque vna multorum scriptorum voce confirmatum habemus, nisi quod rerum omnium sit inconstantissima, neque vllo in loco diutius potest consistere. Homerus in hymno quodam in Cererem illam fuisse Oceani filiam innuit, & testatur Pausanias in Messeniacis, quippe cum illam etiam cum reliquis filiabus Oceani cum Proserpina colludentibus connumerauit, quã Tychen Græci appellant, quorum carminum hæc est sententia:

Vnà omnes vario per prata comantia flore,
Candida Leucipe, Phænoque, Electraque, Ianthe,
Melobosisque, Tyche, Ocyrhoe præsignis ocellis.

Orpheus in hymno, quem scripsit in Fortunam, illam natam fuisse è sanguine ait in his:

Αἵματος ἐκγεγαῶσαν, ἀπρόσμαχον εὖχος ἔχουσαν.
Sanguine prognatam, vi & inexpugnabile numen.

Quamuis scripsit quidam quod ante Homeri tempora nemo de Tyche mentionem fecit antiquior poeta, neque Hesiodus quidem, qui Deorum omnium ortus conscripsit, de Fortuna meminit omnino. Est enim recens, vt ita dixerim, & Homeri inuentum, Fortuna quam per multi scriptores post Homeri tempora nobilitarunt. Nam siue ante ea tempora nominata fuit, nullum nomen obtinuit: siue ab Homero primo, certe post eius tempora, vires assumpsit. Hanc ferunt res humanas sursum ac deorsum subuertere pro suo arbitrio, hanc in singulos homines ius habere, hanc ciuitates, hanc regna, hanc amicitias euertere cũ libuerit, hanc omnia illa euersa & iacentia erigere, opulentia, hominumque frequentia replere, & florentissima efficere. Quare siquid prosperum, siquid ex voto, siquid felix ex obscuris causis eueniat: aut contra, siquid turbulentum, molestum, calamitosum contingat, id totum Fortunæ tribuitur. velut ex his carmi-

carminibus intueri licet, quę sunt in Agamemnone actu apud Senecam Tragicũ,

O regnorum magnis fallax
Fortuna bonis, in præcipiti
Dubioque nimis excelsa locas.
Nunquam placidam scepra quietem,
Certumue suum tenuere diem.
Alia ex alijs cura fatigat,
Vexatque animos noua tempestas
Non sic libycis Lyrtibus æquor
Furit alternos voluere fluctus,
Non Euxini turget ab imis
Commota vadis vnda, niuali
Vicina, vbi cæruleis
Immunis aquis lucida versat
Plaustra bootes,
Vt præcipites Regum casus
Fortuna rotat: metui cupiunt,
Metuique timent, non nox illis
Alma recessus præbet tutos.
Non curarum somnus domitor
pectora soluit.

Atque, vt vno verbo dicam, hæc vna rerum omnium domina fuit existimata, vt ait Euripides in Hecuba:

ὦ Ζεῦ, τί λέξω; πότερά σ' ἀνθρώπους ὁρᾶν;
ἢ δόξαν ἄλλως τήνδε κεκτῆσθαι μάτην,
ψευδεῖν δοκοῦντας δαιμόνων εἶναι γένος,
τύχην δὲ πάντα τἀν βροτοῖς ἐπισκοπεῖν;
Dicam viros te Iupiterne cernere?
An frustra eos inuasit illa opinio,
Quòd vspiam sit forte dæmonum genus,
Fortuna cuncta cum regat mortalia?

Alij tantam vim facultatemq; fortunæ tribuerunt, vt vitam oĩum mortaliũ fortunæ ludum esse crediderint, sicuti scriptum reliquit Palladàs in his carminibus:

Παίγνιόν ἐςι τύχης μερόπων βίος, οἰκτρὸς ἀλήτης.
Πλούτου καὶ πενίης μεσσόθι ῥεμβόμενος.
καὶ τοὺς μὲν κατάγουσα πάλιν σφαιρηδὸν ἀείρει.
τοὺς δ' ἀπὸ τῶν νεφέλων εἰς ἀΐδην κατάγει.
Vita hominum ludus fortunę est, & miser error.
Inter pauperiem nauigat, inter opes.
Atque pilæ in morem nunc hos ab sydera tollit.
Elatos & nunc tartara ad ima iacit.

Quamuis idem postea Euripides factus sanioris mentis, vel minus insanam per Ionam introductus in Electra, Fortunæ autores & moderatores Deos introduxit, illamque Deorum ministram:

θεοὺς μὲν ἡγοῦ πρῶτον Ἠλέκτρα τύχης
ἀρχηγέτας τῆσδ', εἶτα κἄμ' ἐπαίνεσον
τὸν τῶν θεῶν τε, τῆς τύχης θ' ὑπηρέτην.
Deos putato Electra fortunę prius
Istius autores fuisse, postea
Laudato Fortunæ ministrum me, & Deum

Hanc

Scriptum reliquit Pausanias in Achaicis Fortunam vnam esse è Parcis, quæ potẽtia cæteras sorores antecelleret, quare & Orpheus illi vniuersæ vitæ humanæ potestatem & administrationem ita tribuit:

> Ἐν σοὶ γὰρ βίοτος θνητῶν παμποίκιλός ἐστιν.
> Ipsa regis variam mortalem numine vitam.

Hanc potentissimam & rerum omnium moderatricem significauit Demosthenes in his in oratione ad epistolam Philippi: μεγάλη γὰρ ῥοπὴ, μᾶλλον δὲ τὸ ὅλον ἡ τύχη ἐστὶ πρὸς ἅπαντα τὰ τῶν ἀνθρώπων πράγματα. Magnum enim quid est momẽtum rerum, vel potius totum est fortuna ad omnia hominum negotia. Cum de illa mentionem fecisset Homerus, non tamẽ tantum autoritatis potentiæque tribuit, quantum posterorum plerique, quippe cum Dijs cæteris propria officia concessisset. Sequentibus postea temporibus quidquid fieret, cuius causa esset occulta, illud Fortunæ imputari cœpit: quare Plutarchus in libello de fortuna Romanorum multa cognomina ab euentu illi indita fuisse memorat. Illud autem idcirco contigit, quia multa fiunt fortuna sapientiæ persimilia, vt est apud Athenæum in carminibus Ionis, quorum hæc est sententia:

> Longissimè à sapientia Fors dissidet:
> Sed multa perficit tamen simillima.

Theognis omnium bonorum & malorum, diuitiarumque & paupertatis autorem Iouem esse credidit, quamuis illa tam præclara fortunæ Orpheus tribuerit: quare videtur Theognis nullam esse Fortunam in his existimasse:

> Ζεὺς, γάρ τοι τὸ τάλαντον ἐπιῤῥέπει ἄλλοτε ἄλλῳ·
> ἄλλοτε μὲν πλουτεῖν, ἄλλοτε δ' οὐδὲν ἔχειν.
> Iupiter huc illuc interdum pondera flectit,
> Nunc dat diuitias, nunc dat habere nihil.

Quare præclare scriptum est à Iuuenale stulte inter Deos collocatam fuisse Fortunam. Nam si prudentia potius, quam temeritate quadam & cæcitate mentis res humanæ gubernarentur, oblitesceret penitus è mentibus hominum fortunæ nomen: fieretque sibi quisque illa fortuna, quam sibi parasset, neque magnopere vel de occulta potentia syderum, vel de Dei clementia ac prouidentia, vel de occultis naturæ causis quereremur cum quis agit inconsideratè: multaque propter suam patiatur inscientiam, vt nos aliquando lusimus in quadam epistola his versibus, ad clarissimum virum Petrum Sanutum missa:

> Aut tam occulta via est prudentiæ, & alta: futuri
> Vt solis sit nota Deis series: ratione
> Et trahitur certa venturi temporis ordo:
> Aut si non flectit mentes vis ætheris alti, &
> Ingenium sit cuique suum Fortuna: miselli
> Erramus cæci terra caligine mersi.
> Nec quicquam rectum certa ratione, modoque
> Conamur. velut in tenebris erramus. & ipsa
> Inscitia à nobis fatorum creditur ordo.
> Deteriora capi contingit, at optima sordent,
> Candida nigrescunt, nigrantiaque alba videntur:

Sed quòd inscitia mentibus hominum insidet, sæpius illi admonendi sunt, quòd

> Nullum numen abest, si sit prudentia: sed te
> Nos facimus fortuna Deam, cœloque locamus.

Sapientissime igitur Bupalus opinionem hominum secutus, vt est in Messeniacis Pausaniæ, ædificandis templis, fingẽdisq; simulachris ingeniosus ac solers, Fortunæ signũ apud Smyrnæos oium antiquorum primus effinxit: cuius capiti polũ

Imposuit, cum altera manu vocatæ Amaltheæ cornu teneret. Neque aliud Archilochus significare voluit, qui anum dextra flammas, at sinistra manu aquam gestantem effinxit, nisi fortunam eandem bonorum & malorum cellariam: quæque donet felicitatem, eandem & calamitates afferre. Nam cum perditis, & omni flagitiorum genere contaminatis hominibus facultates plerunque obueniant, multique viri boni sint inopes, Fortuna cæca, & inconsiderata, & inconstans, & ebria ac titubans dicta est, vt patet ex his apud Ouidium in libro 4. de Ponto:

Passibus ambiguis Fortuna volubilis errat,
Et manet in nullo firma, tenaxque loco.

Nam malus est dæmon planè credita fortuna, cui omnia hominum stultorum deliria ab antiquis attributa sunt, quæ ad naturam ingeniumque brutorum propius accederent. Sic etiam Palladas inquit in his carminibus:

οὐ λόγον, οὐ νόμον οἶδε τύχη, μερόπων δὲ τυραννεῖ,
τοῖς ἰδίοις ἀλόγως ῥεύμασι συρομένη.
μᾶλλον τοῖς ἀδίκοισι ῥέπει, μισεῖ δὲ δικαίους,
ὡς ἐπιδεικνυμένη τὴν ἄλογον δύναμιν
Improba non nouit leges Fortuna, modumue.
Sed semper, quò fert impetus, illa ruit.
Illa odit plerunque bonos, blanditur iniquis,
Et monstrat quæ sint robora stultitiæ.

Qua de causa fuit existimata à poetis super rota quadam perpetuo circumuolui, ita vt nunquam in eodem loco diutius persisteret, vt in eo versu significauit Tibullus in primo Elegiarum:

Versatur celeri Fors leuis orbe rotæ:

Et Ouidius secundo de Ponto:

Scilicet indignum iuuenum rarissime ducis
Te fieri comitem stantis in orbe Deæ.

Quod ideo fictum est, quoniam non solum ea, quæ bona hominum sunt, assiduè subuertuntur: verum etiam quia consiliorũ incerta est ratio, cum multa sint quæ nullo pacto præuidere possimus, vt nos in quadam epistola lusibus his versibus: quam ad clarissimum & integerrimum causidicum, singularisque eruditionis & integritatis virum Philippum Tertium cognomine aliquando misimus.

Nondum onerata ratis cum staret vincta sereno
Aethere, & insani tacitè pellacia ponti
Alliceret puppes, quoties retinacula nautas
Inuitos tenuere, suis vbi compedis arcta
Demeret Hippotades rapidis iam vincula ventis?
At contrà: quoties qui vincla frementibus vndis
Soluerunt, vastum nimbis tollentibus æquor,
Mitia pacatis sulcarunt alta procellis?

Hanc Deam cum cœcam finxissent antiqui, in curru vehi solitam dixerunt, qui ab æquis cæcis trahebatur, vt ait Ouid. in epistola ad Liuiam:

Fortuna arbitrijs tempus dispensat vbique,
Illa rapit iuuenes, corripit illa senes.
Quaque ruit, furibunda ruit: totumque per orbem
Fulminat: & cęcis cęca triunphat equis.

Nullus est omniũ Deorum, qui tot conuitia, tot lamentationes, tot querelas mortalium in se audiat: quam ab hominibus tanquam scopum contumeliarum, ne de diuina administratione tam nefarie pro stultitia nostra quereremur, introductam fuisse iudico. Hanc cęcam, hanc stultam, hãc temerariam, hanc leuissimam,

hanc

hanc amentium parentem, hanc bonorum nouercam appellarunt. Huic pro bene acceptis perraræ sunt gratiarum actiones, at frequentissimæ pro calamitatibus contumeliæ & obiurgationes. Hæc eadem tantum existimationis, tantumque imperium ab Homeri temporibus accepit, vt Iupiter de cœlo ab ea prope fuerit detrusus, omnemque rerum administrationem & sceptrum ipsum è manibus illa Ioui prope extorserit, sicut crediderunt insulsi homines.

¶ Atque vt summatim dicam, nulla alia de causa excogitatum fuisse Fortunæ nomen ab antiquis crediderim, nisi vt hominum lamentationes à summi Dei cogitatione ad inane nomen, & ad numen quod nusquam existeret, diuerterent. Nam cum quid aduersum accidit, illud diuino consilio euenire constat, cum omnia à Deo proueniant. Quod si homines omnes sapientes essent, facile cum eo viro optimo dicerent: si bona de manu domini accepimus, quare non & mala sustineamus? at quoniam pauci sunt sapientes, cum pro acceptis malis doleamus, nonne præstat de vano nomine Fortunæ, quam de diuina prouidentia queri? inde fit vt quibus res è sententia succedunt fortunati dicantur, cuiusmodi dicebatur Timotheus ille Atheniensis, quem dormientem fingebant pictores, ac fortunam illi vrbes, tanquam pisces in retia impellentem. at de Fortuna satis, nunc de Apolline dicamus.

De Apolline. *Cap.* X.

FVit Apollo, vt diximus, Latonæ Iouisque filius, siquidem Latona à Ioue cōpressa vno partu Apollinem & Dianam peperit, vt ait Hesiodus in Theog.

λητὼδ' ἀπόλλωνα καὶ ἄρτεμιν ἰοχέαιραν,
ἱμερόεντα γόνον περὶ πάντων οὐρανιώνων,
Γείνατ' ἄρ, αἰγιόχοιο Διὸς φιλότητι μιγεῖσα.
At Phębum peperit, peperit Latona Dianam.
Pignora cunctorum quæ sunt clarissima diuum,
Cęlicolum regi magno coniuncta tonanti.

Quare Apollo ita gloriatur apud Ouidium, se è Ioue natum esse:

mihi Delphica tellus:
Et claros, & Tenedos, Panopæaque regia seruit,
Iupiter est genitor.

Herodotus autem in Euterpe nō Iouis, at Dionysi filios fuisse Apollinem & Dianam scribit in his: ἀπόλλωνα δὲ καὶ ἄρτεμιν, Διονύσου καὶ ἴσιος λέγουσιν εἶναι παῖδας. λητοῦν δὲ τροφὸν αὐτοῖσι, καὶ σώτειραν γενέσθαι. Apollinem ac Dianam Dionysi & Isidis filios esse aiunt. Latonamq; illorum fuisse nutricem, cum illos seruauerit. Nam Latona cum esset vna ex octo Dijs Aegyptiorum, à Cerere depositum apud se Apollinem seruauit, cum in insula Plote siue natante ab impetu Typhonis Osiridis filios quærentis protexisset. Hos filios qui Latonæ attribuunt, in Delo peperisse dicunt, vt testatur Cicero in actione 3. in Verrem. Postridie cum spoliatum fanum viderent ij, qui Delum incolebant, grauiter ferebant: est enim tanta apud eos eius fani religio, vt in eo loco ipsum Apollinem natum esse arbitrentur. Atque Homerus hymnographus in Delo palmæ arborem fuisse inquit, quæ ostendebatur, cui innixa Latona Apollinem peperit, vt est in his:

κεκλιμένη πρὸς μακρὸν ὄρος, καὶ κύνθιον ὄχθον.
ἀγχοτάτω φοίνικος ὑπ' ἰνωποῖο ῥεέθρου.
In monte excelso deflexa, in vertice Cynthi,
Inopæ ad primas ripas, palmæque propinqua.

Et Ouidius in Epistola Cydippes:

Miror & immuneris structam de cornibus aram,

Et de qua pariens arbore nixa Dea est.

Nam Herodotus in Euterpe multas arbores palmarũ in insula Plote vocata fuisse scribit, & templum Apollinis magnificentissimum, & aras tergeminas, & arbores tum fructiferas, tum etiam steriles, permultas. Plutarchus in vita Pelopidæ in ciuitate Tegyra natum fuisse Apollinem scribit, ibique esse duos fontes, quorum alter Palma, alter Oliua dicitur: mõtemq; Delum nomine, atq; illa quæ de Tityo ac Pythone dicuntur, possunt omnia ad hunc ortum perduci. Sed vt res magis perspicua sit, verba Plutarchi ascribenda duxi: μικρὸν δὲ ὑπὸ τὰ ἕλη, ἱερὸν ἐστιν ἀπόλλωνος τεγυραίου, καὶ μαντεῖον ἐκλελειμμένον οὐ πάνυ πολὺν χρόνον. ἀλλ' ἄχρι τῶν μηδικῶν ἤκμαζε τὴν προφητείαν. ἐχεκράτους ἔχοντος. Ἐνταῦθα μυθολογοῦσι τὸν θεὸν γενέσθαι, καὶ τὸ μὲν πλησίον ὄρος, δῆλος καλεῖται, καὶ πρὸς αὐτὸ καταλήγουσιν αἱ τοῦ μέλανος καταχύσεις, ὀπίσω δὲ τοῦ ναοῦ, δύο ῥήγνυνται πηγαὶ γλυκύτητι καὶ πλήθει καὶ ψυχρότητι θαυμαστοῦ νάματος, ὧν τὸ μὲν φοίνικα, τὸ δὲ ἐλαίαν ἄχρι νῦν ὀνομάζομεν. οὐ φυτῶν μεταξὺ δυεῖν, ἀλλὰ ῥείθροιν τῆς θεοῦ λοχευθείσης. Nec longe hinc sanè distat Apollinis Tegyræi templũ & oraculum non multo iam tpe euersum, quod vsq; ad Medorum bellum cũ præsideret summæ rerũ Echecrates vaticinijs ac rñsis floruit. Hic fabulantur Deum natũ esse, cui loco finitimus est mons Delus noïatus, ad cuius montis radices vndæ Melæ fluuij cessant. Post ipsum templũ gemini fontes scatẽt, suauitate aquarũ, & copia, & frigore mirabiles: quorũ alterum Palmã, alterum Oliuã nominãt his etiam tẽporib. Neq; verum quidem est quod inter duas arbores, sed inter duo flucta vteri pondus Dea deposuerit. Multos fuisse Apollines scribit Cicero lib. 3. de natura Deorũ his verbis: Apollinũ antiquissimus is, quẽ paulo ante ex Vulcano natũ esse dixi, custodẽ Athenarũ. Alter Corybantis filius, natus in Creta: cuius de illa insula cũ Ioue ipso certamẽ fuisse tradit. Tertius Ioue natus & Latona: quẽ ex Hyperboreis Delphos ferũt aduenisse. Quartus in Arcadia, quẽ Arcades Nomionẽ appellãt, quod ab eo se leges ferunt accepisse. Atq; cum tot Apollines fuerint, reliqui oẽs silentur, oẽsq; res aliorũ gestæ ad vnum Apollinẽ Latonæ & Iouis filiũ referunt. Hic multos filios habuisse dicitur è varijs mulieribus: ex Aethusa Neptuni filia Eleutherum suscepit, è Corycia nympha Lycorum, è Thyia, vel, vt alijs magis placet, è Melæne filia Cephissi Delphum, ex Acachallide Phylacidem, & Philandrum & Naxum, è Cyrene nympha Aristeum. Ex Euadne Iamum Vatem, à quo Iamidæ apud Pisam vaticinabantur in Olympicis pelles victimarum in ignem iacientes, quod alij maluerunt fieri è sectione, si recta fieret. Chæronem è Thero Phylantis filia, è Chrysorte Coronum. Eutnocum è Cyrene. Ex Atria Cleochi filia siue Aegea Miletum à quo dicta est vrbs, & Oaxum, à quo Oaxia, & Arabũ, à quo Arabia. ex Babylonia & Garamãtem, Ismenium, & Acrephum à quo Acrephia vrbs Beotiæ. futurus erat pater etiam è Castalia, nisi in fontem euanuisset. è Syllide nympha, Xeuxippum. ex Asterie, Idmonem. è Sinope, Syrum. è Dia Lycaonis, Dryopem, è Manto Mopsum, è Melia Oceani Tenarum vatem ac diuinatorem & Ismenium, è Calliope Orpheum & Hymeneum & Ialemum vt ait Asclepiades in sexto Tragicorum. ex Acachallide Delphum, qui nomen dedit Delphis vmbilico totius orbis terræ. nã fabulati sunt antiqui Iouem cum vellet medium atq; vmbilicũ terræ inuenire, alteram aquilam ab oriente, alteram ab occasu pari velocitate emisisse, iussisseq; illas rectã & è regione conuolare, quæ cum in Delphos deniq; conuenissent ibi ad sempiternã facti memoriam aurea aquila dicata est, è Chione, Philammonẽ. amauit etiã Rhodiã virginẽ quæ nomẽ dedit insulę. suscepit Megareũ, à quo Megara & ne singulis matrib. ab ipso Apolline factis numerãdis diutius immorer, Linus, Philisthenes, Iamus, Laphirus, Anius, Argeus, Ilaira, Psyche, Philemõ, Pythaeus, Garamãtes, Actous, Brãchus, Nomius, Eurynome

Dorus,

Dorus, Laodocus, Polypetes, alijque compiures dicuntur fuisse Apollinis filij, & Chius ex Anathippe, à quo insula vocata fuit. amauit & Bolinam nympham, quæ fugiens eius impetum se in mare proximum abiecit, atque Apollinis miseratione immortalis est facta non procul à Drepano promontorio. è Peneo oceani & Tethyos à quo fl. dictus est Thessaliç & Creusa natus est Hypseus & Stilbe, de qua Apollo filios Lapithem & Cẽtaurum procreauit. Lapithes ducta Orsinome Phorbantem & Periphantem suscepit, qui cum in regnum succesissent omnes suos populos à patre nominarũt Lapithas. Fuit autem Aesculapius omnium filiorũ Apollinis celeberrimus, quem Iupiter fulmine confecisse dicitur, quia mortuos per medendi peritiam in vitam reuocaret. Id grauiter ferens Apollo cum vlcisci non posset Iouis in se iniurias, omnem iræ impetum cõuertit in Cyclopas quos, quia fulmina Ioui fecissent, sagittis cõfecit. Ea re indignatus Iupiter Apollinem è cœlo relegauit. Quod ita scripsit in Argonauticis Orpheus:

Ἄδμητος δ' ἀφίκανε Φεραιόθεν ὁππότε παιὰν
θητεύων, ὑπάλυξε Διὸς δ' ἠλεύατο μῆνιν.
οὕνεκα τοὺς κύκλωπας ἀμαιμακέτοισιν ὀϊστοῖς
ἐν φθιτοῖσιν ἔτευξε ἀσκληπιοῖο εἵνεκα λώβης.
Inde Pheris Admetus adest: seruiuit Apollo
Huic olim, cuperet vitare is cum Iouis iram.
Cyclopas quoniam confecerat ille sagittis,
Atque neci dederat Asclepi pignoris ergò,

Inde demissus ac exul errabundus mortalium calamitatibus factus est obnoxius vt testatur Lucianus in dialogis mortuorum. Hic idem Deus propter inopiam rerum omnium victui necessariarum mortalis omnium miserrimus factus operam suam Admeto Thessaliæ Regi pascendis armentis concessit. Vel, vt alii maluerunt, datus est in seruitutem Atmeto, qui, quoniam oues pauit, vocatus fuit Nomius & Agreus, de quo ita Pindarus in Pythicis.

καὶ ἁγνὸν ἀπόλλων'
Ἀνδράσι χάρμα φίλοις,
Ἄγχιστον ὀπάονα μήλων
Et clarum Apollinem
Viris lætitiam amicis
Propinquum custodem ouium:

à quo magnopere dicitur fuisse amatus contracta postmodo non vulgari amicitia propter bonitatem ingenij & industriam ipsius Apollinis. Huic eodem die natus Mercurius vesperi boues surripuit, vt est in hymno Homeri in Mercuriũ:

ἠῷος γεγονὼς μέσῳ ἤματι ἐγκιθάριζεν.
Ἑσπέριος βοῦς κλέψεν ἑκηβόλου ἀπόλλωνος.
Editus is mane est. cytharam pulsauit eadem
Luce, boues Phœbo celauit vespere raptos.

Deinde cum quereretur Apollo, Mercuriumque minis terrere conaretur, vt boues per furtum raptas sibi restitueret, idem Mercurius pharetram etiam surripuit: qua re cognita coactus est ridere Apollo, vt ait Hora. in 1. Carminum.

Te boues olim nisi reddidisses
Per dolum amotas, puerum minaci
Voce dum terret, viduus pharetra
Risit Apollo.

Cum Pindarus oues, alii boues pauisse Apollinem inquiant, Callimachus tamen in hymno in lauacrum Apollinis equas illum pauisse asserit in his:

φοῖβον καὶ νόμιον κικλήσκομεν, ἐξ ἔτι κείνου
ἐξότ᾽ ἐπ᾽ Ἀμφρυσῷ ζευγίτιδας ἔτρεφεν ἵππους
Dixerunt Nominum Phœbum, ex quo tempore ad vndas
Amphrysi Deus egit equas pastum ille iugales.

Qua de causa habitus est Deus postea pastorum vnà cum Pale, vt ait Virgilius in Aegloga quinta:

Ipsa Pales agros, atque ipse reliquit Apollo.

Et in tertio Georgicorum:

Tu quoque magna Pales, & te memorande canemus
Pastor ab Amphryso.

Huic lupus sacer existimatur, quia cum infestum sit animal gregibus & armentis Apollinis tamen armento pepercerit. Ast ego crediderim, vt inimicum animal mactari solitum armentorum Deo, eadem causa qua sus Cereri & caper Baccho immolantur. Alij crediderunt ob rapacitatem sacratum fuisse, quia caloris rapacitas per illum significatur, sicut coruus eidem erat sacratus ob diuinationem pluuiarum & serenitatis, cum nunc clam, nunc rauca voce vteretur pro mutationibus temporum. Arati tamen enarrator ob præstantissimum oculorum acumen sacrum Apollini perspicaci existimari censet. Sic enim inquit: ὡς γὰρ ἐκεῖνος μακρόθεν ὢν ὁρᾶν δύναται, οὕτω δὴ καὶ ὁ λύκος ὀξυδερκής, καὶ διὰ τὸ ὀξυδερκὲς αὐτοῦ προσήρμοσαν αὐτὸν τῷ Ἀπόλλωνι. Vt.n. ille cũ pcul extiterit, tamen potest perspicere, sic lupo magnum est aciei acumen: qui etiam quoniam est perspicax Apollini sacer putatur. Hic idem Deus mox cum ad Eurotæ ripas in Sparta Hyacinthi pueri amore captus disco certaret, Hyacinthum imprudens occidit, vt ait Ouidius libro mutationum. 15. Atque ita Nicander in Theriacis:

ψίλωθρον, καρπόν τε φιλοθρήνου ὑακίνθου,
ὅν φοῖβος θρήνησεν, ἐπεί ῥ᾽ ἀέκουσιος ἔκτα,
Παῖδα λαβὼν προπάροιθεν Ἀμυκλαίου ποταμοῖο
Πρωθήβην ὑάκινθον, ἐπεὶ σόλος ἔμπεσε κόρσῃ.
Πέτρος ἀφαλλόμενος νέατον δ᾽ ἤραξε κάλυμμα.
Psilothrum, fractum miserabilis atque Hyacinthi,
Quem Phębus luxit, quod nolens forte cecidit.
Inuadens puerum prima lanugine malas
Florentem gelidas ad Amycti fluminis vndas.
Hic etenim saliens percussit tempora discus,
Temporis & fregit puero ferus ossa tenelli.

Hac de causa profugus è Sparta ad Laomedontem dicitur Troiam confugisse, qui tum forte mœnia ciuitatis extruenda curabat: sibi Apollo vnà cum Neptuno cum ambo rerum necessariarum inopia laborarent, suam operam pro promissa mercede Laomedonti locarunt lateres componentes. Non tamen tantam mercedem ceperunt, quanta sibi promissa fuerat ab illo Phryge. At Ouidius non manibus Apollinis extructa fuisse mœnia Troiana scribit in epistola Paridis, sed per sonum lyræ: quam dum tractaret, saxa se sua sponte ait concinne accommodasse. Ita enim inquit:

Ilion aspicies, firmataque turribus altis
Mœnia Apollineæ structa canore lyræ.

Neque solum extruendis muris Troianis cementum & lateres Apollo contrectauit, sed etiam opem tulit Alcathoo in extruendis muris labyrinthi, vt testatur Pausanias in Atticis ex omnium Megarensium opinione. Vbi etiam saxum ostẽdebatur super quod citharam deposuit Phœbus, cũ esset opus aggressurus, quod saxum si lapide percuteretur, citharæ sonum emittere per aliquod tempus consueuisse

sueuisse dictum est. Non defuerũt sanè qui dixerint Apollinem fuisse Arcadum Regem; qui cum seuerius imperaret, pulsus fuit à suis ciuibus, & ex altissima imperij dignitate ad priuatam vitam, tanquam è cœlo in terram deiectus, ad Admetum Thessaliæ Regem confugerit: qui illi concessit, vt iis populis, qui circa Amphrysum fluuium habitabant, imperaret. Inde pastor apud eum amnem Admeti fuisse dicitur, cum Reges antiquitus & gubernatores ciuitatum ποιμένες siue pastores dicerentur, ad custodum pecudum similitudinem: quia non minus vtilitatem suorum reges antiqui procurabant, atq; vel pastores pecudum, vel patres filiorum. Inde Homerus etiam ex antiqua illa cõsuetudine Reges ac principes populorum, ποιμένας λαῶν vocat. Hæc igitur nominis consuetudo cum ab eis qui curant armenta translata sit, postea locum dedit fabulæ. Herodotus in Euterpe omnes illos, qui ab Aegyptijs Dij habiti sunt, regnasse apud Aegyptios ostendit, atq; inquit eorum omnium postremum Orum Osiridis, quem Apollinem Græci vocarunt, imperasse, vt est in his: τὸ δὲ πρότερον τῶν ἀνδρῶν τούτων θεοὺς εἶναι τοὺς ἐν αἰγύπτῳ ἄρχοντας, οὐκ ἐόντας ἅμα τοῖσι ἀνθρώποισι. καί τούτων αἰεὶ ἕνα τὸν κρατέοντα εἶναι. ὕστατον δὲ αὐτῆς βασιλεῦσαι Ὧρον τὸν ὀσίριος παῖδα, τὸν ἀπόλλωνα ἕλληνες ὀνομάζουσι. τοῦτον καταπαύσαντα τυφῶνα, βασιλεῦσαι ὕστατον αἰγύπτου. Atque prius horum hominum Deos fuisse illos, qui regnauerãt in Aegypto, qui non amplius inter mortales degerent: inter quos vnus fuit semper, qui reliquos autoritate anteiret. Postremus autem omnium regnauit Orus Osiridis filius quem Græci vocarunt Apollinem. Est enim Osiris Bacchus, vt dictum est. Dictus est Apollo cum boues Admeti custodiret ocij pertæsus citharam inuenisse, vt ait Pausanias in prioribus Eliacis, cum lyram Mercurius inuenerit, vt dicetur. Fertur idem fuisse musicæ & vaticiniorum inuentor, vt est in primo Metamorphoseon Ouidij:

> Iupiter est genitor: per me quod eritque, fuitque,
> Estque patet: per me concordant carmina neruis.

Perutile sane & præclarum inuentum fuit Apollinis musica, quæ tanquam solatium quoddam, & ad obliuionem humanarum calamitatum remedium, quibus vita hominum vndiq; septa est, fuit inuenta. verũ illam nunc magis effeminarunt quam conueniebat, vt chromaticũ melos adhibuerunt ad demulcendos animos, nunc magis virilem fecerunt: nunc ex his ambobus modulis fecerunt permistã: sicuti requirebat rerum præsentium ratio. Neq; rudis omnino aut inurbanus habitus est, qui musicæ nõ fuisset ignarus. Alius fuit musicæ modus, cum per numeros animi in bellum essent incitandi, alius modulus fuit in conuiuijs, alius inter Deorũ sacrificia. Qui enim modulos recte cognouerit, & quib. ex numeris cõponantur singuli, ille facile ad omnia tempora musicam rationem accommodabit. Fuerunt hac ipsa de causa Musæ in eius tutela creditæ, quarum & dux & pater Apollo fuit existimatus. Fabulãtur Linum Amphimaro Neptuni filio & Vrania genitum fuisse: qui cum oẽs mortales gloria musicę antecelleret, ab Apolline, cui se cantu conferebat, fuit extremo supplicio affectus, cui etiã parentant ante sacra Musarum. Fuit etiam Linus Apollinis & Terpsichores filius: vel vt alii maluerunt, Vraniæ & Mercurij, qui fuit ab Hercule cithara occisus, cuius discipuli fuisse memorantur Thamyras, Orpheus, Hercules. Hic natus est Thebis, vt in primo libro disciplinarum scripsit Hermodotus Platonicus, qui cum fuisset poeta præstantissimus, scripserat de mundi generatione: cuius in initio dixit omnia simul esse genita. atq; idem scripsit de lunæ & solis cursu, deq; generatione animalium. scriptũ reliquit Dio in tertia compositione Linum alium natũ esse ex Apolline & Psammate nympha, quam alij neptem, alij filiam fuisse Crotopi asserebant: quæ cum ex occulto concubitu apud Nemeũ fluuium peperisset infantem, illum Linũ appellauit, quod antiqua Arginorũ lingua spurium significat. Hunc Linũ tamen alij ob timorem patrui canib. expositum ac laniatũ fuisse memorant, alij ob negligentiã pastoris aiũt id accidisse, cui datus fuerat educãdus. Fuit & alius Linus, q lamẽtationes ac fletus carmine prior edidit elegiaco, de quo mentionem fecit Phylarchus historicus. Huic Deo sacer creditus fuit oleaster, qa iuxta oleã & palmã natus sit, vt quidã putarũt. ego vero crediderim ꝙ illa planta solẽ maxime amet, cũ in locis frigidis nõ nascat. Quod illi sacer sit ita Theocr. ait in Herc. Leonicida:

χλωρή τ' ἀγριέλαιος Ἀπόλλωνος νομίοιο
ἱερὸν ἁγνὸν ξεῖνε, τελειοτάτοιο θεοῖο
Atque virens oleaster Apollinis ipse sacratus,
Ac purus, coma sacra Deo frondescit adulto.

Et qm̃ musica fuit Apollinis inuentũ, illi consecratas etiã cicadas, canorũ omnino aĩalis genus existimarũt, & fidiculã piscem, vt Bocã Mercurio, Triglẽ Hecate, phalaridẽ siue apuã Veneri, susaneos Dionyso, & vitulũ marinum: pompilũ Neptuno, mulũ Dianę, vt ait Dorion in piscib. Hic Deus patrius & ciuitatis defensor creditus fuit ab antiquis Atheniẽsib. ad cuius Dei memoriã mos fuit priscis Atheniẽsib. comã nutrire, & aureas cicadas capillis adnexas gestare, vt his verbis testatus Thucydides: καὶ οἱ πρεσβύτεροι αὐτοῖς τῶν εὐδαιμόνων οὐ πολὺς χρόνος ἐπειδὴ χιτῶνάς τε λινοῦς ἐπαύσαντο φοροῦντες, καὶ χρυσῶν τεττίγων ἐν ἔρσει κρωβύλον ἀναδούμενοι τῶν ἐν τῇ κεφαλῇ τριχῶν. Atq; antiqui, qui inter illos diuitijs prẽstiterũt, nec longũ intercedit tpis spatiũ, ex quo lineas tunicas gestare cessarunt, & aurearũ cicadarũ corymbos è capillis capitũ dependentes. Verũ rem hanc apertius patefecit Aristophanis enarrator ĩ his: ἀρχαιότατοι τῶν Ἀθηναίων τέττιγας χρυσοῦς ἐν τοῖς τῶν τριχῶν πλέγμασιν εἶχον, διότι οἱ τέττιγες μουσικοὶ ὄντες, ἀνάκεινται τῷ Ἀπόλλωνι, ὅς ἦν πατρῷος τῇ πόλει. Antiquissimi Atheniensiũ aureas cicadas capillis implicitas gestabant, qm̃ cum musicæ sint cicadæ, sacratæ sunt Apollini: qui patrius est Deus illius ciuitatis. Hic Deus etiã celeberrimus fuit ob diuinandi artẽ & vaticinia, eo quæ maxime oĩum Deorum ab oĩb. fere gẽtib. in honore habebatur: cuius taberna quędã & officina insorum diurissime patuit in Delphis pręter cætera loca. Scriptũ reliquit Lucianus in dialogo de Astrologia, virginẽ quandã apud Delphos prædicendi munere functã fuisse: cum tñ draco esset sub tripode, qui vocẽ emitteret. Fabulantur tñ nonnulli Apollinẽ vaticinandi artẽ à Pane didicisse, vt ait Adollodorus lib. 1. in his: Ἀπόλλων δὲ τὴν μαντικὴν μαθὼν παρὰ τοῦ Πανὸς τοῦ Διὸς καὶ Θύμβρεως, ἧκεν εἰς Δελφοὺς χρησμῳδούσης τότε Θέμιδος. ὡς δὲ ὁ φρουρῶν τὸ μαντεῖον Πύθων ὄφις ἐκώλυεν αὐτὸν παρελθεῖν εἰς τὸ χάσμα, τοῦτον ἀνελὼν τὸ μαντεῖον παραλαμβάνει. Apollo aũt vaticinandi arte ex Pane Iouis & Thymbreis Nymphæ filio percepta Delphos se cõtulit, quo tempore Themis dabat responsa. At vbi illum Pytho serpens impediret quo minus penetraret ad hiatum, eo cæso Apollo loco oraculi ipse potitus est. Erat enim, vt quidam antiquorũ tradiderunt, tripos aureus: sub quo serpens in adyto templi Apollinis Delphici, è quo loco respõsa dabantur: atq; hic tripos hac de causa illi dicatus fuit. Fama est, vt testatur Plutarchus in Solone, Milesios hospites nonnullos à Cois piscatoribus aliquando emisse retium iactũ, & certa mercede conuenerunt Coi vt quidquid eo iactu cepissent, id esset hospitum Milesiorum. Aureum itaq; tripodem reti annexũ traxerunt: quem ferunt Helenã cum Troiam nauigaret iussu oraculi in eo loco deposuisse. Deinde cũ nata esset controuersia de illo tripode inter piscatores & Milesios, ciuitates ambæ causam illam publice susceperunt, donec ad arma ventum est. Deinde cũ vtriq; Pythiam consuluissent, responsum tulerunt sapientissimo omniũ tripodem illum mitti oportere: tum omnibus assentientib. Cois, qui pro illo antea decertauerãt, tripos ad Thaletẽ Milesium defertur, vt ait

Laertius.

Laertius in eius vita: quem tamen Thales ad Biantem, vt se sapientiorem remisit: & ab eo rursus ad alios eodem pacto transmissus, demum ad Thaletem denuo remittitur: quem ille tandē Ismenio Apollini dicari oportere inquit. Theophrasti tñ opinio fuit ꝙ Bianti primū fuerit delatus, deinde Thaleti, & ad alios deinde, mox ad Biantē denuo remissus Apollini Delphico cōsecratus fuerit. Fuit aūt tripos, vt est in lib. 4. Iliad. vas vel æneum, vel aureū, ꝙ trib. pedib. fulciebat, ansasq; siue aures haberet, quib. capiebatur, quorum vasorum vsus erat in sacrificijs. Horum alii seruabantur ab igne intacti atq; τρίποδες ἀναθηματικοὶ dicebantur, oblati siue depositi tripodes scilicet: quorum formæ ita fecit mētionem Homerus:

καὶ τρίποδ᾽ οὐατόεντα φέρειν.
Et tripoda auritum ferre.

Illi tripodes, qui imponebantur igni & quibus vtebantur in sacris, dicebantur ἐμπυριβήτας, hoc est igni impositi, de quibus ita meminit idem poeta:

τῷ μὲν νικήσαντι μέγαν τρίποδ᾽ ἐμπυριβήτην
τὸν δὲ δυωδεκάβοιον ἐνὶ σφίσι τῖον ἀχαιοί.
Impositumque igni victori dat tripodem, quem
Bis senos superare boues rebantur Achiui.

Sunt qui dicant tripodes mēsas fuisse in Apollinis Delphici templo, super quibus recumbentes Phœbades responsa redderent, quas etiā mensas cortinas vocarunt, à corio Pythonis ita dictas, cum eo tripos Delphicus tegeretur. Alij tamen cortinam vas esse crediderunt tribus effultum pedibus, in quod mergebatur Phæbas vaticinatura. Alij sellam, quæ tribus pedibus fulciretur, tripodem esse senserunt, super qua sedens oracula daret: quod videtur testari Callimachus in lauacrum Dianæ:

οὔπω μοι τυθῶνι μέλει τριποδήϊος ἕδρη
Nondum cura mihi sedes tripodis fuit ante:

Alij vas pulueribus plenum, vt sentit Hellanicus. Strabo diuinum domicilium, speluncam. s. profundam. Memoriæ proditum est à Musæo lib. 3. Iuniperum spinosam arborem cōsecratam fuisse, cui laurus præterea dicata putabatur, ꝙ nympham Daphnen ab Apolline amatam in hanc ferūt mutatam, cum fugeret Apollinem: quia magis Leucippo iuuene imberbi ac prȩualido delectaret. ferunt Leucippū fuisse inuitatū cum cætero cætu virginū vt se laueret in fluuio Ladone, cū esset indutus veste muliebri, idq; impulsu Apollinis inuidētis eius fȩlicitati, ꝙ cū recusasset Leucippus, fuit deniq; protractus, ac deprehēsus virginem emētitus à socijs Dalphnes iaculis & pugionibus confossus interijt, atqui laurus apollini sacra putabatur, non solum quia Ladonis filiam ab Apolline amatam in illam arborem conuersam esse fabulantur, vt testatur Ouid. lib. 1. Metamorph. sed etiam quia naturæ ipsius Apollinis conuenit, cum arbor sit natura calida, cuius folia & fructus siccant & calefaciunt vehementer vt ait Aetius in lib. 1. atq; magis etiam ipse fructus. Hæc eadem causa fuit cur lunæ simulacrum laureum ramū teneret, per quem calorem vna cum lumine illam à sole accipere significabant, vt sensit Ptolemæus in Almagesto. hæc una est arbor, quæ fulmine minime tangitur. quare fuit ἀλεξίκακος dicta siue arcens ac repellens mala. neque timet anni iniuriam, sed semper frondet, neque vnquam senex apparet. eius odor ad vitandam pestilentiam commodus est, vt ait Herodianus: atque non mediocriter confert diuinationibus, siquidem eius folia sub puluinari dormientum posita vera somnia gignere putantur. Huius arboris coronæ Apollinis templis appendebantur, & vates coronabantur, dicebanturque lauri foliis vsci, quod vtilia vaticinia capientibus significantes munera & sumptus in victum reportabant, resque oēs humanæ vitæ necȩssarias, vt testatur Isacius. Nicander Aetolus is, qui Alexī

pharmaca

pharmaca scripsit, quique Apollinis Clarii fuit sacerdos, scriptum reliquit in Aemonia primum apud Tempe laurum fuisse inuentam, quod innuit in his:

Πολλάκι δ' ἢ οἴνης ἀμιγῆ πόσιν, ἢ ἀπὸ δάφνης
τεμπίδος, ἢ δαύκοιο φέροις ἐκ καυλία κόψας.
Vel purum vitis potum fer, vel dato lauri
Aemoniæ, pastinacamque, aut caulia cædens:

Apollinis Ismenii diuinatio nõ fiebat per responsa, sed per illa animalia quę comburebantur, sacerdotes futura vaticinabantur, vt ait enarrator Sophoclis. Magi præterea & Scythæ per lignum myricæ vaticinabantur, & per alias multas aliorum arbustorum virgas, quod genus vaticinii à Medis etiam seruari solitum scriptum fuit à Dione lib. primo tertiæ cõpositionis: sicuti Iamidæ per pelles cęsarum victimarum ignibus impositarum, si recte inciderentur: cum alias astragalis super mensis impositis Deorum vaticinari mos fuisset. In Lesbo præterea fieri solita per virgas myricæ vaticinia testatur vel cognomen ipsius Apollinis, qui inde Myricęus vocatus fuit à Lesbiis. Scriptum reliquit præterea Archeus in iis quæ memoriæ prodidit de Archeanatide ac de bello Erythręo, Apollinem apparuisse in somnis Archagetę summo eius expeditionis Imperatori, qui ramum gestaret myricę: quare illam plantam illi Deo gratam putarunt. Metrodorus præterea in quodam libello quem scripserat de consuetudine, antiquissimam plantam esse myricam putasse videtur, qua etiam Aegyptii per pompam Iouis coronarentur. Verum hanc sententiam ita attigit paucis idem Nicander in Theriacis:

καὶ μυρίκης λάζοιο νέον πανακαρπέα θάμνον
μάντιν ἐνὶ ζώοισι γεράσμιον ᾗ ἐν Ἀπόλλων
μαντοσύνας κορυπαῖος ἐτήκατο, καὶ θέμιν ἀνδρῶν.
Inde nouum fruticem sterilis tu sume myricæ,
Quæ vates veneranda viros est inter. Apollo
Iura virum huic tribuit, venturaque dicere clarus.

Fama est Democritum non solum solita auguria intellexisse, sed etiam certo nomine aues quasdam nominare solitum, è quarum sanguine commisto anguis nasceretur, ex quo si quis edisset, auium omnium intelligeret idioma. atque Melampo memorant angues quosdam aures lambentes visos, quare ille postea sermones auium dicitur intellexisse. fama est Apollonium Thyaneũ auium omnium voces intelligere solitum, quem aiunt aliquando passeres lætantes intuitum dixisse præsentibus non paucis illas significasse cęteris asinum collapsum, milium quod portabat, disrupto sacco effudisse, quare esse vnde vberrime pascerentur. Illud cum visum esset miraculum audientibus, aiunt nonnullos studiose spectatum accurrisse an vera essent, quæ nuntiarentur, atque inuenisse sicuti ab Apollonio dictum fuerat. Hanc diuinationem Romani cũ ad libros Sibyllinos & exta Tyrrhenorum & auguria & signa de cęlo retulissent, cęteras oẽs diuinationes aboleuerunt. Erant autem multi modi diuinationum apud antiquos, siquidem vel volatus auium, vel obseruationes tripudiorũ, vel auguria, quorum fuit Caras inuentor, vel intuitus auium, vel exta victimarum, vel signa de cęlo, vel prodigia, vel portenta, vel responsa Deorum, vel somnia, vel astra, vel aqua, vel ignis, vel mortui futura prædicebant ac præmonstrabant, vel alii modi, quos omnes recensere foret superuacaneum. Nam multa horum fuerunt ab orpheo descripta in Argonauticis, vt patet ex his:

ἀμφὶ δὲ μαντείης ἐδάην πολυπείρονας ὄρμους,
θηρῶν, τ' οἰωνῶν τε, καὶ ἢ σπλάγχνων θέσις ἐστίν.
ἠδ' ὅσα θεσπίζουσι ὀνειροπόλοισιν ἀταρποῖς

ψυχαὶ ἐφημερίων. ὕπνῳ ἐμβολημέναι ἦτορ.
Σημείων, τεράτων τε λύσας, ἄστρων τε πορείας.
Perdidici leges multas, ac munia vatum,
Quæ volucresq; ferasque docent, quo conuenit extra
Esse modo: quæ diuinent insomnia mentes
Mortales vt habet sopor, & leuis irrigat artus
Prodigiis quæ conueniat, monstrisque medela,
Portentisque Deum, quid nobis sydera monstrent.

Nam & Virg. quosdam numerauit in 3. Aeneid. hoc pacto:

Troiugena interpres Diuum, qui numina Phœbi,
Qui tripodas, Clarii lauros, qui sydera sentis:
Et volucrum linguas, & præpetis omina pennæ.

Non iniuria idcirco vates, rerumque futurarum coniectores Apollinis filios antiqui esse existimarunt: quippe cum Thestor, qui fuit pater Calchantis, Apollinis & Aglaiæ filius sit creditus. & Mopsus eiusdem Dei & Mantus, à quo etiam Mopso victus Calchas diuinandi peritia prę mærore diem suum obijt. Dicunt enim oraculi responsum datum fuisse Calchanti tunc esse sibi pereundum, cum in vatem peritiorem incidisset, qui in Colophonem cum Amphilocho vel vt alij voluerunt cum Antilocho, Ferolypæte, Leonteo, alijsque quibusdam ducibus profectus post euersum Ilium incidit in Mopsum. Hi cum ambo in contentionem venissent de ficu agresti quot nam ficus haberet, respondit Mopsus decem millia, medimnũ vnam, & ficum præterea. quam rẽ attigit Hesiodus his carminibus:

θαῦμά μ' ἔχει κατὰ θυμὸν ἐρινεὸς ὅσσος ὀλύνθους
οὗτος ἔχει μικρός περ ἐὼν εἴποισθ' ἂν ἀριθμόν;
Quot grossos hæc ficus habet miror, licet illa
Parua siet an numerum posses mihi dicere eorum?

Respondit autem illo tacente:

Μύριοί εἰσιν ἀριθμόν. ἀτὰρ μέτρον γε μέδιμνος.
εἷς δὲ περισσεύει, τὸν ἐπελθέμεν οὐκ ἐδύναιο.
ὣς φάτο, καί σφιν ἀριθμὸς ἐτήτυμος εἴδετο μέτρου.
καὶ τότε δὴ κάλχανθ' ὕπνος θανάτοιο κάλυψεν.
Mille quidem decies numero. mẽsura medimni est.
At superest vnus, quod non percurrere posses.
Sic ait, est numerus vere hinc compertus eorum.
Calchanti ęterno clausit mors lumina somno.

Illis vero collectis ita reipsa numerus, vti dictum fuerat, inuentus est, at contra interrogatus Calchas de sue prægnante prætereunte quot gestaret in vtero, & quando esset paritura & quibus signis, obmutuit, dicente Mopso decem, & inter hos vnum tantum marem gestare in vtero, & esse cras parituram initio horæ octauæ, & marem totum nigrum, ac tres fœminas transuerse albam lineam supra humeros habituras, è reliquis duas rostrum albũ ad oculos vsque, reliquas posteriora crura sinistra ab vngula ad genu vsque, Calchas vbi res postridie eius diei ita esse fuisset comperta mœroris impatiens vitam finiuit: quãuis hæ diuinationes vt ait Apollonius Atalieus in libro secundo compositionis, tãquam infidę ac plerumque vanæ relinquendæ sunt, & in primis quæ fiunt per physionomiã, astragalos, circulos, terram, cribrum, formam, ignẽ peluium, aquam, manum, caseum, ac mortuos euocatos. Sed aliquando tamen oracula veritatem expresserunt quę non semper fallere mortales potuerunt, vt etiam veridicæ fuerũt Sibyllæ: sic enim Apollo Christi mortem expressit & Sibylla eiusdem miracula, quæ ante mortem erat facturus, atque Apollo quidem sic:

θνητὸς ἔην κατὰ σάρκα, σοφὸς τερατώδεσιν ἔργοις.
Ἀλλ' ὑπὸ χαλδαίων κριτῶν ὅπλοις συλληφθεὶς
Ἴσμφοις καὶ σκολόπεσσι πικρὴν αὐέτλησε τελευτήν.
Namque caro mortalis erat, diuinaq; facta,
Chaldæis sed iudicibus per tela retentus
In ligno, clauisque tulit pòst funus acerbum.

Sic autem Sibylla inquit:

νεκρῶν δ' ἀνάστασις ἔσται,
καὶ χωλῶν δρόμος ἐς' ὠκὺς, καὶ κωφὸς ἀκούσει.
καὶ τυφλοὶ βλέψουσι, λαλήσουσ' οὐ λαλέοντες.
Consurgent extinctorum mox corpora, claudis
Cursus erit velox, surdusque exaudiet, atque
Prospicient longe cæci, mutique loquentur.

Fuerunt autem duo Dei tantum, quorum celebrarentur respōsa, Iupiter & Apollo; quorum ita fecit mentionem Aeschylus in Eumenidib.

κἀγώ τε χρησμοὺς, τοὺς ἐμούς τε καὶ Διὸς
ταρβεῖν κελεύω.
Oracula ipse cum Iouis, tum dein mea
Confidere impero.

Veruntamen idem Aeschylus testatur in Sacerdotibus Apollinem à Ioue prius accipere responsa solitum, deinde eadem dare petētibus, vt est in his carminibus:

στέλλειν ὅπως τάχιστα ταῦτα γὰρ πατὴρ
Ζεὺς ἐγκαθεῖ λοξίᾳ.
Citissimè huc venire: namque talia
Apollini pater loquenti suggerit.

Quamuis Diodorus Siculus à matre vaticinium, & medendi artem filium edoctum fuisse inquit, nam idem est Orus Egyptijs, qui Græcis Apollo: cum Isis siue Ceres vt quidam putarunt, multa pharmaca ad sanitatem inuenerit, & magnam partem medicinæ empiricæ. Vocatus fuit autem Apolllo Ἀμοιβεὺς à Delphicis, quia cum prius Neptunus Delphis coleretur, at Apollo in Calabria, loca mutarunt inuicem: sic enim illum vocauit Lycophron:

τοῦ τεχνοποιοῦ γαπέδων ἀμοιβέως.
Locum Dei mutantis, atque mœnia Condentis.

Huic Deo cygnus etiam dicatus est, quia diuinet ac vaticinetur quando moriturus sit, & quasi præ lætitia cantet, cum prospiciat quantus bonorum cumulus sit in morte, vel certe quantam molestiarum, quæ sunt in hac miserrima vita frequentiam sit relicturus: quam causam & cantus, & cur dicati sint Apollini cygni ita scripsit Cicero in primo Tuscul. disput. Itaque commemorant, vt cygni, qui non sine causa Apollini dicati sunt: sed quod ab eo diuinationem habere videantur, quia prouidentes quid in morte boni sit, cum cantu & voluptate moriantur. Fuit autem templorum omnium opulentissimum Delphici Apollinis, quippe cū vel mille aureos lateres Crœsus ille ob insignes diuitias celeberrimus aliquando dono miserit, vt testatur Zezes hist. prima, vt aurea tota ara Apollini ex iis strueretur. Fuit & alius infinitus propè Regum & Imperatorum munerum numerus augustissimorum, vt videtur innuere Ouid. in Epist. Cydippes:

Et modo porticibus spatior; modo munera Regum
Miror: & in cunctis stantia signa locis.

Tribuebatur Apollini ars medēdi, & sagittarū scitè emittendarum peritia, quod his verbis significauit Ouid. lib. I. Methamorph.

Inuentum medicina meum est, opiferque per orbem

Dicor

Dicor: & herbarum subiecta potentia nobis.

Et Callimach. hymno in Apollinem:

τέχνῃ δ' ἀμφιλαφὴς οὔτις τόσον, ὅσσον Ἀπόλλων.
κεῖνος ὀιστευτὴν ἔλαχ' ἀνέρα, κεῖνος ἀοιδόν.
φοίβῳ γὰρ καὶ τόξον ἐπιτρέπεται καὶ ἀοιδή.
κείνου δὲ θριαὶ, καὶ μάντιες· ἐκ δέ νυ φοίβου
ἰητροὶ δεδάασιν ἀνάβλησιν θανάτοιο.

Arte magis varius nullus, quam clarus Apollo
Sunt illi artifices cantus curæ: ille sagittas,
Ille arcus curat, pariterque oracula, vates,
Suffragia. ex illo didicerunt funera primum
Differre, & gelidæ vitare pericula mortis.

Hunc Deum & aureos calceos gestare, & omnia prope aurea habere finxit Callimachus ex antiquorum opinione: & semper esse iuuenem, neque vnquam pubescere, aut lanugine prima barbæ vestiri, vt est in his versib.

χρύσεα τῶπόλλωνι, τό, τ' ἐνδυτὸν, ἥ τ' ἐπιπορπὶς,
ἥ τε λύρη, τό, τ' ἄεμμα τὸ λύκτιον, ἥ τε φαρέτρη.
χρύσεα καὶ τὰ πέδιλα. πολύχρυσος γὰρ ἀπόλλων.
καί τε πολυκτέανος, πυθῶνί κε τεκμήραιο.
καὶ μὲν ἀεὶ καλὸς, καὶ ἀεὶ νέος, οὔποτε φοίβου
θηλείαις οὐδ' ὅσσον ἐπὶ χνόος ἦλθε παρειαῖς.

Aurea sunt Phœbo hæc: vestisque, & fibula in illa:
Tum lyra, tum chordæ, ex humero pendensque pharetra.
Calcei & ex auro vtrique; auri diues Apollo est.
Possidet is multa: quod Pytho ostendit. & idem
Formosus semper, semper iuuenisque: nec illi
Fœmineæ quantum nigrent lanugine malæ.

Scripsit Homerus in hymno in Apollinem, Apollinem ipsum vocatum fuisse Pythium, quia Typhonem sagittis interemerit: qui solis calore postea corruptus Apollini Pythio nomen dedit. Nam πύθεσθαι putrescere significat, vt est in his carminibus:

ὁ δ' ἐπηύξατο φοῖβος ἀπόλλων
Ἐνταυθοῖ νῦν πύθευ ἐπὶ χθονὶ βωτιανείρῃ.
sic inde precatus Apollo est.
Putrescas tellure iacens, campoque feraci.

Tum idem paulopost:

οἱ δὲ ἄνακτα
Πύθιον καλέουσιν ἐπώνυμον, οὕνεκα κεῖθι
Αὐτοῦ πῦσε πέλωρ μένος ὀξέος ἠελίοιο.
inde vocarunt
Pythion hunc regem cognomine, putruit illic
Quod monstrum radiis, & claro lumine solis.

Fabulati sunt antiqui hunc è terra à Iunone pugno percussa natum esse, quem serpentem fuisse crediderunt, at non Typhonem: vt scripsit de illo Nicãder Colophonius in his:

ὣς ἄρα φαμίσασ' ἵμασε χθόνα χειρὶ παχείῃ.
κινήθη δ' ἄρα γαῖα φερέσβιος.
Sic effata grauis percussit robore dextræ
Tellurem: motumque solum est tum fertilis agri.

Cæsus fuit hic Python serpẽs nõ procul à Cephisso flumine, qui fluit ad radices montis

montis Parnasi, vt ait Dionysius in libello de situ orbis. Scriptum reliquit Ouid. in 1. lib. Metamorph. Pythia postea in honorem Apollinis fuisse instituta, quæ non à Typhone putrefacto, sed à serpente, fuerunt instituta, vt in his scribitur:

Instituit sacros celebri certamine ludos,
Pythia perdomitæ serpentis nomine dictos.

Celebrabantur autem hi ludi vere *ineunte ab omnibus* Cycladum incolis, sicut tradidit Dionysius in lib. de situ orbis in his carminibus:

ῥῦσιαδ' ἀπόλλωνι χοροὺς ἀνάγουσιν ἅπασαι
ἀρχομένου γλυκεροῦ νέου εἴαρος, εὖτ' ἂν ὄρεσιν
ἀνθρώπων ἀπάνευθε κύει λιγύφωνος ἀηδών.
Instituere choros omnes, victoria quando
Grata fuit, cum iucundum ver incipit: & cum
Arboribus dulces nidos subtexit aedon.

Omnes enim insulæ etiam, quæ fuerunt circa Delum ludos pro illa victoria instituerunt. Scripsit tamen Pausanias in Corinthiacis Diomedem à Troia redeuntem cum effugisset tempestatem, quæ Græcis ab Ilio redeuntibus immissa est, apud Træzenios templum Apollinis Incésoris dicauisse, & Pythicos ludos in eius honorem instituisse. Erat antiquissimus mos vt pulchrior ex omnibus hymnis qui offerrentur, in honorem Apollinis caneretur: postea vero cantus ad cytharam fuit institutus, & aulædorum atque tibicinum certamina: & præmia ab Amphictyonibus de medio sublata, & coronarium dumtaxat fuit propositum: & quadrigis exceptis, omnia, quæ in Olympicis aderant athletarum studia, in hæc recepta certamina. Deinde paulopost repudiata fuit ars aulædorum, & ex his ludis exclusa, quia iniucundum quiddam & triste præ se ferrent, cum elegi, funebresque *lamentationes his tibiis conuenirent*. *Mox additus est equorum* cursus, & armatorum deinde, mox bigæ introductæ: atque variis temporibus & pullorum binorum iniugum cursus, & singulorum instituti, quorum nonnullorum mentionem fecit Ouid. lib. primo Metamorpho.

Hic iuuenum quicunque manu, pedibusue, rotaue
Vicerat, æsculeæ capiebat frondis honorem.
Nondum laurus erat.

Erat enim antiqua consuetudo iam tum à Thesei temporibus è Creta reducis incæpta, vbi ludos Deli instituit, vt victores palma coronarētur. Mox coronis mutatis mansit tamen consuetudo, vt omnes victores vbicunque esset, palmam manibus gestarent, vt ait Paus. in Arcadicis. At corona laurea propria fuit Delphicorum præmiorum, idque cum ob perpetuum vigorē, tum quia arbor ipsa Apollini sit dicata. Verum de his ludis alio loco pluribus fortasse pertractabimus. Fuerunt qui dixerint hos ludos non ob serpentem ab Apolline cęsum institutos fuisse, sed ob incolam quendam Pythus, [sic enim nominabant Delphos antiqui] ab Apolline confixum sagittis, qui ibi extabuit. Atque per id temporis ita nominabantur ea quæ *corrumperentur*, vt in Phocicis inquit Pausanias. *Scriptum* reliquit Ephorus quo quidem tempore Apollo in terras deuenit, homines syluestribus fructibus viuentes ac ferarum more, mansuefecisse: atque id contigisse in Delphis primum, mox ad Panopeam vrbem profectum crudelissimum & violētum tyrannum Tityum interemisse, audiuisseq; è Parnasiis hoib. alium esse tyrannum non minus hominibus infestū Pythonem nomine, atque cognomine Draconem, quem & ipsum sagittis Apollo confecit. Atque inter pugnandum cum Io Pæan clamitatum esset, quod mitte Apollo significat, mansit postea consuetudo vt in Pæanibus & in epinicijs, & in omni lętitia alicuius victorię, Io Pęan cōclamaretur, vt est illud Ouid. in secundo de Arte:

Dicite

Dicite Io Pæan, & Io bis dicite Pæan:
Decidit in casses præda petita meos.

Inde Pęanes dicti sunt hymni, qui in laudem Apollinis compositi canebantur: erat autem rhythmus eorum, ille plerumq; qui à Sophocle seruatur in hoc carmine in Oedipode Tyranno:

ἰήϊε δάλιε παιάν. Ieie Delię Pæan:

Quamuis duo fuerunt Pæanum genera, quorum vsus erat etiam in bellis: nā horum alterum genus Marti ante bellum erat dicatum: alterum Apollini post victoriam. Cum cæpissent igitur Pæanes in Apollinem cantari, cæpit & Apollo vocari Ieius, vt Eueius Bacchus Alii igitur ἰὴ ἀπὸ τοῦ ἰᾶσθαι hoc est à medendo, alii ἱὲ ἀπὸ τοῦ ἱέναι à mittendo scilicet dixerunt: quippe cum radii solis cū moderato calore demissi vitam mortalium conseruent, at contra læsiferi sunt iidem radii si immoderatus calor extiterit. Alii vtrunque coniunxerunt, dixeruntque ἰήϊε Ieius deinde dictus fuit. Quòd autem Pæanes vocarentur cantilenæ in Apollinem compositæ, declarauit id Homer in 1. Iliadis:

οἱ δὲ πανημέριοι μολπῇ θεὸν ἱλάσκοντο,
καλὸν ἀείδοντες παιήονα κοῦροι Ἀχαιῶν.
μέλποντες ἑκάεργον· ὁ δὲ φρένα τέρπετ' ἀκούων.
Phæbeas iras placabant carmine Achiui
Per totas luces pulchrum Pæana canentes.
Cantantes Phæbum, huic mulcebant pectora cantus.

Fuerunt tamen, qui putarint Pæanas dictos fuisse non quidem ἀπὸ τοῦ παίειν. vel à feriendo: sed potius ἀπὸ τοῦ παύειν quod placare significat: quoniam canebantur istæ cantilenæ vbi vel famem, vel pestem cessare precabantur, vel aliquod imminens malum diuertere diuino implorato auxilio. Inde Aesculapius Pæon dictus fuit ab Aristoph. in Pluto quia morbos mitiget ac cessare faciat.

Ἀσκληπιοῦ παιῶνος εὐμενοῦς τυχών.
Aesculapium nactus benignum quod fuit
Pæonem.

Eius Dei laudes & res gestæ canebantur idcirco ad illum placandum, quod iis delectari putaretur, cum primus is, vt fama est, Iouis victoris laudes Saturno de regno depulso cecinisset carminibus, cithara sumpta magnificisque vestibus indutus, & coma mirifice ornata: vt ait in secundo Eleg. Tibullus:

Sed nitidus, pulcherque veni: nunc indue vestem
Purpuream, longas nunc bene necte comas.
Qualem te memorant Saturno rege fugato
Victoris laudes tunc cecinisse Iouis.

Hic Deus eximie colebatur in Soracte Phaliscorum monte, cuius sacerdotes nudis pedibus ad simulandam sanctitatem prunas accensas calcabant illæsi: sed illud fiebat quibusdam additis medicamentis & antidotis, quę res multitudinem hominum in summam admirationem & superstitionem adducebat. Id ita fuisse testatur Vrg. lib. 11. in his:

Summe Deum, & sancti custos Soractis Apollo
Quem primi colimus. cui pineus ardor aceruus
Pascitur, & medium freti pietate per ignem
Cultores multa premimus vestigia pruna.

Habuit Apollo multos locos in quibus colebatur: nam Homerus in primo Iliad. Chrysen, Tenedum, Cyllamque ciuitates connumerauit, in quibus præcipuè Apollo colebatur, nam vt de Ioue dictum est, & de Diis reliquis: vel à ciuitatibus, in quibus sunt culti, vel ab euentu rerum, vel à conditoribus templorum cogno-

cognomina obtinuerunt. vt Delphinius dictus est Apollo, quia Delphino similis in mari aliquando Gnosiis nautis apparuerit, sibique aram erigi in litore iusserit, vt est in hymno Hom. in Apoll.

> Ὡς μὲν ἐγὼ τὸ πρῶτον ἐνὶ ἠεροειδέϊ πόντῳ
> Εἰδόμενος δελφῖνι θοῆς ἐπὶ νηὸς ὄρουσα.
> Sic mihi Delphino simili super æquoris vndas
> Cæruleas primum in nauim fuit impetus olim.

At Heliodorus Delphinium vocatum fuisse scripsit, quia in Pythone Delphinum draconē Latonæ vim inferentē sagittis confecerit: cuius hæc sunt carmina:

> ὁππότε πετραίῃ ὑπὸ δειράσι Παρνησοῖο
> Δελφύνην τόξοισι πελώριον ἐξενάριξεν.
> Vel cum saxosis Parnasi in collibus arcu
> Serpentem horrendum confecit is, atque sagittis.

Fuerunt qui dixerint ita dictum fuisse, quia Castalium Cretensem in coloniam Apollo deduxerit, à Delphino vectus: alii quia Delphino similis nauis fuerit dux vsque ad sinum Crissæum, & in Phocidem. alii quia sub forma delphini nauim conscenderit, & vsque ad eum locum per mare deuenerit, mox exilierit illuc, vbi Delphi postea sunt vocati Verum nos has fabulosas, variasque opiniones, & fabulosa cognomina prætermittentes, illa tantum summatim percurramus, quæ cognitu necessaria sunt nostro huic suscepto negotio. Colebatur hic Deus & in Mileto & apud Mæonios, ab iis causis, quas superius recensuimus, dictus. Abæus ab vrbe Lyciæ, Acrita, Actius, Acesius, Agræus Alexicacus, Argenetes, Agyræus, Aegyptius, Boedromius, Cerdous, Curator, Carneus, Canus, Carnias, Carmeus, Clarius, Delius, Didymæus, Diradiotes, Epicurius, Grynæus, Hylatus, Horius, Ismenius, Latous, Lemius, Loxias, Libystinus, Lycius, Maleates, Nomius, Napæus, Orchieus, Pastor, Pythius, Ptous, Phanæus, Pataræus, Patrous, Platanistius, Parnopius, Philesius, Præsagus, Præstes, Phyllæus, Sithalcus Smyntheus, Spondius, Sciastes, Theoxenius, Thyrxeus, Tymbræus, Telphusius, Lilius, Zosterius, aliaque complura fuerunt cognomina, quæ omnia numerare longum esset. Fertur hic Deus in varias formas ob amores fuisse mutatus in leonem, in ceruum, in accipitrem. Mos fuit illi agnos immolari, vt testatur Homerus lib. 4. Iliadis:

> Εὔχεο δ' Ἀπόλλωνι λυκηγενέϊ, κλυτοτόξῳ,
> Ἀρνῶν πρωτογόνων ῥέξειν κλειτὴν ἑκατόμβην.
> Ipse roga Lycium Phœbum, qui est clarus ob arcum,
> Et voue agnorum tenerorum sacra referre.

At Virg. in lib. 3. Aeneidos taurum illi immolari solitum scribit his versibus:

> Sic fatus, meritos aris mactauit honores,
> Taurum Neptuno, taurum tibi pulcher Apollo.

Testatur Pausanias etiam in Bœoticis Thebanos taurum Apollini immolare solitos, at postea immutatum fuisse morem vt bos domitus mactaretur: quod ij qui missi fuerunt aliquando ad capiendum taurum cum nimis tardi fuissent, & cædendæ victimæ tempus instaret, bos à transeunte plaustro solutus fuerit, & pro tauro mactatus, quæ postea mansit consuetudo. Memoriæ prodidit Euarthes in Fabulosis accipitrem fuisse sacratum Apollini, vnde illud est Homeri:

> κίρκος Ἀπόλλωνος ταχὺς ἄγγελος.
> Nam celer accipiter hic Phœbi nuntius ales.

Atque hæc ea sunt fere, quæ de Apolline fabulosè tradita sunt ab antiquis.

¶ Nunc quid per hæc senserint, vestigemus. Appellarunt antiqui, vt sæpius dictū fuit, varias vel naturæ vires, vel syderum, vel summi Dei in res humanas actio-

actiones variis Deorum nominibus. Quid enim per Apollinem intelligebant, de quo tã multa tradita sunt in fabulis? Declarauit id Cic lib 3. de Natura Deorum: illa autem, Balbe, quæ tua à cœlo, astrisque ducebas, quam longe serpant, non vides, Solem Deum esse, lunamq; e quorum alterum Apollinem Græci, alteram Dianam nuncupant. Et Plato in Cratylo, vbi nominis rationem perquirit, quæ ad quatuor facultates illius extenditur, ad musicam, diuinationem, medicinam, peritiamque mittendarum sagittarum, Apollinem, nunc quia non plures sint, nunc à soluendo, nunc à mittendo, nunc rerum simplicitate dictum cõtendit, quæ soli conueniunt omnia, ac nulli præterea. Quid enim veritatẽ magis aperit quam sol, & omnem tenebrarum caliginem ex humanis rebus dispescit? aut quid magis confert medicorum pharmacis? siquidem herbæ quæ in apricis locis nascuntur, multo magis rei medicæ conferunt, quam in vmbra aut in humidioribus locis nutritę. Hic est generationis rerum & corruptionis vnicus autor, vt in lib. de ijs sensit iure Aristo. Hic longissime è cœlo in terras radios suos minime debilitatos iaculatur: vnde dictus est à poetis ἑκάεργος è longinquo operans scilicet; & Loxias, quia obliquum habeat incessum tuo Eccliptica, & Phæbus à splendore luminis: & Delius, quia occulta manifestet: & ab huiusmodi caussis multa nomina obtinuit quæ nulli certe, nisi soli conuenire possunt. Hic pestis & salutis solus est opifex, quoniam in symmetria caloris vniuersa animantium vita, salusque continetur. Hic medius inter cæteros planetas, tanquam dominus cæterorum collocatur: quorum motus incredibilem efficere harmoniæ suauitatem crediderunt Pythagorici, quare musicæ autor putatus est. Huic citharæ inuentionem tribuerunt, quæ septem chordis prius muniebatur, vt ait Virgilius libro sexto:

Nec non Threicius longa cum veste sacerdos
Obloquitur numeris septem discrimina vocum.

Qui chordarum numerus planetarum numero conueniebat: cum plurium chordarum instrumenta musica recẽtiora sint vel Pythagoræ temporibus vel Orphei Hic Iouis & Latonæ filius fuisse creditur & in Delo natus: quia post illam confusam mundi, vt vocant, materiam, ex qua vniuersa, quæ sunt, creata creduntur, quæ Λητὼ quasi Λήθω, vt ait Plato, a latendo & ab inscitia fuit vocata, ab omnium rerum opifice Deo lux prima omnium prodierit. Nam primum solem & lunam duo lumina maiora in principio creauit Deus omnipotens. Nati dicuntur Apollo & Diana in Delo, quia cõtinuo exorta luce res cognosci & videri posse cæperint, cum prius in confusa & informi materia omnia delitescerent. Qui Dionysi filios putarunt esse, vim & actiones solis Apollinem esse crediderunt, ac Dionysum esse solem ipsum, cuius filia sit luna, cum à sole patre lumen, vimque suam vniuersam accipiat. Eadem ratione qua calor mediocris confert omnibus animantibus, putatur Aesculapius, qui medendi artem callet, Apollinis esse filius. Huic Apollini vt mitior esset, pestemque leuaret, vt à nonnullis traditum est, ludi Apollinares fuerunt instituti. cuius cum duæ sint potestates nimio calore & intemperie aeris perdendi, ad eam vim placandam, Pæan in hymnis cantabatur. In imprecationibus contra Ieium vocabant ab immittendis sagittis, at non à medendo, vt quidam putarunt Huius filius Aesculapius à Ioue irato fulmine percussus interiit: quia cum benignitas solis & temperies animantibus sit salubris, aliquando ab inflammato aere pestis oritur, & in morborum grauitatem tota illa solis clementia vertitur: quare grauior fit pestilentia medijs temporibus, quam per summos calores, aut per eximia frigora. Neque illud mirum, quando vel in male affectis corporibus idem contingit: nam quæ firmis conferunt, eadem ægrotantibus plerunque solent obesse, vel propter imbecillitatem concoquentis in stomacho caloris, vel quia magni refert quò naturalis potentia, humorumque cursus diuertatur. Fit enim, tanquam in humanis corporibus, ita in hac rerum vniuersitate aliquando astrorum quorundam concursus: vnde concitetur aeris intemperies, ex qua nascitur pestilẽtia, quę modò fit ex abundantia, modò ex inopia nimia humoris: quam necessariò sequitur annonæ penuria, cum omnia inferiora gubernentur à superioribus, & illa omnia non nisi Deii supremi & altissimi nutu quidquam agam. Apollo dicitur mortem filij grauiter ferẽs Cyclopas Iouis ministros, fulminumq; artifices interemisse, quod nihil aliud significat, nisi solis beneficio rabiem illam vaporum, qui pestem excitauerant, fuisse extinctos. Nam ex ipsis vaporibus quodammodo affectis morbos procreari constat, & salubritatem euerti: & è vaporibus fulmina Ioui confici, cum illi sint fulminum artifices. Cum enim Aesculapius sit Apollinis filius medicus peritissimus, isque sit aeris optime affecti temperies, hanc temperiem eximius calor destruit, per quem vapores absumuntur, neque vsquam possunt consistere. Cum aliquid simile fortasse superioribus temporibus contigisset, vt fabulati sunt de Phaethonte, ita ob hãc rem datus est locus fabulę, quia ob fulmine occisum filium Apollo Cyclopas, quòd fulmina faciebant, occiderit. E cęlo igitur descẽdisse per id tempus putatur, quia benignior & quasi humanior quam antea solis natura sentiebatur. Id cum ita contigisset, cognouerunt mortales solẽ esse omnium rerum moderatorem: quare cum tepor illius conferat animantibus pauisse armenta Admeti putatur, & inter Deos agrestes non vltimum locum sortitus est.

¶ Fuerunt nonnulli, qui Phorbantem, Hyacinthum, Admetum ab Apolline amatos fuisse fabulati sint, vt ait Plutarchus in Numa, Deus amet sapientes, sicuti mæmoriæ proditum est Pindarum, Archilochum, Hesiodum Dijs fuisse gratos. Laurus illi tum ob innatum calorem consecrata est, cuius ex attritu lignorum facile ignis eliditur, tum etiam ob diuinationem: quia eius folia sub puluinari dormientis posita creduntur vera somnia gignere. Præterea illi, quibus natura Solis plurimum dominatur, (nam alij aliorum planetarum naturæ magis clam adhæremus) multa facilius præsentiunt, quare diuinationem & vaticinandi peritiam Apollini tribuerunt. Huic Deo gryphes & corui ob similem vim præsentiendi dicati sunt. Huius imago ab antiquis fingebatur, quæ dextra manu Gratias gestaret, at sinistra sagittas & arcum, quia multo plura sunt eius in humanum genus beneficia, quam incommoda, quæ inferuntur. Hunc Deum semper iuuenem finxerunt, quia sempiterna illa sublimia corpora nullam sentiunt senectutem, & quia semper eadem vis est solis, quamuis minime appareat nonnullis ob signiferi circuli obliquitatem. Capillos illi tribuebant prælongos, ad explicandam vim radiorum, quem etiam intonsum vocauit Horatius in his carminibus:

> Dianam teneræ dicite virgines,
> Intonsum pueri dicite Cynthium.

Sic is poeta in his versibus:

> ὑμνεῖω παιᾶνα, μέγαν Ͽεὸν ἀπόλλωνα.
> ἄβροτον, ἀγλαέμορφον, ἀκερσεκόμην, ἀβροχαίτην.
> Cantamus Pæana Deum, qui est magnus Apollo,
> Perpetuum, pulchrum, intonsum, semperq; comantem.

Erat illi sacer etiã accipiter propter rapacitatẽ. & hyacinthus flos, qui dicitur fuisse puer Amyclæus ab Apolline & Zephyro vno tempore amatus, at enim cum propensior in amorem Apollinis appareret, Zephyri odium & indignationem inse concitauit, quare cum Apollo disci iactu se exerceret, Zephyrus discum ab

Apolline

Apolline missum in pueri caput conuertit, quem cæsum Apollo in florem sui nominis commutauit, & ex cruore colorem indidit. Huic Deo antiquissimis temporibus sacram comam ephebi nutrire solebant, quam eo tempore decisam Apollini dicabant & deponebant, cum similes esse Apollini cessarent: hoc est cum labra vel malæ prima lanugine vestiebantur. Eam fuisse consuetudinem testatur Plutarchus ita in Theseo: ἔθους δὲ ὄντος ἔτι τότε τοὺς μεταβαίνοντας ἐκ παίδων ἐλθόντας εἰς Δελφοὺς ἀπάρχεσθαι τῷ θεῷ τῆς κόμης. Cum mos esset illis temporibus, vt qui ex ephebis excesserant, in Delphos venirent, atque comæ primitias Deo offerrent: sicuti zonam Dianæ consecrabant mulieres, cum virginitatis pertæsum esset. Lucianus tamen in Dea Syria morem fuisse apud Syrios scribit, vt barbatum Apollinem fingerent, cum reliqui homines eum iuuenem & imberbem formarent. Istud autem ea de causa efficiebatur, quia imperfectam existimabant illam ætatem Assyrij, cum neque ad naturæ summum accessisset, neque ob rerum præteritarum experientiam prudentia muniretur. At vero qui dicunt, quod Pythonem serpentem sagittis confecit, cum paruus adhuc esset, quid aliud significant, quam solis naturam, & mundi nuper nascentis? cum enim sol nuper natus esset, & post illum omnia sydera, cœpit sol vapores è terra, qui plurimi fuisse dicuntur, sursum suo calore attrahere: quo tempore pro natura infantium plena humoribus terra, multisque nebulis ex illis procreatis tecta, cum recens a cæteris elementis fuisset diuisa, omnia putredine plena erant, quæ ex humoris abundantia, aut certe sine humore, non contingit. Tum vero sol suis radijs nouam terram assidue illustrando, quasi sagittis quibusdam ipsam putredinem feriens, paulatim exiccauit, salubremque animalibus sedem fecit. Neque aliam rationem aut causam fingendarum harum fabularum putauerim, nisi quod modo vires elementorum, modo sydera pro Dijs colentes, suorum Deorum vires celebrare per has fabulas voluerunt. Nam fabulæ, quæ de Dijs finguntur, ad rerum naturalium aut astronomicarum considerationem spectant: quæ de hominibus, ad vitam mortalium informandam & in melius vertendam. Sed de Apolline satis, nunc de Aesculapio dicatur.

De Aesculapio. *Cap.* XI.

Aesculapium quidam Apollinis & nymphæ Coronidis filium fuisse arbitrantur, sicuti testatur Homerus hymnographus in his:

ἰητῆρα νόσων Ἀσκληπιὸν ἄρχομ᾽ ἀείδειν.
υἱὸν Ἀπόλλωνος, τὸν ἐγείνατο δῖα Κορωνὶς.
Δωτίῳ ἐν πεδίῳ, κούρη Φλεγύου βασιλῆος.
Morborum medicum canto, quem Diua coronis
E Phœbo peperit Phlegyæ olim filia Regis,
Dotius est vbi lætus, agerque Amynique fluenta.

Pausanias vero in Corinthiacis memoriæ prodidit Phlegyam Coronidis patrem Peloponessum ingressum filiam prægnantem ex Apolline, quod tamen ille non senserat, secum adduxisse. Illa puerum in finibus Epidauriorum enixa, illum in monte exposuit, qui ab eo euentu Tithias postea fuit vocatus, quamuis alij hoc in agro Thelpusio accidisse memorant. Ibi capra dicitur lac infanti præbuisse, quam canis, à grege quem custodiebat, discedens, obseruabat. Hos cum deesse gregi pastor cognouisset, vniuersum pascuum peragrans puerum tandem & capram & canem inuenit: veruntamen cum ignis è capite infantis emicuisset, diuinum quiddam ratus eius rei famam per vniuersam regionem diuulgauit. Fama est hunc, qui Aesculapiũ susceperit filiũ fuisse nothũ Arcadis, Autolaum nomine in agro Telpusio expositum, vt ait in libro de Dijs & Heroibus Cyrenaicus Apollodorus. Deinde fama dissipata est, quod quouis morbo laborantes homines ab illo Deo genito possent sanari. Fuerunt qui dixerint Coronidem prægnantem cum Ischye Elati filio concubuisse, quod grauiter ferens Diana illam interemit, quia fratris contumeliam perferre non posset. Illa postea cum rogo imposita fuisset, Mercurius è ventre mortuæ Aesculapium extraxit, vel Phœbus ipse, vt testatur Ouidius libro secundo Metamorph. in his:

Non tulit in cineres labi sua Phœbus eosdem
Semina: sed natum flammis, vteroq; parentis
Eripuit: geminique tulit Chironis in antrum.

Alij dicunt non è nympha Coronide natum, sed ex ouo corniculæ: quia Coronis vtramq; significat & nympham ita vocatam, & corniculam, vt asserit Lucianus in dialogo de falso Vate, à quo res ita commemoratur. Fertur quidam ex antiquis sacerdotibus serpentem perexiguum in ouum vacuum corniculæ inclusisse, ceraque studiosè oblitum in luto in loco quodam occultasse: mox ara extructa populum in concionem ad eum locum aduocasse, cum nunciaret omnibus palàm se Deum esse ostensurum. Post concionem incognitis quibusdam vocibus vsus apollinem & Aesculapium inuocauit, vt dexter ac felix illi ciuitati accederet. Deinde phiala aquam hauriēs in profundum demersa ouum illud vnà cepit, quod præsentibus multis fregit, pullumque recentem serpentis inueniens cunctos homines in admirationem rei induxit. Postea vero serpentem insignis magnitudinis paucis diebus elapsis in loco subobscuro ostendens artificiose se mouentem, illum ita creuisse aiebat, ac Deum esse Aesculapium Apollinis filium. Inde vero serpentes in eius tutela, sicuti Trophonio & Ercynæ dicabantur, crediti sunt, & eius gestamen putatus fuit baculus serpente inuolutus, vt scripsit Dercylus. Atque Ouidius libro decimoquinto Metamorph. Aesculapium inquit aliquando fuisse in serpentem mutatum. Pausanias autem in Messeniacis natum fuisse Aesculapium ex Arsinoe Leucippi filia, at non è Coronide memorat de nōnullorum sententia: cum tamen in Corinthiacis contendat illum Epidauri natū & omnem eius Dei cultum ex Epidauro acceptum. Hunc natum esse apud Lacercam ad ripas Amyni fluminis testatur Apollonius libro quarto hoc pacto:

χωόμενος περὶ παιδὶ, τὸν ἐν λιπαρῇ λακερείῃ
Δῖα κορωνὶς ἔτικτεν ἐπὶ προχοῇς ἀμύροιο.

Ob natum iratus propè pinguem quem Lacercam
Ad ripas Amyni peperit diuina Coronis.

Huius nutricem fuisse Trygonem scripserunt nonnulli, sicuti testatur Pausanias in Arcadicis, quem apud Chironem Centaurum educatum fuisse constat, & ab eodem eruditum cum adoleuisset: sicuti dictum est ab Ouidio in his.

Geminique tulit Chironis in antrum.

Lactantius in lib. de Falsa Religione Aesculapium lacte canino nutritū, & Chironi traditū artem medendi ab ipso Chirone doctū fuisse scribit. Fuit Aesculapius prius Apius vocatus, quare cum Lycophron de illo mentionē faceret, ita inquit:

ἀρωγὸν αὐδήσουσιν ἠπίου γόνον
ἀστοῖσι καὶ ποίμναισι πρευμενῆ μολεῖν.

Opem ferentem concinent sàtum Apio
Gregibus venire, ciuibusque commodum:

Scripsit Zezes chil. 10. non solum à Centauro Chirone Aesculapium fuisse edoctū, sed cum Apius primū diceretur ob facilitatē & mansuetudinē, vel quia dolores ægrotantiū medicamentis deliniret, ἤπιος enim blādum significat, mox quia Asclen quendam Epidauri tyrannum sanauerit, dictū fuisse Aesculapium vtroq; nomine

nomine coniuncto: nam ἀσκλήπιος ex Ascle & Apius componitur: ac paucis mutatis ita à Latinis fuit appellatus. Alii non Ascleu, sed Aunem tyrannum Dauniæ, qui ex oculis laborabat, ab illo sanatum fuisse mallunt, qui eum nomi natum fuisse contendunt ab artis præstantia, quia homines mori non pateretur: nam σκέλλεσθαι mori significat, at à litera priuationem adiungit. Dictus est igitur eo nomine, quod homines non sineret morbo aut dolore absumi: quamuis inuentionem medicinæ alii aliis inuẽtoribus tribuerunt. Ouid. vt diximus, Apollini illam tribuit, Pindarus in tertia Ode Pythiorum & Nemeorum Chironem Aesculapii magistrum inuentorem medicinæ putauit. Aeschylus illam omnium primum Prometheum ait inuenisse, Homerus in libro quarto Odyss. videtur inuentionem medicinæ Pæoni tribuisse, vt est in his:

ἰητρὸς δὲ ἕκαστος ἐπιστάμενος περὶ πάντων
ἀνθρώπων· ἦ γὰρ Παιήονός εἰσι γενέθλης.
Est medicus prudens cunctis præstantior vnus
Ille viris, cui Pæoniæ sit gentis origo.

Hunc sororem habuisse Eriopen scriptum reliquit Myrleanus Asclepiades. Cicero multos fuisse Aesculapios inquit in tertio de Natura Deorũ his verbis: Aesculapiorum primus Apollinis, quem Arcades colunt, qui specillum inuenisse, primusque vulnus dicitur obligauisse. Scd's secundi Nercurii frater: is fulmine percussus dicitur humatus esse Cynosuris. Tertius Arsippi filius & Arsinoæ, qui primus alui purgationem, dentisque euulsionem, vt ferunt, inuenit: cuius in Arcadia non longe à Lusio flumine sepulchrum & lucus ostenditur. Hunc lucum scribit Pausa. in Corinthiacis fuisse montibus vndique precinctum, in quo ambitu quenquam vel mori vel nasci religio fuit, sicuti in Delo insula. Enimuero pauca prorsus morborum remedia protulit in medium vel Aesculapius, vel eius filii: vel quia moderatior diæta non afferebat tantam morborum varietatem, vel quia res medica nondum satis validum ceperat incrementum. Nam ad Troiana vsque tempora perexigua fuit medicorum peritia: quando vel Aesculapii filii, Eurypylo vulnerato farinam & tritum caseum mulierem commiscentem, potumque præbentem cum vino Pramnio non reprehendunt, vt ait Plato in tertio de Rep. Dialogo: cum illa omnia maximè inflammare vulnus, at non sedare dolores vllo pacto possent. Fertur fuisse primus Herodicus palęstræ magister. vt scripsit Panyasis, qui cum esset valetudinarius se ipsum ad certam viuendi rationem accommodauit, adhibitisque medicamentis medicæ artis dogmata inuenit. quibus & se, & alios postea diutius sustentauit. Obtinuit tamen post ea consuetudo propter aliqua, vt arbitror, quæ feliciter illi obuenerunt, vt peritissimi medici, qualis fuit Hippocrates, Aesculapii dicti sint, vt testatur Zezes decimæ Chiliadis. hist. 349. Fabulantur præterea Hippolytum ab equis laniatum Aesculapii arte reuixisse, quare fertur Iupiter iratus ob inuentam artem qua homines in vitam reuocari possent, repertorem artis fulmine confecisse, vt ait Virgil. libro septimo in his:

Namq; ferunt fama Hippolytum, postquam arte nouercæ
Occiderit, patriasque explerit sanguine pęnas,
Turbatis distractus equis: ad sydera rursus
Aetheria, & superas cœli venisse sub auras
Pæoniis reuocatum herbis, & amore Dianæ.
Tum pater omnipotens aliquem indignatus ab vmbris
Mortalem infernis ad lumina surgere vitæ,
Ipse repertorem medicinæ talis & artis
Fulmine Phœbigenam stygias detrusit ad vndas.

Q 3 Fer-

Fertur Apollo grauiter tulisse mortem filij, ac magnopere luxisse: cuius lacrymæ in electrum dicuntur fuisse conuersæ, vt testatus est Apollonius libro quarto Argonauticon his carminibus:

κελτοὶ δ' ἐπὶ βάξιν ἔθεντο
Ὡς ἄρ' ἀπόλλωνος τάδε δάκρυα λητοΐδαο
Ἐμφέρεται δίναις, ἅτε μυρία χεῦε πάροιθεν.
Celtæ famam iacere quòd illic
Latoidæ Phœbi lacrymæ voluuntur in imo
Flumine, quas multas in nati funere fudit.

Epione dicitur Aesculapij fuisse vxor, cuius filius fuit Machaon vir, vt ferebant ea tempora, artis medicæ peritissimus, qui vnà cum cæteris Græcis militauit ad Troiam, de quo ita meminit Homerus libro quarto Iliadis:

ταλθύβι' ὅττι τάχιστα μαχάονα δεῦρο κάλεσσον
φῶτ', ἀσκληπιοῦ υἱὸν ἀμύμονος ἰητῆρος.
Taltybi ades, celeremque Machaona ducito nobis
Præstantis medici natum, huic Aesclepius olim
Nam pater ipse fuit.

Fuit etiam Podalirius Aesculapij & Epiones filius, fraterque Machaonis, vt ait Pausanias in Messeniacis. atque in Eliacis prioribus multas illi filias tribuit, inter quas Iaso & Hygiæa fuisse memorantur, vt ait Aratus. præterea Orpheus in hymno quodam in Aesculapium, non filiam, sed vxorem fuisse Aesculapij censuit Hygiæam, cum ita scribat:

φοίβου ἀπόλλωνος κρατερὸν θάλος, ἀγλαόμορφον,
ἐχθρὲ νόσων, ὑγίειαν ἔχων σύλλεκτρον ἀμεμφῆ.
Stirps Phœbi præclara, thori cui splendida consors
Est Hygiæa, grauis morborum pulsor & hostis.

Celebrabantur ludi quinquennales in prædicto luco Aesculapij, die nono post Isthmios, ante Megarenses tamen incipiente vere, ijque apud Epidaurios, penes quos natus fuisse dicebatur, in Aesculapij honorem. Hunc Deum alij imberbem alij barbatum putarunt. Lucianus in Ioue tragædo prægrandem barbam fuisse Aesculapio tradidit his verbis: ὥστε μὴ μειρακιεύου πρὸς ἡμᾶς, ἀλλὰ λέγε θαρρῶν ἤδη τὰ δοκοῦντα, μὴ αἰδεσθεὶς εἰ ἀγένειος ὢν δημηγορεύσεις, καὶ ταῦτα βαθυπώγωνα καὶ εὐγένειον οὕτως υἱὸν ἔχων τὸν ἀσκληπιόν. Quare ne te adolescentulum erga nos geras, sed quæ tibi videntur, ea loquere animo intrepido: nec vereare quod imberbis concionem habeas, cum habeas filium tam ingentis ac promissæ barbæ Aesculapium. Pausanias tamen in Corinth. imberbis Aesculapij statuam erectam apud Phliasios fuisse inquit. Scripsit Lucianus in Icaromenippo celeberrimum templum Aesculapij fuisse Pergami, sicut Apollinis in Delphis. Ac Strabo lib. 8 fanum fuisse Aesculapij insigne scribit Tetrapoli, quæ ciuitas ab Ionib. & Carib. habitabatur. Erat id templum multitudine ægrotantium & varijs morbis laborantium plenum & parietes pictis tabellis vbiq; tecti, in quib. scripti erãt morbi & nomina eorum, qui se ab illo Deo sanatos fuisse credebãt, sicut in Co insula, & in Trica. Somniauerat enim insulsa antiquorũ multitudo, quod si quis ex aliquo morbo conualuisset, cui contigisset Aesculapium inuocare, illud Aesculapij opera factum fuisset, pro qua re & tabellas appendebant parietibus templorum & alia nuncupata vota persoluebant, tãquam præmia illorum beneficiorum, quæ diuinitus accepissent. Huic Deo capram immolare in sacrificijs mos fuit à Cyrenaicis, vt ait Pausanias & Didymus scripsit libro tertio: vel quia à capra nutritus fuisset, vel quia sanitati aduersariũ animal capra videatur, cum laboret perpetua febre. Socrates tamen in Phædone Platonis se gallum debere Aesculapio

medico

medico inquit, cum gallus illi mactari cōsueuerit. Nam gallus gallinaceus etiam isti ob vigilantiam fuit sacratus. Habuit & hic Deus multa cognomina à locis, in quibus illi templa fuerunt dicata, vel ab alijs causis: vt Aulonius, Medicus, Onceata, Leuctricus, Gortinius, Corylæus, Agnitas, Booneta. Nam vt ait Cicero libro tertio de Legibus Aesculapius, veluti Dij cæteri, propter beneficia, quæ in genus humanum contulisse dicitur, fuit in Deorum numerum relatus: sic enim inquit, Diuos, & ollos, qui cælestes semper habiti, colunto: & ollos quos endo cœlo merita vocauerint, Herculem, Liberum, Aesculapium, Castorem, Pollucem, Quirinū.

¶ Atque hactenus ea explicata sunt, quæ de Aesculapio Apollinis filio fabulati sunt antiqui: nunc eorum sententiam ex his eliciamus. Dicitur fuisse Apollinis & Coronidis filius. Quid ita? aut quę fuit Coronis Phlegię filia? Est enim Phlegyas calor solis, vt nomen ipsum videtur significare, φλέγειν enim comburere est. Huius filia fuit Coronis, aeris temperamentum scilicet, & vis illa aeris modicè humectata, quæ solis accipit salubrem impressionem. Nisi enim solis calor aera purget ac rariorem faciat, & nisi vis quædam humoris in ipso aere relinquatur à calore, nulla esse potest salubritas. Cum igitur è calore & humore temperato illa nascatur, iure dicta est Coronis quasi ἀπὸ τοῦ κερανῦσθαι Aesculapium inquit Pausanias in Achaicis nihil esse aliud quàm aera, cuius fuit filia Hygiæa: quæ nihil est aliud quam bona valetudo. Est siquidem aeris temperies non homini solum, sed cunctis animalibus, atq; etiam plantis salubris: Iure optimo igitur antiqui Apollinem Aesculapij patrem finxerunt, atque ipsum Aesculapium salubrem vim de sole animis corporibusque mortalium subuenientem, hoc est sanitatis artificem, quia solis calor vniuersis elementis dominatur. Ex ipsa igitur vi solis aer assiduè mouetur & generatur, quare Aesculapius Apollinis filius: quod quoniam fieri nō potest nisi per quandam mistionem ipsius aeris, idcirco mater eius fit Coronis. Ex hoc aere ita affecto nascitur salubritas, quare illa dicta est Aesculapii fuisse filia, & is sanitatis artifex, medicinæque inuentor. Dicuntur fuisse multæ filiæ Aesculapio prætet prędictam, inter quas fuit etiam Iaso, quia multa commoda proueniunt mortalibus ex aeris temperamento, inter quæ facilitas est conualescendi & medendi: nam Iaso ἀπὸ τοῦ ἰᾶσθαι à medendo scilicet dicta est. Hæc autem omnia sol per anniuersarios sui cursus conuersiones, vicissitudinesque frigoris & caloris, hanc ipsam inquam & salubritatem, & hæc commoda hominibus impertit: quare Titane, quod oppidum fuit Sicyoniorum, signum Aesculapij Apollinis filij, salubritatis signum fuit vocatum. Fuit Aesculapio dicatus draco, cuius baculum duo amplectebantur, quia sol, è quo ipse nascitur, quasi senectutem deponens, incipit à principio arietis vires resumere, donec ad Cancrum perueniat, atque cum illo multa & herbarum, & animalium genera vires resumunt. Huc accedit vis oculorum: quæ maxime soli conuenit, quoniam ὄφις ab aspiciendo dicitur à Græcis, quem modo draconem, modo serpentem vocamus. Sol enim cui ille dicatus est, omnia videre existimatus fuit, quæ non sola ratio fecit vt coruus illi sacer putetur, sed etiā illa, quod hęc auis sit auspiciis accommodata, nam non solum artis medendi peritus fuit Aesculapius, sed etiam diuinandi, quæ ad medendi artem tamen pertinēt, quoniam non solum præsentia, sed præterita etiam quæ acciderunt ægrotantibus, & quæ mox euentura sunt debet laborantibus medicus prædicere, quæ res non mediocriter fidem medico comparat, & plurimum postea coferet vniuerso negotio, vt ait Hippocrates. Hinc effectum est vt illi etiam gallum attribuerint ob vigilantiam, vel potius ob diligentiam erga aliquo morbo laborantes. baculus erat eius gestamen cum serpente inuoluto, quia medicina sit quasi fulcimentum humanæ vitæ sensim labantis, atque anguis multis remedijs sit accommodatus. Hæc ea sunt, quæ de

Aesculapio memoriæ prodita sunt ab antiquis, quæ partim physicè, partim historicè sunt intelligenda. Quidquid enim de Dijs finxerunt antiqui, id habuit historiam tanquam suarum narrationum fundamentum.

¶ Non defuerunt qui locum datum fuisse fabulæ de Aesculapio tradiderint, quòd mortuos ab inferis reuocaret, quia nonnullos, quorum conclamata esset spes vitæ, sanitati restituerit per vim medicamentorum, vnde fabulati sunt antiqui Plutonem apud Iouem conquestum fuisse, quòd suum imperium Aesculapius exinaniret. Idcirco fulmine percussum fuisse à Ioue inquiunt, quod accidit paulo ante Troiana tempora. Verum de Aesculapio satis, nunc de Chirone eius magistro dicamus.

De Chirone. Cap. XII.

CHironem Aesculapij magistrum alij ex aliis parentibus natum esse tradiderunt. Ouidius libro sexto Metamorphoseon Saturni filium putauit, vt est in hoc versu:

Vt Saturnus equo geminum Chirona creauit.

Hunc Apollonius libro primo Argonauticon, Philyræ filium fuisse dixit in his:

Αὐτὰρ ὅγ' ἐξ ὑπάτου ὄρεος κίεν ἄγχι θαλάσσης
χείρων φιλλυρίδης.
Ad mare descendit montis de parte suprema
Chiron Phillyrides.

Nam fama est Saturnum Philyram Oceani filiam in insula Philyreide compressisse, qui veritus ne à Rhea superueniente in adulterio deprehenderetur, sese in equum mutauit, è quo concubitu natus est Chiron ab vmbilico superiores partes corporis habens hominis, inferiores equi, vt testatur Apollonius libro secundo his carminibus:

Νυκτὶ δ' ἐπιπλόμενοι φιλυρηΐδα νῆσον ἄμειβον.
Ἔνθα μὲν οὐρανίδης φιλύρῃ κρόνος εὗτ' ἐν ὀλύμπῳ
τιτήνων ἤνασσεν. ὁ δὲ κρηταῖον ὑπ' ἄντρον
ζεὺς ἔτι κουρήτεσσι μετετρέφετ' ἰδαίοισιν
ῥείην ἐξαπαφὼν παρελέξατο, τοὺς δ' ἐνὶ λέκτροις
τέτμε θεὰ μεσσηγύς. ὁ δ' ἐξ εὐνῆς ἀνορούσας
ἔσσυτο χαιτήεντι φυὴν ἐναλίγκιος ἵππῳ.
ἡ δ' αἰδοῖ χῶρόν τε καὶ ἤθεα κεῖνα λιποῦσα
Ὠκεανὶς φιλύρη, εἰς οὔρεα μακρὰ πελασγῶν
ἦλθ' ἵνα δὴ χείρωνα πελώριον, ἄλλα μὲν ἵππῳ
ἄλλα θεῷ ἀτάλαντον ἀμοιβαίῃ τέκεν εὐνῇ.
Aequora sulcantes adeunt Philyreida tandem:
Huc, vbi cœlestis Saturnus, cum puer esset
Iupiter, Idæis & nutriretur in antris
Curetes inter regeret Titanas at ipse:
Congressus Philyræ est formosæ. Sed Rhea nullo est
Capta dolo in lecto hos ambos inuenit, vt ille
Diffusis ceruice iubis hinniuit equinis.
Ipsa pudore locum, montes, collesque reliquit
Oceani Philyra, ac montes petit inde Pelasgos.
Hic Chirona parit, cuius pars altera Diuis
Persimilis, fit equus rursus pars altera turpis.

Suidas tamen Chironem vnà cum reliquis centauris Ixionis filium fuisse censuit.

fuit. Hic vxorem habuisse Chariclo memoratur Apollinis filiam, vel Oceani, vel Persæ, sicut alij maluerunt, quæ accedentibus ad littus Argonautis, in quo habitabat Chiron, vnà cum Chirone Achillem, quem educandum & erudiendum acceperat, vt ait Pausanias in Laconicis, secum attulit, vt scribit Apollonius in primo Argonauticorum:

> Σὺν καὶ οἱ παράκοιτις ἐπωλένιον φορέουσα
> Πηλείδην Ἀχιλῆα, φίλῳ δειδίσκετο πατρί.
> Peliden vxor paruum portabat in vlnis
> Dulce onus, id charo properans ostendere patri.

Memoriæ prodidit Staphylus in libro de Thessalia ꝙ Chiron astrologiæ peritissimus, ac vir sapientissimus fuit, qui cum vellet Peleum esse virum celeberrimum, Actoris Myrmidonis filiam ad se aduocauit, famamq; dissipandam dixit, ꝙ Peleus Aeaci & nymphæ Daidis filius ac Telamonis & Phoci frater Thetidem Ioue ita concedente vxorem esset ducturus, ad quas nuptias Dij cum ingentib. imbribus & tempestate accedēt. Ea cum dixisset, tempus obseruauit, in quo multæ fierent pluuiæ ac vēti de cęlo: quo etiam tempore Peleo Philomelam dedit, atq; inde fama increbuit, ꝙ Peleus Thetidem duxerit. Quamuis scribit Dailochus ac Pherecydes ꝙ Peleus posteaquam purgatus fuit à fratris Phoci cęde, quem disco percussit cū exerceretur, ab Euryto Actoris filio, eius filiā Antigonen, at non Thetidem vxorē duxit. Alij dicunt Antigonen prius nupsisse Peleo, deinde illa mortua ductam fuisse Thetidem. Deinde cum adoleuisset Chiron, in syluas adijsse dicitur, viresque herbarum primus obseruasse: qui etiam ob peritiam postea chirurgiæ & ob leuitatem manuum in tractabdis vulneribus Chiron fuit nominatus: Est enim maximum peritiæ ferè argumentum in dignoscendis chirugis si manus habeant leuissimas in vulneribus tractandis. Habuit Chiron è Chariclo nympha Ocyrhoen filiam, quę ita fuit appellata, quia ad ripas fluminis celerrimi nata sit, vt testatur Ouidius libro secundo Metamorphoseon:

> Ecce venit rutilis humero protecta capillis
> Filia Centauri: quam quondam nympha Chariclo
> Fluminis in rapidi ripis enixa vocauit Ocyrhoen.

Habuit & Endeidem è Philyra vxore, suscepit præterea Caryclū è Pisidice nympha. Fertur idem Chiron cum primum se in syluas contulisset fuisse à Diana venandi rationem edoctus, vt nos in libro 4. Venationum nostrarum scripsimus:

> Quis primus tulit ista viris? hominumne Deumne
> Ingenijs inuenta? dedit quis commoda tanta?
> Delia Phillyriden primum Chirona fugaces
> In sparsos per rura greges, syluaque vagantes
> Armauit, fecitque vias in commoda tanta,
> Salue magne parens, venandi magne repertor,
> Herbarum, citharæque potens, cęlique perite.

Nam præter cognitionem herbarum, rerumque cęlestium, fertur Chiron mirifice fuisse citharæ pulsandæ peritus, qua etiam ratione nonnullos morbos sedauit, vt ait Staphylus lib. 3. rerum Thessalicarum. & Boetius in Musica. Ab hoc Hercules astrologiam percepisse dicitur, vt suo loco dicemus. Cum postea Herculis sagittas veneno Lerneæ hydræ perlitas Chiron sequentibus temporibus tractasset, in alterum pedem eius vnam illarum cecidisse affirmant: qui dolore vulneris diu discruciatus cū natus esset ex immortali patre, mori non poterat: quare Deos precatus est, vt sibi mortali esse liceret, vt testatus est Acusilaus, & Cratinus, qui huius argumēti actum cōposuit. Id vero cū Iouis misericordia obtinuisset, inter sydera relatus fuit, vt testatur Hyginius in lib. de Stellis. Illud autem ita futurum

esse

esse vaticinara patri suo fuerat Ocyrhoe, vt est in his apud Ouid. quamuis eum mortuum fuisse dicat:

Tu quoque chare pater nunc immortalis, & æuis
Omnibus vt maneas nascendi lege creatus,
Posse mori cupies tum, cum cruciabere diræ
Sanguine serpentis per saucia membra recepto:
Teque ex æterno patientem numina Mortis
Efficient: triplicesque Deæ tua fila resoluent.

Conuersus est igitur Chiron in signum illud cœleste, quod nunc etiam à sagitta illa nomen retinet, atque ita formatur vt videatur sagittam è vulnere extra ctam ostentare. Cum vero eximie fuisset pius & Deorum immortalium cultor, fertur illi ara ante oculos collocata inter sydera, qua eius religio & pietas in per petuum demonstretur. At Mnesagoras non vulneratum fuisse, sed longioris vitæ pertæsum censuit mortem à Diis immortalibus precatum fuisse: quare etiam Theocritus in Thalysia illum senem ac longæuum nominat in his:

ἆρα γέ πα τοιόνδε φόλῳ κατὰ λάϊνον ἄντρον
κρατῆρ' ἡρακλῆι γέρων ἐστάσατο χείρων,
Talia nonne Pholi saxoso rupis in antro
Alcidæ statuit longæuus pocula Chiron:

¶ Atque hęc ea sunt, quæ de Chirone ab antiquis scriptoribus tradita sunt: nunc vnde deducta fuerint, perquiramus. Dicitur Chiron Saturni & Philyræ filius, quia cum artis medendi & chirugiæ peritiam inuenisse putetur, illa cognitio è tempore & experientia nata fuerit. Est enim φίλη amica, πεῖρα vero experientia: quare inuentionis chirurgiæ mater φιλύρα, quasi φίλπειρα dicta est. Nam si à πείρας dictione prima litera abiiciatur, id nomen existet. Nam prior fuit empirica quam theorica medicina. Eius filia fuit Ocyrhoe, quoniam hæc ars necessario viam aperit corruptis humoribus: qui quo citius & commodius defluxerint, eo citius vulnus sanari potest. Atque vt summatim dicam, vniuersum ferè chirugiæ negotium in scite eliciendis malis humoribus consistit: qua in re primum est vt per diętam & viuendi moderationem quam maxime vacuum his humoribus corpus habeamus, quod quanto magis expurgatum fuerit, quasi faciliorem vitæ nostrę decursum transibimus: proximum vero vt male affecto corpori facilis exitus malis humoribus pateat. Fuit Chiron altera parte homo, altera equus: quia idem chirugiæ beneficium non ad homines solum, sed etiam ad alia animalia, & ad vsum iumentorum se extendeat. Hunc ex immortalibus parentibus natum esse dixerunt, quia infinita propè videatur illa cognitio, quæ nunquam satis percepta aut absoluta ab humanis ingeniis fuerit. Fabulati sunt post longum annorum numerum à Ioue hunc impetrasse vt aliquando mori posset, quia sæpius rerum omnium scientiæ & cognitiones sint per temporum vicissitudines immutatæ, quæ cum ad summum excreuerunt, mox vt res cæteræ humanæ decrescunt & relabuntur. Dicitur inter sydera Chiron fuisse relatus, non solum quia hominibus de reliquis benemeritis arę erigerētur ab antiquis, quos inter Deos, aut inter sydera collocabāt: sed etiā quia per hęc hominum religionem & pietatem à Deo non negligi volebant ostendere, vt cæteros homines ad probitatem hortarentur, cum viri boni & integri calamitates tandē Deus leuet, & pro iis magnam ac perpetuam & felicitatem & gloriam denique largiatur. nō defuerunt tamen qui Aesculapiū prīnis inuentis chirurgiam addidisse putarint, & radicum quarumdam herbarum cognitionem, & mistiones pharmacorum, qui eò rem medicā deduxit vt princeps & inuentor & Deus mecinæ creditus sit. At de Chirone satis, nunc de Venere rerū omniū parēte dicaī.

De

De Venere, Cap. XIII.

Venerem illam, quam vulgus mortalium, delitiarum, voluptatumq; omnium, & blanditiarum, & elegantiæ Deam esse putauit, natam esse fabulātur è Cœli genitalibus partibus à Saturno cæsis, & in mare proiectis sine matre, ex illa spuma scilicet, quæ ex illarū iactu in summa aquæ parte exorta est. Hanc ne furere, turpiter, & iumentorum in morem libidine agitari viderentur homines, vna cum filio Cupidine introduxerunt, & pro Diis coluerunt: quorum in potestate esse dixerunt omnia commoda ad libidinem spectantia largiri. Nam si de medio Veneris & Cupidinis nomina tollantur: aut, si non Dei, sed desideria & impetus naturæ, illi esse credantur, vt re ipsa sunt, quid reliquum erit nisi fœdissimum & turpissimū libidinis, effrenatæque lasciuiæ nomen? fecit igitur apud imperitos homines horum nominum creditorum Deorum inuentio, vt minus turpe facinus coitus, & animalium coniunctio putaretur. Hæc res sanè vt necessaria propè est animalibus, ita frequens & immoderatus eius vsus in multa adducit illegitima, corpusq; & animū labefactat: quare vt honestior culpa libidinosorum videatur & currus triumphantium, & castra, & insignia Veneri & Cupidini tribuerunt. Verum quod turpe est, cum nullo nomine fieri honestum possit, nos libidinum furorem impuris hominibus & immundis suibus ac equis relinquentes, quę de Venere fabulosa dicta sunt ab antiquis inuestigemus. Tibullus libro primo Elegiarum hanc è spuma maris & sanguine Cœli, vt dictum est, natam arbitratur in his:

> Nam fuerit quicunq; loquax, is sanguine natam,
> Is Venerem è rapido sentiet esse mari.

Sic etiam Musæus in Leandro:

> ἀγνώσεις ὅτι κύπρις ἀπὸ σπορὰς ἐσι θαλάσσης;
> καὶ κρατέει πόντοιο, καὶ ἡμετέρων ὀδυνάων.
> An nescis Venus orta maris de semine quod sit?
> Imperat hæc vndis, nostrisque doloribus vna.

Cum nuper nata fuisset Venus, hanc ex vndis maris egredientem ambabus manibus è capillis, & è facie aquam marinam expressisse inquiunt: quare omnium pictorum facile princeps Apelles Cous celeberrimam illam Venerem emergentem, quæ diuinum propè opus creditum fuit, pinxit: cuius mirabilitatem & præstantiam ita expressit Sidonius Antipater:

> τὰν ἀναδυομέναν ἀπὸ ματέρος ἄρτι θαλάσσας
> κύπριν ἀπελλείου μόχθον ὅρα γραφίδος.
> Ὡς χερὶ συμμάρψασα διάβροχον ὕδατι χαίτην,
> ἐκθλίβει νοτερῶν ἀφρὸν ἀπὸ πλοκάμων.
> αὐταὶ νῦν ἐρέουσιν, ἀθηναίη τε, καὶ ἥρη,
> οὐκ ἔτι σοὶ μορφᾶς εἰς ἔριν ἐρχόμεθα.
> Egressam nuper Venerem de marmoris vndis
> Aspice, præclari nobile Apellis opus.
> Exprimit æquoream manibus de crinibus vndam,
> Et longis spumas exprimit illa comis.
> Hac visa Pallas sic cum Iunone locuta est:
> De forma Veneri cedere iure decet.

Fertur in concha margaritarum feraci fuisse concepta, in qua etiam nauigauit in Cyprum: quare cum de formosa muliere loqueretur Venus apud Papinium, illam dignam esse inquit quæ sua esset soror, & in eadem concha nauigaret, vt patet ex his carminibus:

Hæc

Hæc & cæruleis mecum consurgere digna
Fluctibus: & nostra potuit considere concha.

Hanc vero fuisse ab Horis educandam susceptam, postquam in Cyprum super vndis à Zephyro fuit delata, testatur Homerus in hymno quodam in Venerem his carminibus:

Αἰδοίην χρυσοστέφανον καλὴν ἀφροδίτην
Ἄσομαι, ἣ πάσης κύπρου κρήδεμνα λέλογχεν
εἰναλίης. ὅθι μιν ζεφύρου μένος ὑγρὸν ἀέντος
ἤνεικεν κατὰ κῦμα πολυφλοίσβοιο θαλάσσης,
ἀφρῷ ἔνι μαλακῷ. τὴν δὲ χρυσάμπυκες ὧραι
Δέξαντ' ἀσπασίως, περὶ δ' ἄμβροτα εἵματα ἕσσαν.
Formosam canto Venerem, cui tempora sertis
Aureis cinguntur: cui Cypri terra marinæ
Florida paret, eam Zephyrus quo dulcis & aura
In molli spuma pepulit super æquoris vnda.
Molliter hanc Horæ ceperunt, vestibus illam
Diuinis texere. quibus nodantur in aurum
Crines: reticulumque legit capitis decus ingens.

Hic enim poeta non in concha, sed vna cum spuma delatam fuisse in Cyprum sensit. Dicta fuit postea ab ipsa Cyprus, & Venus Cypria, vel quia in vtero ferre præbeat, quod dicunt Græci κύειν πορεῖν, quippe cum Cyprus antequam Venus eo appulisset diceretur Sphecia ab habitantibus ibi populis Sphecibus vocatis, vt scripsit Philostephanus in rebus Cyprijs. Deinde dicta Cerastia vt inquit Xenagoras in libro secundo de insulis, quod illam homines habitarent, qui multas tumoris, tanquam cornua quædam in capitibus habere viderentur, cum cornua κέρατα dicta sint à Græcis, & κεράσται cornuti. alij voluerunt illam insulam vocatam fuisse Macariam quasi beatam ob fertilitatem. at postquam Venus illuc appulit vocata fuit Cyprus. Huic ipsi Deæ fuit concha quæ vocabatur lingua consecrata, & conchæ Cytheriacæ: quia illa Venerē excitet, hæ quia pertineant ad mundum muliebrem. Scriptum reliquit Cicero libro 3. de Natura Deorum ita & plures Veneres fuisse, & illas è diuersis parentibus fuisse ortas: Venus prima cœlo & Die nata: cuius Elide delubrum videmus. Altera spuma procreata, ex qua & Mercurio Cupidinem secundum natū accepimus. Tertia Ioue nata & Dione, quæ nupsit Vulcano. Sed ex ea & Marte natus Anteros dicitur. Veneres tres fuisse scripsit Pausa. in Bœoticis, quarum vna Cœlestis, altera Popularis, altera Apostraphia dicta est. At Diuinus Plato in Conuiuio duas esse Veneres, & duos Cupidines inquit in his: πάντες γὰρ ἴσμεν, ὅτι οὐκ ἔστιν ἄνευ ἔρωτος ἀφροδίτη. ταύτης δὲ μιᾶς μὲν οὔσης, εἷς ἂν ἦν ἔρως. ἐπεὶ δὲ δύο ἐστὸν, δύο ἀνάγκη καὶ ἔρωτε εἶναι. πῶς δὲ οὐ δύο τὰ θεά; ἡ μέν γέπου πρεσβυτέρα, καὶ ἀμήτωρ οὐρανοῦ θυγάτηρ ἣν δὴ καὶ οὐρανίαν ἐπονομάζομεν, ἡ δὲ νεωτέρα, διὸς καὶ Διώνης, ἣν δὴ πάνδημον καλοῦμεν. Oēs enim scimus quod nulla est Venus sine Cupidine: quæ si vna sit, vnus erit etiam Cupido. At cum sint duæ, binos esse Cupidines necesse est. At quo pacto non duæ sint deæ? altera siquidem antiquior & sine matre Cęli filia existit quam cœlestem nominamus: altera iunior Iouis & Diones, quam vocamus Popularem. At Orpheus tamen in hymnis eandem & cęlestem, & maris filiam nominauit in his:

οὐρανία, πολύυμνε, φιλομειδὴς ἀφροδίτη,
Ποντογενής, γενέτειρα θεά.)
Cœlestis: genitrixque, sonori filia Ponti,
Lætitiæque parens Venus.

Hanc

Hanc alii nominatam fuisse putarunt à spuma, cum ἀφρὸς spuma sit apud Græcos dicta, alii ab Aprile mense, quod eo mense nata fuerit, vt testari videtur Horat. in quarto Carminum:

Vt tamen noris quibus aduoceris
Gaudiis, idus tibi sunt agendæ,
Qui dies mensem Veneris marinæ
Findit Aprilem.

Ferunt eam perpulchris vestibus ornatam in cęlum ab Horis ductam postea fuisse, cuius Dii omnes dextram complexi sunt, ac singuli vxorem sibi dari ob formæ præstantiam cupierunt, vt ait Home. in hymn. cum igitur hanc Diones filiam esse dixerit Theocritus in Syracusiis hoc pacto:

κύπρι Διωναία τὺ μὲν ἀθανάταν ἀπὸ θνατᾶν
ἀνθρώπων, ὡς μῦθος, ἐποίησας βερονίκην.
Nunquam posse mori mortalem tu Beronicen,
Fabula vt est, olim dederas Venus orta Dione

Sic Virg. illam Iouis filiam dixit:

Olli subridens hominum sator atque Deorum,
Vultu quo cęlum, tempestatesque serenat
Oscula libauit natæ: dehinc talia fatur.
Parce metu Cytheræa.

At Epimenides Cretēsis Saturni & Euonymes filiam fuisse Venerem ita inquit.

Γείνατο δ᾽ εὐονύμην θαλερὰν κρόνος ἀγκυλομήτης
ἐκ τοῦ καλλίκομος γένετο χρυσῆ ἀφροδίτη.
Euonymen teneram Saturnus duxit, ab illa
Nascitur alma Venus sparsis per colla capillis.

Communior tamen sententia fuit quod è mari & è spuma nata fuerit, quodque ad Cytherum montem primum appulerit, atque inde in Cyprum, sub cuius pedibus flores oriebantur, vnde dicta fuit Cytherea, vt testatur Hesiod. pluribus verbis in theogonia. Verum de prima Venere Cęli ac Diei filia nulla est prope mentio apud antiquos scriptores: at de posteriore nulla habita generis differentia permulta scripserunt poetę. Enimuerò cum è mari nata putaretur, inter sidera vel Deos nautis salubres ita numeratur ab Horatio:

Sic te diua potens Cypri,
Sic fratris Helenæ lucida sidera,
Ventorumque regat pater.

Huius Deæ armiger Bacchus fuisse dicitur. Hanc primam artem meretriciam exercuisse & inuenisse inquiunt, quare amantium Dea credita est. Numeratur hæc eadem inter Deos nuptiis præfectos, vt ait Pausanias in Messeniacis, & Plutarchus in problematibus, qui præfectos esse nuptiis Iouem adultum inquit, Iunonem adultam, Venerem, & Suadelam, & Dianam. hæc eadem quia ridens, vt ait Hesiodus, nata est, lætitiæ omnis & risus amica, quibus amor conciliatur & delectatur, credita fuit, vt innuit in his Hora.

Siue tu mauis Erycina ridens,
Quam Iocus circumuolat, & Cupido.

Quare effectum est, vt φιλομειδὴς fuerit à poetis sæpius nominata. Atque cum certa munia sint Diis singulis, certaque officia concessa, merito a Ioue reprehenditur cum vulnerata fuisset in Martis officium irrumpere ausa, hortaturque illam Iupiter matrimonia curare, vt est apud Home. in lib. 4. Ilia.

καὶ ῥα καλεσσάμενος, προσέφη χρυσῆν ἀφροδίτην.
οὔτι τέκνον ἐμὸν δέδοται πολεμήϊα ἔργα.

ἀλλὰ σύγ' ἱμερόεντα μετέρχεο ἔργα γάμοιο.
ταῦτα δ' ἄρεϊ θοῷ, καὶ ἀθήνῃ πάντα μελήσει
Tum Venerem alloquitur, tum soluit talibus ora
Filia, non ars est tibi bellica tradita : sed tu
Virgineas rixas, sed tu connubia cura.
Hæc Mars, hæc teneat communia munera Pallas.

Cum his præesset muneribus Venus illi merito baltheum ini unxerunt, siue cestum discolorem, in quo suauitas, & dulcia colloquia, & beneuolentia, & blanditiæ, suasiones, fraudes, veneficiaque includebantur, de quo ita scripsit Homerus Iliad. ξ.

ἦ, καὶ ἀπὸ στήθεσφιν ἐλύσατο κεστὸν ἱμάντα,
Ποικίλον· ἔνθα δέ οἱ θελκτήρια πάντα τέτυκτο·
ἔνθ' ἔνι μὲν φιλότης, ἐν δ' ἵμερος, ἐν δ' ὀαριστὺς
Πάρφασις, ἥτ' ἔκλεψε νόον πύκα περ φρονεόντων
Sic ait: & lorum cesti de pectore soluit:
In quo blanditiæ plures mortalia corda
Mulcentes inerant, sermo iucundus, amores,
Gratia: quæ mentem falsam dulcedine fucant.

Scripsum est ab Herodoto in Melpomene Enaries & Androgynos populos dicere solitos se per virgas salignas vaticinandi artem à Venere accepisse, vt est in his: οἱ δὲ ἐνάρεες καὶ οἱ ἀνδρόγυνοι, τὴν ἀφροδίτην σφι λέγουσι μαντικὴν δοῦναι. Fatentur Enaries & Androgyni Venerem sibi artem vaticinandi tradidisse. Hęc Dea cum amores blanditiasque curaret, ita blanda fuisse dicitur, vt vel iuramẽta eorum, qui per ipsam peierassent, rideret: vt asserit Tibullus in primo Elegiarum hoc pacto:

Nec iurare time: Veneris periuria venti
Irrita per terras, & freta longa ferunt.

Hanc Deam finxerunt antiqui in curru vehi, quem à cygnis trahi autumarunt, vt ait Ouid. libro 10. Metam. his verbis:

Vecta leui curru medias Cytherea per auras
Cyprono olorinis nondum peruenerat alis.

Idem postea poeta lib. 15. eiusdem operis illum à columbis trahi inquit in his:

Perq; leues auras iunctis inuecta columbis
Litus adit Laurens.

Sappho tamen eius currum à passeribus salacissimis auibus trahi finxit, alii putarunt passeres esse Veneri consecratos: quia στρουθοὶ vocantur, quo nomine aliquando membrum virile vocatũ fuit, vt testatus est Phærecydes, Hanc Deam finxerunt rosea corona insigniri, quam de suo sanguine colorem accepisse fabulati sunt: Tribuerunt illi sagittas præterea, vt significauit Euripides in Medea his carminibus:

μήποτ', ὦ δέσποιν', ἐπ' ἐμοὶ
χρυσέων τόξων ἐφείης,
ἱμέρῳ χρίσασ' ἄφυκτον οἰστόν
Numquam Regina nobis
Ab aureo arcu dimittas
Dulcedine vngens certam sagittam:

Et Iulianus Aegyptius in his:

Αἰεὶ μὲν κυθέρεια φέρειν δεδάηκε φαρέτρην,
τόξα τε, καὶ δολιχῆς ἔργον ἑκηβολίης.
Vsque Venus plenam didicit portare pharetram,

Atque

Atque arcus, longe spicula quæ feriunt.

Atqui cum variæ essent Veneres varii fuerũt illarum cultus, & ritus. sacrorum: nam Veneri illi, quæ cœlestis dicta est, vinum offerre in sacrificiis minime licuit, vt testatur Polemo in illo libro, quẽ scripsit ad Timæum his verbis: ἀθηναῖοι τε γὰρ ἐν τοῖς τοιούτοις ἐπιμελεῖς ὄντες, καὶ τὰ πρὸς τοὺς θεοὺς ὅσιοι, νηφάλια μὲν ἱερὰ θύουσι, μνημοσύνῃ, μούσαις, ἠοῖ, ἡλίῳ, σελήνῃ, νύμφαις, ἀφροδίτῃ οὐρανίᾳ. Athenienses harum rerum obseruandarum studiosi, & in sacrificiis Deorum faciendis diligentes ac pii, Nephalia sacra faciunt Mnemosynæ, Musis, Auroræ, Soli, Lunæ, Nymphis, Veneri cœlesti. quamuis Pythium oraculum postea iussit mel atque liquentia vina, vt dictum est Nymphis offerre. vocata sunt, Nephalia illa sacra à sobrietate, quoniam vinum omnis prope intemperantiæ fundamentum in illis nesciretur. tum ligna quoque illa Nephalia dicta sunt, vt sensit Philochorus, quæ neque è genere ficuum, neque vitium essent, neque mori quæ in sacrificiis Deorum vterentur. Lucianus in Dialogis meretriciis videtur aliam cœlestem putasse Venerem, aliam popularem, quam publicam vocauit, aliam Hortensem: atque publicæ capram candidam mactari significat, Hortensi & cœlesti iuuencam. Alii tamen putarunt iuuencam, Mineruæ mactari oportere, quod illi esset sacra, vt fuit agnus Iunoni, Isidi anser, Veneri columba, vt ait in libro de Diis apollodorus. Sed Strabo libro nono sues etiam admissos aliquando fuisse ad Veneris sacrificia scribit. Quod eius victimæ morte lętaretur ob cædem Adonis, quamuis aliquando lacte, melle, ac vino tantum litabatur Quod alius esset ritus popularis Veneris, alius cœlestis, testatus est Paus. in Atticis, qui etiam primum Theseum popularis Veneris & Suadelæ cultum apud Athenienses induxisse refert. Dicta est Venus à Latinis quod ad omnia ueniat, vt ait Cic. in secundo de Natura Deorum: Quæ autem Dea ad res omnes veniret, Venerem nostri nominarunt. Maximam eius potestatem fuisse significauit. Sophocles ita in Trachiniis cum semper victoriam reportet:

Μέγατι σθένος ἁ
Κύπρις, ἐκφέρεται νίκας ἀεί.
Magnum quoddam robur
Venus, refert victorias semper.

Idcirco præclare Leonidas inquit in armatam Venerem frustra illam armari in homines, cum vel Martem ipsum bellorum Deum nuda vicerit, hoc pacto:

Ἄρεος ἔντεα ταῦτα, τίνος χάριν ὦ κυθέρεια
Ἐνδέδυσαι, κενεὸν τοῦτο φέρουσα βάρος;
Αὐτὸν ἄρη γυμνὴ γὰρ ἀφώπλισας. εἰ δὲ λέλειπται
καὶ θεὸς ἀνθρώποις ὅπλα μάτην ἐπάγεις.
Hæc Martis sunt arma, Venus cur cingeris istis:
Cur Cytheræa geris tam graue pondus iners?
Mars est à nuda uictus: cum cesserit ipse
Vel Deus, hæc frustra num geris arma viris?

Tantæ véro, eius vires dicuntur esse, vt nullus prope sit Deorum, qui Veneris imperio non cesserit: quæ cœlo, & terris, & omnibus elementis credita est dominari: quare omnia ab illa produci scripsit Eurip. in Coronifero Hippolyto, omniaque illius imperio parere, vt est in his carminibus:

Κύπρις γὰρ οὐ φορητὸς, ἢν πολλὴ ῥυῇ.
ἣ τὸν μὲν εἴκονθ' ἡσυχῇ μετέρχεται.
ὃν δ' ἂν περισσὸν, καὶ φρονοῦνθ' εὕρῃ μέγα
τοῦτον λαβοῦσα, πῶς δοκεῖς καθύβρισε;
φοιτᾷ δ' ἀν' αἰθέρ', ἔστι δ' ἐν θαλασσίῳ.

κλύδωνι

κλυδωνι κύπρις. πάντα δ' ἐκ ταύτης ἔφυ.
ἥδ' ἐστὶν ἡ σπείρουσα καὶ διδοῦσ' ἔρον.
οὗ πάντες ἐσμὲν οἱ κατὰ χθόν' ἔγγονοι.
Non est Venus ferenda, si multa affluat.
Cedentibus quæ fit benigna, quæ leuis.
At si superbum reperit quem, quo putas
Tractauit illum more, qua ve iniuria?
Percurrit æthera illa, rursus in maris
Vndis pererrat: inde nata cuncta sunt.
Hæc vna Amorem seminauit, hæc dedit,
E cuius orti semine omnes adsumus.

Idcirco Homerus in hymno in Venerem omnes feras, & volucres, & animalia, & omnes deniq; Deos illius ductu gubernari & frenari inquit in his carminibus:

Μοῦσά μοι ἔννεπε ἔργα πολυχρύσου Ἀφροδίτης
κύπριδος, ἥτε θεοῖσιν ἐπὶ γλυκὺν ἵμερον ὦρσε.
καί τ' ἐδαμάσσατο φῦλα καταθνητῶν ἀνθρώπων,
οἰωνούς τε διιπετέας, καὶ θηρία πάντα,
ἠμὲν ὅσ' ἤπειρος μολλὰ τρέφει, ἠδ' ὅσα πόντος.
Musa refer Veneris formosæ munia, Diuis
Quæ superis olim teneros immisit amores:
Quæ genus humanum domuit, pictasque volucres:
Atque feras omnes, quæ pascunt æquora ponti.
Quæque erant campis, quæ latis fluctibus errant.

Hanc vel Ioue ipso potentiorem esse scribit Theocritus in Europa his verbis:

θυμὸν ἀναΐσσοισαν ὑποδμηθεὶς βελέεσσι
κύπριδος ἣ μούνη δύναται καὶ ζῆνα δαμάσαι.
Perdomitus Veneris iaculis, ictibus ue sagittis,
Quæ domuisse Iouem valet vna, Deosque supernos.

Hanc vnam denique mundum procreasse, & procreatum nutrire & conseruare crediderunt: quem nullo pacto sine Veneris opera existimarunt coagmentari potuisse, vt ait Orpheus:

πάντα γὰρ ἐκ σέθεν ἐστὶν, ὑπεζεύξαο δὲ κόσμον.
καὶ κρατέεις τρισσῶν μοιρῶν. γεννᾷς δὲ τὰ πάντα:
ὅσσα τ' ἐν οὐρανῷ ἐστι καὶ ἐν γαίῃ πολυκάρπῳ,
Ἐν πόντῳ τε βυθῷ τε.
Omnia iunxisti, per te stant pondera mundi.
Imperitasque tribus Parcis, atque omnia gignis,
Quæ mare, quæ cœlum latè terramque pererrant.

Fabulantur poetæ Venerem Adonidis desiderio captam fuisse, qui natus fuerat Rege Cinyra & Myrrha eius filia. qui pastor fuit vt testat Virg. in Gallo. Enimuero postea Martis inuidia ab apro immisso cæsus est, vt ait Ouid. lib. 10. Metamor. cum iuuenis esset & præualidus, plurimum Venus delectabatur, quare eius mortem grauissimè tulit, vt ait Theocritus in Epitaphio Adonidis, neque vllam tamen de illo stirpem suscepit, cum Anchise congressa Aeneā peperit quē alij dicunt libertatem à Græcis post captam Troiam obtinuisse, & facultatem quidquid vellet efferendi, qui patrem, vxorem, filiū, Deos penates capiens Atho montem conscendit, ibique vrbem cōdidit, quam de suo nomine Aeneadem appellauit, Alij dicunt Aeneam captiuum vnam cum Andromache datum fuisse Neoptolemo Achillis filio, & in patriam Achillis Thessaliam deportatum, vt scriptum fuit his carminibus ab illo Lesche, qui paruam Iliadem composuit.

Αὐταρ

Αὐτὰρ Ἀχιλλείας μεγαθύμου φαίδιμος υἱὸς
Ἑκτορέην ἄλοχον κατάγαγε κοίλας ἐπὶ νῆας.
παῖδα δ' ἑλὼν ἐκ κόλπου ἐϋπλοκάμοιο τιθήνης
ῥῖψε ποδὸς τεταγὼν ἀπὸ πύργου, τὸν δὲ πεσόντα
ἔλλαβε πορφύρεος θάνατος καὶ μοῖρα κραταιή.
ἐκ δ' ἕλετ' Ἀνδρομάχην ἠΰζωνον παράκοιτιν
Ἕκτορος, ἥν τέ οἱ αὐτῷ ἀριστῆες Παναχαιῶν
Δῶκαν ἔχειν ἐπίηρον ἀμειβόμενοι γέρας ἀνδρὶ,
Αὐτόν τ' Ἀγχίσαο κλυτὸν γόνον ἱπποδάμοιο
Αἰνείαν ἐν νηυσὶν ἐβήσατο ποντοπόροισιν
Ἐκ πάντων Δαναῶν ἀγέμεν γέρας ἔξοχον ἄλλων.
Vxorem Hectoream naues deduxit in atras,
Magnanimo ac forti quondam generatus Achille.
Atque è complexu raptum nutricis, ab alta
Turre iacit natum mox Hectoris: huncque cadentem
Purpureum cepit lethum, nigræque tenebræ.
Mox capit Andromachen, fuerat namque Hectoris vxor,
Quam sibi donarunt virtutis præmia Achiui.
Anchisæ clarum natum domitoris equorum
Protinus in naues duxit, quæ marmora sulcant,
Aeneam, fuit eg egium quod munus Achiuum.

Ex illo celebri Martis adulterio, suscepit Harmoniã: vt testat Hesiodus in Theogonia, quam tamen alij Iouis & Electræ filiam fuisse putarunt. è Mercurio suscepit Hermophroditum, vt nomen ipsum significat: quod ita ait Ouid. lib. 4. Met.

Mercurio puerum, & diua Cythereide natum
Naiades Idæis enutriuere sub antris:
Cuius erat species, in qua materque paterque
Cognosci possent: nomen quoque traxit ab illis.

Concepit Erycem è Bute: vel vt alii maluerunt, è Neptuno: quem Hercules palæstra suffocauit, vt ait Isacius. fertur etiam Meligunis fuisse Veneris filia. fama est præterea quod Venus Dionysum amauit, quo ad Indicam expeditionem militante Venus Adonidis consuetudine fruebatur: mox coronata redeunti Dionyso occurrens & ipsum coronauit, & rogauit vt se sequeretur, quia iam nupsisset. mox in Lampsacum profecta est, quia ibi vellet parere, quod gestabat in vtero. At Iuno Zelotypia capta illius vterum per dolum contrectauit, fecitq; vt deformem puerum pareret, qui ingentia maxime haberet pudenda, quem postea Priapum nominauit, vt ait Posidonius in libro de Heroibus & Dæmonibus. Nõ defuerunt qui Suadelam quoque Veneris filiam fuisse dixerint, quæ sententia etiam fuit Saphus. at Hesiodus in Theogonia è congressu Martis & Veneris Timorem & Pallorem natos esse scribit in his:

αὐτὰρ Ἄρηϊ
ῥινοτόρῳ Κυθέρεια Φόβον καὶ Δεῖμον ἔτικτεν.

Marti clypeos atque arma secanti
Alma Venus peperit Pallorem, vnaque Timorem.

Suscepit Rhodum filiam præterea è Neptuno, vt sensit Herophilus: quam tamen Epimenides Oceani fuisse scripsit. Dicitur & Electryonem & alios quinque filios è Sole peperisse. At cum Vulcanum maritum haberet, nullus ex illo filius cõmemoratur, cum multos è varijs cõgressib. diuersisq; adulterijs à scriptorib. natos fuisse Veneris acceperimus. Sortita est autẽ Venus multa cognomina vel à locis, vel conditorib. vel euentis rerum, nam dicta est Salaminia Acidalia, Paphia,

Adalia, Cytherea, Erycina, Gnidia, Cyllenia, Melanis, Migonitis, Ascræa, Colias, Epistropha, Euplæa, Ambologera, Olympia, Speculatrix, Pótica, & multa alia pręterea quæ numerare mihi videtur superuacaneum. multa fuerunt loca, in quibus eximie Venus coleretur, quorum quædam ita recensuit Ouid. lib. 10. Metamor.

Capta viri forma non iam Cythereia curat
Litora: non alto repetit Paphon æquore cinctam,
Piscosamque Cnidon, grauidamque Amathunta metallis.

Et Virgilius libro decimo:

Est Amathus, est celsa mihi Paphos, atque Cythera,
Idaliæque domus.

Et quoniam Venerem rerum omnium genitricem esse diximus superius, non est mirum si ad exprimendam eius potentiam Canachus Sicyonius illam ex ebore & auro ita fecit, vt capite polum gestaret, atque altera manu papauer altera malum punicum, vt scripsit Eratosthenes libro tertio. In huius Deæ, sacrificijs id moris fuit vt fęmora victimarum omnium, præter quam suum consecrarent, cum alias partes Sicyonij iuniperi lignis adolerent. verum cum torrerentur femora cum illis folia herbæ pæderotis incendebantur, vt ait Pausanias in Corinthiacis. Hæc Dea, veluti etiam cæteri, sua sacrificia prætermitti non æquo animo ferebat: quare cum Lemniæ mulieres Veneris sacrificia spreuissent, Deæ maximè iram in se concitasse creditæ sunt, quod etiam non impune putantur fecisse. Nam tantum fœtorem illis excitasse fœminis Dea perhibetur, vt à suis maritis contemnerentur. Earum mariti cum bellum aduersus Thraces per id tempus suscepissent, sæpiusque captiuas inde abducerent, ac proprias vxores aspernarentur, decreuerunt mulieres homines omnes per noctem iugulare: atque non id solum fecerunt, sed etiam captiuas vna cum illis trucidarunt. deinde veritæ ne cum filij adoleuissent patrum iniurias vlciscerentur, illos etiam ad vnum obtruncarunt, atque vniuersum genus de medio sustulerunt. illud autem effectum est ob Veneris indignationem, quæ leuiter ferre non solet neglectũ sacrificiorum honorem obliuisci, si ab aliquo paruifiat, vt ait Euripides in Hippolyto Coronifero in his:

Πολλὴ μὲν ἐν βροτοῖσι, κ' οὐκ ἀνώνυμος
θεὰ κέκλημαι κύπρις, οὐρανοῦ τ' ἔσω,
ὅσοι τε πόντου, τερμόνων τ' ἀτλαντικῶν
Ναίουσιν εἴσω, φῶς ὁρῶντες ἡλίου,
τοὺς μὲν σέβοντας τ' ἀμὰ πρεσβεύω κράτη.
Σφάλλω δ' ὅσοι φρονοῦσιν εἰς ἡμᾶς μέγα.
Ἔνεστι γὰρ δὴ κ' ἀν θεῶν γένει τόδε,
τιμώμενοι χαίρουσιν ἀνθρώπων ὕπο.
Inter viros permulta, non ingloria
Venus vocata sum: poli intra circulum,
Pontumue quisquis incolit, vel terminos
Atlanticos, spectatque solis lumina,
Si me colit, vires, decusque præbeo.
Superbientes rursus in me deprimo.
Hoc est Deis commune, quod mortalium
Honoribus lætantur, & coli à viris.

Dicitur hæc Dea vnà cum Iunone & Pallade de formæ præstantia contendentes ad Paridis iudicium venisse, quæ cũ iudici Helenæ adulterium ad illum corrumpendum promisisset, victoriã ex illo iudicio reportauit. Veruntamen dolosum illud iudicium vniuerso Troianorum imperio postea fuit calamitosum, qm̃ stulta

sunt

sunt omnia iniqua, sed omnium maxime Veneris opera quæ fiunt, vt ait Euripides in Troadibus: quippe cum non solum à spuma, sed etiam ab insania Veneris nomen deduci possit, vt est in his carminibus:

τὰ μῶρα γὰρ πάντ᾽ ἐστὶν Ἀφροδίτη βροτοῖς.
καὶ τοὔνομ᾽ ὀρθῶς ἀφροσύνης ἄρχει θεᾶς.
Mortalibus nam stulta cuncta sunt Venus:
Recteque cœpit nomen hoc insaniæ.

Nam cum animorum motus, qui nos ad aliquam deformitatem morum, vitæque turpitudinem inducunt, maxime vitandi sunt, tum Veneris titillationes præcipuè, omnemque lasciuiam conuenit aspernari: quibus nihil neque turpius, neque minus honestum, neque magis calamitosum cuiquam contingere potest. Nam quis se hominem esse verè audeat dicere, qui se effrænata illa belluarum libidine in Venerem rapi patiatur? omnium sanè voluptatum, quibus homines vexantur, maxima & deterrima est libido rei Venereæ, quæ opes dilapidat, obest memoriæ, vim oculorum labefactat, stomachum frigidiorem & imbecilliorem efficit, cum vim illam semen genitale secum afferat, qua cibus in stomacho concoquitur: ex quo plurima rerum redundantium copia fit, malorumque humorum abundantia in stomacho procreatur. Præclarum est igitur illud medicorum præceptum, semperque ad seruandam sanitatem in ore habendum: VESCI citra satietatem: IMPIgrum esse ad laborem: VITAle semen conseruare: res esse saluberrimas. Quare scite dictum est ab eo poeta:

οἶνος, καὶ τὰ λουτρὰ, καὶ ἡ περὶ κύπριν ἔρως,
ὀξυτέρην πέμπει τὴν ὁδὸν, εἰς ἀΐδην
Vina, lauacra, Venus, mortalia corpora frangunt:
Et citius Ditis tartara adire iubent.

Quod si vehemens sit Veneris pruritus & titillatio: facilia sunt, & omnibus eiusce rei remedia, victus moderatio in primis: vnde præclare illud defluxit: sine Cerere & Baccho friget Venus. Neque id parum confert mandatum medicorum secundum, quod etiam ita recitauit Ouid. in lib. de remedio Amoris:

Otia si tollas, periere Cupidinis arcus.

Memoriæ prodidit Plutarchus in Symposiacis problematis rutam quoque, quã πήγανον ἀπὸ τοῦ πήγνυσθαι vocarunt à cogendo non mediocriter conferre ob insitam illi à natura siccitatem, quam habet propter vim caloris. Nam genitale semen cogit & coagulat, quare etiam de illa ita scripsit Ouid. de remedio:

Vtilius sumes acuentes lumina *rutas*.

Prodest lactucarum etiam vsus ad sedandam Venerem ob naturæ frigus. Id autem significare voluerunt antiqui poetæ, qui mortuum Adonim inter lactucas à Venere depositum fuisse inquiunt. Scripsit præterea Nicandri enarrator cunilæ vsum, cum illa frigida sit, Venerem sedare, quare in *Thesmophoriis, in quibus* sacrificiis castos esse sacerdotes & adeuntem populum oportebat, vt scripsit Hegesander, herba illa substernebatur. Fuerunt etiam loca huic rei accommodata, sicut Silemnus fluuius nõ procul à Patris, vt refert Pausanias in Achaicis, in quo viri vel fœminæ lotæ priscorum amorum obliuiscebantur. & Sappho apud Ouid. sublimem esse locum apud Nicopolim in Leucadia inquit, è quo se in mare præcipitantes, amoris obliuiscebantur: sic enim inquit:

Constitit, & dixit, quid nunc non ignibus æquis
Vreris? Ambraciæ est terra petenda tibi.
Phœbus ab excelso quantum patet aspicit æquor,
Actæum populi, Leucadiumque vocant.
Hinc se Deucalion Pyrrhæ succensus amore

Misit, & illæso corpore presit aquas.
Nec mora iussus amor fugit lætissima mersi
Pectora: Deucalion igne leuatus erat.
Hanc legem locus ille tenet: pete protinus altam
Leucada: nec saxo desiluisse time.

Primus omnium Phocus ex ea petra sese præcipitauit, vt ait Plut. in claris mulieribus. Hoc omnium remediorum vltimum, & non nisi furiosis hominibus adhibendum censuerim, vt è præcipiti loco in mare non sine maximo periculo desiliant. Quamuis Cicero etiam libro quarto Disputationum Tusculanarum meminit de hoc loco, vt pote è quo multi se præcipitarint: qui modum igitur vitio quærit, similiter facit vt si posse putet eum, qui se è Leucade præcipitauerit, sustinere se cum velit. Huic Deę rosa & myrtus arbor consecrata fuit, quoniã vtraq; planta eximiam præ se fert pulchritudinem: rosa inter flores scilicet, myrtus inter arbores, vt ait Pausanias in posterioribus Eliacis, & Virg. Aegloga septima:

Populus Alcidę grauissima, vitis Iaccho,
Formosæ Veneri myrtus, sua laurea Phębo

Non defuerunt tamen qui myrtum sacratam esse Veneri putarint, quod illa ornata Venus sit ad iudicium de forma cum Deabus profecta, atque victoriam reportarit, quod innuit Nicand. in Alexipharmacis in his:

ἀφρὲς δ' ἔτι σοι δικτύννα τεὰς ἐχθήρατο κλῶνας.
ἥρης' ἱμβρασίης μούνης στέφος οὐχ ὑπέδεκτο.
κάλλεος οὕνεκα κύπριν ὅτ' εἰς ἔριν ἠρέθησαν
ἀθάναται, κόσμησεν ἐν ἰδαίοισιν ὄρεσσι.
Præterea Dictynna tua est ex arbore ramos
Aspernata, tuam nec cæpit Iuno coronam.
Quod Venus Idæis est illa in montibus olim
Compta comas, vbi de formâ contentio nata est.

Alij sacratam crediderunt, quia nascatur in litore maris vnde nata est Venus. alij quia multis morbis muliebribus conueniat. non tamen soli Veneri sacra putabatur, sed etiam Dionyso vt Aristophanes testatur in Ranis.

ἴακχ' ὦ ἴακχε
ἐλθὲ τόνδ' ἀνὰ λειμῶνα χορεύσων
ὁσίους, ἐς θιασώτας.
πολύκαρπον μὲν τινάσσων
Ἀμφὶ κρατὶ σῷ βρύοντα
στέφανον μύρτων.
Iache ò Iacche
Veni per hoc pratum tripudians
Sacros ad initiantes.
Fructiferam concutiens
Circa caput tuum virentem
Coronam myrtorum.

Huic Deæ Gratiæ dicuntur esse dicatæ, quod nihil iis ignaris faciat: nam cum pomum à Paride esset captura Hymenæum, & Cupidinem, & Amores, & Gratias iussit aduocari, vt ait Pausanias. Quas etiam Veneris & Liberi patris filias quidam dixerunt.

¶ Atque hæc ea ferè sunt, quæ de Venere ab antiquis scriptoribus tradita sunt: nunc quid ea significent perquiramus. Nihil est autem aliud Venus, quam occultum coitus desiderium à natura insitum ad procreandum, quod nos non ineptè vt arbitror, alicubi ita expressimus illam amorem appellantes:

Nil

Nil amor est aliud Veneris quàm parua voluptas,
Quæ simul expleta est, inficit ora rubor.

Et Lucretius libro quarto:

Sic igitur Veneris qui telis accipit ictum,
Siue puer membris muliebribus hunc iaculatur,
Seu mulier toto iactans è corpore amorem:
Vnde feritur, eò tendit, gestitque coire,
Et iacere humorem in corpus de corpore ductum:
Namque voluptatem præsagit multa Cupido,
Hæc Venus est nobis: hinc ductum nomen Amoris.

Est autem permagnum huiusce rei argumentum, quòd omnia verno aeris tepore ad procreationem excitantur: quippe cum idem poeta Zephyri auram suauissimam Veneris nuntium appellarit, vt in his ait idem poeta:

It ver, & Venus, & Veneris prænuntius ante
Pennatus graditur zephyrus vestigia propter.

Nata esse dicitur è spuma maris, quoniam semen genitale animalium nihil est aliud, quam spuma sanguinis, & supernatat, vt est in secũdo de Generatione animalium apud Aristo. quare locus datus est fabulæ, quod à spuma genita sit. Nata esse dicitur ex ipso mari propter salsedinem, quæ non parum confert ad fertilitaté, cuiusce rei argumẽtum est copia muriũ, quæ nascitur in nauigijs sale onustis ac illud sæpe vectantibus. Venerem amorum Dea credidit Lactantius putatam, quia læna fuerit, quæ prima meretriciam artem instituerit. Ducuntur vero similia similium desiderio, vt canes canum, equi equarum, leænarum leones: quoniam dissimilium formarum prorsus nulla est inter se coniunctio. Efficitur istud ipsum naturæ ductu, quæ spectra quædam à valde diuersis abhorrentia indidit singulis animalibus, vt irritum & inutilem coniunctionis laboré deuitent. Vt enim è magno opere differentibus arboribus surculos arbores nó recipiunt, ita neq; marium fœminæ plurimum differentium congressu delectantur. Nam tametsi viperæ anguillarum attritu demulcentur, canes luporum coniunctionem non omnino respuunt, cum è similib. propè corporib. simile semẽ profundatur, quod plurimum cõfert ad procreationem, tñ ex anguillis & auibus, aut dissimilib. plurimum animalib. nihil nasceretur, si coniungant: quare è consimilib. omnino aut parum differentib. fieri debet & solet generatio. Sunt igitur in singulis animalib. spiritus quidam ad conciliandos amores præpotentes, quibus temperies aeris pro læna est, atq; eorundem spirituum alij ad id munus tardiores sunt, alij promptiores & magis ingeniosi: quare accidit aliquando vt mas feminam vel non visam amauerit, aut marem femina. Alij naturam sapientissimam rerum harum parentem similium & animorum & temperamentorum conciliatricem crediderũt, quæ radios quosdam occultos è toto corpore mitteret: quos tamen alij ex oculis manare maluerunt, atque alterius animum percutere, atque illum, qui sit ictus, conuersum eò vnde percussus fuit, quandam voluptatem diuinantem, & quasi præsentientem, similisque coniunctionem appetentem, in eius desiderium delabi, quod desiderium Amor, & proprio nomine cupido appellatur. Cum tamen eueniat aliquando vt ex altero tantũ illi radij manẽt, cum ad scopũ ob dissimilitudinem hi peruenire non possint, nullam se facere impressionem sentiunt, quare neq; ita intẽduntur, neq; sunt diuturni, & à suscepto negotio facile recedunt. Nihil n. natura sinit ultra fieri diutius patitur. Est igitur Venus voluptas illa, quam animus è similiũ coniunctione futurã præsentit, quare Dea credita est cõciliandorum aĩorum. Alii motum illum animorum, qui fit ab ipsa natura per aeris temperiem, Venerem vocarunt. Quod nata sit è spuma, vt diximus, illud sit, quia ex puriore sanguinis parte genitale semen secernitur: cuius rei indicium est, quod non minus stomacho, & memoriæ & aciei oculorum obest vsus Veneris, quam venarum incisio. Alii natam è Ioue & Dione crediderunt, quoniam cupiditas procreandi è calore concipitur, & ex illa materia, quæ est inferior: nam Dione corruptibilis vniuersa materia nominari potest elementorum. Qui cœli & Diei filiam tradiderunt, ii cum Theologis Christianis consenserunt, quoniam cum Deus omnipotens cœlum & lucem & sydera creasset, mox rebus omnibus imprimendi amoris ad procreandum vim addidit, quare creatis animalibus & herbis statum inquit, crescite & multiplicamini. Hæc eadem causa fuit cur fuerit præfecta nuptiis. Hæc risus amica dicta est, vel quia per lætitiam amor conciliatur, vel quia tum maximè vigent animalia, cum apta sunt generationi, quod efficit apta elementorum symmetria: qua etiam ratione dicta est vxor Vulcani. Hanc in adulterio cum Marte deprehensam nudam ac retibus implicitam Vulcanus ridendam exposuit, neque, vt inter homines lex Iulia de adulteriis permittit, interfecit, vel quia fieri non poterat vt Dii occiderentur, vel quia tam crudele facinus committere turpe iudicauit, parumque viro bono, nedum Deo conueniens. cum vanam & temerariam illam esse hominum opinionem conaretur demonstrare, quæ apud vulgus increbuit, quod libidinosæ vxoris lasciuia viri boni existimatio & integritas possit contaminari. nisi tamen vir ad vxoris turpitudines libens, volensque cõniueat. Nemo enim alienorum peccatorum pœnas dare merito debet. Præclare igitur statutum fuit apud Lacedæmonios, vt adulterorum, siqui deprehensi fuissent, pudendæ partes publice in foro per tortorem vellicarentur, deinde ad quoddam tempus ex agro Lacedæmoniorum exularent. Quod fiebat sine maritorum ignominia vti scripsit Sosiphanes quare non insulse vir sapientissimus Stilpo, cum illi à Metrocle Cynico obijceretur vt opprobrium quod sua filia esset impudica, ita Metroclem arguit percũtatus, num peccatum meum est, an filiæ? filiæ is inquit peccatum, at tuum infortunium, qui fieri potest ait Stilpo? an non peccata sunt lapsus? sanè. an non lapsus eorum qui lapsi sunt, fuerunt etiam aberramenta.: & hoc inquit, nonne aberramenta eorum qui aberrarunt infortunia? his verbis vir sapiens demonstrauit nemini esse crimini alterius peccata oportere. Dicitur vulnerata fuisse à Diomede, vt est apud Homerum: quoniam illi, quorum in ortu Venus dominatur, facie sunt decora, animo elato, voluptatibus dediti, at corpora debilia & rei bellicæ minime accommodata: quare cum illa in ortu Paridis dominata fuisset, ita inquit Ouid. in epist. Helenæ:

> Apta magis Veneri, quam sint tua corpora Marti:
> Bella gerant fortes: tu Pari semper ama.
> Hectora quem laudas pro te pugnare iubeto.

Huic deæ nõ cõuenire aliorũ Deorũ officia dixit Iupiter, cũ singuli Dii singulis officiis sint præfecti, quia nulla est tãta potẽtia, q̃ p se, satis valida sit nulliusq; alterius indigeat auxilio. Hoc enim maxime faciebat ad deprimẽdam mortalium arrogantiam & temeritatem, cum vel Dii ipsi non omnia posse, sed mutuis auxiliis indigere, diceretur. Qui omnia aĩalia ab ea domari inquiunt, & Iouem amori parere, ac Venerem mundum procreasse & conseruare atq; oĩa ex illius nutu pẽdere, visi sunt per hoc diuinam bonitatem, & incredibilem Dei in humanũ genus amorem diuinitus somniasse. Fabulati præterea sunt antiqui Venerem amantiũ periuria ridere, quia illi qui aliquo insigni animorum motu ad has res concitantur, nõ sunt sui compotes, sed eo affectu, quo fert impetus rapiunt. Nihil.n. differt his rebus deditum iurare, ac siquis insanus se cum ratione in posterũ velle insanire iurauerit: quippe cũ vterq; horum quò fert impetus, at non quò ratio, trahat.

Dixe-

Dixerunt præterea Veneris currum ab oloribus trahi, quia mundities & corporis ornatus mirifice confert ad amorem conciliandum: est.n. omnium fere auium candidissima & maxime müda olor. Alij tamen ob salacitatem columbas ac passeres illius currum trahere finxerunt. Atque cum tres esse Veneres dicantur, diuersi erunt & Amores siue Cupidines illarum filij. Illa quæ cœlestis est Venus appellata siue Vrania, purum significat, & sine corporis cupiditate, amorem, qualis est erga Deum & patriam & viros bonos ob aliquam virtutem, aut erga benemeritos. qui amor cœlestis, & purus, & diuinus, cum ' umana labe careat, potest appellari Popularis Venus naturæ coniunctiones animalium quærit. At Venus cognomento Apostraphia, dicta fuit ab Harmonia: cui etiam erexit templum, quia cum multa turpiter per nefarios congressus fieri apud barbaros animaduertisset, leges ad coercendas cupiditates parum honestas tulerit, & de stupris incestis homines auerterit, vt nomen ipsum significat. Atque cum cœlestis illa Venus, non nisi ab animo temperātissimo procedere possit, merito in eius sacrificijs obseruatum fuit ab antiquis ne vinum omnium deliramentorum, omnisque intemperantię causa offerretur. Illa Venus, quæ popularis est, neque vinum neque tumulentiam reijcit, cum vulgi & turbulentorum motuum multitudinis Dea sit. Hāc Venerem, cum ex aeris temperie gignatur, omniaque animalia ad procreādum impellat, rerum omnium procreatricem dixerunt antiqui, cum illa sit præcipuè verni temporis benignitas, quam ita expressit Virg. in 2. Georg. lib.

Ver adeo frondi nemorum, ver vtile syluis,
Vere tument terræ, & genitalia semina poscunt,
Tum pater omnipotens fęcundis imbribus æther
Coniugis in gremium lætæ descendit, & omnes
Magnus alit magno commistus corpore fœtus,
Auia tum resonant auibus virgulta canoris,
Et Venerem certis repetunt armenta diebus,
Parturit almus ager, Zephyrique repentibus auris
Laxant arua sinus, superat tener omnibus humor.

Nam physicas rationes in his complexus est Virg. quibus efficitur vt eo tempore præcipue animalia in Venerem concitentur: quam rem ita mira quadam poetica suauitate etiam Lucretius cum de Venere loquitur, complexus est;

Aeneadum genitrix, hominum Diuumque voluptas
Alma Venus: cęli subter labentia signa,
Quæ mare nauigerum, quæ terras frugiferentes
Concelebras: per te quoniam genus omne animantum
Exoritur, visitque exortum lumina solis.
Te Dea, te fugiunt venti, te nubila cœli:
Aduentuque tuo suaues tibi dædala tellus
Submittit flores, tibi rident æquora ponti,
Peccatumque nitet diffuso lumine cœlum.
Nam simulac species patefacta est verna diei,
Et reserata viget genitabilis aura Fauoni,
Aeriæ primum volucres te Diua, tuumque
Significant initum perculsæ corda tua vi.

At grauissimus & suauissimus scriptor Euripides multò etiam clarius demōstrauit rerum omnium procreationem ex elementorum esse symmetria: atq; vim illam siue diuinā quæ nascitur è motu cœlestiū corporum, siue naturalē vocemus, quæ facit vt in hanc cōmistionem elemēta ipsa deducant, vel potius deducit, Venerē appellauit, quā ita de se dicentem is introducit. quemadmodū patet ex his:

οὐκ ὁρᾷς ὅση θεός
ἣν οὐδ' ἂν εἴποις, οὐδὲ μετρήσειας ἂν
ὅση πέφυκε, καὶ ἐφ' ὅσον διέρχεται.
Αὕτη τρέφει σὲ, κἀμὲ, καὶ πάντας βροτούς.
τεκμήριον δὲ μὴ λόγῳ μόνον μάθῃς,
ἔργῳ δὲ δείξω τὸ σθένος τὸ τῆς θεοῦ.
ἐρᾷ μὲν ὄμβρου γαῖ', ὅτε ξηρὸν πέδον
ἄκαρπον αὐχμῷ, νοτίδος ἐνδεῶς ἔχει:
ἐρᾷ δ' ὁ σεμνὸς οὐρανὸς πληρούμενος
ὄμβρου πεσεῖν ἐς γαῖαν ἀφροδίτης ὕπο.
ὅταν δὲ συμμιχθῆτον ἐς ταυτὸν δύο,
φύουσιν ἡμῖν πάντα, καὶ τρέφουσ' ἅμα.
δι' ὧν βρότειον ζῇ τε καὶ θάλλει γένος.
Non ſentis ipſe quanta ſit Venus Dea?
Nam nec referre, nec queas metirier,
Sit quanta, quantum poſsit in mortalibus:
Te nutrit ipſa, meque, & omnes hæc viros.
Conſidera: ſermone ne ſolo ſcias,
Enucleabo robur ipſe te Deæ.
Amauit imbrem terra: cum ſiccum ſolum eſt,
Non eſt ferax ſqualore, poſcitque humidum.
Amatque cœlum pluribus plenum imbribus
Ob hanc Deam terris deorſum cedere.
Vbi duo miſcentur iſta, vnumque fit,
Naſcuntur inde cuncta quæ nos nutriunt:
Ob quæ viret, vigetque vis mortalium.

Hanc Deam iure Adonim amaſſe dicunt, qui Adonim ſolem eſſe arbitrati ſunt: quoniam ſine vi ſolis, nulla eſſet Venus. Hunc per brumam extingui dicunt, quia ceſſat eo tempore herbarum, & rerum multarum generatio. nam cum ſol obtuſos angulos facit, minor fit eius virtus, ac frigora ſunt omnibus naturæ actionibus maxime aduerſaria. Nam cur illum mortuum inter lactucas depoſuit? propter frigus hyemis nimirum atque per id tempus fiebant ſacra Adonia: cui fabulæ addiderunt per Adonia fluuium Adonim vocatum è Libano monte defluentem ſanguinolentum fluere ſolitum. Addiderunt & Gratias illi filias, quæ cœleſti conueniunt, ob debitam omnibus bonis liberalitatem. Harum vna auerſa eſt, cum duæ Venerem reſpiciant, quia liberalis & magnanimi eſt imitari bonos agros, quod eſt maiori menſura reddere, quam acceperit. Sorores illæ dicuntur manib. implicitis ſe tenere inuicem, virginesq; eſſe & ridentes: quia nulla ſpe motos oportet dici liberales, cum mercatores ſint potius qui ob aliquam ſpem benefaciūt. atq; quæ in aliquē extat beneficentia, tum demū grata eſt, quæ ex hilari animo, minimeq; inuito aut renitēti procedit. traditum eſt in fabulis Venerem iudicatam à Paride fuiſſe pulchriorē Iunone ac Pallade, quia multo ſunt plures qui corporis voluptates, quam qui animi, qui vitia, quam qui virtutē, qui turpitudinem, quam qui gloriam ſectantur. nam multi fuerunt qui dignitatem, qui gloriam, qui præclaras gerendarum rerum opportunitates pro impuris voluptatibus reliquerunt: & ampliſsimas opes in eas profuderunt, qui tandem facti omnium hominum infeliciſsimi propter libidinem in maximas miſerias ſunt delapſi. At vero quid ſit Venus, & quas vires illi antiqui præbuerint, & quæ de illa fabuloſe dicebantur, iam fere explicauimus, quo in negotio ſiquid reliquum eſt, id in Cupidine eius filio pertractabitur.

De

De Cupidine. *Cap.* XIIII.

DE Cupidine verò, quibus ortus sit parentibus, non parua dubitatio est apud scriptores: quoniam alij vnum esse Cupidinem, alij plures senserunt. Plato in Symposio Phædrum inducit ita de Cupidinis origine dicentem: ὅτι μέγας θεὸς εἴη ὁ ἔρως ϗ θαυμαστὸς ἐν ἀνθρώποις ϗ θεοῖς πολλαχῆ μὲν ϗ ἄλλῃ, οὐχ ἥκιστα δὲ κατὰ τὴν γένεσιν. τὸ γὰρ ἐν τοῖς πρεσβυτάτοις εἶναι τὸν θεὸν, τίμιον, ἦ δ᾽ ὅς. τεκμήριον δὲ τούτου γονεῖς γὰρ ἔρωτος οὔτ᾽ εἰσὶν, οὔτε λέγονται ὑπ᾽ οὐδενὸς οὔτε ἰδιώτου, οὔτε ποιητοῦ. Quòd magnus Deus sit, & hominibus, Deisque admirabilis Cupido, id iam compertum est sæpius cum in alijs, tum in ijs quæ ad eius originem spectant præcipue. Neque enim me præterit esse quidpiam præclarum inter antiquissimos Deos recenseri. Cupidinis autem parentes neque sunt, neque ab vllo vel priuatorum, vel poetarum fuisse dicuntur. Hesiodus in sua Theogonia videtur Amorem siue Cupidinem ante omnia ex illa informi materia, quæ Chaos dicta est, in lucem eduxisse, cum ita scribat:

ἤτοι μὲν πρώτιστα χάος γένετ᾽, αὐτὰρ ἔπειτα
Γαῖ᾽ εὐρύστερνος πάντων ἕδος ἀσφαλὲς αἰεὶ
ἀθανάτων οἳ ἔχουσι κάρη νιφόεντος ὀλύμπου.
τάρταρά τ᾽ ἠερόεντα μυχῷ χθονὸς εὐρυοδείης.
ἠδ᾽ ἔρος, ὃς κάλλιστος ἐν ἀθανάτοισι θεοῖσι
λυσιμελὴς, πάντων τε θεῶν, πάντων τ᾽ ἀνθρώπων
Δάμναται ἐν στήθεσσι νόον, ϗ ἐπίφρονα βουλήν.
Ante Chaos natum: superum firmissima sedes,
Inde solum terræ latæ: tum tartara nigra
Intra adytum terræ, & feralia claustra baratri.
Inde ortus superos inter pulcherrimus omnes
Dulce Deum, pariterque virum, gratumque Cupido
Solamen, qui corda domat, mentesque feroces.

Nam statim post terram natum esse Cupidinem inquit, eumque eductum ex illa informi materia. at Aristophanes in Auibus Noctem Zephyrium ouum peperisse scribit, è quo natus sit Cupido, qui cum Chao mistus omne Deorum genus excitauerit: ita vero se habent carmina Aristophanis:

χάος ἦν, ϗ νὺξ, ἔρεβός τε μέλαν πρῶτον, ϗ τάρταρος εὐρύς.
γῆ δ᾽ οὐδ᾽ ἀὴρ, οὐδ᾽ οὐρανὸς ἦν. ἐρέβους δ᾽ ἐν ἀπείροσι κόλποις.
τίκτει πρώτιστον ὑπηνέμιον νὺξ ἡ μελανόπτερος ᾠόν.
ἐξ οὗ περιτελλομέναις ὥραις. ἔβλαστεν ἔρως ὁ ποθεινὸς,
στίλβων νῶτον πτερύγοιν χρυσαῖν.
Chaos erat, & nox, erebusq; niger primum, tum Tartarus altus.
Terræ nec aer, nec cœlum erat. erebique in finibus amplis
Parit prius Zephyrium nox alis nigrescentibus ouum.
Ex hoc labentibus horis pullulauit deinde Cupido,
Splendens tergum aureis alis.

Quare & Orpheus his similia de illius natiuitate tradidit, quem, vt est in his carminibus, ante omnia natum putauit:

Πρωτογόνον καλέω διφυῆ. μέγαν αἰθερόπλαγκτον,
ᾨογενῆ, χρυσέαισιν ἀγαλλόμενον πτερύγεσσιν,
ταυροβόαν. γένεσιν μακάρων, θνητῶν τ᾽ ἀνθρώπων.
Aethere labentem, geminum, magnumque vocamus,
Qui prior est natus, qui ex ouo, qui nitet aureis
Alis lætatus. per quem superumque virumque

Est

Eſt genus exortum tenues in luminis auras.

At idem Plato qui nullos parentes Cupidinis ſuperius eſſe dixit, mox fabulam quandam huiuſmodi in Sympoſio de Cupidinis ortu memorauit fama eſt Deos aliquando natalitia Veneris celebrantes in cęlo mēſis accubuiſſe: tum Iouis con ſilij & abundantiæ Deus fertur nectare paulo copioſius hauſto ebrius fuiſſe, ac Peniam Deam paupertatis in horto Iouis inueniſſe, quam etiam compreſsit: ex eo igitur congreſſu Penia Cupidinem poſtea peperit, quem Veneri famulum tradiderunt, cuius nutum mandataque obſeruaret, quare poſtea creditus eſt Veneris filius. *Theocritus in Hyla* è Dijs quidem parentibus illum natum eſſe arbitratur, at è quibus non affirmat, propter variam ac difficillimam cognitu eius originem, vt ex his patet:

> *οὐχ' ἁμῖν τὸν ἔρωτα μόνοις ἔτεχ' ὤς ἐδοκεῦμες*
> *Νικία, ᾧτινι τοῦτο θεῶν τὸ κα τέκνον ἔγεντο.*
> Non ſolis natus nobis eſt ipſe Cupido
> Vt patet: è ſuperis quicunque fuere parentes.

Non defuerunt qui Cupidinem Saturni filium fuiſſe dixerint, vt ſenſit Orpheus, quod ex illo carmine ſignificatur:

> *Αὐτὰρ ἔρωτα κρόνος, καὶ πνεύματα πάντ' ἐτέκνωσε,*
> Sunt Amor & venti Saturni è ſemine nati.

At Sapho poetria Cupidinem cęli ac terræ filium exiſtimauit, Simonides Martis & Veneris. Acuſilaus noctis & Aetheris, Alcæus contentionis & Zephyri. idem Orpheus tamen omnes Amores, quos plures eſſe ſenſit, è Veneris ortos ſcribit in alio hymno hoc pacto:

> *Υ῾μνέομεν στερεὴν πολυώνυμον ἀφρογενείης,*
> *καὶ πηγὴν μεγάλην βασιλήιον, ἧς ἄπο πάντες*
> *Α'θάνατοι πτερόεντες ἀνεβλάστησαν ἔρωτες.*
> Cantamus Venerisque genus, fontemque perennem,
> De quo immortales nati dicuntur Amores.

Pauſanias in prioribus Eliacis Venerem dicit emergentem à Cupidine fuiſſe exceptam, & à Suada coronatam. qui idem poſtea in Bœoticis Cupidinem omnium Deorum natu minimum vulgo creditum dixit, & Veneris filium. Cicero libro tertio de Natura Deorum plures Cupidines è diuerſis parentibus facit, vt in his ſcribit: Cupido primus Mercurio & Diana prima natus dicitur. Secundus Mercurio & Venere. Tertius quidem eſt Anteros Marte & Venere tertia. Hi etſi plures extiterunt, diuerſiſque parentibus geniti, tamen ad vnum Veneris filium omnia prope, quæ de Amore dicta ſunt, transferuntur: Præclare igitur Arceſilaus ſtatuarius lezænam è marmore feciſſe dicitur, circa quam ludentes fecit Cupidines, quam alij e cornu bibere cogebant, alij ſoccos illi inducebant, alij ſaxo alligatam fune tenebant, cum multos fuiſſe Cupidines vellet ſignificare. Horum quæ vires ſint, aut quæ facultates, & qui habitus illi tribuerentur, ita patefecit Orpheus in hymnis:

> *κικλήσκω μέγαν ἁγνὸν, ἐράσμιον, ἡδὺν ἔρωτα.*
> *τοξαλκῆ πτερόεντα, πυρίδρομον εὔδρομον ὁρμῇ.*
> *Συμπαίζοντα θεοῖς, ἠδὲ θνητοῖς ἀνθρώποις.*
> *Εὐπάλαμον, διφυῆ, πάντων κλῇδας ἔχοντα.*
> *αἰθέρος, οὐρανίου, πόντου, χθονὸς, ἠδ' ὅσα θνητοῖς*
> *Πνεύματα παντογένεθλα θεὰ βόσκει χλοόκαρπος.*
> *ἠδ' ὅσα τάρταρος εὐρὺς ἔχει, πόντος θ' ἁλίδουπος.*
> *μοῦνος γὰρ τούτων πάντων οἴακα κρατύνεις*
> Iucundum, magnum, gratum cantamus Amorem.

Arceſi-

Arciferum, alatum, celerem, flammisque potentem:
Ludentem pariter cum diisque virisque, gemellum.
Tu maris, & terræ claues, tuque ætheris alti
Sceptra tenes: tu quot ventos Dea parturit alma
Frugifera, aut pontus tumidus, vel tartarus ipse,
Et regis, & cuncta flectis moderamine solus.

Pingebatur ab antiquis alatus Cupido, cuiusmodi illum Zeuxis pinxit Athenis pulcherrimum rosis coronatum: nam & Cupido & Victoria alati fingebantur, quam primum omnium Thasium Aglaophontem alatamfecisse ferunt: de quibus, vt alatis, ita meminit Aristophanes in Auibus:

Αὐτίκα νίκη πέταται πτερύγαιν χρυσαῖν καὶ νὴ Δί᾽ ἔρως γε.
Statim Victoria volat alis aureis, & per Iouem Cupido simul.

Idcirco cum Victoriæ simulachrum de cœlo tactum fuisset, quod erectum fuerat apud Romanos in Capitolio, eiusque solę alę decidissent, illud prodigiū faustum esse interpretatus est Pompeius, quod inde auolare victoria amplius non posset, quare Pompeius ipse duo hæc carmina in eum euentum conscripsit,

Ῥώμη παμβασίλεια, τεὸν κλέος οὔποτ᾽ ὀλεῖται,
Νίκη γάρ σε φυγεῖν ἄπτερος οὐ δύναται.
Roma potens alis cur stat Victoria lapsis?
Vrbem ne valeat deseruisse tuam.

Deinde addita sunt non solum nomina, sed insignia cupidini, illius Dei potentiam, & animorum motus significantia, qualia Palladas descripsit in his carminibus:

Γυμνὸς ἔρως, διὰ τοῦτο γελᾷ, καὶ μείλιχός ἐστιν,
οὐ γὰρ ἔχει τόξον, καὶ πυρόεντα βέλη.
οὐδὲ μάτην παλάμαις κατέχει Δελφῖνα καὶ ἄνθος.
τῇ, μὲν γὰρ γαῖαν, τῇδε, θάλασσαν ἔχει.
Nudus Amor ridet, lętatur & ille: nec arcus,
Nec flammata gerit spicula, vel pharetram:
Iure quidem recto florem, delphinaque gestat.
Continet hac terras, hac maris alta manu.

In huius Dei facultate situm fuisse fabulati sunt vt ea quę turpia essent ac deformia, faceret videri honesta & decora. & illos beatos arbitarentur amantes, qui amata potirentur, & omnes sensus denique obstupescere faceret, cuiusmodi sunt ea, quæ scripsit Sapho in hisce carminibus:

φαίνεταί μοι κεῖνος ἴσος θεοῖσιν
Ἔμμεν᾽ ὤνηρ, ὅστις ἐναντίος τοι
Ἰζάνει, καὶ πλησίον ἁδὺ φωνεύ-
σαι σεῦ ὑπακούει.
καὶ γελαίσας ἱμερόεν. τό, μοι τὰν
καρδίαν ἐν στήθεσιν ἐπτόασεν
Ὡς ἴδον σ᾽, ὡς βρόχχον ἐμοὶ γὰρ αὐδᾶς
οὐδὲν ἔθ᾽ ἥκει.
Ἀλλὰ καμμὲν γλῶσσ᾽ ἐάγ᾽, ἐν δὲ λεπτὸν
Αὐτίκα χρῷ πῦρ ὑποδεδρόμακεν,
ὀμμάτεσσιν δ᾽ οὐδὲν ὅρημι, βομβεῦσ᾽
ἐν δ᾽ ἀκοαί μοι.
καδδ᾽ ἱδρὼς ψυχρὸς χέεται τρόμος δὲ
Πᾶσαν αἱρεῖ, χλωροτέρη δὲ ποίας
Ἔμμι. τεθνάναι δ᾽ ὀλίγου, δέουσα

φαι

φαίνομαι ἄπνους.

Ille par Diuis superis videtur
Esse, qui contra sedet intuens te,
Haurit Hyblæo magis & liquore
Dulcia verba.
Dulce risisti, mihi quod misellæ
Corda transfixit grauiter videnti:
Spiritus pressus fuit, & mihi vox
Paucibus hæsit:
Facta tum lingua est tacita, & repente
Paruus in membris calor est relictus.
Lumina haud cernunt. resonat susurrus
Multus in aure.
Labitur sudor gelidus, tremorque
Occupat totam. viridis magis sum
Gramine, extinctæ simili retentus
Spiritus est vix:

Tantam illi potestatem antiqui poetæ, tantumque audaciæ Cupidini tribuerūt, vt omnes Dii antiqui ab Amoribus spoliati fuerint suis insignibus: vt Philippus quidam poeta in his luculentissimis carminibus expressit:

Συλήσαντες ὄλυμπον ἴδ' ὡς ὅπλοισιν ἔρωτες
κοσμοῦντ' ἀθανάτων σῦλα φρυασσόμενοι.
φοίβου τόξα φέρουσι, Διὸς δὲ κεραυνὸν, Ἄρηος
ὅπλον καὶ κυνέην, ἡρακλέους ῥόπαλον.
Εἰναλίου τε θεοῦ τριβελὲς δόρυ, θύρσα τε βάκχου,
Πτηνὰ πέδιλ' ἑρμοῦ, λαμπάδας Ἀρτέμιδος,
οὐκ ἄχθος θνητοῖς εἴκειν βελέεσσιν ἐρώτων,
Δαίμοσιν οἷς ὅπλων κόσμον ἔδωκαν ἔχειν.
Exuuiis superum læti decorantur Amores.
Alta quibus cœli est iam spoliata domus.
Extorsere Ioui fulmen, Phœboque sagittas,
Alcidæ clauam, Marsque caret galea.
Mercurio desunt talaria, faxque Dianæ,
Sic Baccho thyrsus, sic pelagoque tridens.
Nec mirum est iaculis homines quoque cedere Amorum,
Queis sua vel superi sceptra dedere Dei.

Cum tanta fuerit igitur potentia Cupidinis, iure optimo illum Deorum omnium felicissimum, & cui Dii omnes subijcerentur appellauit ita Plato in Symposio: φημὶ οὖν ἐγὼ πάντων θεῶν εὐδαιμόνων ὄντων Ἔρωτα (εἰ θέμις καὶ ἀνεμέσητον εἰπεῖν) εὐδαιμονέστατον εἶναι αὐτῶν, κάλλιστον ὄντα καὶ ἄριστον. Ergo sanè ita sentio, omnibus Diis felicibus existentibus, Cupidinem (si fas est, ac sine reprehensione licet dicere) omnibus illis esse feliciorem, cum & pulcherrimus sit & optimus. Atque in his cum duos esse Cupidines dixisset, alterum Cœlestem alterum Vulgarem appellat: Ἀναγκαῖον δὲ δὴ καὶ ἔρωτα τὸν μὲν τῇ ἑτέρᾳ συνεργὸν πάνδημον ὀρθῶς καλεῖσθαι, τὸν δὲ οὐράνιον. Necesse est igitur & Cupidinē hunc quidem alteram sequentem & adiutorem vulgarem recte vocari: hunc vero cœlestem, Addita fuerunt & alia insignia præter superiora, siquidem hunc puerū finxerunt, & cæcum, & illi comites adiunxerunt, Ebrietatem, Dolores, Inimicitias, Contentiones, & multas huiusmodi pestes, quas omnes recensere molestum est, nedum experiri: quæ cum breuissime, tum elegantissime in eo Ma-

ruli

suli Epigrammate sunt expressa:

Quis puer hic? Veneris. plenæ quæ causa pharetræ?
Non bene prouisus certa quod arma mouet.
Cur sine veste Deus? simplex puer odit opertum.
Vnde puer? pueros quod facit ille senes.
Quis pennas humeris dedit? inconstantia. quare
Nulla Deo frons est? signa inimica facit.
Quæ sors eripuit lucem? immoderata libido.
Cur macies? vigiles cura, dolorque facit.
Quis cæcum præit? Ebrietas, Sopor, Oria, Luxus.
Qui comites? Rixæ, Bella, Odium, Opprobrium.
Qui cęlo dignati? homines. quę causa coegit?
Mitior autore est credita culpa Deo.

Hunc è crapula, delitiarumque copia nasci denique tradiderunt antiqui, cum nihil sit, quod magis morum probitatem, vitamque humanam, quam delitiæ labefactet. Sic enim de Amoribus inquit Phocylides:

Οὐκ ἀγαθὸν πλεονάζον ἔφυ θνητοῖσιν ὄνειαρ.
ἡ πολλὴ δὲ τρυφὴ πρὸς ἀμέτρους ἕλκει ἔρωτας.
Vtiliter nulli nimia est data copia victus,
Hoc stimulo in turpes homines pelluntur Amores:

Atque præclarè idcirco scriptum fuit à Pallada, quod nihil magis repugnat diuinæ naturæ quam immodica victus copia, quæ facillime ad omnes turpitudines impellit, quippe cum humanitas, & iustitia, & temperantia, & omnes virtutes sint frugalitatis, at non crapulę assectæ, vti optimè per hæc carmina docemur:

Γαστέρα μισήσειε Θεός, καὶ βρώματα γαστρός.
εἵνεκα γὰρ τούτων σωφροσύνη λύεται.
Iure inuisa Deis hæc ventris vasta vorago est.
Temperat à nullis turpibus illa sibi:

Atque vt summatim dicam, tot insignia, tot vires, tot spolia, tam sæui comites, tam deformis oculorum cæcitas, & ætas minime apta prudentiæ, data sunt Cupidini ab antiquis poetis, ad exprimendam libidinis hominum insaniam, vt nihil tantopere abhorrere videatur ab ingenuo, & bene instituto homine, quæ tamen omnia ita conuersa sunt ad hominum voluptates, vt etiam cum quadam animi suauitate recenseantur à nonnullis. Hoc mihi persimile sanè graui aliquo morbo laboranti contigisse videtur, cui propter stomachum pessime affectum, vel in deterrimos humores pharmaca ipsa vertuntur. Hunc igitur ad deterrendos homines à turpitudine introductum, pro Deo coluit vulgus mortalium: cũ non intelligat Deum beneficientiæ, liberalitatis, temperantię, & omnis probitatis atque humanitatis esse autorem: at Cupidinem hunc vulgarem Deum bella, rixas, contétiones, dolos, iniurias, honoris facultatumque iacturam habere perpetuos comites. Quare præclare scripsit poeta ille in his versibus:

τίς θεὸν εἶπεν ἔρωτα; θεοῦ κακὸν οὐδὲν ὁρῶμεν
Ἔργον, ὁ δ' ἀνθρώπων αἵματι μειδιάει.
Οὐ θοὸν ἐν παλάμαις κατέχει ξίφος; ἠνίδ' ἄπιστα
τῆς θεοδηλήτου σκῦλα μιαιφονίης.
Quis prior esse Deum mortalis dixit Amorem?
Sanguine lætatur, sunt bona grata Deo.
Nonne ensem manibus præacutum sustinet? ecce
Cædibus è multis quot tulit exuuias.

Idcirco Apollonius Rhodius omnium malorum fontem & originem Cupidinem

nem putauit, quia propter lasciuiam iustitia contemnatur, omnesque exoriantur iniuriæ, vt est in his lib. 4.

> Σχέτλι' ἔρως, μέγα πῆμα, μέγα στύγος ἀνθρώποισιν.
> ἐκ σέθεν οὐλόμεναί τ' ἔριδες, στοναχαί τε γόοι τε,
> Ἄλγεά τ'.
> Supplicium crudele viris, ac pœna Cupido,
> E te sunt rixæ; certamina bella, querelæ,
> Et dolor.

Quid est enim nostris temporibus, quod non per scorta, & lenones, & meritorios pueros obtineatur? multæ sunt ciuitates, multa regna, multæ prouinciæ per hunc insanorum & furiosorum Deum deuastatæ. Nam quot ciuitates arma ceperunt ob raptas mulieres? quot fœminæ patriam & parentes hostibus prodiderunt propter hunc furorem? quot mariti vxoribus, aut contra illæ maritis ob hunc ipsum præclarum Deum insidias tetenderunt? quot filij à matribus fuerunt trucidati? atque vt vno verbo dicam, nihil est prope nefarium, impium, temerarium, cuius Cupido non sit autor. Quare nemo sapiēs haberi iure potest, qui Cupidinem laudib. extollat: nemo non infelix, qui eius cupiditatib. obsequat. Quippe cū talia cōsilia plerūq; suggerat stultis hoīb. qualia Medeæ aliqñ aduersus parentes & patriā & seipsam in mentē intrusit, cū illa ita secū diceret cōquerēs de futuris Iasoni periculis:

> τότε δ' ἂν κακὸν ἄμμι πέλοιτο
> κεῖνος ὅτε ζωῆς ἀπαμείρεται. ἐρρέτω αἰδώς.
> Ἐρρέτω ἀγλαΐη.
> Quid mihi tunc animi cum vita excesserit ille?
> Cede decus, discede pudor, procul omnis honestas.

Nam Cupido re ipsa multorum malorum discordiarumq; occasio fit imprudentibus exterarum & domesticarum, velut ostendit Sophocles in Antigone in his:

> ἔρως ἀνίκατε μάχαν.
> ἔρως, ὃς ἐν κτήμασι πίπτεις.
> ὃς ἐν μαλακαῖσι παρειαῖς
> Νεάνιδος ἐννυχεύεις.
> φοιτᾷς δ' ὑπερπόντιος, ἔν
> τ' ἀγρονόμοις αὐλαῖς.
> καὶ σ' οὔτ' ἀθανάτων φύξιμος οὐδεὶς
> οὔθ' ἁμερίων ἐπ' ἀν-
> θρώπων. ὁ δ' ἔχων, μέμηνεν.
> σὺ καὶ δικαίων ἀδίκους
> φρένας παρασπᾷς ἐπὶ λώβᾳ.
> Σὺ καὶ τόδε νεῖκος ἀνδρῶν
> ξύναιμον ἔχεις ταράξας.
> Νικᾷ δ' ἐναργὴς βλεφάρων
> ἵμερος εὐλέκτρου
> Νύμφας τῶν μεγάλων πάρεδρος ἐν ἀρχαῖς
> θεσμῶν. ἄμαχος γὰρ ἐμ-
> παίζει θεὸς Ἀφροδίτα.
> Amor insuperabilis pugna,
> Amor, qui opibus incidis:
> Qui in mollibus genis
> Puellæ pernoctas,
> Incedisque super mare, &
> Per pastorales aulas,

Te

Te neque immortalium fugerit quisquam,
Neque mortales inter
Viros, habens vero insanit.
Tu & iustorum iniustas
Mentes facis per detrimentum.
Tu & hanc contentionem virorum
Consanguineam contines perturbans.
Vincit palam ciliorum
Desiderium pulchræ
Nymphæ, magnatum assessor in imperiis
Legum. inuictus enim illudit Deus Venus

Quamuis illud magis verum est, quod non malus est Cupido, sed occasio potius facinorosis & perditis hominibus male agendi, qui suopte ingenio mali sunt, vt scripsit Archias in his carminibus:

οὐχ ὁ ἔρως ἀδικεῖ μερόπων γένος, ἀλλ' ἀκόλαστος
ψυχαῖς ἀνθρώπων ἐσθ' ἔρως ἢ πρόφασις.
Nullum Amor offendit, prauis occasio sed fit
Mentibus ille hominum, quos mala multa iuuant.

Neque enim vllus est animi affectus à Deo optimo inutiliter concessus hominibus, sed vel ad exercendas virtutes, vel ad res naturæ necessarias: quare vt præclare ille inquit poeta, cum quis modum excesserit in animi motibus, illisque nimis obsequitur, ipse sibi fit hic Deus, cum voluntas cuiusque inordinata, & inconsiderata cupiditas, fiat Cupido, vt est in libro nono:

Dijne hunc ardorem mentibus addunt
Euryale? an sua cuique Deus fit dira cupido?

Amoris sedes oculus creditus est præcipue, quod per eum tanquam per fenestram animus spectra & imagines concipiat, & interius admittat, quibus perculsus incidit in rei spectatæ desiderium. Quod ita Musæus clarissimè expresit:

κάλλος γὰρ περίπυστον ἀμωμήτοιο γυναικὸς,
ὀξύτερον μερόπεσσι πέλει πτερόεντος ὀϊστοῦ.
ὀφθαλμὸς δ' ὁδός ἐστιν. ἀπ' ὀφθαλμοῖο βολάων
Ἕλκος ὀλισθαίνει. καὶ ἐπὶ φρένας ἀνδρὸς ὁδεύει.
Si mulier fuerit pulcherrima, forma sagittis
Corda virum figit velocius: est via ocellus.
Ex oculi iactu paulatim labitur vlcus
In mentes, illasque domat, seque imprimit altè

¶ Atque de fabulosis ad Cupidinem spectantibus satis, nunc quid sub his lateat serii, vestigemus. Quod omnium Deorum antiquissimum Cupidinem crediderunt, id significare visi sunt, quod sensit Empedocles, quod res prius inter se confusas amicitia & odium inuicem discreuerint, cum illæ per se sine his nihil gignere possint. Nam tametsi Thales aquam rerum omnium principium posuit, aptissimam sanè gignendis rebus & accommodatam materiam, tamen nihil ex illa simpliciter gignitur sine hoc artifice, siue amicitiam siue marem siue maris vice fugentem, siue calorem quis appellauerit, vim diuinam scilicet res ad ortum euocantem, neque illud sanè verum est, quod dicitur ab eo poeta:

Ἀλλ' ὑμεῖς μὲν πάντες ὕδωρ καὶ γαῖα γένοισθε.
Vos aqua, vos tellus fiatis protinus omnes.

Fieri enim non potest vt hæc sola sint elementa, in quæ composita dissoluantur vel ex his solis composita sint omnino inutilibus, sed diuiniore principio careat. Quid ergo? nihil aliud, vt dicebam, esse Cupidinem antiqui senserunt, nisi illud

lud quod Empedocles, vim similium diuinam coire & coalescere cupientium; vel vt melius dicam, mentem diuinam, quæ has ipsas motiones ipsi naturæ inducat. Idcirco alii multos parentes tribuerunt Cupidini: alii cum primum illum apparuisse in mundo architectando putarint, ex illa informi materia natum dixerunt. Alii Veneris filium crediderunt, cum Venus sit desiderium, vt diximus procreandi in rebus naturalibus, quod nascitur è symmetria corporum, & ex aeris temperie. Nam quod de Poro & Penia fabulosè dicitur, quod è tam diuersis parentibus natus sit Cupido, etsi potest ad has ipsas res accommodari, tamen ad mores magis videtur spectare; siquidem auaritia non magis ex insignibus opibus fit, cum à viro parum prudenti & prope ebrio possidentur, quam ex inopia, & rerum omnium penuria. Hic deinde ab vniuersa rerum natura ob effrænatam singulorum appetentiam quasi personatus inductus est. Hunc alatum finxerunt ob inconstantiam mortalium in rebus eligendis: at melius alatus dicitur, quia diuina bonitas velocissima conuolet ad res naturales gubernandas. Vel si ad animorum affectus, libidinisque desideria transferatur, huic Deo neque vllam leuitatem, neque vllas alas antiqui iure tradiderunt, quippe cum suauissimus poeta Eubulus illi mirificam quandam constãtiam tribuat in Campylione ita scribens

τίς ἦν ὁ γράψας πρῶτος ἀνθρώπων ἄρα
ἢ κηροπλαστήσας ἔρωθ' ὑπόπτερον;
ὡς οὐδὲν ᾔδει πλὴν χελιδόνας γράφειν.
Ἀλλ' ἦν ἄπειρος τῶν τρόπων τοῦ θεοῦ.
ἔστιν γὰρ οὔτε κοῦφος, οὔτε ῥάδιος
Ἀπαλλαγῆναι τῷ φέροντι τὴν νόσον,
Βαρὺς δὲ κομιδῇ πῶς ἂν οὖν ἔχων πτερά;
τοιοῦτο πρᾶγμα λῆρος εἶν, κἂν φήσῃ τις.
Quis omnium prior virorum pinxit, aut
Alatum honorem finxit in cera prior:
Hirundines solum sciebat pingere
Non ille mores norat, aut mentem Dei.
Nec est enim leuis, nec est is, qui celer
Morbum ferentis euolet præcordijs.
Illi nec alæ sunt, sed hæ nugæ leues.

Huic sagittas tribuerunt, ob supplicia quæ insani patiuntur, cum potius ob mirificam diuinæ mentis celeritatem, quæ per omnia transfunditur, & acutissimè penetrat, magis illæ conueniant. tum cæcum Cupidinem dixerunt ob turpitudines, quæ ab hominibus dignitatis suæ oblitis committuntur: cum illud potius ad diuinorum consiliorum mirabilitatem spectet, ad quæ cognoscenda cæcum est & infans prorsus humanum genus, cum nulla vis humani ingenii possit rationem diuinæ administrationis percipere. Si cæcitas illa ad libidines hominum transferatur, quo pacto non rectissime excogitata est? aut quo pacto non paruus infans is est existimandus, qui neglecto consilio, rationeque, & gloriæ splendore, omnium iniquitatum & turpitudinum autorem sectetur? aut qui omissis rebus diuinis, & legibus naturæ posthabitis ad impuras voluptates stultè feratur quæ visum debilitant, nonne & stultus & cęcus & infans est existimãdus? Idem Deus nudus fingebatur, ad explicandam turpitudinem libidinosorum: quod tamen ad res diuiniores translatum immensam summi Dei liberalitatem & munificentiã significat, quia sine fuco & fallaciis mens diuina prouidet rebus humanis, cum nihil omnino inde expectet se commodi relaturam. Cum igitur Cupidinem diuinitus in res humanas transfundi putarunt, merito optimum & pulcherrimum Deum esse dixerunt & antiquissimum, cum Dei benignitas sempiterna sit, at

tunc

tunc primum nobis cognita est cum mundum creauit, quare cum chao mistus fuisse dicitur: hanc ab hominum cupiditatibus secernētes cœlestem Cupidinem appellarunt. At qui in parte animi nostri rationis experte sit, cur non erit potius furor & Insania quam Deus vocandus? nam Phocylides etiam illum deum esse negauit, affectumque humanum existere asseruit, cum ita inquiat:

οὐ γάρ ἔρως θεός ἐστι, πάθος δ' ἀΐδηλον ἁπάντων.
Non Deus est amor, at cunctorum noxia cura.

at nunc de Gratijs dicamus.

De Gratijs. Cap. XV.

Gratiæ, quæ vocatæ sunt à Latinis, à Græcis χάριτες, aliorum parentum filiæ ab alijs scriptoribus creditæ sunt. Hesiodus in Theogonia illas ex Eurynome Oceani filia, & è Ioue natas esse tradidit in his versibus:

τρεῖς δέ οἱ Εὐρυνόμη χάριτας τέκε καλλιπαρήους,
ὠκεανοῦ κούρη πολυήρατον εἶδος ἔχουσα,
ἀγλαΐην, καὶ εὐφροσύνην, θαλίην τ' ἐρατεινήν.
Tres sibi & Eurynome Charitas parit, edita magno
Oceano forma præstanti & corpore Nympha,
Euphrosynen, atque Aglaiam, Thaliamque decoram.

Orpheus vero in hymno quodam in laudem Charitum composito non Eurynomes, sed Eunomiæ & Iouis filias esse ait in his:

Δεῦτέ μοι ὦ χάριτες μεγαλώνυμοι, ἀγλαότιμοι.
Θυγατέρες ζηνός τε καὶ εὐνομίης βαθυκόλπου.
Ἀγλαΐη τε, θάλεια, καὶ εὐφροσύνη πολύολβε,
χαρμοσύνης γενέτειραι:
Huc agite ò Charites celebres, veneranda propago:
De Ioue prognatæ, Eunomiaque parentibus olim.
Aglaia, Euphrosyneque, Thaliaque splendida: claræ
Lætitiæ matres.

Alij Iouis & Autonoes illas filias esse tradiderunt, nominaruntque Pasytheam, Euphrosynen, & Aegialen. Antimachus antiquissimus poeta illas Aegles & solis filias esse censuit. Has alij duas tantum putarunt, Clitan & Phenam: Alij Auxò & Hegomonen, vt ait Pausanias in Bœoticis. Fuit Suadela etiam à nonnullis inter Gratias numerata. At communior tamen fuit sententia quod tres fuerint, vt in eo versu testatur Meleager:

τρισσαὶ μὲν χάριτες, τρεῖς δὲ γλυκυπάρθενοι ὧραι.
Sunt triplices Charites, tres Horæ: castæ & vtræque.

Iunguntur vnà ferè semper à poetis, vt iunxit Horatius in quarto carminum:

Gratia cum Nymphis, geminisque sororibus audet
Ducere nuda choros.

Harum vnam cæteris sororibus iuniorem Aglaiam Vulcani aiunt fuisse vxorem, vt eo versu indicatur:

Ἀγλαΐαν δὲ ὁ ἥφαιστος ποιεῖται ἄκοιτιν.
Aglaiam facit vxorem Vulcanus at ipsam.

Omnes tamen scriptores Veneris asseclas putarunt gratias, quarum de habitu non parua fuit disputatio: siquidem alij nudas, alij indutas fuisse voluerunt. Paus. in Bœoticis Gratias antiquitus tam à sculptoribus, quàm à pictoribus, & à poetis cum vestibus introductas fuisse testatur: quarum artifices Pythagoras Parius & Bupalus, & Apelles extitere: & Socrates Sophronisci illas indutas in vestibulo arcis Atheniensium collocauit. His comas pulchras tribuerunt antiqui, vt in hoc carmine testatur Homerus in hymno in Apollinem:

> Αὐτὰρ ἐϋπλόκαμοι χάριτες, καὶ ἐυφρονες ὧραι
> Pulchricomæ Charites, & lætæ protinus Horæ.

Horatius præterea in libro primo carminum illas soluisse zonas inquit, cum frustra zona sine vestimẽtis portari soleat, quæ cingulum est vestium, cum inquiat:

> Feruidus tecum puer & solutis
> Gratiæ zonis, properentque Nymphæ.

Illæ igitur cum vestibus operirentur antiquitus, vel quia turpe esset aspectu nudas mulieres sine vestibus conspici, vel quia brumæ frigora formidarent, inciderunt in recentiores tanquam in latrones, à quibus spoliatæ sint: & aufugere denique ex orbe terrarum sunt coactæ, vt præclare inquit ille poeta:

> ᾤχετο μὲν πίςις μεγάλη θεὸς ᾤχετο δ' ἀνδρῶν.
> Σωφροσύνη, χάριτές τ' ὦ φίλε γλῶ ἔλιπον.
> Ipsa fides perijt magnus Deus, ipsa virorum
> Et probitas: terram diffugiunt Charites.

Primus omnium mortalium Gratiis templum erexit Eteocles quidam Rex Orchomeniorum: nam sæpius ad Orchomenios has lotum ire solitas ad fontem Acidalium dixerunt antiqui, vt testis est Strabo libro nono. atque de Gratiis hactenus fabulose. ¶ Dicuntur Gratiæ filiæ esse Iouis & Eurynomes, quod nihil aliud significat, quam fertilitatem agrorum, frugumque abundantiam: nam εὐρὺ latè significat, at νόμος legem. hæc nimirum agrorum vbertas non nisi pacis beneficio prouenit, quod ipsum significat etiam Eunomia. vbi enim leges & æquitas dominantur, cessatque vis, & latrocinia, & direptiones alienarum rerum, tunc agri rident, domus lætantur, templa Deorum immortalium iucunda sunt, omnibusque rebus ornamentum accedit. hoc tamen munus non est solius Eurynomes, aut Eunomiæ, aut Autonoes, quod nomen prudentiam significat: sed etiam Iouis, nam humanæ facultates nullæ sufficiunt ad Gratiarum procreationem, cum diuina clementia opus sit, & aeris temperie optime affecti. Id enim senserunt illi, qui Solis & Aegles Gratias filias putarunt, cum nihil sine diuina bonitate, solisq; calore nasci posse crediderint. Est enim profecto Sol omnium elementorum gubernator, è cuius vi radiorum vbertas agrorum & omnium rerum nitor exoritur. sunt illæ tres coniunctæ sorores creditæ. quia triplex est vtilitas agriculturæ, è cultu agrorum scilicet arborum, & animalium: quare illa nomina merito data sunt Gratiis. Est enim θάλεια amæna arborum pullulatio, quippe cum θάλλειν pullulare significet, vnde Thalia ducta est. Aglaia splendor est, & Euphrosyne lætitia, quæ ex agrorum cultu & vbertate dominum afficit. Hanc Aglaiam Vulcani vxorem dixerunt, quia splendor etiam fit è singulis artibus proueniens. alii Pasitheam vnam Gratiarum pro Aglaia esse dixerunt, quod ad gregis aut iumentorum huc illuc cursitantium lætitiam spectat: nam θέειν currere significat πάντη quouis. Istæ dictæ sunt beneficiorum Deę, quoniã sine fertilitate agrorum nemo diues, nemo munificus esse potest. Duæ illarum nos respiciunt, cum vna auertatur, quia multiplex est messis & terræ liberalitas quæ tantum frugum aceruum pro exiguo seminum cumulo reddiderit, si cęli clementia ita patiatur. Neque placet illorum sententia, qui dicunt pro acceptis beneficiis duplicem gratiam referri conuenire: quoniam viri boni multiplicem referunt: at mali non modo nullam, sed iniurias plerunq; pro acceptis beneficiis facessunt, quidam enim cum gratias referre nolunt, tum demum se liberos fore arbitratur, si aliquam iræ simulationem inueniant, atq; is non vir bonus plane est, sed gratiarum venditor & mercator, qui facit beneficium vt duplex referat. Has

virgi-

virgines putarunt, quia honestissimum est lucrum è rebus prædictis, neque tamen nudas omnino illas esse concesserim, quia nemo nisi insanus, aut Deus optimus, & omnium pater nulla spe oblata est munificus. nam quæ in Deo laudabilis est munificentia & liberalitas, illa stultitia est in homine, nisi cum prudentia fuerit coniuncta. vocatæ postea sunt Charites non solum illæ superiores, sed omnia, quæ iucunda viderentur, gratias continere, quasi lætitiam dicta sunt: vt in his inquit Musæus:

Πολλαὶ δ᾽ ἐκ μελέων χάριτες ῥέον· οἱ δὲ παλαιοὶ
τρεῖς χάριτας ψεύσαντο πεφυκέναι. εἷς δέ τις ἥρους
ὀφθαλμὸς γελόων, ἑκατὸν χαρίτεσσι τεθήλει.
Tres charites prisci falso dixere fuebant
Nam charites plures è membris: vnus ocellus
Ridens florebat centum, vel pluribus, Herus.

Quid igitur sibi per Gratiarum inuentionem voluerunt antiqui? homines ad pacem & ad probitatem hortabantur, quoniam ex his, per diuinam bonitatem, quę semper viris bonis est propensa, omnia commoda, omnes diuitię, omnis tranquillitas in humanum genus manaret. atq; ita homines ad studium honestissimum agriculturæ hortabantur. Verum cum iniuriæ & auaritia omnia recta consilia subuertissent, omnemque vitæ tranquillitatem, & agriculturæ studium profanassent, has terram reliquisse inquiũt poetæ: quas cum ad priuata negotia quidā detorsissent, spoliarunt, nudas ostenderunt, multisque iniurijs affecerunt, & ridicula quædam de illis confinxerunt, quæ illis explananda relinquimus. nunc vero dicamus de Horis.

De Horis. Cap. XVI.

DE Horarum parentibus & nominibus, nulla est dubitatio, aut certe perexigua: cum omnes prope scriptores consentiant illas è Ioue & Themide natas esse, inter quos fuit Hesiodus qui in Theogonia ita scribit:

Δεύτερον ἠγάγετο λιπαρὴν θέμιν, ἣ τέκεν ὥρας.
Εὐνομίην τε, δίκην τε, καὶ εἰρήνην τεθαλυῖαν.
αἵτ᾽ ἔργ᾽ ὡραίουσι κατὰ θνητοῖσι βροτοῖσι.
Inde Themim rursus ducit, sibi quæ parit Horas,
Eunomiamque Dicenque, Irenen deinde vigentem,
Maturare quibus curæ est mortalia facta.

Orpheus non solum ex iisdem parentibus sed etiam verno tempore natas esse dixit in his carminibus:

ὧραι θυγατέρες θέμιδος, καὶ ζηνὸς ἄνακτος.
Εὐνομίητε, Δίκητε, καὶ εἰρήνη πολύολβε,
Εἰαριναὶ, λειμωνιάδες, πολυάνθεμοι.
Et Iouis & Themidis Horæ de semine natæ.
Eunomia, atque Dice, atque Irene diues, & omnes
Florentes, vernæ, prati velamine lætæ.

Pausanias in Bœoticis non hæc, sed alia Gorarum nomina attulit longe diuersa: vocauitque aliam Carpo, aliam Thalloten, alterius nomen non dixit: nam καρπὸς fructum significat, θάλλειν pullulare: quas idcirco ἐπικαρπίους siue fructiferas vocauit Aratus in his carminibus:

Ἐν τοῖς, ἠέλιος φέρεται δυοκαίδεκα πᾶσι
Πάντ᾽ ἐνιαυτὸν ἄγων καὶ οἱ περὶ τοῦτον ἰόντι
Κύκλον, ἀέξονται πᾶσαι ἐπικάρπιοι ὧραι.

Per duodena redit mundi sol aureus astra,
Deducens annum, dum circlo labitur illo
Fructiferæ semper crescunt, augentur & Horæ.

Has portas cęli seruare dixit Ouidius in primo Fastorum:

Præsideo foribus cęli cum mitibus Horis.

Has & molles habere pedes, & omnium Deorum tardissimas, & noui semper ali quid afferre ita dixit Theocritus in Syracusijs:

Μηνὶ δυωδεκάτῳ μαλακαὶ πόδες ἄγαγον ὧραι.
Βάρδισαι μακάρων ὧραι φίλαι, ἀλλὰ ποθειναὶ
Ἔρχονται πάντεσσι βροτοῖσιν ἀεί τι φέροισαι.
Mollibus hinc Horæ pedibus venere secundo
Post decimum mensem, vt gratæ tardissimæ at illæ
Sunt superum, ac noua ferre solent mortalibus vsque.

Homerus libro quinto Iliadis non solum portas cœli seruare, sed etiam nubes in ducere, & serenum facere cum libuerit, inquit: quippe cum apertum serenum cę lum nominent poetæ, at clausum tectum nubibus. sic enim inquit:

Αὐτόμαται δὲ πύλαι μύκον οὐρανοῦ, ἃς ἔχον ὧραι.
Τῇς ἐπιτέτραπται μέγας οὐρανὸς οὔλυμπός τε
Ἠ μὲν ἀνακλῖναι πυκινὸν νέφος, ἠδ' ἐπιθεῖναι.
Sponte fores cęli patuerunt, numine seruant
Quas Horæ: queis cura polus, regioque superna est:
Nubila quæ pellunt, quæ inducunt nubila cęlo.

Nam Horæ dictæ sunt ἀπὸ τοῦ ὠρεύω. quod custodire significat: illæ enim & cœlum, & humanam diligentiam seruare dicuntur, & fauere diligentioribus ac studiosis. ¶ Dicuntur Iouis & Themidis filiæ, quoniam cum hilaritas & lætitia ex agrorum fertilitate sint Gratiæ, Horæ fructus ipsi sunt, quas semper ferè poetæ vnà cum Venere, at cum Gratiis semper certe coniunxerunt. Hæ igitur iisdem artibus quibus & Gratiæ nascuntur, cum Themis sit æquitas, vt νόμος lex. Nam & Leges, & Iustitia, & Pax, quæ nomina sunt Horarum, si latinè proferantur, cul tum agris inducunt: cum bella, iniuriæ, contentiones omnia populentur. Hæ igitur nascuntur ex obseruatione rerum diuinarum ac legum ciuilium, quoniam cum Themis sit æquitas, in animis hominum ab ipsa natura insita, diuinum est principium, vnde leges originem ceperunt. tum Iupiter aeri temperiem impertit, diuina clementia viris bonis scilicet. nam rerum omnium abundantia comes est probitatis, vt annonæ penuria scelerum & impietatis est affecla: neque vllum ferè est speculum illustrius malitię vel bonitatis hominum, aut diuinę in nos irę, quàm temporum vicissitudines. Id significare voluerunt antiqui, cum Horas cę li portis præesse dixerunt, quæ pro arbitrio & nubes inducerent, & cœlum serenum facerent, & omnibus temporibus moderarentur. atq; vt summatim dicam, nihil aliud per hæc significabant antiqui, nisi quia propter peccata veniunt aduer sa. verum quid essent Horæ, & quod semper cum Gratiis coniunctæ sint, & cur Venerem sequerentur, ex his manifestum esse arbitror, & quod per has proposita rerum omnium copia, quam à diis immortalibus consequemur, ad probitatem nos hortabantur, & ad Deorum cultum, de quibus hæc dicta sufficiant.

NATA-

NATALIS COMITIS MYTHOLOGIAE.

LIBER QVINTVS.

Cur Olympica, aliaque certaminum genera fuerint instituta.

RAECLARE sanè antiqui fecisse mihi videntur, qui cum humanam vitam viderent multis calamitatibus, miseriisq; circumuentam, multisq; incommodis assiduè vexatam, per multa ad excitandos animos facetes propè ac defessos ad hilaritatem excogitarunt, vt à quotidianis curis aliquantulum relaxarentur, quibus tamen & cum voluptate mores informarentur, & exercerentur vires corporis, & ad religionis cultum vnà excitarentur. Nam & comœdiæ, & tragœdiæ, & multa ludorum genera inuenta sunt, quibus non solum ad corrigendos animi mores instituerentur, sed etiam allicerentur homines ad corporis vires exercendas cum quadam voluptate. Ita enim fiebat vt populus qui spectatum conuenerat, eruditus cum voluptate discederet, cum vitæ moderationem non sine delectatione imbibisset. Atque cum illa fierent animi relaxandi causa, tum in honorem Deorum immortalium multa certamina fuerunt instituta, quibus & ad cultum rerum diuinarum, & ad exercendas vires corporis homines excitarentur. Conueniebat igitur ex vniuersa Græcia ingens ad certamina partim spe victoriæ, partim spectandi desiderio, multitudo: vbi post peracta certamina de rebus ciuitatibus vtilibus, & ad salutem vel gloriam totius Græciæ spectantibus, consultabatur. Et quoniam illa certamina ad religionem antiquorum Deorum pertinebant, me operæ precium facturum existimo, si quibus de causis, & vbi, & quando illa instituta fuerint, & quo pacto agerentur, explicauero. Fuerunt igitur quatuor certaminum genera, Olympia, Pythia, Nemæa, Isthmia, quæ celeberrima fuerunt, de quibus singulatim dicemus: ac primum de Olympicis.

De Certaminibus Olympicis. Cap. I.

FVerunt Olympica certamina, quibus cum voluptate ad immortalium Deorum cultum, & ad exercendas corporis vires homines excitabantur, à Dactylis Idæis vocatis primum instituta, vt fama est. Nam ferunt illos fuisse quinque, qui ab Ida, Cretæ monte in Elidem venerunt, vbi vnus eorum natu maximus Hercules nomine, certamen cursus per ludum fratribus proposuit: quorum nomina fuerunt ista: Pæoneus, Ida, Iasius, Epimedes: atque victorem oleastro coronauit: quæ arbor ab ipso Hercule primum fuit eò ex Hyperboreis deportata. Hercules igitur Idæus primus autor fuit certaminum Olympicorum, & cum quinque fratres fuissent, placuit quinto quoque anno, & quinque certaminum genera diuersis modis celebrari. Quæ quod quinto quoque anno in plenilunio fierent ita testatus est Aristophanes in Pluto:

ὁ Ζεὺς δήπου πένεται· καὶ τοῦτ' ἤδη φανερῶς σε διδάξω.
εἰ γὰρ ἐπλούτει, πῶς ποιῶν αὐτὸς τὸν ὀλυμπιακὸν ἀγῶνα,
ἵνα τοὺς ἕλληνας ἅπαντας ἀεὶ δι' ἔτους πέμπτου ξυναγείρει,
ἀνεκήρυττεν τῶν ἀθλητῶν τοὺς νικῶντας, στεφανώσας
κοτίνου στεφάνῳ, καί τοι χρυσῷ μᾶλλον ἐχρῆν, εἴπερ ἐπλούτει.
Iupiter ſanè pauper eſt: quod te palam profectò docebo,
Nam ſi diues ſit, quo pacto faciens is certamina Olympi,
Illic, quò Græcos omnes quinto quoque anno coegit,
Per præconem pronuntiaret athletas victores, vbi coronaſſet
Oleaſtri corona? nam magis auro decuit, ſi diues is eſſet.

Fuerunt qui victis Titanibus Iouem ipſum hęc certamina inſtituiſſe putarint, in quibus Apollo Mercurium curſu ſuperauerit, cum Mars viciſſet pugillatu: cuius rei indicium faciunt Pythicos tibiarum modos, qui ſalientibus quinquertionibus accinebantur, quod carmen conſecratum fuit Apollini, vt memoriæ prodidit Pauſanias in prioribus Eliacis. Fuerunt varijs temporibus varij modi in certaminibus Olympicis ſeruati: nam præter homines, pueri etiam, & pulli equorum, & fœminæ, & varia vehiculorum genera in hos ludos admiſſa fuerunt: & iudices in ſingula certaminum genera delecti, pro quorum arbitrio præmia darentur victoribus. Poſtea vero inſtitutum fuit vt grauioris armaturæ curſus peditum admitteretur, quod eum ad rem bellicam non inutilem fore exiſtimabant, in quo certamine primus victor declaratus eſt Demarathus Heræenſis. Quod enim armati currerent, facile licet ex epinicijs cognoſcere. Alii ſingulos ex Idæis Dactylis ſingulos ludos inſtituiſſe putarunt, qui quòd quinque eſſent, à digitorum numero ſunt vocati. Erant autem iſta quinque ludorum genera: curſus, palæſtra, diſcus, ſaltus, ars pugilum, de quibus ita meminit in eo epigrammate Simonides:

ἴσθμια καὶ πυθοῖ, Διοφῶν ὁ φίλωνος ἐνίκα.
ἅλμα, ποδωκείην, δίσκον, ἄκοντα, πάλην.
Iſthmia deuicit Diophon & Pythia: diſco,
Et ſaltu, & pugnis, & leuitate pedum,
Atque palæſtra.

In his præmia victoribus coronæ proponebantur, atque ingens honor illis habitus eſt, vt teſtatur Xenophanes Colophonius in his carminibus:

Ἀλλ' εἰ μὲν ταχυτῆτι ποδῶν νίκην τις ἄροιτο,
ἢ πενταθλεύων ἔνθα Διὸς τέμενος,
Πὰρ πίσαο ῥοῇς ἐν ὀλυμπίῃ, εἴτε παλαίων,
ἢ καὶ πυκτοσύνην ἀλγινόεσσαν ἔχων
Εἴτε τι δεινὸν ἄεθλον, ὃ παγκράτιον καλέουσιν,
Ἀστοῖσιν κ' εἴη κυδρότερος πρὸς ἄκρα.
καί κε προεδρίην φανερὴν ἐν ἀγῶσιν ἄροιτο,
καί κε σιτεῖ' εἴη δημοσίων κτεάνων
Ἐκ πόλεως καὶ δῶρον ὅ οἱ κειμήλιον εἴη,
εἴτε καὶ ἵπποισιν ταῦτά γ' ἅπαντα λάχοι.
Quòd ſi quis leuitate pedum certamina tentet,
Pentathlum ſiquis eſt vbi ſylua Iouis,
Hic prope Piſæas vndas vbi ſurgit Olympus,
Seu grauis ars pugilum, ſiue palæſtra iuuat:
Seu graue bellum quod dicunt pancration illi,
Ciuibus ad ſummum mox venerandus erit.
Huic dabitur ſedes inter certamina prima.

Impenſa

Impensa hinc illi publica victus erit.
Ex vrbe accipiet mox munera plurima, opesque.
Atque hæc vel celeri consequeretur equo.

Scriptum reliquit Isacius Herculem Alcmenæ filium, at non Idæum Dactylum, Olympia instituisse in honorem Iouis, vt videtur in his attestari Pindarus in Olympicis in epinicio Theronis Agrigentini:

ἤτοι πίσα μὲν Διός
ὀλυμπιάδα δ' ἔστασεν ἡρακλέης
ἀκρόθινα πολέμου.
Nam Pisæ sanc Iouis
Olympiadem statuit Hercules
Pręludia belli.

Ferunt enim Herculem post debellatum Augiam Elidis Regem, qui Solis & Iphiboæ filius dicebatur, quoniam sibi promissam mercedem ob fimi boum purgationem non accepisset, ex Elidis populationibus & præda certamen Ioui instituisse Olympio, atque illud Olympicum nominasse. Agebatur illud certamen quinto quoque anno, vt dictum est, vel vt melius dicam, quinquagesimo quoque mense, & eo mense, qui Parthenius fuit vocatus, aut Ἀπολλώνιος, vt ait Pindari enarrator. Id vbi Hercules instituisset dicitur omnes volentes ad palęstram prouocasse, quo nemo cum prodire auderet, fama est Iouem in palæstritam conuersum cum Hercule fuisse colluctatum. cum vero pugna diu anceps fuisset, Iupiter, qui esset, se ostendit, atque ita id certamen Ioui gratum fuisse creditum est. Incipiebant Olympia die lunæ decimoquinto transacto peractis ante solennibus, vt mos erat, sacrificijs, atque per dies quinque agebantur: cum ante id tempus per dies triginta exercerentur Athletæ. Scribit Strabo libro octauo Olympia certamina post Troiana tempora incępisse, cuius rei illud facit argumentum, quòd nullam de Olympicis mentionem fecit Homerus cum meminerit tantum de nonnullis certaminibus funeribus. Agebantur igitur hi ludi in regione Eliensium non procul a Pisa ciuitate, & Alpheo flumine, vt testatur Virgilius in tertio libro Georgicorum in his:

Sin armenta magis studium, vitulosque tueri:
Aut Alphæa rotis prælabi flumina Pisæ.

Erat proposita victoribus corona ex oleastro, (nam multa coronarum genera fuerunt in diuersis temporibus & locis: neque omnes ex eadem arbore coronabantur: cum alij gramineis, alij salignis, alij oleaginis, alii laureis vel myrteis, vel querneis coronis, vel apio, vel palma coronarentur.) vt patuit è superioribus carminibus Aristophanis, & Plutarchus in Catone Vticensi meminit. Nam Faonius factus ædilis, vt is ait, spectaculum in theatro edidit, ac certantibus non ex auro coronas proposuit, sed quemadmodum in Olympicis fieri solet, ex oleastro. Herodotus in Vrania Xerxem Persarum Regem Græciam inuasisse scripsit, quo tépore agebantur Olympia, qui cum Arcadas nonnullos percunctatus esset, quæ præmia proposita essent victoribus, illiq; coronam ex oleastro respondissent miratus est magnopere. Ita se habét Herodoti verba εἷς δέ τις πρὸ πάντων ἦν ὁ ἐρωτῶν αὐτοὺς ταῦτα. οἱ δὲ σφι ἔλεγον ὡς ὀλύμπια διάγοιεν, καὶ θεωροῖεν ἀγῶνα γυμνικὸν καὶ ἱππικόν. ὁ δὲ ἐπείρετο ὅ,τι τὸ ἄεθλον εἴη σφι προκείμενον, περὶ ὅτευ ἀγωνίζονται. οἱ δ' εἶπον, τῆς ἐλαίας τὸν διδόμενον στέφανον. Vnus præ cęteris illos interrogauit de his: qui responderunt quòd agerent & spectarét gymnica & equestria certamina. Tum rursus quæsiuit is, quod præmium illis esset propositum, de quo contenderent: qui responderunt coronam oleaginam, quæ dabatur. Tum dicunt Tigranem Artabani filium silentium continere non potuisse, quin tanquam timi dus, ac parum strenuus miles diceret, papæ Mardoni in quorum hominum regionem nos adduxisti: qui non pro diuitiis, sed pro gloria decertant. Nam præter superiora ludorum genera mox additi sunt equites armati, qui cursu certarent, vt ait Pindarus in Psamide Camerinæo, & multa alia à primis differentia, pro temporibus enim & negotiorum contingentium opportunitatibus ludicra sunt immutata, cum semper vsus fuerit optimus rerum gerendarum magister. Enimuero non è quouis oleastro tamen coronę victoribus dabantur antiquitus, sed è vocata Callistephano, vt his verbis testatur enarrator Aristophanis de Aristotelis sententia; ἐν τῷ παγσηθίῳ ἐστὶν ἐλαία, καλεῖται δὲ καλλιστέφανος, ταύτης δὲ ἔμπαλιν τὰ φύλλα ταῖς λοιπαῖς ἐλαίαις πέφυκεν ἀφίησι τε τοὺς πτόρθους ὥσπερ ἡ μύρτος, εἰς τοὺς στεφάνους συμμέτρους. ἀπὸ ταύτης λαβὼν ἡρακλῆς ἐφύτευσεν ὀλυμπιᾶσιν, ἀφ᾽ ἧς οἱ στέφανοι τοῖς ἀθληταῖς δίδονται. ἔστι δὲ αὕτη περὶ τὸν ἰλισσὸν ποταμὸν σταδίους. ξ. τοῦ ποταμοῦ ἀπέχουσα. περιῳκοδόμηται δὲ, καὶ ζημία μεγάλη τῷ θίγοντι αὐτῆς ἐστὶν ἀπὸ ταύτης ἔφερον λαβόντες ἠλεῖοι τῶν ἀθλητῶν ἐν ὀλυμπίᾳ τοὺς στεφάνους. Oliua quædam est in Panstethio, quæ vocatur Callistephanus, cuius folia è contrario se habent ipsa natura, atque folia cæterarum oliuarum. Demittit ramos tanquam myrtus conficiendis coronis accommodatos. Ex hac cepit Hercules, atque in Olympicis plantauit, è qua dantur coronæ Athletis. Est vero ipsa circa Hilissum fluuium sexaginta stadijs distans ab ipso flumine, atque circumsepta est. Proposita est magna pœna siquis illam attigerit, è qua capientes Elei Athletis coronas in Olympicis proponebant. Hanc & ab Hercule fuisse ita portatam, & ea coronari in Olympicis Athletas consueuisse, ita significauit Pindarus in epinicio Thetonis Agrigentini:

αἴτιαλὸς ἀνὴρ ὑψόθεν
ἀμφὶ κόμαισι βάλη γλαυ-
κόχροα κόσμον ἐλαίας τάνποτε
ἴστρου ἀπὸ σκιερᾶν παγᾶν ἔνεικεν
ἀμφιτρυωνιάδας
μνᾶμα τῶν οὐλυμπίᾳ κάλλιστον ἀέθλων.

Aetolus vir altè
Circa comas ponat vi-
rens ornamentum oliuæ, quam olim
Istri ab vmbrosis fontibus tulit
Amphitryoniades,
Monimentum in Olympicis pulcherrimum certaminum.

Non erit fortasse iniucundum si summatim, & breuiter quantum natura rei patietur, complexi fuerimus varia certaminum genera, quæ diuersis temporibus in numerum celebritatemque olympicam fuerunt admissa, quantum tamen aciem oculorum nostrorum intendere potuimus.

¶ Prima igitur olympiade Mars pugillum victor renunciatus est, & Apollo de cursu victoriam reportauit, pro illorum sententia, qui hæc ipsa certamina à Diis primum fuisse instituta tradiderunt: in quibus Dii prius se exercuerint, atque in ipsis quinque ludorum generibus. Alii tamen maluerunt vnicum prius fuisse de stadio certamen apud Eleos, vt ait Pausanias in rebus Messeniacis. Primus fuit omnium mortalium Corebus Eleus, qui victor de cursu renunciatus est in olympicis certaminibus, quæ cursus consuetudo dicitur aliquandiu perdurasse: quippe cum olympiade quarta Polycrates Messenius vir cæteroquin minime obscurus olympica palma non parum fuerit nobilitatus, atq; eadē ratione sexta olympiade palma de stadio data est Oebotæ Dymeo. deinde cū Pisæi Eleos vehemēter irritassent, quia cupidius contenderent cōdendi olym-

olympicos ludos autoritatẽ sibi vẽdicare, atq; exitiũ illis struxissent, Elei accitis auxilijs Phidonis Argiui Tyranni cunctę Græciæ inuidiosi, ac eius presidijs subnixi ludos octaua olympiade commiserũt, qua victor de stadio declaratus est Agamedes Tanagræus. ac sequenti olympiade renuntiatus est victor de stadio Xenophon Messenius. Perdurauit sicut instituta fuerat olympicorum ludorum consuetudo ad decimam & quartam vsque olympiadem: nam decima quarta additus est duplicati spatij cursus, qua olympiade renuntiatus est victor primus Hipænus Pisæus ac sequenti Acanthus Lacon. decima octaua deinde olympiade cum quinquertionum ars paulatim abolita esset, & luctæ cæteraque ludicra tum denuo fuerunt instaurata, quo anno præmium reportauit de quinquertio Lampidius, & de lucto Eurybatus Lacedæmonij, & de stadio Demarathus Ereensis. Tertia post vicesimam olympiade, qua palmam tulit de stadio Icarus Hyperesiensis institutum fuit cæstuum ludicrum, cuius victor declararus est Onomastus Smyrneus: victoriam tulit de stadio proxima olympiade Damon Corinthius. At vigesima quinta curule certamen etiam institutũ fuit & integræ ætatis equarum cursus, è quo certamine curru victoriam reportauit Pagondas Thebanus, quo etiam tempore fœminæ ad equestrẽ victoriam aspirare ausæ fuerũt. Nam cum equestrẽ victoriam prima omnium mulierum Cinisca Archidami regis filia cõsecuta fuisset, de quadrigis vndeuicesima olympiade, qua iterum vicit de stadio Chionis Lacon, qui vigesima septima quoq; vicerat, & de pugillatu Xenophõ Corinthius, deinde reliquæ Macedonũ mulieres equos alere in certamina cęperunt: ad quod ludicrũ & currus institutus fuerat decima sexta. Postmodo cũ equi desultorij fuissent prætermissi, qui nona olympiade fuerãt instituti, eadẽ olympiade in certamina olympica redierũt, qua palmam de pancratio adeptus est Lygdamis Syracusanus, at equorũ desultoriorũ victor declaratus est equa Cranonia Creusidas. sunt autẽ equi desultorij, quibus cum ephippijs exercebantur antiqui celeriter insilire ad vsum bellorũ. Quarta & tricesima deinde olympiade, quarta nimirum ab ea qua tertiam palmam tulit Chionis Lacon, Pisæi comparatis vndiq; finitimorũ auxilijs regem suũ Pantaleontem secuti submotis Eleis ipsi ludis olympicis præfuerũt, cum etiam de ea re non leuis ambitio & controuersia inter nõnullos Gręcos fuisset exorta: quod accidit anno quinto, postq; currulem victoriam reportauit de quadrigis Myron Sicyoniorum tyrannus. tricesima septima olympiade Elei pro sua sententia, nullo veteris memorię exemplo, puerorum certamina cursus & luctæ instituerũt, & præmia proposuerũt, qua olympiade palmam cursus accepit Eleus Polynices, at luctæ Hipposthenes Lacedæmonius: atque horum quinquertium postea receptum fuit olympiade tricesima octaua, qua palmã tulit de puerili palęstra & de quinquertio Eutelidas Lacedæmonius. Nã tunc luctatorũ prius, deinde quinquertionũ ludicrum cõmittebatur. at illud postea ita reiectum est vt postero dein tempore nulli pueri quinquertiones sint admissi. Prima post quadragesimã olympiade, qua fuit renũtiatus victor Philetas Sybaritanus, admissi fuerunt pueri etiã in ludum cęstuum, cũ cæstus nominaretur claua, quæ plũbeas quasdã pilas loris bubulis prælongis haberet appensas, quibus decertabatur omni industria, robore, arte constãtia. de sequenti quinquertio palmã olympicam repo[rta]uit Gorgus Eleus, cum tertiã antea istud obitinuisset, cũ tibicines & citharædi & aulædi recepti fuissent quadragesima octaua olympiade, qua declaratus est victor de pancratio Glaucias Crotoniates, reportauit palmã de tibicinibus Sacadas Argius, de citharædis Cephalo Lampi filius, de aulædis Echembrotus Arcas. quinquagesima postea olympiade qua palmã tulit de stadio Epitelidas Lacon. iudices de cõmuni nõnullarũ Gręcarũ ciuitatũ cõsensu delecti res olympicas iudicare iussi sunt, idq; muneris duob.

iudi-

iudicibus Eleis forte ductis ex ipsa Eleorum ciuitate demandatum est, vt illis curæ esset quo res iustè apteque succederet, darenturque præmia quibus legitimè & pro meritis conuenirent, qui iudices Hellanodicæ dicti sunt, quod idem est ac si Dicas iudices Græcorum, cum antea soli Lacones, aut soli Athenienses iudicarent, atq; ille quidem binorum designatorum numerus ad multos annos perdurauit. Hi statuerũt primũ vt cursores pueri ante solis ortũ suos ludos inciperent, quia opus esset illos ante meridiẽ omnino esse absolutos. Nam cum esset iam meridies mos fuit vti quinquertiones exercerentur, & illa certamina, quæ dicebantur grauiora. Arrhachion quarta post hanc olympiade, qui duas alias de superioribus pancratiastis reportauerat, victoriam est adeptus magna virtute: quippe cum victis alijs aduersarijs vnus relictus sit, cum quo de oleastro certaret. ille eodem impetu pedibus Arrhachionẽ cinxit, & collum obstrinxit manibus: sed cum Arrhachion digitum pedis illi infregisset, iam prope strangulatus animamq; eflans, corruit aduersarius prædolore digiti. Elei cadaueri tamen Arrhachionis palmam per præconem detulerunt. octaua supra quinquagesimam olympiade palmam tulit Diognetas Crotoniates, cum sequenti cæperint primi athletarum omnium statuas suas dicare Dijs Paxidamas Aegineta, qui cæstibus vicit olympiade vna de sexagesima, & opuntius Rhexibius, qui pãcratiastas superauit olympiade sexagesima prima. at quarta post hanc grauis armaturæ cursus, de quo palmam tulit Demarathus Heræensis, acceptus est in stadium cum magno applausu, quia cursus ille videretur esse rebus bellicis peraccommodatus, cum mos esset vt cum scutis etiam decurreretur. vicit idem Demarathus sequenti etiã olympiade qua Elei & Greci sustulerũt cursorum ocreas & scutum, atque vicit de cursu equorum Cleosthenes Epidamnius, qui nõ solum suum sed etiam eqorum nomen statuæ adscripsit, cum primus de victoribus equorum statuam sibi erigi curarit. tulit palmam cursus postmodo Theopompus Demarathi filius, & huius postea filius cognomen de quinquertio, ac de cursu puerili Lysinus Heræensis, Epicradiusque Mantinẽsis de pugillatu. sequẽti olympiade Theagenes Thasius de pãcratio palmam tulit cũ antea Dromeus Mantinẽsis primus fuerit, qui sine puluere palmam sit adeptus. consecutus est idẽ Theagenes tres pythicas coronas de purgillatu, nouemque Nemiacas, & de mistis pugillatus & pancratij certaminibus decem in Isthmo. renuntiabantur autem victores iudicum decreto per præconem in celeberrimo totius Græciæ conuentu cum magno suorum & ciuium & amicorum omnium applausu, atq; septuagesima olympiade rheda etiam & carpentum fuit introductum ad cetera ludicra. sequẽti postea Clemedi Astypalęensi erepta fuit palma ab Aedilibus, quod ille in pugillatu mẽtis impotẽs factus Iccum Epidaurium interemisset. inde Cleomedes Astypalæam reuersus pueros ad sexaginta in ludo literario oppresit conuulsa columna robore brachiorum ædificium fulciente: mox insequentibus cum lapidibus Astypalæensibus in Mineruæ sacellum confugit, in arcamq; se inclusit, qua vi reclusa nemo fuit inuentus vt memorię proditum est à Plut. & Dioxippo corinthio in rebus patrijs. Nam parum decorum videbatur iudicibus aduersarium iam victum & prostratum ac supplicem occidere, quod iam plurimum fallaciarum & crudelitatis in hos ludos introduci cæperat. introductum fuit deinde lata lege vt athletæ omnes, eorumque parentes, fratres, gymnasij magistri, conceptis verbis super exectis suis testibus iurarent se nihil fraudis esse comissuros quo minus olympici ludi rectè legitimeque procederent. quin etiam iurabant se decẽ menses in ludicris perdiscendis ante consumpsisse. secunda post septuagesimam coronatus est de stadio Tisicrates Crotoniata, post quem palmam tulit Gelon Gelous, post quem Cæcini fluuij filius creditus Euthymus vt ait Silenus Chius

In fabulosis historijs. idem Euthymus cæstibus sequenti olympiade victus fuit à Theagene Thasio, qui tamen oleaginam non accepit, quia iudicatus sit aduersarium fraude circumuenisse, cum pugillatus & pancratij palmam appeteret: quin etiam vnum talentum Ioui sacram multam Aedilium sententia, alterum Euthymo ad luendam contumeliæ noxã iussus est pendere: quæ olympias insignis esse potuit clade illa memorabili, qua euersæ sunt res Persarum duce Mardonio. sed quoniam qui virtute nõ poterat, virtutis insignia aliquando & victoriã ipsam corruptis iudicibus largitione reportabat, statutum fuit hac ipsa septuagesima quinta olympiade de communi omnium Græcorum sententia vt nouem indices Helanodicę res olympicas diligenter curarent. illa, quæ secuta est, olympiade Theagenes Ioui quod erat imperatum talentum dissoluit, at cum aduersario enumerare recusauisset, in pugillatum non descendit, quare & hac & altera Euthymo pugillatus corona est decreta. septuagesima septima olymp. instituta sunt sacra vt mactatis Deo victimis quinquertionum primum & cursus certamina, deinde equorum committerentur, cum antea & homines & equi eadem die inducerent, qua olympiade declaratus est victor de pancratio Callias Atheniensis. Pancratiastæ sub noctem prodibant, cum non possent ante accersiri, quia dies equirijs & quinquertio absumebatur. enimuero non solum curabant horum certaminum præfecti iudices vt omnia ratione & sine fraude procederent, sed etiã ne cui vel ab aduersarijs vel à iudicibus fieret iniuria: idcirco solenne fuit iudicibus pronuntiaturis sententiam de certatoribus iurare se nullam capturos esse pecuniam ob rem iudicandum: sed tamen quibus rebus adducti probarint aut improbarint non esse in vulgus prolaturos. ex ijs autem qui fraudem commisissent collecta mulctatitia pecunia in vsus templorũ vertebatur. Idcirco octaua supra septuagesimã olympiade Pherias Aegineta de medio recedere iussus est, quod esset adhuc adolescentulus, neque vllo pacto par aduersario in certamine luctandi videretur, qui tamen sequenti admissus omnes pueros lucta vicit, qua olympiade decimus iudex additus est cum tres de cursu, totidem de quinquertio, reliqui de cæteris ludicris prius iudicarent. quinta post hanc carpentum & rheda in omne tempus posterum fuit exclusum, cum vtrunque vehiculum fuisset in curriculum septuagesima olympiade receptum. sexta & octogesima palmam tulit de stadio Oebotas Cyreneus, at Philes Eleus de lucta puerorum. nona supra octogesimã olympiade obtigit palma de puerili pugillatu Hellamico, adiudicata est filio, virili patri eius Alcæneto Lepreatæ, cum Theantus etiam filius olympiade sequẽti victor de pugillatu sit renũtiatus, qua Taurosthenes Aegineta à Chæmone quidem in lucta fuit prostratus, sed sequenti omnes deiecit, qui in certamen luctæ descenderunt. olympiade deinde nonagesima tertia bijugorum equorum integræ ætatis cursus denuo receptus fuit in curriculum, qua vicit Euagoras Eleus. Tertia deinde victor de stadio euasit Eupolemus Eleus, ac nonagesima octaua cum Eupolus Thessalus vnus ex ijs, qui ad pugillum certamen conuenerant, corrupisset pecunia Phormionẽ Halicarnassensem, Prytanim Cyzicenũ, & Agetorem Arcadem, qui superiore olympiade de pugillatu victoriam fuerat adeptus, & ipse & qui pecuniam ceperant condemnatus est, quod primi illa corruptela ludorum religionem polluissent. Eorum itaque mulctam exegerũt acriter Elei. Vndecentesima olympiade iunctis ad currum pullis decertatum est de quo coronam tulit Sybariadas Lacedęmonius. longioris curriculi victor euasit Sotades Cretensis, sic enim fuit publice renuntiatus. idcirco illa, quæ consecuta est, cum accepta publice ab Ephesijs pecunia victor se Ephesium prodi maluisset, perpetui exilii condemnatus est à Cretensibus. fuit enim eximiæ fortitudinis ac roboris Sotades, vt ait Echemenes in rebus Cretensibus, non minus quam Leõ-

tiscus

tiscus aut Sostratus pãcratiastæ, qui dicti sunt acrochersitæ, quod summas manus aduersariorum tam fortiter apprehendebant, vt non prius dimitterent, quam elisis digitis confectos & victos dolore intelligerent. omnium tamen athletarum maxime admirabile fuisse robur Milonis Crotoniatæ qui sex palmas olympicas de lucta fuit adeptus, ac totidem pythicas. aiunt Milonem malum punicũ ita manu compressa tenuisse, vt neque qui conaretur posset extorquere, neque id tamen elideret, ita perunto super disco insistebat, vt omnes, qui impetu facto detrudere ipsum conarentur, haberet ludibrio. caput neruo tãquam redimiculo incingebat, deinde intercluso spiritu compressis labijs quanta vi maxime posset, cum venæ capitis plurimo intumuissent sanguine, neruũ disrũpebat. vbi cubitum lateri admouisset porrecta dextera ac sublato pollice, reliquos digitos si iunctim intendisset, nemo erat tam fortis, vt vllo conatu minimum posset à cęteris seiungere. eodem tempore in tribus duodecim Elei descripti sunt, atque tribus singulę suum dedere ludorum cognitorem. olympiade sequenti renuntiatus est victor de pancratio primũ Damon Thurius, ac postea Pyrrhus ludis præfectus præmia tulit de equirijs. Troilus bigis equorum integræ ætatis, vicitque pullorum curru. lege postea ab Eleis cautum est post Pyrrhi victoriam nequis è præfectis ludorum equos in certamen mitteret in posterum. de stadio iterum renuntiatus est victor idem Damon Thurius. fuerunt tamen nonnulli qui octauã, tricesimam, & centesimam, quartam olympiadas vacuas memorent, vocentque anolympiadas, quod propter dissensiones Eleorum & Pisæorum ludicra fuerint intermissa. at quinta post cẽtesimam olympiade palmã de stadio meruit Prorus Cyrenæus. at enim cum afflictę fuissent res Eleorum postmodo Arcadum bello, & ij parte agri mulctati amissis omnibus curijs, quę in hostium potestatẽ venerant quarta & centesima olympiade in octo tribus redacti sunt Elei, decretumq; vt totidem Hellanodicæ eligerentur: sed octaua supra centesimam qua de stadio Polycles Cyrenęus victor est renũtiatus, pristinus numerus Edilium decem scilicet vsurpatus fuit. quartã ab hac iam agebatur olympias cum Callippus Atheniensis quinquertii coronam precio ab aduersariis auertit. petita est mulcta tum à Callippo tum etiam ab ijs qui cum Callippo consensissent, quã Elei per Hyperidem Athenas missum postularunt, quod nisi fieret, vetabantur lege sacra omnes Athenienses ad olympica ludicra accedere. at Athenienses exoratum miserunt Eleos, quod cum impetrari non potuisset, non prius decreuerunt dissoluere, quam responsum sit ab oraculo Delphico non responsurum esse antequam Eleis satis fuisset ab ijs factum. vigesima tertia post centũ victoriam de stadio, accepit Idæus Cyrenæus, cum sequenti Ladas Aegiensis patria palmam tulerit de stadio, qua deletæ sunt Græcorum virtute Gallorum acies ac penitus profligatæ, ita vt nec vnus quidem saluus domum redierit. nam Brennus sollicitatis animis Gallorum ad expeditionem contra Græcos suscipiendam ad centum & quinquaginta millia peditum, equitum sexaginta millia & amplius amisit. Dux certe ipse copiarum vltro hausto mero post accepta vulnera dicitur mortem oppetijsse. cum receptæ deinde bigæ pullarum & desultorius pullus fuissent, bigarum palmam tulit vicesima octaua Belistiche fœmina ex ora maritima Macedoniæ, & tricesima prima post centesimam desultorij pulli Tlepolemus Lycius quadragesima post centesimam olympiade palmam adeptus est de pancratio & pugillatu Clitomachus patria Thebanus, qui de palęstra & pugillatu ad Isthmum antea tulerat, & tres palmas de pancratio pythico. quarta ab hac olympiade puerile institutum est pancratium, in quo vicit Phædimus Aeolensis ex vrbe Troade: sed illud mox fuit ab Eleis repudiatum. sexagesima post centesimam victor de stadio Diodorus Sicyonius est declaratus. decima quarta post

quam

quam Eleus, & post hunc Aristomenes Rhodius, & post hunc Protophanes Magnes palmam tulerunt, atque post hunc octaua supra centesimam & septuagesimam vicit coronatus que est de lucta & pancratio eodem die Strato Alexandrinus. secunda & nonagesima supra centesimam Polyctor Damonici Elei, & Sosander Sosandri Smyrnæi filij descenderunt in luctę certamen: sed cum Damonicus impensius optaret filio suo victoriam obtingere, dictus est Sosandrum data pecunia impulisse vt se facile vinci pateretur. sed vtrorumque parentibus mulcta indicta est & exacta, cum ab illis noxa fuisset commissa. irrogata fuit mulcta Sarapioni etiam pancratiastę prima post ducentesimam olympiade, qui eodem natus fuit timiditatis pridie quam pancratium committeretur, quia metu aduersariorum solum verterit, quod vni ex omnibus vndeuis Athletis per omnem hominum memoriam accidisse memorant. Vndecima post ducentesimam oleastrum tulit Xenodamus pācratiasta Anticyrensis cum sequēti coronatus sit Artemidorus Trallianus. condemnatus est olympiade decima octaua post ducentesimam Apollonius pugil Alexandrinus, quia ad statutū diem non adijt: neque illi profuit quod vento ad Cycladas se detentum causatus esset, cum ad statū diem conuenire oporteret, quorum nomina athletarum legitimè data fuissent. Heraclidi igitur coronam intacto Elei ac sine puluere partam decreuerunt cum id grauiter ferret Appollonius, in Heraclidē coronā iam capientē impetū fecit, & ad ludorum prȩsides vsq; persecutus est, quæ insania illi magni stetit. octaua post hāc condemnati sunt pugiles deprehensi de eadem palma interse pacta pecunia societatem coijsse, quare illis mulcta est imposita ij fuerunt Didas & Garapamnon qui pecuniam dedit, ambo ex Arsinoite tribu Aegypti. olympiade vero quinta ac tricesima post ducentesimam, qua Mnesibulus de cursu victor palmam tulit, duplicati sunt cum clypeo curriculi cum & alias Mnesibulus Eleata cursor cæteros cursores olympicos superasset. atque res olympica ita miram varietatem diuersis temporibus sortita est, & quemadmodum res humanæ omnes sortiuntur, quæ nunquam in eodem statu diutius possunt consistere. Veruntamē ex iis perspicuum esse posse censeo, quæ genera ludicrorum, & quibus temporibus singula fuerint instituta vel instaurata, & quid iudices spectare oporteret, & quæ præmia proponerentur victoribus. Atque de Olympicis certaminibus hæc breuiter dicta sint, nunc de Pythiis dicatur.

De pythijs. Cap. II.

FVerunt & Pythia multis annis ante Isthmia instituta, post Olympia tamen, & ea in honorem Apollinis agebantur, cœptaque sunt eo tempore, quo Apollo latronem in Delphis sagittis confixit, qui postea insepultus ibi contabuit, quem tamen draconem quidam esse crediderunt, vt dictum est. Alii instituta dixerunt, quia cum artem vaticinandi sit à Pane doctus, qui scite Arcadibus leges dedit, mox ad vaticinium venit, vbi Nox, deinde Themis responsa dabat, Pythone præside tunc tripodis prophetici cæso ipse vaticiniorum locum occupauerit. Cum cœpti essent igitur celebrari ludi Pythici antiquissimum omnium fuit certamen, vt hymni in Apollinem cum tibiis ad citharam canerētur, & ab ipsis aulædis. atqui varijs temporibus & hæc ipsa certamina multam varietatem sortita sunt: quia prius fuit institutum pancratium, siue quinquertium, qm̄ fama est prima Pythiade, in qua certarunt Dei, vicisse Castorem stadio, Pollucem pugillatu, cursu Calaim, armatum Zetē, disco Peleū, lucta Telamonē, Herculē pancratio, qui ramo lauri coronati sunt, vbi primū Pythia

sunt

sunt ab Apolline instituta, vt quidam putarunt, alii tamen vocata fuisse Pythia crediderunt a loco Pytho nominato, alij ab interrogatione, cum πύθεσθαι sit percunctari, in qua vicit Pythiade Aechmeas Parapotamius cæteros omnes pueros pugillatu. ea fuit prima, in qua homines decertarunt, vt ait Pausanias. Altera deinde Pythiade Amphictyones, qui fuerũt his ludis præfecti ab Amphictyone Deucalionis filio nominati, vel vt alij maluerunt ab Amphictyone Heleni filio, qui hunc conuentum instituit, quod accidit quadragesima octaua olympiade, omnem artem aulędorum repudiarunt, quia nescio quid triste, & insuaue auditu, minimeque iucundi ominis canerent, nam elegi & finebres moui magis hisce tibijs conueniebant, quam vllum lætitiæ genus vel ludorum festiuitas, qui celebrabãtur, institutum fuit corona;iũ dumtaxat certamẽ vt submotis præmijs relinqueretur, cum primum pecunia esset præmiũ victorũ. Additus est etiã equorum cursus, qua Pythiade renuntiatus est victor Clisthenes Sicyoniorũ tyrãnus, eademque certamina indicta sunt Athletis. quæ & in olympia erant, lata lege vt soli pueri tum longiore, tum etiam repetito cursu mane certarent, nam sicuti dictum fuit, curru etiam in olympicis decertabatur, octaua Pythiade lege ludorum comprehensi qui alsis fidibus canerent, qua coronatus fuit Agelaus Tegeates. quadragesima Pythiade octaua captum est certare bigis, è quo certamine victor euasit Phocensiis Execestiades. quinta postmodo ab illa Pythiade pullis ad currum adiunctis decertaticaptũ est, in quo certamine cæteros omnes quadrigis superauit Orphondas Thebanus. Postea vero sexagesima Pythiade admissum est inter pueros pancratium, & biiuges atque Iniuges pulli, serius quam ab Eleis, quo tempore victor declaratus est Laidas Thebanus: cũ pulli postera etiam singuli fuissent admissi. septima post hãc Pythiade bigæ receptæ sunt, & pulli singuli ad currum, qua singulari pullo Lycormas Larissæus, at bigis Ptolemæus Macedo victor fuit declaratus. In omnibus his certaminibus laurea corona donabatur, sicuti patet è Pindari epiniciis, quæ corona propria fuit illorum ludorum existimata. nam credebatur esse grata Apollini, quia fabulati sunt amatam fuisse ab Apolline Ladonis filiam in illam arborem conuersam. sed tamen fuerunt nonnulli qui existimauerint quod multo ante quam Apollo Daphnem amaret, instituta sunt Pythia, & antequam laurea reperiretur, vel ex palma, vel ex æsculo coronæ dabantur victoribus, vt ait Ouidius libro primo Metamorph. in his:

Instituit sacros celebri certamine ludos,
Pythia perdomitæ serpentis nomine dictos.
Hic iuuenum quicunque manu, pedibusue, rota ve
Vicerat: æsculeæ capiebat frondis honorem.
Nondum laurus erat.

Nam primis Pythiorum temporibus non erat adhuc inuenta laurus, qua postea inuenta & locus datus est fabulæ, & coronæ victoribus Pythiorum ex illa confectæ. apparet autem ex Ouidii carminibus non Amphictyones, neque filium Deucalionis, sed Apollinem ipsum præ lætitia victoriæ eius certaminis, in quo Pythonem ceciderat, Pythicos ludos instituisse, atque eadem propè ludicra fuisse in Pythicis, quæ erant etiam in Olympicis; alii dixerunt neque palmam, neque æsculum, neque laurum præmium fuisse Pythiorum, sed poma quædam Deo consecrata victoribus donari solita vt scripsit in libro de coronis Ister. Verum istud accidit, quia & ludicra, & præmia victorum, & tempora, quibus agebãtur Pythia, sæpius immutata sunt: nam cum nono quoque anno primum agerentur Pythia, perducta sunt postea ad quinquenniũ, quia tot Nymphæ dictæ sunt Parnasides dona Apollini, cum feram trucidasset, obtulisse. at de Pythiis satis nunc de Nemeis dicamus.

De Nemeis. Cap. III.

CElebrabantur Nemea in sylua quadam ita vocata, quæ fuit inter Phliuntē & Cleonas Achaiæ ciuitates, in Archemori Lycurgi filii honorem, quoniā in illa sylua dicitur à serpente morsus interiisse. Alii dicunt quod septem duces Argiui opem ferentes Polynici militantes ad Thebas in Lemnum Thraciæ profecti siti correpti in Hypsipylen Lemniam inciderunt, quæ Lycurgi sacerdotis Iouis & Eurydices filium Opheltam ferebat. Hęc rogata tanquam perita eius regionis vt aquam ostenderet, dux fuit illis ducibus ad fontē relicto puero in quodam prato, quem serpens repertum & spiris circa collum cōuolutus necauit. Duces eò profecti re visa serpentem interemerunt. atq; in triennium quodque certamē funebre instituerunt. certabant in illis milites aut militum filii tantū prius, quamuis vulgus postmodo fuit admissum. Dicitur à Theagene in rebus Aegineis illa de causa è Lemno in Nemeam confugisse, quod statutū fuerat apud Lemniades vt omne genus marium de medio tolleretur, atque cum mares omnes fuissent trucidati, sola Hypsipyle Thoantem patrem in arca seruauit. Illud cum patuisset Lemnijs, vbi argonautæ essent abnauigaturi, ipsum demerserūt in arca inclusum, at Hypsipyle propter pietatem erga parentem capitis condemnarunt. illa his auditis fugit, atque capta à piratis in itinere Lycurgo diuendita fuit. Eurydice igitur Lycurgi vxore volente Hypsipylen interimere ob mortem filii, atque Hypsipyle latente in quodam loco occulto hac ipsa de causa, Amphiaraus vaticinatus est, eamque indicauit Thoanti ac Euneo quærentibus filiis, quorum opera & ducum Argiuorum beneficio fuit seruata. fuerunt vero eadem ludicra in his, quæ etiam in superioribus instituta, at victores apio coronabantur, quæ funebris erat planta, idque ad perpetuam Archemori memoriam. Alii Nemea instituta fuisse maluerunt ab Hercule, quia Nemeum leonem ibi occiderit. alii ob Opheltam, vt diximus qui per propriam mortem in Thebas militantibus Lacedęmoniis vaticinatus fuit: erat enim certamen epitaphium siue funebre, in quo milites aut militum filii solum primum certabant, quamuis & populus in id post ea fuit admissus. alii non ob illum prædictum Opheltem, sed ob Opheltē Cræusæ & Euphetæ filium instituta fuisse Nemea crediderunt, qui ictus fuit à dracone absente Hypsipyle nutrice, cum illa aquatum iuisset, quod ab illa aquam Argiui petiuerant. instituta vero sunt illi Nemea ad Hypsipylæ consolationē, quæ etiam à nigris vestibus & lugubribus indutis iudicibus iudicabātur. Dictus post ea fuit hic Opheltes Archemorus, quia illi mortem Amphiaraus vaticinatus esset à principio vitæ. nam ἀρχὴ principium μόρος mortē significat. Coronabantur, vt fama est, antiquitus oliua victores Nemeorum, sed post cladem à Medis captam in honorem cæsorum apio funebri planta coronari cœptum est. Dicta fuerunt Nemea à bobus, quæ Argiuæ Iunoni erant consecratæ, quę in ea sylua pascebantur. Alii maluerunt Nemeam vocatam fuisse quandam regionem argiuorum à bobus Iouis & lunæ ibi pascentibus. alii à Danai filiabus, quoniam regio fuisset illis in capita distributa. His ludis enim Argiui & Corinthii & Cleonæi homines præerant. Lucianus in dialogo de Gymnasiis ita mentionem fecit de singulorum horum certaminum præmiis: Ὀλυμπιάσι μὲν στέφανος ἐκ κοτίνου, Ἰσθμοῖ δὲ ἐκ πίτυος, Νεμέᾳ δὲ σελίνων πεπλεγμένος, Πυθοῖ δὲ μῆλα τῶν ἱερῶν τοῦ θεοῦ. in Olympicis quidē ex oleastro, in Isthmiis è pinu, in Nemeis ex apio corona connexa, at in Pythiis mala Deo consecrata victoribus erāt proposita. Atq; huic certaminum generi apium iure conuenire cenlebatur, quoniam ex occisi à serpente pueri sanguine apium herba nata esse credatur. Non defuerunt qui in honorem Archemori primū instituta fuisse dixerint Nemea, at ab Hercule fuisse se in melius correcta cum leonem Nemeum occidisset: qui illa postea Ioui consecrarit, & post trienium tempus peragendis statuit diem duodecimum eius mẽsis, qui πάνημος à Corinthiis, ab Atheniensibus autem βοηδρομιὼν dicebatur, quia eo mense Theseus Amazonas debellauit. atque Cretenses demum iudices sunt electi. at nunc de Isthmiis dicamus.

De Isthmijs Cap. IIII.

SCriptum reliquit Plutarchus in vita Thesei, Theseum ipsum Isthmia in honorem Neptuni, ad imitationem Herculis, qui Olympia Ioui consecrauit, instituisse: quippe cum illa, quæ in honorem Melicertæ fierent, noctu agerentur, & magis initiandi, quam spectaculi causa constituta viderentur: quæ instituta fuerãt à Sisypho Aeoli filio, vbi Melicertę sui propinqui cadauer agnouisset, Athamantisque filium honore illo prosecutus est. Non defuerũt tamen qui in Scyronis honorem Isthmia celebrari crediderint, & ea putarint à Theseo inuenta ad mortem ipsius Scyronis expiandam. Alii ob Sinim Procustem Neptuni filium à Theseo cæsum, alii aliis de causis instituta fuisse Isthmia, omnes tamen à Theseo consensere: quæ dicta sunt Isthmia ab Isthmo Peloponnesi, cuius in faucibus ad Neptuni templum ibi celeberrimum quinto quoque anno celebrabantur. Archias autem poeta non in Neptuni, sed in Palæmonis honorem Isthmia fieri solita scribit, in illo epigrammate:

Τέσσαρες εἰσὶν ἀγῶνες ἀν' ἑλλάδα, τέσσαρες ἱροί.
οἱ δύο μὲν θνητῶν, οἱ δύο δ' ἀθανάτων.
Ζηνὸς, Λητοΐδαο, παλαίμονος, ἀρχεμόροιο,
Ἆθλα δὲ τῶν κότινος, μῆλα, σέλινα, πίτυς.
Quatuor in Græcis certamina: quatuor illa
Sacra: duo superis, sunt duo sacra viris.
Sunt Iouis hæc, Phœbique, Palęmonis, Archemorique.
Præmia sunt oleę, pinea, mala, apium.

Nam tametsi in omnibus his certaminibus coronabantur victores coronis superius commemoratis, tamen mos omnibus fuit vt vbique locorum palmam altera manu gestarent redeuntes, vt ait Pauſ. in Arcadicis. ac tantus honor victoribus habebatur, tantaq; erat victricium ciuitatum lætitia, vt multa millia passuum victores ita manibus suorum ciuium portarentur, ne omnino terram contingerent: neque ingrederentur per portas ciuitatum, vt reliqui homines, sed pontes illis tumultuarii fierent supra mœnia ciuitatum: eorumque nomina in foro publico sumptu columnis inciderentur. Primus autem fuisse dicitur Theseus, qui cum venisset in Delum palmam vi ctoribus proposuerit, vt ait Plutarchus. Alii non illis de causis instituta fuisse illa certamina memorant, sed ob insepultũ Melicertam cum in Isthmum appulisset. Atque ita rem sese habuisse memoriæ prodiderunt. Fuerunt Inus & Athamantis filij Learchus & Melicerta, Athamas furore percitus Learchum cecidit, quem mater in lebetem bullientis aquæ iecit, atque ipsa quoque mente capta verita iram Athamantis per Geraniam montem Megarensium fugiens è petra Moluride vocata denique cum Melicerta in mare desiliuit. Facta est Ino vna è Nereidibus, quæ Leucothea vocata est, at Melicerta Deus Palæmon. Nereides, tripudiantes visæ sunt Corinthi Regi Sisypho, qui Melicertę corpus à delphino delatum vidit, atque hę iusserunt Isthmia celebrari in honorem Melicertæ. Alii dixerunt cadauer Melicertæ in Isthmum delatum tumulo & exequijs caruisse, quare exorta pestilentia in Isthmo respondit Deus nullum esse mali remedium, nisi si exequiæ ac funebre certamen institueretur in

Meli-

Melicertæ honorem. illud cum per aliquod tempus fecissent Corinthij, rursus morbus inuasit, atq; respondit Deus oportere honorem eius herois perpetuum instituere, atque illi apium plantam funebrem ac subterraneam proponere. Statutum est postmodo vt pinu coronarentur ob affinitatem plantæ cum mari captum est itaq; & sepulturæ datum Melicertæ corpus apud Schænountiā ab Amphimacho & Donacino viris Corinthijs, vt proditum est memoriæ à Theseo in rebus Corinthijs alij dixerunt in honorem Neptuni hæc ipsa certamina consueuisse celebrari. at Musęus in .o libro, quem scripsit de Isthmijs, duo certaminum genera in Isthmo celebrari solita scribit, alterum in Neptuni, alterū in Melicertæ honorem. Fuerunt & alia ludorum genera apud Græcos, vt apud Atheniēses Hydrophoria, Delphinium Pytheæ, fuerunt & alia alibi præmia victorib. vt phialæ argēteę in Sicyone in Pythijs. in Pellene vrbe Achaię præmiū erat vestis Theoxenijs, vel, vt alij maluerūt, vocatis Mercurialib. in Aegina Aeacia bos præmium fuit dithyramborum poetis, qui præclarius in Dionysum cecinissent: quod certamen dictum fuit Amphorites. quæ, quoniam non erant valde illustria, raroq; de his mentio fit à scriptoribus, superioribus abundè vt arbitror explicatis, in pręsenti omittemus, nunc reliqua ad institutum opus pertinentia persequamur.

De Mercurio. Cap. V.

Mercurium omnium deorum antiquorum vigilantissimum, ac maximè negotijs implicatum: quippe quem neque per noctem quidem dormire ne gotiorum multitudo pateretur, Iouis & Maiæ Atlantis filium fuisse scribit ita, Hesiodus in Theogonia:

> Ζηνὶ δ' ἄρ Ἀτλαντὶς μαίη τέκε φαίδιμον ἑρμῆν,
> κήρυκ' ἀθανάτων, ἱερὸν λέχος εἰσαναβᾶσα,
> E Ioue Mercurius, Nymphaque Atlantide cretus,
> Est præco superum: compressit Iupiter illam.

Sic & Orpheus & Homerus in hymnis tradiderunt, à quibus pręclarè Virgilius, ea capiens, quæ ad genus Mercurij attinent, illum in Cyllene Arcadiæ monte natum esse inquit in his:

> Vobis Mercurius pater est, quem candida Maia
> Cyllenes gelido conceptum culmine fudit.

At Pausanias in Bęoticis non procul à Tanagris in monte vocato Corycio Mercurium natum esse scribit, quē postea in Arcadicis scripsit lotum fuisse in Tricena, vbi tres erant fontes in agro Pheneatico, à nymphis accolis eius mōtis, quare fontes illi summa religione colebantur, vt pote fontes Mercurio sacrati. Hunc educatum fuisse in Cyllene monte pręterea testatus est Didymus his verbis: ἑρμῆς ὁ ἐν κυλληνίῳ ὄρει ἀρκαδίας ἀνατραφείς. Mercurius in Cyllenio Arcadiæ monte educatus. Hunc educatum fuisse inquiūt sub arbore portulaca, quæ andrachne dicta est à Græcis, quare illi fuit consecrata. Scripsit Paus. in Arcadicis ex antiquo Arcadum sermone Mercuriū educatū fuisse non procul ab Alpheo fluuio in ciuitate quæ Acacesium vocabatur, ab Acaco Lycaonis filio. alij Iunonem lac præbuisse Mercurio, putarunt, & per quoddam tempus apud illam nutritum fuisse per inscitiam, atq; cum lac Iunonis ex eius ore excidisset dicitur esse facta via lactea, quæ inde galaxia dicitur à Græcis, cum gala lac sit. Alij tamen maluerunt illud accidisse cum Hercules lac sugeret, alij quia tantum ausisset, quantum non potuisset retinere, alij, maluerunt Opim iussam lac infanti præbere, illud in saxum expressisse quod Saturno obtulerat, vt significauit M. Manilius in his versibus, quo in cœlum delapso lactea via facta sit:

Nec mihi cælanda est famæ vulgata vetustas,
Mollior è niueo lactis fluxisse liquorem
Pectore reginæ Diuum, cœlumque liquore
Infecisse suo: quapropter lacteus orbis
Dicitur, & nomen causa descendit ab ipsa.

At enim plures fuerunt Mercurij vt ait Cicero in libro tertio de natura Deorum in his: Mercurius vnus Cœlo patre, Die matre natus: cuius obscœnius excitata natura traditur, quod aspectu Proserpinæ commotus sit. Alter Valentis & Phoronidis filius, is, qui sub terris habetur, idem Trophonius. Tertius Ioue tertio natus, & Maia, ex quo & Penelopea Pana natum ferunt. Quartus Nilo patre, quem Aegyptij nefas habent nominare. Quintus, quem colunt Pheneatæ, qui & Argum dicitur interemisse, ob eamque causam Aegypto præfuisse, atque Aegyptijs leges & literas tradidisse. Hi etsi plures Mercurij extiterunt, tamen ad vnum Iouis & Maiæ filium omnes cæterorum res gestę referuntur: de quo etiam mentionem ita fecit Ouidius in Paride, cum illum fingeret alatum:

Constitit ante oculos actus velocibus alis
Atlantis magni, Pleionesque nepos.

Quare & nos quæ propriæ sint singulorum minime soliciti, aut quæ inuenta, vel quæ educationes, quia negotium ob antiquitatem esset omnium difficillimum, vt in cæteris fecimus, ita in hoc institutum nostrum persequemur. scriptum reliquit Lucianus in Dialogo Apollinis & Vulcani, hunc insignem fuisse furem; nam cum paruulus esset infans à Vulcano susceptus instrumenta fabrilia illi surripuit ex officina. Cupidinem eodem die natus palæstra superauit. Veneri, quæ ipsum ob victoriam complexa fuerat, cingulum furatus est. Ioui sceptrum sustulit, fulmen quoque surrepturus nisi vim timuisset flammarum. Hunc Mercurium alatum finxerunt, cui gallus assidebat, quem in suasoria Galenus antiquos inquit pictores & plastas iuuenem formosum sine fuco, ac sine aliquo comptu: vultu hilari, atq; acrib. oculis formasse. Huc finxerūt antiqui aurea cathena auribus hominum annexa, mortales quoq; collibuisset trahere solitum, sicuti de Hercule dicitur. Qui quoniam præesset gregibus in via, qua Lechæam accedebatur apud Corinthios, æreus sedens expressus est cum astante ariete. Multa porro officia Mercurio fuerunt iniuncta, vt testatur Lucianus in dialogo Maiæ & Mercurij: siquidem Deorum cęnaculum verrere solitus dicitur, & sternere curiam Deorum, & Iouis mandata per diem circumferebat, & huc illuc cursitabat, & ante raptum Ganymedem victum Ioui subministrabat, & per noctem mortuorum animas ad inferos deducebat, & modo palestris, modo cōcionib. illū adesse oportebat: ita vt nullo tpe posset quiescere: quidā iniunxerūt illi et bellicas caduceatorum legationes, cum fęderum & induciarum illum inuentorem fuisse inquiant, & ponderum ac mensurarum rerum venalium, & omnium vsuum mercaturæ ad lucrum cum res alienas etiam vsurparit: horum negotiorum quandam partem ita attigit Virgilius in quarto Aeneidos:

Dixerat: ille patris magni parere parabat
Imperio, & primum pedibus talaria nectit
Aurea: quæ sublimem alis siue æquora supra,
Seu terram, rapido pariter cum flamine portant.
Tum virgam capit: hac animas ille euocat orco
Pallentes, alias sub tristia tartara mittit:
Dat somnos, adimitque, & lumina morte resignat.

Huius simulacrum Aegyptij partim atra facie, partim aurea & clara confinxere, quia modo ad superos, modo ad inferos adiret. caduceus illi dabatur cum angui bus

bus geminis mare ac fœmina scilicet mutuo connexu circumuolutis & concordibus, quorum caudæ demittebantur ad capulum caducei, qui concordiæ securitatem significabant. Aiunt præterea hunc eodem die natum boues Admeti Regis pascenti Apollini surripuisse, & irato eidem ob furtum, sagittasque in eum iaculari paranti, pharetram euacuasse, vt ait Homerus in his:

ἠῶος γεγονὼς μέσῳ ἤματι ἐγκιθάριζεν.
ἑσπέριος βοῦς κλέψεν ἑκηβόλου Ἀπόλλωνος.
Editur hic mane, hinc citharam pulsauit: & idem
Surripuit Phœbo vaccas mox sole cadente.

Istud autem ita fictum fuit, quia Mercurij planeta, quibus dominatur in horoscopo, homines facit ingenio quidem promptos & eloquentes, at callidos tamen & astutos & ad furta propensos. Fabulantur Batto pastori cuidam Mercurium vaccam largitum esse, vt taceret, qui solus furtum illud cognouerat. Deinde cum hominis fidem vellet experiri mutatis vestibus, duplici præmio pro indicando furto proposito inconstantiam ac perfidiam Batti cognouit, eumque in saxum indicem conuertit, vt ait Ouidius libro secundo Metamorph. in his carminibus:

At senior postquam est merces geminata, sub illis
Montibus inquit erunt: & erant sub montibus illis.
Risit Athlantiades, & me mihi perfide prodis?
Me mihi prodis? ait: periuraque pectora vertit
In durum silicem: qui nunc quoque dicitur index.

Alij dixerunt vocem tantum ademptam fuisse Batto, atque illum ad oraculum Delphicum accessisse an liberari posset, sciscitaturum, & vbi habitaret, cui respondit oraculum:

Βάττε πρᾶθε κακὸν, τὸ δὲ δεύτερον ἐσθλὸν ἐρεύνα.
Ἔρχεο, λείψ' ἁλίαν χώραν, ἤπειρος ἀμείνων.
ἠῶς πρότερον δόλον ἔκβαλε πείθευ πείθων.
Στερρὸν γῆν γ' ὁσίως, ἣν μισεῖ πολλὴν ἀθεμίστως.
οἷα τ' ἀνὴρ ἔρξει, τοῖον τέλος αὐτὸν ἱκάνει.
Batte malum prius, inde bonum à me Batte requiris,
Linque mari vicina, pete & longinqua locorum
Mane dolum linquens primum mea numina serua:
Præduram terram sanctè, multam odit inique,
Qualia quisque facit, finem nanciscitur idem.

Hunc Deum postea quia surripuisset armentum, tanquam pastorum Deum coluerunt antiqui, vt asserit Pausanias in Corinthiacis, quem & greges seruare, & augere posse putabant. Quia vero alia permulta furatus esset, habitus est Deus latronum, vt ait Homerus in hymnis:

τοῦτο γὰρ οὖν καὶ ἔπειτα μετ' ἀθανάτοις γέρας ἕξεις.
ἀρχὸς φηλητέων κεκλήσεαι ἤματα πάντα
Hunc superos inter post hęc retinebis honorem
Latronum princeps diceris tempus in omne.

Memoriæ prodidit Zezes histo. 202. chil. 8. Autolycum Laertæ patrem, qui fuit auus Vlyssis, omnium prope mortalium pauperrimum artem furandi à Mercurio didicisse, quare ditissimus postea euasit. aiunt hunc tam peritum fuisse latronem, vt cum optimum equum furatus esset, asinum scabie corrosum pro illo restituerit, effeceritq; vt eum recipientes minime id sentirent. atq; cum alteri pulcherrimam sponsam rapuisset, anum edentulam, mucosam, & laruam prope restituerit: atq; in cõmutandis mercib. eandem seruabat rationem: nam fuerunt qui præstigiarorum artem à Mercurio excogitatam dixerint. Hunc primum fuisse in quinnī, qui lyram inuenerit, vt ait Pauſ. in Eliacis prioribus, quam etiam Apollini, cum pax inter illos poſt furtum orta eſſet, largitus eſt, vnde lyra quaſi lytra dicta fuit, præmium. ſ. pro redimendis. Erat autem teſtudo, quæ χέλος à Græcis vocatur, in hunc modum formata, vt ait Lucianus in dialogo Apolli. & Vul. cum teſtudinem mortuam ad ripas Nili inueniſſet, brachia adaptauit, ac iugū induxit, calamosq; poſtea agglutinans & fundo ſubiecto quodam, ac nouem deinde chordas ſuper calamis, tanquam anſulis intendens, iucūdum quid modulatus eſt. Alij dicunt tetrachordum prius inueniſſe, ac linum pro chordis tetendiſſe, quia chordæ nondum eſſent inuentæ, quā dedit Apollini pro furto, à quo accepit caduceū. hanc ſeptem chordarum fecit Apollo accommodans ad Panos fiſtulam Iouis & Tymbris filij. nam hic lino ſoluto & adempto chordas intēdit, vnde dictus eſt linum inueniſſe.

¶ Id verò cum in monte Cyllene proximo feciſſet, mons Chelydorea vocatus fuit, vt ait Pauſanias in Arcadicis. Atque de hac re ita breuiter meminit Nicander in Alexipharmacis;

αὐδήεσσαν ἔθηκεν ἀναύδην περ ἐοῦσαν
ἑρμείης, σαρκὸς γὰρ ἀπονόσφισε χέλειον
Αἰολὸν. ἀγκῶνας δὲ δύω παρετείνατο πῆζαις.
Muta prius fuerat, vocalem reddidit illam
Mercurius: dempta carne è teſtudine, fundo
Brachia bina locat, ſuper his chordasq; tetendit.

Quod etiam affirmat Homerus in hymno in Mercurium eo carmine:

ἑρμῆς σοι πρώτιστα χέλυν τεκτήνατ' ἀοιδόν.
Mercurius prior ipſe chelym facit arte canoram.

Cum lyram accepiſſet Apollo poſtea virgā illam Mercurio donauit, vt diximus, illam vim habentem, vt facile pax inter quoſuis ea virga interpoſita conciliaretur. eius cum vellet facere experimentum Mercurius inter duos angues acerrime inter ſe dimicantes coniecit, qui repente facti ſunt amici, vnde virga Mercurij fuit poſtea geminis anguibus circumuolutis inſignita. Primus enim Mercurius tres fidium, tonos acutum, grauem, mediū reperiſſe dicitur. Primus aſtrorum ac ſiderum curſus obſeruaſſe, diesque & annum ad certum ordinem redegiſſe: cum aſtronomiæ & philoſophiæ autor & religionis Thebanis ſacerdotibus extiterit, qui maxime has diſciplinas exercuerunt, vt teſtatur Strabo libro decimoſeptimo Geographiæ, & Marcus Manilius in primo libro rerum aſtronomicarum in hiſce carminibus:

Tu princeps, autor que ſacri Cyllenie tanti.
Per te iam cœlum interius, iam ſydera nota.
Sublimes aperire vias, vnumque ſub orbem
Et per inane ſuis parentia finibus aſtra.

Atque ne plura hic aſcribam; multa ſunt carmina, quibus ille poeta conatur oſtendere vniuerſum fundamētum religionis apud Aegyptios à Mercurio prius fuiſſe inuentum vnà cum ritibus ſacrorum, rerumque naturalium cauſis. Idcirco fortaſſe dies lunę quartus Mercurio fuit conſecratus, ſicut primus & ſeptimus Apollini, octauus Theſeo. Eadem de cauſa inter arcanos illos Samothracū Deos Mercurium à Mnaſea connumeratum cenſuerim, quod aſtrorum cognitio neceſſaria ſit nauigantibus. Scripſit Apollonij enarrator ſolennia quædam apud Samothraces celebrari ſolita, quibus ſi quis fuiſſet initiatus inter turbulentiſsimas tempeſtates ſeruabatur omnino. Atque Vlyſſem initiatum in Samothracia ferunt, ſed vita alba pro tęnijs vſum fuiſſe: quippe cum initiantes tænias purpureas circa ventrem innexuerint. Erat autem mos inſtiandi in Cabiris, atque Deorum nomi-

nomina, quos nominare nefas erat, ista fuerunt: Axioerus, Axiocersa, Axiocersus. Erat autem Axioerus Ceres, Axiocersa Proserpina, Axiocersus Pluto, quibus quartus accedebat Casmilus, qui erat Mercurius, vti scripsit Dionysiodorus. Hic idem Mercurius Deorum immortalium cultus, & sacra prior instituit, hominesque ad humaniorem vitam reuocauit, quare ita cecinit Horatius libro primo Carminum:

Mercuri facunde nepos Atlantis
Qui feros cultus hominum recentum
Voce formasti, catus & decoræ
More palæstræ.

Hunc vnde eum Herculi palæstritis præfectum esse crediderunt: quia cum prudētissimus existeret, non mediocriter conferre ad palæstram putabatur, quoniam cum viribus vbique coniuncta esse debet prudentia. quæ quoniam multa in explicatione insomniorum requiritur, somnia Mercurio consecrata creduntur, vt in his carminibus videtur testari Apollonius libro quarto Argonauticorum:

ἀλλ' ὅτε δὴ κἀκεῖθεν ὑπεύδια πείσματ' ἔλυσαν,
μνήσατ' ἔπειτ' εὔφημος ὀνείρατος ἐννυχίοιο,
ἁζόμενος Μαίης υἷα κλυτόν, εἴσατο γάρ οἱ
δαιμονίη βῶλαξ ἐπιμάστιος ᾧ ἐν ἀγοστῷ
ἄρδεσθαι λευκῇσιν ὑπαὶ λιβάδεσσι γάλακτος.
Ast vbi soluerunt illo de litore funem,
Nocturna in mentem veniunt insomnia, clarum
Ille colit Maia genitum. namque vbera visus
Est sibi mulgere, & glebam stillantibus albis
Et mamma guttis miscere, & lacte rigare.

Quod etiam inquit Homerus in hymno in ipsum Mercurium composito:

ληιςῆρ, ἐλατῆρα βοῶν, ἡγήτορ' ὀνείρων,
Νυκτὸς ὀπωπητῆρα, πυληδόκον.
Prædonem, furemque boum, cui somnia certa
Lege patent, seruasque fores, noctemque gubernas.

Aeschylus in Persis ipsum inter terrestres Deos numerauit, quem aduocat cum inferorum Rege, & mortuorum in his:

Ἀλλὰ χθόνιοι δαίμονες ἁγνοὶ
Γῆτε, χ' Ἑρμῆ, βασιλεῦ τ' ἐνέρων,
πέμψατ' ἔνερθεν ψυχὴν ἐς φάος.
Terrestres, casti dæmones,
Tellus Mercuri, & inferum
Rex, in lucem animam remittite.

Hunc ipsum Deum tricipitem vocarunt, ob triplicem potestatem, quam habere creditus est. nam marinus & terrestris & cœlestis vocatus fuit, quod illi accidit vel propter triplices vires, quas obtinebat, naturalem scilicet, moralem & rationi obtemperantem facultatem: vel quia cum Hecate congressus tres ex illa filias suscepisset.

¶ Neque credebatur quis posse mori, nisi Mercurius animam hanc diuinitus corpori alligatam à mortali vinculo soluisset: quare ita scripsit Sophocles in Oedipode in Colono:

τῇδε γάρ μ' ἄγει
Ἑρμῆς ὁ πομπὸς, ἥ τε νερτέρα θεός.
Hac enim Mercurius
Dux est mihi, sic inferum ducit Dea.

Quamobrem & Home. libro ω Odyss. non potuisse prius procos interire, quàm Mercurius animas ex illorum corporibus euocasset: vt patet ex his:

ἑρμῆς δὲ ψυχὰς κυλλήνιος ἐξεκαλεῖτο
ἀνδρῶν μνηστήρων, ἔχε δὲ ῥάβδον μετὰ χερσὶν
καλὴν, χρυσείην, τῇ τ' ἀνδρῶν ὄμματα θέλγει
ὧν ἐθέλει, τοὺς δ' αὖτε καὶ ὑπνώοντας ἐγείρει.
Euocat hic animas Atlantides ipse procorum
Mercurius, manibusque tenet virgam: euocat orco
Hac animas, alias sub tristia tartara mittit,
Dat somnos, adimitque, & lumina morte resignat.

At Ouidius Fastorum libro quinto hunc pacis & belli arbitrum & autorem nuncupauit in his:

Pacis & armorum superis, imisq; Deorum
Arbiter, alato qui pede carpis iter.

Scripsit Philochorus diem festum agi solitum apud Athenienses die decimotertio lunæ nouembris, quo tempore Choes vocata solennia celebrabantur terrestri Mercurio consecrata: atque morem fuisse, vt ex omnibus generibus semina, vt nomen significat, in olla miscerentur, atque conquerentur ab iis, qui per diluuium fuissent seruati, qui Hydrophoria etiam alias agebant. At nemini tamen ex ea olla gustare licitum erat. Credebatur hic idem Deus animas quæ suum tempus in Elysijs campis expleuissent, Lethenque bibissent, in noua corpora inducere, vt diximus. Huic Deo sacra faciebant quicunque periculo capitis fuissent liberati, vt ait Pausanias in Atticis. Hic Iouis mandato Argum occidit, qui Io in vaccam versam seruabat. Huic statuæ pro foribus domorum ab antiquis erigebantur, quia fur credebatur cæteros fures arcere, vt ait Aristophanes. Huius filium Pana fuisse scripsit Anytes in his:

ἑρμείαν γὰρ ἄνακτα τέκεν περιηγερέα ζεὺς,
αὐτὰρ ὅγ' ἑρμείας Πᾶνα τὸν αἰγεκάτην.
Mercurium peperit supremum Iupiter, ipse
Pastorem peperit Panaque Mercurius.

Suscepit Erycem ex Aglauro Cecropis filia: ex Daira Oceani Eleusinem, Bunum ex Alcidamea, è Philodamea Danai filia Pharim: Caicum ex Ocyrhoe, qui se in fluuium Zauræũ deiecit, & dedit nomen Caico Mysiæ flumini, vt scripsit Chrysermus Corinthius in Peloponnesiacis. Polybum è Rhihonophyla: Myrtilum è Cleobula filia Aeoli: è Nympha Ladonis filia Euandrum: ex Erythea Geryonis Noracem, Cydonem ex Acacallide, ex Issa Nympha Prylim, Lycaonem, Cupidinem, Eudorum, Dolopem, Lares, Autolium, Erythum, Echionem, Aetalidem. Suscepit ex Hieria Gigantem præterea, cuius filiæ Angeliæ etiam mentionem fecit Pindarus in Alcimedonte. Multos præterea ex varijs mulieribus habuit filios, ne singulos recenseam. Huic Deo vitulus mactabatur, vt ait in 4. Metamorpho.

Dijs tribus ille focos totidem de cespite ponit.
Læuum Mercurio, dextrum tibi bellica virgo,
Ara Iouis media est. Mactatur vacca Mineruæ,
Alipedi vitulus, taurus tibi summe Deorum.

Erat illi lac & mel præterea offerri solitum, vt in his carminibus scripsit Antigonus:

Εὔκολος ἑρμείας ὦ ποιμένες, ἐν δὲ γάλακτι
χαίρων, καὶ δρυΐνῳ σπενδόμενος μέλιτι.
Mercurius facilis pastores. munere lactis
Lætatur: mox & dulcia mella capit.

Scripsit

Scripsit Callistratus linguas victimarum solitas fuisse Mercurio in sacris offerri, vt testatur etiam Homerus in his: γλώσσας δ' ἐν πυρὶ βάλλον, linguas in ignes iecerunt. Erat autem vltima pars sacrificiorum & finis cum linguas in ignem iacerent, quam consuetudinem primi Megarenses inceperunt. Nam scriptum reliquit Direchidas in rebus gestis Megarensium Alcathoum Pelopis filium ob Chrysippi cædem exulem Megaris in aliam ciuitatem habitaturum profugisse: qui cum in leonem Megarensium agrum vastantem incidisset, ad quem cædendum & alij à Megarensium Rege missi fuerant, & illum ipse cecidit, & linguam eius cæsam in peram coniecit, ac rursus cum ea Megaram se contulit. Deinde cum dicerent, qui missi fuerant, se leonem occidisse, peram afferens eos arguit mendacij: quare cum Rex præ lætitia Dijs sacrificaret, linguam postremam aræ imposuit, atque ita manauit ad posteros consuetudo. Quidam tamen senserunt linguam Mercurio dicatam, atque consecrari debere, quia illam conueniat subditam & obtemperantem esse rationi ac prudentiæ. Multa cognomina sortitus est Mercurius, vt Dij cæteri, nam Caduceator, Deorum nuncius, Enagonius, Dux, Propylæus, Forensis, Polygius, Promachus, Epimelius, Chriophorus, Acacesius, Cyllenius, Cларus, & quia præesset mercaturæ, quia vendendi & emendi rationem prior ostendisset, cum multa dolose vendantur, hunc Deum Dolium dixerunt. ¶ Atque hæc de Mercurio fabulose dicta sunt, nunc veritatem inuestigemus. Fuit Mercurius homo singulari ingenio & sapientia, vt commemorauit Lactantius in libro de falsa Religione: nam tres tantum numeratos fuisse à Mercurio trismegisto scribit, in quibus esset summa sapientia, Vranum siue Cœlum, Saturnum, Mercurium. Hic enim literas inuenit, vt ait Zetzes histo. 26. Chili. 2. multaque vitæ mortalium commoda excogitauit: quare Iouis & Maiæ, cœlestis benignitatis scilicet filius creditus est. Nam quemadmodum humanæ est naturæ semper re aliqua indigere: ita diuinæ multis bonis abundare: humanum est semper incommodis vexari, diuinum vexatis succurrere: humanum semper à Dijs aliquid petere, diuinum largiri: humanum accipere, diuinum conferre beneficia. Hæc res fecit vt multi mortalium Iouis filij & diuini homines sint crediti, & in Deorum immortalium numerum relati, quibus templa, altaria, ceremonias, proprios sacerdotes antiqui instituerunt. Ego sane ita censeo: antiquos, cum nos ad studium sapientiæ adhortarentur, ista de Mercurio confinxisse, nam cum eloquentiæ & orationis quanta vis esset vellent ostendere, dixerunt Mercurium esse nuntium Deorum & hominum, per orationem nimirum Deorum voluntas, & sententia diuinarum legum, & recta animorum nostrorum consilia, quæ non nisi autore Deo proueniunt, explicantur. Inde creditus est etiam catheuæ illi aureæ annexos homines auribus quocunq; libuisset attrahere. Hûc latronum & impostorum & fraudum Deum putarunt, non solum quia si eloquentia cum malo & flagitioso sit ingenio plurimum obest cæteris hominibus, verum etiam quia illorum, quibus planetæ Mercurij natura in ortu dominatur, ingenia sunt ad furta, & ad omne astutiæ genus accommodata. Nam cum siccus & calidus sit planeta, versutos & eloquentes facit homines, & ad omnem calliditatem celerrimos: quippe cum planeta ipse Mercurij tot habeat motuum varietates & tergiuersationes, quot vix omnes simul reliqui planetæ. Nam modo procedit, modo retrocedit: modo sublimis est, modo depressus: modo celerrimus est, modo stare videtur: ad quam varietatem motuum explicandam non amplius vt cæteris circularem motum tantum tradiderunt: verum ad oui formam, vt seruarentur, quæ apparerent, illi tribuere coacti sunt. Ad huius vel stellæ igitur velocitatem, vel ingeniorum, quibus dominatur celeritatem explicandam, illi talaria velocia & alata tribuerunt antiqui, quæ il-

 lum

lum ferrent vna cum ventis : quæ omnia non minus oratori & sapienti, quam planetæ ipsi conueniunt, nam acutissimum & oratione & ingenio ad res celerrime inueniendas & explicandas oratorem esse conuenit. Hic planeta reliquorum naturæ quibus adhæret se accommodat : quia prudentia in omni fortunæ vicissitudine, & in omni amicitia idem facit. Hunc præfecerunt eadem causa palæstræ, vt diximus. Dicitur Argum interemisse, qui contra Iouis voluntatem Io custodiebat, quia vis illa cœlestis & ratio, quæ est in nobis, quam Mercurium putarunt, omnes motus surgentes ex illa animæ nostræ parte, quæ propensior est ad iram, placat & componit, omnemque minus ordinatam animi cogitationem mitigat. hæc pars vbi quiescit, Argos potest appellari, cum *ἀργός* tardus sit ac deses : at eadem vbi excitatur, centum habet oculos : quia si furorem & impetum iræ sequamur, illiusque cupiditati obtemperemus, multa committentur aduersus humanas leges & diuinas. hanc igitur partem trucidat Mercurius, siue ratio animę nostræ. Et quoniam ex ingenio versuto, tanquam ex vberrimo fonte, manat omnis vbertas & copia dicendi : eloquentiæ Deum ipsum Mercurium crediderunt. Tribuerunt illi potestatem tempestatum, quia sicuti Dii marini crediti sunt maris tempestates placare, ita turbulentissimarum ciuitatum discordias & contentiones vis orationis mitigare consueuit : quæ res fecit vt linguæ Mercurio, tanquam illi Deo, qui orationis ornamenta & artificium dicendi primus inuenisset, consecrarentur. Nam hunc & literas, & astrorum cursus primum homines docuisse dictum est, & leges dedisse, quibus homines ad humanitatem informarentur, & nomina rebus imposuit, & instrumenta musica excogitauit, & omnia quæ ad doctrinam eruditionemque spectant, inuenit, quod ita significauit Orpheus in libro de Lapillis, quum homines ad studia adhortaretur, ad speluncam Mercurii hortatus est omnium bonorum & commodorum plenam :

ὅν δ' ἤκεν ἀνδρῶν πεπνυμένον ἦτορ ἀγάγοι
ἐς πολυήρατον ἄντρον ἐπαλλήλων ἑρμείαο
ἔνθ' ὅγε παντοίων ἀγαθῶν κατέθηκεν ὅμιλον.
αἶψά κεν ἀμφοτέρῃσιν ὀνείατα πολλὰ κομίζων
οἴκαδ' ἀποστείχοι, προφυγὼν πολύδακρυν ὀϊζύν.
At quemcunque virum ducit prudentia cordis
Mercurij ingredier speluncam, plurima vbi ille
Deposuit bona, stat quorum prægrandis aceruus,
Ambabus valet hic manibus sibi sumere, & illa
Ferre domum: valet hic vitare incommoda cuncta.

Sola enim sapientia rebus omnibus dominatur, quę neque vllas cęli mutationes, neque fortunę minas pertimuit. Hunc, quoniam Deorum nuncium putarunt, non solum pro orationis vbertate, aut pro sapientia, quæ voluntatem Deorum indicaret, acceperunt. sed pro illa diuina vi, quę diuinitus in mentes hominum infunditur, quæque res humanas omnes mirifice in suo ordine componit, & conseruat. Hanc, vbi somnia in mentes hominum infundere opinabatur, Mercurium somniis præesse dixerunt : vbi rerum nascentium ac morientium vicissitudines intuebantur, idque non sine Deorum voluntate fieri putarent, voluntatem illam ac vim diuinam, quæ ad ortum res perduceret, aut mutandas, siue ad inferos deduceret, vocarunt Mercurium : ita vt modo sit ratio animæ nostræ, modo ratio & sapientia diuinæ voluntatis, vnde anima nostra defluxit Mercurius appellatus. Hæc autem illi fuerunt tributa, quod primus mundum a Deo creatũ, & non sine diuina prouidentia gubernari hanc tãtam diuersarum rerum mirabilitatem posse conspexisset, omniumque Deorũ cultum inter mortales instituisftituiffet, vidiffetque fine Deorum nutu nullum fieri poffe ortum aut interitum. His igitur de caufis quia rerum diuinarum cognitionem ad nos detuliffet Deorum nuntius creditus eft. & rationem ortus & interitus diuinitus fieri docuiffet dicitur cum Plutone & cũ Ioue collocutus fuiffe, earumq; legum arcana hominib. explicaffe, quare animabus mortuorum illum ducem arbitrati funt, cum alias ad inferos, alias in corpora reduceret. ac de Mercurio fatis, nunc de Pane dicamus.

De Pane. Cap. VI.

PAn vero, quem paftorum, venatorumque Deum, & vniuerfæ vitæ rufticanæ præfidem crediderunt antiqui, cuius filius fuerit, non fatis cõftat: quippe cum varius eius ortus à diuerfis fcriptoribus tradatur. fcriptum reliquit Homerus in hymnis Pana fuiffe Mercurij filium, & bicornem, & capripedem in his:

Ἀμφί μοι Ἑρμείαο φίλον γόνον ἔννεπε μοῦσα,
Αἰγοπόδην, δικέρωτα, φιλόκροτον.
Dicite Mercurij mihi prolem, dicite Mufæ,
Capripedem, cantus & amicum, deinde bicornem

Duris autem Samius in eo libro, quem fcripfit de Agathocle, Penelopẽ cum omnibus procis rem habuiffe fcripfit, è quorum congreffu Pana inquit natum fuiffe. Epimenides vero poeta Pana & Arcadem geminos è cõgreffu Iouis & Callifus natos fuiffe fenfit: cum tamen Ariftippus Pana è Ioue & Nympha Oeneide procreatum fuiffe maluerit. Alij Penelopes & Vlyfsis filium putarũt, alij ex Aethere fiue Nereide natũ inquifit. Achæus poeta è Cœlo & Terra: nec defuerunt qui Iouis & Hybreos fiue iniuriæ, vt teftat Ifacius. Pronapis poeta in fuo protocofmo natum fuiffe Pana cum tribus fororibus Partis è Dæmogorgone fcribit. Herodotus in Euterpe Penelopes & Mercurij filium fuiffe fcripfit, vt eft in his: Πανὶ δὲ τῷ ἐκ Πηνελόπης. Ἐκ ταύτης γὰρ καὶ Ἑρμέω λέγεται γενέσθαι ὑπὸ Ἑλλήνων ὁ Πάν. Pani vero Penelopes. Ex hac enim & Mercurio Pan natus effe dicitur à Græcis: Qui Penelopes & Mercurij filium tradiderunt, illi Penelopen in Taygeto monte armenta patris Icarij cuftodientem à Mercurio confpectam & amatam fuiffe inquiunt, qua cum alio modo fe nõ potiri poffe fperaret, in hircum pulcherrimum vertitur, cuius illa capta vel amore vel fallacijs, vt diuerfi fenferunt, cum illo congreffa Pana peperit, capite cornuto, barbaque ac pedibus hircinis, vt ait Homerus in hymnis. Hunc memoriæ prodidit Paufanias in Arcadicis à Nymphis fufceptum & educatum, & à Sinoe nympha præcipuè, quippe cum vel adultus cum illis afsidue verfari fingatur, vt eft in hymno Homeri:

ὅς τ' ἀνὰ πίσῃ
Δενδρήεντ' ἄμυδις φοιτᾷ χοροήθεσι νύμφαις.
Cum placidis Nymphis fyluis verfatur in altis.

Atque in his Platonis carminibus dicuntur Nymphæ fiftulæ Panos delectatæ circa illum tripudiare, Hydriades fcilicet fiue aquaticæ, & Hamadryades:

Σιγάτω λάσιον δρυάδων λέπας, οἵ τ' ἀπὸ πέτρας
κρουνοὶ, καὶ βληχὴ πουλυμιγὴς τοκάδων.
Αὐτὸς ἐπεὶ σύριγγι μελίσδεται εὐκελάδῳ Πάν,
ὑγρὸν ἱεὶς ζευκτῶν χεῖλος ὑπὲρ καλάμων.
αἱ δὲ πέριξ θαλεροῖσι χορὸν ποσὶν ἐστήσαντο
ὑδριάδες νύμφαι, νύμφαι ἁμαδρυάδες.
Conticeant Dryadum colles, fontesque perennes
Ipfaque conticeant pignora parua gregis:
Fiftula dulce canit quia Panos, labra canoris

Humida

Humida vt illius addita sunt calamis.
Hunc circa statuere chorum molli pede Nymphæ
Hydriades, pariter Nymphæ & Hamadryades.

Hunc igitur Nympharũ ducẽ vocarũt antiqui, vt apparet ex his carminib. Anytes:

κρημνοβάταν δίκερων, νυμφᾶν ἡγήτορα Πᾶνα
Ἅζομεθ', ὃς πέτρινον τόνδε κατεῖχε νάον.
Montiuagum colimus cornutum Pana, ducemque
Nympharum: cuius saxea structa domus.

Hunc Deum pingebant & sculpebant facie caprina, hircique cruribus, quamuis illum non esse huiusmodi censerent, vt ait Herod. in Euterpe: γράφουσι δὲ δὴ καὶ γλύφουσιν οἱ ζωγράφοι καὶ οἱ ἀγαλματοποιοὶ τοῦ πανὸς καθάπερ ἕλληνες τ' ἄγαλμα, αἰγοπρόσωπον καὶ τραγοσκελέα, οὔτι τοιοῦτον νομίζοντες εἶναι μιν ἀλλ' ὅμοιον τοῖσι ἄλλοισι θεοῖσι. pingunt vero & sculpunt pictores ac statuarii, sicuti etiam Græci, Panos imaginem: caprina facie ac hirci cruribus: non quia illum huiusmodi esse arbitrentur, sed similem Diis cæteris. Lucianus in dialogo Pan. & Merc. illi etiam hirci caudam super natibus iniunxit præter hirci nasum & barbam. fama est hunc etiam fuisse Deorum nuntium, tanquam patrẽ, & greges pauisse, cum amore Dryopis incaluisset, vt est apud Homerũ in eo hymno:

ὑμνεῦσ' ἑρμείην ἐριούνιον ἔξοχον ἄλλων
ἔννεπον, ὡς ὅ γ' ἅπασι θεοῖς θοὸς ἄγγελός ἐστι.
καὶ ῥ' ὅ γ' ἐς ἀρκαδίην πολυπίδακα μητέρα μήλων
ἐξίκετ', ἔνθα δέ οἱ τέμενος κυλληνίου ἐστίν
ἔνθ' ὅ γε, καὶ θεὸς ὢν ψαφαρότριχα μῆλ' ἐνόμευεν
ἀνδρὶ παρὰ θνητῷ. θάλε γὰρ πόθος ὑγρὸς ἐπελθὼν
νύμφῃ ἐϋπλοκάμῳ δρύοπος φιλότητι μιγῆναι.
Mercurius veluti superorum nuntius ante
Esse ferebatur, sic nuntius iste Deorum est.
Arcadiamque ouium petiit terram iste feracem,
Est sibi sacratum nemus, & Cyllenius hic mons:
Hic Deus existens ouium fit pastor, & idem
Mortali seruit Dryopis calefactus amore.

Hunc altera manu fistulam, altera baculum incuruum gestare solitum dixit Lucianus in Baccho. cui pinus inter arbores fuit consecrata. At Theocritus nõ vnũ, sed plures Panes videtur putasse, cum scribat in Amaryllide

τὺ, τοι γένος ἢ σατυρίσκοις
Ἐγγύθεν, ἢ πάνεσσι κακοκνάμοισιν ἐρίσδεις.
Es simili genere ortus
Vel Satyris, vel crura retortis Panibus ipse.

Existimarunt antiqui Pana montium esse præsidem, omniaque armenta & greges, qui in montibus vagarentur, in huius esse tutela: quippe cum is ab Arcadibus fuisset in Mænalo monte educatus. quod vero montibus præesset, ita testatur Hom. in hymno:

ὃς πάντα λόφον νιφόεντα λέλογχε,
καὶ κορυφὰς ὀρέων, καὶ πετρήεντα κάρηνα.
Ille niuosa iuga est sortitus, summaque montis
Culmina: saxosos colles custodit & idem.

Ea de causa Virgilius in primo Georg. Pana custodem ouium, & pastorum præsidem appellauit in his:

Ipse nemus linquens patrium, saltusque Lycæi
Pan ouium custos, tua si tibi Mænala curæ. & inde

Fortuna-

Fortunatus & ille deos qui nouit agrestes,
Panaque, Syluanumque senem, Nymphasque sorores.

Quem posse gregis vbera implere existimarunt dum fistulam inflaret, vt scripsit Ibycus in his:

ὦ Πὰν φερβομέναις ἱερὰν φάτιν αἶγες ποίμναις,
κυρτὸν ὑπὲρ χρυσέων χεῖλος ἱεὶς δονάκων.
ὄφρ᾽ αἱ μὲν λευκοῖο βεβριθότα δῶρα γάλακτος
οὔθασιν ἐς Κλυμένου πυκνὰ φέρωσι δόμον.
σοὶ δὲ καλῶς βωμοῖσι παρισταμένος πόσις αἰγῶν
φοίνιον ἐκ λασίου στήθεος αἷμ᾽ ἐρύγει.
O Pan pascendis gregibus custodia fida,
Vt labra auratis addita sunt calamis
Fistula dulce sonet niuei quo munere lactis
Ad Clymeni portent vbera plena casas.
Vir tibi caprarum structam mox stabit ad aram,
Villosoque cruor defluet è iugulo.

Fuit etiam venatorum Deus, quem maximè Arcades coluerunt: qui si fauisse putaretur venatoribus, ab illis colebatur à venatione reuersis: at si frustra laborassent, scillas in illum conijciebant, vt testatur in his Theocritus in Thalysia:

κἢν μὲν ταῦτ᾽ ἕρδῃς ὦ Πὰν φίλε μή τι τυ παῖδες
Ἀρκαδικοὶ σκίλλαισιν ὑπὸ πλευράς τε καὶ ὤμους
τανίκα μαστίζοιεν, ὅτε κρέα τυτθὰ παρείη.
Illud si facies, scillarum verbere crebro
Mox latus, vt humeros non percutiere reuersis
Arcadicis, cum parua caro est venantibus illis.

Atque Ouid. in epist. Phedræ vna cum Diana Panes & Satyros venantium ita præsides facit:

Sic tibi secretis agilis Dea saltibus adsit,
Syluaque perdendas præbeat alta feras.
Sic faueant Satyri, montanaque numina Panes,
Et cadat aduersa cuspide fossus aper.

Fabulantur Dionysum Iouis filium natũ ex Arge nympha ex Lycto vrbe Cretæ rapta & in Argillum montem deportata Pana cum Satyris sibi delegisse in militiam, atque cum subiecisset Indiam Pan, & mox Iberiam prius vocatam à flumine, de suo nomine regionem appellauisse Hispaniam. Sed quid venatorum Deum fuisse dicimus? ipsemet Pan fuit venator, vt ait Theocritus in Thyrside:

τὸν Πᾶνα δεδοίκαμες· ἦ γὰρ ἀπ᾽ ἄγρας
τανίκα κεκμακὼς ἀμπαύεται· ἔντι γε πικρός.
nam Pana timemus,
Venatu vt rediit defessus, fit grauis ille.

Memoriæ prodidit Isacius Pana Deum Echo adamasse, quare eũ maritũ Echus appellauit Theætetus in his carminibus:

ὑλοβάτας, φιλόδενδρος, ὀρειαύλου πόσις ἠχοῦς,
πανσκοπός, εὐκεράου, μηλοφύλαξ ἀγέλας.
Montiuagus, custos ouium, cornutus, & Echus
Coniux, cuncta videns, lætus & arboribus.

Quam amicam nominauit Archias in his carminibus:

ἠχὼ πετρήεσσαν ὁρᾷς, φίλε, Πανὸς ἑταίρην
Ἀντίτυπον φθογγὴν ἔμπαλιν ᾀδομένην.
Echo saxosam cernis, quæ Panos amica est.

In-

Ingeminat captos protinus illa sonos.

Ex illa filiam Iryngem suscepisse dicitur, quæ Medeæ dedit medicamina ad capiendum Iasonem. Hic idē amauit postea Syringa Nympham, quę in palustres calamos fuit conuersa, vt ait Oui. in 1. Metam.

Panaque, cum prensam sibi iam Syringa putaret,
Corpore pro Nymphæ calamos tenuisse palustres.

Mox calamis à vento agitatis, sonumq; facientibus syringis fistulam ex iis fecit, vt ait Ouid. Memorant hunc ad montes vocatos Nomios, qui nō procul absunt à Lycosura vrbe, fistulæ modos inuenisse, vbi Molpea fuit vicus, & templum Panos Nomij. Fuit etiam à Luna amatus, cum in niueum arietem pulcherrimum se conuertisset, quod testatur Virg. in 3. Georg.

Munere sic niueo lactis, (si credere dignum est)
Pan Deus Arcadię captam te Luna fefellit.

Fama est hunc cum Cupidine aliquando fuisse colluctatum, & victum, quare sit coactus Syringam nympham amare. Dicunt præterea Cererē iratam Neptuno, de quo, vt quidam voluerunt, equum: vt vero alii Heram peperit ab Arcadibus vocatam, indicatam Ioui à Pane fuisse. Nam cum Ceres ea, quę de raptu Proserpinæ contigerunt, audiuisset, aiunt ipsam Cererem se in specum abdidisse ibi in Arcadia sumptis vestibus lugubribus, ac lucem vitasse: quare accidebat vt omnes terræ fructus interirent, ac pestis homines passim conficeret, cum Dii omnes ad Cererem quærendam missi fuissent. Pana inter venandum ferunt ad Elaium Cererem vidisse ac Ioui indicasse, quam per Parcas Iupiter placauit, vt testatur Paus. in Arcadicis. multæ res gestæ Panos commemorantur; nam & timorem Gallis Grecorum hostibus per noctem immisisse dicitur, cū Græciam Brenno duce inuaserunt, quo illi in fugam sunt versi: & Atheniensibus in bello nauali opem tulit, & Medos profligauit, vt testatur Simonides in his carminibus:

τὸν τραγόπουν ἐμὲ πᾶνα, τὸν ἀρκάδα, τὸν κατὰ μήδων,
τὸν μετ' ἀθηναίων, στήσατο μιλτιάδης.

Arcada, capripedemque in Medos Pana locauit
Me pro Cecropiis gloria Miltiadis.

Hic etiam Typhonē dicitur retibus implicuisse. Coluerūt Pana piscatores etiam cum in locis mari propinquis plerunque versaretur, quem etiam ἁλίπλαγκτον siue per mare vagantem Sophocles in Aiace appellauit. Colebatur in promontoriis pręcipuè, quę mari alluebantur. Offerebatur huic Deo lac & mel in pastorum poculis, quod significauit Theocritus ita in Viatoribus:

στασῶ δ' ὀκτὼ μὲν γαυλὼς τῷ πανὶ γάλακτος,
ὀκτὼ δὲ σκαφίδας μέλιτος πλέα κηρί' ἐχοίσας.

Pani octo statuam spumantis pocula lactis.
Totque scyphos, cum melle fauos, ceramque tenentes.

Quare non rite sacrificabant, qui tauros illi immolabant, aut qui in aureis poculis lac vinum offerebant, cum vasa ex eo metallo superis ac cœlestibus Deis, non autem terrestribus, vel pastorum curam habentibus conuenirent, quod significauit Apollonius Smyrnæus his versibus:

Ἀγροτέρων θεός εἰμι, τί μοι χρυσέοις δέπάεσσι
Σπένδετε, ποῦ δ' ἰταλοῦ χεῖτε μέθυ βρομίου;
Καὶ γυροὺς ταύρων πέτρῃ προσδεῖτε τένοντας;
Φείσασθ'· οὐ τοιούτοις θύμασι τερπόμεθα.
Πὰρ ὁ παρουρείτης, αὐτόξυλος, ἀρνοτόμης
Εἰμὶ, καὶ ἐγχθονίου γλευκοπότης κύλικος

Sum Deus agrestis, cur his sunt aurea sacris

Pocula?

Pocula? quo vinum funditis Italicum?
Ad petram cur stat taurus ceruice ligatus?
Parcite: non hæc est victima grata mihi.
Pan montanus ego sum, ligneus, ipsaque vestis
Pellicea est: mustum e fictilibusque bibo.

¶ Atque de Pane Deo quæ fabulosè dicta sunt ab antiquis, explicauimus: nunc quid Pana esse putauerint, perquiramus. Lucianus in concilio Deorum Bacchum semihominem mitra ornatum ac ebrium semper ferè, effœminatum, mollem, propè infantem, vinum à matutino tempore ad siderum vsque ortum redolentem hunc deformium Deorum agrestium chorum introduxisse scribit: Pana, Silenum, Satyros, qui agrestes fuerunt homines, & caprarum custodes saltationibus dediti, quorum corporum formæ ob deformitatem fuerunt insignes. Dictus fuit Pan, vt alii voluerunt, quia ex omnibus procis natus sit. at Homerus in hymnis quia Deorum omnium mentes delectauerit cum citharam nuper natus scitè pulsaret, vt est in his:

Πᾶνα δέ μιν καλέεσκον, ὅτι φρένα πᾶσιν ἔτερψε.
Panaque dixerunt, quia cunctos iuuerit idem.

At Orpheus Pana vniuersam naturam esse intellexit, quippe cuius elementa & cœlum sint membra, vt patet ex his versibus:

Πᾶνα καλῶ κρατερόν, γε θεόν, κόσμοιο τὸ σύμπαν.
οὐρανὸν, ἠδὲ θάλασσαν, ἠδὲ χθόνα παμβασίλειαν,
καὶ πῦρ ἀθάνατον. τάδε γὰρ μέλη ἐστὶ τὰ Πανός.
Pana voco magnum, qui totum continet orbem,
Qui mare, qui cœlum, qui terras frugiferentes,
Aeternumque ignem: hæc Panos sunt omnia membra.

Pingebatur Pan cornibus ad cœlum vsque protensis, ignea facie, barba promissa, qua pectus tegebatur: altera manu virgam, altera septem calamorum fistulam gestabat. erat indutus pelle variis maculis distincta, cuius membra inferiora erant hispida & horrida atque hirsuta. hinc effectum est vt alij naturam, alii Pana solem esse putarint, tanquam gubernatorem & moderatorem rerum omnium, quem idcirco Pana vocarunt. Pana rursus dixerunt esse Mercurii filium, quia cum Mercurius sit vis diuina ac voluntas, vt diximus, quæ res ad ortũ perducit, at Pan naturalia simplicia corpora, vniuersa illa à diuina voluntatẽ gubernantur: quam eandem vim cum aliquando Iouẽ dicerent, Mercurium Iouis filium finxerunt. Nihil vero est aliud Pan, quam natura ipsa à diuina prouidentiã, menteque proficiscens ac procreata. Plato tamen in Cratylo videtur Pana orationem putasse, quæ à Mercurio, siue ab animi cogitationibus ratiocinationeque proficisceretur: atque cum superior pars esse Panos pulchra, & homini persimilis, inferior deformis, & persimilis brutis: putauit diuinũ ac verum in Diis esse, falsum in multis hominum. Quod vero ex omnium procorum congressu cũ Penelope natus sit, id prorsus abhorret ab ipsa natura, quippe cum vasculum fœminæ, quæ semen genitale excipit, statim claudatur, ita vt neque accipiẽdo neq; emittendo omnino pateat cum ex vno viro acceperit, donec fetum auxerit & absoluerit. Neque potest vllum animal è diuersis maribus procreari. At quoniã Pan vniuersa corpora naturæ continet, vt nomen significat, dicitur ex vniuersis quę existunt esse genitus, siue ex omnibus consistere. Qui Mercurii filium esse tradiderunt, Pana nuper natum in pelle leporis aiunt à Mercurio fuisse inuolutum, & in cęlum portatum, vt testatur Home. in hymnis:

ῥίμφα δ' ἐς ἀθανάτων ἕδρας κίε παῖδα καλύψας
δέρμασιν ἐν πυκινοῖσιν ὀρεσκώοιο λαγωοῖο.

Mon-

Montani leporis vestitum pelle Deorum
Mercurium, superum in sedes pater attulit ipsum.

Illud sanè significat nihil aliud quam rerum naturam statim natam celerrimo motu agitari cæptam. Nam quis nesciat omnia quę sunt velocissimo cœlorum motu circundari? Aiunt præterea hunc à Nymphis educatum fuisse Thaletis Milesii opinionem secuti, quia non solum humor rerum omnium autor, creditus est vt ait poeta, qui Oceanum rerum omnium patrem, matrem Tethym appellauit, sed etiam putatus est omnia conseruare & nutrire: qui idem Pan cũ omnia postea complexus sit, dux & princeps Nympharum dictus fuit. At nunc formam corporis, & cur talem illum finxerint, inquiramus. Pani cornua ad Solis imitationem tradiderunt, cum eundem Solem esse crederent. Alii pardalis pelle, at non leporis indutum fuisse maluerunt, quam formam alii ad stellarum similitudinẽ datam putarunt; alii ad terræ formam, quæ multiplicia animalium & plantarum genera procreat, fluuiorumque & montium varietatem mirificam, mariaque cõplura, cum alibi & sterilis & arida sit, quibus rebus tanquam maculis multiplicibus distinguitur. Neque aliud sanè partes inferiores Panos hirsutę significant, quam syluarum & arborum frequentiam. Caprini pedes repentinos subterraneos motus, vel vt alii maluerunt, terræ stabilitatem, atque mutationes nubium, quę fiunt in aere significant. Quamuis alij solis naturam per Pana significari crediderunt: quippe cum putarent pedes esse caprinos, quia solis virtus in terra habet pedes, siue fundamentum, cum in cœlo sit caput. Hunc generationis & corruptionis autorem ita significare videtur Orpheus in eo carmine, quod scripsit inter cæteras laudes Panos Dei;

Ἀλλάσσεις δὲ φύσεις πάντων ταῖς σαῖσι προνοίαις,
Nam tua naturam rerum prudentia multat.

Facies rubra ætheris naturam, fistula septem calamorum, modo ventorum varietatem, modo harmoniam septem tonorum cœlestium. Huic alii falcem, alii virgam tribuerunt: qui falcem, nihil aliud esse putarunt quam industriam naturæ in amputandis superuacaneis, quod & ad generandum & ad conseruandum singula necessarium est: qui virgam, potestatem naturæ in rebus omnibus indicarunt, cum illi quasi sceptrum tribuerint. alii cornua Pani tanquam soli tribuentes barbam eius promissam solis ipsius lumen esse dixerunt, qui idcirco habebat fistulam, quia per calorem solis omnes ventorum flatus oriuntur. Caprinos idcirco habebat pedes, vt dictum est. quod ea vis, quę in omnia corpora per solē porrigitur, diuinis corporibus adiuuantibus in terræ elementum peruenit, ac desinit. Neque illum alium quam solem putarunt ij, qui montium præsidem Pana, & pastorum & venatorum Deum dixerunt: sol siquidem animalibus omnibus plurimum confert, per quem & pabulorum vbertas fit, & penuria: quare illum in prato amænissimo inter suauissimos flores fistula canentem inducit Homerus in his carminibus:

λιγυρῇσιν ἀγαλλόμενος φρένα μολπαῖς
ἐν μαλακῷ λειμῶνι, τόθι κρόκος ἠδ᾽ ὑάκινθος
εὐώδης θαλέθων καταμίσγεται ἄκριτα ποίῃ.
Cantibus est tota lętatus mente sonoris
In molli prato. crocus illic, atque hyacinthus
Spirat odoratas inter quam plurimus herbas.

Dicunt illum fuisse cum Cupidine colluctatum, & ab eo victum, quia, vt diximus, amor & litigium principium fuisse rerum naturalium putata sunt. Amor enim procreandi materiam excitat, & in omnes formas ad generationem effingit, quæ ita dicitur ab opifice superata dum cum illo colluctatur. Fama est prætetea terea Echo fuisse à Pane amatam, quippe cum cœlorum harmoniam Echo esse putarent, quæ redundaret è ratione motuum. Atque ad septem planetarum imitationem septem chordarum instrumenta musica prius fuerunt inuenta, quamuis Seuerinus Boethus in libro de Musica refellere conatur Pythagoricorũ opinionem, qui cęlos harmoniam efficere censuerunt, cum nulla fiat sine aere. Pan igitur omnium mortalium primus, vel Deorum potius, creditur è septem calamorum cõcinne inter se cõnexorũ fistulã excogitasse, quare ita ait Virg. Aeglo. 2.

> Pan primus calamos cera coniungere plures
> Instituit.

Hæc eadem causa fuit cur Syringa Nympham à Pane amatam fuisse finxerint antiqui, quæ cum vim effugere non posset, in calamum fuit conuersa. Nam cum ad ripas Ladonis fluminis Pan aliquantulum constitisset, ventusque calamos leuiter agitasset, quidam perforati harmoniam emittere, ac suauem sonum deprehensi sunt. hos carpens Pan fistulam, cum illos inflasset, paulatim inuenit: qui calami cum nati essent in Ladone flumine, & syrinx siue fistula, quæ sonum emittebat vocata fuit Ladonis filia scilicet, quæ nihil aliud erat, quam calamus. Nã syrinx vel fistula vel cantum fistulę apud Græcos significat. Testatur Lucretius lib. 5. calamos à vento agitatos sibilum prius emisisse, ac postea in locis paludosis id à pastoribus obseruatum dedisse facultatem inuentioni, vt patet ex his:

> Et Zephyri caua per calamorum sibila primum
> Agrestes docuere cauas inflare cicutas.
> Inde minutatim dulces didicisse querelas,
> Tibia quas fundit digitis pulsata canentum,
> Auia per nemora, ac syluas, saltuque reperta
> Per loca pastorum deserta, atque otia dia.

Illud cũ Pan pastor primus reperisset, creditus est deus vt reliqui rerũ multarũ inuẽtores. Amauit etiã Lunam, quia materia rerum oĩum naturalium astrorũ beneficio & lunæ præcipuè informatur, & ad procreationem properat. Ea materia cum Pan vocetur, mareque ipsum etiam intra se contineat, iure Pan piscatorũ etiam fuit Deus, quæ omnia breuiter complexus est Orph. in hymnis hoc pacto:

> ἁρμονίαν κόσμοιο κρέκων φιλοπαίγμονι μολπῇ.
> φαντασιῶν ἐπαρωγὲ φόβων ἔκπαγλε βροτείων.
> αἰγονόμοις χαίρων ἀνὰ πίδακας, ἠδέτε βούταις.
> εὔσκοπε, θηρητὴρ ἠχοῦς φίλε σύγχορε νυμφῶν.
> παντοφυὴς, γενέτωρ πάντων, πολυώνυμε δαῖμον.
> Harmoniam mundi faciens dulcedine cantus.
> Terrorumque autor mortalibus, & moderator.
> Caprarum gaudens pastoribus atque bubulcis.
> Musarum dux, & venator, amator & Echus.
> Cunctorumque parens idem celeberrime dæmon.

Atque totus ferè hymnus consumitur in commemorandis iis potestatibus & viribus, quę tribuuntur elementis: quippe cum illud fuerit antiquorum institutum vt sub fabularum figmentis vniuersa naturæ consilia & seriem occultarent, vna cum vitæ rectè instituendæ præceptis: cum tamen Deorum fabulæ magis ad res naturæ: hominum, ad mores magis pertinerent. ac de Pane satis, nunc dicatur de Satyris.

De Satyris. Cap. VII.

Satyrorum origo quæ fuerit, aut è quibus parentibus sint geniti, vel vbi, vel quando esse cæperint, vel qua de causa fuerint Dii habiti ab antiquis, nequis

in

in quemquam antiquorum scriptorum fide dignum incidi, qui explicauerit, neque ipse excogitare potui. At quæ de his mihi cognita sunt putaui esse breuiter explicanda. Horum sententiam prætermittendam duxi, qui Fauni vel Saturni filios fuisse Satyros crediderunt, cũ nullis certis rationibus nitantur. Plinius lib. 7. nat. hist. animalia Satyros esse scribit velocissima, quæ quatuor pedes haberent, in subsolanis Indorum montibus, humana effigie, ac rectè currentia. Hi manibus esse dicebant aduncis, cornua habere in fronte, cũ pars extrema similis esset caprarum. Scriptum reliquit Paus. in Atticis Euphemũ ex Caria in extremas Oceani partes delatum multas desertas insulas inuenisse, in vnam quarum Satyridã vocatam cum tempestate coactus egressus esset, incolas rufos, & caudas habere iuxta clunes haud multo minores equinis, reperit. Illi vbi primum adesse hospites senserunt, cucurrerunt ad naues, nullaq; emissa voce in mulieres, quæ erant in nauibus impetu facto manus iniecerunt. At nautæ trepidi barbaram mulierem, quam secum vehebant, exposuerunt, in quam illi petulantissimè irruentes vndique appetiuerunt. Dicebantur esse Satyri Bacchi socii, vt Sileni, sicuti testatur Plato in illo Epigram. in Satyrum:

Εἰμὶ μὲν εὐκεράοιο φίλος θεράπων Διονύσου,
Λεῖβω δ' ἀργύρεον ὕδατα Ναϊάδων.
Nam sum ego cornuti gratus seruus Dionysi.
Libo pulchratum flumina Naiadum.

Hos etiam conuitiorum amicos appellauit Nilus in eo carmine:

Πάντες μὲν σάτυροι φιλοκέρτομοι.
Omnis amat Satyrus conuitia.

Dicti sunt autem Satyri à salacitate, vt ait Theoc. enarrator: cum σάθη tentigo sit & titillatio ad Venerem. Hi cum essent seniores, dicebãtur Sileni, vt ait Paus. in Att. At Nicandri enarrator non antiquiores fuisse Satyros vocatos scribit, sed ab antiquis Silenos dictos fuisse Satyros hoc pacto: οὕτοι δὲ οὓς ἡμεῖς σατύρους λέγομεν, οἱ ἀρχαῖοι σιλληνοὺς ἐκάλουν, ἀπὸ τοῦ σιλλαίνειν ὅ ἐστι λοιδορεῖν. at vero quos Satyros nos appellamus, antiqui nominarunt Silenos ab eo quod est Sillænin, quod conuitiari significat. Hos tamen nonnulli arbitrabantur esse dæmonas, ac pro Diis coluerunt. Fuit autem consuetudo, vt illis primitias pomorum & vuarum offerrent, vt testatur Leonidas:

Γλευκοπόταις σατύροισι, καὶ ἀμπελοφύτορι Βάκχῳ
Ἡρῶναξ, πρώτης δράγματα φυταλιῆς.
Τρισσῶν οἰνοπέδων τρισσοὺς ἱερώσατο τούσδε
Ἐμπλήσας οἴνου πρωτοχύτοιο κάδους.
Heronax Satyris, vites Bacchoque tuenti
Arboribus prima hæc munera rapta dedit.
Vinea cum triplex produxerit, ecce sacrauit
De primo musto tres simul ille cados.

Scripsit Pomponius Mela insulas quasdam vltra Atlantem Mauritaniæ montem fuisse, in quibus per noctem lumina viderentur, cymbalorumque ac tympanorum, & fistularum & tibiarum strepitus audiretur, cũ tamen nemo per diem cerneretur: quas insulas Satyri habitare crediti sunt. Sic scriptum fuisse inuenimus in ea nauigatione Annonis ducis Carthaginensium, quam fecit vltra columnas Herculis in Libyæ partibus, quam reuersus Carthaginem in templo Saturni deposuit, vt scripsit Arrhiannus: nam præter cætera auditu admirabilia hæc etiam in illa scribebantur: Ἀφικόμεθα εἰς μέγαν κόλπον, ὃν ἔφασαν οἱ ἑρμηνέες καλεῖσθαι ἑσπέρου κέρας. ἐν δὲ τούτῳ νῆσος ἦν ἑτέρα, εἰς ἣν ἀποβάντες ἡμέρας μὲν οὐδὲν ἀφεωρῶμεν, ὅτι μὴ ὕλην. νυκτὸς δὲ πυρά τε πολλὰ καιόμενα, καὶ φωνὴν αὐλῶν

λῶν ἠκούομεν, κυμβάλων τε καὶ τυμπάνων πάταγον καὶ κραυγὴν μυρίαν. φόβος οὖν ἔλαβεν ἡμᾶς. Donec ad magnum quendam sinum peruenimus, quem interpretes Vesperi cornu vocari dixerunt: in quo alia erat insula, in quam egressi, nihil per diem, nisi syluam videbamus. at per noctem ignes permultos accensos, & vocem fistularum audiebamus, cymbalorumq; ac tympanorum incredibilem strepitum, quare nos timor inuasit. in his enim locis magna Satyrorum multitudo habitare credebatur. Huiusmodi monstra cum aliquando mortalibus apparuissent, homines rudes & ad timorem propensi, minime considerantes naturam eandem malignam & diuinam esse non posse, quicquid formidabile vel admirabile apparuisset pro Deo habuerunt. atque cum Satyri per syluas crederentur vagari, quibus armenta vel greges fierent obuij, ne his nocerent, inter Deos pastorum illos retulerunt, at nunc de Silenis dicamus.

De Silenis. *Cap.* VIII.

AT qui multi fuerunt etiam Sileni, quãdo Pausanias in rebus Atticis natu maximos Satyrorum silenos nuncupatos fuisse memorat. sed vnus præcipue inter illos cæteris antiquior memoratur. qui cuius filius fuerit, non constat: nisi quod in ciuitate Malea Laconum natus est vt ait Paus. & Pindarus. at Catullus in Nysa Indiæ ciuitate natum esse Silenum memorat ita in Argonauticis:

At parte ex alia florens volitabat Iacchus
Cum thyrso Satyrorum, & Nysigenis Silenis.

Ferunt præterea Silenum Bacchum educasse, vt testatur Orpheus in hymno in Silenum hoc pacto:

Κλῦθί μου ὦ πολύσεμνε τροφεῦ βάκχοιο τιθηνέ,
Σιληνῶν ὄχ' ἄριστε, τετιμένε πᾶσι θεοῖσι,
καὶ θνητοῖσι βροτοῖς, ἐν τριετηρίσιν ὥραις.
Hæc audi Silene pater, Dionysi & alumne,
Optime Silene, & cunctis gratissime diuis:
Grate viris pariter cunctis, prædulcis & Horis.

Hunc scribit Lucianus in concilio Deorum senem fuisse, & caluum, & simum, & asino plerunque vtentem, breuis staturæ, corpore obeso ac ventricoso, auribus magnis & arrectis, tremulum, baculo innitentem. at plures fuisse Silenos, & Dionysum ab ijs educatum, scripsit Nicander in Alexipharmacis:

ἠδ' ὁπότ' ἀγριόεσσαν ὑποθλίψαντες ὀπώρην
Σιληνοὶ κεραοῖο Διωνύσοιο τιθηνοὶ
Sic vbi syluestres vuas pressere, Lyxi
Sileni comites cornuti, & patris alumni.

Hunc semper fere ebrium fuisse inquit Virg. ita Eglog. sexta:

Chromis & Mnasylus in antro
Silenum pueri somno videre iacentem,
Inflatum hesterno venas vt semper Iaccho.

Hunc Satyri semper comitabantur, vt innuit in his Ouid. in 2. de arte aman.

Ebrius ecce senex pando delapsus asello,
Clamarunt Satyri surge age, surge pater.

Hic vnà cum ipsis Satyris semper ferè Bacchum sequebatur, vt est in libro quarto Metamorph.

Bacchæ, Satyrique sequuntur,
Quique senex ferula titubantes ebrius artus
Sustinet, & pando non fortiter hæret asello.

Fama est hunc Silenum à Mida vino in fontem quendam infuso captum fuisse, quod vino maxime delectaretur, vt ait Pausanias in Atticis, atque id ita scripsit Ouidius libro vndecimo Metamorph.

Hunc assueta cohors Satyri, Bacchæque frequentant:
At Silenus abest titubantem annisque meroque
Ruricolæ cepere Phryges: vinctumque coronis
Ad Regem duxere Midam.

Crediti sunt fuisse mortales Sileni, quippe quorum sepulchra apud Hebræos & Pergamenos ostenderentur, vt ait in posterioribus Eliacis Pausanias. at Strabo libro 10. Satyros, Silenos, Bacchos, Tityros, dæmonas fuisse scribit: qui, vt crediderunt antiqui, cæterorum Deorum essent ministri. alij memoriæ prodiderũt, quod Bacchus ætate confectos Silenos in Italia reliquit, cum ad bellum aduersus Tarsenses exiturus esset; quibus mandauit vt vites curarent, quo vini ferax efficeretur Italia, quare posteri statuas deinde Silenorum vinum in vtribus ferentes, ad perpetuam Silenorum memoriam erexerunt, vt testatus est Androtion in libro de Sacrificijs secundo, & Dionysiocles. cum Ioui aduersus gigantes pugnanti opẽ tulisset Silenus, dicitur eius asinus, quo in eo bello vsus fuerat, inter sydera Iouis beneficio locatus, & ex altera parte præsepis consistere, cuius mentionem fecit Aratus in his in libro de signis aquarum & ventorum:

Σκέπτεο καὶ φάτνην· ἡ μέν τ' ὀλίγῃ ἐοικυῖα
Ἀχλύϊ βορραίη ὑπὸ καρκίνῳ ἡγηλάζει.
Ἀμφὶ δέ μιν δύο λεπτὰ φαεινόμενοι φορέονται
Ἀστέρες, οὔτε τι πολλὸν ἀπήοροι, οὔτε μάλ' ἐγγύς.
Ἀλλ' ὅσσον τε μάλιστα πυγούσιον οἰήσασθαι.
Εἷς μὲν βορραῖος, νότιος δ' ἐπιέρχεται ἄλλος
Καὶ τοὶ μὲν καλέονται ὄνοι, μέσση δέ τε φάτνη,
Ἥτε καὶ ἐξαπίνης πάντη Διὸς εὐδιάοντος
Γίνετ' ἄφαντος ὅλη· τοὶ δ' ἀμφοτέρωθεν ἰόντες
Ἀστέρες ἀλλήλων αὐτοσχεδὸν ἰνδάλλονται
Οὐκ ὀλίγῳ χειμῶνι τότε κλύζονται ἄρουραι.

Quæ carmina ita sunt à Rufo Auieno latine versa:

Conuenit hic etiam paruum Præsepe notare,
Id nubi nomen, quæ Cancro obuoluitur alto
Græcia docta dedit, quapropter denique Asellos
Suspice, quorum vnus septem vicina Trioni
Astra adolet: tepidum procul alter spectat in Austrum,
In medio quod nube quasi concrescit adacta,
Id Præsepe vocant. porro hoc præsepe repente
Si sese ex oculis procul auferat, ardeat autem
Congruis aerijs late rubor ignis Asellis:
Nequidquam tenues agitabunt stagna procellæ.

Alter enim eorum Asellorum est asinus Sileni. at quoniam Auieni carmina parum Arati sententiam, vel certè summa cum difficultate, explicare mihi videntur, parumque cum Græca elegantia conuenire, ego an illa latina facere & clarius exprimere possem experiar. Est autem Arati sententia, quod nubecula quædam in Cancri ostraco inter scapulas existens, habet vtrinque stellas, quæ Aselli vocantur, quare illa iure dicitur Præsepe. Vbi igitur illa nubes pura & aperta videtur, futurum cœlum serenum significat, quod etiam inquit ita Theophrastus in lib. de Signis futuræ serenitatis: καὶ ἡ τοῦ ὄνου φάτνη, ὅτε αἱ καθαρὰ καὶ λαμπρὰ φαίνεται, εὐδιεινόν. & Asini Præsepe cum purum splẽdidumq; appa

ruerit

ruerit, signū est futuræ serenitatis. at versus Arati, quos latinos facio, ita se hbent:

Hinc Præsepe nota: nubes id parua videtur
In Boream surgens, vbi fulgent sydera Cancri:
Hoc propter geminæ voluuntur lumine stellæ
Pertenui, nec longinquæ nimis: haud tamen illæ
Coniunctæ, spatioque vlnæ distare videntur.
Altera fit Boreæ propior, deuergit in Austrum
Altera: & hæ dicuntur Aselli, separat illas
In medio Præsepe. polo idque repente sereno
Ex oculis hominum vanescit. at hæ coeuntes
Fiunt vicinæ stellæ, & simul esse videntur,
Imbribus immodicis vt Iupiter arua rigabit.

Vbi igitur illa nubecula euanuerit, quam asini Præsepe vocauit Theophrastus, quod quidem accidit ob condensatum humorem, cum illa sit tenuis, ac debilis, illæ duæ stellæ videntur fieri propinquæ, atq; id futuram tempestatem significat. Illud autem fit, vt videantur cōgredi, quia corpus diaphanes vaporum in aquam prope versorum radios oculorum infringit, neque patitur frequentes ad rem conspectam peruenire, quare non potest deprehendi vera distantia, atque hæc fabulose de Sileno, deque eius asino dicta sint. ¶ Hunc Bacchi comitem, senem, ventricosum, titubantemque dixerunt, quia vinum & ebrietas cum obesos faciat & ventricosos, tum caput plerunque grauat, & titubantes facit, & ad senectutem citius perducit: hæc enim omnia incommoda, & corporis turpitudines idcirco Bacchi comites finxerunt. quidam putarunt Silenum senem fuisse Bacchi alumnum, quia vinorum vetustas, omnes etiam prædictas turpitudines augeat. Idcirco dicebatur ab asino vehi solitus, quia tardi sunt plerunque & inutiles negotijs, qui plus potare solent, quàm conueniat: nam voluptates omnes parum conferunt humanæ vitæ: quippe cum non animum solum, sed corpus etiam rebus omnibus inutile reddant, si plus operę illis detur, quàm natura ipsa postulauerit. ad huius rei sempiternam memoriam & cohortationem antiqui eius asinum inter sydera collocatum fuisse tradiderunt. ac de Silenis satis, nunc de Faunis dicamus.

De Faunis. *Cap.* IX.

FAuni etiam agricolarum Dei ab antiquis crediti fuerunt, qui, vel qui essent, vel quam haberēt formam, nihil est omnino quod ex antiquis scriptoribus percipere possimus: nisi quod Faunus quidem fuit Pici Latinorum Regis filius, qui regnauit in Italia, quo tempore Orpheus liberi patris illa sacrificia instituit. in quibus postea fuit dilaniatus. Faunum fuisse Pici filium in testatur Virgilius libro septimo:

Fauno Picus pater, isque parentem
Te Saturne refert: tu sanguinis vltimus autor.

Floruit autem Faunus Latinorum Rex, quo tempore Pandion regnauit Athenis. Hic religionem, & Deorum immortalium metum Italis gentibus introduxit, vt ait Lactantius in libro de falsa religione, cum ante illum parua omnino, aut nulla esset religionis in Italia cognitio. fama est hūc Faunum Satyrorum ac Faunorum patrem, sororem habuisse Faunam, vel vt alij maluerunt, Fatuam. Habuit filium Sterculium: qui primus agrorum stercorationem inuenit, & idcirco inter Deos fuit relatus. videntur mihi poetæ, quamuis nihil certum affirmare possum, Faunos animalia putasse, cum tanquam equos cornipedes illos Ouidius appellauerit, ita in secundo Fastorum:

Cornipedi Fauno cæsa de more capella,
Venit ad exiguas turba vocata dapes.

Tribuerunt illis cornua præterea, vt testatur idem in eodem libro:

Tertia post Idus nudos aurora Lupercos
Aspicit: & Fauni sacra bicornis erunt.

Coronabantur pineis ramis, quod illa arbor grata sibi esse putaretur, vt testatur Ouidius in Oenone:

Cornigerumque caput pinu præcinctus acuta
Faunus in immensis, qua tumet Ida, iugis.

Existimabantur à nonnullis esse dæmones, qui attonitos redderent omnes obuios, vt est apud eundem in Phædra:

Nunc furor, vt Bacchi furijs Eleeides actæ,
Quæque sub Idæo tympana colle mouent.
Aut quas semideæ Dryades, Faunique bicornes
Numine contactas attonuere suo.

Hi igitur Fauni siue fuerunt animalia, siue dæmones crediti, omnino pro Dijs ab agrestibus hominibus colebantur, sicuti testatur Virg. in primo Georg. hoc pacto;

Et vos agrestum præsentia numina Fauni.

His capra mactabatur, vt patuit è superioribus carminibus Ouidij, neque ab antiquis scriptoribus Græcis Fauni celebrati sunt, quia Faunus, vt diximus, in Italia regnauit, & solis prope Italis fuit cognitus. Hic quoniam multa ad Deorum religionem instituit, multaque ad agriculturam excogitauit. inter Deos relatus fuit agrestium. At quoniam non nisi per nouas & admirabiles, aut etiam formidandas figuras Deorum metu multitudo imperitorum teneri poterat, idcirco & cornua, & cornei pedes, & terror ille Panos non dissimilis, Faunis additus est: quippe cum multa fuerint ad terrorem excogitata ab antiquis, vt qui ad cultum Deorum rationibus adduci non possent, rerum terribilium mirabilitate demum ad metum cultumque eorum impellerentur. At cum non plura his de Faunis habeamus. nunc de Syluano est dicendum.

De Syluano. Cap. X.

OBscurum sanè & ipsius Syluani genus, vtpote agrestis Dei, existit: quippe cum neque qui fuerunt eius parentes, neque è quibus, aut quo in loco natus sit, constet. Fuerunt tamen qui Fauni filium putarint, cum alij Saturni maluerint, quo tempore in Italia latuit. vnum satis constat Syluanum fuisse syluarum Deum, pastorumque, & finium agrorum, vt ait Horatius in libro Epodon in his:

Qua muneretur te Priape, & te pater
Syluane tutor finium.

Huic Deo sacra fiebant antiquitus apud Latinos, vt pastorum præsidi, cuius nulla est mentio apud Græcos, nisi apud Pelasgos, qui in Italiam antiquitus migrarunt, vt testatur Virgilius libro octauo:

Syluano fama est veteres sacrasse Pelasgos
Aruorum, pecorique Deo, lucumque diemque:
Qui primi fines aliquando habuere Latinos.

Offerebatur illi etiam lac, vt testatur Hora. in lib. 2. Epistolarum, in hoc versu:

Tellurem proco, Syluanum lacte piabunt.

Fama est Cyparissum puerum fuisse à Syluano amatum, quare vbi in arborem sui nominis mutatus fuisset, cupressum manibus semper gestasse Syluanus dictus fuit, vt testatur Virgilius libro primo Georg.

Et teneram ab radice ferens Syluane cupressum.

Neque plura his in mentem veniunt, quæ de Syluano fuerint ab antiquis tradita: Hic quidem Deus, vt superiores, excogitatus fuit, vt existimarent homines nullum locum esse, qui carere Deo posset, nihilque agi aut in agris, aut in syluis posse, quod à Deo aliquo non videretur: ac neque armenta, neque arbores, neq; agrorum fetus sine diuina bonitate posse augeri aut seruari. Quamuis non defuerunt, qui Syluanum crassiorem materiam elementorum concretorum putauerint, eumque & agrorum, & syluarum, & pastorum Deum crediderint: quippe cum inde vniuersa animalium plantarumque salus pendeat. Neque nomē ipsum ab hac interpretatione valde dissentit. Alij crediderunt Syluanum fuisse vitam mortalium, quæ multis calamitatibus & erroribus materiam præberet, quamobrem sapienter ad hoc alludens Palladas crapulę & desidiæ deditos Syluani filiabus scilicet, nihil boni in vita curare, inquit in his:

Συλβανὸς, δύο παῖδας ἔχων οἶνόν τε καὶ ὕπνον
οὐκέτι τὰς μούσας, οὐδὲ φίλους φιλέει.
Vt vinum ac Somnum Syluanus pignora cepit.
Iam parui Musas, parui hominesque facit.

At nunc de Oreadibus dicatur.

De Oreadibus. Cap. XI.

Oreades Nymphæ, quæ ita vocabantur, quia natæ essent in montibus, vel quia in montibus assidue versarentur, natas fuisse è filia Phoronei & Hecatæo testatur Strabo lib. 10. Homerus vero in lib. ζ. Iliad. illas non Hecatæi, sed Iouis filias, & Orestiades easdem appellauit, vt patet ex his:

εἰ δ' ἐπὶ σῆμ' ἔχεεν, περὶ δὲ πτελέας ἐφύτευσαν
Νύμφαι ὀρεστιάδες κοῦραι Διὸς αἰγιόχοιο.
Plantarunt vlmos, vbi fusa est terra sepulchro
Circa id, Orestiades Nymphæ Iouis inclyta proles.

Has quinque fuisse inquit Strabo lib. 10. quas tamen fuisse multas, & Dianæ venatricis comites ait Virg. in 1. Aeneid.

Qualis in Eurotæ ripis, aut per iuga Cynthi
Exercet Diana choros: quam mille secutæ
Hinc atque hinc glomerantur Oreades.

Memorię proditum fuit à Mnasea Patarensi quod hæ primæ mortales à mutuo carnium esu diuerterunt. cum in montibus versantes castaneis & glandibus vescerentur. reuocauit in primis vna earum] Melissa nomine, quæ fauos melle plenos reperiens in Peloponneso cęteras nymphas ad degustandum adhortata est. is cibus cum suauissimus fuisset visus, tanto gaudio perfusæ sunt omnes, vt apes ipsas de nymphæ nomine melissas Græci appellauerint. inde effectum est vt & sacris Cereris, & nuptijs interessent antiquitus sacerdotes nympharum nomine, quod illę ad humaniorem victum ab humanis carnibus edēdis auertissent. Hæ Nymphæ putabantur esse Deæ montium præsides, & arborum curam habere, & aliquando ferarum, quas cum Diana insectabantur: nullaque illis domesticorum animalium vel pastorum cura fuit. Ita vero antiqui religione tenebantur, vt nullum neque publicum, neque priuatum locum aliquo numine carere arbitrarētur: quippe cū elemēta singula, & herbę, & radices & arbores, & arborū, aut terræ fructus suos Deos habere crediderint. Hinc Deas quę mōtib. vniuersis prę essent, Oreades siue Orestiades nominarūt: quæ nemorib. & syluis, Dryadas: quę singulis arborib. Hamadryadas. Creditæ vero sunt Dryades fuisse

Nymphæ, quæ cum arboribus & nascerentur & interirent, vt testatur Callimachus in hymno in Delum:

> ἐμαὶ θεαὶ εἴπατε μοῦσαι
> Εἰρ' ἐτεὸν ἐγένοντο τότε δρύες ἡνίκα νύμφαι
> Νύμφαι μὲν χαίρουσιν, ὅτε δρύας ὄμβρος ἀέξει.
> Νύμφαι δ' αὖ κλαίουσιν, ὅτε δρυσὶν οὐκ ἔτι φύλλα.
> meæ mihi dicite musæ,
> Num verè genitæ Nymphæ cum sunt, vbi quercus?
> Lætantur Nymphæ cum quercus irrigat imber.
> Tristantur Nymphæ Ilicibus cecidere vbi frondes.

Quæ fuerint harum nomina, non constat: nisi quod vnam Tithoream nominauit Pausanias in Phocicis: qui etiam in Arcadicis aliam vocauit Erato, & aliā Phigaliam. Has tamen fuisse septem, quas etiam nominauit, tradidit Claudianus in laudibus Stilliconis. Scriptum reliquit Charon Lampsacenus Rhœcum quēdam genere Gnidium in Nino regione Assyriorum pulchram quādam quercum iam prope lapsuram aliquando vidisse, quam cum aggeribus firmasset, fecit vt diutius posset viuere. Huic Nympha, quæ cum planta erat peritura, cum gratias egisset, ac referre vellet, dixit, vt quidquid vellet à se peteret, quoniam fuerat candē ętatem cum illa planta victura: hic illi respondit se eius congressum petere, quod illa annuit, atque se apem temporis nuntiam missuram inquit. Scriptum reliquit etiam Apollonius libro secundo Argonaut. Paræbij patrem, cum insignem quercum esset excisurus, Nympham vidisse, quæ ipsum supplex rogaret, vt sibi parceret: cum vitæ suæ tempus in arboris ætate contineretur: cui cum ille non paruisset, dicitur iratum numen in illum, & in eius filios sæuijsse, vt patet in his:

> ἀλλ' ὅγε πατρὸς ἑοῖο κακὴν τίσεσκεν ἀμοιβὴν,
> ἀμπλακίης. ὁ γὰρ οἶος ἐν οὔρεσι δένδρεα τάμνων
> Δή ποτ' ἁμαδρυάδος νύμφης ἀθέριξε λιτάων,
> ἥ μιν ὀδυρομένη ἀδινῷ μειλίσσετο μύθῳ,
> μὴ ταμέειν πρέμνον δρυὸς ἥλικος, ᾗ ἔπι πουλὺν
> αἰῶνα τρίβεσκε διηνεκὲς· αὐτὰρ ὁ τήνγε
> ἀφραδέως ἔτμηξεν ἀγηνορίῃ νεότητος.
> τῷ δ' ἄρα νηκερδῆ νύμφη πόρεν οἶτον ὀπίσσω
> αὐτῷ καὶ τεκέεσσιν.
> Stultitiæque sui pœnas dedit ille parentis,
> Cæderet vt solus quercus in montibus olim
> Fertur Hamadryadis Nymphas spreuisse querelas.
> Sæpius illa quidem supplex hunc voce rogauit,
> Ne truncum quercus concideret, ipsa coæua
> Quod foret, amborumque vireret in arbore vita.
> Viribus hic fretus, fretus iuuenilibus annis
> Posternit quercum: connessam quam sibi Nympha,
> Pignoribusque suis fecit.

Dictæ sunt autem Dryades, quod in quercubus illarum sit vita, vt sensit Mnesimachus: at Hamadryades quod vna cum illis sint genitæ: vel vt voluit Apollonius enarrator & Isacius, quia cum ipsis quercubus perirent. Memoriæ prodidit Charon Lampsacenus Arcadem Iouis filium & Callistus, vel, vt alijs magis placuit, Apollinis, obuiam habuisse in syluis, cum venaretur vnam ex Hamadryadibus Nymphis, quæ cum propius esset periculo ne quercus à flumine conuelleretur, cum qua nata fuerat, ac periret, rogauit ipsum Arcadem vt quercum seruaret, quare ille fluuium aliò diuertit, & quercum terra cōmuniuit. At Nympha,

pha, cui nomen erat Prospeleæ, cum illo congressa ob acceptum beneficium, dicitur Elatum & Aphidantem peperisse. Hæc vera ne an falsa fuerint, quis pro certo affirmare posit? nam si vana & mendacia exciterunt, vt ego fuisse arbitror, nulla alia de caussa ficta sunt, nisi propter antiquorum superstitionem, qui nihil ad homines excitandos ad metum Deorum non excogitarunt, cum singulis rebus Deos adesse demonstrarent. Sin credita fuerunt vt vera ab ijs, qui illa in medium attulerunt, esset sanè pluribus verbis de illorum sententia disputandum, an quisquis essent dæmones, vel potius plantarum illarum Genij, qui mortalibus apparuerint. Verum hæc in præsenti prætermittamus, vt altioris vestigationis indigentia. Nunc dicamus de Nymphis.

De Nymphis. Cap. XII.

NYmphas Oceani filias & Tethyos esse dixerūt antiqui: vti testatur Orpheus in hymno in Nymphas:

> Νύμφαι θυγατέρες μεγαλήτορος Ὠκεανοῖο,
> ὑγροπόροις γαίης ὑπὸ κεύθεσιν οἰκί' ἔχουσαι.
> Nymphæ magnanimi Oceani certissima proles,
> Sub tellure domos colitis quæ humentibus antris.

Virgilius Nymphas fluuiorum matres putauit, cum ita scribat in libro octauo:

> Nymphæ laurentes, Nymphæ genus amnibus vnde est.

Has non solum communi nomine appellauit Nymphas Orpheus in illo hymno, sed etiam Hamadryadas, cum inquit:

> κοῦραι ἁμαδρυάδες, φιλοπαίγμονες.
> Nymphæ & Hamadryades festiuæ.

Id sane idcirco effectum est, quia Nympharum aliæ sunt creditæ cœlestes, aliæ terrestres, aliæ fluuiales, aliæ marinæ, aliæ stagnorum præsides, quam diuisionem fecit Mnesimachus Phaselites. & Homerus de quadam varietate harum ita meminit in hymno in Venerem:

> ἤ τις νυμφάων, αἵτ' ἄλσεα καλὰ νέμονται,
> ἢ νυμφῶν, αἳ καλὸν ὄρος τόδε ναιετάουσι,
> καὶ πηγὰς ποταμῶν, καὶ πίσεα ποιήεντα.
> Si qua es Nympharum syluarum tecta colentum,
> Si qua es Nympharum quæ montes hunc nomine seruant,
> Aut fontes, molles aut indutas gramine valles.

Terrestres Nymphæ putatæ sunt à nonnullis Cererem & Bacchum educasse. Illæ Nymphæ, quæ cœlestes putabantur, esse debebantur esse animæ sphærarum, quas etiam Musas vocarunt, ac vites quæ inde ad nos manerent. Terrestrium aliæ syluis præerant, vt Dryades, aliæ montibus, vt Oreades aut Orestiades, aliæ singulis arboribus, vt Hamadryades: aliæ pascuis & floribus, vt Napeæ, nam νάπος saltus ac pascua significat. Fluuiorum præsides Naiades dicebantur, quia fluuij perpetuo fluerent, νάειν enim fluere significat. Stagnorum rursus Deas Limniades nominarunt, cum λίμνη sit stagnum. Quas vero fontibus præesse putarunt, in aquis latere crediderant, vocarunt Ephydriades, de quibus ita scripsit Hermocreon:

> Νύμφαι ἐφυδριάδες ταῖς Ἑρμοκρέων τάδε δῶρα
> εἵσατο, καὶ πιτύων ἠλ' ἀνὰ ἀντιάσας,
> χαίρετε, καὶ σείβοιτ' ἐρατοῖς ποσὶν ὕδατ' ἐντὸς
> τοῦδε δόμου, καθαροῦ πιμπλάμεναι πόματος.
> Munera Ephydriades vobis tulit Hermocreon, quod

Est fontem nactus forte perennis aquæ,
Saluete: atq; domum placidæ hanc accedite aquosam:
Hic puros latices inuenietis enim.

Nam profecto crediderunt antiqui si quem fontem, vel vtilem aquam excauantes reperissent, illud esse nympharum munus, pro qua aqua sacrificia offerre consueuerunt. Aliæ marinæ putabantur, vocabanturque Nereides. Quod vero loca nonnulla forent Dijs varijs consecrata, & qua de causa id fieret, testatus est Dion. Halicarn. libro primo, hoc pacto: ὄρη μὲν καὶ νάπας πανὶ, λειμῶνας δὲ καὶ τεθηλότα χωρία νύμφαις, ἀκτὰς δὲ καὶ νήσους πελαγίοις δαίμοσι. τῶν δ᾽ ἄλλων ὡς ἑκάστῳ τι θεῷ καὶ δαίμονι οἰκεῖον. Montes quidem & saltus Pani, prata & loca virentia Nymphis, & insulas marinis numinibus, ex ceteris locis vnicuique Deo, sicut illius naturæ conueniret. Pausanias in Phocensibus quandam ex Nymphis Lilæam nominat Cephissi filiam, atque alibi de Nomia mentionem fecit indigena Arcadum Nympha, atque Nymphas inquit non esse quidem omnino sempiternas aut mortis expertes, sed innumerabilem pene annorum numerum viuere, & id de antiquorum poetarum sententia. Afflabantur vates non minus Nympharum, quàm cæterorum Deorum numine, quare scripsit Pausanias idem in Messeniacis nonnullos Nympharum numine afflatos ciuitatum ruinas prædixisse: quippe cum illæ diuinationum etiam putarentur autores, lac & oleum illis offerebatur, cum sacra fierent, vt scripsit Theocritus in Viatoribus in his:

στασῶ δὲ κρατῆρα μέγαν λευκοῖο γάλακτος
ταῖς νύμφαις, στασῶ δὲ καὶ ἁδέος ἄλλον ἐλαίω.
At statuam lactis magnum cratera decoris
Nymphis: mox alius pinguis ponetur oliui.

Consueuerunt capras etiam illis immolare, vt testatur idem poeta in eadem Aegloga:

τῶ κροκύλος μοι ἔδωκε τοι κρανίλεν αἶγ᾽ ἐθύσας
ταῖς νύμφαις τὰν αἶγα.
Hanc mihi dat Crocylus cum Nymphis forte capellam
Mactaret.

His mel offerri solitum quidam putarunt, quia floribus delectarentur, è quibus mel conficitur: è quorum opinione Virg. illas flores colligentes ait in his:

tibi lilia plenis
Ecce ferunt Nymphæ calathis, tibi candida Nais
Pallentes violas, & summa papauera carpens.

Alij id contigisse tradiderunt, quod illæ Aristæum, quem putantur educasse, mellis & olei conficiendi viam docuerint. offerebatur & vinum, vt Apollinis responsum declarauit apud Eusebium. atque hæc de Nymphis fabulose dicta sint.

¶ Has Oceani filias, & fluuiorum matres esse crediderunt, quia vires humoris esse putarunt terræ & stirpibus insitas, & aquæ naturam quæ conferret ad animalium, plantarum, & fructuum procreationem, per quas omnia in lucem prodirent, vt sensit Orpheus in eo hymno:

κρυψίδομοι, Βάκχοιο τροφοὶ, κρύφιαι πολυγηθεῖς,
καρποτρόφοι, λειμωνιάδες, ποιμαίναι, πολυάνθοι
σὺν Βάκχῳ Δηοῖ τε, χάριν θνητοῖσι φέρουσαι.
Nutrices Bacchi, quibus est occulta domus, quæ
Fructiferæ, & lætæ pratorum floribus estis:
Pascitis & pecudes, & opem mortalibus ipsæ
Cum Cerere & Baccho vitam portatis alumnæ.

Sunt autem idcirco vires humoris putandæ, quia non tota materia aquarum vel

gene-

generationi, vel nutrimento est accommodata, sed quædam eius pars, in illud, quod nascitur, absumitur: quędam permista est ad eius nutrimentum quod procreatur: vt in ouis conspicitur, alia pars exit in excrementum ex ipso naturæ opificio. Illas igitur vires, ex quibus vniuersa generatio consistit, intra aquarum naturam Nymphas antiqui appellarũt, quæ cum essent adhuc in vniuersa aquarum natura, Oceani filias esse dixerunt, quia inde primum nascerentur. Cum ex his viribus omnia orirentur, quæ primum videbātur se in flumina diffundere, fluuiorum matres dictæ sunt, & per hos denique vniuersæ generationis parentes sunt vocatæ. hinc fructiferę meritò, hinc florum feraces, hinc homines & animalia omnia nutrire, hinc Bacchi alumnæ dictæ fuerunt, & pastorum Deæ, & pratorum, & omnium animalium præsides. Harum Nympharum eam esse vim humoris, indicio est vel herbæ illius natura quæ Nymphæa vocatur à Discoride quasi aquatica, quia plurimum gaudeat humore, dictæ sunt habitare sub terra, quia dulcium aquarum origo putetur sub terra in locis cauernosis fieri ex aere in aquam verso, sicut augentur vaporibus maris conuersis in pluuias. Et quoniam in mari, fluuijs, stagnis, fontibus, riuisque, & in montibus diffusæ essent humoris vires aptę ad generationem, idcirco omnibus his locis *Nymphas præfecerunt*, & cum sidera quoque humoribus pasci nonnulli arbitrarentur, in sphæris quoquè Nymphæ ab illis sunt collocatæ: quas paucis exceptis proprijs nominib. carere passi sunt. Quæ fuerit harum Nympharum natura facile declarat sacrificiorum genus, quę illis offerebantur: nam sicuti Dijs cœlestibus ignem in sacris, & figuras, & lumina, & multa ad visum spectantia adhibuerunt, sic vt aereis numinibus musicos concentus, & odores, qui suauiter aera inficerent, sic in terrestrium & marinorum sacris, siue præfectorum Deorum aquis, illa addita sunt, quæ ad gustum pertinerent, & quæ essent solida: quippe cum illa crassiorem naturam significarent, vt dictum est. Omnium vero Deorum, vt summatim dicam, qualis erat *natura*, tales & loci, & sacrificia, & ceremoniæ dicabantur, ex quibus facile possent cognosci. at de Nymphis satis, nunc de Baccho dicamus.

De Baccho. Cap. XIII.

BAcchus, quem Dionysum etiam vocarunt, è quibus parentibus ortus sit, diuersæ fuerunt antiquorum poetarum opiniones. Nam Orpheus in hymno in Dionysum Semeles illum filium dixit, & apud mare natum hoc pacto:

Ἀμφὶ Διώνυσον Σεμέλης ἐρικυδέος υἱὸν
Μνήσομαι, ὡς ἐφάνη παρὰ θῖν' ἁλὸς ἀτρυγέτοιο.
Te Dionyse pater canimus Semeleia proles,
Quem videre maris ventosi ad litora primum.

Idem postea poeta in alio hymno Iouis & eiusdem Semeles filium inquit:

κισσοκόμην Διόνυσον ἐρίβρομον ἄρχομ' ἀείδειν,
Ζηνὸς καὶ Σεμέλης ἐρικυδέος ἀγλαὸν υἱόν.
Comptum hedera canimus Dionysum multa frementem:
Et Iouis & Semeles claram de sanguine prolem.

Fuit autem mortalis Semele, & Cadmi filia, vt ait Euripides in Bacchis:

ἥκω Διὸς παῖς τήνδε Θηβαίων χθόνα
Διόνυσος, ὃν τίκτει ποθ' ἡ Κάδμου κόρη
Σεμέλη λοχευθεῖσ' ἀστραπηφόρῳ πυρί.
Accedo Thebas Bacchus è Saturnio
Natus Ioue & Semele puella, filia
Cadmi edidit me olim ferenti fulmina.

Fabulantur poetæ Iouem Semeles præstantissima forma captum, illam aliquando compressisse: quod cum grauiter ferret Iuno, pellicumq; numerus in dies cresceret, dicitur è cęlo descendisse, seque in anum mutasse, ac persuasisse Semele vt Iouem per Stygiam paludem iurare compelleret, quod is esset sibi munus, quod vellet, concessurus: fore enim pulcherrimum spectaculum, si Iupiter cum maiestate ad eam accessisset dicebat: eamq; tum demum se à Ioue compressam fuisse posse gloriari. cum igit iurasset Iupiter se concessurũ sine nomine quidquid peteret, illa petiuit vt talis ad se adiret, qualis ad Iunonẽ accedere solebat. Verum cum ipsa esset mortalis, vim fulminis sustinere non potuit, quare continuo, vt dicitur, in cinerem est conuersa cum octauum iam mensem fœtus expleuisset. Id explicauit ita Ouidius in lib. 3. Metamorph.

rogat illa Iouem sine nomine munus.
Cui Deus elige ait. nullam patiere repulsam:
Quoque magis credas: Stygii quoque conscia sunto
Numina torrentis: timor, & Deus ille Deorum est.
Leta malo, nimiumque potens, perituraque amantis
Obsequio Semele, qualem Saturnia dixit,
Te solet amplecti, Veneris cum fœdus initis:
Da mihi te talem. corpus mortale tumultus
Non tulit aerios, donisque iugalibus arsit.

Non defuerunt tamen qui insulsam causam attulerint cur Semele igne cœlesti conflagrarit: quia Iupiter scilicet iratus fuerit, quod iurare per Stygiam paludem rogaretur, ac in illam fulmen contorserit. Alii flagrasse Semelen igne cœlesti inquiunt, quia cum diceretur cum Ioue congressa, illa negauerint, quod indigne tulit Iupiter, & in eam fulmen iaculatus est, vt ait Euripides in Bacchis in his

ἐκεῖνος εἶναί φησι Διόνυσον θεόν.
ἐκεῖνος ἐν μηρῷ ποτ' ἐρράφη Διός.
ὃς ἐκπυροῦται λαμπάσι κεραυνίαις,
Σὺν μητρὶ, Δίους ὅτι γάμους ἐψεύσατο.
Ille & refert adesse Dionysum Deum.
Assutus ille olim femori vt Iouis fuit.
Flammis vt idem fulminis flammatus est
Cum matre, quæ Iouis negauit nuptias.

Alii dixerunt Semelen Ioui quidem liberum patrem peperisse, sed à Cadmo deprehensam cum puero recens nato coniectam in arcam fuisse ligneam, quæ fuerit æstu maris ad fines Oreatas, illud fuit oppidum Laconum, delata. sed ab indigenis aperta arca inuentam fuisse Semelen mortuam, sepultamque fuisse magnificè, at puerum educatum: vnde Oreatę postea Brasiæ dicti sunt, sumpto nomine ab arca, cum βράσαι sint æstus & agitationes maris, vt dio Nicander in primo lib. Iguarũ. Fingebatur Semele ab antiquis longioribus crinibus & supra longitudinem omnium cæterarum Dearum. Orpheus tamen in hymno quodam in Dionysum, Iouis & Proserpinæ filium putauit, vt est in eo versu.

Εὔβουλ', αἰολόβουλε, Διὸς καὶ Περσεφονείης.
Persephones prudens Iouis & de semine natei.

Idem in alio hymno, quem scripsit in nomen Μίσης Isidis Aegyptiæ filium Dionysum appellat:

Σὺν σοὶ μητρὶ θεᾷ μελανηφόρῳ Ἴσιδι σεμνῇ,
Αἰγύπτου παρὰ χεῦμα, σὺν ἀμφιπόλοισι τιθήναις.
Inde prudenti cum diua matre, fluenta ad
Aegypti, Nymphisque suis nutricibus vna.

Hunc

Hunc Deum bimatrem vocarunt, non quia duas habuerit matres, sed quod cum Semele mater arsisset, ex igne surreptus Iouis femori assutus fuerit, qui matris munere functus fuit, vt ait Ouid. in lib. 3. Metamorph.

Imperfectus adhuc infans genitricis ab aluo
Eripitur; patrioque tener, (si credere dignum est)
Insuitur femori, maternaque tempora complet

Et Marcus Manilius libro secundo rerum astronomicarum.

Atque iterum patrio nascentem corpore Bacchum.

Orpheus in hymno in Sabazium Dionysum inquit à Sabazio Iouis femori assutum fuisse: cum tamen alii Sabazium fuisse filium Bacchi inquiant, alii Bacchum ipsum, alii alium dæmonem: de quo ita scribit Orpheus;

κλῦθι πάτερ κρόνου υἱὲ σαβάζιε, κύδιμε δαῖμον
ὃς βάκχον Διόνυσον, ἐρίβρομον εἰραφιώτην
Μηρῷ ἐγκατέραψας, ὅπως τετελεσμένος ἔλθῃ
Τμῶλον ἐς ἠγάθεον.

Audi magne pater Saturno nate Sabazi.
Qui Bacchum horrisonum, Dionysum vt adultus adiret
Frondosum Tmolum femori mira arte suisti.

Vocatus fuit autem Dionysus, quia pupugerit Iouis femur, cum natus esset cornutus, vt asserit Stesimbrotus, quamuis Aristodemus dictũ maluerit quia Iup. pluuiam demiserit, cum natus fuit. At Nonus in Dionysiacis illum vocat Dionysum, quia Iupiter claudus esset cum illum assutum femori gestaret, vt patet in his, & ab ipso Ioue gestum fuisse, & femori assutum:

λαβὼν μαιήιος ἑρμῆς
τὸν Διόνυσον ἔθηκε πατρώιον ἐπωνυμίην,
κικλήσκων Διόνυσον, ἐπεὶ ποδὶ φόρτον ἀείρων
ἦε χωλαίνων κρονίδης βεβριθότι μηρῷ.
νῦσος ἔτι γλώσσῃ συρακοσσίδι χωλὸς ἀκούει,
καὶ θεὸν ἀρτιλόχευτον ἐμήμισαν εἰραφιώτην.
ὅττι μιν εὐώδινι πατὴρ ἐρράψατο μηρῷ.

capiens Atlantide cretus
Hinc Bacchum, patris illum de nomine dixit
Mox Dionysum, quod gestans hęc pondera tanta
Poplite claudus iit Saturnius ipse grauato.
Nanque Syracusii soliti sunt dicere Nysum,
Claudum. Hic assutus, nuper natusque vocatus
Tum fuit: ipse parens femori nanque assuit illum.

At vero Meleager non assutũ fuisse femori Iouis arbitratus est, sed ab ipsis Nymphis è cineribus maternis statim ereptum & educatum, cum ita scribat:

Αἱ νύμφαι τὸν βάκχον, ὅτ' ἐκ πυρὸς ἥλαθ' ὁ κοῦρος,
Νίψαν, ὑπὲρ τέφρης ἄρτι κυλιόμενον,
τοὔνεκα σὺν νύμφαις βρόμιος φίλος, ἢν δέ νιν εἴργῃς
Μίσγεσθαι, δέξῃ πῦρ ἔτι καιόμενον.

E cinere vt Bacchum Nymphæ cepere sorores,
Membraque lauerunt fonte perennis aquæ.
Iunctus amicitia est Nymphis. Si forte repellas,
Natum de flammis experiere Deum.

A qua sententia videntur non magnopere dissentire & carmina illa, quæ sunt in lib. 9 Dionysiacorum apud Demarchum, qui scribit Dionysum ab Horis fuisse educatum, vt est in his:

τὸν μὲν ὑπεκμύψαντο θεηγενέος τοκετοῖο
εἵμματι κισσήεντι λεχωΐδες ἔστεψαν ὧραι
Erexere illum diuino semine natum
Horæ: mox hederæ crines cinxere corona.

At suauissimus Euripides in Bacchis Iouē sibi femori assuisse inquit his verbis:

ὅ,τε μηρῷ πυρὸς ἐξ ἀθανάτου Ζεὺς
ὁ τεκὼν ἥρπασέ νιν
τάδ' ἀναβοάσας·
ἴθ' ὦ Διθύραμβ' ἐμὰν
ἄρσενα τάνδε βᾶθι νηδύν.
Cum femori igni ex immortali Iupiter
Pariens arripuit eum,
Ista ita locutus est:
Veni ô Dithyrambe, meum
Masculum hunc in vterum, veni.

Fuisse vero Semelen apud Acheloum fluuiū percussam fulmine, & à Dirce Acheloi filia susceptum Dionysum, antequam Iouis femori assueretur, ita idem significauit:

ἀχελώου θύγατερ	Acheloi filia
πότνι', εὐπάρθενε Δίρκα.	Verenda pura virgo Dirce
Σὺ γὰρ ἐν σαῖς ποτε παγαῖς	Tu enim tuis fontibus
τὸ Διὸς βρέφος ἔλαβες.	Iouis cepisti infantulum.

Memoriæ prodidit Lucianus in Dialogis Deorum Dionysum statim natum fuisse deportatum à Mercurio in Nysam Arabiæ vrbem Aegypto finitimā ad Nymphas educandum. At Orpheus in hymnis illum educatum fuisse in Aegypto significauit in his:

αἰγύπτου παρὰ χεῦμα σὺν ἀμφιπόλοισι τιθήναις.
Flumen ad Aegypti vna cum nutricibus ipsis.

Alii Hyadas fuisse Bacchi nutrices putarunt, vt ait in lib. 2. de Diis Apollodorus Cyrenaicus, & Fast. lib. 5. Ouid. in his:

Ora micant Tauri septem radiantia flammis,
Nauita quas Hyadas Graius ab imbre vocat,
Pars Bacchum nutrisse putat: pars credidit esse
Tethyos has neptes, Oceanique senis.

Paus. scribit in Achaicis, fuisse sermonem Patrensium quod Bacchus fuerit apud se educatus intra Mesatim oppidum, quod que Panum insidiis propè fuerit circumuentus. alii in Naxo nutritum fuisse inquiunt, Naxum. n. Thraces per ducentos & amplius annos habitarūt. post exorta lue Cares è Lamia illuc migrarūt, quorum dux Naxius Polemonis filius insulam de suo nomine nūcupauit, hic & post ipsum filius Leucippus, & post hunc Smardius nepos Naxiis imperauit. Smardio regnante adhuc Theseus Ariadnam è Creta adduxit, quam iussus est in somnis relinquere Dionyso, cum fabulentur Dionysum apud se nutritum Naxii, quā insulam etiam Dionysiadem quidam nuncuparunt. nam cum Iupiter infantem femori assuisset, tempusque partui maturum aduenisset, illum dicitur exemisse in Naxo, dedisseq; Philiæ & Coronidi & Clidæ nymphis educādum. At Sidonius Antipater hunc, sicut Herculē, Thebanū fuisse memorat in his carminibus:

ἀμφότεροι Θηβαῖοι, καὶ ἀμφότεροι πολεμισταὶ,
κ' ἐκ Ζηνός· θύρσῳ δ' οὗτος, ὁ δὲ ῥοπάλῳ.
Ambo Thebani, metuendique hostibus ambo,
Et Iouis: hic Thyrso, hic terribilis ropalo est.

Cui

Cui sententiæ assensit Cissusa fons ab indigenis vocatus, in quo nutrices dicuntur infantem in lucem editum abluisse. vt ait Plut. in Lysandro. Lucianus in concillio Deorum & Bacchum fuisse Thebanum inquit, & matrem eius Syrophænicem. Verum hæc locorum nutricumque differentia inde exorta est, quod varii fuerunt Bacchi: de quibus ita scripsit Cicero in tertio libro de Natura Deorum; Dionysos multos habemus: primum è Ioue & Proserpina natum. Secundum Nilo, qui Nysam dicitur interemisse: Tertium Caprio patre: eumque Regem Asiæ præfuisse dicunt: cuius Abazea sunt instituta: Quartum Ioue & Luna, cui sacra Orphica putantur confici. Quintum Niso natum, & Thione: à quo Trieterides constitutæ putantur. at de nullo horum propè fit mentio à poetis, nisi de Iouis & semeles filio. Fuerunt qui dixerint statim natũ Dionysum fuisse à Mercurio Iouis mandato in Eubæam ad Macrim Aristæi filiam portatum, quæ labra melle illi primum perunxit, eumque educandum cepit, quare nos ab Aristæo in Eubæa educatum fuisse scripsimus ita in 4. lib. nostrarum Venationum:

Puppis ad Euboicas currens allabitur oras:
Fertur Aristæus antrum hic coluisse, virorum
Qui genus indocile, & viuentum more ferarum
Glandibus, & baccis, pomis syluestribus, & quæ
Sylua tulit cultu nullis iussa coloni:
Edocuit primus teneras armenta per herbas
Pascere; & è quercu fumis pellentibus actas
Claudere apes vacuo sub cortice: primus oliuum
Exprimere ex oleæ fructu, lac cogier idem.
Nutriit hic Bacchum miro deuinctus amore,
Euboicas inter Nymphas. Dryadasque puellas,
Aoniasque nurus multos feliciter annos.

Id vero cum sensisset Iuno, quod Macris natum è pellice educaret, Macrim ea vniuersa Eubœa relegauit, ne pellicis filius etiam in insula sibi sacra educaretur: quæ in Phæacum regionem profugit, atque in antro duas portas habente illum educauit, vt ait Apollon. in 4. Argon.

αὐτοτυχὲ κούρη θαλαμήϊον ἔντυνον εὐνὴν
ἄντρῳ ἐν ἠγαθέῳ. τόθι δή ποτε μάκρις ἔναιεν
κούρη ἀρισταίοιο μελίφρονος, ὅς ῥα μελισσέων
ἔργα πολυκμήτοιό τ' ἀνεύρατο πῖαρ ἐλαίης
κείνη δὴ πάμπρωτα διὸς νυσήϊον υἷα
εὐβοίης ἔντοσθεν ἀβαντίδος. ᾧ ἐνὶ κόλπῳ
Δέξατο καὶ μέλιτι ξηρὸν περὶ χεῖλος ἔδευσεν.
εὖτέ μεν ἑρμείης φέρεν ἐκ πυρός. ἔδρακε δ' ἥρη
καὶ τὲ χολωσαμένη πάσης ἐξήλασε νήσου.
ἡ δ' ἄρα φαιήκων ἱερῷ ἐνὶ τηλόθεν ἄντρῳ
νάσσατο, καὶ πόρεν ὄλβον ἀθέσφατον ἐνναέτῃσιν.

Atque thorus sponsæ in sacro consternitur antro,
Macris Aristæi coluit quod filia: oliuum
Qui reperit, qui mella fauis liquentia pressit
Illa sinu primum Nyseia pignora cepit
Euboicos intra fines, mellisque liquore
Perfudit pueri primum sitientia labra,
Hunc vbi Mercurius de flammis sustulit, ecce
Persensit Iuno, ac Eubœa abscistere iussit.
Ast hæc Phæacum procul hinc habitauit in antro,

Diui-

Diuitiasque dedit grandes cultoribus agri.

Orpheus in hymno in Hippam, illã fuisse Bacchi nutricẽ significauit his verbis:

ἵππα· κικλήσκω Βάκχου τροφόν, εὐάδα κούρην.
Hippam cantamus forma præstante puellam,
Nutricem Bacchi.

Qui idem tamen in hymno in Nymphas illas Bacchi nutrices nominat, vt sensit etiam Homerus in hymno in Dionys.

ὃν τρέφον ἠΰκομοι νύμφαι παρὰ πατρὸς ἄνακτος
Δεξάμεναι κόλποισι, καὶ ἐνδυκέως ἀτίταλλον.
Pulchricomæ Nymphæ quem rege à patre receptum
Nutriuere suis capientes rite sub antris.

Oui. lib. 3. Metam. primum à matertera Ino educatum scribit, deinde Nymphis datum fuisse in his:

Furtim illum primis Ino matertera cunis
Educat, inde datum Nymphæ Nyseides antris
Occuluere suis, lactisque alimenta dedere.

Oppianus in Cynegeticis Ino, Autonoen, Agauen scribit fuisse Dionysi nutrices cuius sententiam nos in libris nostrarum Venationum ita expressimus:

huic præbuit Ino
Vbera, formidans magnam Iouis altitonantis
Vxorem, pariterque timens hæc Penthea Regem,
Penthea Echionium, qui patris sacra profanus
Orgia spreuit, & hinc soluit pro crimine pœnas.
Hunc hederę texit ramis: hunc texit Agaue,
Autonoeque soror.

Fabulati sunt preterea Nymphas illas, ad quas educandum Dionysum Mercurius in ciuitatem Nysam detulit, fuisse à Libero patre ob acceptum lactis & educationis beneficium in stellas mutatas, & vocatas Hyadas, vt ait Apollodorus lib. 3. Atq; Arati enarrator ait vocatas fuisse Hyadas non à pluuia, vt crediderunt alii, sed a Baccho, qui vocatus est Hyes. Memoriæ prodidit præterea Orpheus in hymno in Misen Bacchum eundem marem ac fœminam fuisse creditum:

ἄρσενα καὶ θῆλυν διφυῆ.
Fœmina masque simul, gemina huic natura.

Sed Ouid. 4. Metam. lib. hunc semper iuuenem esse contendit, cum ita scribat:

tibi enim inconsumpta iuuenta est:
Tu puer æternus, tu formosissimus alto
Conspiceris cœlo.

Quidam quod barbam antiquitus nutrirent barbatum putarunt, cum ab alijs imberbis fingeretur. alii duplicem naturam eius significarunt siue potius ingenia duplicia bibentium, cũ alios vinũ faciat hilares, alios penè furiosos. Testatur Isacius Dionysum eundem iuuenem & senem fuisse ab antiquis existimatum. quem tamen quod esset imberbis Euripides in Bacchis nominauit θηλύμορφον, siue vultu muliebri, ac forma fœminea, & lasciuum, & inquinatorem thori, vt est in his carminibus:

τὸν θηλύμορφον ξένον, ὃς εἰσφέρει νόσον
καινὴν γυναιξὶ, καὶ λέχη λυμαίνεται.
Cui forma fœminę hospitem, ęgritudinem
Qui fœminis nouam tulit, inquinans thoros.

Hic Deus cum fuisset in cœlum aliquando à Ioue portatus, & antequam Iouis femori assueretur, illum de cœlo Iuno deiicere voluit, vt testatus est in his Euripides

ripides in Bacchis:

ἐπεί νιν ἥρπασ' ἐκ πυρὸς κεραυνίου
Ζεύς, εἰς Ὄλυμπον βρέφος ἀνήγαγεν θεόν,
Ἥρα νιν ἤθελ' ἐκβαλεῖν ἀπ' οὐρανοῦ.
Eximit illum ex igne postquam fulminis,
Cœloque paruum Iupiter infantem tulit.
Cœlo volebat Iuno eum depellere.

Cum vero aliquantulum Bacchus apud Nymphas adoleuisset, apud quas educatus fuerat, multas res admirabiles fecisse dicitur per Bacchas, vt est in his Euripides carminibus:

ὅσαις δὲ λευκοῦ πώματος πόθος παρῆν
ἄκροισι δακτύλοισι διαμῶσαι χθόνα,
γάλακτος ἑσμοὺς εἶχον· ἐκ δὲ κισσίνων
θύρσων γλυκεῖαι μέλιτος ἔσταζον ῥοαί.
Albique potus vt cupido ceperat,
Terram secantes vnguibus summis statim
Riuos habuere lactis. atque rursus his
Fluxere mellis dulcis alte riuuli è Thyrs.

Admirabiles omnino erant res gestæ ipsarum Baccharum, quippe cum illæ vel terram virga percutientes dictæ sunt vini riuos è terra excitasse, & mel, & lac, & suaues liquores huiusmodi, vt est in his versibus:

θύρσον δέ τις λαβοῦσ' ἔπαισεν εἰς πέτραν,
ὅθεν δροσώδης ὕδατος ἐκπηδᾷ νοτίς.
ἄλλη δὲ νάρθηκ' εἰς πέδον καθῆκε γῆς,
καὶ τῇδε κρήνην ἐξανῆκ' οἴνου θεός.
Thyrsoque capto percutit quædam petram,
Hinc lympidæ vndæ protinus fons exilit.
Diuerberauit vt solum virga altera,
Fontem meri profudit inde mox Deus.

His persimilia sunt illa miracula quæ puer fecisse dicitur Dionysus, quæ nos ita in libro Venationum quarto expressimus:

Has inter ferulam ludendo forte cecidit.
Et ferro lapides ictu percusit eodem:
Exiluit dulcis vini de vulnere riuus.
Hinc lacerauit ouis frustatim viscera tabo
Inficiente solum, canis albentia setis
Membraque iecit humi, rursus, mirabile dictu,
Diuisæ pecudis coierunt membra repente,
Et virides herbas decerpsit pabula nota.
Iam vaga per vastas penetrarat plurima terras
Fama Dei, qui multa viris monstrabat, & vrbes
Errando virtute sua compleuerat omnes.

Fabulantur præterea Bacchum, vbi illum Iuno persequeretur, labore fessum itineris se quieti sub arborem quandam dedisse: atque Amphisbænam (id enim viperæ vtrinque caput habenti nomen est, vt ait Nicander in Theriacis.) eius tibiam momordisse: tum excitatum Dionysum illam palmite vitis, qui forte propinquus adiacebat, occidisse. Nã, vt sensit Demetrius Chlorus, id animal, neq; ligno, neq; vlla re alia, nisi ligno vitis, facile potest interfici. Istud illi cõtigisse aiũt, post vitem inuentam cũ furore à Iunone iniecto percitus orbem terrarum peragraret. cum igitur in Aegyptum & in Syriam peruagaretur, illum primus omnium

nium Proteus Rex Aegyptiorum fertur hospitio accepisse, mox ad Cybellam Phrygię vrbē profectus, & à Rheà expiatus stola ab ea sumpta ceremonias Cybeles edoctus per Thraciam ad Indos contendit. Tum. Lycurgus Rex Edonorum qui iuxta fluuium Strymonem habitabant, illum contumeliis affecit, cui Dionysus, cum euasisset, furorem iniecit. nam cum pampinos vitiumque germen se cædere iputaret, Dryantis filii crura obtruncauit, atque cum extremas quoque sui corporis partes abscidisset, resipuit deniq; atque ex oraculi responso ab Edonis ob sterilitatem agrorum in vincula coniectus ab equis denique pro Dionysi voluntate laniatus fuit: vt scripsit Apollod. lib. 3. Fama est Alcithoen quoq; Thebanam mulierem ægrè ferentem diuinos honores Baccho tribui cum magna sit plerunque inter ciues eiusdem ciuitatis inuidia & contemptus, cæpisse illas deridere, quæ istud facerent, quare iratus Bacchus eam in vespertilionem mutauit, ac telas sociarum simulque ridentium in hederam & vites. Dicebantur Coballi dæmones immites & inhumani quidā, & Satyri & Bacchę, & Sileni ipsum comitati cum cymbalis & strepitu quocunque incederet, qui in curru à lyncibus tracto vehebatur, vt ait Ouid lib 4. Metamorph.

tu bilugum pictis insignia frænis
Colla premis lyncum: Bacchæ, Satyrique sequuntur,
Quique senex ferula titubantes ebrius artus
Sustinet.

Circa hunc lynces, & tigres, & pantheræ esse consueuerunt, vt ait idem poeta in lib. tertio:

Ipse racemiferis frontem circundatus vuis
Pampineis agitat velatam frondibus hastam.
Quem circa tigres, simulacraque inania lyncum,
Pictarumque iacent fera corpora pantherarum.

Fuit socius Bacchi Lusus, à quo vocata est Lusitania. aiunt Bacchū truculentias feras circa se semper habere solitum cum pellem etiam pardali semper gestaret, vnde dicebatur Bryseus; cuius inter comites fuit Acratus genius. atq; cum Panas & satyros comites Indicæ expeditionis habuisset, subacta India atque deuicta Iberia, vt ait Sesosthenes in rebus Ibericis, Pana locis præfecit, qui regionem de se Paniam vocauit, ac mox iuniores Hispaniam dixerunt. Nam & Virg. libro sexto hunc inquit in curru à tigribus tracto vehi solitum, & pro habenis, lorisque teneris pampinis vti, vt patet ex his:

Nec qui pampineis victor iuga flectit habenis
Liber, agens celso Nysæ de vertice tigres.

Et Ouidius libro primo de Arte:

Iam Deus in curru, quem summum texerat vuis,
Tigribus adiunctis aurea lora dabat.

Consueuit & pro sceptro thyrsum gestare, quæ hasta erat frondibus vitium aut hedræ aliquando suauiter ornata: & cerui pellem, quam nebrida vocabant, vt scripsit Euripides in Bacchis:

Πρώτας δὲ θήβας τᾶσδε γῆς ἑλληνίδος
Ἀνωλόλυξα, νεβρίδ' ἐξάψας χροός,
θύρσοντε δοὺς εἰς χεῖρα κισσινὸν μέλος.
Thebasque primas vrbem adiui Græciæ,
Ibi fremuique pelle sumpta nebride.
Hederæque thyrsum tradidi illo tempore.

Atque sacrificantes ramos abiegnos gestabant cum illi abies in coronas esset sacrata. vti Xenophanes ait in Salibus:

εἰς στεφάνους
ἑστᾶσιδ' ἐλάται πυκινὸν περὶ δῶμα.
in coronas
Consistunt abietes pulchram circa domum.

Nam hedera, & smilax, & abies, & quercus erant arbores Baccho sacræ, quibus Thyades vtebantur in sacris, vt est in his:

ἐπιδ' ἔθεντο κισσίνους
στεφάνους, δρυός τε, μίλακός τ' ἀνθεσφόρους.
Hederæ de ſeuant hæc coronas crinibus,
Quercusque smilacisque onustæ floribus.

& illud;

ὦ Σεμέλας τροφοὶ Θῆβαι,	ô Semeles altrices Thebæ
στεφανοῦσθε κισσῷ·	coronemini hedera.
βρύετε βρύετε χλοηρᾷ	cingite cingite vireati
σμίλακι καλλικάρπῳ	Smilaci fructifera:
καὶ καταβακχιοῦσθε δρυὸς	atq; bacchemini quercus,
ἢ ἐλάτας κλάδοισι.	siue abietis cinctæ ramis.

Fuit illi sacra pica ob garrulitatem ebriosorum, & ficus folia propter memoriam Sycæ in illam arborem versæ, & vitis ob Staphylæ casum, quæ ambæ in arbores sui nominis mutatę sunt ab illo Deo cum σύκη ficum, ac σταφύλη vitem significet. fuit illi etiam narcissi corona non ingrata ob tarditatem ingenij ebriosorum, & draco inter reptilia fuit sacer Libero patri, vt ait Plutarchus in problem. Symposiacis. Huius Dei sacerdotes fęminæ plerunq; fuerunt, quæ nunc ab insania Mænades, nunc ab impetu & furore Thyades, vel à Thya quæ prima sacra Bacchi instituit: nunc ab intemperantia, morumque prauitate Bacchæ vocabantur. Dictæ sunt & Mimallones, quia Dionysium imitarentur: nam in montibus plerunque versantes leones manibus secum adducebant aliasque feras: deinde ijs crudis vescebantur, terramq; ferulis percutientes, aut saxa cum sitirent, vinum, vel lac, vel mel scatere faciebant: anguesq; habebant pro zonis comis implicitos Huius Dei Satyros, & Silenos, & Lenas, & nymphas, & Naiades, & Tityros, sacerdotes fuisse inquit Strabo libro 10. Dionysij res gestas conscripsit Diodotus libro quinto historiarum, & Orosius primo. cum Pegasus Eleutheriensis primus liberi patris religionem Atheniensibus tradiderit vt Permander in lib. 2. de sacrificiorum rit ib. apud varias gentes. fama est hunc in Nysa Arabiæ felicis ciuitate imperasse, mul atq; humano generi vtilia inuenisse: nam pręter vinum & mellis conficiēdi rationem, sacrificiorum ritus quoq; inuenisse dicitur, vt scripsit Ouid. in 3. Fastorum:

Ante tuos ortus aræ sine honore iacebant
Liber, & in gelidis gerba reperta focis.

Cum hic de omnibus nationib benemereri studeret, orbemq; terrarum illa, quę sciebat, docendo peragraret, Mercurium Trismegistū vxori consultorem, ac Herculem Aegypti præsidem reliquisse dicitur: Prometheoq; primum ab Hercule locum dedit. mox Busiride Pheniciæ, Antæo Libyæ præfectis, ipse coacto ex agricolis mulieribusq; exercitu ad Indos, & intima Asię loca penetrauit. Deinde Indis, qui illum aspernabantur, & vniuersi orientis regionib. subiugatis ad primum Oceani litus in montib. Indiæ non procul à Gange fluuio columnas duas erexit, tanquam ad vltimas hominibus peruias oras ex parte orientis penetrasset: de quibus columnis ita scripsit Dionysius in Situ orbis:

Ἔνθά τε καὶ στῆλαι Θηβαγενέος Διονύσου
Ἑστᾶσιν πυμάτιον παρὰ ῥόον ὠκεανοῖο
Ἰνδῶν ὑστατίοισιν ἐν οὔρεσιν. ἔνθά τε Γάγγης
Λευκὸν ὕδωρ γυμαῖον ἐπὶ πλαταμῶνα κυλίνδει.

Hæc & Thebani Dionysi terrâ columnas
Monstrat ad Oceanum, atque extremi littora ponti:
Montibus Indorum, qua vasto gurgite Gangea
In mare se voluit, Nysæam impellit & vndam:

Testatur & Sidonius Antipater in eo carmine columnas à Baccho in Oriente, vt in Occidente ab Hercule fuisse positas, cum inquiat:

Ἀμφοῖν δὲ στῆλαι συστέμμονες, εἴκελα δ' ὅπλα.
Arma eadem ambobus, sunt termini vtrique columnæ.

Quòd autem eo arma intulerit Dionysius, vniuersamque Indiam debellauerit, & vrbes orientis subegerit, ita innuit idem Dionysius:

Αὐτὰρ δ', ὁππότε φῦλα κελαινῶν ὤλεσεν ἰνδῶν
Ἠμωδῶν ὀρέων ἐπεβήσατο.
Vt genus Indorum nigrorum Marte feroci
Perdomuit, montes Emodos scandit.

Fabulati sunt antiqui Sollacem Armeniæ fluuium in Araxem stagnum influentem dictum fuisse Tigrim ab ea tigre, quam conscendens Dionysus Iunonis consilio furiosus traiecit, cum maria ac terras circumiens remedium affectus quæreret. nam cum Iupiter exoratus tigrim pro lintre misisset traiecturo mox ad euentus memoriam fluuium ita vocauit: quod tamen alii à Medo eius filio & Alphesibœæ factum fuisse maluerunt. Ac neq; per Indiam solum, è qua post triennium rediijt, sed mox per Libyam & Hispanias peruagatus est, mulieresque choreis & saltationibus indulgentes multas in castris habuit, ob quas non minus quàm ob armorum, reiq; militaris scientiam fuit celeber. Hic vbi Nysam florentissimam ciuitatē in India condidisset apud Indum fluuiū, ac postea in Diam insulam reb. Indicis cōpositis traiecisset, Ariadnā duxit. Hic Deus cū aliquando in Naxum nauigare iuberet nautas, atq; hi in alios locos illū asportarēt, repente hederæ per remos serpebāt, ac nauis nulla vi remorū loco dimoueri poterat. At Home. in hymno quodā in Bacchū à piratis Tyrrhenis illū captū fuisse scribit cum in litore maris peruagaretur. Illi hunc filium Regis alicuius rati eum ligare voluerūt, sed cum à gubernatore reprehenderentur, illum minime audientes & obiurgantes, non modo ligauerūt, sed vt magno precio redimeret in suam patriā ipsorum captiuū asportare conati sunt, atq; statim vela intumescētia ventis tetenderunt, tū vero:

οἶνος μὲν πρώτιστα θοὴν ἀνὰ νῆα μέλαιναν
ἡδύποτος κελάρυζ' εὐώδης, ὤρνυτο δ' ὀδμὴ
Ἀμβροσίη. ναύτας δὲ τάφος λάβε πάντας ἰδόντας.
Αὐτίκα δ' ἀκρότατον παρὰ ἱστίον ἐξετανύσθη
Ἄμπελος ἔνθα καὶ ἔνθα, κατεκρημνῶντο δὲ πολλοὶ
Βότρυες, ἀμφ' ἱστὸν δὲ μέλας εἱλίσσετο κισσὸς
Ἄνθεσι τηλεθάων, χαρίεις δ' ἐπὶ καρπὸς ὀρώρει.
Πάντες δὲ σκαλμοὶ στεφάνους ἔχον.
Dulcia per nauim scatuerunt vina repente,
Mirus odor quorum surgebat, pallida membra
Concussit nautis timor, & reuerentia diuum:
Hinc illinc velo in summo concernitur altè
Vinea, quæ multos fudit frondosa racemos
Pendentes. hederæ malum texere corymbis,
Frondibus & nigris: scalmiq; habuere coronas.

Fuerunt qui dixerint malum & remos, & antemnam in serpentes fuisse versos, vt scripsit Demarathus in certaminib. Dionysiacis. Ipse vero Dionysus leo factus ita oēs nautas, præter ipsum gubernatorem, in fugam vertit, vt in delphinos versi, si, in mare statim desiliuerint. At non semel tantum hoc accidisse dicitur, vt cum nauigaret vites & hederæ in nauibus repente sint exortæ, multaque alia plantarum sibi cõsecratarum genera: quippe cum nata sint etiam tũ, cum puer à Nymphis in Eubœam traijceretur, vt nos lusimus in lib. 4. Venationum his versibus:

Cum medij nauis sulcaret tergora ponti,
Atq; ab vtroq; pari distarent litore tractu,
Serpere cœperunt hederæ tabulata virentes,
Et smilax, apiumque comis frondescere adultis.

Fabulati sunt præterea Bacchum triennium apud Proserpinam dormiuisse, deinde excitatum choreis indulsisse cum Nymphis vt ait Orpheus in hoc hymno:

Ἀμφιετῆ καλέω βάκχον, χθόνιον Διόνυσον
Ἐγρόμενον κούραις ἅμα νύμφαις εὐπλοκάμοισιν.
ὃς παρὰ περσεφόνης ἱεροῖσι δόμοισιν ἰαύων
κοιμίζει τριετῆρα χρόνον, βακχήιον ἁγνόν.
αὐτὸς δ' ἡνίκα τὸν τριετῆ πάλι κῶμον ἐγείρεις,
εἰς ὕμνον τρέπεται σὺν εὐζώνοισι τιθήναις.
Terrestrem canimus Dionysum, & numina Bacchi,
Cum nymphis expertectum, quibus est coma pulchra:
Qui prope Persephonen sacris penetralibus olim
Dormiuit Bacchi tempus tres segniter annos.
Vt tribus exactis conuiuia læta nouantur,
Ille suis repetit mox cum nutricibus hymnum.

Hunc eundem Deum θεσμοφόρον, siue legislatorem idem poeta appellauit, quia cum ab Indica expeditione in patriam post triennium reuertisset, domesticorum, & eorum, quibus regnum commiserat, perfidiam expertus, elatos iam sceleratorum animos insolentia legum infregit, hostesque profligauit, & res Imperij in meliorem statum, quàm antea fuerant, perduxit. fuit Dionysius etiam Osiris vocatus ab Aegyptijs, vt testatur Herodotus in Euterpe: θεοὺς γὰρ δὴ οὐ τοὺς αὐτοὺς ἅπαντες ὁμοίως Αἰγύπτιοι σέβονται, πλὴν Ἴσιός τε καὶ Ὀσίριος, τὸν δὴ Διόνυσον εἶναι λέγουσι. Deos autem ipsos non æquè omnes colunt Aegyptij, præter Isidem & Osirim, quem Dionysum esse inquiunt. fama est Bacchum in eo bello, quod aduersus Iouem Titanes gesserunt, fuisse ab illis discerptum, cuius cor palpitans ad Iouem Pallas detulit, vt ait Isacius his verbis: Διόνυσον γὰρ τὸν καὶ ζαγρέα καλούμενον, υἱὸν διὸς καὶ περσεφόνης ὑπάρχοντα, μελιδὸν οἱ τιτᾶνες κατα-ράξαν. οὗ τὴν καρδίαν ἔτι παλλομένην ἀνήνεγκεν. Dionysum enim illum, qui & Zagreus, aut Sebatis fuit vocatus, Iouis & Proserpinæ filium Titanes membratim discerpsere, cuius cor adhuc palpitãs attulit. hic cum sepultus fuisset, reuixisse fertur integer. hic Dionysus, qui & Osiris vocatus fuit, multa humano generi vtilia excogitauit, vt dictum est: primus enim colendorum agrorum rationem Aegyptios docuit, vt testatur Dionysius in libro de Situ orbis in his:

τῇ, παραναιετάουσιν ἀριπρεπέων γένος ἀνδρῶν,
οἳ πρῶτοι βιότοιο διεστήσαντο κελεύθους.
Πρῶτοι δ' ἱμερόεντος ἐπειρήσαντο ἀρότρου.
καὶ σπόρον ἰθυτάτης ὑπὲρ αὔλακος ἐπλάσαντο
Πρῶτοι δὲ γραμμῇσι πόλον διεμετρήσαντο
θυμῷ φρασσάμενοι λοξὸν δρόμον ἠελίοιο.
Ad Nili ripas habitat clarissima gens, qui
Humanæ vitæ statuerunt iura priores:
Qui primi segnem sulcarunt vomere terram:
Qui primi rectis sparserunt semina sulcis:

Qui primi cœlum sunt certo limite mensi,
Obliquosque animo solis cinxere meatus.

Atque Tibullus in libro Elegiarum primo ita eius inuenta percurrit:

Primus aratra manu solerti fecit Osiris,
Et teneram ferro sollicitauit humum.
Primus inexpertæ commisit semina terræ.
Pomaque non notis legit ab arboribus.
Hic docuit teneram palis adiungere vitem,
Hic viridem dura cædere falce comam.
Illi iucundos primum matura sapores
Expressa incultis vua dedit pedibus.

Nam & Euripides in Bacchis omnium prope eorum quæ humano generi inuēta fuerunt, vtilissimum vinum putauit, cum obliuionem omnium malorum, & somni autorem, & tristitiæ solatium Bacchum inuenisse dicat, vt ex his patet:

σεμέλης γόνος
Βότρυος ὑγρὸν πόμ' εὗρε, κεἰσηνέγκατο
θνητοῖς, ὃ παύει τοὺς ταλαιπώρους βροτοὺς
λύπης, ὅταν πλησθῶσιν ἀμπέλου ῥοῆς,
ὕπνον τε, λήθην τῶν καθ' ἡμέραν κακῶν
δίδωσιν, οὐδ' ἔς' ἄλλο φάρμακον πόνων.

Semele satus.
Potum racemi repperit mortalibus
Ac protulit, mœroris ille nubila
Fugat repletis vineæ liquoribus,
Somnusque fit mali diebus singulis
Obliuio: nec pharmacum malo aptius.

Cum vinum igitur inuentum mortalibus Dionysus excogitasset, mos fuit apud antiquos vt Bacchi datoris lætitiæ, quem Bonum dæmonem appellabant, poculum extremum post cœnam remotis mensis circumferretur: quod boni dæmonis dicebāt, quia bonus Deus Dionysus illud inuenisset, vel quia cum moderatione sumptus vtilis fit & bonus potus: de quo ita meminit Aristophanes in Equitibus:

Μὰ Δί' ἀλλ' ἄκρατον οἶνον ἀγαθοῦ δαίμονος.
Non per Iouem potum boni sed dæmonis.

Draco fuit huic Deo propter perspicacitatem inter reptilia dicatus, vt ait Plut. in problematis Symposiacis. Memoriæ prodidit Lucianus in dialogo Iunonis & Iouis Icariū cæsum fuisse apud Indos, quia cum palmitem, & vini faciēdi rationem à Baccho didicisset, creditus est primū ab Indis venenum in cōuiuio exhibuisse: nam Indi vino primū gustato in insaniā sunt conuersi, vt ait idē in Nigrino. Atq; Plutarchus etiam in eo dialogo, in quo disquiritur ignis ne an aqua sit vtilior, vitem ex India in Græciam primū portatam fuisse testatur, cum tamen apud Thebanos primum viris nata esse dicatur, vt asserit Pausanias in Bœoticis, & inde ad Indos deportata. Neque mirum est sanè cæsum fuisse Icarium propter vinum, cum immoderatus illius vsus non parum obsit mortalibus, secretaque animi aperiat, & in insaniam prope impellat, vt ait Homerus libro ξ. Odysseæ, in his versib.

οἶνος γὰρ ἀνώγει
ἠλεός, ὅς' ἐφέηκε πολύφρονά περ, μάλ' ἀεῖσαι,
καί θ' ἁπαλὸν γελάσαι, καί τ' ὀρχήσασθαι ἀνῆκεν,
καί τοι ἔπος προέηκεν, ὅπερ τ' ἄρρητον ἄμεινον.

Pocula prudentes etiam fœcunda choreis
Indulgere iubent, cantareque voce sonora

Pocula

Indulgere iubent, cantareque voce sonora
Pocula, quę vtiliter tacerentur, multa profari.

Nam vbi vires corporis, mentemque vini imperium subegerit, multa effutire coguntur homines, vt scripsit in his etiam Theognis:

ἄφρονος ἀνδρὸς ὁμῶς καὶ σώφρονος οἶνος, ὅταν δὴ
πίνετ' ὑπὲρ τὸ μέτρον, κοῦφον ἔθηκε νόον.
Prudentis stulcique viri immoderatius hausta
Vina leuem mentem reddere sæpe solent.

Sed neque hæc sola incommoda vini vsus immodicus affert, verum etiam corpus mirifice labefactat, vt nos scripsimus in nostro libro Aucupij, quem Græcis versibus imparibus incœptum, vbi absolutus fuerit, mittere decreuimus ad doctissimum & sapientissimum RENALDVM Ferrarium Præsidem Comitiorum Parisiensium: quem Senatorem Regium non solum propter insignem autoritatem diligo mirifice & obseruo, sed multo magis ob singularem eius humanitatem & sapientiam. Nam cum Orator proximis annis fuisset in sacra Tridentina synodo, & nuper apud Illustrissimum Senatum Venetum, omnes in his locis eius eruditionem ac sapienter dicta tanquam oraculi Delphici sunt admirati. Ita vero se habent carmina quædam:

οἶνος πινόμενος πολὺς, ὀργή, κύπρις, ἀμυδροὺς.
θᾶσσον ἄγει θνητοὺς εὐθὺ καταχθονίων,
Importuna trahunt in tristia tartara Ditis
Recta mortales ira, merumque Venus.

Scriptum reliquit Pausanias in Laconicis in monte supra Migonium, quem locum vocabant Larysium, vuam maturam prius inuentam fuisse: quo in monte ineunte vere dies festos agitabant in honorem Bacchi. Non minor tamen gratia illi asino habenda est, quem Naupliæ incolæ lapideum erexerunt, quia putationem vitium adinuenit, quam Baccho, qui vites tantum ostendit mortalibus: nam nisi vitis cultura & putatio inuenta fuisset, breui totum id munus erat interiturum, aut inutile futurum. Cum igitur asinus vitis pampinos Naupliæ abrosisset, sarmentorum putationem vtilem esse vitibus ostendit: quippe cum illa sit arbor omnium cæterarum humidissima, pluraq; gignat ligna superuacanea, tanquam excrementa. Docuit Bacchus etiam mortales mercaturam & nauigationem, vt testari videtur Dionysius in Situ orbis, qui è Phęnicia, & è regione mari rubro propinqua, & nauigationem & astrorum cognitionem profluxisse ait, cum Phęniciæ imperaret Bacchus, vt est in his:

τῶν δ' ἀνδρῶν γενεὴ οἱ ἐρυθραῖοι γεγάασιν.
οἳ πρῶτοι νήεσσιν ἐπειρήσαντο θαλάσσης.
Πρῶτοι δ' ἐμπορίης ἁλιδινέος ἐμνήσαντο.
καὶ βαθὺν οὐρανίων ἄστρων πόρον ἐφράσσαντο.
Qui rubrum coluere fretum genus inde virorum,
Qui primi spreuere maris ventosque minasque:
Primi sunt ausi merces committere ponto,
Et cœli cursus seruare, & sydera mundi.

Fertur hic Deus primus omnium mortalium, depressos ad sordida quæque hominum animos ad Deorum cultum erexisse, vt testatur in his Ouidius libro tertio Fastorum:

Ante tuos ortus aræ sine honore fuerunt
Liber, & in gelidis herba reperta focis.
Te memorant Gange, totoque Oriente subacto
Primitias magno seposuisse Ioui.

Cinnama tu primus, captiuaque thura dedisti.
Deque triumphato viscera tosta boue.

Hunc Deum, quem superius semper iuuenem è sententia nonnullorum scriptorum diximus, Elienses barbatulum esse crediderunt, vt ait Pausanias in prioribus Eliacis: qui cum cornutus etiam fingeretur, ad huius imitationem Mimallones cornua suis capitibus alligare consueuerunt, vt ait Isacius: ac neque solum cornutus, sed etiam taurino capite ab antiquis fingebatur, vt idem testatur. Fuit & diuinationum Deus creditus Dionysus, vt in his testatur Euripides in Bacchis:

μάντις δ' ὁ δαίμων ὅδε· καὶ γὰρ βακχεύσιμον,
καὶ τὸ μανιῶδες, μαντικὴν πολλὴν ἔχει.
Deusque vates est: furor nam Bacchicus
Vim vaticinandi rite plurimam tenet.

Coronabantur hedera quicunque Libero patri erant initiati, vt significauit Euripides in Bacchis, vt alij crediderunt, quia paruus Dionysus in illa arbore fuit occultatus, vt vero alij, quia racemos vuarum imitatur, vel quia semper fit viridis & iuuenis, qualis Deus ipse fingebatur, vel quia cum frigida sit arbor natura, ob insitum frigus adiumento sit aduersus ebrietatem. Alij sacram Baccho putarunt, quia Cissus Bacchi comes inter saltandum incommodius cum Satyris perijt, ac Bacchi iussu fuit in arborem mutatus, quam Græci cissum, Latini hederã vocarunt. Alij ad imitationem Bacchi id factum crediderunt, quod ille cum esset puer hedera & lauro coronatus incederet, vt ait Homerus in hymnis:

Αὐτὰρ ἔπειτα φοιτίζεσκε καθ' ὑλήεντας ἐναύλους,
κισσῷ καὶ δάφνῃ πεπυκασμένος.
Tum quoque paruus erat, syluisque errabat in altis
Ornatus lauro atque hedera.

Atque non solum initiantes, sed etiam coronæ sacrificantium, quibus caput vinciebantur ad illius Dei imitationem Bacchi dictæ sunt, vt testatur Nicander in libro Linguarum, in his:

Βάκχοισι κεφαλὰς περιανθέσιν ἐστέψαντο.
Tempora cinguntur bacchis florentibus illis.

Erat enim legibus sacrificiorum sancitum, vt coronarentur hedera quicunq; Baccho initiarentur, vt ait Dionysius in Cosmographia:

ἠ ῥυόμεναι τελέθουσι κατὰ νόμον ἱερὰ Βάκχου
στεψάμεναι κισσοῖο μελανφύλλοιο κορύμβοις
ἐννύχιαι, παταγὴ δὲ λιγύθροος ὄρνυται ἠχή.
Concitæ agunt, vt lex. Baccho sacra tempora ramis
Deuinctæ nigris hederæ, ac pallente corymbo
Nocturnæ: clamorque ingens consurgit ad auras.

Consueuerunt Camaritæ, quæ natio est Indiæ finitima, cum Bacchum ab Indica expeditione redeuntem humaniter accepissent, illum egregie colere, cingulaque & hinnulorum pelles circa pectus habere, vt idem in his ait:

καὶ καμαριτάων φῦλον μέγα· τοί ποτε Βάκχον
ἰνδῶν ἐκ πολέμοιο δεδεγμένοι ἐξείνισσαν.
καὶ μετὰ ληναίων ἱερὸν χορὸν ἐστήσαντο,
ζώματα καὶ νεβρίδας ἐπὶ στήθεσσι βαλόντες.
εὐοῖ Βάκχε λέγοντες.
Et Camaritarum genus ingens, Bacchus ab Indis
Hospitio rediens quibus est acceptus, vt illi
Lenarum statuere chorum, quæ cingula, & vnà
Damarum pelles posuerunt pectora circum.

Euoe Bacche frementes.

Nam Lenæ vocatæ sunt Nymphæ, quæ torcularibus præerant, vt fontibus Naiades. Celebrabantur autem Bacchi sacrificia cum tripudijs, quare Dionysus vocatus est ἐνόρχης δαίμων siue tripudij Deus, vt ait Lycophron:

δαίμων ἐνόρχης Φιγαλεὺς Φαυστήριος.

Deus tripudij, Phigaleus, Phausterius.

Nam ὀρχεῖσθαι tripudiare significat: qui idem dictus est Phigaleus, quod in Arcadia coleretur: & Phausterius, quia lampades & lumina adhiberentur in huius sacrificiis. Fuit hic Deus in numerum Deorum reliquorum relatus ob ea, quæ in genus humanum contulit beneficia, ob res præclare gestas, ob discordias & contentiones à se compositas, ob ciuitates extructas, ob leges, quas dedit ciuitatibus, vt testatur Horatius libro secundo Epistolarum:

Romulus, & Liber pater, & cum Castore Pollux,
Post ingentia facta Deorum in templa recepti,
Dum terras, hominumque colunt genus, aspera bella
Componunt: agros assignant, oppida condunt.

Agebantur huius Dei sacra à mulieribus, vt diximus, quod illas habuisset socias in Indica expeditione: quæ dictæ sunt Bacchæ ab insanis clamoribus: currebant enim cum tædis & funalibus accensis per noctem, quibus vtebantur in illis sacrificijs, atque crinibus passis ita clamabant currentes: eu, hæ, quæ voces sunt bene ac feliciter precãtium. His postea vocibus in vnum compositis Euhæus Bacchus vocari cœpit: deinde Euhyius siue bonus filius, quia cum gigantes bellum Ioui intulissent in leonem versus vnum eorum prior laniauerit ac discerpserit. Ea re præclare gesta Iupiter lætatus dicitur Dionysum Bonum filium vocasse. Lucianus in Dea Syria Osirim, siue Dionysum apud Byblios Aegypti populos mortuum & humatum fuisse scribit, & anniuersarios luctus, ritusq; sacrorum in eius honorem institutos. Atqui quod & ipse & Herc. eandem patriam haberent diximus, & ijsdem propè armis vterêtur, & quòd pariter combusti sunt: quod etiam declarauit ipse Sidonius Antipater in his carminibus:

ἀμφοῖν δὲ στῆλαι συντέρμονες, ἴκελα δ' ὅπλα.
Νεβρὸς, λεοντῆ, κυμβαλα δὲ, ῥάταγρ.
ἥρη δ' ἀμφοτέροις χαλεπὴ θεός. οἱ δ' ἀπὸ γαίης
ἦλθον ἐς ἀθανάτους ἐκ πυρὸς ἀμφότεροι.

Amborumque columnæ: atque arma simillima vtrique,
Cymbala clamori, pellem & vterque tulit,
Et grauis ambobus Iuno Dea: adiuit vterque
E terra ad superos, igne cremante, Deos.

Multa huius Dei sacrificia multis in locis celebrabantur, quæ & nominibus & ritibus & temporibus differebant: atque primi mortalium Phœnices Bacchi sacra instituerunt, quæ postea Orpheus in Græciam ad Thebanos detulit, in quibus laniatus fuit. Agebatur dies festus apud Athenienses, quo die Liberi patris cultum à Pegaso Eleutheriensi ex oraculo Delphico acceperunt, quæ dicebantur Oscophoria, vt ait Pausanias in Atticis. Erat autem consuetudo, vt ait enarrator Nicandri, vt pueri pampinos manibus gestantes tributim è sacro Dionysi templo in sacellum Palladis cognomento Scirrhadis cum precibus decurrerent. Celebrabantur & Trieterica in eius honorem, quia tertio anno ab Indica nauigatione reuertisset, quæ agebantur per brumam, vt ait Ouidius in primo Fastorum:

Sacra corymbiferi celebrabat Græcia Bacchi,
Tertia quæ solito tempore bruma refert.

Horum sacrificiorum & tempus,& instrumenta, & habitum Baccharum demonstrauit idem poeta libro sexto Metamorph.

Tempus erat,quo sacra solent trieterica Bacchi
Sithoniæ celebrare nurus,nox conscia sacri,
Nocte sonat Rhodope tinnitibus æris acuti,
Nocte sua est egressa domo Regina:Deique
Ritibus instruitur,furialiaque accipit arma:
Vite caput tegitur:lateri ceruina sinistro
Vellera dependent,humero leuis incubat hasta.

Nam his armis instructæ cum vociferatione discurrentes crinibus passis diuinare,ac res futuras prædicere credebantur. Epilenæa sacrificia,& certamen, & cantilenæ vocabantur, quæ fiebant vindemiæ tempore cum torcular exprimendis vuis esset inuentum apud Acharnanes,vt ait enarrator Aristophanis. Nam certabant inter calcandas vuas,quis citius plus musti exprimeret, & Bacchi laudes canebant inter calcandas,rogabantque vt quam suauissima musta defluerent:cum agerentur hęc in agris,Dionysia ibi simplici nomine dicebantur. Celebrabantur Lenæa præterea in ciuitate Athenarum ineunte vere,quo tempore vina de fæce eximebantur,tributaque ferebantur ab externis:quod certamen erat bibentium plerunque,Bacchumque lætitiæ autorem canentium,cuiusmodi carmina sunt illa Euripidis in Bacchis:

τὴν παυσίλυπον ἄμπελον δοῦναι βροτοῖς.
οἴνου δὲ μηκέτ' ὄντος, οὐκ ἔστιν κύπρις,
οὐδ' ἄλλο τερπνὸν οὐδὲν ἀνθρώποις ἔτι.
Obliuionem palmitem mali dedit:
Si vina tollas,& Venus statim perit,
Nec dulce quidquam restat hinc mortalibus.

Fuerunt & Phallica in Dionysi honorem instituta, quæ apud Athenienses agebantur, apud quos primus Pegasus ille Eleutheriensis Bacchi cultum instituit: in quibus cantabant quemadmodum Deus hic morbo Athenienses liberauit, & quemadmodum multorum bonorum autor mortalibus extitit. Fama est enim quòd Pegaso imagines Dionysi ex Eleutheris ciuitate Beotiæ in Atticam regionem portante Athenienses Deum neglexerunt: neque vt mos erat, cum pompa acceperunt: quare Deus indignatus pudenda hominum morbo infestauit, qui erat illis grauissimus: tunc eis ab oraculo, quo pacto liberari possent, petentibus, responsum datum est solum esse remediũ malorum omnium, si cum honore & pompa Deum recepissent: quod factum fuit. Ex ea re tum priuatim, tum publicè lignea virilia thyrsis alligantes per eam solennitatem gestabant: fuit enim Phallus vocatum membrum virile. Alij Phallum ideo consecratum Dionyso putarunt, quia sit autor creditus generationis. Agebant Athenienses præterea Canephoria in honorem Dionysi,quod genus erat consuetudinis quale scribitur his verbis à Demaratho in certaminibus Dionysiacis, κατὰ τὴν τῶν Διονυσίων ἑορτὴν παρὰ τοῖς παλαιοῖς ἀθηναίοις, αἱ εὐγενεῖς, παρθένοι τότε πρῶτον ἡβῶσαι ἐκανηφόρουν τὴν δι' ἐκ χρυσοῦ καθαροῦ πεποιημένα τὰ κανᾶ, ἐφ' ὧν τὰς ἀπαρχὰς ἁπάντων τῶν καρπῶν ἐτίθεσαν. per festum Dionysij diem,qui apud antiquos Athenienses agebatur, virgines agiles,quæ ad pubertatem accederēt,tum primum canistros ferebant,qui canistri erant ex puro auro, in quibus erant fructuum omnium primitiæ impositæ. quamquam non defuerunt qui non in honorē Dionysi,sed Dianę,Canephoria instituta crediderint,cum dicerēt virgines nobiles per ea sacra canistros earũ rerũ,quas pulchriores acu laborassent,plenos Dianæ consecrare solitas,atq; ita significasse se prioris vitæ, virginitatisq; pertæsas,cu

pere

pere exautorati, vt asseruit Dorotheus Sydonius, quæ sacra celebrabantur, vt quidam voluerunt, sub finem mensis Aprilis. fuerunt & Apaturia Dionyso consecrata, quorum initium & causa huiusmodi fuisse perhibetur à Charicle in Cathena. cum bellum exortum esset inter Athenienses & Bœotos, Xanthius Bœotus Thymotem Atheniensium Imperatorem ad singulare certamen prouocauit, quo debellato Melanthus Messenius postea illi in id imperium successit, qui peregrinus fuit, & à Periclymene Nelei erat oriundus. His igitur singulari certamine dimicantibus quidam a tergo Xanthii nigra pelle capræ indutus apparuit, tunc ille iniquit cum ad singulare certamen cum socio accederet: ac dum respiciens conuertitur ab aduersario dolo cęditur. cum vero Dionysus creditus sit, quem pelle caprę indutum apparuisse autumant, dies festi fuerunt in eius honorem ab Atheniensibus mense Octobri instituti. celebrabantur per hos dies Apaturia sic dicta à decipiendo: quorum dierum primus Dorpia dicebatur, quia vespertino tempore conuenirent in vnum locum, qui essent eiusdem tribus, & vnà conuiuium pararent. secundum dixerunt Anarrhusim, quod eo die victimę immolarent: nam & Ioui tribuli, & Palladi sacrificabant, & ἀναῤῥύω sursum traho significat, & sacrifico, quia immolantes victimarum iugulandarum colla sursum conuerterent. Tertius dies dictus fuit Cureotis, quo die iuuenes mares ac puellæ nomina dare consueuerunt, vt in tribus asscriberentur. Alii quartum diem addiderunt, quem vocarunt Epibdam, vt scriptum reliquit Panyasis. Celebrabantur & Ambrosia vocata, qui dies erat mense Ianuario Dionyso sacer, quem etiam mensem Lenæonem vocarunt, quia per id tempus vina in ciuitatem importari essent solita: ac mensem nominarunt a Dionyso, quod is præesset torcularibus: vnde Lenæus etiam dictus est. Pithœgia vero cum dolia relinirentur fiebant, atque tunc omnibus præsentibus Dionysi munus in honorem Dionysi impartiebant, quod commune erat amicorum symposium vt scripsit Philochorus. Hæc eadem cum a Romanis celebrantur dicta sunt Brumalia, cum Brumus dictus sit Bacchus. fuerunt & Ascolia dicta apud Athenienses, quæ ita fiebant, vt ait Zezes in commentariis in Hesiodum: ἐγίνετο δὲ τὰ ἀσκώλια οὕτως. ἀσκοὺς πεφυσημένους καὶ πνεύματος πεπληρωμένους τιθέντες κατὰ γῆς, ἑνὶ ποδὶ ἐφαλλόμενοι, ἄνωθεν τούτων ἐφέροντο πολλάκις κατολισθαίνοντες εἰς γῆν ἐπίπλον. τοῦτο δὲ ἐποίουν τιμῶντες τὸν Διόνυσον. ὁ γὰρ ἀσκὸς δέρμα ἐστὶ τράγου. ὁ δὲ τράγος τοὺς θαλλοὺς τῆς ἀμπέλου τρώγων λυμαίνεται ταύτην. Fiebant aũt hoc pacto Ascolia: vtres inflatos vẽtoq; plenos humi deponẽtes altero pede insiliebant, atq; super iis ferebant. Tum sæpius labentes in terram decidebant, faciebant autem id in honorem Dionysi, quoniam vter pellis est hirci, qui pampinos vitium comedens illis obest plurimum; quem tamen vtrem quidam vino repleri solitum fuisse crediderunt, vt traditum est a Mœnandro in libro de mysteriis, atque peritior vinum habebat præmium. Est enim hircus animal maxime vitibus infestum, vt testantur illa carmina Eueni poetæ:

κἤν με φάγῃς ἐπὶ ῥίζαν, ὅμως ἔτι καρποφορήσω
ὅσσον ἐπισχεῖσαι σοὶ τράγε θυομένῳ.

Rodas me licet ad stripem, de palmite fundam
Dulcia mactando vina sed hirce tibi.

Agebantur hæc ipsa sacrificia apud Latinos etiam, quæ Ascolia vocabantur: plurimumque conferre credebantur ad vinearum fertilitatem, quorum ritum ita pręclare expressit Virgilius libro 2. Georgicorum:

Frigora nec tantum cana concreta pruina,
Aut grauis incumbens scopulis arentibus ęstas:
Quantum illi nocuere greges, durique venenum

Dentis,

Dentis, & ad morso signata in stirpe cicatrix.
Non aliam ob culpam Baccho caper omnibus aris
Cæditur, & veteres ineunt proscenia ludi:
Præmiaque ingentes pagos & compita circum
Theseidæ posuere atque inter pocula læti
Mollibus in pratis vnctos saliere per vtres,
Nec non Ausonii Troia gens missa coloni
Versibus incomptis ludunt, risuque soluto,
Oraque corticibus sumunt horrenda cauatis.
Et te Bacche vocant per carmina læta, tibique
Oscilla ex alta suspendunt mollia pinu.
Hinc omnis largo pubescit vinea fœtu.
Complentur vallesque cauæ, saltusque profundi.
Et quocunque Deus circum caput egit honestum,
Ergo rite suum Baccho dicemus honorem
Carminibus patriis, lancesque & liba feremus.

Proponebantur autem præmia illis, qui sapientius super vtres saltarent: deinde Bacchi statua cum carminibus incócinne ebriorum more compositis in eius laudes patrio idiomate singularum nationum circumferebatur circa vineas: quę res plurimum ad fertilitatem conferre putabatur, atque ii qui ista faciebant, personas sumebant è corticibus arborum, & vini fęce aliquando perungebantur, ne cognosci possent, quia multa ridicula, multa parum decora, multa turpia & pudore plena dicebant, quæ sine personis dicere omnino puduisset. deinde vineis lustratis ad altare Bacchi, vnde discesserant, redeuntes, sacras victimas in lancibus offerebant, & comburebant. Deinde altissimis arboribus imagines quasdā modo fictiles, modo ligneas Baccho sacras & illi similes appendebant, quas à parui tate oris dicebant oscilla, vt longissime possent prospicere, quia vineis conferre putabantur. His ita actis in conuiuium, & è conuiuio domum discedebant: quæ omnia propè in superioribus carminibus Virgilii continentur. Cædebantur hirci plerunque in Bacchi sacrificiis, vt ait Euripides in Bacchis hoc modo ἀγρεύων αἷμα τραγοκτόνον· perquirens sanguinem cæsi hirci. quamuis scribit Herodotus in Euterpe in quadam solennitate, quæ Dorpia dicebantur, Aegyptios singulos ante portas priuatarum domorum sues iugulare solitos in honorem Bacchi, ita vero scribit: τῷ δὲ Διονύσῳ τῆς ὁρτῆς τῇ δορπίῃ, χοῖρον πρὸ τῶν θυρέων σφάξας ἕκαστος, διδοῖ ἀποφέρεσθαι τὸν χοῖρον αὐτῷ τῷ ἀποδομένῳ τῶν συβωτέων τὴν δὲ ἄλλην ἀνάγουσι ὁρτὴν τῷ Διονύσῳ οἱ αἰγύπτιοι, πλὴν χορῶν, κατὰ ταυτὰ σχεδὸν πάντα ἕλλησι· ἀντὶ δὲ φαλλῶν ἄλλα σφι ἐστὶ ἐξευρημένα ὅσον τε πηχυαῖα ἀγάλματα νευρόσπαστα τὰ, περιφορέουσι κατὰ κώμας ταὶ γυναῖκες νεῦον τὸ αἰδοῖον, οὐ πολλῷ τέῳ ἔλασσον ἐὸν τοῦ ἄλλου σώματος, προηγέεται δὲ αὐλὸς αἱ δὲ, ἕπονται ἀείδουσαι τὸν διόνυσον. Dionyso die solēnitatis Dorpiæ suē ante fores singuli iugulātes reddūt subulco illi, qui attulerat ipsum suē. atq; aliā solēnitatem sine suib. in honorem Dionysi agunt Aegyptii eodē propè ritu, quo Græci: at pro phallis res alias illi excogitarunt, imagines scilicet cubiti magnitudinis, quas cicunferūt mulieres per agros cum virile membrum reliquo corpore non multo minus, nutet. Præcedit autem, tibia, atque illę Dionysum cantantes sequuntur. Cum vero multa impura facinora Orgiorum, sacrorumque Bacchanaliorum simulatione committerentur, Pentheus Agaues & Echionis filius Rex Thebanorum eo tempore conatus est pro viribus tantum turpitudinis euertere: sed cum periculosum sit regibus inueteratam lasciuiam & auitam aliquam intemperantiam vno die velle obliterare; cum nihil repentinum æquo animo natura patiatur, paulatim-

que

que delenda sint, quæ minime conueniunt, proditum est in fabulis Bacchas in pardales fuisse à Baccho mutatas, & Pentheum in taurum qui fuit ab illis vnguibus discerptus, vt lusimus in nostro libro 4. Venationum:

Denique Thebarum populos peruenit, & omnes
Occurrunt matres Cadmeides. impius vnus
Inuentus Pentheus: captus formidine patris
Imperat hic sociis hunc arctis nectere vinclis.
Inuasere Deum multi, multique sequentes
Percutiunt saxis matres, rapiuntque coronas
Compositas hederæ ramis, & cuncta profanant.
Tum pater immanem te fecit Penthea taurum,
Pardalis in speciem matres mutauit, & illas
Vnguibus horrendis, & dentibus armat acutis.
Discerpsere feræ taurum, regemque profanum,
Esse Dei quoniam sic illis visa voluntas.

Alii dixerunt illum vexasse contumeliis Liberum patrem, & alia fecisse insolenter: atque vt fœminarum occulta sacra intueretur, arborem, qua erant transiturę ascendisse, quod cum illæ cognouissent, eum discerpserunt. deinde ex oraculo arbore inuentæ diuini honores habiti sunt, & duo signa Liberi patris suspē sa: vnum Lysium, alterum Baccheum vocarunt. mox ibi templum fuit cum iis signis extructum. At vero Euripides in Bacchis nō in pardales mutatas Bacchas facit, sed Cadmi filias, sororesque Semeles, quæ Dionysum educauerant, Pentheum discerpsisse scribit, qui etiam commemorat quas corporis partes singulæ abstulerint. Alii dixerunt cæsum fuisse a matre & a sororibus quia aper illis visus sit cum sacra sperneret. fuerunt qui dixerint Lycurgum præterea cum sacra Liberi patris spreuisset, cæcum factum fuisse a Ioue, at non a Dionyso. Quippe cum non minus Iupiter, quam quiuis Deorum, ad quem illa sacrificia pertinerent, esset vindex vel contemptæ vel etiam neglectæ religionis, atque de Lycurgi supplicio ita scripsit Homerus libro ζ. Iliadis:

Οὐδὲ γὰρ οὐδὲ δρύαντος υἱὸς κρατερὸς λυκόοργος
Δὴν ἦν, ὅς ῥα θεοῖσιν ἐπουρανίοισιν ἔριζεν.
Ὅς ποτε μαινομένοιο Διονύσοιο τιθήνας,
Σεῦε κατ' ἠγάθεον Νυσήϊον· αἱ δ' ἅμα πᾶσαι
Θύσθλα χαμαὶ κατέχευαν ὑπ' ἀνδροφόνοιο λυκούργου,
Θεινόμεναι βουπλῆγι· Διώνυσος δὲ φοβηθεὶς
Δύσεθ' ἁλὸς κατὰ κῦμα, θέτις δ' ὑπεδέξατο κόλπῳ
Δειδιότα· κρατερὸς γὰρ ἔχε τρόμος ἀνδρὸς ὁμοκλῇ.
τῷ μὲν ἔπειτ' ὀδύσαντο θεοὶ ῥεῖα ζώοντες
καί μιν τυφλὸν ἔθηκε κρόνου παῖς.

Nec diuturnus & ipse Dryantis semine natus
Inde Lycurgus erat, superos vt temnere cœpit
Qui quondam, vt Bacchi altrices furor egit, iniquus
Collibus exagitat Nyseis vndique. at illæ
Fuderunt omnes fugientes sacra, Lycurgus
Vt voluit: Bacchus petiit mare, tum Thetis ipsum
Accipit in gremium trepidantem, & multa timentem.
Illum odere Dei felicia tempora vitæ
Degentes: cæcum fecit quem Iupiter ipse.

Fuit autem Thracię Rex Lycurgus, vt ait Horatius in 2. lib. Carminum:

Fas & beatę coniugis additum

Stel-

Sollis honorem tectaque Penthei
Disiecta non leui ruina,
Thracis & exitium Lycurgi.

Nam fertur Bacchus, vt hic attigit Horatius, coronam, quam sua vxor gestabat Ariadna, post Ariadnæ mortem ad sempiternam eius memoriā inter stellas collocasse, quare ita scripsit Aratus in astronomicis:

Αὐτοῦ κἀκεῖνος στέφανος τὸν ἀγαυὸν ἔθηκεν
Σῆμ᾽ ἔμεναι Διόνυσος ἀποιχομένης Ἀριάδνης.
Atque corona nitet, clarum inter sydera signum,
Defunctæ quam Bacchus ibi dedit esse Ariadnæ.

Alii dicunt Lycurgum sibi crura amputasse, quia vites cęderet in contēptum Bacchi. Diagondas Thebanus demum in nullas neque domesticas calamitates, neq; publicas incurrit, qui, vt testatur Cicero in secundo de Legibus, omnia nocturna sacrificia, propter eorum turpitudines perpetua lege sustulit. Fuerunt autem res & miracula quæ contingebant in sacrificiis illorum Deorum, quæ homines ad illorum cultum, religionemque impellebāt. Nam scriptū reliquit Paus. in Achaicis Liberi patris simulacrum, quod in diuisione prædæ Troianæ Eurypylo obtigit, quod in arca quadam includebatur, subito visum mentis inopes facere solitum omnes, qui illud vidissent. Neque illud sanè paruæ fuit admirationis quod accidebat in Elide, vt ait Pausa. in posterioribus Eliacis: quod tres lagænas vacuas per diem eius festum tres sacerdotes deponebāt in templo pręsentibus ciuibus & peregrinis, siqui adesse cuperent: mox foribus clausis & vel a sacerdotibus, vel ab aliis volentibus obsignatis suo cuiusque annulo postero die cognitis signis ac reclusis foribus lagænas plenas vino suauissimo inueniebant. Dicitur Staphylus Bacchi fuisse filius, cuius proneptibus admiranda munera largitus fuit: nam cum Staphyli filiam Rhio compressisset Apollo, illudque Staphylus sensisset quod esset grauida, illam in arcam inclusit, & in mare deiecit. arca in Eubœam postmodo delata in spelunca quadam Anium peperit, quem ita è mærore nominauit. Hanc Apollo detulit in Delum, vt scripsit Semus Delius in rebus Deliacis. Hic Anius postea è Dorippe nympha Spermo, Oeno, & Elaidem suscepit, quibus Apollo concessit vt quoties optarent vel vinum vel semina vel oleum caperent, pro suorum nominum significatione: quippe quod hęc ipsa nomina hoc significarent. Fuerunt præterea eiusdem Bacchi filii, & Hymenæus, & Thyoneus, atque Bacchus ex Ariadna Ceranaum, Tauropolim, Euanthen, Latramym, Thoantem, Oenopionem suscepit. Carmonem ex Alexiræa, qui venās ab apro fuit interfectus. E Chtonophyle Phliantem, qui fuit cum reliquis Argonautis, Narcæum è Physcoa, qui primus honores Bacchi apud Elienses instituit. Herodotus in Euterpe Apollinem & Dianam ex Iside & Osiri, quem Liberum patrem esse diximus, natos esse scribit. Atque multa fuerunt Bacchi cognomina vt Deorum cæterorum, quibus de causis dictum est. Nam Hedereus Bacchus dictus est Acharnis, quia ibi primum hedera fuit inuenta: & Cantor, quia cum Musis versaretur: & Seruator, Melanægis, Lysius, Psilaneus, Leucanius, Lamptera. Dictus est Dionysus à Dia insula vna e Cycladibus, quę & Naxos vocabatur quæ illi post ductam Ariadnam consecrata fuit, & à Nysa ciuitate, in qua regnauit. Alii maluerunt dictum fuisse Dionysum, quia mentem excitet: nā Δία mentem appellant, νύσσω autem pungo significat, vt ait Ioannes Diaconus. Bacchus à furore dictus est, Bromius à strepitu, & clamore ebriosorum: Liber pater aut Lyæus, quod idem est, quia vinum liberius haustum à curis liberet, ac lætos faciat. Lenæus à torcularibus: Nysæus quia stimulus fit ad furorē: Dithyrambus, quia e duobus portis exierit: vel, vt alii sentiunt, quia in antro duas portas haben te fuerit educatus. Bimater, quod eum Semele matre in vtero, Iupiter illigatum femori vsque ad iustum pariendi tempus gestauerit fabulati sunt antiqui Bacchum sui sse Iouis femori assutum, quia educatus sit in specu Neri montis qui est apud Nysam clarissimam olim Indię ciuitatē, qui mons Neros Ioui erat consecratus. Ignigena, quia natus sit è matris incendio. Bassareus ab oppido Lydiæ Bassara, vbi præcipua religione colebatur; vel à Bassaride veste talari, qua in eius sacrificijs Bassarides, Bacchæ vtebantur. Brisæus à Brisa Lesbi promontorio, in quo colebatur, vel a Brisa pressorum vinaceorum massa, vel à βριμάω, quod fremere ac vociferari significat. Iacchus ab ἰαχχέω clamo Eleleus, quia furoris & bellorum sit autor plerunque: nam vtebantur hac voce ἐλελεῦ in hymnis & pęanibus, quibus homines incitabant ad bellum. Thyoneus à matre Semele, quæ dicta fuit etiam Θυώνη, quam grauidam furentem introduxit Aeschylus. Euan, quod ea voce vterentur diuinitus afflati. Nyctileus, quia per noctem vociferationis esset autor. Euchius, quia largè fundat, vel in cythos in conuiuiis, vel è torcularibus per vindemiam. Atque hæc ea sunt ferè, quæ de Baccho ab antiquis scriptoribus sunt tradita. ¶ Cum Thebanus fuerit Bacchus, & Penthei, Actæonis, Learchique infelicissimorum hominum affinis, vt ait Lucianus in Concilio Deorum, patet illum hominem mortalem, & mortalium calamitatibus obnoxium fuisse. Quamuis Plutarchus in Pelopida & illum & Herculem ob virtutum præstantiam patiendi facultatem deposuisse scribit: ὡσαύτως οἱ τὰ ποιοῦντα τῇ γενέσει τοῦ θεοῦ συνοικειοῦσι τὰ γὰρ πλεῖστα παραλείπω τῶν τεκμηρίων. οὐ γὰρ ἐν τοῖς ἐκ μεταβολῆς ἀθανάτοις γενομένοις γενητοῖς ὁ πάτριος λόγος τὸν θεὸν τοῦτον ἀπολείπει δαίμοσιν, ὥσπερ ἡρακλέα καὶ Διόνυσον. ἐκ μεταβολῆς ἀρετῇ τὸ θνητὸν καὶ παθητὸν ἀποβαλόντας ἀλλὰ τῶν ἀιδίων καὶ ἀγεννήτων εἷς ἐστιν εἰ δεῖ τοῖς ὑπὸ τῶν φρονιμωτάτων καὶ παλαιοτάτων λεγομένοις τεκμαίρεσθαι περὶ τῶν τηλικούτων. Eodem pacto & ortus rationem his conuenire inquiunt: nam coniecturas plurimas relinquendas censui. Non enim iis, qui nati sunt, immortalibus factis ex aliqua mutatione, lex aut mos patrius Deum hunc coniungere patitur, sicuti Herculem & Dionysum, qui ob virtutum suarum pręstantiam patiendi facultatem ac mortalitatem abiecerunt. Sed vnus est Apollo, quantum coniectura assequi possumus ex iis, qui & sempiterni, & nunquam geniti ab antiquissimis & sapientissimis hominibus crediti sunt. Bacchus filius Semeles fuisse fingitur, quia vinum filius est vitis: nam Semele nuncupata est ἀπὸ τοῦ σείειν τὰ μέλη, à concutiendis membris scilicet, vel quod arbor ipsa maximè cæterarum arborum membra, ramos scilicet, mollia & ventis facile agitanda præbeat: vel quod vitis per vinum membra hominum inflectat, ac regat. Iouis item filius dicebatur, quia innatus est vino calor quidam, & ab ipsa natura insitus: neque potest nisi in locis calidis, aut in moderato calore saltem, vitis nasci. Fingitur ideo Semeles combustæ natus è cineribus, quia cineris natura cum inclusum calorem intra se, ac nescio quid pingue habeat, quod plurimū prosit vitibus. Alij Iouis & Proserpinæ filiū Bacchū esse dixerūt, ꝙ vitis, sicuti reliquorū oīum ferè, maximè principia terrā, tanquā materiā, calorē, tanquā artificem, esse arbitrentur. Iouis femori assutus fuisse dicitur, quia caloris maxime cupida sit vitis: neq; sine illo viuere potest, aut esse fructifera: quare per acriores hyemes vites complures moriūtur. Illū educasse Nymphæ dicuntur e matris cineribus excipiētes, quoniā omnium arborū vitis est humidissima, cuius fructus si aquam modicè sortiatur, multo fit salubrior & crescit eodē tēpore. Dicitur delatus in Aegyptū ob loci calorē, terræque feracitatem, cuius loci similitudinem vitis requirit. Idē Deus pro bibētiū ingenio alios facit audaciores, alios loquaces ac timidos tāquā fęminas: quare & mas & fœmina creditus est. Hunc Musarum comitem censuerunt, quia viui

calor

calor excitet ingenium, nam & disertos & audaces & fortes faciunt meracionis pocula vt nos lusimus in nostris Venationibus vbi scribitur:

Bacche ferox hominum domitor, domitorque ferarum,
Nec solum Tanaim, gentemque bi nominis Istri,
Bistoniusque sinus, eoæ & littora terræ, & quæ sequuntur.

Idem & nudus & semper iuuenis habitus fuit, quia patefaciat secreta. Comitabantur hunc Deum Cobali malefici & dolosi dæmones, inter quos Acratus principem locum obtinebat: quoniam multa sunt, quæ ebrietatem ac immoderatum bibendi vsum consequuntur: loquacitas scilicet, & temeritas, rerum domesticarum profusio, impudentia, inimicitiæ, multaque huiusmodi incommoda cum clamore & strepitu, quæ malos dæmones, & Cobalos, & dolosos antiqui vocitarunt. Nam plerique mortales sua vita Diis ipsis attribuerunt, velut ebrius Aeschylus ebrium Bacchum introduxit in scenam, vt scripsit Chamæleon, quod tamen quidam tribuerũt Epicharmo. sic amore capti adulterium Veneri attribuerunt atque addixerunt; milites crudelitatem bellorum Marti: reges raptum regni vel paterni Ioui. Enimuero ex ipsa ebriosorum natura lynces, & tigres, & pardi, & pantheræ sectari, & eius currum trahere dicebantur: nam harum ferarum ingenium & immanitatem vinum immodice bibentibus imprimit, furiososque efficit. Fingebatur hic Deus hinnulorum & caprarum pellibus indutus, quorum animalium alterum effœminatam ebriosorum naturam significat, alterum infensum est vitibus. Idcirco etiam a mulieribus sacerdotibus plerunque colebatur, quod ebriosorum natura magis fœminis, quam viris est similis. Illæ thyrsis & coronis ex hedera in sacrificiis vtebantur, & smilacis, & abietis, & quercus, quia illę arbores vites imitẽtur, ac nõ infestæ natura sint vitibus. Quod columnas suæ militiæ terminos in Oriente Bacchus posuerit, id vero videtur ad historiam pertinere. Sed tamen & ad vitis peregrinationem spectat, quę prius in Aegypto nata sit, & postea in Orientis regiones delata. Cur versus sit aliquãdo in leonem, manifestum esse iudico. Cur laniatus fuit a Titanibus, ac sepultus deinde integer reuixit? hoc nihil aliud quam plantationem significat: nam è singulis propaginibus cæsis, vel ramis vitium sub terra semisepultis integræ vites fertiles oriuntur. Dormiuit triennium apud Proserpinam Bacchus, quoniam ante id tempus cum vites non sint feraces, dicuntur dormire: apud Proserpinam, cum maxime in radices crescant. Capite fingebatur taurino & cornutus, quia obest immoderate bibẽtibus. vel dicitur cornutus, quia prior boues iunxit, vel quia sit vis solis penetrans. Hunc cum tripudiis colere soliti sunt antiqui ad titubantium & ebriosorum imitationem. Alii Dionysum solem esse arbitrati sunt, vt Cererem lunam, sicuti testatur Virgi. libro primo Georgicorum in his:

vos o clarissima mundi
Lumina, labentem cœlo quæ ducitis annum
Liber & alma Ceres.

Et Orpheus in hymnis:

Πρῶτος δ' ἐς φάος ἦλθε, Διόνυσος δ' ἐπικλήθη,
οὕνεκα δινεῖται κατ' ἀπείρονα μακρὸν ὄλυμπον.
Primus it in lucem, ac Dionysus dicitur idem,
Immensum circa cœlum quod voluitur altè.

Verum id apertius carmen eiusdem poetæ significauit, eundem esse scilicet Solem & Dionysum:

ἥλιος, ὃν Διόνυσον ἐπίκλησιν καλέουσι
Sol clarus, Dionysum quem cognomine dicunt.

Et Eumolpus in Bacchicis carminibus:

Ἀστρο-

Ἀστροφαῆ Διόνυσον ἐν ἀκτῖσι πυρωπόν.

Flammiferos inter radios Dionysus olympi.

Cui etiam nebridis pellem gestamen tribuerunt ob varietatem stellarum. Ad solis igitur motus imitationem illum per tripudia coluerunt, significantes assidue vapores e terra extrahi, sursumque attolli, ex quibus deorsum postea per imbres delatos omnia genera plantarum & animalium aluntur. Hęc eadem causa fuit cur Phallus in sacrificiis Dionysi, tãquam patris generationis cum pompa portaretur. Hunc e Ioue & Semele combusta natum arbitrati sunt, quia astra ignea esse putarunt, & ex ignis natura à Deo fabrefacta. Alii Proserpinam matrē tribuerũt, quod sub terra latere puretur, vt ex ea videatur oriri. Huic cætera, quæ Baccho tributa fuisse diximus, iniunxerunt, propter vim modo caloris nimii, modo frigoris, modo ob temperiem, cum per illum cuncta gignant. Hunc sepultum integrum reuiuiscere fabulãtur ob anniuerlarias caloris vicissitudines: quippe cum debilissimus aliquãdo existens paulatim vires resumat, dum integer & validus fiat. Ægyptii tamen scriptores longe diuersa pleraque à Grȩcis literarum monumentis tradiderũt: nam Bacchum, quem Osirim vocarunt, nutritum fuisse inquiunt in Nysa urbe felicis Arabiæ qui cum esset Iouis filius, & a patre & a loco nomen sortitus est postmodo apud Græcos, atque Nysa est vrbs, de qua ita meminit poeta:

Ἐστὶ δέ τις νύσης ἄβατον ὄρος ἀνθέον, ὕλη
τηλοῦ φοινίκης, σχεδὸν ὠκεανοῖο ῥοάων.
Altus, in accessus Nysæ est mons floridus. ille
Haud procul Occeano, Phȩnicum terra remota est.

Dicitur vitem inuenisse apud Nysam & excogitauisse cultum eius fructus, deinde cæteros homines docuit vino vti. His addiderũt quod Osiris qui regnauit post Vulcanum in Aegypto decreuit rebus Aegyptiis constitutis orbem terrarum peragrare, ac de hominibus omnibus non modo præsentibus, sed etiam posteris benemereri, docereque sationem frumenti & hordei & cultum vitium, cum sic fore arbitraretur vt cessarent a feritate, diuinosque honores ipse mereretur ab illis, qui ad mitiorem diætam fuissent reuocati. illo consilio dicitur res Aegyptias instituisse, ac summam rerũ tradidisse vxori, cui consultorem reliquit Mercurium. summum imperatorem regionis vniuersæ reliquit Herculem celebrem ob uires corporis, & affinitate. coniunctum. Busirim Phœniciæ, Antæum Aethiopiæ ac Libyæ præfecit. secum adduxit multas copias, & fratrem qui vocatus est Apollo à Græcis, inuentorem lauri plantæ, cum Osiris hederam etiam inuenisset, quæ illi sacra credita est, vt etiam Dionyso apud Græcos. secuti sunt Osirim duo filii Anubis & Macedo, qui ad ostentandam fortitudinem insignia in armis vsurpabant non ineptorum animalium ad audaciam. Nam Macedo in armorũ insignibus gestabat priorem partem lupi. at Anubis pileum ad eandem formam. secutus est & Pan, cuius magnà erat apud Aegyptios existimatio, & Triptolemus & Maro, qui culturam agrorum & plantȩ vitis ostentarent. sic Osiris iter aggressus decreuit crines non tondere antequam in patriam rediisset, ex quo mansit postea consuetudo vt peregrinantes capillos nutrirent donec domum rediissent. His addunt se Satyros adiunxisse, cum venisset in Arabiam, & choros musicorum, inter quos nouem virgines fuerunt canendi peritæ, quæ Musæ a Græcis sunt vocatȩ. cæterum Osiris primum per Aethiopiam iter fecit, deinde per Arabiam apud mare Erythræum ad Indos vsque & extremos fines continentis, vbi multas vrbes condidit, & Nysam in primis, vbi hederam plantauit, quod esset indicium eius peregrinationis, columnasque erexit vbique ad profectionis feminorum memoriam. Mox peruenit in Hellespontum & in Europã ac Thraciam,

ciam, & Lycurgum repugnantem ijs quæ faceret, interemit, vbi etiam reliquit fenescentem Maronem, qui Maroneam ciuitatem condidit, ac de suo nomine appellauit. alterum filium Macedonem reliquit regem illius regionis, quæ ab illo Macedonia postmodo fuit appellata. Triptolemum reliquit in Attico solo, qui omnes cultum agrorum ac vinearum doceret. denique ob beneficia diuini honores illi sunt habiti, atque is in Deorum numerum est relatus. Aegyptijs visi sunt nugari illi Græci qui natū esse Bacchum Thebis dixerūt è Semele & Ioue, quod accidisse inquiunt, quia Orpheus in Aegyptum profectus cum mysteria perdidicisset, quod esset amicus Cadmeis, a quibus honoratus fuerat, gratificans Thebanis ea dicitur de Dionyso confinxisse. vulgus autem partim ob inscitiam, partim etiam quia vellet Deum suum ciuem putari, quæ spectant ad eius ortum facile complexum est, & ad alias nationes transmisit. Huic rei dicitur dedisse occasionem infans, qui natus est e filia Cadmi Semele ex occulto coitu, quem dixerunt è Ioue fuisse cōceptum: qui cum forma & ingenio præstitisse postea visus esset, Orpheus peritus rerum omnium Osiridis, ritus & mores sacrorū apud Græcos instituit, a quo & mythologi seu fabularum scriptores & poetæ postmodo argumenta sumpserunt, immutabilemque opinionem ad posteros de illo constituerunt. aiunt non vinum solum a Dionyso inuentum fuisse, sed etiam potum ex hordeo Tythum vocatum, qui parum differt odore a vino, quem docuit eas nationes, quarum regio non est vitium patiens. primus omnium duxit triumphū qui etiam cum mitra circa caput vsus fuisset, mansit postea consuetudo regib. vt ad eius imitationem diademate vterentur. cum vero per triennium peregrinatus esset ad eius temporis memoriam Bœoti & Thraces & reliqui Græci Trieterica sacra instituerunt. Quidam tamen ex Aegyptiis longe diuersa ab his quæ hactenus dicta sunt de ortu Dionysi tradiderunt: aiunt enim Ammonem regē partis Libyæ, qui cœli filiam ac Saturni sororem duxerat, cum viseret regionē ad montes Cetaunios reperisse virginem forma egregia Amaltheam nomine, cum qua congressus filium genuit, qui cum postea forma & robore esset insignis Dionysus fuit vocatus. Amaltheam constituit reginam propinqui loci, cuius loci figura cum esset cornu bouis similis, dictum est cornu Hesperidum. ob fertilitatē vero regionis, quæ multiplices domesticorum fructuum arbores produceret regio vocata est cornu Amaltheæ. cæterum Ammon veritus Rheæ Zelotypiam puerum in Nysam quandam vrbem deferri curauit longe ab his locis distantem, quæ erat in quadam insula a Tritone fluuio comprehensa ad præcipitem locum vbi fuerunt angustiæ quædam, quas portas Nysæas vocarunt. Erat ibi regio per amæna mollibus pratis distincta, locusque irriguis multis aquis lympidis scatentibus abundabat, omni fructiferarū arborum genere consitus, cum multæ etiam optimæ vites sponte nascerentur afflabatur locus multis amænissimis ac saluberrimis ventis, quare incolæ longissima ætate fruebantur, cū regionis ingressus multis condensis altisque arboribus sepiretur, & vallibus satis profundis, ita vt sol nō facile posset penetrare, ac vix lumen ipsius solis. ad omnes accessus fontes fuerūt dulcium aquarū, cum semper virentes & odoriferæ arbores multæ essent, & suaues flores, & variarum auium cantus. atque vt vno verbo concludam nihil prorsus ad absolutam voluptatem habitantium ibi desiderari poterat. Illuc vbi Ammon accessisset filium alendum dicitur edisse Nysæ vni filiarum Aristæi, cuius tutorem instituit ipsum Aristæum virum prudentia, omnique genere disciplinarum præstantem. at Palladem præfecit deuitandis insidiis nouercæ, quæ paulo ante ad fluuium Tritonem, e terra edita visa Tritonia fuit appellata. Enimuero cum Rhea postea virtutem & gloriam Dionysi priuigni vbique celebrari audiuisset, irata est Ammoni, Dionysumque omni ante procurauit capere, quod cū

facere

facere nequiuisset, reliquit Ammonem, & ad fratres Titanes confugit, apud Saturnumque fratrem habitare decreuit. Persuasit etiam Saturno vt cum cæteris bellum aduersus Ammonem susciperet, quod factitatum est. Ammonem inquiunt annonę penuria laborantem in Cretam necessario confugisse, duxisseque filiam vnius Curetum tunc imperantium Cretam nomine, atque insulam prius Ideam nominatam ab vxore Cretam vocasse. Saturnus occupatis a se locis Ammonis, cum nimis acerbè imperare visus esset magnum odium subditorum in se concitauit, nec ita multo post cum magnis copijs comparatis aduersus Nysam & Dionysum militauit. Dionysus audita fuga paterna & Titanum in se expeditione, multos milites è Nysa collegit, & inter hos ducetos peritos labore, beneuolentia erga ipsum, & officijs præstantes. his accesserunt collectitiæ copiæ è Libya, & magna manus Amazonum, quæ etiam eo libentius aduenerant, quod intelligebant se Palladem rerum militarium studiosam sociam belli esse habituras. Sic marium summus imperator Dionysus, fœminarũ Pallas ducebat exercitum. Inito prælio multis vtrinq; cadentib. Saturnus vulneratus est, ac victoria fuit penes Dionysum, cuius præclara virtus illo die præcipue enituit. Titanes fuga se seruarunt in loca Ammonis, quos per deditionem postea captos libertati restituit, optionemq; dedit an secum vellent militare vel abire, qui omnes secũ militarunt, ac Dionysum tanquam Deum salubrem coluerunt. aiunt expeditionem aduersus Saturnũ fuisse susceptam militantib. vna nobilissimis Nyseis qui Sileni sunt vocati, cũ primus qui regnauit Nysæ Silenus nominaretur, in itinere multa mõstra domuit, desertasq; regiones colonis repleuit. Saturnus Dionysi copijs auditis vrbẽ succendit, abductaq; secũ Rhea & quibusdã amicis per obscuritatẽ noctis ex vrbe diffugit. Sed cũ in custodias vbiq; distributas incidissent, venissentq; in potestatem Dyonysi, non modo nihil in humanũ passi sunt, sed etiam vltro inuitati vt pro paterna charitate in posterũ cum ipso vna viuerent, omnem debitã reuerentiã ob coniunctionem sanguinis consecuturi. Sed cum denuo Titanes clã arma parassent ab eodem victi pugna ad vnum sunt trucidati. Hæc ab Aegyptijs & alia pleraq; memoriæ prodita sunt de Dionyso quidam etiam dixerunt illum è Ioue ac Cerere natum esse, & discerptum à terrigenis & coctum, sed à Cerere compactis membris rursus iuuenem reuixisse, quæ certe omnia spectant ad culturam vitis & vini expressionem. dicũt enim illud significare è terra & imbre capere incrementum, vinumque ex expresso racemo producere. à Terrigenis iuuenem conuelli, est nimirum ab agricolis transplantari, cum terra sit Ceres, quæ ramis denuo dat vitam coctionem addiderunt, quia plurimi vinum coquũt quo pacto magis seruatur vt inquit Diodorus Siculus in historijs libro 3. alij duplicem eius ortum tradiderunt, quia vel ante diluuium hæc planta floruerit, & cum per diluuium Deucalionis appareret extincta, mox repullularit. alij tres fuisse Dionysos aiũt varijs temporibus, quibus singulis proprias res gestas tribuerunt. alij vnũ, qui omnia fecerit prædicta, & vinum & ficus inuenerit, quem barbatum esse dixerunt, atque illi primum fuisse Indum vitis & ficus autorem, secundum Iouis & Proserpinæ vel Cereris, qui prior boues aratro subiecerit, cum prius manibus homines terram colerent, quare etiam cornua tribuerunt eius statuis. Sic autem de eius ortu breuiter Homerus ait hymnicus:

οἱ μὲν γὰρ δρακάνῳ σ᾽, οἱ δ᾽ ἰκάρῳ ἠνεμοέσσῃ
φασὶν, οἱ δ᾽ ἐν νάξῳ δῖον γένος εἰραφιῶτα.
οἱ δέ σ᾽ ἐπ᾽ ἀλφειῷ ποταμῷ βαθυδινήεντι,
ἄλλοι δ᾽ ἐν θήβῃσιν ἄναξ σε λέγουσι γενέσθαι
ψευδόμενοι· σὲ δ᾽ ἔτικτε πατὴρ ἀνδρῶν τε θεῶν τε
πολλὸν ἀπ᾽ ἀνθρώπων κρύπτων λευκώλενον ἥρην

ἐισὶ δέ τις Νύσσῃ ἄβατον ὄρος, ἀνθέον ὕλῃ
τηλοῦ φοινίκης, σχεδὸν αἰγύπτοιο ῥοάων.
Hi Naxum, hi Dracanumque ferunt, illi Icaron esse
Ventosam patriam tibi magno vitisatori:
Illi te natum esse Alphei ad fluminis vndam
Ast alij Thebis falso dixere: sed ipse
Protulit in lucem te hominum sator, atq; Deorum,
Iunonemque latens, mortalesque occuluit te.
Altus, inaccessus, Nysæ mons est, ibi sylua
Non procul Aegypto est, procul à Phenicibus agris.

At de Dionyso tot dicta sint, nunc de Cerere dicamus.

De Cerere. Cap. XIIII.

Cererem Saturni & Opis filiam, sororemq; Plutonis, & Iouis & Iunonis fuisse memoriæ prodidit ita Hesiodus in Theogonia:

ῥείη δ' αὖ δμηθεῖσα κρόνῳ τέκε φαίδιμα τέκνα.
ἱστίην, δήμητρα, καὶ ἥρην χρυσοπέδιλον,
ἴφθιμόν τ' ἀίδην, ὃς ὑπὸ χθονὶ δώματα ναίει.
Hinc Rhea progenuit Saturno pignora clara,
Iunonem, & Vestam, Cererem, quique imperat vmbris
Plutonem fortem, sub terris cui domus alta est.

Hæc Dea cum pulcherrima esset, Iupiter, qui nullum stuprum, nullamque turpitudinem vel domesticam deuitauit, captus fuit sororis desiderio, eamq; compressit, ex quo nata est Proserpina, vt testatur in his idem:

αὐτὰρ ὁ Δήμητρος πολυφόρβης ἐς λέχος ἦλθεν,
ἣ τέκε περσεφόνην λευκώλενον, ἣν ἀϊδωνεὺς
ἥρπασεν ἧς παρὰ μητρός.
Diuitis ille thorum Cereris conscendit, & inde
Edita formosa est Proserpina: quam sibi Pluto
Surripuit de matre.

Cum Neptunus etiam alter è fratribus eandem Cererem compressisset, filiam suscepit, quam nefas erat apud Græcos nominare: quam tamen & ipsam & Cererem Heras nominantes quidam appellarunt, vt scriptum reliquit Pausanias in Arcadicis. Fuerunt tamen, qui non Heram, sed equum è Cerere natum esse ex eo partu dixerint: quare fabulati sunt, quod Ceres ob equum à se genitum partim ob iram in Neptunum, partim ob pudorem, nigras vestes sumpsit eo tempore, atq; lucem Deorumq; conspectum fugiens se in specum obscurissimum abdidit. Deinde cum omnes terræ fructus corrumperentur, pestisq; passim homines & animalia omnia conficeret, Dijs omnibus Cereris latebras ignorantibus, Pan, cum per Arcadiam venando vagaretur, illam vidit, ac Ioui indicauit, quo à Parcis missis, iram deponere precantibus placata est. Fuerunt tamen, qui nō hac de causa id contigisse inquiant, sed cum ea percepisset, quæ de raptu Proserpinæ contigerunt. Hæc tamen non contenta fuit à duobus fratribus pollutam fuisse suam pudicitiam, sed semper, vt pleræque mulieres, noua & maiora appetēs, Iasionem Iouis & Electræ filium adamauit, vt testatur Homerus libro quinto Odysseæ:

ὡς δ' ὁπότ' ἰασίωνι ἐϋπλόκαμος Δημήτηρ
ᾧ θυμῷ εἴξασα μίγη φιλότητι καὶ εὐνῇ
Νειῷ ἔνι τριπόλῳ. οὐδὲ δὴν ἦεν ἄπυστος
Ζεύς, ὅς μιν κατέπεφνε βαλὼν ἀργῆτι κεραυνῷ.

Sic

Sic olim dilexit, vbi Ceres Iasionem
Ipsa sequens animum in lecto est coniuncta, noualis
In terra, ter passa fuit quæ vulnus aratri:
Non tamen ille Iouem latuit: sed fulminis igne
Flagrantis cecidit cinerem conuersus in atram.

Cum enim Iupiter filium haberet riualem, illum ferre non potuit. Ex Iasione igitur & Cerere natus est Plutus, vt ait enarrator Theocriti: quem cęcum immerito finxerunt antiqui: cum paupertati magis illud conueniret: quoniam vel sapientissimi homines si sint inopes, apparent omnibus prope insulsi, sine consilio, sine Iudicio, sine prudentia, sine mentis acumine: cum horum omnium opinionem diuitiæ secum afferant. Nihil enim non sapientissimum iudicatur, & aureum, quod proficiscatur ab opulento ore. Ipsum tamen nonnulli non Iouis & Electræ filium fuisse senserunt, vt putauit Isacius, sed Minois & Phroniæ: cum quo in prato dormiente congressa sit Ceres, ac Plutum genuerit. Habitauit Ceres Corcyræ aliquando, quæ ita vocata fuit à Corcyra filia Asopi ibi sepulta, vt scripsit Apollonides in Europæ nauigatione. cum illam insulam Drepanum antea nominarent, vt scripsit Appllonius libro quarto Argonauticorum:

Ἀμφιλαφὴς πίειρα κεραυνίῃ εἰν ἁλὶ νῆσος.
ᾗ δ' ὕπο δὴ κεῖσθαι δρέπανον φάτις. ἵλατε μοῦσαι,
Οὐκ ἐθέλων ἐνέπω προτέρων ἔπος. ᾧ ἀπὸ πατρὸς
Μήδεα νηλειῶς ἔταμε κρόνος οἱ δὲ ἑ Δηοῦς
κλείουσι χθονίης καλαμητόμον ἔμμεναι ἅρπην.
Δηὼ γὰρ κείνῃ ἐνὶ δή ποτε νάσσατο γαίῃ.
Insula præpinguis, statio gratissima nautis,
Fluctibus alluitur, sub qua (mihi parcite Musæ
Non dico hæc arcada lubens) falx conditur illa
Qua secuit patrem Saturnus. sunt quoque falcem
Qui dicant Cereris, qua sueuit cædere messes,
Nanque Ceres quondam terris habitauit in illis.

Fuerunt enim qui non à Saturni falce, sed ab illa, quam Ceres à Vulcano expetiit, vt Titanes metere doceret, vocatum Drepanum putarint: vel qua ipsa meteret, vt ait Isacius. fuit autem Siciliæ ciuitas Drepanum non procul ab Eryce monte, atque tota Sicilia fuit Cereri consecrata, sicuti scripsit actione sexta in C. Verrem Cicero in his: vetus est hæc opinio Iud. quæ constat ex antiquissimis Græcorum literis atque monimentis: insulam Siciliam totam esse Cereri & Liberæ consecratam. Huius filia idcirco in Sicilia rapta fuit à Plutone, & ad inferos delata, vt diximus, quæ prorsus recuperari non potuit, quoniam apud inferos mali Punici grana gustasset. celebrabantur Thesmophoria in honorem Cereris, quę à Triptolemo primum pro accepto serendi munere ac frugibus in Eleusio oppido fuerunt instituta. Nam fama est Cererem cum per orbem terrarum filiam quærens vagaretur peruenisse ad oppidum, & ad oppidi eiusdem principem nomine Eleusium, cuius vxor Hyona, vt ait Lactantius, Triptolemum pepererat: cui nutricem quærenti Ceres vltro se obtulit, puerumque diuino lacte nutritum noctu clam sub igne occultabat. Is cum egregie nutriretur per noctem, pater obseruans quo pacto id fieret, re visa exclamauit, quare irata Ceres Eleusium exanimauit, ac Triptolemo currum à draconibus tractum dedit, vt vniuersos mortales sationē frugū doceret: sicuti testatur Callimachus in hymno in Cererem. Alii fabulantur Celeum à Cerere per quodam tempus educatū fuisse tanquam filiū: quem cum Dea vellet facere immortalem, assidue sub igne tegere solebat. verum cum id diutius fecisset à quodam conspecta id facere destitit: neq;

immortalem reddere curauit, sed illum frumenti sationem docuit, vt ait Nicandri enarrator. Alij Triptolemi patrem Celeum fuisse memorarunt, dixeruntque & patrem & filium sationem edoctos à Cerere fuisse. alij Triptolemum Oceani & Terræ aiunt fuisse filium, vt testatus est Musæus, quem tamen Orpheus cum Eubuleo fratre Disaulis filium fuisse credidit. Alij Cercyonem & Triptolemum fratres fuisse memoriæ prodiderunt. Alij dicunt Eumelum accepisse frugum sationem à Triptolemo ac patras detulisse vnà cum satione condendarum vrbium, qui primum Aream ab ipsa aratione Patras vrbem nuncupauit. His addiderunt quidam Antheam Eumeli filium ausum fuisse dracones currui Triptolemi volucres adiungere, qui ab ijs excussus diem suum obijt vt ait Paus. & Euanthes in historijs fabulosis. Fuit aūt mos Thesmophorijs ne vinum adhiberetur, matronęq; initiarentur apud Athenienses, quæ perpetuā & incorruptā pudicitiā seruare decreuissent, quæ coronis viticeis ornabantur: atq; horū sacrorū ritum & consuetudinem Thesmophoriorum ita descripsit enarrator Theocriti de sentētia Thelyti Methymnæi ex Bacchicis carminib. νόμος γὰρ ἦν Ἀθηναίοις κατ᾽ ἔτος τελεῖν τὰ θεσμοφόρια ταῦτα, παρθένοι γυναῖκες καὶ τὸν βίον σεμναί, καὶ κατὰ τὴν ἡμέραν τῆς τελετῆς, τὰς νομίμους βίβλους καὶ ἱερὰς ὑπὲρ τῶν κορυφῶν αὐτῶν ἀνατιθεῖσαι, καὶ ὡσανεὶ λιτανεύουσαι, ἀπήρχοντο εἰς Ἐλευσῖνα. Lex enim fuit Atheniēsib. vt hęc Thesmophoria quotannis celebrarēt virgines mulieres, & vitæ honestæ: quæ per solēnitatis diē legitimos sacrosq; libros super vertice gestātes, tanq̃ supplicantes Eleusinē contenderent. Hæc sacrificia cum prius Eleusini celebrarēt, primus Eumolpus Deiopes & Triptolemi filius ad Athenienses detulit: vel, vt alij sunt arbitrati, inter quos Acesodorus, quintus ab illo Eumolpus, vt patet ex his Acesodori verbis: κατοικῆσαι δὲ τὴν Ἐλευσῖνα ἱστοροῦσι, πρῶτον μὲν τοὺς αὐτόχθονας, εἶτα Θρᾷκας τοὺς μὲν Εὐμόλπου παραγενομένους πρὸς βοήθειαν, εἰς τὸν κατ᾽ Ἐρεχθέως πόλεμον· τινὲς δέ φασι καὶ τὸν Εὔμολπον εὑρεῖν τὴν μύησιν τὴν συντελουμένην κατ᾽ ἐνιαυτὸν ἐν Ἐλευσῖνι Δήμητρι καὶ κόρῃ. Condidisse Eleusinē ciuitatem memorāt, primū quidem indigenas, postea Thraces eos qui cum Eumolpo suppetias ferentes accesserunt ad illū bellum, quod aduersus Erechtheum exarsit. Alij vero dicūt Eumolpum ritum illum sacrificiorum inuenisse, quæ quotannis apud Eleusinos agebantur in honorem Cereris & Proserpinæ. Quod vero illa fuerit consuetudo vt idcirco Eumolpidæ sacris Cereris initiarentur, essentque eorum sacrificiorum sacerdotes, ita testatur Sophocles in Oedipode in Colono:

ὧν καὶ χρυσέα — quorum & aurea
κλῂς ἐπὶ γλώσσᾳ βέβακε — Clauis in lingua constitit,
προσπόλων Εὐμολπιδᾶν — Sacerdotum Eumolpidarum.

Herodotus tamen in Euterpe non à Triptolemo, aut ab aliquo Græcorum initium habuisse scribit Thesmophoria, sed ex Aegypto ad Pelasgas mulieres primum à Danai filiabus fuisse delata: καὶ τῆς Δήμητρος τελετῆς πέρι, τὴν οἱ Ἕλληνες θεσμοφόρια καλέουσι, καὶ ταύτης μοι πέρι εὔστομα κείσθω, πλὴν ὅσον αὐτῆς ὁσίη ἐστὶ λέγειν· αἱ Δαναοῦ θυγατέρες ἦσαν αἱ τὴν τελετὴν ταύτην ἐξ Αἰγύπτου ἐξαγαγοῦσαι, καὶ διδάξασαι τὰς Πελασγιώτιδας γυναῖκας. Atque de Cereris solennitate, quā Græci Thesmophoria nominant, mihi faustum, felixque sit omen, vt quantū fas est per religionem proferam. Fuerunt autem Danai filiæ, quæ hanc solennitatem ex Aegypto transtulerunt, mulieresque Pelasgas docuerunt. Vtebantur in Sicilia in sacrificiis Cereris non floreis quidem coronis, neque in aliis eius sacrificiis, quia ob memoriam raptæ filiæ colligētis flores, illis tuer sit vetiti. at myrteis coronis, & è smilace, vel narcisso, vel croco vtebātur, vt ait enarrator Sophoclis. cū igitur Ceres Proserpinā quærens vniuersum terrarū orbem perlustrasset, facibus ex Aetna Siciliæ mōte accēsis ad illius imitationem Siculæ mulieres vel viri per noctē cum accensis facib. vociferantes, Proserpinamq; vocātes discurrebant, quare Tædiferos antistites appellauit Strabo lib. 10. cū igitur fuisset à Metanira & Hippothoōte Neptuni & Alopes filio in hospitiū perbenigne accepta Triptolemum sationem dicit docuisse, quem alij Eleusij, alij Celei, alij Oceani, alij Dysaulis filiū fuisse tradiderunt, vt testatur Pauſ. in Atticis. Crediderunt nōnulli Triptolemum & Bubuleum fratres sationem à Cerere didicisse, quia illi primum filiæ raptum matri indicassent. Fabulantur præterea ꝙ cum hospitio accepta fuisset à Metanira Ceres, illique Metanira sacra faceret, eius filius Abas inuidit illius Deæ sacrificijs, grauiterq; tulit quod mater sua illam accepisset, & sacra deridens nescio quid parum decorum in ipsam Deam susurrauit. tunc verò Dea irata mistionem quandam, quam habebat in cratere, in illum infundens in stellionem dicitur Abantem conuertisse, quod ita testatur Nicander in Theriacis:

Ἔνθα καὶ οὐτιδανοῦ περ ἀπεχθέα βρύγματ' ἐάσειν
Ἀσκαλάβου. τὸν μέν τ' ἐρέει φάτις οὕνεκ' ἀχαιὴ
Δημήτηρ ἔβλαψε, ὅθ' ἄψεα σίνατο παιδὸς
καλλίχορον περὶ φρεῖαρ, ὅτ' ἐν κελεοῖο θεράπναις
Ἀρχαίη Μετάνειρα θεὴν δειδέκτο περίφραν.
Inuisi hic adsunt stridores, stellio vilis
Quos edit: fertur talem sumpsisse figuram
A Cerere irata deriso numine Diuæ
Infelix puer ad puteum, Metanira labore
Hospitio vt fessam cœpit, dum pignora quærit.

Omnino vero boues iungere, & arare Ceres docuit mortales, vt testat Orpheus in hymno in Cererem Eleus:

ἣ πρώτη ζεύξασα βοῶν ἀροτῆρα τένοντα,
καὶ βίον ἱμερόεντα βροτοῖς πολύολβον ἀνεῖσα.
Colla boum quæ prima graui subiecit aratro,
Felicemque dedit victum mortalibus ægris.

Fama est præterea quòd cum fuisset apud Phytalem aliquando in hospitio, illi gratiam referens ficum plantam largita est vt ait Pausanias in Atticis. Et vt testātur illa carmina, quæ Phytali sepulchro inscripta fuerant, quorum est sententia:

Hic Cererem Phytalus tectis exceperat heros,
Cui primum sacri largita est semina pomi,
Quam ficum mortale genus vocat.

Neque vero ficum solum aut frugum sationem Cereri tribuunt, sed inuentionē omnium leguminum, præter quum fabæ: quippe cum de omnibus, à quibus comiter & liberaliter accepta fuit, dum Proserpinam quæreret, benemereri studeret, vt scripsit Pausanias in Arcadicis. neque solum serendi rationem mortalibus tradidit Ceres, cum inutilis fore videretur illa sciencia, nisi quo pacto frumentum cæderetur, & excuteretur, & è paleis secerneretur, & frangeretur didicissent ad panem conficiendum, quod illa igitur cædere & triturare docuerit, ita testatur Callimachus in hymno in Cererem:

κάλλιον ὡς καλάμαν τε καὶ ἱερὰ δράγματα πρᾶτον
ἀσταχύων ἀπέκοψε, καὶ ἐν βόας ἧκε πατῆσαι.
Ἁνίκα Τριπτόλεμος ἀγαθὰν ἐδιδάσκετο τέχναν.
Pulchrius vt calamos primum, sacrosque maniplos
Strauit aristarum, calcare bouesque coegit:
Tunc, vbi Triptolemus perpulchras combibit artes.

Quāuis nō procul à mōte Taygeto Laconū in vico quodā Alesia vocato molā primū inuentā fuisse, & Myletū Lelegis filiū molere fruges docuisse nōnulli tradiderūt, satæ fuerunt & creuerũt primæ fruges apud Cephissum amnem, qui per agrum Eleusinum multo concitatiore cursu, quàm in alijs locis deferebatur: in campis, quos Rharios vocarunt, vt testatur Pausanias in Atticis. atq; ibidem locus ostendebatur, vbi Pluto Proserpinam rapuit, & vbi Eleusiniorum fœminæ primum chorum in honorem Cereris instituerunt non procul ab Agelasto Petra vocata, super qua sedit Ceres audito casu Proserpinæ, cui petræ propinquus fuit locus vocatus Callichorus. Atqui raptum & labores Cereris ita paucis complexus est Carcinus poeta tragicus quos pertulit querenda filia:

λέγουσι, Δήμητρός ποτ' ἄρρητον κόρην
Πλούτωνα κρυφίοις ἁρπάσαι βουλεύμασι,
Δῦναί τε γαίας εἰς μελαμφαεῖς μυχούς,
Πόθῳ δὲ μητέρ' ἠφανισμένης κόρης
Μαστῆρ' ἐπελθεῖν πᾶσαν ἐν κύκλῳ χθόνα,
καὶ τὴν μὲν Αἰτναίοισι Σικελίας πάγοις
Πυρὸς γέμουσαν ῥεύμασι δυσεμβόλοις
Πᾶσαν στενάξαι πένθεσι δὲ παρθένου
Σίτων ἀμοιρὰν διοτρεφὲς φθίνειν γένος,
ὅθεν θεὰς τιμῶσιν ἐς τὰ νῦν ἔτι.

Fama est Cereris quondam puellam, quam nefas
Est nominare, Ditis è sententia
Raptam fuisse, nigra terræque atria
Intrasse, regiam obsitam caligine.
Mater puellę at acta desiderio
Errauit omnes quæritans terræ locos
Scatentis ignis Aetnæ & inde rupibus
Matris fuisse cognitos pro virgine
Luctus ciborum hæc abstinens fuit diu,
Quare Deas gentes colunt has nunc quoque.

Fuerunt tamen qui non solam Cererem autorem fuisse dixerint & inuentricem sationis, sed Osirim & Isidem etiam eius vxorem, Bacchum scilicet inuentionis socium addiderunt: nam hi cum magno exercitu & cum magno tibiarum fistularumque concentu orbem peragrasse, & agriculturam mortales docuisse, memorantur. Alij frumentum sua sponte natum fuisse in Sicilia dicunt, quod cum à nemine colligeretur in terram rursus recidebat: quod cũ Cecrops Athenarum Rex è quodam percepisset, misit qui colligerent, & ad se asportarent. id cum Triptolemus prior cepisset, terramque arasset, & id seuisset, vt quidam putarunt ibi, vbi nouæ fuerunt Patræ, vt arbitrati sunt alii in agro Eleusino, messemque succidisset, commentarios postea de cultu agrorum scripsit, qui ad omnes mortales peruagati sunt, è qua re fabula fuit conficta quod Triptolemus orbem terrarum agrorum cultum omnibus mortalibus ostendens peragrauit. Gnosij autem, qui populi fuerunt Cretæ, vt ait Polyistor, contendebant cum Atticis hominibus frugum inuentionem primam apud se fuisse, at non in agro Atheniensi: quippe cum multa alia Cretenses priores inuenerint. nam & acies instruere, & nauibus longis vti, & sagittis eminus pugnare primi inuenerunt Cretes, & musicos modulos ab Idæis dactylis primi obseruarunt è strepitu ac tinnitu æris, & literas à se inuentas in Latium intulerunt, quod tamen non est sine multorum contentione creditum, cum multi plerunque rei eiusdem dicantur fuisse inuentores, sicut de igne superius dicebamus, cuius inuentionem alij Baccho, alij Prometheo, alij Vulcano, alij fulmini, alij Pyradæ Cilicis filio tribuerunt, quem aiunt primum è Silice ignem excudisse. Quod autem Bacchus vnà cum

Cere-

Cerere orbem eadem de causa perlustrauerit, videtur illud esse argumẽto quod communia sacrificia apud Eleusinios Baccho & Cereri agebantur, vt testatur Sophoclis enarrator. Fuerunt Cereri non solum delubra, sed nemora etiam consecrata: quare fabulati sunt antiqui, quod cum eius nemus Erisichthon quidam Thessalus abscidisset, illi Ceres perpetuam famem immisit, fecitque ne vnquam posset cibo saturari: quippe cum vel per diem assidue præsentibus cibis vescerentur, vel etiam per noctem in somnijs sibi videretur præsentibus suauissimis vesci. Hic filiam habebat Mestram nomine veneficiorum peritissimam, quam in varias animalium, rerumque cæterarum formas mutatam frequenter vendebat, quæ paulopost aufugiens rursus ad patrem priore forma recepta redibat, ita pro suis viribus paternæ fami opem ferebat. Fiebant etiam priuata huic Deæ sacrificia, cui post messem primitias frugum pro frumenti prouentu offerebant, & conuiuia celebrabantur inter coniunctos, vt testatur Theocritus his carminibus in Cerealibus:

Ἀνέρες εὐπέπλῳ Δαμάτερι δαῖτα τελεῦντι
Ὄλβῳ ἀπαρχόμενοι· μάλα γὰρ σφισι πίονι μέτρῳ
Ἁ δαίμων εὔκριθον ἀνεπλήρωσεν ἀλωάν.
Namque viri Cereri celebrant conuiuia læta,
Primitiasque ferunt: quoniam plena area frugum
Frugiferæ messes siccauit munere *Diuæ*.

Agebantur & ambaruualia à singulis agricolis, quæ lustrationes, purgationesq; aruorum esse putabantur, & plurimum ad fertilitatem conferre. per ea vnusquisque paterfamilias hostiam deligebat in Cereris sacrificia, quam quernea corona circa collum posita ornabat, eamque ter circa sata ducebat, quam vniuersa familia quernis ramis coronati, Cererisque laudes canentes cum tripudiis comitabantur: idque fiebat ineunte vere. Deinde post has lustrationes mulsum & lac offerebatur, cum alioquin vinum solum interesse Cereris sacrificijs iure sacrificiorum minime posset. Hunc sacrificiorum ritum vniuersum prope monstrauit Virgilius libro primo Georgicorum in his:

Cuncta tibi Cererem pubes agrestis adoret:
Cui tu lacte fauos, & miti dilue Baccho,
Terque nouas circum felix eat hostia fruges,
Omnis quam chorus, & socij comitentur ouantes:
Et Cererem clamore vocent in tecta: neque ante
Falcem maturis quisquam supponat aristis,
Quàm Cereri torta redimitus tempora quercu
Det motos incompositos, & carmina dicat.

Colebatur Ceres apud Arcades Heræ nomine, cui sacra fiebant eo ritu, vt non sicuti in cæteris, victimæ iugularentur, sed quod membrum quisque prius apprehenderat, id præcidebat, ac Deæ offerebat, vt ait Pausanias. Hanc eãdem Deam legum inuentricem fuisse scripsit Cicero actione septima in C. Verrem his verbis; à quibus initia vitæ atque victus, legum, morum, mansuetudinis, humanitatis exempla hominibus & ciuitatibus data, ac dispertita esse dicuntur. loquitur enim de Cerere & Proserpina. sic & Lucretius in libro sexto ab Atheniensibus initia frugum & legum in vniuersos homines manasse scribit:

Primæ frugiferos fætus mortalibus ægris
Dididerunt quondam præclaro nomine Athenæ.
Et recreauerunt vitam, legesque rogarunt.

Significat & ipsum Thesmophoriorum nomen præterea legum autorem Cererem extitisse, cum θεσμὸς lex sit, φέρω ferre significet, quasi enim legifera sacra dicantur. Nam cū frumenti semina inuenta fuissent homines, qui prius nullis legibus parebant, glandibusque communi cibo vescebantur, atque omnia habebāt communia: leges rogarunt, quibus sua pars terræ cuique fuit assignata: deinde leges latæ sunt de regundis finibus, de testamentis, & de emptionibus, quę primum latæ sunt à Cerere, quia illa fuit legum ferendarum causa. Sic autem de illa scripsit Ouidius libro quinto Metamorph.

> Prima Ceres vnco glebam dimouit aratro,
> Prima dedit fruges, alimentaque mitia terris:
> Prima dedit leges. Cereris sunt omnia munus.

Hanc Deam in curru vehi solitam ab anguibus tracto dixerunt poetæ, vt ait Orpheus in eo carmine:

> Α'ρμα δρακοντείοισιν ὑποζεύξασα χαλινῶν.
> Tum Dea fræuatos adiunxit curribus angues.

Quem Triptolemo dicitur dedisse, vt frumenti semen in varias regiones asportaret, vt ait Ouidius libro quinto:

> geminos Dea fertilis angues
> Curribus admouit, frenisque coercuit iras.

Huic Deæ sus, quia excauatis scrobibus fruges conuulsisset, meritas luit pœnas, nam Triptolemus eo cognito facinore gratam rem se facturum Cereri putauit, si animal eius inuentis infensum immolaret: quare suem ipsam ad aram Cereris extraxit, frugesque in caput consperSit, vt appareret qua de causa: & mox illam Cereri mactauit, vt ait Ouidius libro secundo Fastorum:

> Prima Ceres auidæ gauisa est sanguine porcæ,
> Vlta suas merito cæde nocentis opes.

Mactabatur & aries Cereri Virenti cognomine in tēplo non procul ab arce Atheniensium, sicuti testatur Eupolis in his:

> ἀλλ' εὐθὺ πόλεως εἶμι, θῦσαι γὰρ με δεῖ
> χριὸν χλόῃ Δήμητρι.
> Sed recta ab vrbem eo, mihi quod est opus
> Mactare arietem illic Virenti Cereri.

Sacrificabant Cereri olitores præcipue hoc nomine die sexto mēsis Aprilis, quia per illa sacra feracitatē hortorum impetrare se putabant. Huic Deæ coronas spiceas offerebant, quæ pro foribus templorum appēdebātur, vt ait Tibullus in his.

> Flaua Ceres tibi sit nostro de rure corona
> Spicea, quæ templi pendeat ante fores.

Erant etiam papauera Cereri sacra, vt quidam crediderunt, ob feracitatem seminum: vt mallunt alii, quia intersata plerunq; nascerentur, & eundem cultum ament. Alii, inter quos fuit Dercylus, quia somnum non posset percipere ob filiæ molestiam: in quem fuit papauerum beneficio adiuta. quam plantam Lucinæ etiam quidam attribuerunt. Multa fuerunt huius Deę cognomina ob rerū variarum euentus, vel ob loca, in quibus colebatur. Fuit Euchloa bene virens, Erinnys, quia preces exaudiat, vel quia habitet in terris. Ercynna, Panachæa, Mycalesina, Lepreata, Acesidora, Legifera, Ouifera, Pelasgis, Prosymna, Theumesia, Præses, Terrestris, Sacrosancta, atque hæc ea sunt, quæ de Cerere frugum autore Dea memoriæ prodita sunt ab antiquis. Hanc vocarunt Græci Δηώ, quia in omnes homines fuerit distributa, cum nihil aliud sit Ceres, quam frumentum, vt est in eo carmine:

> Νύμφαι ὕδωρ, πῦρ ἥφαιστος, σῖτος Δημήτηρ.
> Nymphæ aqua sunt, frumenta Ceres, Vlcanus at ignis.

Cicero tamen in primo de Natura Deorum Cererem terrā esse scribit hoc pacto

idem-

Idemque disputat, æthera esse eum, quem homines Iouem appellarent: quique aer per maria manaret, eum esse Neptunum: terram, eam quæ Ceres diceretur. Atque in secundum, Etymologiam Platonis transtulit e Cratylo, qui Δημήτηρα quasi γῆν μητέρα vocatam fuisse tradit, terram matrem scilicet.

¶ At quæ nunc sub his occultata fuerint, denudemus. Agyptij scriptores memoriæ prodiderunt Isidem siue Cererem homines reuocasse à mutuo esu carnium inuento tritico & hordeo, quæ nascebãtur inter alias herbas in Aegypto. Complexi itaque inuentionem ob suauitatem à mutuis esibus abstinuerunt, quare in sacra Isidis pompa vasa quædam ferebantur frumento & hordeo plena. Leges etiam tulit Isis, quibus ab illegitimis cædibus deterrebantur, vnde dicta est legifera, quod prima leges inuenerit. Osiris ac Isis dicuntur præmia & honores illis proposuisse, qui aliquid vtile humanæ vitæ excogitassent, sic inuentam esse artem æris & auri fundendi in Thebaide & faciendorum armorum autumant, quibus feras obtruncarent, terramque colentes proscinderent. Ceres Saturni & Opis filia fuisse credebatur, cum Saturnus sit tempus, ac Opis terra: quippe quod crederetur ab his esse Ceres virtus satorum omnium, quam idciro eorũ parentum filiam finxerunt. nam vis illa, & vigor, qui est in rebus naturalibus, loco & tempore indiget. Alii, qui Cererem fruges esse putarunt, ex Opi & Saturno natam arbitrati sunt, quia aliarum herbarum semina non ita indigent, vt diutius per totam hyemem ignaua commorentur, cum possint, vel si per hyemem minime fuerint sata, satis vberes fructus producere. Cum vero Proserpina filia sit Cereris, radix herbarum scilicet, quam Latini ita dixerunt, quia serpat clam per humum, illa merito ex Ioue siue ex ætherea benignitate & è semine fingitur fuisse nata: quorum alterutro deficiente frustra prouentus frugum expectatur. Qui finxerunt Cererem equum è Neptuno peperisse, aut Heram, quam nominare nefas erat, illi tantam esse fertilitatem aquarum, & ex illa, quæ fit illarum cum terra commistione, crediderunt, vt vel monstra oriantur ob superuacaneam materiæ copiam, vel nominare singula propriis nominibus, omnium difficillimũ propter nascentium varietatem. Fama est illam aliquando in specu latuisse cum rapta fuisset ad inferos Proserpina, fuisseque à Pane Ioui indicata, quia iactum semen per aliquot dies occultatur, antequam radices agat: mox Pane, natura ipsa scilicet, quæ insita est in seminibus, indicat Ioui quia necessitate naturæ & ob insitum calorem herba in lucem erumpit, & emittuntur radices. Siue igitur terram Cererem esse putemus, cuius filia sit Proserpina vel seges: siue semen sit Ceres, cuius filia sit radix, omnino nata est Ioue patre atque res vtroque modo potest intelligi: quippe cum hæc omnia in idem recidere videantur. Non defuerunt tamen qui incredibilem annonæ penuriam fuisse significari crediderint per eam fabulam, quod Pluto Proserpinam rapuit sub terras, quia ita corruptæ sint sementes cœli vitio & inclementia, vt penè extincta sint frumenti semina in Sicilia per id tempus. Dicta est Ceres in curru à draconibus tracto vehi, propter obliquitatem signiferi circuli: nam dum sol sub eo percurrit, non solum excitat semina è terra, sed etiam ad maturitatem perducit. Fama est Iasionem Iouis & Electræ filium fuisse amatum à Cerere, cũ quo in nouali congressa sit dormiente. Quid hoc significat? Nam cum Iupiter sit calor ætheris aut ęther, Electra diligentia, (etenim Sol quoque ἠλέκτωρ vocatur, quia ad opera homines excitet è lecto,) pater Iasium horum amborum filium nihil esse aliud quam æstatis calorem: quem Ceres amauit, & in nouali præcipuè, quia plurimum confert ad agrorum fertilitatem vt arua quiescant aliquando, cum terra per quietem postea validior si aptam agricolæ diligentiã cõsecuta sit, efficiatur. Alii filiũ Minois iustissimi viri, & Phroniæ pru-

den-

dentię scilicet a Cerere amatum fuisse putarunt, quod hę res otium gratissimum parant agricolis: cum splendor ex iustitia, paceque ciuitatum plurimum rebus vniuersis accedat. Ex his igitur nascitur Plutus diuitiarum Deus, quoniam terræ feracitas e cœli benignitate, & ex hominum diligentia plurima fiat: quamuis tamen nonnulli, quia primus Plutus diuitias cumulauerit illum diuitiarum Deū putarunt: cum ante illum nemo vllam diuitiarum curam haberet, nemoque diuitias cumularet. dicta est Sicilia fuisse Cereri cōsecrata, quoniam frumenti feracissima sit illa insula. Dicitur Ceres orbem terrarum peragrasse, quoniam propter signiferi obliquitatem variis temporibus in variis locis fit ęstas: neque Ceres nisi per æstatem ad maturitatem potest peruenire. Hæc Triptolemum, cui semina frugum dedit, sub igne per noctem fuit occultare solita, quare is mirificè nutriebat: hoc quidem nihil aliud est quam seminis ratio. Nam cum noctes longiores æquo sentiuntur post æquinoctium, sub initium frigoris & hyemis scilicet, calor sub terram pulatim includitur à circumstante frigore, quo fit vt radices frugum mirificè augeantur, plurimoque impleantur nutrimento, quo terra ob autumni pluuias referta est. Idcirco cum non valde lenia sunt frigora per hyemem cum radices sub terra eximie crescant & impleantur nutrimento in futurā æstatem fertilissimas messes parant, nisi quid diuinitus impedierit ad reprimendam hominum improborum superbiam & petulantiam, quæ plurima cum vberate annonæ crescit. Inde scite fictum est ab antiquis quod filiam quęrens faces ex Aetna accenderit, quia semper cum infra est calor, inferiores partes frugū aluntur, cum vero superius est idē calor, superiores crescunt. Multa sacrificia fuerunt Cereri instituta ab antiquis, vel mulieri ita vocatæ inuentrici frugum verè, vel terræ ipsi: quando non solum sydera, sed etiam elementa ipsa, aut elemētorum partes variis Deorum nominibus appellantes, tanquam Deos coluerunt, illisque templa, aras, sacerdotes, certas victimas, certum ceremoniarum ritum, instituerunt. ¶ Id vero, quod de filia Erisichthonis dictum est, ita quidam interpretantur, vt Erisichthon vir imprudens, rerumque suarum profusus fuerit: quippe cum omnia sua dilapidauerit ac ingurgitauerit: mox ob extremam rerum omnium inopiam filiam prostituerit, quæ modo bouem, modo ouem pecunias in concubitus mercedem accipiens, modo res alias ab amantibus extorquēs, ita paternæ inopiæ subueniebat. Atqui nullam ego satis idoneam horum fingēdorum causam in hac explicatione inesse video, atque aliud quidpiā illustrius sub his latere iudico: cum præsertim illud Deæ ita propter contemptam eius religionem & cultum passus sit. Significare voluerunt sanè antiqui per hanc fabulam neminem, qui religionem Deorum immortalium contempserit, domesticas calamitates deuitare posse: quippe cū omnis improbitatis miseriæ sint comites. Deinde patet ex hac fabula imprudentem hominem necesse esse in multa scelera & incommoda incurrere: quippe cum Erisichthon etiam, vbi sua per luxuriam & crapulam profudisset, postea victum per sordes domesticas, & per turpitudinem sibi malis artibus comparare cogeretur. Quare, vt summatim dicam, & pietas in Deos immortales, & in rebus agendis prudentia, & in pręsentibus bonis conseruandis parsimonia maximè viro bono est necessaria, quod per Erisichthonis fabulam indicabatur. At Cereris fabula, & vniuersa quę de illa conficta sunt, nihil aliud continebāt, nisi sationis rationē, & quo pacto frumēta crescerent, & qua diligētia in illis colligēdis vti cōueniret. At de Cerere satis, nūc de Priapo dicamus;

De Priapo. *Cap.* XV.

PRiapus, quem hortorum Deum esse antiqui crediderunt, è quibus parentibus ortus fuerit, non conuenit inter scriptores: siquidem alii Naiadis Nymphæ

phæ ac Dionysi filium fuisse tradiderunt, vt ait Strabo libro tertiodecimo; alii non Naiadis, sed Chiones fuisse dicunt. Hunc natum fuisse in Lampsaco, ibique ciuitatem sui nominis condidisse memorant. Apollonius Venerem cum Baccho congressam fuisse scribit: deinde cum is ad Indicam expeditionem exiuisset, cũ Adonide sępius congressa Priapum concepit. Cum vero Dionysus reuerteretur illi obuiam cum corona processit, illumque coronans sequi quidem noluit, quia puderet, quod nupsisset: at in Lampsacum recedens ibi parere decreuit. Tum Iuno capta Zelotypia simulans se opem ferre manu venefica vterum attigit, fecitque vt puerum deformem, & præ cæteris incredibilem membri pudendi magnitudinem habentẽ pareret, quem Priapum nominauit. id cum vidisset Venus, noluit illum capere ob membri magnitudinem, sed in Lampsaco vrbe maris Hellesponti reliquit. Huius deformitatem ita cõplexus est Archias in his carminibus:

Βαιὸς ἰδεῖν ὁ πρίηπος, ἐπ' αἰγιαλίτιδα ναίω.
  χηλὴν αἰθυίαις οὔποτε ἀντίβιος
φοξός, ἄπους. οἷόν κεν ἐρημαίῃσιν ἐπ' ἀκταῖς
  ξέσσειαν μογερῶν υἱέες ἰχθυβόλων.

Litora paruus ego hic habito saxosa Priapus:
  Nullaque cum mergis bella cruenta gero.
Distortus vultus, pes nullus: falce dolando
  Piscator talem finxerit, aut melius.

Deinde cum adoleuisset, pergratusque foret Lampsacenis mulieribus, Lampsacenorum decreto ex agro Lampsaceno exulauit. fabulati sunt antiqui Lotidem nympham Priapi libidinem fugentem in Loton fuisse mutatam. Memoriæ prodidit Eusebius in libro de Falsa Religione, Priapum aliquando cum vno ex illis asellis, qui Bacchum in Indicam expeditionem proficiscentem trans quendam fluuium transuexere, de membri magnitudine decertasse, (fuit autem tanti id asellorum beneficium creditum, vt illi sint idcirco inter sidera relati, & alteri eorum concessum est vt loqui posset.) qui cum victus fuisset, victorem ob inuidiã occidit. Mansit deinde ea consuetudo in sacris, vt asinus Priapo tanquam inuisum & inuidiosum animal immolaretur. Scripsit Ouidius lib. primo Fastorum per solennitatem matris Deorum, ad quam omnes Dii conuenerant, post epulas lautissimas Priapum fuisse pudicitiæ Vestæ insidiatum. Nam cum Dii cęteri lusibus indulgerent, vestaque in molli herba somnum caperet ab asino Sileni excitata fuit, ne vim Priapi pateretur: tum vero deterritus fuit ab inceptis Priapus, omnesque conciderunt insidiæ, & asinus ex eo tempore Priapo mactatus fuit in sacrificiis. Memorię proditum est ab antiquis rerũ Aegyptiarũ scriptoribus, quod Titanes insidiati Osiridi illum trucidarunt, atque partem suam quisque clam è domo abstulerunt. Sola autem pudenda in fluuium proiecerunt, cũ nemo vellet illa auferre. Isim resumpsisse membra de captis Titanibus memorant, hominemque formasse, ac dedisse Sacerdotibus sepeliendum. solum virile membrum non potuisse inueniri, quod imperatum est tanquam Deum coli, quod nõ modo diuinos honores ita fuit consecutum, sed etiam custodem hortorum ac vinearum & omnium fructiferarum arborum putarunt, vltoremque ac vindicẽ fascinatium. Fuit portus Priapi nomine prope Dardaniam, & vrbs ad mare sita: quibus in locis eximiè Priapus colebatur. Fuerunt qui memoriæ prodiderint Priapum fuisse virum Lampsacenum, qui cum haberet ingens instrumentum, & facile paratum plantandis ciuibus, gratissimus fuerit mulieribus Lampsacenis ea causa postmodo fuisse dicitur vt Lampsacenorum omnium cæterorũm inuidiam in se conuerterit, ac demum eiectus fuerit ex ipsa insula. At illud facinus ægerrime ferentibus mulieribus, & pro se Deos precantibus, post cum nonnullis

inter-

interiectis temporibus Lampsacenos grauissimus pudendorum membrorũ morbus inuasisset, Dodonæum oraculum adeuntes percunctati sunt, an vllum esset eius morbi remedium. His responsum est morbum non prius cessaturum, quam Priapum in patriam reuocassent: quod cum fecissent templa & sacrificia illi statuerunt, Priapumque hortorum Deum esse decreuerunt.

¶ Atque tot sunt de Priapo ab antiquis memoriæ prodita. Priapus Naiadis & Dionysi filius dicitur, quia pro semine rerum naturalium capitur. Dionysus enim Sol est, aut calor, at Nais humor, vt dictum est, è quibus semina concipiuntur rerum naturalium. Quidam Chiones filium putarunt, quia album sit, & lacti vel niui simile rerum prope omnium semen: nam Græci chiona niuem vocarunt. Qui Veneris & Adonidis filium esse crediderunt, in idem denique relabuntur, solisque differunt nominibus. Alii Priapum Bacchi ac Veneris filium fuisse crediderunt, quia vinum propter calorem excitet libidinem, ac Deum putarunt Lampsaci ob fertilitatem & bonitatem vinorum, quæ ibi nascerentur. illius imago sinistra manu mentulam, dextra falcem tenebat, quod omnium nascentium temporis certi & cuique concessi certa sit meta, quæ vitam abscindat necesse est. Fuerunt tamen nonnulli, qui Priapum nullum esse alium, quam Pana putauerint. Verum vel nominis ipsius etymologia indicat Priapum esse semen. Quod Venus ipsum ob deformitatem in Lampsaco reliquit, nihil aliud significat, nisi res multas naturæ esse necessarias, quas tamen ob turpitudinem natura occultauit: sic pudenda hominum villis occultantur, & sunt in parte corporis occultiore: sic anum modo intra nates occuluit, modo sub caudarum integumẽto locauit, modo ita fecit occultum, vt in nonnullis eum dignoscere haud facile sit, vt in piscibus: modo non apparet omnino, vt in genere conchyliorum, & testa intectorum. Nam cum deformia sint, & ab ipsa natura consulto abscondita illa mẽbra, tum turpia sunt illorum officia, quamuis necessaria, idcirco & nos aliquando rei Venereæ obscænitatem ita breuiter expressimus:

Nil amor est aliud, Veneris quam parua voluptas,
Quæ simul expleta est, insilit ora rubor.

Deformis igitur & obscænus Priapus iure optimo fingitur, quia turpis est illa naturæ actio: & quam nemo prorsus appeteret, nisi illam cæca suauitate natura respersisset. At nunc de Adoni dicamus.

De Adoni. Cap. XVI.

ADonis Priapi pater Myrrhæ filius fuit & Thiantis, quæ cum in furiosum patris amorem incidisset, clam cum eo congressa hunc concepit. ac patre id postea sentiente Deos precata est, vt in aliam formam, quæ neque inter mortuos esset, neque inter viuos, mutaretur: quare in arborem sui nominis fuit conuersa, vt testatur Lycophron in his:

ὄψεται δὲ τλήμονος
Μύῤῥας ἐρυμνὸν ἄστυ, τῆς μογοστόκους
Ὠδῖνας ἐξέλυσε δενδρώδης κλάδος.

Myrrhæ cernet is
Tutam misellæ ciuitatem: nam dolor
Vt fama ramo est huic opertus arboris.

Ouid. libro 10. Metamor. non ex Thiante, sed ex Cinyra patre, qui Rex fuit Cypriorum, Myrrham Adonim concepisse scribit, quod multis versibus complexus fuit. hunc Naiades nutriuerunt susceptum, vt est in his:

Reddit onus, vagitque puer: quem mollibus herbis

Naiades

Naiades impositum lacrymis vnxere parentis.

Fuerunt autem duo Adones alter in Byblo ciuitate natus, alter in Cypro vt ait Isacius, cum tamen res amborum gestæ ad vnum Cyprium referantur. cum igitur Myrrha in arborem mutaretur, filiumque eximiæ pulchritudinis peperisset, iam tum eius amore capta est Venus; qui cum adoleuisset monitus est à Venere vt feras immitiores caueret, eumque venando sequebatur, & precabatur Venus, vt ab armatis feris abstineret, vt in his ait Ouid lib. decimo.

Per iuga, per syluas, dumosaque saxa vagatur,
Nuda genu, vestem ritu succincta Dianæ.
Hortaturque canes: tutæque animalia prędę,
Aut pronas lepores, aut celsum in cornua taurum,
Aut agitat damas: à fortibus abstinet apris.
Raptoresque lupos, armatosque vnguibus vrsos
Vitat & armenti saturatos cæde leones.
Te quoque vt hos timeas, siquid prodesse monendo
Posset, Adoni mon. & fortisque fugacibus esto
Inquit: in audaces non est audacia tuta.

Veruntamen cum ille immemor mãdatorum Veneris in aprum violentum postea irruisset, ab illo in femore percussus interiit, vt testatur Theocritus in Epithaphio Adonis:

κεῖται καλὸς Ἄδωνις ἐπ' ὤρεσι, μηρὸν ὀδόντι
λευκῷ λευκὸν ὀδόντι τυπείς.
Dente femur niueo niueus iacet ictus Adonis
Montibus in summis.

Scriptum reliquit Sappho Adonim mortuum fuisse à Venere inter lactucas depositum. fama est præterea Venerem pactam esse cum Proserpina vt sex menses mortuus Adonis esset apud Proserpinam, sed ea lege ne illum Proserpina in thorum, aut in amplexum acciperet: alios sex menses esset apud Venerem. Fuerunt tamen qui dixerint non ipsum quidem Adonim in aprum irruisse, sed ab apro impetum factum fuisse in Adonim, & id Martis consilio contigisse. Nam cum Mars Venerem, Venus Adonim amaret & sequeretur, ratus est Mars omnes Veneris amores posse in se conuerti, si Adonim de medio sustulisset: atque illi apro immisso cum Venus opem ferre properaret, pede à spina rosæ vulnerato perpureum colorem rosæ, cum prius esset candida, datum fuisse fabulantur. fuerunt Adonidi sacra instituta, quæ Adonia dicta sunt, quæ Athenis celebrabantur, de quibus meminit Aristophanes in Pace. In his sacrificiis Autumni fructus cuiusuis generis adhibebantur, quę ἀκρόδρυα dicuntur à Græcis. consueuerunt præterea & hordeum & triticum serere in locis suburbanis, atque ea loca in quibus hæc sata fuissent, multæque essent fructiferæ arbores, hortos Adonios appellare: quia locis huiusmodi Adonis delectaretur. atque de iis fructibus, qui offerebantur Adonidi, ita meminit Theocritus in Adonia celebrantibus:

Πὰρ μὲν οἱ ὥρια κεῖται, ὅσα δρυὸς ἄκρα φέροντι.
Nec tibi desit, ait, quod rami tempore mittunt
Autumni.

Agebatur Alexandriæ præsertim Adonidis celebritas, cuius imago cum magna pompa ferebatur: qui colebatur etiam in illa vrbe Macedoniæ, quam Dium vocabant, quo cum Hercules venisset, multosque vidisset exeuntes è sacello, interrogauit quendam de præsentibus, eò & ipse ingressurus, cuius esset Deorum illud fanum. Cum is Adonidis dixisset, nihil est inquit religiosum. Quid ageret apud Assyrios in Adoniis, declarauit Lucia. ita in Dea Syria: λέγουσι γὰρ δὴ ὦν τὸ ἔργον τὸ εἰς Ἄδωνιν ὑπὸ τοῦ συὸς ἐν τῇ χώρῃ τῇ σφετέρῃ γενέσθαι καὶ μνήμην τοῦ πάθεος τύπτονταί τε ἑκάστοτε ἔτεος καὶ θρηνέουσι· καὶ τὰ ὄργια ἐπιτελέουσι, καὶ σφίσι μεγάλα πένθεα ἀνὰ τὴν χώρην ἵσταται ἐπεὰν δὲ ἀποτύψωνταί τε καὶ ἀποκλαύσονται πρῶτα μὲν καταγίζουσι τῷ Ἀδώνιδι, ὅκως ἐόντι νέκυϊ, μετὰ δὲ, τῇ ἑτέρῃ ἡμέρῃ ζώειν τέ μιν μυθολογέουσι, καὶ εἰς τὸν ἠέρα πέμπουσι. Dicũt enim in sua regione contigisse, vt Adonis ab apro ictus fuerit: atq; ad eius rei memoriã singuli quotannis se plectunt, & lamentant, & diem celebrãt, & magnus luctus in illa regione per id tempus exoritur. vbi vero se percusserint, & luxerint, primum Adonidi inferias persoluunt tanquam vita defuncto: deinde altero die ipsum viuere inquiunt, & in cœlum mittunt. Fuit celeberrimum omnium fanum illud Adonidis in Cypro, in quo præclarum & multi nominis Harmoniæ monile fuit, quod tamen Eriphyles vocatum est, quia illo accepto hæc virũ suũ per proditionem perdiderit, vt ait Paus. in Bœoticis. Est Adonis præterea nomen fluuii, qui per Libanum defertur, dicebaturque cruentus fluere quo tempore Adonia agebant. atque tot de Adonide memoriæ prodita sunt ab antiquis. Fabulati sunt matrem Adonidis in arborem ob pudorem conuerti optasse, quia quod concubuisset cum patre hominum conspectum deuitare cuperet; quod ad muliebrem cupiditatem pertinet. nam hominum fabulas magis ad mores, Deorum ad physicas rationes spectare diximus. hoc autem quæ sit flagitiorum & libidinũ conscientia declarat, quantopereque vel metu vel pudore anteactorum scelerũ scelerati, conscientiaque exagitentur. & qualia sint mortalium vota, cum quid parum honestum à Diis impetrare contendimus. nam qui votorum compotes facti fuerunt aliquando, tum demum intelligunt quàm absurda, vel turpia, vel damnosa, vel iniqua & impia cupierint: quæ antequam consequerentur se infelices, & miseros exclamabant. Fuerunt qui hactenus dicta de matre Adonis ad historiam flectant, & ad matrem cuiusdam Adonidis, cum tamen Adonim tritici semen esse sentiant, vt testatur Theocriti enarrator, λέγουσι δὲ περὶ τοῦ Ἀδώνιδος ὅτι καὶ ἀποθανὼν, ἓξ μῆνας ἐποίησεν ἐν ταῖς ἀγκάλαις τῆς ἀφροδίτης ὥσπερ καὶ ἐν ταῖς ἀγκάλαις τῆς περσεφόνης. τοῦτο τὸ λεγόμενον τοιοῦτόν ἐστιν ἀληθῶς· ὅτι ὁ ἄδωνις, ἤγουν ὁ σῖτος σπειρόμενος ἓξ μῆνας ἐν γῇ ποιεῖ ἀπὸ τῆς σπορᾶς, καὶ ἓξ μῆνας ἔχει αὐτὸν ἡ ἀφροδίτη, τουτέστιν ἡ εὐκρασία τοῦ ἀέρος, καὶ ἔκτοτε λαμβάνουσιν αὐτὸν οἱ ἄνθρωποι. Aiunt enim de Adonide ꝙ mortuus sex mẽses moratus est in cõplexu Veneris; quot etiam apud Proserpinã. Hoc reipsa ita se habet: quod Adonis frumẽtũ est satũ, ꝙ sex mẽses degit sub terra: sex mẽses illum habet Venus, aeris temperies scilicet, ex quo illum messores colligere ceperunt. Sensit tamen Orpheus in hymno in Adonim illum esse solem, cum illum rebus omnibus prębere nutrimentum, & esse germinandi autorem dixerit, in his:

Εὔβουλε, πολύμορφε, τροφὴ πάντων ἀρίδηλε.
κούρη, καὶ κόρε, σὺ πᾶσι θάλος αἰὲν ἄδωνι.
Σβεννύμενε λάμπων τε καλαῖς ἐν κυκλάσιν ὥραις.
Qui cunctis alimenta refers, prudentia cuius
Plurima. qui vario lætaris nomine Adoni.
Germinum & idem autor, pariter puer atque puella:
Extincte, atque iterum splendens labentibus horis.

Finxerunt antiqui, qui Adonim solem esse putarunt, illum ab apro hirsuta & aspera fera ictum, quia aspera sit & hirsuta hyems, per quam solis vires paulatim deficiunt. ea res est omnino Veneri inimica, quoniam per aeris temperiem viget Venus, cum frigus, vt inimicum, naturæ opus non ingrediatur. cum sol igitur in signis sex Australibus extiterit per signiferum incedens, breuioresque sunt dies ac longiores noctes, tum dicitur Adonis apud inferos morari: cum vero signa Borealia

realia longiores dies fecerint, tunc est apud Venerem, per quem omnis venustas omnisque nitor aruis restituitur: ea de causa illum ait Orpheus modo esse apud superos, modo apud inferos:

Ὅς ποτὲ μὲν ναίεις ὑπὸ τάρταρον ἠερόεντα,
ἠδ᾽ αὖ πάλιν πρὸς ὄλυμπον ἄγεις δέμας ἀρτίκαρπον.
Qui modo sub terris habitas, & tartara nigra:
Frugiferumque refers in cœlum corpus & idem.

Ita enim sub his fabularum figmentis vniuersas prope res naturę antiqui declararunt, non minus sapienter quam Platonici aut Peripatetici: nam si contentiones ex Aristotelis libris eximantur, perbreues erunt sententiæ, quæ nũc magnis voluminibus continentur. at nunc de Sole dicamus.

De Sole. Cap. XVII.

SOlem, quem generationis, & omnium prope bonorum autorem Deo ita iubente habemus, nonnulli ita fabulis implicarunt, vt vix tandem se quasi è nebula explicare aliquando possit. Hunc genitum esse plerique crediderunt: neque tamen e quibus parentibus inter se consentiunt. at enim de vna re eodem modo vna est necessaria oratio, neque contrariæ de eadem re simul veræ esse vnquam possunt. nemo sane nasci potest e pluribus parentibus, vt neque ex eodem diuersis temporibus. Hesiodus igitur in Theogonia Thiam Solis, & Lunæ & Auroræ matrem, patrem Hyperionem fuisse in his scribit:

Θεία δ᾽ ἠέλιόν τε μέγαν, λαμπράν τε σελήνην,
ἠῶ θ᾽, ἣ πάντεσσιν ἐπιχθονίοισι φαείνει,
Ἀθανάτοις τε θεοῖς, τοὶ οὐρανὸν εὐρὺν ἔχουσι,
Γείναθ᾽ ὑποδμηθεῖσα ὑπερίονος ἐν φιλότητι.
Thia parit Solem magnum, Lunamque nitentem
Auroram, quæ fert lucem mortalibus almam
Cœli colisque Deis cunctis. Hyperionis almi
Semine concepit nanque illos Thia decora.

At Homerus in hymno, quem scripsit in Solem Euryphaessam matrem fuisse Solis scribit, patrem vero Terræ ac Cœli filium Hyperionem, vt patet ex his:

ἥλιον ὑμνεῖν αὖτε Διὸς τέκος ἄρχεο μοῦσα
Καλλιόπη φαέθοντα, τὸν εὐρυφάεσσα βοῶπις
Γείνατο γαίης παιδὶ, καὶ οὐρανοῦ ἀστερόεντος.
Γῆμε γὰρ εὐρυφάεσσαν ἀγακλειτὴν ὑπερίων
Αὐτοκασιγνήτην, ἥ οἱ τέκε κάλλιμα τέκνα,
ἠῶ τε ῥοδόπηχυν, ἐϋπλόκαμόν τε σελήνην,
ἠέλιόν τ᾽ ἀκάμαντα
Calliope Solem Iouis alto è semine nata
Nunc rursus Phaëthonta refer: quem diua creauit
Euryphaessa sato Terra, Cęloque micanti.
Frater erat, coniux Hyperion Euryanassæ
Mox fuit: hæc illi peperit dein pignora clara,
Auroram roseam, & præstanti lumine Lunam,
Perpetuoque orbem lustrantem lumine Solem.

Fuit enim Hyperion Terræ, &, vt alii putarunt, Cęli, vt alii Titanis filius: alius fuit Agamemnonis, de quo meminit Paus. in Atticis, q. postremus regnauit Megar a. Hic cum cæteris Titanibus aduersus Iouis imperium minime consensit, sed potius Iouis partes secutus post victoriam currum, & coronam, & multa alia honoris

noris insignia, & Iouis erga se beneuolentiæ obtinuit. Hic cum Titanis fuisse nepos, Titan & ipse sępius vocatus est à poetis, vt testatur Virg. lib. 4.

vbi primos crastinus ortus
Extulerit Titan, radiisque retexerit orbem.

Fuerunt Soles plures vocati, vt ait Cicero libro 3. de nat. Deorum, quare non mirum est si aliqua sit de Solis parentibus controuersia: nam de vno omnia propè dicuntur, quæ gesta sunt à ceteris. Sic autem inquit Cic. Vnus igitur eorum, qui Soles dicti sunt, è Ioue natus nepos ætheris fuisse dicitur. Alter Hyperione. Tertius Vulcano Nili filio, cuius vrbem Aegyptii volunt esse eam, quæ Heliopolis appellatur. Quartus is, quem heroicis temporibus Achanto Rhodi peperisse dicitur, auum Ialysi, Camiri, & Lindi. Quintus, qui Colchis fertur Acetam & Circen procreauisse. cum vero Sol Deus esse crederetur, omniaque suo lumine illustrare, ac videre, Dei lampas dictus est ab Euripide ita in Medea:

προὐννέπω δέ σοι
Εἴ σ' ἡ 'πιοῦσα λαμπὰς ὄψεται θεοῦ
nuncio tibi
Si te Dei lampas videbit crastina.

Atque vt summatim dicam, post ipsum Deum rerum omnium autorem ac moderatorem, Solem patrem & autorem generationis crediderunt esse antiqui: quippe quod ille omnium creditorum Deorum vires vnus reipsa contineret, cũ varia nomina ipsis viribus fuissent indita, vt patet ex his carminib. Saphicis à nobis olim in Latinam linguam translatis.

Phæbe stellarum moderator alme,
Qui diem curru nitido reducis
Plaga ab Eoa, pelagique Iberi
Condis in vndas.
Magne Musarum pater atque ductor,
Diligens summi patris ò minister,
Grande cęlorum decus, alma præbens
Lumina mundo.
Te ferunt clarum leuibus sagittis.
Te ferunt artis citharæ peritum:
Quæque mox cœli meditentur astra
Dicere doctum.
Grande syluarum decus, ipse pingis
Floribus terram, volucresque rident
Per te, vbi vernæ placidis tepescunt
Flatibus auræ.
Te sine eneruis Venus, atque Amori
Decidunt alę: veterum Deorum
Vim tenes vnus, variosque in vno
Nomine claudis.

Nam profecto tanta fuit simplicitas antiquorum, tantaque dementia, vt diuinos honores rebus humanis, & simulacris elementorum, aut elementorum viribus tribuerint, qui soli, vero, sancto, immaculato deo debebantur, quod certe patere existimo nostros hos mythologicos libros diligentius intuenti, fabularumq; ipsarum inuentionem, quarum declaratio apertior & vberior quod in nostra tẽpora mihi fuerit reseruata, est cur Deo omnipotenti redemptori nostro gratias immortales agam, cuius beneficio mihi concessum est has priscorum insulsas ambages, nihilque verè religiosum continentes aperire, sed tantum figmenta esse demon-

demonstrare ad res philosophicas explicandas. Nam solem ipsum cuncta videre, cuncta audire, cuncta cognoscere mortalia arbitrati sunt antiqui, vt ait Aeschylus in Prometheo:

καὶ τὸν πανόπτην κύκλον ἡλίου καλῶ.
Voco videntem cuncta, solis circulum.

Quem tamen quidam Dei simulacrum in mundo esse censuerunt, tumquia cunctis syderibus sit fons luminis, & beneficentiæ in omnes res naturales autor, tum etiam quia pro suo cursu cæteris omnis iustitiæ & administrationis sit moderator, vt ait Plutarchus in libello de doctrina principum. Hûc in curru vehi solitum putarunt antiqui, vt ait Horatius in carmine Sæculari:

Alme sol curru nitido diem qui
Promis, & celas.

Huius vero currus magnificentiam & mirabilitatem descripsit Ouidius libro 2. Metamorph. trahebatur vero ab equis quatuor, vt ait Euripides in Phœnissis:

εἰ τὰ τέθριππα γ᾽ ἐς ἅρματα λεύσσων
ἡλίου.
Si vel quadrigas solis & currum intuens.

Fuerunt eorum nomina ita equorum dicta ab Ouid. lib. 2. Metamorph.

Interea volucres Pyrois, Eous, & Aethon
Solis equi, quartusque Phlegon hinnitibus auras
Flammiferis implent.

His quadrigis aureas habenas habentibus moderari putabatur, & lucis, vitæque Quæstor vocatus est à Proculo Lycio, clauiumque rerum humanarum gubernator, vt patet ex his carminibus:

κλῦθι πυρὸς νοεροῦ βασιλεῦ χρυσήνιε τιτάν.
κλῦθι φάους ταμία, ζωαρκέος ὦ ἄνα πηγῆς
αὐτὸς ἔχων κληῖδα καὶ ὑλαίοις ἐνὶ κόσμοις.
Audi iam marum Titan Rex, qui aurea equorum
Lora tenes, lucis quæstor, vitæque orientum
Claues fontis habes, dominaris & omnibus vnus.

Hunc crediderunt antiqui currum mergere in oceano, vt ait Virgilius in tertio Georgicorum:

Tum sol pallentes haud vnquam discutit vmbras:
Nec cum vectus equis altum petit æthera: nec cum
Præcipitem oceani rubro lauit æquore currum.

Quidam putarunt equos solis lumen efflare solitos è naribus quam opinionem secutus Virgilius ita scripsit libro duodecimo Aeneidos:

Postera vix summo spargebat lumine terras
Orta dies, cum primum alto se gurgite tollunt
Solis equi, lucemque elatis naribus efflant.

Alij non mergi quidem solem in oceanum crediderunt, sed in poculo nauigare, quod & Stesicorus, & Antimachus, & antiquorum plures crediderunt. Verum dixerunt nonnulli, Vulcanum thorum fabricasse soli ita profundum ex auro, vt in eo per noctem, cum ad oceanum defessus diurno labore itineris peruenisset, vel dormiens nauigare posset ad orientem. Ibi currus illi experrecto astabat, quem ascendens cœlum conscenderet, quod faciebat quotidie. Quæ opinio apparet fuisse etiam Mimnermi, vt patet ex his carminibus Pumilionis:

ἠέλιος μὲν γὰρ τ᾽ ἔλαχεν πόνον ἤματα πάντα.
οὐδέ ποτ᾽ ἄμπαυσις γίνεται οὐδεμία,
ἵπποισίν τε καὶ αὐτῷ ἐπεὶ ῥοδοδάκτυλος ἠώς.

ὠκεανὸν προλιποῦσ' οὐρανὸν εἰσαναβῇ.
τὸν μὲν γὰρ διὰ κῦμα φέρει πολυήρατος εὐνὴ
κοίλη Ἡφαίστου χερσὶν ἐληλαμένη.
χρυσοῦ τιμήεντος ὑπόπτερος ἄκρον ἐφ' ὕδωρ
εὕδονθ' ἁρπαλέως χώρου ἀφ' Ἑσπερίδων,
Γαῖαν ἐς Αἰθιόπων ἵνα οἱ θοὸν ἅρμα καὶ ἵπποι
ἑστᾶσ' ὄφρ' Ἠὼς ἠριγένεια μόλῃ.
ἔνθ' ἐπέβη ἑτέρων ὀχέων ὑπερίονος υἱός.
Longa laborantem Solem lux prospicit: illi
Noscitur & lucis tempore nulla quies.
Ne cessatur equis postquam Pallantias orta
In mare purpureis astra fugauit equis.
Fluctibus at lectus fert hunc Vulcanius, illum
Vulcanus manibus fecerat ipse suis,
Ex auro, celerem, pelagi per summa volantem.
Sopitusque locis fertur ab Hesperidum,
Donec ad Aetiopas veniat. firmatur equorum
Currus, dum redeat Memnonis alma parens.
Tunc alios scandit currus Hyperione natus.

Fuerunt etiam qui putarint vbi ad orientem Sol peruenisset, currum illi ab Horis paratum, at non sua sponte assistere, cum ille sub iugum equos solis veniente Aurora adduceret. Home. lib. 4. Odyss. duos tantū solis equo numerauit, Lampum scilicet, & Phaetontem, qui diem & Auroram portarent hoc pacto:

ἠῶ δ' αὖτε
ῥύσατ' ἐπ' ὠκεανῷ χρυσόθρονον, οὐδ' ἔα ἵππους
ζεύγνυσθ' ὠκύποδας φάος ἀνθρώποισι φέροντας
λάμπον καὶ φαέθονθ', οἵ τ' ἠῶ πῶλοι ἄγουσι.
Auroram fluctibus inde
Rursus ab Oceani traxit, nec passa iugales
Iungere equos celeres, portantes lumina rebus.
Ceruice Auroram Lampum & Phaethonta trahentes.

Alij tamen his Erythræum & Acteonem addiderunt. Alij parua lumina in oriente quotidie coire putabant, quæ ad noctem vsque perdurarent, & circumlata paulatim vesperi extinguerentur, easque flammas solem orientem esse crediderūt, vt scripsit Epicureus philosophus poeta lib. 5.

Aut quia conueniunt ignes & semina multa
Confluere ardoris consuerunt tempore certo:
Quæ faciunt solis noua semper lumina gigni.
Quod genus Idæis fama est in montibus altis
Dispersos ignes orienti lumine cerni.

Cum vero sol lunæ, cæterisque syderibus lumen impartiat, merito syderum dominus & moderator fuit appellatus: quem etiam quod autor sit generationis dum per obliquum circulum percurrit, Deum putarunt antiqui, vt ait Euripides in Oreste:

καὶ πῶς σιωπῶ; φέγγος εἰσορᾶν θεοῦ
τόδ' οὐκ ἐᾶθ' ἡμῖν τοῖς ταλαιπώροις μέτα;
Et qui tacebo? lumen haud nobis Dei
Licet misellis amplius quod cernere?

Idcirco Libyæ populi quod manifesta solis & lunæ beneficia in humanum genus intuerentur, de Dijs reliquis minime erant soliciti, cum soli & lunæ sacrificarent,

carent, vt ait Herodotus in Melpomene: θύουσι δὲ ἡλίῳ καὶ σελήνῃ μούνοισι τούτοισι μέν νυν πάντες Λίβυες θύουσι. Significabant, Soli & Lunæ solis, quibus omnes Libyæ populi solent immolare. Fabulati sunt solem habuisse propria boum armenta & ouium greges, quos Horæ & Nymphæ illæ custodiebant, quas recensuit ita Homerus pascere in Thrinacia libro μ Odysseæ:

Θρινακίην δ' ἐς νῆσον ἀφίξεαι, ἔνθα δὲ πολλαὶ
Βόσκοντ' ἠελίοιο βόες, καὶ ἴφια μῆλα.
ἑπτὰ βοῶν ἀγέλαι, τόσα δ' οἰῶν πώεα καλά.
Πεντήκοντα δ' ἕκαστα. γόνος δ' ου γίνεται αὐτῶν
οὐδέποτε φθινύθουσι. θεαὶ δ' ἐπὶ ποιμένες εἰσὶν
Νύμφαι ἐϋπλόκαμοι φαέθουσά τε, λαμπετίη τε,
ἃς τέκεν ἠελίῳ ὑπερίονι δῖα Νέαιρα.
Insula Thrinacia est, quo peruenies: vbi solis
Permultæ pascuntur oues, armenta boumque:
Balantumque greges sunt septem, armenta boum tot.
Quinquaginta tenent nam singula. nascitur ex his
Nil, nec obit. pascentque Deæ præpinguibus herbis,
Formosæ Nymphæ, Phaethusaque, Lampetieque:
Quas Hyperionidæ peperit diuina Neæra.

Hæc armenta non procul à Tænaro fuisse scribit Homerus in hymno in Apollinem. Memoriæ prodidit Herodotus in Calliope in Apollonia, quæ regio est in sinu maris Ionij, oues fuisse sacras solis, quæ per diem secundum eum fluuium pascerentur, qui è Lacmone Apolloniæ monte apud Oricum portum olim vocatum in mare defluebat: has per noctem qui diuitijs & nobilitate inter illos præstant singuli per anni spatium seruare domi soliti fuerunt. Pascebantur boues etiam Deorum communes in Pierijs montibus, de quibus ita scripsit Homerus in hymno in Mercurium:

αὐτὰρ ὁ ἑρμῆς
πιερίης ἀφίκανε θεῶν ὄρεα σκιόεντα.
ἔνθα θεῶν μακάρων βόες ἄμβροτοι αὖλιν ἔχεσκον
Βοσκόμεναι λειμῶνας ἀκηρασίους ἐρατεινούς.
nympha sed Athlantide natus
Pieriæ montes adijt, lucosque virentes.
Huc vbi habere boues solitæ stabula alta Deorum
Aeternæ: assuetæque iugis, pratisque decoris.

Multi fuisse solis filij commemorantur, quos è diuersis mulieribus & nymphis suscepit. Nam è Clymene genuit Phaetontem: è Neæra Lampetien & Phaethusam, & Pasiphaen. Augiam è Calypso, è Persa Circen, Aloeum, & Aeetam, & Themim siue Ichneam. At Eumelus Corinthius historicus poeta Aloeum & Aeetã solis & Antiopes filios putauit, cum ita scripserit:

ἀλλ' ὅτε δ' αἰήτης καὶ ἀλωεὺς ἐξεγένοντο
ἠελίου τε καὶ ἀντιόπης, τότε δ' ἄνδιχα χώρην
δάσσατο παισὶν ἑοῖς ὑπερίονος ἀγλαὸς υἱός.
ἣν μὲν ἔχεν ἀσωπὸς, τήνγε πόρε δίῳ ἀλωεῖ.
ἣν δ' ἐφύρη κτεάτισσ' αἰήτῃ δῶκεν ἅπασαν
αἰήτης δ' ἄρ' ἑκὼν βούνῳ παρέδωκε φυλάσσειν,
εἰσόκεν αὐτὸς ἀνὴρ εἰς ὕστερον αὖθις ἵκοιτο,
Natus vbi Aeeta est, simul & præclarus Aloeus,
Solis & Antiopes nati: hic Hyperionis alto
Sanguine progenitus pueris sua regna duobus

Cessit, Asopus & hoc diuino cessit Aloei,
Quod tulit. hoc Ephyresque Aeetæ præbuit omne
Hoc Buno seruare lubens Aeeta reliquit:
Donec vir factus post tempora certa rediret.

Dicitur & Anaxibiam nympham fuisse insecutus vim illaturus, quæ vbi in sacellum Rectæ Dianæ confugisset in monte Vertice nomine situm, mox euanuit: at sol inde ortus esse postea dicitur, quare mons fuit Orientis vocatus vt scripsit Cænaro in rebus Indicis. aiunt etiam Phasim fuisse solis & Ocyrhoes filium, illum qui in adulterio deprehensam matrem occidit, atq; ab Erinnybus exagitatus se in Arcturum fluuiũ Colchorum coniecit, qui Phasis ab ipso fuit appellatus vt ait Heraclytus Sicyonius in tertio de Lapillis. Fuit solis filius etiam Mausolus, à quo vocabatur prius fluuius Ichthiophagorum, qui postmodo vocatus fuit Indus. Fabulati sunt nõnulli Venerem à sole fuisse compressam, in Rhodo insula, Rhodumque peperisse quo tempore aurum pluit, atque inde datum fuisse nomen insulæ. Hanc insulam prius habitarunt Telchines, qui, vt fabulati sunt antiqui, filij fuerũt Thalassæ, qui dicti sunt cum Caphira Oceani filia Neptunũ educasse, cum Rhea illi transmisisset infantem. Hi cum multa vitæ hominum vtilia inuenissent, tum Deorum imagines primi excogitarunt, cum etiam quædam antiqua Telchinia vocarẽtur. Dicti sunt prętereà Thelchines fuisse præstigiatores, qui nubes & pluuias & grandinem & niuem inducerent cum vellent, & tãquam de Magis memoria proditum est, qui etiam proprias formas mutabant. De illa ita meminit Pindarus in Olympis:

τὰν ποντίαν
ὑμνέων παῖδ᾽ ἀφροδίτας
ἀελίου τε νύμφαν ῥόδον.

æquoream
Hymno laudans filiam Veneris
Solisque nympham Rhodum.

Alij solis & Amphitrites putarunt filiam, vt ait Asclepiades. alij Amphitrites & Neptuni. Herophilus Neptuni ac Veneris. Epimenides Oceani ac Veneris. at.n. cum sol cũ Venere cõgressus est pluit auro, & rosæ multæ floruerũt, vt est in his:

κύπριδος ἠελίου τε ῥόδος θῆ τοὔνομα νῆσῳ.
τρεῖς τούτων παῖδες πόλεσι τρισὶν ἡνίκα κοίτην
εἰσανέβησε θεᾶς σταγόσιν θεὸς ὕσατο χρυσοῦ.
πλεῖστα ῥόδ᾽ ἤνθησαν φοινίκεα, καὶ κρίνα λευκά.

Insula dicta Rhodos de sole & Cypride nata est:
De tribus & natis horum tres sunt simul vrbes
Cumque Deam Deus accessit guttis pluit auri.
Purpureæque rosæ fudere ac lilia flores.

nam ῥόδον rosam significat apud Græcos, eaque insula dicta est postea Tripolis, quia tres Rhodi & solis filij, Lindus videlicet, Camirus, Ialysus nomina vrbibus à se conditis singulatim dederunt. fuit solis filius Epaphus etiam, qui Memphim condidit. Filius fuit eius & Macareus, Tenagus, Triopes, Ochimus, Phaethon iunior. Actis, Cercaphus, alius Phaethon è Proteo filia Nelei illi natus est, Aegle, Hemithea, Dioxippe, Dirce: Miletus, à quo vrbs Ioniæ dicta est, ex Deione. Horæ, Angeronia, Sterope, Egialus, & alij cõplures. Atq; de matrib. nonnullorum dissentiũt scriptores, sed hoc nihil attinet ad rem propositã dijudicare. Mos fuit vt Soli equus immolaretur, vt ait Ouid. in Fastis, vbi etiã solem Hyperionem nominat:

Placat equo Perses radijs Hyperiona cinctum,
Ne detur celeri victima tarda Deo.

At Homerus in libro τ. Iliadis. Ioui & Soli aprum immolari inquit in his carminibus:

> ταλθύβιος δέ μοι ὦκα κατὰ στρατὸν εὐρὺν ἀχαιῶν
> κάπρον ἑτοιμησάτω ταμέειν Διΐ τ' ἠελίῳ τε.
> At mihi Taltybius in castris præparet aprum,
> Quem mactare Ioui par est, Solique superno.

Huic etiam sacratus putabatur gallus gallinaceus, vt ait Paus. in prioribus Eliacis, quia solis reditum cantu nuntiat.

¶ At nunc fabulosa summatim explicemus. Solem Thię filium illa de causa putarunt, quod omnia bona à diuina natura procedunt: nam Thia diuinam significat. huic patrem addiderunt Hyperionem, quia per omnia corpora superiora diuina prouidentia transmittitur. Cum igitur ὑπερίων supereuntem significet, sitque nomen solis adiunctum, vt ait Home. lib. α. Odyss.

> οἱ κατὰ βοῦς ὑπερίονος ἠελίοιο ἤσθιον.
> Qui boues Hyperionis Solis ederunt.

Merito Sol illius filius existimabatur, siue sit diuina prouidentia, siue superna illa cœlestia corpora, quæ perpetuis motibus agitantur, per Hyperionem intelligamus. Alii Solis ipsius naturam respicientes matrem Euryphaessam illi tribuerunt: quippe cum εὐρὺς latus, φάος splendor sit ac lumen, isq; omnium astrorum clarissime & latissime luceat. Dictus est Sol aduersus Titanas Iouis partibus fauisse, quare coronã, & currũ, & alia honoris insignia esse cõsecutus: quia viri boni, quibus est diuinitas ingenii, magis fauẽt veritati & iustitię, quam diuitiis per scelera, vel dolos, vel crudelitatem comparandis. Est enim sapientię & æquitatis autor in ortu mortalium dominans Solis planeta: qui etiam non mediocres opes & honores mortalibus largitur. Nam idcirco vt argentũ Lunæ, Marti ferrum, Saturno plũbum, Ioui electrum, Mercurio stamnum, Veneri æs, sic aurũ Soli tribuitur. vt igitur nemo impune denique aduersus æquitatem insurgit, sic nullus vir bonus infelix diu esse potest. Hunc in curru vehi solitum finxerunt antiqui, quoniam non facile percipiebant, illa quę essent à sensibus remota, nisi per ea quæ cadebant sub sensum. Idcirco multæ de cœlorum motibus apud antiquos natæ sunt controuersiæ, cum alii singulis globis cœlestibus proprias animas tribuerent, quæ illos circumuoluerent, alii vnam esse satis omnibus globis putarent, alii singulis syderibus suas addiderint: atque alii rursus assiduè cœlum circa terram conuolui sentirent, alii cœlum cõsistere ac terram in circulum circumferri. Atqui nomina ipsorum equorum Solis quid aliud significant, nisi vel ignem vel lucem? Pyrois enim flammatus, Aethon ardens, lampus splendens, Phlegon vrens, quæ ficta sũt ex illorum sententia, qui stellas igneas esse voluerũt: Eous autem matutinus est: quia omnes facultates Soli attribuũt. Atque cum Sol occidens in vndas illabi, exoriens ex vndis emergere videretur, neque facile vulgus intelligeret, Solem vbique tantundem abesse à medio, illum finxerunt in lecto à Vulcano facto natare: qui cum experrectus ad litus orientis applicuisset, currum illi esse paratum ab Horis dixerunt, quæ temporum omnium ministræ sunt & cellarię. Cum vero lux Aurora sit ante Solis ortum, iidem Solis equi dicuntur portare Auroram. Sol syderum dominus, & lucis, vitæque mortalium quæstor habitus est, quoniam autor est luminis cęteris stellis, & pro illius cursu cuncta vigẽt animantia. Hic idem morborum, & salutis omnium, & frugũ, & rerum copiæ est autor, & temporum moderator, & Deus habitus, ob infinita propè in omnes beneficia. Hic igitur cum solus tantæ sit autoritatis inter omnia quæ videntur, perpetuoque motu agitetur, Deus ab antiquis primus fuit creditus. Huius filii nihil aliud sunt, quam radiorum in corpora naturalia agentium vires, vt patet ex ipsorum nominum interpretatione: nam & Pasiphae omnibus lucens, & Phaetusa ardens, & Lamperie splendens, & Augeas splendidus est, & Hemithea semidea & propè diuina, & Heliades Solis vires, & reliqua nomina sunt his similia. at de Sole satis, nunc dicendum est de Pale.

De Pale. Cap. XVIII.

PAles pastorum Dea credita, ita vocata est à nõnullis, cum tamen alias magna mater, aut Vesta vocaretur. In huius honorem Palilia celebrabantur, quæ solennitas erat pastorum: nam palearum accensi acerui certo ordine in loco plano collocabantur, quos transiliebant pastores saltando, vt ait Ouidius libro quarto Fastorum:

Moxque per ardentes stipulæ crepitantis aceruos
Traijcias celeri strenua membra pede.

De Aristæo. Cap. XIX.

ARistæus Apollinis & Cyrenes filius fuisse dicitur, vt testatur Virgilius libro quarto Georg. in his:

Mater Cyrene, mater, quæ gurgitis huius
Ima tenes: quid me præclara stirpe Deorum,
Si modo, quem memoras, pater est Tymbræus Apollo,
Inuisum fatis genuisti?

Apollonius autem libro secundo Argonauticorum commemorat etiam quo pacto Phœbus in amorem Cyrenes inciderit cum illa pecudes ad ripas Penei fluminis custodiret in his:

Κυρήνη πέφαταί τις ἕλος παρὰ Πηνειοῖο
Μῆλα νέμειν προτέροισι παρ' ἀνδράσιν· εὔαδε γάρ οἱ
Παρθενίη καὶ λέκτρον ἀκήρατον. αὐτὰρ Ἀπόλλων
Τήνγ' ἀνερεψάμενος ποταμῷ ἔνι ποιμαίνουσαν
Τηλόθεν αἱμονίης, χθονίης παρακάτθετο νύμφαις,
Αἳ λιβύην ἐνέμοντο παραὶ μυρτώσιον αἶπος.
Ἔνθα δ' Ἀρισταῖον τέκε φοίβῳ, ὃν καλέουσιν
Ἀγρέα καὶ νόμιον.

Fama est Cyrenen Penei ad fluminis vndam
Egisse pastum pecudes: æterna placebat
Virginitas, castusque thorus cui, fertur Apollo
Hanc rapuisse graui percussus vulnere amoris:
Quam procul Hæmonijs portauit finibus. inter
Indigenas Libyæ nymphas: Myrtosia iuxta
Hanc iuga deposuit, quæ mox de semine Phœbi
Mater Aristæi facta est, qui dicitur Agreus,
Et Nomius.

At Cicero actione sexta in C. Verrem, Aristæum Liberi patris filium fuisse scribit his verbis: Aristæus, qui, vt Græci ferunt, Liberi filius, inuentor olei esse dicitur, vnà cum Libero patre, apud illos eodem erat in templo consecratus. Ariestæum scripsit in libro de Dijs Theagenes fuisse Cireni Regis filium & Therame nes Nymphæ, quæ nomen dedit vni ex insulis maris Aegæi, atque prius Battus vocatus fuit pr opter linguæ impedimentum. Scriptum reliquit Theocriti enarra tor Aristæum à Nymphis fuisse educatum, quem & olei & mellis conficiendi rationem

tionem illæ docuerunt, quare horum vtriusque inuentor habitus est Aristæus, vt testatur Iustinus libro historiarum decimoquarto, inuenit Aristæus oleum & mel in Ceo primum. Scriptum reliquit Pindarus in Pythionicis Cyrenen cum Apolline venari solitam ac diutius virginitatem seruasse, quæ vbi cum leone fuisset aliquando colluctata, Apollo in eius amorem incidit, illamque in Libyam deportatam compressit, ex quo natus est Aristæus. Pherecydes data illi optione vt quo vellet ferretur, in Libyam portatam fuisse dicit in eam ciuitatem, quæ Cyrene ab ipsa postea nominata fuit. cum tamen Agretas illam in Cretam primum fuisse portatam scriptum reliquerit libro primo rerum Libycarum, fuitque Larissa Cyrenes soror, à qua vrbs nominata fuit in Thessalia. alij tradiderunt regnum virtutis præmium fuisse propositum ab Eurypylo, illi qui leonem populantem regionem occidisset, atque Cyrenen illo tempore regnum obtinuisse. Huius filius fuit Autuchus ex Apolline præter Aristæum: quibus alij Eurocum, & Nomium, & Argæum addiderunt. Neque vero vnus tantum fuit Aristæus, sed plures: vnus Carysti filius, alius Chæronis, alius Cœli & Terræ, hic Apollinis: qui cum Ethesias aliquando vocasset in Ceo: nam plures ob calorem Solis & canis æstum moriebantur, atque illi statim flare cœpissent, Iupiter Aristæus vocari cœpit: & Apollo Agræus & Nomius pastorum & agrestium Deus. quæ tamen cognomina sunt etiam eius patris Apollinis. Hunc eundem omnis humanitatis autorem prodiderunt antiqui, quorum sententiam nos secuti ita in nostris Venationibus libro quarto scripsimus:

> Puppis ad Euboicas currens allabitur oras.
> Fertur Aristæus antrum hic coluisse, virorum
> Qui genus indocile, & viuentum more ferarum,
> Glandibus, & baccis, pomis syluestribus, & quæ
> Sylua tulit cultu nullius iussa coloni,
> Edocuit primus teneras armenta per herbas
> Pascere: & è quercu fumis pellentibus actas
> Claudere apes vacuo sub cortice, primus oliuum
> Exprimere ex oleæ fructu, lac cogier idem.

Quem tamen non Bacchi quidem filium, sed alumnum quidam fuisse censuerunt, ad quorum sententiam allusimus ita in nostris Venationibus:

> Nutrijt hic Bacchum miro deuinctus amore
> Euboicas inter nymphas, Dryadasque puellas.

Huius vxor fuit Autonoe, quæ fuit etiam Cadmi, è qua Actæonem filium suscepit. Aiunt Aristæum non illum quidem Proconesium: at ipsum Apollinis filium in taberna fullonaria interijsse, atque à quodam qui Crotonem contenderet, in itinere visum fuisse fabulantur. Fertur in Deorum numerum relatus fuisse Aristæus ob rerum humano generi vtilium inuentionem, sicuti testatur Pausanias in Arcadicis. fuit enim id antiquorum institutum, vt diximus, vt viros bonos & sapientes diuinis honoribus ornarent, de quibus, vt de Dijs, fabulosæ narrationes fingebantur. Hunc eundem Aristæum filium Apollinis Cyrenesque nymphæ filiæ Hypsei, quam tamen Penei filiam quidam fuisse maluerunt, laseris vsus inuentorem fuisse memorant, vt patet ex his: Ἀρισταῖος δὲ ὁ Ἀπόλλωνος καὶ κυρήνης τῆς ὑψέως πρῶτον τὴν ἐργασίαν τοῦ σιλφίου ἐξεῦρεν. ὥσπερ καὶ τοῦ μέλιτος. Aristæus Apollinis & Cyrenes Hypsei filius primum laseris vsum excogitauit, sicut etiam mellis. atque vim & bonitatem ipsius laseris ita descripsit Diphilus: σίλφιόν ἐστι ῥίζα ἡδύοσμος ἐν λιβύῃ γενομένη, ἧς δύναμις ἀρτυτικὴ καὶ θεραπευτική, καλλίστη δὲ ἡ κυρηναϊκή, οὗ καὶ τῷ ὀπῷ καὶ τῷ καυλῷ καὶ τῇ ῥίζῃ χρῶνται. Est autem laser radix odore suaui, quæ nascitur in Libya, cuius illa vis est vt præparet ac purget. optima vero est Cyrenaica, cuius vtitur succo & thyrso & radice præterea alij dicunt fuisse Prometheum, alij Aristæum, qui primus omnium taurum Diis immolauerit, cum antea herbæ tantum ac flores diis offerrentur, suffimentaq; fierent è preciosis odoribus, vt scripsit Androtio in sacrificijs. ¶ At nunc cur ista fabulose finxerint inquiramus. Hunc alij Phębi, alij Dionysi, ac Cyrenes Nymphæ filium putarunt, quia Aristæus consilium est & prudentia mortalium creditus, quæ optima pars est in nobis, vt nomen significat. Sol vero cum omnes humores in humanis corporibus extenuet, his tanquam aliqua nebula rarioribus factis præpollet in nobis vis animæ ratione prædita, quare Sol pater est Aristęi. Hinc ad vndam Penei fluminis, vel potius Penei filiam Cyrenen Phębus amauit & compressit, quia rarior facta vis illa Aristęū peperit: qui mox olei vsum diligentiā. s. & vigilantiam in reb. mortalib. inuenit, & mellis rationem suauioris. s. & humanioris vitæ mōstrauit hominib. cum illos dispersos & ferarum more peruagantes in vnum locum deduxerit, & pascere armēta custodireq; docuerit, cum nullam vtilitatem homines prius ex armentis perciperent. Nec me tamen præterit fuisse nonnullos qui ad historiam rem deduxerint, cum dicant Aristæum genitum fuisse ab Apolline, qui Cyrenen eximiæ pulchritudinis virginem raptam in Libyam portatam compressit: idque fictum fuisse propter Thessalorum migrationem, qui loci eius amœnitate capti, vbi Cyrene vrbs postea condita fuit, ibi habitare decreuerunt. at nihil in hac historia est mirabilitatis, nihil cur res perpetua memoria digna appareat. Enimuero per Aristæi fabulam nos antiqui ad prudentiam hortabantur, vt breuibus rem complectar, cum illa sola & rebus nostris assidue sit adiumento vt melius se habeant, & vitam faciat faciliorem suauioremque mortalibus: quippe cum imprudentiæ multa damna, multæque insuauitates & molestiæ sint sociæ. at nunc de Tellure dicamus.

De Tellure. *Cap.* XX.

TEllus quibus parentib. orta sit, non facile est consequi coniectura: quam alij è Litigio, alij è Dęmogorgone, nullis tamen antiquorum testimonijs freti, quod ego videam, dixerunt. Hesiodus in Theogonia hanc statim post Chaos natam fuisse scribit, neque tamen certos parentes illi tribuit ita inquiens,

ταῦτά μοι ἔσπετε μοῦσαι ὀλύμπια δώματ' ἔχουσαι
Ε'ξ ἀρχῆς, καὶ εἴπαθ' ὅτι πρῶτον γένετ' αὐτῶν.
ἤτοι μὲν πρώτιστα χάος γένετ', αὐτὰρ ἔπειτα
Γαῖ' εὐρύστερνος πάντων ἕδος ἀσφαλὲς αἰεὶ
Α'θανάτων.
Dicite cœlestes primum hoc ab origine Musæ,
Dicite quid prius illorum se erexit ortum,
Ante Chaos genitum. post lato pectore Tellus
Nata, Deum !: perum ac cœli firmissima sedes.

Hanc, quam alij Titanis, alij Cęli vxorem esse putauerunt, vt sensit Homerus in hymno in Tellurem, quam etiam omnium matrem appellauit in eo carmine:

χαῖρε θεῶν μήτηρ, ἄλοχ' οὐρανοῦ ἀστερόεντος.
Salue magna parens diuum, ac stellantis Olympi
Coniux.

Herodotus tamen in Melpomene, Tellurem, quæ eximiè colebatur apud Scythas, Iouis vxorem existimatam inquit in his: θεοὺς δὲ μούνους τούσδε ἱλάσκονται. ἱστίην μὲν μάλιστα, ἐπὶ δὲ Δία τε καὶ γῆν, νομίζοντες τὴν γῆν τοῦ Διὸς εἶναι γυναῖκα. Deos solos hos placant. Vestam quidem præcipuè, postea vero Iouem ac Tellurem: Iouis vxorem existimantes. quamuis Hesiodus non vxorem sed ma-

trem

trem Cœli illam vocauit in his:

Γαῖα δέ τοι πρῶτον μὲν ἐγείνατο ἶσον ἑαυτῇ
Οὐρανὸν ἀστερόενθ᾽ ἵνα μιν περὶ πάντα καλύπτοι.
Alma sibi peperit Tellus æquale supernè
Cœlum, quod stellis fulgens circumtegit illam.

Cum vero omnia corpora naturalia, omniaque elementa ex se inuicem gignantur, quibus omnibus prope sedes est Tellus, eam merito Deorum ac hominum matrem vocarunt, vt testatur in his Orpheus:

Γαῖα θεά, μῆτερ μακάρων, θνητῶν τ᾽ ἀνθρώπων.
Alma Deum mater Tellus, materque virorum.

Sic etiam Apollonius libro tertio Argon.

Γαῖα θεῶν μήτηρ, ὅσσον σθένος ἐστὶν ἐμοῖο.
Alma parens superum Tellus, mea robora quanta.

Fuit autem Tellus inter Deos terrestres & inferos existimata, vt scriptum reliquit Aeschylus in Persis:

Ἀλλὰ χθόνιοι δαίμονες ἁγνοὶ
Γῆ τε, καὶ Ἑρμῆ, βασιλεῦ τ᾽ ἐνέρων.
Sed o terrestres dæmones puri
Tellus, Mercurique, Rex & inferum.

Hæc Regina etiam vocata fuit vt scripsit Euripides in Electra:

Σύ τ᾽ ὦ κάτω γῆς ἀνοσίας οἰκῶν πάτερ,
καὶ γῆ τ᾽ ἄνασσα, χεῖρας ᾗ δίδωμ᾽ ἐμάς.
Et tu pater locos profanos incolens
Telluris, ac Regina Tellus cui manus Trado.

Fuit præterea multis nominibus appellata, vt ait Aeschylus in Prometheo, quam etiam fatidicam dixit in his:

Ἀλλὰ καὶ γαῖα πολλῶν ὀνομάτων, μορφὴ μία
τὸ μέλλον ᾗ κραίνοιτο προὐθεσπίκει.
Sed Tellus multorum nominum, facies vna:
Futurum quà fieret vaticinata est.

Memoriæ prodidit Pausanias in Phocicis Tellurem primum Delphis responsa dedisse, atque Daphnen delegisse sibi sacerdotem: deinde cessisse illam sedem, atque oraculorum locum dono dedisse Themidi, quæ postea illum Apollini reliquit. hæc causa fuit etiam cur magna Dea vocaretur, vt idem ait in Atticis. Fabulantur huius fuisse filium Diorphum, qui, vt ait Sostratus in introductione historiæ fabulosæ, filium Mithræ optauit, genus femineum auersatus. atq; petram quādam calefaciens ex ea grauida facta post terminatum tempus iuuenem suscepit Diophorum nomine. ille vir factus Martem in certamen de virtute prouocauit, atque interfectus in montem sui nominis consilio Deorum est conuersus. Hanc etiam Cererem vocari præterea scripsit ita Euripides in Bacchis:

Δημήτηρ θεὰ
Γῆ δ᾽ ἐστιν, ὄνομα δ᾽, ὁπότερον βούλει, κάλει.
Ceres Dea est
Tellus, vtram magis libet voces licet.

Huic Deæ mos fuit apud antiquos agnam nigram immolare, vt testatur Homerus libro tertio Iliadis:

οἴσετε δ᾽ ἄρν᾽ ἕτερον λευκόν, ἑτέρην δὲ μέλαιναν
Γῇ τε καὶ ἠελίῳ.
Ferre agnum niueum, atque agnam portabitis atram,
Telluri ac Soli.

Horatius

Horatius porco etiam rem sacram fieri solitam Telluri inquit in eo carmine:

Tellurem porco, Syluanum laꝫte piabunt.

Cum tamē scribat Aeschylus in Persis inferias Telluri tanquam inferis offerri solitas. quid sit Tellus omnibus pateat: at cur finxerint antiqui illam Titanis aut Cęli fuisse vxorem, illis patebit, qui in illam solem assidue agere considerarint, illamque tanquam fœminam solis ipsius calore ad generationem excitari, & tanquam semina ex omnibus elementis vim condensatam in se recipere. ac de Tellure tot breuiter dicta sint.

De Feronia. Cap. XXI.

FEronia Dea habita neque quibus parentibus orta sit, neque vbi, aut à quibus ēducata, cognoscere omnino potui: quam tamen Deam nemoribus præfectam fuisse constat, vt testatur Virg. lib 6.

& viridi gaudens Feronia lucos

Celeberrimum fuit huiusce Deæ fanum in vrbe Soracte, vt ait Strabo libro 5. vbi eximia religione colebatur. Ibidem rem miram contingere solitam narrant, vt qui eius Deæ numine afflarentur nudis pedibus super prunas & profundum cinerem fauillis permistis ambularēt illæsi: ad quod spectaculum magna multitudo quotannis adueniebat. Verum nihil aliud Feroniam, quàm diuinam vim arboribus diuinitus insitam, quæ illas & seruaret, & pullulare faceret, ego esse crediderim, qua & vigent & florent, & fructus ad maturitatem perducunt. Nam cum viderent antiqui nihil sine diuina prouidentia posse consistere, neque tamen diuinæ mentis cognitionem haberent, vires inde profectas in naturalibus corporibus insitas pro Diis coluerunt. Horum simplicitatem & inscitiam fallere omnium sanè fuit facillimum: quare malorum dæmonum multæ ortæ sunt fallaciæ, quæ illos implicarunt: quippe cum inscitiæ & imprudentiæ semper calamitates & errores sint comites.

NATALIS COMITIS

MYTHOLOGIAE,

LIBER SEXTVS.

Quod æquo animo ferendum est siquid à Deo impetrare non possumus.

V M multis difficultatibus vita mortalium vndique sit circũuenta, nullaque ex parte miseris carere soleat, Cãpeggi ornatissime, optimum factu duxerũt antiqui, vt cum suauitate orationis, rerumque propositarum mirabilitate ad prudentiam, & ad trãquilitatem animorum homines allicerentur. Nam quibus rationibus aliquis sibi vnquam persuaserit inutile esse, vel etiam perniciosum, quod à Diis immortalibus per votacum summa animi contentione sępius expetiuerit, nisi prius constiterit alios etiam homines res sibi, suisue carissimis calamitosas aliquando à Diis ipsis vix tandem impetrasse? Quo enim animo fuisse Theseus putandus est, cum cognouisset filii crudelissimè laniati innocentiam? aut quæ Deorum ira tantum obesse Semele potuisset, quantum Iouis facilitas, cum ad illam rogatus, quo habitu ad immortalem Iunonem solebat, cum fulmine accesisisset? Quæ rursus maleuolentissimorum vis hominum, vel quæ improborum inuidia tam crudeliter Phaethontem oppressisset, quam paterna indulgentia, & nimis facile ab ipso patre exauditæ filii preces? Quod si Dii non tam faciles aliquã do hominibus precantibus fuissent, multę calamitates, multa pericula, multæ cædes fuissent à virorum bonorum capitibus depulsæ. Vt igitur æquo animo ferremus siquid à Diis impetrare non possumus, multa excogitata, &, vt suauiter à vulgo imbiberentur, fabulis inuoluta fuerunt. Neque enim cum quid frustra precamur, continuo in desperationem est cadendum. quod insulsi plerique homines fecerunt, qui cum votorum suorum non fuissent facti compotes, vel Deos nullos esse dixerunt, vel res humanas non curare, vel omnia inexplicabili & certa fatorum serie trahi: resque diuinas suæ inscitiæ, non ingenii sui imbecilitatem, diuinæ naturę subiecerunt. Vt igitur æquo animo nostras preces irritas fuisse aliquando perferamus, Deorumque immortalium consilium in bonam partem acciperemus, & ea quæ dicta sunt de Phaethonte, & alia complura his similia, finxerunt antiqui, quæ imperitorum multitudini aniles nugę, & res ridiculæ videntur: at siquis rectè consideret vniuersam fabularum naturam, illas ad humanam vitam in melius vertendam excogitatas fuisse sentiet. At nunc de Phaethonte quæ memoriæ prodita sunt ab antiquis perquiramus.

De Phaethonte. *Cap.* I.

PHaethon Clymenes Nymphæ & Solis filius fuisse dicitur: qui cum Epapho Iouis filio non cederet, seque Solis filium esse gloriaretur, hunc falso gloriari inquit Epaphus, vt ait Ouid. lib. 1. Metam.

Nunc

Nunc Epaphus magni genitus de semine tandem
Creditur esse Iouis: perque vrbes iuncta parenti
Templa tenet. fuit huic animis æqualis & annis
Sole satus Phaethon: quem quondam magna loquentem,
Nec sibi cedentem, Phœboque parente superbum
Non tulit Inachides: matrique ait omnia demens,
Credis: & es tumidus genitoris imagine falsi.
Erubuit Phaethon, iramque pudore repressit,
Et tulit ad Clymenen Epaphi conuitia matrem.

Quæ scripta sunt etiam à Zezechil. 4. hist. 137. At Pausanias in Atticis Cephali satu natum esse ex Aurora Phaethontem scribit, quod etiam testatur Hesiodus ita in Theogonia:

τιθωνῷ δ' ἠὼς τέκε μέμνονα χαλκοκορυστὴν,
Αἰθιόπων βασιλῆα, καὶ ἠμαθίωνα ἄνακτα.
αὐτάρ τοι κεφάλῳ φυτήσατο φαίδιμον υἱὸν
ἴφθιμον φαέθοντα θεοῖς ἐπιείκελον, ἄνδρα.
Memnona Tithono peperitque Aurora nigrantum
Aethiopum Regem, Tithono hęc Emathionem.
Edidit hæc rursus Cephalo coniuncta decorum,
Et fortem Phaethonta, parem Diis macte supernis.

Fabulati sunt igitur Phaethontem Epaphi contumeliis inflammatum, vt nobilitatem sui generis vniuersis hominibus patefaceret, ad Solem patrem suum contendisse, & precib. tandem impetrasse, vt is polliceretur iurando, quidquid Phaethon poposcisset, se concessurum. Tum vero Phaethon rogauit vt currum lucisque administrationem sibi per vnum diem concederet: id cum grauiter ferret Sol, neque tamen negare posset, quod iurando affirmauerat, multis rationibus conatur filio persuadere ne rem tam arduam, tamque difficilem aggrederetur, quæ multo maiorem peritiam & animi constantiam requireret. Verum cum nihil neque monendo, neque deterrendo, neque rogando, vt ab re tanta abstineret, proficeret, inuitus illi currum habenasque equorum tradidisse dicitur: vt luculentissime scripsit Ouid. 2. Metamor. & Lucianus in dialogis Deorum. Cum igitur acceptum currum ob metum Scorpionis retinere intra certam viam Phaethon ignorasset, effecit vt modo terrarum orbis acerbitate caloris propinquioris conflagraret, regionesque vel ad cardines mundi insuetum æstum sentirent, modoque tellus Aethiopum grauissimis & insuetis frigoribus premeretur. Id cum sensisset Iupiter veritus ne genus animantium penitus periret, fulmine cœlesti Phaethontem de curru deiecit: qui ad ripas Eridani fluminis cecidit, vt ait Apollon. libro quarto Argonauticorum:

ἐσδ' ἔβαλον μύχατον ῥόον ἠριδανοῖο
ἔνθ' ἄποτ' αἰθαλόεντι τυπεὶς πρὸς στέρνα κεραυνῷ
ἠμιδαὴς φαέθων πέσεν ἅρματος ἠελίοιο
λίμνης ἐς προχοὰς πολυβενθέος· ἡ δ' ἔτι νῦν περ
τραύματος αἰθομένοιο βαρὺν ἀνακηκίει ἀτμόν.
Vltima ad Eridani Minyæ venere fluenta,
Pectus quo ardenti percussus fulminis igne
Semiustus cecidit Phaethon, currumque paternum
Liquit in aeriis campis. ibi nunc quoque fluctus
Vulnus olent vstum grauiter, fumosque vaporant.

Et Lucretius lib. 5. inquit solem post mortem filij collegisse equos, atque suetum cursum peregisse:

At

At pater omnipotens ira tum percitus acri
Magnanimum Phaethonta repenti fulminis ictu
Deturbauit equis in terram: solque cadenti
Obuius æternam suscepit Lampada mundi.
Disiectosque redegit equos, iunxitque trementes.
Inde suum per iter recreauit cuncta gubernans.

Est autem in regione Celtarum locus ille, in quem cecidisse Phaethon dicitur: ibi scatent fontes Eridani ad Pyrenæos montes, sicuti testatur Dionysius in descriptione orbis, in his:

τοῖς δ' ἐπὶ πυρηναῖον ὄρος, καὶ δώματα κελτῶν
ἀγχόθι πηγάων καλλιρρόου ἠριδανοῖο
οὗ ποτ' ἐπὶ προχοῇσιν ἐρημαῖαι ἀνὰ νύκτα
ἡλιάδες κώκυσαν ὀδυρόμεναι φαέθοντα.

Hic Pyrenæos montes, Celtasque videbis,
Non procul Eridani distantes fontibus: illic
Tempore nocturno deserta ad flumina fratrem
Heliades luxere suum Phaethonta cadentem.

Nam fama est eius sorores, quæ commemoratæ sunt, cum de sole ageremus, adeo grauiter mortem Phaethontis tulisse, vt assiduè lugentes Deorum misericordia in populos nigras fuerint côuersæ: vt innuit Ouid. lib. 1. de Ponto:

Vos quoque felices, quarum clamantia fratrem
Cortice velauit populus ora nouo.

Harum lachrymæ in electrum fuerunt conuersæ, vt ait idem poeta in libro secũdo Metamorph.

Inde fluunt lacrymæ: stillataque sole rigescunt
De ramis electra nouis, quæ lucidus amnis
Excipit & nuribus mittit gestanda Latinis.

Quamuis Artemidorus Ephesius famam fuisse scripsit apud Celtas electrum non quidem Heliadum, sed Apollinis fuisse lacrymas, vbi propter Aesculapij mortem mæstus ad Hyperboreos contendit ob indignationem aduersus patrem Non defuerunt rursus qui dixerint istud ipsum contigisse illo tempore, quo iussus fuit seruire propter mortem Cyclopum. quidam crediderunt dictum fuisse ab illo incendio Phaethontem cognomine, cum prius Eridanus diceretur, à quo etiam fluuius nomen obtinuit.

¶ Hæc illa sunt, quæ de Phaethonte ab antiquis fabulosè dicta fuerunt. Phaethõ Solis & Clymenes filius dicebatur, quia est ardor aut inflammatio, quæ è sole proficiscitur: nam φαέθω ardeo significat. Huic Clymenẽ dixerũt esse matrẽ, quæ aqua est, & ἀπὸ τοῦ κλύζειν quod inundare significat, fuit vocata. Sensit enim Anaxagoras & Heraclitus stellas esse igneas, iisque vaporibus ali, qui per vim solis è terra extrahuntur: nam cum vapores illi inflammati fuerint, tum vehemens est calor, quod etiam patet per æstiuos dies: cum enim fiunt crassiores terræ vapores, iique calefiunt à sole, quod etiam magis accidit imminentibus imbribus, tum magnus & intolerabilis prope fit æstus: quare Phaethon solis & Clymenes est filius, eorum vaporum scilicet ardor, qui a sole excitantur. Alij Cephali & Auroræ filium esse Phaethontem putarunt, quia Cephalus & ipse sol astrorum omnium princeps esse creditur, nascitur enim ardor è solis viribus per cursum. Fabulantur hunc currum à Sole patre impetrasse, quia late vagatus sit ardor ille, multasque insuetas grauioribus caloribus prouincias depopulatus sit. Ego enim sanè per hanc fabulam eximiam aliquam siccitatem, aut eximiũ & inauditum calorem contigisse aliquando crediderim ob certũ planetarũ con-

congressum sole in extrema parte Libræ sub finem Septembris existente, quare finxerunt antiqui Phaethontem, antequam ad Scorpionem accederet, ... ius metu decidisse. Finxerunt eum in ea parte præcipuè signiferi delirasse, quæ est vltima Libræ in Scorpionem, vbi via dicitur vsta: quæ gradus decem vtrinque continet. Cum enim solis currus eo peruenisset, neque tamen per breuitatem dierum æstus cessaret, creditus est solis currus viam suetam reliquisse, atque inde locus datus est fabulæ. Nihil fuit igitur aliud Phaethontis fabula, nisi ob nonnullarum errantium stellarum congressum siccitas eximia: qui dicitur ad ripas fluminis Eridani decidisse, quia inundationes hanc siccitatem plerunque consequi solent, vel pestilentia, vel terræmotus, vel annonæ penuria. Nam cum nimius calor solis terræque siccitas Galliam & Græciam, & Italiam anno salutis nostræ 1242. inuasisse dicatur, tanta vis pestilentiæ anno sequenti coorta est, vt vix vnus è decem millibus hominum superfuerit. Istud ipsum aliquando contigit in Aegypto, & in Asia post eximiam siccitatem & post eximias inundationes: nam duodecim vrbes vna nocte Tiberio Cæsare imperãte terræmotu deuastatæ sunt. Atque Anaximander ex obseruatione syderum non solum tempestates, sed etiã subterraneos ventos Lacedæmoniis futuros prædixit. Hunc fuisse deiectum fulmine à Ioue apud Eridanum fluuium fabulantur, quia vt Orionis sic Eridani exortu magna vis imbrium sæpius concitatur, quare in Arateis versibus illum magnas habere vires inquit Cicero, cum ita verterit:

Hac etiam Eridanum cernes in parte locatum,
Cæli funestum magnis cum viribus amnem.

Id autem ita fictum est, quod fulmine fuerit deiectus: quia vapores per calorem elati in sublimi aeris parte in angustum à circũstanti frigore compulsi, (est enim illa pars aeris, vbi cessant radii solis à terra remissi, frigidior.) tonitrua, & fulgura, & fulmina emiserunt ac detruserunt, donec calor ille denique dissiparetur. Ea de causa & Iupiter illum de curru deiecisse dicitur, & siquam rerum mortalium labãtem videret, refecisse: nam Iupiter modo est calor, qui est vita omnium viuẽtium, modo ignis elementum vt comburens hic Vulcanus, modo aer, modo mẽs diuina, à quo aere frigidiore denique facto recreata sunt aliquando penè exusta & extincta ob æstum animantia. Alii fabulam inde excogitatam fuisse dixerunt, quia primus solis cursum obseruarit, qui cum mortuus esset, antequã artem perfectam cognouisset, dictus est fulmine fuisse deiectus, vt ait Lucianus in Astrologia. ¶ Alii maluerunt per hanc fabulam demonstrauisse antiquos rerum maximarum administrationem, ac summa imperia rerum publicarum iuuenibus aut adolescentibus aut imperitis non esse concedendam: cum in ceteros imperium solis prudentioribus conueniat: nam qui iuuenes rebus publicis, imperitoue præficiunt, ij cum maximo suo & præfectorum & subditorum periculo sæpe se errauisse intelligunt. Fama est eius sorores adeo miserabiliter mortẽ Phaethontis luxisse, vt Deorum misericordia fuerint in populos commutatæ. Hoc nihil aliud significat, nisi ex humore & calore solis illo eximio multa postea arborum plantarumque genera nasci solere. veruntamen vbi calor materiæ facultatem superarit, nõ amplius est generationis, sed corruptionis autor. Succus autem qui vel è corporibus animalium, vel ex arboribus extremus effluit, propter vim intimam expellentem crassior est, quare electrum ex illis arboribus tum primum lacrymãtibus effluxisse dicunt. Fuerunt qui hæc ad historiam potius detorqueant: nam omnes fabulæ habent aliquam historiæ partem tanquam fundamentum: Scribit Zez. hist. 127. Phaethontem filium fuisse cuiusdam Regis, qui cum currum agitaret ad ripas Padi Celtarum fluuii, in flumen delapsus interierit, quem tanto cum animi mœrore luxerunt sorores, vt stupidæ factæ sint, quare dictæ sunt in arbo-

arbores commutatæ. Nam Plutarchus in Pyrrho post diluuium primum Thesprotorum & Molossorum Regem Phaethontem fuisse scribit: quẽ Lucianus in Dialogo de Astrologia Solis idcirco filium, currumque accepisse credidit, quia solis cursum primus deprehenderit. fuerunt qui Phaethontis fabulam inde detortam esse dicant, quod vastus cometa solaris natura in nonnullis locis tandem dissolutus intolerabiles æstus effecerit. Est enim ea cometarum natura, siue sit vapor circa sydera collectus, siue per se prælongus existat, qui paulatim exuritur, siue alia quauis de causa oriatur, vt siccitas, & æstus, & aquarum penuria consequatur, quia propensiores sunt ad inflammationes aeris vapores, quam ad pluuiam. Quod attinet ad mores, deprimere nonnullorum arrogantiam per hæc voluerunt, qui nihil sibi non tribuunt, nihilque se nescire propter nobilitatem arbitrantur: quæ arrogantia homines plerunque trahit in magnas calamitates. At nunc de Aurora dicamus.

De Aurora. Cap. II.

Auroram filiam fuisse Hyperionis ac Thiæ, Solisque & Lunæ sororem, declarauit Hesiodus in Theogonia his carminibus.

Θεία δ' ἠέλιόν τε μέγαν, λαμπράν τε σελήνην
Ἠῶ θ', ἣ πάντεσσιν ἐπιχθονίοισι φαείνει
Ἀθανάτοις τε θεοῖς, τοὶ οὐρανὸν εὐρὺν ἔχουσι,
Γείναθ' ὑποδμηθεῖσα ὑπερίονος ἐν φιλότητι.
Thia parit Solem magnum, Lunamque nitentem,
Auroram, quę fert lucem mortalibus almam,
Cęlicolisque Deis cunctis; Hyperionis almi
Semine concepit namque illos Thia decora.

Alij Titanis & Terræ filiam esse Auroram crediderunt. Hanc solis pręuiam, sicut Auroræ præuium luciferum, dixerunt antiqui: quippe cum solem cito oriturũ nunciet mortalibus, vt ait Orpheus in hymno in Auroram:

Ἀγγέλλεια θεοῦ τιτᾶνος ἀγαυοῦ μεγάλοιο
Nuntia Titanis celeris, lateque nitentis.

Huic digitos roseos tribuit Homerus propter colorem rubicundum, aut subrubentem, quam in aurea sede vehi dixit hymno in Venerem:

αὐδ' αὖ τιθωνὸν χρυσόθρονος ἥρπασεν ἠὼς
ὑμετέρης γενεῆς ἐπιείκελον ἀθανάτοισιν.
Vt vestra de gente parem Diis, aurea sedes
Quam vehit, arripuit Tithonum Aurora maritum.

Fabulati sunt enim poetæ Auroram in curru à quadrigis rubentibus vehi solitam, vt testatur Virg. lib. 6.

Hac vice sermonum roseis Aurora quadrigis
Iam medium æthereo curru traiecerat axem:

Cui tamen bigas attribuit alibi vt est in his:

Aurora in roseis fulgebat lutea bigis.

Theocritus aũt nõ roseos, sed albos equos Auroræ appellauit in Hyla hoc pacto:

Οὐδ' ὅκχ' ἁ λευκίππος ἀνατρέχει ἐς Διὸς ἀώς,
Nec pullis Aurora domum Iouis vt petit albis.

Scriptum tamen reliquit Lycophron in Alexandra Auroram à Pegaso equo vehi solitam, vt est in his:

ἠὼς μὲν αἰπεινὸν ἄρτι φηγίου πάγον
κραιπνοῖς ὑπερποτᾶτο πηγάσου πτεροῖς.
τιθωνὸν ἐν κοίτῃσι τοῦ κέρνης πέλας.

Auro-

Aurora montem Phagium aduolauerat,
Velocis altum nuper alis Pegasi.
Cornam prope Tithonum in thoro reliquerat.

Hanc ex Oceano, tanquam Solem & reliqua astra, surgere scripsit Homerus in hymno in Mercurium hoc pacto:

ἠὼς δ' ἠριγένεια φόως θνητοῖσι φέρουσα
ὤρνυτ' ἀπ' ὠκεανοῖο βαθυῤῥόου
ὡς μὲν ὅτ' ὠρίων' ἕλετο ῥοδοδάκτυλος ἠώς
Hinc Aurora tulit lucem mortalibus almam
Fluctibus Oceani surgens sata mane profundis.

Memoriæ prodidit Paus. in Laconicis Auroram forma Cephali captam pulcherrimi iuuenis illum ad se rapuisse. rapuit Orionem præterea vt scripsit Homerus lib. 5. Odys.

ὡς μὲν ὅτ' ὠρίων' ἕλετο ῥοδοδάκτυλος ἠώς.
Sic vbi ab Aurora rosea est correptus Orion

Quæ Tithonum etiam maritum sibi rapuit, quem in Delum asportauit, eumq; dormientem in thoro consurgens relinquebat cum Memnone filio, vt innuit Virgilius libro quarto Aeneid.

Et iam prima nouo spargebat lumine terras
Tithoni croceum linquens Aurora cubile.

Hanc ex Astræo præterea scripsit ita Apollodorus libro primo Biblyot. Vētos & Astra peperisse: ἠοῦς δὲ, καὶ Ἀστραίου ἄνεμοι καὶ ἄστρα. Ex Aurora & Astræo venti & astra. Nam cum Astræo congressa fratre Thiæ & Hyperionis filio Argestem, Zephyrum, Boreamque peperit & Notum, vt in Theogon. ait Hesiod.

Ἀστραίῳ δ' ἠὼς ἀνέμους τέκε καρτεροθύμους
Ἀργέστην, ζέφυρον, βορέηντε αἰψηροκέλευθον,
καὶ νότον ἐν φιλότητι θεὰ θεῷ εὐνηθεῖσα.
Astræo peperit ventos Aurora rapaces
Argestem, Zephyrum, & Boream glacialibus alis,
Atque Notum coniuncta Deo Dea candida lecto.

Hanc iucundissimam & suauissimam non hominibus solum, sed omnibus animalibus, & hominib. & plantis contingere, scripsit Orph. in hymno in Aurorā his verbis:

ἣ χαίρει θνητῶν μερόπων γένος, οὐδέ τίς ἐστιν
ὃς φεύγει τὴν σὴν ὄψιν καθυπέρτερον οὖσαν.
ἡνίκα τὸν γλυκὺν ὕπνον ἀπὸ βλεφάρων ἀποσείσῃς.
Πᾶς δὲ βροτὸς γήθει, πᾶν ἑρπετὸν, ἄλλα τε φῦλα
τετραπόδων, πτηνῶν τε, καὶ εἰναλίων πολυεθνῶν
Qua gaudet mortale genus, vitare nec vllus
Conspectum vult diua tuum. cum fluctibus exis,
Excutis & somnum cilijs, lætantur vbique
Serpentumque hominumque genus, voluctesque feræque,
Quæque colunt altas spumosi marmoris vndas.

¶ Hæc illa sunt, quæ de Aurora fabulose prodita sunt ab antiquis. Hanc Thiæ & Hyperionis filiam arbitrati sunt illa de causa, quia diuina bonitate ita statuente lux è sole ad mortales manet. quid enim commodi habemus, quod hominib. à Deo non sit? Hanc alii Terræ filiam & Titanis, alii nuntiam Titanis vocarunt, & ex oceano emergere crediderunt, quia nauigantibus ex vnda, aut in planitie existētibus è terra exire appareat, & è luce solis, quem antecedit. Nam oculorum acies ad certum interuallum pro facultate naturali locorum distantiam metiri potest, at hallucinatur præterea ob imbecillitatem & ob molem aeris inter aciem & distantia corpora interiecti, quæ spectantur. quare si quid longinquum metiri velimus, adhibenda sunt optic æ instrumenta, aut aliqua oculorum aciem adiuuantia & coarctantia: Efficit igitur turbidi aeris natura, & surgentium asiduè vaporum vt candida lux solis his interiectis, cum tenuis illa adhuc sit, rubicunda & rosea Aurora videatur: quare roseum colorem, & roseos digitos & auream sedem, & rubentes equos illi attribuerunt, qui ijdem sunt & solis. propter celeritatem motus illi currus concessus est. Hanc niueos equos habere alij dixerunt, non ad surgentes vapores, sed ad ipsius lucis naturam intuentes. ac nûc dicatur de Memnone.

De Memnone. Cap. III.

MEmnon fuit Auroræ Tithonique filius, qui habuit fratrem ex ijsdem parentibus Emathionem, vt inquit Apollodorus libro tertio: & Hesiodus in Theogonia:

> τιθωνῷ δ᾽ ἠὼς τέκε μέμνονα χαλκοκορυστὴν,
> Αἰθιόπων βασιλῆα, καὶ ἠμαθίωνα ἄνακτα.
> Ast Aurora parit Tithono Memnona fortem,
> Aethiopum Regem, Regem simul Emathionem.

Hunc natum esse Thebis testatur Dionysius in situ orbis in his:

> ἠμὲν ὅσοι Θήβην ἐρικυδέα ναιετάουσι,
> Θήβην ὠγυγίην ἑκατόμπυλον, ἔνθα γεγωνὸς
> Μέμνων ἀντέλλουσαν ἑὴν ἀσπάζεται ἠῶ.
> Nam quicunque colunt Thebas & mœnia clara,
> Thebas ogygias Hecatompylas: hic vbi Memnon
> Surgentem capit Auroram complexibus arctis.

Strabo lib. 15. Cissiam matrem Memnonis vocatam fuisse scribit. Hunc Aethiopum fuisse Regem, & ex Aethiopia ad bellum Troianum, vel potius è Susis Persarum ciuitate venisse ait Pauſ. in Phocensium rebus. nam omnes illas nationes Memnon ante bellum Troianum debellauerat, quę mediæ fuerunt vsque ad fluuium Choaspem. Memoriæ prodidit Strabo libro 16. non procul à Ptolemaica ciuitate Aegypti, in vrbe Abydo fuisse regiam Memnonis mirificè è lapide totam extructam, & Labyrinthum prætereæ eiusdem operis, quem Nemnonium vocarunt. Hunc ad bellum Troianum Priamo opem ferentem accessisse constat, qui fortiter singulari certamine cum Achille commisso occubuit. Hic vbi fuit percussus, fons scatuit, de quo aquam sanguineam fluere dicebant quotannis, quo die ille fuit cæsus, vt ea carmina testantur Calabri:

> Ὅς τε καὶ αἱματόεις παφλάζεται ἐπιόσσεται αἶαν,
> Ὁππότε μέμνονος ἦμαρ ἐκ λυγρὸν ᾧ ἔνι, κεῖνος
> Κάτθανε.
> Sanguine qui tinctus sitientes alluit agros,
> Memnonis vt lux est tristis, qua concidit ille.

Ferunt illum post cædem apud Paltum Syriæ iuxta Badam fluuium fuisse sepultum, vt scripsit Simonides poeta. Atque supra Aesapi ostia humatum fuisse testatur Strabo libro 13 quare vicus qui proximus fuit, Memnonius vicus dictus est. Scriptum reliquit Pausanias in Laconicis Memnonis ensem totum ex ære fuisse Nicomediæ cum hasta, quæ imas tantum partes, & cuspidem æreas haberet, in templo Aesculapij depositum. Fuerunt qui dixerint Auroram impetrasse à Ioue, vt cum Memnon rogo imponeretur, verteretur in auem, quod etiam contigisse dicitur, vt ait Ouidius lib. 13 Metamorph.

> Memnonis orba mei venio qui fortia frustra

Pro patruo tulit arma suo, primisque sub annis
Occidit à forti, sic Dij voluistis, Achille.
Da precor huic aliquem solatia mortis honorem,
Summe Deum rector, maternaque vulnera leni.
Iupiter annuerat, cum Memnonis arduus alto
Corruit igne rogus: nigrique volumina fumi
Infecere diem: veluti cum flumina natas
Exhalant nebulas, nec sol admittitur infra.
Atra fauilla volat, glomerataque corpus in vnum
Densatur, faciemque capit, fumique colorem
Atque animum ex igni, leuitas sua præbuit alas.

Dictæ sunt & aliæ complures aues Memnoniæ vocatæ ex eodem rogo exilijsse, quæ inter se pugnantes in rogum relapsæ pro inferijs se Memnoni consecrarunt. Theocritus ipsum etiam Memnonem in auem mutatum circa rogum volasse, rogumque lustrasse commemorat in epithaphio Bionis, cum de cæde quereretur, vt est in his carminibus:

οὐ τόσον ἠῴοισιν ἐν ἄγκεσι παῖδα τὸν ἀοῦς,
ἱπτάμενος περὶ σᾶμα κινύρετο Μέμνονος ὄρνις.
Non sic aurora natum in conuallibus imis
Memnonis est tumulum lustrans conquesta volucris.

Scriptum reliquit Lucianus in Philopseudo miraculum illud statuæ Memnonis fuisse celeberrimum, quippe cum statua illius, quæ fuit in templo Serapidis in Aegyptijs Thebis erecta, sponte sua cum radijs solis tangeretur suauem sonum emitteret, atque nescio quid lacrymabile sub solis occasum, cum matris aduentu lætari, tristari discessu putaretur, vt testatus est etiam Cor. Tacit. Et Sudas in his: τόδε ἄγαλμα τετράφθαι πρὸς ἀκτῖνα μήπω γενειάσκον, λίθου δὲ εἶναι μέλανος, ξυμβεβηκέναι δὲ τὼ πόδε ἄμφω κατὰ τὴν ἀγαλματοποιίαν τὴν ἐπὶ Δαιδάλου, καὶ τὰς χεῖρας ἀπερείδειν ὀρθὰς ἐπὶ τὸν θᾶκον. καθῆσθαι γὰρ ἐν ὁρμῇ τοῦ ἀνίστασθαι τὸ σχῆμα τοῦτο καὶ τὸν ὀφθαλμὸν δὲ, καὶ ὁπόσα τοῦ στόματος ὡς φθεγξαμένου ᾄδουσι καὶ τὸν μὲν ἄλλον χρόνον ἧττον θαυμάσαι φασὶν οὕτω γὰρ ἐνεργὰ φαίνεσθαι· προσβαλούσης δὲ τὸ ἄγαλμα τῆς ἀκτῖνος, τοῦτο δὲ γίγνεσθαι περὶ ἡλίου ἐπιτολάς· μὴ κατασχεῖν τὸ θαῦμα, φθέγξασθαι μὲν γὰρ παραχρῆμα τῆς ἀκτῖνος ἐλθούσης αὐτῷ ἐπὶ στόμα· φαιδροὺς δὲ ἱστάναι τοὺς ὀφθαλμοὺς δόξαι πρὸς τὸ φῶς, οἷα τῶν ἀνθρώπων, οἱ εὐήλιοι. τότε ξυνιέναι λέγουσιν, ὅτι τῷ ἡλίῳ δοκεῖ ὑπανίστασθαι, καθάπερ οἱ τὸ κρεῖττον ὀρθοὶ θεραπεύοντες. Hæc autem statua ad radios solis cõuersa est, impubis adhuc è nigro lapide. atq; pedes ambo facti sunt ad Dædali artis imitationem, cum manus super sede rectæ firmentur. ita vero constituta est vt velle consurgere appareat, atq; oculi & mens & quæ sunt vocis omnia instrumenta videntur velle loqui. cæteris quidem temporibus minus mirabile aut inane illud videri dicunt. at radio statuam attingente, quod fit oriente sole, non potest non videri mirabile cum radio in os incidẽte statua loquatur. oculi hilares apparent ad lumen tanquam hominis, qui tunc lætentur sole. nam soli videtur assurgere tanquam serui bene morati domino accedenti. Hanc statuam etiam reddere responsa consueuisse antiqui dixerunt. Fama est statuam ipsam nigri lapidis fuisse, quæ sonum illum emitteret. Scribit Strabo lib. 17. se Thebas in Aegyptum aliquando contendisse, vbi duo altissimi erant colossi ex integris lapidibus inter se propinqui, quorum alterius superiores partes iam corruerant ob terræmotum: huius pars illa quę reliqua erat super base, circiter horam primam, vt inquit, sonum emisit haud quaquam magnum ingenti præsente multitudine. Sic enim erat artificiose in ipsa base incisa. Neque hoc erit sanè incredibile, siquis quan-

quantã vis sit scientiæ cognouerit, aut si Thebanorum sacerdotum præstantiam in astronomicis philosophicisque rebus intellexerit. Non enim illi inter scorta immundissima, neque inter lurcones vino graues maiorem ætatis partem degebant: sed quod reliquum erat temporis ab administratione sacrificiorum, id totum in honestissimis rerum vel naturalium vel diuinarum studijs contemplationibusque transigebant. Atqui Zezes chilia. 6. histo. 64. Cippum ait vocatum fuisse Memnonem ab Aegyptijs, & columnam rubri varij lapidis fuisse, quæ sonum illum emitteret: lætum quidem per diem, quia lætaretur matris præsentia, at lugubrem per noctem, quia doleret illius discessu. Alij sane scriptores à Zeze dissentiunt, quia Memnonem in Ilio fuisse sepultum, at non in patriam relatum crediderunt. ¶ Atque tot sunt dicta fabulose de Memnone. Memnonem Auroræ Tithonique filium fuisse dixerunt, quoniam is in orientis regionibus imperauit, quando & orientem Auroræ nomine vocarunt aliquando Latini, vt est id Virgilius in libro octauo:

Hinc ope barbarica, varijsque Antonius armis
Victor ab Auroræ populis.

Quod dictum fuit, quia sub ortum solis, & auroræ ipsius tempore lenis aura plerunque oriatur: nam parua aura aurora dici videtur. Quod ad Troiam militauerit, quod cæsus fuerit ab Achille, quòd honorifice sepultus fuerit, id totum non abhorret ab historia. Quod vero aues ex illius rogo euolauerint, illique immortalitatem Aurora impetrauerit à Ioue, quid aliud est, quam antiquorum poetarum adulatio? nam illi vt propinquorum Regum gratiam aucuparētur, æternam & immortalem gloriam futuram ipsorum Regum dicebant, & quæ in omnes nationes perueniret, multaque fabulosis ornamentis, suauitateque orationis, tanquam horrenda pharmaca suauioribus rebus condiuerunt, ne simplex adulatio nauseam auditoribus moueret. Quæ ad eius statuæ mirabilitatem spectant, antiquorum artificum præstantiam patefaciunt, qui & colossos incredibilis magnitudinis ac artificij, & columnas admirabilis tum ponderis, tum etiam incisarum figurarum artificij, non solum erexerunt, sed etiam in longinquas regiones exportarunt. Tanta vero fuit in coniungendis lapidibus scientia, vt vel diligentissime rimantibus, nulla appareret coniunctio, quare præclare dictum est in eam pyramidem, quæ fuit ex Aegypto Romam comportata:

Si lapis est vnus, dic qua fuit arte leuatus,
Si duo, vel plures, dic vbi congeries.

Quod ad mores, vitæque institutionem attineat, nihil in Memnone esse conspicio, quare tota ferè est historica explicatio. At nunc de Tithono dicamus.

De Tithono. *Cap.* IIII.

Tithonus, quem ob corporis elegantiam, amatum fuisse ab Aurora inquiunt Laomedontis fuit filius, fraterque Priami, vt fama est: cum tamen diuersæ matres horum fuisse memorētur. Aiunt enim matrem Priami, fuisse Leucippen, at Tithoni alij Strymo, alij Rhæo Scamandri filiam. Inquiunt Tithonum in cœlum fuisse portatum cum ab Aurora amaretur, illique à Parcis immortalitatem fuisse impetratam: sed cum oblita fuisset Aurora petere etiam ne senesceret, Tithonus in tantam venisse senectutem dicitur, vt infantulorum more in cunis agitatus quiesceret. Verum denique in cicadam dicitur fuisse conuersus, quæ mutatis prioribus exuuijs vel senio confectæ non occidūt, sed iuuenescunt. Hanc fabulam ita attigit Horatius libro secundo Carminum:

Longa Tithonum minuit senectus.

Illud autem passus fuisse creditur propter dolorem, quem audita Memnonis filii morte percepit: nam tanquam euolaturus ad videndum filium brachia cōcussit, quare alæ tum primum illi natæ fuisse dicuntur. Id asserit idem poeta in libro primo, cum dicat illum, qui immortalitatē assecutus fuisse videbatur, cuiq; alæ exortæ sunt, tandem occidisse. Tithonusque remotus in auras. Alii tamen dicunt illum Auroram precatum fuisse vt posset immortalitatem deponere, cum propter senectutem humanis voluptatibus frui non amplius posset quod cum illa concedere non valeret, in cicadam illum vertit. Dicitur Tithonus Susa condidisse ciuitatem, non procul ab amne Choaspe Persiæ nobilissimam, ac sedem olim Imperii Persarum. Cum vero in cunis, vt diximus, plerunque iaceret Tithonus ob senectutem, in lecto tamen illum ab Aurora relinqui solitum scribit Virgilius in hoc carmine:

Tithoni croceum linquens Aurora cubile.

Habuit ex Aurora Tithonus Memnonem & Emathionem filios, vt dictum est, à quo dicta est Emathia. quamuis alii dixerunt auroram ex Astræo Titane vento etiam peperisse. filiam vero Iodamam. Hæc fere sunt, quæ de Tithono dicuntur. Hanc rem, qui ad historiam traducere conātur, dicunt Tithonum ex Oriente vxorem duxisse, è qua cum prædictos suscepisset fiios, in tantam peruenit senectutem, vt in cunis agitaretur domi infantū more. Hinc fabulæ datus est locus, quod Aurora illum amauerit ob temperiem orientalium locorum, qui illum & maritum, & immortalem propè fecerunt. Quod in cicadam fuerit conuersus, quid aliud est, quā senilis garrulitas & loquacitas? cū enim morosi sint senes, tum gloriosi & temporis præteriti semper laudatores, contemptoresque præsentis, & cuiusmodi Nestorem finxit Homerus. Fuerunt qui ridiculam allegoriam addiderint, & quam referre prope sine risu non possum. Dicunt enim Tithonum esse vim diurnam, at Auroram matutinam vendēdis mercibus vel agendis reb. accommodatā, vnde vir Auroræ Tithonus putabatur. Quoniam vero multa virilia opera aguntur per diem, muliebria per noctem, vt dixerunt, ea de causa illa conficta creduntur à nonnullis: & quoniam venalia per diem exponuntur, dixerunt Priamum esse Tithoni fratrem: nam πρίαμαι emo significat. At ego crediderim hanc fabulam ideo fuisse fictam, quod per illam nos sapientes ad æquo animo ferendas naturæ vices solarentur: cum mors omnium calamitatum finis sit Deorum beneficio hominibus concessa. Nam cum immortalitatem à Diis Tithono Aurora impetrasset, ille tamen supplex à Diis ipsis contendit, vt liceret sibi mori, quia satius esse putaret semel interire, quam assiduè molestiis, totque naturę difficultatibus infestari. At nunc de Pasiphae dicamus.

De Pasiphae. Cap. V.

PAsiphae Solis & Perseidis filia fuisse dicitur, vt ait Cice. lib. 3. de natura Deorum, in his: Circe autem & Pasiphae è Perseide oceani filia natę, patre Sole, in Deorum numero non habebuntur? Hanc Minois vxorem fuisse cōstat: è quo Ariadnam, quam à Theseo abductā & in Naxo relictam à Libero patre vxorem ductam inquiunt, filiam peperit, vt ait Apollo. lib. 3.

Παρθενικὴ μινωὶς εὐφρονέουσ᾽ ἀριάδνη
θύγατε Πασιφάη κούρη τέκεν ἠελίοιο,
Huius amore fuit Minoia capta Ariadna,
Pasiphae hanc peperit Solis de semine nata.

Fabulati sunt Venerem, post indicatum suum à Sole adulterium cum Marte, in vniuersam solis stirpem sæuisse: quare & Ariadna à Sole oriūda ingratū & durissimum tissimum Theseum experta est: & Pasiphae huius mater ingenti tauri amore capta fuit, ita vt Dædali opera se illi subiecerit: de qua natus est Minotaurus, cuius altera pars homo erat, taurus altera, vt est in Ariadna apud Ouidium:

> Nec tua mactasset nodoso stipite Theseu,
> Dextera parte virum, dextera parte bouem:

Cum natum fuisset id mõstrum, labyrinthus extruitur cum inexplicabilibus viarum ambagibus & fallaciis, ita vt cum quis viam egredientem, & ad exitum perducentem se reperisse putaret, tum nouum ingressum, & prioribus multo difficiliorem experiretur: atque id in illum inclusum fuit. Has tamen fallacias idem Dædalus, qui excogitauerat, vt Ariadnæ amori satisfaceret, aperuit: cum eò, qui Athenis nono quoque anno ob mortem Androgei mittebãtur vorandi à Minotauro, vel inter labyrinthi fallacias, vt alii putarunt, morituri, includerentur. Hanc rem satis aperte, vt arbitror, explicauit in his carminibus Virgilius libro sexto:

> Hic crudelis amor tauri, suppóstaque furto
> Pasiphae, mistumque genus, prolesque biformis,
> Minotaurus inest, Veneris monumenta nefandæ.
> Hic labor ille domus, & inexplicabilis error.
> Magnum Reginæ sed enim miseratus amorem
> Dędalus, ipse dolos tecti, ambagesque resoluit,
> Cæca regens filo vestigia.

Habuit filium Androgeum & Ariadnam, vt ait Isacius, quibus alii Phædram addiderunt. Fuerunt, qui dicant illam quo tempore Minos aduersus Athenienses militabat, rem cum Tauro militum duce clam habuisse, atque ex eo suscepisse filium, quem de patris nomine Taurum appellarũt, nomenque Minois iam addiderunt, quod Minois videretur, cum esset Tauri. Alii dixerunt Taurum fuisse Minois ducem, qui crudelissimus erat, in omnes Athenienses, qui eò tributi nomine mittebãtur: vt testatur Plutarchus in Theseo. Alii maluerunt ex huius ducis concubitu & ex Minoe eodẽ partu natos esse geminos filios: Androgeum è Minoe, Taurum autem ex Tauro: quod tamen cum non pateret, palam vtriusque parentis nomen obtinuit alter illorum. Hoc non solum fabulosum est, sed prorsus abhorret à veritate, quoniam seminis recepti vas in muliere vbi semen auide semel inbiberit, atque hauserit, constringitur: neque amplius aperitur, ante quam fætum perduxerit ad maturitatem. Fuerunt qui fabulosam causam reddiderint, cur Minos adulteram vxorem senserit, cum illa vel bouem sustinuerit. Nam cum Minos ad bellum exiturus Iouem patrem rogasset vt digna tanto sacrificio aliqua se victima offerret, taurum eximiæ pulchritudinis oblatum armentis ducem præfecit, ac alium pro illo immolauit: quare sensit postea Minos ex ira Iouis ob eam fraudem amorem tauri suæ vxori fuisse immissum. Alii maluerunt Minoem à Cretensibus impedimentum quo minus in regnum paternum succederet, respondisse à Diis immortalibus sibi dari regnum, quod nisi credant, Deos augurio id esse confirmaturos. Mox Neptuno clam vouit se quod primum apparuisset immolaturum. Cum verò eximiæ pulchritudinis taurus apparuisset: illum dedit pastoribus ad armenta deducendum, atque alium pro illo mactauit, quare iratus Neptunus nefarium illius tauri desiderium vxori Minois immisit. Scriptum reliquit Plutarchus in Cleomene, in Thalamis Messeniorũm olim ciuitate eximium fuisse Pasiphaes templũ & oraculũ: atque Pasiphaen quidẽ vnã esse nympharũ Atlãtidũ arbitrati sunt: eamq; nõ solis, sed Iouis fuisse filiã, quę ita vocata sit, ꝙ omnibus ibi pateret oraculũ. atq; hactenus de fabulosis ad Pasiphaẽ spectãtib. dictũ sit.

Hanc fabulam ad historiam deduxit Zezes histo. 19. primæ chil. qui scribit augurium à Neptuno immissum Taurum fuisse ducem, qui cum ingenti classe suppetias Minoi ferebat, quem cum vidissent Cretenses priusquam dimicaretur, Regem Minoem salutarunt. Eius Tauri visi sane elegantis & strenui ducis amore capta est Pasiphae Minois vxor, Dædaloque conscio & adiutore in priuata domo lignea cum illo dicitur concubuisse, ex quo natus est puer, qui & adulteri & legitimi mariti Pasiphaes nomen reportauit. Ego vero altiorem quandam, & vtiliorem sentētiam sub his latere crediderim, quoniam non historicæ solum narrationis causa fabulæ instituebantur, sed vel rerum naturalium, vel morum informandorum, vt diximus. Pasiphae solis & Perseidis filia, quid aliud est, quam anima mortalium, quæ tum plurimum ratione & consilio pollet, cum corpus solis virtute materiam corporis, optime digerente, fit purius? aut quid aliud est Perseis, quam ipsa materia humida, è qua corpus gignitur? Hæc ipsa anima cum Minois iustissimi atq; optimi viri sit vxor, si ad illegitimas voluptates declinauerit, desciscere à legitimo marito dicitur, & in adulteri ferocissimi tauri complexum refugere. Vbi enim à ratione animus desciuerit, vel ad iram, vel ad cupiditates se referens, tunc omnibus turpis apparet, & tauri formam recipit. Quare siquis fabulæ turpitudinem summam inesse arbitratur, nefariamq; mulierem existimat Pasiphaen, quæ tam turpes, ac tam illegitimas voluptates expetiuerit, quo pacto non turpissimum putauerit, se ipsum vel libidine, vel ira, vel alijs turpissimis animorum motibus cedere? concedendæ sunt quidem corpori voluptates, quas natura necessariò expetit, quippe cum neque ira, neque voluptas inutiliter à Deo data sit: sed illæ tantū concedendæ, quas Iupiter aut Neptunus concesserit, quod per eum taurum significatur, ad corporis vires reficiendas scilicet, & ad propagandam sobolem. Cuius rei vel maximum id est argumentum, quod vel ira ad res agendas, vel libido ad procreandum, vel reliqui animorum motus cōferunt semper ferè cum moderatione & corpori, & negotijs: cum plurimum obesse soleant, nisi moderatio adhibeatur. Ex illegitimo vero voluptatum, harumq; motionum vsu multa monstra nascantur necesse est, ac non solum Minotaurus: quæ ita homines implicant, vt qui semel ab æquitate declinauerit, legesque contempserit, difficillime postea à sceleribus coerceatur: cum mos, diuturnaq; consuetudo natura postea fiat assuetis hominibus. Neque aliud sanè Labirynthi viarum inexplicabilis circuitio significare voluit, nisi illum, qui semel illegitimis se dedidisset, sine summa difficultate se explicare postea non posse ante extremum vitę diem, aut sine summo *Dædali ingeniosi admonitoris* artificio. ac de Pasiphae ita breuiter: nunc de Circe dicamus.

De Circe. *Cap.* VI.

CIrce, vt scripsit Hesiodus in Theogonia, solis & Perseidis oceani dicitur fuisse filia in his carminibus:

> *ἠελίῳ δ' ἀκάμαντι τέκε κλυτὴ ὠκεανίνη*
> *Περσηῒς, Κίρκην τε, καὶ αἰήτην βασιλῆα,*
> Soli indefesso peperit Perseis at olim
> Aeetam regem & Circen, clarissima natos.

Homerus tamen in libro κ. Odysseæ illum solis & Perses filiam, at non Perseidis inquit in his carminibus:

> *Αἰαίην δ' ἐς νῆσον ἀφικόμεθ'· ἔνθα δ' ἔναιε*
> *Κίρκη ἐϋπλόκαμος δεινὴ θεὸς αὐδήεσσα,*
> *αὐτοκασιγνήτη ὀλοόφρονος αἰήταο.*
> *ἄμφω δ' ἐκγεγάτην φαεσιμβρότου ἠελίοιο*

Μητρὸς

Μητρὸς δὲ πέρσης, τῆς ὠκεανὸς τέκε παῖδα.
Venimus Aeææ pollentes ad litora terræ,
Hanc Circe coluisse grauis Dea dicitur, illa
Prudentis soror Aeetæ fuit, ortus vterque
Semine de solis nitidi narratur, & illis
Oceano Persę mater fuit edita magno.

Alij crediderunt Hecates, alij Aeetæ fuisse filiam, at non sororem. Alij contra Asteropes & Hyperionis filiam tradiderunt, sicuti testatur Orpheus in Argonauticis: cuius miram fuisse pulchritudinem inquit, cum splendoris radij ex illius capite emicarent, vt patet ex his:

κούρην ὁμογνήτην μεγαλόφρονος αἰήταο
ἠελίου θυγατέρα. κίρκην δέ ἑ κικλήσκουσι.
μήτηρ Ἀστερόπη καὶ τηλεφανὴς ὑπερίων.
ὦκα δὲ ἐπὶ νῆα κατήλυθε. τοὶ δ' ἄρα πάντες
θάμβεον εἰσορόωντες. ἀπὸ κρατὸς γὰρ ἔθειραι
πυρσαῖς ἀκτίνεσσιν ἀλίγκιαι ἠώρηντο.
στίλβε δὲ καλὰ πρόσωπα φλογός.
Aeetæ affinis, coniunctaque sanguine, solis
Filia, quam proprio dixerunt nomine Circen.
Asteropeque parens, Hyperionque est auus. illa
Velox occurrit naui, cuncti aspicientes
Pertimuere viri: flammæque simillimus ardor
Crinibus auratis illi affuit, igne decora
Splendebat facies, superisque simillima Diuis.

At Dionysius Milesius libro primo Argonauticorum scriptum reliquit hanc Hecates Persei & Aeetæ filiam fuisse: nam Persea & Aeetam filios solis fuisse inquit, quorum Aeeta Colchis & Mæoticis, at Perseus Tauricæ regioni imperauit, duxitque vxorem quandam ex indigenis, quæ Hecate dicebatur. Fuerunt qui dixerint Perseum é nympha quadam indigena Hecaten viraginem suscepisse venationibus magnopere deditam, quæ prima omnium lætiferas radices inuenit, peritissimaque fuit conficiendorum venenorum, ac medicamentorum, quę in hospitibus experiebatur: quippe cum patrem etiam suum venenis sustulerit. Hanc primam vim aconiti obseruasse tradunt, & verbenas etiam inter veneficas herbas reperisse. Hanc ablegatam in Colchorum regionem Aeetę patruo nupsisse inquiunt, é quo nata est Circe & Medea. Verum cum Circe facta esset senior, vel matrem ipsam veneficiorum peritia superauit: quippe quæ multa ab ipsa matre didicisset, pluraque ipsa experiens quotidie excogitasset. Dionysiodorus illam ætate iam matura Sarmatarum regi nupsisse inquit, quo paulopost venenis extincto ipsa regno sola potita adeo crudeliter subiectos populos tractasse dicitur, vt regno pulsa cum parua mulierum manu in Italiam fugere compulsa sit, & in promontorio, quod ab ipsa postea Circæum dictum fuit, consederit. Scriptum reliquit Herodianus libro quinto vniuersæ historiæ Circen à patre sole fuisse in Hesperiam in curru deportatam, atque in insula iuxta Tyrrheniam in mari Siculo posita consedisse, quæ ab illa postea Circæa dicta fuit: quam sententiam secutus Apollonius Rhodius ita scripsit in libro tertio Argonaut.

ἴδον γάρ ποτε πατρὸς ἐν ἅρμασιν ἠελίοιο
Δινεύσας ὅτ' ἐμεῖο κασιγνήτην ἐκόμιζεν
Κίρκην ἑσπερίης εἴσω χθονὸς, ἐκ δ' ἱκόμεσθα
Ἀκτὴν ἠπείρου τυρσηνίδος, ἔνθ' ἔτι νῦν περ
Ναιετάει μάλα πολλὸν ἀπόπροθι κολχίδος αἴης.

Esse puto notum: curru quod solis in alto
Est ablata soror patris, quo tempore Circe
Hesperiæ accessit longæ confinia terræ,
Inque solum Tyrrhenorum concessimus, atque
Nunc quoque longe habitat patrijs à Colchidis aruis.

Alij duas fuisse Circes memorant, atque ambarum res gestas ad vnam detulerunt. Vocata fuit Aeæa Circe ab Aeæa insula Phasidi fluuio propinqua in Colchica regione: quam tamē insulam nonnulli esse in freto Siculo crediderunt. Apollonius Rhodius libro quarto Argonauticorum, Aeæam insulam in Italia apud Tyrrhenorum agrum esse scribit in his:

καρπαλίμως δ' ἔνθένδε διὲξ ἁλὸς οἶδμα νέοντο
αὐσονίης ἀκτὰς τυρσηνίδας εἰσορόωντες,
ἶξον δ' αἰαίης λιμένα κλυτὸν· ἐκ δ' ἄρα νηὸς
Πείσματ' ἐπ' ἠιόνων σχεδόθεν βάλον· ἔνθα δὲ κίρκην
Εὗρον ἁλὸς νοτίδεσσι κάρη ἐπιφαιδρύνουσαν.
Inde cito fluctus perlabitur vncta carina.
Ausoniæ apparent Tyrrhenæ litora terræ:
Aeæaque petunt portus: de puppe rudentes
In litus iaciunt; hic Circen aspiciunt, quæ
Arte comas madidas ornabat ab æquore aprica.

Hæc ancillas quatuor dicitur habuisse, quarum opera in conficiendis veneficijs, & in legendis herbis, herbarumque floribus vtebatur, vt scripsit Pausanias in prioribus Eliacis. at Ouidius libro 14. Metamorph. Nereidas & nymphas eo fungi officio scripsit his carminibus:

Nereides, nymphæque simul, quæ vellera motis
Nulla trahunt digitis, nec fila sequentia ducunt,
Gramina disponunt: sparsosque sine ordine flores
Secernunt calathis, varijsque coloribus herbas.
Ipsa quod hæ faciunt opus exigit, ipsa quis vsus,
Quoque sit in folio, quæ sit concordia mistis
Nouit. & aduertens pensas examinat herbas.

Vtebatur & motacillæ carne in veneficijs, sed in amatorijs præcipuè, quam fabulantur fuisse Suadelæ filiam; quæ cum Iouem pharmacis in sui desiderium attrahere conaretur, à Iunone in auem sui nominis mutata est: nam Iynx vocata est à Græcis. Hæc homines in varia brutorum genera vertere solita dicitur per vires collectarum herbarum: de qua ita scripsit Virgilius libro septimo.

Hinc exaudiri gemitus, iræque leonum
Vincla recusantum, ac sera sub nocte rudentum:
Setigerique sues, atque in præsepibus vrsi
Sæuire, ac formæ magnorum vlulare luporum,
Quos hominum ex facie Dea sæua potentibus herbis
Induerat Circe in vultus, ac terga ferarum.

Quos cibos ijs daret Circe, quos in eas formas vertere cupiebat, significauit Lycophron his carminibus:

Ποίαν δὲ θηρόπλαστον οὐκ ἐπόψεται
Δράκαιναν ἐγκυκῶσαν ἀλφίτῳ θρόνα,
καὶ κνῦρα κνωπόμορφον; οἱ δὲ δύσμοροι
γνόντες ἄτας ἐν συφοῖσι φορβάδες
Μίγαρτα χιλῷ συμμεμιγμένα τρυγὸς
καὶ στέμφυλα βρύξουσιν ἀλλ' αὐτὸν βλάβης

Μῶλυ

Μῶλυ σπάσει ῥίζαν, καὶ κτέρος φανεὶς,
Νωνακριάτης τρικέφαλος φαιδρὸς θεός.
Quam non ferarum figulam intuebitur
Dracæna subiget vt farinis hordea.
Fatumque vertet in feras, miselli at hi
Querentur infortunium facti sues,
Edentque acinos vuæ hara inclusi. sed hunc
Radix ab ipso subtrahet periculo
Vocata moly. liberabit hunc triceps
Nonacrites visus, & Clarus Deus.

Hæc ita scripsit Ouidius in libro 14.

Nec mora: misceri tosti iubet ordea grani,
Mellaque vimque meri, cum lacte coagula passo:
Quique sub hac lateant furtim dulcedine succos
Adijcit. accipimus sacra data pocula dextra.

Nam cum cibos hos illis porrexisset poculo hausto ac virga quadam tacti cum quibusdam magicis verbis subito in feras vertebantur. ita Vlyssis socios versos esse scripsit Homerus in libro κ. Odysseæ, cum tamen Vlyssem vertere nequiuerit, qui antidotum radicẽ moly aduersus veneficia à Mercurio acceperat. Sunt enim veneficiorum remedia credita, moly, stella marinus piscis, lapillus Iaspis, rhamnus, salix, pulicaria, aliaque multa plantarum, lapillorum, animaliumque genera. Hæc cum Vlysse versata Agrium ac Latinum peperisse ex eo dicitur, vt in his ait Hesiodus in Theogonia:

Κίρκη δ' ἠελίου θυγάτηρ ὑπεριονίδαο
Γείνατ' Ὀδυσσῆος ταλασίφρονος ἐν φιλότητι
Ἄγριον, ἠδὲ Λατῖνον ἀμύμονά τε κρατερόν τε.
Filia solis at hinc Hyperionis edit Vlyssi
Iuncta thoro Circe duo pignora. dicitur alter
Agrius, ast alium prisci dixere Latinum.

Habuit Telegonum etiam filium Circe ex eodem Vlysse, & Ausonem à quo Ausonia dicta est, & Casiphonem, veruntamen si ridiculum est, vt ait Zez. hist. 16. chil. 5. quod cum Vlysse vnum annum versata tres filios pepererit, quanto magis abhorret à veritate vt quinque genuerit? dicitur præterea Marsus à quo Marsi populi vocati sunt, & Romanus, filij fuisse eiusdem Circes. memoriæ prodidit Strabo lib. 9. Circes mortuæ sepulchrum in altera Pharmacusarũ insularum, quæ non procul distant à Salamine, erectum fuisse. ¶ Atq; de Circe summatim hæc dicta sunt. nunc quid per hanc senserint antiqui, perquiramus. Circe solis & Perseidis filiæ oceani fuit filia, vel Hyperionis & Asteropes, vt alijs magis placuit, quia ex humore & calore solis oĩa nascuntur. Dicitur .n. Circe à miscẽdo, quia in generatione necesse est vt hæc, quæ vocant̃ elementa, misceantur, ꝙ non nisi per motũ solis fieri potest. Est .n. Perseis vel Perse oceani humor, qui vel materiæ vel fœminæ vicem obtinet: sol artifex aut mas, qui autor est formæ in generatione rerum naturalium: quare generatio & commistio illa quæ fit in generatione naturalium corporum merito Circe, & solis ac filiæ oceani filia dicta fuit. Habuit quatuor ancillas, quæ flores & herbas ad veneficia colligebant, quæ quidem sunt quatuor elementa, omnium motuum naturã nobis pro suis viribus ministrãtia. Credita est hæc Circe esse immortalis, quia perpetua sit elementorum inter se generatio & corruptio. Hanc crediderunt antiqui homines in diuersa animalium genera commutare, quoniam ex vnius corruptione nũquam eiusdem formæ aliud nascitur, sed longe ab eo diuersum: putaruntq; illã Aeæam insulã habitasse, ob morbos & quere-

querelas animaliũ, quæ paulatim deficiente vi compositorum diuersis molestijs afficiũtur. nam, ç, æ, heu, heu, significat. Hęc cum omnes reliquos homines in belluas commutarit, Vlyssem tamen mutare non potuit, quia Deorum immortalium munere, quominus id pateretur, erat communitus. Quo enim pacto diuina & immortalis existens anima Dei optimi beneficio vel solis, vel vlla vi naturę poterit corrumpi? aut quo pacto diuina ratione communita poterit in belluam commutari? possunt id quidem pati animę comites, elementa scilicet, quę sunt in corpore immortali animæ annexa & coniuncta, at anima ipsa nullo pacto potest, cum diuinæ naturæ sit à Deo procreata. per hæc igitur immortalem esse animã, vt ego quidem sentio, significarunt: quamuis corpus & multis morbis, & corruptioni deniq; sit subiectum. cum vero Circe mistio sit, vt dictum est, in rebus naturalibus propter motum solis, iure tot res per veneficia dicitur fecisse, Lunam de cœlo deduxisse, stitisse flumina, arbores ac segetes aliò transtulisse, quæ passim scribuntur à poetis. nam cum vapores plurimi exurgunt, quis non videt Lunam aliquando vel ad medium mensem occultari, aliquando propter penuriam imbrium vel fontes ipsos arescere, neq; ex iis flumina defluere: atq; accidit propter humoris penuriam aliquando vt ibi segetes nullæ sint, vbi fertilissimæ esse consueuerunt: ibique sint vberiores, vbi nullæ fuerunt antea aut contra istud cecidit propter humoris copiã. neq; hoc sanè vlla alia fit ratione, nisi vicissitudine naturæ, quæ nascitur e commistione elementorum, sicut illud magis aut minus fit. Atque hæc quidem sunt, quæ sub hac Circes fabula ad physicam rationem spectantia continebantur, vt ego quidem sentio, quæ tamen omnia ad Chemicam scientiam nonnulli deducere conantur, cum eius rei gratia, at non vel physicæ vel morum institutionis hæc ficta ab antiquis contendant. Sed vt hos prætermittam, tam ingeniosi fuerũt fabularum artifices antiqui, quæ à poetis celebratæ sunt, vt non res physicas tantum sub earum nonnullis complexi fuerint, sed etiã in vniuersam humanam vitam vtilissima præcepta tradiderint. Atqui multiplices fuerunt causæ, quibus compulsi sint antiqui ad fabulas confingendas: primum quod multa paucis verbis complectebantur. deinde quod vtiles essent & accõmodatæ memoriæ ob artificiosam seriem historiæ, tum quod essent suaues ob delectationem propter mirabilitatem rerum excogitatarum, quibus accedebat quod odiosum videbatur humanę, aut etiam magis siquid in esset diuinæ naturæ, sua arcana cuiuis patefacere, quæ sub fabularum tentorijs figmentisque delitescerent. Nam vt vinum in male affectis vasis corrumpitur, neque pristinam transmittit ad bibentes suauitatem, ita res diuinæ aut philosophicę cũ vulgo cõmunicatę corrumpuntur, cum per tempora ad magis rudes profectæ in manus tradantur. Huc accedit quod cognitio rerum maximarum cum maximo artificio sub fabulosis corticibus occultata ita magis integra conseruatur, & ad posteros trasmittitur. nam cum methodus ita diligentius seruaretur, neque posset sine multa difficultate variari, sic facilius percipiebantur ea, quę de philosophia essent tradita: quare etiam efficiebatur vt varia ingenia, quasi opiparo variorum ferculorum apparatu, illa varietate rerum tenerentur. Age vero paucis ea, quæ sub hac fabula continentur ad mores informandos spectantia percurramus. Circe solis & Perseidis filiæ Oceani filia fuisse dicitur, quia libido ex humore & calore fit in animalibus. Hæc cum naturalis sit titillatio ad voluptates excitans: si nobis dominetur, belluarum vitia in animis nostris imprimit, facitque cum syderũ aspectu, & cum illis conspirat, quorum alia ad Venerem & ad commessationes, alia ad iram, crudelitatem, improbitatemque omnem nos alliciunt, idcirco siquis cupiditatibus aliquis paruerit, eum fabulantur in aliquam formam bellue à Circę fuisse conuersum per veneficia, cum illa vel astra de cœlo deducere possit: quo niam non sine aliqua syderum vi naturalis est in nobis, vel ad hanc, vel ad illam turpitudinem propensio, ad quæ facile delabimur, nisi nobis diuina clementia opem tulerit, neque labi patiatur, quod per munus Vlysi à Mercurio datum intelligitur. Atque in his innuit Virg. lib 7.

Quę ne monstra pij paterentur talia Troes
Delati in portus, neu litora dira subirent,
Neptunus ventis impleuit vela secundis,
Atque fugam dedit, & præter vada feruida vexit.

Pro flagitiorum igitur natura, ad quę quisque erat propensus, in varias animaliũ brutorum formas vertebatur. nam libidinosi, sues: iracundi, leones aut vrsi fiebant: & reliqui eodem pacto. Quod vero harum rerum causa fabulæ fingerentur patefaciunt illa, quæ scripta sunt ab Homero de Vlysse. nam cur eũ inter Phęacum delitias inseruit? cur in Lotophagorum regione multos socios illius gustato fructu suauissimarum arborum reditus & patriæ oblitos fecit? quia multi vbi delitiarum, voluptatumque facultas conceditur, illam apud Euripidem Cyclopis ita clamantis sententiam semper habent in animo, si proferre pudeat:

Α᾿γὼ οὔτινι θύω. πλὴν ἐμοὶ θεοῖσι δ' οὔ,
καὶ τῇ μεγίστῃ γαστρὶ τῇδε δαιμόνων.
ὡς τοὐμπιεῖν γε, καὶ φαγεῖν τοὐφ' ἡμέραν,
Ζεὺς οὗτος ἀνθρώποισι τοῖσι σώφροσι,
λυπεῖν δὲ μηδὲν αὐτὸν. οἱ δὲ τοὺς νόμους
ἔθεντο, ποικίλλοντες ἀνθρώπων βίον,
κλαίειν ἄνωγα. τὴν ἐμὴν ψυχὴν ἐγὼ
οὐ παύσομαι δρῶν εὖ
Non vlli oues macto, nisi mihi, haud Deis,
Et dæmoni huic ventri Deorum maximo.
Hic Iupiter, lex hic diebus singulis
Bibendi, edendique est viris prudentibus,
Mæroris & pellendi. at illi, qui viris
Leges dedere, lugeant diu licet.
Cessabo nunquam ego mihi concedere
Iucunda, læta, dulcia.

Alii sunt ad voluptates quidem difficiles, neque illis supra modum delectantur, qui tamen siquid aduersi contigerit, continuo infringuntur, animoque ita sunt demisso, vt neq; inter viuos quidem se interesse sentiant. Idcirco siqui socii Vlyssis erepti sunt voluptatibus, illi inter grauissima pericula perierunt, cum alii à Cyclope vorati sint, alii à Læstrygonibus, alii à Scyl la voracissimo monstro absorpti. Alii cum neque vi delitiarum, neque periculorum magnitudine victi fuissent, ob auaritiam in multas difficultates se intruserunt: cum vtrem ventorum plenum ab Aeolo inclusorum clam dormiente Vlysse soluissent. alii potius ambitione, quam vel auaritia, vel omnibus prædictis difficultatibus erant consternandi, nisi Vlysis prudentia fuissent aures omnibus obturatæ aduersus Sirenum cantus. Verum ad hæc omnia periculorum vel voluptatum genera inuictus perstitit Vlysses, eximiæque constantię & fortitudinis suę dedit experimentum. Nihil autem horum superauit sine diuino consilio, quia in vtraque fortuna opus est auxilio Deorum immortalium, cum nulla humana sapientia satis sit ad eam rectè ferendam. Cum nullo alio dicta est rem habuisse Circe, quia attonitorum & dementium nullus est vsus, cùm Vlysses contra mente præditus ac prudens cum illa asiduè versaretur. Atque vt summatim dicam; per hanc fabulam significare voluerunt antiqui sapientem virum in vtra

que

que fortuna oportere se moderatè gubernare, & ad omnes difficultates inuictum consistere, cum reliqua multitudo tanquam leuissima nauis huc illuc fluctibus deferatur, & quocumque ventorum inconstantia impulerit: quare mutati fuerũt in belluas Vlysis socii, cum ipse inuictus ob sapiẽtiam, quæ verè est Dei munus, perstiterit. Ego Vlyssem rationis participem animę nostræ partem esse crediderim: Circen esse naturam: Vlysis socios animi facultates conspirantes cum affectibus corporis, ac rationi non obtemperantes. natura igitur est appetentia rerũ illegitimarum. nam recta lex retinaculũ & frænum est deprauati ingenij, cum deceat existimare belluas, illas facultates. at ratio quæ nos facit vna Deo similes, inuicta aduersus eas illecebras appetentiæ persistit. At nunc dicatur de Medea.

De Medea, Cap. VII.

Medea vero filia fuit Aeetæ Colcorum Regis & Idyiæ, sicut testatur Hesiodus in Theogonia in his:

> Αἰήτης δ' υἱὸς φαεσιμβρότου ἠελίοιο
> κούρην ὠκεανοῖο τελήεντος ποταμοῖο
> Γῆμε, θεῶν βουλῇσιν ἰδυῖαν καλλιπάρῃον,
> ἡ δέ οἱ μήδειαν ἐύσφυρον ἐν φιλότητι
> Γείναθ' ὑποδμηθεῖσα διὰ χρυσῆν ἀφροδίτην.
> Aeeta vxorem duxit de semine clari
> Prognatus solis, natam de semine magni
> Oceani Idyiam pulchram: sic fata iubebant.
> Iuncta in amore parit Medeam deinde puellam
> Prestantem forma: iunxit Venus alma maritum.

Fuerunt enim Aloeus & Aeeta solis filii & Antiopes, è quibus cum Aeeta imperio paterno minime contentus in Colchos profectus esset, Corinthi regno pater no Buno Mercurii filio interim permisso, Idyiam oceani filiam in Cytæa Colchorum ciuitate duxit, è qua Medeam & Absyrtum suscepit. Alii tamen putarũt Absyrtum maiorem natu fuisse Medea, quem ex Caucasia Asterodia oceani & Tethyos filia Aeeta susceperit, inter quos fuit Epimenides, quẽ Absyrtum propter formæ prestantiam Colchi Phaethontem cognomine appellarunt, vt scripsit Sosibius & Timonax in rebus Scythicis. nam sol pater Aloeo regionem in Arcadia, at Aeetæ filijs Corinthum habitãdam distribuit. Aeeta dedit Buno regionem & vrbem seruandam minoribus siqui postmodo ex se nascerẽtur. sin autem, Bunus ipse regionem haberet, atque ipse Aeeta secessit in Colchidem, vbi regnauit vt ait Eumelus poeta historicus, vt patuit superius è versibus ipsius Eumeli. Aeeta sorores Pasiphaen & Circen habuit, &, vt putarunt alii, Calypso vt diximus. huius genus ita Cicero attigit libro 3. de natura Deorum: Quid Medeæ respondebis? quæ duobus auis sole & oceano, Aeeta patre, matre Idyia procreata est. Quid huius Absyrto fratri, qui est apud Pacuuium Egialeus? quare & Eurip. in Medea Solem patris Medeæ patrem inquit hoc pacto;

> ὄμνυ πέδον γῆς, πατέρα θ' ἥλιον πατρὸς
> τοὐμοῦ.
> Iura per terram, solemque qui patris pater
> Mei fuit.

Euphorion & Andron Teius in nauigatione Hecates filiam fuisse Medeam arbitrati sunt. at Heraclides Ponticus Neæræ vnius Nereidũ filiam fuisse scripsit. Alii Eurylyten matrem Medeæ dixerunt fuisse, inter quos fuit Dionysius Milesius. quidam Angitiam sororem Medeę addiderunt, quę Marsos docuit remedia contra venena. Ouid. tamen in Epistola Helenæ Ipsææ filiam illam scribit, sororemque habuisse Chalciopen, vt est in his:

Non erat Aeetes, ad quem despecta veniret,
Non Ipsæa parens, Chalciopeque soror.

Apollo. libro 3. Argonaut. Medeam vocauit ipsam etiam Aeæam, vel quia Circes artibus vteretur, vel quia pernitiosa extiterit compluribus. Fama est enim illam Iasonis amore captam patrem & patriam & regnum prodidisse: Nam cum Iason cum lectissima Thessalorum manu Peliæ iussu in Colchos nauigasset ad aureum vellus capiendum, periculorum magnitudinem verita Medea, ne iis Iason obrueretur, fecit data sibi fide quod eam vxorem duceret, vt per magicas artes vim periculorum Iason nullo negotio superauerit, & aureum vellus tuto auferendum acceperit. Fuerunt qui dixerint Aeetam Medeę patrem grauissime tulisse Iasonis victoriam, quare conuocato concilio per noctem consilium de vrẽda Argonaui proposuisse. Illud cum cognouisset Medea, dicitur per obscuram noctem confugisse ad Argonautas, consiliumque paternum de comburenda naui, & de trucidandis omnibus argonautis patefecisse, quare statim illi arrepta secum Medea insidiarum indice aufugerunt. Alii dixerunt Aeetam post superata aurei velleris pericula argonautas omnes ad lautissimum conuiuium inuitasse, illo tamen consilio vt omnes mensę asidentes clam & per dolum trucidaret. Tunc vero Medeam partim atrocitate facti commotam, partim amore ac desiderio ipsius Iasonis captam, paternum consilium Iasoni aperuisse vbi confugisset ad naues. Alii ad promittendum aureum vellus illuc contendisse illam maluerunt. Dionysius Milesius scripsit illam aureum vellus ad nauem attulisse, atque vnà cum argonautis vltionem patris deuitantem aufugisse. Antimachus libro tertio Argonauticorum Iasonem cum Medea in nemus Martis consecratum clam contendisse inquit ad aureum vellus capiendum. Mox cum frater Absyrtus illam insequeretur, fertur illum comprehensum iuxta Absyrtides insulas necasse, vt ait Strabo libro septimo. Alii tamen dicunt, inter quos fuit Acusilaus, Medeam fratrem secum abduxisse, & cum instaret pater persequens eum discerpsisse ibi, vbi vrbs postea condita Tomos ab ipsa sectione vocata est. atque in eminenti scopulo manus & caput in Ponto exposuisse, reliqua membra in regione illa sparsisse, vt patris cursum retardaret, quam sententiam ita secutus est Oui. in libro 3. Tristium:

Atque ita diuellit, diuulsaq; membra per agros
Dissipat in multis inuenienda locis.
Ne pater ignoret, scopulo proponit in alto
Pallentesque manus, sanguineumque caput.
Vt genitor luctuque nouo tardetur, & artus
Dum legit extinctos, triste retardet iter,

Et Cicero breuiter attigit pro l. Man. Memoriæ prodidit Dionysius Milesius, quod ipse Aeeta Argonautas insecutus fuit, atque heroes in ripam fluminis exeũtes iaculis decertarunt. Aeetæ comites vbi pugnarent ex equis, Iphis Stheneli filius, fraterq; Eurysthei præter alios in eo certamine cecidit, at Colchis in fugã versis Absyrtus captus deductus est in nauim vt ait Phærecides lib 7. quem, postea membratim diuisum deiecerunt. Hunc tamen intra domum Aeetæ iugulatum fuisse quidam memorant Medeæ consilio, ne illam postea persequeretur, cum patrem segniorem vt pote iam senem non ita formidaret. atqui maximam vim extitisse Medeæ memorant: quippe cum magicæ artis esset peritissima, vt ab Hecate edocta, vt asseruit Apollon. lib. 3. omniaque pharmacorum genera cognouerit, quęcunq; ex terra oriuntur. Idcirco dicta fuit fluuios in suos fontes retorsisse,

sydera

fidera deduxiſſe de cælo, & alia complura mirabilia feciſſe, quæ ita recenſuit Apollonius:

κούρη τις μεγάροισιν ἐνιτρέφετ' Αἰήταο
τὴν Ἑκάτη περὶ ἄλλα θεὰ δάε τεχνήσασθαι
φάρμαχ' ὅσ' ἤπειρός τε φύει. καὶ νήχυτον ὕδωρ
τοῖσι καὶ ἀκαμάτοιο πυρὸς μειλίσσεται ἀϋτμή,
καὶ ποταμοὺς ἵστησιν ἄφαρ κελαδεινὰ ῥέοντας,
ἄστρα τε καὶ μήνης ἱερῆς ἐπέδησε κελεύθους.
Fertur in Aeetæ penetralibus eſſe puella:
Hanc Hecate docuit ſuper omnes pharmaca, quotquot
Vel pontus, vel terra tulit. molleſcere flammas,
Indomitosque ignes docuit: fluuiosque rapaces
Firmauit, quamuis properanti flumine currant.
Sideraque, & lunæ curſusque viasque ligauit.

Nam tanta vis fuiſſe magicæ artis tradiderunt antiqui, vt ſyluę transferrentur, & ſegetes, & mortui reuiuiſcerent, & mugirent lapides, vt ſcripſit Ouid. libro 14. Metam. de Circe, in his:

Exiluere loco (dictu mirabile) ſyluæ,
Ingemuitque ſolum: vicinaque palluit arbor,
Sparſaque ſanguineis rubuerunt pabula guttis,
Et lapides viſi mugitus edere raucos
Et latrare canes, & humus ſerpentibus atris
Squallere, & tenues animæ volitare videntur.

Et eadem recenſuit de ipſa Medea in Epiſtola Hypſipyles:

Illa reluctantem curſu deducere lunam
  Nititur, & tenebris abdere ſolis equos:
Illa refręnat aquas, obliquaque flumina ſiſtit.
  Illa loco ſyluas, viuaque ſaxa mouet.

Hæc eadem vbi ſuperatis ab Iaſone periculis patrem & patriam reliquiſſet & Iaſonem ſecuta in Lemnum applicuiſſet, Lemniadum mulierum Zelotypia capta pharmacum quoddam in Lemnum iecisse dicitur, quod grauem odorem fœminis eius loci impreſsit, atque manſit poſtea illa conſuetudo diutius, vt & filiis & maritis ſtato quodam anni die Lemniades graueolentes viderentur, vt in primo libro rerum Lesbicarum ſcripſit Myrtilus: cum alii tamen Veneris facinus illud fuiſſe maluerint, vt ſenſit Himeręus Steſichorus: quia ille parum viſæ fuiſſent Venerem curare, aut diuinos honores Deæ tribuere. Illa fecit vti viris ob grauitatem odoris eſſent inuiſæ, quos etiam per inſidias trucidarunt. deinde appellentibus ad inſulam argonautis cum his congreſſę ſunt. qui nati ſunt ex ipſis, in Lacedæmona mox ad parentes penetrarunt, ibiq; admiſsi inſidias Lacedæmonum libertati ſtruxerunt, atque capti & in cuſtodias traditi, deinde matrum aduentu muliebrib. veſtibus induti è cuſtodiis & ex imminente periculo euaſerũt. Primum autem fuit Medeæ crudelitatis indicium, quod fratrem, vt diximus, diſcerpſerit: cuius membra alii humi ſparſa, alii in mari diſsipata dixerunt, vt tardior patris curſus ipſam inſequentis efficeretur iis colligendis, oſsibus igitur Abſyrti collectis Aeeta Colchos miſit, qui inſequerentur: at illi Eridanum. & ſyrtides inſulas, & Sirenas prætergreſsi in Phęaciam deniq; ad Alcinoum Regem deuenere, cuius vxor Arete Medeam Iaſoni coniunxit, ac duodecim ſeruas illi tradidit, cum ſequentes interea ceſſaſſent, quorum alii iuxta Ceraunia, alii in ſinu Illyrico, alii Abſyrtides habitaturi conſediſſent. Timonax libro primo rerum Siculorum ſcriptum reliquit Iaſonem in Colchorum regione rem habuiſſe cum Me-

dea,

dea, quam ab Aeta patre in matrimonium acceperat, quare & infra Pontum in ea regione horti quidam ostendebantur, qui vocati sunt horti Iasonij, in quem locum è naui primum egressus est, vbi erant disci & gymnasia, & Medeę thalamus, in quo nuptui data est. At vero scriptum fuit à Timæo in secũdo rerum Italicarum Medeam Corcyræ nupsisse Iasoni, quare ad suam atque ætatem morem illum perdurasse, vt in Apollinis sacello, quod erat ibi extructum, sacrificaretur quotannis, in quo primum Medea sacrificauit post nuptias, cum sacellum & aras ibi duas extruxisset, quæ forent illarum nuptiarum monumẽtum vel apud posteros. fuit autem illud non procul à mari, ac proximum ciuitati, quarum ararum altera nympharum, altera Nereidum vocata fuit. Deindæ argonautæ Syrtes & sirenes citharam pulsante Orpheo & scyllam & charybdim & cyaneas & errãtes petras præteruecti in Thrinaciam denique peruenerunt, vbi solis boues pascebantur. mox Cretam præternauigantes, & Aeginam, & Locridem, in Iolcum denique venẽt. Quidam addiderunt Peliam didito rumore quod omnes argonautæ perijssent captata opportatunitate omnes qui poterant aspirare ad regnum obtruncasse. patrem Iasonis Aesonem coegisse bibere taurinum sanguinem, quod factum est inter sacrificia, fratremq; Promachum puerũ tenerum iugulasse, aiunt Amphinomen matrem confugisse in domum regis, quem vbi ob perfidiã obiurgasset, dixisserque futurum vt Deo acerbissimas pænas daret, gladio sibi pectus fortiter transfixit, & perijt. Iason vbi noctu in sinum Thessaliæ nauigasset non procul ab Iolco, vbi tamen ex vrbe conspici non posset, his rebus omnibus per exploratores cognitis auxilium optimatum argonautarumque in vltionem tantæ improbitatis clam expetiuit. Vbi consuleretur, variæque propositę essent sententiæ quod aliis vrbs repente inuadenda esse videbatur, alii censebant auxilia viritim domo esse accersenda, bellumque non per insidias, sed per apertam virtutem esse suscipiendum, quod non apparebat vrbs à quinquaginta & tribus heroibus tantum populosa & ampla præsertim posse capi, Medea vltionem tutiorem sibi per insidias ac per occulta pharmaca depoposcit. conficit itaque Idolum Dianæ concauum, in quo omnis generis pharmaca occultauit, atque suos Capillos ter inunctos canos fecit: faciem quoque & corpus rugarum plenum formauit, vt anus omnibus prope edentula videretur. Deinde capiens Deam paratã mirum in modum ad vulgi superstitionem, irrupit mane in ciuitatem tanquam numine afflata, populumque cohortata est vndique ad nouum spectaculum concurrentem vti Deam reuerenter exciperent, quæ propitia vrbi ac regi ex Hyperboreis aduentasset. Vrbe vniuersa ad cultum & sacrificia conuersa, in regiã Dea accessit: atque cum Pelias & eius filię credidissent felicitatem à Dea sibi datum iri, ipsamque Deam aduentasse, quoniam visa est Diana à draconibus vecta in aere superuolasse multas orbis partes, vt accidunt prodigia, omnes reuerenter eã complexi sunt. Deinde vero Medea sibi iniunctum à Dea esse dixit, vt regem senectute spoliaret, ac iuuenem faceret: & multa alia munera, quæ ad felicitatẽ & pietatem patris spectarent, largiretur. cum inusitatus sermo Medeæ & admirabilis Peliæ visus esset, fidem adhibuit, statuitque vt efficeretur quidquid ea diceret, ac virgo res ad exitum perducere volens, cum iussa esset vna ex filiabus Peliæ aquam puram afferre, cõtinuo ait. Illa in thalamum se recipiens tanquam totum corpus lauatura omnes vires pharmacorum accommodauit in aptum ordinem, quare admirantibus præsentibus omnia quæ ab ea dicebantur credita fuerunt. nam ita finxit quædam idola vt appareret Diana per aera volans à draconibus vecta ex Hyperboreis in hospitium excipi à Pelia. Illud inuentum cum supra humanum ingenium appareret, credidit omnino Pelias, imperauitque filiabus vti quæcunque illa mandauisset, solæ exequerentur, cum non cõueniret do

mum

num Deorum per manus seruiles regi accipere. Nocte igitur Pelia dormiente inquit Medea opus esse corpus Peliæ in lebete coquere, quæ verba cum virgines ægrè admitterent, additum est experimentum ad dictorum credulitatem arietis in agnum eadem arte conuersi, qui membratim cæsus fuit & coctus cum quibusdam herbis, nã & reuixit & balare ac saltare præ lętitia visus est. Res ita credita est, & senex à filiabus ob credulitatem factis surdis ad misericordiam preces que paternas in frusta dissectus. sola Alcestis fuit ab illo scelere tam fędo incontaminata. cum senex ita trucidatus iaceret, inquit Medea non prius esse coquendũ quam sacra quædam Lunæ fierent, Iussit vt filiæ cum accensis lampadibus supra tectum ascenderent, quod ipsa Colchica lingua preces quasdam ad Lunam esset factura. nam illud Lampadum signum accensarum supra regiam erat datum indicium, vt conuenerant argonautæ, quod res esset iã perpetrata. Heroes rati id quod erat, cęsum esse regem, magna celeritate ad vrbem procurrũt, strictisque gladiis vrbem ingresi resistentes custodias regias obtruncant. Filiæ Peliæ cum neque vlcisci cognitam fraudem possent, ad quem coquendum iam descenderant, neque regiam tueri, quæ armatis iam esset plena, captæ sunt humaniter ab Iasone, qui dixit se scire illas immunes esse à parricidio, quia spe fælicitatis ac deceptæ patrem trucidauissent. Acasto Pelię filio regnum paternũ concessit, filiasque primariis proceribus in matrimonium dedit. Nam Amphinomen Andręmon duxit, Alcestem Admetus Thessalus, Euadnen rex Cariæ Phocensium. His rebus ita transactis Iason in Isthmum profectus peractis solennibus Argo consecrauit Neptuno, atq; in gratiam Creontis Corinthiorũ regis admissus tãtum autoritatis est consecutus vt vnà remp. gubernarit quoad vixit. His addiderunt quidam conuocatos esse ab Hercule Argonautas vt fæderationem inirent inter se siquis prælium aduersus aliquem illorum susciperet: qui vbi coniurassent de fædere, statuerunt in omnem euentum hunc locum ad colligendas copias esse accommodatum, qui erat Eleorum ad fluuium Alpheum, quem etiã Ioui olympio consecrarunt; vbi prius equestre & gymnicum certamen fuit institutum, ad cuius celebritatem infinita prope multitudo nobilium confluxit. Non defuerunt tamen qui dixerũt Medeam simulato odio Iasonis, quod ab eo sperneretur, ad filias Peliæ confugisse, inter quos fuit Polycrates Samius, idque factum eo consilio partim vt cædem propinquorũ Iasonis per illas insidias vindicaret, partim etiam vt viam Iasoni ad regnum aperiret. aiunt non patrem quidẽ fallacijs Medeæ assensisse, sed à filiabus persuasum esse, quas Asteropeam & Autonoen nominant præter Alcestim, vt parentẽ senem ac debilem pateren medicamentis iuuẽtuti restitui, qui posset postea & regnũ diu retinere, & omnes iniurias propulsare. id vt crederetur, aries iugulatus dedit experimentum. filiæ Peliæ his fraudib. Medeæ mirifice credentes Peliam in frusta dissectum in feruentis aquæ lebetem Medeæ immittendum concedunt, atque post multam ebullitionem ita solutum corpus recepere, nihil vt reliquum fuerit quod posset sepulturæ mandari: quam rem ita breuiter attigit Ouidius in Medea his carminibus:

> Quid referam Peliæ natas pietate nocentes?
> Cæsaque virginea membra paterna manu?

Eodem tempore Iason Corinthi commoratus Glaucam Creontis Regis Corinthi filiam vxorem duxit, omnium beneficiorũ, quę à Medea acceperat, oblitus. Id grauiter ferens Medea Glaucam postea, & Creontem combussit, ac proprios filios Mormorum & Pheretem, quos ex Iasone suceperat, ferro absumpsit, vel vt alii maluerunt Merimnum, nõ Mormyrum, vt alii, Mermyrum. Quamuis nõ defuerunt qui Medum etiam & Eriopen filiam & Palyxenam à Iasone susceptos fuisse de Medea narrent: Est enim omnium morborum, omniumque ægritudinum tudinū grauissima Zelotypia, omniq; furore potentior, de qua ita scripsit Archias:

οὐ τόσον Ἀθάμας ἐπεμήνατο παιδὶ Λεάρχῳ,
ὅσσον ἡ Μηδείης θυμὸς ἐτεκνοφόνει.
ζῆλος ἐπεὶ μανίης μεῖζον κακόν, εἰ δὲ φονεύει
Μήτηρ, ὄντινα γ' ἐμῶν τίσις ἔτ' εἰσὶ τέκνων;

Non furor in miserum egit sic Athamanta Learchum,
Medeam in natos sæuus vt egit amor.
Stultitia grauius fit amor, malum & acrius: at si
Nulla fides matri est, pignora quis foueat?

Alii dixerunt peplum fuisse venenis infectum à Medea ad nouam nuptam missum, quo statim induta valido igne correpta conflagrarit, vt ait Apollod. lib. primo Biblyothecę. illo autem igne correpta Glauce se postea in fontem quendam ad ardorem extinguendum coniecit, qui fons ab illa deinde vocatus est Glauce. Alii dixerunt scrinium perexiguum cum igne inextincto incluso missum fuisse ad filias Creontis per paruulos Medeæ filios, quod cum illæ aperuissent, tāta euolauit vis ignis, vt totum palatiū conflagrarit, vt testatur Dailochus in Cyzici euersione. Alij putarūt id non scrinium fuisse, sed vestem & coronā auream naphtha perunctas, quibus ab igne visis ob ignem attractum vniuersa regia conflagrarit. Nam quæ naphtha vncta fuerint, si vel ab igne vel sole videantur, continuo igne concepto omnia sine remedio vllo comburunt, quæ vicina fuerint. Huius pharmaci cum autor fuisset & inuentrix Medea, iure ignis Medeæ pharmacum illud dicitur, quod ardorem per membra epotum diffundit, ita vt nulla arte possit leniri: de quo ita meminit Nicander in Alexipharmacis:

ἦν δὲ τὸ Μηδείης Κολχηΐδος ἐχθόμενον πῦρ,
κεῖνο ποτὸν δέξηται ἐφήμερον, οὗ παρὰ χείλη
Δευομένω δ' ὑστ' ἄλυκτος ἰάπτεται ἔνδοθι κνηθμός.

Quod si Medeæ sumantur Colchidis ignis
Pocula ephemeria, è labris pruritus in ossa
Cum sudore fluuit, nulla medicabilis arte.

Nam non solum in vngendis rebus, sed in potu etiam occultam vim ignis includere, Medeæ fuit artificium. Pharmacum hoc alij ephemerium vocarūt, inter quos fuit Demetrius Scepsius, quia mane iuxta Tanaim fluuium tantum apparuerint herbæ illæ, quæ illi componendo sunt necessariæ, per medium diem sint auctę, vesperi arescant. alij vocarunt Irim illā herbā, & pharmacū, alij Pharicū, alij naphta. Nec defuerunt qui ephemeriū vocatum putent, quia vnū diem præterire non possint, qui pharmacū illud potauerint. Atqui vt sensit Diphilus Siphnius, folia quercus auxiliū inuentum postea fuit aduersus id pharmacū, & non leue remedium, si lac bubulū biberetur, in quo illa maduerint: vel rami sanguinariæ, vel radix cæsa in lacte elixata, vel maceratorū malorum, aut cydoniorum liquor: vel myrtorum stypticarum, vel capreolorū vitium: vel ramorum rubi: vel folia serpylli cocta in liquore intestinorum ferulæ, vel Sardianarū nucum, vel medulla ferulæ, vel læue origanum. Hęc enim hausta compertum fuit non mediocre esse medicamentum aduersus id pharmachum, vt ait Nicandri enarrator, qui Diphili sententiam expressit. Scriptum reliquit Plutarchus in Alexandro fieri pharmacum id, quo pallium coronamq; Medea perunxit è bitumine præcipuè, cuius magna copia apud Babylonios nascitur in Ecbatanis: cuius illa est natura vt ignem longinquum attrahat, mediumque aera inflammet. fama est apud nōnullos Mormorum ac Pheretē Medeæ filios, qꝫ illa munera attulissent, fuisse à Corinthijs lapidib. obrutos; quorum sepulchrum apud Odeum vocatum ostendebatur, vt ait Pausanias in rebus Corinthiorum. Fuerūt tamen qui illos incolumes ad matrem reuertisse memorent, sed Iasonis odio, qui Glaucam duxisset, fuisse discerptos. Non defuerunt qui ab his longe diuersa senserint, quorum sententia fuit quod Iason è Medea Thessalum & Alcimenen susceperit Corinthi, & multo post Tisandrum. dicunt eum deinde captum amore Glaucæ filiæ Creontis vt Medeæ forma iam euanescente, conatum esse persuadere Medeæ vt æquo animo ferret si illam virginem esset ducturus, quia affinitatem regiam sic filijs compararet. nolens iussa est abscedere Medea, quæ diem vnum ad parandam fugam, colligendaque impedimenta poposcit, ac per noctem mutata forma regiam ingressa flammis omnia absumpsit. alij dixerunt filios Medeæ dona tulisse, quibus vt diximus conflagrauit. quoniam Iasonem vlcisci nullo pacto posset, filios communes iugulauit, vt eo saltem dolore illum affligeret, quibus actis per noctem effugit Corintho Thebas ad Herculem sponsorem seruandorum promissorum Iasonis. Thessalus qui cruentas manus maternas è cæde fratrum effugerat, educatus est Corinthi, atque in Iolchum patriam Iasonis mox recessit, populosque Thessalos de se, cum nactus esset imperium, nuncupauit. quidam dicunt Medeam Thebis Athenas profectam Aegeo peperisse filium Medum nomine, à quo Media fuit vocata, cum illi regioni imperarit. alij dicunt non ex Aegeo, sed ex alio quodam rege Medum genuisse, qui cũ sapienter imperaret, meruit vt Media de suo nomine ad sempiternam memoriam diceretur. Alii dixerunt Buno defuncto Corinthum Marathonis filium in regnum successisse, quo etiam mortuo Corinthios Medeam ex Iolco in regnum vocasse. Hæc cum regnum Iasoni concessisset filios ex eo peperit, quos in Iunonis fano occultabat, quia speraret illos se immortales facturam: quod cum resciuisset Iason, ea relicta Iolcum reuertit, deinde & ipsa permisso Corinthi imperio Sisypho dicitur peregre fuisse profecta. memoriæ prodidit Apollodorus libro primo. Medeam post crematam Creontis regiam currum à draconibus tractum à sole accepisse, & contendisse Athenas, ibique nupsisse Aegeo, quæ cum insidias machinaretur Theseo, Athenis aufugere coacta est. Quidam addiderunt filium fuisse natum etiam illi ex Aegeo, qui Medus diceretur, à vocata est Media, cui regnum Athenarum vt perueniret curabat cum Theseo insidias tetendisset, quibus patefactis coacta est cum filio in Ariam Asiæ partem tunc vocatam profugere. quidam mallunt Polycemum fuisse filium Medeæ & Iasonis. Alij inquiunt Mermerum fuisse à leæna laniatum venando. alij dicunt Medum & Eriopen tantum ex Iasone Medeam concepisse. Deinde illam inquiunt in patriam reuersam, paternum imperium, quod is per fraudem propinquorum amiserat, cæso patruo Perse patri restituisse: atque hoc non sine Iasonis auxilio fecisse, cui fuerat reconciliata. Vbi mortua sit, aut quo pacto, minime constat: sed Ibyci tamen & Simonidæ fuit sententia quod cum mortua in campos Elysios venisset, Herculi nupserit.

¶. Nunc quid hæc significent, perquiramus. Medea Aeetæ solis, & Idyiæ oceani, filia dicitur, quia Medea consilium sit, vt nomen ipsum significat. cum enim sol æstatem & hyemem deducat, ea quæ vel ad victum, vel ad corporis tutelam spectant, prudenter procuranda sunt: hæc consideratio siue prudentia cum ad singulos pertineat, effecit vt Idyia mater sit Medeæ. nam Idyia quasi εἴδυια dicitur, cognoscens scilicet, quia cognitio mater sit consilij. Iason cum medicum siue medicinam significare possit, ἀπὸ τοῦ ἰᾶσθαι à medendo dictus, secum Medeam abduxit. quid hoc significat? quòd qui medicinam animo suo sit adhibiturus, quæ prudentia est, vt vir bonus, & sanæ mentis, & prudens efficiatur, omnia reliqua paruifaciet vel carissima. Qui enim voluptatum desiderium, è quo natus est, non neglexerit, qui parum honestam & effrænatam appetentiam non discerpserit, ille nihil admirabile, nihilque gloriosum potest committere: quare dicta

cta est Medea filios & fratrem discerpsisse, & patriam reliquisse, vt Iasonem sequeretur. Is igitur qui vere fuerit sapiens facile syderibus ad libidines inuitantibus dominatur, & trahentibus ad turpitudinem cupiditatibus moderatur: quare Medea, siue consilium, dicta est lunam & stellas de coelo deducere solita, & cupiditatum fluuios sistere: & plura, quæ multitudini videbantur admirabilia, facere: quæ certe reapse nullo tempore contigerunt, vt testatur Ouidius in medicamine faciei:

Nec vos graminibus, nec misto credite succo,
Nec tentate nocens virus amantis equæ.
Nec mediæ Marsis finduntur cantibus angues
Nec redit in fontes vnda supina suos.
Et quamuis aliquis Temelæa remouerit æra,
Nunquam luna suis excutietur equis.

Nec defuerunt etiam qui Medeam artem esse dixerunt, Circes siue naturę sororem. quoniam ars pro viribus imitatur naturam, tanto magis laudabilis, quanto magis ad similitudinem accedit. harum vtriusque sol est pater, quoniam nihil sine diuina ope recte fieri potest, quæ est animæ vis in nobis diuinitus impressa. nullum enim bonum est aut in rebus his, aut in nobis, quod Dei liberalitati ac magnificentiæ non debeatur. Hæc eadem ignem, & incredibiles inuidiæ ardores in animis maleuolorum excitauit, fecitque vt non paruo dolore torquerentur. Neque vlla est sane prudenti viro vel sanctior, vel tutior, vel honorificentior vindicta inimicorum, quam si quis iustum prudentemque se ad omnia negotia præstiterit, rectaque animi moderatione in omnibus vsus fuerit. Quod si quis vel illegitimarum voluptatum, vel auaritiæ, vel crudelitatis laqueis se implicari patiatur, quo pacto ab eo consilium capto curru & alatis draconibus non quam citissime auolauerit? nam cum Medea sit solis neptis, significat prudentiam in nobis pro aeris temperie, & pro vi radiorum illius genitam: siquidem plurimum confert ad prudentiam temperamentum corporis, quod modo ex aeris impressione, modo ex educatione, modo ex cibis, modo ex regionis, quam habitamus natura incrementum capit. Hæc excogitarunt antiqui cum hac mirabilitate rerum gestarum, finxeruntque illa, quæ dicta sunt de Medea, ad animi moderationem, & ad rectam institutionem vitæ nos adhortantes. Alij sceleratam & libidinosam fœminam esse crediderunt Medeam, quippe quæ ob furiosum Iasonis desiderium, immoderatamque libidinem parentes, & regnum, & patriam prodiderit, & ignotum, & fallacem, & impostorem, & acceptorum immemorem hominem sequeretur. Hanc Medeam vocatam fuisse memorant, quia omnibus artibus conata sit Iasonis amorem in se vertere, sic enim scriptum est apud Diphylum:

ἡ γὰρ φαρμακοέσσας
Μήδειαν καλέουσιν ὅτι κατεμήσατο τέχνας.
Medea vocata est
Illa, veneficij quod fraudes repperit omnes.

Hæc dicta est senes nonnullos iuuentuti restituisse per herbas & ignem, quia in sui desiderium vel senes attraxerit artificiose, feceritque vt tanquam iuuenes imprudentes & impudentes essent. Hanc in omnia crudelitatis lasciuiæque facinora delapsam faciunt: & idcirco paulo post in omnes difficultates & miserias, & in omnium odium incurrisse, quia nemo impurus diu felix esse posit, cum solius virtutis opus sit felicitas illa, quæ in rebus humanis reperiri posit, cum scelerum omnium denique finis & opus sit pęnitentia & calamitates & miseriæ omnes enim improbi infelices. ea de causa Medea denique in desperationem adducta, ita secum præteritorum scelerum magnitudinem, & futura ex illis pericula ratiocinatur, vt est apud Senecam Tragicum:

At quo remittis? Phasim & Colchos petam,
Patriumque regnum, quæque fraternus cruor
Perfudit arua, quas peti terras iubes?
Quæ maria monstras? Pontici fauces freti?
Per quas reuexi nobiles Regum manus,
Adulterum secuta per Symplegades.
Paruam ne Iolcon, Thessala an Tempe petam?
Quascunque aperui tibi vias, clausi mihi.

Est enim, vt diximus omnium difficillimum sceleratum hominem esse diu fœlicem. Sed siue consilium prudentiaque Medea sit, siue malefica mulier, per eius fabulam nos antiqui ad probitatem, & ad integritatem instituere conabantur. cum vero in patriam reuersa fuisset, patrique regnum recuperasset, ibi honores diuinos illi instituerunt indigenæ, quibus interesse hominibus iure sacrificiorum non licebat, vt scripsit Staphylus, ob eas iniurias, quas à Iasone acceperat. at neque templum vllo tempore ingredi. ac nunc de Iasone dicamus.

De Iasone. *Cap.* VIII.

PErnecessarium mihi videtur, antequam Iasonis res gestas commemorem, exordium eius stirpis altius repetere, ac recensere quibus causis commotus cum lectissimis Græciæ heroibus ad externos homines, & longinquas nationes nauigarit, eosque labores pertulerit, qui vel auditu sunt non mediocriter formidabiles. Nam vix vllus præter Herculem monstrorum omnium acerrimum domitorem, & Theseum, qui ad eiusdem Herculis imitationem multos latrones atque maleficos homines de medio sustulit, & eadem genera suppliciorum, quibus hospites torquebant, coegit subire, & Vlyssem, qui per infinita atque intolerabilia pericula & ipse penetrauit & multos eius socios in illis amisit, vix vllus alius inuenietur, qui tantam virtutem in rebus arduis præ se tulerit. Ita vero se res habet, sicuti Pherecydes sensit: Tyrrho filia fuit Salmonei & Alcidices à Cretheo educata fratre Salmonei. Hanc vbi Neptunus compressisset geminos peperit filios Peliam & Neleum, quos nouerca postea matris in armentorum stabulo exposuit. illi cum adoleuissent matrem cognouerunt, matrisque nouercam in Iunonis fanum fugientem trucidarunt. Tum Neleus exorta dissensione cum Pelia Messenen contendit, ibique Pylum condidit. Nam tres fuerunt Pylli in Peloponneso; ad Alpheum fluuium in Elide: & Triphylica, vbi fluuius Amathois, & Messenæ ad Coryhasium. at Pelias in Thessalia Acastum, & Pelopiam & Hippothoen, & Pisidicen, & Alcestem ex Anaxibia Biantis filia, siue, vt alij maluerunt, ex Philomache Amphionis, suscepit. Cretheus Aeoli filius vbi Iolcum condidisset Aesonem, Amythaonem, ac Pheretem è Tyrrho procreauit: post quem Cretheum Pelias Iolci imperauit, cui responsum fuerat ab oraculo quod manu cuiusdam ab Aeolo oriundi erat interimendus. Erat autem vnus ex ijs Iason Aesonis filius, & Polymedæ filiæ Autolyci. Erectheus siquidem & Athamas & Salmoneus filij fuerunt Aeoli, qui Aeolus creditus fuit Iouis filius, vt igitur oẽs Aeolidas Pelias de medio tolleret, voluit Iasonem etiam vnũ ex genere Aeolidarum occidere, cũ esset adhuc infãs. Id sentiẽtes Iasonis propinqui noctem obscurissimam obseruantes opertũ, & in arca clausum tanq̃ mortuum efferũt, & in antrum Chironis deportarũt dederunt

derunt que illi educandum & erudiendum. verum cum adoleuisset Iason, à Chironeque medendi artem didicisset, Iason vocatus fuit, cum prius Dolomedes nominaretur. Exiuit igitur cum adoleuisset ex illo antro, & terram arauit apud Anaurum fluuium, vt ait Apollonius in Argonaut. rursus aliud responsum renouatum est Peliç, vt sibi caueret ab illo, quê altero pede nudo conspexisset. dein de sacra Neptuno instituens Pelias vniuersos suos ad sacrificia conuocauit: quo etiã Iason cum veniret in traijciendo Anauro fluuio alterum calceum in limo amisit: qui ita visus à Pelia interrogatur, quid faceres si tibi responsum esset te a quopiam interfectum iri? cui respondit Iason de Iunonis consilio, illum inquit ad aureum vellus recuperandum mitterem. erat autem vellus aureum pellis arietis aurea qui Phrixum in Colchidem portauerat, quem ille, vt fama est, Ioui fugæ fauenti Phixio cognomine immolauit: & pellem arbori cuidã in luco Martis apud Colchos suspendit. Alij putarunt illam fuisse candidam, alij purpuream vt sensit Simonides. at Dionysius Mitylenæus hominem fuisse Phrixique pædagogum censuit Arietem nomine, qui captus à Colchis esset, & in custodia asseruaretur, atq; aureus dicebatur propter doctrinæ præstantiam, & propter integritatem consiliorum. Seruabat hanc pellem draco magnitudine nauis, quæ à quinquaginta remis agitatur, qui nunquam somno capiebatur. Pelias igitur iuxta Iasonis responsum Iasonem ipsum vellus aureum iubet ad se afferre. Tum Iason nauim diuino Palladis consilio fabricatam, malumque loquacem habentem è Dodonæa quercu, conscendit, & cum quadraginta & nouem lectissimis viris in Colchidem nauigauit. Scriptum reliquit Damagetus quod Pelias tenuibus clauis configi nauim iusserit, quod tamen Argus nauis artifex minime fecit, vt ea citius periret: quæ ab artifice etiam nominata fuit. Hanc primam longam nauem fuisse memorãt, cum tamen alij primam longam nauem factam à Dauno fuisse dicant, cum illum Aegyptus insequeretur, quæ Danais quoque vocata fuit. at vero illorum qui Iasonem in Colchidem secuti sunt ista sunt nomina. Acastus, Admetus, Aethalides, Amphidamas, Amphion, Ancæus Neptuni, Argus, Argius, Asterius, Asterion, Augias solis filius, Biantus, Butes, Calais boreæ, Calaus, Canthus, Calaus, Castor, Cepheus, Clytius, Coronus, Echion, Eoginns, Eribotes, Erytus, Eurydamas, Euntion, Hercules, Hylas, Iason, Idas, Idmon, Iphiclus æsonis, Iphiclus Thestiades, Iphitus Euryti, Iphitus Phocensis, Laocoon, Leodocus, Lynceus, Meleager, Mopsus, Nauplias, Odeus, Oenides, Oileus, Orpheus, Palæmonius, Peleus, Phaletus, Pollux, Polyphemus, Tænareus, Talaus, Telamon, Tiphys, Zetes Boreæ: horum nomina diligenter recensuit Sophocles in actu Lemniadibus inscripto, & Aeschylus in Ciberis, cum tamen quidam his addiderint hos etiam loco nonnullorum: Actoridem, Actorionem, Aglaum, Amphistecum, Autolycum, Buphagum, Ceneum, Deileonem, Deucalionem, Euphemum, Iphim, Iphidamanthem, Mænetium, Nestorem, Philoctetem, Phlæantem, Ablogium, Tydeum. habuerunt omnino tres vates secum argonautæ, Mopsum Ampycis filium. Idmonem Abantis, Amphiaraum Oilei. fama est Iasonem in Lemnum primum applicuisse, mox ad Cyzicum Dolionum regem in Marsiam & Cium adiuisse, deinde in Iberiam, hinc in Bebryciam, atque cum ad Syrtem Libyæ applicuisset, templum ibi condidisse, quod Herculi postea fuit consecratum, cum ibi certamina quædam celebrassent Argonautæ, in quibus victor Hercules fuit declaratus. Deinde cum nauigare ob Syrtium naturam non possent, idicuntur Argonautæ nauim Argo supra humeros per spatium duodecim dierum per Libyæ deserta comportasse, donec die duodecimo rursus mare inuenientes illam deiecerunt. Incidentes itaque in Eurypylum Neptuni filium acceperunt pro xenio quodcunque sese obtulit. nam glebam è terra accipiens dedit, quam Euphemus & ipse Neptuni ac Meciones filius accepit. tum nauigio ad Theram fluctuante, è gleba dissoluta Medea multa vaticinata est. non defuerunt qui post deiectam nauim certamen & templum institutum dicant, vt sensit Isacius. Deinde ad Phineum vatem peruenerunt, qui erat cæcus, qui tamen calamitatum finem fato sibi portendi sciebat, cum Boreæ filij ad ipsum accessissent: nam mirifice ab Harpyis infestabatur. Illis denique liberatus explicat argonautis rationem, cursum, & difficultates nauigationis. Quod primum petræ cyaneæ essent adeundæ, quas Symplegades siue concurrentia saxa quidam vocarũt, vnde ignis plurimus scatebat, quarum periculum emissa columba erat explorandum. Hinc abeundum esse procul à Bithynia monet, quæ non multum distat à Bosporo, quoniam Thraces illi, qui Salmydessum incolebant in omnes præternauigãtes essent atroces & crudeles. Tum ad Thyniadem insulã eos venire oportere docet. hinc esse ad Mariandynos accedendum, & ad Acherusiam, montesq; Paphlagonum. Præternauigandam vrbem esse monet Enetorum, & Carambim, & Halym, & Irim, Themyscirum, agrum Dæantem, Cappadociam, Chalybes, Tibarenos, Mossynes, Aretiaden, Stymphalidum insulam, Macrones, Philyres, Bechiros, Saphires, Byzeres, ac Phasim fluuium, qui per terram Circæam vocatam defflueret. Inde prætereundam esse demonstrat vrbem Cytaidem antequam ad aureum vellus accederetur: quæ loca omnia ex Iolco in Colchidem nauigantib. necessario erant prætereunda. Verum cum in Mysiã primum Argonautæ venissent, Herculesq; suum remum infregisset, exijt vt aliũ è proximis syluis deciderct, vbi relictus est ab Argonautis, vt quidam voluerunt ob Hylæ casum, vt vero alii propter imperitiam remigandi, ne omnes remos frangeret. alij putarunt istud accidisse ob voracitatem Herculis, quia vererentur Argonautæ ne vniuersam annonam breui absumeret. alij propter pondus, quia nauis prope demergeretur vbi ille in alterutra parte nauis cõstitisset, atq; inflecteretur. alij propter inuidiam, ne per eius præstantiam virtutis omnis cæterorum virtus fieret obscura, atq; obrueretur. vbi demum superatis omnibus difficultatib Iason in Scythiam Aegyptiorum coloniam ad Aeetam Colchorum regem peruenisset, perbenigne à Phrixi filijs fuit acceptus, atque cum illis ad Aeetam contendit. alij dicunt primum benigne & comiter acceptum fuisse Iasonem ab Aeeta, alij non satis læto vultu. deinde cum Iason aureũ vellus nomine Peliæ, cuius id antea fuisse dicebat, & per dolum surreptum, repeteret, visus est Aeeta æquo animo petitionem tulisse, vt quidam dixerunt, alij dicunt iratum Aeetam respõdisse Iasoni se quod peteret, tum demum concessurum, cum taurosignem è naribus eflantes & æripedes domuisset, draconis custodis eius velleris dentes adamantino aratro vsus seminasset, nascentesque homines armatos ex illis dentib. cecidisset. alij dixerunt ipsum Aeetam illos dentes habuisse à Pallade sibi dono datos, cum alios in agro Thebano Cadmus olim seuisset. At Medea Aeetæ filia Iasonis desiderio capta illi vnguentum dedit, quo incolumis ab igne taurorum seruaretur, iussitque seruare ne aduerso vento araret, ne vis flammarum in ipsum ferretur. neque inciperet sulcum de more arantium ab eodem fine, sed tolleret aratrum. quidam enim dicunt primũ Aeetam boues igniuomos iũxisse & arauisse, ac post disiũctos imperasse Iasoni iungere & arare. Alij quod Medea noctu dracone per quædã pharmaca sopito aureum vellus ad Iasonem detulit vnàq; fratre Absyrto arrepto è Colchis cum Argonautis nauigauit. Quidam dicunt Iasonem Medeæ consilio & opera omnia illa pericula superasse, at non accepisse vellus aureum à Medea. fugit autem noctu vti dictum est cum Argonaui Iason è regione Cholchorum illud consilium suggerente Venere, veluti testatur Idmon in his:

ὑπ᾽ ὀθίῃσ᾽ ἀφροδίτη

φευγέ-

φευγέμεναι μεγάροιο θοὴν διὰ νύκτα μέλαιναν.

mentem Venu, excitat illi
Aufugere è domibus tenebras per noctis opacæ.

Alij dicunt immissum fuisse Aeetæ desiderium à Venere vt cum Eurylyte vxore congrederetur, quo tempore de comburenda argonaui consultabat, quo illi tutò possent aufugere, vt scripsit in hisce Dionysius in Argonautis:

Δὴ τότ' ἄρ αἰήτῃ πόθον ἔμβαλε δῖ' ἀφροδίτη
εὐρυλύτης φιλότητι μιγήμεναι ἧς ἀλόχοιο.
κηδομένη φρεσὶν ᾗσιν ὅπως μετ' ἄεθλον ἰήσων
Νοστήσῃ οἶκόνδε σὺν ἀγχεμάχοις ἑτάροισιν.
Excitat Aeetæ Venus hic in pectore flammas
Coniugem in Eurylyten, vt opus peragatur amoris.
Nam curabat vti post dura pericula Iason
Cum socijs repetat patriam, dulcesque penates.

At vero de reditu Argonautarum permagna est inter scriptores controuersia, siquidem Herodorus in Argonauticis per idem mare illos redijsse scribit, per quod profecti sunt in Colchos. Hecatæus autem Milesius voluit è Phaside ingressos esse in oceanũ, inde in Nilum, inde in mare Tyrrhenũ, per quod delati sunt in patriam. Artemidorus Ephesius hos mendacium dicere inquit, quoniã Phasis oceanum minime ingrediatur. atqui scriptum fuit in primo lib. de Portubus à Timageto, vt accepimus, Istrum è montib. Celticis siue Hyperboreis vocatis, siue Riphæis defluere, qui in mare Celticũ ingrediatur. eius fluminis aqua bifariam distribuitur, cuius altera pars in mare Euxinũ, altera in mare Celticum intrat, per cuius hostium in Tyrrheniam Argonautæ contendentes nauigarunt. Scymus autem Delius illos per Tanaim nauigasse inquit in mare amplum, atq; inde mare Tyrrhenum fuisse ingressos. Sed his controuersijs de reditu Argonautarũ relictis quæ videntur non nihil deliræ, parumq; peritæ nauigationum, nos cõmuniorem sententiam, probabilioremq; secuti, ita de illorum reditu breuiter dicendum censemus. Quod peractis omnibus, superatisq; periculis in Colchorũ regione prius in Istrum, deinde per illum in Adriam nauigarunt, & eo præsertim vbi Saturniũ vocabãt antiqui, vbi laceratus fuit Absyrtus. illud tam nefariũ facinus cum ægrè tulisset Iupiter dicitur difficiles ventos Argonautis immisisse, quo demergerentur. at Iuno prosperos & secundos clam emisit, qui illos in mare Sardoum vocatum detulerunt. Sirenib. deinde transmissis ad Drepanum incolumes euaserunt, quæ postea Corcyra vocata fuit. eò cum applicuissent insequentes Colchi illos fere comprehenderunt, quare ad Alcinoum confugere compellũtur. Colchis Medeam ab Alcinoo repetentib. respõsum est, quod eo pacto essent recepturi, si Medea esset virgo, sic enim futurum vt patri remitteretur. at si esset iam vxor Iasonis, iure posse vxorem virum sequi. factæ dicuntur esse nuptiæ illa ipsa nocte, quã obrem Colchi cum re infecta ad Aeetam redire vererentur, decreuerunt habitare in sinu Illyrico. At Argonautæ inde abnauigantes Mopso Canthoq; defunctis ambigui de nauigatione ac salutè docti fuerunt à Tritone quo pacto seruari possent, atq; nauim in stagnum Tritonidem ferentes postea in Cretam nauigarunt, quo in loco cũ illi iter à Talo intercluderetur per Medeæ veneficia illo de medio sublato peruenerũt in Æginã ac inde in Thessaliã. atq; ita dicunt in patriã redijsse. alij dicũt Iasonem Medeæ cõsilio & ope illa omnia pericula superasse, mox in patriã reuertisse, quam nauigationẽ duob. mensib. absoluisse ferunt. Erãt autem Colchi Lazi etiã vocati, vt ait Isacius, ex Aegyptiorũ colonia, qui non procul ab Abasgis siue Messagetis vocatis habitabant, dicebanturq; nunc Colchi, nunc Scythæ, nũc Asiani, nũc Leucosyri, atq; iuxta Phasim fluuiũ in Asiæ parte incoluerũt.

est autem & alia Scythia Europæ, quæ Mæotidi & Tanai finitima est, interq; Scythiæ populos nonnulli Alanos etiam numerarũt, vbi ingressus est in Hyrcaniam & in Caspiorum regionẽ. Alij lõge diuersam causam cur Iason ad aureum vellus missus sit, retulerunt, inter quos fuit Hecatæus. Dicunt enim quod cum Iason ex antro Chironis exiuisset, & a patre coniunctisq; affinitate cognitus fuisset in conuiuium solenné fuit acceptus. Deinde cum magno tumultu ad Peliam regnum suorum maiorum repetens contendit: Pelias se redditurum pollicetur, si prius in Colchidem abeat, Phrixique animam ter, vt legitimum erat, aduocet: se enim nocturnis terreri visionib. inquiens ob Phrixum. Nam si eo accesseris inquit, & istud feceris, ac vellus aureum attuleris, ego iam senior tibi iuueni regni onus concedã, quare Iason his legib. acceptis eo contendit, vt diximus. hæc illa sunt, vt summatim dicã, quæ de Iasone memoriæ prodita sunt ab antiquis. Pherecydes Alcimeden Phylaci filiam Iasonis matrem fuisse scripsit. Herodotus ait Iasonem fuisse filium Polyphemæ Autolyci filiæ. At Andronis fuit sententia ꝙ Theognete Laodici filia mater fuerit ipsius Iasonis. Stesichorus Etheoclymenes, Demetrius Scepsius Rhæus, alij Polymedæ filium putarunt, omnes tamen Æsonem patrem illi tribuerunt. Nauigationis difficultates, & res ab Argonautis in itinere gestas complexus est Apollonius in Argonaut. & pericula & labores, qui capturo vellus aureum proponebantur, ita recensuit breuiter Medea apud Euripidem:

ἔσωσάσ᾽ ὥς ἴσασιν ἑλλήνων ὅσοι
ταυτὸν συνεισέβησαν ἀργῷον σκάφος,
Πεμφθέντα ταύρων πυρπνόων ἐπιστάτην
ζεύγλῃσι καὶ σπεροῦντα θανάσιμον γύην,
Δράκοντά θ᾽, ὃς πάγχρυσον ἀμφέπων δέρας,
Σπείραις ἔσωζε πολυπλόκοις ἄϋπνος ὤν,
κτείνουσ᾽, ἀνέσχον σοὶ φάος σωτήριον.
Seruatus es per me, velut sciunt ratem
Quicunque conscendere tecum Argoam: vbi
Tauris iubebaris iugum spirantibus
Ignem imposuisse: seminare & horridi
Dentes draconis, vellus illud aureum
Seruantis, insomnisque: qui circundat id
Spiris: ego occidi, tibi lucem dedi
Illam salubrem.

Quam rem tamen breuius etiam ita complexus est Virg. lib. 2. Georg.

Hæc loca non tauri spirantes naribus ignem
Inuertere, satis immanis dentibus hydri:
Nec galeis, densisque virum seges horruit hastis.

Vbi hæc omnia superasset Iason Medeæ consilio domum cum vellere aureo reuertitur, ac Medeam secum abducit, quæ post cædem parentum Iasonis, omnes suas fraudes ad vlciscendos illos Iasonis monitu conuertit, suasitque filiabus Peliæ, vt diximus, vt patrem frustra querentem iugularent cum se illum iuuenem facturam, sicut agnum fecerat, promisisset. Fuerunt qui dixerint Iasonem quoque senescentem ab ipsa Medea coctum iuuentuti fuisse restitutum, vt scripsit Pherecydes, & Simonides poeta, & Lycophron. Quod Æson præterea Iasonis pater fuit a Medea coctus, & iuuentuti restitutus, ita scripsit is poeta qui Reditus composuit:

αὐτίκα δ᾽ αἴσονα θῆκε φίλον κόρον ἡβώοντα,
Γῆρας ἀποξύσασ᾽ εἰδυίῃσι πραπίδεσσι,
φάρμακα πόλλ᾽ ἕψουσ᾽ ἐπὶ χρυσείοισι λέβησι.

Tum

Tum quoque pubescens iuuenis fit protinus Aeson.
Ipsa senectum studio detergere nouit,
Pharmaca vbi coxit permulta lebetibus aureis.

Aeschylus in Bacchi nutricibus, nutrices ipsas Bacchi vna cum viris illis coctas fuisse inquit, & ita ab eadem iuuentuti restitutas. Habuit Iason filiam Atalantam quæ Milanioni nupsit: & Apin, & Bunæum: ex Hypsiphyle Thoantis Philomelum, ac Thoantem. aiunt Argonautas visa aue apud Colchos, quæ Græcis esset insueta, illam in Græciam portasse atque à fluuio Colchidis phasianum appellasse. Scriptum fuit à Staphylo Iasonem Medeæ consilio denique occidisse: hæc enim illi nescio quo pacto persuasit, vt sub puppe nauis Argus dormiret, quam illa sciebat breui solutum iri, qua denique supra Iasonem delapsa ille occisus est. Fuerunt multis in locis templa Iasoni ob strenuitatem erecta, sed apud Abderam præcipue eximia religione colebatur, cui templum à Parmenione fuit magnifico opere, & excisis lapidibus extructum. ¶ Hæc illa sunt quæ præclarè & gloriose ab Iasone gesta dicuntur, quę omnium prope poetarum præconiis fuerunt celebrata, cum tamen illa nauigatio breuissima fuerit, neque cum nauigationibus nostræ tempestatis comparanda, neque cum illis præcipue quæ fiunt ab Hispanis, in eam longinquam partem terræ nuper repertæ. Dicitur Hercules enim ad illam expeditionem non peruenisse, quia aquatum missum Hylam requireret, neque potuisset cum cæteris heroibus nauigare. coacti sunt igitur sicuti reliqui, qui viros bonos faciunt aliquando parui, robore ac virtute destituti supplices fieri mulierculæ, donec vellus aureum cepissent, vt ait Plut. in Politicis. vocati sũt Minyę argonautę à Minya Martis filio, vt voluit Dionysius Thrax. alii, inter quos fuit Aristodemus, Minyam Alei filium fuisse crediderunt, à quo nominati fuerint. Fuerũt etiã qui res in Iasonis nauigatione gestas, corporũ chemicorũ mutationes, & aureũ vellus denique post tot labores captum, lapidẽ vocatũ philosophorũ esse arbitrẽtur, qui fit deniq; post tot eorum corporum mutationes. alii Iasonem vectum per mare Ponticum cum Argonautis ad aureum vellus in Colchicam regionem, Medeamque Aeetæ filiam asportasse, non poetice dictum existimarunt: sed librum aureum vellus fuisse dicunt, contextum ex arietum pellibus, in quo scriptum erat quo pacto per chemiam posset aurum fieri, inter quos fuit Suidas. Atque vellus aureum pellem arietis, in qua contineretur auri faciendi ratio, iure vocatam fuisse putarunt. Atqui re ipsa ridiculum est tauros inuentos vnquam fuisse, qui flammas e naribus expirarent. aut e dentibus seminatis non solum homines, sed etiam arma illis conuenientia aliquando fuisse nata, aut arietem vsquam fuisse natum, cuius aurum pro pillis tõderetur. Quis hæc vnquam visa fuisse homo sanę mentis crediderit? verum cum sapientes antiqui philosophiam partim ne in vulgus rude manaret, partim vt sapientię præcepta cum suauitate & rerum admirabilium admiratione imbiberẽtur, naturæ aut disciplinæ secreta sub variis fabularum figmentis occultarunt, non minus quam Aegyptii sub Hieroglyphis scientiam, rerumque sacrarum disciplinam tradiderunt. Est enim omnibus prope insitum vel res præstantissimas, quarum facilis facultas concedatur, parui facere: at quę non nisi difficulter, & cum magnis laboribus acquiri possunt, miris laudibus extollere, & vt clarissimas admirari. in hoc vitium, qui non labatur cum vulgo, non potest esse vir mediocris iudicii. Dicitur igitur fuisse Iason filius Alcimedes & Aesonis, vel, vt alii putarunt, Polymedæ, vel Rhius, & à centaurorum iustissimo Chirone educatus, artemque medendi ab illo edoctus, cuius vel matrum omnium nomina consilium significãt. Aeson è stirpe Neptuni editus, quid aliud est, nisi prudẽtia e variis negotiis ac difficultatibus, quę tãquã materia prudentiæ subiiciuntur? nã ex illis, & ex consilio filio exoritur ac fit prudentia. Didicit medendi artem à Chirone, vnde nomen obtinuit: nam ἴασις ars est medendi. Quis tamen remedium aliquando morbi datum fuisse ab Iasone vlli laboranti accepit? non enim chirurgus fuit Iason: neque vir iustissimus & sapientissimus Chiron putandus est potius corporis, quam animi curam, quę viro bono conueniat, Iasonem docuisse. Quod si animi curam illum docuit, quid est per Deos immortales quod magis viro bono conueniat, quam prudentia? Ego sanè ita censeo. Iasonem in vtraq; fortuna qua animi moderatione vti conueniat à Chirone didicisse, quod antidotum sit aduersus voluptates impuras, qua animi temperantia ira placanda sit, qua arte superanda auaritia, prosternenda libido, ambitio ex animo eiicienda, cum illa sit omnium monstrorum turpissima, vitiorumque maxima. His præceptis instructus Iason dictus est periculosa & formidabilia monstra prudenter Diis adiuuantibus, aut certè Deorum ministris consulentibus, incolumis præteriisse, & in Colchidem profectus tauros igniuomos ac æripedes domuisse, quę nihil aliud quam animi pertinacia & ira putanda sunt. Qui enim non ratione, animique constantia ducitur, is aut leuis est ingenii, aut pro constantia pertinaciam sequitur, & inanem arrogantiam. Hos animorum affectus rationi, medicinæque animi subiicere quid aliud est, quam tauros illos igniuomos vincere, & in natos homines cum armis è draconis dentibus furorem à se depellere? aut quid aliud est spatiosum draconẽ Medeæ auxilio consopire, quam inuidiam sapienter consilio mentis frænare? Est enim ipsa Medea μῆδος consilium. Hic eius ope aureum vellus in patriam reportauit, Deisque dicauit, vel, vt aliis placuit, Pelię obtulit: cum maximè fugienda sit auaritia, & iustitia complectenda. Maximè vero omnium colenda est Deorũ immortalium religio, quod principium est virtutum & omnis felicitatis: postea colendi sunt Reges ac nationum principes, quibus non sine Dei voluntate concessa est in homines potestas, si modo sint viri boni & iusti. Atque, vt summatim dicam, nauigationem Iasonis, quam quidam ad historiam, quidam ad chemicã artem detorquent, nulla alia de causa celebrarunt antiqui, nisi quia significare voluerunt humanam vitam multis vndique difficultatibus vexari, necesseque esse viro bono medicinam consilii animo adhibere, vt intrepidus ad omnes motus, & ad omnes fortunæ vicissitudines persistat. Neque tamen me illud præterit alios fuisse, inter quos Dercylus, qui Argonautas ad vellus aureum, siue ad Scytharum opulentiam diripiendam nauigasse putarint: (semper enim opes tanquam vmbra sequitur inuidia, omniaque bella prope prædæ gratia re ipsa, verbo iniurię vlciscendæ suscipiuntur.) quippe cum non procul à Caucaso monte torrentes quidam aurum deferre dicerentur, quod tabulis perforatis ac lanosis pellibus Scythis excipere mos fuit, vt ait Strabo lib. 2. Ad hæc loca nauigantibus è Thessalia multi scopuli, multæque difficultates, ac prope insuperabiles, vt pote imperitis adhuc nauigandi hominibus, proponebantur: quare illa tam multa formidanda finxerunt. Sed de Iasone satis, nunc de Phrixo dicamus.

De Phrixo, *Cap.* IX.

Phrixus, qui aureum vellus in Colchos dicitur transtulisse, Athamãtis & Nepheles fuit filius. Cum enim Athamas Thebis imperaret, Nephelen vxorẽ duxit, è qua Phrixum & Hellen suscepit. Deinde, nescio qua de causa, Nephele dimissa Ino secundam vxorem cepit, de qua Clearchum, siue, vt alii maluerunt, Learchum, & Palæmonem suscepit: quem etiam Melicertam postea vocarunt. Verum Ino ingenti priuigni amore capta, non assentiente Phrixo, omnem amorem in acerrimum odium conuertit, quod magnum solet esse plerunque nouercarum. hanc Pindarus in hymnis Demoticam nuncupauit. Pherecydes Themisto. Sophocles Nephelen in actu Athamante. Hippias Gorgopiram nominauit. huiusmodi insidias Phrixo & Helle machinatur. Torruit omnia frumenti, cæterorumque leguminium semina ne nascerentur; deinde persuadet vatibus per largitionem, vt nunciarent Athamanti fruges illa de causa non nasci, quia opus foret vnũ de filii Nepheles Diis immolari. Eo respõso accepto, ingenti necessitate, vt putabat, cõpulsus Athamas Phrixum dicitur ad arã mactaturus statuisse, vt ait Apollodorus Grammaticus libro primo. At Nephele Phrixum & Hellen rapuit, aureamque ouem à Mercurio captam illis dedit: qua per aera vecti fuerunt. Cum vero ad id freti peruenissent, quod est inter Sigæum & Chersonesum, contigit vt Helle in proximum mare deciderit, quod ab ea dictum fuit postea Hellespõtus, vel Athamantidis, vt ait Aeschylus in Persis, & Ouid. in Epist. Leandri:

Fluctibus immodicis Athamantidos æquora canent,
Vixque manet portu tuta carina suo.
Hoc mare cum primum de virgine nomina mersa,
Quæ tenet, est nactum, tale fuisse puto.
Est satis amissa locus hic infamis ab Helle.
Vtque mihi parcat, nomine crimen habet.
Inuideo Phrixo, quem per freta tristia tutum
Aurea lanigero vellere vexit ouis.

Phrixus Helle sorore amissa ob diuturnum iter ac laborem in promontorio Brixaba conquieuit, at barbari illo viso armati adueniunt. aries inclinatus vsus humana voce illum excitauit, quare aufugiens in Colchos portauit arietem. Helle postea à piscatoribus capta in litore sepulta fuit, vt scripsit Herodotus in Polymnia. Phrixus incolumis in Colchidem peruenit, ibique Ioui Phyxio cognomine, siue fugæ faventi immolauit, pellemque ilici in luco Martis, in eius honorem affixit: quam postea à dracone seruari solitam fabulati sunt. Alii dicunt Dipsacum Phyllidis fluuii & nymphę cuiusdam indigenę filium Phrixum in hospitiũ accessisse, atque Phrixum ibi arietem Ioui cognomento Laphystio immolasset vnde mansit postea diu illa consuetudo vt vnus ex oriundis ab ipso Phrixo quotannis prædicto Ioui sacrificaret, vt scriptum est à Suida libro secundo rerum Thessalicarum. deinde Phrixus ducta Chalciope Aeetæ filia, quam Eueniam vocatam ait Pherecydes libro sexto proprio nomine, fuisseque cognomina Chalciopen & Ophiusam, suscepisse ex illa quatuor filios dicitur. At Acusilaus Argum, Phrontim, Melanem, Cytilonum nominauit Phrixi filios, quibus quintum Pesbonem addidit Epimenides. Alii addiderũt Cytorum a quo mons dictus est. alii Thelamonem & Augiam addiderunt. Argum, Meliam, Catim, Sorũ, Phrontim, ac Hellen ex ea suscepit filios: quam tamen quidam non Chalciopen, sed Iophossen nominatam fuisse contendunt. Athmas postea Iunonis voluntate in furorem versus, quoniam Dionysium à Mercurio captum tãquam puellã per quoddam tempus educasset, Learchum filium, quem susceperat ex Ino, trucidauit: quare territa Ino cum Melicerta in mare desiliit. Ob illas cædes Athamas decidens ex Imperio & è Bæotia profugus oraculum consuluit, ac responsum cepit, vt ibi habitaret, vbi à syluestribus animalibus in conuiuium acciperetur. Paulopost in Athamania vocata lupi illum intuentes aufugerunt, semesasque carnes ouium, quas comedebãt, reliquerunt. Ibi cum habitare iuxta oraculi responsum Athamas decreuisset, Themisto Hypsei filiam tertiam vxorem duxit, e qua Leuconem, Erythram, Schænoem, ac Ptthonum, vel, vt alii malunt, Pęũ genuit. quos tamen in argonautis Schenæũ, Erythium, Leuconem, Tithoreum vocauit Dionysius. Alii tamen dixerũt non quidem ad aram, vt mactaretur, adductum fuisse se Phrixum; sed illi ad eligendam in sacrificia pulcherrimam victimam misso arietem Iouis consilio locutum fuisse, atque patefecisse omnes nouercæ insidias, inter quos fuit Didymus: quare ille cum sorore e patria terra, tergori arietis insidentes, vt aries illis significauerat, aufugit: ac Diis postea apud fluuium Phasim illum arietem, vt mater sibi significarat, immolauit. Alii dicunt tunc locutum fuisse arietem cum Helle delapsa est: atque hortatum esse Phrixum vt forti & intrepido esset animo, quod illum esset in terram Colchicam asportaturus. Alii dixerunt Nephelen Deam fuisse, quæ ab Athamante neglecta ob mulierem in cœlum euolauerit, at cum Ioue conquesta squalorem agro Athamantis immiserit, ob quem illa, quæ dicta sunt de nouercę insidiis, contigerunt. cum in Colchorum regionem iter conficerent Phrixus & Helle non per aera vecti, vt quidam putarunt, sed terrestri itinere in traiiciendo mari Abydo propinquo delapsa est Helle, at Phrixus in Colchidem profectus arietem, vt alii volunt, Marti: vt alii Mercurio immolauit: ibique cum habitasset regioni nomen dedit, quæ à Phrixo Phrygia dicta est. Alii fabulati sunt arietis pellem fuisse ramis quercus appēsam in luco Ioui consecrato, quam postmodo Mercurius auream fecit. nam & Apollonius lib. 2. argon. illam Ioui Phyxio, idest fugę fauenti dicatam fuisse testatur:

Ἀργείων δ' ἤδη που ἀκούετε καὶ πάρος αὐτοὶ
φρίξον, ὅτις πτολίεθρον ἀνήλυθεν αἰήταο,
κριὸν ἐπεμβεβαώς, τὸν ῥα χρύσειον ἔθηκεν
Ἑρμείας, κῶας δὲ καὶ εἰσέτι νῦν κεν ἴδοισθε
πεπτάμενον λασίοισιν ἐπὶ δρυὸς ἀκρεμόνεσσι
τὸν μὲν ἔπειτ' ἔρρεξεν ἑῆς ὑποθημοσύνῃσι
φυξίῳ ἐκ πάντων κρονίδῃ Διΐ.

Vt puto, iampridem vestras peruenit ad aures
Phrixus vt Aeetæ regnumque & mœnia adiuit.
Hunc aries vexit, quem mox Cyllenius aureum
Fecit. nunc etiam suspensa est aurea quercu
Pellicula, interdum crepitat quæ leniter auris.
Iupiter ipse fugæ fauit, quo Phyxius illum
Mactatum cepit structis fumantibus aris.

Quamuis eam pellem iam tunc auream fuisse cum mare traiicerent, vt in Calchidem aufugerent, his carminibus significauit Marcus Manilius libro quarto astronomicorum.

testis tibi laniger ipse
Cum vitreum findens aurato vellere pontum,
Orbatumque sua Phrixum per fata sororem
Phasidos ad ripas, & Colchida regna reuexit.

Deinde vero Nephele pœnas daturus Athamas ob filios, ad Iouis aram iugulandus adducitur, at ab Hercule seruatus fuit: quæ res argumentum fuit postea Sophocli tragediæ Athamantis. Fabulati sunt postea ad perpetuam huiusce rei memoriam impetratum à Ioue fuisse precante Nephele, vt Arietis signum inter sydera collocaretur, quod etiam effectum est. Alii arbitrati sunt nauem fuisse, quæ pictum arietem in prora haberet, quæ Phrixum & Hellen trans mare vexerit: verum cum Helle in mare è prora despiceret, in mare decidisse ac periisse, vt scripsit Hellanicus. Alii censuerunt, inter quos fuit Pherecrates, Arietē fuisse Phrixi alumnum, qui cum Inus insidias persensisset, hortatus est Phrixum vt se fuga seruaret, qui cum fugisset in Colchidem, locus datus est fabulæ, quod per arietem seruatus fuit in Colchidem, vt scripsit Dionysius in Argonauticis: quē etiā memorauit vna cum Phrixo in Colchidem nauigasse. alii locum datum esse fabulæ

bulæ putarunt, quia Helle cum morbo in itinere periisset, in mare fuerit deiecta, vt mos est nauigantium: cum Phrixus incolumis in Colchidem sit delatus. atque tot de Phrixo scripta apud antiquos inueniuntur Hæc omnia sane veram cõtinent historiam, præter modum fugę. nullo enim modo fieri potest vt aries aureum vellus haberet, aut per aera volaret, atque ita in Colchidem terram peruenerit. Sed cum esset antiquorum consuetudo vt animalia domestica non solum pecuniis imprimerent, sed in omnibus prope rebus aliis pingerent, aut illorum nominibus pro pictis imaginibus appellarent, Phrixum & Hellen in nauigio, quod pictum aureum arietem in puppe haberet, vectos crediderim. Quidam dixerunt Phrixum & Hellen in naui quæ prorum pictam in arietem haberet nauigasse, atque Hellen ægre ferentem nauigationem incumbentem lateri in mare cecidisse. alii dicunt Scytharum regem Trygonem generum Aeetæ fuisse apud Colchos, quo tempore Phrixus cum pædagogo captus est. puerum dono captum fuisse ab Aeeta, & tanquam filium educatum, cui regnum reliquit, at pædagogum Crium, quod Græcè arietem significat, nomine Diis mactasse, cuius pellem decorticati clauis in templo affixit Deæ, vt erat apud illos legitimum. Dictus est aureus aries, quia consilia sapientum putãda sunt aurea. Alii dixerunt illam pellem fuisse ab Aeeta in auratam, & custodiis septam, cum accepisset ex oraculo sibi tunc esse perendum cum aduena illam abstulisset: quod certè significabat vbi defuisset prudentia & consilium. Idcirco ob diligentiam & ferocitatem inhumanitatemque custodiarum dictus est draco insomnis, & boues ignem ex ore spirantes & terrigenæ homines vellus aureum custodire. Non enim leuiter recedendum est à sapienter decretis. Illæ custodiæ cum accitæ essent è Taurica regione, aiunt Medeam noctu ad portam clausam profectã Taurico idiomate vsam esse, quare milites promptè illam aperuerunt tanquã regis filiæ. Argonautæ strictis gladiis ingressi multos barbaros trucidarunt. reliquos è loco fugarunt, pellem ceperunt. His additum est Aeetam collecta magna suorum manu cum Argonautis adhuc in litore morantibus conflixisse, multos fuisse vulneratos hinc, & Iphitum fuisse cæsum, inde regem ipsum. Verum cum Argonautæ tantam armatorum irruentium multitudinem sustinere non possent, dicunt à litore soluisse. Non defuerunt qui dixerint Colchos in fugam fuisse versos virtute Argonautarũ, ac multos illorum fuisse trucidatos. Atq; fortunę vicissitudines per hãc fabulã quo pacto ferri cõueniat antiquos demõstrare voluisse cẽsuerim: cũ mollis, & muliebris sit animi, fortunę mutationes nõ sapienter ferre, aut nimiũ in arduis tristari, aut in felicib. rerũ successib. nimiũ extolli. nã in omnia vel pericula vel felicitatẽ prudentia debet esse pro clypeo, cũ incauti plerique magnitudine repẽtinæ alicuius mutationis cõtinuo obruãtur. Lucianus tamẽ in Dialogo de astrologia, Phrixũ rerũ astronomicarũ scientia delectatũ scribit, dictũ fuisse à fabularũ artificib. in cœlũ ab ariete fuisse fabulatũ. ego vero hoc nihil aliud significare crediderim, quam illum, qui rebus præsentibus optime ac sapienter vti nouerit, proximè ad Deorum immortalium naturam accedere: at si imprudenter, parumque honeste, & superbe abutatur, facile esse ex altissimo dignitatis gradu delabi, quod etiam Hellen passam fuisse fabulatum. Nulla est enim tam firma, neque tam constãs hominum conditio, quin ob suam temeritatem & imprudentiam, si ita Deo placuerit, citissime possit delabi. atqui quod ita sit: patet vel ex ipsis nominibus: Athamas enim, non admirandum esse significat, cum sit θαυμάζεσθαι mirari, actionemque illã α adimat. Nephele vero nebula, ex quib. nascitur profecto rerũ humanarũ contẽptio. nã vt inquit is poeta:

Nil admirari, prope res est vna Numici,
Solaque quæ possit facere, & seruare beatum.

Quis

Quis locus sane merito concedi potest admirationi, cum tota hominum vita huc illuc fluctuet, & quocunque ventorum impetus appulerit, eò facile corruat? nam omnes opes, & amicitiæ, & imperia tandiu stabilia sunt, quandiu secunda Fortunæ aura aspirauerit. siue igitur illa etiam sit rerum cuiusque ad felicitatem præsentem propensio, siue Dei consilium ob inscitiam mortalium ita vocata, siue aliud quidpiam, omnino illa opus est viro prudenti. Hac aura aspirante seruata animi moderatione in felici successu Phrixus deuitatis nouercæ insidiis in Colchorum regionem peruenit, vbi non sine auxilio Deorum firmius imperiũ & tranquilliora omnia adinuenit. ac de Phrixo satis, nunc de Argonauis dicamus.

De Argonauis. Cap. X.

NAuis illa, quæ fuit postea inter sydera collocata, in qua nauigarũt Argonautæ, ab Argo, qui fuit architectus extructa est. dicunt ei à Pelia imperatum vt clauos pertenues affigeret, cũ tamen ille validissimis compegerit, quæ e postea consilio Palladis facta fuisse dicta est. ædificata fuit hęc nauis in quodam loco qui ab Iolco distabat viginti stadiis, quem idcirco quod nauis ibi fuisset compacta ἀπὸ τοῦ πηγνῦσθαι à compingendo scilicet Pagasas vocarunt, vt testatur Strabo lib. 9. & Ouidius in epistola Paridis Iasonem Pagasæum vocat, quia in ea nauigarit:

> Phasida puppe noua vexit Pagasæus Iason,
> Læsa nec est Colcha Thessala terra manu.

Huius nauis malus è quercu Dodonæa fatidica arbore cæsus fuisse dicitur, quam arborem Pallas indicauit, quamobrem malum ipsum garrulam picam in his appellauit Lycophron:

> εἰς τὴν λάληθρον κίσσαν ἡρματίζετο.
> In garrula transuecta pica est, vt ferunt.

Et Valerius Flaccus fatidicam ratem appellauit lib. 1. Argonauticorum. Hanc nauem triginta remigum sedes habuisse vtrinque constat, quam Theocritus in Hyla vocauit τριακοντάζυγον nam ζυγὸν transtrum significat & sedem nauticam, super qua sedent remiges, ita inquiens:

> οὕνεκεν ἱρῶνος τριακοντάζυγον Ἀργώ.
> Quod, iuga cui fuerant triginta, reliquerat Argo.

Diodorus Siculus libro quarto historiarum, non missum quidem fuisse Iasonem ad illa pericula tradidit, sed ipsum gloriæ desiderio ad imitationem Heroum superiorum petiuisse sponte à Pelia vt sibi concederet in Colchos expeditionem, quam libenter concessit, cum timeret prolem fratris nullos ipse habens filios. Nauis dicitur fuisse fabricata ad Pelium à quibusdam plurimum magnitudine ac reliquo apparatu præstans, cum in lintribus antea homines nauigarent, paruisq; acatiis. Fama didita inusitatæ nauigii magnitudinis multi primates propinquarũ regionum cupierunt esse participes eius expeditionis. Iason elegit præstantiores ita vt omnes essent quinquaginta & quatuor. Hanc Argonauim alii ab architecto, alii a celeritate, cum argos velox antiquitus diceretur, appellarũt. in itinere ceto trucidato Hesionen liberarunt, quæ accepta optione manendi cum parentibus cum seruatore abire maluit, ne secundum periculum aduentante ceto in patria experiretur. Inuadente tẽpestate Orpheus pro omnium salute Diis Samothracibus initiatus est. neq; illud prætermittendum duxi quod remittente vento, duobusque astris apparentibus super capitibus Dioscurorum, omnes sunt admirati, ac putarunt ipsorum Deorum consilio omnes liberari. ex illo mansit consuetudo vt omnes per hyemem periclitantes vota facerent Diis Samothracibus.

his

his addunt Phineum occisum & filios liberatos cum Phineus ob Ideę nouercæ malignas accusationes filios oculis priuasset. Dixerunt etiam nonnulli quod argonauis tracta fuit ad fontes Tanais & ad locum quendam cum per alium fluuium in oceanum nauigare opus foret, quod Aeeta os ponti nauibus occupasset, qui sic terram ad sinistram habentes ab Vrsis ad occatum non procul à Gadiris in mare mediterraneum peruenerunt: nam multiplicis eius nauis itineris argumenta sunt insulæ & portus, vt Argoum & Thelamonium. Soluerũt autem a littore primum Argonautæ vere præcipiti, quo tempore Pleiades mane oriuntur, vt patet ex his versibus eiusdem:

> Ἆμος δ' ἀντέλλοντι πελειάδες ἐσχατιαὶ δὲ
> Ἄρνα νέον βόσκοντι, τετραμμένου εἴαρος ἤδη.
> Τῆμος ναυτιλίας μιμνάσκετο θεῖος ἄωτος
> ἡρώων
> Pleiades vt surgunt, agni pascuntur adoras
> Agrorum nuper, iam verso tempore veris,
> Tum manus Heroum funes à litore soluit.

Hanc nauem primam fuisse fuerunt, quæ ausa sit ventorum minas contemnere, & ad longinquas regiones transfretare, vt sensit Ouid. lib 3 de Tristibus:

> Nam rate, quæ cura pugnacis facta Mineruæ
> Per non tentatas prima cucurrit aquas.

Non defuerunt tamen qui addiderint Glaucum marinum Deum per biduum comitatum esse nauim, qui Herculi labores & immortalitatem vaticinatus est, & diuinos honores Dioscuris. Hortatus est cum primum terram attigissent vt sacra Diis persoluerent, quorum nutu bis essent seruati, quibus dictis Glaucus se demersit. argonautæ vbi ad terram applicuerunt, cui imperabat Byzantus, à quo vrbs dicta est Byzantium, structa ara diis sacrificarunt. deinde trãsmissa Proponide & Hellesponto ad Troadem peruenerunt; vbi missos repetitum Hesionem & promissos equos Iphichum & Telamonem legatos famá est Laomedontem in carcerem coniecisse, argonautisque tetendisse insidias, cuius consilii habuit socios & administros omnes filios præter Priamum, qui contendebat iustitiam nullis vel exteris esse denegandam, qui cum non audiretur, duos enses clam attulit ad captiuos inquiens, his clauibus carcerem esse aperiendum. illis custodias obtruncarunt, & ad socios peruenerunt. re patefacta, cognitaque iniquitate regis itum est ad pugnam. commisso prælio Hercules Laomedontem trucidauit. vrbem cepit. consilii tam iniqui autores castigauit. Priamo ob iustitiam regnum concessit. Enimuero post Colchicam nauigationem cum Argos incolumes delectos heroas in patriam reuexisset, fertur fuisse Palladi ab Iasone consecrata: quæ deinde, quia tot Deos seruasset, fuit inter sidera verso ordine collocata, ita vt prior puppis, quam prora oriatur, vt in his inquit Aratus:

> ἡ δὲ κυνὸς μεγάλοιο κατ' οὐρὴν ἕλκεται Ἀργὼ
> Πρυμνόθεν· οὐ γὰρ τῇγε κατὰ χρέος εἰσὶ κέλευθοι.
> Ἀλλ' ὄπιθεν φέρεται τετραμμένη οἷα καὶ αὐταὶ
> Νῆες, ὅταν δὴ ναῦται ἐπιστρέψωσι κορώνην
> ὅρμον ἐπερχόμενοι, τὴν δ' αὐτίκα πᾶς ἀνακρούει
> νῆα, παλιρροθίη δὲ καθάπτεται ἠπείροιο.
> ὣς ἥγε πρύμνηθεν Ἰησονὶς ἕλκεται Ἀργὼ
> καὶ τὰ μὲν ἠερίη καὶ ἀνάστερος δια παρ' αὐτὸν
> ἱστὸν ἀπὸ πρῴρης φέρεται, τὰ δὲ πᾶσα φαεινή.

quæ ita vertit Cicero.

> At canis ad caudam serpens prælabitur Argo,

Con-

Conuersam præ se portans cum lumine puppim.
Non aliæ naues vt in alto pandere proras
Ante solent, rostro Neptunia prata secantes:
Sed conuersa retro cœli sem per loca portat.
Sicut cum cæptant tutos constringere portus
Obuertunt nauem magno cum pondere nautę,
Aduersamque trahunt optata ad litora puppim.
Sic conuersa vetus super æthera vertitur Argo,
Atque vsque à prora ad cœlum sine lumine malum,
A malo ad puppim cum lumine clara videtur.

¶ Hanc nauim fuisse inter sidera collocatam fabulati sunt, cum fuisset Palladis cõsilio fabricata, quia cum nullam beneficientiam sine remuneratione Deus esse patiatur: tum illa præcipue grata est Deo, quæ à sapientia & consilio proficiscitur. quæ sine Palladis consilio est beneficientia, & quasi quodam naturæ ductu, vel quæ fortuito contingit, non est quidem reprenhendenda: at multo magis illud & Deo gratum est, & magis laudabile, quod cum ratione suscipitur. cum vellent igitur homines antiqui ad beneficientiam adhortari: rem diuinam, & quæ proximè ad Deorum immortalium naturam accedat liberalitatẽ & munificentiam esse dixerunt, quippe cum ad exẽplum liberalitatis & animalia complura, & res sensu carentes, quia de Diis putarentur fuisse benemeritæ, inter siderum numerum fuerint relatæ, & proximè ad Deos ascitę. Hæc igitur causa fuit cur Argos dicta sit diuinos honores consecuta. nunc de Capra cœlesti dicamus.

De Capra cęlesti. Cap. XI.

PRæclarum est eius quod dicebam argumentum, quia caprã etiam, quod de Ioue benemerita sit, cum illi lac præbuerit: non solum inter sydera collocarunt, sed etiam eius pellem ad sempiternam eius rei memoriam Iupiter gestare solebat, vnde Aegiochus fuit appellatus. Quod autem illam Iupiter ob acceptũ beneficium inter sydera retulerit, testatur Aratus in iis carminibus, quæ ita sunt translata à Germanico Cęsare: illa putatur
Nutrix esse Iouis, si vere Iupiter infans
Vbera Creteæ mulsit fidissima capre,
Sydere quæ claro gratum testatur alumnum.

In his Beteleii viri alioquin doctissimi, non placet emendatio. Hanc Iouis nutricem alii Nympham Amaltheam nomine dixerũt. alii mulierem putarũt fuisse Arcadicam, quæ capra cognomine vocaretur, quæ cum gemellos peperisset, illos alendos aliis mulieribus dedit, vt nutriret Iouem: quare eius filii vt pote capræ vocati sunt Hædi. Hi cum lac maternum Ioui concessissent, & ipsi inter sydera collocati in dextra Aurigæ tenentur, quos Aurigæ sydera vocauit Aratus, quorum exortu grauissimę plerũque fiunt tẽpestates, vt patet ex his carminib.
εἰ δ᾽ ἔτοι ἡνιοχόν τε καὶ ἀστέρας ἡνιόχοιο
Σκέπτεσθαι δοκέοι, καὶ τοι φάτις ἤλυθεν αἰγὸς
Αὐτῆς ἠδ᾽ ἐρίφων, οἵ τ᾽ εἰν ἁλὶ πορφυρεούσῃ
Πολλάκις ἐσκέψαντο κεδαιομένους ἀνθρώπους.
Sic placet Aurigam, atque Aurigæ sydera & ortus
Obseruare tibi: fama est quod Capra, quod Hædi
Illius, immergunt sulcantes cærula ponti.
Non vlli tutum est Hædis surgentibus æquor.

Mos erat Phliasiis, vt eximiè capram cęlestẽ sydus colerent, cuius etiam signum

æreum

æreum in foro magna parte auratum collocarunt, vt testatur Pausanias in Corinthiacis, quod idcirco fiebat, quia plurimum Capræ ortus obesse viribus putaretur. vt autem illam placarent, diuinos honores illi instituerunt. nam exoriente Capra vel syderationem patiuntur aliquæ vites, vel prorsus arescunt. Istud vero fit Sole in Leonis signo existente: tunc enim maxime infestantur vites ob humoris inopiam, quod etiam magis fit, pro natura locorum. Cur inter sydera Capræ signum relatum fuerit, iam explicauimus superius, quod Iupiter neque ingratus, neque acceptorum immemor vel aduersus Capram quidem videri voluerit. Dicta fuit hæc capra Olenia, quoniam in vlnas Aurigæ vel Oleni filiæ excepta fuerit. consimili ratione fuit Delphinus inter sydera collocatus, quia persuaserit Amphitrite vt nuberet Neptuno: vel vt alij maluerunt, quia Arion Methymnæus ab illo fuerit seruatus. Enimuero quod hæc non capra, sed mulier fuit, vel ex eo patet, quod Amalthea Nyctei regis vxor fuerit, è qua Nyctimenen peperit, vt testatus est Apollodorus Cyzicenus. at de Capra satis, nunc de Dodonæa sylua dicendum.

De Dodone. — *Cap.* XII.

FVit celeberrimum omnium oraculorum Dodonæum, tum ob celebritatem & conuenientis eò multitudinis frequentiam, tum etiam ob glandium copiam, quæ in illa sylua nascebatur. nam vt testatur Virgilius libro primo Georg. primus fuit victus mortalium, vt patet in his:

> cum iam glandes atque arbuta sacræ
> Deficerent syluæ, & victum Dodona negaret.

Et nos in nostris Venationibus ita lusimus:

> Cum foret herba thorus primis mortalibus: antra
> Frigida & arboribus intexta, palatia: potum
> Prosilientis aquæ riuus prælucidus vnda
> Præberet: victumque Ioui sacrata Molosso
> Quercus, sanguineoque rubentes cortice baccæ:

Strabo libro septimo Georgico. Dodonæum oraculum à Pelasgis constructum fuisse scribit, quare & Homerus libro π. Iliadis Iouem Dodonæum Pelasgicum appellauit. Scriptum reliquit Plutarchus in Pyrrho Deucalionem ac Pyrrham post diluuium venisse in Epirum ad oraculum Dodonęum, quod fuit in Thesprotorum Molossorumque regione. Erat ibi sylua maxima, & dentissimis quercubus atque fagis refertissima, vbi eximia glandium copia nascebatur, quare poetæ Dodonam per glandium copia vsurparunt. Dicta fuit Dodone, à Nympha Oceanitide, vel, vt maluit Hecatæus, à Dodone Iouis & Europæ filia. Fama est hoc in loco Pelasgum primum omnium mortalium homines docuisse glandibus vesci: atque inter has illas esse vtiliores, quæ de sola fago legerentur, cum antea radicibus atque herbis inutilibus, vel etiam lætiferis, aliquando vescerentur. Hic tuguria ad arcendas pluuias, & propulsandas temporum mutationum iniurias excogitauit, & tunicas è suillis corijs contexere docuit: cuiusmodi per quoddam tempus in Eubœa & in Phocide homines vsi sunt obscuriores, vt scripsit Andron Teius in sua nauigatione. Inde vero accidit, cum quercus & fagi mutæ essent in sylua Dodonæa, vt Lucianus in amoribus è fago reddi oraculum ita dixerit: αὐτὴ τάχα ἄν, ὥσπερ ἡ ἐν Δωδώνῃ φηγὸς, ἐκ τῶν ὀροδάμων ἱερὰν ἀποῤῥήξασα φωνὴν. Ipsa sanè, sicut fagus illa, quę in Dodone, ex ramis sacrã emittens vocẽ. Erant aũt ambigua admodũ antiquorũ oracula, quippe quæ non nisi trãsactis negotijs plerunq; intelligi possent. Quis Iophon Gnosius vir acri promptoq; ingenio

genio intelligendis oraculorum responsis plurima illorum oraculorum heroicis carminibus mandauit, & conatus sit docere homines quo pacto illa commode interpretari possent. Cum tamen Homerus in libro ξ Odysseæ id oraculum è quercu ita inquiat:

> τὸν δ' ἐς Δωδώνην φάτο βήμεναι, ὄφρα θεοῖο
> ἐκ δρυὸς ὑψικόμοιο Διὸς βουλὴν ἐπακούσῃ.
> Dodonamque ferunt illum mox esse profectum,
> Consilio Iouis è quercu capraret vt alta.

Memoriæ prodidit Pausanias in Achaicis apud Acarnanes & Aetolos, & Epirotas, & earum regionum finitimos populos valde inclyta fama fuisse oraculum, quod è quercu columbæ reddebant responsa. Nam cum duæ essent columbæ, diuersorum populorum legationes vel aliquo morbo, vel sterilitate agrorum, vel aliqua publica calamitate laborantium ad capienda responsa, quę remedia forent earum calamitatum, eo confluebant, atque audiebant illarum columbarum vocem. Atqui varijs temporibus varijs modis responsa dabantur: nam primum loquebantur ipsæ quercus, deinde duæ mulieres sacerdotes responsa dare cœperunt, quarum vna Peristera, altera Triton vocabatur: atque cum Peristera columbam significet apud Græcos, hinc locus datus est fabulæ, quia duæ columbæ responsa redderent. Alij duas columbas re ipsa locutas fuisse arbitrantur, quod etiam fortasse accidit, cum potestas esset tenebrarum: ac mali dæmones & hæc, & his multo magis admirabilia agerent: vt depressa tenerent populorum ingenia, ne ad diuiniora tollerentur. Nam nemo ferè est eorum qui viuunt, quin harum rerum miraculis, cum loquerentur statuæ & volucres, & auguria ventura prædicerent, & animalia multa significarent, in eam religionem antiquorum fuisset irretitus. ¶ Quare hoc etiam est cur magis gratias Domino Deo nostro habeamus, quòd per vnicum eius filium Christum vniuersa fallacium oraculorum multitudo profligata est, omnesque mali dæmones cũ suis templis ita sunt euersi, vt nulla illorum iamdiu appareant vestigia. conculcata sunt altaria, excisi luci, combusti libri, quibus sacrorum ritus continebantur, obliuioni datus est victimarum delectus, explosi sacerdotes & lenones earum fallatiarum. Neque vllus prope est, qui in verum, sanctum, ac syncerum Dei cultum possit cognoscere, nisi siquis pro religione simulata flagitiorum licentiam sibi dari cupiat. Nam si de vero ac legitimo Dei cultu solum sit inter homines controuersia, ac non potius de proprijs singulorum commodis, vel intra triduum res iudicari posset, fieretq; statim vnus pastor, & vnum ouile: neq; quod ridiculum est, & misericordia plane dignum, tot bella pro religionibus orirentur. Est enim verus Dei cultus in ratione, & pietate, & integritate: non in armatis, aut in equorum cataphractorum pectoribus, aut in bellicis tormentis collocandus: neque qui plus potest in bello, is magis est religiosus, aut magis vir bonus, sed qui probabiliorem sui consilij rationem afferre poterit. Quis enim animo per enses aut nitentes galeas persuaserit, qui, cũ diuinus sit, nullam vim omnino patitur? Nullum est tormẽtum bellicum neq; fortius neq; maioris impetus ad animum impellendum, quam sit ratio: qua sola victus animus vel victricem sequitur rationem, vel ita pudore deterretur, vt oculos attollere aduersus victricem sine pudore minime possit. Verum hæc alterius sunt negotij, nos iam ad institutum opus redeamus. Ac de Niobe dicatur.

De Niobe. Cap. XIII.

Niobe, quam Tantali & Euryanassæ, alij Pelopis, vel, vt alij putarunt, Taygetes vnius ex Pleiadibus filiam fuisse narrant, multorum filiorum fuit mater:

ter: quæ cum gloriaretur supra modum tum ob illorum multitudinem, tum etiã ob formæ præstantiam, ausa est se dijs immortalibus comparare, vel etiam anteponere. Sic enim gloriatur apud Ouid. lib. 6. Metamorph.

Quis furor auditos, inquit, præponere visis
Cœlestes? aut cur colitur Latona per aras?
Numen adhuc sine thure meum est? mihi Tantalus autor,
Cui licuit soli superorum attingere mensas.
Pleiadum genitrix soror est mea: maximus Atlas
Est auus, ætherium qui fert ceruicibus axem.
In quamcunque domus aduerti lumina partem,
Immensæ spectantur opes. accedit eodem
Digna Dea facies. huc natas adijce septem,
Et totidem iuuenes, & mox generosque nurusque.
Quærite nunc habeat quam nostra superbia causam.
Quoque modo audetis genitam Titanida Cæo
Latonam præferre mihi.

Atheniensis tamẽ Apollodorus Nioben scribit lib. primo Biblyothecæ fuisse Phoronei regis Peloponnesi & Laodices filiam, cum Tantalum alij dicerẽt fuisse eius patrem. Nonnulli hanc Zetho, alij Alalcomeneo, alij nupsisse Amphioni Thebano dicunt, vt est in libro tertio Biblyothecæ. Verum cum duæ fuerint Niobæ, vt arbitror, de Tantali filia solum sermo est. De numero filiorum, quos illa Amphioni peperit, non conueniunt inter se scriptores: Herodotus duos tantum mares, ac tres fœminas Niobes fuisse scripsit, vt testatur idem Apollodorus. Homerus lib. vltimo Iliad. sex mares, & totidem fęminas illam habuisse ita inquit:

τῇπερ δ᾽ αἰδεκα παῖδες ἐνὶ μεγάροισιν ὄλοντο
ἓξ μὲν θυγατέρες, ἓξ δ᾽ υἱέες ἡβώοντες.
Namq; domi periere illi bis pignora sena.
Sex natæ, totidemque mares, pulcherrima pubes.

At Hesiodus decem mares ac totidem fœminas peperisse Nioben credidit, vt scripsit idem Apollodorus. Alij septem mares, & totidem fœminas fuisse maluerunt, quæ communior est sententia. Verum illa ob filiorum præstantiam non solum ausa est, vti dicebatur, Latonam in contentionem felicitatis prouocare, sed etiam cõtumelijs & impudicis verbis ita lacessiuit & irritauit, vt Diana sex filias, at Phœbus totidem filios puberes sagittis confecerit, vt ait Plutarchus in libro de superstitione. Occisæ sunt domi filiæ, at in Cithęrone venãtes mares ab ipso Phœbo. aiunt Ismenum vnum è filijs Niobes ab Apolline ictum impatientia doloris se in fluuiũ Cadmi Pedem vocatum coniecisse, qui post ab ipso fuit dictus Ismenus in Beotia non procul à Thebis. Ouidius tamen inquit quatuordecim fuisse cęsos, cui sententiæ assentitur etiam Antipater in his carminibus:

Ταντάλις ἅδε ποχ᾽ ἅδε δὶς ἑπτὰ τέκνα τεκοῦσα
Γαστρὶ μιῇ Φοίβῳ θῦμα, καὶ Ἀρτέμιδι.
κούρα γὰρ προὔπεμψε κόραις φόνον, ἄρσεσι δ᾽ ἄρσην.
Δισσοὶ γὰρ Δισσὰς ἔκτανον ἑβδομάδας.
ἁ δὲ τόσας ἀγέλας μάτηρ πάρος, ἁ πάρος εὔπαις,
οὐδ᾽ ἐφ᾽ ἑνὶ τλάμων λείπεται γηροκόμῳ.
Μάτηρ δ᾽ οὐχ᾽ ὑπὸ παισὶν ὅπερ θέμις, ἀλλ᾽ ὑπὸ ματρὸς
Παῖδες ἐς ἀλγεινοὺς πάντες ἄγοντο τάφους.
Τάνταλε καὶ δ᾽ ἐὼ γλῶσσα δ᾽ ὤλεσε, καὶ σέο κούραν
χ᾽ ἁ μὲν ἀπετρώθη, σοὶ δ᾽ ἔπι δεῖμα λίθος.
Tantalis hæc ipsa, hæc, bis septem pignora eodem

Ventre tulit, mactat Phœbus, & alma soror:
Mas maribus cædem tulit, atque puella puellis,
Prostrauere duas sic duo & hi hebdomadas.
Quæque parens fuerat quondam ditissima natis,
Illa senectuti est orba relicta parens.
Nec, veluti mos est, matrem comitata sepulchro
Pignora sunt: natos sed comitata parens.
Tantale, teq; tuoq; necauit sanguine natam
Lingua. tibi lugens saxea forma timor.

Fuerunt autem nomina filiorum Niobes, vt ait Zezes histo. 141. qui ntæ chiliad. Sipylus, Agenor, Phædimus, Ismenus, Eupnytus, Tantalus, Damasichthon, filiæ Neæra, Cleodoxe, Astyocha, Phaetha, Pelopia, Egyge, Chloris. At Apollodorus Minytum pro Eupnyto dixit, & filias ita nominat: Ethosæam seu Theram, Cleodoxam, Astyochen, Phthiam, Pelopiam, Astycratheam, Ogygiam. Ouidius tamen Alphenorem vel Ilioneum filijs Niobes adiecit. Pausanias Argum Niobes filium memorat in rebus Corinthiacis, alij Amyclam quandam nominarunt, alij Genuam, quamuis plerique crediderint Genuam fuisse Axiotheæ vxoris Promethei filiam, quæ Genuæ vrbis fundamenta iecerit in litore maris Ligustici, alij instaurasse prope euersam maluerunt. Isacius Homoloidem & Pelagum filios fuisse Niobes inquit, & Pelago quidem patrem Iouem tribuit, cum primam omnium mulierum inquiat Apollodorus cum Ioue cógressam fuisse, ac peperisse ex illo Argum. Chloris præterea fuit aliquando Melibœa vocata, quam vna cum Amuda è fœminis superfuisse memorant, è maribus vero Amphionem, quia ille Latonam supplices vt sibi parceret precatæ sunt, vt ait Pausania. in Atticis. Cum tantam filiorum copiam vno die Niobe amisisset, quæ est rerum humanarum inconstantia, non magis prudens fuit in ferendis aduersitatibus, quam fuerat in felicitate, & rerum omnium copia. Dicitur igitur Deorum miseratione, cum tantã doloris magnitudinẽ perferre non posset, in saxũ fuisse conuersa, vt significauit Ouid. lib. 1. de Põto: Felicem Nioben quamuis tot funera vidit,
Quæ posuit sensum saxea facta malis.

Et Callimachus in hymno in Apollinem:

καὶ μὲν ὁ δακρυόεις ἀναβάλλεται ἄλγεα πέτρος
ὅστις ἐνὶ φρυγίῃ διερὸς λίθος ἐστήρικται
μάρμαρον ἀντὶ γυναικὸς ὀϊζυρόν τι χανούσης.
Differt petra suos pariter lachrymosa dolores
Humida, quæ quondam Phrygijs indurnit oris:
Nunc quoque marmor hiat triste & lachrymabile quiddam.

Fama est Nioben visa filiorum morte è Thebis in Sipylum cõtendisse, quare scripsit Pausanias in Atticis huius imaginem silicem ac præruptam crepidinem in Sipylo fuisse, quæ quasi ad opticam rationem excisa, prope existenti neque lugentis, neque mulieris quidem formam præ se ferret: at procul existentibus & mulier, & mœsta, & lugens videretur. De illa imagine, quod esset in Sipylo Mygdoniæ monte, ita meminit Ouid. in epist. Acontij:

Quæque superba parens saxo per corpus oborto
Nunc quoque Mygdonia flebilis astat humo.

Facta fuit autem lapidea non repente, cum id à Dijs proposcisset: sed paulatim vt videtur Sophocles in Antigone his versibus significasse:

ἤκουσα δὴ λυγροτάταν ὀλέσθαι
τὰν φρυγίαν ξέναν
ταντάλου, Σιπύλῳ πρὸς ἄκρῳ

ταὶ κισσὸς ὡς ἀτενὴς
πετραία βλάστα δάμασεν:
Audiui mestissimam perijsse
Phrygiam hospitem
Tantali. Sipylo in summo
Quam hederæ in morem peruicacis
Saxosum germen domuit.

Quam idem poeta in saxeo sepulchro lachrymari inquit in Electra, cum sepulchrum sit eius corpus lapideum factum. Atque hæc de Niobe Tantali filia omnia prope dicta sunt. ¶ Niobe fuit Phoronei Peloponnesiaci principis, & Nymphæ Telodices, vel Laodices filia, de qua dictum est superius, atque eadem fuit soror Apidis, qui cum asperius in Peloponneso imperaret, à Telxione de medio fuit sublatus. Cum tamen alij non sororem, sed matrem Apidis Argiuorum & Sicyoniorum regis illam fuisse dicant: qui regno postea Argiuorum Aegialeo fratri permisso in Aegyptum profectus, Isidem vxorem duxit, ibique regnauit. Multis deinde beneficijs in homines Aegyptios collatis, multis rebus vtilibus humanæ vitæ inuentis, Serapides nomine eximiè cultus fuit post mortem ab Aegyptijs, & sub forma bouis viui eius numen honoratum: quoniam id animal humano generi omnium cæterorum ferè sit vtilissimum. Scriptum reliquit Pausanias in Arcadicis non quouis anni tempore, sed æstate tãtum Niobes statuam lachrymari solitam. Similem mutationem passa fuisse dicitur anus quædam ob iram Veneris: nam in saxum & ipsa fuit conuersa. Fabulantur enim quod cum Venus Dijs esset irata, quia passi fuissent ipsam cum Marte à Vulcano in rete ligari, & idcirco in syluas Caucasias se abdidisset ob pudorem, eam Dij omnes frustra diu quæsierunt. at anus locum indicauit vbi latebat Venus, cum à Deo quodam fuisset interrogata, quare illam ita mutauit: de qua ita meminit Lycophron in hoc carmine:

καὶ τὴν πέμπελον γραῖαν μαρμαρουμένην δέμας.
Anumque factam marmor ipsam frigidum.

Fama est preterea quod cum Apollo & Diana superioris Niobes filios interemissent, Iupiter omnes homines in lapides per nouem dies conuertit, ac decimo die priori formæ restituens permisit vt illi sepelirentur.

¶ Hæc fabulosa sunt, quæ de Niobe passim circumferuntur. Nunc antiquorum sententiam ex his exprimamus. Quemadmodum per superiora exempla nos antiqui sapientes ad beneficentiam atq; ad liberalitatem adhortabantur, cum & nauem, & capram cœlestem, & multa animalia vel in cœlum inter astra retulerint, vel diuinis honoribus prosecuti sint: ita per hoc exemplum ab arrogantia temeritateque retrahentes, ad prosperas fortunæ vicissitudines æquo animo ferendas nos alliciebant. Fuit Niobe Tantali & Euryanassæ filia: ac Tantalus auaritia, Euryanassa opulentia est. ex his nascitur mortalium superbia, cuius & Deorum despiciẽtia, & amicorũ contemptus, & beneficiorum vel à Dijs vel ab hominibus acceptorum obliuio, asseclæ esse consueuerunt. Hæc igitur Niobe siue superbia, siue temeritas putãda sit, tantam filiorum multitudinem circa se circũspicit, vt mirifice animus extollatur. nam ex altera parte diuitias, honores prope diuinos, qui diuitijs habentur: ac nobilitatem maiorum: ex altera amicos complures, & affines, & clientelas frequentes, & effusam vndiq; salutantium multitudinem hæc intuetur, quare se inuidiam, & omnes humanas facultates longo interuallo superasse putat: ac neq; Deũ quidem ipsum vel feliciorem, vel potẽtiorem esse arbitratur. Vbi aliqua domus vel ciuitas in tantum superbiæ creuerit, vindictam Dei & euersionem proximam esse scito, vt per hanc fabulam admonemur.

Nam vbi quis ita fuerit elatus animo, tunc eum neque filij, neque affines, neque nobilitas, à diuina vindicta protegere possunt: quia nullæ tam immensæ sunt facultates, quas vno die diuina potentia euertere non possit. Vbi fortunæ concussæ sunt, terga vertunt affines, priores amici diffugiunt, nulla reliqua est clientela, solus incedit, quem antea multi stipabant, à nemine salutatur, sordet nobilitas sine diuitijs ab omnibus neglecta. ad deprimendam igitur temeritatem mortalium Nioben introduxerunt antiqui multis præclaris rebus gloriantem, quæ tanta felicitate elata fuerat, vt vel Deos ipsos paruifaceret, quam tamen repente ex omni felicitate deiectam dixerunt. Ad has calamitates ita Niobe obstupuisse dicitur, vt neque lacrymas, neque vocem, neque lamentationem vllam emiserit: de qua ita scripsit Cicero libro tertio Tuscula. Disput. & Niobe fingitur lapidea, propter æternum credo in luctu silentium. Quod si animo non ita fuisset temerario, neque tantopere felicitate elata, in eas calamitates non incidisset: aut si contigisset illi resipere post acceptam cladem, seque non perpetuo virentia germina, vt ita dicam, peperisse cognouisset, sed quæ vbi collibuisset Deo arescere possent, & diuinæ voluntati satisfecisset, & non fuisset in lapidem conuersa. Est enim sapienti semper illud sapiens dictum in ore habendum, quod ita dicit:

> θεοῦ μὲν ἐκτὸς οὐδεὶς εὐτυχεῖ βροτῶν.
>
> *Est nemo felix, hoc nisi præster Deus.*

Fuerunt qui rem ad historiam referre conati sint, dixerintque acerbissimam pestilentiam aliquando fuisse in Phrygia, atque eodem die Niobes filios omnes interiisse, cum multos haberet. Atque cum pestilentiæ autor sit sol & luna, quia ex calore vaporumque copia illa nascatur, proditum est in fabulis Apollinem & Dianam illos sagittis confodisse. ad tantos dolores cum obstupuisset, & prope sine sensu Niobe mater eorum videretur, dixerunt fabularum artifices illam fuisse in lapidem conuersam. Dicti sunt homines eo tempore in saxa à Ioue mutati, quia crudeles sunt homines & inhumani ob metum in his opportunitatibus, neque vllus est vel affinitatis, vel amicitiæ firmus nodus. Verum cum decimo die cessasset pestilentia, tunc sepulturam dicuntur obtinuisse. at nunc de Thamyri dicamus.

De Thamyri. *Cap.* XIIII.

Thamyris Philammonis & Arsiæ filius, vel potius Agriopæ nymphæ vt quidam maluerunt, genere Threijcius fuisse creditur, cum Agriopa fuerit incola Parnasi, quæ cum in vtero gestaret fertur Odrysas migrasse, cum Philammon eius nuptias recusaret, vnde Thracem postea Thamyrim crediderunt. fuerunt enim Odrysæ vrbs Thraciæ per id tempus sane nobilis & opulenta. Thamyris igitur vbi adoleuisset, forma corporis præstantissimus ob animi dotes omni laudum genere floruit. atque inter cæteras eius virtutes illa etiam commemoratur, quod eius carmen ita sonorum, itaque concinnum fuit vt ab ipsis Musis compositum videretur. Scriptum reliquit Plutarchus in libro de Musica hunc bellum à Titanibus aduersus Deos gestum tanta concinnitate orationis, tantaque modulationis suauitate composuisse, vt nullum poema videri posset præstantius. Sed quoniam cum præstantia ingeniorum semper fere coniuncta est superbia, arrogãtia, & penè temeritas, & cæterorum in eo genere præstantium contemptus, ausus est Thamyris vel Musas ipsas, per quas ipse cæteros antecelluit, contemnere, conuicijs afficere, & in certamen cantus prouocare, cum gratias potius illis pro acceptorum magnitudine agere conueniret. Hic Thamyris cum esset in Messenia, atque ex Oecalia ciuitate Dorium versus, illud fuit vrbis nomen, proficisceretur,

Musasque in certamen cantus prouocasset, dicitur illas obuias habuisse, cum quibus pactus est, si vicisset, se velle cum omnibus cógredi, sin victus fuisset, illarum arbitratu se pœnas subiturum, vt scripsit Myrleanus Asclepiadas, qui à Musis victus statim oculis captus fuit, & canendi scientia priuatus, vt testatur Homerus in secundo Iliadis his carminibus:

καὶ δώριον, ἔνθα τε μοῦσαι
Ἀντόμεναι θάμυριν τὸν θρήϊκα παῦσαν ἀοιδῆς,
οἰχαλίηθεν ἰόντα παρ' εὐρύτου οἰχαλιῆος.
στεῦτο γὰρ εὐχόμενος νικησέμεν εἴπερ ἂν αὐταὶ
Μοῦσαι ἀείδοιεν κοῦραι Διὸς αἰγιόχοιο.
Αἱ δὲ χολωσάμεναι πηρὸν θέσαν, αὐτὰρ ἀοιδὴν
Θεσπεσίην ἀφέλοντο, καὶ ἐκλέλαθον κιθαριστύν.

Et Dorion, hic vbi Musæ
Oechalia Thamyrim redeuntem carmine Thracem
Priuarunt, fuit ausus enim se vincere Musas
Cantando iactare, modo ne prælia vitent:
Occurrantque sibi Musæ Iouis inclyta proles.
Iratæ Musæ cæcum fecere sed illum:
Et cantum, citharamque viro rapuere superbo.

Cum vero lyram in fluuium proximum abiecisset, effecit vt is fluuius à iacienda lyra diceretur postea Balyra. Pausanias tamen in Messeniacis id morbo Thamyri accidisse scribit, cum & Homero, & alijs nonnullis persimile Thamyri ob nullum Deorum contemptum, sed ob aliquam naturalem imbecillitatem contigerit. ¶ Prodicus vero Phocaensis, qui carmina in Miniadem composuit, apud inferos supplicium pati Thamyrim scripsit, ob suam in Deos temeritatem & arrogantiam: quod quidem rationi magis conuenit, cum tantæ arrogantiæ pœnæ luendæ breuissimum sit tempus humanæ vitæ cursus. ob eam calamitatem oculorum ferunt cessasse Thamyrim à componendis carminibus, quare dictæ sunt illi Musæ cantum & citharæ peritiam ademisse. At quam ridicula est Dij boni alienarum ineptiarum derisoris Zezæ explicatio, quam prodidit chiliad. 7. histo. 108. inquit enim Thamyrim nobilem fuisse poetam, qui mūdi creationem quinque millibus versuum complexus sit, sed cum esset superbus & arrogans, eiusque scripta perijssent, fabulati sunt antiqui, illum cum Musis certasse, & factum cæcum, ac diuinam cantilenam illi fuisse ademptam. Hæc explicatio fabulæ quam topere frigeat, quis non sentit? non enim propter has ambages, & nugas aniles, fabulæ fuerunt excogitatæ ab antiquis: sed, vt dicebam, quo nos Deorum metu & reuerentia, ab inani arrogantia absterrerent eorum exemplis, qui cum arrogantes fuissent, pœnas ingentes suæ temeritatis dederunt. vt essemus acceptorum à Deo beneficiorum memores, vt neque nimis aduersis deprimeremur, neque felicibus rebus nimis extolleremur: quorum vitiorum vtrunque & Deo minime placet, & homine sapiente est omnino indignum. Hæ causæ fuerunt, vt mihi quidem videntur, multo honestiores & probabiliores cur fabulæ huiusmodi fingerentur, quamuis alicuius historiæ fundamento fulciuntur. Atqui neque Zezis quidem ridiculas interdum explicationes ipse deriderem, cum humanum esse sciam errare aliquando & labi ac falli, nisi & ille fuisset vel ipso Thamyri arrogantior atque importunior, & ne multa dicam, nisi ille vel leuissimos cęterorum scriptorum errores grauissimè insectaretur. nemo enim vir bonus atque prudens debet aliorum de dignitate quidquam detrahere scribendo, sed omnia sua scripta conferre & adherere ad præsentium posterorumq; omnium vtilitatem & institutionem. qui vero maledicta, nugas, res turpes literis committunt, tales haberi iure debent, qualia sunt eorum scripta, quæ certe parum reperiuntur plerunque a moribus animique consilio discrepare. at nunc de Marsya dicatur.

De Marsya. Cap. XV.

MArsyas quoque Phrygius tibicen ob similem huic temeritatem & petulãtiam non leue supplicium subiuit. Hic Thyagnidis fuit filius eius, qui primus omnium mortalium leges musicas ad laudes Deorum, quibus in solennitatibus Græci vsi sunt, accommodauit, qui Marsyas ausus est cum Apolline de tibiarum peritia contendere. Fabulati sunt hunc magna consuetudine cum Cybele fuisse coniunctum, sed diu postea peruagatum in Nysam ciuitatem ad Dionysum, qui ibi regnabat eo tempore, peruenisse: vbi cum Apolline illic inuento, qui cum ob alia multa præclara, tum ob inuentam citharam, & artem pulsandæ citharæ magno in honore habebatur, ausus est contendere. cum ipse tibias à Minerua eiectas suscepisset vt aiunt, iisque inflandis factus iam peritior sibi videretur. Apollinem igitur in certamen musices prouocauit ea conditione, vt victor victo quodcunque libuisset, imperaret, vt testatur Pausanias in Phocaicis. Idcirco mansit ea consuetudo postea in magnæ matris sacrificiis, vt adessent illis etiam tibiæ, vt ait Myrleanus Asclepiades. in eo certamine igitur cum Apollo citharam pulsasset, mox ore cantabat: at Marsyas tibiis inflandis tantum erat peritus, quare etiam victus pœnas dedit suæ temeritatis. Qui rem etiam planius explicare voluerunt, addiderunt his quod Nysæi iudices sunt electi quo tempore Marsyas contendit cum Apolline. nam primum tibiis ita est vsus Marsyas vt auditus stupore repleretur, appareretque ob suauitatem longe præstare aduersario. cum iudicibus ostentare simul artem decreuissent, aiunt Apollinem rursus ad citharam cantum accommodasse, quare vicit tibias repetitas. at ille nitebatur docere iudices quod præter omnem æquitatem vinceretur: quod artis, at non vocis, comparationem fieri oporteret, ad quam cithara & tibiæ sunt referendæ, non autem res duas cum vna conferri oportere. Apollo respondit quod nihil plus æquo obtineret, quia Marsyas quod sibi conueniret, fecisset, cum tibias inflasset, oportere hanc legem igitur vtrisque imponi vt vel ambo, vel nemo ore vteretur, sed solis digitis proprium vsum ostẽderet. Istud certamẽ commissum fuisse non procul à Celænis, siue vt nunc vocatur, non procul ab Apamea ciuitate iuxta lacum, in quo ad vsum tibiarum optimi calami gignuntur, scriptum reliquit Strabo libro 12. ex eo lacu dicuntur manare fontes Marsyæ fluminis, cum Ouid. libro 6. Metam. Marsyam scribat fuisse ab Apolline in fluuium mutatum. Nam fama est apud eundem lacum tibias à Minerua fuisse inuentas, quas cum illa inflaret, seque in lacu conspexisset, orisque turpitudinem vidisset, & tumorem, illas abiecit, secedite à me inquiens malæ corporis deprauationes, vt ait Athenæus libro 14. has cum reperisset Marsyas, qui multo ante bella Troiana floruit, non solum inflauit, cæterosque illarum peritia, antecelluit sed etiam Doricæ musicæ postea, geminarumque tibiarum fuit inuentor, sicut Amphion Lydiæ, vt testatur Plut. in libro de Musica. atque apud Dorion oppidum Peloponnesi hic idem ausus fuerat Musas ad certamen cantus prouocare. fama est igitur Marsyã vbi cũ Apolline decertãs victus fuisset, de pinu arbore propinqua fuisse suspensum, & excoriatum, vt testatur Nicander in his carminibus:

Πολλάκι καὶ πίτυος γοερῆς ἀπὸ δάκρυα τμήξας
Μαρσύου, ἧχί τε φοῖβος ἀπέφλοα δύσατο γυίων
Sæpius & lacrymas de pinu tristis ademit
Marsyæ, vbi Phœbus nudauit cortice membra.

Illud

Illud cum apud fluuium Midam prius vocatum cõtigisset, effecit vt fluuius postea Marsya diceretur, è cuius sanguine nati sunt Satyri vt scripsit Agathardides in rebus Phrygijs. Pœnituit tamen celeriter Apollinem tantę acerbitatis, quare chordas citharæ infregit, quas cum Musæ inuenissent mesen addiderunt, Linus lichanon, Orpheus hypaten, Thamyris parhypaten. postmodo cithara & tybijs in antro Dionysi depositis cum Cybelen amaret cum hac ad Hyperboreos vsq; peregrinatur. E' pelle Marsyę vtris factus fuit, quem in Celęnorum ciuitate fuisse scribit Herod in Polymnia hoc pacto: οἱ δὲ ἐπείτε διαβάντες τὸν ἅλυν ποταμὸν ὡμίλησαν τῇ φρυγίῃ, δι' αὐτῆς πορευόμενοι, παραγίνοντο εἰς κελαινάς, ἵνα πηγαὶ ἀναδιδοῦσι μαιάνδρου ποταμοῦ, καὶ ἑτέρου οὐκ ἐλάσσονος ἢ μαιάνδρου. τῷ, ὄνομα τυγχάνει ἐὸν καταῤῥήκτης ὃς ἐκ τῆς ἀγορῆς τῆς κελαινέων ἀνατέλλων, ἐς τὸν μαίανδρον ἐκδιδοῖ. ἐν τῇ, καὶ ὁ τοῦ σιληνοῦ μαρσύεω ἀσκὸς ἐν τῇ πόλι ἀνακρέμαται τὸν ὑπὸ φρυγῶν λόγος ἔχει ὑπὸ Ἀπόλλωνος ἐκδαρέντα, ἀνακρεμασθῆναι. Isti postea quã Halym traiecerunt fluuiũ Phrygiæ, per ipsam profecti Celænas adierunt: vbi scatent fontes Mæandri fluuij, & alterius nõ minoris Mæandro, cui nomẽ est Catarrhactes. hic oritẽ è foro Celænorũ, & in Mæandrum influit: vbi est etiam Silenĩ Marsyæ vtris in ciuitate suspensus. Fabulati sunt autẽ illum Marsyæ casum apud fluuium Mæandrum contigisse, veluti attestari videntur illa carmina Philippi:

Ἵμερον αὐλήσαντι πολυτρήτων διὰ λωτῶν
εἶπε λιγυφθόγγῳ φοῖβος ἐπὶ γλαφύρῳ,
Μαρσύη, ἐψεύσω τεὸν εὕρημα. τοὺς γὰρ ἀθήνη
Αὐλοὺς ἐκ φρυγίης οὗτος ἐληΐσατο.
εἰ δ' ἐσὺ τοιούτοις τόδ' ἐνέπνεες, οὐκ ἂν ὕαγνις
τὴν ἐπὶ μαιάνδρῳ κλαῦσε δύσαυλον ἔριν.

Fabula de Lotis resonabat dulce foratis,
Audijt hoc Phœbus, talia dicta dedit.
Marsya. non hoc inuentum tibi: Palladi at ista
De Phrygia est olim fistula rapta Deæ.
Talia si inflasses, non fleuisset tua fata
Mæandri ad gelidas tristis Hyagnis aquas.

Nam certè quidem illud verissimum est, quod olim prolatum fuit ab oraculo φ

οἷά τ' ἀνὴρ ἔρξει, τοῖον τέλος αὐτὸν ἱκάνει.
Qualia quisque facit, talis finis manet ipsum.

est enim sermo Phrygum quòd is de Marsya ab Apolline excoriato fuit suspensus. Dicitur ea de causa vniuersis tibicinibus deinde iratus fuisse Phębus, quem Sacadę opera placatum postea fuisse memorant, cum is primus Delphis Pythiũ cantum cecinisset. ¶Quid per hanc fabulam significare voluerint antiqui, manifestũ omnibus esse arbitror, quoniam dictum fuit ad superborum, & nimis elatorum animorum deprimẽdam temeritatem multas fabulas fuisse inuentas, quibus etiã consolandis illis, qui molestiarum & calamitatum cumulis obruuntur, vti licet. nã vt Deus in temerarios animaduertit, ita viros bonos aliqua calamitate oppressos adiuuat, quod & ipsum per fabulas antiqui nobis tradiderunt. Cretheis enim Hippolyti filia Acasti vxor cum capta fuisset Pelei desiderio, neq; tamen Peleo vt secum congrederetur persuadere posset, illum apud Acastum, quia suam pudicitiam tentasset, accusauit. Hunc Acastus secum habens ad verticem Pelei montis adduxit, atq; vinctum feris laniandum reliquit, vt scripsit Diognetus in rebus Smyrnæis. Verum eius innocentiæ misertus Iupiter ensem illi per Vulcanum misit, quo se à feris tueretur. deinde cum in vrbem venisset paucis comitantib. Acastũ debellauit, & imperio ipse potitus est. vt igit non est viri sapiẽtis aduersus diuinã Dei voluntatem ob præsentẽ felicitatem & opulentiã insurgere, sic in reb⁹

aduer-

aduersis non est cedendum viribus tempestatis, sed in vtrisque certa animi moderatione vti conuenit. nunc de Ixione dicamus.

De Ixione. Cap. XVI.

ENimuero multo his sceleratior fuit Ixion Phlegyæ filius, vt sensit Euripides: vt Aeschylus, Antionis: vt Pherecydes, Pisiones & Aethonis: vt vero alii Martis, & Pisidices. Hic enim Diam filiam Einei, vel, vt alii maluerunt, Deionei, vxorem duxit: cum pollicitus esset se multa munera socero mox esse daturũ, nam mos erat antiquorum patribus sponsarum munera offerre, quod in his significauit Homerus.

> πρῶθ' ἑκατὸν βοῦς δῶκεν, ἔπειτα δ' χίλι' ὑπέστη
> Αἶγας ὁμοῦ καὶ ὄϊς
> Dat certum prius ille boues, mille inde capellas
> Et pecudes promisit.

Deioneus igitur cum munera ob acceptam vxorem ab Ixione flagitaret, acriusq; instaret, coactus Ixion inuitauit socerum tanquã ad conuiuium, & ad illa accipiẽda, quod se æquitate mitigatum simularet. hunc Ixion in foueam carbonariam, quam tenuissimis tabulatis superius igne interius occultato instrauerat, detrusit. cum illum ob eam cędem furor inuasisset, neque vllum vel Deorum vel hominũ reperiret, à quo expiaretur, quia primus is ausus esset in affinitate coniunctũ manus inferre, Iupiter non solum eius misericordia captus illum expiasse dicitur, quod eum magnopere pœnituisset, sed etiam in cœlum acceptum liberaliter tractasse, & à secretis constituisse. hic igitur pro tanta Iouis in se liberalitate ac munificentia, Iunoni stuprum ferre conatus est. quod cum illa Ioui significasset, non facile credidit Iupiter, quippe cui Bellerophontis, & Hippolyti casus essent cogniti: sed rem palam oculis intueri voluit. dicitur igitur nubem in Iunonis formam coegisse, quam Ixioni obiecit, cum qua congressus Centauros suscepit. ob id facinus cum gloriaretur Ixion, passimq; eblacteraret, ac eam, quam aduersus Iouem commiserat, turpitudinem tacere non posset, fuit è cœlo ad inferos ob suam loquacitatem deiectus. hic rotæ ferreæ fuit alligatus, circa quam angues complures conuoluebantur, perpetuoque rotæ circumuolutæ motu agitabatur, vt nunquã posset quiescere: quod significauit Virgilius lib. 3. Georg. in his:

> Inuidia infelix furias, amnemque seuerum
> Cocyti metuet, tortosque Ixionis angues,
> Immanemque rotam. Et Tib. lib. 1.
> Illic Iunonem tentare Ixionis ausi
> Versantur celeri noxia membra rota.

Memoriæ prodidit Stra. lib. 9. Phlegyam, non patrem, sed fratrem fuisse Ixionis, cuius filius fuit Pirithous, & Chirõ, & alii. ¶ Hæc summatim ea sunt, quę de Ixione scripta apud antiquos inueniuntur: nunc quæ explicatio his attribuatur vestigemus. Tzetzes grauissime Pindarum ac Palęphatum philosophum exagitat, tanquam vel sibi domesticam supellectilem furati sint, vel Deorum immortalium templa spoliarint. Pindarum quidem, quia dixerit, quod vbi Ixion cum nube ab Ioue summissa concubuisset, filium progenuit sine Gratiis Hyperphialum, qui rẽ habuit cum equabus Magnesiis in Pelio monte, ex quibus natum est genus partim matribus, partim patri simile. At Palęphatum, quoniam Centauros dixit appellatos filios Ixionis, quia cum tauri agrestes in Thessaliam venientes fruges deuastarent: tum iuuenes fortes equos ascendentes in tauros impetum fecerunt, ac stimulis pupugerunt. cum vero eos agrestes procul fuissent conspicati, existimarunt

runt superna parte homines, inferiore equos esse, quia nemo equum ante id tempus conscenderat, & quia tauros illos pungentes vidissent Centauros appellasse, quæ quo pacto tantum abhorreant ab antiqua simplicitate, & credulitate hominum, non video. At quam absurdam ipse postea attulit expositionem Dii boni. Dicit enim Nubem seruam fuisse vocatam apud Pharaonem, quam Ixion pupugerit, & ex ea natum sit Centaurorum genus, qui à pungenda aura seu nube ita sint dicti. Quis vnquam per Deos immortales pungere in rebus Venereis vsurpauit? neque illud sane satisfacit, quod nititur in Græcorum fabulis modo Aegyptiorum, modo Chaldæorum exemplis illas comprobare: cum multo magis etiam moribus, & sacrorum ritibus hęc loca distarent inter se, & consuetudine orationis, quam vel vestium forma, vel regionum interuallo. Quod si Aura apud Pharaonem serua vocabatur, aut oportebat in ea regione fabulam hãc fuisse inuentam, aut ostendere illam in Thessaliam venisse, aut de his melius est tacendum, quam dicere illa, quæ nesciuntur. Natus est Pirithous è Dia & Ixione, qui propter familiaritatem centauros conuocauit ad nuptias. at cum sacrificauisset Diis cæteris oblitus Martis Deum illum habuit iratum & infensum, inde effectũ est vt Dei ira & vino impulsi sint, vt manus lasciuè in mulieres Lapitharũ iniicerent, vnde celeberrima illa pugna & clades exorta est. Quod Ixion insidias socero struxerit, id historice dictum est: & pœnitentia deinde captus dicitur furore mentis fuisse correptus. Id homicidium cum primum commissum fuisset inter coniunctos, nemo eius consuetudinem aut amicitiam expetebat: quare de patria profugere coactus est: & à Rege quodam (nam Ioues Reges omnes ob recentem Iouis memoriam dicebantur,) perbenigne acceptus expiatus fuit, & à secretis creatus, quare hæc narrata sunt, vt de Ioue. Hactenus mihi cõuenit cum Zeze: quia hæc ad historicã narrationem spectare censeo. Huius regis vxoris pudicitiam clam tentasse dicitur Ixion, quod illa grauiter ferens rem interim dissimulans aperit marito. Is non facile credens vxori rem oculis tenere voluit: tum mulierculam quæ Nephele vocabatur instruxit pro vxore, ac vxori mandauit, vt iuberet eum in certum locum statuta hora noctis conuenire, quod eum præstolaretur. Is igitur, vt statutum fuerat, veniens, pro vxore regis cum serua rem habuit, ex qua natus est Imbrus is, qui primus Centaurus fuit vocatus. Dicuntur nati fuisse pterea ex ipso Ixione & nube Odites, & Orneus & Phlegręus & Pholus & Riphæus, à quo dicti sint montes. Postea vero dicti sunt Centauri non solum illi, qui ab Ixione originem duxerunt, sed plerique in Thessalia ad Pelium montem habitantes, quod in taurorum morem in hostes impetum facerent, essentque prope in re militari furibundi. Hi primi equos celeres atque desultorios, vt aiunt, conscendere, & pugnare ex equo inuenerunt, cum fræna etiam ab ipsis Lapithis, & ephippia, & omnis equestris supellex fuisset inuenta. Inde fabulose dictum est Ixionem a Ioue expiatum in cœlum fuisse acceptum, & Iunonis tentasse pudicitiam, & ob eam causam ad inferos detrusum. Nam ob cognitã temeritatem fuit Ixion à secretis remotus, ex aulica familia deiectus & miserrimus omnium factus, cum perpetua tamen ambitione, gloriaque vexaretur. Cum vero ex illa nascatur inuidia necessario, ideo dictus fuit ad inferos detrusus, rotæq; perpetuo motu circumuolutæ inter serpentes alligatus: quę narratio non parum in inuidos & ambitiosos homines conuenit, vt ait grauissimus autor Plutarchus in Agide & Cleomene hoc pacto: οὐκ ἀτόπως τινὲς οὐδὲ φαύλως συγκεῖσθαι πρὸς τοὺς φιλοδόξους ὑπονοοῦσι τὸν ἐπὶ τῷ Ἰξίονι μῦθον, ὡς δὴ λαβόντι τὴν νεφέλην ἀντὶ τῆς Ἥρας καὶ τῶν κενταύρων οὕτως γενομένων. καὶ γὰρ οὗτοι τῆς ἀρετῆς ὥσπερ εἰδώλῳ τινὶ τῇ δόξῃ συνόντες, οὐδὲν εἰλικρινὲς οὐδ᾽ ὁμολογούμενον, ἀλλὰ νόθα καὶ μικρὰ πολλὰ πράττουσιν, ἄλλοτε ἄλλας φορὰς φερόμενοι, ζήλοις καὶ πάθεσι συνεπακολουθοῦντες.

τεῦχτε. Non absurde sane, neque imperite in ambitiosos Ixionis fabulam conuenire nonnulli arbitrati sunt: quod is Nubem pro Iunone compresserit, atque ita natum esse Centaurorum genus. Nam qui gloria tanquam imagine quadam virtutis alliciuntur, illi nihil sincerum, nihilque laudabile, sed multa illegitima & absurda agant necesse est, multisque agitationibus ferantur, cupiditatibus, & omnibus animorum affectibus obsequentes. Illi enim, qui pro virtute gloriam ex quibusuis rebus consectantur, aut qui pro vera sapientia falsam amplectuntur, multa indecora faciant oportet: quare monstro similes Centauri ex nube nascitur. Et quoniam nullus eorum status est diuturnus, qui per illegitimas artes ad honoris apicem glorięque contenderint, idcirco remotus a secretis, & ad inferos detrusus fuit Ixion, vbi perpetua pœna præteritorum recordatione scilicet, discruciatur. Ego sane non parum præclare hoc etiam fictum à poetis fuisse neque inutiliter ad institutionẽ vitæ censuerim, quod tãto grauius scilicet iure optimo supplicium esset Ixionis, quam cæterorũ omnium, qui apud inferos torquentur: quanto maiora hic beneficia à Deo acceperat: quoniam id præclare scriptũ est, quod cui plus remittitur, is plus debet. Hoc est fabulam hanc ideo fuisse fictã vt per hanc significarent antiqui maxime omnium vitiorum inuisam esse Diis immortalibus acceptorum beneficiorum obliuionem: atque id etiam multo magis cum quis non modo obliuiscitur, sed etiã iniurias infert pro beneficiis, quod scelus vindicem esse Deum denique experitur. Hoc tamen vitium cæterorum omnium fere maxime patet, quod non semel experti sunt principes plerique, qui sibi ab illis parari insidias senserunt, quos ante omnes charos habebant, & ad maximas opes, supremosue honores prouexerant: sed & nuper prope singulare ætatis nostrę ornamentum ac omnium bonorum perfugium Franciscus Medices Serenissimus Magnus Dux Hetruriæ Sēs: quẽ & ipsum, & Carolum Serenissimũ Archiducem Austriæ ex omnib. principib. nostrę tempestatis solos meo quidem iudicio ob humanitatem, prudentiam, moderationem animi, magnificentiam, gloriam in omni genere virtutis, vere regios & imperare dignos ausim dicere. Ac de Ixione satis, nunc de Sisypho dicatur.

De Sisypho. Cap. XVII.

Sisyphus cuius filius fuerit non patet, quem tamen nonnulli Aeoli fuisse arbitrati sunt, cum illum Ouidius & Horat. & Home. lib ζ. Iliadis ita Aeolidem appellauerit:

> Σίσυφος αἰολίδης, ὁ δ' ἄρα γλαῦκον τέκεθ' υἱόν.
> Sisyphus Aeolides, cuius de semine Glaucus
> Editur.

Nam Apollonii enarrator οὐκ ἀπ' αἰόλου, ἀλλ' ἀπὸ τῶν αἰολέων, non ab Aeolo scilicet, sed ab iis qui genus ducunt ab Aeolo, Sisyphum Aeolidem vocatum fuisse existimauit. Fuerunt qui putarint Meropen vnam ex Pleiadibus illi nupsisse, de qua ita inquit Ouidius in 1. Fast.

> Septima mortali Merope tibi Sisyphe nupsit.

Ex qua Glaucum, qui etiam Taraxippus vocabatur, qui fuit in Isthmo in hippodromo ab equis discerptus, & Creontem suscepit. Habuit ex aliis etiam fœminis alios filios, Therlandrum, Ornytionem, Almum, Metabum, Hosmum Porphyrionem, aliosque complures: atque Ephyram ciuitatem Peloponnesi habitauit, vt testatur Homerus Ilia ζ.

> ἐστὶ πόλις ἐφύρη μυχῷ ἄργεος ἱπποβότοιο.
> ἔνθα δὲ Σίσυφος ἔσκεν, ὃ κέρδιστος γένετ' ἀνδρῶν.
> Est Ephyre vrbs Argi vicina feracis equorum,

Sisy-

Sisyphus hic habitat: cuius prudentia mira est.

Hunc astutissimum omnium mortalium fuisse memorant: quippe cum Autolyci sua tempestate insignis & nobilis latronis, qui non solum iureiurando, sed etiam præstigiis ita homines decipiebat, vt alias res pro aliis caperent, fallacias repulerit. Cum enim greges Sisyphi, qui tunc imperabat Corinthi, Autolycus aliquando occultasset, illosque mutatos reddere conaretur, frustra id egit: quoniam his gregibus Sisyphus suum nomen sub vngulis vna litera contentum inusserat. Id vbi vidisset Autolycus amicitiam contraxit cum Sisypho, atque illi Anticleam filiam in matrimonium dedit; ex quibus nata est filia eiusdem nominis, quam Laertes pater Vlysis postea vxorem duxit, de qua ita Home. meminit lib. λ. Odyss.

ἦλθε δ' ἐπὶ ψυχὴ μητρὸς κατατεθνηυίης
αὐτολύκου θυγάτηρ μεγαλήτορος ἀντίκλεια,
τὴν ζωὴν κατέλειπον ἰὼν εἰς ἴλιον ἱρήν.
Atque anima accessit defunctæ deinde parentis
Anticleæ alto Autolyci de semine natæ.
Quam viuam liqui cum sacræ mœnia Troiæ
Accessi.

Fama est quod Iupiter Aeginam Asopi filiam in locum vocatum Phliuntem portauit, vt illam comprimeret: quam cum Asopus quæreret, non solum Sisyphus indicauit, sed etiam compressam à Ioue fuisse dixit. At Asopus vt cognosceret an vera essent, quæ dicerentur, ad illam properauit: quam rem cum cognouisset Iupiter, hanc in insulam sui nominis vertit, & id supplicium Sisypho imposuit vt saxum quoddam prægrande assidue supra monté apud inferos portaret, quod vbi ad montis verticem accessisset, sua sponte reuoluebatur ad radices montis, neque vlla vi retineri poterat. vt ait Pausa. in Corinthiacis, & Home. luculentissime expressit lib. λ. Odyss.

καὶ μὴν Σίσυφον εἰσεῖδον κρατέρ' ἄλγε' ἔχοντα,
λᾶαν βαστάζοντα πελώριον ἀμφοτέρῃσιν.
ἤτοι ὁ μὲν σκηριπτόμενος χερσίν τε ποσίν τε
λᾶαν ἄνω ὤθεσκεν ποτὶ λόφον. ἀλλ' ὅτε μέλλοι
ἄκρον ὑπερβαλέειν, τότ' ἀποστρέψασκε κραταιΐς,
αὖτις ἔπειτα πέδονδε κυλίνδετο λᾶας ἀναιδής,
αὐτὰρ ὅ γ' ἂψ ὤσασκε τιταινόμενος κατὰ δ' ἱδρὼς
ἔρρεεν ἐκ μελέων, κονίη δ' ἐκ κρατὸς ὀρώρει.
Sisyphon hic vidi duros perferre labores,
Ambabus manibus portantem pondera saxi.
Hic etenim manibus nixus, pedibusque rotabat
Ingens ad collem saxum: vis magna deorsum
Sed voluebat idem, vt collem superare parabat.
Rursus & id campum deuoluebatur in imum.
Tum miser hic rursus repetebat pondera, sudor
Membra lauabat ei, labor est renouatus & idem.

Sisyphum mortuum esse in Isthmo & sepultum constat, vt est in Corinthi. apud Pausa. Non defuerunt tamen qui Sisyphum aliis de causis, & multo probabilioribus ad inferos deiectum id pati supplicium arbitrati sint: nam quidam dixerunt, quia, cum esset Deorum à secretis, arcanas res Deorum diuulgasset, illud supplicium Deorum ipsorum iudicio apud inferos meruisse. alii inquiunt illum variis tormentorum generibus hospites, qui ad illum accessissent, excruciare sol[illegible]ũ, quamobrẽ illi pœnæ merito apud inferos illum fuisse addictũ.

Alij

Alii putarunt addictum fuisse illi supplicio propter perfidiam, quod dæmonas fefellisset, qui dicunt eum mortuum descendisse ad inferos & Plutonem decepisse. nam moriturus iussit vxorẽ insepultum cadauer eiicere, quod cum illa fecisset, petiit à Plutone vt ad vxorem castigãdam liceret accedere, à qua tantopere fuisset neglectus, quod cito rediret. vbi Pluto illud concessisset, ad superos reuersus noluit amplius redire ad inferos. sed à Mercurio vi detractus illi supplicio addictus fuisse dicitur. ¶ Atque hæc omnia fere illa sunt, quæ de Sisypho ab antiquis memoriæ sunt prodita. Nunc quid hæc significent, inquiramus. ac primum omnium, explicatum fuit superius nihil magis diuinæ naturæ conuenire quam beneficientiam, & liberalitatẽ, & benignitatem: nihilque tam repugnare quam crudelitatem, & auaritiam, quippe cum crudelibus & auaris amicus Deus esse non possit: qui per beneficentiam viris bonis sit amicus. Cum enim Deus amet beneficos quantopere odio habere putandus est illos, qui etiam bene de se meritos iniuriis afficiunt? Etenim cum à secretis Deorum factus fuisset Sisyphus, pro accepto tanto beneficio cum etiam fidem violarit, merito grauissima patitur supplicia. Sin in hospites etiam crudelis extitit, merito experitur quæ sint crudelitatis præmia: quia omne improbitatis genus vindicem deniq; habet Deũ. Si quid quam rursus in Deorum contumeliam locutus fuit, ac Deorum arcana vulgauit quominus Dii ab hominibus colerentur, nihil creditus est pati præter improbitatis ac sceleris grauitatẽ. vt igitur deterrerent homines ab auaritia & à crudelitate, eosque ad liberalitatem, & humanitatem, & acceptorum recordationem adhortarentur, & ad Deorum cultum, ad seruandam fidem magistratibus, & regibus, qui nobis honorem detulerunt, hæc ficta sunt ab antiquis. Lucretius tamen libro tertio in eos hanc fabulam conuenire scribit, qui magistratus & honores à populo expetunt cum summa animi contentione: neque vnquam obtinere possunt, vel quod indigni habeantur, vel quod in hoc etiam maxima vis sit fortunæ. Sic enim ait Epicureus poeta

> Sisyphus in vita quoque nobis ante oculos est,
> Qui petere à populo fasces, sæuasque secures
> Imbibit, & semper victus, tristisque recedit
> Nam petere imperium, quod inane est, nec datur vnquam,
> Atque in eo semper durum sufferre laborem.
> Hoc est aduerso nixantem trudere monte
> Saxum, quod tamen à summo iam vertice rursum
> Voluitur, & plani raptim petit æquora campi.

Tanta vero præstantia fuit antiquorum artificum in fabulis confingendis, vt nõ vnam rem tantum sub his contineri voluerint, sed illas in diuersas sentẽtias posse distrahi, vt multiplex vtilitas ex his caperetur. per hanc ipsam fabulam igitur homines ab ambitione reuocabant, qua nihil prope est humano generi perniciosius: neque enim debet statim confugere ad laqueum, qui repulsam passus est, vel si præstantior cæteris existat: sed arbitrari multa stulte fieri ab imprudente multitudine, aut ab inconsideratis iudicibus, cum maxima sit vbique insipientium copia. sin alicuius sceleris sibi conscius extiterit, qui passus est repulsam, tũ debet vniuersæ vitę suæ rationem examinare, & quod in se parũ rectum cognouerit, corrigere. se ad probitatem quam maxime accommodare, seque dignum præbere, qui cęteris hominibus imperet: quippe cum nullum imperium sit vel felix vel diuturnum, vbi impuri, viris bonis: stulti, sapientibus: imperiti, peritissimis in rebus administrandis dominantur. alii crediderunt Sisyphi saxum studiũ esse mortalium, atque collem illum siue montem esse vniuersum huiusce vitæ cursum: verticem ad quem Sisyphus nitebatur saxum aduoluere, esse tranquillitatem

tem & animi quietem: inferos esse homines, Sisyphum animam. nam cum anima iuxta sententiam Pythagoricorum è cœlo diuinitus in hęc corpora missa fuerit, quæ omnium diuinorum arcanorum fuit conscia, nititur omnibus viribus ad felicitatem, vitæque tranquillitatem peruenire, quam alii in cumulandis opibus, alii in honoribus & magistratibus; alii in gloria & celebritate rerum gestarum esse arbitrantur, alii in scientiarum cognitione, alii in eximia corporis forma, aut sanitate, aut nobilitate, aut in rebus huiusmodi, qui cum re optata potiti sunt, rursus in imum relabuntur, & qui ante in diuitiis comparandis erat anxius, nunc est in acquirendis honoribus, nũc in recuperenda valetudine *solicitus*, atque ita semper in aliquam relabitur perturbationem, neque ad summam tranquillitatem potest vnquam peruenire. *Sisyphus* igitur à Ioue ad inferos detrusus non insulse dictus fuit saxum frustra ad mõtis verticem aduoluere, cũ quòd ad summum peruenisse videbatur, tum rursus deuoluebatur in planitiem. alii rem ad hist. traducunt, dicentes Sisyphum fuisse Teucri scribam, qui ante Homerũ Troiana bella scripserit, à quo ceperit Homerus Iliada, qui cum arcana patefecisset quædam Troianis graue supplicium subiuit.

De Tantalo. *Cap.* XVIII.

TAntalus etiam, quem apud inferos torqueri modo timore impendentis saxi, modo rerum victui necessarium penuria dixerunt, impurus, & acceptorũ beneficiorum immemor fuit. Hunc Eusebius Iouis & nymphæ Plotę filium narrauit in secundo Euangelicæ pręparationis, cum tamen Ioannes Diaconus & Didymus Iouis & Plutus Nymphę filium fuisse arbitrentur: quem Zezes hist. 10. chil. 5. Pluto quidẽ matre genitum, at patre Imolo Lydiæ rege scribit. Lucianus in dialogo de Dipsadibus, Aethonis filium illum fuisse censuit, vt testatur hæc carmina:

τοῖα παθόντ᾽ οἶμαι καὶ τάνταλον αἴθονος υἱὸν
Μηδ᾽ ἅμα κοιμίσσαι δὴ ψαλέην ὀδύνην.
Tallia ferre puto quoque Tantalon Aethone natum,
Qui nullo potuit fonte leuare sitim.

Fuerunt qui dixerint Deos aliquando in hospitium ab hoc fuisse acceptos, qui cũ lautum conuiuium illis parasset, Pelopem filium cęsum inter cæteras epulas apposuit, vt alii arbitrantur quod illum immolarat ad epularum magnificentiam, cum omnium rerum vel carissimum filium illis obtulisset. id cum Dii cæteri cognouissent ab iis epulis abstinuerunt, præter vnam Cererem, quæ ob raptæ aliæ dolorem pene desipiens inconsulto humerum edit. tum dii reliqui eius filii miserti, eum rursus iecerunt in lebetem, ac recoctum vitæ restituerunt, vt scripsit Pindarus in Olympicis in Hierone Syracusio his verbis:

Ἐπεί νιν καθαροῦ λέβητος ἔξειλε
κλωθὼ ἐλέφαντι φαίδιμον
ὦμον κεκαδμένον,
Quod ipsum è puro lebete exemit
Clotho elephantino splendidum
Humero decoratum.

Nam & Lycophron bis pubescentem appellauit Pelopem, quia iunior restitutus à diis fuit, quam erat prius, vt patet ex his:

οὐδ᾽ ἢ δὶς ἡβήσαντα καὶ βαρὺν πόθον
φυγόντα ναυμέδοντος ἁρπακτήριον.
Accessit huic pubes decora bis grauem

Cupi-

Cupidinem vitauit in Neptuniam.

Cum vero illi deesset humerus, quem comederat Ceres, Dei eburneum fecisse dicuntur: qui humerus omnium postea Pelopidarum signum fuit, vt Spartis pilum, sicut testatur Isacius. verum quia Deorum epulas per humanã cædem Tantalus contaminasset, violassetque ius hospitii, eum experiendorum Deorum causa filium mactasset, vt alii maluerunt, perpetuo epularum desiderio ad inferos detrusus addictus est, qui tamen præsentes lautissimo regioque apparatu semper habet epulas, neque vllo pacto illas potest attingere, quamuis insatiabili fame excruciaretur. Huic impedimento quidam putarunt esse Furias, quominus illas attingeret, vt ait Virg. lib. 6.

lucent genialibus altis
Aurea fulcra thoris, epulæque ante ora paratę
Regifico luxu: Furiarum maxima iuxta
Accubat: & manibus prohibet contingere mensas,
Exurgitque facem attollens, atque intonat ore.

At Homerus lib. λ. Odyss. non à Furiis terreri ait Tantalum apud inferos, sed perpetua siti vexari, & in aqua esse perpetuo, quæ vsque ad mentum assurgit: sed quoties labris attingere conatur, illa statim refugit: quod ipsum faciunt varia fructuum genera, quorum desiderio semper discrutiatur, vt est in his:

καὶ μὴν τάνταλον εἰσεῖδον χαλέπ' ἄλγε' ἔχοντα,
ἑσαότ' ἐν λίμνῃ, ἡ δὲ προσέπλαζε γενείῳ.
στεῦτο δὲ διψάων, πιέειν δ' οὐκ εἶχεν ἑλέσθαι.
ὁσσάκι γὰρ κύψει ὁ γέρων πιέειν μενεαίνων,
τοσσάχ' ὕδωρ ἀπολέσκετ' ἀναβροχθέν. ἀμφὶ δὲ ποσσὶ
γαῖα μέλαινα φάνεσκε, καταζήνασκε δὲ δαίμων.
Δένδρεα δ' ὑψιπέτηλα κατακρῆθεν χέε καρπὸν,
ὄχναι, καὶ ῥοιαὶ, καὶ μηλέαι ἀγλαόκαρποι,
Συκαῖτε γλυκεραὶ, καὶ ἐλαῖαι τηλεθόωσαι.
τῶν ὁπότ' ἰθύσει ὁ γέρων ἐπὶ χερσὶ μάσασθαι:
τὰς δ' ἄνεμος ῥίπτασκε ποτὶ νέφεα σκιόεντα.

Tantalon hic vidi duros perferre labores.
Nanque erat in stagno mentum tangente. sitisque
Assidue vrgebat: potandi at nulla facultas.
Nam quoties in aquam deflectit labra, refugit
Vnda leuis toties absorpta, ac terra videtur
Sub pedibus: rursusque leuem Deus euocat vndam.
Hic sunt arborei fœtus: præstantia mala
Punica, sunt oleæ, sunt ficus, pomaque forma
Insigni: senis allectant quæ cuncta palatum.
Sed quoties manibus tentat decerpere fructus,
Protinus hos ventus celeres in nubila portat.

Alii putarunt lapidem illius capiti imminere, qui quoties bibere conaretur, toties illius caput percuteret: atque saxum Tantali supplicium ita esse scripsit Cicero lib. 4. Tusc. Dispu. cui miseriæ, ęgritudini scilicet, proximus est is, qui appropinquans aliquod malum metuit, exanimantusque pendet animi: quam vim significantes mali, poetæ impendere apud inferos saxum Tantalo faciunt ob scelera, animique impotentiam, & superbiloquẽtiam. Euripides in Oreste nullo in loco ob timorem posse Tantalum consistere scribit, cum saxum illi perpetuo immineat: quam pœnam illum pati inquit ob immoderatam linguę petulantiam & dicacitatem, vt est in his:

Οὐκ ἔστιν οὐδὲν δεινὸν ὧδ' εἰπεῖν ἔπος,
οὐδὲ πάθος, οὐδὲ ξυμφορὰ θεήλατος,
ἧς οὐκ ἂν ἄραιτ' ἄχθος ἀνθρώπου φύσις.
ὁ γὰρ μακάριος, κοὐκ ὀνειδίζω τύχας,
Διὸς πεφυκὼς, ὡς λέγουσι Τάνταλος,
κορυφῆς ὑπερτέλλοντα δειμαίνων πέτρον
ἀέρι ποτᾶται, καὶ τείνει ταύτην δίκην.
ὡς μὲν λέγουσιν, ὅτι θεοῖς ἄνθρωπος ὢν
κοινῆς τραπέζης ἀξίωμ' ἔχων ἴσον,
ἀκόλαστον ἔσχε γλῶσσαν, αἰσχίστην νόσον.
Nil tam graue est, laboriosum tam nihil,
Aerumna nulla, vel Dei ira incommodum,
Quod non virum natura mox susceperit.
Olim beatus ille (nec fortunam ei
Obijcio) natus vt ferunt Ioue Tantalus
Saxum timens sibi imminet quod vertici,
Pœnam hanc luit, quòd peruolat per aera.
Causa est, vti ferunt, quod is vir cum foret,
Mensæ Deorumque assideret, improba
Lingua fuit vsus: quod viro turpissimum est.

Tibullus autem in lib. 1. videtur id tantum datum fuisse Tantalo supplicium existimasse, quod esset in aqua, perpetuaque siti cruciaretur, vt patet in his:

Tantalus est illic, & circum stagna, sed acrem
Iam iam poturo deserit vnda sitim.

Atq; Ouidius illud supplicium Tantalo irrogatum inquit ob loquacitatem, quia secreta Deorum mortalibus diuulgauerit, vt patet in his:

Quærit aquas in aquis, & poma fugacia captat
Tantalus: hoc illi garrula lingua dedit.

Alij ob raptam ab Ioue Aeginam Asopo patri indicatam eam pœnam subijsse Tãtalum fabulantur, quod alij Sisypho tribuerunt. verum Corn. Gallus poeta præstantissimus luculentis carminibus rem totam complexus fuit, quod ob immoderatam linguæ licentiam scilicet Tantalus ad inferos fuit detrusus, quod ibi perpetua fame ac siti premebatur, quod lingua est intra certos clatros viro prudenti coercenda; quæ si tacenda patefecerit, perpetuas calamitates loquacibus parit in posterum, sic enim inquit,

οὗτος ὁ πρὶν μακάρεσσι συνέστιος, οὗτος ὁ νηδὺν
Πολλάκι νεκταρέου πλησάμενος πόματος,
Νῦν λιβάδος θνητῆς ἱμείρεται· ἡ φθονερὴ δὲ
κρᾶσις, ἀεὶ χείλευς ἐστὶ ταπεινοτέρη.
Πῖνε λέγει τὸ τόρευμα, καὶ ὄργια μάνθανε σιγῆς.
οἱ γλώσσῃ προπετεῖς ταῦτα κολαζόμεθα.
Qui satur ante fuit felix conuiua Deorum
Nectare, quæ superis pocula nota Deis:
Nunc cupit humanas epulas: sed semper ab ore
Vnda fugit. medijs stat sitibundus aquis.
Vnda bibe affatur, ac discito iura silenti.
Conuenit ista pati lingua proterua quibus.

Alij, inter quos fuit Zezes, Didymusque, putarunt hanc pœnam irrogatam Tantalo, quia nectar & ambrosiam suis æqualibus impertiuerit: vt ait Pindarus in his carminibus:

μετὰ τριῶν τέταρτον
πόνον, ἀθανάτων ὅτι κλέψας
ἁλίκεσσι συμπόταις
Νέκταρ ἀμβροσίαν τε δῶκεν
Post tres quartum
Laborem, immortalium quod furatus
Coætaneis conuiuis
Nectar ambrosiamque dedit.

Hic filium habuit Broteam, Pelopem, atque Nioben. Bascylum, quod vxorem habuit Anthemoisiam Lyci filiam. & de fabulosis quidem hactenus.

¶ Tantalum Iouis & Plutus filium quidam dixerunt, alij Plotæ nymphæ, alij Aethonis, non ea quidam de causa, sicuti putarunt quidam, quia plures fuerint Tantali: sed quia alij alia ratione fabulam eandem interpretantur, cum omnes tamen ad vnum atque eundem finem tendant. nam cur Iouis est filius? quia Tantalus vir rerum diuinarum atq; naturalium peritissimus fuisse creditus est, quæ cognitio non contingit cuiuis, vt senserunt Pythagorici, sed illis tantum, quorum animæ è Iouis sphæra præcipuè in hæc corpora euocatæ fuissent, aut qui Iouem haberent in suo horoscopo dominantem, cuius vis vt opulentiam, ita sapientiam subministrat in natiuitatibus. Verum cum illa æætherea superna regio ignea credita sit ab Anaxagora & Empedocle, non fuit absurdum Tantalum Aethonis filium existimari, ardentis scilicet & igniti ætheris. Hic accepisse Deos in conuiuium dicitur, atque Pelopem illis epulandum apposuisse, cuius Ceres humerum comedit, quod quid aliud significat, quàm perpetuas calamitates, quæ ferendæ sunt hominibus bonis atque sapientibus dum rebus diuinis sunt intenti? nam vel filij, vel carissima sunt relinquenda, vt diuina sectemur. Est enim rerum humanarum felicitas ad sceleratos multo magis, quam ad viros bonos propensa: nam cui multa occurrant difficilia, ille vel Dei est existimandus amicus si æquo animo ferat, vel certe breui futurus est, qui per hæc incommoda virorum bonorum constantiam & animi magnitudinem exercet. Hic cum ditissimus esset, adeo rerum diuinarum cognitioni fuit intentus, vt diuitijs posthabitis omnes voluptates corporis contempserit: quare dictus fuit a nonnullis in maxima omnium voluptatum copia ab imminente saxo deterritus, quo minus illis perfrueretur. Hic nectar & ambrosiam hominibus impertiuit, quia fuit rerum cœlestium suauissimæ, atque subtilissimæ cognitionis inuentor: nam nullum nectar iucundius est quàm Dei cognitio. Quod erat igitur saxum illius ceruici assiduè imminens? assiduus labor & studium quod rebus cognoscendis tribuitur, quæ animi cura cum nos reuocet à voluptatibus corporis, dicta est à stultis vna Furiarum, eaque maxima ab epulis præsentibus deterrere: abundabat enim voluptatum copia ob diuitias, at non fruebatur ob animi sollicitudinem. Alij tamen ad auaros ad liberalitatem reuocandos hanc fabulam detorquent, qui dicunt opulentos Iouis filios dici propter diuitias: eosdemque condemnatos perpetuæ sitis, quia nulla fit vel in maxima copia diuitiarum satietas: quippe cum illarum desiderium cum copia crescat, quare ita inquit Horatius de quodam auaro in primo sermonum:

Tantalus à labris sitiens fugientia captat
Flumina: quid rides? mutato nomine de te
Fabula narratur.

At Cicero, vt patuit ex superius recitatis, curas & timores inanes videtur putasse è mentibus hominum per hanc fabulam expellendos, quod etiam sensit Lucretius in his carminibus:

Nec

Nec miser impendens magnum timet aere saxum
Tantalus(vt perhibent,)cassa formidine torpens :
Sed magis in vita Diuum metus vrget inanis
Mortales,casumque timent,quem cuique ferat sors.

Et profecto nullus timor viro sapienti conuenit,nisi offendendæ diuinæ bonitatis,cum potius per reuerentiam, ac beneuolentiam Deus vt pater & bonorum omnium autor sit colendus,quam timendus vt horribilis & ferox Alii putarunt linguæ procacitatem nos admoneri per hanc fabulam esse cohibendam,alii ad reuocandos ab omni improbitate & crudelitate homines,cum scelerum omnium grauissimus denique vindex sit.Deus.Alii crediderunt significari per hanc fabulam profanis & impuris hominibus religionis arcana non esse detegenda: quoniam apud profanum vulgus eadem est harum rerum, quæ etiamciborum ratio: qui alios pro valetudine,ac viribus stomachi nutriunt,alios interimunt, aut impellunt in grauiorem morbum. Nam vt quisque est vir bonus,ita in bonam partem rerum sacrarum cognitionem accipit.nunc de Tityo dicatur.

De Tityo. Cap. XIX.

Tityus quoque propter improbitatem,temerariamque libidinem, non leue supplicium apud inferos pati dictus est. Hic fuit Iouis & Elaræ Orchomeni filius,vt scripsit Apollon.lib.1.& Apollod.lib.1.Biblyotecæ. Fabulantur Latonam ab hoc de stupro interpellatam fuisse,quare sagittis dicitur ab Apolline fuisse cæsus,vt in his testatur Apollonius Rhodius :

ἐν καὶ Ἀπόλλων φοῖβος ὀϊστεύων ἐτέτυκτο
βούπαις, οὔπω πολλὸς ἐπὶ, ἐρύοντα καλύπτρης
Μητέρα θαρσαλέως τιτυὸν μέγαν. ὅν ῥ' ἐτέκνωσε.
Δῖ' ἐλάρη, θρέψε δὲ καὶ ἂψ ἐλοχεύσατο γαῖα.
Hic inerat Phœbus puer, ac petit ille sagittis
Ingentem Tityum matri vim ferre parantem.
Hic Phœbi securus eam iam ceperat,illum
Diua Elare peperit, Tellus nutriuit alumnum.

At Euphorionis fuit opinio,quod Tityus non Latonæ, sed Dianæ vim inferre conatus fuit. Scripsit præterea Pherecydes quod Iupiter Elaram Orchomeni filiam compressit,qui cum Iunonis Zelotypiam formidaret,illam prægnantem intra terram occultauit,vnde natus est Tityus, cuius matre mortua terra illum nutriuit,quare dictus fuit terræ alumnus. Callimachus in lauacrum Dianæ non ab Apolline,sed à Diana confossum Tityum fuisse ostendit,cum inquiat :

ἄρτεμι παρθενίη τιτυοκτόνε.
O virgo Tityi domitrix Diana.

At Pausi. in Laconicis scriptum reliquit in quodam templo positas fuisse Apollinis & Dianæ imagines:à quibus vtrisque Tityus sagittis conficeretur. Hæc autem ad Panopeum Lebadię locum omnia contigisse dicuntur,vt ait Strabo libro nono Pausanias in Phocensibus sepultum in agro Panopensi fuisse Tityum scribit iuxta quendam torrentem,cuius sepulchrum ad trientem vnius stadii accedebat.Hunc post eam cladem ab Apolline & Diana acceptam deiectum fuisse ad inferos memorant, atque ita ibi prostratum & ligatum fuisse, vt se mouere nullo pacto posset, fuisseque magnitudinis admirabilis, quippe cum iugera nouem terræ eius corpus vastum cooperiret,vt testatur Tibullus in his :

Porrectusque nouem Tityus per iugera terræ,
Assiduas atro viscere pascit aues.

Hunc à duobus vulturibus assidue laniari, eiusque iecur comedi finxerunt: quod vbi semel fuerit absumptum, tum denuo reuiuiscit, ne immortalis pœnæ argumētum ac fundamentum deficiat, vt ait Homerus libro λ. Odysseæ:

καὶ τίτυον εἶδον γαίης ἐρικυδέος υἱὸν
κείμενον ἐν δαπέδῳ ὁ δ' ἐπ' ἐννέα κεῖτο πέλεθρα.
Γῦπε δέ μιν ἑκάτερθε παρημένω ἧπαρ ἔκειρον
Δέρτρον ἔσω δύνοντες, ὁ δ' οὐκ ἀπαμύνετο χερσί.
Hic Tityum vidi terræ omniparentis alumnum
Prostratum: tenet ille nouem nam iugera terræ.
Hinc atque hinc vultur iecur immortale vorabat
Omentum ingressus, manibus non ille repellit.

Virgilius tamen libro sexto vnum tantum vulturem Tityo attribuit, at non vt Homerus alterum vtrinque qui iecur illius rostro laceraret, cum ita rem totam luculenta oratione exprimat:

Necnon & Tityum terræ omniparentis alumnum
Cernere erat, per tota nouem cui iugera corpus
Porrigitur, rostroque immanis vultur adunco
Immortale iecur tondens, fecundaque pœnis
Viscera, rimaturque epulis: habitatque subalto
Pectore: nec fibris requies datur vlla renatis:

Hæc ea sunt, quæ de Tityo ab antiquis scriptoribus memoriæ prodita sunt: ex his veritas nunc est exprimenda. ¶ Strabo libro nono fabulam hanc ad historiam transtulit, dicitque quo tempore Apollo dictus est è cœlo in terras aduentasse, ac homines mansuefecisse, qui prius arborum syluestrium fructibus tantum vescebantur, Tityum tyrannum Panopeæ crudelissimum, hominem fuisse violentum atque prorsus flagitiosum, quem Apollo sagittis confecit: vt interemit postea Pythonem. Deinde vt eius exemplo cæteri scelerati ab omni turpitudine & crudelitate deterrerentur, dictus fuit Tityus ea pœna apud inferos crudelissime torqueri. Lucretius libro tertio ad rei Venereæ cupiditatem, animique solicitudines hanc fabulam retorsit, cum dicat fieri non posse omnino multa, quæ traduntur de inferis, neque Tityum, si par iecur vniuerso terrarum orbi habuisset, perpetuum dolorem ita pati potuisse, sed per hæc animi curas antiquos significare voluisse, vt ab ijs retrahamur, ita enim inquit:

Sed Tityus nobis hic est in amore iacentes
Quem volucres lacerant, atque exest anxius angor:
Aut alia quauis scindunt torpedine curæ.

Alij crediderunt tantum fuisse creditum Tityum, quia significare voluerunt antiqui nullas vires esse tantas, quantas vis iustitiæ castigare aut opprimere non possit, cum quid vel à potētissimis & fortissimis hominibus iniquum committitur. Neq; enim vllus est tantus armatorum numerus, nullæ tam vigiles custodiæ, nulla tam firma præsidia, nulla coniuratio, si æquitate careat, quam Deus vel per imbecillos homines deprimere & profligare non facile possit. alij tamen vultures illos Tityi præteritorum scelerum recordationes esse censuerunt, quæ animū assidue vellicant peccantiū, eumq; torquent, quippe cum vindictā Dei & animaduersionem omnis improbitas quasi præsagiat, quæ paulatim scelera per vestigia consequitur. Vt igitur ad æquitatē mortales adhortarentur, eosq; deterrerent ab omni impietate & crudelitate, ne aduersus Deum vel homines quispiā improbus esse impune auderet, hæc ab antiquis memoriæ sunt prodita. Illæ oīum fabularū præstantissimæ sane sunt iudicādæ, quæ in plures corrigendorum morū vias diduci possunt, neq; simplicē habeat explicationē. atqui nō solam morum rationē corrigendorum

gendorum

gendorum sub his ego latere censeo, sed etiam rerum naturalium quandam explicationem. Est igitur Tityus calamus segetum intelligendus, quippe quē τίτυρον vocant: verum cum litera detracta sit, visum est hominis nomen, cum quid significaret, nesciretur. Hic Tityus Elaræ Orchomeni, & Iouis fuit filius. Quid ita? quoniam cum Orchomenus fluuius sit Thessaliæ, cuius filia est Elara Nympha, lacteus humor in seminibus scilicet: quoniam sine fluuialibus Nymphis calamus segetum non posset nasci, cum sit humor generationis in rebus omnibus principium. Quid Iupiter sit, iam sæpius dictum est. Hanc Nympham Iupiter compressit, quoniam certis temporibus genitalem temperiem atque humorem semina ex aere concipiunt, qua ad ortum excitantur, quod manifestum est in quibusdam seminibus quæ non, nisi ad certum tempus, virginitatem seruare possunt: quo spatio trāsacto vel nascantur necesse est, vel humor ille genitalis, qui semina conseruat, excitatus paulatim exhalat, donec exanima illa semina relicta penitus putrescant. cum eo tempore prægnans sit semen, ex Ioueque concipiat, sub terram demittitur, ne Iuno asperius in ipsum sæuiat: nam vetus frumentum ob aeris iniurias non ita commodum est sementibus. Erumpit postea ex ipsa terra non semen quidem, quod iam putrefactum est, cum intra terram moriatur: sed calamus, qui Tityus est, hic ab ipsa terra educatur, quare vocatus est terræ alumnus. Hic insurgit in cœlum, & tanquam in Latonam impetum facturus sagittis Apollinis & Dianæ conficitur ac prosternitur. Nihil hoc aliud significat, quam calamum, vbi ad iustam longitudinem excreuerit, mox solis & lunæ opera ad maturitatem perduci, ita vt denique à messoribus prosternatur. Nam neque luna sola ad maturitatem perduceret, quia opus est calore: neque id solus sol efficeret, quia solus calor exiccaret, nisi humoris temperamentum adiuuaret. Inde fertur Tityi ita cæsi iecur à vulturibus comedi, quoniam inutilia sint pani conficiendo exteriores frumenti cortices, idque quod est interius totum ad vsum panis conferat. Distenditur autem non in nouem, sed in multa terræ iugera, quæ omnia frugibus operiuntur. Hęc igitur fabula totam serendi, metendique tri[illegible], & panis conficendi rationem continet, quippe cum ita semper Tityi iecur renascatur, & immortale sit: quod significat annuā agricolarum diligentiam. At nunc de Titanibus dicamus.

De Titanibus. Cap. XX.

Titanes, qui bellum aduersus Iouem ceperunt, crebrisque fulminibus detrusi sunt ad inferos, Terræ & Cœli filii fuisse dicuntur, vt scriptum est ab Aeschylo in Prometheo his carminibus:

> *ἐνταῦθ' ἐγὼ τὰ λῷστα βουλεύων, πιθεῖν,*
> *Τιτᾶνας, οὐρανοῦ τε καὶ χθονὸς τέκνα.*
> *Τιτῆνες γαίης τε, καὶ οὐρανοῦ ἀγλαὰ τέκνα.*
> Titanibus nam consulebam ego optime,
> Parere: Cœli Terræ & almæ filiis.

Quod scripsit etiam Orph. in hymnis:

> *Τιτῆνες γαίης τε καὶ οὐρανοῦ ἀγλαὰ τέκνα.*
> Titanes cęliac terræ clarissima proles.

Hi Titanes bellum aduersus Iouem ea de causa susceperunt, quia, vt dictum est in Ioue, ante Saturnum Ophio & Eurynome filia Oceani, qui Titanes vocati fuerunt, Diis imperabant. At Saturnus Ophione postea debellato, cū Rhea palæstra Eurynomen vicisset, illis imperium extorsit. Alii tamen Titanum Saturni fratrē dixerunt, ad quē, cū maior esset natu Saturno, iure hæreditario imperium pertinebat: sed tamen matre ac sororibus precantib. impetrauit à fratre Saturnus vt ipse imperaret, qui etiam imperauit Titanibus, vt ait Apollonius lib. 2. Argonau:

> Ἔνθα μὲν οὐρανίδης φιλύρῃ κρόνος εὖτ' ἐν ὀλύμπῳ
> Τιτήνων ἤνασσεν
>
> Imperio regeret Titanas vt olim
> Hic etiam Philyræ in magno Saturnus Olympo.

Ea tamen lege, vt filios, si qui mares de se nascerentur, occideret: ne ad illos post Saturnum imperium deferretur, sed rediret ad Titanum. cum Iupiter clam contra fœdus educatus fuisset, regnumque paternum occupasset, Titanus ac illius filij arma sumpsere, bellumque Ioui tanquam illegitime, & contra patrium iusiurandum imperanti, bellum intulerunt. Verum cum Iupiter fuisset à Themide monitus, vt pelle Amaltheæ capræ pro integumento vteretur, quod illa futura esset ijs formidabilis, Titanas bello vicit, quare cum pro euentu bellorum iustæ causæ putentur pugnandi, omnibus gloriosa Iouis victoria credita est. Sed antequam Iupiter bellum aduersus Titanes adoriretur, omnes Deos iurare super ara coegit, quod sibi fidem inferendo auxilio seruarent: quare Ara illa postea fuit inter sydera collocata, vt ait in his Arati interpres de sententia Eratosthenis: ἐρατοσθένης δέ φησι, τοῦτο τὸ θυτήριον εἶναι ἐφ' ᾧ τὸ πρῶτον οἱ θεοὶ συνωμοσίαν ἐποιήσαντο· ὅτε ἐπὶ τοὺς τιτᾶνας ἐστράτευσεν ὁ ζεὺς, κυκλώπων κατασκευασάντων. inquit autem Eratosthenes hanc Aram illam esse, super qua primum Dei iurarunt, cum Iupiter bellum aduersus Titanas suscepit, à Cyclopibus extructa. Dicuntur fuisse inter cæteros Titanes Prometheus, Crius, Pallas, Anytus, & Centimanus Aegæon, qui Briareus etiam vocabatur: & Gyges, qui fuit Ponti ac Terræ filius creditus, quem tamen non aduersus Iouem bellum suscepisse scripsit Ion in Dithyrambis, sed ad custodiam Iouis fuisse è mari a Thetide euocatum. Alij gigantem fuisse, at non Titanem putarunt, qui belli aduersus Iouem particeps fuerit, sed postea per id bellum ex Eubœa in Phrygiam fugerit, vbi demum interijt, vt scripsit Tarthæus. Bellum id à Titanibus aduersus Deos gestum scriptum fuerat ab Eumelo antiquo poeta heroicis elegantissimis carminibus. fama est Titanas omnium mortalium primos metēdi artem à Cerere fuisse doctos. sicuti scripsit lib 4. Apollon. in his:

> Δηὼ γὰρ κείνῃ ἐνὶ δή ποτε νάσσατο γαίῃ.
> τιτῆνας δ' ἔδαεν στάχυν ὄμπνιον ἀμήσασθαι.
> Nanq; Ceres quondam terris habitauit in illis,
> Titanas docuit pingues succidere aristas.

Cum hi aduersus Iouem pugnantes vulnerati fuissent, dicuntur ex illorum sanguine, qui in terram defluxit, varia viperarum genera, lætiferorumq; serpentum esse exorta, vt testatur Nicander in Theriacis hoc pacto:

> Ἀλλ' ἤτοι κακοεργὰ φαλάγγια σύν καὶ ἀνιγροὺς
> Ἑρπηστὰς ἔχιάς τε, καὶ ἄχθεα μυρία γαίης
> τιτήνων ἐνέπουσιν ἀφ' αἵματος.
> Serpentes, pariterque phalangia noxia, & atrum
> Vipereum genus, & quæ terræ plurima monstra
> Producunt, sunt Titanum de sanguine nata.

Postea vero quam Titanes victi fuerunt, ludi Olympici dicti sunt in honorem Iouis ad perpetuam eius victoriæ memoriam instituti ab Hercule Idæo: in quibus præter cæteros Apollo Mercurium cursu superauit, ac Mars vicit pugillatu: atque inde seruatum fuit vt tibiarum moduli salientibus quinquertionibus accinerentur, quod genus id carminis sacratum esset Apollini, qui primus Olympicas palmas tulisset. Hæc pauca occurrebant, quæ de Titanibus in præsenti commemorarem. ¶ At nunc veritatem ex his eliciamus. Aegyptij memoriæ prodiderunt Titanas tantis Cœli filios fuisse quadraginta & quinque, quos ille è varijs mulieribus susceperit, atque decem & septem ex his è Titæa, qui cum singuli proprium nomen haberent, omnes tamen dicti sunt à matre Titanes. mater cum prudens & benefica fuisset, diuinos honores est sortita, & post mortem Terra vocata. quæ cum filias multas habuisset, maiorem natu Rheam & reginam vocarunt. Hæc fratres educauit, & cum regni successores optarentur data est in matrimonium vni ex fratribus Hyperioni, de quo duo filij sunt suscepti mas & fœmina scilicet, atque hunc ob pulchritudinem Solem, illam Lunam appellarunt. Alij fratres veriti regnum non amplius ad se esse peruenturum facinus sceleris plenum excogitant Hyperionem iugulare, Solemque paruulum adhuc in Eridano fluuio suffocare: quod consilium vbi è sententia contigisset, Luna præ mœrore se de tecto præcipitauit. Mater cum illam crudelitatem ægerrimè ferret, dicitur monita fuisse per somnum à filio non esse lugendum, quia Titanes aptam Deorum castigationem assequerentur opportune, atque se & sororem in immortalia corpora per diuinam clementiam fuisse conuersos, cum ipse Sol sacer ignis vocandus sit Sol in cœlo, at soror Luna: quod etiam paulopost accidit, vt ait Diodorus Siculus in tertio historiarum. Pausanias in Corinthiacis Titanum astronomiæ peritum fuisse scribit, quare frater Solis dictus fuit, quod in obseruandis anni temporibus, negotiorumque omnium opportunitatibus fuit diligentissimus. Primus enim ex annuo solis cursu cognouit quibus temporib. quæ stirpes, aut quæ semina terræ sint committenda: quos fructus sol facile augeret ac concoqueret. Hanc rerum & astronomicarum & agendorum negotiorum rationem, atque cognitionem cum mortalibus perhumaniter impartiuisset, dictus est & ipse, & eius filij cœlum affectasse, Iouemque de regno deijcere voluisse, idque sibi & suis filijs subijcere. tum Iupiter fulmen accepisse dictus est, & in illos contorsisse. quid aliud vero sunt fulmina, quam immissus à diuina bonitate ardentissimus ignis siue scientiæ rerum cœlestium desiderium, cum cœlestia scire cupientes diuina bonitas ad se rapiat? neque enim sine ope diuina, vel sine vi syderum, ad cœlestium cognitionem accendimur aut peruenimus. Est siquidem vis ignea sanguinis ijs, qui ad harum rerum cognitionem se erigunt: quippe cum Musas animas sphærarum cœlestium arbitrentur, vt significauit Virgilius libro primo Georg.

Me vero primum dulces ante omnia Musæ,
Quarum sacra fero ingenti perculsus amore
Accipiant: cœlique vias, & sydera monstrent.

At quibus frigidioris sanguinis natura extiterit, illi ad voluptates potius incitati sunt & propensi, quã ad vllas disciplinas, quod paulopost innuit idẽ poeta in his:

Sin has ne possim naturæ accedere partes,
Frigidus obstiterit circum præcordia sanguis:
Rura mihi, & rigui placeant in vallibus amnes.

Hunc sanguinis calorem, totiusq; corporis temperamentum tanquam stimulum habemus ad res singulas, contra quem siquid conamur, vel frustra, vel non sine summa difficultate nitimur. alij Saturnum esse Titanum crediderunt, siue tempus, vt scripsit Orpheus in hymno in Sat.

Ποικιλόβουλ', ἁμίαντε, μεγασθενὲς, ἄλκιμε τιτὰν,
Consilio pollens, pure, ac fortissime Titan.

Nam cum omnia ex tempore nasci videantur, tanquam mortalem facultatem superatura, tum hæc cœli calore paulatim victa intercidunt,ceduntque diuinis illis sempiternis corporibus, quibus velle repugnare, seque æquare videbantur. Decidunt igitur res humanæ ictæ fulmine, quia vt generationis ita corruptionis artifex est calor: quare per hanc fabulam significarunt antiqui res humanas, quæ

 tempori-

temporibus quibusque nascerentur, ac tempus ipsum, quasi illarum fratrem diuinis corporibus cederet: quorum caloris vicissitudine omnia ad interitum & ad ortum properarent: quippe quæ vbi ob imbecillitatem tandem ignem exhalarint, in cætera elementa, ex quibus composita fuerant, soluantur. Has igitur res humanas quidam Titanes, diuinas vero virtutes, Iouem, & Herculem, & varijs Deorum nominibus appellarunt. cum vero tempus è cœlo natum sit, & ex annuo solis cursu, resque in eo agantur & per id nascantur, quæ generationi sunt subiectæ, idcirco Titanas esse apud inferos, & eosdem patres hominum ac Deorum dixerunt, vt testatur Homerus in hymno in Apollinem:

κέκλυτε νῦν μοι γαῖα, καὶ οὐρανὸς εὐρὺς ὕπερθεν,
τιτῆνές τε θεοὶ, τοὶ ὑπὸ χθονὶ ναιετάοντες,
τάρταρον ἀμφὶ μέγαν, τῶν ἐξ, ἄνδρες τε θεοί τε.
Audi nunc Tellus, & quod tegis omnia cœlum,
Titanesque Dei colitis tellure sub alta
Tartara qui tenebrosa: viri sunt vnde, Deique.

Atque Orpheus in hymno in Titanes illos omnium animalium fontem appellat, quæ vbique habitant, vt est in his:

τιτῆνες γαίης τε καὶ οὐρανοῦ ἀγλαὰ τέκνα.
ἡμετέρων πρόγονοι πατέρων, γαίης ὑπένερθεν
οἴκοις ταρταρίοισι μυχῷ χθονὸς ἐνναίοντες.
ἀρχαὶ, καὶ πηγαὶ πάντων θνητῶν πολυμόχθων,
εἰναλίων, πτηνῶν τε, καὶ οἳ χθόνα ναιετάουσιν.
ἐξ ὑμέων γὰρ πᾶσα πέλει γενεὰ κατὰ κόσμον.
Titanes cœli ac terræ clarissima proles.
Nostrorum proaui patrum: tellure sub alta
Tartara qui colitis nigrantia. fons, & origo
Cunctorum pariter mortalibus optima rebus,
Quæ mare, quæ terras habitant, quæque ætheris oras;
Nanque viget per vos aptè natura animantum.

Alij Titanem solem esse crediderunt, cuius vxor esset terra: quoniam ex his omnia euidentius nascantur. Quidam elementorum mutationes per hanc fabulam explicasse antiquos crediderunt, ac Titanes vocarunt illa elementa, quæ terrestre quiddam & crassum intra se continerent, quæ vi corporum superiorum inferius assidue detrudantur. Nam vapores semper sursum vi solis attrahuntur, qui vbi ad superiora peruenerint, virtute diuinorum corporum vel soluuntur in purissima elementa, vel repelluntur inferius, quæ dimicatio est sempiterna; hanc vero per fabulam Titanum antiqui sapientes illa ipsa significabant. atque hæc ad physicam rationem. Quod vero nemo impune aduersus Deorum religionem sit temerarius, iam sæpius explicatum est; quare ethicam explicationem in hac fabula non inuestigabo: at nunc dicatur de Gigantibus.

De Gigantibus. *Cap.* XXI.

Dicuntur Gigantes è Terra, Cælique sanguine nati fuisse, quo tempore Saturnus pudenda patris abscidit, vt ait Hesiodus in Theogonia his versibus:

ὅσσαι γὰρ ῥαθάμιγγες ἀπέσσυθεν αἱματόεσσαι,
Πάσας δέξατο γαῖα. περιπλομένων δ' ἐνιαυτῶν
Γείνατ' ἐριννῦς τε κρατερὰς, μεγάλους τε γίγαντας.
Sanguineæ quotquot guttæ cecidere, recepit
Terra omnes: eadem rursus voluentibus annis

Horren-

Horrendas peperit Furias, magnosque Gigantes.

Et Orpheus libro octauo sacri sermonis:

οὓς καλέουσι γίγαντας ἐπώνυμον ἐν μακάρεσσι,
οὕνεκα γῆς ἐγένοντο καὶ αἵματος οὐρανίοιο.
Hosideo superi cuncti dixere Gigantes,
E Terra quod sunt nati, & de sanguine Cœli.

Hanc eandem opinionem habuit etiam Acusilaus, vt testatur Apollonij enarrator. nam paulo superius ostẽdit Hesiodus Saturnum in insidijs collocatum cum falce per noctem pudenda patri abscidisse. alij non Saturni opera natos, sed solius Terræ filios Gigantes esse tradiderunt, vt sensit Apollodorus libro primo, quos ab irata Opi siue terra editos fuisse dixerunt, quia occisi fuissent Titanes, eosque in Deorum vltionem genitos, vt in his significauit Apollonius,

Ἀλλ' ὁ μὲν ἢ ὀλοοῖο Τυφωέος, ἠὲ καὶ αὐτῆς
Γαίης εἶναι ἔικτο πέλωρ τέκος, οἷα πάροιθεν
χωομένη Διὶ τίκτεν.
Ait hic horribiliue Typhœo, pignoribusue
Terræ persimilis, quæ Tellus edidit olim
Almo iratra Ioui.

Homerus libro λ Odyss. Neptuni & Iphimedeæ filios Gigantes existimauit, qui Ossam & Olympum montes imponere Pelio conati sunt, vt in cœlum ad expugnandum Iouem conscenderent, sic enim inquit:

τὴν δὲ μετ' Ἰφιμέδειαν Ἀλωῆος παράκοιτιν
εἴσιδον, ἣ δὴ φάσκε Ποσειδάωνι μιγῆναι.
καί ῥ' ἔτεκεν δύο παῖδε, μινυνθαδίω δὲ γενέσθην,
Ὦτόν τ' ἀντίθεον, τηλεκλειτόν τ' Ἐφιάλτην.
οὓς δὴ μηκίστους θρέψε ζείδωρος ἄρουρα.
καὶ πολὺ καλλίστους μετά γε κλυτὸν Ὠρίωνα.
ἐννέωροι γὰρ τοί γε, καὶ ἐννεαπήχεες ἦσαν
εὖρος, ἀτὰρ μῆκός γε γενέσθην ἐννεόργυιοι.
οἵ ῥα καὶ ἀθανάτοισιν ἀπειλήτην ἐν ὀλύμπῳ
φυλόπιδα στήσειν πολυάϊκος πολέμοιο,
ὄσσαν ἐπ' ὀλύμπῳ μέμασαν θέμεν, αὐτὰρ ἐπ' ὄσσῃ
Πήλιον εἰνοσίφυλλον, ἵν' οὐρανὸς ἀμβατὸς εἴη.
Vxor Aloei post hanc est Iphimedea
Visa mihi: quæ Neptuno duo pignora magno
Edidit, hi parui sunt primo tempore nati:
Otus diuinus, valde inclytus inde Ephialtes.
Nutrijt hos paruos tellus pulcherrimus horum
Natus vterque fuit, post eximium Oriona.
Atque nouem cubitos ambo creuere nouennes
In latum: longumque nouem corpus fuit vlnas.
Hi superis pugnamque grauem, bellumque minati
Prægrandes montes, vt cœlum posset audiri,
Inuoluere, Ossam frondosum, mox & Olympum
Cum syluis, stabulisque super te Pelion altum.

Isti dicuntur non solum corporis magnitudine præcelluisse, viribusque inuictis fuisse, sed etiam terribili planè aspectu, capilis è capite promissis, barba prolixa, pedibusque angnineis, vt ait Ouid. lib. 5. Fast.

Terra feros partus immania monstra Gigantes
Edidit, ausuros in Iouis ire domum.

Mille

Mille manus illis dedit: & pro cruribus angues:
Atque ait, in magnos arma mouete Deos.
Extruere hi montes sed sydera summa parabant,
Et magnum bello sollicitare Iouem:
Fulmina de cœli iaculatus Iupiter arce
Vertit in autores pondera vasta suos.

Hi in Phlegræis cāpis, vel, vt alii maluerunt, ad Pallenen habitarunt, qui cū essent admirabili corporis proceritate & saxa & ignitas arbores in cęlū iaculabātur, vt testatur his verbis Itacius: ἡ γῆ τὰ τῶν τιτάνων ἀγανακτοῦσα, ἐν φλέγραις, τῆς παλλήνης γεννᾷ δρακοντόποδας καὶ βαθυγενείους, καὶ βαθυχαίτας γίγαντας οἱ πέτρας καὶ δρῦς πεπυρακτωμένας ἠκόντιζον πρὸς τὸν οὐρανόν. ὧν πρῶτοι πορφυρίων καὶ ἀλκυονεύς. Terra res gestas aduersus Titanas ægrè ferens in Phlegris Pallenes anguineis pedibus, eximieque crinitos & barbatos Gigantes peperit, qui saxa, quercusque flammatas iaculati sunt in cœlum, quorum principes erant Porphyrio & Alcioneus. fuerūt autem complures qui arma aduersus Deos sumpserunt, quare Sophocles in Trachiniis inquit:

οὔθ' ὁ γηγενὴς στρατὸς γιγάντων.
Neque terrigenum exercitus gigantum.

Isti cum super altissimos montes illos conscendissent, dicuntur saxa ingentia in Deos iaculati, ex quibus illa, quæ in mare deciderant, factæ sunt insulæ, vt ait Duris Samius: at illa, quæ in terram ceciderunt, montes. Erat autem rumor inter Deos nullum è Gigantibus posse occidi, nisi quispiam ex mortalibus in eius belli societatem fuisset assumptus: tum vero Iupiter Palladis consilio Herculem socium asciuit, qui primus omnium Alcyoneum sagitta cōfossum interemit. Veruntamen cum semper fortior reuiuisceret, Minerua impetu facto extra orbem Lunæ illum extraxit, qui ita obiit. Iupiter & Hercules Porphyrionem Iunonem violantem occidunt: Apollo læuum oculum, Hercules dextrum Ephialtæ sagittis effodiunt. Hercules post hunc Eurytum querno telo de medio sustulit. Hecate Clytium, Minerua Enceladum, ac Pallantem obtruncauit. ac postea Alcyoneum congressus ad isthmum corinthiacū interemit, cuius mira erat, magnitudo. Cū Polybotes per mare fugiens in Con insulam peruenisset, insequens hunc Neptunus partem insulæ reuulsam in illum contorsit pro telo, quæ recidens Nisyros insula facta est. Mercurius Hppolytum, Diana Grationem. Mars Mimantē Parcæ Agrium & Thoonem trucidarunt. Reliqui Iouis fulmine perierunt, vt testatur Apollodorus libro primo Biblyothecæ. Scripsit Pausan. in Arcadicis Bathon vallem quandam fuisse, in qua vulgatum fuit Gigantes prælium aduersus Deos commisisse: quo in loco rem diuinam facere fulguribus, tonitruis, ac procellis mos fuit, ad eius certaminis imitationem. Alii fabulati sunt Silenos quoque ad hoc bellum accessisse, atque Sileni asinum magnitudinem ac molem hostium admiratum magna voce rudere cœpisse, quamobrem, gigantes aliquod insigne ac formidabile monstrū aduersus se rati ad illud bellum aduentasse, continuo in fugam vertuntur. ad eius rei perpetuam memoriam dicitur asinus fuisse inter sydera collocatus. Alii dixerunt in Sicilia fulmine ictum fuisse Typhonem, vt testatur Hesiod. vbi hæc carmina scribit:

φλὸξ δὲ κεραυνωθέντος ἀπέσσυτο τοῖο ἄνακτος
οὔρεος ἐν βήσσῃσιν ἀϊδνῆς παιπαλοέσσης.
Flammaque manauit de cæso fulmine rege,
Saxosi ad montis radices vallibus imis.

Quidam Pithecusas vocatas insulas Gigantum fuisse putarunt, atque in Phlegræis agris id commissum fuisse prælium, qui locus est pagus in Thracia. Alii eos natos fuisse ea conditione tradiderunt, vt quandiu essent in eo agro, in quo nati erant, tandiu essent immortales, quare Palladis cõsilio ex eo agro extractos periisse. Alii fabulati sunt Gigantes è Phlegra Campaniæ vicina pulsos ab Hercule terram subiisse, atque ex illorum cruore fontem Leucæ fœtidum odorem habuisse, Phlegramque Campaniæ oram fuisse vocatam, quod igni, calidarumque aquarum fluxu abundaret, totusque Baiarum & Cumarum tractus sulphuris & ignis naturam referentes aquas emitteret. Nam calidas ideo esse, inquiunt, quod vulnerum flammas abluerint, cum ex ipsius fulminis natura sulphur oleât. Arbitrati sunt nonnulli tantum metum superis iniecisse Gigantum temeritatem & audaciam primo aspectu, vt cum primum Typhoeus apparuerit, omnes aufugerint in Aegyptum: vbi longo itinere defessi, ac spe fugæ destituti, se sub variis formis occultauerint, vt ait Ouid. lib. 5. Metam.

Bella canit superum, falsoque in honore gigantes
Ponit: & extenuat magnorum facta Deorum,
Emissumque ima de sede Typhoea terræ
Cælitibus fecisse metum, cunctosque dedisse
Terga fugæ: donec fessos Aegyptia tellus
Ceperit, & septem discretus in hostia Nilus.

Cum vero in varia animalia ibi mutati Dii fuisse dicantur, illa fuit causa cur animalia multiplicia postea coluerint Aegyptii. Memorantur vero inter prædictos gigantes Cæus & Iapetus à Virgilio. Mimantem & Rhethum nominauit Horatius. Deinde fuerunt cum his Asius, Cinnus, Besbicus, Almops, Echion, Pelorus, Athos, Celado, Damasor, Palleneus, & alii complures. Aiunt Palladis consilium præcipuè, ac vim Herculis valuisse plurimum in profligandis gigantibus, & Panos: qui concham marinam pulsando in eo certamine terrorem hostibus eximium iniecit: deinde Bacchi, qui plurimum viribus valuit. Illi igitur horũ Deorum opera victi ad inferos detrusi sunt: atque Enceladus sub Aetna monte substratus flammis assiduis torquetur. Typhoeus tantæ magnitudinis corporis fuisse dicitur, vt cum tota Sicilia tribus promontoriis claudatur, tota supra eius corpus posita sit, cuius supra dextram est situs Pelorus Italiam prospectans, supra leuã Pachinus, supra crura Lilybæus, caputque Aetna grauatur, vt ait Ouid. in his:

Vasta Giganteis ingesta est insula membris
Trinacris: & magnis subiectum molibus vrget,
Aetherias ausum sperare Typhoea sedes.
Nititur ille quidem, pugnatque resurgere sæpe,
Dextra sed Ausonia manus est subiecta Peloro,
Leua Pachine tibi, Lilybæo crura premuntur,
Prægrauat Aetna caput.

Atque cum omnis iniustitiæ, omnisque iniquitatis & sceleris pœna comes esse consueuerit, omnino contra Gigantum, omniumque improborum temeritatem & auaritiam illa carmina sunt Euripidis in Helena, quæ ab omnibus debent non modo lingua proferri, sed in mente diligenter ponderari, quæ ita se habent:

Μισεῖ γὰρ ὁ θεὸς τὴν βίαν. τὰ κτητὰ δὲ
κτᾶσθαι κελεύει πάντας, οὐκ ἐς ἁρπαγάς.
ἐατέος ὁ πλοῦτος, ἄδικός τις ὤν.
κοινὸς γάρ ἐστιν οὐρανὸς πᾶσι βροτοῖς,
καὶ γαῖ' ἐν ᾗ χρὴ δώματ' ἀναπληρουμένους
τ' ἀλλότρια μὴ 'χειν, μηδ' ἀφαιρεῖσθαι βίᾳ.
Odit Deus vim: possidendaque imperat
Tenere iure quenque, non inferre vim.

Opes

Opes iniquæ deserendæ: nam viris,
Commune cælum est omnibus, tellusque: vbi
Multis bonis replere possis atrium,
Sed sit procul rapina, visque hæc auferens.

Hæc ea sunt, quæ de Gigantibus ab antiquis memoriæ prodita sunt, quæ quid occultum contineant, inquiramus. ¶ Dicti sunt gigãtes Terrę & Cęli filii ex parricidio prope nati, & ex crudelitate Saturni in patrem, quia nihil prope boni ex adulterio & illegitimo congressu nasci consueuit: atque illi, qui sunt crassioris materiæ, temperati, & æquitatis amici, fere esse non solent: quare crassiora corpora prona sunt ad voluptates, iramque diutius seruant, rationi non facile cedunt, minus sunt ad capiendas disciplinas accommodata, & pro libidine, animorumque impetu plerumque feruntur. Alii tamen Neptuni & Iphimedeæ filios putarũt, quoniam omnes crudeles & inhumani ac feri Neptuni dicũtur filii. quippe quorum corpora ob humorum copiam à sole minime digestorum bonitatem morum nesciant: cuius radii non solum educandis corporibus, sed etiam moderandis animis mortalium plurimum cõferunt. Quid vero est aliud Iphimedea, quã pertinax & infixa in animo cupiditas neq; consilio neque rationi cedens? nam in quibus corporibus eximiæ vires extiterint, minimum est plerunque consilii & prudentiæ. Hi igitur, vt imprudentes, & crudeles, & temerarii, qui nihil honestũ esse putarent, nisi quod placuisset, vel Iouem ipsum velle de cœlo depellere ausi sunt. Id ego nihil aliud esse crediderim, nisi imprudentes homines, quibus libido & impetus animi dominatur, Deos omnes contemnere, ac pro suis viribus religionem euertere: cum religio sit omni temeritati & improbitati aduersaria. Nã sine religione ac Deorum metu, nihil neque iustum, neque pium, neque sanctum fieri potest. Verum quia scelerum omnium comes est supplicium, & pœna, & miseriæ, quia Deus est grauissimus flagitiorum vindex, illi non iniuria ab Hercule, & Pallade, & Diis cæteris profligati & acerbissimis suppliciis adacti sunt apud inferos, cum nemini esse scelerato impunę denique liceat. Alii dixerunt commissum fuisse illud prælium in Thessalia propter ferocitatem populorum, & propter Deorum contemptum. dicuntur ibi sepulti fuisse gigantes ob sulphureas cauernas ignem exhalantes. vbi inuentum est os humani cruris tantę magnitudinis, vt triginta paria boum validorum vix possent plaustro impositum illud dimouere. At nunc de Typhone dicatur.

De Typhone *Cap.* XXII.

SEd quoniam dictum est de Gigantibus, nonnullaque tantum de Typhone attigimus, cum plura de illo, quam de quouis cæterorum dicta inueniantur, neque eadem causa sit cur nasceretur, visum est mihi seorsum esse de Typhone, quid ab antiquis dicatur, explicãdum. Scriptum reliquit igitur Homerus in hymno in Apollinem Iunonem ægre ferentem quod Iupiter sine se ex capite Mineruam peperisset, cœlum ac terram precatam fuisse, omnesque Deos superos & inferos, vt posset & ipsa sine maris congressu parere: quæ cum manu humum percussisset, sequẽti postea tempore natus est ex ea terra Typhon, qui dracænæ educandus traditus est, vt patet ex his versibus:

ἀγχοῦ δὲ κρήνη καλλίρροος, ἔνθα δράκαιναν
κτεῖνεν ἄναξ Διὸς υἱὸς ἀπὸ κρατεροῖο βιοῖο.
ζατρεφέα μεγάλην, τέρας ἄγριον, ἣ κακὰ πολλὰ
ἀνθρώπους ἔρδεσκεν ἐπὶ χθονί· πολλὰ μὲν αὐτούς,
Πολλὰ δὲ μῆλα ταναύποδ᾽, ἐπεὶ πέλε πῆμα δαφοινόν.

qui

καί ποτε δεξαμένη χρυσοθρόνου ἔτρεφεν ἥρης
δεινόν τ' ἀργαλέον τε τυφάονα πῆμα βροτοῖσιν.
ὅν ποτ' ἄρ ἥρη ἔτικτε χολωσαμένη διὶ πατρὶ,
εὖτ' ἄρα δὴ κρονίδης ἐρικυδέα γείνατ' ἀθήνην
ἐν κορυφῇ.
Illimis prope fons, illic maculosa dracæna
Interiit iaculo regis magno è Ioue nati,
Pestis & atra lues mortalibus. illa virorum,
Illa fuit pecudum exitium, grauis illa ruina.
Illa aluit captum pulchra à Iunone Typhona
Difficilemque grauemque luem mortalibus ægris.
Hunc irata Ioui patri Iuno edidit, olim
Quod fuit illius de vertice nata Minerua.

Hesiod. autem in Theogonia Terræ ac Tartari siue Erebi filium fuisse Typhona credidit siue Typhoeum, vt patet in his:

αὐτὰρ ἐπεὶ τιτῆνας ἀπ' οὐρανοῦ ἐξέλασε ζεὺς
ὁπλότατον τέκε παῖδα τυφωέα, γαῖα πελώρη,
ταρτάρου ἐν φιλότητι διὰ χρυσῆν ἀφροδίτην.

Et ne omnia hic asscribam Hesiodi carmina, quæ omnibus sunt in promptu, latinæ sententiam Hesio. ita ex tempore explicabo:

Verum vbi Titanas cęlo turbasset ab alto
Iupiter, hinc genuit mox alma Typhoea Tellus
Postremum ex Erebo Veneris dulcedine capta:
Huic palmæ ad quæuis miranda negotia duro
Robore erant, promptiq; pedes: centum capita altis
Ex humeris sæui surgebant torua draconis
Ora subhinc linguis lambentia cæca trisulcis.
Igne coruscabant ciliis sub lumina tetris.
Denique quodq; caput flammam spirabat, & ignem.
Omnibus his inerant voces, variumque sonabant,
Horrendumq; dabant gemitum. sæpe ore tonabant,
Numinibus magnis vt sint concurrere visa.
Interdum ingenti tauri mugire boatu,
Interdum gemitum sæui dare visa leonis,
Interdumque canum latrantum emittere voces.
Rursus & horendum sonitum ab radicibus imis
Mittebant montes vmbrosi. luce sed illa
Denique visa potens nimium foret ista propago:
Atque viros, superosque Deos vicisset: ab alto
Ni pater omnipotens hominum sator, atque Deorum,
Aethere det tonitrus, & fulmina crebra repente.

Seditiosa est & vt traditum est à Theodoro in bello giganteo contentione plena eius educatio, cum alii in Lydia, inter quos fuit Artemon historicus, alii in Phrygia educatum fuisse contenderint, alii in Cilicia in Speluaca Typhonis nominata celeberrima, cum inquiat etiam Homerus:

εἰν Ἀρίμοις, ὅθι φασὶ τυφωέος ἔμμεναι εὐνάς.
Hic vbi sunt Arimi, incunabula dicta Typhonis.

Erat autem Typhoeus admirabili corporis magnitudine, quippe qui omniũ montium altior esset vertice vel crurum tenus. caput astra tangebat: altera manus ad orientem, altera ad occidentẽ tendebat. Ex humeris centũ capita draconũ eminebant,

nebant, in cruribus maximas habebat viperarum spiras. Corpus erat totum pennis obtectum, crines impexi, barba prolixa, oculi ignei, ignis ex ore multus feruebat. Hunc fugientib. Diis Iupiter insecutus ad Caucasium montē Syriæ fulmine sauciauit. At ille Iouem deinde captum detinuit, cui harpe illā, quam illi ademit, manuum pedumque neruos secuit, & in Ciliciam impositum humeris transportauit. At Mercurius Iouem furatus restituit in pristinam formam. Tum Iupiter iterum illum insecutus fulmine vulnerauit apud Hemum montem, qui ita dictus fuit à copia sanguinis, qui ibi de vulnere defluxit: mox in Siciliam illi fugienti Aetnā superiniecit, vt testatur Euphorion. & Pindarus in Olympicis Typhonem centum capitum sub Aetna occultari inquit in his:

ἀλλὰ κρόνου παῖ, ὃς αἴτναν ἔχεις
ἶπον ἀνεμόεσσαν ἑκατον
κεφάλας τυφῶνος ὀμβρίμου
Sed Saturni fili, qui Aetnam habes
Caminum ventosum habentis centum
Capita Typhonis fortis.

Alii non à Ioue, sed ab Apolline confossum fuisse sagittis testantur. Scriptum reliquit Strabo libro 16. Typhonem serpentem, vt quidam putarunt, sed non hominem fuisse: qui fulminibus ictus dum latebras quæreret ad fugam, terram secuit longis tractibus non procul ab Orontē fluuio in agro Apamiensi in Antiochia, iuxta Seleuciam. Pindarus tamen & Homerus arbitrati sunt Typhonem in Cilicia sepultum fuisse, vt testatur Isacius in commētariis in Lycophronem. Alii dixerunt Typhonem à Ioue fulmine percussum in Syriam, & in agrum Pelusiū, qui est Aegypti profugisse, seque in lacum Sterbonidem occultasse, qui è Syria Pelusium vsque protenditur: cuius sententiæ fuit Herodotus. Nam & Apollonius libro 2. Argon. locum fuisse scribit ad montis Caucasi radices, qui Typhaonia vocaretur, vbi ictum fuisse à Ioue Typhonem memorant in Nysa insula ad Sterbonidem lacum prædictum: vt est in his:

τοῖός μιν ὄφις περί τ' ἀμφί τ' ἔρυται
Ἀθάνατος καὶ ἄυπνος ὃν αὐτὴ γαῖ' ἀνέφυσεν,
καυκάσου ἐν κνημοῖσι τυφαονίη ὅθι πέτρη.
ἔνθα τυφάονα φασὶ διὸς κρονίδαο κεραυνῷ
βλήμενον, ὁππότε οἱ στιβαρὰς ἐπορέξατο χεῖρας
θερμὸν ἀπὸ κρατὸς στάξαι φόνον. ἵκετο δ' αὔτως
οὔρεα καὶ πεδίον νυσήϊον, ἔνθ' ἔτι νῦν περ
κεῖται, ὑποβρύχιος σερβωνίδος ὕδασι λίμνης.
Talis eum supra & circum conuoluitur anguis,
Est insomnis ibi serpens, quem terra creauit.
Ad iuga Caucasia: atque Typhonia est vbi petra,
Fulmine ibi cæsum memorant, atque igne Typhœum
Exarsisse Iouis, dextram inde tetendit inermem
Ille Ioui supplex, sed frustra. Iupiter ignes
In caput huic torsit, montes, Nysamque petiuit.
Ille fuga, quocunque metusque pedesque tulere.
Nunc etiam ille latet clam sub Sterbonidis vnda.

Et nos non iniucundis quibusdā, vt arbitror, carminibus lusimus in quadam epistola, quam ad clarissimum & grauissimum senatorem Venetum Michaelem Sorianum Equitem misimus, præclarum sane patriæ suæ & omnium bonorum non mediocre ornamentum: ita vero se habent ea carmina:

Fons erat illimis, vitrea pellucidus vnda:

Quem

Quem non turbarant volucres, non vlla ferarum
Vngula, non vllæ delapsæ ex arbore frondes.
Nec pastor pecudes sitientes egerat illuc.
Sed circum densi frutices, & marginis herba
Mollis erat, syluis & cingebatur opacis.
Hic cecidit iaculis Phœbi maculosa dracæna
Pestis & atra lues mortalibus. Illa Typhonis
Quippe altrix fuerat: Iuno hunc portarat alendum,
Aduersusque Iouem genuit: fraudare iugales
Ille thoros quoniam passus, Venerisque maritam
Priuauit socia dulcedine, vbi ipse Mineruam
Concepit solus. Timuit nam pallida Iuno
Nec noua gignendis ratio foret ista reperta
Pignoribus, nullusque foret mox coniugis vsus.
Terribilis postquam Iunonis creuit alumnus
Anguineis pedibus, sublimi vertice cœlum
Tangebat: corpus plumæque anguesque regebant
Innumeri, plagas orientis dextera solis
Cum staret, plagas tangebat læua cadentis.
Huic centum capita exspirantia naribus ignem
Ausa Iouem contra, cœlumque insurgere contra.
Sed pater omnipotens tonitrus & fulmina dextra
Deiicit in terras: tremuerunt murmure montes
Insolito, mundumque rati compage soluta
Sunt ruere. At latuit tandem Sterbonidis vnda
Ipse Typhon ictus flagrantis fulminis igne.
Aetnæi tulit oppressus mox pondera montis.
Vis humana Dei sic spernit robur, & iram.

Fama est enim iuxta Typhoniam è sanie percussi Typhonis natum fuisse illũ draconem, qui vellus aureum seruabat in Colchis. Quamuis Acusilaus crediderit omnes serpentes è Typhonis sanguine pullulasse. At Apollonius Rhodius in eo libro, quem scripsit de ædificatione Alexandriæ è sanguine Medusæ, vt opportunius dicetur. Zenodotus fabulam longe ab his diuersam tradidit de ortu serpentum: inquit enim fuisse hominem in Attica regione nomine Phalangem, qui sororem habuit nuncupatam Arachnen. cæterum Phalanx vbi adoleuisset artem militarem à Pallade doctus fuisse dicitur, cum Arachne soror omnia illa diligenter didicisset, quæ spectant ad telæ conficiendæ, & ad suendi artificium. at enim cum Phalanx cum sorore rem habuisset, fama est ita facti turpitudine commotã esse Deam, tamque grauiter facinus tulisse, vt ambos in serpẽtes verterit. Arachne cum esset grauida ex fratre iussa est à Pallade non sine maximo vitę discrimine parere, quare à filijs corrosa fuit, quod etiam cæteris eiusdem generis dicitur postmodo accidisse, atque hæc serpentum origo à nonnullis tradita est. Verum cum Caucasus mons arderet, is in Italiam ad Pithecusas insulas confugit vt ait Pherecydes, est autem Nysa, cuius in lacu primum occultatus fuit Typhæus, nõ longe ab Aegypto, vt patet ex his carminibus Herodori:

ἔστι δέ τις Νύση ὕπατον κέρας ἀνθέον ὕλῃ,
τηλοῦ φοινίκης σχεδὸν αἰγύπτοιο ῥοάων.
Insula Nysa frequens syluis, atque vltima tellus,
Distans Phœnice, Aegypti est vicina fluentis.

Typhonem alii in Phrygia, alii in Beotia, alii in Pithecusis humatum fuisse tradiderunt

derunt: atque nos aliquando his græcis carminibus vniuersam vim iniustitiæ aut iniuriarum attigimus ludentes,

Ἀδικία τὶ χρῆμ' ὀλοώτατον ἀνδράσιν ἐστὶν
ἣ γένος ἐξώλες ποιεῖται, βρότειον.
τὴν δ' ἅμα ταῖς ὀρφναῖσιν ἐριννύσι δῖα θεάων
καλλιρεέθρῳ Νὺξ δῦτ' Ἀχέροντι τέκεν
Εἶτα κακαὶ Πλούτου κούρην δέξαντο θύγατρες.
ὁ φθόνος ὁ τλήμων, Εὐπορία τε κόρη
Ὀργὴ ἔπειτα λάβεν βρέφος, ὃ τρέφεν, ἠδ' ἀτίταλλεν.
ἠδ' ὑπερηφανίη μαζὸν ἑὸν πόρεν δέ.
Σπαργάνισεν κόρην σείναις Πλεονεξί' ἄνασσα.
Αὐξομένην δὲ φίλην τὴν Θρασύτητα λάβε,
Μῖσος Ἀναιδειάν τε μεγαυχία, ταίγγια τούτων
ὧν συνέπομα τῆς κύπριδος ἔργα θεᾶς,
καὶ φόνος αἱματόεις, πολὺ καὶ μένος ἁρπαγάων.
Ἐζεύχθη ταύταις καὶ Προπέτεια θεά.
Ὧν μετὰ δὴ σύμπαιζε κόρων. πολυΐδρις ἀλαζὼν
Ἀδικία, πρότερον καὶ πτερόεσσ' ἄρ ἔου
Ὄσσε δ' οἱ αὐξομένῃ πυρὶ λαμπετόωντι ἐκήτην·
ἦν φόνος ἀμφόφμαι πλεῖστος ἐνὶ βλεφάροις.
Ἀντὶ τριχῶν ὄφιες μὲν ἰώδεες ἀθρόοι. ἦτην
καί τε δρακόντειοι τὼ πόδε, γναμπτὸς ὄνυξ.
ἤθελεν οὐρανόεσσα πῆναι, πάντας τ' ἀπεβάλλειν
Ἀθανάτους, λαμπρὰν εἶτα τυραννίδ' ἔχειν.
Ἀλλὰ κεραυνωθεῖσα βέλει πυρόεντι χαμᾶζε
Ἔκπεσεν αὐτῆμαρ, καὶ πτερὰ καῦσε φλογί.
Εἶμι δ' ἦτα πεσοῦντα φίλη θεὸν εἵλετο κούρη
ἡδονή, Ἀδικίας οὔτε τὸ μνῆμ' ἄρ ἔην.
Πάνθα φλέγεν, καὶ πάντα τάμεν, καὶ πάντα τάραττεν
Ἀνθρώπων, ὅτε δὴ πατρίδ' ἐπ' εἰσέπεσεν.
Οὔτε θεῶν μακάρων ἐμνήσθη θουρίδος ἀλκῆς.
οὐ σθένος ἠδέσθη, καὶ κλέος. οὔτε βροτούς.
Ὧστε νόμους πολλοὺς φέρον ἄνδρες τῆς δὲ καθ' αὐτῆς.
Θώρακάς τε βαρεῖς ἐνδύεν, ὅπλα λάβον.
Τῆς κατ' ἀνευρισμὸν πολεμόκλονον ἔργον Ἄρηος.
καὶ τάξεις στρατιᾶς δυσκρυόεντα πόνον.
Ἀλλ' ἔμπης προσορῶσα φόνον, πολέμους τε μάχας τε,
καὶ καπνιζομένων τέφρην ἰδοῦσα δόμων,
τέρπετο. καὶ θ' ἤδη λύσσης τ' ἔχθρας τε συναίμων.
Ἀδικίη ἀνθρώπων πάντ' ἐπίθρανε μόνη.
Αὕτη μὲν βασιλῆας ἀπορρέπτασκεν ἀφ' ἑδρῶν
χρυσοθέτων, τούτους δ' εἵλετο χρησμοσύνη.
Εἰμὶ δ' Ἀδικίας μανίαν Δυσφημίη ἐρύκοι,
Πόρθησις πάντων ῥᾷστα γένοιτο βροτοῖς.
Ἐς κόρακας, καὶ ὄλεθρον τὸν βαθὺν ἔκβαλε κούρη
Ἀδικίαν, καὶ ἐμὲν δεῖξε κακοῖο λίθον.
Οὔτε μετ' Ἀδικίας φίλ' ἔμπεδος, οὔτε τις ὄλβος.
ἠρεμία φεύγει, μήτε σέβασμα μένει.
Ἀλλὰ πόνους στάσεις τ' ἀνάγει, ταραχάς τε βλάβας τε,
ἦχον, καὶ πόλεμον, καὶ κλονέοντα φόβον.

καὶ

καὶ θορύβους, ἐνοχὰς, καὶ ἀνάγκας τοῖς περιάπτει,
καὶ τὰ κλοπὰς, σιωπὰς, καὶ δρόμον, ἠδὲ φυγήν.
τόσσον ἄρ' ἐστι κακῶν ἀπὸ τῆσγε διακριδὸν αὐτῶν,
Ἔσθ' ἄπωθεν μιαρᾶς ὅσσον, ἀπ' Ἀδικίας.
Ὅστις θεὸς μοῦνος δ' οἰκεῖ, τὸ πλεῖστον ἄπωθεν,
μοῦνος καὶ μάλα δὴ ὄλβιός ἐστι θεός.

Quæ carmina ita sunt a Laurentio Gottio meo amico latine prolata, quem ob singularem bonitatem morumque elegantiam vnicè diligo: Sed cum ratio carminis non tam commode iniustitiam patiatur, pro illa vtitur improbitate.

Improbitate magis non est mortalibus vlla
Res grauis: humanum destruit ille genus.
Hanc Acheronte satam peperit Nox lurida partu
Quo Furias, atra qui fluit amnis aqua.
Vesanæ Pluti natæ cepere puellam.
Inuidia infelix, Copia & inde furor,
Vbera porrexit siccanda Superbia, & Ira
Ipsa suo hanc aluit Diua verenda sinu.
Strinxit Auaritia angustè regina puellam
Fascia, & huic iuncta est Temeritas socia,
Atque pudore carens Audacia, cum Scelere: horum
Ludicra erant Paphiæ facta nefanda Deæ,
Crudeles cædes, & vis permulta Rapinæ.
His Petulantia mox additur ipsa comes.
Improbitas his est colludere sueta puellis
Fallax, alata quæ prius orta fuit.
Ipsa simillima erant ardenti lumina flammæ:
Ludebat cædes plurima & in cilijs.
Tempora lambebant densi pro crinibus angues,
Atque vngues curui, pesque draconis erat.
Affectare ausa est cœlestia regna tonantis.
Tentauitque volans deijcere indè Deos:
Sed percussa graui flagrantis fulminis igne
Labitur in terras, ala perusta cadit.
Ac nisi delapsam cepisset amica Voluptas,
Nec nomen, nec vis Improbitatis erat.
Plurima vexauit, vastauit, multa cecidit
Illa virum, vt primum decidit in patriam.
Ac neque vitandam superorum credidit iram,
Terruit haud Pudor, est victa nec illa metu.
Contra hanc mortales statuerunt iura, grauique
Thorace induti tela cruenta ferunt.
Iuuentus contra hanc belli lacrimabilis ordo. &
Prælia pugnacis sanguinolenta Dei.
Sed lætata fuit certamina, prælia, turbas,
Intuita, in cineres & recidisse domos.
Atque propinquorum est odijs gauisa, feroci
Et rabie. Improbitas vexat iniqua viros.
Vna suis reges deiecit sedibus, vna
Præcipites illos Fortis ad ima dedit.
Ac nisi frænasset Infamia visa parumper,

Tum sæua Improbitas omnia destrueret.
Mittitur Improbitas ad coruos dira, crucem,
Illam multiplicis vas patet esse mali.
Nulla quies, nullus pudor, aut opulentia, nulla
Vincula amicitiæ cum Improbitate manent.
Sunt illi cordi lites, & iurgia, rixæ,
Clamores, strepitus, bella, odium, opprobrium.
Furta, pauor, tremor, atque incendia, noxa, tumultus,
Et dolor infelix, cumque rapina fuga.
Denique ab ærumna tantum quis distat, ab ipso
Infelix quantum distitit Improbitas.
Et quoniam Deus vnus abest quam maximè, aperte
Felicem solum dixeris esse Deum.

¶ Quidam putarunt Typhonem regem fuisse Aegypti hominem inhumanum ac ferum, ob cuius crudelitatem propè vniuersa Aegyptus fuerit deuastata & euersa: qui ita fuit vocatus è draconis crudelissimi natura, vel quia more draconis Aegyptum popularetur. quem, vt ait Herodotus in Euterpe, Osiris de medio sustulit. alij Typhonem insignem fuisse draconem arbitrantur, quia id animal cum dicatur à Græcis ἀμφίβιος, quod in aquis & in terra æque viuat, fingitur modo sub aquas, modo sub terram occultatus. is draco ita dictus fuit, quoniã ob singularem vim veneni omnia combureret, faceretq; vt contacta arescerent. cum igitur vis aeris illum vndique expelleret, neque satis aptam sibi temperiem inuenire posset, dictus est Iouis metu in Aegyptum profugisse, vbi cum æstum ferre non posset, in lacum mersus interijt. Hic dicitur à Iunone procreatus terra percussa, quia tanta vis est aeris temperamenti aliquando, vt, & magnitudine & forma admirabiles plantæ & animalia inaudita oriantur. alij hanc fabulam ad res naturæ totam retorserunt: quippe cum scribat Strabo libro quinto vniuersum tractum à Cumis in Siciliam vsque, & Aetnam, & Liparenses insulas, & Puteolanum, Neapolitanum, Baianumque agrum Pithecusasque insulas, quasdam profundas & in vnum coeuntes sub se solitas habere cauernas, quæ in Græciam quoque porrigerentur, in quibus multa vis inesset sulphurea. Idcirco quibusdam temporibus cum ventis spirantibus subterraneis terræmotus fierent frequentes in ijs locis, & flammarum, feruentiumque aquarum profluuia, ignisque exhalationes, & cineres cum fauillis longius emitterentur, fabulati sunt antiqui serpentem illum siue Aegypti tyrannum perpetuo supplicio damnatum sub ijs locis iacere, qui quoties moueretur, ignem ac cineres eructaret, terrasque concuteret. aiunt præterea situm quendam in insula Sicilia per terræmotus ac incendia elatum Epomeum in medio ferè insulæ vocatum fuisse, qui natus sit cum Typhœus humerum moueret. alij vim ventorum non subterraneorum quidem, sed è sublimi loco spirantium esse Typhonem crediderunt, qui & orientem & occidentem plagam manibus pertingeret, & cuius capita altissime vsque ad sydera peruenirent. nam venti latissime vagantur. plura capita illi concesserunt, ob varias diuersorum vires: corpus erat pennis tectum ob celeritatem, circa crura frequentes viperarum spiræ, propter n[illegible]siam vim aliquando ventorum. oculi ignei, flammasque ex ore spirabat, propter materiam ventorum, quæ fit è siccis calidisque vaporibus. Fingitur ad montem Caucasum confugisse, quia in montibus venti plerunque dominantur. Alij ad primam mundi originem hoc deduxerunt cum dicant tantam vim ventorum, & inflãmationem natam ex Erebo siue ex Chao, mox à Ioue depressam, cũ Iupiter εὐκρασία sit siue cõmoda tẽperies: quã vim cęli ac mundi tẽperies depressit. cũ vero ob cauernosa loca vẽti &

ignes

ignes sint subterranei, postea fabulati sunt hunc in Sicilia à Ioue fuisse fulmine ictum. Alii Typhonem pestiferam aeris male affecti naturam ob nimium calorem putarunt: quippe cum vis nimia æstatis plurimum obsit humanis corporibus, eaque imbecilliora faciat ad reliquas temporum mutationes perferendas. Mox cum recedente sole per signiferum circulum aliquando cessauisset æstus, facta est magna imbrium ac tonitruum copia, cum per calorem imbres coire nō possent. tum fulmina frequentia ceciderunt, quare Iupiter fulminibus Typhonē primum in Aegyptum fugauit, & in loca calidiora ad meridiem: deinde sub Aetnam detrusit. quidam Typhonem hominem fuisse ferocem & strenuum arbitrati sunt, qui Iouem de regno collecta magna exulum & inuidorum manu conatus sit deijcere, quare ob potentiam illi tantum corpus tribuunt. quod inflammauit nonnullos aduersus Iouem persuadendo, dictus fuit ignem ex ore spirare solitus, & neruos Ioui concidisse. Hos illi furatus est Mercurius, ac Ioui reddidit, quoniam Iouis oratione postea reconciliati sunt animi illorum, qui à Ioue desciuerant. Alij rursus ad reuocandos animos ab ambitione fabulam hanc retorserunt, qui cum significare velint illam pessimam omnium prope vitiorum esse, & filiam Erebi, & ignem ex ore efflare dixerunt. Hæc aduersus Iouem insurgit, quoniam nulla est religionis, nulla humanitatis, nulla iustitiæ cura, vbi pullulari t ambitionis furor. Quæ cum multa habeat capita, multos modos, multas solicitudines, multas molestias eius significarunt. Hunc Typhonem, siue hanc ambitionem huc illuc fugientem Iupiter tandem opprimit ac labefactat, quia & si cupiditas aliquandiu rationi sapientiæque resistit, tamen ab illa denique vincitur. neque quispiam est sapiens, quin rationi demum obtemperet, etsi cupiditate aliquantulum exagitetur. at nunc de Paride dicamus.

De Paride. *Cap.* XXIII.

NOn imperite sane, neque inutiliter, sed ad demonstrandam humanæ vitæ leuitatem, illa quæ de Paride Priami & Hecubæ filio tradita sunt, quod Palladem, & Venerem, & Iunonem de forma contendentes, iudicauit, memoriæ prodita sunt ab antiquis. atque vt rem altius repetam, dicunt pregnantem Hecubam somniasse se facem ardentis ignis, quæ vniuersam Asiam inflammaret, peperisse: cui ariolos percunctanti responsum fuit, futurum vt infans, quē in vtero gestabat, esset causa excidij suæ patriæ, quam rem ita attigit Ouidius in epistola Helenæ:

> Illa sibi ingentem visa est sub imagine somni
> Flammiferam pleno reddere ventre facem.
> Territa consurgit: metuendaque noctis opacæ
> Visa seni Priamo, vatibus ille, refert.
> Arsurum Paridis vates canit Ilion igni.

Idcirco cum natus fuisset infans, illum Priamus Archelao exponendum feris dedit, quem etiam expositum per dies quinque vrsæ lac suxisse memorant. at curauit, vt alij tradiderunt, Hecuba vt à pastoribus in Ida monte nutriretur: nec defuerunt qui dixerunt ab eodem Archelao illum vt filium fuisse educatum. Sed enim quis ea, quę certo Dei instituto decreta, stabilitaque sunt euitauerit? nam & Thyestes è filia Pelopeia filiū Aegisthum feris exponi iusserat, quod eum oraculis multorum malorum autorem fore monuisset, sed tamen à pastore inuetus in syluis, & à capris nutritus, vnde nomen accepit, Atreum & Agamemnonem trucidauit. neque seruauit Troiam quod eiectus fuerit Paris, neque Saturnus Iouem deuitare potuit, quamuis ante fuerint ab oraculis moniti, si ita diuinitus erat statutum. Hic cum adoleuisset magnam sibi iustitiæ & æquitatis gloriam comparauit: atque cum regia armenta latrones ac piratæ aliquando furati fuissent, eaque abigerent, illos armis insecutus vnà cum cæteris regis pastoribus armenta recuperauit cæsis piratis, vnde Alexander dictus fuit, vt ipse de seipso testatur in epistola apud Ouidium:

> Pene puer cæsis abducta armenta recepi
> Hostibus, & causam nominis inde tuli.

Deinde cum in Agonalib. ludis fortissimus apparuisset, quę per id temporis apud Romam locum agebantur, à Priamo denique cognitus fuit, & in regiam receptus. Accidisse vero fabulantur ijs temporibus, quibus adhuc puer Paris erat inter pastores, vt dij omnes conuocati ad nuptias Thetidis & Pelei accessserint, præter Discordiam, quam nemo inuitarat. Id illa grauiter ferens pomum elegantissimum & pulcherrimum aureum cum inscriptione per ostium immisit, pulchrior accipiat. Id suscepit Mercurius ac legit, vt testatur Lucianus in dialogo Panopes & Galat. Tum multis Deabus id petentibus magna discordia & contentio orta est inter tres Deas cæteris his cedentibus: ac Iupiter iussit ad æquissimum, vt tum habebatur, Paridem iudicium id deferri. Scripsit Strabo lib. 13. in Antandro, qui mons vocatus Alexandrię imminet, Deas illas à Paride fuisse iudicatas, cum in Ida monte id accidisse scribat Ouidius etiam in his,

> Cum Venus, & Iuno, Pallasque in montibus Idæ,
> Corpora iudicio supposuere meo.

Aiunt hunc ingentibus donis fuisse à Deabus omnibus solicitatum: quippe cum Iuno Asiæ Europæque imperium illi promitteret, Pallas se omnibus Græcis sapientiorem facturam polliceretur, at Venus mulierum omnium pulcherrimam se illi concessuram diceret, si sibi victoriam de forma adiudicasset, quam rem ita attigit Ouid. in epist. Paridis:

> Tantaque vincendi cura est: ingentibus ardent
> Iudicium donis solicitare meum.
> Regna Iouis coniux, virtutem filia iactat.

Atque cætera, quę in eadem epist. scribuntur in eam sententiam, multa suntque planius etiam Euripides declarauit ita in Troadibus:

> καὶ Παλλάδος μὲν ἦν Ἀλεξάνδρῳ δόσις
> φρυξὶ στρατηγοῦντ' ἑλλάδ' ἐξανιστάναι.
> ἥρα δ' ὑπέσχετ' Ἀσιάδ' εὐρώπης θ' ὅρους
> τυραννίδ' ἕξειν εἴ σφε κρίνειεν πάρις
> κύπρις δὲ τοὐμὸν εἶδος ἐκπαγλουμένη
> Δώσειν ὑπέσχετ' εἰ θεὸς ὑπερδράμοι
> κάλλει.
> Paridique Pallas munus id promiserat
> Quod dux Phrygum mox Græciam subegerit,
> Montes at Europæ, Asiæ & tyrannidem
> Iuno spopondit si sibi faueret is.
> Mirata formam sed Venus meam dare
> Promisit illi, si Deas deuincere
> Sit iudicata forma.

Accidit ferè eodem tempore vt celeberrima esset Helenæ forma in vniuersa Gręcia, quæ & opibus & nobilitate generis cæteras omnes mulieres antecellere putabatur. Erat enim Tyndari Oebaliæ regis, & Ledæ filia, vt putarunt nonnulli: cum alij dixerint Iouem in cygnum conuersum Ledam compressisse, quæ alterum ouum ex illo concepit, ex quo nati sunt postea Pollux & Helena: ex

altero

altero ouo concepto Tyndaro nata est Clytemnestra & Castor. Alij non è Leda, sed è Nemesi natam Helenam putarunt, cuius dicunt Ledam fuisse nutricem, ac Iouem patrem, vt ait Pausanias in Atticis. Qui natam ex Ioue putarunt in cygnum verso, ad sempiternam eius rei memoriam cygnum inter sydera collocatum dixerunt. Cum tantopere igitur forma præstaret, omnes Græcarum ciuitatum principes eò ad illam in matrimonium expetendam conuenerunt: quæ quod fuerat ante à Theseo rapta, è quo etiam enixa Argis dicitur templum Lucinæ erexisse, & mox repetentibus fratribus restituta, & quod magna inuidia videbatur in eum redundare, qui illam esset habiturus, vnusquisque eam sibi contingere sperantes in legem à Tyndaro latam iurarunt se pro viribus defensuros, siquis illam violare, aut legitimo marito rapere conaretur, vt testatur Pausanias in Laconicis. Nam non longe à Platæneto vocato, & à Mineruæ Pareæ delubro Tyndarus dicitur procos Helenæ conuocasse, qui super equi execti testibus iurarunt se Helenam defensuros, atque custodituros esse ab iniuria, si ab aliquo nuptiæ illæ violarentur. post illud iuramentum Tyndarus equum in eo loco infodit, sicuti scripsit Pausanias in Laconicis Fuit enim antiquorum consuetudo vt super testibus victimarum plerunque iuraretur cum fœdera inter aliquos percuterentur. Idcirco vbi Hercules fœdus inijt cum liberis Nelei fide vltro citroque data sue mactato super eius testibus & ipse & illi iurarunt, atque confirmarunt iuramentum insuper factum, vt scripsit in Phoroneo Hecatæus. Neque hoc fiebat quouis tempore, vt ait Demosthenes in oratione contra Aristocratem, cum esset magnum iusiurãdum, & non quibusuis temporib. sed statis diebus: vt patet ex his; εἶτ' οὐδὲ τὸν τυχόντα τιν' ὅρκον ταῦτο ποιήσει. ἀλλ' ὃν οὐδεὶς ὄμνυσιν ὑπὲρ οὐδενὸς ἄλλου: στὰς ἐπὶ τῶν τομίων κάπρου καὶ κριοῦ, καὶ ταύρου καὶ τούτων ἐσφαγμένων ὑφ' ὧν δεῖ καὶ ἐν αἷς ἡμέραις προσήκει. Postea neque vt contingit iuramentum hoc faciet, sed quod nemo iurat super alia re: stans super exectis carnibus apri vel arietis vel tauri vel horum iugulatorum, & in quibus conuenit diebus. Quin etiam solenne fuit olympicis athletis conceptis verbis super execti suis testibus antequam ludos inirent, iurare se nihil fraudis aut insidiarum commissuros, qui quidem sues transacto iuramento nulli erant vlui. erat enim vetitum religione ne victimæ, super quibus iuratum fuisset, ab hominibus ederentur. nam & Homerus testatur exectum illum suem, super quo Agamemnon iurauit se non attigisse Briseidam in mare à Taltybio fuisse deiectum ex antiquorum sacrorum ritu, vt patet ex his: lib. 7. Iliad.

εἰ δέ τι τῶνδ' ἐπίορκον, ἐμοὶ θεοὶ ἄλγεα δοῖεν
πολλὰ μάλ' ὅσσα διδοῦσιν ὅτις σφ' ἀλίτηται ὀμόσσας.
ἦ, καὶ ἀπὸ στόμαχον κάπρου τάμε νηλέϊ χαλκῷ.
τὸν μὲν Ταλθύβιος πολιῆς ἁλὸς ἐς μέγα λαῖτμα
ῥῖψ' ἐπιδινήσας βόσιν ἰχθύσιν.
Si quid periuro, cœlestia numina tradant
Quot mala sueuerunt periuris tradere prauis.
Sic ait, & stomachum porci ferro inde cecidit,
Quem mox Taltybius iussus porricere in vndam
Eit maris incani pergratam piscibus escam.

Plutarchus in Cicerone & Publicola lõge diuersam rationẽ coniuratos seruasse inquit apud Romanos, quippe hominem trucidasse, omnesque coniuratos magno & horrendo iuramento adactos sanguinem libasse, & exta gustauisse. Aeschylus in actu septẽ ad Thebas inscripto, demonstrat illam fuisse consuetudinem propriam coniurationum vt omnes coniurati sanguinem victimæ illa de causa cæsæ attingerent, vt est in his:

Ἄνδρες γὰρ ἑπτὰ θούριοι λοχαγέται,
ταυροσφαγοῦντες ἐς μελάνδετον σάκος
καὶ θιγγάνοντες χερσὶν ταυρείου φόνου,
ὡρκωμότησαν. ἢ πόλει κατασκαφὰς
θέντες λαπάξειν ἄστυ Καδμείων βίᾳ,
ἢ γῆν θανόντες τήνδε φυράσειν φόνῳ.
Centuriones strenui septem viri
Taurum immolarunt, inque scutum sanguinem
Tauri legentes attigere dexteris,
Martemque iurauere, Bellonam, & simul
Grauem Pauorem vel cruore mox suo
Terram rigare, funditus vel sternere
Vrbem ac populari vi satiex Agenore.

Apud antiquos fuit etiam in more positum vt iurantes massam ferri ignitam manibus sustinerent, rogarentque Deos ac precarentur ut illud iuramentum stabile firmumque esset, donec illa in aquis supernataret, quam mox in profundum deijciebant, vt in his testatur Callimachus:

φωκείων μέχρις κε μένῃ μέγας εἰν ἁλὶ μύδρος.
Phocensis donec peritabit in æquore massa.

Et Sophocles in Antigone:

ἦμεν δ' ἕτοιμοι μύδρους αἴρειν χεροῖν,
καὶ πῦρ διέρπειν, καὶ θεοὺς ὁρκωμοτεῖν.
Prompti manu tenere massam ferream
Eramus incensam, per ignem incedere, ac iurare.

Nam censebant eos qui optime & innocenter iurarent, illæsos & igniti ferri massas sustinere, & supra ignem impune incedere. atque alius in fœderationibus, alius in coniurationibus, alius in iuramentis omnino ritus seruabatur. Deinde accidit vt Paris cum viginti triremibus legatus, missusq; ad repetendam Hesionen, quam Telamon occiso patre eius Lacedæmone rapuerat, nauigarit: qui à Menelao in hospitium perbenigne acceptus est, cui Helenæ nuptiæ contigerant. Verum cum re infecta redire oporteret, ille neglecto iure hospitij, & Menelai amicitia dicitur illam meretriculam Helenam cum magna nummorum, regiæque supellectilis copia abstulisse, vt scripsit autor Cypriorum carminum, & Herodotus in Euterpe. Idem tamen in Clio non ad repetendam Hesionen Alexãdrum nauigasse inquit, sed exemplis superiorum temporum inuitatum, quod Io Græcis Aegyptij, Græci Aegyptijs Europam, & Medeam Colchis impune rapuissent, quas repetentibus non reddiderunt, eò consulto ad rapiendam Helenam nauigasse, quod innuit Ouidius in his carminibus:

Nomine ceperunt Aquilonis Erechthida Thraces,
　Tuta tamen bello Bistonis ora fuit,
Phasida puppe noua vexit Pagasæus Iason,
　Læsa nec est Colcha Thessala terra manu:
Te quoque qui rapuit, rapuit Minoida Theseus,
　Nulla tamen Minos Cretas ad arma vocat.
Nec venio Graias veluti speculator ad vrbes,
　Oppida sunt regni diuitiora mei.
Te peto, quam pepigit lecto Venus aurea nostro.
　Te prius optaui, quam mihi nota fores.

Sic enim fit plerunque vt impunitas peccatorum sit pro exemplo & incitamento ad cætera flagitia suscipienda. At Diognetus in rebus Smyrnæis non legatum

iusse

iuisse Alexandrum inquit, neque commotum fu'sse superiorum exemplis, sed Veneris monitu, cuius etiam consilio Harmonidas, vel, vt placuit Andr ætæ, Phereclus nauem illi fabricauit, illuc concessisse scribit, quam vbi primum Alexander vidisset in eius desiderium incidisse memorat. alij dixerunt raptam fuisse Helenam à Paride cum inter Bacchas in litore maris Ino sacrificaret, quam deportauit in Aegyptum, atque ibi primum cum illa congressus sit. Fama est igitur Paridem cum hac in Aegyptum nauigasse, quia timebat ne se Menelaus cum Lacedæmoniorum classe insequeretur: atque cum eo appulisset ad Canopicum Nili hostium templum Herculis in litore inuenit, in quod siquis seruus cum quibusdam ceremonijs confugisset, à nemine violari fas erat. eo in loco Alexandri facinus à seruis ad sacerdotes deferentibus grauiter tulerunt primum iniquitatem iniuriæ, qua Menelaum affecerat: deinde legatione Memphim ad Proteum de illa re missa, iussi sunt serui Alexandrum vt iniqua conatum comprehendere, & ad Proteum adducere. Hunc conuitijs insectatus Proteus incolumem quidem dimisit cum socijs, at vxorem Menelai, & diuitias apud se retinuit vsque ad Menelai aduentum, iussitque intra triduum Alexandrum abesse ex vniuerso Aegyptiorum agro. Sunt qui dicant hinc Alexandrum nulla re sibi ablata Troiam confugisse, inter quos fuit Duris Samius: alij cum Idolo Helenæ in patriam reuertisse aiunt, vt sensit Euripides. Neque defuerunt sanè, qui Alexandrum statim in patriam rectà redijsse memorent, legationesque Græcorum ad res repetendas missas neque auditas quidam fuisse à Troianis. Fama est semel tantum in agro Atheniensium Alexandrum cum Helena congressum fuisse, cum tamen Bunichus, & Corithus, & Aganus, & Idæus nati fuisse dicantur ex Helena & Paride. alij dicunt in Cranae, quæ vna est Sporadum, Paridem congressum fuisse, quæ insula postmodo Helene ab illa vocata fuit atque cum Paris ab inuita, & prope per vim extorsisset, quam iam pœnituerat maritum reliquisse, dicitur ex eius lachrymis nata esse herba Helenium vocata, quæ si in vino bibatur à mulieribus creditur Venerem excitare, & inducere hilaritatem vt scripsit Alexander Cornelius in rebus Phrygijs. Et quamuis virgo à Theseo restituta dicatur Helena suis fratribus, non defuerunt qui Hermionem eius & Thesei filiam putarint, & vt credidit Duris, Iphigeniam. Huic præterea Nicostratum nonnulli, & Ephiolam, & Menelaum filios tribuerunt. Sed quoniam sceleratæ vitæ finis rarò felix esse consueuit, fama est Helenam denique mortuo Menelao à Nicostrato & Megapenthe filijs è domo ob superiorem vitæ turpitudinem eiectam sese Rhodum ad cognatam suam Polixo vxorem Tlepolemi contulisse, quæ per id tempus illi insulæ imperabat, verum quia Tlepolemus adulterij Helenæ causa in bello Troiano occisus fuisset, eam cædem mariti sui vlcisci cupiens in Helenam se lauantem ancillas cum furiarum ornatu immisit, quæ illam comprehensam, & arbori infelici suspensam laqueo demum necarūt, vt scriptum fuit à Pausania in rebus Laconicis. Sic & ipse Alexander postea imbellis & pernitiosus patriæ suæ ciuis extitit, vt demonstrauit Home. lib. 3. Iliad. Hic, vt prædictum fuerat à coniectoribus, vniuersæ Græciæ arma in se, suosque ciues concitauit, hic patriam suam, regnumque potentissimum & antiquissimum Asiæ propter libidinē funditus euertit, hic denique è Lemno insula accitus trucidatur: quæ omnia calamitatum genera sibi prædicta fuisse à Nereo testatur Hora. libro 1. Carminum. Hæc partim historice, partim fabulose narrantur, quæ de Paride memoriæ sunt prodita. ¶ Hanc fabulam confictam fuisse de generatione rerum naturalium antiqui nonnulli sunt commenti: nam Pelei & Thetidis nuptiæ quid aliud significare possunt, quàm ex aquæ terræque mistione adiuuante calore omnia naturalia corpora procreari? Est enim πηλὸς cœnum, ac limus, Thetis vero aqua, vt dicetur postea. Ad horum duorum mistionem, tanquam ad nuptias, omnes Dij conuenerunt: quoniam nihil è sola materia sine artifice confici potest. Siue enim mortales brutorum, siue immortales hominum animæ sint corporibus inserendæ, cum imperent omnino etiam in brutis quodammodo corporibus, ex nobiliore quodam loco quam sint ipsa elementa, ipsas ducere par est, siue enim ex aere, siue ex igne, siue è cœlestibus corporibus anima mortalium deducatur, siue ex his omnibus: siue sit harmonia quædam ex æquabilitate temperamentorum, siue his omnib. nobilius quiddam, at ignotum, omnino illam a Dijs omnibus concedi corporib. dixerunt, & è singulis cœlestibus virtutibus proprias quasdam vires assumere. Inde dicti sunt omnes Dij ad nuptias Pelei & Thetidis conuenisse. Hinc absuit Discordia sola ex omnibus Dijs, quia nisi per amicitiam res conseruari non possunt, quæ etiam quanto magis inter se conueniunt temperaméta, tanto magis vigent ac florent. Cum vero Discordia, viriumq; naturalium inæqualitas accesserit, tunc non solum temperamentum perit, sed etiam tota compositio labefactatur: vt enim amicitia generationis, ita discordia & litigium principium corruptionis est. Quid aliud ad naturam pertinens in his contineatur, non video, quare ad mores reliqua pars spectat huiusce fabulæ. Hanc eandem fortunam ciuitates, & imperia, & nationes experiuntur, quam etiam singula naturalia corpora, quæ per discordiam funditus euertuntur. Est autem inter has tres Deas semper ferè discordia, & contentio, Palladem, Iunonem, Venerem: quippe cum molestum appareat ciuitatibus id, quod plerunque accidit: vt imperiti & stulti, & peritis & sapientibus dominentur: vt inopes opulentis, inter quos naturalis est prope discordia: vt libidinosi & impuri, viris bonis & temperantibus imperent. nam, vt res omnes hæ vni adsint, vt idem sapiens sit scilicet, & temperans, & opulentus, est vna rerum omnium quàm difficillima, quod si contigerit, nemo illius imperium feret inuitus. Quod autem non vera, sed ficta sint quæ de iudicio Paridis tradita sunt, vel muliercula illa non credit apud Ouidium quæ ita inquit:

Credere vix equidem cęlestia numina possum
Arbitrio formam supposuisse tuo.

Vt igitur ad Imperatorias virtutes homines regnaturos inflammarent antiqui, hanc fabulam confinxerunt: per quam temperantem esse & sapientem & fortunatum illum oportere dixerunt, qui sit cæteris hominibus dominaturus: quippe cum Paris spreta sapientia ac opibus per lasciuiam imperium perdiderit. quod sine illarum Dearum ope conseruari minime poterat. Nam cum alij alio studio magis oblectentur, illa animi appetentia Paris à quibusdam dicta est. Huic Deæ illæ datæ sunt iudicandæ, atque omnes dignæ, quæ vincerent, videbantur, quamuis Iuno regnum, sapiẽtiam Pallas, pulcherrimam mulierem Venus adpromitteret vt victoriam ex eo certamine reportaret. Verum quis sanæ mentis pro potentia, magistratibus, honoribus scortum fœdissimum elegerit? aut quis pro sapientia diuinissimo Deorum munere libidinem, nisi impurus, complectatur? aut qui id fecerit, quo pacto non & sceleratus & pernitiosus patrię suę ciuis alitur? quod hospitium non hic violare poterit? at cui non datum est hoc iudicium? nemo nostrum est per Deos immortales qui Paridem suo iudicio non damnet: nemo prope rursus est, qui tam turpe Paridis iudicium non imitetur. Hac proposita Paridis turpitudine fecerunt antiqui, vt nos ipsos dementiæ condemnaremus: est enim Venus, quam tanti fecit Paris, nihil aliud, quàm dementia, vt nomen ipsum significat, sicut testatur Euripides in Troadibus his versibus:

τὰ μῶρα γὰρ πάντ᾽ ἐστὶν ἀφροδίτη βροτοῖς.
καὶ τοὔνομ᾽ ὀρθῶς ἀφροσύνης ἄρχει θεᾶς.
Vbique stulta sunt Venus mortalibus,

Recte-

Recteque nomen cœpit à dementia.

Preclare sanè factum est ab ipsa natura, vt breue tempus libidini iniunxerit: nam si amplius spatium sit voluptatibus iniunctum, crudelissimos, & maxime omnium belluarum furiosos homines experiremur. Ac de Paride satis, nunc de Actæone dicamus.

De Actæone. Cap. XXIIII.

NEque leue sanè supplicium Actæonem subiisse memorant, quod nudam Dianam intueri ausus sit: tantum honorem Diis immortalibus deberi significabat. Fuit hic, vt scripsit Zezes hist. 61. chil. 6. Autonoes Cadmi, & Aristei filius: qui cum mirum in modum venatione delectaretur vtpote à Chirone educatus, vt ait Apollodo libro secundo, fertur super saxo quodam defessus dormire solitus quod fuit non procul à Megaris Plateam contendentibus, quod etiam Actæonis saxum vocatum fuit. Scripsit Pausanias in Bœoticis Actæonem in fonte illi saxo proximo se lauantem Dianam vidisse, quod illa moleste ferens, rabiē canibus Actæonis immisit, vt illum laniarent. Eam fabulam multis verbis complexus est Ouid libro 3. Metamorph. qui non super saxo illum dormire solitum scribit, sed in sepulunca quadam fonti illi propinqua Illa de causa dictus est fuisse in ceruum conuersus, & à suis canibus in Cithærone laniatus, quos multos assiduè in feras nutriebat, vt significauit Eurip. in Bacchis hoc pacto:

ὁρᾷς τὸν ἀκταίωνος ἄθλιον μόρον,
ὃν ὠμόσιτοι σκύλακες ἃς ἐθρέψατο,
Διεσπάσαντο κρείσσον' ἐν κυνηγίαις.

Num cernis Actæonis improbam necem?
Canes voraces, ille quas nutriuerat,
Nam dilaniauere optimum venatibus.

Nomina vero canum, à quibus Actæon fuit laniatus, nihil aliud quam vel colores corporum, vel sagacitatem significant, quæ conuenit canibus, hæc autem sunt: Melampus, nigros habens pedes. Ichnobates, per vestigia sequens. Pamphagus, omnia comedens. Dorceus, perspicax. Oribasius, montiuagus. Nebrophonus, hinnulos occidens. Lælaps, procella. Theron, ferus. Pterelas, alatus. Agre, inquirens. Hylæus, syluestris. Nape, saltus perertans. Pœmenis, pastorum canis Harpyia rapax. Ladon, hinnulo similis. Dromas, cursor. Canache, fremens. Sticte, picta. Tigris, fera. Alce, robusta. Leucon, albus. Asbolus, fuliginosus. Lacon, reboans. Aello, procellosus. Thous, celer. Cyprius, libidinosus. Lycisca, lupina. Harpalus, rapax. Melaneus, niger. Lachne, hirsuta. Labros, rapidus. Agriodos, agrestibus viis aptus. Hylactor, latrator. Nā omnino canes quinquaginta Actæonis à nonnullis commemorantur. Alii dixerunt Actæonem cerui pelle à Diana tectum laniatum fuisse à canibus ad eum lacerandum incitatis, ne Semelen vxorem duceret, cuius sententiæ fuit Stesichorus Himeræus. vel, vt voluit Acusilaus, quia illam compressit. Alii Actæonem non versum in ceruum, neque cerui pelle tectum fuisse arbitrantur, sed opinionem canibus immissam, vt feram putarent, quod attigit Ouid. his carminibus:

Testis & Actæon, quondam fera creditus illis,
Ipse dedit lætho cum quibus ante feras.

Neque vero vnus tantum fuit Actæon, vt ego quidem censeo, sed alter à canibus laniatus: alter à Bacchis discerptus: de quo ita sententia extat enaratoris Apollonii, Melissus, quia Corinthios à Phidone Argiuorū Rege, à quo euertēdi erāt, liberauit, & protexit. ob singulare beneficiū insignes honores cōsecutus fuit.

Acci-

Accidit aliquando vt Bacchiades domum huius inuadentes filium Actæonem distraxerint vel repugnantibus parentibus. Cum vero celebrāda essent Isthmia, Melissus ad aram accedens multa imprecatus est Corinthiis, nisi filii sui cædem vlciscerentur: cum illa dixisset, se de propinquo præcipiti loco deiecit. At Corinthii cum timerent magnopere si inultam cædem illam reliquissent Actęonis, tū etiam multo magis ita iubente oraculo, Bacchiades è sua regione eiecerunt. Eodem tempore vnus Bacchiadum Chersocrates Corcyram extruxisse fertur expulsis Colchis, qui ibi habitabant, quo se omnes Bacchiades receperunt. ferunt Aristæum superioris Actæonis patrem tam grauiter tulisse mortem filii, vt Bęotiæ atque vniuersę Græciæ indignatus continuo è Græcia in Sardiniam migrauerit. verum cur hæc vt admirabilia, & sempiterna memoria digna trāsmissa sunt ad posteros? ¶ Ego sanè ex historia ad morum informationem itum esse arbitror. quid enim prohibet cum Sol Leonem signum ingressus fuerit, Lunę vi aucta in eodem signo rabiem canibus natam esse per dies Caniculæ præsertim? aut canibus rabie exagitatis quæ vis, quæ ratio, quæ cognitio potest resistere, quo minus vel in dominū sæuiant? fuerunt qui putarint Actæonis facultates per canū rabiem, aut per iratam venationum deam insulse dissipatas significari: quia canes non Actæonem, sed eius opes laniauerint: quod quidem perridiculum mihi videtur. non enim ad uenationem hortari posteros, vel retrahere consilium fuit antiquis, *sed minus rectos mores emendare.* Per hanc igitur fabulam nos ad beneficia in viros bonos conferenda adhortabantur, ac retrahebant à benemerendo de ingratis & immemoribus acceptorum hominibus: quod etiam videtur significasse Theocritus in eo versu:

τρέφε κύνας ὥστε φάγοντι. nutri canes vt tę edant.

Omnium sanè beneficiorum optimum est illud, quod apud virum bonum & memorem & gratum collocatur: quod vero in maleficum & ingratum collatum est, omnino male collatum fuit: quippe cum improbi homines, ne parem gratiam referre cogantur, sæpius pro acceptis beneficiis simultatis causas aucupentur, seque vel quauis leuissima de causa iratos fingant, vt sic deletū appareat quidquid in eos collatum sit. Vt prudētiores igitur essemus in cōferendis beneficiis, ne honori, facultatibus, vitæque nostræ insidiatores nostris sumptibus aleremus, rationem conferendorum beneficiorum nos antiqui docuerunt: quippe cum beneficium viro bono facere, sit prope accipere, atque hæc nonnulla pars est Iustitiæ vt traditū est in officiis. Admonemur pręterea per hanc fabulam, ne simus nimis curiosi in rebus nihil ad nos pertinentib. quoniam multis perniciosum fuit res arcanas aliorum cognouisse, aut principum ciuitatum, summorumque virorū, aut Deorum præcipue, quorum vel aliqua minima suspicio arcanorum conscium facile potest opprimere. atque vt summatim dicam, eas fabulas, quas insulsi & imperiti plerique aniles nugas tantum esse crediderunt, ad posteros tradiderūt antiqui, vt per illas nos à temeritate, crudelitate, arrogantia, libidine, illigitimisque facinoribus retraherent, & ad humanitatem, prudentiam, beneficentiam, integritatem, temperantiamque adhortarentur: & vt humanam vitam denique omnem in melius informarent.

NATALIS

NATALIS COMITIS MYTHOLOGIAE,

LIBER SEPTIMVS.

Quàm iustè & vtiliter viri illustres gloriam sint consecuti.

NVlla neque sanctior lex, neque praeclarius institutum esse potest Illustrissime Campeggi, quam illud, quod digna virtutibus praemia, & flagitiis singulis supplicia proponit: siquidē aequum est, non solum vt à flagitiis retrahantur, verumetiam ad virtutem, & ad praeclara facinora incitentur animi mortalium, ne desides ac segnes vitam hanc obscure transigant. Hęc vna res Herculem, caeterosq; Heroas illustres ita ad labores, omniaque pericula fortiter subeunda impulit, vt nihil neque tam horrendum, neque tam arduum fuerit, quod labore & patientia non fuerit superatum. Nam & latrones de medio sublati, & inferi aditi, & monstra horribilia perdomita, & crudelitas tyrannorum repressa atque extincta propter pręmia virtutis dicuntur. est autem praeclarum virtutis pręmium, gloria: quae animos mortalium ad insignia quaeque facinora mirifice stimulis impellit: facitque vt difficilia & periculosa & ardua omnia, leuia & plana & facillima videantur. Neque vlla ciuitas, nullum imperium, nulla natio denique potens ac diuturna esse posset, quae cum certa supplicia flagitiosis statuerit, mox nullam habeat virorum bonorum rationem: quippe cum illa sola felix futura sit, quae ad bonos honores & magistratus detulerit. id quae fecerit, tanto erit caeteris ciuitatibus praestantior ac felicior, quanto magis in hoc agēdo fuerit studiosa. Satis eius, quod dico, praeclarum erit argumentum Romanorum imperium ad viros bonos vel exteros sępe delatum, atque Athenienses etiam multos viros bonos externos saepius summae reip. pręfecerunt. At contra ciuitas illa, quae non nisi suis patet ciuibus, quae fores in perpetuum occlusit exterorum virtuti & fortitudini, quae nulla etiam habita ratione probitatis inter suos ciues, ad quos suis vel improbos magistratus detulerit: quae sceleribus poenas, at nulla pręmia virtuti, vel etiam paruas poenas interdum improbitati, proponit: quo pacto non & segnitiae & libidini dedita esse potest? quo pacto non stultorum ac scelestorum hominum fiet iniquissima tyrannis? quo pacto non immemor acceptorum beneficiorum, aut etiam ingrata? quo pacto non inter scorta consenescat, & marcescat in otio? fieri enim non potest vt animus hominum nihil agat, qui nisi honestis exercitationibus teneatur, ad turpia quęque & impura studia deferatur necesse est: nam vbi fores occlusae sunt virtutibus, illae necessario patent vitiis & sceleribus: cum aliquid omnino sit agendum.

De Hercule. *Cap.* I.

NEque aliud sanè quidquā Herculem omnium monstrorum, latronum, maleficorumque hominum domitorem & euersorē praeter gloriam virtutis illu-

illustrauit: qui tantum nominis & gloriæ apud omnes homines consecutus est, quantum nulla ætas vnquam delere possit; cuius in honorem templa, altaria, ceremoniæ, sacerdotes fuerunt instituti, quod illi neque nobilitas generis, neque sola vis corporis, neque amplissimum imperium, sine sapientia, animique magnitudine concedere poterat. fuit Hercules Iouis & Alcumenæ filius, vt testatur Orpheus in Argonaut. his carminibus:

Πρῶτα δὲ οἶδα βίην ἡρακλῆος θείοιο,
ὃν τέκεν ἀλκμήνη ζηνὶ κρονίωνι μιγεῖσα
ἦμος ὅτε τρισσὴν μὲν ἐλείπετο σεῖο σ' αἴγλην
ἠέλιος, δολιχὴν δ' ἐπεμαίετο πάντοθεν ὄρφνη.
Hic prius Herculeum robur mihi cernitur: olim
Hunc Alcmena Ioui peperit coniuncta superno.
Cum latuit Phœbus longas tres ordine noctes
Continuas: caruitque die sol, lumine soles.

Aiunt enim Alcmenam Thebani Amphitryonis fuisse vxorem, qui cum aduersus Teleboas Aetoliæ populos militaret, & exercitum duceret: quia ita nubenti Alcmenæ promiserat, quod fratris eius cædem vlcisceretur, huius captus amore Iupiter sumpta Amphitryonis forma, vt ait Plautus in Amphitryone, domum ante diem ingressus, illa per fraudem, ne vim inferet, potitus est. Nam Teleboæ Taphum insulam vnam Echinadum incoluerunt, qui, prius habitabant Acarnaniam. hi cum essent rapacissimi, omnibusque infesti Argos profecti Electryonis patris Alcmenæ boues abegerunt, qua ex re orto prælio & ipse Electryo & eius filii in ea pugna ceciderunt. etenim vt scriptum fuit ab Herodoro, qui bellum illud descripsit, quatuor filii ex Andromeda Perseoque nati sunt; Sthenelus Mestor, Alcæus, Electryo, qui communi imperio post Persei mortem regnarunt. E Mestore nata est Hippothoe, de qua & Neptuno Pterelas, de quo Teleboas & Taphus. Quidam ferunt bellum exortum inter hos fuisse, quia Teleboæ vi sortem auitam ab Electryonidis repeterent, cum illam iure assequi non possent. atque cum ex Amphitryone pregnans esset Alcmena, tamen, vt ex se etiam conciperet, dicitur Iupiter tres noctes in vnum coniunxisse, quod spatium totum in exprimendo Hercule absumpsit, non enim sat erat spatii nox vna tantæ plantandæ arbori. Deinde cum negligentius exceptus fuisset reuersus Amphitryo, caussam percunctatus est ab Alcmena, audiuit priore nocte sui similem domum adiuisse: tum intellexit à Tiresia Iouem cum Alcmena, cōcubuisse, vt testatur Atheniensis Apollod. libro 2. natus est igitur Thebis Hercules Ioue patre matre Alcmena, vt testatur Hom. in hymno in Herc. hoc pacto:

ἡρακλέα Διὸς υἱ' ὃν ἀείσομαι, ὃν μέγ' ἄριστον
Γείνατ' ἐπιχθονίων Θήβης ἐνὶ καλλιχόροισιν.
Ἀλκμήνη, μιχθεῖσα κελαινεφεῖ κρονίωνι.
Alciden canimus natum Iouis, edidit illum
Præstantem virtute viris mortalibus: arcte
Magno Alcmena Ioui coniuncta in amore superno.

Dixerunt tamen poetæ Herculem filium etiam Amphitryonis, vt ait Euripi. in Hercule insano:

τίς τὸν Διὸς σύλλεκτρον οὐκ οἶδε βροτῶν
Ἀργεῖον ἀμφιτρύων', ὃν ἀλκαῖός ποτε
ἔτικτεν ὁ Περσέως, πατέρα τόνδ' ἡρακλέος.
Cui non Iouis riualis est mortalium
Auditus Amphitryo, satus de Persei
Alcæo, & almi qui fuerit pater Herculis?

Ha-

Habuit Hercules fratrem natum eodem partu Iphiclum vna nocte iuniorem, sororem vero Laonomē, quam Polyphemo nupsisse memoriæ proditū fuit. Cuius mirificam celeritatem pedum descripsit Orpheus in sacro sermone, & incredibilem leuitatem in his carminibus:

οὐδὲ μὲν οὐδὲ θεοὺς φεύγοις οὐκ ἔργα ῥέζων.
οὐδ' ἦν Ἰφίκλοιο θοώτερος αὐδάζοιο.
ὅς καὶ ἀνθερίκεσσιν ἐπέτρεχεν, οὐδ' ἔτι καρπὸν
Σίνετ' ἀλλ' ἄσυρα γυῖα φέρων ἐπὶ λήϊον αὖοι.
Non poteris fugisse Deos qui turpia patrat,
Sit licet Iphiclo multo velocior ipso.
Qui super extremis segetum currebat aristis,
Nec siccos fructus lædebat pondere plantæ.

Scriptum reliquit Pauſ. in Bœoticis Iunonem odio pellicis Alcumenæ commotam, cum sciret instare tempus prope pariēdi, mulieres veneficas immisisse, quæ partum impedirent. fertur eo tempore Historis Tiresiæ filia veneficas illas astutia elusisse: nam è loco quodam, vnde illę facile audire possent exclamauit; Alcmenam peperisse: ea voce illæ deterritæ ac deceptæ statim abierunt, quare Alcmena illico enixa est. Alii diuersam ab hac rationē tradiderūt, quippe qui nō impeditam fuisse dicant à Iunone Alcmenam quominus pareret: sed cum nonum mensem ageret Hercules in vtero matris, & septimum Eurystheus Steneli filius, fama est iurasse Iouem alterum horum alteri imperaturum, atque ad illum pertinere imperium, qui prior natus eodem die fuisset. Id cum sensisset Iuno septimestrem Eurystheum ex vtero matris exire fecit, at Herculis ortum in primum diem mensis decimi vsque prorogauit, vt ait Theoc. in paruo Hercule:

Ἡρακλέα δεκάμηνον ἐόντα ποκ' ἁ μιδεᾶτις
ἀλκμήνα, καὶ νυκτὶ νεώτερον ἰφικλῆα.
Alciden decimo prognatum mense, decora
Alcmena, atque vna iuniorem nocte Iphiclum:

Eumolpus autem ille, qui librum de mysteriis composuit, scripsit Herculem primum quidem fuisse inuisum Iunoni propter matrem pellicem, at placatam fuisse à Pallade, cuius etiam hortatu Iuno Herculi lac præbuerat paruulo, eumque fecerat immortalem. Huic eadem, nocte, quæ secuta est primum natiuitatis diem, Iuno sub mediā noctē duos ferocissimos angues immisit, a quibus ictus nemine præscio interiret: sed Hercules dicitur ambabus manibus illos apprehēsos ita constrinxisse, vt illæsus statim hos compresserit, vt ait Ouid. in Deianira:

Te ne ferunt geminos pressisse tenaciter angues,
Cum tener in cunis iam Ioue dignus eras?

Quod etiam Theocritus planius expressit in paruo Hercule hoc pacto:

ἆμος δὲ στρέφεται μεσονύκτιον ἐς δύσιν ἄρκτος
ὠρίωνα κατ' αὐτόν, ὃ δ' ἀμφαίνει μέγαν ὦμον
τᾶμος ἄρ' αἰνὰ πέλωρα δύω πολυμήχανος ἥρη
κυανέαις φρίσσοντας ὑπὸ σπείραισι δράκοντας ὦρσεν
Sub mediam noctem quando Vrsa illabitur vndis
Oriona prope, isque humerum cum protulit altum,
Ingeniosa duos immisit Iuno chelydros
Tergoribus nigris, spirisque ingentibus atros.

Deinde exequitur quo pacto Hercules sine lacrymis & intrepidus ambos illos compresserit. Apollodorus tamen libro 2. iam octo menses natum Herculem inusitatæ magnitudinis angues à Iunone immissos cōpressisse memorat. Alij vero inter quos fuit Pherecydes, hos angues non à Iunone sed ab Amphitryone immissos tradiderunt, vt experiretur vter esset Iouis filius, atque Iphiclem territum cum eiulatu aufugisse, Herculem illos comprehensos suffocasse. ceterum vbi Pallas ad Iunonẽ accedẽs persuasisset vti mammã præberet infanti, cum puer supra etatẽ violentius sugeret aiunt Iunonem indoluisse, ac puerum proiecisse. alii dicunt quod cum Hercules lac retinere non posset, illud in cęlum deciderit, ac fecerit viam lacteam inde vocatam. alii tamen dicunt istud accidisse quo tempore lac in saxũ expressit vt iussa fuerat, quod obtulit Saturno, quod alii de Mercurio dixerunt, quam opinionum de via lactea varietatẽ ita mirificè attigit. Marcus Manilius in his:

Nec mihi celanda est formæ vulgata vetustas,
Mollior è niueo lactis fluxisse liquorem,
Pectore reginæ Diuum, cœlumque liquore
Infecisse suo: quapropter lacteus orbis
Dicitur, & nomen causa descendit ab ipsa.

Deinde cum Hercules adoleuisset, iaculandi artem fuit à Teutaro Scytha pastore, vt ait Isacius, edoctus. alii à Rhadamantho hanc artem illum didicisse malunt, alii ab Amphitryonis pastoribus, alii à Chirone & Thestiade: cum tamen Theocritus ab Euryto quodam edoctum iaculandi artem scribat, vt sensit etiam Apollodorus. à Lino Apollinis filio literas didicit, vt fama est: musicam ab Eumolpo: luctam & artes cæteras ludicras ab Harpalyco Mercurii & Phanopes filio, velut sensit Apollodorus, ab Autolyco currus agitare, & equitandi peritiam ab ipso Amphitryone percepit. qui fuerint magistri in singulis facultatibus, testatur Theocritus in his:

γράμματα μὲν τὸν παῖδα γέρων Λῖνος ἐδίδαξεν,
υἱὸς ἀπόλλωνος μελεδουεὺς ἄγρυπνος ἥρως.
τοξόν δ' ἐντανύσαι, καὶ ἐπίσκοπον εἶναι ὀϊςῶν
εὔρυτος ἐκ πατέρος μεγάλαις ἀφνειὸς ἀρούραις.
αὐτὰρ ἀοιδὸν ἔθηκε καὶ ἄμφω χεῖρας ἔπλαξε
Πυξίνα ἐν φόρμιγγι φιλαμμονίδας εὔμολπος.
ὅσσα δ' ἀπὸ σκελέων ἑδροστρόφοι ἀργόθεν ἄνδρες
ἀλλήλους σφάλλοντι παλαίσμασιν, ὅσσα τε πύκται
Δεινοὶ ἐν ἱμάντεσσιν ἅτ' εἰς γαῖαν προπεσόντες
Πύγμαχοι ἐξεύροντο παλαίσματα σύμφονα τέχνῃ,
Πάντ' ἔμαθ' ἑρμείαο διδασκόμενος παρὰ παιδὶ
Ἀρπαλύκῳ φανοπῆς.

Hunc Linus edocuit sapientum scripta priorum
Peruigil, & claro Phœbi de semine natus.
Flectere ab arte arcus, emittere & arte sagittas
Edocuit diues patriis hunc Eurytus agris.
Eumolpus vocem formauit, finxit & idem
Ad citharam digitosque rudes, dextramque tremendam.
At quæcunque fuit membrorum ars apta palestræ,
Qua strauere viros, & decepere vicissim:
Quę foret ars pugilum, & grauibus decernere loris,
Quæque graues pugiles reperere ex arte dolose,
Hæc a Mercurii doctus de sanguine creto
Harpalyco, Phanopesque.

Fertur Linum cithara percussum interemisse, quia ab illo vapulasset, cuius etiam cædis causam dixit adhuc puer. In Astronomicis autem rebus magistrum habuit virum sapientissimum ac optimum Chironem. alii dicunt à Castore armatum pugnare didicisse: quare omnibus ingenuis artibus a singulis in quauis facultate præstātibus hominibus fuit institutus. Hercules insigni corporis magnitudine ac proceritate fuisse dicitur: quippe quem scripserit Heraclides Ponticus quatuor cubitorum & vnius pedis longitudinis fuisse. Ion præterea Chius & Herodorus in Oedipode Herculem tres dētium ordines habuisse memorat, igneumq; splēdorē ex oculis effudisse, vt ait Zezes histo. 104. chil. 3. Hercules, cum natus esset ea lege, vt Eurystheus Steneli & Archippes filius fraude Iunonis prior natus illi imperaret, iussus est omnia, quæ vbique pericula horrenda viderentur subire, vniuersumq; terrarum orbem monstris horrificis expurgare. Primum igitur omnium laborum Herculi fuisse memorant leonem Cithæroneum: nam cum puer adhuc esset Hercules, ætatisque suæ annum decimum sextum, vel, vt alii maluerunt, decimum octauum ageret, essetque missus ab Amphitryone ad armentorum custodiam, ne bis in magistrum peccaret, leonem interfecit, inuulnerabilē qui vt ferunt de lunæ circulo descenderat, atque qui in sylua Nemea vagabatur, quæ fuit inter Phliuntem & Cleonas, cum armenta sua laniaret. memoriæ prodidit Chrysermus lib. 2. rerum Peloponnesiacarum Iunonem supplicium de Hercule sumere volentem Lunam in auxiliū acciuisse carminibus magicis vsam quæ cistam spuma impleuit, è qua natus est hic leo. hunc Iris in gremio stringens in mōtem Opheltā deportauit, a quo eodem die Apæsantus pastor fuit dilaniatus, vt ait Demodocus in rebus Heracleæ. Erat omnino leonis illius pellis nullo ferro penetrabilis, sicut Iuno instituerat, quæ implacabili odio Herculē insequebatur. In hunc Hercules multas sagittas frustra coniecit, neque læsit omnino: mox cum ad clauam ventum esset, quæ multo ferro erat grauis: vt Socrates scripsit ad Idotheum, vt vero sensit Pisander, tota erat ferrea. & illa crebris verberibus comminuitur. Deinde leonem nudis manibus apprehensum vnguibus dissecuit, atque ita occisi vnguibus pellem detractam inuulnerabilem pro scuto in posterum gestauit, vt testatur Euripid. in Hrcule insano:

> τὸ λῶΐ τε θηρὸς ἀμφιβαλὼν σῶ κάρα
> λέοντος, ὅπερ αὐτὸς ἐξωπλίζετο.
> Ferique pelle tu leonis induis
> Caput, fuit gestamen illud Herculis.

Quod factum est in monte exiguo Bœotiæ Teumesso nomine. Mansit postea illa consuetudo, vt multi heroes pellibus pro scutis vterentur: nam & Theseus, & Ancæus, qui fuit cum Argonautis, & Argus, & alii complures pellibus pro scutis vsi sunt, vt est apud Apollonium multis in locis, quod fiebat ad Herculis imitationem. fuerunt autem tres leones ab Hercule superati, Heliconius, Lesbius, Nemæus. Cum Thespius Rex Bœotię famā rerum ab Hercule iam gestarū percepisset, putauit suis rebus optime fore consultum, si cum quinquaginta filias haberet, totidem præstātes robore corporis, & animi sapientia filios ex illo susciperet. quare Herculem ad conuiuium inuitauit, & perbenigne, magnificeque exceptum ita demum ebrium fecit, vt omnes quinquaginta filias eadem nocte vitiarit. præter vnam, quæ vt testatur Paus. in Bœoticis, perpetuum sibi sacerdotiūm potius indixit. Ierunt singulæ earum mares filios peperisse, præter maioris & minoris ętatis duas, quæ geminos pepererunt. Fuerunt qui dixerint singulas singulis noctibus cum Hercule concubuisse, quod sane neque admirabile esset, neque prorsus incredibile, non tamen Hercule dignum: cum quidam adeo fuerint in Venerem propensi, vt vel septuagies rem absoluerint, vt ait Theophrastus in historiis plantarum. Cum celebritas nominis, & virtutis Herculeę gloria in dies cresceret, quia Hercules armis a Minerua captis Creonti Thebanorū principi

cipi opem tulerat, cæsisque Minyis & Hergino Thebanam vrbem obsidente liberauerat agrum Thebanum. Ab imposito per iniuriam tributo, vt scribit, istud fecit cum esset ephebus. nam missas ad exigendum tributum legationes mutilatas è regione eiecit. Petēte Hergino autorem iniuriarum admiratus est audaciā Creō, nā erat ad deditionē propēsus. at Hercules cohortatus coætaneos ad liberādam patriam, è sacris templis armaturam euulsit, quam antiqui appenderant in honorem Deorum, cum omnia arma priuata Minyæ ex vrbe sustulissent, ne Thebani bellum renouarent. cum Herginus cum copiis aduentaret ad vrbem illi occurrens ad quasdam angustias viarum fecit inutilem esse multitudinem copiarum hostilium, & Herginū trucidauit, & omnes prope eius copias profligauit. deinde repēte victoria vsus potitus est vrbe Orchomeniorum, & regiam Minyarum succendit, vrbemque funditus euertit. eius virtutem admiratus Creon Megaram filiam in matrimonium illi concessit, quare Eurystheus suspectam habens eius virtutem illum ad se accersiuit, & certamina imperauit. cum Hercules nollet parere, Iupiter significatum mittit ne mandata detractaret, atque ex oraculo quoque Delphico intellexit esse voluntatem Deorum vt certamina absolueret duodecim imperante Eurystheo. cum insignis mæror illum cepisset Iuno Insaniam quoque immisit, quare filios è Megara susceptos tanquam hostes iugulauit: post cum resciuisset à cōgressu hominum diu abstinuit. fama est igitur Herculem ante furorem siue insaniam filios Therimachum, Lamium, Creontiadem, & Deicontem suscepisse è Megara vt ait Apollodorus lib. 2. alii voluerunt filios fuisse Herculis Onitem, Democoontem, Temphrantem. Deinde Argos profectus est ad absoluenda mandata Eurysthei. Famam autem fuisse inquiunt, quo tempore Hercules ad inferos descendit, illum fuisse mortuum: quare cum rediisset, Lycum Thebarum Regē Megaram vxorē suam ducere conantem interemit. Ea de causa ob Iunonis inuidiam ira percitus in omnes filios suos, quos e Megara susceperat, sæuiit. Dixerunt quidam octo fuisse Herculis & Megaræ filios, in quos ille sæuiit, alii quatuor Herculis, at duos Iphicli, cum illi iuniorem filiam Creon coniunxisset. Ex insanientis Herculis furore composita est tragædia ab Euripide. Cum suos igitur, Iphiclique filios trucidasset, vel, vt alij mallunt, in ignem coniecisset, exilio solum vertit: deinde a Thestio expiatus Delphos se contulit, ac Deum percunctatus vbinam esset habitaturus, Pythia Tirynthem respondit oportere illum proficisci, Eurystheoque duodecim annos seruire, totidemque labores persoluere, atque iis peractis demum inter Deos immortales receptum iri. Vocatus fuit vero Hercules tum primum à Pythia, cum antea Alcides diceretur. Tirynthem igitur migrauit atque primum omnium quidam illi imperatum dicunt ab Eurystheo vt Nemeæum leonem inuulnerabilem occideret. (Nam superiorem Cithæroneum iidem fuisse, at non Nemeum putarūt, cum è Cithærone monte primum irruisset in armenta.) Fabulatus est Anaxagoras in Luna fuisse latam quandam regionem, è qua hic leo Nemeæus deciderit, cum solem etiam non minus stultè massam ferri igniti appellaret. est enim non ignobilis gradus stultitiæ vel si nescias quid dicas, tamen velle de rebus propositis hanc vel illam partem stabilire. Ille igitur frustra exhausta pharetra cū claua feram insecutus est, quę cum in speluncam aufugisset biforem, alterum ostiū occlusit, deinde brachiis circa collum coniectis, eo vsque astrictam tenuit, donec suffocauit, & supra humeros sumptam Mycenas asportauit. Cæterū cum in Lerna Argiui Mycenæique agri hydra insignis esse diceretur & magnopere formidabilis, quæ in palude lacui proxima versabatur, quæ plura capita haberet, vt scripsit Camirensis Pisander, iubetur Hercules ab Eurystheo illam interficere. Versabatur plerunque & educata fuerat sub platano quadam ibi amplissima ad fontem

tem Amymones, apud quem fuit etiam cæsa. Dicunt hanc hydram multa habuisse capita, siquidem Naucrates Erythræus septem, at Zenodotus Ephesius nouem, Heraclides Ponticus quinquaginta illa fuisse tradidit: quæ quoties vnum eorum cædebatur, priorum numerus duplicabatur continuo, nisi quis concisum reliquum colli thyrsum igni statim combussisset. Id cum cognouisset Hercules nulli diligentiæ aut labori pepercit in illa opprimenda. Asserunt eius hydræ venenum fuisse acutissimum, quippe cum sagitta illo veneno tincta Chironem prope subito interemerit, vel Polenorem centaurum, vt quidam maluerunt. Hunc aiunt vi doloris impulsum ad fluuium è Lapito monte Arcadiæ desluentem accurrisse: vt ibi vulnus lauaret, vnde postea teter odor dicitur flumini ex loto vulnere diu permansisse. Fuit enim hydra illa maleficum omnino & pestiferum hominibus animal: quippe quæ campestria omnia impetu facto deuastaret, & in pecora agrosque vicinos crudelissime sæuiret. Fabulantur Iolai opera auriga vsum fuisse Herculem. nam in curru eò accesserat, cum ingens cancer hydræ opem tulisset, quem Hercules conculcauit: nam ex accensa sylua propinqua accensos torres Iolaus ad Herculem attulit. Verum crediderunt hunc laborem, quia adiutus fuisset Hercules ab Iolao, nõ fuisse inter duodecim ab Eurystheo receptum. Deinde cum cerua quædam pedes æreos haberet, atque cornua aurea apud Oenonen Dianæ sacra, neque quispiam mortalium posset illam cursu comprehendere, habitaretque in Mænalo monte, iubetur Hercules illam Mycænas adducere. Sed cum neque occidere illam Hercules, vt Dianæ sacram, neque vulnerare vellet, annum totum currendo est insecutus: sed illa denique fessa in montem Artemisium confugit, & ad Ladonem amnem iam iam tranatura capta est, & Mycænas super humero deportata. Enimuero dicunt Eurystheum adeo fuisse virtute Herculis perculsum, vt dolium æneum sibi ad latibulum comparauerit, neque in vrbem Herculem admitteret, atque omnia monstra ante portam ciuitatis exponi statuit, atque per Copreum præconem omnia illa formidabilia imperauerit. Sunt etiam qui dicant Dianæ Taygetæ illam ceruam fuisse postea ab Hercule consecratam. Præterea cum ad cædendum aprum Erymantheum iussus proficisceretur, à Pholo hospitio perbenigne accipitur: qui vas etiam optimi vini in honorem hospitis aperuit: vt à Dionyso imperatum fuerat, tunc centauri mirabili odore vini concitati ad Pholum accurrentes in Pholum impetum faciunt vinum rapturi. Cẽtaurorum alij piceas cum radicibus euulsas pro armis habebant, alij saxa ingentia, alij lampades accensas, alij magnas secures. commissum est prælium. opem tulit Pholo Nubes mater multum imbrem offundens, ac viam lubricam fecit. Hercules opem ferens multos trucidauit, alios in fugam vertit, qui ceciderunt in acie centauri insigniores fuerunt, Dupon, Thereus, Hippotion, Melanchætes, Orius, Isoples, Daphnis, Amphiõ, Argius, Phrixus. Pholus tamẽ cæsos ob affinitatẽ sepeliuit, atq; sagittæ è vulnere cuiusdã ereptæ forte cuspide ictus, cũ sanari non posset, interijt, quẽ Hercules magnifice sepeliuit in monte Pholoe ab illo vocato. eo autẽ tempore Phocidis ager vniuersus ob iram Dianæ, quia Oeneus illam meritis victimarum honorib. priuarat ab apro insignis magnitudinis vastabatur, qui in Erymantho mõte Arcadiæ natus fuerat, quẽ Hercules à cẽtaurorũ cæde profectus, vinctũ ad Eurystheũ deduxit, cũ illum è quodã fruteto propter altã niuem defessum extraxisset. Post modo cũ Augias Rex Elidis ingens stabulũ triũ milliũ boũ, ꝙ erat fimo refertissimũ haberet, iubet Eurystheus Herculẽ hoc vno die purgare. Cum Hercules eo accessisset pactus fuit Augias se decimã partem omniũ animaliũ esse daturũ, si eodem die stabulũ illud purgasset: quod id fieri non posse vllo pacto videbatur. Deinde cum Augias pro purgato stabulo se mercedem daturũ negasset promisisse, ab eodem Hercule sagittis conficitur, filiusque Pyleus, qui Dulichium profugerat, quoniam iniquum esse facinus patris dixerat, in regnum patri adiuuante Hercule successit. Fuit autem Augias Solis filius, vt dicebatur, vt alij putarunt Neptuni, vt alij Phorbantis & Hirmines, vt alij Nyctei, alij Epochi, è cuius oculis radij solaribus similes effluere dicebantur. quamuis quidam putarunt post absoluta certamina duodecim Herculē bellū Augię intulisse, at non post factum continuo ob denegatam, retentamque mercedem. Augia vero cæso Hercules è spolijs Elidis certamina Ioui Olympico instituit, quæ Olympica appellauit: quæ quinto quoque anno agebantur, ipseque prior volentes omnes ad certamen prouocauit. Verum neque hunc laborem Eurystheus inter duodecim recepit, quia spe mercedis illum absoluisset. Deinde cum Hercules audiuisset iuxta Stymphalum Arcadiæ lacum, apud quē Iuno educata fuit, eratq; celebre Dianæ templū, aues esse, quæ humanis carnibus vescerentur, ad has cædendas iussus accessit. Fuerunt qui dixerint Stymphalides vocatas aues non à Stymphalo lacu, vel fluuio, vel palude Arcadiæ Stymphali, sed Heroe quodam Stymphalo, cuius & ipsius vxoris Aues vocatæ filiæ fuerunt, vt sensit Mnaseas. Has occidit Hercules quod ipsum hospitio non accepissent, acceptis tamen Molionibus. Alij & aues has fuisse memorant, & non sagittis cæsas, sed, cum iuberetur tantum abigere, crepitaculorum æneorum à Pallade acceptorum tinnitu ab Hercule exterritas in Aretiam insulam ex Arcadia conuolasse, vt sensit Pisander Camirensis, & Seleucus in miscellaneis, & Charon Lampsacenus. Has etiam Ploidas vocarunt, vt ait Apollonius libro secundo Argonaut.

> οὐδὲ γὰρ ἡρακλῆς ὁπότ' ἤλυθεν ἀρκαδίηνδε,
> Πλωΐδας ὄρνιθας συμφαλίδας ἔσθενε λίμνης
> ὤσασθαι τόξοισι, τὸ μέντ' ἐγὼ αὐτὸς ὄπωπα.
> ἀλλ' ὅγε χαλκείην παταγὴν ἐνὶ χερσὶ τινάσσων
> Δούπει ἐπὶ σκοπιῆς περιμήκεος. αἱ δὲ βέβοντο
> τηλοῦ ἀτυζηλῷ ὑπὸ δείματι κεκληγυῖαι.
> Sed neque vt Arcadiam petijt vis Herculis: arcu
> Ploidas inde lacu volucres Stymphalidas vlla
> Pellere vi potuit: nanq; hoc ego lumine vidi.
> Ast idem vt manibus crotalum pulsauit in alta
> Existens specula prospectans, protinus illæ
> Cum clamore procul linquentes litus ierunt.

Nam fertur crotalum illud, quo Stymphalides volucres exterruit, à Vulcano fuisse factum, quod Pallas eò adeunti Herculi concessit. Fuerunt sanè aues, quæ Stymphalides vocarentur in locis Arabiæ desertis nihil magis quàm leones aut pardi mites hominibus, siquidem vel ferro vel ære tecta corpora rostris percutiētes integumenta effringebant facillime, quare postea inuentus fuit cortex quo homines tecti si percuterentur rostris, illæ defixo rostro in illo libro, tanquam visco, aut aliqua tenacissima materia caperentur, vt ait Pausanias in Arcadicis. Fuerunt autem ibibus Aegyptijs persimiles, sed rostro rectiore ac validiore, corpore multo maiore. Hæ vocatæ sunt in Arabia etiam Stymphalides, ad earum formam fortasse, quæ aliquando in Arcadiam conuolarunt, & ab Hercule fuerūt repulsæ. Memoriæ prodidit Timagetas Stymphalides illas, quæ repulsæ fuerunt ab Hercule, alas & rostra & vngues habuisse ferreas, quas modò σιδηροπτέρους ferreis alis scilicet, modo σιδηρώνυχας hoc est vnguibus ferreis, modo σιδηρορύγχους rostris ferreis nominauit. Post fugam Stymphalidum tauri illius domandi & adducendi labor successit, qui fuerat Neptuni ira in Cretenses immissus, totamque Cretensium regionem populabundus vagabatur. Nam multa animalia

lia varijs temporibus ob iram Deorum Græciam inuaserunt magnitudinis & ferocitatis admiranda: sicut leo Parnasius & Nemæus, aper Calidonius & Erymanthius & Crommyonius. Fabulantur quod cum Minos toti mari, quod Græciam a luit, imperaret, nihilo maiorem honorem Neptuno, quam Dijs cæteris impartiuit: quaobrem iratus Neptunus taurum hunc ignem efflantem naribus in eius regionē immisit. fuerunt qui dixerint, Minoem vouisse quod primum sibi se obtulisset, vt diximus in Minoe, atque hunc taurum in sua armenta seruasse, quare Neptunus illi furorem immisit, vt omnia deuastaret. alij dixerunt hunc taurum per fraudem Minois in Atticum solum fuisse deportatum, qui multos Athenienses conculcarit, vt quemque obuium casus tulit, atque inter cęteros Androgeum Minois filium: quem cum ille per insidias obtruncatum putasset, comparata classe bellum Atheniensibus intulit. Hic idem taurus vt ductus fuit ad Eurystheum, vt qui esset sacer, ab Hercule dimissus Marathoniū agrum rursus vexauit, quem dicunt nonnulli Dianæ Marathoniæ fuisse postea à Theseo mactatum. Apollodorus putauit fuisse taurum, qui trans mare portauit Europam. Deinde cum Diomedes Thraciæ Rex Cyrenes Martisque filius equos ferocissimos & crudelissimos, ignemque spirantes in Tyrida oppido humanis carnibus aleret, quibus captos hospites laniandos exponebat, ab Eurystheo iubetur illos adducere. cum vero Hercules ad Diomedem profectus, ipsum primum captum suis equis lacerandum crudeliter exposuit, equosque ipsos post esum Diomedem alij ab Hercule trucidatos, alij ad Eurystheum ductos arbitrantur: quos ille cum ad Olympum montem in pascua misisset, feruntur fuisse à feris laniati. neque illud censuerim prætermittendum, quòd cum in agrum Epidauriorum venisset, ad collem quendam iuxta viam oleam manu capiens circumduxit, quæ illam figuram accepit vt Versilis vocaretur, essetque omnibus exteris admirationi. non procul à templo nominatæ Coryphææ Dianæ. Imperauit illi postea Eurystheus, vt Hyppolitæ Amazonum reginæ baltheum, quem pulcherrimum esse audiuerat ad se afferret, quem Admetæ filiæ largiretur. quem tamen nonnulli non Hyppolytæ, sed Diilycæ esse maluerunt: at Ibycus filiæ Briarei. tum Hercules cum vna naui ad Amazonas traiecisset, Mygdonem & Amycum fratres iter impedire conantes in Bebrycia obtruncauit, ac vniuersam Bebryciam depopulatus Lyco Deiphili filio, quem secum adduxerat, largitus est: qui Bebryciam postea Heracleam in honorem Herculis nominauit. Cum Hemiscyram Hercules applicuisset. Amazones comparatis copijs ad defensionem se accinxerunt: commisso prælio illi prima ex insignibus occurrit Procella sic à velocitate dicta. Secunda Philippis, tum Prothoe, post Eribæa, deinde Cæleno & Eurybita & Phœbo Dianæ comites, quibus omnibus cæsis Deianiram & Asteriam & Murpen & Tecmessam & Alcippen cepit. Melanippe fortissima prius credita imperium amisit. Hic Hercules cæsis insignioribus amazonibus, reliquisque in fugam versis eam nationem penitus deleuit. deinde Hercules Hyppolytam Theseo eius expeditionis socio concessit. idem cum reuerteretur ad Eurystheum reperit Hesionem Laomedontis filiam, quam ob iram Neptuni Laomedon Deorum responsis illi ceto quem Neptunus immiserat, exponere iubebatur: quam Hercules à ceto liberauit. Verum cum præstansissimos equos ob id beneficium Laomedon Herculi promisisset, neque tamen dedisset, indignatus Hercules ob hominis fallacias Troiam aggressus regem obtruncauit: Hesionenque Telamoni, qui prior murum conscenderat, largitur: concessitque Hesione vt quem vellet è captiuis emeret: atque illa fratrem Podarcim emit, qui postea Priamus illa de causa vocatus est. Nam fertur non solum Troiam nauigasse, sed etiam subiugasse Amazonas, & occidisse Alcynem Telamone socio, cuius amicitiā ita attigit Theocritus,

Deinde Tmolum & Telegonum Protei filios, qui hospites lucta superatos necabant ipse lucta suffocauit. idem Sarpedonem Neptuni filium contumeliosum ferumque plane virum interfecit sagittis, post quam victoriam Baltheum Eurystheo asportauit. Postea vero iussit Eurystheus vt puniceos Geryonis Hispaniæ regis boues, qui hospites vorarent, ad se adduceret, quare ad illos opprimendos contendit. Dicitur Geryon Chrysaoris & Callirrhoes filius triplex corpus habuisse, canemque duorum capitum in Erythea, ac septem capitum draconem ex Typhone & Echidna genitum, qui boues ipsos custodiret. Habuit vero suæ crudelitatis ministrum impigrum atque diligentem Eurytionem. Huc profectus Hercules Geryone, caneque Orthro, & dracone pastore Eurytione interemptis boues ex Oceani insula Gadira ad Tartessum per id temporis celeberrimam Iberiæ ciuitatem abigebat. Atque vbi Ligys Alebionis frater, à quo Ligures postmodo vocati fuerunt, omnisque Liguria nomen obtinuit, eius iter impedire conaretur, ab Hercule occisus fuit. at Alcyoneus Gigas cum Hercule ad Isthmum Corinthi congressus, dum is boues abigeret, saxum maximum iecit è mari rubro sumptum, quo viginti & quatuor homines occidit: nam cum tantum ponderis vix duodecim plaustra perferre possent, id Hercules claua facile repulit, & illum occidit. saxum vero iacuit in Isthmo vbi agebantur certamina. His igitur in locis duas columnas Hercules erexit tanquam suorum laborum terminos; quarum alteram Abinam, alteram Alyben vocauit, posuitq; eas in finibus Libyæ & Europæ. Neque tamen vbi hæ columnæ fuerint erectæ satis conuenit inter scriptores, quoniam Dicæarchus, Eratosthenes, Polybius, & Græcorum scriptorum complures ad Euripi angustias illas erectas dixerunt. Hispani vero & Aphricæ gentes apud Gades esse putarunt, quod sensit etiam Dionysius in libello de situ orbis in his:

ὑμεῖς δ᾽ ὦ μοῦσαι σκολιὰς ἐνέπετε κελεύθους
ἀρξάμεναι στοιχηδὸν ἀφ᾽ ἑσπέρου ὠκεανοῖο.
ἔνθα τε καὶ στῆλαι περὶ τέρμασιν ἡρακλῆος
ἑστᾶσιν. (μέγα θαῦμα) παρ᾽ ἐσχατόωντα γάδειρα.
Obliquas narrate vias: mihi dicite Musæ
Oceani Hesperiis à gentibus incipientes.
Ad fines vbi sunt erectæ forte columnæ
Herculeos, (mirum) iuxta suprema Gadira.

Fuit enim antiqua Imperatorum consuetudo ad quæ loca extrema cum exercitu vel classe penetrassent, ibi aliquando suæ expeditionis relinquere monimentum: sicut Bacchus columnas duas magnas erexit in oriente, Alexander Indicæ militiæ terminos aras apud extremos Indos instituit, atque ordinauit, super quibus vota Diis immortalibus persoluit, vt testatur Strabo libro tertio. Verum cum boues Geryonis in Libyam per Iberiam Hercules abigeret, dicuntur Dercylus & Alebion Neptuni filii boum pulchritudine allecti, illos surripuisse, & egisse in Ethruriam: à quibus cum taurus aufugisset, & transisset in Siciliam, Italiam postea nominarunt. Tyrrhenorum enim lingua taurus Italus dicebatur. cum Hercules venisset in Siciliam iter fecit à Peloriade ad Erycem, cui apud mare nymphæ balnea pararunt. cum Eryx Siciliæ Rex taurum illum cepisset, neque repetenti Herculi reddere vellet, ad certamen ventum est, atque Eryx cœstu percussus diem suum obiit. dicunt tamen quidam non cœstu, sed palæstra interemptum fuisse Erycem Veneris & Butæ filium, cum alter boues, alter regnum victori præmium proposuisset. Hercules victor regionem concessit fruendam incolis donec aliquis affinis eam repeteret, atque Dorieus Lacedæmonius post multis ætatibus illuc veniens, atque ibi

Heracleam condidit, quam Carthaginẽses suspectam vt nimis potentem deleuerunt. in Siculos etiam, qui collectis multis copiis obuiam processerant, ac boues rapere conabãtur, impetum faciens illos profligauit, ac multos occidit, inter quos fuerunt insigniores Leucaspis, Pediacrates, Buphonas, Gaugatas, Cygæus, Crytidas. Deinde boues obtruncatis latronibus cum mare Ionium traiecisset, ad Eurysthheum Mycenas deduxit, quos omnes ille Iunoni immolauit. Dicitur Geryõ Hispaniæ tunc imperãs tres habuisse filios potentia & peritia rerum bellicarum insignes, qui singulari consilio & concordia in protegendo regno paterno vtebãtur. Hercules aduersus hos militaturus copias collegit in Creta, qui populi erant bellicosi, quippe qui primi omnium mortalium militaria stipendia meruerint, quam etiam insulam ad gratiam Cretensium insignibus honoribus affectus omnibus prope feris expurgauit, quare neque serpentum neque luporum aut vrsorum semina ibi sunt relicta, aut cęterarum consimilium ferarum. Fabulãtur Herculem post ductos ad Tartessum boues poculum suum Soli reddidisse: nam dicitur Hercules cum ad boues contenderet, Solis radiis nimium calefactus arcum vel in ipsum solem intendisse, quare sol eius vires, & animi magnitudinem admiratus, aureum poculum illi donauit, in quo Oceanum ad boues capiendos traiecit vt ait Pherecides in tertio libro historiarum. atque vbi per oceanum nauigaret in eo poculo, oceanus cum vellet facere periculum constantiæ & fortitudinis Herculeæ, illi insignem tempestatem immisit, qua poculum magnopere fluctuabat. Tunc iratus Hercules vel contra oceanum arcum intendit, quod oceanus veritus eius iram placare studuit. quamuis Theolytus in secundo libro Horarum illum in lebete nauigasse scribit. fama est præterea Iunonem, cum nupsisset, multas pomos, quę aurea mala producerent, Ioui in dotem dedisse, quæ apud Hesperidas nymphas à dracone peruigili custodiebantur. Fuerunt Hesperides Hesperi fratris Atlantis filiæ, Aegle, Arethusa, Hespertusa, vel vt aliis magis placuit, Aegle, Erethusa, Vesta, Erythia. Draco, qui mala aurea custodiebat, natus ex Typhone & Echidna esse dicebatur: qui centum capita habebat, variisque vtebatur vocibus. Iubetur postea Hercules ab Eurysthæo aurea illa poma afferre, quæ vbi essent nesciens Hercules ad nymphas iuxta Eridanum in quadam spelunca habitantes contendit. Illæ docent Nereum hac de re esse consulendum, qui post interrogatus ab Hercule docet adeundum esse Prometheum, a quo quid esset agendum edoctus est dracone ipso interempto. Eo igitur interempto Hercules aurea mala decerpsit, & ad Eurystheum victricum detulit. alii maluerunt illum admonitum à Prometheo fuisse vt Atlantem ad ea pro se mitteret, ac ipse tam diu cœlum, dum rediret Atlas, sustineret. Multa sane sunt certamina quæ in hoc etiam itinere commisit, à Cygno ad fluuium Echedorum ad singulare certamen prouocatur, qui fulmine cœlesti fuerunt dirempti. à Nereo deinde doctus fuit comprehenso, & in multas formas mutato, vbi essent mala, & Hesperiedes. cum e Pyrenęis montibus per Illyricam regionem iter faceret, & in Libyam peruenisset Antæum Terræ filium obuium habuit, hominem admirandæ proceritatis, quippe qui ad sexaginta & quatuor cubitorum longitudinem accederet, in omnes peregrinos inhumanum: quos secum luctari cogebat. & suffocabat. Hic cum Herculem ad luctam prouocasset, ab eo pene extinctus ter prosternitur. at erat ea virtute vt quoties Terram matrem attingeret, toties fortior resurgeret, quod sentiens Hercules hunc comprehensum sublimem à terra tandiu sustinuit, quandiu spiraret: donec vi Herculea brachiisque deniq; strictus expirauerit. Quã rẽ ego sanè nihil aliud significare crediderim, quã medicorũ quoddã dogma, cõtraria s. cõtrariis esse curãda, vt nomẽ Antęi vr significare. ꝙ tamẽ potest ad multas politicas transferri actiones & iudicia, & ad vtilitatem vniuersæ humanæ vitæ. cum enim Hercules sol existat, terra frigida contacta recreat, quæ nimio calore fuerint exusta, quamobrem reuocat in vitam ipsum Antæum. sic namque docemur calidis ægritudinibus refrigerantia medicamenta esse adhibẽda. at non violenta tamen, ne propter antiperistasim fiat apostema. neque in rebus ciuilibus eadem ratione extrema esse posse vtilia demõstratur. Illud autem significatur, quia ille attingens tantum terram ardore solis prope extinctus reuiuisceret, nam contrarijs adiuuanda est & excitanda vis naturæ, at non contrariorum mole obruenda. è Libya vero in Aegyptum profectus Busirim Neptuni Lysianassæque vel Libyes filium inuenit: qui ea crudelitate in externos vtebatur, vt aduenas quotquot comprehenderet Neptuno patri, vel, vt alij mallũt, Ioui immolaret. Neq; enim illud crudelitatis genus impune exerceri virtus Herculea passa est: nam cum easdem insidias, quas cæteris hospitibus, Herculi parasset: & Busiris Neptuni, & eius filius Amphidamas, & Chalbes præco aræ illius impuræ ministri, apud quam mactare hospites consueuerant, apud eandẽ Iouis aram, manu Herculea occubuerũt. cũ vero Thebas ac per mõtes exteriores Libyæ proficisceretur, multas feras in locis desertis sagittis occidit. Postea idem Hercules per Arabiam iter faciẽs Emathionem Tithoni filiũ violentum planè hominẽ, & in omnes peregrinos immansuetũ obuium habuit, qui trucidare & spoliare omnes aduenas consueuerat, quẽ etiam obtruncauit. mox ad Caucaseos montes & Hyperboreos profectus, aquilam & ipsam Typhonis & Echidnæ filiam, quæ iecur Promethei vorabat, sagittis transfixit, & Prometheũ solutis vinculis oleastri liberauit. cum Acheloo, qui tauri formam sumpserat, in Calydone colluctatus, cornu eius fregit: pro quo redimẽdo Achelous Amaltheæ Harmodij filiæ cornu Herculi largitur, quod ille omnibus fructibus refertum Ioui consecrauit. Fuerat enim illi Deianira desponsata, quo tempore degebat in Calydone. ad conuiuium cõuocatus Oenei pincernam Architelis filium pugno occidit, quia aquas, quibus pedes lauerant, per inscitiam in manus fudisset, vti memoriæ proditum est ab Archilocho. ob illud facinus cũ Deianira è regione Oenei exulauit. idem Semnonidis filios Passalum & Achemonem homines inhumanos & feros comprehendit, qui cædes, & furta, & rapinas præmia fortitudinis vocabant. Hos cum mater reprehenderet, ac diceret, nondum in virum, qui nigras habet nates, incidistis: ridebant hi igitur dormiẽti Herculi sacculum surripere conantes ab Hercule capiuntur, quos ligatis simul amborum pedibus humero suspendit: atq; alter in prioribus, alter in posterioribus partibus gestabatur. cum sine subligaculo esset Hercules, illiq; essent inter se conuersi, eius pudenda & nates & villos nigros videntes matris recordati in maximum risum sunt conuersi, quod cum didicisset Hercules eos liberos dimisit. Idem Saurum trans fluuium Erymanthum vocatum postea Sauri iugum viatoribus infestum interemit. Idem Cacum Vulcani filium tricipitem latronem in Auentino monte oppressit, idem Lacinum extremam oram Italiæ latrocinijs infestantem trucidauit, idem Coon insulam diripuit, regemque Eurypylum cum vniuersa familia obtruncauit, quia exercerent cædes & latrocinia aduersus omnes. Filiamque Chalciopen cepit: è qua suscepit Thessalum filium, qui nomen dedit Thessaliæ, quamuis alij inquiant non ob latrocinia Eurypyli patris, sed ob desiderium Chalciopes Herculem Coõ insulam fuisse populatum. Idem Pyrechmum regem Eubææ profligauit, quia per iniuriam Bœotorum regionem bello infestaret. Idem Albionem & Borgionem iter suum impedientes cum ad Atlanticos montes properaret, de medio sustulit. in quo certamine deficientibus telis cum in discrimen vitæ venisset, Iouem precatus est patrem vt sibi tela suggeret, atque statim frequentissimus imber lapideus cecidit, quo gigãtes illi oppressi sunt, vnde locus dictus est campus lapideus in Gallia Narbonensi. Idem Cygnum singulari certamine apud Peneum amnem extinxit, quia is multos propositis singularis certaminis præmijs extinxerat. Idem gigãtes, quos Iuno aduersus ipsum educauerat, vel, vt voluit Timarchides, qui nati fuerant è sanguine Nemei leonis, interemit: quos latrones fuisse in rebus Cyzicis scripsit Polygnotus. Dicitur & cum Alcyoneo congressus illum in Isthmo interemisse, quod tamen nõ prius fecit, quàm illi Alcyoneus duodecim plaustra impedimentorũ per summam contumeliam infregisset, vnoque iactu saxi viginti & quatuor homines & nonnullos boues oppressisset, quod saxum postmodo fuit claua ab Hercule repulsum cum in ipsum cõijceretur, & Alcyoneus claua interemptus. illud saxum iacuit in Isthmo insignis magnitudinis, quod quinquaginta paria boum dimouere non possent, vt scriptum fuit à Theseo in rebus Corinthiacis, & à Theodoro in bello Giganteo. Cæterum compositis rebus Ibericis, bobusque Goryonis abductis fama est Herculem Celtarum regionem peragrasse multos maleficos & impuros latrones obtruncantem, qui per monstra & feras varias significabantur, multis quotidie militibus in castra venientibus: atque vrbem Alesiam condidit populosam & amplam, quam liberam fecit ac metropolim regionis. Deinde in Italiam accedens alpes fecit peruias obtruncatis principibus latronum, qui viatores trucidabant ac diripiebant. Iter habuit per orã Ligusticam & per Tyrrheniam ad portũ Herculis. tũ prius vocatũ, peruenitq; ad Tiberim, vbi postea condita fuit Roma hinc in Palatium paruam vrbem ita vocatam profectus à Cacio & Pinario primarijs ciuibus in hospitium est exceptus, quibus vaticinatus est fore vt ea vrbs plurimum felicitate & opulẽtia præstaret. Cum ad Cumeam planitiem postmodo venisset Phlegræam vocatam ob scatentem ignem antiquitus prædictos gigantes inuenit, qui audito eius aduentu in vna castra conuenerant, prælioque ingenti cõmisso Dijs adiuuantibus victoria fuit penes Herculem, qui multos ex hostibus trucidauit. Aiũt ipsum Herculem ad fines Rhegiæ Locridis peruenisse, qui cum labore itineris defessus vellet quiescere à cicadis fuit infestatus: idcirco precatus est Iouem vt infestantes cicadæ vanescerent, inde nullæ in posterum etiam visæ sunt cicadæ in illa regione. Idem occidit Eurytum & Ctearum Neptuni & Molionés filios, deinde duodecim Dijs aras erexit. Ioui, Neptuno, Iunoni, Palladi, Mercurio, Apollini, Gratijs, Baccho, Dianæ, Alpheo, Saturno, Rheæ. Alij tamen senserunt tunc cęsos tantum fuisse ab Hercule Gigantes, cum bellum aduersus Iouem suscepissent, vt ait Horatius in libro secundo Carminum:

domitosque Herculea manu
Telluris iuuenes, vnde periculum
Fulgens contremuit domus
Saturni veteris.

Fama est post è Gigantibus victoriam Herculem suam clauam Mercurio cognomento Polygio consecrasse, quam dicunt fuisse ex oleastro, & repullulasse, actisque radicibus insignem arborem factam fuisse: quod forte posset non mirabile videri, quippe cum dicat Virgilius oleas vel siccas pullulare in secundo Georgic.

Quin & caudicibus sectis (mirabile dictu)
Truditur è sicco radix oleagina ligno.

Ferunt illum antequam ad inferos descenderet ad Oetam accessisse, atq; ex fonte bibisse, qui inde labebatur, ob cuius vim cum omnium preteritorum malorum esset oblitus, fontem illũ Lethium nominauit, vt ait in reb. Aetolis Demophatus. Hæc omnia sunt ab Hercule gesta anteq̃ ad inferos descenderet. Enimuero non satis terra ad exantlandam virtutem Herculeam videbatur, quare iussit illũ Euristheus ad inferos adire, & maxime horrendum inferorum canẽ Cerberum ad se adducere. Hunc fabulati sunt quinquaginta habuisse capita tria canina, reliqua & caudã draconis. Hercules igitur sacrificijs Dijs rite peractis in Tænaro promontorio antrũ subiuit, traiectoq; Acheronte, & reliquis inferorum fluminib. Theseum super saxo sedentem & Pirithoum inuenit: sed quia sponte & consulto Pirithous eò accesserat, illum ibidem reliquit. Theseum quia necessitate coactus fuerat, liberauit. Tum Menætiũ Ceuthonymi filium inferorum bubulcũ, quia capturo Herculi Cerberum repugnaret, interemit: nam vbi colluctari cum illo incœpisset, ita Menætium Hercules obstrinxit, vt omnia eius ossa confregerit. Inuenit autem cerberum in limine inferorum, qui viso Hercule statim ad solitum regis inferorum confugit: quem pelle leonis & thorace tantum munitus Hercules cepit, quamuis nullum esset eius morsus remediũ, cum subita vis veneni vel in ossa cõtinuo penetraret. Fabulantur Herculem cum ad inferos descẽderet in ripa fluminis Acherontis albam populum inuenisse, atq; ex ea coronam sibi fecisse, vt testatur Olympionicus in libro de plantis, cuius pars foliorum exterior ob inferorum locorum caliginem facta est nigra. mansit postea inde consuetudo vt sacra arbor illa Herculi putaretur, & in sacrificijs Herculis coronarẽtur sacrificantes ramis populeis, &, vt scripsit enarrator Theocriti, præmia etiam victoribus certaminum in coronas parabãtur rami populei, quia multa certamina Hercules absoluisset. Cerberum igitur per Trœzenem ad Eurystheum deduxit, quem scripserunt Euphorion & Herodotus per Heracleam, quam Acherusiam vocant incolæ, adductum, atque cum primum lucem sensisset, vomuisse, ex quo vomitu natum fuit aconitum. est autem aconitũ herbæ radix parua, similis gramini, cuius potus est amaru., atque totum os stypricum facit, cor mordet, spiritum incidit ob frigefactum pulmonem, ventrem implet flatibus, crebramque percusionem excitat circa tempora, hominesque facit amentes & stupidos, vt scripsit Cyrenaicus Apollodorus, quod aconitum ita vocatum fuit, vt ait Theophrastus in secundo plant. quod in aconis siue cotibus fuit inuentum, quas cotes alij in Heraclea, alij in Tanagra, alij in Hermione nasci dixerũt. dictum est aconitum pardalianches præterea & myoctonum, quia pardales & mures enecet. fuerunt qui dixerint Cerberum ad Eurystheum ductum statim iussum fuisse ad inferos rursus deduci. Herculis nonnullos labores ita breuiter conscripsit Quintus Smyrnæus.

Πρῶτα μὲν, ἐν Νεμέῃ βριαρὸν κατέπεφνε λέοντα.
Δεύτερον, ἐν λέρνῃ πολυαύχενον ὤλεσεν ὕδρην.
τὸ τρίτον αὖτ᾽ ἐπὶ ἐρυμάνθιον ἔκτανε κάπρον.
χρυσοκέρῳ δ᾽ ἔλαφον μετὰ ταῦτ᾽ ἤγρευσε τέταρτον.
πέμπτον δ᾽ ὄρνιθας συμφηλίδας ἐξεδίωξεν.
ἕκτον δ᾽ ἀμαζονίδος κόμισε ζωστῆρα φαεινόν.
ἕβδομον, αὐγείου πολλὴν κόπρον ἐξεκάθηρεν.
ὄγδοον, ἐκ κρήτης δὲ πυρίπνοον ἤλασε ταῦρον.
εἴνατον ἐκ θρήκης Διομήδεος ἤγαγεν ἵππους.
Γηρυόνου δέκατον βόας ἤγαγεν ἐξ ἐρυθείης.
κέρβερον ἑνδέκατον κύν᾽ ἀνήγαγεν ἐξ ἀΐδαο.
Δωδέκατον δ᾽ ἐκόμισεν ἐς ἑλλάδα χρύσεα μῆλα.
τὸ τρισκαιδέκατον, τοῖον λυγρὸν ἔσχεν ἄεθλον.
μουνονυχὶ πεντήκοντα ξυνελέξατο κούραις.

Quæ carmina ita fuerunt latine à quodam pronunciata:

Prima Cleonei tolerata ærumna leonis.
Proxima Lerneam ferro & face contudit hydram.
Mox Erimantheum vis tertia perculit aprum.
Aeripedis quarto fuit aurea cornua cerui.

Stym-

Stymphalidas pepulit volucres discrimine quinto:
Threiciam sexto spoliauit Amazona baltheo.
Septima in Augiæ stabulis impensa laboris.
Octaua expulso numeratur adorea tauro.
In Diomedeis victoria nona quadrigis,
Geryone extincto decimam dat Iberia palmam,
Vndecimum mala Hesperidum distracta triumphum.
Cerberus extremi suprema est meta laboris.

At quintus Smyrneus tertium decimum addidit laborem, hoc pacto:

Tertius hinc decimus labor est durissimus: vna
Quinquaginta simul stuprauit nocte puellas.

Cum dicant quidam tot fuisse Herculis labores, infinitos prope fuisse alij crediderunt, vt testatur Eurip. his carminibus, in Hercule insano:

ἔτ' ἐν γαλακτί τ' ὄντι, γοργωποὺς ὄφεις
ἐπεισέφρησε σπαργάνοισι τοῖς ἐμοῖς
ἡ τοῦ Διὸς σύλλεκτρος, ὡς ὀλοίμεθα.
ἐπεὶ δὲ σαρκὸς περιβόλαι' ἐκτησάμην
ἡβῶντα μόχθους, οὓς ἔτλην, τί δεῖ λέγειν;
Ποίους ποτ' ἢ λέοντας, ἢ τρισωμάτους
τυφῶνας, ἢ γίγαντας, ἢ τετρασκελεῖς,
κενταυροπληθῆ πόλεμον οὐκ ἐξήνυσα;
τήν τ' ἀμφίκρανον, καὶ παλιμβλαστῆ κύνα
ὕδραν φονεύσας μυρίων τ' ἄλλων πόνων
διῆλθον ἀγέλας, κεἰς νεκροὺς ἀφικόμην,
ᾅδου πυλωρὸν κύνα τρίκρανον εἰς φάος
ὅπως πορεύσαιμ' ἐντολαῖς εὐρυσθέος.
Angues feroces fascijs paruo mihi
Circumuoluto immisit, vbi lac sugerem,
Coniux Iouis, perirem vt horum morsibus.
Adultus vt fui, mihi quid est opus
Multos labores, quos tuli profarier?
Aut quos leones vicerim, tricorpores
Typhonas, aut gigantes, aut queis quatuor
Sunt crura Centaurum genus? nam bicipitem
Repullulantem hydram, canemque perculi.
Multis peractis hinc ego laboribus
Ad inferos iui obsitos caligine,
Canemque traxi ianitorem tartari
In lucem, vti iussit seuerè Eurystheus:

Atq; non solum homines malefici & latrones, aut feræ crudelissimæ, horrẽdaq; monstra vim Herculeam senserunt sibi esse formidabilẽ, verum etiã fama est q cũ is ad mortuã Alcestim venisset, Morte deterrita, illam marito viuam restituit, vt scripsit Eurip. in Alcest. tragedia. Fuerunt qui putarint Herculẽ, non vt mitteret Atlantem ad aurea mala capiẽda cęlũ sustinuisse, sed laboris hominis misertũ, dũ ille aliquantulũ recrearetũ. cęterũ aiunt Herculẽ clauã, quã ex oleastro ad Saronidẽ paludẽ exciderat, absolutis laborib. Mercurio cognomẽto Polygio apud Trezenios dicasse vt scripsit Pauf. in reb. Corinth. Habuit Hercules multorũ laborũ sociũ Telamonẽ & Iolaũ, qui etiã dr̃ fuisse eius auriga, vt ait Pauſ. Herculis vxores multæ memorant: siquidẽ Meliten Aegæi fluuij filiã duxit, ex qua Hyllum suscepit. ob Iolẽ sibi promissam, vt ait Menecrates, vniuersam Oechaliã Euryto in

Eubæam

Eubœam fugiente debellauit; quia illi filiam Iolem denegasset. Habuit octo filios etiam è Megera filia Creontis, qui iussu Eurysthei dicuntur fuisse interfecti. nam in porta Electra vocata Thebana habitauit Amphitryo Thebis, & post Amphitryonem Hercules, vbi Thebani parentare consueuerant, vt ait Chrysippus in rebus Thebanis, & certamina funebria celebrare, quæ per totam noctem fiebāt, nec prius cessabant, quàm sol illuxisset. alij dicunt illos fuisse ab Hercule trucidatos, cum tamen Lysimachus inquiat cæsos fuisse dolo quorundam hospitum, alij asserunt Lycum regem illos interemisse. Socrates censuit Augei dolo de medio fuisse sublatos. neque tamen minor est controuersia de numero aut de nominibus inter antiquos scriptores. Nam Dionysius in primo libro de circulis ait Deicontem & Therimachum tantum fuisse. Batus in libro secundo historiarum Atticarum Polydorum, Atrocleum, Mecistophonum, Acinetum, Toxoclytum, Menebrontem, & Chersibium nominauit. Euripides Aristodemū, Therimachū, Deicontem. Pherecydes libro secundo Antimachum, Clymenum, Glanū, Therimachum, Creontiadem appellat, quos in ignem ait ab insano Hercule coniectos fuisse. Aeneas Argiuus Therimachum, Creontiadem, Deicoontem, & Deionem vocat. Herodorus bis insaniuisse Herculem inquit, ac primum eos interemisse, quo tempore non Heraclidæ, sed Alcaidæ dicebantur. nam Hercules nondum ita vocabatur, sed illud nomen obtinuit post superata non pauca certamina Iunonis impulsu. Fama est Herculi nupsisse etiam Augen, quam Alæus pater cū filio Telepho in vrna quadam positam in mare demersit, quæ postea Palladis prouidentia seruata cum vrna ad hostia Caici euasit, & à Teuthrante fuit excepta. Sed hanc deinde Hyllo filio Hercules concessit. memoriæ proditum est Herculē Alcidemontis herois Arcadis filiam ad Ostracinam montem vitiasse Philonen nomine, quæ statim à puerperio vnà cum puero, quem ex Hercule conceperat, feris in proximo monte vincta fuit exposita. his addiderunt vagientem infantem picæ vocem imitatum esse, ad quam cum Hercules, qui forte illac iter faciebat, deflexisset viam puerum esse ratus puellam & puerū liberauit è vinculis, ac puerum Aechmagoram nominauit, at proximum fontem ad incolumitatis seruatique pueri & matris memoriam Cissam appellauit, cum cissam Græci picam appellarent. hic idem Tyrinthi mœnia extruxit. Hic idem fossam per medios campos Pheneatici agri duxit ad quinquaginta stad. per quam Olbius fluuius, quem alij Arcadum, alij Aroanium nominabant, delaberetur innoxius. erant autem ripæ altæ ad triginta pedes. Fuit deinde Hercules Omphales Lydorum Regis filiæ amore captus, quare multa viro forti indecora facere coactus est: nam qui Busiridem in Aegypto, qui Antæum fortissimum athletam in Mauritania, in Hispania Geryonem, in Thracia Diomedem superauerat; qui leones vicerat, qui serpentes vel infans suffocauerat, qui latrones, qui homicidas, qui maleficos omnes vbique singulari fortitudine sustulerat; quem neque tenebræ inferorum, neque multiplicia hydræ capita, neque celerrimum ac lætiferum cerberi venenum deterruerat, neque vlla vis periculorum vel tantillum commouerat, idem inermi Omphale leonis pelle concessa inter pedissequas Omphales fœmineo habitu indutus sedentariam artem exercuit, vt testatur Ouid. in Deianira;

> Non pudet Alcide victricem mille laborum,
> Rasilibus calathis imposuisse manum?
> Crassaque robusto deducis pollice fila,
> Aequaque formosæ pensa rependis heræ.
> Diceris infelix scuticæ tremefactus habenis
> Ante pedes dominæ pertimuisse minas.

Dum seruiret igitur Omphale Cercopas Ephesi populos bello profligauit, qui ad uenien-

uenientes hospites suas vineas tanquam seruos fodere cogebant. Alij causam huiusmodi reddunt, cur Hercules Omphale seruierit. Dicunt ab Hercule Eurytū ad accipiendam Alcestim, quam Hercules vitæ restituerat, profectum, non fuisse acceptum hospitio, at extra Tirynthi muros fuisse proiectum; cum Hercules furore esset captus, quare vix demū Hercules à Deiphobo lustratus in grauē morbum incidit. Cum ab eo liberari cuperet Hercules adijt oraculum, quod sibi responsum dedit tunc liberatum iri, si venditus per triennium seruiret, ac mercedem seruitutis præberet Euryto, quare Omphalæ Lydiæ Reginæ Tmoli vxori emptus seruiuisse dicitur. Fuerunt qui dixerint eum prius seruiuisse, deinde absoluto seruitutis tempore ad Troiam militasse. Habuit etiam Deianiram, quam cum Acheloo colluctatus accepit, Oenei Aetoliæ Regis filiam, quæ fuerat Acheloo desponsata. Cum vero Aetoliæ fluuium esset Hercules cum Deianira transiturus, qui tum forte ob assiduos imbres maxime excreuerat: Nessus Cētaurus vltro operam suam obtulit traiiciendæ Deianiræ, quam cum Nesso credidisset Ipse Hercules fluuium primus intrepide traiecit. Sed cum adhuc in prima ripa Nissus Deianiram vitiare conaretur, ab Hercule sagittis hydræ veneno infectis transfigitur: qui vt vel mortuus hostem vlcisceretur, suam vestem sanguine ac veneno illo perfusam, sanguinemque in vasculum collectum ex vulnere Deianiræ tradidit: cum diceret illis vim inesse amatoriam, quia illa veste si indutus maritus fuisset, optimum foret remedium aduersus amores pellicum is fluuius cum prius Euenus diceretur, mox appellatus est Centaurus post cędem Nessi, vt ait Euenor in libro de fluminibus. Eam vestem ita acceptam in opportuna tempora Deianira reseruauit. Deinde cum Hercules Oechalia subacta, raptaque Iole ad Cenæum Eubææ promontorium appulisset, aram Ioui immolaturus erexit ob partam victoriam: misitque Licham seruum qui Herculem vicisse, & iam appropinquare nuntiaret Deianirę. Cum vero Deianira suspectos amores Ioles haberet, vestem à Nesso captam, tanquam antidotum aduersus Ioles pellicis amores ad Herculem misit. Deinde cum pruritus immensus, & ardor, & pustulæ per totum corpus exorirentur, Licham in fluuium Thermopylis propinquum e petra pręcipitauit: ipse tanquam igne sacro & furore denique correptus, cum tantos cruciatus perferre non posset, se in pyram in monte Oeta coniecit. Aiūt Herculem conantem vestem discissam auellere, frusta carnis simul auulsisse. Id cum cognouisset Deianira sua ipsius manu suspendio vitam finiuit. Apollodorus à Pęante succensam fuisse scribit pyram, quam Hercules moriturus cōscenderat, quare sagittas dono acceperit: communior est tamen opinio quod Philoctetes earū fuerit hæres, quia Heculem apud Dyram fluuium sepeliuerit. Alii dicunt Deianiram non suspendio, sed Herculis claua se interfecisse, relicta filia Macaria, quā ex ipso Hercule susceperat. Scriptum reliquit Lucianus in Hermotimo vstum fuisse quidquid mortale fuit Herculi, & humanam labem, vt ita dicam, in ea pyra concrematam: quod erat diuinum in cœlum ascendisse, vt præclare testatē Byzantius Philippus his carminibus:

Ὤλεσα τὸν νεμέας θῆρ᾽ ἄπλετον, ὤλεσα δ᾽ ὕδρην.
  καὶ ταῦρον κάπρου δ᾽ ἀμφετίναξα γένυν.
ζωστῆρ᾽ ἑλκύσας, πώλους Διομήδεος εἷλον.
  χρύσεα μῆλα κλάσας Γηρυόνην ἔλαβον.
αὐγείαν ἐδάην, κεμὰς οὐ φύγεν, ἔκτανον ὄρνις.
  κέρβερον ἤγαγόμην, αὐτὸς ὄλυμπον ἔχω.

Dextra feram Nemeæ perut mea: perdidit hydram,
  Et taurum: malas inde cecidit apri.
Baltheus est captus, sunt aurea mala relata:

Geryonis-

Geryonisque boues, & Diomedis equi.
Augias me non fugit, non cerua, volucres.
Cerberus eductus. nunc sed Olympus habet.

Relicti sunt autem multi ab Hercule filii, siquidem & Afer ille, à quo Africa vocata est, genitus fuit ab Hercule: & Acelus, à quo vrbs Lyciæ Acela fuit dicta, filius fuit Herculis & Malidis seruę Omphales. & Bétus qui Bentesio postea Brundusio nomen dedit, vt scripsit Diocles in mutatis nominibus vrbium. & Lamius & Camirus ex Iole suscepti, & Lydus a quo Męonia Lydia dicta est, vt à Camiro Camirus prius vrbs Rhodos. & vt quidã voluerũt Lamus ex Omphale. & Hyllus è Melita Aegei filia fluminis, quæ insulæ & oppido in insula nomen dedit. & Scythes, qui nomen dedit Scythię, quem suscepit è muliere Semiuipera. & Hylus e Deianira, & Sardus à quo Ichnusa Sardinia postmodo vocata est, & Olynthus, qui nomen dedit vrbi à se extructæ. & Macaria, à qua Cyprus vocata est. & Hippoloche ac Bdella vt alios multos silentio prætermittam: quippe cum multas rapuerit ad libidinem. nam Astydamiam occiso patre Ormeno rapuit, è qua nouem filios suscepit, & Astyochiam, de qua suscepit Tlepolemum. & Pyrenen in Pyrenęo mõte ab ipsa vocato compresit, filiam Bebrycis, quæ fuit postmodo ibi sepulta. Herculem vnũ ex duodecim Diis Gręcię fuisse testatur Herodotus in Euterpe: ἡρακλέος δὲ πέρι τόνδε τὸν λόγον ἤκουσα, ὡς εἴη τῶν δυώδεκα θεῶν. De Hercule audiui quod vnus esset è duodecim Diis, qui etiam Dionysum & Pana & Herculem omnium Deorum maxime recentes à Græcis fuisse existimatos scribit. Alii hũc vnum ex Idæis Dactylis fuisse censuerunt, alii primi Iouis, alij tertii filium: quod ideo accidit, quia plures Hercules fuerunt, vt testatur Cicero libro tertio de natura Deorum hoc pacto: Quãquam, quem potissimũ Herculem colamus, scire sanè velim: plures enim tradunt nobis ij, qui interiores scrutãtur, & reconditas literas: antiquissimum Ioue natum, sed antiquissimo item Ioue: nam Ioues quoque plures in priscis Græcorum literis inuenimus. Ex eo igitur & Lisyto est is Hercules, quem concertauisse cum Apolline de tripode accepimus. Alter traditur Nilo natus Aegyptius: quem aiunt Phrygias literas conscripsisse. Tertius est ex Idæis indigenis, cui inferias offerunt. Quartus Iouis & Asteriæ Latonæ sororis, quem Tyrii maximę colunt, cuius Carthaginem filiam ferunt. Quintus in India, qui Belus dicitur. Sextus hic ex Alcmena, quem Iupiter genuit, sed tertius Iupiter. Cum tot fuerint Hercules, omnium reliquorum res gestæ vni Alcmenę filio tribuuntur. Hunc eundem inquiunt de tripode cũ Apolline decertasse, cui cum Delphos venisset, vt ob mortem Iphiti expiaretur, Xenoclea Dei interpres responsum dare noluit, quod esset cæde pollutus. Tunc igitur Hercules sublatum e templo tripodem asportauit, quem cũ repeteret Apollo grauis pugna fuisset commissa, nisi Latona & Diana Apollinem, Minerua Herculis iram placasset, vt ait Paus. in Phocicis. Fuerunt qui dicant Hercules ad triginta fuisse. Dicuntur complures fuisse filii, quos ex variis mulieribus Hercules susceperit: quos omnes hic recensere foret superuacaneum, cum multos connumerarit Apollodorus Atheniensis libro secundo Biblyothecæ. Postea vero quã inter Deos fuit receptus, illi conciliata est Iuno, atque Heben filiam in matrimonium dedit, quorum nuptias Plato præstantissimus poeta comicus commemorauit. Memoriæ proditum est ab Ibyco calida lauacra inuentum fuisse Herculis, quibus ille diuturno labore defessus plurimum vteretur, quæ sibi à Vulcano fuerint indicata. At alii, inter quos Pisander, ea Mineruæ munus Herculi data dixerunt. Primus omnium mortalium ciuitates dicitur Hercules facere inuenisse, & inuentas additis populis ad auxit, certaminaque instituit, cum cæteros mortales vi corporis antecelleret, vt ait Str. lib. 8. Hunc aiunt pręterea voracissimum fuisse, e, quippe cum per Dryopas iter faciēs, quo tēpore pincerna pugno occiso necesse fuit cū Deianira è regione Oenei exulare, vt diximus, filiū fame infestante ac Licha pædagogo illū requirēte in Thiodamātē inciderit, taurū Thiodamātis arātis à iugo solutū iugularit, & totum eodē die deglutiuerit apud Driopas: cū id etiā prius fecisset apud Litidū vrbem. Quāuis aiunt nonnulli parum cibi Herculem à Thiodamāte periuisse, quod cū ille negasset, vt sunt multa ingenia rusticorū, Hercules iratus alterū e bobus a iugo soluens Diis mactauit, atq; conuiuiū fecit. eius iniuriā & ingluuiem & voracitatem ita expressit Callimac. in hymno in Dianā:

οὐ γὰρ ὅ γε φρυγίῃ περ ὑπὸ δρυῒ γυῖα θεωθεὶς
Παύσατ' ἀδηφαγίης· ἔτι οἱ πάρα νηδὺς ἐκείνη
τῇ ποτ' ἀροτριόωντι συνήντετο Θειοδάμαντι.
Non hic in Phrygia sub quercu membra leuatus,
Atque Deus factus, fit edax minus: aluus at illi
Est eadem, taurum quæ quondam Thiodamantis
Edit, planitiem cum lati scinderet agri.

Quæ sanè non minor fuit, quam illa Daphthidis, quę est apud Sosibium in hist.

οὗτος δ' ἐκείνου παῖς παρόπλασος νόθος,
μητρὸς δ' ὁποίας ἡ τεκοῦσ' ἐπίσταται.
ἔσθει μὲν ἄρτους τρεῖς ὅλους κανθηλίους.
τῆς δὲ βραχείας ἡμέρας, πίνει θ' ἅμα
καλὸν μετρητὴν τὸν δεκάμφορον πίθον.
Hic filius qui natus eius est nothus,
Cuius parentis, illa scit quæ hunc edidit.
Cistas vorat tres ille totas panium
Paruo die. mox ebibit magnæ merum
Simul metretæ, seu magis decamphori.

Nam mirificam fuisse Herculis voracitatem vel illa nobis possunt esse argumento, quę scripta sunt à suauissimo poeta Epicharmo in Busiride his carminibus:

πρῶτον μὲν αἴκ' ἔσθοντ' ἴδῃς νιν, ἀποθάνοις.
βρέμει μὲν ὁ φάρυγξ ἔνδοθ', ἀραβεῖ δ' ἁ γνάθος,
ψοφεῖ δ' ὁ γόμφιος, τέτριγ' ὁ κυνόδων.
Σίζει δὲ ταῖς ῥίνεσσι, κινεῖ δ' οὔατα.
τῶν τετραπόδων μὲν οὐδὲν ἧττον.
Illum si edentem videris. strepunt genæ.
Intus sonat guttur. sonat maxilla. dens
Stridet caninus. sibilant nares. mouet
Aures solent armenta sicut, haud minus.

Fama est Herculē in Triphylliā regionē Eleorū profectū habuisse cōtrouersiā de voracitate cū Leprea Pyrgei filio. vt inquit Hesiod. in Ceycis nuptiis atq;, cū vterq; bouē in epulas occidisset Lepreus nihilo fuit tardior aut imparatior edēdo inuētus, sed cū post epulas ventū esset ad pugnā ob indignationē ęmulę virtutis, Lepreus cecidit ob vim Herculeā. Cū vero męstus Thiodamas amisso tauro recessisset, multaq; fuisset Herculi ob illā iniuriā imprecatus, mānsit postea ritus apud Lindios vt bos arator cū multis dirarū imprecationib. Herculi cognomine Buthęnę mactaret. Postea vero ferunt Thiodamas in vrbē Dryopū profectus Dryopas ipsos armatos in Herculē eduxisse, in tātāq; necessitatē cōpulisse Herculē, vt vel Deianirā armare necesse fuerit, q̄ ēt dr in mānilla fuisse lęsa. atq; cū hos demū superasset cęso ipso Thiodamāte, rapuit eius filiū Hylā in seruitutē vt scripsit Phe. li. 3. Post vero pp latrocinia vniuersā illā nationē ad Trachinē Thessalicā vrbē duxit ad habitandū, & ad montē Oetā, q motib. Phocidis est vicinus. habuit ipsū Hylā inde in delitiis

ita

ita vt nemo prope fuerit mortalium ab eo tempore, cui nomē Hylæ fuerit ignotum. nam cum vna cū argonautis in Colchidē nauigaret, Hylamq; aquatum misisset, fertur in Cium vsque excucurrisse ad Hylam requirendum, quoniam ille post certum probabile temporis spatium non amplius redire visus est. scriptum tamen fuit ab Ephoro in libro quinto quod Hercules sponte mansit in Lydorū regione Omphales causa. Dionysius Mitylenæus neq; illū in Colchidem suscepisse quidem nauigationem inquit, nedum non opem tulisse Iasoni in ijs quæ tractauit cum Medea. Herodorus & Herculem & alios nonnullos heroas exemit ex illorum numero, qui fuerunt participes illius Colchicæ expeditionis. Hesiodus in Ceycis nuptiis Herculem ipsum exiuisse aquatum in Magnesiam scripsit iuxta vocatas Aphetas, quæ ita dictæ sunt, quod ibi relictus fuerit. Anticlides libro secundo rerum Deliacarum Hylum Herculis filium amissum fuisse scripsit cum iuisset aquatum, neque amplius reuertisse. nam profecto neque mirum est Herculem id in Thiodammantem commisisse, cum in multos fr[illegible]rit iniurius, & ob negatam sibi Iolen deuastarit Oechaliam, Hylamque catamitum tam celebrem habuerit, vt nemini Hylæ nomen sit ignotum: cumque ebrius fieri nonnunquam consueuerit, vt testatur Damageres his carminibus:

οὗτος ὁ πανδαμάτωρ, ὁ παρ᾽ ἀνδράσι δωδεκάεθλον
μελπόμενος, κρατερῆς εἵνεκεν ἠνορέης,
οἰνοβαρὴς μετὰ δαῖτα, μεθυσφαλὲς ἴχνος ἐλίσσει,
Νικηθεὶς ἁπαλῷ λυσιμελεῖ βρομίῳ.

Omnia qui domuit, qui bis certamina sena
Vicit: qui ob vires clarus in orbe sonat:
Ebrius en titubans dubius vestigia ponit.
Pesusus dulci est ille caput Bromio.

Habuit Hercules multa cognomina, sicut Dii ceteri: nam cum magna culicum copia esset apud Theucros, iique pro voto cessassent, quod creditū fuit Herculis beneficio accidisse, Conopius Hercules dictus est, vt ait Str. lib. 13. conopem enim culicem vocarunt. Alexicacus, quia mala depellat. Ceramyntes, quia Parcas insectatus sit. & Callinicus præterea, Buraicus, Rinocolustes, Hippodotus, & aliis his similibus nominibus vocatus fuit. fama est quod Herculi antiquitus non tanquā Deo sacra fiebant, sed tanquam Heroi parentabant: quod cum Phæstius in Sicyoniam profectus animaduertisset, grauiterque ferret pro eximiis eius virtutibus diuinos honores illi non censeri, instituit vt agni iugulati pernas ad arā vrerent, & partem vnam carnium, sicuti victimarum cæterarum solebant, ederent: alteram Herculi tanquam Heroi parentando offerrent. omnino vero agnus vtilis erat victima Herculis sacrificiis, cum lupos is à stabulis depellere putaretur, vt testatur Antipater his carminibus:

Εὔκολος ἑρμείας ὦ ποιμένες. ἐν δὲ γάλακτι
χαίρων, καὶ δρυΐνῳ σπενδόμενος μέλιτι.
Ἀλλ᾽ οὐχ ἡρακλέης. ἕνα δὲ κτίλον ἢ παχὺν ἄρνα
Αἰτεῖ καὶ πάντως ἓν θύος ἐκλέγεται.
Ἀλλὰ λύκους εἴργει. τί δὲ τὸ πλέον, εἰ τὸ φυλαχθὲν
Ὄλλυται, εἴτε λύκοις, εἴθ᾽ ὑπὸ τοῦ φύλακος;

Mercurius facilis pastores. munere lactis
Lætatur: mox & dulcia mella capit.
Sed non Alcides: aries vel poscitur agnus.
Omnino pinguis victima grata Deo est.
Iure lupos arcet. Sed quid magis vtile si grex
Custodis cecidit cæde, vel vngue lupi?

Erat

Erat autem vetitum fœminis iure sacrificiorum ne vel per Herculem iurarent, vel templum ingrederentur, vel sacrificiis interessent: quia sitienti Herculi cum boues Geryonis per Italiam duceret, respondit mulier se aquam dare non posse quia fœminarum celebraretur dies, neque ex eo apparatu fas esse viris gustare, qui sacrorum ritus seruabatur in Italia. erat autem illa sacrorum consuetudo, vt inter sacrificandum Deorum laudes, & res ab iis Diis humano generi vtiliter inuentæ, vel præclare gestæ cantarentur: cuiusmodi est id apud Virg. libro 8. Aeneid. quod recitatum est à nobis libro primo, cum hymnorum antiquorum vsum explicauimus. Mirabile est autem illud, quod scribitur a Corn. Tacit. hoc pacto lib 12. interea Gortazes apud montem, cui nomen Sambulos, vota Diis loci suscipiebat, præcipua religione Herculis: qui tempore statuto per quietem monet sacerdotes vt iuxta templum equos venatui paratos sistant. Equi vbi pharetras sagittis plenas accepere, per saltus vagi nocte demum vacuis pharetris multo cū anhelitu redeunt. rursus Deus quas syluas pererrauerint nocturno visu demonstrat, reperiunturque fusæ passim feræ. Aegyptiacarum rerum scriptores affirmāt Aegyptii Herculis magistrum fuisse Linum eum, qui prior rhythmos & melos inuenit, maximeque in poetica facultate excelluit. eius tres discipuli celebres præter cæteros fuerunt, Orpheus, Thamyris, & Hercules. aiunt Herculem ingenio paulo tardiorem cum per plagas ad disciplinam impelleretur, cithara interemisse magistrum. Deinde grandiorem factum cum excelleret insigni fortitudine diu peragrasse, columnamque in Libya statuisse, quem dicunt etiam bellum aduersus gigantes cum Diis gessisse, is videtur cum Aegyptio minime conuenire. Nam gigantes nati sunt ante Troiana tempora, vel potius vt aiunt Græci cum prima generatione hominum, quod tempus continet quædam millia annorum: claua enim & pellis leonina cōuenit antiquissimo Herculi, quod illis temporibus arma nondum essent inuenta, atque pugnaretur lignis, & corpora protegerentur pellibus ferarum. dictus est vt aiunt non quod per Iunonem gloriam nactus sit, vt scripsit Matris, sed quod alter alterius iunior res gestas imitaret, cui rei argumento est quod terram multis feris expurgarit, cum vel ante Troiana tempora maxima pars terræ esset facta habitabilis ob cultum & frequentes ciuitates. Hæc fere sunt, aut non multo plura his, quæ ab antiquis scriptoribus de Hercule commemorantur: quæ quoniam sunt in ore omnium, breuiter recensere volui, neque in rem in mentibus omnium confirmatam, superuacanea adducere testimonia. Cæterum Eurystheus post mortem Herculis ob metum coniurationis, ac memor illatarum iniuriarū omnes Heraclidas insecutus est, quos, cum Athenas confugissent, mox ab Atheniensibus per legationes expetiuit, bellum etiam minatus nisi suis legationibus dederentur. Iolaus, qui iam mortuus fuerat, audita apud inferos tam fœda Eurysthei petitione, dicitur veniam & facultatem reuiuiscendi in vltionem Heraclidarum à Plutone impetrasse, quare reuiuiscens trucidauit Eurystheum ac statim postea remortuus est.

¶ Nunc quid per hęc significetur, breuiter inquiramus. Hercules, quem gloriosum ob Iunonis odiū possumus interpretari, Iouis & Alcumenæ dicitur fuisse filius: qui sane nihil aliud est, quam probitas, & fortitudo, & virium præstantia tum animi tum etiam corporis, quæ vniuersa vitia ex animo depellit, & profligat. Patet hoc autem ex ipsorum nominum interpretatione. dictus fuit primū Alcides quia ἀλκὴ vim significat: idemque filius Alcmenæ, quippe cum Μένος etiam strenuitatem significet. Hercules igitur siue animi fortitudo, strenuitatis & Iouis diuinæ scilicet bonitatis filius, sibi gloriam immortalem apud vniuersos homines comparauit, quod cum fecisset Iunonis stimulo, merito & à Iunone & à gloria nomen obtinuit. Est enim ἥρη Iuno, at κλέος gloria. alii nullam Iunonis

men-

mentionem fecerunt in hoc nomine explicando, cum gloriam fuisse vniuersis mortalibus Herculem dixerint, sicut illud oraculi responsum significauit:

ἦ ῥα γὰρ ἀνθρώποισι φέρων κλέος ἄφθιτον ἕξεις ὦ ἡράκλης.
Gloria semper erit mortales inter honosque Alcide tibi.

& illud;

ἡρακλεῖην δέ σε φοῖβος ἐπώνυμον ἐξονομάζει
ἦ ῥα γὰρ ἀνθρώποισι φέρων κλέος ἄφθιτον ἕξεις.
Te vocat Heraclem clarus cognomine Thebus
Quod tua perpetuum mox gloria viuet in æuum.

Alii ἀπὸ τῆς ἀρετῆς à virtute scilicet hoc nomen deductum crediderunt, cum Hercules fortitudo sit, & prudentia, & ratio quæ est nobis, & constantia: quæ quoniam sine diuina bonitate, optimoque animi affectu nemini contingunt, idcirco Iouis filius Hercules dictus est. & Alcmenæ siue constantiæ. omnis enim probitas & patientia indiget in rebus aduersis, aut in voluptatibus superandis, & diuina bonitate tanquam duce, qua gubernetur, cum nulla vis humana satis sit per se potens. Illa vero quæ de ortu Herculis & Eurysthei traduntur, ad vim astrorum spectare ego crediderim: quod esset felicissimorum planetarum in loco fortunato coniunctio, quæ imperium portenderet, cum nasceretur Eurystheus: at cum Hercules, gloriosa quidem, sed interueniente alio planeta, laborum & periculorum plena. cum vero vis illa syderum clam agat in nobis, nosque imbuat pro vi & natura primi aeris, quem nascentes haurimus, datus est locus fabulæ quod Iupiter iurauit, vt qui primus nasceretur alteri imperaret, & quod Iuno cum retardasset Herculem, eiusque ortum in decimum mensem prorogasset, facit vt hic parere cogeretur, semperq; aduersariam Iunonem habuerit. Nam siquis natus fuerit sub felici syderum horoscopo, ita affecti aeris primum vim hauriens, ad ea propensus est, ad quæ vis illa syderum impellit: quod si maligna vis illa sit & stellarum coniunctio, moderatione consiliorum in melius verti potest. Fuit à Chirone semiuiro & semibellua eruditus, quia principem oporteat & legũ & armorum vim ac tempora cognoscere. alii sic interpretantur, quod Iupiter sumpta Amphitryonis forma Herculem generauit, quoniam homo sit tãquam instrumentum, at vis diuina ac syderum tanquam opifices ad procreationem clarorũ virorum. nam neq; Hercules, neque quispiam illustris esse potest sine Ioue, quoniam omnis potestas, omnisque præstantia solo fit à Deo. Parentum autem beneficium quia minimum est si cum beneficiis diuinæ bonitatis conferatur, ideo dictum fuit, quod Hercules est Iouis potius, quam Amphitryonis filius. Primus igitur omnium periculorum fuit Herculi propositum, geminorum anguiũ cum adhuc esset paruus. quid per hos angues intelligamus? æmulationem virtutis alienæ, quoniam subfrigida prope omnis est virtus, quæ ad alicuius imitationem non cõtendat. Omnium laborũ igitur merito fuit initium Herculi ab anguibus, quoniam cum puer adhuc esset gloria & rebus gestis præteritorum Heroum ad illos virtute sua vel imitandos vel etiam superandos inflammabatur. quippe cum omnis virtutis, omnisque nobilitatis initium sit in teneris animis apparens æmulationis ad virtutem vestigium. vbi quis igitur ita fuerit ad virtutem incitatus, primum omnium monstrorum superbia & ira & arrogantia & furor animi placandus est, qui leo est Nemeæus, & in sylua inscitiæ nostri animi pascitur, omnesque virtutes populatur. Neque tamen post placatos hos animorum motus, trãquilitatem per vniuersam vitam consequimur, cum multæ volutatum insidiæ aduersus nos insurgant: idcirco post placatum leonem, Thespii filiæ oblatæ sunt Herculi, quas vna nocte omnes construpraret. Quid Minyas, aut Lycum, aut Cẽtauros, aut apros domitos, aut equos Diomedis in hospites sæuient es esse eredamus, nisi crudelitatem & omnes illegitimos animorum motus, per eos? Quid

The-

Theseus est, aut Prometheus, aut alij complures à præsentibus malis liberati, nisi viri boni liberalitatem & beneficentiam in omnes iniquè oppressos conuenire? nam duæ sunt Iustitiæ partes, vna ne nos iniuriam inferamus, altera ne inferri ab alijs patiamur, si possimus, & inique oppressos subleuemus. Sed quoniam omnibus in negotijs pernecessaria est temperantia, quia ex vno quouis scelere multa turpia oriri solent, dictus est Hercules hydræ capita omnia vno tempore extinxisse. Idem suæ peregrinationis terminos columnas in Iberia in extremis Gadiū oris statuit, quia nullus locus virtuti sit inuius, cum virtutis gloria vel ad extremos homines habitatæ terræ perueniat. Hic idē post tot superata pericula, post tot latrones de medio sublatos, post purgatum horrendis monstris orbem terrarum, Omphalæ amore captus multa turpia, & primis rebus gestis indigna commisit. cur hęc literarum monumentis tradita sunt? aut cur ad posteros transmissa? vt nos commonefacerent antiqui sapientes viro bono semper esse vigilandum, quia si parumper oculos à virtute deflexerit atque conniueat, ab appetentia tanquam à rapidissimo fluuio, ad libidinem, & ad illegitimas voluptates defertur, suapteque natura prolabitur. Hic propter muliebres amores postea in crudelissimum mortis genus incidit, quoniam voluptatum finis est omnium dolor & miseriæ. ob præclaras virtutes primum vt Heros, deinde vt Deus post mortem ab hominibus cultus fuit: quod omnis virtus inuidiam in se concitat: qui enim virtutem superare aliorum se non posse sperant, tum demum se felices arbitrantur, si illam aliquantulum saltem dicendo obscurarint. at vbi cessat eius autor virtutis, tunc etiam inuidia cessat inter mortales, maiorque gloria virorum bonorum post mortem enitescit. cum igitur vel appetentia rerum suauium & illegitimarum, vel inuidia mortalium res gestas cuiusque opprimere & obscurare possit, merito dictum est id ab Euripide in Andromache;

> χρὴ δ᾽ οὔποτ᾽ εἰπεῖν οὐδέν᾽ ὄλβιον βροτῶν
> πρὶν ἂν θανόντος τὴν τελευταίαν ἴδῃς,
> ὅπως περάσας ἡμέραν ἥξει κάτω.
> Nullum beatum dixeris mortalium,
> Supremus ante quam dies illuxerit:
> Et noueris quo pacto adiuit inferos.

Fuerunt tamen nonnulli qui res ab Hercule gestas ad historiam retorserint. sicut illud est de Augia. Dicitur Augias solis fuisse filius, tantumque habuisse armentum, & tot greges, vt maxima pars agri fimo obducta otiosa & inculta iaceret: nam quidam tradiderunt ibi stabulari consueuisse tria millia boum, quod stabulum nunquam fuerat purgatum. Hercules igitur vel aliqua parte agri, vel alia quauis mercede sibi promissa Alpheum fluuium in ea loca diuertit, omnemque fimi copiam deleuit. Deinde cum regio ad fertilitatem redijsset, stabula Augiæ purgasse dictus est. Augias mercedem illi negauit, quia videretur nullum prope laborem sustinuisse ijs stabulis purgandis: nam insulsi plerīq; non animi, sed corporis viribus, & laboribus præmia proponunt. Eodem pacto Geryonem tricorporem dixerunt, quia tres essent fratres vnanimes & consentientes in omnibus, vel, vt putarunt alij, quia trib. insulis Hispaniæ adiacentib. imperaret, Ebusæ scilicet, & minori, maiorique Belearicæ. Hic cum naualibus, terrestribusque copijs plurimum posset, dicitur habuisse canem bicipitem. Antæum Libycum ob peritiā loci vincere in regione non potuit, at extra patriam facile superauit. fuerunt item qui hydram multarum capitum fratres multos concordes crediderint, quorum vno extincto multi videbantur insurgere propter apparatus bellicos semper recētes & validiores. quod attinet ad mala Hesperidū, & ad Atlantis laborem, dicunt Atlantē magistratum gerentem in quandā rerum maximarū aliquando incidisse difficultatem, qui Herculis sapientissimi hominis consilio rem præclarè trāsegisset, tres oues Herculi largitus est: quod munus, vt ferebant ea tempora, non parum erat honorificum. cum vero μῆλα & oues sint, & mala fructus apud Græcos, locus datus est fabulæ. atque ad harum fabularum cognitionem non parum pertinere illam epistolam putauimus, quam superioribus diebus ad virum clarissimum Senatorem Venetum Matthæum Bembum misimus. ita vero se habet:

Quod redis ad Musas à tanto pondere rerum
Quantum res patria imposuit tibi publica lætor:
Nam labor assiduus fertur domitare leones.
Hinc iubet alternè luci succedere noctes
Natura alma parens seruandis prouida rebus:
Hinc & Atlanteos humeros recreasse labantes
Dicitur Alcides, tenuit cum pondera mundi.
Fabula sustinuit quod Atlas flammantia cœli
Astra: magistratus, & publica pondera gessit.
Crede mihi multo est cunctis felicior vnus
Qui faciles sine lite dies, sine murmure vulgi
Præterit, haud iussus varias audire querelas.
Siquis in humanis rebus felicius optat,
Rusticus expectet dum totus defluat amnis.
Vel nihil est homini felix, vel sola quies est:
Quæ nulli sincera tamen conceditur: ac te
Vel tua sollicitant, vel amici incommoda semper.
Vt si alibi excretæ vellantur vomere syluæ,
Consurgunt alibi. Sunt quos non vlla fatigat
Ambitio, sed vexat amor furiosus habendi.
Nec quidquam se oculis auro iucundius offert:
In quo congesto mox credunt esse quietem.
Falluntur miseri: mens est quæ sola quietos,
Sola facit claros. argenti splendor, & auri,
Prædia, nobilitas, animo depellere curas
Non possunt, populi aut fasces, aut purpura Regum.
Nec tamen vna potest animum fecisse serenum
Contemptrix auri mens, ambitione remota.
Hæc vbi vitaris, discrimina plurima vitę
Occurrent, animumque trahent huc semper. & illuc.
Si quem fugit amor nummi, si fugit honorum,
Blanditur somnus, vinum, Venerisque cupido.
Aut vitam infestat furor implacabilis iræ.
Turpe quidem vinci his animorum motibus, iræ
Principijs obsta: subeat te cedere nclle
Fluctibus irarum: facilis medicina reperta est.
Sin quacunque rapit grauis impetus, hac patiare
Deiecta ratione trahi, velut orba magistro
Aequora percurris pelagi spumantia puppis,
Quocunq; arbitrium ventorum detulit: atq;
Multa facis, quæ pacatum fortasse pigebit.
Nil aliud Scyllam est rabidis vitare per vndas
Succinctam canibus, nil & vitare Carybdim.
Hic animi furor est Cyclops, qui mentis in antro

Deli-

Delitet. hunc tu vince dolis, hunc stipite adure,
Hunc ratione doma. sic victus deniq; discet
Quæ iura hospitij: quam sit crudelibus almus
Iupiter hospitibus vindex. nam sicca tyrannos
Paucos fata iubent Ditis succedere tectis.
Herculeus labor, & nodoso robore claua,
Nil finit horrificum: vel qui Minoia Cretæ
Monstra domat, fertur de Dijs & natus vterq;
Si domites iram, vinclisq; & carcere frænes,
Inde voluptatum illecebræ, blandiq; susurri
Circumstant: simul ista tibi vitare necesse est.
Ne te sirenum cantus, neu pocula Circes,
Inuerti faciant variarum in monstra ferarum.
Vita hominum infelix quod circumsepta tenetur
Hostibus innumeris: occumbere turpiter aut est
Cuiq; opus, aut magnam referet victoria laudem.
Barbaricis quid enim deuictis proderit armis
Qua sol consurgit, vel Iberis conditur vndis,
Imperio regere: æternum si pectore bellum
Victorem infestet? captiuum blanda voluptas
Si trahat hunc, nullam meruit victoria laudem.
Otia solus aget, tranquillaq; tempora vitæ,
Vincere qui norit surgentia pectore monstra:
Ex animo curas & propulsarit inanes.
Forte magistratus transacto tempore ducis
Ocia priuatus: priuatum munera possunt
Pieridum mulcere. domestica forte requirit
Res domini curam: curam concede parumper.
Deniq; si cessat cui rerum publica cura,
Ille magistratus in sese exerceat, & quæ
Tempore præterito transegit, ponderet. acta
Omnia si rectè, niueam Dijs immolet agnam.
Hic valet intrepidus cœlum, sedesq; Deorum
Suspicere: implacidis hic se committere ventis.
Fortunæ furias, & ineuitabile fulmen
Alma Iouis temnit virtus sibi conscia recti.

Verum, vt ad mala Hesperidum redeamus, quidam dixerunt à nymphis Herculi fuisse donata, cum draconem custodem cecidisset, quia draco pastor fuerit violentus planè homo, & immitis aduersus omnes. Huius oues mala dicta sunt aurea, cum essent oues aurei coloris. Cur post omnes victorias, post tot terræ, marisque labores, post superatos tot latrones, tot maleficos, tot violentos hospites, ipse Lydorum reginæ tam turpiter seruijsse dicitur? quia magis periculosum est ne voluptatibus, quam difficultatibus plerunque vincamur: magisque gloriosum est seipsum vincere, & animi impetus refrænare, quam vniuersum terrarum orbem sibi subijcere. Neque quisquam vir bonus plane dici potest, nisi qui per summam innocentiam, vitæque integritatem suos dies vsque ad extremum transegerit. Alij nihil aliud esse Herculem, quam solem crediderunt, qui propter imagines Zodiaci, duodecim labores absoluisse dicitur: cuiusce rei illud argumentum faciunt, quia Geryon filius Callirrhoes & Chrysaoris siue Pegasi filius ipsa est hyems. huius boues sol ab Oceani extremis partibus in habitatas terras adigit; quia tonitrua & fulgura & fulmina ex humoris exhalatione nascitur, & ex Oceano præsertim. Dictus est enim Geryon ἀπὸ τοῦ γαρύειν quod fremere significat, quod proprium est hyemis. Cum vero sol omnia accedens per signiferum ad ortum excitet, ac pubescere faciat, idcirco Heben illi vxorem à Iunone ab aeris temperamento scilicet datam fuisse dicunt. Alij crediderunt per Geryonis fabulam, qui multa crura & plerasque manus ac oculos haberet, quæ vnico consilio gubernarentur, concordiam ciuium significari, quæ inexpugnabilis prope efficitur vbi omnes iustis animis in vnum conspirarint, velut ait Plutarchus in Politicis. Atque vt summatim colligam, illa quæ tradita sunt de Hercule, non solum ad solis naturam, sed etiam ad humanæ vitæ institutionem tradita sunt: quippe cum frustra alioquin laudes Herculis commemorarentur, cum illa monstra, quæ dicuntur ab illo fuisse domita, neque ita esse potuerint: neque si fuissent, nobis obessent: vt ait Lucretius libro quinto in his:

Quid Nemeæus enim nobis nunc magnus hiatus
Ille leonis obesset, & horrens Arcadicus sus?
Deniq; quid Cretæ taurus, Lerneaq; pestis,
Hydra venenatis posset vallata colubris?
Quidue tripectora tergemini vis Geryonai?
Quid Diomedis equi spirantes naribus ignem,
Thracem, Bistoniasq; plagas, atq; Ismara propter,
Tantopere officerent nobis? vncisq; timendæ
Vnguibus Arcadiæ volucres Stymphala colentes?
Aureaq; Hesperidum seruans fulgentia mala
Asper, acerba tuens immani corpore serpens
Arboris amplexus stirpem: quid deniq; obesset,
Oceani propter litus, pelagiq; sonora,
Quo neq; noster adit quisquam, nec barbarus audet?

Quod siquis ea quæ dicta sunt à nobis hactenus diligentius considerauit, patebit profectò tum ad mores & ad vitam hominum rectè instituendam: tum etiam ad solem, illa quæ narrantur de Hercule, spectare. Ac de Hercule satis, nunc de Acheloo dicamus.

De Acheloo. Cap. II.

Achelous Aetoliæ Rex fuisse dicitur, qui in Thoãte fluuio vocato, vt ait Strabo libro decimo è Pindo monte orto, Aetoliamque ab Acarnania disterminante, & in sinum defluente Maliacum, mersus, fluuio nomen dedit: qui fluuius ab ipso rege postea fuit Achelous nuncupatus. Plutarcus in libello de fluminibus Thestium à Thestio Martis & Pisidices filio vocatum fuisse fluuium scribit: qui Achelous postmodum ab Acheloo filio Oceani & nymphæ Naidis ibi merso fuit vocatus. Hic fluuius in mare Echinadum insularum influit, vt testatur Herodotus in Euterpe: quarum dimidium propè continentem fecit. Alcæus Oceani & Terræ filium esse sensit, at Hecatæus solis & terræ. Nymphis in primo Heracleæ Thetidis & Terræ. Fabulantur hunc fluuium Deianiram Oenei Aetolorum regis filiam in matrimonium poposcisse, quæ etiam sibi fuerat promissa: verum cum Hercules in agrum Calydonium profectus esset, ipse quo in matrimonium poposcit Deianiram, quæ sibi quoque promissa est. Oportuit igitur certamine diffiniri vtri horum Deianira cederet, quare Achelous sumpta tauri forma in Herculem impetum fecit: Hercules huic cornu manibus apprehẽsum defregit, qui cũ præ dolore cessisset Herculi suũ cornu dextrum

ab

ab eo repetiuit, pro quo Amaltheę Harmonii filiæ, vti ſcripſit Alcimus in rebus Siculis, cornu largitus eſt, quod ita attigit Ouid. in Deianira:

Cornua flens legit rapidis Achelous in vndis,
Truncaque limoſa tempora merſit aqua.

Fuit Amalthæa capra quæ Iouem lacte nutriuit poſtquam illum Rhea clam Adraſteæ & Iſdę, vt ſcripſit Hormogenes in libro de Phrygia, nutriendum dedit. Huius capræ alterum cornu Iupiter adultus officii præmium nutricibus dedit, vbi capram inter ſydera collocaſſet: cui illam adiecit facultatem, vt ait Xanthus in rebus Aetolis, vt quidquid ab eo optaretur, qui illud haberet, ſiue potus, ſiue cibus, continuo naſceretur. Alii non capram, ſed Hemonii Aetolorum Regis filiam Amaltheam, quæ cornu non capræ, ſed tauri habuerit, fuiſſe ſenſerunt, quod vim illam habuerit, vt ſcripſit Pherecydes. Neque mirum eſt taurum Acheloum factum fuiſſe, vbi pugnaturus eſſet cum Hercule, quando Deianiram petens vel multas formas ſumpſiſſe dicitur, vt teſtatur Sophocles in Trachiniis:

Μνηστὴρ γὰρ ἦν μοι ποταμός, Ἀχελῷον λέγω,
ὅς μ' ἐν τρισὶ μορφαῖσιν ἐξῄτει πατρός,
φοιτῶν ἐναργὴς ταῦρος, ἄλλοτ' αἰόλος
Δράκων ἑλικτής, ἄλλοτ' ἀνδρείῳ τύπῳ
βουκρανος, ἐκ δὲ δασκίου γενειάδος
κρουνοὶ διερραίνοντο κρηναίου ποτοῦ.
Flumen fuit procus mihi Acheloum fero.
Formis tribus qui me petiuit à patre.
Taurus, deinde pluribus ventrem notis
Pictus draco: vir inde cui caput bouis.
Mento fluebant riuuli potabilis
Vndę nitentis, fontibus ſimillimi.

Fuit enim poetarum conſuetudo, vt fluuios tauris ſimiles effingerent, quoniam cum impetu irrumpentes tauris ſimilem edant mugitum: vel, vt Hellanicus ſenſit, quia terram ſulcare tanquam boues apparent. Vel, vt aliis placuit, quia circa ripas fluminum tauri mugire ob vberiora paſcua audiantur. Memorię prodidit Sapho primum Acheloum vini miſtionem præterea inueniſſe: quare ita ait Virg. lib. 1. Georg.

Poculaque inuentis Acheloia miſcuit vuis

Atque antiquorum fuit idcirco conſuetudo, vt aquas omnes, quæ vini miſtionibus eſſent aptæ Acheloi nomine vocarēt: quare Achæus Satyros introducit ęgre ferētes potū aquoſum in Aethone ſatyrico, atq; ita aquas Acheloum nominātes:

Μῶν ἀχελῷος ἦν κεκραμένος πολύς;
Ἀλλ' οὐδὲ λῆξαι τοῦδε τῷ γένει θέμις.
καλῶς μὲν αὖ ὁ ἄγειν σκυθιστὶ πιεῖν.
An miſtus Achelous fuit non plurimus?
Ceſſare ſtirpi cuius haud quaquam licet.
Certe bibiſſe more præſtaret Scythæ.

¶ Ac de Acheloo iſta fabuloſa memoriæ ſunt tradita. Achelous Oceani vel Thetidis filius vel ſolis fuit & terræ, quia omnes fluuij ex Oceano naſcuntur, & ex fontibus, locisque ſub terra cauernoſis. Quas vxores Achelous habuerit, non conſtat: cum tamen Callirrhoen & Caſtaliam filias habuerit, vt teſtatus eſt Panyaſis, ac Sirenas, quæ Iunonis ſuaſu Muſas in certamen cantus prouocarūt; quibus victis Muſæ pinnas ex alis cōuulſerūt, ſibiq; coronas fecerūt, vt ait Pauſ. in Bęoticis. Habuit filiā etiam Dirceen, quæ in fontem conuerſa fuit, in quo Bacchus recens natus lotus fuit, vt ait Euripides in Bacchis:

Ἀχελώου θύγατερ	O Acheloi filia
Πότνι', εὐπάρθενε Δίρκα	Verenda virgo Dirce
Σὺ γὰρ ἐν σαῖς ποτὲ παγαῖς	Olim tuis nam fontibus
τὸ Διὸς βρέφος ἔλαβες.	Iouis cepisti filium.

¶ Cum igitur mutua sit elementorum inter se vicissitudo mutationis, solisq; radij ex oceano & terræ suprema parte vapores excitent, inde niues, & grandines, & imbres gignuntur, vt ait Aristot. Meteorologicis, ex quibus fit incrementum fluminibus: quare filius Oceani dictus est. Terra eius mater dicta est, vel quod ea in aquam, vt in propinquum elementum soluatur, vel quia ex incluso aere in ipsa terra nascantur fluuij, cum in aquam mutatur. Alij crediderunt vim esse optimarum aquarum Acheloum, sicuti testatur in ponderibus Asiæ Ephorus: ἢ τοὺς ἐκ Δωδώνης χρησμούς. σχεδὸν γὰρ ἐφ' ἅπασιν αὐτοῖς προστάττειν ὁ θεὸς εἴωθεν Ἀχελῴῳ θύειν. ὥστε πολλοὺς νομίζοντες αὐτὸν ποταμὸν τὸν διὰ τῆς Ἀκαρνανίας ῥέοντα, ἀλλὰ τὸ σύνολον ὕδωρ ἀχελῷον ὑπὸ τοῦ χρησμοῦ καλεῖσθαι. vel oracula Dodonęa. nã in oĩb. fere respõsis iubere solitus est Deus sacrificari Acheloo, quare permulti in eam opinionem inciderunt, vt non fluuium per Acarnaniam defluentẽ, sed vniuersam vim aquarũ Acheloi nomine ab oraculo vocari crediderint. erat enim illa sacrificãtium consuetudo, vt in omnibus sacrificijs aquam illam, quæ sacris adhiberetur, nominarent Acheloũ, quod testatur paulo post idem Ephorus: μάλιστα γὰρ τὸ ὕδωρ ἀχελῷον προσαγορεύομεν ἐν τοῖς ὅρκοις καὶ ἐν ταῖς εὐχαῖς, καὶ ἐν ταῖς θυσίαις Maxime vero inter iurãdum, & in precationib. & in sacrificijs aquã Acheloum nominare consueuimus. est enim suauissima & saluberrima Acheloi aqua credita, qui fluuius est Acarnaniæ, & in mare apud insulas Echidnades vocatas ingreditur, vt ait in his Herod. in Euterpe: καὶ οὐκ ἥκιστα Ἀχελῷου, ὃς ῥέων δι' Ἀκαρνανίας, καὶ ἐξιὼν εἰς τὴν θάλασσαν τῶν Ἐχινάδων νήσων, τὰς ἡμισέας ἤδη ἤπειρον πεποίηκεν atq; Acheloi præsertim, qui fluuius per Acarnaniam delabens in mare insularum Echidnadum intrat, earumque dimidium iam continentem fecit: atque in hanc sententiam de Acheloo scripsit Stra. libro 10. Geographiæ, quod latus australe Acarnanicũ & Aetolicum ipso mari perfunditur, quod sinũ efficit Corinthiacum, in quem Achelous influit, qui superiorib. temporib. Thoas appellabatur, at postea dictus est Achelous, vt scripsit Plutarc. in lib. de fluminib. ac montib. cur tauri formã sumpserit, diximus. factus est draco idem, quia sinuoso cursu deferuntur flumina. cum idem assiduis aliquando imbribus non augeatur ac placidus sit, humana forma fingitur: at ob sonitum, taurino capite. Hercules vt ait Strabo lib. 10. Oeneo affinitate coniunctus, & in omnes mortales beneficus fluuium temerè & cum impetu regionem infestantem aggeribus & aquæductibus coercuit & extenuauit: eamq; aquam in multos riuulos diductam, quæ prius regionem laniabat, vtilissimam reddidit. Inde dictus est illi fluuio taurinum cornu defregisse, & pro illo cornu abundantiæ rerum omniũ accepisse. Fluuius igitur paulatim exiccatus eo pacto fabulæ locum dedit, quæ in honorẽ Herculis ficta est. quid aliud sub hac fabula contineatur, preter historiam, non reperio, nisi quod per prudentiam omnia vel maxime noxia efficiuntur vtilia: cum præsertim istud Herculeæ prudentiæ quoddam fuit è muneribus: cuius iam sententia fuit explicata. at nunc de Apro Calydonio.

De Apro Calydonio. Cap. III.

Sed quoniam nemo prope est antiquorum poetarum, quin aprum Calydonium celebrauerit, nos etiam breuiter quæ de illo memoriæ prodita sunt, per-

percurramus. fabulantur itaque Oeneum Oetolorum regem, Calydoniæque imperantem primitias tum frugum, tum etiam domesticorum animalium Dianæ offerre solitum: qui cum sumptui parcere decreuisset, Dianam solitis primitijs defraudauit. at Sosiphanes in Meleagro memoriæ prodidit Oeneum Dijs omnibus solitum primitias ferre ob eximiam suæ regionis fertilitatem, verum aliquando Dianæ honores præterijsse. illa igitur ob neglectum honorem indignata aprum insignis magnitudinis ac feritatis, qui in Oeta monte versabatur, in Calydonium agrum immisit, qui vniuersam regionem deuastaret, quod ita breuiter complexus est Ouidius libro octauo Metamorph.

Sus erat infestæ famulus, vindexque Dianæ,
Oenea nanq; ferunt plenis successibus anni
Primitias frugum Cereri, sua vina Lyæo,
Palladios flauæ laticis libasse Mineruæ.
Cæptus ab agricolis superos peruenit ad omnes
Ambitiosus honor, solas sine thure relictas
Præteritas cessasse ferunt Laroidos aras.
Tangit & ira Deos.

Atq; inter cætera damna, quæ illi regioni inferebat, cultissimam Oenei vineam quam Ancęus Neptuni & Astypalcæ nymphæ filius multa diligentia plātauerat, populabatur: in qua educanda & ipse Oeneus, non mediocriter insudauerat, vt ait Homerus Iliad. primo.

καὶ γὰρ τοῖσι κακὸν χρυσόθρονος ἄρτεμις ὦρσε
χωσαμένη· ὅ οἱ οὔτι θαλύσια γουνῷ ἀλωῆς
οἰνεὺς ῥέξ', ἄλλοι δὲ θεοὶ δαίνυντ' ἑκατόμβας.
οἴῃ δ' οὐκ ἔρρεξε διὸς κούρῃ μεγάλοιο
ἢ λάθετ', ἢ οὐκ ἐνόησεν, ἀάσατο δὲ μέγα θυμῷ.
ἡ δὲ χολωσαμένη δῖον γένος ἰοχέαιρα,
ὦρσεν ἐπὶ χλούνην σῦν ἄγριον ἀργιόδοντα,
ὃς κακὰ πόλλ' ἔρδεσκεν ἔθων οἰνῆος ἀλωήν
πολλὰ δ' ὅγε προθέλυμνα χαμαὶ βάλε δένδρεα μακρὰ
αὐτῇσι ῥίζῃσι, καὶ αὐτοῖς ἄνθεσι μήλων
Sucitat his irata malum Diana, quod illi
Cum superos olim ad conuiuia læta vocasset,
Oeneus, hanc vnam merito priuauit honore.
Siue oblitus enim, seu nesciit. hud tulit æqua
Mente, Iouis fore præteritam de semine natam.
Tunc irata Iouis proles Diana ferocem
In vites immisit aprum, qui plurima fecit
Tristia, qui plantas radicibus eruit imis.
Aequauitque solo pomos cum floribus ipsis.

Memoriæ proditum est Ancæum fuisse seruis asperum & immitem dum eam vineam plantaret, quare vnus ex ijs dominum eius vineę non gustaturum esse fructum inquit: at Ancęus vbi fructus ad maturitatem peruenit, seruum deridebat, iussitq; sibi vinum miscere: qui, vbi poculum esset ori admoturus, illi falsum fuisse eius sermonem obiecit, cui seruus respondit:

Πολλὰ μεταξὺ πέλει κύλικος, καὶ χείλεος ἄκρου
Multa cadunt inter calicem, supremaque labra.

Cum hæc ita dicerentur, Ancęo plenum poculum tenenti accurrit quidam nuncians ab ingenti apro vineam totam deuastari: tunc Ancæus deposito poculo, arreptaque securi in illum aprum irruit, à quo vulneratus crus, vt sensit Pherecydes, interijt. Pausanias tamen in Arcadicis non solum Ancæum in aprum irruisse, sed cum opem ferret Meleagro Oenei filio ab illa bellua cæsum fuisse, memoriæ prodidit: quem in ventre vulneratum ait Ouidius. Postea robustissimi venatores ex vniuersa Aetolia ad hunc aprum cædendum conuenerunt. nam ad Meleagrum venit Iason, Theseus & Pirithous, Lynceus, Idas, Cæneus, Leucippus, Acastus, Ampycides, Oeclides, Telamon, Phyleus, Eurytion, Lelex, Echion, Hyleus, Hippasus, Nestor, Panopeus, Pollux, Iolaus, Atalanta, Peleus, Prothous, Cometes. At enim multi mortales in ea pugna ceciderunt dentibus eius apri crudeliter laniati. Scripsit Ouidius libro octauo hunc fuisse à Meleagro in armo cęsum venabulo, cum tamen Isacius ab eodem Meleagro defixum in fronte fuisse venabulum dicat, prioremque omnibus Atalantam Iasonis, at non Schænei filiam sagitta aprum percussisse dicat, vt est in histo. 102. chil. 7. apud Zez. quantæ fuerit magnitudinis hic aper vel ex eo patet, quod vnus eius dens in hortis Cæsaris fuisse dicitur in templo Liberi patris haud minor vnius pedis & quadrantis mensura. Ferunt enim multas immanes belluas in hominum improborum pernitiem varijs temporibus fuisse à Dijs excitatas, vt Erymanthium etiam & Commyonium apros, & taurum in Cretenses, quia cum Minos latè mari totam Græciam alluenti imperaret nihilo maiorē Neptuno, quam Dijs cæteris honorē tribuisset.

¶ Hæc idcirco celebrata sunt à poetis, vt nullum Deorum cultum impune negligi à mortalibus sciretur: sed omnia quæcunque grauia contingunt, siue sterilitas sit agrorum, siue animalium pestilentia, siue immanitas monstrorum, vel propter neglectam religionem, vel propter hominum improbitatem consilio & prouidentia Dei contingere: quamuis ita occultæ aliquando sunt causæ, vt videantur naturæ ductu potius, aut congressu astrorum, aut vario solis motu, quam Dei voluntate & consilio contingere. nihil fit enim horum sine diuina voluntate. inde fit aliquando, vt quæ minentur sydera, ob Dei bonitatem euanescant: at quæ non fuerant ante visa & præcognita, nos repente inuadant: cum omnia & iuste, & consulto, & certo Dei iudicio fiant. atque vt summatim dicam, nihil aliud per hæc significare voluerunt, nisi quod propter peccata veniunt aduersa: colendam scilicet Deorum immortalium esse religionem, quam nemo sine calamitatibus & impune neglexerit. at nunc de Centauris dicamus.

De Centauris. *Cap.* IIII.

ILla, quæ de Ixione superius explicata fuerunt, nos breuiores facient in Centaurorum explicatione. Dicuntur Centauri Nubis & Ixionis fuisse filij: qui nati sunt ex illa nube, quam Ixion pro Iunone compressit. Hi dicti sunt in Pelio monte à nymphis educati fuisse, qui adulti cum equabus coniuncti genuerūt Hippocentauros. Dicti sunt autem Centauri, quasi Centuri, cum κεντάω pungo significet: quoniam primi hi omnium mortalium pugnare ex equis inuenerunt: apud quos Pelethronius frænum & calcaria reperit, quibus tardiores aut celeriores equi frænarentur aut impellerentur. Hi Thessaliæ populi fuerunt Pelij montis accolæ, agrestes planè & implacidi & contumeliosi in omnes viri. grauis pugna inter hos & Lapithas qui dicti sunt ita ab Apollinis & Stilbes Nymphæ filio Lapitha, vt ait Posidonius, aliquando exorta est: nam cum Pirithous Deidamiam, vel vt alij maluerunt Hippodamiam Bysti filiam ducens nuptias celebraret, quod affines essent Centauri Deidamiæ, illos etiam ad conuiuium conuocauit. Isti igitur simul ac vino incaluerunt, & ipsam sponsam, & reliquas Lapitharum vxores petulantius attrectare, & violare denique conati sunt. Id Lapithis non ferentib. grauis pugna in ipsa regia cōmittitur, multiq; ex Centauris in eà ceciderunt, Theſeo præſertim adiuuante Pirithoû, vt patet in ſcuto Heſio. his carminib.

Ἐνδ' ἦν ὑσμίνη λαπιθάων αἰχμητάων
κυινέ ατ' ἀμφὶ ἄνακτα δρύαντά τε πειρίθοόντε.
ὁπλέα τ'. ἐξάδιόντε φάληρόντε, πρόλοχόντε.
μόψον τ' ἀμπυκίδην τιταρήσιον, ὄζον ἄρηος.
θησέα τ' αἰγείδην ἐπιείκελον ἀθανάτοισιν
ἀργύρεοι, χρύσεια περὶ χροῒ τεύχε' ἔχοντες.
κένταυροι δ' ἑτέρωθεν ἐναντίοι ἠγερέθοντο.
Hic inerant Lapithæ pugnax genus, inclyta pubes,
Cænea, Pirithoumq; Dryantaq; & Hoplea circum
Pugnantes: circa Prolochum, Exadium, atq; Phalerum,
Mopſumq; Ampyciden Titareſion. hic quoq; Theſeus
Aegides aderat ſimilis Dijs ille ſupernis,
Aurea tela viris aderant, argentea membra.
Parte alia ſtabant Centauri deinde frequentes.

Fuit autem poculis primum, & menſis, & ſacris vaſis pugna commiſſa vt ait Valerius Flaccus in primo Argonaut.

Parte alia Pholoe, multoq; inſanus Iaccho
Rhætus, & Athracia ſubitæ de virgine pugnæ:
Crateres, menſæq; volant, aræq; Deorum.

Ad extremum vero victoria penes Lapithas fuit, ac Centauri in fugam verſi de ſuis finibus pelluntur, qui fuga ſe ſeruarunt in Pholoem Arcadiæ. vt videtur teſtari Orpheus in Argonauticis:

ὅσδ' ἄρ ἄειδε μάχλων κενταύρων ὀβριμοθύμων
οὓς λαπίθαι κατέπεφνον ἀτασθαλίης ἕνεκα σφῶν.
Centauros cecinit, gens vtq; aſperrima bello:
Stultitiæ pœnas Lapithis tamen inde dedere.

Victi igitur à Lapithis Centauri nouas ſedes ſibi quærere coacti ſunt, & in regionem Perrhæborum profecti pulſis prioribus illius loci colonis ibi habitarũt, vt ait Stra. lib. 9. fuerunt hæc inſigniorum Centaurorum nomina, qui in ea pugna fuiſſe dicuntur: Abas, Arius, Aphidas, Aſtylus, Amycus, Antimachus, Apheus, Amydas, Aſſolus, Abryus, Arctus, Bromus, Bianor, Bretus, Brauenor, Cæneus, Chiron, Cyllarus, Cronius, Criton, Craneus, Dictis, Danis, Dyneus, Dryalus, Dorpus, Dorylus, Demoleon, Erigippus, Eurytus, Elops, Eurynomus, Elops, Emmachius, Enopion, Grynæus, Gripheus, Herlinus, Hippaſus, Hylas, Helinus, Harpagus, Harmandio. Imbreus, Iphireus, Latreus, Lycetus, Lycus, Lycidas, Lycohthon, Monychus, Mimas, Mermerus, Medon, Meneleus, Neſſeus, Nedon, Nycton, Odites, Ocelus, Orneus, Pholus, Perimedes, Piſenor, Picagmus, Phlegræus, Petreus, Pyretus, Praxion, Pæantor, Rhetus, Riphetus, Ripheus, Thaumas, Thereus, Thonius, Teleboas, Stipalus, Theroctonus, Silanthus, Theramon, Thurius. è Lapithis vero nonnullos recenſuit Heſiodus in Clypeo. His addiderunt quidam Baſium, at non illum tamen, qui vrbi nomen dedit Mercurij, vel vt alij maluerunt Neptuni filium. quamuis Centaurorum nonnulli, quia durum eſſet & agreſte genus erga omnes externos, vim Herculis ſenſerunt, vt dictum fuit: ſiquidem hi ſagittis veneno hydræ infectis vulnerati ſe lauantes, Anigeri fluminis aquam infeciſſe dicuntur, ita, vt vnda illa teterrimum odorem diu ſeruauerit: & piſces qui in eo flumine naſcerẽtur eſui eſſent inutiles. At Antimachus in centauromachia illos ab Hercule pulſos è Theſſalia in inſulas ſirenũ confugiſſe ſcripſit, vbi cantib. illarum delectati omnes in apertam pernitiem fuerunt attracti. deinde vbi Neſſus, & alij centauri ſepulti fuiſſent ex ijs vulneribus non procul à Calydone, in

colle

colle, qui Taphossus fuit nuncupatus, grauissimus odor ad montis radicē suffundebatur, ac tabo simile quiddam manabat, vt ait Stra. lib 9. Quæ de Centaurorum forma dicuntur, illa fabulosa sunt omnino, vt quæ de illorum ortu. alii igitur Ixionis filium Chironem fuisse tradiderunt, à quo originem duxerint Centauri: alii Saturnum cum Philyra Oceani filia congressum inquiunt cum imperaret Titanibus, mox cum ipsos Rhea deprehendisset, Saturnus ob pudorem se in equum vertit, vnde Chiron natus dicitur hippocentaurus, omniumque Centaurorum iustissimus, & sapientissimus. qui fuit Iasonis & Achillis pædagogus. illa igitur causa fuisse dicitur, cur Centauri geminam formam sortiti fuerint equinam scilicet à patre, humanam à matre. Quidam igitur putarunt inferiorem partem ad collum vsque formam fuisse equinam & ab equino ventre pro collo ventrem & formam hominis consurgere, totamque conspici superiorem partem, ita vt equitātis hominis forma in faciem intuentibus videretur. Quidam putarunt posteriores tantum pedes fuisse equinos, at priores humanos, vt ait Paus. in Eliacis prioribus. At Lucretius lib. 5. neque hac, neque illa forma esse potuisse Centauros omnino contendit, non solum quod duæ formæ tam diuersæ simul esse non possint, cum altera vigere incipiat, cum altera senescit ac fit inualida, verum etiam quod omnia e certis seminibus oriri necesse sit, atque in omnibus vnam naturam excellere: cum duę formæ diuersæ paresque viribus simul esse non possint, quare ita inquit:

> Sed neque Centauri fuerant, nec tempore in vllo
> Esse queunt duplici natura, & corpore bino,
> Ex alienigenis membris compacta potestas.
> Hinc illinc par vis vt non par esse potis sit.

Cum Hercules benigne à Chirone aliquando fuisset hospitio acceptus, Chiron breuitatem sagittarum Herculis admiratus eas contractauit, quarum vna dicitur in pedem Chironis decidisse, quare ille dictus est ex eo vulnere fuisse mortuus, & ob eximiam iustitiam, Deorumque cultum inter sydera relatus. Achæus vero & Erasistratus non interiisse Chironem ex illo vulnere inquiunt, sed centaurea herba, quam centaureum etiam vocant vulneri adhibita sanatum fuisse, quę ab ipso postea vt inuentore vsus eius herbæ fuit appellata, de qua ita meminit Virg. libro quarto Georg. quam Centaureum vocauit:

> Cecropiumque thymum, & graueolentia centaurea.

& Lucretius lib. 2.

> At contra tetra absynthi natura, ferique
> Centauri, fœdo pertorquent ora sapore.

Est enim & arma, & grauiter olens illa herba. Nam prima & simplicior antiquorum medicina fuerunt radices herbarum, vt in his significauit Homerus, quibus pleriquę morbi curabantur:

> ἐπὶ δ' ῥίζαν βάλε πικρὴν
> χερσὶ διατρίψας.
>
> radicem iniecit acerbam
> Conterendens manibus.

Quod si Centaurorum forma omnino in rebus humanis esse non potest, quæ causa antiquos compulit ad hæc ita fabulose confingenda?

¶ Patuit vt arbitror ex rebus Cētaurorum gestis quid per hæc significare voluerunt. Nam in tā prodigiosa corporis forma, quæ humanitas, quæ iustitia, quæ temperantia, quæ pietas esse potuit? aut qui dimidium sui bellua teterrima extiterit, quo pacto non in maximas difficultates ob sua flagitia illabatur, patriamq; & facultates per summam turpitudinem relinquere cogatur? Verum quoniam suus est virtuti vniuscuiusque locus, potestque vel in turpi forma aliquando inesse virtus, idcirco ob æquitatem eximiam Chirō fuit inter sydera receptus. Per hæc igitur, quæ dicta sunt de Centauris, significare voluerunt antiqui, vino non esse immoderate indulgendum, neque cedendum cupiditatibus, neque manus in res alienas per vim iniiciendas, sed temperantia & iustitia in omnibus vti conuenire: cauendosque esse illos, qui turpissimo sunt corpore, quoniā mores plerunque corpori sunt similes. At contra illum esse finem omniū improborum, vt patriam, facultates, penates, liberos, vxores relinquere cogantur, & extorres aliā patriam sibi per inopiam quærant. nec me præterit quosdā fuisse, qui primos Cētauros equitare inquiant inuenisse. At nunc de Cygno dicamus.

De Cygno. Cap. V.

At vero de Cygno diuersæ fuerunt antiquorum scriptorum sententiæ, quod eum alii aliorum parentum filium, & alia de causa in auem sui nominis mutatum fuisse, tradiderunt. Nam Cygnus ille, qui fuerit ab Hercule occisus, & in auem sui nominis dicitur postea mutatus, fertur fuisse Martis & Cleobulinæ filius, vt traditum est à Posidonio in libro de Diis & heroibus. fama est hūc Cygnum Martis filium idcirco fuisse ab Hercule trucidatum, quoniam ille in Thessaliam accedentes aduenas interimeret cum esset templum patri erecturus e capitibus cæsorum à se hominum. fuit & Cygnus Apollinis filius ab Achille cæsus cum militaret ad Troiam, de quo ita scripsit Isacius: ἀχιλλεὺς δὲ ἐπιστρατεύσας τῇ τροίῃ, ἀνεῖλε τὸν κύκνον καὶ τένην τὸν λόγῳ μὲν κύκνου, ἔργῳ δὲ ἀπόλλωνος. Achilles cum ad Troiam militaret Cygnum ac Tenem interemit verbo quidem Cygni filium, at reipsa filium Apollinis. fertur trucidatus fuisse ab Achille ad Troiam, & ab aliis creditus Cygni filius, cum esset Apollinis, vt patuit quoniam opem ferens Troianis cum longis nauibus angustias maris Troiani occlusisset, impediretque Græcos, neque illos descendere pateretur, quem tamē plerique fuisse Neptuni filium existimarunt. Silenus autem in fabulosis historiis Diomedis socios in illas aues, tanquam sorores Meleagri in melegrides, mutatos fuisse scripsit, quæ res ita habuit. Cum Diomedes Tydei ac Deiphyles filius in patriam post bellum Troianum rediisset, fertur in vltionem eius vulneris, quod Marti & Veneri Diis intulerat, eius vxor Aegialia exagitata fuisse incredibili desiderio, atque furioso prope quodam amore Comatæ filii Stheneli, vel vt aliis magis placuit, Cyllabari. Idcirco cum domum rediisset ita illo detentam vxorem repetit, vt parum abfuerit, quin ab ipsa Aegialia fuerit trucidatus, cum vix se seruasset ad aram Iunonis Argiuæ. Postmodo de statu rerum præsentium decidens, ac desperatione captus ad populos vocatos Daunios in Italiam commigrauit, quibus per illud tempus Daunus rex imperabat. cum forte tunc accidisset vt Daunus ab hostibus obsideretur audita Diomedis virtute ac fortitudine, eiusq; in Italiam aduentu misit rogatum ipsum Diomedem vt sibi opem ferret in ea rerum difficultate. promisit etiam se partem suæ regionis ad habitandū esse daturum ad remunerationem tanti beneficii. Ille vbi auxiliatū Dauniis fuisset, victoriamq; illis peperisset, vrbem postea vocatam Argyrippam cōdidit, quam sibi esse regiam statuit. Nam cum Daunus vellet videri tanti accepti beneficii minime oblitus proposuit Diomedi, concessitque optionem, vtrum mallet eligendi, vel totam prædam, vel totam regionem hostis, quam cepisset. cum neutrum horum voluisset eligere Diomedes, cuperetque Daunus aliquo condigno munere satis Diomedis in se beneficentiæ facere, Althænum Diomedis fratrem nothum iudicem statuit. at enim Althænus cum fuisset captus amore Euippæ filiæ Dauni, ni, velletque Dauno gratificari, regionem Dauno adiudicauit, iussitque prædam dari Diomedi. fertur illo iudicio indignatus Diomedes Deos rogasse vt neque semina vtiliter terrę concrederentur, neque illa fructum ferret, nisi aliquis è suis cognatis aut ciuibus ibi seminasset. Postea vero cum istud ipsum contigisset, neq; terra vllos fructus ferret, & siqui nascerētur, per malignitatem aeris vel deciderent è plantis, vel ad maturitatem non peruenirent; animalia passim perirent, ac siqua ferrent in vtero, facerent ab ortum, dicitur Daunus misisse sciscitatum oraculum, quæ nam esset tantæ Deorum indignationis causa, aut quid in Deos esset commissum, ex quo tot in commoda, totque calamitates Dauni regionem inuasissent. cum respōdisset oraculum istud partim ex imprecatione Diomedis contigisse, partim etiam ex ira Deorum, & præsertim Veneris, quæ vel ipsum fratrem in Diomedem per amorem Euippæ incitasset, Daunus in præsenti rem dissimulat, atque consilium prorogat in opportunum tempus. Nec ita multis sane diebus interiectis Daunus Diomedi insidias parat, & tanquam Diis inuisum atque inimicum repente trucidat. Græci Diomedis socii qui fuerant illum in Italiam secuti, visa sui ducis morte tam fæda, tamque miserabili, illum magnopere lugere cęperunt, atque stridule conquerentes dicuntur omnes Deorum misericordia in cygnos aues canoras fuisse conuersi. quod accidit in insula Diomedea vocata e regione Gargani. Alii dicunt non in cygnos quidem fuisse mutatos sed in aues cygnis simillimas, quæ dictæ sunt postmodo insulam vocatam Diomedeam habitasse de nomine ipsius Diomedis. est autem illa insula iuxta sinum Ionium Adriaticumque posita, vt scripsit Agatharchides in rebus Europicis, & Callimachus in libro de conditis insulis, & habitatis vrbibus, & de illarū nominibus. Nam Iapyges & Apuli cum populi essent iuxta sinum Ionium, alii horum dicti sunt Peceutii, alii Diculi, qui postea Daunii & Tarentini vocati fuerunt. Fuit enim regio Dauniorum in Apulia, quæ postea tota Iapygia ab Iapyge Dædali filio, hinc Salatia, hinc Calabria vocata fuit. atque Apulia dicta est ab vrbe Diomædis Argyrippa, quæ sequentibus temporibus Apulis nominata fuit. His addidit præterea Timæus Siculus in rebus patriis, & Alcimus, omnes Diomedis statuas, quas, in illa regione ex iis saxis passim sibi erexerat, quæ secum è Troianis ruinis in naui aduexerat, fuisse in mare contumeliose deiectas. nam memoriæ proditum fuit ab illis Siculis scriptoribus Diomedem cum aureum scutum Glauci haberet, Colchicum draconem interemisse, qui Phæaciam regionem deuastauerat, vbi primum in Italiam aduentaret. ea re insignem honorem adeptus Diomedes permultas sibi statuas ad perpetuam præclari facinoris memoriam erigēdas curauit, quæ e saxis Troianis vti diximus, excisę fuerunt, quę statuæ vna cum ipso Diomede cæso in mare à Dauno fuerunt deiectæ. Scriptū reliquit Pausanias in Atticis rebus Cygnum fuisse regem illorum Ligurum, qui habitarūt in Gallia transpadana laude musicę artis & cognitionis clarum: qui vbi mortuus esset, dicitur ab Apolline in auem sui nominis mutatus. Alii dixerunt ducem Ligurum Cygnum nomine miro amore Phaethontem prosecutum fuisse, qui post eius casum tam assidue flebat atque eiulabat, vt Deorum misericordia in auem sui nominis sit mutatus. atque cum esset musicæ artis peritus, creditur post mortem Apollini musicorum Deo esse consecratus. Lucianus in eo dialogo, qui Cygnus inscribitur, assessores fuisse Apollinis cygnos commemorat, & amicos homines musicę peritos, qui cum mortui essent, fuerunt in aues sui nominis mutati ab eodem. ¶ Hæc ea sunt, quæ de cygnis fabulose memoriæ prodita sunt ab antiquis scriptoribus: quæ si diligentius considerentur, partim nos admonēt nullam esse turpitudinem, nullamque arrogantiam, quæ Deum non habeat vindicem & vltorem, partim etiam ad insigniorum hominum laudem fuerunt ex

cogitacogit ata.nam cum Diomedes vel Deos ipsos vulneraflet.iustam Deorũ vindictã omnino aufugere non potuit,quia tã felici rerum successu elatus fuerat, vt neq; Diis quidem pepercerit in ipsa rerum felicitate,quos magis vt autores omnis humanę felicitatis impensiusque venerari atque obseruare decebat.eius socii dicuntur in aues fuisse mutati,quod omnis infelicitas & miseria alas iniungit priorib. amicis ad fugam.facti sunt Cygnis similes,vt alii voluerunt, aut ipsi Cygni dum lugubres ac miserabiles voces emitterent,quoniam neque tutũ est, neq; sapiens neque valde piũ illorũ sceleratorũ calamitates lugere,qui diuino consilio, diuinaque prouidẽtia propter illatas vel in ipsos deos iniurias illas calamitates patiantur,cũ illud scire possimus. Fiunt enim brutis similes ij, qui neq; motibus animorũ moderari aliqua saltẽ ex parte possunt,neq; æquo animo ferre nitantur illud, ꝙ diuinitus statutũ nulla ratione mutari possit. Hæc res iure optimo fecit vt socii Diomedis i aues Diomedeas vocatas dicant fuisse cõuersi.alii dixerũt Cygnũ illũ ab Achille cęsum cũ ad Troiã militaret in auẽ sui nominis fuisse cõuersum,nõ quidẽ reipsa,nullum.n.fuit tempus quo homines in plantas,aues,pisces, aut saxa mutarentur, sed ad consolationem suorum illud fuisse à poetis confictum. nam fuit vna multarum fabularum excogitarum ratio aliquando, assentatio poetarum nimirum, qui nihil sibi non licere arbitrati sunt, modo principum suæ ætatis gratiam per sua figmenta aucuparentur. Sic homines sæpius in Deorum numerum post mortem sunt intrusi, quibus templa, altaria, sacerdotes, ceremoniæ, ac proprii ritus sacrorum fuerunt instituti, multique in uaria corpora animalium per suauitatem orationis cum mirifica legentium voluptate peruenerunt. Habet enim illud suauitatis poetice, vt illa quæ in soluta liberaquę oratione ridicula viderentur & vana & mendacia, ipsa non solum probabilia & simillima veris efficiat, sed etiam cum incredibili auditorum voluptate & admiratione ita imprimat in animis, vt non facile deleantur. Istud fit propter metri naturam ac varietatem rerum, quas licet poetis in sua scripta asciscere,cum reliqua scriptorum genera ad finem suscepti negotii properare soleant, prius quam aliquid exterum admisceatur. nam cum liceat poetę aliquando vel ad minima quæque describenda peruenire, illud certe non permissum est facile cęteris scriptoribus, nisi maxima de causa, & cum res ipsa necessario postulare appareat. Quod vero Cygnum Ligurum regem eorum, qui habitarunt in Gallia transpadana, in illam auem mutatum fuisse ab Apolline memorarunt, id certe significare voluerunt poetæ, optimarum artium expertes esse principes homines non oportere, vel esse prorsus ignaros, quæ liberales vocantur, cum & animum ad regias virtutes & ad optimã rerũ præsentiũ administrationẽ,& ad futurorũ prudẽtiã mirabiliter effingãt,& ad rerũ vel secundarũ vel aduersarũ euentũ æquo animo perferendũ.Istud à musicæ sciẽtia primũ inchoandũ esse censuerim, sed non ab illa rabularũ & combibonũ garrulitate aut vociferatione, quoniã ea vis est illius,vt animũ,moresque parũ aptos prius componat,deinde pręparet cõpositũ ad oẽs rectas disciplinas facile imbibẽdas. Alii dixerũt poetas ad viuẽtium coniũctorũ Cygni ipsius regis gratiã illũ immortalibus laudib. extulisse ob peritiam musicę facultatis,quem & gratũ Diis hominẽ fuisse dixerũt,& post mortem etiam vixisse, atque in auem pulcherima Apollinique dicatam mutatum,quę vel mortem ipsam cum cantu exciperet, quia se Deo amicam esse sentiat, &ad meliorem vitam sit transitura. Nam cum mors communis sit omnibus animantibus,neq; vlla sit differentia sanguinis, facultatum,honorum nisi quis vi laudis ac virtutis. communem omnibus vitæ metam perpetuitate nominis superauerit vel nihil est magnopere expetendũ in rebus humanis,vel sola gloria, quæ per bonitatem morum, sanctitatem, fidem, pietatem,integritatem,innocentiam ac benetibeneficentiam late extenditur. fit etiam hoc ipsum per disciplinarum liberaliūq; artium pręstantiam cognitionis, qui honor in animis posterorum diutissime cōseruatur. nam cum fieri omnino non posit vt nihil aganus, quid aptius praeclaris ingeniis relictum est in quo se exerceant, cum quid datur ocii, quam in cognoscendis rebus gestis pręteritorum temporum & deliriis quibus se suosque perdiderunt summis rebus praefecti, aut quibus virtutib. hec omnia ab iisdem sapienter sunt conseruata? est illud praeterea studium honestissimum omnium ac vtilissimum, & caeteris omnibus occupationibus praeferendum, quo aliquis seipsum ad vitam quam honestissime cum virtute transigendam informet. atque de Cygno satis, nunc dicatur de Harpyis.

De Harpyis. Cap. VI.

HArpyiae, quae Stymphalides aues etiam vocatae fuerunt, filiae fuisse dicuntur Thaumātis & Electrae Oceani filiae, ac sorores Iridis, vt scripsit Hesio. in Theogonia in his versibus:

> θαύμας δ' ὠκεανοῦ βαθυῤῥείταο θύγατρα
> ἠγάγετ' ἠλέκτρην. ἡ δ' ὠκεῖαν τέκεν ἶριν,
> ἠϋκόμους θ' ἁρπυίας, ἀελλώ τ' ὠκυπέτην τε.
> Oceano natam Thaumas qui littora pulsat
> Vxorem Electram duxit, mox edidit Irim
> Illa viro, Harpyias Aelloque, Ocypetenque.

Acusilaus Neptuni ac Terrę filias fuisse credidit, Sosibius Erasiam & Harpyiā memoriae prodidit fuisse Phinei filias: quae vt patet ex superioribus Hesiodi carminibus tres fuerunt, Iris, Aello, Ocypete. Quidam Celaeno pro Iride subrogarunt. Asius Alopen, Acheloen, & Ocypeten nominauit, vt etiam Hyginus. Stesichorus Thyellam addidit: Asclepiades Ocythoen, Achaeus Ocypoden. Has proditum est memoriae ab Isacio in Thracia habitare solitas, aures que vrsorum, corpora vulturum, faciem virginum habuisse, fuisseque alatas, & humanis brachiis ac pedibus: sed vnguibus monstrosis, quae omnia prope ita descripsit Virg. libro tertio Aeneidos:

> Tristius haud illis monstrum, nec saeuior vlla
> Pestis, & ira Deum stygiis sese extulit vndis.
> Virginei volucrum vultus. foedissima ventris
> Proluuies. vncaeque manus, & pallida semper
> Ora fame.

Has ad epulas aduolantes facit, & volucres idem poeta nominauit. Has igitur Iouis canes fuisse memorant poetae, ac rapaces daemones, : quae additū Phinei supplicium fuerint immissę. Nam scripserunt antiqui Phineum in Bithinia iuxta fluuium Salmydessum Thracię habitare solitum, Agenoris & Casiopeę filium, vel vt quibusdam magis placuit, Agenoris & Phenicis: vt Apollodoro Neptuni, quē tamen in Paphlagonia regnasse omnes narrant. Hunc aiunt nonnulli cum optio sibi data esset, vt vel caecus diutissime viueret, vel post certum tempus moreretur: caecum consulto a Sole factum fuisse, & ab Agenoris temporibus vsq; ad Argonautarum nauigationem vixisse. Alii, quorum sententiae accedit Sophocles, Cleopatram vxorem fuisse narrāt Boreae & Orithyiae filiam, è qua Phineus duos filios Crambim ac Orythum susceperit. vel vt alii maluerunt, Parthenium & Crambim. Postea repudiata Cleopatra Idęam Dardani Scytharū Regis duxit: tum adolescentes illi accusati sunt, quod stuprum nouercae obtulissent, & à patre comprehensi ob id facinus capitis dānati tandem ab Argonautis cognita illorum

lorum innocentia,& quę inter ipsos intercedebat,affinitate, multis barbarorum cæsis, & ipso etiam Rege obtruncato in eo certamine, liberantur. Non defuerunt qui ob eam accusationem oculis captos fuisse adolescentes inquiant: quare indignatus Neptunus ob eam crudelitatem illum etiam cęcum fecit,& Harpyias immisit. Alii,inter quos Philocorus, hos Thynum & Mariandynum vocarüt. alii hos non è Cleopatra,neque ex Idæa Dardani filia,sed è quadam pellice Scythica natos fuisse autumarunt. Id cum fecisset Phineus,dicitur eo supplicio à Ioue affectus vt oculis careret,& perpetua fame discruciaretur:cui tamen cum paratæ forent epulæ neque illas comedere tunc quidem licebat, quoniã Iupiter suos canes Harpyias scilicet ad eum miserat,quæ vel ex ore comedentis cibum eriperent. Acusilaus Argiuus,quia, cum vates esset,Iouis ac Deorum arcana mortalibus patefecisset his suppliciis addictum scripsit,ad quem profecti Argonautæ per benigne accepti pro præmio monstrati itineris in Colchidem,& pro liberalitate hospitali alatos Boreæ filios cum sagittis miserunt,qui Harpyias à mensa Phinei depellerent:quas è regione fugientes,cum ad Plotas vsque vocatus insulas, quas alii Echidnadas vocarunt, insecuti fuissent: atque inde ad Argonautas iterum reuertissent, quod illæ iurassent se non amplius Phineum infestaturas, illæ insulæ dictę sunt Strophades: quæ omnia explicata sunt ab Apollon.libro secundo Argo.cum hæc inquiat:

ἔνθαδ' ἐπάκτιον οἶκον ἀγηνορίδης ἔχε φινεύς.
ὃς περὶ δὴ πάντων ὀλοώτατα πήματ' ἀνέτλη
εἵνεκα μαντοσύνης, τήν οἱ πάρος ἐγγυάλιξε
λητοΐδης, οὐδ' ὅσσον ὀπίζετο καὶ Διὸς αὐτοῦ,
χρείων ἀτρεκέως ἱερὸν νόον ἀνθρώποισι.
τῷ καί οἱ γῆρας μὲν ἐπὶ δηναιὸν ἴαλλεν
ἐκ δ' ἕλετ' ὀφθαλμῶν γλυκερὸν φάος, οὐδὲ γάνυσθαι
εἴα ἀπειρεσίοισιν ὀνείασιν, ὅσσα τ' οἱ αἰεὶ
θέσφατα πευθόμενοι περιναιέται οἴκαδ' ἄγειρον.

Hæc & Agenorides habitabat litora Phineus,
Aerumnas passus mortales est super omnes.
Quod diuinaret:namque artem præbuit illi
Latoides: quare ille Iouis vel numina summi
Spernebat: mentemque Deum mortalibus idem
Vaticinans nudauit.eum grauis inde senectus
Inuasit:primum est oculorum lumine captus.
Inde frui dapibus veritum est: quas plurima semper
Turba colonorum illius portabat in ædes.

Deinde carmina quæ sequuntur omnia prope illa narrant, quæ diximus de Phineo. Reuersi sunt autem Boreadæ, & ab insequendis Harpyis destiterunt Iride illos reuocante: vel,vt aliis placuit, Iouis mandato. Cæterum illam fuisse conditionem Boreadum memorant,vt nisi Harpyias consequerentur, sibi esset pereundum,atque hic cæsas Harpyias à Boreadibus narrant:quarum altera in Peloponnesum volauit,& in Tigrem fluuium decidit,qui ab ea dictus est Harpys, vt ait Apollodo.libro primo. Panyasis tamen non strictis gladiis à Boreadibus depulsas,sed sagittis cæsas esse arbitratus est, priusquam Boreadæ reuocarentur. Quod autem Canes Iouis vocatæ sint,patet ex his carm. Apollonii libro secũdo.

οὐ θέμις ὦ υἱεῖς βορέου ξιφέεσσιν ἐλάσσαι
ἁρπυίας μεγάλοιο Διὸς κυνάς.
Non est fas Borea nati depellere ferro
Inde canes Iouis Harpyias magni.

Has

Has ipsas Harpyias quidam putarunt fuisse ab Hercule postea pulsas ex Arcadia cum Stymphalum oppidum iuxta Erasinum fluuium popularentur ærei crepitaculi tinnitu, vt dictum fuit. Has scripsit Chæremon sub quodam specu in Creta tandem se abdidisse, vnde nunquam postea euolauerint. Atque hæc ea sunt, quę de Harpyis memoriæ prodita sunt ab antiquis ¶ Dictę sunt Harpyiæ ab ἁρπάζω, quod omnia secum raperent, quanquam quæ relinquebant, ita tetro & fœtido excremento inquinabant, vt fœtor omnino perferri non posset. Atque cum fluuiorum, fontium, imbriumque natura per Naiades, & reliquas Nymphas, significabatur, aer superior & vis ignea per Iouem, aqua per Neptuuum, inferior aer per Iunonem, per Vestam terra: sic per Harpyias vis & natura ventorum significata est ab antiquis: qui, vt dictum est sępius, sub his fabularum figmentis vniuersa naturalis philosophiæ, & morum præcepta tradiderunt, vtilitatem cum suauitate commiscentes. Atque vel ipsarum Harpyiarum ortus demonstrat vires esse ventorum. qui enim putarunt filias fuisse Thaumantis & Electrę, quid aliud has esse senserunt, quam admirabilem ventorum naturam, qui è supernatante & puriore Oceani aqua per solis radios extolluntur? Huic rei vel illud est argumento, quod Iridem ventorum sororem putarunt, quæ in imbribus, & nubibus certo ordine collocatis apparet: neque sine imbribus fieri potest, quo tempore etiã venti vel dominantur, vel iam antecesserunt. Nomina præterea singularũ Harpyiarum ventorum impetũ vel celeritatem, vel aspectum significant: nam Ocypete celeriter est volans, Aello procella, Celæno obscuritas nubium, quæ ventis impelluntur. illud etiam indicabat forma Harpyiarum quæ fingebantur alatæ & fœminæ ob leuitatem duplicem ac celeritatem, cum neque Boreadæ quidem illas comprehendere potuerint, vt iure de illis dici queat:

Quid leuius fumo? flamen. quid flamine? ventus.
Quid vento? mulier. quid muliere? nihil.

Qui Iridem vocarunt tertiam Harphyiam, in idem reciderunt: nihil est enim horum à vi ventorum semotum. Quid ergo? significare voluerunt per hæc ventos è superna vi aquarum e puriore parte scilicet gigni: aut ex ea aqua quæ est cum terra commista superius, quæ in vapores extenuata in sublime tollitur: qui vapores postea modo in pluuias condensantur, modo in ventos extenuantur. Neque abhorret præterea à ciuili institutione hæc fabula, quippe cum declaret rapacitatem & auaritiam hominum tanquam grauissimum supplicium Deorum cõsilio mortalibus immissam fuisse. Nam cur oculis captus est Phineus? quia non videbat humanam conditionem vitę intra angustissimos terminos includi, paucisque esse contentam, atque ob eam rem perpetua fame discruciabatur: neq; poterat præsentibus epulis vesci: cum non pateretur illud habendi desiderium, vt præsentibus bonis perfrueretur, sed vt fieret tãtum locupletior. Id vulturum corpus, id vncæ manus, id ora semper fame pallentia significabant, id reliqua corporis forma, quæ ex animo auari hominis ad vnguem expressa est. Quidã per Harpyias furtorum naturam significare voluerunt, quæ virgines ideo putatæ sunt, quia sterilia sunt Diis ita volentibus, & breui dilabuntur bona per rapinam furtumque parta: quare & famelicæ, & alatæ, & immundę dictæ sunt. At nunc de Hesperidibus.

De Hesperidibus. *Cap.* VII.

HEsperides autem Hesperi Atlantis fratris filiæ fuerunt, quas tamen Eubulus Atlantis, non Hesperi fuisse credidit: Chæecrates Phorci & Cetus. Nomina fuerunt illarum Egle, Arethusa, Hespertusa, vt diximus in Hercule. Hæ

hor-

hortos habuerunt non procul à Lixo oppido Mauritaniæ extrema parte Aethiopiæ ad occidentem, vbi loca fuerunt à sole exusta, arenisque obducta, & ob serpentum frequentiam infesta: neque multum à Meroe, & à mari rubro distantia. Ibi anguis esse dicebatur, qui aurea mala custodiret ne ab vllo caperentur: quem serpentem curabat Hesperidum sacerdos, vt apparet ex his carminibus Virgilius libro quarto:

Oceani finem iuxta, solemque cadentem,
Vltimus Aethiopum locus est vbi maximus Atlas
Axem humero torquet stellis ardentibus aptum.
Hinc mihi Massylæ gentis monstrata sacerdos
Hesperidum templi custos, epulasq; draconi
Quæ dabat, & sacros seruabat in arbore fructus:

Nam vbi Atlas cœlum sustinere dicebatur, ibi in extrema ora terræ habitabant Hesperides, vt significauit Dionysius in libro de situ orbis in his:

Ἄτλας δ' οὐρανὸν εὐρὺν ἔχει κρατερῆς ὑπ' ἀνάγκης,
πείρασιν ἐν γαίης. πρόπαρ ἑσπερίδων λιγυφώνων
Ἑστηὼς, κεφαλῇ τε καὶ ἀκαμάτοισι χέρεσσι.
Sustinet hic Atlas cœlum, sic fata iubebant,
Vltimus Hesperidum locus est in margine terræ,
Hic capite & manibus fert vasti pondera mundi.

Hunc hortum fama est Atlantem montibus vndique cinxisse, quia Themis illi responderat futurum esse vt Iouis filius eò aliquando accederet, & aurea mala caperet. Hæc mala Agrœtas in rebus Libycis oues fuisse sensit, quæ aureæ nominarentur, quæ cum inhumanum & agrestem pastorem haberent, dictæ sunt à dracone custodiri. at Pherecydes libro decimo vbi nuptias Iunonis commemorauit, terram Oceano proximam in occidente aurei coloris poma tulisse inquit, pomosq; aurei coloris fructus ferentes, quam sententiam ita secutus est Lucanus:

Abstulit arboribus precium, nemoriq; laborem
Alcides: passusq; inopes sine pondere ramos,
Rettulit Argolico fulgentia poma tyranno.

Draco, qui poma ipsa seruabat, Typhonis & Echidnæ filius, Ladon vocabatur, vt testatur Apollonius libro quarto:

Πλαζόμενοι ἷξον δ' ἱερὸν πέδον, ᾧ ἔνι λάδων
Εἰσέτι που χθιζὸν παγχρύσεα ῥύετο μῆλα,
χώρῳ ἐν Ἄτλαντος χθόνιος ὄφις ἀμφὶ δὲ νύμφαι
Ἑσπερίδες ποίπνυον ἐφίμερον ἀείδουσαι.
Δὴ τότε γ' ἤδη κεῖνος ὑφ' ἡρακλῆϊ δαϊχθεὶς
Μείλιον βέβλητο ποτὶ στύπος.
Errantesq; locum sacrum Venere, vbi Ladon
Aurea seruabat flauentia mala decora.
Anguis terrigena, hic vbi cœlo attollitur Atlas.
Illum curabant nymphæ prædulce canentes
Hesperides: truncum amplexus sed ab Hercule cæsus
Is fuit.

Cũ esset etiã Ladon fluuius Arcadiæ, cuius filia fuit Metope vxor Asopi Thebani fluminis, è qua Thebe nympha vrbi nomẽ dedit. Hũc serpẽtẽ è terra natũ fuisse testatr Pauſ. at nõ è Typhone & Echidna, vt ait Apol. enarrator. quẽ capita cẽtũ hẽre putarũt. fama est Herculẽ cũ ad hęc aurea mala mitteret ab Eurystheo diu ambiguũ cõstitisse, quia vbi esset, nesciret: atq; ad nymphas Iouis & Themidis in spelũca apud Eridanũ fluuiũ habitãtes cõtẽdisse, vt ab ijs sciscitaret vbi posset ma la aurea Hesperidum reperire: quæ ad Nereum illum miserunt, vt dictum fuit superius fabulantur etiam Atalantam Schænei filiam tribus malis Hesperidum captam fuisse, quæ Venus dederat Hippomeni: cum nuptiæ eius victori, at mors victis proponeretur: quare non solum Hercules malis Hesperidum potitus fuit. nam quod Atalanta pomis capta fuerit, ita Theocritus ait in Amaryllide:

> ἱππομένης ὅκα δὴ τὰν παρθένον ἤθελε γᾶμαι
> μᾶλ' ἐν χερσὶν ἑλὼν δρόμον ἄνυεν· ἁ δ' ἀταλάντα
> ὡς ἴδεν. ὡς ἐμάνη, ὡς ἐς βαθὺν ἅλατ' ἔρωτα.
> Virginis Hippomenes thalamos vbi forte petiuit,
> Mala tenens manibus currebat: vt hæc Atalanta
> Vidit, vti perijt, magno correpta vt amore est.

¶ Hæc ea sunt, quæ de Hesperidibus fabulose memorata sunt ab antiquis: nunc quid significent, perquiramus. Verum res vt ad historiam referatur ita se breuiter habuisse dicitur, fuerunt duo fratres gloria celebres Hesperus & Atlas, qui habebant oues pulchritudine egregias & flauas & colore aureo. Hesperus cum filiam suscepisset Hesperidam nomine, illam fratri in matrimonium coniunxit, à qua regio vocata est Hesperitis. ex hac Atlas suscepit sex filias, quæ vocatæ sunt Atlantides, & à matre Hesperides. Harum formæ desiderio ob celebritatem captus Busiris latrones & piratas misit qui eas raperent, & ad se asportarent, quo tempore Hercules aduersus Antæum pugnauit. Prędones in quodam horto ludentes puellas rapuerunt, nauique impositas auexerunt. Hercules vbi forte pranderent prædones in litore percepta re de virginibus latrones ad vnum interemit, ac filias patri reddidit, pro quo beneficio & oues pulcherrimas dono accepit & alia multa ab Atlante, & astronomiæ cognitionem, quam vbi ad Græcos transtulisset, sphęræ cognitionem nimirum dictus est cœlum pro Atlante humero sustinuisse. Hesperides igitur vt alij volunt Hesperi filiæ fuerunt, vt alij Atlantis: quæ sydera sunt. earum pater cœlum, aut vespertinum tempus fuit, quod quasi frater est cœli. dictæ sunt habere hortos in occidente, in quibus essent mala, aurea, quoniam stellarum natura est vt tanquam aurum splendeant, & rotunda appareant: atque ea non nisi in occidente nasci solita sint, quia sole occidente stellæ apparent, cum lumine solis per diem occultentur. at quis est draco, qui hæc mala seruabat, atque hortum ambibat? signiferum circulum nonnulli sunt arbitrati. fuerunt tamen qui mala Hesperidum oues esse in occidente dixerint, in insula, quæ perpetuo flumine circundabatur in serpentis modum sinuoso & reflexo. Alij cum mala Hesperidum putarint fuisse stellas, serpentem illum esse crediderunt lineam obliquam, quæ nos & astra ipsa intra se continet, quæque horizon siue determinans linea appellatur. ea cum obliqua sit omnibus hominibus, præterquam habitantibus sub ea linea, in qua dies noctibus pares efficiuntur, merito serpens ac draco ab artificibus fabularum atque historiarum fuit appellata. Qui fluuium insulam ambientem anguem esse dixerunt, ij Herculem inquiunt ad insulam obseruatis opportunitatibus traiecisse ac remeasse cum fluuius is factus fuisset peruius ob siccitatem, atque inde captas oues in Græciam duxisse. qui vero stellas fuisse mala illa dixerunt, rerum astronomicarum peritiam ab Hercule in Græciam latam putarunt. Atque vt summatim colligam, sententiam huiuse figmenti, tanquam serpentes illi seruant aurea poma, qui ob auaritiam neque dormire quidem tuto possunt. quare præclare dictum est à sapientibus, diuitias tanquam lapidem indicem animi cuiusquam esse datas hominibus, quæ viris bonis & prudentibus facultates essent, & quasi opportunitates ad res prçclarè gerēdas, ad patriæ, ad sui ipsorum, ad amicorum, ad bonorum cōmoda concessę: at imprudentib. & malis quasi supplicium, cum

cum augeant desiderium ipsum etiam accumulandi: quare vel ex ipsarum diuitiarum vsu quantopere quisque sit vir bonus & Dei amicus posset dignoscere. at nunc de Atalanta dicamus.

De Atalanta. *Cap.* VIII.

De Atalanta Schœnei filia, quæ corporis viribus, & celeritate pedum non solum fœminas, sed etiam homines anteibat, hæc pauca habemus memoria digna, quod venationibus mirifice delectabatur, quæ etiam inter venandum cum apud Stethæum Aesculapij fanum siti laboraret dicitur saxum cuspide percussisse, atque frigidissimæ aquæ è saxo prorumpentem fontem elicuisse, quod illa prior sagitta aprũ Calydonium percussit, vt ait Isacius. Huic, cum pellis apri pro insigni victoriæ data fuisset à Meleagro, mox ab ægre ferentibus viris gloriam victoriæ à fœmina sibi fuisse præreptam, pellis extorta fuit per auunculos Meleagri, quibus ab ipso Meleagro cæsis propter illatam iniuriam, vniuersa vis vltionis cõuersa est demum in Meleagrum. nam cum esset cum titione quodam reseruato à matre, & extincto victurus, cum quo exusto mori opus esset, mox illo in ignem cõiecto per maternam indignationem perijt Meleager: quod victa fuit ab Hippomene cursu dum malis tribus Hesperidum colligendis retardata fuisset. Quam rem testatur sic Arabius:

ἔδνα γάμων ἔρριπτες, ἢ ἀμβολίην ταχύτητος
τοῦτο γέρας κούρῃ χρύσεον ἱππόμενες;
Ἄμφω μῆλον ἄνυσσεν, ἐπεὶ καὶ παρθένον ὁρμῆς
εἶργεν, καὶ ζυγίης σύμβολον ἦν παφίης,
Num dotem, magis an tardandi præmia cursus
Aurea ab Hippomene mala puella capit?
Malum vtrumq; facit. tardauit namq; puellam
A cursu, & nodos nexuit in Veneris.

Nam fuit multorum antiquorum mos, vti nuptias virtute comparandas præstantium mulierum proponerent. Sic Antæus rex Libyæ filiam Alceim, vel vt alij maluerunt, Barcen victori cursus proposuit. Sic Danaus filias, sic Pisander Camerensis sorores vt ait Pherecydes, sic Hippodamiam propositam ferũt. at quod in templo magnæ matris moræ impatiens nulla habita Deæ reuerentia cum Hippomene victore concubuit, Hippomenes in leonem, ipsa in leænam conuersa est. ¶ At cur hæc celebrata & memoriæ prodita sunt? quia significare voluerunt nihil aliud esse Atalantam, quàm voluptatem: atque illum insanire, qui per summum capitis discrimen ac periculum illam expetat: quippe cum morbi, & pudor, & facultatum iactura, & vitæ non pauca pericula, voluptatum sint comites: ad quas sine his peruenire nunquam conceditur. Qui igitur per summa pericula voluptatem expetiuerit nulla habita vel Deorum immortalium, vel sanctissimarum legum reuerentia, quo pacto poterit humanam animi formam retinere, ac non in teterrimam belluam conuerti? vt igitur voluptates periculorum plenas deuitaremus, vt Deorum immortalium religionem coleremus, vt eorum loca sacra ne contemneremus, hæc ipsa literarum monumentis sunt tradita ab antiquis: qui nihil non vtile, plurimumque ad humanæ vitæ informationem pertinens ad nos transmiserunt: si quis recte considerauerit. cum omnia contra huius ætatis scripta ab imperitis plerisque in lucem tradita, plena sint lasciuiæ, auaritiæ, adulationis: nihilque minus curent, quàm vt viros bonos ac temperantes legentes efficiant. Fuit alia Atalanta Iasonis filia, quam vxorem duxit Milanio, atista de filia Schenæi memoriæ produntur, quæ fuit admodum libidini, & omni lasciuiæ dedita, atque in Mænalo monte Arcadiæ versabatur. ac de Atalanta satis, nunc dicamus de Theseo.

De Theseo. Cap. IX.

THesens Neptuni & Aethræ filius fuisse dicitur, vt traditū est in fabulis: quē tamen Plutarchus in eius vita non Neptuni, sed Aegei fuisse scripsit, cui sententiæ assensit Ouidius etiam in his:

> Nec pater est Aegeus, nec tu Pitheidos Aethræ
> Filius: autores saxa fretumque tui.

Fama est hunc aliquando cum puer esset adhuc, quo tempore Hercules Trœzenem ad Pitheum venit, leonis pellem, quam gestabat Hercules, vidisse, atque securim è manu serui cuiusdam extorsisse illam belluam cæsurus, quia leonem esse putasset, cum reliqui Trœzeniorum pueri visa illa pelle aufugissent. Hic postea cum adoleuisset Herculis virtutem ac fortitudinem imitatus multos latrones & maleficos homines vbique sustulit, orbem terrarum peruagatus, & Scironem, qui in monte non procul ab Athenis intra Megara & Isthmum, multos mortales è præcipiti loco deiecit, idq; mortis genus experi coegit, quo viatores ipse interimebat. Alij tamen dixerunt, inter quos fuit Sosicrates, quod aduenis pedes lauandos protendebat, ac lauantes ex altissimo loco in mare deturbabat. Idem Theseus Cercyonem in Eleusine palæstra suffocauit, sicut is solebat peregrinos: idem apud Cephissum amnem latronem Polypemonem cognomine Sinim ac Procustem habitantem in loco vocato Corydallo Atticæ, pinus ad terram vi deflectentem, & alligatos illis hospites arboribus in suum locum cęsis retinaculis reuertentibus crudelissime laniantem ac discerpentem, interemit: idem Periphetem Epidauri Vulcano natum ænea claua in pugna vtentem trucidauit, aliosque latrones varia crudelitatis genera in hospites exercentes obtruncauit, vt testatur Plutarchus & Strabo libro nono. Hic tantæ virtutis fuisse dicitur, vt multis viris fortibus fuerit auxilio in præclaris facinoribus obeundis. & ad opprimendum aprum Calydonium conuenit, & Adrasto opem tulit in recuperandis cæsorum ad Thebas cadaueribus, atque cum Pirithoo Centauros debellauit, & ad inferos postea descendit, vnde fuit, vt diximus, ab Hercule liberatus. fama est quod cum gloria Theseus, nominisque virtutum suarum celebritate fidem prope omnem superaret, antequam Pirithoum sibi conciliaret. Pirithous volēs eius virtutem experiri, boues illius è Marathone abegit: tum iniuria hostis motus Theseus illum è vestigio persecutus est. Pirithous nihil territus eius aduentu illi insequen i etiam intrepidus fit obuius: Theseus eius magnitudinem animi, atque corporis præstantiam admiratus in colloquium venit, quare coorta est inter illos amicitia. Iniuit autem Theseus societatem cum Pirithoo in loco quodam Atticæ non procul à Serapidis templo, vt ait in Atticis Pausanias. Hic ante Pirithoi societatem cum esset adhuc adolescens in Cretam cum ijs nauigare voluit, & vnus esse ex illis, qui quotannis pro morte Androgei ad Minoem Cretæ regem tributi nomine mittebantur: quos dicebant in labyrinthum inclusos à Minotauro vorari. fabulantur Asterium siue Minotaurum corpus totum habuisse hominis, at caput bouis. hic erat in labyrintho loco amplissimo & inextricabili viarum multarum ambage, qui factus fuerat ad Aegyptij illius labyrinthi formā, qui fuit apud vocatam ciuitatem Crocodilorum: cuius operis magnificētiam ita descripsit Hero in Euterpe: εἰ γάρ τις τὰ ἐξ Ἑλλήνων τείχεά τε καὶ ἔργων ἀπόδεξιν συλλογίσαιτο, ἐλάσσονος πόνου τε ἂν καὶ δαπάνης φανείη, ἐόντα τοῦ λαβυρίνθου.

τούτου καί τοι ἀξιόλογός γε καὶ ὁ ἐν Ἐφέσῳ ἐστὶ νηὸς, καὶ ὁ ἐν Σάμῳ. ἦσαν μὲν δὴ καὶ αἱ πυραμίδες λόγου μείζονες, καὶ πολλῶν ἑκάστη αὐτέων ἑλληνικῶν ἔργων καὶ μεγίστων ἀνταξίη. ὁ δὲ δὴ λαβύρινθος καὶ τὰς πυραμίδας ὑπερβάλλει. τοῦ γὰρ δυώδεκα μὲν εἰσι αὐλαὶ κατάστεγοι ἀντίπυλοι ἀλλήλῃσι, ἓξ μὲν πρὸς βορέω, ἓξ δὲ πρὸς νότον τετραμμέναι συνεχέες. τεῖχος δὲ ἔξωθεν ὁ αὐτὸς σφέας περιέργει. οἰκήματα δ' ἔνεστι διπλᾶ, τὰ μὲν ὑπόγαια, τὰ δὲ μετέωρα ὑπ' ἐκείνῃσι τρισχίλια, ἀριθμὸν πεντακοσίων καὶ χιλίων ἑκάτερα. Quare ſi quis ampliſsimos muros, & ædificia Gręcorũ conſideret, multo inferiora & opera, & ſumptus magnificentia hoc labyrintho apparebunt. Eſt ſane percelebre & magnificum templum illud Epheſium & Samium atque Pyramides fidem prope ſuperant, quarum vnaquæque cum multis Græcorum ædificiis poſſet comparari. At labyrinthus ipſas etiam pyramides operum mirabilitate ſuperat, longoque interuallo relinquit. Huius ſiquidem duodecim ſunt aulæ tecto copertæ, portas habentes inuicem oppoſitas, quarum ſex in Boream ſpectant ordine conuerſæ, ſex Notum reſpiciunt. vnus eſt murus exterior, qui illas intra ſe continet. Domicilia ſunt interius duplicia: alia quidem ſubterranea, alta ſublimia & ſub illis numero ad tria millia: atque vtraque ad numerum mille & quingentorum accedebant. ad huius imitationem labyrinthum excogitauit Dædalus in Creta, in quem includebantur iuuenes tributi nomine ad Minoem miſsi, qui à Minotauro vorari putabantur. Verum cum Theſeus eo nauigaſſet, ab Ariadna Minois filia Dædali inuentione edoctus fuit, quo pacto cæſo Minotauro ab inextricabili viarum errore ſe expediret, & ad ingreſſum reuerteretur, vbi filium annexuerat. Hic igitur capta ſecum Ariadna ſalutis ſuæ artifice in Naxon inſulam defertur, vbi à Baccho admonitus fuit vt Ariadnam relinqueret: qui timore diuino perculſus dum illam profundiſsimo ſomno immerſam vidiſſet vela in ventos explicauit, & ex inſula profugit: quã poſtea duxit Bacchus, & ex ea Thoantem, Onopionem, Staphylum, Euanthem, Latramym, Tauropolim ſuſcepit. Memoriæ prodidit Theopompus Minoem cum Theſeum, reliquamque iuuenum Athenienſium manum accepiſſet, Peribææ amore captum fuiſſe: cuius libidini cum Theſeus aduerſaretur, ira commotus Minos & alias multas contumelias dixit in Theſeum, & illum Neptuni negauit eſſe filium. His addidit præterea quod non poſſet eam gemmam, quam geſtabat, ſi in mare abieciſſet, ſibi reſtituere. Deinde cum ea dixiſſet, gemmam in profundiſſimum gurgitem maris abiecit: quo tempore memorant Theſeum cum illa gemma, & corona quadam ab Amphitrite dono accepta emerſiſſe: quam coronam ad perpetuam eius facinoris memoriam inter ſydera relatam à Neptuno fuiſſe inquiunt. Plutarchus tamen in Theſei vita illum filium Aegei fuiſſe ſcripſit eius, qui mari Aegęo nomen dedit: quamuis Nicocrates Cyprius ab inſula Caprarum vocata: Conon ἀπὸ τῆς αἰγὸς περκαίας à capra Percania ſcilicet nominatum putauit. Nicoſtratus à Caryſtia, quæ fuit etiam Aegæa nominata. Atque cum prius in pagos diſperſi eſſent homines Athenienſes, ipſe Theſeus dictus eſt illos in vna mœnia incluſiſſe, legesq; dediſſe, & populare ̃ adminiſtrationẽ ibi inſtituiſſe, quæ vſq; ad ea tẽpora perdurauit, quib. Piſiſtratus oppreſſa republica tyrannidẽ inuaſit. Fama eſt Amazonas bellicoſas fęminas in Græciam aliquãdo cũ armis hoſtiliter irrupiſſe, atq; in agrũ Athenięſem præcipue impreſsionẽ feciſſe: quibus addiderũt Antiopem ipſarũ Amazonum reginam, vel vt alii maluerunt, Hippolytem, fuiſſe à Theſeo ſuperatam, cum illi Scythæ opem tuliſſent. Nam illę collectis multis viribus per Thraciam ad Cimmerium Boſporum penetrarunt, multamque Europæ partem peruagatæ caſtra poſuerunt denique in loco Amazonio ab illis vocato, qui fuit agri Athenienſis. Theſeus collectis ſatis validis viribus vrbanis ſecum habens vxorem ſuam Antiopen, de qua suscepit Hippolytum filium: commisit prælium collatis signis, atque cum victoria penes ipsum post diuturnam pugnam fuisset, alias ex Amazonibus obtruncauit, alias coegit ex agro Atheniensi fuga excedere. Fama est Theseum fuisse inuentorem palæstræ, vt ait Pausanias in Atticis, artemque palæstritarum perfecisse: cum antea corporis magnitudine tantum ac robore luctaretur, arte prorsus ignorata. Theseus multas mulieres rapuisse dicitur: nam Antiopen rapuit & Phædram abducturus veritus ne qui filij nascerentur ex ea, aut Hippolyto, illis Hippolytus dominaretur, Hippolytum ad Pittheum dicitur amandasse. Illud autem fecit tum vt apud illum educaretur, tum etiam vt in eius regnum Hippolytus succederet. Mox Palante atque eius filijs cæsis, quia res nouas molirentur Trœzenen proficiscitur vt se de cæde purgaret quo tempore primum vbi Hippolytus Phædræ visus fuisset, ac in eius desiderium illa incidisset, hæc postea contigerunt, quæ memoriæ prodita sunt de Hippolyto. Postmodum Aphydnæ Helenam raptam ferunt, quæ ciuitas postea à Castore & Polluce Theseum insequentibus euersa est, & Helena recepta, vt ait Strabo libro nono, quo tempore Theseus ætatis suæ annum quinquagesimum agebat. Cum ver. Helena in Lacedæmonem à Thesprotis, quò cum Theseo & Pirithoo iuerat, se recepisset, è Theseo grauida Argis enixa est, vbi templum magnificum Lucinæ erexit, vt ait Erasistratus, & Pausanias in Corinthiacis: quamuis Ouidius in epistola Helenæ dicat illi virginitatem à Theseo minime ereptam in his carminibus:

> An quia vim nobis Neptunius attulit heros,
> Rapta semel, videor bis quoque posse rapi?
> Crimen erat nostrum, si delinita fuissem:
> Cum sim rapta, meum nil nisi nolle fuit.
> Non tamen ex facto fructum tulit ille petitum.
> Excepto redij passa timore nihil:
> Oscula luctando tantummodo proteruus
> Abstulit: vlterius nil habet ille mei.

Habuit filios Demophontem & Acamanthem, de quibus ita meminit Euripides in Heraclitis:

> ἐσθλοῦ πατρὸς παῖς Δημοφῶν ὁ Θησέως,
> ἀκάμας ἀδελφὸς, τῶνδ' ἐπήκοοι λόγων.
> Est Demophon bono patre natus Theseo,
> Acamasque frater, verba qui nostra audiunt.

Narrant Theseo iactis sortibus Helenam contigisse, ea tamen conditione vt prius iurarent, vt, vtri illa eueniret, is operam suam concederet alteri dum mulierem sibi raperet. Fabulantur igitur hos audita eximia forma Proserpinæ ad inferos descendisse, atque diuturno labore itineris fessos super saxo quodam consedisse apud inferos, vnde postea surgere non potuerunt, donec ab Hercule ad Cerberum educendum eò profecto liberatus fuit Theseus. alij dicunt Theseum cum Pirithoo venisse in Thesprotidem, qui nimia vxoris cupiditate arma sumpserat, atque commisso prælio cum Thesprotorum rege magna parte exercitus amissa coniectum fuisse in vincula ad Cichyrum. ille postea Lycomedis à Scyrijs perbenigne exceptis in Scyro insula per insidias dicitur fuisse obtruncatus, ad cuius mortis vltionem Cimon Scyron vrbem deleuit, & ossa Thesei Athenas reportauit. Hæc pauca de Theseo, quæ apud omnes poetas decantantur, quæque fabulosis narrationibus magis, quam veris historijs sunt similia, ex illis multis, quæ de illo traduntur, colligere volui. Dictus est Theseus Neptuni fuisse filius, quia viros fortes, qui humanarum virium facultatem superare

perare viderentur, aut quibus res maritimæ feliciter successissent, Neptuni filios antiqui vocarent, cum nullum Deum vel promptiorem vel ferociorem Neptuno haberent, in quem referrent. Huius celebritas nominis apud multos scriptores claruit, quoniam ad Herculis imitationem permulta suæ virtutis exempla vbique maleficis delendis hominibus dedit, crudelissimisque tyrannis & latronibus trucidandis. Fieri enim non potest, vt quæ præclare cum virtute gesta sunt, meritis laudibus, & honorificis scriptorum præconijs careant: quæ plurimum conferunt & impellunt ad clarorum virorum imitationem. Nam si taceantur insignium virorum res gestæ, ibi pro virtute desidiam & ignauiam dominari necesse est. Cur labyrinthi forma, & inexplicabiles viarum ambages, aut cur tot de Minotauro verba audiuntur? num posteris etiam labyrinthi terrorem in animis imprimere voluerunt antiqui, qui nihil nisi ad vtilitatem mortalium, & ad humanæ vitæ institutionem scripserunt.

¶ Nihil aliud significare voluerunt per illum labyrinthum, nisi perplexam esse, multisque difficultatibus implicatam vitam hominum, cum ex alijs aliæ semper grauiores oriantur: è quibus nemo se, nisi per singularem prudentiam & fortudinem, explicare potest. Verum neque illud solum in priuatam vitam cadit, sed multo magis in magistratus, & in auaritiam, & in ambitionem hominum, quæ omnia mirificis difficultatibus sunt implicita. Nam si viri boni & prudentes potius quàm ambitiosi summæ rerum præessent, omnes difficultates prope, quibus humana vita vexatur, delerentur: quoniam nihil est adeo formidabile, aut arduum, aut laboriosum, quod virtute non superetur. Hæc vna causa fuit cur tot de Theseo apud omnes scriptores audiantur: neque enim potuit sine Dædali arte se Theseus explicare, siue sine diuinitate quadam & præstantia ingenij. Verum quia difficilius est voluptatum, quàm difficultatum certamen: atque multi superatis omnibus horrificis monstris, & grauissimis periculis postea voluptatibus ita fuerũt irretiti, vt in summum capitis discrimen peruenerint, idcirco multas mulieres à Theseo raptas, & eum in grauissimas ærumnas propter mulieres denique incidisse, fabulantur: cum vix fratrum Helenæ impetum euasisset, & à Centauris prope fuerit oppressus, & ad inferos descendens inde redire, nisi adiutore Hercule, non potuerit. Nam cum firmitate neruorum, corporisque fortitudine eximia aliquando & effrænata libido esse consueuit, quæ temperantia & quadam animi moderatione indiget. Hanc tamen fabulam ad historiam nonnulli perducere conantur, vt testatur Zetzes histo 51. chil. 2. & Plutarc. in Thesei vita: qui Proserpinam illam filiam Molossorum regis Plutonis fuisse inquit, vxorem Cererem, Cerberum acerrimum canem, cuius regis filiam rapere Theseus ac Pirithous parantes deprehensi sunt. Tum Pirithous ab eo cane laniatus interijt, Theseus in vincula coniectus sequentibus temporibus ab Hercule eò accedente liberatur. Pausanias in Atticis non per dolum inquit ad Plutonem Thesprotorum regem hos venisse, ac filiam rapere voluisse, sed Pirithoum nimia vxoris cupiditate impulsum arma cepisse, tum exercitus magna parte amissa cecidisse in pugna Pirithoum, at Theseum captum in vincula ad Cithyrum coniectum, quem finem omnes prope illegitimæ libidines sortiuntur. At nunc dicatur de Tereo.

De Tereo. *Cap.* X.

TEreus Martis & nymphæ Bistonidis filius, grauissimum & ipse supplicium subiuit ob immoderatam libidinem: quippe cum non à patria solum profugere coactus sit, sed etiam humanam figuram in formam auis commutauerit.

Hic Pandionis Athenarum regis & Zeuxippes filiam prognem vxorem duxit, cum ipse Thraciæ & Phocidi imperaret. Nam vbi Athenæ conditæ fuerunt primus omnium regnauit Actæus, huic succesit Cecrops, qui filiam Actæi habuit in matrimonio, atque ex illa Hersen, Pandrosum, & Aglaurum, filium vero marem Erysichthonem suscepit. deinde Erysicthone mortuo ante patrem regnũ deuolutum est ad Cecropem, hinc ad Cranaum, post hunc ad Erichthonium, à quo ad Pandionem regnum peruenit. Fama igitur diu inualuit apud Phocenses, vt in eorum reb. scripsit Pauf. Philomelam in auẽ sui nominis apud ipsos ob Terei timorem fuisse mutatam. Res autem ita se habuit, vt testatus est Ouid. lib. 6. Metamor; Fertur Tereus assiduis propè precib. Prognes impulsus ad socerum Pandionem aliquando contendisse, illumq; rogasse vt secum Philomelam ad visendam sororem mitteret: quod cum facile à Pandione impetrasset, vtpore qui virum bonum & temperantem generum suum arbitraretur, tum fuerunt in itinere Tereũ cũ ad Parnasi vrbem Daulidem aduenisset, in amorem Philomelæ incidisse, quã per vim demum vitiauit, cum illa libidini Terei diutius reluctaretur. Enimuero ne illa postea tam turpe facinus, & impurum sorori, vel alteri cuipiam indicaret, illi linguam præcidit, ac mortuam esse in itinere sorori Progne nunciauit Deinde Philomela rem clam per nuntios suo sanguine scriptam ad sororem misit, vel potius, vt sensit Nicocrates, acu pictam ad illam clam deferendã curauit. Id ægre ferens Progne, facinusq; tam atrox non impune commissum esse oportere rata, filium Itym, quem vnicum habebat Tereus, coctum epulãdum patri apposuit. Deinde cum Tereus Itym aduocaret, extremas corporis partes Progne Tereo ostendit, eumq; a patre esum fuisse demonstrauit. Iis conspectis Tereus ad stringendũ ensem accurrit vt cædem filij vlcisceretur, quare Deorum consilio Progne in lusciniã conuersa est, vt celerior ad fugam efficeretur: hanc sequens Tereus fit vpupa, quam, cum esset tardior, assequi non potuit. Philomela versa est in hirundinẽ, & Itys in phasianum, quæ omnia in Thracia iuxta Daulim oppidum cõtigerunt, vt ait Strabo libro nono. Hanc fabulam breuiter explicauit Virg. ita in Sileno:

Aut vt mutatos Terei narrauerit artus.
Quas illi Philomela dapes, quæ dona pararit.
Quo cursu deserta petiuerit, & quibus ante
Infelix sua tecta superuolitauerit alis:

Quamuis poetico more Philomelã hic dixit, pro Progne. Inde dicta est Aedon, siue Philomela, siue Luscinia eadem Progne, Itym assiduis lamentationib aduocare, & querulas cantilenas in syluis effundere, vt ait Home. libro 7. Odys. in his:

ὡς δ' ὅτε πανδαρέου κούρη χλωρηῒς ἀηδὼν
καλὸν ἀείδησιν ἔαρος νέον ἱσταμένοιο,
Δε:δρέων ἐν πεταλοισι κατεζομένη πυκινοῖσιν.
ἥτε θαμὰ τρωπῶσα χέει πολυηχέα φωνήν,
Παῖδ' ὀλοφυρομένη ἴτυλον φίλον.
Sic canit, vt vernis arrident floribus arua,
Et primi surgunt Zephyri, Pandione nata:
Confidens ramis florentibus arboris altæ.
Mille modis varians vocem, cum sylua querelis
Personat: & flet Itym dilectum.

Inde vero effectum est, vt querulam auem Iouis nuntiam vocauerit eam Sophocles in Electra, cum veris nuntia sit, & caloris moderati aduenientis: sic enim inquit:

Νήπιος, ὃς τῶν οἰκτρῶς
οἰχομένων γονέων ἐπιλάθεται.

ἀλλ'

ἀλλ' ἐμέ γ' ἁ στονόεσσ' ἄραρεν φρένας
ἃ, Ἴτυν ὀλοφύρεται
ὄρνις ἀτυζομένα Διὸς ἄγγελος.
Demens, qui miserabiliter
Parentum extinctorum obliuiscitur.
Sed mihi flebilis concussit mentem,
Quæ Itym semper Itym queritur
Auis querula Iouis nuntia.

¶ Hæc ea sunt, quæ de Tereo, eiusque vxore ac filio fabulose tradita sunt ab antiquis: quæ nulla ex parte omnino vera esse possunt, sed vt pleraque fieri consuerunt ad hominum vtilitatem conficta. Neque enim naturæ lex patitur, neque dicentibus animus hominis assentitur, quod homo aliquis repente in tam diuersam à se formam commutetur. Quod Tereus Thraciæ, & illis locis, qui fuerunt à Daulide supra Cherroneam imperarit, quod Prognen Pandionis & Zeuxippes filiam vxorem duxerit, quod ex illa Itym susceperit, quod vim etiam Philomelæ intulerit, id non dissentit adhuc à veritate: & quod in eius iniuriæ scelerisque vltionem Progne filium ceciderit, ac patri epulandum dederit. Quid est enim horum quod fieri non potuerit? at quod omnes hi in aues versi euolauerint, illud prorsus fabulosum est: quippe cum Terei sepulchrum non procul à scopulo, qui Mergi fuit vocatus, siue Aethyiæ Mineruæ, crectum fuerit in agro Atheniensi, vt ait Pausanias in Atticis. Enimuero, quia illæ mulieres post eam cædem Athenas ad patrem celerrime confugerint, idcirco finxerunt poetæ illas ob mœrorem & luctum eorum quæ gesserant ac passæ fuerant in aues fuisse mutatas. Deinde cum vpupa per id tempus primum Daulide visa fuerit, fabulati sunt Tereum in eam auem fuisse conuersum. cum mulierum altera hirundo, altera luscinia facta dicatur, quia vtraq; auis edat cantus ac voces miserabiles & lugubres. Est enim ea vis sonorum, vt qui etiam nullam vocem referant, tamen nunc ad hilaritatem, nunc ad tristitiam animi nos impellant: quoniam anima hominum ex numeris composita, vt senserunt Pythagorici, facillime sonum harmoniæ persentit, & vocibus ac sonis etiam nihil significantibus, sed ad quandam rationem numerorum spectantibus, quasi titillatione quadam celerrime ad vtrunque motum irritatur. Hæc ipsa ratio numerorum plurimum confert etiam in oratoria facultate, quoniam non solum sententia, sed etiam sono vocis tardiores animi impelluntur, aut concitati plus æquo refrænantur. Sic etiã poetæ per carminum harmoniam animos militum inflammasse in bellum antiquitus dicuntur, & multa instrumenta musica inuenta sunt in castra, quorum strepitu milites ad pugnam incitarentur. Verum quod attinet ad mores, per hanc fabulam significare voluerunt antiqui id, quod paulo ante dicebam: magis formidandas esse viro bono ac prudenti, voluptatum titillationes, quam hostium minas. Quippe cum nulla sit ciuitas tam felix, nullum tam potens regnum, nulla tanta tamque arcta vel naturæ, vel amicitiæ coniunctio, nulla tam firma præsidia, quæ libido & intemperantia non possit infringere: omnium siquidem libidinum, omnisque lasciuiæ cædes, ærumnæ, exilia, egestas, præsentiumque bonorum iacturæ sunt comites. At nunc de Medusa dicamus.

De Medusa. *Cap.* XI.

MEdusa etiam ob libidinem & Veneris immoderatum desiderium acerbissimam Deorum iram in se cõuertit: cum vel in templo Mineruæ Neptuno passa sit. fuerunt complures hoc nomine vocatæ mulieres, nam & vna ex filiabus Pria-

Priami,& vna ex Stheneli ac Nicippes Medusa vocata est. at ea, quæ celebratur à poetis, vt ait Paus. in Corinthiacis, filia Phorci fuisse dicitur: cuius quæ fuerit mater non constat. cum quidam marini cuiusdam monstri filiam fuisse inquiant. Propter violatum igitur templum, cum piaculum ibi commissum fuisset, irata Dea ne tantum scelus inultum esset, comam primum, propter cuius pulchritudinem Neptuno placuerat, in serpentes conuertit: deinde dedit illi hanc vim, vt quicunque illam aspicerent, fierent lapides: q; innuit Ouid. libro 1. de Ponto:

Ipsa Medusa oculis veniat licet obuia nostris:
Amittet vires protinus ipsa suas.

Deinde cum multos homines in lapides verteret, & ingenti clade populos iuxtam Tritonidem paludem habitantes afficeret, Deorum misericordia Perseus Iouis Danaesque filius ad eam obtruncandam mittitur: vel potius, vt quidam maluerunt, à Polydecto Seriphorum rege missus eo ad obtruncandum Medusę caput contendit. Ille acceptis à Mercurio talaribus & falcato ense, a Pallade scuto, vnico ictu caput eius amputauit, quod postea gestauit Pallas suo scuto affixum. Dionysiocles Andromedam ceto expositam à Perseo liberatam fuisse scribit, cum is ostenso capite Medusæ cetum in lapidem vertisset at Itacius nō eam fuisse causam Medusæ calamitatis commemorat, sed Medusam inquit fuisse Pisidæ omnium mulierum suæ ætatis pulcherrimam, quæ cum magnopere capillorum pulchritudine præsertim gloriaretur, sese vel Pallade pulchriorem affirmabat, & ausa est de forma vel cum Dea contendere. Eam arrogantiam & impudentiam Dea grauiter ferens, prius crines, quibus maxime gloriabatur, in turpissimos maximeque formidabiles angues conuertit, deinde ita ab eius formæ intuitu omnes mortales auertit, vti qui spectare illam in posterum ausus esset fieret saxeus. cum vero multi illam calamitatem subirent, Pallas mortalium calamitatum miserta, Perseum ad illam misit, Georgonemque monstrauit in pictura Sami, vbi ciuitas fuit ex illa re Dicterium vocata. Verum vt ad Perseum redeam, qui superius missus fuerat Deorum misericordia ad illam obtruncandā, quia multos homines in saxa conuerteret, Perseus primū ad Pephrado & Enyo Phorcidas vocatas accessit, quæ vetulę erant à natiuitate, & Georgonum sorores Ab illis igitur vnicum oculum, quo illæ vicissim vtebantur, & vnicum dentem mutuo accepit: neq; prius illis reddidit, quam ad Nymphas ipsum deduxissent. tum acceptis calceis volucribus nympharum, & pera siue sacculo, galeaque Plutonis, & adamantina falce Mercurii, & speculo Palladis volans ad Tartessum ciuitatem Iberiæ ad ipsas Georgones peruenit: quæ capita habebant serpentibus implicita squammosis, dentes quanti sunt magnorum aprorum, manus ferreas, & alas, quibus volabant. sic igitur ad has volauit Perseus, quas dormientes inuenit: atque Medusæ caput in speculo auersus intuens Pallade manum dirigente amputauit. Ex capite Medusæ desecto Pegasus alatus equus repente prosiliit. tum grauiter ferentes reliquæ sorores Stheno & Euryale ac lugentes sibilum è multitudine anguium ingentem emittebant, vnde Pallas legem tibiarum multarum capitum vocatam antiquitus excogitauit. at Perseus caput amputatum in peram coniectum super humero à tergo ferens gestauit ad Palladem. sic autē illius formam descripsit Hesiodus in Scuto:

Ἔνθ' ἦν ἠϋκόμου Δανάης τέκος ἱππότα Περσεὺς.
οὔτ' ἄρ' ἐπιψαύων σάκεος ποσὶν, οὔθ' ἑκὰς αὐτοῦ.
θαῦμα μέγα φράσασθ' ἐπεὶ οὐδαμῇ ἐστήρικτο
τὼς γάρ μιν παλάμαις τεῦξε κλυτὸς ἀμφιγυήεις,
χρύσεον ἀμφὶ δὲ ποσσὶν ἔχε πτερόεντα πέδιλα
ὤμοισιν δέ μιν ἀμφὶ μελάνδετον ἄορ ἔκειτο.

χάλ-

χάλκεον ἐκ τελαμῶνος, ὁ δ' ὥστε νόημα ποτᾶτο.
πᾶν δὲ μετάφρενον εἶχε κάρα δεινοῖο πελώρου
Γοργοῦς. ἀμφὶ δέ μιν κίβισις θέε θαῦμα ἰδέσθαι
ἀργυρέη θύσανοι δὲ κατηωρεῦντο φαεινοὶ,
χρύσειοι. δεινὴ δὲ περὶ κροτάφοισιν ἄνακτος
κεῖτ' ἄϊδος κυνέη νυκτὸς ζόφον αἰνὸν ἔχουσα.
αὐτὸς δὲ σπεύδοντι καὶ ἐρρίγοντι ἐοικὼς
περσεὺς δαναΐδης ἐτιταίνετο. ταὶ δὲ μετ' αὐτὸν
Γοργόνες ἄπλητοί τε καὶ οὐ φαταὶ ἐρρώοντο.
Hic aderat Danaes proles clarissima Perseus.
Nec tangebat enim scutum pede: nec procul idem
Distabat. nusquam stabat, mirabile dictu.
Sic Deus ignipotens ex auro fecerat illum.
Huic alata pedes imos talaria nectunt.
Petreus ast humeris loro suspenditur altis
Ensis: & ille animo velocior aera transit.
Gorgonis horribilis monstri cui terga grauantur
Pondere: circum ex argento, mirabile visu,
Sacculus hoc habuit. claudebat fimbria vestem
Aurea, Plutonis galea caput ipse tegebat
Obscura, steterat nox illam plurima circum.
Filius at Danaes Perseus mira arte timenti
Factus erat similis, properantique: horrida monstra
Gorgones à tergo, similesque sequentibus illum.

E sanguine igitur Medusæ de collo defluente natus est vocatus Chrysaor, & Pegasus, & è guttis distilantibus ex ipso capite, varia serpentum genera, vt Scripsit Apollonius Rhodius in ædificatione Alexandræ. at Zenodotus Theophilus in libro secundo historiarum duos fratres fuisse in Attica scripsit Phalangem marem & Arachnem fęminam. cæterum Phalanx rem bellicam à Pallade didicit, Arachne telam texere. hi cum rem habuissent inuicem, tantæ turpitudinis odio commota Dea hos dicitur in serpentes conuertisse, cum tamen Acusilaus è Typhonis sanguine illos natos fuisse tradiderit. id caput suo clypeo Pallas affixit, & gestare consueuit, vt testatur Euripides in Rheso hoc pacto:

Γοργὼ δ' ὡς ἀπ' αἰγίδος θεᾶς
χαλκῆ μετώποις ἱππικοῖσι πρόσδετος,
πολλοῖσι σὺν κώδωσιν ἐκτύπει φόβον.
Gorgo Deæ est ab Aegide
Ex ęre equinis est ligata frontibus:
Multis timorem personat tinnitibus,

¶Hæc ea sunt, quæ de Medusa memorantur fabulose, quæ cū sola mortalis esset e Gorgonib. occisa est, nunc cur hæc sint ficta inquiramus. Pauf. in Corinthia eiusdē Medusæ ad historiā traduxit, vbi inquit eā fuisse filiā Phorci, quæ mortuo patre regnum ab illo acceperit eorum populorum, qui ad Tritonidem paludē accollunt, solitamque in venationes & pugnas cum iis populis, quibus imperabat, exire. Verum cum lectissimis Persei copiis, quas ille ducebat ex Peloponneso, obuia fuisset, in acie noctu per insidias in castris trucidata est, cuius vel mortuæ pulchritudinem admiratus Perseus, vt omnibus esset spectaculo, præcisum caput in Gręciam portauit, quo viso homines admirati dicti sunt in lapides conuerti. Non defuerunt tamen qui in Aphrica bestias esse admirabilis & inusitatæ formæ inquiant, & inter illas feros homines: atque Medusam vnam ex illis fuisse

fuisse, quæ procul à suis gregibus aberrans ad paludem Tritonidem peruenerit, quæ illius accolas graui clade affecerit, donec à Perseo adiuuante Minerua, quia homines eius loci sacri Mineruæ putabantur, occisa fuit. At enim nihil horum, quæ hactenus dicta sunt, dignum esse videbatur, quod transmitteretur ad posteros, nisi quæpiam præclarior & vtilior subesset sententia.

¶ Quid ergo est? cum pulcherrima esse diceretur omnium mulierum Medusa, quid prohibet illam voluptatem aut libidinem censeri? est enim vis illa voluptatum vt & Deorum cultus, & omnis humanitatis, & officii, omnisque vtilitatis nos obliuisci cogat, si illarum arbitrio nos dedamus: quare cum homines inutiles rebus cæteris efficiantur præclare dicti sunt in lapides soliti conuerti. Alii superbiæ & arrogantię, & temeritati vim Medusæ attribuerunt: quare duplex est de illa sententia, quod ob libidinem Deæ templum profanauit scilicet, & quod de pulchritudine capillorum ausa sit cum Dea contendere. nam qui superbia & petulantia nimis efferuntur: illi nullam neque hominum, neque Deorum habēt rationem. illi cum cæteris omnibus, tum sibi maxime fiunt inutiles & in lapides conuertuntur: quare & superbiæ & libidini illa vis tribuitur. admonemur igitur per hanc fabulam vt libidinem fugiamus, cum illa sit & Diis inuisa, & nobis iniucunda denique: vt superbia ne nimis efferamur, quoniam omnis temeritatis vindex est Deus: vt quæcunque bona habemus, à Deo esse putemus, qui omniū bonorum solus est autor & largitor. quare si quis ob illa quę à Deo acceperit, vel nimis glorietur, vel etiam Deum contemnat, id totum, quod à Deo habuit, auferetur ab eo, & tantum malorum cumulum, quantus erat pristinorum bonorum, accipiet. Sic enim cum prius omnium oculos Medusa in se conuerteret ob insignem corporis & capillorum pulchritudinem, siue, vt verius dicam, ob pristinam felicitatem, post quam coma in angues conuersa est, omnes ab illa oculos auertebant. nam cum fortunę vis & aura benigna aspirauerit, magna circumstat vndique amicorum, & coniunctorum copia: at si Deus fortunæ cursum auerterit omnes & amici & coniuncti celeriter auolant, multique qui intimi antea fuerant, cum nobis occurrunt, oculos auertunt. ad hęc igitur vitia reprimenda confictam fuisse ab antiquis Medusę fabulam ego crediderim, at nō ob eam causam, quæ superius dicta est. Quod autem dixerunt Deam ab eius intuitu homines diuertisse, id certe ad voluptatem spectat, cum nihil nos possit æque ab illa deterrere, quam supplicia & dolores quę ab illa proueniunt. sed tamē tam propensi sunt homines suopte ingenio vel ad propositas calamitates modo cum aliqua voluptate cōmisceantur vt arceri omnino non possint, idcirco necessariū fuit sapientis Palladis Deæ auxilium, quæ Perseum Iouis filium ad illam obtruncandam miserit. nam nisi diuinitus præceptis instruamur, nobisque Deus auxillio sit, vix vlla ratione à voluptatum illecebris temperare possumus. Dicta est Pallas illud caput suo pectori affixisse, quod factum est vt ostenderetur quanto terrori esse hostibus sapientia iure debeat, & vt demonstrarent tantam vim esse sapientiæ vt homines perfundat tanta animi suauitate, vt vel ad hæc fortunæ ludicra, quæ nos bona vocare consueuimus, prorsus obstupescere faciat, cum saxa sint & ligna ad aurum, si cum sapientiæ diuinitate mirabilitateque cōferantur. nam illud præcipuum est sapientiæ munus, quod nobis ostendit stultum esse aliquid firmitatis in rebus fluxis & leuibus putare inesse. at nunc de Gorgonibus dicatur.

De Gorgonibus. Cap. XII.

GOrgonum vero duplex est ordo, cum omnes sint natæ ex iisdem parentibus, quibus etiam Medusa, è Phorco scilicet, & Ceto. Aliæ vero earum cum canæ natæ fuerint, Grææ vocatæ fuerunt: de quibus ita scripsit Hesiodus in Theogonia:

φόρκυϊ δ' αὖ κητὼ γραίας τέκε καλλιπαρῄους,
ἐκ γενετῆς πολιὰς, τὰς δὴ γραίας καλέουσιν,
ἀθάνατοί τε θεοὶ χαμαὶ ἐρχόμενοί τ' ἄνθρωποι.
Πεφρηδώ τ' εὔπεπλον, ἐνυώ τε κροκόπεπλον.
Tum Phorco, Cetoque satæ sunt nomine Grææ,
Canitiesque comas nascentibus occupat illis:
Quare sic homines illas, superique vocarunt.
Pephrado bene picta genas, bene compta & Enyo.

Hæ igitur habitarunt in Scythia, vnumque oculum & vnum dentem communem habuerunt, quo vterentur, vbi domo exirent: quem domi in vasculo quodam reponebant quod videtur significasse ita Aeschylus in Prometheo:

πόντον περῶσα φλεισφον ἐς' ἂν ἐξίκῃ
πρὸς γοργονεία πεδία σκυθίνης, ἵνα
αἱ φορκίδες ναίουσι δηναιαὶ κόραι
τρεῖς κυκνόμορφοι κοινὸν ὄμμα κεκτημέναι,
Μονόδοντες, τὰς οὔθ' ἥλιος προσδέρκεται
ἀκτῖσιν, οὔθ' ἡ νύκτερος μήνη ποτέ.
Pontum sonorum transiens vt veneris
Ad Gorgonæos terminos Scytharum, vbi
Sunt Phorcides graues puellæ tres: quibus
Cygni color, solusque oculus mox sufficit.
Communis idem est omnibus dens: omnibus
Satque is. nec vnquam has intuetur lumine
Phœbus diurno, luna nunquam respicit.

Quamuis Lamias has Latini appellarunt. scripsit tamen Duris libro secundo rerum Libycarum Lamiam vnam tantum fuisse, quæ mulier fuerit forma præstãtissima, quam cum Iupiter compresisset, fecit Iuno vt interirent, quę ex ea nascerętur. illam igitur ferunt ob dolorem non solum deformem fuisse factam, sed etiam ob suorum filiorum desiderium, aliorumque inuidiam in cunis infantes vorare solitam: quæ dicta est Lamia à gutturis amplitudine. Pausanias tamen in Phocicis Lamiam scribit nupsisse Neptuno, & primam omnium mulierum fuisse vaticinatam, quę Sibylla dicta est ab Aphris. Has tamen Atheniensis Apollodorus libro secundo non iisdem nominibus apellauit, sed Pemphrado, Erito, Dino. Melanthes in libro de mysteriis Iæno addidit iis, quæ numerantur ab Aeschylo & Hesiodo. his oculum & dẽtem communem rapuit Perseus cum ad cædendam Medusam proficisceretur, vt ait Simonides in Perseo, quos tandiu retinuit, quandiu illæ Nymphas, quæ alatos calceos haberent, indicassent. Harum Græarum Gorgones tres sorores dictæ fuerunt, quæ, vt ait Apollodorus libro 2. squammosarum anguium spiris oblita capita haberent, dentes tantos, quanti sunt ingentium aprorum, manus æreas, alasque aureas. Hę in extremis Iberiæ partibus ad occidentem ab Hesperidibus haud procul distãtes habitare dictæ sunt, vt in his versibus testatur Hesiodus:

Γοργοῦς θ', αἳ ναίουσι πέρην κλυτοῦ ὠκεανοῖο,
ἐσχατιῇ πρὸς νυκτὸς, ἵν' ἑσπερίδες λιγύφωνοι
Σθενώ τ', Εὐρυάλη τε, μέδουσά τε λυγρὰ παθοῦσα.
ἡ μὲν ἔην θνητὴ, αἱ δ' ἀθάνατοι καὶ ἀγήρως
αἱ δύο, τῇ δὲ μιῇ παρελέξατο κυανοχαίτης.
Gorgonas Oceani parit hinc extrema colentes:

Sunt

Sunt vbi & Hesperides habitantes noctis ad horas,
Euryale, Sthenoque, Medusaque tristia passa.
Hęc mortalis erat: nec mors, nec cana senectus
Illas infestare valet. compressa Medusa est
A patre qui magno regit æquora lata tridente,

Zez. hist. 22. chil 5. Gorgonibus oculū Græarum falso attribuit: fieri enim nō potest vt Perseus oculum ceperit à Gorgonibus, illumque tandiu retinuerit, quandiu Gorgones sibi indicarentur. Mænander in libro de Mysteriis Scyllam etiam memorat inter Gorgones à nonnullis numeratam fuisse. Hæ in Dorcadibus insulis in mari Aethiopico habitarunt, quas insulas nonnulli Gorgadas vocarunt, vnde dictæ sunt Gogones. Memoriæ prodidit Nymphodorus libro tertio historiarū, & Theopompus lib. 17. Georgones dictas fuisse à nonnullis non squammosarum anguium spiris capita habuisse implicita, sed ipsa capita fuisse draconum squammosorum, dentesque in morem aprorum habuisse, ac oculum singulas, manus ferreas, alasque quibus volarent. His erant pro zonis geminæ viperæ inter se connexæ, vt testatus est Polemo in libro ad Adæum & Antigonum. Consueuerunt pręterea omnes illos in lapides conuertere, à quibus aspicerentur, vt in his significauit Aeschylus:

πέλας δ᾽ ἀδελφαὶ τῶνδε τρεῖς κατάπτεροι
Δρακοντόμαλλοι γοργόνες βροτοστυγεῖς.
ἃς θνητὸς οὐδεὶς εἰσιδὼν ἕξει πνοάς.
Sunt tres sorores his volucres non procul,
Serpentibus dirisque comptę Gorgones.
Quas intuens nemo diu spirauerit.

Nam cum Perseus Medusam obtruncasset, tanquam illum deglutire cuperent, conuolarunt: sed cum cerni Perseus ob galeam Plutonis minime posset, illę ab instituto itinere recesserunt. Neque plura his sane de Gorgonibus me legisse memini. Scriptum reliquit Alexander Myndius in eo libro, quem scripsit de iumētis, Nomades animal quoddam in Libya Gorgonem solitos appellare, agrestibus ouibus persimile. quod tamen nonnulli vitulo marino potius esse simile putarunt. eius animalis eam vim dictus est habere spiritus, vt omnia animalia quæ sibi obuia fierent, interimeret, comamque haberet illud animal è fronte ad oculos demissam, quam vbi concutiens & caput, vix tandem ob grauitatem aspexisset, eos perimebat, qui visi fuissent: cum alii inquiant non è spiritu, sed aspectu, oculorumque radiis id accidere. Testatur libro quinto Athenæus multos Marii milites, cum aduersus Iugurtam militarent, hoc animal syluestrem ouem esse putantes insecutos fuisse, ac statim concidisse mortuos, quoniam insequentium strepitum id animal timens, comam, quæ oculos tegit, concussisset. Has Gorgones siue fœminę fuerint, siue monstra horrenda, poetæ ad inferos ad vlciscendos scelera tos postea detruserunt: sicuti & alia animalia, quæ crudelissima vbique reperta sunt, vt indicant ea Virg.

Centauri in foribus stabulant, Scyllæque biformes,
Et centumgeminus Briareus, ac bellua Lernæ
Horrendum stridens, flammisque armata Chimæra,
Gorgones, Harpyiæque. & forma tricorporis vmbræ:

¶ Fuerunt qui Græas Phorci & marini monstri filias, nihil aliud esse arbitrarentur, quam cognitionem & prudentiam illam, quæ per experientiam acquiritur. Has vnicum oculum habere dixerunt, quo vtebantur cū exirent domo, quia non tantum intra domesticos parietes desidentibus, quantum in publicum prodeuntibus, & vbi sunt difficultates, necessaria est prudentia. Alii curiosorum ingenia

genia per hæc inquiunt reprehendi, qui ad res suas domesticas cæcutiunt, cum in alienas acutissime cernant. Hæ igitur Grææ iure optimo & seniores natę, & ex marinis monstris dictæ sunt, & in locis, qui neque solis, neq; lunæ lumine illustrarentur, habitare: quoniam in rebus claris & apertis nulla necessaria est exquisita prudentia. Huius prudentiæ siue Grææarum, sorores sunt Gorgones, quas alii voluptates, alii pericula humanæ vitæ esse putarunt, à quibus vtrisque sine Grææarum cōsilio nemo se recte expedierit. Nam vt ratio, ita cupiditas ex eodem fonte atque ex ipso animo nascuntur. Dictus est idcirco etiam Perseus, non sine Palladis auxilio ac oculo Grææarum, Plutonisque galea, & ense Mercurii illas superasse, & incolumis euasisse, quoniā in omnibus rebus arduis ac difficilibus opus est sapientia primum, & animi perspicientia, & subtilitate, atque adeo acumine ingenii, sine quibus nihil gloriosum transigi potest: atque his diuitiæ etiam non nihil afferunt commodi. Quid igitur per hęc significabant antiqui, vt rem summatim colligam? idem erat ac si dicerent: quod vita humana multis voluptatibus circumuenta est: quæ nos in pernitiem & perpetuas ærumnas trahent: cum sit animaduertendum ne nos tanquam stupidos ab his adduci patiamur. Et quoniam ex altera parte multa nos circunstant pericula, cauendum ne cedamus: sed forti animo illa superanda: in quibus vtrisque vti conuenit prudentia nostra, & diuinū implorare auxilium, quod nemini sincero animo petenti deesse cōsueuit. Hoc si fecerimus, incolumes ex omnibus vel grauissimis periculis euademus, neque à pernitiosis voluptatibus capiemur. Id qui fecerit, erit Perseus Iouis filius, Deo gratus scilicet & amicus. Quidam senserunt multas bellicosas fœminas fuisse in finibus Libyæ occasum versus, sed in primis Gorgonum genus, in quas Perseus militauit, quæ virginitatē seruantes mirę strenuitatis per quoddam tempus militare tenebantur. peractis militiæ annis ad fœtum verti poterant, quibus viri parebant ac domos seruabant, & res domesticas. hæ habitarunt ad Tritonidem stagnum ad occasum apud Oceanum in Aethiopia, quæ debellatæ fuisse a Perseo Iouis filio dicuntur quo tempore Medusa illis imperabat, penitusque deletæ sunt ab Hercule, quo tempore posuit columnam in Libya. Tritonis autē stagnum dicitur terræmotibus & Oceani irruptionibus euanuisse. Isacius tamen fabulam hanc ad res naturę deducere conatur, dicitque Gorgones esse maris filias, quoniam dictæ sunt à fremitu maris, aquas scilicet. Ad has Perseus, siue Sol Iouis filius nempe mentis diuinæ minister, Mineruæ consilio accedit: cū omnes naturæ actiones, fiant pro diuina sapientia neque frustra, neque inutiliter. ob motus celeritatem hic habuisse dicitur Nympharum volucres calceos: cum in omnia vis eius penetret, falcem cepit à Mercurio: at cum ita humores quos attrahit extenuet vt à nemine videri possint, galeam habuisse dicitur Plutonis. Occidit igitur Medusam, quæ erat mortalis, quoniam solam aquam maris subtiliorem ac supernatantem extenuat, cum reliquæ aquæ subsideant. Dicti sunt in lapides cōuerti, qui Medusam vidissent, quoniam admirabilis est sapientia Dei: atque attonitus prope ob admirationem consistere, siquis intueri recte posset solis vim & actionem, ac virtutes naturæ. Atque hæc ipsa fabula ad vitæ humanæ institutionem, vt dictum est, vniuersa transferri potest. At vero nunc de Sirenibus est dicendum.

De Sirenibus. *Cap.* XIII.

Sirenes & ipsæ periculosa hominibus monstra propter cantus suauitatem, dictæ sunt ita cantilenis nauigantes homines demulcere, vt in profundissimū somnum inducerent: quos postea ita sopitos in mare deiiciebant ac necabant: ex cogitabant enim ex omnibus cantilenis, quas pro cuiusque ingenio iucundiores fore putabant. Has igitur finxerunt antiqui Acheloi fluminis, qui Aetoliam ab Acarnania disterminat, Nicopolimque ciuitatem, quam Cæsar post victũ Antonium ad victoriæ eius memoriam sempiternã erexit, alluit: & Terpsichores fuisse filias. Nicander libro tertio Mutatorum Melpomenen Sirenum matrem fuisse scribit, alii Steropen, alii Calliopen. Has tres fuisse memorãt, quæ Musas aliquãdo in certamen cantus prouocare Iunonis suasu ausæ sunt: quare cum prius essent alatæ Sirenes, Musę alas victis euulserunt, coronasque ex illis factas suis capitibus imposuerunt: quod factum est in Creta iuxta ciuitatem illa de causa vocatam Apteram, vt ait Crobylus libro primo. Illa de causa, vt dictum est, postea alatis capitibus Musę fuisse putabantur, præter vnam, quæ erat illarum mater. Hæ igitur iuxta Pelorum Siciliæ promontorium prius, vel, vt aliis magis placuit in insulis Sirenusis habitarunt: quæ sunt in extrema parte Italiæ, vt sensit Stra. libro primo: qui Sirenusas insulas etiam fuisse inquit lib. 5. saxosas ac desertas, non procul à Capreis. Hæ dictæ sunt inferiorem corporis partem habuisse volucrum auium, at superiorem ad humanam formam effictam, vt sensit Theopompus in Callæschro, & Isacius. Idcirco monstra illas vocauit Ouidius libro tertio artis amandi:

Monstra maris Sirenes erant, quæ voce canora
Quaslibet admissas detinuere rates

Nomina vero illarum fuerunt ista, Aglaope, Pisinoe, Thelxiepia. vt voluit Chęrilus, Thelxiope, Molpe, Aglaophonos. Clearchus vero Solensis in Amatoriis, lib. 3. vnam illarum Leucosiam nominat, aliam Ligeam, tertiam Parthenopen: quare ait Strabo etiam lib. primo Geogr. nobilissimam Italię ciuitatem Neapolim dictam fuisse Parthenopẽ de nomine vnius Sirenum, quæ in iis locis mortua est. Eam vero ciuitatem Phalerus Siciliæ tyrannus instaurasse fertur per bella prope euersam, ac nouam ciuitatem nominasse, siue Neapolim, cum tamen Diodorus Siculus & Oppianus illam ab Hercule cõditam fuisse, & ita appellatam arbitrati sint. idem Strabo lib. 6 memoriæ prodidit Leucosiam insulam nomen item obtinuisse ab altera Sirene, quę ibi se in profundum abiecerit, ac interierit. Fabulantur vnam harum voce, alteram tibiis, tertiam cum cithara vel lyra canere solitã, vt variæ illecebræ pro singulorum ingenio adessent, vt patet ex his carminibus:

Quod tuba, quod litui, quod cornua rauca queruntur,
Quodque foraminibus tibia mille sonat.
Quodque leues calami, quod suauis cantat Aedon.
Quod lyra, quod citharę, quod moribundus olor.

Mirabilis profecto esse dicebatur harum Sirenum suauitas cantus, quando vel in apertam pernitiem homines trahebant, efficiebantque vt sui ipsorum obliti in manifestam cædem se trahi paterentur. Idcirco cum Minyę per ea loca nauigarent Ancæo nauem gubernante, se cytharam sumpsisse scribit Orpheus in Argonauticis, suoque cantu Sirenum cantum retudisse: qui cum Deorum certamina caneret, minime auditæ fuerunt cantilenę Sirenum, vt est in his:

ἔνθα δ' ἐφεζόμεναι λιγυρὴν ὀπὶ γηρύουσαι
κοῦραι, ἀνασιίτους δὲ βροτῶν θέλγουσιν ἀκουῇ.
Δὴ τότ' δὴ μινύαισιν ἐφηνδανε πύστις ἀοιδῆς
Σειρήνων οὐδ' ἔσφι παραπλώεσθαι ἔμελλον
φθογγὴν οὐλομένην, χειρῶν δὲ οἱ ἧκαν ἐρετμά.
Hic cantus dulci modulantur voce puellæ,
Atque viros mulcent, ratibus qui marmora sulcant.
Cęperat hic cantus Minyas mulcere, nec vllus

Præ-

Præteriturus erat Sirenum tristia fata.
Iam manibus remi exciderant. stetit vncta carina.

Illę postea desperatione captæ, mutæque factæ in mare musica instrumenta abiecerunt, vt testatur idem poeta in his:

Δὴ τότε φορμίζοντος ἀπὸ σκοπέλου νιφόεντος
Σειρῆνες θάμβησαν, ἐὴν δ' ἄμπαυσαν ἀοιδὴν
καὶ ῥ' ἡ μὲν λωτοὺς, ἡ δ' αὖ χέλυν ἔκβαλε χειρῶν.
Dum citharam pulsat scopulo sublimis ab alto,
Sirenes trepidę cantum tenuere sonorum,
Altera deinde chelym è manibus iacit, altera loros.

Quæ omnia Apollon. ita declarauit lib. 4. Argon. vbi inquit Orpheum cantare aggressum, omnem Sirenum vocem superasse:

αἶψα δὲ νῆσον
καλὴν ἀνθεμόεσσαν ἐσέδρακον ἔνθα λίγειαι
Σειρῆνες σίνοντ' ἀχελωΐδες ὑδείησι
Θέλγουσαι μολπῆσιν ὅτις παρὰ πεῖσμα βάλοιτο.
τὰς μὲν ἄρ εὐειδὴς ἀχελωΐῳ εὐνηθεῖσα
Γείνατο τερψιχόρη μουσέων μία. καὶ πότε Δηοῦς
θυγατέρ' ἰφθίμην ἀδμῆτ' ἔτι πορσαίνεσκον
ἄμμιγα μελπόμεναι τότε δ' ἄλλο μὲν οἰωνοῖσιν,
ἄλλο δὲ παρθενικῇς ἐναλίγκιαι ἔσκον ἰδέσθαι.
αἰεὶ δ' εὐόρμου δεδοκημέναι ἐκ περιωπῆς.
ἦ θαμὰ δὴ πολέων μελιηδέα νόστον ἕλοντο
τηκεδόνι φθινύθουσαι. ἀπηλεγέως δ' ἄρα καὶ τοῖς
ἵεσαν ἐκ στομάτων ὄπα λείριον. οἱ δ' ἀπὸ νηὸς
ἤδη πείσματ' ἔμελλον ἐπ' ἠιόνεσσι βαλέσθαι.
εἰ μὴ ἄρ οἰάγροιο πάϊς θρηΐκιος ὀρφεὺς
Βιστονίην ἐνὶ χερσὶν ἑαῖς φόρμιγγα τανύσσας
κραιπνὸν εὐτροχάλοιο μέλος κανάχησεν ἀοιδῆς,
ὄφρ' ἄμυδις κλονέοντος ἐπιβρομέωνται ἀκουαὶ
κρεγμῷ. παρθενικὴν δ' ἐνοπὴν ἐβιήσατο φόρμιγξ.
est insula protinus illis
Fertilis aspecta, & florens: coluere canorę
Sirenes illam proles Acheloia, quarum
Dira lues cantus mortalibus extitit illis,
Qui mare sulcantes iecere ad littora funes.
Olim Terpsichore has Acheloo in luminis auras
Edidit. illa vna est Musarum. tum quoque natam
Cantabant Cereris formosam: tum quoque earum
Altera pars virgo fuit, altera rursus & ales.
E specula semper spectabant aduenientes,
In patriam reditu multi caruere per illas,
Fundere & his dulcem vocem cœpere, rudentes
E puppi fuerant iacturi ad littora: clarus
Filius Oeagri nisi mox & Thracius Orpheus
Bistoniam manibus citharam sumpsisset, & aures
Sublimi cantu, cantu reuocasset ab illo:
Virgineamque chelys vocem superasset acuta.

Erat illa Sirenum astutia, vt quibus rebus maxime quisque audiendis delectaret, eas præcipue canerent: vtpote ad captandos ambitiosos & gloriæ cupidos, res eorum gestas. Ad demulcendos libidinosos, res amatorias canebant, erantque mirificè omnium præteritorum negotiorum memores, quare ita inquiunt apud Home. lib. μ. Odyss.

Δεῦρ' ἄγ' ἰὼν πολύαιν' ὀδυσσεῦ μέγα κῦδος Ἀχαιῶν
Νῆα κατάστησον ἵνα νωϊτέρην ὄπ' ἀκούσῃς.
Οὐ γάρ πώ τις τῇδε παρήλασε νηῒ μελαίνῃ.
Πρίν γ' ἡμέων μελίγηρυν ἀπὸ στομάτων ὄπ' ἀκοῦσαι.
Ἀλλ' ὅγε τερψάμενος νεῖται, καὶ πλείονα εἰδώς.
ἴδμεν γάρ τοι πάνθ' ὅσ' ἐνὶ Τροίῃ εὐρείῃ
Ἀργεῖοι Τρῶές τε θεῶν ἰότητι μόγησαν.
ἴδμεν δ' ὅσσα γένηται ἐπὶ χθονὶ πουλυβοτείρῃ.
Huc agè flecte ratem Graiorum gloria Vlysses:
Flecte ratem celerem, nostras & percipe voces.
Nullus enim nigram transegit nauita puppim,
Quin nostras voces audiuerit. inde recessit
Doctior, & cantu mox delectatus eodem.
Scimus enim Graij fuerint quæ Pergama circum
Consilio superum, & quæ Troes funera passi.
Denique cuncta patent nobis mortalia facta.

Atque, quoniam multi, cum eo applicuissent, suauitate cantus irretiti recedere non poterant, sed moriebantur inhumati in desertis insulis, quæ mortuorum ossibus late albebant, opus erat multa & prudentia & animi contentione ad illa pericula deuitanda. Idcirco docetur Vlysses à Circe Solis filia quo pacto hæc transeunda sint; atque Vlysses aures cera nautis obturauit, vbi eò accedendum erat, seque arctissimis vinculis malo alligari iussit, neque si rogasset quidem, voluit solui, cum minime audientes etiam rogaret. sic igitur monet illum Circe;

Σειρῆνας μὲν πρῶτον ἀφίξεαι, αἵ ῥά τε πάντας
ἀνθρώπους θέλγουσιν, ὅτις σφέας εἰσαφίκηται.
ὅστις ἀϊδρίῃ πελάσῃ, καὶ φθόγγον ἀκούσῃ
Σειρήνων, τῷ δ' οὔτι γυνὴ καὶ νήπια τέκνα
οἴκαδε νοστήσαντι παρίσταται, οὐδὲ γάνυνται.
ἀλλά τε Σειρῆνες λιγυρῇ θέλγουσιν ἀοιδῇ
ἥμεναι ἐν λειμῶνι. πολὺς δ' ἀμφ' ὀστεόφιν θὶς
ἀνδρῶν πυθομένων, περὶ δὲ ῥινοὶ μινύθουσιν.
ἀλλὰ παρὲξ ἐλάαν, ἐπὶ δ' οὔατ' ἀλεῖψαι ἑταίρων
κηρὸν δεψήσας μελιηδέα, μήτις ἀκούσῃ
τῶν ἄλλων. ἀτὰρ αὐτὸς ἀκουέμεν αἴκ' ἐθέλῃσθα
Δησάντων σ' ἐν νηῒ θοῇ χεῖράς τε πόδας τε
ὀρθὸν ἐν ἱστοπέδῃ, ἐκ δ' αὐτοῦ πείρατ' ἀνήφθω.
Sirenas primum aduenies, quæ carmine cunctos
Mortales mulcent, si quisquam accesserit illuc.
Sirenum terris quicunque improuidus hæsit,
Non illi pendent dulces circum oscula nati,
Non vxor reduci, conuiuia nulla parantur.
Sirenum cantus delectant. florido at illæ
In prato resident, quod multorum ossibus albet
Extinctorum hominum. postquam perueneris illuc
Tum moneo nauem curuis impellere remis.
Obtura ceris sociorum mollibus aures,

Ne

Ne quis Sirenum voces exaudiat. ipse
Si cupis audire has, vincire manusq; pedesq;
Præcipio;ad malum & firmisima vincula nectant.

Erat enim tota ferè illa ora alba propter insepultorum ossa, quod etiam ait Virgil.lib 5.

Iamque adeo scopulos Sirenom aduecta subibat,
Difficiles quondam,multorumque ossibus albos.

Et Lesches in parua Iliade;

Σειρήνων μετέπειτ᾽ ἀφίξεαι ἁλμυρὸν ὕδωρ.
Σειρήνων γλυκερῇσιν ἀοιδαῖς δηλήσαντο
τοὺς πλείσους ναύτας, ὧν πύθεται ὀςέα λευκά.
Sirenum post aduenies ad salsa profunda.
Sirenum,dulcis canctus quarum extitit illis
Dira lues nautis,quorum terra ossibus albet.

At enim cum Vlysses illarum fallacias obturatis auribus sociorum, ipseque malo alligatus fefellisset, fama est ipsas sirenes se in mare præcipitasse, neque amplius postea auditas, vt illa carmina significant.

Sanguine Sisyphio generatus magnus Vlysses
Hac tutos sola præstitit arte suos.
Illeuit cera sociorum callidus aures,
Atque suas vinclis præbuit ipse manus.
Transiluit scopulos,& inhospita litora clasis.
Illæ præcipites desiluere freto.

Cum vero se in mare præcipitassent,siue illud Orphei, siue Vlysis arte factum est,dicuntur in saxa fuisse conuersa;sicuti testatur Orpheus in Argonaut.

Δεινὰ δ᾽ ἀνεςονάχησαν ἐπεὶ πότμος ἤιε λυγρὸς
Μοιριδίου θανάτοιο,σφέας δ᾽ ἀπὸ ῥωγάδος ἄκρης
ἐς βυθὸν δίσκευσαν ἁλιρρόθιοιο θαλάσσης.
πέτραις δ᾽ ἠλλάξαντο δέμας, μορφήν θ᾽ ὑπέροπλον·
Sunt grauiter questæ vt senserunt fata Deorum
Aduentasse sibi,summaque crepidine saxi
Præcipites saliere maris spumantis in vndas.
Protinus in duras vertuntur corpora cautes.

Atque cum illud accidisset vt victæ sint non procul à litore Cretæ, vrbs è regione vocata fuit Aptera, quòd alæ ibi deiectæ sint. Atque tot de sirenibus fabulose dicta sunt ab antiquis. ¶ Nunc quid per has significarint, inquiramus:atque illud primum, ridiculum videtur fuisse vnquam aliqua animalia, quæ fuerint è duabus tam diuersis formis composita, vt alterapars esset piscis, altera hominis, cum neutrum horum animalium in aquis & in sicco viuat. nec me latet quòd quidam crediderunt in generatione mundi, cum diuisa fuerunt à summo opifice inter se elementa, omnia animalia primum sponte nata esse, atque ea quæ plurimum haberent caloris ad superiora lata factas esse volucres. Quæ multum haberent terrestrem mistionem in numero reptilium atque terrestrium animalium constitisse,terramque inhabitasse: at quæ aquosæ naturæ accederent,mare & aquas inhabitasse,vocataque esse natantia.Sed enim cum terra postmodo calore solis siccata condensataq; fuisset,cessauisse hanc generationem, & ex mutuo congressu animalia fuisse orta, vt sensit Anaxagoras physicus, cuius auditor Euripides ita scripsit in Melanippe.

Ὡς οὐρανός τε γαῖά τ᾽ ἦν μορφὴ μία.
Ἐπεὶ δ᾽ ἐχωρίσθησαν ἀλλήλων δίχα,

τίκτουσι πάντα, κ᾽ ἀνέδωκαν εἰς φάος,
Δένδρη, πετεινὰ, θῆρας, οὕς θ᾽ ἅλμη τρέφει.
Γένος τε θνητῶν καὶ θεῶν· οἵ τ᾽ οὐρανὸν
Εὑρόντες ἦλθον, πολλὰ, καλὰ, χρήσιμα.
Vt vna forma terræ, cœloque affuit.
Seiuncta cum fuere primum at inuicem,
Solis tulere cuncta clara in lumina,
Feras, volucres, arbores, prolem maris,
Viros, Deosque, queis cęlum fuit
Quod protulere multa, pulchra, commoda.

Scribit Archippus in lib. 5. de Piscibus, loca quædā marina in angustias quasdam præruptorum montium contracta fuisse, in quas illisi fluctus sonum cum suauitate & harmonia emittentes nauigantes allicerent ad visendum, quo cum appulissent vndarum impetu delati absorbebātur: vnde locus datus est fabulę. At Dorion in libro de Piscibus formosas quasdam meretriculas fuisse sirenas scribit in littore habitantes: quæ suauitate harmoniæ ad se nauigantes allicerent, & allectos tandiu retinerent, quandiu ad summam inopiam neglecta rerum vtilium cura redigerentur: quare dicti sunt omnes naufragium pati, qui ad Sirenes accessissent. dictæ sunt enim sirenes, quasi cathenæ, quia allectos vincirent in amore. non defuerunt qui sirenes aues fuisse Indicas putarint, quæ allectos nauigantes ad littora cantus suauitate sopitos postea laniarent, ac deglutirent. Horatius lib. secundo Sermonum non saxa, neque meretrices, neque aues Indiæ, sed desidiā, & turpissimam prope omnium ignauiam Sirenes esse scribit, quæ omnes ad se alliciant, & in perniciem denique adducant, cum inquiat:

Contemnere miser: placanda est improba Siren
Desidia.

Ego sane Sirenum cantus ac Sirenes ipsas, nihil aliud esse crediderim, quam voluptates, & earum titillationes: quæ dicuntur vnius Musarum & Acheloi filiæ, cum taurino patre, & ad voluptates propenso natæ sint: Musaque sit suauitas illa, quæ nos ad eas allicit. Hæ nos in perniciem denique inducunt, quia ex ea parte animæ oriuntur, quæ caret ratione, & ἄλογος vocatur. hæ ad exprimendam mortalium naturam partim belluæ, partim virgines videbantur: quia monstro prope similis est is, qui non rationi & consilio, sed cupiditati paret: cum altera pars illius homo sit, altera bellua. cum enim vis animæ nostræ alia sit compos rationis, alia ratione careat, quo pacto non habet quisque intra se inclusas & latentes Sirenes? aut qui nihil habeat, nisi formam corporis, cum homine commune: nullaque ratione vtatur, sed huc illuc feratur pro animi impetu, quocunque libido & appetentia & cupiditas tulerit, quo pacto is non habet intra se Sirenem, vel ipse potius monstrum teterrimum efficitur? cum vero alii rebus aliis facilius capiantur, neque omnes aut libidinis stimulis agitentur, aut ambitione, aut auaritia: illæ rerum omnium cognitionem se tenere gloriabantur, singulosque gratis cantilenis demulcebant. testantur vel illarum nomina nihil aliud fuisse Sirenes quam motus animi. quid enim est Pisinoe? an non vis menti facile suadens· πείθειν enim suadere, νόος mens est. at vero Aglaope suauis est aspectu, Telxiope vel solo aspectu delectat, cum θέλγειν delectare significet. & Telxinoe mentem demulcet, & iucunda vox est Aglaophoni, & sonora Ligeæ, & candida est Leucosia, & virginis faciem habet Parthenope: quę omnia nomina facile vel ad impetus animi, vel ad libidinosa scorta possunt accōmodari. siquis igitur calamitates complures, & ærumnas multas deuitare voluerit, is ad voluptates illegitimas, & ad turpia humanæ vitę lenocinia ad Vlysis

exem-

exemplum aures obturet opus est, aut Orphei, reliquorumque sapientum virorum monitis pareat: eosque solos audiat. quod siquis ad ipsarum Sirenum cantum tamen apertas aures habuerit, suopteque ingenio vitam suam gubernarit, is se rationi alliget oportet, vt malo nauis se alligauit Vlysses, cum incredibili ac pene diuina prudentia opus sit, cum quis fuerit semel à sirenibus delectatus, vt possit inde incolumis recedere. conuenit igitur vt Orpheus, aut vir aliquis sapiens & amicus, sirenum voces sapientissimis & fidelissimis consiliis vincat, nisi pernitiosarum voluptatum illecebris in miserias trahi malimus. alii vero sirenes esse adulatorum voces crediderunt, qua peste nulla neque suauior, neque sceleratior principes aut ambitiosos homines inuadit. Illæ in profundissimum somnum principes inducunt, quia tanquam dormientes, eorum plerique quid differat amicus ab adulatore non vidét. & quoniã suauior est aurib. adulatoris quã amici oratio, quæ iucundiora sunt libentius admittunt. at cõtra adulatores cognito ingenio principis, illi qui iucundiores futuri sint sermones excogitant, & num rerum gestarum gloria, vel congerendis opibus, vel scortis, vel aliis huiusmodi rebus delectetur, eiusque studium mirificis laudibus extollunt. quę oratio cum grata sit audienti Sirenes vnius Musarum filiæ dictæ sunt. at illæ denique in pernitiem trahebant auditores: quoniam vbi adulationi locus est, nullus amicitiæ, nullus synceritati, nullus iustitię patet: quippe cum is, qui magis aliis, quam sibiipsi de se credat, ad suauitatem loquentibus, ad omnem vel suam vel suorum salutem & felicitatem conniueat, minimeque diligens in rebus agendis efficiatur, opus est. Hæc vna causa est cur tam frequenter mutati sint principes regionum in Italia, neq; idem regulus fuerit diutius eiusdem regionis: cum nihil neque firmius sit, neque stabilius eo regno, quod à sapiente principe gubernetur. Qui enim neque Deum neque homines per iniuriam offenderit, quo pacto calamitates patietur, cum vix illi principes euerti possint, qui sunt facinorosi? aut quo pacto princeps qui à se adulatores reiiciat, vir non bonus, & prudens, & sapiens esse poterit? at de Sirenibus satis, nunc de Orpheo dicamus.

De Orpheo. Cap. XIIII.

FVit Orpheus, vt sensit Myrleanus Asclepiades, Apollinis & Calliopes vnius Musarum filius, nam quamuis diuersæ fuerunt variorum scriptorũ de illius parentibus sententiæ, tamen Myrleani sententiam secutus Virgilius ita scripsit in Pollione:

> Non me carminibus vincet nec Thracius Orpheus,
> Nec Linus. huic mater quamuis, atque huic pater adsit,
> Orphei Calliope, Lino formosus Apollo.

Atque Menæchmus illum Apollinis filium fuisse tradidit, cum nullam fecerit de matre mentionem. vt est in his carminibus:

> Πιέρες αἰνοπαθεῖς συγγνὴν ἀποτίσετε λώβαν
> ὀρφέ' ἀποκτείναντες ἀπόλλωνος φίλον υἱόν.
> Pieres immites pœnas certe inde luetis,
> Quod cæsus vobis est natus Apollinis Orpheus.

Apollonius vero libro primo Argonaut. Oeagri & Calliopes filium tradidit fuisse his versibus.

> Πρῶτα νυν ὀρφῆος μνησώμεθα. τὸν ῥά ποτ' αὐτὴ
> καλλιόπη θρήϊκι φατίζεται εὐνηθεῖσα
> οἰάγρῳ σκοπιῆς πιμπληΐδος ἄγχι τεκέσθαι.

Atque alios inter peperit cantabimus Orphea.
Calliope Oeagro peperit Pympleidos illum
Non longinqua iugis, lecto coniuncta iugali.

Alij Oeagri & Polymniæ, alij Menippes, alij Thamyridis filium fuisse voluerunt, atque Ialemum & Hymenæum huius fratres fuisse constat. hunc tanta canendi peritia excelluisse inquiunt, vt fluuij ad eius cantum firmarentur, aues aduolarēt, feræ properarent, syluæ, & saxa, & venti, & omnium vel sensu carentium genera accurrerent, vt ait Horatius libro primo Carminum:

Aut super Pindo, gelidoue in Hæmo
Vnde vocalem temere insecutæ
Orphea syluæ.
Arte materna rapidos morantem
Fluminum cursus, celeresq; ventos.
Blandum & auritas fidibus canoris
Ducere syluas.

De quo ita scripsit etiam Apollonius libro primo Argonaut.

αὐτάρ τόνγ᾽ ἐνέπουσιν ἀτειρέας οὔρεσι πέτρας
θέλξαι ἀοιδάων ἐνοπῇ ποταμῶν τε ῥέεθρα
φηγοὶ δ᾽ ἀγριάδες κείνης ἔτι σήματα μολπῆς
ἀκτῆς θρηικίης ζώνης ἔπι τηλεθόωσαι
ἑξείης στιχόωσιν ἐπήτριμοι ἄς ὅγ᾽ ἐπιπρὸ
θελγομένας φόρμιγγι κατήγαγε πιερίηθεν
Hunc referunt duros lapides & flumina cantu
Detinuisse suæ captos dulcedine vocis.
Syluestres fagos intra confinia terræ
Threiciæ, quæ nunc frondent, vestigia cantus
Illius esse ferunt. quas secum adduxerat Orpheus
Vertice Pierio citharæ dulcedine, & artis.

Et quamuis multi fuerunt Orphei, vt testatur Suidas, omnia tamen cæterorum facinora ad vetustissimum Thracem Oeagri filium referuntur, qui, vt ait Zezes histo. 399 chil 12. Fuit Herculis coætaneus: ac floruit annis centum ante bellum Troianum. Hic primus omnium apud Græcos de astrologia scripsit, quod ita ait Lucianus in Dialogo de Astrolog. ἕλληνες δὲ, οὔτε παρ᾽ αἰθιόπων, οὔτε παρ᾽ αἰγυπτίων ἀστρολογίης πέρι οὐδὲν ἤκουσαν ἀλλά σφισιν ὀρφεὺς ὁ οἰάγρου καὶ καλλιόπης πρῶτος τάδε ἀπηγήσατο. At Græci nihil vel ex Aethiopibus vel ex Aegyptijs de astrologia audiuerunt, sed illis Orpheus Calliopes & Oeagri filius hæc prior explicauit. Hic idem prior omnibus Bacchi sacra in Græciam introduxit, primusque in monte Bœotiæ Thebis, vbi Liber pater natus est, sacra illa, quæ Orphica vocata fuerunt, in quibus ipse postea fuit laceratus, instituit: vt ait Lactantius de falsa religione. Hic multa humanæ politicæque vitæ vtilia inuenit, vt ait Pausanias in Bœoticis: nam & Deorum initia, & vniuersam theologiam primus aperuit, & nefariorum facinorum expiationes excogitauit, & quibus ritibus iratorum Deorum mentes placarentur tradidit, & multa morborum remedia adinuenit, vt ipse de se ipso testatur in Argonaut.

θυμὸς ἐποτρύνει λέξαι τάπερ οὔποτε πρόσθεν
ἔφρασ᾽, ὅταν βάκχοιο καὶ ἀπόλλωνος ἄνακτος
κέντρῳ ἐλαυνόμενος φρικώδεα κῆλ᾽ ἐπίφασκον.
θνητοῖς ἀνθρώποισιν ἄκη, μετὰ δ᾽ ὄργια μύσταις.
Dicere fert animus quæ nunquam tempore lapso
Dixi: cum Bacchi, cum regis Apollinis actus

Sum

Sum stimulo, horrenda vt narrarem spicula: & idem
Fœdera cum superis mortalibus, atque medelas.

Hic idem scripsit de elementorum inter se generatione mutua, de vi amoris in rebus naturalibus, de Gigantibus cum Ioue pugnantibus, de raptu & luctu Proserpinæ, de Cereris erroribus, de laboribus Herculis, de Idæorum, & Corybantum sacrorum ritibus, de lapillis, de occultis oraculorum responsis, de Veneris & Mineruæ sacrificijs, de luctu Aegyptiorum Osiridis causa, & de illorum lustrationibus: de vaticinijs, de obseruationibus auspiciorum, de situ fibrarum, de somniorum interpretatione, de signis ac prodigijs, deque illorum expiationibus, de expiatione inferorum, de ratione & motu astrorum, quo pacto Dij irati placari possint, de quibus omnibus se scripsisse testatur in initio suorum Argonauticorum. Fuit vir plane sapientissimus Lini auditor, &, vt illa ætas ferebat, diuinarum rerum peritissimus. Qui quantæ sapientiæ fuerit, facile ex his carminibus, quæ scripsit in libro de lapillis, cognoscere licet:

ὃς δέ κεν ἀνθρώπων πεπνυμένον ἦτορ ἀνώγει
ἵνα τὰ πλεῖστα παρεικὼς, εἴπω τάδε τελευτᾷ.
ἴδμεναι αἴκε θέλῃσι, δαήσεται ὅσσα τε φῶτες
κρυπτάδια σφετέρῃσιν ἐνὶ φρεσὶ μηχανόωνται,
ὅσσα τε κεκλήγασι μετὰ σφίσιν ἠεροφοῖται.
Ἀνθρώποις ἄφρασον ἰαχχάζοντες ἀοιδὴν,
οἰωνοὶ μεγάλοιο Διὸς κραιπνοὶ ὑποφῆται.
ῥοίζοντε εἴσεαι χθαμαλὰ ἐρχομένοιο δράκοντος,
εἴσεται, ἠδ' ὄφεων ἰὸν σβέσσαι ἑρπηστήρων.

At quemcunque virum ducit prudentia cordis,
Cætera vt omittam, quæ plurima, maxima dicam.
Scire cupit si forte, sciet quæcunque volutant
Pectoribus tacitis mortales, quæque volucres
Inter se strident cœli per summa volantes,
Infandum vt crocitant cantum mortalibus vllis,
Significantque Iouis mentem, gens nuntia fati.
Is serpentis humi noscet firmare draconis
Sibila, serpentumque sciet superare venena.

Non defuerunt qui Orpheum & Amphionem magos Aegyptios fuisse arbitrati sint, vt ait Pausanias in post. Eliacis. Fama est hunc vxorem habuisse Eurydicen, cuius amore cum flagraret Aristæus, eamque insequeretur, vt captæ vim inferret, illa per loca deuia fugiens à serpente in herba latente icta interiit. Tum fama est Orpheum sumpta cithara ad inferos descendisse, atque cum mirificam quandam lamentationem cecinisset, lacrymas inferis excitasse, vt ait M. Manilius in quinto rerum astronomicarum:

Hac surgente lyra testudinis enatat vndis.
Forma per hæredem tantum prolata tonantis.
Qua quondam sonitumque ferens Oeagrius Orpheus
Et sensum scopulis, & syluis addidit aures,
Et Diti lacrymas, & morti denique finem.

Plutone deinde placato ac Proserpina seuerissimis mortuorum regibus cantus suauitate non solum obtinuisse, vt ipse post visam Eurydicen in lucem rediret; sed etiam vt ipsam Eurydicen secum abduceret: ea tamen conditione ne prius respiceret, quam ad superos peruenisset, vt ait Ouidius libro decimo & Virgilius libro quarto Georgi.; Veruntamen cum amoris impatiens illam contra leges inferorum respexisset, antequam exisset in lucem, illam amisit. Deinde, qui per Tænarum ad inferos descendisset, & de descensu ad inferos, & de iis quæ vidisset apud inferos scripsit, vt ipse testatur in his in Argonauticis:

ἄλλα δέ σοι κατέλεξ' ἅπερ εἴσιδον ἠδ' ἐνόησα,
ταίναρον ἡνίκ' ἔβην σκοτίην ὁδὸν ἄϊδος εἴσω,
ἡμετέρῃ πίσυνος κιθάρῃ, δι' ἔρωτ' ἀλόχοιο.
Cætera narraui quæ vidi vt Tænara adiui,
Vmbrosas Ditisque domos & tristia regna:
Confisus cithara, vxorisque coactus amore.

Hunc inquiunt cum ad inferos descendisset, ibi Deorum omnium laudes cecinisse, prçterquam Liberi patris, quem per obliuionem prætermisit: quare iratus Dionysus furorem suis Bacchis immisit, à quibus apud Hebrum fluuium fuit discerptus, membraque eius per agros sparsa, vt à canibus vorarentur: sed tamen à Musis dicuntur fuisse collecta, & in Dio Mecedoniæ loco sepulta, quia supra cæteros Apollinem laudibus mirificis exornasset. Alij dixerunt à Ioue fuisse percussum fulmine in Thracia, sicuti testatur Leonidas in his versibus:

Θρήϊκα χρυσολύρην τῇδ' Ὀρφέα μοῦσαι ἔθαψαν
ὃν κτάνεν ὑψιμέδων Ζεὺς ψολόεντι βέλει.
Conditus à Musis tumulo hoc est Thracius Orpheus,
Fulmine flagranti Iupiter vssit eum:

Fertur eius caput in Hebrum deiectum cum lyra vi fluminis in Lesbum delatũ fuisse, atque ibi sepultum. Lyram autem inter sydera relatam, & à singulis Musis, quarum laudes eximiè cecinerat, nouem insignibus stellis insignitam. Alij memorant illum post mortem Eurydices cæterarum mulierum coniugium spreuisse, multisque persuasisse hominibus malum ingens esse fœminam, siue mala sit, siue bona: quare cum multi abstinerent a nuptijs fœminarum, ab illis per simulata Liberi patris sacrificia fuit discerptus, vt sensit Apollodorus Cyrenaicus in libro de Dijs. Alij turpissimam causam tradiderunt, quam ita attigit Ouidius:

Ille etiam Thracum populis fuit author amores
In teneros vertisse mares.

Paus in Bœoticis indignatas ait Thracum feminas quod ob cantus suauitatem multos viros secum abduceret: quæ cum liberius merum hausissent, illũ discerpsere. At Gelous Apollodorus in philadelphis iudicem Calliopen electam fuisse inquit à Ioue contendentibus Venere & Proserpina de Adonide: quæ cum Adonidem communem adiudicasset, Venus indignata mulieres in Orpheum Calliopes filium concitauit. Alii dicunt ita Venerem vertisse amorem omniũ mulierum in Orpheum, vt ab illis raptim captus, dum inter se contenderent de Orpheo, fuerit laniatus. Agatharchides Cnidius libro 22. rerum Asiaticarum Orpheum scripsit mortua Eurydice ad Aorrhum venisse in Thesprotidem vbi peruetus erat oraculum euocandarum animarum: ibi cum Eurydicen sibi adesse putasset, seque deceptum comperisset, sibi mortem consciuisse. Inde scripsit Pausanias luscinias quæ forent circa sepulchrum Orphei in Thracia cãtum emittere cçteris omnib. suauiorẽ. Alii putarunt Orpheũ fulmine ictum concidisse, quod arcana initiorum profanis & rudibus diuulgasset. aiunt Methonem huius fuisse filium, qui habitauit in Thracia, & vrbem ibi conditam de suo nomine appellauit, vt ait Plutarchus in problematis. Alii vitæ pertæsum post mortem Eurydices sibi manus intulisse inquiunt præ mærore. Qui laniatum à mulieribus fuisse tradiderunt, addunt amnem Heliconem, qui Baphyra apud Diatas vocatus fuit, ex eo tempore se sub terras occultasse, quo mulieres Orpheum occiderunt, ne illius sanguine pollutis fœminis aquas ad expiationes suppeditaret: quem sepultum ad Pieriam scribit Apollodorus libro primo. Dicuntur

cuntur Musæ grauiter tulisse eius mortem, sed in primis Mnemosyne & calliope, vt ait Antipater in his carminibus:

οὐκ ἔτι θελγομένας ὀρφεῦ δρύας· οὐκ ἔτι πέτρας
  Ἄξεις, οὐ θηρῶν αὐτονόμους ἀγέλας.
Οὐκ ἔτι κοιμάσεις ἀνέμων βρόμον, οὐχὶ χάλαζαν,
  Οὐ νιφετῶν συρμούς, οὐ παταγεῦσαν ἅλα.
ὤλεο γάρ, σὲ δὲ πολλὰ κατωδύραντο θύγατρες.
  Μναμοσύνας, μάτηρ δ᾽ ἔξοχα καλλιόπη.
τί φθιμένοις στοναχεῦμεν ἐφ᾽ υἱάσιν, ἁνίκ᾽ ἀλαλκεῖν
  τῶν παίδων ἀΐδην οὐδὲ θεοῖς δύναμις.

Non quercus, non saxa trahes dulcedine cantus
  Orpheu, non poteris detinuisse feras.
Non ventosque niuesque domabis, grandinis aut vim.
  Non mare vt insanis litora pulsat aquis.
Mortuus es. natæ lacrymis luxere profusis
  Mnemosynes. luxit Calliopeque parens.
Sed cur lugemus natos? nam Ditis auari
  In natos superum ferrea iura manent.

Hęc ea sunt, quę de Orpheo memorię sunt prodita ab antiquis: nũc cur ficta sint explicemus. Orpheus Apollinis & Calliopes filius fuisse dicit vel Polymnię, quoniã. vir fuit artis dicẽdi & metro prẹcipue prẹstãtißimus: atq; omnes viri boni Deorũ filii dicti fuerũt: ꝙ animæ insignũ virorũ ex aliqua sphærarũ & è sole præcipue in hęc corpora descẽdisse putarẽtur. Hic idẽ cũ in rudes adhuc mortales incidisset, qui sine vllo morũ delectu, & sine legibus viuerẽt: ferarũq; ritu per agros nullis cõditis tectis vagarẽt, tantũ dicẽdo, & orationis suauitate valuit, vt ad mãsuetius vitæ genus homines traduxerit, illos in vnũ locũ cõuocarit, ciuitates cõdere docuerit, legibusq; ciuitatũ obtẽperare, matrimoniorũ fędera seruare; quod fuit antiquorũ poetarũ munus creditũ, & est re ipsa, sicut ait Horat. in arte poet.

Syluestres homines sacer, interpresque Deorum
Cædibus, & victu fœdo deterruit Orpheus.
Dictus ob hoc lenire tigres, rapidosque leones.
Dictus & Amphion Thebanæ conditor vrbis
Saxa mouere sono testudinis, & prece blanda
Ducere quo vellet. fuit hæc sapientia quondam,
Publica priuatis secernere, sacra profanis.
Concubitu prohibere vago, dare iura maritis.

Hic vsus est septẽ chordarum prior instrumento musico, ad septem planetarum imitationẽ ac rationẽ, vel longitudinis vel intensionis, vel magnitudinis, vti dictũ fuit. Sapiens omnino erat antiquorũ illud poetarũ genus: nõ autẽ, vt ferunt nostra tẽpora, in sola verborum mensura & metro putabatur vniuersum poeticæ facultatis artificium consistere neque adulantes principibus hominibus vt aliquod munusculũ aucuparẽtur, quicquid in mentem veniebat, effutiebatur: sed ea erant carmina poetarum, vt pro sanctißimis legibus haberentur: sæpiusque ciuitates de re aliqua contendentes tanquam grauißimi iudicis sentẽtia alicuius poetæ carmine vsæ fuerunt. Hic tanta vi dicẽdi fuisse dicitur, vt cõsternatos animos mortaliũ, & ob aliquã præsentẽ calamitatẽ in desperationem lapsos, erexerit & in priorẽ statũ reduxerit, atq; ad trãquilitatẽ reuocarit. Hoc qui facere posit, cęteris hominib. præstãtior est iudicãdus: nõ q sibi soli viuat, &, vt cõgestis opib. solus, ita sapientiæ bonis perfruat, cæteris hominibus prorsus inutilis, tanquam nusquam esset natus. Hic igitur placatis inferis, animi perturbationibus scilicet,

Eury-

Eurydicen in lucem adducere conatus est, quæ, vt nomen ipsum significat, nihil aliud est quam iustitia & æquitas. Fuit rursus ad inferos illa retracta ob nimium Orphei amorem, quia neque iustitiæ quidem opus est nimis esse cupidum, cum perturbationes animi placentur ratione: atque siquis paulo fuerit in hac re negligentior aut magis cupidus, tanquam ab aliqua vi externa repellitur, & eodem relabitur. Semper igitur viro bono vigilare conuenit, neque nimis cedere vel honestis cupiditatibus, quæ in grauissimas animi perturbationes inducunt. Quod siquis tamen cupiditatibus cesserit, ille postea vel in maximas calamitates illabetur vel in miserrimũ mortis genus incidet. Vt igitur moderationem animi affectibus adhibeamus, neque quidquam nimis ex animo optare vtile esse intelligamus, hæc ab antiquis de Orpheo memorię prodita fuerunt. Alii tamen fabulã hanc Eurydices ita explicarunt, vt illam animam esse dicant, quæ Orpheo siue corpori nupserit, atque eius amore capitur Aristæus, quod est vere bonum intelligendum. Ista per herbas ac flores ab eo fugit, & à serpente latente inter hos voluptates necatur, descenditque ad inferos, vnde reuocatur per sonum lyræ, ea nimirum conditione, atque hisce monitionibus vt facile possit à corpore perdi, nisi rationi, legique pareat. ac de Orpheo satis, nunc de Musis dicamus.

De Musis. Cap. XV.

MVsæ, quæ poetarum præsides, omniumque cantilenarum autores fuisse putabantur vna cum Saturno natæ è Cœlo fuisse creditæ sunt, sicuti sensit Musæus, & complures antiquorum, at à recentioribus Iouis & Mnemosynes filię dictæ sunt, veluti testatur Orpheus in hymno in Musas hoc pacto:

> Μνημοσύνης καὶ Ζηνὸς ἐριγδούποιο θύγατρες
> Μοῦσαι πιερίδες μεγαλώνυμοι, ἀγλαόφωνοι.
> Mnemosynesque Iouisque satas de semine canto
> Pieridas Musas, pręclaræ numina famæ.

Et Hesiodus in Theogo.

> μνημοσύνης δ' ἐξαῦθις ἐράσσατο καλλικόμοιο.
> ἐξ ἧς αἱ μοῦσαι χρυσάμπυκες ἐξεγένοντο,
> ἐννέα, τῇσιν ἅδον θαλίαι, καὶ τέρψις ἀοιδῆς.
> Mnemosynen pulchram dilexit Iupiter. ex qua
> Inde nouem Musæ claræ nascuntur: & illis
> Sũnt semper cantus cordi, & conuiuia læta.

Cicero lib. 3. de nat. Deor. ex altero Ioue natas esse quatuor Musas scribit, Thelxiopen, Mnemen, Aœdẽ, Meleten. E tertio Ioue nouem & ex Mnemosyne. è tertio item Ioue Pierias & ex Antiopa, prioribus pares numero. qui ordines etsi tres fuerunt, tamen Iouis & Mnemosynes omnes filiæ dicuntur: atq; natæ sunt in Pierio monte, vt ait Zez. hist. 90. chil. 6. Scribit Pauf. in Bœoticis primos omnium Aloei filios tres Musas sanxisse cols religione oportere, Meletẽ, Mnemen, Aœden: mox Pierum Macedonem cum Thespias venisset, instituisse vt nouem Musæ his ipsis nominibus, quibus in hanc vsque diem vocatæ sunt, colerentur: At Aristocles in libro de Choris tertio filias nouem Piero fuisse scribit, quas ille de nominibus Musarum appellauerit, ex quibus nati sunt illi, qui Musarum filii dicti sunt à Græcis. Mimnermus vero Cœli filias fuisse Musas credidit, Ioue que fuisse antiquiores: cum aliæ etiam minores natu Ioue fuerint. Scriptum reliquit Euphranor in libro de Tibicinibus Euphenen nutricem fuisse Musarum. Alii Memnonis & Thespię filias putarunt. Fuerunt apud Thespienses Musarum ludi, qui Musæa dicti sunt: in quibus proponebantur cantilenarum & harmoniæ præmia nia victoribus. Has Deas fuisse sacrorum conuiuiorum, quæ fiunt per lustrationes, & solennitatẽ, & omnis lætitię præsides, significauit Orpheus ita in hymnis:

αἳ τελετὰς θνητοῖς ἀνεδείξατε μυστιπολεύτους.
Rite viris, quæ ostendistis conuiuia sacra.

Et alibi scriptum est:

οὐδέ τι λήγονται μουσάων βροτοί. αἳ γὰρ ἔασι
κοίρανοι. αἰὸ μέμηλε χορὸς, θαλίαι τ' ἐρατειναὶ,
οἵ τε γάμοι καὶ τ' ὀρχηθμοὶ καὶ κυπρίδος ἔργα.
Non unquam Musas mortales tempora vitæ
Quæ moderantur: eis chorus, & conuiuia læta
Sunt curæ, gratæque virum sunt nuptiæ, amores.

Eædem & carminum & musicæ inuentrices fuerunt, & totius sapientiæ moderatrices, sicuti testatur idem Orpheus.

κλῦτε θεαὶ σοφίης ἱερῆς οἴακας ἔχοντες.
Temonem sacræ sophię hæc audite tenentes.

Plutarchus tamen in libello de Musica ex Heraclidę sententia non Musis, sed variis hominibus carminum inuentionem concessit, qui primam citharæ inuentionem Amphioni Iouis & Antiopes filio, eiusque poesim tribuit: vtpote qui à patre doctus fuerit. Linumque ait Eupęensem primum lamentationes & fletus carmine edidisse, sicut hymnos Anthedonium Anthem, Philammonemque Delphicum canticos de ortu Apollinis, & Dianæ, & Latonæ. Demetrius Byzantius lib. tertio poematis non Musis, aut Musarum filiis, sed ipsi Apollini harum rerum inuentionem tribuit: quippe quem dicat & tibiam, & citharam, & fidium cantus inuenisse, cuius rei adducit argumentũ, quod inter Apollinis sacrificia hymni canebantur cum tibiis: cuius etiam signum in Delo fuit antiquitus illo habitu vt dextra arcum, sinistra Gratias teneret: tum Gratiarum alia tibias, alia lyram, alia fistulam ori Apollinis admouebat, vt ait Paus. Callimachus tamen in quodam epigrammate, non solum musas poeticam facultatem, sed omnia scriptionum disciplinarumque genera inuenisse scribit. sed quid vnaquęq; inuenerit, ita patefecit,

καλλιόπη σοφίην ἡρωΐδος εὗρεν ἀοιδῆς.
κλειὼ καλλιχόρου κιθάρης μελιηδέα μολπήν.
Εὐτέρπη. τραγικοῖο χοροῦ πολυηχέα φωνήν.
Μελπομένη θνητοῖσι μελίφρονα βάρβιτον εὗρε.
τερψιχόρη χαρίεσσα, πόρεν τεχνήμονας αὐλούς.
ὕμνους ἀθανάτων ἐρατὼ πολυτερπέας εὗρεν.
Αρμονίην πάσῃσι πολύμνια δῶκεν ἀοιδῇ.
οὐρανίη πόλον εὗρε καὶ οὐρανίων χορὸν ἄστρων.
κωμικὸν εὗρε θάλεια βίον τε καὶ ἤθεα κεδνά.
Calliope reperit sapientes prouida cantus
Heroum. Clio citharam clarissima. vocem
Mimorum Euterpe tragicis lętata querelis.
Melpomene dulcem mortalibus attulit ipsa
Barbiton. at suauis tibi tradita tibia fertur
Terpsichore. Diuumque Erato mox protulit hymnos.
Harmoniam cunctisque Polymnia cantibus addit.
Vranie cęli motus atque astra notauit.
Comica vita tibi est, moresque Thalia reperti.

Hæ Deæ magnum sunt in aduersitatibus solatium, & non leues illecebræ ad res honorificas: cum ab illegitimis voluptatibus, & ab omni libidine nos reuocent, vt ait Theocritus in Cyclope:

οὐδὲν

οὐδὲν ποτὲ τὸν ἔρωτα πεφύκει φάρμακον ἄλλο
Νικία οὔτ' ἔγχριστον ἐμοὶ δόκει. οὐδ' ἐπίπαστον,
ἢ ταὶ πιερίδες κοῦφον δέ τι τοῦτο καὶ ἀδὺ
Γείνεται ἀνθρώποις.
Nulla magis flammas medicina repellit amoris,
Non quæ potatur, qua vnguntur vulnera, quam vis
Pieridum. leuis hæc & dulcis quippe medela
Munere concessa est superum mortalibus ægris.

Harum munus fuit militum animos per carmina inflammare in bellum, harum viros bonos in calamitatibus consolari, harum præclara facinora & res gestas decantare, vt eorum imitatione, cæteri mortales ad virtutem incitarentur, quippe cum illę cantilenæ essent in antiquorum conuiuiis, vt patet in libello de Musica apud Plutarchum. Nam Homerus etiam conuenire existimauit vt heroum animi seueris & decoris cantibus acuerentur, vt sæpius reuocatis in memoriam præclaris virorum illustrium rebus gestis mox instructi & accensi cum hostibus dimicarent. fuit enim cantorum & poetarum antiquorum institutum, vt se non solum moderatores animorum, sed etiam morum magistros cum suauitate profiterentur. nam Græcæ ciuitates liberis ab initio prima adolescentiæ rudimenta poeticæ tradiderunt, non illi quidem nudæ, nec spoliatæ omnino voluptate, sed castæ tamen, & moderatæ. Ex illa igitur musici cantus & lyrę & tibiarum modos docentes se & ipso morum magistros atque emendatores profitebantur, quæ à Pythagora, & à posteris deinde Pythagoricis audiebantur. Homerus propterea cantores morum correctores appellauit, cum scripserit lib. 3. Odyss. cantorem custodem & monitorem Clytemnestræ relictum fuisse ab Agamemnone: qui mulierum laudes percurrens earum, quæ maritis absentibus temperantes & caste vixerunt: desiderium quoddam honoris, & gloriæ, & probitatis in eius animo impressit. postea dulcem faciens consuetudinem à malis cogitationibus abhorrentem illius animum confirmauit, neque prius illa potitus est Aegisthus, quam cantorē obtruncarit. cantabantur autem ab antiquis vel philosophicæ vel astronomicæ cantilenæ in conuiuiis, cuiusmodi est apud Virgilium cantus Iopæ in conuiuio Didonis: vel illustrium virorum præclara facinora ibidem cantabantur, quibus posteri ad illorum imitationem ad virtutem inflammarentur: vt est illud Homeri in libro θ Odyss.

Αὐτὰρ ἐπεὶ πόσιος καὶ ἐδητύος ἐξ ἔρον ἕντο,
Μοῦσ' ἄρ' ἀοιδὸν ἀνῆκεν ἀειδέμεναι κλέα ἀνδρῶν.
Vt dapibus depulsa fames, vinoque refecti,
Musa iubet canere hinc illustria facta virorum.

Sic etiam, vt est libro primo Iliad. cum præcones Agamemnonis ad tentorium Achillis aduentassent, illum cum cithara canentem illustrium virorum facinora inuenerunt, vt est in his:

Ἀλλὰ μάλ' εὐχομένω γαιηόχῳ ἐννοσιγαίῳ
ῥηϊδίως πεπιθεῖν μεγάλας φρένας αἰακίδαο.
μυρμιδόνων δ' ἐπί τε κλισίας, καὶ νῆας ἱκέσθην,
τὸν δ' εὗρον φρένα τερπόμενον φόρμιγγι λιγείῃ,
καλῇ δαιδαλέῃ, ἐπὶ δ' ἀργύρεος ζυγὸς ἦεν.
τὴν ἄρετ' ἐξ ἐνάρων πόλιν ἠετίωνος ὀλέσσας.
τῇ ὅγε θυμὸν ἔτερπεν ἄειδε δ' ἄρα κλέα ἀνδρῶν.
Numina suppliciter Neptuni hi sancta precantur,
Mentibus Aeacidæ magni suadere loquendo,
Myrmidonumque adeunt iuxta tentoria naues

Mulcentem cithara hunc mentem inuenere sonora,
Pulchra, ex argento, cui clara manubria: & illam
Ceperat è spoliis vrbs diruta vt Heetionis.
Hac animum mulcens cantabat facta virorum.

Hæc erant illa ad virtutem & ad æmulationem incitantia, quæ in conuiuiis, in publicis conuentibus, & vel inter pocula ab antiquis cantoribus canebantur: res gloriose gestæ scilicet illustrium virorum, qui vel feliciter cum hostibus dimicassent, vel fortiter in bello pro patria cecidissent. canebantur aliquando cantilenæ ad mundi mirabilitatem pertinentes, & ad infinitam diuinæ mentis, summique opificis sapiẽtiam, aut ad astrorum cognitionem: cuiusmodi sunt illa quę canuntur apud Apollonium lib. 1. Argonaut.

ἤειδεν δ' ὡς γαῖα καὶ οὐρανὸς, ἠδὲ θάλασσα
τὸ πρὶν ἔτ' ἀλλήλοισι μιῇ συναρηρότα μορφῇ
Νείκεος ἐξ ὀλοοῖο διέκριθεν ἀμφὶς ἕκαστα.
ἠδ' ὡς ἔμπεδον αἰὲν ἐν αἰθέρι τέκμαρ ἔχουσιν
ἄστρα, σεληναίητε, καὶ ἠελίοιο κέλευθοι.
οὔρεα θ' ὡς ἀνέτειλε, καὶ ὡς ποταμοὶ κελάδοντες
αὐτῇσι νύμφῃσι καὶ ἑρπετὰ πάντ' ἐγένοντο.
ἤειδεν δ' ὡς πρῶτον ὀφίων εὐρυνόμη τε
ὠκεανὶς νιφόεντος ἔχον κράτος οὐλύμποιο.
ὥστε βίῃ καὶ χερσὶν, ὁ μὲν κρόνῳ εἴκαθε τιμῆς,
ἡ δὲ ῥέῃ, ἔπεσον δ' ἐνὶ κύμασιν ὠκεανοῖο.

Nanque canebat vti primum cęlum, mare, terra,
Vna fuit facies: commistaque forma vicissim.
Singulaque vt fuerant mox tristi lite dirempta.
Vt stellis cœlum sedes firmissima, lunæ
Quæ ambages, solisque viæ, flexusque recurui.
Vt sunt cum Nymphis montes & flumina nata:
Serpentumque genus varium, & genus acre ferarum.
Vt prius Eurynomeque & Ophion semine nata
Oceani imperium tenuere niualis Olympi.
Vtque hic vi imperii Saturno cessit honorem:
Illa Rheæ. hinc latuere maris sub fluctibus altis.

Tanta denique fuit antiquorum cantorum modestia & temperantia, vt neque inter procos quidem Penelopes turpia aut lasciua canerentur: quamuis essent iuuenes ad omnem libidinem, omnemque intemperantiam maxime propensi: sed canebatur apud hos reditus Græcorum in patriam laboriosus sane ac perdifficilis: sicut patet ex his:

τοῖσι δ' ἀοιδὸς ἄειδε περικλυτὸς, οἱ δὲ σιωπῇ
Εἵατ' ἀκούοντες, ὁ δ' ἀχαιῶν νόστον ἄειδε
Λυγρὸν, ὃν ἐκ τροίας ἐπετείλατο παλλὰς ἀθήνη.
Egregius cantor cantabat ibi, hique silentes
Audibant: reditum cantor cantabat Achiuum
Difficilem è Troia, quem Pallas præbuit illis.

Harum igitur cantilenarum, & cantorum, & poetarum pręsides Musæ putabãtur, quarum dux creditus est Apollo. Has tanta suauitate dixerunt esse sapientes, vt optimum creditæ sint remedium aduersus omnes voluptatum illecebras, sicut ait Theocritus in Pastoribus:

οὔτ' ἔαρ ἐξαπίνας γλυκερώτερον, οὔτε μελίσσαις
ἄνθεα, ὅσσον ἐμὶν μῶσαι φίλαι, οὓς γὰρ ὁρῶσαι

γαθεῦ-

γηθεῦσιν· τοὺς δ' οὔτι ποτῷ δηλήσατο Κίρκα.
Non ita ver gratum est apibus, non lumina florum,
Vt mihi sunt Musę. quos lætæ respiciunt hæ,
Lædere non possunt mox diræ pocula Circes.

Est autem Musarum vis prope admirabilis credita: quippe cum ob suauitatem orationis, rerumque & figmẽtorum mirabilem varietatem, multa pro veris falsa persuadeant: neque quidquam sit tam tenue & imbecillum quod poetarum peritorum artificium non mirifice extollat: cum præsertim ipsæ de seipsis dicant in Theogonia:

ἴδμεν ψεύδεα πολλὰ λέγειν ἐτύμοισιν ὁμοῖα·
ἴδμεν δ' εὖτ' αἴ ἐθέλωμεν, ἀληθέα μυθήσασθαι.
Mentiri scimus permulta simillima veris.
Si libeat rursus, scimus quoque vera profari.

Fabulati sunt antiqui Musas grauiter ferentes, quod Venus amoris stimulos sibi iniunxisset, Adonim necasse eius amicum, cum aliæ aliorum mortalium desiderio captæ fuerunt. vt Calliope Oeagri, è quo peperit Orpheum & Cymothonem: Terpsichorę è Strymone Rhesum suscepit, Clio Linum è Magnete, atque aliæ ex aliis. Nam de laudibus venationis cantum periucundum canentes illum hiantem & imbibentem cantum detinuerunt, donec Mars Adonidis riualis in aprũ verteretur, ipsumque Adonim percuteret: vel, vt aliis magis placuit, in Adonim aprum excitaret, à quo fuit ictus. tum ex Adonidis sanguine nata est anemona rubra, cum prius esset alba. cum Venus passis capillis ac nudis pedibus eo accurreret rosa rubuit ob Veneris sanguinem, quia spina eius pedem grauiter pupugisset. fuerunt tamen nonnulli, qui Musas semper castas fuisse dixerint, vt testatur Plato in eo epigrammate, quod est apud Diog. Laert.

Ἁ Κύπρις Μούσαισι, κοράσια τὰν Ἀφροδίταν
τιμᾶτ', ἢ τὸν Ἔρον ὔμμιν ἐφοπλίσομαι.
Χ' αἱ Μοῦσαι ποτὶ Κύπριν, Ἄρει τὰ στώμυλα ταῦτα.
ἡμῖν δ' οὐ πέταται τοῦτο τὸ παιδάριον.
Ad Musas Venus hæc: dabo Amori tela puellæ
In vos, vel Venerem præcipio colite.
Ad Venerem Musæ; Marti licet ista mineris.
Ad nos non didicit iste volare puer.

Fuerunt loca multa Musis consecrata, à quibus cognomina sortitę sunt, vt Heliconiades ab Helicone monte, quem Otus & Ephialtes illis consecrarũt, & à Pieria & Pympla & Libetra, Pierides, Pymplides, Libetrides, & Parnasides, & Pegasides: quæ loca illis consecrata fuerunt à Thracibus Bœotiæ accolis, vt ait Stra. lib. 10. quia Thraces priscæ musicæ operam dederunt, poeticamque harmoniam inuenerunt, quales fuerunt Ephorus, Orpheus, Thamyris, Musæus, & Eumolpus, qui quod scite caneret, nomen obtinuit. fama est Acheloi filias cum Musis de cantu ausas fuisse aliquando contendere, quare prędictum supplicium passę sunt. fuerunt etiam cygni Musarum aues nominati ob cantum, vt testatur Callimachus in hymno in Delum hoc pacto:

ἡ μὲν ἔφη· κύκνοι δὲ θεοῦ μέλποντες ἀοιδοὶ
Μηόνιον Πακτωλὸν ἐκυκλώσαντο λιπόντες
ἑβδομάκις περὶ Δῆλον, ἐπήεισαν δὲ λοχείῃ
Μουσάων ὄρνιθες, ἀοιδότατοι πετεηνῶν.
Hæc dixit. cygnique dei prædulce canentes
Mæonium linquunt Pactolum, terque quaterque
Mox circa Delum volitant, circaque puellam,

Musa-

Musarum volucres, auibus mage turba canora.

Fuerunt his coronæ etiam sacratæ è varijs floribus ac frondibus, & è palmis præsertim, quibus coronabantur ac plumis. ¶ Nec plura his fere de Musis tradita sunt ab antiquis, quæ nunc breuiter explicemus. Musas alii Mnemosynes & Iouis, alii Antiopæ & Iouis, alii Memnonis & Thespiæ filias fuisse putarunt: quoniam Musæ sciẽtia, & optimus affectus animi ad illam imbibendam creditus est, qui non nisi diuinitus in nos influit, cum omne bonum datum sit de cœlo descendens à patre luminum: conseruatur tamen & augetur memorię bonitate & exercitatione: quare & Iouis & memorię filias Musas dixerunt. Quid enim est aliud Mnemosyne, quã Memoria? Antiope rursus exercitatio est vel potius ęmulatio, cum quis pro viribus contendit ne ab alio superetur canendi peritia. Neq; aliud est sane Memnon quam memoria, aut Thespia quam diuinatio, & diuina cognitio. id apertius etiam declarant nomina illarum Musarum, quæ fuerunt ab Aloei filiabus cultæ: Melete scilicet exercitatio, Mneme memoria, Aœde cantus. Qui Musas cęli filias dixerunt, & Ioue antiquiores, in idem prope recidunt, nisi quod hi Iouem non mythice sed historice intelligunt. Harum Musarum nutricem fuisse Euphemen dixerunt, quoniam bonum nomen & gloria, & laus atque honor artes ac disciplinas alunt: neque vllus stimulus est hominibus acutior ac potentior quam gloria, ad impellendum ad res honorificas. Qui Musas tres tantum esse arbitrati sunt, crediderunt illas esse artes, per quas perueniretur ad sapientiæ cognitionem. Communior tamen fuit opinio quod Musæ essent sphærarum animæ: Vrania scilicet stelliferi cœli, & eius sphæræ, quæ vocatur aplanes: Polymnia Saturni, Terpsichore Iouis, Clio Martis, Melpomene solis, Erato Veneris, Euterpe Mercurii, Thalia Lunæ: quę sicuti magis recedunt à medio mundi, ità diuersos sonos efficerent. Nam cum alię sphæræ tardiores sint, aliæ velociores, alię medium inter hos motus sortiãtur, eadem credita fuit sonorum esse differentia; ita vt ex velocissimo & ordinato cœlorum motu, contactuque potentissimo & varia & ingens efficeretur melodia, vt arbitrati sunt Pythagorici. Sũt igitur octo Musæ commemoratę, totidem sphærarum toni, ex quibus redundat illa quæ nona addita est, Calliope: quasi bonum concentum dixerim. Hę cũ sint propinquæ primo corpori, quod mouetur: cui sedes Dei proxima creditur, dictæ sunt circa aram Iouis tripudiare, vt ait Hesiod. in his.

καί τε περὶ κρήνην ἰοειδέα πόσσ' ἁπαλοῖσιν
ὀρχεῦνται, καὶ βωμὸν ἐρισθενέος κρονίωνος.
Hæ teneris pedibus vitrei nam fontis ad oras
Vsque choros ducunt Iouis omnipotentis ad aram.

Cum vero varia sint harum Musarum studia, variis quoque delectationibus capiuntur animæ mortalium, quę ex illis sphæris vt senserunt Pythagorici, descenderunt. Nam qui è luna, cum magis Thaliæ naturæ sint obnoxii, comica lasciuia, & petulantia delectantur. Qui descenderunt è sphæra Saturni, vel è Polymnia, cum sicco sint ac frigido temperamento, multa pollent rerum pręteritarum memoria: nam ingenia & corporum natura cum natura planetarum plerunque consentiunt, & idcirco alii aliis studiis delectantur. Pro planetarum aspectibus exẽpli gratia, si Mercurius sit forti bonoque aspectu eloquentiam & elegantiam prębet, & suauitatem orationis, & scientiam atque ingenium pręsertim in rebus mathematicis. Idem cum Ioue, theologos & philosophos gignere putatur. idem si coniunctus sit cum felici Martis aspectu medicos facit peritos & fortunatos: at cum malo aspectu vel imperitos vel infelices vel etiã fures vt creditur, quod pręcipue contingit vbi combustus dicitur à sole. Cum Venere poetas gignit & musicos. cum luna mercatores cautos & diligentes negotiatores. Cum Saturno, tribuit

buit scientiam ac peritiam vaticiniorum, estque non solum mutabilis cum natura illorum planetarum quibuscum commiscetur, sed etiam adauget eorum vires. nam quanto potentiore aspectu illos respexerit, tanto felicior est illorum virtutibus augendis: quippe cum crescant minuanturque vires cæterorum planetarum huius malignitate vel beneficentia. Sed horum planetarum vires, ac varietatem studiorum ita expresserunt illa carmina.

Clio gesta canens transactis tempora reddit.
Melpomene tragico proclamat mæsta boatu.
Comica lasciuo gaudet sermone Thalia.
Dulcisoquis calamos Euterpe flatibus vrget.
Terpsichore affectus citharis mouet, imperat, auget.
Plectra gerens Erato saltat pede, carmine, vultu.
Carmina Calliope libris Heroica mandat.
Vranie cœli motus scrutatur & astra.
Signat cuncta manu, loquitur Polymnia gestu.
Mentis Apollineæ vis has mouet vndique Musas:
In medio residens complectitur omnia Phœbus.

Nam scriptum reliquit etiam Zez. hist. 90. chil. 6. nihil aliud esse Musas quam cognitionem, & animi vim illam quæ intelligit: cum Helicon Musarum locus à vertendis foliis sit nominatus. Has igitur non harmoniæ solum musicæ vim habere arbitrati sunt antiqui, sed etiam componendorum morum, temperandorumque animorum ab immoderatis perturbationibus. Nam qui Musicæ & poeticæ facultatis studiosus sit, is fere libidinosus & inhumanus esse non solet: cum omnia vitia otium & inscientiam, at non disciplinarum studia, comitentur. Inde accidit vt musicam diuinam scientiam crediderit Pythagoras, vt ait Strabo lib. 10. Geogr. Cum crederent igitur antiqui omnes res humanas à mente diuina, & à corporibus cœlestib. aliquo pacto gubernari, omnem cuiusq; peritiæ præstantiam deorsum mitti tradiderunt à sole, & a cæteris planetis: cum re ipsa sine ope diuina vis humana debilis & imbecilla sit ad omne opus perficiendum: quare Musæ sæpius ad ferendum opem vocantur à poetis. Illi, qui Musarum filii dicti sunt, ea fuerunt ingeniorum scientiæque præstantia, vt diuinitus è cœlo demissi inter homines viderentur, cum nullum Veneris desiderium alioquin cadere posit in corpora cœlestia. At nunc de Dædalo dicamus.

De Dædalo, *Cap.* XVI.

Dædalus, quem ingeniosum & præstantem virum fuisse vel nomen ipsum significat, nulla alia de causa fuit tot fabularum figmentis implicatus, vt vix tandem ex illis euolare potuerit, nisi vt præclara exempla recte sapienterque viuendi hominibus relinqueret. Hunc Eupalami siue Euphemi filium fuisse & Alcippę testatur Zez. hist. 19. primæ chil. At Pherecydes Dædalum Erechthei viri Atheniensis, & Iphinoes filium fuisse scripsit, à quo etiam tribus Dædalidæ Athenis fuerunt vocati. nam Dædalus fuit è stirpe regia illorum, qui dicti sunt Metioniæ. At Pausanias illum fuisse Palamaonis filium scripsit in Bæoticis. Hic non magis ob artis præstantiam, quam ob errores & casuum varietatem celebritate nominis apud omnes gentes claruit. Dicitur solum vertisse, quia sororis suę Perdices filiũ Attalum, vel Acalum, vt alii malunt, vel Telen discipulum, at non vt quidam putarunt, filium Perdices, de tecto per inuidiam deiecerit: id enim cũ commisisset, sciebat quibus legibus erat obnoxius, quare metu pœnarum ad Minoem Cretę Regem confugit, quem Endæus eius discipulus, patria Atheniensis

sis secutus est ait tamen Paus. in Atticis Calum nominatum fuisse illum, ob cuius cædem Dædalus e patria profugerit. Est enim illud innatum præstantioribus ingenijs vt superiores, aut etiam pares æquo animo perferre non possint, cũ in omnes maxime nitantur excellere. Hunc fabulantur è Minerua architecturam & vniuersam artem ædificandi, lignaque formandi edoctum fuisse, quia cũ in Cretam penetrasset & ipsi Regi, & filiabus Regis, ob insignia opera, quæ fecit, mirifice gratus fuit. Hic labyrinthum ad formam illius Aegyptij labyrinthi extruxit, cum eius rationem tantum audiuisset. Deinde Pasiphae factus etiam familiaris, cum illa ingenti tauri desiderio teneretur, illudque Dædalo aperuisset, (nam Venus ob Solis odium, qui suum adulterium patefecit, in omnem Solis prolem sæuiebat) Dædalus dicitur miro artificio ligneam vaccam excogitasse, in quam inclusa Pasiphae cum tauro rem habuit. At enim re postea comperta capitalis fraudis damnatus cum filio e vinculis elapsus, Inycum, quæ vrbs erat Siciliæ, ad Regem Cocalum amisso filio in itinere euasit. at eum cum Minos insequeretur naui, ad eam Siciliæ partem applicuit primum, vbi Minoam vrbem postea vocatã condidit, de qua ita meminit Gregorius Gemistus in primo libro rerum Græcarum, *κατέπλευσε μὲν τῆς Σικελίας ἐς μίνωαν πόλιν, ἣν ἔκτισε μὲν μίνως ἐκεῖνος ὁ κρητῶν βασιλεὺς, ὅτε ἐς Σικελίαν κατὰ δαιδάλου ζήτησιν ἀφιγμένος, κωκάλῳ τῷ Σικανῶν βασιλεῖ ἐπεξενώθη.* Nauigauit ad eã primũ Siciliæ partẽ, vbi condita est Minoa, quam Minos ædificauit ille Rex Cretensium, quando Dędalum quęrens in Siciliam appulit, & vsus est perbenigno Regis Cocali hospitio. Hic cum à Minoe repeteretur, neque eum Cocalus dedisset, bellum inter Minoem & Siculos exarsit, vt ait Paus. in Achaicis. Cum in Siciliam venisset tanto fuit in honore apud omnes Siculos, vt nullius nomen omnino per id tempus neque in Sicilia, neque in Italia magis esset celebre. Cum vero fugeret e Creta, fabulati sunt antiqui Dædalum sibi, & Icaro filio alas e cera excogitasse, vt ijs ex imperio Minois, qui late terra marique imperabat, eo tempore euolarent. Sed cum Dædalus & Icaro & sibi alas humeris aptaret, multis verbis filium monuit ne vel sublimiora loca, vel mari nimis propinqua expeteret, sed mediam quandam regionis viã seruaret, seque volantem sequeretur, verum Icarus, quæ sunt adolescentum ingenia, parum ea referre ratus, neglectisque vtilibus paternis, ac salubribus admonitionibus, captus suauitate volandi altiora loca expetiuit, quare alis nimio solis calore liquefactis in mare præceps decidit, quod ab eo fuit Icarium nominatum, vt ait Ouid. lib. 2. de arte

Icare clamabat, pennas aspexit in vndis;
Ossa tegit tellus, æquora nomen habent.

Andrætas tamen Tenedius in nauigatione Propontidis Icarium mare non ab Icaro Dædali filio, sed ab vna Cycladum, quę Macris & Icarus dicebatur, nominatum fuisse scripsit. Habuit Dędalus vxorem Gortynidis filiam, e qua suscepit liberos Scyllidem, & Dipœnum, vt ait Paus. in Corinthiacis, e quadã Cretẽsi muliere præterea Iapygem, e Naucrare serua Icarum. Atque a Iapyge filio Dædali Iapygia dicta fuit, vt ait Stra. lib. 6. Cum ante Dædali tẽpora sine manibus, vel pedibus, vel oculis statuæ effingerentur ab antiquis, primus omnium mortaliũ Dædalus deficientes partes suffecit, quare dictus est fecisse simulacra, quæ mouerentur, quod non etiam pedibus carerent, vt indicat Eurip. in Hecuba

εἴ μοι γένοιτο φθόγγος ἐν βραχίοσι,
καὶ χερσὶ, καὶ κόμαισι, καὶ ποδῶν βάσει,
ἢ δαιδάλου τέχναισιν, ἢ θεῶν τινος.
Si sit mihi vox, brachijs si robora;
Si vel manibus, comisue, si in gressu pedum,

Vel Dædali arte, vel Deum cuiuspiam.

Sic Plato Comicus in decipiente:

τὰ δαιδάλεια πάντα κινεῖσθαι δοκεῖ,
βλέπειν τ' ἀγάλματ'.
Dicas moueri cuncta sane Dædala, &
Videre simulacra.

Primus enim oculos formauit & crura ac manus fecit, cũ antiquiores oculos clausos, demissasq; manus, ac laterib. annexas confingerent. Alij dicunt primos Rhodios statuas fecisse, quæ, vt ait Aristarchus, vagarentur, atq; quod prius essent rudes Dionysum apud Chios ligatum fuisse inquit Polemo. Non tamen ad perfectã & absolutã artem sculpẽdarum statuarũ ventum erat adhuc Dædali tẽpore, quippe cũ scribat Pausan. in Corinthiacis Dędali opera rudia fuisse, neq; aspectu decora, sed quæ tamen diuinitatẽ quandã præ se ferrent. Inter præclara Dædali opera sella cõpactilis numerata est, quæ in delubro Mineruæ Poliadis apud Atheniẽses dicatã: omnesq; ligneæ statuæ, Dædala dicebantur antiquitus. Erat & solemnitas quædã, quæ Dædalea vocabatur, quã hac de causa institutã fuisse fabulantur: Iuno aliquando Ioui irata dr in Eubœam peruenisse, quã cum placare Iupiter conaretur, ad Cithæronẽ, qui Platæensib. imperabat, virũ consilio & calliditate sanè præstantissimũ peruenit. Tum Iupiter eius monitu ligneum simulachrũ fabricauit, quod vestib. indutum super plaustro collocauit, famamq; in oẽs dedit, quod esset Platæam Asopi filiã ducturus. Id vbi sensisset Iuno statim accurrit, manusq; imagini iniecit, tum lacerata veste sensit se iucunde fuisse deceptã, quare facile cum Ioue in gratiã redijt. Ad huius rei memoriã lignea imago, quæ Dædala vocabatur, septimo quoq; anno plaustro imponebatur, & cũ pompa ad delubrũ Iunonis vehebatur, vt scripsit Phylarchus lib. 19 historiarum. Neq; tamen ex quibusuis lignis illa imago efficiebatur, sed hoc ritu eligebatur ad illam lignũ. Lucus fuit quidam in Bœotia non procul ab Alalcomenis omniũ maximus, & peruetustæ ibi quercus. Ibant in eum lucũ Platæenses, & elixarum carniũ frusta exponebant, quib. præter cæteras aues maximè negotium fuit cũ coruis, quos omni conatu arcere, & à carnib. expellere nitebantur. Ex alijs vero volucrib. obseruabant, quæ carnẽ arripuerit, super qua arbore cõsederit: neq; licet ex alia materia Dædala cædere, nisi ex illa arbore quæ prima ita fuerit indicata. Fertur Dædalus apud Selinuntios speluncam quandã tam miro artificio excogitasse, vnde vapor quidã subtilis, tantæque amœnitatis exhalaret vt ex humanis corporib. sudorem cum quadã suauitatẽ euocaret, vnde corpora ægrotantia facile sanitati restituebantur. atqui pręclari postea artifices statuarũ ex Attica Dædali officina, ac nobiles manarunt cõplures, inter quos nõ vltimum locũ obtinuit Onatus Aegineta Myconis filius, vt ait Pausan. In reb. Eliacis, & Ageladas Argiuus, Damophon Sicyonius, Arcesilas Chius, Leocharis Sidonius, Alcamenes Cyprius, vt alios prætermittam. Nam quãta insigniũ opificũ multitudo ijsdẽ fere tẽporib. floruerit, & quæ singulorũ opera memorabilia extiterint, visum est non fore superuacaneũ atq; iniucundũ, si quanta fieri poterit breuitate recenseamus: siquidẽ vna est ars pictura, quæ non valde dissentit à liberalib. vocatis disciplinis. Quis. n. audeat ipsam picturã omniũ bonarũ artium alumnã, & Simiam, vt ita dixerim naturæ, ab illis disciplinis seiũgere: cũ vna hæc sit ars, quæ quasi tacita historia res gestas, & formas corporis, & colores multo diligentius imitetur, quàm oratione exprimi possit, & ad posteros in manus tradat. Hæc ars omniũ optimarũ artiũ altrici Græciæ familiaris ita plãtas & animalia imitãs superiorib. tẽporib. naturã attigit, vbi cõsecuta fuit potentiorũ studia, vt vel cũ ipsa natura cõtendere ausa sit, cum oẽm naturæ mirabilitatẽ in oĩb. naturæ operib. mirifice exprimeret. illud cũ Gręcię esset cognitũ, merito fuit in cõsuetudine positum

tum

tũ vt prima adolescẽtum nobiliũ rudimenta essent lineamẽta corporũ effingere, quæ cognitio autore ac suasore Pãphilo vnà cũ liberalib artib. à teneris imbibebaт, seruis prorsus incognita & interdicta. Nã profectò tã fuit mirabilis in quibusdã picturę pręstãtia, vt nõ modo lineamẽta corporis & figuras & colores exprimeret, verũ etiã quantum quisq; vixisset aut victurus esset appareret physionomis, quod assecutus est in primis Apelles: & quod magis mirũ videbaт, cognoscebant in pictura oẽs animorũ motus expressi ab eodẽ artifice, cũ populũ Atheniẽsem fecisset ea forma, vt hęc in illo omnia cognoscẽrent. Enimuero nisi cũ Physionomia cõsentiat pictura vel sculptura, nõ est magnopere vtilis existimãda, quare totũ fere artificiũ in capite præcipue fingẽdo cõsumit, atq; quod reliquum est magna ex parte in extremis mẽbris. Tunc.n. perfecta est cognitio figurarũ, si appareat in eis physionomia cũ reb. gestis cõsentire. siquutem, suæ sunt imagines ipsis artificib. ad custodiã officinarũ relinquẽdæ. sunt autẽ ista & insigniorũ quorundã pictorũ nomina, & præstãtiora illorũ opera, quæ memorabilia visa sunt antiquis scriptorib.

Androbij nobilissimi pictoris opus fuit preter cętera nobile existimatũ Danae portata à vẽtis per mare, quã piratę tanq̃ stupidi apparebãt admirari. Deinde mirus Hercules in Oeta mõte super pyra impositus, qui cũ reliquisset quidquid haberet humanum, cum magna lætitia, vt apparebat, à Dijs in cœlum excipiebatur. & Scyllis anchoras Persicæ classis præcidens, & Stratonice & Deianira.

Agacritus discipulus Phidiæ Mineruam fecit Itoniam, & Iouem non longe à Coronea ex ære.

Ageladas Argiuus Iouẽ fecit Imperatorẽ apud Messenios, cuius etiã opus fuit Hercules ĩpuber apud Achęos, & Iupiter puerili facie ex ęre. deinde quatuor equi ęnei, q in Delphos ab Argiuis ꝓ cõcepto voto missi fuerũt, & totidẽ Tarẽtinorũ.

Alcamenes sculptor fuit insignis, qui Veneris simulacrum fecit & Iunonis in via Phaleri, quæ deducebant Athenas, & Martis armati signum, & aliud mirabile Veneris in vrbis regione Noctis vocata. Bacchi item simulacrum in templo ex ębore & auro quod fuit iuxta theatrum. & Hecates signum Athenis e tribus corporibus simul iunctis, Epipyrgidiã vocatum. Aesculapii signum Mantineæ. apud Bæotos labores Herculis ad formas colossorum è lapide Pentelico.

Alcistere quoque fœmina pinxit saltatorem egregiũ æstimatum, quando non mares solum, sed etiam fœminæ in arte pingendi claruerunt, nam & Aristarete Nearchi filiæ ac discipulæ perpulcher memoratur fuisse Aesculapius, & Lala Cyzicena perpetua virgo ingeniosa fuit exprimendis penicillo mulieribus, cum multas pinxerit, ac seipsam quaque egregie e speculo effinxerit.

Alcmemis opus Thebanis Herculem & Mineruam fuit e lapide Pentelico specie colossi.

Amphion Gnosius Acestoris filius fecit Cyrenæis Battum in curru sedentem, cum matre Cyrene auriga, ac Libye nympha, quæ Batto coronam imponat.

Anaxagoras itẽ Aegineta signũ Iouis fecit in Olympia, & Herculem ex ęre cũ leone Nemæeo colluctantem, eumque suffocantem arctissimo complexu.

Antermus, Miciades, Malas communi opera aliam Dianam fecerunt lapideã Lasijs, atq; aliam Chjis, quæ pro optica ratione intuitus seuera ac propè irata apparet templum ingredientibus, at exeuntibus iam placata & benigna, quorum & alia opera fuerunt e Pario lapide.

Antiphanes Argiuus Castores fecit in Delphis, cuius etiam opus fuit equus æreus, & Lucina parturienti assistens.

Antiphilus autem pictor fuit non ignobilis, qui multa egregia opera fecit, sed omnium principatum tenuit puer in ignem curuatus inflans, quo igne paulum flatu excitato tota domus videbatur aliquantulum lumen accipere per noctem. pinxit & Satyrum cum pelle pantheræ.

Apelles quoque patria Cous peritia & gloria artis pingendi nemini inferior, pinxit celeberrimam Venerem emergentem, cuius vultum tantum ac pectus expressit è Phrynes formosissimæ amicæ aspectu, quod ea talis videretur. Neptunaliorum Cerealiorumque tempore in omnium Græcorum conspectu ad mare vestib. & comis solutis. fecit & eximiam Dianam. & in Epheso Alexandrum pinxit cum Iouis fulmine. & eundem triumphantem, & Bellum cum illo manibus reuinctis à tergo. & Castorem, Pollucem, Victoriam. Pinxit & Clytum super equo properantem ad bellum, cui galeam puer porrigebat. & heroem nudum miri artificij ob expressas corporis partes, & equum in certamine, & Archelaum cum vxore & filia. Sed omnium eius operum præstantissimus creditus fuit Antigonus thoracatus super equo incedens. pinxit & Dianam ad Homeri carmina, & mensam celebrem miro artificio excogitauit. atque cum Antigonus esset altero lumine orbatus, prior excogitauit rationem occultandi vitij vt quod deesset corpori, picturæ deesse videretur: nam solam partem integram ostendit, aliam in vmbram conuersam occultauit. pinxit & quæ penicillo exprimi ferè non possunt fulgura & tonitrua, & Venerem Cois inchoauit tantum, sed opus mors illis inuidit. edidit volumina doctrinam picturæ continentia, qui cognitus fuit Protogeni vel è tenuitate lineæ in tabula. tantæ vero præstantiæ creditus est, vt soli liceret Alexandrum pingere, cum alijs esset vetitum.

Apollodorus patria Atheniensis qui floruit tertia post nonagesimam olympiade pictor fuit clarissimus, cuius miri artificij creditus est Aiax Iouis fulmine percussus, ac tantæ pulchritudinis, vt nihil tale ars pingendi habuerit præstantius ante illa tempora, cuius etiam pulcherrimus fuit sacerdos adorans.

Arcesilaus pinxit Leosthenem in Piræeo apud Athenienses, opus eximium creditum & eius filios præter cætera, qui Leosthenes Macedonas duobus prælijs vicit in Bæotia & Thermopylis.

Ardices patria Corinthius illud laudis iure sibi vendicat in arte pingendi, quod primus fuit cum Telephane Sicyonio, qui hanc artem exercuerit, qui lineis tantum figuras adumbrabant, nulloque vtebantur colore, sed pro coloribus lineas interius spargebant: inde effectum est vt alij Corinthium, alii Sicyoniū inuentū esse cēsuerint pingere aut lineamēta inducere, verū cum hi artifices patrum naturam imitarentur vt adhuc rudes pingendo, necesse fuit nomina illorum picturis adscribi, quos exprimere pingendo fuissent conati. Quis enim nesciat nihil æque naturam imitari, quam colores si fuerint cum aptis conuenientibusq; lineamentis coniuncti? necesse est enim vt vtrique ad exprimendam effigiem cōspirent, sin autem alterum horum defecerit, inanis propè est omnis labor artificū; quare plurimum sibi deesse statuarij fateantur oportet, qui sola delineamenta per marmora vel metalla possunt imitari. plurimum igitur se debere fateantur oportet pictores Periphanto Corinthio, qui primus omnium colorem excogitauit, qui testa trita colorare cœpit: alij tamen Philocli Aegyptio. alij Cleanti Corinthio inuentionem lineamentorum attribuerunt.

Ardalus egregia opera fecit duos Vulcanos, alterum in Delphis, alterum in templo Mineruæ Poliadis ex ære: quo tempore vna cum pictoribus insignis statuariorum, & metalla in figuras hominum aut belluarum fundentium multitudo claruit. nam quamuis diuturniores sint figuræ quæ funduntur aut exciduntur, quam quæ pinguntur, neq; tam facile patiuntur temporum iniurias, eandemq; rationē membrorū siue analogiā obtinere possunt, quam & pictura, tamen minus habent colores, quod maximum est naturæ ornamentum & indicium ad mores & ingenium cuiusque dignoscendum. fuerunt tamen quidam artifices qui pingen-

pingendo, fundendo, & excidendo suum ingenium expresserint.

Argeus enim qui Iouem effinxerat ex ære, idem insignem Apollinem fecit ligneum, sicuti Attalus Atheniensis Herculem fecerat lapideum in Naxo, mox excidit Apollinem Lycium è ligno.

Aristides autem Thebanus tantæ præstantiæ fuit pictor, vt per colores non solum figuras exprimeret, sed etiam primus animorum motus imitatus sit, qui pinxit pugnam Alexandri Macedonis cum Persis opus sane celebre, & miræ pulchritudinis. Pinxit & Liberum patrem cum Ariadna, quæ tabula vendita est sex millibus, sestertiorum. mirifice apparuit animi perturbatio fœminæ in ea tabula, in qua capto quodam oppido puer exprimebatur se volutās ac repens ad mammas matris è vulnere morientis, quæ videbatur sollicita de puero. pinxit & currentes quadrigas. & venatores cum præda. & senem cum lyra, qui apparebat puerum docere, atque ægre ferre tarditatem ingenij. & ægrum magnopere laudatum.

Aristocles Cydonitates discipulus & filius Ceætæ pulcherrimum Ganymedem fecit ex ære apud Eleos, qui ab aquila ad Iouem portaretur, & Herculem pugnantem pro baltheo.

Aristomedō statuas fecit æreas complures in Delphis, ed Latonam præcipue præclaram gestantem paruulum Phębum, & quæ ducebat manu Dianam paruā:

Aristonomus Aegineta Iouem fecit apud Eleos altera manu auem, altera fulmen gestantem æreum cum corona capiti imposita è varijs floribus.

Aristolaus Pausię filius memorabiles pinxit Periclem, Epaminondam, Medeā, Virtutem, populum Atheniensem, Theseum.

Ascarus Ageladæ Sicyonij discipulus Iouem item fecit coronatum floribus apud Eleos ex ære, fulmenque dextra tenentem tanquam eiaculaturum. Fecit etiam Pana cum Cupidine colluctantem.

Asclepiodori vnum tantum opus memoria dignum fuisse percepimus, tabulam nimirum duodecim Deorum.

Athenio Maronites egregius pictor Glauconis Corinthij discipulus pinxit Atheniensibus mulieres sacra caniphoria celebrantes, hoc est canistros variorum florum plenos super capitibus ad templum Cereris gestantes. fecit item Achillem sub habitu muliebri occultatum, & ab Vlysse deprehensum. fecit & mirificam tabulam Agasonis cum equo.

Athenodorus Lacedęmonius Apollinē & Iouem fecit è marmore in Delphis.

Batycles Magnesius statuarius sellam fecit apud Spartanos Amyclei, & Minotaurum æreum, qui viuens trahi vinctus à Theseo videretur. Sustinebant illam sellam à fronte duæ Gratiæ, & à tergo duæ Horæ, cuius in læua parte Typhon & hydra inerant, in dextra Tritones. Iupiter Taygeten, Neptunus Alcyonem portabant. inerat & Herculis pugna cum Cygno, & centaurorum apud . holum, & Persei facinus in Medusam, & Herculis cum Thurio gigante certamen, ac Tyndaricum Eurytō. Leucippi filiarum raptus. Mercurius Liberum patrem nuper natum in cęlum portabat. Peleus Achillem Chironi alendum erudiēdumque tradebat. Cephalus ob formam rapiebatur ab Aurora. Achilles pugnabat cum Memnone. Hercules. Diomedem obtruncabat, & Hydram, & canem Plutonis rapiebat, Geryonis boues abigebat, Actoris filios in superiore margine trucidabat, leonē strangulabat, & mox pugnabat Oreo centauro, & cum Acheloo luctabatur. Nessum ad Euenum amnem interficiebat. Harmoniæ celebrabantur nuptiæ Deorum donis. Mercuriustres Deas deducebat ad iudicium. Iuno Io in vaccam versam intuebatur, Mineruaque Vulcanum fugiebat. Bellerophontes Lyciæ monstrum conficiebat, Calais & Zetes harpyias à Phineo arcebant. Theseus & Pirithous Helenam rapiebant. Apollo & Diana sagittis Tityum conficiebant.

Admetus aprum & leonem ad currum iungebat. cum multa inessent præterea cui operi Gratiæ & Dianæ Leucophrynes signum est additum.

Boethus Carthaginensis eximium Pusionem fecit nudum inauratum apud Eleos, qui erat ad pedes Veneris è marmore, cum Venus esset opus Cleonis Sicyonij. Nam permulti fuerunt artifices, qui ob vnum tãtum opus egregium fuerunt celebrati. vt Timotheus cum Aesculapij signum fecisset apud Trœzenios. Theopompus Aegineta, qui taurum fecit ex ære in Delphis. Theocles Lacedæmonius, qui quinque Hesperidas apud Eleos excidit. Polycles, qui fecit æreum hermaphroditũ Nicodamus Mænalius, qui apud Eleos fudit Mineruã ægide & galea munitã. Mẽdæus Pæonius, qui victoriã fecit æreã apud Eleos super pila. Hermion Trœzenius, qui excidit Apollinẽ Pythium apud Samios. Hypatodorus, qui Mineruã in vrbe Aliphera. Iphicles, qui leænã ex ære elinguem ob Aristogitonem. Leochares ob Iouem Poliæum æreum in arce Athenis. Callo Aegineta ob puerum Mamertinum æreum apud Eleos pulcherrimum, & Mineruam ligneam in arce Trœzeniorum. Calyphon Samius ob æream Discordiam in templo Dianæ Ephesiæ. Eleutherius ob Bacchum e pario lapide apud Athenienses in templo liberi patris iuxta theatrum. Euchir Atheniẽsis ob Mercurium marmoreum apud Pheneatas. Endæus Dædali discipulus ob Mineruam marmoream sedentem in arce Athenarum. Dorychidas Lacedæmonius Dipæni discipulus ob Themidem marmoream apud Eleos. Epeus ob Venerem ligneam in æde Apollinis Lycij. Endius ob Mineruam Aleam, quam fecit ex ebore.

Bryaxis celebratus fuit ob Apollinem æreum & Iunonẽ apud Pheneatas, qui fecit Aesculapij quoq; & Hygiæ signa apud Atheniẽses, in Iouis Puluerei cognomento delubro, quod fuit sine tecto.

Bularchus is qui floruit olympiade decima sexta pinxit magno artificio Magnetum prælium, quæ tabula tãti precij habita est, vt pari pondere auri sit repẽsa.

Buthieus Myronis discipulus puerum in ignem inflãtem fudit, & argonautas, & aquilam gestantem Ganymedem, quem Iouis iussu rapuerat. erat ita concinne facta vt cum vnguibus non læderet. deinde Apollinem cum diademate.

Calamidis Agrigentini insignia opera fuerunt apud Eleos pueri ære i dexteras tendentes, & signum victoriæ inuolucre ac sine alis Athenis. Aesculapius imberbis apud Corinthios ex auro & ebore, qui dextera fructum pineum tenebat, ac læua sceptrum. fecit Athenis & æream leænam propter Pisistrati casum, & Thebis signum Ammonis. apud Tanagræos Mercurium æreum arietem humero gestãtem, & Apollinem Alexicacum Atheniensibus, & Veneris signum æneum.

Callimachus cacizotechnos æream quandam lucernam fecit, quæ per annum arderet, neque tamen in ea oleum consumebatur, quam deposuit Athenis in arce Mineruæ: ac primus lapides terebrauit, fecit & Iunonem desponsatam apud Platæenses.

Calyphon Samius in templo Dianæ Ephesiæ pugnam pinxit Troianorum ad Græcorum naues: & in primis Discordiam vultu horrendo.

Canachus Sicyonius Apollinem fecit Philesium, & ceruam mirabili artificio. Apollinem item Didymæum Milesijs, & Ismenium Thebanis, & Venerem ex auro atq; ebore Corinthijs. cuius tñ opera fuerunt rigidiora, quã vt vera imitarent.

Cephisodorus ille qui floruit nonagesima olympiade Pacẽ fecit æream Atheniensibus, quæ Plutum in sinu gestaret, & aram Iouis, & Mineruam in portu Athenarum.

Cephisodorus & Xenophon fecerunt Arcadibus Dianæ Sospitæ simulacrum è lapide Pentelico.

Chalcosthenes Atheniensis mirabilis & ipse opifex fuit existimatus, quamuis ficti-

fictilia tantum effingeret, hoc est imagines & statuas è Creta, cuius etiam causa ob multam huiusmodi fictilium statuarum copiam locus Ceramicus nominatus fuit Athenis.

Chares Lindius colossum fecit solis apud Rhodios septuaginta vlnarum miræ pulchritudinis.

Chionis opus fuit eximium in Delphis Minerua & Diana marmoreæ.

Chirisophus Cretensis fecit è marmore Pario apud Tegeatas simulacrũ Apollinis auratum.

Chrysippus Solensis præterea & Zeno Mnasei filius, dicuntur fuisse omnium pictorum suæ ætatis pingendis animalibus præstantissimi, quorum alter Herculem fecit leonem Nemeæum suffocantem, alter expressit aprum Calydoniũ mirifice penicillo, & Hesionen ceto expositam mæstam, & aues Stymphalidas.

Cimon Cleoneus, qui in corticibus pingere consueuit, prior optimè membra distinxit, venasque in corporibus expressit, & sinus in vestibus ac rugas retulit. inuenit & catagrapha vocata despicientes, suspicientes, scilicet ac respicientes penicillo exprimere.

Cleon Sicyonius statuam fecit æream Dinolochi pueri, qui pueros omnes vicerat in olympicis certaminibus, quod opus fuit pulcherrimum iudicatum.

Critias Epicharmũ aheneũ fecit opus insigne, se in cursu armato ũ exercentẽ.

Ctesicles quoq; statuarius tantæ pulchritudinis, tantique artificij muliebrem statuam è Pario lapide fecit in Samo, vt eius amore incredibili captus sit Clisophus Selymbrianus, cum qua vbi propter frigus ac duritiem congredi non posset, eo vsq; cupiditatis accessit, vt caruncula quandam prætenderit, atque omnino concubuerit, vt ait Adæus Mitylenæus in libro de statuarijs.

Cyclopes etiam non ignobiles statuarij fuerunt, quippe quorum opus fuit leones marmorei Mycenarum portæ insidentes, & marmoreum caput Medusæ iuxta Cephisum amnem.

Dædali item multa opera fuerunt nobilia, inter quæ sella lecticaria compactilis in arce Athenarum, & Hercules Thebis apud Bœotos. apud Lebadenses Trophonius & in Creta. lignea Minerua apud Gnosios. Oluntẽ Britomartis. Venus lignea apud Delios. apud Corinthios signum ligneum Herculis nudi: rude illud quidem, sed tamen, vt aiunt, quod diuinum quiddam prę se ferret. apud Samios finxit ligneam Iunonem. erant autem hæc ligna, è quibus solis fere simulacra cõficiebantur antiquitus, cedrus, lotus, quercus, cyparissus, hedera, cilicia, ebenus.

Dędalus Sicyonius cuius fuit filius, & discipulus Patrocles, Tropheum Eleis in Alti erectum laborauit, quod partum fuit deuictis prælio Laconibus, qui etiam signa Pancratiastarum fecit, vt plerique artifices, quæ à nobis silentio inuoluuntur, cum res non sint visæ valde memoria dignæ.

Damæas Træzenius Dianam, Neptunum, ac Lysandrum fecit in Delphis.

Damophon Messenius insignia opera fecit è marmore Pentelico Lucinam facem præ se ferentẽ, & signum Hygiæ & Aesculapij apud Achæos: apud Arcades Mercurium & Venerem ligneam, sed Veneris imi pedes, & os & manus fuerunt è lapide, & Cererem dextra gerentem facem, quæ sinistra cistam admoueret Heræ: Hera cistam & sceptrum genibus sustinebat, quæ omnia facta fuerant ex vno lapide apud Accacesios. Fecit idem matrem Deorum è lapide Pario, & Iouem olympium ex ebore, & apud Messenios Dianam Laphriam, & eandem Luciferam, ac fortunam marmoream.

Demetrius statuarius Mineruam vocatam musicam fecit ex ære, cuius in scuto dracones ita erãt formati, vt vbi percuterentur sonũ citharæ persimilẽ emitterẽt.

Dinomenis opus fuit Io, & Callisto aenea in arce Athenarum, & Callisto Lycaonis filij.

Dionysius Argiuus egregius statuarius apud Eleos Orpheum fecit, & liberum patrem, & multos ex Herculis laborib. & equum eximium cum auriga assistēte.

Dipænus & Scillis Cretenses Dædali discipuli fecerunt marmoreum Mineruę signum eximium in vrbe Cleone, & Castorem ac Pollucē apud Argiuos ex ebeno cum equis, & Anaxim, Mnasinū, Ilairam, Phœben. hi primi fuerunt, qui apud Sicyonios exciderunt è marmore, qui cum marmora quædam in Deos decidere cœpissent, ac postea inceptum opus deseruissent, fames & annonæ penuria Sicyoniorum regionem inuasit, tum reuocati ex oraculi responso finiuerunt Apollinem, Dianam, Herculem, Mineruam, Ianum. atque hi primi mortalium in cædendo marmore claruerunt.

Dyllus & Amycleus item communi opera fecerunt ex ære Iouis & Æginæ simulacra egregia apud Delphos.

Echion quoque ille egregius pictor, qui floruit olympiade septima post centesimam miro artificio pinxit Liberum patrem, & tragœdiam atque comœdiam, & anum quæ Semirami ex ancilla factæ reginæ lampadem præferret. nouæ nuptæ notabilis adesse verecundia apparebat.

Eleuthereus Bacchi signum fecit Athenis ex ebore & auro.

Emilus Ægineta Horas incidit apud Eleos sedētes in solijs, ad quarum pedes erant canistri varijs floribus ac fructibus referti.

Endæus Dædali discipulus sedentem fecit Mineruam è marmore pario.

Endius Mineruā fecit Arcadibus ex ebore Aleā vocatā opus nobile.

Eubulides fecit Apollinem in Ceramico apud Athenienses.

Eumanus patria Atheniēsis prior omnium eorum, qui fuerunt ante suam ætatem, conatus est figuras coloribus exprimere, cv floruerit ante Cimonis Cleonei tempora. Sed vt sunt omnia primum nascentia rudia & plane impolita, facile fuit illis, qui secuti sunt, eum superare. hic Dianam pinxit nuper natā matri obstetricem, & eandem cum Apolline in vltionē matris Pythonem sagittis occidentē.

Euclidas statuarius eiusdē patriæ Cererē, & Venerē fecit, & Liberum patrē, & Lucinam è lapide Pentelico apud Achæos, & Iouem sedentem apud Æginetas.

Euphranor autem Isthmius pictor fuit illis temporibus, quibus pictura iam plurimum ornamentorum acceperat, atque ad summum peruenerat, cuius opera fuerunt duodecim Dii, & Theseus, qui apparebat æquabilem administrationem ciuitatis præsentibus Atheniensibus concessisse. Præ se ferebat eadem pictura, quæ erat in porticu nauatam operam Lacedæmoniis ab Atheniēsibus ad Mantineam, quod erat equestre prælium, in quo Grylli Atheniensis virtus enituit, & in Bæotio equitatu Thebanus Epaminondas præstabat. nam equites equitibus, & equi equis imminere apparebant. fuit eiusdem Euphranoris & tabula Ephesi, in qua Vlysses boue & equo iunctis seminare sal videbatur. fecit & Paridem, qui in eodem opere cognoscebatur iudex Dearum, & Helenæ amator, & qui Achillem occidisset. fecit & bonam fortunam altera manu poculum, altera papauera & aristas gestantem. & Latonam nuper genitam, & alteram, quæ Apollinem ac Dianam sedentes super brachio gestaret. fecit & virtutem & formam colossi, mulieremque quandam ministrantem sacrificio.

Euthicrates Lysippi filius Herculem fecit in Delphis & Alexandrum Macedonem venatorem ex ære.

Gitiadas Lacon tripodes quosdam fecit Dianæ, & æneam Mineruam apud Lacedæmonios, & multos Herculis labores, & Castores & Vulcanum matrem è vinculis eximentem, & Amphitriten, ac Neptunum cæteris suis operibus forma præstantes.

Hermon excidit è ligno apud Træzenios Castorum simulacra multa elegantia membrorum.

Hermogenes Cytherius fecit Apollinem Clarium æreum, & Venerem apud Corinthios, fecit & Neptunum æreum cũ delphino sub pedibus aquam profundentem, vt ait Alcimus in libro de statuariis.

Hygion Atheniensis vel, vt ait Adæus in lib. de statuariis, Crotoniates, primus omnium mortalium marem à fœmina pingendo distinxit, cum ante illum figuræ ita pingerentur imperfectæ vt neque à maribus fœminę dignoscerentur, neq; vllam haberent aut oris aut membrorum elegantiam.

Hyparodorus Mineruam fecit apud Arcades è marmore cum ob magnitudinem: tum ob opificium spectatu dignam.

Irene fœmina Cratini pictoris filia egregiam pinxit in Eleusine vrbe puellã, & Calypso iam vetulam, & Theodorum eximium præstigiatorem suæ ætatis.

Laphaïs patria Phliasius fecit Herculem apud Sicyonios, Apollinem apud Achæos, Herculem item apud Corinthios ligneum in æde ipsius Herculis.

Learchus Rheginus Dipæni & Scillidis discipulus, vel vt alii maluerunt Dædali, fecit signum Iouis Chalciæci ligneum eximium apud Lacedæmonios.

Leochares fecit Eurydicen & Olympiadem ex auro & ebore, & Apollinem cognomento Patroum.

Leocharis autem pictor fuit non ignobilis, qui opus fecit eximium Iouem in Piræeo in vltima porticu.

Locrus Parius Mineruã finxit miræ pulchritudinis apud Atheniẽses, & Demosthenem exilio Calauream secundo eiectum morientem hausto veneno, & Pindarum, quia Athenienses carmine laudauiset.

Lycius Myronis filius pinxit in Alti apud Eleos cum Græcis barbaros in certamen congressuros, Agamemnonem cum Paride, Aeneam cum Diomede, Deiphobum cum Aiace Telamonio.

Lysonis opus fuit apud eosdem populus prope diuinum creditum.

Lysippus Eleus Cupidinem fecit æneum Thespiensibus, & Pyrrhi simulachrũ.

Lysippus Sicyonius permulta præclara opera fecit, sed inter hæc Musas apud Athenienses, & Iouem æneum in æde Veneris, & Herculem apud Corinthios, ac Iouem apud Argiuos multa laude digna, & Socratis æream statuã Athenis, quæ publico decreto erecta fuit in celeberrimo vrbis loco, vbi Athenienses pęnitentia facti accusatores ipsos Socratis mactauissent vt ait Diog. Laertius in eius vita.

Lysistratus & ipse Sicyonius huiusce Lysippi frater non est silentio prætermittendus, quoniam primus omnium mortalium fuit, qui hominum figuras è gypso effinxerit, quod inuentum maxime fuit accommodatum ad vniuersum fundendi artificium, cum inde ars fusoria plurimum facilitatis acceperit.

Medon Lacedæmonius Mineruam fecit armatã scuto & hasta & casside marmoream.

Menochares Pausiæ discipulus pinxit Aesculapium, & eius filiam Hygiam & Aeglen, & Pana, & Ocnum funem tenentem, quam asinus vorabat.

Menodotus statuarius Cupidinem fecit eximium Thespijs, & Callisto Athenis in arce.

Miconis Atheniensis pictoris opus fuit eximium Lapitharum & Cẽtaurorum pugna apud Athenienses in templo Thesei, atque illos qui in Colchidem nauigarunt in templo Castoris & in porticu Pæcile vocata, acies Atheniensium nimirũ Theseo Duce cum Amazonibus congressuræ illius sunt opus, & Græci excidentes Ilium, & reges ob nefarium Aiacis cũ Cassandra facinus congregati, & captiuarum mulierum agmen, & Cassandra, & qui aduersus Persas in Marathone pugna-

pugnarunt. spectabatur par in vtraque acie pugnante alacritas, ac barbari fugientes apparebant temere se in paludem trudentes ob metum. erant & Phœnissæ naues & barbarorum facta cædes à Græcis, & Theseus à litore soluens, & Minerua ac Hercules.

Myronis Atheniensis fuit puer æreus in arce, & facinus Persei in Medusam, & spectantissimum opus in Helicone Liber pater erecto statu, prçter Erechtheum, qui fuit Athenis. fecit hic idem ligneum Orpheum apud Aeginetas, & marmoreum Cupidinem, qui ex altera parte videbatur Hercules ex ære egregiè fabrefactus. & æreum discobolum. Neq; debet hoc mirum videri quod idem artifex in varia materia suum ingenium exercuerit, quoniam multi fuerũt ex antiquis, qui non minus pingendo, quam fundendo & incidendo excelluerunt. cum præsertim harum artium omnium vna sit origo, vna ratio, vnus finis. fecit æream vaccam apud Aeginetas, quæ præcipuam laudem artificij meruit, & Arcesilai atq; Lichæ statuas. & Aristeum liberi patris filium, & Iouem imperatorem spectatissimum, & Apollinem eximiæ pulchritudinis ex ære.

Musus Iouem æneum fecit apud Eleos in templo Iouis popularis, seu Laætæ, quod fuit Corinthiorum donarium.

Mys non solum in argento cælando, sed etiam in cædendis ligneis imaginibus peritissimus cum summa omnium spectantium laude pũgnam in arce sculpsit in chypeo Mineruæ centaurorum & Lapitharum, quam Mineruam Phidias fecerat ex ære.

Naucidis Argiui opus fuit Hebes simulacrum in æde Iunonis in agro Mycenæo & apud Argiuos Hecate ex ære.

Nicagora Sicyonia sculptrix Herculem fecit apud Corinthios in draconem versum, qui ex Epidauro delatus fuit Corinthum multis bigis ob eximium pondus.

Niceratus effinxit Aesculapium & eius filiam Hygiam ex ære.

Nicearchus non ignobilis pictor multa prælara fecit, inter quę principatum obtinuit Pan cum Cupidine colluctans, qui pares prope apparebãt: & Cupido itẽ ac Venus inter Gratias. erat & Hercules ita mæstus, vt videretur pertæsus infamiæ.

Nicias Atheniensis Nicomedis filius qui floruit olympiade duodecima post centesimam ita inuenit coloribus clarum & obscurum ac lucidum referre, vt eius picturæ non pictæ, sed consistere per se apparerent: tanta fuit in ijs exprimendis præstantia artificij. Narratur eius Bacchus mirabili fuisse artificio factus. & Io, & Andromeda, & Calypso eius fuerũt spectatu digna pinxit inferos Athenis ex Homeri carminibus, quod opus mirum creditum Necyam vocarunt, expressit postmodo penicillo Hiacynthi pulcritudinem, & tauri Marathonij ferocitatem in porticu Stoa vocata. omnium vero pictorum maxime mirabilis fuit exprimendis animalibus, sed canibus in primis.

Nicodemus apud Eleos fecit Herculem puerili ætate, opus mirabile creditũ.

Nicomachus Aristodemi filius multa & ipse fecit prçclara, inter quç vt eximia commemorantur, mater Deorum in throno sedens multa cum maiestate, circa quam florum fructuumq; mirabilitas quædam pullulabat. Dij in eadem pictura astabant plerique eius voluntati obtemperaturi, vt videbantur. Proserpina item rapta à Plutone, quæ apparebat sub terram ingredi. Scylla marinum monstrum, Apollo & Diana, ac Rhea super dorso leonis sedens.

Olympiosthenes tres Musas incidit in Helicone, sicut Cephisodotus.

Omphalion pictor Niciæ Nicomedis filij discipulus Aesculapiũ fecit mirabilẽ apud Messenios, & Tritonem super delphini dorso per mare equitantem, & Podalirium & Machaonem. & Hygiam Aesculapii filiam virginem formosam, incredibilis artificii creditam, quæ quandam præ se ferret in vultu lætitiam.

Ona-

Onatas Aegineta Miconis filius signum Iouis incidit apud Eleos, & Herculē, quem dicarunt Thasij, ex Attica Dædali officina inter nobiles artifices nulli secūdus. eiusdem opus fuit Mercurius arietem sub alis portans galeatus, chlamideque indutus. hic vbi Cererem fecisset Phigalensibus, quantum prǽmii poposcit, tantum reportauit, hoc est decem magna talēta vt ait Aristodemus Abderites in libro secundo de statuarijs. floruit eadem ætate, qua Hegias & Ageladas clarissimi statuarum artifices.

Pamphilus Macedo Apellis & Melanthij magister arithmeticus & geometra non ignobilis, qui negabat artem pingendi aut sculpendi aut cęteras huiusmodi sine mathematicis posse scite tractari, fecit victoriam Phliunte Atheniēsium, Vlyssemque penicillo eximie expresit.

Panæmus Phidiæ frater miro artificio pinxit pugnam Marathoniam aduersus Persas Athenis in porticu Pæcile vocata, quo vno opere nobilitatus fuisset, vel si nihil aliud fecisset. tanta erat eius pictarum formarum venustas, vt non pictæ figuræ, sed viui homines pugnare viderentur, cum quisque posset pugnantes dignoscere. Idem Delphis templum nobilissimum Apollinis pinxit sine præmio, quare ab Amphictyonibus fuit multis honoribus insignitus, & senatuscons. factum vt publicus sumptus fieret in eius victum vbicunq; mutaretur in agro suo. hic primus fuit qui os aperire & dentes ostendere picturas coegit, vultumque figuratum a prisca ruditate ad iucundiorem aspectum perduxit.

Parrhasius Euenoris filius patria Ephesius prior fuisse dicitur qui proportiones inuenerit in figuris, addiditque capillis venustatem, & faciei non prius visam elegantiam. est enim omnium maxime necessarium, vt rationes in vniuersa picturæ, sculpturę, aliarumque consimilium artium facultate seruentur, neq; solum propter venustatem, quæ visui iucundas figuras facit, sed etiam quia sic ad vnguē pro viribus naturam imitari conuenit, quæ semper in optime constitutis animalibus certam rationem membrorum seruare consueuit. Præclare igitur dicere solebat Pamphilus, geometriam & arithmeticam disciplinas esse picturæ pernecessarias, quoniam omnis proportio diligentior in numeris, deinde in aliis magnitudinibus consideratur. eius rei præclarum est indicium, quod siquis caput a capillis ad mentum, vel digitum vel manum vel pedem corporis permensus fuerit, poterit magnitudinem totius corporis, & singulorum membrorum reperire. huius Parrhasii eximia opera fuerunt Meleager Rhodiis, & Hercules ac Perseus cū Plutonis galea & talaribus Mercurij volans. duæ præterea figuræ loricis armatorum, quarum altera currens in bello sudare, altera iam defessa positis armis anhelare videbatur. Fuerunt eiusdem duæ tabulæ eximiæ, in quarum altera Achilles erat pictus & Agamemnon & Vlysses; in altera Castor & Pollux & Aeneas. pinxit hic in arce Athenarum in templo Mineruæ pugnam Cētaurorum eximie, & post hanc celebres illas vuas, quibus decipiebantur volucres, quamuis velamenti artifici victoriam concesit. pinxit & nutricem Cressam cum infante in manibus. & liberum patrē astante virtute. & sacerdotē cum puero habente acerram & coronā.

Pasiteles autem plasticen cum in pictura, sculptura, & cælatura excelluerit, plasticen tamen omnium harum matrem appellauit.

Pausias egregius pictor patria Sicyonius inter cætera eximia Cupidinem fecit, qui abiecto arcu & sagittis lyram tenebat apud Argiuos. & Glyceram coronas è floribus facientem, bibentemque è phiala vitrea Ebrietatem.

Phidias nobilis statuarius non minus fundendo, quam etiam sculpendo valuit, quis fuit prius pictor, floruitq; olympiade nonagesima: huius opera multa fuisse mirabilia traduntur atque inter cætera mater Deorū apud Athenienses, & Venus è Pario lapide. fuit Apollo eius opus æreus in arce nominatus Parnopius,

&

& Minerua ibidem ex ære, cuius in clypeo formam sibi similem insculpsit, cum inscribere non esset licitum. fecit aliam Mineruam vocatam Lemniam prçstantissimam adiutore Colote, & Nemesim cum corona in ceruos incisa, & victoriæ signum, quæ læua fraxinum, dextra phialam gestabat, cui operi suum nomen inscripsit, quæ fuit in arce Athenarum vt ait Hippias in lib. 2. de statuariis. eius fuit & ahenea Leda, & alia lignea Minerua *Area cognomēto, cuius manus summæ* è Pētelico lapide, & pedes erāt apud Platæēses. fecit & Iouē Eleis ex ebore & Venerē ex auro & ebore, quæ altero pede testudinem premebat. in arce Elidis Mineruā item ex auro & ebore, cuius cassidi gallus insidebat, & aliam rursus Pellenensibus: fecit in templo Olympico Iouem insignem ex ebore, & amazonē quandam Ephesiis æream in templo Dianæ, & duas Mineruas. & Venerem è pario lapide Athenis, & Mercurium Pronaum apud Platęenses e marmore.

Phileseus Eretriensis fecit apud Eleos binas boues æreas eximii operis.

Philoxenus Eretrieus prælium Alexandri cum Dario pinxit, & lasciuiam, in qua tres Sileni comessabantur.

Pisias fecit Apollinem Athenis & Iouem consiliarium e marmore in curia quingentorum.

Polycletus Argiuus statuarius suum ingenium & ipse in diuersa materia exercuit. eius opera memoratu digna fuerunt iuuenis strenuus apparens hastam tenere, qui fuit inde Doryphorus nominatus. & pueri taxillis ludētes. & Venus eximia apud Spartanos. & Iuno ex auro & ebore sedens in solio cum corona capiti imposita *in agro Mycæneo in templo ipsius Iunonis*, cui assistebāt *Gratiæ* & Horæ atque altera manu malum punicum, altera sceptrum tenebat, cui cuculus insidebat. & Iupiter apud Arginos è candido marmore. & ærea statua fratris sui, atque ærea Hecate. Illud tamen non est silentio *prætermittendum* quod non sculpebantur ex auro vel argento vel ebore nisi magni Dij: cum plebeij è quauis materia fierent antiquitus. erant Dij magni magnarum gentium crediti hi; Iupiter, Neptunus, Mars, Mercurius, Vulcanus, Apollo, Iuno, Vesta, Ceres, Venus, Diana, Minerua. nam alijs fiebant è ligno simulacra, vel fictilia. fecit Apollinem hic & Dianam & Latonam in vertice Orthiæ montis è candido marmore, cuius opus fuit Liberi patris signum apud Megalopolitanos cothurnati, quod læua thyrsum, dextera poculum tenebat, insidebatque aquila super thyrso. omnium vero suorum operum laudatissimus fuit regulus artis vocatus, qui erat quasi lex illarum proportionum, quæ sint seruandæ cæteris artificibus in omni ratione figurarum. fecit & duo signa ærea non maxima, sed eximiæ tamen venustatis ac virginali habitu & vestitu, quæ sacra quædam de more virginum Atheniensium capitibus imposita sustinerent, vocabanturque Caniphoræ.

Polygnotus Thasius *Miconis filius pinxit in Delphis* Nestorem pileo tectum & hastam tenentem: atque penicillo mirificè expressit bellum Troianum, & Charontem grandem natu. & vectos in cymba parum clara specie. & Epeum muros Troiæ solo æquantem. & Neoptolemum cædentem Troianos. fecit Cerberum opus sane horrendum, & Ocnum cum asello vorante funem. fuit Ocnus vir ignauus cuius vxor absumebat quidquid ille acquirebat: apud Athenienses in Dioscurorum templo Castoris & Pollucis res gestas. Diomedem sagittas portātem Philoctetæ. Vlysses surripiens Palladiū eius opus fuit, & Orestes obtruncans auxiliarios Aegysthi apud arcem Atheniensium. & Alcibiades cum monumentis equestris victoriæ ad Nemeam. & Vlysses apud Platæēses patrata iam procorum cæde. ferunt quidam hunc fuisse primum, at non Panæmum, qui os aperire & dentes ostendere figuras docuerit, vultusque mutationes variauerit, quo inuento plurimum accessit ornamenti vniuersæ arti pingendi. fuerunt tamen qui dixerint

ad

ad ætatem vsque Polygnoti & Zeuxis & Timantis non fuisse inuentos colores plures quatuor.

Praxias Atheniēsis calamidis Agrigenti discipulus elaborauit Dianæ, Latonæ Apollinis, Musarum, liberi patris, Thyadum, solis occidentis ora in Delphis: quo mortuo reliqua Androsthenes & ipse Atheniēsis absoluit discipulus Eucami. Nã Phryne, cuius insigni amore captus erat Praxiteles, facta sibi optione vtrum mallet eligendi huiusce vel statuæ vel Satyri in tripodibus, hanc elegit, & in Thespijs deposuit. atque cum multi artifices in omnibus se exercuerint pingendis aut fundendis aut excidendis, tamen non omnes in omnibus excelluerunt, sed in quibusdam præcipuè. fuit enim Phidias exprimendis Dijs, quàm hominibus magis accommodatus. Nicias canibus, Praxiteles equis excelluit.

Praxiteles nulli prope omniũ artificũ, qui sua tẽpestate floruerunt, vel etiã posteris ignotu raptum Proserpinæ & Ebrietatem fecit æream, & Cerem ac Proserpinam in primo vrbis ingressu è Phalero apud Athenienses, & Satyrum præterea, quo maxime gloriabatur, in via, quæ vocabatur Tripodes, in templo liberi patris è lapide Pario, & Cupidinem ibidem non minoris admirationis. Armodiũ præterea & Aristogitonem tyrannum occidentes. & duodecim Deos. Suadelam Latonamque cum filijs ad portam Nymphidas appellatam & Dianam & Apollinem & Neptunum. aliam Latonam Argiui f. adolescentem lacertam arcu percussurum apud Athenienses. Cererem & filiam & Iacelum facem præferentem. apud Thespienses in Gnido Venerem è Pario lapide subridentem risu simulato vt ait Lucianus in Amoribus, cum qua rem habuit Macareus Perinthius, quod in Samo aiunt contigisse, vbi ea scripta sunt etiã de Clisopho Selymbriano ab Adeo Mitylæneo in libro de statuarijs. apud Anticyrenses Dianam fecit dextera facẽ gestantem cum pharetra pendente ex humero, cui canis à læua & ipse æreus astabat. fecit & Phrynes statuam ex auro super columna lapidis Pẽtelici, vt ait Alcetas in secundo libro depositorum in Delphis. apud Eleos Mercurius eius opus fuit Bacchum infantem gestans, apud quos fecit etiam communi opera cũ Cleone Sicyonio Venerem ex ære mirabili artificio. fuit Cleon discipulus eius Antiphanis qui didicerat à Polycleto discipulo Polycleti Argiui. fecit Athenis signum Dianæ Brauroniæ. & consultricis Deæ simulacrum & Thyadas & Caryatidas. & Mantineam Iunonem sedentem in solio, cui Hebe & Minerua assistebant. apud Platæenses Iunonem adultam, & Rheam saxum fascijs inuolutum pro puero ad Saturnum deferentem. apud Platæenses Iunonem è Pontelico lapide. vbi Callimachus aliam fecit. apud Thespienses Venerem pulcherrimã de Phryne inauratam. aliam Phrynem è marmore. apud Athenienses Bellonam fecit, Triptolemũ, & bonam fortunam. & cupidinem marmoreum depromptum è Glycerio, quæ formosissima fuit amica non minus quam Phryne, aut Thais, aut Leontium, aut Hippe, aut quæuis nobilis antiquarum amicarum.

Protogenes patria Caunius nobilissimus fuit pictor, qui cum multa eximia opera fecisset, principatum tamen Ialyso illi celebri tribuere solitus est, in quo nondum perfecto septem annos Rhodi pingendo absumpsit. & cani illi pulcherrimo anhelanti, cuius in exprimenda spuma ex ore manante diutius laborauit. expressit penicello Marsyam victum & exanimum propè propter mærorem. & Nioben spectãtem filiorum cædem, quam ex ipso uultu licebat cognoscere propè stupidam factam. tantæ fuit existimationis, vt cum Demetrius vrbem Rhodon capere posset ex ea parte qua erat Ialysus ignis opera, maluerit vrbi parcere, quam Ialysum igni deuastare. pinxit Satyrum eximium incumbentem columnæ cum cothurnice columnæ insidente viuæ prorsus simili. & Paralum, Hemionida, cydippen, Tlepolemum, Antigonum, matrem Aristotelis. fecit etiam figra

ex

ex ære pinxit & latores legum Athenienſibus.

Pythagoras Parius Gratias venuſtiſsimis faciebus pinxit apud Pergamenos, opus inſigne.

Pythagoras Rheginus primus omnium ære expreſsit venas, neruos, capillos, & alia complura, idque multo artificioſius totum fecit inuentum, quàm fuerat ante ſuam ætatem, qui fecit etiam præter cætera multa pancratiaſtarum ſimulacra, qui artem didicit à Clearcho Rhegino, qui ab Euchero Corinthio quia Syadras & Charta Spartanis.

Pythodorus Thebanus Iunonem fecit ex ære Coroneæ Sirenas manu præferentem.

Rhæcus ac Theodorus Samij primi fuerunt, qui Plaſtices artis artificium in Samo inuenerũt. fecit & alia ſigna in Dianæ Epheſiæ templo, & fœminam quam Epheſij Noctem appellabant perobſcuram.

Scopas Parius Venerem popularem ex ære fecit in Elide capro inſidentem, & multa alia ſigna in varijs locis, ſed præſertim in Ionia & Caria. fecit apud Athenienſes, amorem, cupidinem, appetentiam. apud Corinthios Herculem & Hecaten ſigna mormorea. fecit Venerem è marmore, quæ noctu ridere videretur ob voluptates venereas, ac furta nocturna, & Phaethontem, & Veſtam ſedentem cũ duabus miniſtris, & Thetidem cum Achille ac nymphis quæ inſiderent delphinis Tritonibus, & Phorco. fecit Gnidijs Bacchum & Mineruam. Arcadibus Aeſculapium impuberem. & Hygieam e Pentelico marmore. & Platæenſibus marmoream Mineruam Pronaum.

Simonis pictoris Aeginetę opus fuit apud Eleos equus & aſsiſtens auriga, & labores Herculis.

Socrates Sophronisci filius incidit apud Athenienſes è marmore in veſtibulo arcis Gratias & Mercurium. pinxit etiam Hygiam filiam Aeſculapij, & Aeglen. Panacea quoque & Iaſo & piger ſpartum torquens, quod aſinus rodebat, erant eius picturæ.

Strongylio parum erat aptus exprimendis in marmore humanis corporibus, cum boues & equos optime exprimeret. ſolam Dianam ſoſpitam fecit Athenis tolerabilem.

Tæcteus & Angelio magiſtri Callonis, ac Scillidis & Dipæni diſcipuli ſimulacrum fecerunt marmoreum eximium in Delo Apollinis Delij.

Tauriſcus non ignobilis pictor præter alia egregia pinxit diſcobolum, in quo & muſculi in dorſo & vis brachii, & omnis habitus corporis totis viribus in altum iacere conantis mirifice apparebat. & Paniſcum, & Clytemneſtam, & Polynicem repetentem regnum, & Capaneum.

Teletas & Ariſton communi opera fecerunt apud Eleos æreum Iouis coloſſum duo de viginti pedum, opus eximium creditum.

Theodorus Samius mirabilis fuit in arte ſua, *ſiquidem ferrum fundere ac ſi*gna facere ex eo primus inuenit, non tamen multos æmulos habuit propter difficultatem metalli, quod non potuit ſequentibus temporibus in ſtatuas cõmodè fundi, quare neceſſe fuit ab illo fuiſſe aliquo ignoto medicamento purificatum.

Theocoſmus ciuis Athenienſis Iouem fecit adiutore Phidia è marmore, cuius capiti Horæ & Parcæ inſidebant, cuius os ex auro & ebore cõſtabat, reliqua e gypſo & fictili materia.

Theoporpus Aegineta Taurum ex ære in ſignum fecit Corcyræis.

Traſymedes Parius Arignoti filius Aeſculapium inſignem fecit ex auro & ebore ſedentem tenentemq; ſcipionem, qui altera manu caput premeret draconis cane ad pedes decumbente.

Thime-

Thimenetus Musæum pinxit penicillo in arce Athenarum, qui Boreæ dono volare apparebat. & palæstritem, & puerum hydrias portantem.

Thylatus & Orethus & eorum filii apud Eleos signũ illud Iouis fecerunt, quod fuit postea in Olympiam deportatum.

Thymilus Amorem fecit libero patri asistentem apud Athenienses e marmore candido in via Tripodibus, & Satyrum puerum poculum porrigentem.

Timanthes Iphigeniam altari astantem pinxit, multosque mæstos circa illã, sed omnes reliquos mærore superare Menelaus patruus videbatuur. cum verò patris dolorem se non posse penicillo exprimere arbitraretur eximius artifex, quòd iam quidquid posset in patruo expresisset, velamento vestis paternum os occultauit. pinxit idem Polyphemum cum satyris in parua tabula. & iudicium armorum in Aiace, qua tabula iudicatus est superasse Parrhasiũ Sami. fecit Cyclopem dormientem, & ad ostẽtandam magnitudinem Satyros qui thyrso eius pollicem metirentur.

Timocles & Timarchidas Athenienses fecerunt Aesculapium marmoreum imberbem Elateæ.

Timomachus Byzãtius eximius pictor præter Arionem a delphinis vectum citharam pulsantem, fecit Aiaçem & Medeam & Orestem & Iphigeniam in Tauris, quæ vultu mæsto ac pudibundo astans aræ vestes componeret vt caderet decore. fecit & Gorgonem, in qua ars præcipue enituit. fecit & Athenienses sedentes, & alios concionantes. & præstantissimum opus fuit Gorgon.

Tisagoras conscius artificij Theodori Samii, vt apparuit, fecit apud Delphos e ferro Herculem pugnantem cum hydra, & alia signa ferrea multa laudabilia, quamuis ars esset difficillima. fecit Pergami alterum caput ferreum leonis, alterum apri.

Xenocriti & Eubij Thebanorum opus fuit Hercules Promachus e candido lapide apud Beotos.

Xenophilus æsculapium fecit apud Argiuos è candido lapide, cui Strato adiunxit bonam valetudinem. & Neptunum apud Anticyrenses ea forma vt manu femori admota altero pede supra delphinum ascenderet, altera gestaret tridentem.

Xenophon Atheniensis fortunæ signum fecit ferentis Plutum, quod opus cũ imperfectum reliquens decesisset Callisthonicus Thebanus ciuis os & manus & quædam alia sufficit.

Zeuxis Heracleota pictor clarisimus tam amplas diuitias per suam artem sibi comparauit, vt ausus sit vestem aureis literis nomen suum continentem gestare ad ludos Olympicos. huiusce mirum opus fuit Penelopes pictura, quam ita pinxit, vt præter eximiam pulchritudinem, studium etiam continentiæ & pudicitiæ, atq; omnes mores, qui in honestisima matrona esse solent referrentur in ea pictura, & quasi elucerent. pinxit Marsyam ligatũ, & vuas, ad quas aues aduolabant cum puero illas gestante. fecit Arigentinis Herculem vtraque manu angues suffocantem præsentibus Amphitryone & Alcmena, in qua pictura metus quidam exprimebatur parentum. Pinxit Iouem in throno cum eximia quadam maiestate Deijs cæteris asistentibus. & opus Helenam vocatum, quod è quinque præstantisimis virginibus delectis Crotoniatarum confecit, obseruatis partibus, quæ visæ sunt præstantiores in singulis. Pinxit Atalantam & Pana pastorum Deum, quem largitus est postmodum Archelao. nam post partas insignes opes, quia censeret sua opera condigno precio emi non posse, cæpit ea elargiri. pinxit Athenis in templo veneris pulcherrimum cupidem rosis coronatum, & egregiũ centaurum, & ne memorandis artificibus aut illorum operibus tempus absumã,

quæ

quæ possent magnum volumen implere, multi alii pictores & statuarii fuerunt præter prædictos, inter quos celebres erant.

Alypus Corcyræus. Andreas Argiuus. Andreas Tenedius. Asterio Atheniensis. Antiphilus Naxius. Antiphilus Corinthius. Callicles Megarensis. Calynthus Crotoniata. Cantarus Sicyonius. Cherilus Olynthius. Chrysothemis Cyprius. Cleeta Smyrneus. Cleon Arcadius. Dædalus Corinthius. Detondas Cephalenius. Dontas Lacedæmonius. Dionysiocles Milesius. Daippus Meganensis. Eutelidas Argiuus. Eutychus Chius. Glaucias Aegineta. Gratianus Spartanus. Hippias Eleus. Hermocrates Samius. Lysippus Chius. Lysus Macedo. Megacles Messenius. Micon Syracusanus. Nicodemus Zacynthius. Nicodemus Aegineta. Naucydes Smyrnæus. Olympus Cous. Philotimus Aegineta. Panthias Chius. Patrocles Sicyonius. Patrocles Crotoniata. Panthias. Prothæus Arcas. Ptolychus Corcyræus. Pyrilampes Sicyonius. Pyrilampes Messenius. Polichus Aegineta. Prolichus Aegineta. Polycles Atheniensis. Polydamas Scotussensis. Silanio Atheniensis. Somis Abderita. Stadius Atheniensis. Soidas Naupactius. Sthenis Olynthius. Stomius Megarensis. Tisander Macedo. Theomnestus Sardianus. Theocles Crotoniata. Theocosmus Liparensis. Habuit filium Dædalus Iapygem, à quo dicta est Iapygia: & vrbs Licyæ vocata est Dædala, è Dædalo ibi postea sepulto. primus fuit Dædalus qui asciam, perpendiculum, & glutinum, litho collam, ac terebram inuenit atque cum Talus eius discipulus rotam figlinam prior excogitasset & serram ad asperitatem malę serpentinæ, quæ paruū lapidem corrosisset & ferrum, inuidens Dædalus ne gloriam magistri suffocaret, eum per dolum interemit. sed satis de his artificibus, nunc ad ea quæ fabulose de Dædalo dicta sunt accedamus, illa perquirentes. ¶ Hæc ferè illa sunt omnia, quæ de Dædalo celebrata sunt, quorum sententiam nunc perquiramus. Quod artifex ingeniosus fuerit Dædalus, sororisque filium Attalum, vel Telen, vel Calum, qui figuli rotam & serram ad imitationem dentium serpentis, quæ paruulam tabellam corroserat, inuenit, interemerit, eaque de causa solum verterit, & in Cretam progerit, vbi familiaris Minois & Pasiphaes factus sit, historicè quidem, at nō fabulosè narratum est. Quod etiam Pasiphae cum tauro congressa sit, illud historicè dictum est, vt explicauimus, atque cum adulterij non solum conscius, sed etiam adiutor Dedalus fuisset, quòd fuit a Minoe in vincula coniectus vnà cum filio Icaro. Hi carceribus reclusis paruas nauiculas nacti, cum nonnullis, qui odio habebant nimis seueram Minois administrationem, velis in ventos explicatis, remorumque vtrinque valide impellentium beneficio, fugam arripuerunt; Dædalusque in Siciliam peruenit, at Icarus ob imperitiam Naucleri in scopulum impegit, & naufragium fecit, ac periit. Dictus est autem Dædalus alas excogitasse, qui cum illum classis Minois insequeretur, ipse primus velificationem inuenit, ac ventum secundum in puppim natus Minois classem anteuertit, quæ remis tantum vtebatur, vt ait Paus. in Bæoticis. Arbitrari sunt nonnulli præterea dictam fuisse Pasiphaen in amorem tauri incidisse, quia cum ex Dædalo de tauro inter astra collocato, deque vniuersa re astronomica audiuisset, in astronomiæ amorem incideiit, vt ait Lucianus in dialogo de Astrologia. cur verò Minos postea illum insecutus sit, aliam afferunt rationem. Atque hæc quidem historicè a diuersis scriptoribus de Dædalo memorātur. ¶ Nunc quod ad mores pertinet, consideremus. omniū malorum, omniumque calamitatum sane fundamentum est iniustitia, nam quia Calum Dædalus e turri per inuidiam præcipitauit in multos labores & ipse incidit, qui neque Regiam quidem amicitiam firmam esse aut tutam sceleratis hominibus expertus est. Quæ potest enim esse ingenii præstantia, quæ non miser rima fit, cum fuerit cum improbitate & turpitudine cõiuncta? cum igitur ad summa contenderet Dædalus, summorumque hominum amicitias expeteret, illud ipse expertus est, quod filio persuadere conabatur, mediocritatem tutius exoptari: cum summæ cuiusq; fortunæ vel summa scelera, vel summę calamitates soleant esse cõiunctæ. Hæc ipsa ratio effecit cum in Siciliam volaturus alas Icaro accommodaret, vt illum admonuerit media semper esse expetenda, quare inter volandum etiam neque nimis solem esse accedendum ob ingentem calorem, neque nimis ad mare: ne fierent alæ, quam oporteret, ob aquam grauiores, aut ob frigus duriores. Sic igitur eum monet apud Ouidium libro secundo de arte:

Me pennis sectare datis: ego præuius ibo.
Sit tibi cura sequi: me duce tutus eris.
Nam siue æthereas vicino sole per auras
Ibimus, impatiens cera caloris erit.
Siue humiles propiore freto iactabimus alas,
Mobilis æquoreis penna madescet aquis.
Inter vtrunq; vola: ventos quoq; nate caueto.
Quaq; vocant auræ vela secunda dato.

Quæ præcepta siquis diligentius consideret, sane parum pertinent ad nauigationem, at plurimum ad institutionem humanæ vitæ, siquidẽ multo grauior est fortunatorum casus, quàm eorum, qui diu infeliciter egerunt, omnisque felicitatis molesta est iactura illis, quibus aduersa fortuna spirare cęperit. Neque alia de causa hæc celebrata sunt a poetis, nisi vt demonstrarent diuitiarum, & rerum omniũ excellentiam nemini esse tutam: optimamque esse mediocritatem, quæ neque inuidiam secum trahat plurimorum: neque tamen contemnatur: quod paritur infima hominum conditio. Atque Lucianus in astrologia iuuentutis calorem & inscitiam per hæc demonstrari asserit, cum non illa disquirantur ab illa ætate, quæ conueniant, sed vel ad cœlum animo tollatur ab arte aberrans, & a iudicio recto præceps in mare decidit. At nunc de Pelope dicatur.

De Pelope. *Cap.* XVII.

PElops ille, cuius humerum Ceres comedit, Taygetes & Tantali filius fuisse dicitur vt testatur Euripides in Oreste vbi loquitur de Tantalo:

οὗτος φυτεύει πέλοπα, τοῦδ' ἀτρεὺς ἔφυ.
Ab hoc Pelops est editus Atrei pater.

Pelopem alij patria fuisse Lydum, alij Paphlagonium memorant, verum quæcũque patria illi fuit, huiusmodi de illo res narrantur. Oenomaus Rex Elidis ac Pisæ, cum percepisset ex oraculo futurum esset vt a genero interficeretur, filiamque haberet eximiæ pulchritudinis ex Eurythoe Hippodamiam, omnibus artibus conatus est homines ab eius coniugio deterrere. Atque currule certamen proposuit Hippodamiæ petentibus procis, ea lege, vt qui victus fuisset, trucidaretur. qui *vero* victor extitisset Hippodamiæ matrimonium obtineret. Marmacem primum procorum per capitis periculum venisse ad petendam Hippodamiam memorant ad cuius tumulũ mactatæ sunt Parthonia & Eripha vocatæ equæ, & humatæ Oenomai iussu. ac post illũ hos ordine fuisse ab Oenomao cæsos procos: Alcathoũ, Euryolum, Eurymachum, Crotalum, Acriam, Porthaonem, Capetum, Lycurgũ, Chalcedonẽ, Lasiũ, Tricolonũ, Aristomachũ, Priantẽ, Cronum, Aeoliũ, & postremũ Erythrũ, quib. oĩb. victor Pelops quotãnis postea quãdiu regnauit parẽtare cõsueuit. Alii tñ illud factũ fuisse a patre maluerũt, quia filiã amaret, quã nemini volebat concedere, quare illa de oraculo dr̃ finxisse. fama est Oenomaũ quoties currule certũ procis filię pponeret, Areo Ioui diuinã facere cõsueuisse. Amabat eadẽ à Myrtilo Mercu. ij & Cleobules filio: vel vt alij voluerunt, Phaethusæ: vt alij Mantus, qui auriga erat patris ipsius Hippodamiæ. Inter cæteros igitur procos post cædes tredecim aliorum: quorum hæc nomina scripta sunt ab Epimenide: Mermnus, Hippostratus, Aeolopeus, Piras, Acarnan, Hippomedon, Alcathous, Chalcon, Lasius, Scopelus, Lycurgus, Acrocomus, Crocalus, Eurymachus, Eurydalus: cum à cæteris quibusdam ex his subtractis Aeolus & Tricoronus fuerint subrogati, neque simplex sit de his opinio, quod alij Aristomachum, & Hippothoum, Eurylochum, Automedontem, Pelaguntem, Cyrianontem, Pelopem Opuntium nominarunt. erat autem ex illorum craneis Marti templum extructurus. Cecidit in illis certaminibus etiam Cranon, in cuius honorem Thessali vrbem Ephyram prius nominatam mox Cranonem appellarunt, vt ait Nicephorus. cum forma prestantem Pelopem Hippodamia vidisset, in eius amorem incidit, atque clam egit cum Myrtilo vt victoriam aduersus patrem Pelopi concederet. Tum Myrtilus clauos modiolis rotarum non immisit, quare fecit vt Oenomaus à Pelope vinceretur, ac cæderetur labentibus rotis. Alij dicunt Oenomaum superatum fuisse à Pelope, quia Myrtilus cereos clauos modiolis infinxerit. Concedebat enim Oenomaus procis vt Hippodamiam in suis curribus haberent, atque cursus initium à fluuio Clade, finem Isthmum Corinthiacum esse voluit: ipseque cum hasta à tergo currens in curru sequebatur, qui ab equis velocissimis Psilla, & Arpinna trahebatur. sic igitur comprehensos procos ipse Oenomaus hasta à tergo transfigebat. Tunc itaque dolis Myrtili victus à Pelope Oenomaus cum moreretur: imprecatus est Myrtilo vt è Pelope occideretur, quod etiam postea contigit. Nam cum Pelops asportaret Hippodamiam, eaque sitim pateretur in itinere, secessit parumper de via Pelops ad aquam hauriendam: hanc primam satis aptam occasionem ratus Myrtilus absente Pelope Hippodamiam vitiare conatus est. Tunc Hippodamia reuerso Pelopi Myrtilum accusauit, quem Pelops apud Geræstum promontorium in mare detrusit, quod mare ab eo postea Myrtoum dictum fuit, vt significauit Euripides in Oreste. at Istrus libro duodecimo rerum Atticarum virum bellicosum fuisse Myrtilum scripsit, qui ob promissam sibi, & postea non concessam Hippodamiam, cum Pelope certauerit, a quo tamen victus fuerit. Post Myrtili cædem à Vulcano expiatum fuisse memorant ipsum Pelopem, qui cum ad mare accessisset, Pisamque Oenomai regiam & Apiam Pelasgiam dictam accepisset Peloponnesum hoc est Pelopis insulam nominauit, quis sit peninsula. Fabulantur præterea Pelopem vt coctus fuit à Neptuno fuisse amatum, vt in his significauit Pindarus:

τοῦ γαιήοχος ἐράσατο ποσειδῶν
ἐπεί νιν καθαροῦ λέβητος, ἐξῆκε κλωθὼ
ἐλέφαντι φαίδιμον ὦμον κεκαδμένον.
Quem terram amplexus amauit Neptunus
Vt ipsum è puro lebete exemit Clotho,
Ebore clarum humerum condecoratum.

Scripsit Pausanias in prioribus Eliacis, non duos tantum, sed quatuor fuisse equos Oenomai. memoriæ prodidit Xanthus in rebus Lydiæ, & Herodorus in hijs quæ scripsit de Perseo & Andromeda, quatuor illos Oenomai equos Psillam Harpinnam, Ocyon, Aoratum fuisse nominatos: ac promissum fuisse Myrtilo doli præmium iureiurando à Pelope, vt prima nocte Myrtilus esset cum Hippodamia, quod postea cum ille reposceret, fertur è naui in mare à Pelope deiectus, veluti testatur etiam Pausanias in Arcadicis. Cum eius corpus æstu maris eiectum ad Pheneatas applicuisset, sepultum fuit honorifice, & annua sacrificia illi instituta: quamuis Myrtoum mare non a Myrtilo, sed à Myrtone puella ibi submersa no

meñ

mē inditum fuisse testatur Duris Samius. memoriæ proditum est à Theseo in rebus Corinthiacis & à Pauſ. in iisdem currum Pelopis depositum fuisse apud Corinthios in templo Anactorum, qui pēderet de tholo, cum Pelops tam cultus sit præcipuo honore præ cæteris heroibus apud Eleos, quàm Iupiter prędijs cęteris. Dicitur Pelops filios habuisse Cleonē, à qua vrbs dicta est. Letreum, Alcathoum, Lysidicen, Plysthenem ac Thiestem. Alij dixerunt Pittheum & Chrysippum & Diantem & Hippalcmum fuisse filios. Sed è quibus mulieribus non constat, & Argæum quendam, at non eum quidem, qui ab Hercule primus combustus, dedit in manus consuetudinem ad posteros comburēdorum cadauerum. & Corinthum a quo vrbs Ephyre instaurata sit, quamuis alij Iouis, alij Orestis, alij alijs Corinthijs, id attribuunt. Quod vero Neptunus Pelopem amauerit vbi exemptus fuisset è lebete, nonnulli referunt ad historiam, dicuntq; illud dictum idcirco fuisse quia Pelops ante quam ad incrementum naturalis caloris peruenisset, naturaque superuacaneos humeros concoqueret, fuisset valetudinarius. at cum venisset ad pubertatem dictus est amatus fuisse à Neptuno, cuius filii & amici viri bellicosi ac strenui homines fuerunt. Neque hoc dissentit sane a physica ratione quando scriptum est ab Aristotele in historiis animalium multos ad pubertatem vsque fuisse valetudinarios, qui emisso semine sani facti sunt, aut contra. Pelopem sepultum fuisse Letrinæ, quæ ciuitas fuit Elidis scripsit Istacius, atque Troia omnino capi non poterat, vt prędixit oraculum, antequam Neptolemus Achillis filius, & os Pelopis, & arcus Herculis, quem habebat Philoctetes, huc portarentur. Illud os vbi in Græciā post captum Ilium reportaretur ad Eubœā naufragio facto periit, qđ multos post annos captū fuit à quodā piscatore, qui admiratus magnitudinē consuluit oraculum cuius esset. cognitū os Pelopis in litore humauit, atq; post iussis Eleis ad sedandā pestilentiam illud requirere, cum retulissent multa munera publice illud acceperunt. Neq; plura fere his de Pelope memoriæ prodita sunt. ¶ Sed cur hæc de Pelope & Hippodamia, quæ nō dissentiūt ab historica narratione, recepta sunt a poetis, & celebrata? Quia nihil aliud est humana vita, nisi simili huic certamini contentio: quippe cum pericula, calamilatesq; sint subeundæ, & fortiter cum voluptatibus pugnandum, à quib. si vincamur in perniciem prorsus ducimur: at si victores ipsi extiterimus, viri fortes & cōstantes habebimur, fortitudinemque tanquam Hippodamiam semper contubernalem habebimus per vniuersam vitam: cum in naturam prope vertatur cōsuetudo. quod autem pronum sit ac velox ingenium siue natura mortalium ad voluptates, testantur ipsa equorum nomina. cum Arpinna rapacem significet, Ocys & Psilla veloces sint: Aoratus autem videri non possit. cum igitur vellent ostendere plenam contentionis, plenam miseriarum, plenam periculorum vitam esse mortalium, semper voluptatibus iniunxerunt pericula, cum omnes denique calamitosæ existant. Atque vt nos ab illis retraherent, & vt viri boni efficeremur pro viribus, demonstrarunt quæ supplicia proponantur iis, qui victi fuerint a voluptatibus. Hæc vna causa extitit, cur hæc memoriæ prodita sint, & a poetis celebrata. at nunc de Perseo dicamus.

De Perseo. Cap. XVIII.

PErsimilis Oenomai fuit causa, quæ Acrisium Danaes patrem & auum Persei compulit, vt nemini filiam in matrimonium concederet: quippe is responsum acceperat futurum esse vt a nepote, qui nasceretur è filia Danae, occideretur. fuit enim Danae Persei mater Acrisii Argiuorum regis & Eurydices Eurotei vel vt aliis magis placuit Lacedæmonis filia, quæ cum nata esset, Acrisius adiuit oraculum vt, an marem aliquem filium postea habiturus esset, sciscitaretur. Tum respondit oraculum nullum quidem marem habiturum, sed fore vt nasceretur nepos è filia, à quo ipse occidatur, vt scripsit Pherecydes in libro primo & duodecimo historiarum. tum iste domum reuersus aheneum thalamum in aula domestica subterraneum extruxit, vt ait Soph. in Antigone, in quem Danaen cum nutrice inclusit, custodiasq; adhibuit, ne filius vllus ex ea nasceretur, vt scripsit Pausanias in Corinthiacis, & Horatius libro primo Carminum:

Inclusam Danaen turris ahenea
Robustæq; fores, & vigilum canum
Tristes excubiæ munierant satis
Nocturnis ab adulteris:
Si non Acrisium virginis abditæ
Custodem pauidum Iupiter, & Venus
Risissent. fore enim tutum iter & patens
Conuerso in precium Deo.
Aurum per medios ire satellites
Et perrumpere amat saxa potentius
Ictu fulmineo.

Huius igitur in amorem cum Iupiter incidisset, auro similis dicitur è tholo defluxisse, quod cum illa in sinum cepisset, Iupiter quis esset se patefecit, ac illam compressit, ex quo natus est Perseus. fuerunt qui dixerint Danaen prægnantem à patre fuisse cognitam, sed expectatam vt pareret, alij clam peperisse maluerunt, & puerum triennium absoluisse, prius quam Acrisius id persentiret. tum ad aram Hercæi Iouis Danaë à patre fuisse adductam, & interrogatam ex quo peperisset, cumque illa è Ioue diceret, minime creditam cæsa prius nutrice in arcam ligneã inclusam fuisse, & in mare deiectam, vt testatur Apollonius libro 4. Argonautic.

οἷα δὲ καὶ Δανάη πόντῳ ἔνι πήματ' ἀνέτλη
πατρὸς ἀτασθαλίῃσι.
Qualia vel Danaen patris dementia ponto
Ferre coegit.

Deinde cum ad insulam Seriphum arca applicuisset, quæ vna est è Cycladibus, vbi Polydectes Androthoes & Peristhenis eius qui fuit Damastoris, qui Nauplij, qui Neptuni, filius imperabat: vel, vt alij maluerunt, Neptuni filius & Cerebiæ, vel Amæmones, à Dictye fratre Regis, qui ibi forte piscabatur, hæc arca rete extrahitur, quem Danae rogauit vt arcam aperiret: quam cum ille reclusisset, didicissetque quinam essent, domum deduxit, & vt affinitate coniunctos, apud se perhumaniter habuit, vt ait Strabo libro decimo. Sequentibus postea temporibus Polydectes vim Danae inferre conatus est, quod cum ob Perseum non posset, finxit se velle dotem in nuptias Hippodamiæ Oenomai filię parare, munusq; in Perseo imposuit, vt ad se Medusæ caput, quod Hippodamiæ largiretũ, afferret. Ille igitũ acceptis ijs, de quib. dictũ est in Medusa, eò contendit. fama est Stheno & Euryalen Medusæ sorores homicidã insectantes ad Ar[illegible]um peruenisse collem ita dictũ ab occultato Argo, quæ vbi sperarent se illum [illegible]e comprehensuras ob ingentem lætitiam insignem mugitũ ediderunt, vnde locus & vrbs vocata est Mycera. fama est Acrisium deinde, vt ait idem Pherecydes, nulla diligentia fati necessitatem, & oraculi responsum, deuitare potuisse: quippe cum relato in Seriphum capite Medusæ Polydectes omnesque eius in saxa fuerint conuersi, ac Perseus relicto Dictye, qui in Seripho imperaret, cum magna Cyclopũ manu, & Danae, & Andromeda ad Argiuorũ ciuitatẽ contẽdit. Nam fama est Andromedã filiam fuisse Cephei & Cassiopes: quæ a Nereidib. scopulo fuit alligata, vt à ceto voraretur, quia

Cassiope illarum iram in se concitauerat, cum filiam vel Nereidas forma antecellere gloriaretur. hæc igitur ostenso capite Medusæ ac virtute Persei iter illuc facientis liberata fuit, quem etiam postea sec a est, vt ait Ctesias in Perseide. cum Perseus igitur Argos venisset, non inuenit Acrisium, quoniam ob timorem Larissam, quæ Pelasgorum fuit ciuitas, cōfugerat. Relicta igitur ibi Danae apud matrem Eurydicen cum Cyclopibus, & Andromeda, ipse Larissam contendit: vbi recognouit Arisium, illique persuasit vt Argos secum rediret. Verum antequam Larissa discederent, certamen celebrari contigit in illa ciuitate, ad quod certamen & ipse Perseus descendit, atque discum capiens illum emittere incœpit. nondum enim inuentum fuerat pentathlum, sed singula certamina seorsum absoluebant. Discus igitur in pedem Acrisii reuolutus illum vulnerasse dicitur, ex quo vulnere interiit, cuius sepulcrum ante portas ciuitatis Perseus & Larissæi magnificè extruxerunt. Pausa. tamen in Corinthiacis non a disco conuoluto, sed impetu illius iacti ad amnem Peneum percussum fuisse Acrisium scribit, cum Perseus inuenti a se disci gloria elatus artem in conuentu hominum ostenderet. Theseus in rebus Corinthiacis memoriæ prodidit Perseum Argos reuersum cū parricidium magnæ sibi infamiæ duceret esse petijsse à Præto vt regnum cōmutaret, qua re impetrata vrbem condidit, quam Mycænas nominauit ab inuento capulo ensis in excauandis fundamentis, cum Mycetem capulum inquilini vocarent. quod tamen à fungo ibi repente nato accidisse quidam maluerunt, alii ab Inachi filia Mycene. duxit Andromedam ex India, vt ait Herod. in Polymnia, è qua cepit filium Persēu, quem apud auum reliquit, quia nullum is marem filium habebat. fuit eius filia Erythra etiam, à qua mare Erythræū vocatum est, quam habuit antequam Tarsum Siliciæ vrbem conderet, quam tamen quidam à Sardanapalo fuisse extructam maluerūt. suscepit etiam Gorgonophonem filiam, vt ait in Corinth. Paus. quæ prima fuit omnium mulierum, quæ ad secundas nuptias transierit, cum mortuo Periere Adi filio Nebalo nupserit, cum esset prius mos fœminarum mortuo primo viro vt à secundis nuptijs abstinerent. Alcæus præterea & Electryon & Sthenelus fuisse filii Persei memorātur ex Andromeda vti scripsit Herodorus in historiis, quibus Mestorem etiam addidit. alii præterea his filium tribu erūt illum Erythrum, qui imperauit mari Erythræo, & in illis regionibus sepult us nomen dedit mari, vt testatus est Arrianus lib. 8. rerum gestarum ab Alexandro. Hæc sunt, quæ memoriæ prodita fuerunt de Perseo, præter illa quæ dicta fuerunt sup rius. sepultus fuit Perseus in via, qua Mycænis Argis iter fuit ad læuū, cui honores diuini vt Heroi sunt habiti. ¶ Nunc quid ista significent, perquiramus. Quod Danae inclusa ita fuerit, & Iupiter in aurum versus illam vitiarit, nihil aliud significat, quàm largitionibus cuncta patere, & ab auaritia nihil esse tutum. Quod his carminibus signifificauit Paulus Silentiarius.

χρύσεος ἀψαύστοιο διέτμαγεν ἅμμα κορείας
Ζεὺς. διαδὺς Δανάας χαλκελάτους θαλάμους.
φαμὶ λέγειν τὸν μῦθον ἐγὼ τάδε· χάλκεα νικᾷ
δάπεδα καὶ δεσμοὺς χρυσὸς ὁ πανδαμάτωρ.
χρυσὸς ὅλους ῥυτῆρας· ὅλας κληῖδας ἐλέγχει.
χρυσὸς ἐπιγνάμπτει τὰς σοβαροβλεφάρους.
καὶ Δανάας ἐλύγωσεν ὅδε φρένας· μήτις ἐρασθεὶς
λισσέσθω Παφία, ἀργύριον παρέχων.

Aureus in cæcas penetrauit denique rimas,
Et Danaes duros Iupiter in Thalamos.
Fabula sic inquit me iudice, ferrea claustra

Aurum perrumpit, duraque vincla domat.
Aurum omnes vectes infregit, & arguit artem
Clauis, & inflexit torua supercilia.
Sic Danae deuicta fuit. non vllus amator
Aurum cui fuerit, supplicet hinc Veneri.

Nulla fuit enim ætas, vbi diuitiæ in cognitionem hominum irrepserunt, in qua non maxima auri maiestas fuerit, cui & honestatis leges oẽs, & omnia humanitatis iura, & Dei religio sæpius seruire coacta est: cũ infinitus sit numerus eorũ qui magis aurum, quam verum Deum colant, curent, ament, venerentur re ipsa, quãuis verbo secus profiteantur, & in amplissimis ciuitatibus præsertim, vbi magis regnat auaritia, ambitio, & omnis immoderata licentia. quod exposita fuerit in arca, ad historiam spectat. quod Perseus illa egerit, quæ de ipso superius dicta sunt, id totum fabulosum, est enim Perseus ratio animæ nostræ & prudentia. Atqui Medusa cum esset vel meretrix, vel naturalis libido & voluptas, quæ homines in saxa conuerteret; hæc cæditur à Perseo, & caput eius Palladi datur, quod affigitur clypeo. nihil hoc aliud significat, quàm vim eandem esse sapiẽtiæ & libidinis, neque minus esse voluptatis in rebus præclaris, quam in libidine: sed ad hanc cognitionem tanquam lena vtimur ratione, quare Perseus ablatum Medusæ caput illud Palladi asportauit. at de Medusa diligentius alibi explicatum est. Ille impedimento fuit Polydectæ, quoniam ratio non solum aduersus voluptates insurgit, sed etiam alijs pro viribus opitulatur. Neque enim vir bonus est solum plane, aut iustus, qui nihil ipse iniquum faciat, sed etiam qui pro viribus alijs est impedimẽto, ne quid faciant iniquum. Hic fingitur Deorum ope Gorgonum impetum euasisse, Medusamque obtruncasse, quam neq; intueri quidem vlli licebat: quia omnis humana prudentia per se debilis est sine Dei auxilio: sine quo voluptatum illecebras effugere non satis possumus: est enim & hoc ipsum, esse virum bonum, Dei munus. Alij dixerunt Perseum Iouis filium Gorgonem interemisse, quare ad cœlum sublimis postea euolauerit, historice esse intelligendum, cum is tyrannum Cretæ, vel, vt alij maluerũt, Arcadiæ: vt vero alij, Athenarum patriæ suæ interfecerit, ex quo facinore fuit laudibus, vt aiunt, ad cœlum elatus: vel quod magis rationi conuenit lætitia rerum è sententia gestarum. Alii animæ immortalitatem per hæc significari intelligũt, cum illa faciat generationem & corruptionem per motum assiduum, at ipsa victrix tamen rerum inferiorum terrestri hoc pondere soluta in cœlum denique euolet. Neque licet tuto cuipiam voluptates intueri, quoniam siquis illegitimis voluptatib. considerandis diutius immoretur, haud difficile est illum irretitum ab ijs captiuum trahi. Chares tamen Mytilenæus libro secundo historiarum Danaen scripsit non à Ioue, sed à Præto patruo fuisse compressam: è quo natus est Perseus. Postea Pilumno Apulorum Regi nupsisse, cui Daunum peperit. verum quia nihil hæc pertinent ad vitæ institutionem in præsenti prætermittantur.

NATALIS COMITIS MYTHOLOGIAE,

LIBER OCTAVVS.

Quàm sapienter Deorum multitudo antiquorum ad vnum Deum referatur.

ADMIRABILIS profectò fuit, ac propè diuina maiorum nostrorum sapientia, Ornatissime Campeggi, qui primi religionem & Deorum immortalium metum inter homines introduxerunt, non solum quia nulla ciuitas, nullus hominum cœtus, nulla domus sine religione diutius potest consistere: sed etiam quia per hanc multiplicem fabularum varietatem nullam mundi partem, nullumque locum esse demonstrarunt, qui diuina Deorum præsentia vacare possit. Nam quanquam Christianæ veritatis participes esse non potuerunt, quia nondum summum veritatis lumen Christus veræ religionis præcepta tradiderat, tamen pro suis viribus, & quantum acie humani ingenij prospicere potuerunt demonstrare conabantur neminem clam vllum facinus vel turpe vel honorificum suscipere posse, quod non continuo à Dijs obseruaretur. Atque hos res humanas curare demonstrabant, cum ritus sacrorum, & ceremonias, & preces, & proprium singulorum cultum, vel ad placandos, vel ad aliquid petendum, instituissent. Illud enim fuit eorum, qui fabulas excogitarunt, consilium, vt Deum cuncta videre, cunctaque audire ostenderent: quos ego vel Pythagora, vel Socrate, vel omnibus illis, qui postea vocati sunt philosophi, multo sapientiores fuisse iudico. Nametsi non erat perfecta illa religio antiquorum, neque prorsus ad probitatem instructa, tamen id vitio dare non conuenit, quoniam nihil perfectum & plane absolutum nasci solet. Illi igitur, vt nullam mundi partem, nullumque locum vel priuatum vel publicum Deo vacuum esse monstrarent, ne quis sceleratus arbitraretur se Deos latere posse, & nauigantium, & agricolarum, & militantium, & pastorum, & venatorum, & quiduis aliud facientium Deos proprios esse dixerunt: quia vulgus & imperita multitudo percipere non poterat, quo pacto fieri posset cum vnus sit Deus, vt is omnia videret eodem tempore, quæ fiunt vbique & dicuntur in infinito prope hominum numero. Vulgus enim pro suo ingenio plerunque diuinam naturam metitur, & quæ nimis admirabilia sibi videntur, quamuis à diuina natura non abhorreant, repellit ac pro falsis habet: quia tanquam male affectus stomachus validiora admittere non potest. Hæc ipsa causa fecit, vt arbitror, vt tantam Deorum multitudinem introduxerint antiqui, cum Deum vbique esse, omniaque illius nutu gubernari demonstrare conarentur, cui pro negotiorum varietate diuersa nomina tribuerunt. Nam vim diuinam cœlum, & vniuersas mundi partes superiores gubernantem, Iouem Deorum patrem appellarunt: cuius vim eam, quæ sub terris esset, vocarunt Plutonem, atque illum Iouis fratrem nominarunt. Cum vero in aquis eadem vis considerabatur, quas diuina prouidentia omnino carere non puta-

putabant, Neptunum dixerunt, atq; hunc ipsum etiam crediderunt Iouis esse fratrem: cum per aera penetraret, rursus vim ipsam diuinam nuncuparunt Iunonem, eamque censuerunt esse sororem Iouis. Atque omnes vires denique per ipsa elementa diffusas à superioribus & originem ducere, & pendere arbitrati sunt, quas omnes quasi ab vno fonte in multos riuulos & naturam earum explicantes diduxerunt. Atque vt summatim dicam, si rem diligentius inuestigemus, omnes prope antiquorum Deos vel Iouis fratres, vel filios, vel nepotes, vel aliqua affinitate coniunctos, inueniemus: ex quo patet nihil aliud significare voluisse antiquos, quàm vnum esse Deum, vnum rerum omnium gubernatorem, cuius vis esset in omnes res diffusa, qui vnus cuncta videret, & audiret, & regeret. Verum ad institutum opus iam accedamus. Et de Oceano primo transigamus.

De Oceano. Cap. I.

OCeanus, qui fluuiorum, & animantium omnium, & Deorum pater vocatus est ab antiquis, Cœli & Vestæ, quam terram nonnulli vocarunt, filius fuisse dicitur: vt testatur Hesiodus in Theogonia, vbi terræ filios ita commemorat.

γαῖα δέ τοι πρῶτον μὲν ἐγείνατο ἶσον ἑαυτῇ
οὐρανὸν ἀστερόενθ᾽, ἵνα μιν περὶ πάντα καλύπτῃ.
ὄφρ᾽ εἴη μακάρεσσι θεοῖς ἕδος ἀσφαλὲς αἰεί.
γείνατο δ᾽ οὔρεα μακρὰ θεῶν χαρίεντας ἐναύλους
Νυμφάων, αἳ ναίουσιν ἀν᾽ οὔρεα βησσήεντα.
ἡ δὲ καὶ ἀτρύγετον πέλαγος τέκεν οἴδματι θῦον
πόντον, ἄτερ φιλότητος ἐφιμέρου, αὐτὰρ ἔπειτα
οὐρανῷ εὐνηθεῖσα τέκ᾽ ὠκεανὸν βαθυδίνην.

Terra sibi par stellatum cœlum alma creauit,
Quod complectatur lato velamine totam:
Et foret hinc superis sedes firmissima Diuis.
Inde sati montes stario gratissima Nymphis,
Quæ syluas habitare solent in montibus ipsis
Hæc eadem peperit ventosi marmora ponti,
Non vlli coniuncta mari, sed & inde creauit
Oceanum Cœlo coniuncta in amore profundum.

Apud hos educatam fuisse Iunonem testatur Homerus libro ξ. Iliad.

εἶμι γὰρ ὀψομένη πολυφόρβου πείρατα γαίης,
ὠκεανόν τε θεῶν γένεσιν, καὶ μητέρα τηθύν.
οἵ μ᾽ ἐν σφοῖσι δόμοισιν ἐΰ τρέφον, ἠδ᾽ ἀτίταλλον.

Oceanum visura peto namque vltima terræ,
Vnde genus superis, adeo Thetymque parentem:
Qui me aluere suis domibus feliciter olim.

Ab hoc ipso Oceano videtur putasse Orpheus & antiquorum Deos, & res omnes initium sumpsisse: quippe cum omnia prius quam oriantur, aut intercidant, indigeant humore: sine quo nihil neque corrumpi potest, neque gigni, vt sensit Thales. Sic autem scribit Orpheus in hymnis:

ὠκεανὸν καλέω πατέρ᾽ ἄφθιτον αἰὲν ἐόντα
ἀθανάτων τε θεῶν γένεσιν, θνητῶν τ᾽ ἀνθρώπων,
ὃς περικυμαίνει γαίης περὶ τέρμονα κύκλον.
ἐξ οὗπερ πάντες ποταμοί, καὶ πᾶσα θάλασσα.

Ocea-

Oceanumque voco patrem Tethymque parentem,
Vnde ortus superis, vnde & mortalibus ortus.
Qui late terram spumosis fluctibus ambit.
E quo sunt maris, & fluuiorum semina primum.

Huic tauri caput esse censuerunt antiqui, quare illum ita ταυρόκρανον appellauit Euripides in Oreste:

ὠκεανὸς ὃν	Oceanus quem
ταυρόκρανος ἀγκάλαις	Tauriceps vlnis
ἑλίσσων κυκλεῖ χθόνα,	Se flectens ambit terram.

Scriptum reliquit Aeschylus Oceanum amicissimum fuisse Prometheo in his:

ου γάρ ποτε φής, ὡς ὠκεανοῦ φίλος
ἐστὶ βεβαιότερος σοι.
Non recte amicum firmiorem dixeris
Oceano tibi.

Memoriæ prodidit Isacius præter Tethym duas fuisse vxores Oceano, Parthenopen & Pampholygem: atque Asiam & Libyam suscepit filias è Pampholyge, ex Parthenope Europam & Thracen, vnde nomina regionibus postea fuerunt data. Dicuntur fuisse ab Oceano genitæ præterea Philyra, Callirrhoe, Perse, caanthus, Daira, Ephyre, Lecippe, Melobolosis, Ianthe, Electra, Pheno, Tyche, Ocyrrhoe, Eurynome, Astra, Pleyone, Clymene, Doris, Triton. Et ne singulis commemorandis sim longior, tria millia filiorum fuisse Oceano dicuntur, vt in his ait Hesiodus in Theogonia:

αὗται δ' ὠκεανοῦ καὶ τηθύος ἐξεγένοντο
Πρεσβύταται κοῦραι· πολλαί γε μέν εἰσι καὶ ἄλλαι.
τρὶς γὰρ καὶ χίλιαί εἰσι τανύσφυροι ὠκεανῖναι,
Αἵ ῥα πολυσπερέες γαῖαν καὶ βένθεα λίμνης
πάντῃ ὁμῶς ἐφέπουσι θεάων ἀγλαὰ τέκνα.
Hæ sunt Oceani & de semine Tethyos ortæ,
Prisca quidem soboles, magna est & cætera turba.
Sunt etenim ter mille puellæ Oceaninæ,
Quæ terras habitant, stagnorumque alta profunda,
In varijs dispersa locis gens, pignora Diuum.

Cum vero in perpetuo cursu & Oceanus & fluuij ex eo nati existant, θεῖον γένος, quasi non diuinum, sed decurrens genus, dicti sunt: eadem sanè ratione, qua sol & luna & astra assidue currentia Dij fuerunt nominata. Sic autem inquit Theocritus in Bubulcis:

ἄγκεα καὶ ποταμοὶ θεῖον γένος, αἴ τι Μενάλκας
πήποχ' ὁ συρικτὰς προσφιλὲς ᾆσε μέλος.
Decurrens genus o fluuij, vallesque Menalcas
Si quando vobis dulce melos cecinit.

Dicti enim sunt fluuij θεῖον γένος, non quia peculiarem in se habeant diuinitatem magis, quam reliquæ mundi partes, quia omnium propè naturalium corporum maxime aquarum, & inter has fluuiorum motus fit conspicuus. Nam cum venerit in dubium nonnullis cœlorum motus, qui non cœlos, sed terram moueri arbitrabantur, vt asserit Ptolemæus & Aristoteles libro tertio cęli, nemo an fluuij etiam moueantur, & vniuersa aquarum moles, apparet recte dubitare potuisse. Est enim non minus Oceani, quam fluuiorum perpetuus motus, cum modo affluat, modo refluat, quod fieri ad lunæ cursum nónulli arbitrantur, ita vt cum luna ascẽdit ab Oceano donec ad medium cęli veniat, affluant aquæ, refluantq; cũ descẽdit. Atq; hic motus nõ semper sibi est similis, magis.n. refluit in pleniluniis, cum

cum in nouilunio vix sentiatur, & cum cœlum serenum fuerit motus etiam augetur, ita vt humiliores aquæ relinquantur. Ad hanc rem nonnihil conferunt etiã coniunctiones & oppositiones reliquorum planetarum, & quibusdam anni temporibus id etiam magis fit, maiorque varietas in his motibus existit, quippe cum circa tropicum æstiuum augeatur accessus & recessus, minorque fiat ad tempus vsque æquinoctii, ac rursus crescat ad hybernum tropicum, & ab eo ad vernum æquinoctium minuatur. Augetur istud etiam vicorum signorum, in quibus luna fuerit in suis mutationibus, nam in placidioribus æqualiores fiunt motus, in vehementioribus magis inæquales, quod etiam vis imbrium auget, ac impetus ventorum. Hæc tanta caussarum varietas fecit, vt nulla certa ratio horum motuum aquarum afferri vel a peritissimis nauigantibus possit. Est autem Oceanus vniuersa illa aquarum moles, quæ terram vndique circundat, nam quocunque ad extremas terræ oras quis accesserit, mare illi latissimum occurrit, quod ab Oriente quidem eoum aut Indicum appellatur, ab occidente Atlanticum, vbi Hispaniam Mauritaniamque disterminat. Ad Septentionem, & ad oppositam huic regionem mare Ponticum & glaciale nuncupatur & rubrum aut Aethiopicum. Multi sanè nauigiis ad extremam orã Oceani penetrare conati sunt, multorumque dierum iter fecerunt, sed illis prius annona & res victui necessariæ defecerunt, quàm aquarum spatium, & nauigabilis planeties, vt testatur Strabo & Rhianus in nauigatione Hannonis Carthaginensis. ¶ At nunc quæramus, cur hæc de Oceano ficta sint. Oceanum Cœli & Terræ filium crediderunt, quoniam ex informi materia cum prius natus fuisset Amor, isque vniuersam molem miscuisset, natum est Cœlum, & Mare, & Terra, & omne Deorum genus pullulauit, vt ait Aristopha. in Auibus.

Πρότερον δ' οὐκ ἦν γένος ἀθανάτων, πρὶν ἔρως συνέμιξεν ἅπαντα·
ξυμμιγνυμένων δ' ἑτέρων ἑτέροις, γένετ' οὐρανὸς, ὠκεανός τε,
καὶ γῆ, πάντων τε θεῶν μακάρων γένος ἄφθιτον.

Ante non erat genus immortalium, ante quàm Amor commiscuisset omnia.
Commistis vero aliis alijs, natum est Cœlum, Oceanusque,
Et Terra, omniumque Deorum beatorum genus æternum.

Patet igitur ex his Oceanum post cœlum natum fuisse. Nam cùm summus opifex Deus in hoc mundo architectando dixisset, fiat lux, continuo lucis instrumenta, cœli scilicet, planetarumque corpora nata sunt, quare prius natum est cœlum, deinde Deus secreuit vniuersam aquarũ naturam ab aquis quæ super cœlo sunt, & in vnum locum à terra iussit secedere. Hac igitur ratione, amor, quæ diuina est bonitas, cuncta commiscuit, & ad generationem excitauit, vnde Oceanus natus est e cœlo & terra. Apud Oceanũ dicitur fuisse Iuno educata, quòd aqua in aera proximum cum rarior fit, soluitur, atque aer densior factus ad alumnum Oceanum descendit in aquam versus, vt est elementorum inter se generatio. Hunc eundem oceanum tradidit Orpheus, & omnes antiquorum theologi principium ortus Diis & rebus extitisse, quia, vt sensit Thales, nihil sine humectatione nascitur aut putrescit, atque omnes elementorum qualitates, quas Deorum nominibus appellarunt, ex humore nascuntur. Taurinum autem caput Oceano tribuerunt antiqui propter vim ventorum, a quibus excitatur & impellitur, vel quia tauris similem fremitum emittat, vel quia tanquam taurus furibundus in littora feratur, cuiusmodi finguntur esse etiam fluuii. fabulati sunt propterea Oceanum fuisse amicissimum Prometheo, quoniam nauigantibus per Oceanum maxima prudentia & peritia opus sit, non solum vt siderum ductu, quo cupiunt perueniãt, sed etiã peritia opus est in obseruandis & deuitandis scopulis, in mulio ar se cognoscendis tempestatibus ac ventorum signis, & in omnibus denique vitandis, quæ possunt nauigantes in summum discrimen inducere: quæ eadem etsi vtilia sunt in mari mediterraneo, non tamen tantopere videntur necessaria. Huius vxorem fuisse Thetym dixerunt, de qua paulo post dicetur. Oceani filij tam multi & filiæ fuisse dicuntur, quia ex vaporibus, qui calore solis sublimes tolluntur, gignuntur fluuiorum aquæ, & fontes vt putarunt antiquorum nonnulli. nam etsi voluit Arist. fontes ex aere in locis cauernosis in aquam verso procreari, tamen si diutius siccitas cœli extiterit, neque fiant imbres, vel penitus arescere flumina & fontes, vel ad tenuissimum cursum deduci videmus: quare etsi non tota, maior tamen pars fluuiorum & fontium ita procreatur, vt apparet. inter filios Oceani Tyche connumeratur, quæ fortuna est, quia fortunatos esse oportet nauigantes, & omnes illos, qui se ventorum fidei committunt. atque vt summatim dicam, per Oceanum fabulosum rerum naturalium generationem, & necessariam esse nauigantibus prudentiam significarunt. at nunc de Tethye dicamus.

De Tethye & Thetide. *Cap. II.*

Tethys, quæ vxor fuit Oceani, Terræ & Cæli filia & ipsa fuit, vt ait Hesiod. in Theog.

οὐρανῷ εὐνηθεῖσα τέκ' ὠκεανὸν βαθυδίνην
κοῖόν τε, ῥεῖάν τε, θέμιν τε, μνημοσύνην τε,
θεῖάν τε κρεῖόν θ' ὑπερίονά τ' ἰαπετόν τε
φοίβην τε χρυσοστέφανον, τηθύν τ' ἐρατεινήν.
Oceanum Cœlo peperit, cui vasta profunda,
Et simul Iapetum, Cæumque Rheamque Themimque,
Mnemosynen, Thiam, Criumque, Hyperiona, Tethym
Formosam, Phebenque coma est cui cincta corona.

Hanc dearum matrem apellarunt, cum pater illarum esset Oceanus. Thetis vero, quæ priore aspitata legitur, Chironis filia fuit, vt ait Epicharmus in Hebes nuptiis.

Μόγις κόρα χείρωνος αἰτ ἀλεύατο
Θέτις δρομοῦσα.
Puella vix Chironis horum fugerat
Currens Thetis.

At Homerus tamen in hymo in Appollinem Nerei filiam fuisse significauit in his;

Α'λλά ἑ Νηρῆος θυγάτηρ Θέτις ἀργυρόπεζα
Δέξατο.
Candida sed cepit mox illum filia Nerei.

Quod etiam testatus est Anaxandrides Rhodius, vbi Thetim de se ipsa loquentem introducit in his carminibus;

ἐν ταῖσι μὲν ἁλίαισιν οὐκ ἀνώνυμον
Θέτιν θυγατέρα Νηρέος καλοῦσί με.
Deas marinas inter haud ingloriam
Thetim vocarunt Nerei me filiam.

Et Euripides in Iphig. in Aulide;

Μὰ τὴν δι' ὑγρῶν κυμάτων τεθραμμένην
Νηρέα φυτουργὸν Θέτιδος, ἥ μ' ἐγείνατο.
At non per vndis educatum Nereum

Thetidis

Thetidis patrem, cuiusque ego sum filius.

Hæc fuit vxor Pelei, atque dicta est omnium mulierum fuisse forma præstãtissima, de cuius nuptiis Thetidis ita scribit Apollodorus. Δία καὶ ποσειδῶνα μόνους φασὶν ἐρίσαι περὶ γάμου τῆς Θέτιδος Θέτιν δὲ ὡς τραφεῖσαν ὑφ' ἥρας μὴ θέλειν τῷ Διῒ συνελθεῖν, ὅθεν ὀργισθέντα τὸν Δία, θνητῷ συζεῦξαι αὐτὴν: Inquiunt enim Iouem ac Neptunum solos de nuptiis contendisse. At Thetim noluisse congredi cum Ioue, quia fuisset à Iunone educatã, quamobrem iratus Iupiter, illã mortali dedit in matrimonium, vt est lib. 11. Metam apud Ouid. Alij dixerunt Apollinem vna cum Ioue & Neptuno de illius nuptiis contendisse, sed omnes fuisse à Prometheo, vel, vt alijs magis placuit, a Themide deterritos, quòd ex illa filius præstantior esset oriturus. Alii dixerunt Thetidem ægrè tulisse quòd vna ex Deabus marinis esset futura hominis vxor, quare eius nuptias deuitans in varias formas mutabatur, de qua ita scripsit Homerus;

ἐκ μέν μ' ἀλλάων ἁλιάων ἀνδρὶ δάμασσεν.

Vnam me æquoreis è nymphis nubere cunctis
Mortali voluit.

Nam quamuis in ignem & in leonem tanquam Proteus verteretur, nulla neque vi flammarum tamen, neque vnguium aut dentium feritate potuit à nuptijs illum deterrere. Sriptum reliquit Isacius Peleum Chironis consilio Thetim cõpressisse, cum in varias formas mutaretur, atque in sepiam denique fuisset conuersa. id cum in loco Thessaliæ Magnesiæ accidisset, locus ipse Sepias dictus fuit, vt ait Zez. hist. 46. chil. 2. Alii tamen dicunt Thetidem vxorem Pelei fuisse non coactam, neque sub variis formis deludentem compressam, sed sponte se in eius matrimonium concessisse, vt scripsit Pythenætus in primo rerum Aeginetarũ. celebratæ sunt autem Pelei & Thetidis nuptiæ in Pelio monte, ad quas omnes Dii præter Discordiam conuenerunt, quæ pomum aureum in locum nuptiarum iniecit, ἡ καλὴ λαβέτω. Contulerunt huic omnes Dei munera: Pluto smaragdũ insignem, Neptunus equos Xanthum & Balliam, Vulcanus cultrum, & dii cæteri alia. Nam ita mos fuit antiquorum, vt cum donis ad nuptias conuenirent. Sequentibus postea temporibus & alios filios & Achillẽ Thetis Peleo genuit, quos cum sub igne per noctem occultaret, vt quod mortale esset absumeretur, mortui sunt. Achilles vero Ambrosia per diem inunctus, & sub igne per noctem occultatus dicitur aliquantulum perdurasse, donec re à Peleo deprehensa Thetis irata se in numerum Nereidem receperit. Atque eo tempore Achilles vocatus fuit Pyrisous, tanquam ab igne seruatus, & Chironi educandus datus fuit, & postea Achilles ob eam causam, quòd exusto labro careret dictus, vt ait in his Agamestor in Thetidis epithalamio;

Παῖδ' νεαρὸν δ' οὔνομα θῆκε πυρίσσοον, ἀλλ' Ἀχιλῆα
Πηλεὺς κίκλησκε χείλεος εἵνεκα μὴν,
καί μιν ἐν νὶ κόνει αὐτοῦ ἐπὶ πῦρ ἀπάμαρος,
χείλεος αἰθομένου ἀμφοτέρων ἑτέρου.

Additur huic nomen Pyrisous, ipse at Achillem
De labri Peleus nomine dixit eum:
Sub cinere exussit puero quia pruna iacenti
Vnum de labris, hinc quoque nomen habet.

Fuerunt qui dixerint Thetidem non sub flamma solitam esse occultare filios è Peleo susceptos, sed in lebetem aquæ bullientis iacere, vt experiretur an mortales geniti essent. atque hæc de Thetide filia Nerei. Tethys Oceani vxor, sororque Titani Ephyren peperit, quæ nupsit postea Epimetheo, & Pleionen Atlantis vxorem, de qua sic ait Ouid. lib. 5. Fast.

Duxe-

Duxerat Oceanus quondam Titanida Tethym,
Qui terram liquidis, qua patet, ambit aquis.
Hinc sata Pleione cum cœlifero Atlante
Iungitur vt fama est, Pleiadasque parit.

Memorantur præterea multæ Oceani & Tethyos filiæ Acasta, Admete Asia, quę Asiæ nomē dedit, Clymene, Edyia, Ephyre, Eudora, Eurynome, Ianira, Lyriope, Melobosis, Metis, Plexaure, Prymno, Rhodia, Thea, Thoe, Tyche, Xanthe, Zeuxo Elysie, quæ ab Apolline amabatur. Ea cum furtum Appollinis Leucothoes patri Orchamo indicasset ob Zelotypiam, relicta ab Apolline amoris impatiens cibo potuque ab abstinens, quia spectaret quacunque incederet Apollo, deorum misericordia in Heliotropium herbam demum conuersa est. ¶ Verum siue Thetidem nominemus, siue Thetim, vtraque Dea fuit marina, & Tethys putanda est ipsa aquæ moles, quę ad generationem coaluerit. Thetis vero aquæ elementum, vt patet ex Pollione virgilij;

Pauca tamen suberunt priscæ vestigia fraudis,
Quæ tentare Thetim ratibus, quæ cingere muris
Oppida.

Nam nisi sit Oceanus vniuersa aqua, ac materia Tethys ad generationem concreta, ridiculum sane erit mare etiam vxorem habere. cum igitur ea materia, ex qua cuncta gignuntur, coaluerit, illa Deorum & animalium omnium mater dicta est. Quod attinet ad nuptias Pelei, scriptum reliquit Staphylus in libro de Thessalia Chironem rerum astronomicarum peritissimum voluisse Peleum illustrare, quare tempus obseruauit, quo futuri essent magni imbres, atque famam in homines dissipauit quod Ioue concedente Peleus Thetim esset vxorem ducturus, ad quas nuptias Dii cum pluuia & magna hyeme forent venturi. cum tempus igitur huiusmodi aduentasset Peleus duxit Philomelam Actoris Myrmidonis filiam, sed tamen de Thetide inualuit. Alij per hæc libidinosorum furorem notarunt, qui omnes vias inquirunt, quibus mulieres alliciant, neque timent muliebres fallacias, cum neglecta honoris, facultatum, salutis cura, illud solum spectent, vt libidinem expleant. sed cum inter mortalem & immortalem suapte natura paruum sit commercium, non sunt diuturnę nuptiæ, neque illorum salus, qui voluptatem tanquam bonum simpliciter affectant. Nam profectò decet virum sapientem tanquam peritum nauclerum, non tantum vti præsenti vento, aut præsenti fortuna, sed etiam futura longe prospicere. verum de his alibi copiosius dictum sit. hæc de Thetide sufficiant. at nunc de Tritone dicamus.

De Tritone Cap. III.

TRiton Deus marinus, quorum filius fuerit, non conuenit inter scriptores: Hesiodus Neptuni & Amphitrites illum filium fuisse dicit in Theogogonia in his;

Ἐκ δ' ἀμφιτρίτης καὶ ἐρικτύπου ἐννοσιγαίου
τρίτων εὐρυβίης γένετο μέγας· ὅστε θαλάσσης
Πυθμέν' ἔχων, παρὰ μητρὶ φίλῃ καὶ πατρὶ ἄνακτι
Ναίει χρύσεα δῶ, δεινὸς θεός.
Inde Amphitrite Neptunoque editus ipse
Est Triton Deus insignis, qui vasta profunda
Cum patre & cum matre colit; quique aurea tecta
Incolit eximius Deus.

Acesander vero Eurypylum & Tritonem filios fuisse Neptuni & Celenus scripsit reliquit,

reliquit, ac Steropem solis filiam nupsisse Eurypylo, cui genuit Leuconem & Leucippum. At Numenius in libro de Piscationibus Oceani & Tethyos filium Tritonem fuisse inquit. Lycophron Nerei filium putauit, vt patet in ijs carminibus, in quibus inquit poculum donatū fuisse Tritoni à Medea, quoniam is Argonautas rexerit, cum in Syrtes incidissent.

κλασθὴν πέτευρον νερτέρων κειμήλιον
Αὔσινδα κινύφειος ἣν τέγγων ῥόος
Νασμοῖς λιπαίνει, τῷ δὲ νηρέως γόνῳ
τρίτωνι, κολχὶς ὤπασεν δῶρον γυνὴ
χρυσῷ πλατὺν κρατῆρα κεκροτημένον.
Factum lacunar inferorum magnæ opes.
Ausinda, cinnypheus hanc fluctus rigans
Fæcundat arua, Nerei proli hic dedit
Thitoni Colchis poculum olim fœmina
Dono, quod auro erat probè multo illitum.

Fuit autem Triton Oceani ac Neptuni buccinator & tubicen vt testatur Ouid. lib. primo Metam. in his; vbi etiam formam ipsius buccinæ descibit.

Cæruleum Tritona vocat, conchaque sonanti
Inspirare iubet, fluctusque, & flumina signo
Iam reuocare dato, caua buccina sumitur illi
Tortilis in latum quæ turbine crescit ab imo:
Buccina, quæ medio concepit vbi aera ponto
Litora voce replet sub vtroque iacentia phœbo.

Huius suprema pars corporis vsque ad vmbilicum fuit hominis, at inferior vsque ad caudam delphini, duos pedes priores equinos habuisse dicitur, caudamque duplicem in lunæ formam, vt significauit Apollonius lib. 4. Argonauticorum in his;

δέμας δ' οἱ ἐξ ὑπάτοιο
κράατος ἀμφί τε νῶτα καὶ ἰξύας ἐς ἐπὶ νηδὺν
ἀντικρὺ μακάρεσσι φυὴν ἔκπαγλον ἔικτο
αὐτὰρ ὑπαὶ λαγόνων δίκραιρά οἱ ἔνθα καὶ ἔνθα
κήτεος ὁλκαίη μηκύνετο κόπτε δ' ἀκάνθαις
ἄκρον ὕδωρ, αἵ τε σκολιοῖς ἐπὶ νειόθι κέντροις
Μήνης, ὡς κεράεσσιν ἐειδόμεναι διχόωντο.
Par fuerat forma superis humerosque, caputque,
Et latera, & partes supremas corporis omnes.
Inferius sed enim cauda hic pendebat & illinc
Immanis ceti. tum spinis verberat alti
Terga freti, hæ lunæ similes curuantur in orbem.

Hanc eandem formam Tritonis ita expressit Virg. lib. 10.

Hunc vehit immanis Triton, & cærula concha
Exterrens freta, cui laterum tenus hispida nanti
Frons hominem præfert, in pristim desinit aluus.
Spumea semifero sub pectore murmurat vnda.

Fabulati sunt hunc in curru ab equis cœruleis tracto vehi solitum, vt ait Ouid. in epist. Didus;

Iam venti ponent, strataque æqualiter vnda,
Cœruleis Triton per mare curret equis.

Inquiunt huic humeros fuisse colore purpureo, & quali colore mortuę triglæ persunduntur, de quo ita ait Ouid. lib. primo.

supra-

supraque profundum
Ex tantem, atque humeros natiuo murice tectum
Cæruleum tritona vacat.

Tritonem humanam vocem habuisse dicunt, vt testatur Pausa. in Arcad. Fabulantur huncinuentam à se concham ad id bellum attulisse, quod susceptum est aduersus gigantes, quam cum inflasset, & inauditum sonum edidisset, illi Immanem aliquam belluam ac formidabilem rati se in fugam verterunt, quare victoriam facilem Diis concesserunt. De Tritia Tritonis filia meminit Pauf. in Achaicis, quæ cum esset virgo fuit sacerdos Mineruæ, sed postea à Marte compressa Melanippum peperit. Idem testatur in Bæoticis Tritonem solitum fuisse quæcunque pecora ad mare agerentur apud Tanagræos adoriri, qui etiam leuiora nauigia inuadebat. Ad hunc placandum cum Tanagrei vini craterem exposuissent, ille odore allectus vinum hausit, mox de tumulo litoris in somnum versus præceps decidit, cui Tanagræus quidam humo securi caput amputauit, quem tamen à Baccho cæsum nonnulli crediderunt. Qui diligentius Tritonum figuram exprimere conati sunt, illi Tritonum capillos apio palustri similes esse dixerunt, cum reliquum corpus exiguis squammis integeretur, duritie limæ persimili. Branchias habuit paulo inferiores auribus, naresque hominis, cum rictus tamē oris esset paulo latior: dentesque pantherarum dentibus persimiles, oculi subglauci, manus & vngues & digiti similes erant testæ conchyliorum, tum pinnæ sub ventre & sub pectore, sicut visuntur in delphinis, vt scriptum est à Sostrato lib. tertio animalium. Dictus est Triton etiam Neptunus, siue mare, vt ait Lycophron, qui etiam cætum in cuius ventre Hercules triduum fuit, Tritonis canem in his appellat, & leonem Herculem;

τριεσπέρου λέοντος· ὅν ποτε γνάθοις
τρίτωνος ἠμάλαψε κάρχαρος κύων.
Triumque noctium leonem, quem canis
Tritonis olim deglutiuit improbus.

Nam cum Hercules Laomedontis largitionibus impulsus Hesionen regię ornatam cætoque expositam Laomedontis ipsius filiam vellet ab illo periculo liberare, fertur aggerē, vt alii mallunt murū repentinū excitasse, atq; ad angustias eius aggeris armatus constitisse. Vbi vero cætus accessisset hians in eius os Hercules irruit, vbi cum per tridum fuisset, cæto disrupto exijt omnibus amissis capillis capitis, vt scriptum reliquit Andrætas Tenedius in nauigatione Propontidis. Quam quidem fabulam nihil aliud significasse puto, nisi futurum, vt traditum est a sapientibus Christianam viuendi rationem omne pristinam malitiam disrupturam, cum multa tradita sint de Hercule, quæ ad prædicendam Christi fortissimam & omnibus saluberrimam vitam spectare appareant. vocatus fuit Triton Nilus Aegyptius fluuius, quod in eo Triton mortuus apparuit vt quidam putarunt, qui cum Deus esse putaretur ab antiquis, tamen vim mortis effingere non potuit, sicuti filii reliquorum creditorum Deorum, vt nos lusimus his Græcis carminibus;

φεῦ, φεῦ, ποῖ φεύγοι μερόπων γένος, ἄφθιτον οὐδὲν,
πάντα δαμᾷ δρεπάνῳ ὀξεῖ γὰρ θάνατος.
καὶ φορέει τούτου τοῖς ἔντεσιν οὐδὲν ἄτρωτον
Δέρμα κρατεῖ πάντων ῥεῖα θεὸς φοβερὸς.
Οὐ δύναται γναμπτοῖσι λέων ὀνύχεσσιν ἀμύνειν
οἷς τέκνοισι μόρον, κ' οὐ κεραέσσι βόες.
Πῶς λεπτὰ δ' αὖτα γένη κρήπτοιεν ἂν ἁλμυρὰ πόντου
βένθεα; πῶς φεύγοι τὰ πτερόεντα θεὸν;

οὐδὲ

οὐδ᾽ φυτοῖς δυνάται γῆ μήτηρ σῆψιν ἀλαλκεῖν,
  οὐ ζώοισι μόνον πολλὰ χαριζομένη.
ὤλετ᾽ Ἀριστοτέλης φύσει πολὺ φίλτατος ἀνδρῶν,
  ὤλετο, τῆς σοφίης οὐκ ἔτ᾽ ὄνησις ἐπεί.
καὶ θάνεδ᾽ ἡγήτωρ ποιητῶν θεῖος ὅμηρος.
  οὐκ οἶδεν σαίζειν ὀρφέα καλλιόπη.
οὐδ᾽ αὖθις βασιλεὺς ἐνέρων, καὶ περσεφόνεια,
  ἃς ἔλαβεν ψυχὰς πέμπον ἐς ἠέλιον.
Ἄμαχος δὶς θάνατος κατὰ μυρία φῦλα καμόντων
  Αἴδην ἄγει, πέλεται συνδρόμος ἀΐδας.
ὅσσ᾽ ἄρα φύλλα χαμαὶ χέεται βορέαο πεσόντος,
  ἔθνεα τ᾽ ὀρνίθων χείματος ἀχαλαίη,
Ἀφρίοεντ᾽ ἄνεμος ποτὶ κύματα θῖνα κυλίνδει,
  τόσσαι βαὶν ψυχαὶ ἀρίσγε καταχθονίους.
οὐκ εὐχὰς θνητῶν, μακάρων τ᾽ αἰτήματ᾽ ἀκούει.
  οὐδένα γὰρ φιλέει μήποτε δωροδόκος.
καὶ θάνεν ἡρακλῆς μεγάλου διὸς ἀγλαὸς υἱός.
  οὐ δυνάται λύειν Ἀφρογένεια φίλον.
Ἄρτεμις ἱππόλυτον λείπει πολυΐστορ ἄνακτι
  οἰχεῖν ὑποχθονίῳ δακρυόεσσα Διΐ.
Ἄτρεπτος νόμος ἐστὶ θεᾶς. θανάτοιο γὰρ οὐδεὶς
  ἐκφυγ᾽ ἐπεὶ μοῦνος τῆς γε θεὸς κρατέει.

Quæ carmina non insuauiter vertit Laurentius Gottius in latinam linguam, iuuenis multis egregijs artibus ornatus vt dictum est;

Quo fugiat mortale genus; nil denique tutum est.
  Crudelis nam mors omnia falce secat.
Nil durum, nil non Mortis penetrabile telis.
  Omnia vi domuit Mors violenta Dea.
Cornibus haud potuit natis depellere pestem
  Bos, non horendo feruidus vngue leo.
Squammigeras pelagi gentes quæ salsa profunda
  Cœlarint; volucres quæ leuis aura ferat?
Non potuit plantis terra, aut animalibus alma
  Prodesse auxilijs. omnia victa cadunt.
Mortuus est, illum nihil & sapientia iuuit,
  Naturæ cecidit gratus Aristoteles.
Occidit & vatum ductor diuinus Homerus,
  Nec clarum seruat Orphea Calliope.
Quas animas cepit Proserpina rursus ad auras
  Non patitur superas solis adire Deus.
Vndique Mors animas horrenda in tartara cogit
  Tranantes illuc quæ sine lege ruunt.
Quot volucres primo tristantur frigore læsæ,
  Quot frondes gelido flante Aquilone cadunt,
Aut vndas venti spumosa ad litora voluunt,
  Tot defunctæ animæ tartara adima fluunt.
Non audit Mors vota virum, vel iussa Deorum.
  Non amat hæc quenquam, munera nulla capit.
Arte Venus nulla charum reuocauit Adonim.
  Et Iouis Alcidem lurida regna tenent.

Inferno

Inferno regi Hippolytum Diana relinquit
Pallentem mœrens & lacrymosa Ioui.
Inconcussa Deæ stat lex, quam nemo refixit,
Hanc vnus potuit nam superasse Deus.

Vocatus fuit etiã Triton Nilus Aegyptius fluuius, quia ter nomen mutauerit: nã prius Oceanus, deinde Aegyptus, tũ deniq; Nilus vocatus est, vt ait idẽ Lycoph.

Αἰγύπτιον τρίτωνος ἕλκοντος ποτόν.
Aegyptium Tritonis vt potum trahit:

Vocatæ sunt Tritones & vrbes nonnullæ Bæotiæ, Thessaliæ, Libyæ. ¶ Atque Tritones denique crediti sunt Dei, qui præsto essent nauigantibus, ne quis locus, aut ne quod hominum facinus diuina numinis præsentia carere videretur. Quod Triton Neptuni fuerit & Amphitrites, vel Neptuni & Celænus, vel Oceani & Tethyos, vel Nerei, nihil aliud significare sanè ego crediderim, quam monstrũ marinum fuisse, cum aqua omniũ elementorum maxime sit ad varia monstrorũ genera procreanda fertilis. Et quoniam facile cadit in rerum ignotarũ admirationem imperita multitudo, idcirco quod raro apparet, vel diuinũ quidpiam esse arbitratur, vel certe sine aliqua diuina & maxima causa non contingere. Id cum ita sit, non fuit difficile persuadere mortalib. diuinum quidpiam esse Tritones, & Deos esse quorum in potestate essent nauigantes, ad quod credẽdum aliquando periculorũ magnitudo impellebat (fiunt. n. clementium animi & in periculis existentium ad superstitionem perfaciles.) Et cum inter multos precantes alicui voti cõpos fieri contigisset, illius præconio postea Tritonum vt Deorum nomen fuit celebratum. Neq; illud prætermiserim, quod apud Romanos super tẽplo Saturni Tritõ quidam eximiæ magnitudinis fuit collocatus, qui buccinam inflabat quoties oriebatur ventus, eandemque intra terram occultabat. Per illum significare tradiderunt nonnulli res gestas ante Saturnum silẽtio fuisse inuolutas: at post imperium Saturni clarissima historiographorum voce fuisse celebratas: quamuis ego occultatam veram religionem ante Christum per hæc significatũ crediderim; at post Christi aduentum clarissimo sanctorum apostolorum præconio omnibus gentibus veram, sanctam & saluberrimam legem omnibus Christo altissimo Dei filio credentibus celebratum iri. Nam alioquin insulsum esse videbatur, vt sapientes antiqui caudatos etiam Deos habuerint. At nunc de Palæmone dicamus.

De Ino, & Palæmone. Cap. IIII.

INo quoque cum Palæmone filio nauigantibus præesse fuit existimata ab antiquis, & inter Deorum marinorum numerum relata. Hæc Cadmi & Harmoniæ illius, cuius carmen nuptiale Musæ cecinerunt, filia fuit vt ait Hesiodus:

καδμῳ δ᾽ ἁρμονίη θυγάτηρ χρυσῆς ἀφροδίτης
ἰνώ, καὶ Σεμέλην, καὶ ἀγαυὴν καλλιπάρηον,
αὐτονόην θ᾽, ἣν γῆμεν ἀρισταῖος βαθυχαίτης.
Harmonia hinc Veneris formosæ filia Cadmo
Inoque, Semelenque, & Agauen edidit: atque
Autonoen, quæ nupsit Aristæo inde comato.

Fuit Ino postea Athamantis Thebanorum regis vxor, quæ vt dictum fuit, singulari odio Nepheles filios, vtpote nouerca, prosequebatur, tostisque seminibus vnum de filijs Nepheles Dijs immolari oportere per aruspices significauit. Postea ob Iunonis odium in omnes Thebanos, quia Bacchus ibi natus esset, Athamas in furorem vertitur, Learchumq; filium, quẽ ex Ino inter cæteros susceperat, obtrũcauit. Tum Ino arrepto Melicerta ob Athamantis timorem in proximum mare insilijt. Fuerunt qui dicant furorem immissum fuisse Ino, quod illius filiæ peperissent & educassent Dionysium. At Nymphodorus Syracusius in libro Asiaticæ nauigationis non ab Athamante, sed à furiata Ino sæuitum esse scripsit in filios, quæ & Learchum & Melicertam trucidauit, ac postea desperatione capta in mare insilierit ob impatientiam doloris, vt ibi suffocaretur. At Dorion in libro de piscibus Learchum sagitta fuisse ab Athamante transfixum scribit, Melicertamque ab Ino iugulatum, post quam rem se Ino in mare præcipitauit. Fuit autem alius Melicerta cognomento ob suauitatem carminum, cum prius Simonides vocaretur, qui & artem memoriæ primus inuenit, & longa dupliciaque elementa, tertiumque sonum lyræ addidit, quem alij scripserunt 56. alij 62. olympiade floruisse. Alij dixerunt Ino fugisse Athamantis impetum cum Melicerta filio, quia Learchum, quem Athamas interemerat, in cacabum bullientis aquæ coniecisset. At Polyzelus in rebus Rhodijs Athamanthem impetum fecisse in filios Inus scripsit quia per fraudes illius, cum fruges torruissent agricolæ, mortem innocẽtibus Nepheles filijs paratam fuisse intellexisset, resciuissetque immissam esse famem per fraudem Orchomenijs. Aufugit igitur per Geraniam Megarensis agri montem, seq; de saxo Moluride dicto, vt ait Pauſ. in Atticis cum filio Melicerta, vt cõmunior est sentẽtia, in mare præcipitauit: vt patet ex his lib. 4. Meta. apud Ouid.

Imminet æquoribus scopulus: pars ima cauatur
Fluctibus, & tectas defendit ab imbribus vndas:
Summa rigent, frontemq; in apertum porrigit æquor:
Occupat hunc (vires insania fecerat) Ino,
Seque super pontum nullo tardata timore
Mittit, onusque suum, percussa recanduit vnda.

Alij fabulantur accidisse eo tẽpore vt Nereides chorũ ducerent in eo loco, quare dixerunt se in honorem Melicertæ, vt Sisypho gratificarẽtur, tripudiare. Non defuerunt tamen qui putarint eius corpus ad Sisyphũ delatum ex Exhænuntia, quo fuerat portatum ab vndis, & Isthmicos ludos tunc illi institutos. At Megarenses Inus cadauer in maritimã oram agri sui à mari eiectũ fuisse inquiũt, & à Cleso, Tauropoliq; Clesoris filiab. susceptum sepulturæ mandatum fuisse. Hæc Ino vocata fuit postea Leucothea, & Dea maris existimata, vt ait Homerus lib. 4. Odyss.

τὸν δὲ ἴδεν Κάδμου θυγάτηρ καλλίσφυρος Ἰνὼ
λευκοθέη, ἣ πρὶν μὲν ἔην βροτὸς αὐδήεσσα,
Νῦν δ' ἁλὸς ἐν πελάγεσσι θεῶν ἐξέμμορε τιμῆς
Prospicit hunc Ino formosi filia Cadmi
Leucothea, ante fuit mortalis fœmina: sed nunc
Illam diuino nautæ dignantur honore.

Hæc Matuta deinde vocata fuit à Latinis, quia mane oriretur, vt ait Cice. in lib. Tuscu. disputationum in his: Ino Cadmi filia nõ ne Leucothea nominata à Græcis, Matuta habetur à nostris? quæ quod aurora sit, ita patet ex Lucret. lib. 5.

Tempore item certo roseam Matuta per oras
Aetheris auroram defert, & lumina pandit.

Cæpta fuit dici Leucothea in quodã vico non procul ab vrbe Corone, & tunc in Deorum numerum relata, vt ait Pauſ. in Messeniacis. Fuit magna vis eius existimata in seruandis nauigantibus, & in mari placando, vt ait Orpheus in hymnis:

Λευκοθέαν καλέω καδμηίδα δαίμονα σεμνήν.
εὐδυνάτον, θρέπτειραν ἐυστεφάνου Διονύσου.
κλῦθι θεὰ πόντοιο βαθυστέρνου μεδέουσα.
κύμασι τερπομένη, θνητῶν σώτειρα μεγίστη
ἐν σοὶ γὰρ νηῶν πελαγόδρομος ἄστατος ὁρμὴ

Aduo-

Aduoco Leucotheam, Dea, quæ venerabilis atque
Multa potens: Bacchum puerum quæ nutrijt olim.
Audi diua maris, quæ nautas, quæ regis vndas.
Fluctibus & gaudes seruatrix alma virorum,
Vt tibi collibuit sulcant tutæ alta carinæ.

Impetratum est autem Veneris precibus à Neptuno vt Dea maris fieret Ino, sicuti scriptum reliquit Ouidius libro quarto Metamorph.

At Venus immeritæ neptis miserata labores
Sic patruo blandita suo est. ô numen aquarum
Proxima cui cœlo cessit Neptune potestas:
Magna quidem posco, sed tu miserere meorum
Iactari quos cernis in Ionio immenso.
Et Dijs adde tuis. aliqua mihi gratia ponto est.
Annuit oranti Neptunus, & abstulit illis
Quod mortale fuit, maiestatemq; verendam
Imposuit, nomenq; simul, faciemq; nouauit.
Leucotheaq; Deum cum matre Palæmona dixit.

Scripsit in Atticis Paus. Melicertam à delphine exceptum fuisse cum cecidisset è saxo Moluride, & in Corinthiorum Isthmum expositum mutato nomine Palæmona fuisse appellatum, atque inter cæteros honores Moluridem petram illi fuisse consecratam, & Isthmicos ludos illi à Sisypho Aeoli filio fuisse institutos, qui tunc imperabat Corinthijs, cum esset Melicerta fratris filius: atq; primum pinu, deinde apio sicco victores ibi coronati sunt. Musæus in eo libro, quem scripsit de Isthmijs, duo certaminum genera celebrari solita in Isthmo scripsit, alterum in honorem Neptuni, alterum in Melicertę, quod etiam in honorem Neptuni Isthmia celebrarentur, videtur attestari in his Apollonius libro tertio:

οἷος δ' ἴσθμιον εἶσι ποσειδάων, ἐς ἀγῶνα
ἅρμασιν ἐμβεβαώς.
Qualis adit ludos Isthmi Neptunus vt altum
Conscendit currum.

Habitus est postea ipse etiam Palæmon Deus marinus, vt ait Orph. in hymnis:

Σύντροφε βάκχου χοροῖο διωνύσου πολυγηθοῦς.
κικλήσκω σὲ παλαίμον ἐπ' εὐιέραις τελεταῖσιν,
ὃς ναίεις πόντοιο βυθοὺς ζαθυκύμονας ἁγνούς.
ἐλθεῖν εὐμενέοντα, νέῳ γήθοντα προσώπῳ.
καὶ σώζειν μύστας κατά τε χθόνα, καὶ κατὰ πόντον.
Ποντοπλάνοις γὰρ ἀεὶ ναυσὶν χειμῶνος ἐναργής.
φαινόμενος σωτὴρ, μοῦνος θνητοῖς ἀναφαίνῃ
ῥυόμενος μῆνιν χαλεπὴν κατὰ πόντιον οἶδμα.
Te voco qui fluctus habitas, pontumq; Palæmon,
Cum Baccho nutrite, veni ad tua sacra benignus,
Et læta facie pelagi de fluctibus altis.
Cultoresque tuos in terris protege, & vndis.
Pontiuagis hyemem ratibus depellere suesti,
His quibus appares. miseris mortalibus vnus
Namque faues, tumidique refrænas æquoris iras.

Sic etiam Euripides in Iphigenia in Tauris custodem & seruatorem nauium Palæmonem vocauit:

ὦ ποντίας παῖ λευκοθέας, νεῶν φύλαξ
δέσποτα παλαῖμον ἵλεως ἡμῖν γενοῦ,

Filii marinæ Leucotheæ, custos bone
O nauium Palæmon, esto mi bonus.

Atque Lucianus Epigrammatum poeta fuisse consuetudinem scribit in hisce carminibus vt Dijs marinis, per quos salutem & incolumitatem nautæ fuissent assecuti è maris perturbatione vota soluerent:

γλαύκῳ, καὶ νηρεῖ, καὶ ἰνοῖ, καὶ μελικέρτῃ
καὶ βυθίῳ κρονίδῃ, καὶ σαμοθρῆξι θεοῖς,
σωθεὶς ἐκ πελάγους Λουκίλλιος ὧδε κέκαρμαι
τὰς τρίχας ἐκ κεφαλῆς. ἄλλο γὰρ οὐδὲν ἔχω.

Inoque, Glaucoque, & Nereo, dein Melicertæ,
Et Samothracum Dijs, æquoreoque Ioui,
Seruatus dicat è pelagi Lucillius vndis
Hos crines. aliud namque habet ille nihil.

Hic non vehebatur in curru, sed natandi peritissimus habebatur, vt ait Ouidius in Epistola Leandri:

Et iuuenem possim superare Palæmona nando,
Miraque quem subito reddidit herba Deum.

Vocatus fuit Palæmon etiam Portunus, quem clauem dextra gestantem finxerunt, quoniam portus ab hostibus tueretur. Huic infans mactari consueuit, atque in Tenedo præcipue diuinis honoribus colebatur. Sepultus fuit hic nauigantium Deus in Isthmo, vt ait Pausanias in Atticis. At Ino in ora maritima agri Megarensium à Celso & Tauropoli Clesonis filiabus & Lelegis neptibus, vt dictum fuit. Hæc sunt ea, quæ de Ino & Palæmone memoriæ prodita fuerunt ab antiquis, è quibus veritas est exprimenda. Quod Ino fuerit Cadmi, & Harmoniæ filia & Athamātis vxor non dissentit ab historia: & quod à patre fuerit filius saxo illisus, & quod Ino timore vel furore concita in mare se cum filio præcipitauit. Quod vero ipsa & puer Melicerta fuerint in Deos conuersi, nihil hoc habet cum veritate commune.

¶ At quid per hæc significare voluerunt antiqui? Dictum fuit superius tantam fuisse nonnullorum antiquorum principum ambitionem, vt aras, & sacerdotes, & ceremonias nonnullis suorum maiorum tanquam Dijs immortalibus instituerint. Sic Isthmia Sisyphus, quæ prius in honorem Neptuni celebrabantur, in honorem sui propinqui conuertit, quare dictus est Neptunus his aquarum imperium impertisse, atque inde Dij marini crediti sunt. Nam apud Romanos etiam pro Græcorum consuetudine funebres ludi instituti sunt, qui & ipsos suos principes inter Deos fuisse relatos demum fabulantur. Nam sicut omnium propè principum nostræ ætatis paucis exceptis animum auaritia, vitiorum omnium sordidissimum, ita ambitio antiquorum mentes occupauerat. Leucothea, quæ Matuta dicta est à Latinis, aurora est: Palæmon siue Portunus vis est tempestatis, nam πάλλειν agitare significat, vnde Palæmon vocatus est. Matutæ filius dictus fuit, quia venti plerunque ab auroræ spirare incipiunt: & quia tunc in mare incumbunt, dicuntur se in mare præcipitasse, velut rationi magis conuenit, quia certissima est nuntia ventorum ac tempestatum, tanquam futuræ serenitatis, aurora. Hi crediti sunt Dij nauigantium, quia venti nauigantibus vere præsint, qui si benigni aspirarint, felix iter contingit nauibus, & idcirco ait Virg. lib. 1. Georg.

Votaque seruati soluent in littore nautæ,
Glauco Panopeæ, & Inoo Melicertæ.

Quare per hāc fabulā significarunt illos se ventorū leuitati credere, qui per mare nauigarēt, quare nō est de diuina clemētia conquerendū siquid aduersi acciderit, sed de nostra leuitate & imprudentia, qui cū in tuto simus sponte tū & cōsulto in illa procurramus pericula. Ad placandas etiam perturbationes animorum hæc fabula accommodata est, & adhortandum ad beneficentiam & liberalitatem, quippe cum ita exagitata a Iunone Ino, quia Liberum patrem liberaliter educasset, in tantum felicitatis postea euaserit. Nam etsi viri boni aliquandiu pro benefactis opprimuntur, & patiuntur domesticas calamitates, tamen nemo vir bonus diu potest esse infelix. nam quæ tanta potest esse calamitas, quod tantum infortunium, quod diuina clementia in maiorẽ felicitatem non possit conuertere? confidendum igitur esse diuinæ bonitati sic antiqui tradiderunt, cum nemo iustus a Deo contemptus relinquatur, cumque tanta sit diuina clementia, vt spem etiam superet mortalium iis adiuuandis, qui inique miserias patiuntur. Nunc de Glauco dicamus.

De Glauco. Cap. V.

Glaucus, & qui ipse marinus Deus ex homine factus est, non minus absurdum figmentum, suæque ἀποθεώσεως causam consecutus fuit. Hunc Anthedonis hominis cuiusdam Bœoti filium fuisse scriptum reliquit Strabo libro nono, cum tamen illum Polybi Mercurii filii & Eubeæ filiũ fuisse scribat Theophrastus lib. 5. eorum, quæ in sicco degunt, & Promathidas Heracleota Phorbi & Panopeæ nymphæ filium putauit, ac patria Anthedonium, cum Anthedon eximia ciuitas fuerit Bœotiæ. alii dicunt fuisse Nopeum Glauci patrem, quem dicentem de seipso introduxit Thelytus Methymnæus ita in Bacchicis carminib.

> *Ἀνθηδὼν πόλις ἐστὶν ἐπὶ πλευρῇσι θαλάσσης*
> *Ἀντίον εὐβοίης χεδὸν εὐρίποιο ῥοάων*
> *ἔνθεν ἐγὼ γένος εἰμί, πατὴρ δέ με γείνατο ναυπεύς.*
> Vrbs est Anthedon spumoso proxima ponto
> Euboicis obiecta fere, Euripique fluentis,
> Est genus inde meum, Nopeus pater ipse vocatur.

Hic dicitur Ariadnam ex insula Dia rapuisse, qui postea a Baccho fuit viteo vinculo ligatus, sed deinde dimissus. Hic quoniã natator esset peritus, Pontius fuit appellatus. Epicus vero Euanthes Neptuni & Nædis filium illũ fuisse scripsit in quodam hymno. fabulantur hunc Symam Iclemis & Dotidis filiam raptam in Asiam deportasse, deinde amasse Hydnam Scylli Scionei vrinatoris filiam. alii dicunt hunc piscatorem fuisse Anthedonium, vt est apud Ouid. lib. 10. Metam.

> Ante tamen mortalis eram, sed scilicet altis
> Deditus æquoribus, tantum exercebar in illis.
> Nam modo ducebam ducentia retia pisces,
> Nunc in mole sedens moderabar arundine linum.

Quidam inquiunt hunc artificem fuisse argonauis, eamq; gubernasse quo tempore Iason pugnauit cum Tyrrhenis, qui solus euasit non vulneratus vt scripsit Possis libro tertio Amazonidis. Hunc alii habitasse in Delo scribunt, & cum Deabus Neredibus vaticinari solitum, Apollinemq; artem vaticinandi a Glauco doctum fuisse, vt ait Nicander lib. 1. Georgicorum. fabulantur hunc aliquando magnã copiã piscium cepisse, qui piscatorem fuisse tradiderunt, quos cum in vrbẽ portaret, onusque ob nimium pondus fessus in via deposuisset, quidam ex iis piscibus herba quadam gustata reuixit, eam rem admiratus Glaucus & ipse herbã illam gustauit, quare statim immortalis est factus. at Ouid. lib. 13 dum pisces numeraret in littore mari proximo, vnde pisces ceperat, illud cõtigisse scribit, pisceque ipsos non gustata, sed tacta solum herba in mare refugisse memorat, his verbis;

> ego primus in illo
> Cespite consedi dum lina madentia sicco.

Vtque recenserem captiuos ordine pisces
Insuper exposui, quos aut in retia casus,
Aut sua credulitas in aduncos egerat hamos.
Res similis fictæ, sed quid mihi fingere prodest?
Gramine contacto cœpit mea præda moueri:
Et motare latus, terraque vt in æquore niti.
Dumque moror, mirorque simul fugit omnis in vndas
Turba suas, dominumque nouum, litusque relinquunt.

Id cum vidisset Glaucus, etiam ipse illa herba gustata Deus factus in mare insilijt vt testatur paulopost idem poeta. alij tamen eo tempore, quo Iason cum Tyrrhenis pugnauit, Iouis consilio illum in profundum mare demersum inquiunt, ac Deum marinum factum soli Iasoni apparuisse. alij mallunt Glaucum in Oria monte altissimo Aetoliæ leporem insecutum fuisse, quem captum cum ad fontem detulisset quia propter laborem diuturnum defecerat, ille refectus proxima herba quadam gustata conualuit: qua herba gustata ipse etiam Deus marinus factus est. alij tædio vitæ illum sese in mare præcipitasse inquiunt. fabulantur hunc interpretem fuisse Nerei, vt sensit Euripides in Oreste:

ἐκ δὲ κυμάτων
ὁ ναυτίλοισι μάντις ἐξήγγειλέ μοι
νηρέως προφήτης γλαῦκος, ἀψευδὴς θεός.
ait è fluctibus.
Vates fretum sulcantibus dixit mihi
Glaucus propheta Nerei, verax Deus.

Sic autem Appollonius libro primo vatem Nerei illum appellauit his carminib.

τοῖσι δὲ γλαῦκος βρυχίης ἁλὸς ἐξεφαάνθη,
νηρῆος θείοιο πολυφράδμων ὑποφήτης.
ὕψι δὲ λαχνῆέν τε κάρη, καὶ στήθε' ἀείρας
νειόθεν ἐκ λαγόνων στιβαρῇ ἐπορέξατο χειρὶ
νηΐου ὁλκαίοιο, καὶ ἴαχεν ἐσσυμένοισι.
Visus adest illis tunc alto ex æquore Glaucus,
Diuini vates Nerei, qui plurima nouit:
Hirsutum caput, & pectus summa extulit vnda:
Tum forti dextra ex imo capit ille carinam
Labentis nauis, atque hæc properantibus infit.

Strabo vero libro nono non in Deum marinum, sed in balænam conuersum fuisse scribit. Hic etsi cum Ariadna congressus fuisse scribitur à Thelyto Methymnæo in Bacchicis carminib. & cum Europia Mirei, & Hydna Scylli, cumq; Syma Iolemis, nullus tamen filius ex eo genitus commemoratur. at Clearchus Solēsis libro septimo Vitarum aliam fabulam longe ab his diuersam recensuit, quam etiam recitauit Isacius. inquit enim Glaucum Pasiphaes filium fuisse, qui cum murem insequeretur in dolium mellis cecidit, atque ibi suffocatus est. hunc vbi pater Minos quæreret, neque vspiam inueniret, accepit responsum hominem illum significaturum, & filium in vitam restituturum, qui dixisset cui rei similis esset bos tricolor Minois, qui in agro pascebatur. Hunc Polyidus illi fructui similem esse dixit, quem ferret rubus, quare Minos illum iussit apprehendi, & sibi filium indicare. at Polyidus ex arte diuinandi suffocatum esse inquit in dolio mellis. cum igitur mortuus inuentus fuisset Glaucus, Polyidus cum illo in domum quandam includitur, vt illum vitæ restitueret: qui cum serpentem ad cadauer properantem vidisset volens illum irritare vt ipse ab eo necaretur, forte serpentem interfecit: tum alius draco ad mortuum serpentem accedens herbam quandam attulit, qua

tacta

tacta serpens ille reuixit. Hanc ipsam herbam captam Polyidus Glauco imposuit, & ita in vitam reuocauit. coegit postea Minos Polyidum artem quoque vaticinandi Glaucum docere, antequam in patriam suam Argos liberum dimitteret. fuit etiam Glaucus alius Sisyphi filius, qui cum equas haberet, quæ carnibus humanis vescerentur, ab ijsdem ipse in amorem versis, Venerisque stimulis agitatis, discerptus fuit, vt significauit Virgilius libro tertio Georgic.

Et mentem Venus ipsa dedit, quo tempore Glauci
Potniades malis membra absumpsere quadrigæ.

Id autem contigit non procul à Dirce fonte, Potniaque ciuitate vt ait Strabo libro nono. quod inter eos ludos funebres cõtigisse ait Pausanias in prioribus Eliacis, quos in patris honorem instituerat Acastus. aiunt autem eo ipso in loco terrorem equis immiti solitum, in quo disceptus fuit Glaucus ab eius genio, quare Taraxippus cognomẽto fuit nominatus. Quamuis alij istud ipsum Alcathoo Parthaonis filio tribuunt, qui fuit vnus ex Hippodamiæ procis ab Oenomao occisis, quique in eo ipso loco humatus suæ iniuriæ memor sæuiret in omnes per eum locem equitantes. Fuit & Glaucus quidam Epicydis Spartanus virtutis ingenij existimatione clarus. & Glaucus Chius primus omnium mortalium ferruminationẽ excogitauit, artemque ferri coniungendi vt scripsit Herodotus in Clio. fuit alius Glaucus Carystius, qui duas coronas victor è Pythijs, Octonas è Nemeis & Isthmijs reportauit, cui pater fuit Demylus à Glauco marino Deo oriundus vt ait Pausanias in posterioribus Eliacis. ¶ At nunc ex his veritatem eliciamus. fuit Glaucus vrinator peritissimus, quare aiunt hunc spectantibus Anthedoniis è portu enatasse donec ex omnium prospectu sub aqua latens in locum longinquum peruenerit, vnde à nemine amplius videri posset: Ibi aliquot dies commoratus multis spectantibus ad certum diem natans in portum rediuit, cum diceret se tan diu sub vndis degisse. Accedebat ad hoc miraculum quod hyeme, cum nihil caperent piscatores, ad ciues suos quoscunque illi pisces poposcissent, continuo apportabat, quos ille multum ante in hunc vsum reseruauerat. Deinde captus à quadam bellua marina cum interijsset memoriæ proditum est illum gustata quadam herba Deum marinum esse factum. alii dixerunt Glaucum vitæ pertæsum se in mare præcipitasse: alii ob amorem Palæmonis, qui cum non amplius visus fuerit a bellua aliqua marina fortasse correptus creditus est in Deorum marinorum numerum recessisse. Verum quid habet admirabile hæc fabula cur à poetis sapientissimis hominibus celebraretur? aut quid hoc pertinet ad humanæ vitæ institutionem? Significare per hæc voluerunt antiqui nullam adeo depressam & sordidam esse hominum conditionem, quam non Dei voluntas extollere & illustrare facillime posit: cum nulla sit hominum cõditio, quam Deus respiciat sine probitate, cum is innocẽtiam & integritatem animi tantum, at non aliud quidquam respiciat. Hunc cum diuinandi artis peritum finxerint, demonstrabant nauigandi peritum hominem futuras tempestates multo ante præuidere. at nunc de Nereo dicamus.

De Nereo & Nereidibus. *Cap.* VI.

NEreus vero fuit Ponti, siue Oceani & Tethyos filius creditus, vt his ait Hesiodus in Theogonia.

νηρέα τ' ἀψευδέα, καὶ ἀληθέα γείνατο πόντος.
Πρεσβύτατον παίδων, αὐτὰρ καλέουσι γέροντα
οὕνεκα νημερτής τε καὶ ἤπιος. οὐδὲ θεμιστέων
λήθεται, ἀλλὰ δίκαια καὶ ἤπια δήνεα οἶδεν.

Nerea fatidicum, haud fallacem, semine Ponti
Progenitum natis seniorem: dictus & inde est
Ille senex. quòd veridicus, blandusq;, nec æqui
Oblitus nouit semper decernere iusta.

Nam etiam Apollodorus libro primo biblyothecę hos Ponti & non Tethyos, sed Terræ filios connumerauit, Phorcum Thaumantem, Nereum, Eurybeam, Ceto: Illum igitur & veridicum & vatem esse crediderunt, cum Troianas etiam calamitates Paridi nuntiarit, vt ait Horatius libro primo Carminum in his:

Pastor cum traheret per freta puppibus
Idæis Helenam perfidus hospitam,
Ingrato celeres obruit ocio
Ventos, vt caneret fera
Nereus fata mala ducis aui domum
Quam multo repetet Græcia milite,
Coniurata tuas rumpere nuptias,
Et regnum Priami vetus.

Fertur hic in mari Aegæo præcipue domum habuisse, vt ait Apollonius libro 4:

ὣς ἔφατ' αὐτίκα δ' Ἶρις ἀπ' οὐλύμποιο θοροῦσα
τάμνε τανυσσαμένη κοῦφα πτερὰ, δῦ δ' ἐνὶ πόντῳ
Αἰγαίῳ τόθι πέρτε δόμοι νηρῆος ἔασιν.
Iris ait: cœloq; volans descendit ab alto
Præpetibus pennis passis, pontumque subiuit
Aegæum, domus hic sublimis, & atria Nerei.

Fama est Herculem ad aurea mala Hesperidum ferenda missum, ad Nymphas, quæ in antris Eridani habitabant, adijsse, vt ex ijs audiret vbi nam locorum essent illa mala aurea. Tum Hercules missus fuit ad Nereum, quem varijs formis eludere conantem tandiu detinuit, vt in pristinam figuram redierit, remque indicarit. Hunc antiquissimum Deum nominauit Orpheus, in Argonauticis:

Νηρέα μὲν πρώτιστα καλῶ πρεσβύτατον ἁπάντων.
Nerea cui priscum genus est, huc ante vocamus:

Hunc mari præesse, & in mari habitare solitum, delectari choris puellarum, principiumque esse & finem aquarum, & omnes illius facultates denique ita complexus est Orpheus in hymno quodam:

ὃ κατέχων πόντου ῥίζας κυανανγέτεις ἕδραν.
Πεντήκοντα κόραισιν ἀγαλλόμενος κατὰ κῦμα.
καλλιτέκνοισι χοροῖς, νηρεῦ, μεγαλώνυμε δαῖμον,
πυθμὴν μὲν πόντου, γαίης πέρας, ἀρχὴ ἁπάντων.
Fundamenta tenens ponti, cui cærula sedes.
Quinquaginta mari in lato lætare puellis,
Formosisque choris Nereu, venerabile numen.
Tu fundamen aquæ, tu terræ finis, & idem
Principium es cunctis.

Hunc ab vndis educatu & nutritum fuisse significauit Burip. in Iphig. in Aulide:

κατὰ τὸν δ' ἰ ὑγρῶν κυμάτων τεθραμμένον
νηρέα, φυτουργὸν θέτιδος, ἥμ' ἐγείνατο.
At non per vndis educatum Nereum
Thetidis patrem, cuiusq; ego sum filius.

Hunc eundem patrem fuisse Nereidum vocatum ita idem testatur in eadem Tragædia:

εἴτ' οὖν ἐπ' ἀκταῖς θαλάσσης διοπόρῳ,

ἤ πο-

ἢ νηρέως ἀγάλμαθ' ὃς ποτ' ἐν ὑγρῷ
ἔτικτε πεντήκοντα νηρηΐδων χορόν.
Nam ſeu Dioſcuri ſedent in littore,
Imago ſiue Nerei, Nereidum
Qui quinquies decem chorum olim protulit,

Suſcepit filias Nereus è Doride nympha Haliam, Spio, Paſithoen & Ligeam. Fuerunt enim quinquaginta Nereides vocatæ Nerei & Doridis filiæ, vt ait Heſiodus his in Theogonia:

νηρῆος δ' ἐγένοντο μεγήριτα τέκνα θεάων
Πόντῳ ἐν ἀτρυγέτῳ καὶ Δωρίδος ἠϋκόμοιο,
κούρης ὠκεανοῖο τελήεντος ποταμοῖο.
Naſcuntur Nereo nam pignora clara Dearum,
Doridis & pulchræ ſpumoſis in maris vndis,
Quæ fuit Oceano fluuio lato edita quondam.

Fuit autem Doris Nerei ſoror. Has comas virides habere cēſuerunt antiqui, quare ita ait Horatius libro tertio Carminum:

Nos cantabimus inuicem
Neptunum, & virides Nereidum comas.

His aues Halcyones gratiſsimæ fuiſſe putabantur, vt ait Theocritus in Thaleſijs:

χ' ἀλκυόνες στορεσεῦντι τὰ κύματα, τάν τε θάλασσαν,
τόν τε νότον, τόν τ' εὖρον, ὃς ἔσχατα φυκία κινεῖ.
ἀλκυόνες, γλαυκαῖς νηρηΐσι, ταί τε μάλιστα
ὀρνίθων ἐφίλαθεν.
Alcyones ſternent vndas atq; æquora ponti,
Atq; Eurum, atq; Notum, qui extremas ſuſcitat Algas:
Halcyones Nereidibus gratiſsima proles
Cunctarum volucrum.

Scriptum reliquit Orpheus in hymno quodam in Nereides, illas in vndis tripudiare, & bacchari, & tanquam lætiſsimos piſces huc illuc circa currum Tritonis præcipue curſitare, inter quæ & illud eſt carmen:

τριτώνων ἐπ' ὄχοισιν ἀγαλλόμεναι περὶ νῶτα.
A tergo currus Tritonum cernere poſſes
Has geſtire ſimul.

Harum Nereidum multarum nomina ita recenſuit Homerus libro Σ. Iliadis:

κώκυσεν τ' ἄρ' ἔπειτα. θεαὶ δέ μιν ἀμφαγέροντο
πᾶσαι, ὅσαι κατὰ βένθος ἁλὸς νηρηΐδες ἦσαν.
ἔνθ' ἄρ' ἔην Γλαύκη τε, Θάλειά τε, Κυμοδόκη τε,
Νησαίη, Σπειώ τε, Θόη θ' Ἁλίη τε βοῶπις.
Κυμοθόη τε, καὶ Ἀκταίη, καὶ Λιμνώρεια,
καὶ Μελίτη, καὶ Ἴαιρα, καὶ Ἀμφιθόη, καὶ Ἀγαυή,
Δωτώ τε, Πρωτώ τε, Φέρουσά τε, Δυναμένη τε,
Δεξαμένη τε, καὶ Ἀμφινόμη, καὶ Καλλιάνειρα,
Δωρὶς, καὶ Πανόπη, καὶ ἀγακλειτὴ Γαλάτεια,
Νημερτής τε καὶ Ἀψευδὴς, καὶ Καλλιάνασσα.
ἔνθα δ' ἔην Κλυμένη, Ἰάνειρά τε καὶ Ἰάνασσα
Μαῖρα, καὶ Ὠρείθυια, ἐϋπλόκαμός τ' Ἀμάθεια,
ἄλλαι θ' αἳ κατὰ βένθος ἁλὸς νηρηΐδες ἦσαν.
Tum fundit lacrymas: hanc circum numina ponti
Conueniunt, quæ imas habitant Nereides vndas.
Hic aderant, Glauceq;, Thaliaq;, Cymodoceq;,

Niſæ,

Nisæ, Spioque, Thoeque, Halieque decora.
Cymothoe, Actæe, Melite, cum candida Agaue,
Amphithoeque, & Iæra comis in colla refusis.
Dotoque, Prothoque, Pherusaque, Dynameneque.
Doris, & Amphinome, Panopeque, & Callianira,
Dexamene, Galatea, Amathiaque, Callianassa,
Et Clymene, atque Ianira simul, pariterque Ianassa,
Mæraque, & Orithyia genas fucata colore.
Quæque imas habitant aliæ Nereides vndas.

Verum multo etiam plures his vocatæ sunt Nereides, quæ ad quinquaginta numerantur ab Hesio. in Theogonia, quæ ita vocantur, Proto, Eucranthe, Sao, Amphitrite, Eudore, Thetis, Galene, Glauce, Cymothoe, Spio, Thalia, Melite, Eulimene, Agaue, Pasithea, Erato, Eunice, Doto, Pherusa, Dynamene, Nesæe, Actæa, Protomedea, Doris, Panope, Galatea, Hippothoe, Hipponoe, Cymodoce, Cymatolege, Cymo, Eione, Halimeda, Liagore, Euagore, Leaomedea, Polynome, Autonoe, Lysianassa, Euarne, Psamathe, Menippe, Neso, Eupompe, Themisto, Pronoe, Nemertes. Apollodorus vero Athen. has etiam præter prædictas connumerauit libro primo, Glaucothoen, Nausithoen, Haliam, Pionen, Plesauren, Calypso, Cranto, Neomerim, Deianiram, Polynoen, Melien, Dionen, Isæam, Dero, Eumolpen, Ionen, Ceto, Limnoream. Istæ autem omnes pulcherrimæ habebantur, quare, vt proditũ est in fabulis, Cassiope Cephei Regis Aethiopum vxor cũ omnes suæ ætatis mulieres se forma antecellere gloriaretur, ausa est se Nereidibus etiam præferre, quamobrem illarum indignationem in se concitauit. Illæ igitur arrogantia huius fœminæ irritatæ, temeritateque commotæ incredibilis & admirandæ magnitudinis cetum in illius regionem immiserunt, quare postea iussa est ab oraculo Andromedam filiam, quam vnicam habebat, vt à Ceto voraretur, saxo alligatam exponere. Andromeda tamen Persei virtute liberata fuit, & eiusdem beneficio ad perpetuum vitandæ temeritatis exemplum, Cassiope inter sydera relata, vt patet ex Aratæo carmine ita latine verso a Cicerone;

Labitur illa simul gnatam lacrymosa requirens
Cassiepia, neque ex cœlo depulsa decore
Fertur, nam verso contingens vertice primum
Terras post humeros euersa sæpe refertur,
Hanc illi tribuunt pœnam Nereides almæ,
Cum quibus, vt perhibent, ausa est contendere forma.

Neque plura his fere sunt de Nereo ac Nereidibus memoriæ tradita. Nunc sententiam antiquorum ex his exprimamus. ¶ Nereus dicitur Oceani fuisse & Tethyos filius, qui sanè nihil est aliud, quàm consilium & peritia in regendis nauibus, quippe cum peritia illa ex Oceano & vndis nascatur. Hic multas parit filias, quæ sunt inuentiones ac consilii mutationes ad nauigationem pertinentes, hanc peritiam antiquissimum Nereum vocarunt, ob vetustatem nauigationis. Eundem vatem esse tradiderunt, quia efficit in singulis disciplinis peritia vt multa euentura diuinemus & longe prospiciamus. Neque peritus nauigandi quispiam putandus est, nisi qui multo ante ventorum mutationes, & signa tempestatum, tanquam ex altissima specula prouideat. Hunc Deum in varias formas se vertere finxerunt antiqui, quoniam sapientis est ad multas varietates, rerumque gerendarum opportunitates se accommodare. Nequis igitur Deorum immortaliũ clementiã sibi deesse arbitraretur, sed vnumquenque sua dementia perire, qui se in sæuissimas maris tẽpestates intruserit, nulla habita rõne illorũ, quæ

Ipse pater statuit, quid menstrua luna moneret,
Quo signo caderent Austri;

Hæc dicta sunt. ¶ Idem est autem fabulam hanc confinxisse, vt summatim dicam, atque si dicerent antiqui, esto prudens in transigendis negotiis, neque Deũ incuses vbi per imprudentiam aut temeritatem tibi pericula ipse conflaueris, cũ Deus prudenti cuique ac diligenti viro præsens sit. Alii tamen marinam aquam Nereum vocarunt, vt est apud Ouid. in Deianira,

Respice vindicibus pacatum viribus orbem,
Qua latam Nereus cœrulus ambit humum.

Atque de Nereo satis dictum est, nunc de Phorcyne dicamus.

De Phorcyne, *Cap.* VII.

PHorcyn, quem Latini Phorcum etiam vocarunt, fuit & ipse Ponti siue Maris ac Terræ filius, vt testatur Hes. in Theog.

αὖτις δ' αὖ θαύμαντα μέγαν, καὶ ἀγήνορα φόρκυν
Γαίῃ μισγόμενος, καὶ κητὼ καλλιπάρῃον,
εὐρυβίην τ' ἀδάμαντος ἐνὶ φρεσὶ θυμὸν ἔχουσαν.
Hinc Thaumanta parit magnum, Phorcym que superbum
Coniunctus terræ, & præstanti corpore Ceto.
Eurybiamque simul, cui sunt adamantina corda.

Varro tamen Phorcynem Thoseæ Nyphæ ac Neptuni filium fuisse scribit, qui filias habuit, præter commemoratas superius ex Ceto, Phorcidas scilicet & Gorgones, Thoosam, quæ cum Neptuno coniuncta Cyclopem peperit Polyphemũ, de quo ita scribit Home. lib. 1. Odyss.

ἀλλὰ ποσειδάων γαιήοχος ἀσκελὲς αἰὲν
κύκλωπος κεχόλωται, ὃν ὀφθαλμοῦ ἀλάωσεν
ἀντίθεον πολύφημον ὅου κράτος ἐστὶ μέγιστον
πᾶσι κυκλώπεσσι. θόωσα δέ μιν τέκε νύμφη
φόρκυνος θυγάτηρ ἁλὸς ἀτρυγέτοιο μέδοντος.
Verum Neptunus qui terram verberat vndis
Succenset causa Cyclopis, quod Polyphemum
Lumine priuauit, qui robore præstitit omnes
Inter Cyclopas, peperit quem Nympha Thoosa,
Filia spumosi, qui temperat æquora, Phorci.

Genuit etiam serpentem, qui mala Hesperidum tuebatur, vt ait Hes.

κητὼ δ' ὁπλότατον φόρκυνι φιλότητι μιγεῖσα
γείνατο δεινὸν ὄφιν, ὃς ἐρεμνῆς κεύθεσι γαίης
Πείρασιν ἐν μεγάλοις παγχρύσεα μῆλα φυλάσσει.
Postremum Phorco ceto coniuncta sed edit
Serpentem magnum, qui extremis partibus orbis
Sub tellure latens semper mala aurea seruat.

Habuit etiam Scyllam filiam, vt dicemus postea. Nec plura fere de Phorcyne leguntur apud antiquos. ¶ Fuit Phorcyn Ponti vel Neptuni ac Terræ filius & maris Deus, quem circularem aquarum motum nonnulli esse crediderunt, qui principium ab Oceano capit, & ab humore in terra existente. Huius vxor esse Ceto dicitur exhalatio scilicet quæ calore & radiis solis excitatur, qui humor cum per æstatem grauiorem extenuatus tollitur, fit draco, prope enim tremula fit illa exhalatio, & obliqua, quæ per calorem solis attollitur. Alii rem hanc ad historiam transferre maluerunt, dixeruntque Phorcynem Sardiniæ atque Corsicæ insulis imperasse,

imperasse, qui ab Atlante nauali prælio superatus, in ea pugna submersus sit, neque vsplam postea inuentus, quare creditus fuit se in Deorum marinorum numerum recepisse. Cætera vero, quæ de illo fabulose dicuntur, in eius gratiã fuerunt ad probabilitatem priorum ficta. At nunc de Proteo.

De Proteo. Cap. VIII.

PRoteus & ipse maris Deus fuit Neptuni & Phœnicæ Nymphæ filius, vt scriptum reliquit Zez. hist. 44. chil. 2. qui in Pharo Alexandriæ habitauit, Toronenque ex Aegypto in Phlegram Pallenes profectus vxorem duxit. Nati sunt illi filii e Thorone Tmylus & Telegonus, de quibus meminit Euripides in Helena. Hi postea peregrinos crudeliter interimebant cum adoleuissent, quorum sæuitiam cum Proteus æquo animo ferre non posset, impetrasse à patre Neptuno dicitur vt in Aegyptũ rursus ferretur, cuius preces cum audiuisset Neptunus è quodam Pallenes hiatu speluncam sub mari fecit, in qua illum in Aegyptum vsque siccum perduxit. Deinde cum Hercules ob crudelitatem, qua in hospites vtebantur, Tmylum & Telegonum obtruncasset, cognita cæde filiorum neque lacrymas emisit, quia nefarij essent homines, neque risit, quòd essent filii, vt scripsit Theopompus lib. 8. rerum Græcarum. Xantipus vero scripsit in rebus Lydiæ Proteum Oceani & Tethyos à quibusdam creditum fuisse filium. Eurip. præterea Psamathen vxorem illum duxisse scribit, de qua Theonoen, & Theolymenum marem suscepit. habuit etiam Caberam Rhetiam & Idotheam filias, quæ Menelaum de reditu in patriam ambigentem, cum diutius in Aegypto detineretur, docuit vt recentibus pellibus phocarum indutus vna cum socijs tanquam phocis se inter phocas dormire simularent, quo tempore sub meridiem Proteus in siccum exiens inter phocas dormire consueuit, atque illum dormientem comprehendere, tandiuque retinere in varias formas se mutantem, quandiu in pristinam formam redierit. nam tunc futura demum illis prædicet omnia. Dicunt enim modo in aquam, modo in ignem, modo in feras, in arbores, volucres, serpentes se vertere solitum, vt ait Hom. lib. 4. odyssææ, vbi explicat consilium Idotheæ, quæ carmina, cum multa sint, non asseribam, sed latine illa breuitatis causa pronuntiabo, sic enim Græca incipiunt;

> ὣς ἔφατ', αὐτὰρ ἐγώ μιν ἀμειβόμενος προσέειπον.
> αὐτὴ νῦν φράζευ σὺ λόχον. sic autem latine
> Dixerat. his ego sum contra sed talibus orsus.
> Nunc senis insidias diuini Diua recense,
> Ne me præuisum fugiat. nam vincere Diuos
> Viribus humanis res est valde ardua. Dixi
> Sic ego, sed contra Dea sic est inde locuta.
> Hospes vera tibi dico, verissima nosces.
> Cum medios radiis iam sol accenderit æstus,
> Aequoreus solet ire senex in litora verax.
> Hunc Zephyro iactata senem tegit alga marina:
> Quem circum phocæ in spelunca e fluctibus altis
> Egressæ capiunt placidam per membra quietem,
> Spirantes salsas, & olentes naribus vndas.
> Huc ego te ducam cum primum Aurora fugarit
> Exoriens stellas, socios tres ipse memento
> Deligere è cunctis, qui præstent mente, animoque.
> Nunc agè narrabo tibi fraudes, nunc senis artes.

Primum

Primum dinumerat phocas, numerumque recurrit,
Quas omnes vt adesse videt, prosternitur vnà
Ipse; ouium veluti custos in montibus olim.
Hunc vbi videritis stratum, somnoque grauatum,
Cura sit hinc arctè duris innectere vinclis,
Et retinere Deum conantem fallere dextras
Omnia mox fiet, serpens qui pectore terram
Verret, fiet rursus aqua hic, crepitabit & ignis.

Hunc eundem Deum rerum omnium principium esse, & Deorum antiquissimum putauit Orpheus, quem & claues habere maris, & omnibus præesse, tanquam principium vniuersæ naturæ dixit, vt patet ex eo hymno;

Πρωτέα κικλήσκω πόντου κληῖδας ἔχοντα.
πρωτογενῆ, πάσης φύσεως ἀρχὰς ὃς ἔφηνεν.
ὕλην ἀλλάσσων ἱερὴν ἰδέαις πολυμόρφαις.
πάντιμος, πολύβουλος, ἐπιστάμενος τά τ' ἐόντα,
ὅσα τε πρόσθεν ἦν, ὅσα τ' ἔσσεται ὕστερον αὖτις.
Gestantem claues pelagi te maxime Proteu
Prisce voco, à quo naturæ primordia primum
Edita sunt, formas in multas vertere nosti
Materiam sacram, prudens, venerabilis, atque
Cuncta sciens, quæ sint, fuerint, ve ntura trahantur.

Hunc in curru vehi, qui à phocis traheretur, putarunt antiqui, quos equos bipedes vocauit Virg. lib. 4. Georg.

Est in Carpathio Neptuni gurgite vates
Cæruleus Proteus, magnum qui piscibus æquor,
Et iuncto bipedum curru metitur equorum.

Nec plura his ferè de Proteo tradita sunt ab antiquis, quorum sententiam explicemus. Proteum Neptuni siue Oceani filium finxerunt, quem putarunt vim esse aeris, qui de Stoicorum sententia Iupiter fuit appellatus, ac per omnia pertransiret, & vbique esset, vt patuit superius, cum de Ioue loqueremur, nam aer proximè fit ex aqua in illum extenuata. Hunc naturam esse aeris, per quem tẽperatum omnia oriuntur, & vnde sit omnibus ortus principium & plantis & animalibus, videtur significasse Hom. lib. 4 Odyss. in his;

Ἀλλ' ἤτοι πρώτιστα λέων γένετ' ἠϋγένειος.
Αὐτὰρ ἔπειτα δράκων, καὶ πάρδαλις, ἠδὲ μέγας σῦς.
Γείνετο δ' ὑγρὸν ὕδωρ καὶ δένδρεον ὑψιπέτηλον,
καὶ πῦρ.
Concussit ceruice iubas leo factus, & inde
Fit draco terribilis, modo sus, modo pardalis igens,
Alticoma aut arbor, nunc frigida defluit vnda,
Nunc ignis crepitat.

Nam ex eadem materia pro aeris caloris ue ratione occulta, vel arbores, vel animalia nascuntur, vel materia ipsa conuertitur in elementa, quod antiqui significarunt, per tot, tamque multiplices formarum mutationes, cum Proteus quasi τὸ πρῶτον ὄν, primum existens scilicet sit. materia enim omnis in intellectu forma prior existit, formasque variassemper expetit naturæ impulsu quamobrem in tot formas verti dictus est Proteus. Nam certe quidem hominem aliquẽ fuisse, qui se in tot formas verteret putare, fatui omnino est hominis. at Lucianus in dialogo, qui nauigiũ inscribitur, nauigandi peritissimum hominẽ videtur existimasse, cum ita dicat; θαυμάσιος τὴν τέχνην ὡς ἔφασκον οἱ ἐμπλέοντες, καὶ τὰ

θαλά

θαλάττια σοφὸς ὑπὲρ τὸν πρωτέα admirabili nauigandi peritia, vt dicebant, qui vna nauigarunt, & rerum maritimarum cognitione vel Proteum illum superare videbatur. Diodorus Siculus lib. 2. morem fuisse Regum Aegyptiorum scribit, vt priorẽ partẽ vel leonis in capite gestarẽt, vel draconis, vel arboris, atq; in ignis aliquando formam diademata inciderentur, quod gestamen erat principatus insigne. Inde postea fictum fuit, quòd Proteus se in varias formas commutaret. dictus est fuisse phocarum custos & pastor, quia locis maritimis imperauerit, nam Reges & principes populorum ποιμένας λαῶν antiqui vocarunt, hoc est populorum pastores. debet enim princeps non minus salutis, quam etiam vtilitatis suorum populorum esse studiosus. qui enim de tondendo grege tantum & occidendo sollicitus est, non pastor sed lupus & latro est appellandus. Sunt enim diuitiæ populorum quasi obsides, quæ iacturæ metu ciues in fide retineant, atq; ciuium opulentia, opulentia denique est principis, si res ita tulerit. Atque omnis ciuitas in quam opes ad paucos confluxerint, magis exposita est hostium viribus, quia præter inuidiam & intestina odia, plurimum differt pugnare pro alienis, & pro suis facultatib. cum omnes sint propriæ vtilitatis præcipuè acerrimi defensores, segnes aliarum, nemoque patriam suam esse existimet, in qua nihil habeat plus bonorum quàm exteri. dictus est phocarum pastor, quoniam maritimi & natandi periti essent eius populi. At Lucianus histrionem fuisse Proteum arbitratus est, de quo ita scribit in dialogo de Saltatione; δοκεῖ γάρ μοι ὁ παλαιὸς μῦθος καὶ πρωτέα τὸν αἰγύπτιον οὐκ ἄλλό τι ἢ ὀρχηστήν τινα γενέσθαι λέγειν μιμητικὸν ἄνθρωπον, καὶ πρὸς πάντα σχηματίζεσθαι καὶ μεταβάλλεσθαι δυνάμενον, ὡς καὶ ὕδατος ὑγρότητα μιμεῖσθαι, καὶ πυρὸς ὀξύτητα ἐν τῷ τῆς κινήσεως σφοδρότητι, καὶ λέοντος ἀγριότητα, καὶ παρδάλεως θυμὸν, καὶ δένδρου δόνημα, καὶ ὅλως, ὅτι καὶ θελήσειεν. Videtur mihi sane antiquus ille fabulosus Proteus saltator quispiam aut histrio fuisse egregius, qui scierit se in omnia formare, omniaque imitari, ita vt aquæ humorem, & ignis acumen per motionum celeritatem imitaretur, & leonis feritatem, & iram pardalis, & arboris susurrum, & omnino, quidquid illi collibuisset, referret. Neque tamen soli Proteo hæc facultas fuit in omnia se conuertendi, sed etiam Thetidi, & Mastræ filiæ Erysichthonis Aethonis Thessali, quæ cũ pater omnia sua bona ob assiduam famem diuinitus immissam deglutisset, sese tandiu in varias formas vertebat, quandiu à patre venderetur, vt eius fami succurreret, deinde ad patrem statim clam redibat; Sic Periclymenus Nelei & Polymelæ filius, ac frater Nestoris id munus à Neptuno impetrauit, vt in omnia quæ optaret, conuerti posset. quare musca dicitur ab Hercule Pylum oppugnante occisus. nam in eam formam versus indicatus fuit à Pallade, quod autem in omnia ita verteretur, sic de illo loquens Euphorion indicauit;

> Σύν τε περικλύμενον νηλεῖ ᾧ ἔκτανε μυίαν.
> ὅς ῥά τε πᾶσιν εἴκτο θαλάσσιος ἠΰτε πρωτεύς.
> Atque Periclymenum muscam tunc ille cecidit.
> Qui, velut æquoreus Proteus, se vertit in omnia.

Quod etiam planius explicauit Hesiodus in his;

> περικλύμενόν τ' ἀγέρωχον
> ὄλβιον, ᾧ πόρε δῶρα ποσειδάων ἐνοσίχθων
> παντοῖ', ἄλλοτε μὲν γὰρ ἐν ὀρνίθεσσι φάνεσκεν
> Αἰετὸς, ἄλλοτε δ' αὖτε πελέσκετο θαῦμα ἰδέσθαι
> Μύρμηξ ἄλλοτε δ' αὖτε μελισσέων ἀγλαὰ φῦλα,
> Ἄλλοτε δεινὸς ὄφις καὶ ἀμείλιχος. εἶχε δὲ δῶρα
> Παντοῖ', οὐκ ὀνομαστά, τά μιν καὶ ἔπειτα δόλωσεν
> Βουλῇ ἀθηναίης.

Peri-

Periclymenumque superbum
Felicem, cui dona dedit præstantia quondam
Neptunus. volucres inter fit nanque volucris
Tum fit rursus apis, cursus (mirabile visu
Formica apparet, rursus fit frigida serpens.
Munera multa habuit, quæ singula dicere non est,
Denique principium cædis, causæque quæ fuerunt,
Pallas vti monuit.

Habuit etiam Empusa hanc ipsam facultatem conuertendi se in quæcunque libuisset, de qua ita scripsit Aristophanes in Ranis;

καὶ μὴν ὁρῶ νὴ τὸν Δία μέγα.
ποῖον δή; δεινὸν, παντοδαπὸν γοῦν γίγνεται.
τότε μὲν βοῦς, νυνὶ δ' οὐρεὺς, τότε δ' αὖ γυνὴ
ὡραιοτάτη τις. ποῦ ἐστὶ, φέρ' ἐπ' αὐτὴν ἴω.
Ἀλλ' οὐκ ἔτ' αὖ γυνή ἐστιν, ἀλλ' ἤδη κύων.
Ἔμπουσα τοίνυν ἐστί.
Nam maximam profecto cerno belluam.
Qualem? nouam. fit cuncta, cum libet, statim:
Nunc mula, nunc bos, rursus illa fœmina
Formosa. dic vbi est, eamus recta eò.
Haud fœmina est, sed rursus illa, sed canis
Empusa certe est illa.

Sic etiam Epicharmus in Hebes Nuptiis;

Ἔμπουσα δένδρον, βοῦς, ἔχιδνα γίγνεται,
Λίθος τε, μυῖα, καὶ γυνὴ δ' ὡραία τις
καὶ πάνθ' ὁποῖα λῇ, καὶ ὅσα συμφέρει.
Empusa planta, bos fit, atque vipera,
Lapisque, musca, pulchra & illa fœmina,
Quidquid cupit, vel denique illi conferat.

¶Alij, inter quos fuit Antigonus Carystius in Dictione, Proteum virum sapientissimum fuisse tradiderunt, qui multa de naturali philosophia scripserit, de plantis, de lapidibus, de natura ferarum, de mutatione mutua elementorum, & quo pacto illa principia sint omnium nascentium, quæ vt vires singula sumpserint, ita vel arbores fiunt, vel herbæ, vel animalia, quare dictus fuit Proteus in illa omnia se vertisse. Hunc eundem diuinatorem arbitrabantur, quia multa ex obseruatione syderum, & ex rerum præteritarum memoria prædiceret. Alii crediderunt per magicas artes Proteum in prædictas formas se mutasse, alii dixerunt fuisse virum dicendi peritum, qui facile posset in quosuis animorum motus homines impellere, quare prædictas formas sumere dictus fuit. Ego Proteum virũ fuisse prudentem putauerim (si modo quis fuit) & in conciliandis conseruandisque amicitij callidissimum, & in temperandis motibus animorum, & in moribus ad omnes euentus rerum cautè formandos, aut certe quales esse viros prudentes oporteat per hæc figmenta nobis antiquis demonstrasse. Quis enim nesciat nihil magis necessarium esse vel in administratione ciuitatum, vel in quotidiana consuetudine, quàm varietatem ingenii, quæ confert plurimum ad omnes opportunitates, ac rerum vicissitudines? oportet igitur virum prudentem quoniam non omnes iisdem studiis delectantur aut capiuntur, per varias formas se in hominũ amicitiam ingerere, ac variis vti rationib. in ciuitatum administrationibus, quoniam alii euentus clementiam, alii seueritatem iudicis requirunt, sic enim fieri Proteum modo ignem, modo aquam intelligendum est. & modo

modo fructiferam arborem, modo crudelissimam feram propter præmia iustitiæ ac supplicia. veruntamen non solum ad amicitias, & ad ciuitatum ad ministrationes hæc fabula pertinet, sed multo magis ad vniuersam humanæ vitæ rationem, quippe cum neque semper indulgere genio conueniat, neque semper eadem vitæ seueritas retinenda sit: sed vtriusque rei tempora sunt cognoscenda, quippe cum nihil violentum sit diuturnum. Nihil aliud igitur dixisse mihi videntur per hæc figmenta, quàm illud quod etiam dictum fuit ab oraculo, ne quid nimis. cum omnis omnium rerum salus & constantia in mediocritate moderationeque sit collocata. Illa vero quæ dicuntur fabulose de Periclymeno, de immenso quodã auaritiæ gurgite intelligenda sunt, nam tametsi immensas opes domesticas auaritia recondiderit, tamen his minime contenta, vel per omne fraudum, insidiarumque genus alienis facultatibus inhiat.

De Castore & Polluce, Cap. IX.

CAstorem item & Pollucem salutaria numina nauigantibus, si gemini apparerent, omnes crediderunt antiqui, atque etiam omnium nauigantiũ vnus sermo mutatis tamen nominibus nostra ætate appellauit. Fama fuit Iouem, vt de horum origine aliquid dicamus, captum desiderio Ledæ, Tyndari Regis in cygnum se conuertisse, atque illam compressisse. Nam cygnus factus ita iucunde cecinit, vt illum propter cantus suauitatem Leda adamauerit & contrectauerit. Deinde ab eo cygno compressa ouum peperisse dicitur, e quo Castor & Pollux & Helena nati sunt, vt Ouidius in his innuit in epist. Helenæ;

Dat mihi Leda Iouem cygno decepta parentem,
Quæ falsam gremio credula fouit auem.

Alij tamen deterritum ab aquila cygnum ad Ledam conuolasse inquiunt, atque cum sub ea forma Ledã decepisset Iupiter cygni formam in cœlum transtulit vt ait M. Manilius in primo astronomicorum;

Proxima sora cygni, quem cœlo Iupiter ipse
Imposuit formæ precium, qua cepit amantem,
Cum Deus in niueum descendit versus olorem.

Alij tamen crediderunt oua nata fuisse ex illo congressu, quorum ex altero Castor & Pollux, ex altero Helena nata sit & Clytemnestra. non nulli Timandram addiderunt sororem. Non de fuerunt tamen qui ex vno tantum ouo Pollucem & Helenam natos fuisse crediderint, quod Leda e Ioue conceperit, cum e Tyndaro Castorem & Clytemnestram natos esse arbitrentur. hi igitur mortales vt ex homine concepti, illi immortales vt ex Deo, crediti fuerunt. Vocati tamen sunt omnes Tyndaridæ, & in Lacedæmone iuxta Taygetum montem Laconiæ nati, vt ait Home. in hymnis;

κάστορα καὶ πολυδεύκεα ἀείσεο μοῦσα λίγεια
τυνδαρίδας, οἳ ζηνὸς ὀλυμπίου ἐξεγένοντο·
τοὺς ὑπὸ ταϋγέτου κορυφῆς τέκε πότνια λήδη,
λάθρῃ ὑποδμηθεῖσα κελαινεφεῖ κρονίωνι.
Castora Pollucemque mihi nunc pandite Musæ
Tyndaridas, Iouis è cœlestis semine natos.
Taygeti peperit quondam hos sub vertice Leda,
Clam coniuncta Ioui cœlestia regna tenenti.

Theocritus in Dioscuris Castorem & Pollucem Iouis filios, at non Tyndari appellauit.

ὑμνέομες Λήδας τε καὶ αἰγιόχου Διὸς υἱώ,
Κάστορα καὶ φοβερὸν Πολυδεύκεα πὺξ ἐρεθίζειν.
Cantamus natam de Leda & de Ioue prolem,
Castora Pollucemque timendos hostibus acres.

Hi cum nati fuissent Pephni, quæ maritima erat ciuitas in insula eiusdem nominis Lacedæmoniorum ditionis, vt fuit Thalamatarum sermo, & Alcman in quodam cantico scripserat, quamuis magna esset controuersia inter Messeniacos ac Lacedæmones ab vtris Castores essent oriundi, cum illos patrios Deos vtrique sibi vendicarent, à Mercurio Pellenem nutriendi statim deportati fuerũt. Deinde cum Iason ad aureum vellus esset nauigaturus, & ad eum confluerent vndiq; delecti iuuenes, inter cæteros accessit Castor & Pollux, vt ait in libro 1. Apollonius:

καὶ μὴν Αἰτωλὶς κρατερὸν Πολυδεύκεα Λήδη,
Κάστορά τ' ὠκυπόδων ὦρσεν δεδαημένον ἵππων
Σπάρτηθεν, τοὺς δ' ἥγε δόμοις ἔνι Τυνδαρέοιο
τηλυγέτους ὠδῖνι μιῇ τέκεν.
Impulit hic fortem Pollucem Aetolica Leda,
Castora & hinc eadem domitorem rursus equorum
E Sparte, partu quondam quos edidit vno
Tyndari in æde viri.

Hi multa præclara facinora in ea nauigatione ediderunt: nam cum ad Bebryciorum, Amyciq; Neptuni filij litus appulissent, Pollux aduersus Amycum, qui omnes Argonautas prouocauerat, in pugnam prodiuit: eumque interfecit. Amycus enim consueuerat ita omnes peregrinos interimere, cum illos cogeret secum pugnis decertare: atque tunc etiam ad Argonauem accedens Amycus ita omnes ad pugnam inuitauit.

κέκλυθ' ἁλίπλαγκτοι τάπερ ἴδμεναι ὔμμιν ἔοικεν,
οὔτινα θέσμιόν ἐστιν ἀφορμηθέντα νέεσθαι
ἀνδρῶν ὀθνείων, ὅσκε Βέβρυξι πελάσῃ,
πρὶν χείρεσσιν ἐμῇσιν ἑὰς ἀνὰ χεῖρας ἀεῖρας.
τῷ κεῖμοι τὸν ἄριστον ἀποκριδὸν οἶον ὁμίλου
πυγμαχίῃ στήσασθε.
Discite potiuagi nautæ, quæ discere oportet.
Nulli, Bebrycios portus qui intrauerit, est fas
Soluere, ni expertus sit nostrę robora dextræ:
Quare agite ô proceres præstantem robore cunctis
Mittite mi pugilem.

Theocritus autem exisse aquatum Pollucem scribit, & apud fontem Amycum inuenisse, à quo coactus fuit pugnis decertare. Omnes tamen assentiuntur Amycum fuisse cum multis Bebrycibus à Polluce occisum. Iidem post Colchicam expeditionem in patriam reuersi, cum Theseus Helenam rapuisset, in Athenienses ad recuperandam sororem militarunt, tum expugnata Aphidna, captaque vrbe, & Helena recepta, omnibus Atheniensibus pepercerunt, præterquam vni Aethræ matri Thesei, quam captiuam abduxerunt. Inde vero effectum est vt Reges & seruatores Dioscuri ob eximiam clementiam ab Atheniensibus sint postea vocati. Post recuperatam sororem in amorem Phœbes & Talayræ filiarum Leucippi, Arsinoesque sororum inciderunt, quæque ipsi in Theseo improbauerant, in alios ipsi committere nõ dubitarunt. Zez. vero non Phœben, sed Ilaeram vocat alterã Leucippi filiarum hist. 48. chil. 2. quam alii Nacirã alii Elairam vocarunt, quibus nonnulli illud etiam addiderunt è Phœbe ac Polluce natum fuisse postea Mnesibũ, quem alii Mnesinoum, alii Asineum vocarũt.

è Castore & Ilaira natus est Anogon, atque vt alijs magis placuit Anaxis, vt alijs Aulothus. Fuerant illæ Lynceo & Idæ Apharei filijs desponsatæ, quare earum mariti in raptores Dioscuros ob acceptam iniuriam impetum cum armis facientes grauem pugnam commiserunt ad Taygeti montis radices, ac denique Castor à Lynceo interfectus est, ac Lynceus postea ictus à Polluce columna saxea occubuit, de quo Pollux trophæum erexit. Futurum erat breui vt Pollux etiam acceptis ab Ida vulneribus interficeretur, nisi Iupiter Idam fulmine ob natum percussisset, vt ait in his Theocritus:

ἤ γὰρ ὅγε στάλαν ἀφαρηΐου ἐξανέχουσαν
τύμβῳ ἀναρρήξας ταχέως μεσσάνιος ἴδας
μέλλε κασιγνήτοιο βαλεῖν σφετέροιο φονῆα.
ἀλλὰ ζεὺς ἐπάμυνε χερῶν δέ οἱ ἔκβαλε τυκτὰν
μάρμαρον, αὐτὸν δὲ φλογέῳ συνέφλεξε κεραυνῷ.
Pars erat è tumulo nam Aphareio exerta columnæ,
Quam forti dextra fregit Messenius Idas:
Hanc fratrisque sui fuerat iacturus in hostem.
Iupiter auxilium tulit, illi marmor ab ipsa
Decussit dextra, & combussit fulminis igne.

Alij Pollucem etiam cæsum fuisse dixerunt: atq; cum vterq; se intra ventrosam quercum occultasset, à Lynceo mortalium omnium perspicacissimo fuisse visos, vt patet ex his carminibus eius Stasini, qui res Cyprias carmine conscripsit:

αἶψα δὲ λυγκεὺς
τηΰγετον προσέβαινε ποσὶ ταχέεσσι πεποιθώς·
ἀκρότατον δ' ἀναβὰς διεδέρκετο νῆσον ἅπασαν,
ταντάλιδου πέλοπος τάχα δ' εἴσιδεν ὄβριμος ἥρως.
Δεινοῖς ὀφθαλμοῖσιν ἔσω δρυὸς ἄμφω κοίλης,
κάστορά θ' ἱππόδαμον καὶ ἀεθλοφόρον πολυδεύκεα.
quo tempore Lynceus
Taygeti velox ascendit culmina montis
Lustrauitque oculis quidquid tenet insula magni
Tantalidæ Pelopis, præacuto lumine vidit
Hos ambos intra ventrosæ robora quercus,
Pollucem fortem, & domitorem Castora equorum.

Neque mirum est tam fortes fuisse Apharei filios, aut tam perspicacem Lynceum, quãdo ab illo Perseo qui Medusam occidit, per Gorgophonen nympham originem duxerunt, quorum hæc series ortus fuisse narratur. Fuerunt duo fratres Hyacinthus & Cynortes. Cynortæ filius Perieres. ex hoc & Gorgophone Persei filia Leucippus, & Icarius, & Aphareus nati sunt. è Leucippo & Philodice Inachi filia Phœba & Ilaira nascuntur. Ex Icario & Peribæa Naide nascuntur filij quinq; mares, & Penelope, quæ postea fuit vxor Vlysis. ex Aphareo & Arene nympha Oecali filia vti scripsit Stesichorus, vel vt alijs magis placuit, ex Arne filia Aeoli, Lynceus & Idas nascũtur, quare ex eodem fonte priore omnes manasse visi sunt. Didymus tamen solum Castorem visum fuisse inquit à Lynceo. at Pindarus in Nemeis propter armenta abacta pugnatum fuisse inquit, at non propter Leucippi filias Habuerunt aurigas Rhecam & Amphistratum viros fortissimos, quorũ alter Phthiotis illis, qui Achaiam habitarunt: alter Laconibus, qui Heniochiam vocatam, duces fuerunt, vt ait Strabo lib. 11. Dicuntur primi Dioscuri arcus inuenisse, & docuisse canes quod spectat ad venationem, & cæstus certamen, vt nos libro 2. Venationum scripsimus:

Quid referam Ledæ pueros? hic repperit arcus,

Et cursu domitare feras inuenit equorum.
Ille canes primus docuit vestigia caute,
Atque feris homines crudo decernere cæstu.

Cum cæsus fuisset igitur Castor à Lynceo, fabulantur immortalem Pollucem à patre Ioue petijsse, vt Castor immortalitatem assequeretur, quod cum obtinere non potuisset, impetrauit denique vt dimidium suæ posset illi impartire, quare alternis diebus singuli viuere dicuntur, vt est apud Virgilium libro sexto:

Si fratrem Pollux alterna morte redemit,
Itque reditque viam toties.

Hi crediti sunt ab equis albis vehi soliti, quare ita scripsit Pindarus in Pythijs in Hierone:

ἔχον δ' ἀμύκλας ὄλβιοι,
πινδόθεν ὀρνύμενοι,
λευκοπώλων τυνδαριδᾶν βαθύδο-
ξοι γείτονες.
Habitabant Amyclas diuites
è Pindo concitati
Candidos equos habentium Tyndarindarum glorio-
si vicini.

Post cædem autem Castoris Castorium vocatum tripudium in honorem Castoris fuit institutum, de quo meminit Pindarus in eadem Ode: in eo autem armati iuuenes tripudiabant. quidam tamen dixerunt ab ipsis Dioscuris post victos gigantes id tripudium fuisse excogitatum. atque Palladem legem Enoplam cecinisse, inter quos fuit Epicharmus, quam legem postea Lacones cum tibijs in acie instructi aduersus hostes vsurparunt, quod tamen nonnulli à Curetibus inuentum fuisse inquiunt, Dixerunt enim Cretenses non solum Castorium, sed etiam pyrrhichium melos excogitasse, quod quidā Pyrrhicho Cretensi tribuūt, inter quos fuit Sosibius. Alij Pyrrho Achillis filio, qui armatus vsus est in victoria contra Eurypylum & Telephum id attribuunt. Arist. primum Achillem ad pyram Patrocli Pyrrhicho vsum fuisse inquit. Enimuero Castor & Pollux ob res præclare gestas in Deorum numerum, sicuti antiquorum plerique, relati fuerunt: cum mortales essent vt reliqui homines, vt ait Pausanias in Arcadicis. Fama est hos nauigantium Deos, & omnibus nauigātibus salutares tali de causa creditos esse: cum ingens tempestas Argonautas à Sigæo digressos inuasisset, atque pro illorum incolumitate vota Orpheus concepisset, geminæ flammæ circa Castoris & Pollucis capita apparuerunt. Secuta est paulo post admirabilis maris tranquillitas, & clementia ventorum: quamobrem credita fuit inesse quædam in his iuuenibus diuinitas, & ignes illi cum postea nauigantibus apparerent Castoris & Pollucis arbitrio apparere crediti fuerunt. Putabantur ijdem seruare nauigantes in extremo vitæ periculo constitutos, vt apparet ex idylio Theocriti in Dioscuros, vbi signum esse futuræ serenitatis inquit apparens præsæpe inter Asellos his versibus:

Ἀλλ' ἔμπης ὑμεῖς γε καὶ ἐκ βυθοῦ ἕλκετε νᾶας
αὐτοῖσιν ναύταισιν οἰομένους θανέεσθαι.
αἶψα δ' ἀπολήγοντ' ἄνεμοι, λιπαρὰ δὲ γαλάνα
ἀμπέλαγος· νεφέλαι δὲ διέδραμον ἄλλυδις ἄλλαι.
ἐκ δ' ἄρκτοι τ' ἐφάνησαν, ὄνων τ' ἀνὰ μέσσον ἀμαυρὴ
φάτνη, σημαίνουσα τὰ πρὸς πλόον εὔδια πάντα.
Vos tamen ex vndis naues seruatis, & ipsos
Nautas in summo positos discrimine vitæ.
Continuo venti cessant, fremitusque minacis

Aequoris, aufugiunt nubes, vrsæque nitescunt,
Apparet præsepe simul tenue inter Asellos
Significans tranquilla maris mox omnia nautis.

Hæ flammæ cum geminæ apparent salutiferæ putantur nauigantibus: at si vna tātum, periculosa est nauigiis, & eò magis si terribilis illa & dira pestis quam nautæ vocant Helenam, suo aduentu geminas flammas fugauerit. Quamuis Euripides Helenam quoque cum fratribus esse salutarem nauigantibus scribit in Oreste, vt est in his carminibus:

Ἑλένα μὲν, ἣν σὺ διολέσαι πρόθυμος ὢν
ἥμαρτες, ὀργὴν μενέλεῳ ποιούμενος,
ἥδ' ἐστὶν, ἣν ὁρᾶτ' ἐν αἰθέρος πτυχαῖς.
Σεσωμένη τε, κ'οὐ θανοῦσα πρὸς σέθεν.
ἐγώ νιν ἐξέσωσα, κ'ἀπὸ φασγάνου.
τοῦ σοῦ κελευσθεὶς ἥρπασ' ἐκ διὸς πατρός.
ζηνὸς γὰρ οὖσαν, ζῆν νιν ἄφθιτον χρεών,
κάστορί τε πολυδεύκει τ' ἐν αἰθέρος πτυχαῖς
Σύνθακος ἔσται ναυτίλοις σωτήριος.
Helena quidem, quam tu voluisti perdere
Agens parum iucunda Menelao, hæc adest:
Hæc, quam videtis in loco summo ætheris,
Seruata: nec tua manu illa concidit.
Seruaui ego illam sic volente eius patre
Ioue ensis ictu de tui. nam viuere est
Illam necesse semper, vt satam Ioue.
Sic Castori & Polluci in æthere arduo
Salubris assidebit illa nauibus.

Hos ignes Horatius stellam appellauit libro primo Carminum:

Dicam & Alciden, puerosque Ledæ:
Hunc equis, illum superare pugnis
Nobilem, quorum simul alba nautis
stella refulsit,
Defluit saxis agitatus humor:
Concidunt venti, fugiuntque nubes:
Et minax, sic Dii voluere, ponto
Vnda recumbit.

Sacrificabantur his Deis agni candidi, tanquam Diis bonis, & faustis, & felicibus vt patet ex hymno Homeri vbi potestatem Dioscurorum describit:

ἀμφὶ Διὸς κούρους ἑλικώπιδες ἔσπετε μοῦσαι
τυνδαρίδας, λήδης καλλισφύρου ἀγλαὰ τέκνα.
κάστορά θ' ἱππόδαμον, καὶ ἀμώμητον πολυδεύκεα,
τοὺς ὑπὸ ταϋγέτου κορυφῇ ὄρεος μεγάλοιο
μιχθεῖσ' ἐν φιλότητι κελαινεφέϊ κρονίωνι,
Σωτῆρας τέκε παῖδας ἐπιχθονίων ἀνθρώπων.
ὠκυπόρων τε νεῶν, ὅτε τε σπέρχωσιν ἄελλαι
χειμέριαι κατὰ πόντον ἀμείλιχον. οἱ δ' ἀπὸ νηῶν
εὐχόμενοι καλέουσι διὸς κούρους μεγάλοιο
ἀρ. εασιν λευκοῖσιν ἐπ' ἀκρωτήρια βάντες
Πρύμνης.
Tyndaridas natos magno Ioue dicite Musæ,
Pignora quæ quondam peperit pulcherrima Leda,

Pollu-

Pollucem fortem, domitorem & Castora equorum.
Taygeti peperit Leda hos sub vertice montis
Aetherio coniuncta Ioui, cui sydera parent.
Hæc peperit miseros seruantia pignora nautas,
Atque rates, diræ quas inuasere procellæ
Hybernæ, vt pelagi fremit implacabilis æstus.
Tunc etenim nautæ summa de puppe vocarunt
Voce Iouis pueros, niueorum & munere placant
Agnorum.

Maxime omnium Deorum culti fuerunt apud Cephalenses Castor & Pollux, magnique Dij ab illis sunt vocati, per quos, vt alibi mulieres, ita viri apud illos & alias nonnullas nationes iurare consueuerunt, vt testatur in his Theognis;

κάστορ καὶ πολύδευκες, οἳ ἐν λακεδαίμονι δίῃ
Ναίετε εὐρώτα καλλιρόῳ ποταμῷ,
Εἴποτε βουλεύσαιμι φίλῳ κακὸν, αὐτὸς ἔχοιμι,
εἰ δέ τι κεῖνος ἐμοὶ, δὶς τόσσον αὐτὸς ἔχοι.
Pollux & Castor qui Eurotæ ad fluminis vndas
Accolitis, fines qui Lacedæmonios,
Illa ego perpetiar, si quæro incommoda amico,
Is mihi si quærat, bis totidem ipse ferat.

Fama est quòd cum ludi Olympici fuissent ab Hercule aliquando instaurati Pollux cæstibus victor, cursu & arte pugilum Castor renuntiati fuerunt, nam tametsi vno partu, & ex eodem ouo nati sunt ambo, tamen varia studia vtrisq; fuerunt, vt ait Horat. lib. 2. Serm.

Castor gaudet equis, ouo prognatus eodem
Pugnis. quot capitum viuunt, totidem studiorum
Millia.

Memoriæ proditum est in Laconicis a Pauf. non procul a Sciade Laconum loco, sepulcrum fuisse Castoris, qui vna cum Polluce infauste cum filijs Leucippi Sparten inuadentibus commisso prælio cecidit, neque tamen ante quadragesimum annum ab eo bello inter Deos fuerunt relati. alij non a filijs Leucippi, sed ab alijs cæsos putarunt. qui Idem fulmine ictum dixerunt, quia Castorem cecidisset. Illi datam fuisse Polluci à Ioue optionem inquiunt, cum illum solari Iupiter cuperet in morte fratris, vtrum mallet eligendi immortalis ne ipse vellet fieri, an potius sex menses cum fratre viuere, & sex alterne mori. tum Pollux cum fratre viuere & mori maluit. Hæc tot fabulose de his tradita sunt ab antiquis, è quibus veram sententiam exprimamus. Castor & Pollux & Helena ex vno ouo nati dicuntur Ioue patre, quid hoc monstri est Dij boni? fieri nullo modo sane potuit vt tanta multitudo eodem partu nata sit; quippe cum natura numerum mammarum superari omnino non patiatur, quòd si filiorum numerus mammas superauerit, illi postea viuere non possunt. Ridiculum est igitur & ouum natum fuisse è muliere, & tot homines ex ouis, & eodem partu, & omnes vixisse. ¶ Fictum fuit igitur vt quidam voluerunt, Ledam ouum peperisse, quia prægnans ventrem ad oui formam rotundum haberet, vel vt allii maluerunt, quia in eadem pellicula vno persimili fœtus concreuerint. Hanc cum Ioue in cygnum verso concubuisse inquiunt, cum Ioues reges omnes dicerentur. quam cum Rex quidam non in mollibus stratis & regio apparatu compressisset, sed apud Eurotam fluuium Lacedæmoniorum cygnorum more in locis humidis; locus datus est fabulæ quòd Iupiter cygnus factus eam compresserit. fuerunt filij è Pephno in Pellenen portati educādi, & clā vt ex adulterio nati, educādi in alia loca missi sint. Quæ de rebus gestis eorum memorantur, ab historia non dissentiunt nisi quod fuerit Idas fulmine percussus: quod & ipsum tamen historice dictum esse scripsit Zezes histo. 48 chilia. 2. quippe cum Cerauni nomen locum dederit fabulæ, cum suppetias tulerit Polluci. nam Græci ceraunum fulmen appellant. Fabulati sunt Lynceum acutissime videre solitum illa etiam quæ essent sub terra: quia metalla prior inuenerit auri & argenti, & ferri: cum enim lucernam sub terra reliquisset, ac metalla efferret, creditus est quæ forent sub terra etiam videre. Cum pater igitur mortuos filios sepulturæ mandasset, vt vir astrologiæ peritissimus multitudini persuasit imperitorum Castorem & Pollucem fuisse inter sydera relatos. Istud autem ob facilitatem ingenij & humanitatem Pollucis alij factum esse existimarunt, nam δεῦκος mustum est & omne dulce appellatum, & πολὺς multus, vnde nomen est Pollucis apud Græcos, ob suauitates ingenij & in omnes clemētiam dictum. cum ignes illi circa capita horum nauigantium prius apparuissent, crediti sunt illi ignes ab imperitis à Castore & Polluce mitti in tempestatibus signa nauigantibus salutaria. apparent autem geminæ flammæ aliquando in castris in summa parte pilorum, aut tentoriorum, aut aliquando in nauibus circa antemnas, aut in summa parte mali, aut iuxta carchesium, quod signum videntes nauigantes in magnam spem veniunt salutis & tranquillitatis futuræ. Si vna tantum flamma appareat, solum Castorem esse arbitrantur mortalem, quare periculum omnibus portendere. si binæ, salutares sunt. si tertia accedente flamma Helenæ illæ protugerint, illaque circa malum consederit, certissima mors nauigantibus significatur, aut certissimum naufragium. Has geminas flammas nunc Diuos Nicolaum & Hermum nauigantes appellant: quæ quid sint, vel quomodo appareant, magna fuit semper inter scriptores contentio. Credidit nauigantium nostri temporis multitudo cum Diuos singulatim in auxilium petit eas flammas esse illos Diuos ad quorum nomina euanuerint. alij, qui rem altius vestigare voluerunt, inter quos fuit Xenophanes, crediderunt spectra quædam propter timorem mortalium oculis sese offerre, tanquam somnia senum ægrotantium, quæ à phantasia subministrarentur. Quid enim prohibet in magna animorum trepidatione sensus quoque mirificè perturbari, & prodigiosa quædam monstra apparere? nam turbatorum sensuum comites sunt plerunque horrendæ & admirabiles res visæ. Ego sane nihil horum esse putauerim, sed vapores quosdam in ignes pertem[illegible]s ex aere concretos, qui suapte natura summa petant malorum & antemnarum: quippe cum totidem visi sint aliquando, quot fuerunt nauigia, at non duo tantum. nam si essent spectra solum, quæ pro sensuum perturbationibus apparerent, illud necessario sequeretur, vt non solum aliis minores, aliis maiores ignes apparerent: aliis plures, aliis pauciores, sed etiam pro affectis corporibus & dominantibus humoribus, aliis ignes ardentes, aliis armati homines & dimicantes, aliis belluæ horribiles & admirandis formis viderentur: quoniam ita laborantibus, & male affectis corporibus hæc videntur in somnis, & aliquando nihilominus vigilantibus. illi igitur ignes cum gemini apparent, exhaustam prope concretam tempestatum materiam significant: cum vnus fuerit ignis, nondum concretam: cum plures, maximam superesse copiam. Isti ignes si densissimus aer, & vaporibus plenus extiterit, ob frequentiam condensatæ materiæ, fugantur ab Helena, quæ non, nisi ex abundantia ingenti consurgit vaporum. Dicti sunt Castor & Pollux in Deos relati ob beneficia, quæ in homines contulerunt, cum multos sceleratos homines de medio sustulerint: & in eos populos, quos subiugauerant, singulari clementia sint vsi. Quo autem pacto per hæc mores hominum corrigere conati sunt antiqui? beneficētiam, & liberalitatem in omnes, & propinquo

rum

rum præcipue concordiam diis gratissimam esse demõstrarunt, quare ad has virtutes per hanc fabulam nos hortabantur. at nunc de Aeolo.

De Aeolo. Cap. X.

AEolus, ventorum imperator, vel potius vt quidam putarunt, quæstor, Hippotæ filius fuit, vt innuit Ouidius in epistola Leandri:

> Parce precor, facilemque moue moderatius auram:
> Imperet Hippotades sic tibi triste nihil.

Sic Apollonius libro quarto Argonauticorum:

> Αἰόλον ἱππότεω παῖδα κλυτὸν
> Aeolum Hippotæ filium clarum.

Matrem Aeolo fuisse Meneclam Hylli Lyparensis filiam memoriæ prodidit Euthydemus Atheniensis in libro de salsamentis: at Eudoxus Cnidius in libro secundo de ambitu terræ Ligyam Actoris Carystii filiam matrem Aeoli fuisse maluit, quamuis dixerunt nonnulli non vnum tantum Hippotæ filium fuisse Aeolum vocatum eo nomine, sed etiam filium Hellanis cuiusdam Iouis nepotem. omnia tamen quæ dicuntur de Aeolis ad vnum Hippotæ filium referuntur. Nec defuerunt, qui Iouis filium putauerint. habitauit Aeolus in vna ex illis septem insulis, quę de illius nomine dictæ fuerunt Aeoliæ, atque illa Strongyle nominabatur, vt ait Strabo libro sexto. fuerunt omnes illæ insulæ sub imperio Aeoli, atque Strongyle dicta est à rotunditate, quæ Didyma etiam dicebatur. dicta est & Lipara pinguis, & ab igne scatente Thermissa, & Euonyme sinistra, quia nauigantibus è Lipara in Siciliam sinistra appareat, & ab arbustis Ericusa & Phænicusa, & Hiera sacra. alii hanc, alii Liparam ob scatentium flammarum frequentiam Vulcani officinam esse dixerũt. Memoriæ prodidit Callias in lib. decimo eorum, quę scripsit ad Agathoclem ἐνταῦτα καὶ ὄροφον ὑψηλὸν, ἐφ' οὗ κρατῆρες εἰσὶ δύω, ὧν ὁ ἕτερος ἐστὶ τὴν περίμετρον τρισάδιος, ἐξ οὗ πολὺ φέρεται φέγγος, ὥστε ἐπὶ πολλὴν τόπον διήκειν τὸ φωτισμόν. καὶ ἐκ τοῦ ἐκείνου μὲν χάσματος διάπυροι λίθοι μεγάλοι ἀναφέρονται. γίγνεται δὲ καθ' ὃν καιρὸν συμβαίνει τὸν ἥφαιστον ἐργάζεσθαι, ὡς λέγουσι, βρόμος τηλικοῦτος, ὥστε ἐπὶ στάδια καὶ πεντακόσια καὶ πλείω ἀκούεσθαι τὸν ἦχον οἱ δὲ ἐκ τοῦ ἐκφυσήματος μύδροι ἀναῤῥιπτούμενοι διὰ τὴν ἐκπύρωσιν πάντοτε ἰώδεις εἰσὶ, καὶ διακεκαυμένοι τὴν ὄψιν καὶ τὴν δύναμιν καθ' ἥλιον ἔχουσι. καὶ νύκτωρ μὲν πάντα τὰ περὶ τὴν ἐργασίαν τοῦ θεοῦ γιγνόμενα, καλῶς δηλοῦται. μεθ' ἡμέραν δὲ ἐκ τῆς κορυφῆς, ὅθεν ἡ φλὸξ ἀνίησιν, ὁρᾶται ὥσπερ μέλαν νέφος τὸν τόπον ὑπερκείμενον. Fuisse hic in insula sacra vocata scilicet summitatem quadam præcelsam, in qua duo essent foramina ignem exhalantia, alterum quorum haberet ambitum trium stadiorum, è quo multum luminis efferebatur, ita vt splendor ad multum spatium extenderetur. atque ex illa voragine lapides igniti insignis magnitudinis emittebantur, tantusque exaudiebatur strepitus, quo tempore Deum operari contingeret, vt aiunt, vt vel ad quingenta & plura stadia sonitus exaudiretur. at vero lapides igniti, qui ab efflatu emittebantur rubiginis colore omnino siue violaceo erant vbique tecti propter incendium, quorum ea vis erat vt aspectum & virtutem incensi haberent ad solem. atque per noctem quidem manifesto apparerent illa, quæ spectabant ad Dei opificium, per diem vero in ea summitate, vnde flamma erumpebat, apparebat caligo quædam tanquam nigra nubes, quæ loco illi insideret. Scriptum reliquit Pytheas in ambitu terræ consueuisse antiquos rude & illaboratum ferrum ibi deponere, & mercedem siue ensis, siue securis, siue rei alius, quam vellent, nominantes, deinde illam die crastina accedentes solitos accipere. alii eum Rhegii Italiæ imperasse maluerunt. Hunc Aeolum ventorum moderatorem & quæstorem nominauit Home. lib. κ. Odyss.

> κεῖνον γάρ ταμίην ἀνέμων ποίησε κρονίων.
> ἠ μὲν παυέμεναι, ἠδ' ὀρνύμεν ὅνκε θέλῃσι.
> Quæstorem statuit ventorum Iupiter illum,
> Cum libet vt sedet ventos, & conciret idem.

Atque vniuersam Aeoli potestatem descripsit Virgilius libro 1. Aeneid. in his:

> hic vasto rex Aeolus antro
> Luctantes ventos, tempestatesque sonoras
> Imperio premit, ac vinclis, & carcere frænat.

Sic etiam Dionysius de situ orbis:

> τὴν δὲ μετ' αἰόλου εἰσὶ περίδρομοι εἰν ἁλὶ νῆσοι
> Αἰόλου, ἱπποτάδαο φιλοξείνου βασιλῆος,
> Αἰόλου, ὅς θνητὰ μετ' ἀνδράσιν ἔλαχε δῶρα,
> κοιρανίην ἀνέμων κλονεόντων θ' ἱσαμένων τε.
> Ἑπτὰ δὲ οἱ ταίγ' εἰσὶν ἐπώνυμοι ἀνδράσι πλωταί.
> Post hanc Aeoliæ sunt insulæ in æquore, regis
> Aeoli Hippotadæ, peregrinis regis amici.
> Aeoli adest mirum cui diuum munere donum:
> Ventorum imperium, seu perflent, siue quiescant.
> Sunt illi septem dictæ cognomine Plotæ.

Sic etiam Apollonius libro quarto:

> Αἴολον ὅστ' ἀνέμοις αἰθρηγενέεσσιν ἀνάσσει.
> Aeolus, imperitat qui ventis æthere natis.

Nam ante quam ventis Aeolus imperaret, dicta sunt multa accidisse ventorum certamina, quæ vrbes frequentissimas ac regiones deuastarint. qualia fuerunt illa, quæ tantopere mare infestarunt, vt Siciliam ab Italia se iunxerint, & cum prius nullum esset mare mediterraneum, vis tempestatis in oceano orta per quoddam spatium terram discidit, vnde aqua per Calpen ingressa mare quod est intra terram fecit, ob depressam regionem, Africamque ab Europa disterminauit. vt in his ait Valerius Flaccus libro primo Argonauticorum:

> Has nimbi, ventique domos, & naufraga seruat
> Tempestas, hinc in terras, latumque profundum
> Est iter, hinc olim soliti miscere polumque
> Infelixque fretum. (neque enim tunc Aeolus illis
> Rector erat Libya cum rumperet aduena Calpen
> Oceanus, cum flens Siculos Oenotria fines
> Perderet, & medijs intrarent montibus vndæ.)

Nam per oceani tempestates disruptis montib. qui terram includerent ab impetu oceani in occasum ad colũnas Herculis, mare factũ fuit ꝙ terra ibi esset depressa, ac montes facti sunt insulæ. quis hoc plane negare ausit propter antiquitatẽ? Dicũtur sex filij ac totidẽ filiæ fuisse Aeoli, inter quos Magnes, Aethlius, Iocastus, Canagra, Perieres, Arne, Pheræa. neq; plura nomina filiorũ Aeoli me legisse memini Hippotadæ. at aliorũ Aeolorum fuerunt, Macareus, Athamas, Sisyphus, Misenus, Iphiclus, Salmoneus, Cephalus, Criteus, Alcione, Canace. vocati sunt autem venti Thracij, quod è Thracia spirare putarentur: fuit enim Dionysophanis sententiã quod specus esset in Thracia, è quo erumperent venti, vnde fabulati sunt postea ventorum in Thracia esse domicilium, vnde ait Homerus libro ξ. Iliadis:

> Βορέης καὶ ζέφυρος τώτε θρήκηθεν ἄητον
> Threicijs Boreas, Zephyrusque fremebat ab oris.

Et Horatius libro primo Carminum:

> Iam veris comites quæ mare temperant,
> Impellunt animæ lintea Thraciæ.

Quidam tradiderunt Aeolias insulas omnes prope esse pares, atque ambitum habere maiorem centum & quinquaginta stadiorum, quæ per tantundem spatium distarent à Sicilia. habere dictæ sunt scaturigines ignium & hiatus subterraneos, qui illuc vsque peruenirent, ac desertæ fuerunt per quoddam tempus, donec Liparus Ausonis filius per dissensionem, cum fratribus illuc aduentauit cum nauibus & magna manu militum ex Italia, & Liparam à se dictam habitauit. Huius iam senescentis filiam inquiunt Aeolum Hippotæ filium duxisse Cyanen nomine, & acciuisse vndique colonos, quare non solum Lipara, sed omnes sunt habitatæ: quibus addiderunt Aeolum in Deos & hospites benignum, in subditos iustum fuisse, ac rerum bellicarum non ignarum, & omnis humanæ prudentiæ participem. quippe qui etiam vela in vsus nauticos excogitarit. habuit filios Xuthum, Androcleum, Pheremonem, Iocastam, Agathyrnum, Astyochum, vt alij tradiderunt, qui etiam cum prædicere ventos solitus esset è varietate efflatorum ignium, dictus est quæstor ventorum vt diximus. Tot sunt ea, quæ de Aeolo tradita sunt ab antiquis: nunc quæ ratio illos compulerit ad has fabulas fingendas inquiramus. Memoriæ igitur prodidit Isacius Aeolum hominem fuisse astronomiæ peritissimum, & illam scientiam præcipue exercuisse, quæ pertinet ad naturam ventorum, vt prodesset nauigantibus. Prædicebat igitur vel cum sol tauro propinquaret exempli gratia, quæ maris futura esset tempestas, aut quæ benignitas cœli, & quo die, quaue diei hora: vel quandiu perduraret Zephyrus, si talis aut talis spiraret: aut si alius ventus sub exortum Canis, aut alterius signi cœlestis exoriretur, aut etiam diebus criticis quintis scilicet septimis, & alijs huiusmodi ab ortu seruatis. Ea de causa effectum est, vt illum ventorum esse Regem dicerent, sicut Amaclidem, & Proroclem, & Protocreontem dixit Orpheus: hi enim quos vellent ventos, dicebatur in vtrem includere, & emittere, quos vellent spirare. Scriptum reliquit Strabo libro primo Aeolum dictum fuisse regem ventorum, quia per fluxum ac refluxum aquarum cum habitaret in locis asperrimis & difficillimis nauigantibus futuræ tempestatis ac surgentium ventorum signa multo ante prædixerit, quæ cum ad prædictum tempus euenirent, credidit vulgus mortalium ventos esse in Aeoli potestate, quos posset, cum liberet, emittere. Videbatur enim admirabile quidpiam ac prope diuinum, posse venturas temporum mutationes multo ante præuideri. Id tamen fieri posse comprobauit Thales Milesius, vbi anni fertilitatem & copiam oliuarum in futurum annum præuidisset, vt ait Diog. Laertius in eius vita. Magna est omnino vis ac prope diuina sapientiæ non solum in prædicendis rebus futuris, sed etiam ijs faciendis, quæ nullo humano ingenio fieri posse videbantur. Veruntamen cum pauci sint omnino sapientes, multiq; haberi cupiant, cum sapientes male imitentur, vel conuitiis etiam insectentur sapientiores, idcirco effectum est, vt illa falso dicta putentur ab Empedocle, & non sine risu ab insulsis audiantur, in quibus ille diuinam vim sapientiæ ita explicauit:

> παύσεις δ' ἀκαμάτων ἀνέμων μένος, οἵτ' ἐπὶ γαῖαν
> ὀρνύμενοι πνοιαῖσι καταφθινύθουσιν ἀρούρας.
> καὶ πάλιν ἢν κ' ἐθέλησθα, παλιντιτὰ πνεύματ' ἐπάξεις.
> στήσεις δ' ἐξ ὄμβροιο κελαινοῦ καίριον αὐχμὸν
> ἀνθρώποισι, στήσεις δὲ καὶ ἐξ αὐχμοῖο θέρειον.
> ἄξεις δ' ἐξ Ἀΐδαο καταφθιμένου μένος ἀνδρός.
> ῥεύματα δενδρεόθρεπτα, τάτ' αἰθέρια θήσονται.

Placa-

Placabis ventos, qui terras flamine verrunt
Omnia vastantes, rursus, si forte libebit,
Flamina consurgent, pluuiæ pellentur ab agris
Cum fuerint nimiæ, induces & rursus easdem
Si libeat, tonas sistes & fluminis vndas.
Tartareis animas idem reuocabis ab vmbris.
Lucida parebit sophiæ vis ætheris alti.

Verum hæc narratio ad historiam pertinet. Alij qui rerum naturalium occultas vires perscrutantur, dicunt quòd siquis vtrem è pelle delphino detracta fecerit, illamque penes se habeat, poterit per quasdam ceremonias obtinere vt spiret quicunque ventus ille voluerit, atque solus ille spirabit, vnde illa finxit Hom. de ventis ab Aeolo datis Vlyssi. quod attinet ad mores, ¶ Aeolus est vir sapiēs, qui iræ moderatur pro opportunitate temporum, & præsentium negociorum, quando nūc simulare iram, nunc dissimulare vtilissimum est. id autem putatur ventos refrænare & emittere cum libuerit. Hæc autem varietas morum Aeolo nomē dedit. Sunt omnes sanè affectus vtiliter hominibus ab ipsa natura cōcessi, quippe cum ira non mediocriter conferat ad corrigendos mores, si nimium non incaluerit, quæ si nulla esset, omnem iniquitatem æquo animo aliquando ferremus, neque tam studiose damna à nobis propulsaremus. Sed omnium rerum vtilis est mediocritas, & omnibus adhibenda moderatio, quæ si nulla extiterit, tunc pessima est ira omnium animi affectuum, & in furorem denique conuertitur. Sic autem nos ventorum Aeoli iram expressimus, cui nisi in principio quis restiterit, mox tanquam cæcus ad multa parum decora rapitur, vt est in lib. 4. Venationem;

non mulcent dulcia verba
Syluestres animos, nullusque admittitur illis
Orator: laxis furiæque vagantur habenis.
Vt grauis Aeolio cum ventus prosilit antro
Totus in arua furens, & syluas sternit opacas,
Flaminibus rapidis immensus murmurat æther.
Tum neque veliuolæ puppes, neque nubila cœli
Contra valent, conuellens omnia secum
Viribus Hippotadæ nullis frænatur, & illum
Non tenet imperium Regis, nil audit, at vnus
Est cordi fragor, & strages, & murmur, & iræ.

Aeolum igitur Regem, siue rationem oportet his motibus animorum imperare, siquidem qui iræ non imperauerit, illi iræ, non sine pœnitentia postea, seruiat necesse est. Deinde ista ficta fuerunt illa etiam de causa ab antiquis, quia demonstrare volebant nihil sine diuina prouidentia contingere, cum venti etiam rerū omnium leuissimi & maxime inconstantes suum habeant moderatorem. Alij putarunt per hæc incitatos fuisse nauigantes ad percipiendam naturam ventorum & tempestatum, cum possent omnes multo ante hæc significare & intelligere, quorum signa nonnulla præuia sint tempestatum, qualia sunt ea, quæ scripsit Aratus & Theoprastus de signis aquarum & ventorum. At nunc de Borea dicamus.

De Borea, *Cap.* XI.

Boreas autem e quibus parentibus ortus sit, fabularum inuentores non tradiderunt, quod ego legerim, nisi quod in Thracia habuerit domicilium. Fabulati sunt antiqui Orithyiam Erichthei Athenarum Regis filiam virginē fuisse

forma

formā præstantissimam, quam cum Boreas colligentem flores iuxta fontem Cephissum vidisset, eius amore incensus illam rapuit, & in Thraciam deportauit, veluti scriptum fuit à Chærilo. Alij dixerunt apud Ilissum celeberrimum Atticæ fluuium raptam fuisse ludentem cum ceteris virginibus, vt ait in Atticis Pausa. quod etiam testatur Dionysius in situ orbis;

Νέρθε γε μὴν ἰσθμοῖο πρὸς αὐγὰς ἀπλικὸν οὖδας
τοῦ, διὰ θεσπεσίου φέρεται ῥόος ἰλισοῖο.
ἔνθεν καὶ βορέης ποτ᾽ ἀνήρπασεν ὠρείθυιαν.
Cecropis est tellus supra Isthmum solis ad ortum,
Ilissus per quam diuino flumine fertur,
Vnde tulit Boreas raptam grauis Orithyiam.

Scripsit Ouid. lib. 6. Metam. Orithyiam fuisse in regionem Ciconum deportatam, & ibi celebratas nuptias Boreæ, & geminos peperisse filios, vt est in his,

Nec prius aerij cursus suppresit habenas:
Quàm Ciconum tenuit populos & mœnia raptor.
Illic & gelidi coniux Actæa tyranni,
Et genitrix facta est partus enixa gemellos.

Simonides tamen poeta non ab Ilisso, sed a Brilisso raptam fuisse Orityiam putauit, & ad petram Sarpedoniam Thraciæ deportatam, non procul ab Aemo mõte. Memoriæ prodidit Herodotus in Polymnia, iussos fuisse Athenienses ab oraculo, cum Xerxes ad deuastandam Græciam cum innumerabili prope classe traijceret, generum Boream in auxilium vocare, qui vehemens in classem Persarum irruit, ac multa nauigia submersit, quare debilitatæ fuerunt vires hostium. cum vero in Thraciam Orithyiam abstulisset, ibique habitaret, Thracius Boreas vocatus est ab Eurip. in Cyclope.

ὅταν δὲ βορέας χιόνα θρῄκιος χέῃ
δοραῖσι θηρῶν σῶμα περιβαλὼν ἐμὸν.
Boreas vbi niuesque fundit Thracius,
Corpus meum tego feratum pellibus.

Hunc in antro habitare solitum scripsit Callimachus in lauacrum Delij

ἥμενος ὑψηλῆς κορυφῆς οὖ θρήικος αἵμου
θοῦρος ἄρης ἐφύλασσε σὺν ἔντεσι· τὼ δέ οἱ ἵππω
ἑπτάμυχον βορέαο παρὰ σπέος ηὐλίζοντο.
Threicij residens sublimi vertice in Aemi,
Mars seruabat equos, atque arma nitentia, equique
Hic stabulabantur Boreæ frigentis ad antrum.

Boreæ filias fuisse scribit Callimachus in eodem hymno Vpim, & Loxo, & Ecaergen;

πρῶταί τοι τάδ᾽ ἔνεικαν ἀπὸ ξανθῶν ἀριμασπῶν
οὖπίς τε λοξώ τε. καὶ εὐαίων ἑκαέργη
θυγατέρες βορέαο. καὶ ἄρσενες, οἳ τότ᾽ ἄριστοι
ἠιθέων.
Namque Arimasporum primæ è regione tulerunt
Vpisque, Loxoque, Ecaerge annosa rigenti
De Borea natæ. præstans & robore pubes
Inde mares.

Memoriæ proditum est a Cleanthe in primo libro de motibus Boream rapuisse Chlorim quoque Arcturi filiam, atque illam in collem Niphatem asportasse, qui postea Thorus Boreæ vocatus fuit, antequam diceretur Caucasus, de qua filiam suscepit Hyrpacem. Fabulantur Chionen præterea & Zetem & Calaim natos

fuisse

fuisse ex Orithyia, qui vnà cum cæteris Argonautis in Colchos nauigarunt, de quibus ita meminit Apollon. lib. 1.

Ζήτης αὖ Κάλαΐς τε Βορήϊοι υἷες ἵκοντο,
οὕς ποτ' Ἐρεχθηῒς Βορέῃ τέκεν Ὠρείθυια
ἐσχατιῇ Θρῄκης δυσχειμέρου, ἔνθ' ἄρα τήνγε
Θρηΐκιος Βορέης ἀνερείψατο Κεκροπίηθεν
Ἰλισσοῦ προπάροιθε χορῷ ἔνι δινεύουσαν.
καί μιν ἄγων ἕκαθεν Σαρπηδονίην ὅθι πέτρην
κλείουσιν ποταμοῖο παρὰ ῥόον Ἐργίνοιο.

Zetes & Calais Boreæ de semine nati
Rursus, Erechthei peperit quos Orithyia
Veloci Boreæ, rapuit quam Cecropis agro
Ducentem choreas Ilissi ad fluminis vndam:
Hanc Sarpedoniam ad petram tulit inde vocatam,
Qua fluit Erginus vitrea perlucidus vnda.

Suscepit Boreas præterea ex Orithyia Cleopatram, quæ postea Phineo nupta Ctamben & Orythum & Hæmum illi peperit, vel, vt alii maluerunt Thyrum & Maryādinum, quam Arplicen, at non Cleopatram vocarunt. Hos scripsit Phanodicus Boreæ filios ad Argonautas ex Hyperboreis adijsse, at Herodotus è Daulide. Aiunt præterea celerrimos fuisse omnium Boreadas, facultatemque habuisse volandi, vt testatur Theognis in his;

ὠκύτερος δ' εἴησθα πόδας ταχεῶν ἁρπυιῶν,
καὶ παίδων Βορέου, τῶν ἄφαρ εἰσὶ πόδες.

Si magis Harpyis sis velox, vincere possis
Et natos Borea, haud pes quibus vtiliter.

Cum venissent igitur cum cæteris principibus Colchicæ expeditionis ad Phineum, Harpyias a mensa Phinei profugarunt, a quibus Plotæ insulæ Strophades vocatæ sunt. Hi postea cæsi fuerunt ab Hercule in partitione munerum, quæ ab Iasone illis heroibus, qui secum nauigarunt, data fuerunt, vt quidam putarunt, inter quos fuit Stesimbrotus. alij quia nauem in Mysiam redire nollent, ab Hercule cæsos fuisse maluerunt. Semus quia cursu vicissent per inuidiam ab Hercule cœlos tradidit. Nicander Colophonius quia Boreas sibi tempestatem in insulam Con immisisset, cum reuerterentur, ab Hercule ab iram trucidatos putauit, at non à generis Leucippi. Neque plura de Borea memorantur ab antiquis. Scripsit Hesagoras in rebus gestis Megarensium Boream, qui Orithyiam rapuit, non vetum, sed iuuenem fuisse Strymonis filium ita vocatum, qui cum illam in matrimonium a parentibus impetrare non posset, ad rapinam se accinxit, raptamque in Thraciam deportauit. Quamuis alij non à Borea, sed à populis Thraciæ Boreæ nomine raptam fuisse putarunt, vt ait Ouid. in Epist. Paridis;

Nomine ceperunt Aquilonis Erechthida Thraces,
Tuta tamen bello Bistonis ora fuit.

Alij deiectam fuisse Orithyiam è præcipiti loco in Ilissum fluuium existimarunt, quæ cum nullibi post inuenta sit, locum dedit fabulæ, quòd eam amatam Boreas in Thraciam asportasset. Quòd Harpyias à mensa senis Phinei expulerint, crediderunt nonnulli Harpyiam & Erasiam filias fuisse eius senis, quæ cum parum honestam viuendi rationem complecterentur paternas facultates immodice exinanirent, domumque paternam turpiter exhaurirent. Has ambas cum filij Boreæ secum abduxissent, putati sunt Phineum egestate fameque liberasse. Quid contineatur sub hac fabula, præter historiam, non reperio. Atque locum aliquem doctioribus etiam relinquo. At nunc de Scylla dicamus.

De

De Scylla & Charybdi, Cap. XII.

SCylla & Charybdis, monstra infesta nauigantibus maxime timenda, existimatæ sunt, quæ fœminæ quondam dicuntur fuisse. Fuit igitur Scylla Phorcynis & Hecates filia, vt sensit Acusilaus. Vt vero Homerus Cratæis fuit eius mater. quæ tamen eadem est vt Apollon. Acusilaum fortasse secutus scripsit lib. 4.

ἠὲ παρὰ Σκύλλης συγερὸν κευθμῶνα νέεσθαι,
Σκύλλης αὐσονίης ὀλοόφρονος, ἥν τέκε φόρκῳ
Νυκτιπόλος θ' ἑκάτη, τήν τε κλείουσι κράταιιν.
Horrendum aut antrum Scyllæ concedere iuxta,
Ausoniæ Scyllæ Phorci de semine natæ,
Noctiuagæque Hecates, quæ dicitur vna Cratæis.

Chariclides vero in Cathena Phorbantis, & Hecates filiam fuisse tradidit, Stesichorus Lamiæ. Timæus lib. 21. historiarum non e Phorcyne, sed e Typhone natam fuisse asserit, alij e fluuio Crati. Fuerunt qui dixerint Scyllam fuisse olim filiam Nisi Regis Megarensium, quæ capta amore Minois patris purpureum capillum, quo incolumi ille mori non poterat, vt respondit oraculum, clam abscidit, patremque ipsum, & Nisæam ciuitatem Atheniensibus prodidit. nam cum Athenienses Nisi fines hostiliter inuasissent, ceperunt non nulla oppida subitis incursionibus, ipsumque Nisum in vrbẽ Nisæam incluserunt, & obsiderunt, vt ait Paus. in Atticis, & Str. lib. 8. Fama est igitur Minoem illam in profundum maris deturbasse odio proditionis, quare in monstrum marinum versa sit. alii dicunt illam desperatione captam cum a Minoe neglecta relinqueretur, post proditionem se in mare præcipitasse, & Deorum ira canes additos esse vt illam in monstrum versam assidue lacerarent. fuerunt tamen qui duas fuisse Scyllas dixerint, alteram Phorci, alteram Nisi filiam, atque hanc postremam post cæsum capillum cum illam pater insequeretur, in cirim fuisse conuersam, patrem in halietũ, aues inter se infensas, vt in lib. 1. Georgicorum ait Virg.

Apparet liquido sublimis in aere Nisus,
Et pro purpureo pœnas dat Scylla capillo:
Quacunque illa leuem fugiens secat aera pennis,
Ecce inimicus atrox magno stridore per auras
Insequitur Nisus, qua se fert Nisus ad auras
Illa leuem fugiens raptim secat æthera pennis.

Pauf. in Corinthiacis Scyllam Nisi filiam neque in auem mutatam scribit, neque in monstrum marinum, quæ patrem Minoi prodidit, neque a Minoe vxorem ductam, vt sibi promissum fuerat, sed ipsius Minois iussu in mare deiectam, quæ maris vndis agitata sit, donec ad Scyllæum vocatum promontorium sit delata, vbi tadiu insepultum iacuit cadauer, quandiu a marinis volucribus voraretur. Vnde locus dotus fuit fabulæ, quare ita ad illud alludit Ouid.

Filia purpureum Nisi furata capillum
Puppe cadens nauis facta refertur auis.

Zenodotus lib. 3. Compendiorum suspensam fuisse inquit Scyllam de prora nauis, in qua vehebatur Minos, & per mare tractam, donec ita interierit. Scyllã vero, quæ dicta est Phorci filia, præstantem forma corporis mulierem fuisse memorant, quæ cum Neptuno concubuerit, qua re cognita pharmacum Amphitrite in fontẽ, in quo se lauere Scylla consueuerat, iniecit, eamq; in furorem actam cũ se in mare præcipitasset, in monstrum marinum conuertit, vt scripsit Myro Prianeus lib. 5. rerum Messeniacarum. alii fabulati sunt Scyllã rẽ habuisse cum Glauco, quod ęgrè ferens Circe, quæ illius amore tenebatur, pharmacis fontẽ, in quo lauari Scylla consueuerat, infecit; quibus illa pube tenus in varias formas mutata sit. Scylla igitur sua deformitate territa, amissæque formæ desperatione capta se in mare præcipitauit, quare locum dedit fabulæ, vt ait Zenodotus Cyreneus. Scyllæ formam ita describit Isacius ἓξ μὲν κεφαλὰς ἔχων κάμπης, κυνὸς, λέοντος, γοργόνης φαλαίνης, ἀνθρώπου, ιβ πόδας. Sex habens capita quidem bruci, canis, leonis, Gorgonis, balenæ, fœminæ, pedes autem duodecim, qui idem aliorum sententias secutus diuersam formam illi tribuit. Alii dixerunt oculorum tenus Scyllam pulcherrimam fuisse mulierem, at sex habuisse canum capita, reliquam corporis partem fuisse serpentum. Homerus libro. μ. Odysseæ & capita sex, & duodecim pedes illi fuisse scribit, & singula capita habuisse tres ordines dentium, vt est in his;

Ἔνθα δ᾽ ἐνὶ σκύλλη ναίει δεινὸν λελακυῖα.
τῆς ἤτοι. φωνὴ μὲν ὅση σκύλακος νεογιλλῆς
Γίνεται αὐτὴ δ᾽ αὖτε πέλωρ κακὸν οὐδέ κε τίς μιν
γηθήσειεν ἰδὼν, οὐδ᾽ εἰ θεὸς ἀντιάσειεν.
τῆς ἤτοι πόδες εἰσὶ δυώδεκα πάντες ἄωροι.
ἓξ δέ τε οἱ δειραὶ περιμήκεες, ἐν δὲ ἑκάστῃ
Σμερδαλέη κεφαλή ἐν δὲ τρίστιχοι ὀδόντες,
Πυκνοὶ καὶ θαμέες, πλεῖοι μέλανος θανάτοιο.
Hoc habitat grauiter latrans ac Scylla profundum,
Cuius vox similis catulis, monstrumque verendum,
Ipsa grauis pestis. non si Deus obuius illi
Quis fieret, posset lætari, nilque timere.
Nanque pedes illi bisseni, collaque longa
Sunt sex huic, caput horrendum quæ singula monstrant:
Dentibus est ordo triplex, illique frequentes.
Et semper nigræ mortis vestigia seruant.

At Virg. lib. 3. Aeneid. aliter eius formamm descripsit in his;

At Scyllam cæcis cohibet spelunca latebris
Ora exertantem, & naues in saxa trahentem.
Prima hominis facies, & pulchro corpore virgo
Pube tenus, postrema immani corpore pistrix.
Delphinum caudas vtero commissa luporum.

Fabulati sunt pręterea hanc oculos igneos habuisse, & adeo longa colla, vt vel longinquas naues ad se posset attrahere; quare ita scripsit Apollon. lib. 4.

Μήπως σμερδαλέῃσιν ἐπαΐξασα γενύεσσιν
Λεκτοὺς ἡρώων δηλήσεται.
Ne forte horrendis maxillis concita lædat
Delectos heroas.

Fabulantur igitur quòd quicunque appulissent eo, faciebant naufragium, hominesque ab ijs canibus, qui erant circa pudenda Scyllæ, vorabantur, vt testatur Virgilius in Sileno;

Quid loquar aut Scyllam Nisi? aut quam fama secuta est,
Candida succinctam latrantibus inguina monstris
Dulychias vexasse rates, & gurgite in alto
Ah timidos nautas canibus lacerasse marinis?

Charybdis item voracissima mulier dicitur fuisse, quæ cum furata esset non nullas boues Herculi boues Geryonis abigenti, a Ioue fulmine icta fuit, & in illud monstrum marinum versa. Alij tamen ab Hercule cæsam fuisse maluerunt, & a Ioue in monstrum conuersam. at Isacius Mnaseam Patrensem in nauigatione secutus

cutus furtum hoc Scyllæ tribuit, qui illam ab Hercule cæsam fuisse scribit, patris vero Phorcynis opera postea in lebete subiectis lumpadibus coctam reuixisse. Hæc ea sunt ferè omnia, quæ de Scylla & Charybdi periculosis maris Siculi scopulis ab antiquis memorantur. describuntur ita illi scopuli ab Homerus lib. μ Odyss.

οἱ δὲ δύω σκόπελοι. ὁ μὲν οὐρανὸν εὐρὺν ἱκάνει
Ὀξείῃ κορυφῇ. νεφέλη δέ μιν ἀμφιβέβηκε
κυανέη, τὸ μὲν οὔποτ᾽ ἐρωεῖ, οὐδέποτ᾽ αἴθρη
κείνου ἔχει κορυφὴν. οὔτ᾽ ἐν θέρει, οὔτ᾽ ἐν ὀπώρῃ.
Οὐδέ κεν ἀμβαίη βροτὸς ἀνὴρ, οὐ καταβαίη,
Οὐδ᾽ εἰ οἱ χεῖρές γε ἐείκοσι, καὶ πόδες εἶεν.
Hi duo sunt scopuli, præacuto vertice cœlum
Hic adit, assiduè tegitur qui nubibus atris.
Nulla serena dies hic est, non tempore messis,
Nec quando apricis liuent in collibus vuæ.
Nec si viginti manibus, pedibusque vir vllus
Scandere nitatur, poterit; non inde redire.

Alium scopulum paulo inferius idem poeta ita describit;

τὸν δ᾽ ἕτερον σκόπελον χθαμαλώτερον ὄψει ὀδυσσεῦ
πλησίον ἀλλήλων, καί κεν διοϊστεύσειας
τῷ δ᾽ ἐν ἐρινεὸς ἐστὶ μέγας φύλλοισι τεθηλώς.
τῷ δ᾽ ὑπὸ δῖα χάρυβδις ἀναρροιβδεῖ μέλαν ὕδωρ.
τρὶς μὲν γάρ τ᾽ ἀνίησιν ἐπ᾽ ἤματι, τρὶς δ᾽ ἀναρροιβδεῖ.
Δεινὸν μὴ σύγε κεῖθι τύχοις ὅτε ῥοιβδήσειεν.
Alter erit scopulus depressior optime Vlysses,
Vicini inter se hi. namque hos superaueris arcu
Si libeat, folijsque viret ficulnus ibidem
Maxima, sub qua haurit pelagus diuina Charybdis.
Ter bibit illa die, epotas terque euomit vndas.
Obserua ne sorbenti sis inde propinquus.

At Virg. luculentissime rem ita expressit, breuissime lib 3, Aeneid.

Dextrum Scylla latus, læuum implacata Charybdis
Obsidet; atque imo baratri ter gurgite vasto
Sorbet, in abruptum fluctus, rursusq; sub auras
Erigit alternos, & sydera verberat vnda.
At Scyllam cæcis cohibet spelunca latebris,
Ora exertantem, & naues in saxa trahentem.

Strab. lib. 1. vt videtur putasse Homerus, fluxum maris ac refluxum vehemente fieri circa eos scopulos in mari Siculo putauit, quibus in locis cum grauissimus esset strepitus propter saxorum concauitates, fabulati sunt antiqui canes esse circa latera & inferiores partes Scyllæ, qui illã vorarent. hãc rẽ ita scribit Isacius; ἡ σκύλλα περὶ τὸ ῥήγιον τῆς σικελίας ἐστὶν ἀκρωτήριον, ἐξέχον εἰς θάλασσαν· οὗ κατωθεν πέτραι πολλαὶ καὶ μεγάλαι ἔχουσαι κοίλους τόπους, καὶ σπήλαια, ἐν αἷς καταμένουσι θηρία θαλάσσια. τῶν δὲ πλοίων ἐν ταῖς πέτραις ἀκοντιζομένων ἐκ τοῦ τῆς χαρύβδεως ὕδατος καὶ ἐγκλονουμένων τοὺς ἄνδρας ἐσθίουσιν. ἡ χάρυβδις δὲ καὶ ἡ σκύλλα πλησίον εἰσὶν ἡ μὲν γὰρ χάρυβδις περὶ μεσσήνην ἐστὶν, ἡ δὲ σκύλλα περὶ τὸ ῥήγιον. Scylla promontorium est iuxta Regium Siciliæ in mare prominens, sub quo sunt saxa multa, & ingentia, quæ locos interius habent cauos, & speluncas, in quibus habitant monstra marina. vbi nauigia fuerint iis petris ab aqua Charybdis illisa & euersa, tunc homines ab illis feris vorantur. Charybdis autem &

Scylla

Scylla vicinæ inter se sunt, atque Charybdis est iuxta Messanam, Scylla iuxta Regium. dictæ sunt idcirco mulieres hæ fuisse, quòd illa forma fuerit scopulorum, vt procul spectantibus mulierum formã præ se ferrent. nam, vt traditum est in opticis, pro distantia spectantium, & pro situ rei collocatæ, multa sunt quæ aliam atque aliam formam, vel plantæ, vel animalis, vel regionis præ se ferant. illud autem ita esse declarauit his verbis Apollonij Rhodij enarrator, quod etiam scriptum fuit ab Agatharchide lib. 7 rerũ Europicarum: Ἀκρωτήριον δέ ἐστιν ἡ σκύλλα, ἐξέχον εἰς θάλασσαν, ὁμοίωμα καὶ πρόσωπον ἔχον γυναικός. κάτω δὲ τοῦ ἀκρωτηρίου εἰσὶ πέτραι πολλαὶ καὶ μεγάλαι, ἔχουσαι κοίλους τόπους καὶ σπήλαια, ἐν οἷς θαλάσσια θηρία μένουσιν. & ne omnia græca hic asscribam, sententiam tantum ita explicabo, Scylla promontorium est in mare prominens forma, facieque muliebri. sub ipso promontorio petræ sunt ingentes & complures, quæ locos concauos & speluncas habent interius, in quibus habitant feræ marinæ. Quæcunque igitur nauigia compulsa fuerint ab vndis vel à tempestate in Charybdim, ibidem submersa ab ipso mari absorbentur. at quæ ab vndis Charybdis agitata rursus & compulsa in asperas & latentes Scyllæ petras irruerint, quassantur & disrumpuntur, postea feræ illæ, monstraque marina multiplicia exeuntia homines è nauibus colligentes edunt. Quidam diligentius rem explicantes maris traiectum septem stadiorum esse inter Italiam Siciliamque tradiderunt, qui πόρθμος siue fretum fuit appellatus. atque ex tribus Siciliæ promontorijs Lilybæo, Pachyno & Peloro, Pelorus Italiã prospectat, sub quo sita fuisse dicitur Charybdis. ex huius regione Scylla fuit in Italia sub alio promontorio ex illa Italiæ parte in mare prominente, quod similitudinem ac speciem haberet mulieris. dicta est Scylla a poetis habere canes, qui è lateribus, pectoreque promineant, & interimant nauigantes, quoniam ex inferiore loco è concauitate saxorum scilicet, in qua latent, exeuntes, seque superius ex eius latere extollentes, exire è pectore feræ illæ videantur. fuit igitur scopulus, & profunditas aquarum, & forma eius scopuli, quæ fabulæ locum dedit. cum Hercules iuxta hæc loca nauigasset, magnãque partem illarum boum, quas secum vehebat, amisisset, dictus est interemisse Charybdim, quia machinis quibusdam locum illum expurgauit, & in posterum nauigabilem fecit ita, vt neque Scyllæ neque Charybdis vllum ad posteros vestigium manserit. dicta fuit autem Scylla ἀπὸ τοῦ συλᾶν à spoliando scilicet, vel à σκύλλειν vexando, quamuis ἀπὸ τῶν σκυλάκων à catulis quidam putarint. at Charydis ἀπὸ τοῦ χάσκειν ab hiando, & ῥοιβδῶ sorbeo nominata est. ¶ Ego sane virtutum vitiorumque naturam sub hac fabula contineri crediderim, quia cum inter duo pericula nauiget is, qui ex altera parte Scyllam, ex altera Charybdim habeat: solus denique tutus & incolumis euadit, qui neutri horum periculorum magis adhæserit, hoc quid aliud significat, quam quod scribitur ad Aristotele in Ethicis, virtutem esse medium duorum extremorum, quæ ambo sunt vitanda? vt autem vitia deuitaremus extrema, his partim fœmineas formas vt inuitantibus ad se, tribuerunt, partim figuras immanissimarum ferarum; quippe cum eo accedentibus calamitates proponerent, & vitæ ac facultatum iacturam, cum canes, & varia monstra horribilia his adiunxerint, quæ inhærentes vorarẽt. Nam quid aliud est vita mortalium, quam assidua inter varias molestias & illegitimas voluptates nauigatio? is autem vnus, qui sancte pieque vixerit, & qui vitia vtrobique existentia deuitauerit, incolumis in patriam, quod beatarum est animarum post hanc vitam concilium, cui præest Deus, peruenire poterit. Sed quoniam in errores aliquando collabi omnibus facile est, & plerisque contingit, siquis illis scopulis appropinquarit, continuo est inde totis viribus recedendum, nemo est enim ex omnibus hominibus, qui non ab ipsa natura ad voluptates incitetur.

citetur. Idcirco poetarum omnium præstantissimus Homerus multis amissis inde vix abnauigantem fecit Vlyssem: quia pauci sunt viri fortes in periculis: & multo pauciores prudẽtes, vbi semel voluptatũ fac i sunt captiui, n e ab illis se postea explicare se facile possunt. Dicitur Scylla in hoc monstrum à Circe conuersa fuisse, cum mulier esset pulcherrima, quod omnes qui declinant à ratione, rectoque viuendi instituto, brutorum animos induant. Quid enim Circen esse dicebamus? an non titillationem naturæ ad voluptates incitantem? cum vellent igitur demonstrare antiqui, vt summatim dicam, plenissimam esse difficultatum & periculorum vitam humanam, nauigantique inter duos grauissimos scopulos simillimam: quæ si parum sapienter gubernetur, voluptatibus allecti homines in maximas miserias incident, hæc de Scylla & Charybdi excogitarunt: quæ iucundissimis narrationibus & fabulosis vestierunt, vt qui parum salutis suæ alioquin essent studiosi, saltem suauitate figmentorum ad audiendam vitæ recte instituendæ rationem allicerentur. alii crediderunt hanc fabulam ad moderationem sumptuum spectare, quippe cum incauti in fœnus incidant, tanquam in Scyllæum fretum, vnde omnium facultatum vno tempore postea fit iactura; quod videtur innuisse Cicero in Orat. pro Pub. Sextio. at nunc de Orione dicamus.

De Orione. Cap. XII.

ORion ille, qui, vt traditum est in fabulis, fuit inter sydera collocatus Hyrieo Neptuni filio & Alcyone natus fuisse dicitur, de quo scriptum est ab Euphorione his verbis: ὑριεὺς ὁ ποσειδῶνος καὶ ἀλκυόνης μιᾶς τῶν ἄτλαντος θυγατέρων, ᾤκει μὲν ἐν ταναγρᾳ τῆς βοιωτίας. φιλοξενότατος δὲ ὤν, ὑπεδέξατό ποτε καὶ θεούς. ζεὺς δὲ καὶ ποσειδῶν καὶ ἑρμῆς ἐπιξενωθέντες αὐτῷ, καὶ τὴν φιλοφροσύνην ἀποδεξάμενοι, παρῄνεσαν αἰτεῖν ὅ, τι ἂν βούλοιτο. ὁ δὲ ἄτεκνος ὢν ᾐτήσατο παῖδα. λαβόντες οὖν οἱ θεοὶ τὴν τοῦ ἱερουργηθέντος αὐτοῖς βοὸς βύρσαν, ἀπεσπέρμηναν εἰς αὐτὴν, καὶ ἐκέλευσαν κρύψαι κατὰ γῆν, καὶ μετὰ δέκα μῆνας ἀνελέσθαι. ἀνδιελθόντων ἐγένετο ὁ οὐρίων, οὕτως ἐπονομασθεὶς διὰ τὸ οὐρῆσαι ὥσπερ τοὺς θεοὺς ἔπιτα κατ' εὐφημισμὸν, ὠρίων. Hyrieus Neptuni & Alcyones filius, quæ vna fuit è filiabus Atlantis, aliquando in Tanagra ciuitate Bęotiæ habitauit. cum vero benignus esset aduersus hospites, Dii quoque dicuntur in eius hospitium accessisse: Iupiter autem, & Neptunus, & Mercurius ab illo liberaliter tractati, eiusque benignitate delectati proposuerunt, vt quodcunque liberet, peteret. Hic cum adhuc esset sine filiis, filium poposcit. Tum vero Dii pellem mactati bouis sibi capientes in ipsam semen profuderunt, iusseruntque illam sub terram occultare, neque ante decimum mensem aperire: quibus mẽsibus peractis natus est Vrion, qui ita vocatus est, quod quasi minxissent Dei: at vero propter deuitandam turpitudinem vocis postea dictus fuit Orion. Neque enim, vt quidam arbitrati sunt, dicitur ex vrina, sed è spermate natus fuisse. Cum vero è semine trium Deorum natus dicatur, illum Lycophron tripatrem ita uocauit:

> στεφηφόρον βοῦν δεινὸς ἄρταμος δράκων
> ῥαίσει τριπάτρῳ φασγάνῳ κανδάονος.
> Bouem coronatum grauis coquus draco
> Cædet tripatris ense olim Candaonis.

Fuit enim Candaon primum apud Bœotos, postea Orion vocatus. Isacius non Mercurium, sed Apollinem vnà cum duobus Orionis patribus connumerauit. Atque Colonia fuit vxor Hyriei, cui pellis illa seruanda data fuit. Scriptum reliquit Dorion in libro de piscibus Orionem fuisse Neptuni & Brylles Minois filiæ,

Oo quæ

quæ sententia fuit etiam Hesiodi. Pherecydes Neptuni & Euryales filium inquit, vt ait Apollodorus libro primo Biblyothecæ. At Zezes, qui commentarios in Hesiodum scripsit, Orionem inquit fuisse Hyriei & Brylles filium, quæ Brylle fuit Minois. Quod autem venator fuerit Orion, testantur nomina ipsorum canum, quos ille in venationes alebat. nam nisi venator fuisset, nunquam probabile videretur, nisi fuisset insanus, vt Leucomelænam, Mæram, Dromim, Cissetam, Lampurim, Lycoctonum, Ptoophagum, Arctophonum, aliosque complures canes aleret, qui illius commemorantur. huic sororem addiderunt Candiopen. Nicandri vero enarrator Orieum, non Hyrieum vocauit Orionis patrem. Fabulantur hunc munus à patre Neptuno impetrasse vt tam super vndas, quam super terram posset incedere. Alij tamen tantæ fuisse magnitudinis senserunt, vt nulla esset tanta profunditas, è qua nō humeri saltem extarent è mari, quam sententiam secutus Virgilius ita scripsit libro decimo:

quàm magnus Orion
Cum pedes incedit medij per maxima Nerei
Stagna viam scindens, humero supereminet vndas.

Qui cum postea in Chium ad Oenopionem venisset Aeropen illius vxorem vitiare conatus est. Id grauiter ferens Oenopion comprehenso Orioni oculos effodit, & mox extra suam regionem eiecit: qui postea in Lemnum profectus à Vulcano perbenigne excipitur, tum Vulcanus eius misertus Cedalionem vnum è famulis Orioni ducem viarum dedit, qui in orientem ad solem profectus ab eo sanitati restitutus est, ac lumen recuperauit. Deinde contra Oenopionem arma suscepit, quem in eius auditum aduentum ciues sub terra occultarunt. hunc vbi non speraret se amplius posse inuenire Orion, in Cretam contendit, vbi venationi operam daret. Enimuero non in Aerope solum vxore Oenopionis, qui fructus esset tentatæ per vim alienarum mulierum pudicitiæ experiri voluit: quem fabulantur Pleiades Atlantis & Pleiones Oceani filias vnà cum illarum matre persecutum in Bœotia per quinquennium assiduè, quibus etiam potitus esset, nisi per Iouis misericordiam, à quo precabantur auxilium inter sydera fuissent relatæ. Dianæ quoque cum vnà venaretur aiunt vim inferre voluisse, quare illius iussu occisum fuisse, vt in his testatur Euphorion: *συνκυνηγῶν δὲ οὗτος ἀρτέμιδι, ἐπεχείρισεν αὐτὴν βιάσασθαι, ὀργισθεῖσα δὲ ἡ θεὸς ἀνέδωκεν ἐκ τῆς γῆς σκόρπιον, ὃς αὐτὸν πλήξας κατὰ τὸν ἀστράγαλον ἀπέκτεινε.* Cū vero vnà cum Diana venaretur, illi vim inferre conatus est: At Dea irata scorpiū è terra excitauit, qui illius talum percutiens interemit. At Horatius libro tertio Carminum illum ab ipsa Diana ob tentatam pudicitiam sagitta cæsum fuisse scribit in his:

& integræ
Tentator Orion Dianæ
Virginea domitus sagitta.

Alij fabulati sunt, inter quos fuit Diocles in læriferis pharmacis Orionem puerum insigni forma fuisse à Diana amatum, quæ etiam illi nubere decreuerat: quippe cum Aurora etiam dicatur illum raptum ob formam in Delum asportasse. Id cum Apollo grauiter ferret, frustraque sororem sæpius reprehendisset, nactus est satis aptam ita opportunitatem Orionis occidendi. Nam cum aduenientis Orionis caput prominens ex vnda longinquum Apollo vidisset, proposito præmio artis contendit cum sorore quod non attingeret illud signum sagittis: at illa ostentandæ artis studio accensa sagittam in fronte Orionis infixit, qua re postea cognita dolore commota impetrauit à Ioue vt ille inter sydera referretur. Corinus autem Delius, qui Tanagræum fuisse inquit Orionem, multaque loca mansuefecisse, & venenatis animalibus expurgasse, hunc idcirco

inter-

interijsse memorat, quia inter venãdum cum Latona & Diana gloriaretur, quod nullum animal ferum ipsum vitare posset: ea re Deæ indignatæ dicuntur scorpiũ excitasse, à quo occideretur: qui sub saxo quodam latuit, donec eo accederet Orion. Est enim scorpiorum consuetudo vt sub saxis lateant, sicut Sophocles ait in Captiuis:

ἐν παντὶ γάρ τε σκόρπιος φρουρεῖ λίθῳ.
Saxo sub omni delitescit scorpius.

Tum vero cum pes Orionis forte saxo appropinquasset, ab eo scorpio ictus interijt, ac demum Dianæ misericordia inter sydera & ipse & scorpius relati fuerunt. Quidam maluerunt occisum fuisse à Diana, quia illam inuitasset vt disco secum luderet: alij quia vim Opi vni è virginibus, quæ Dianam ex Hyperboreis secutæ fuerant, inferre voluerit, à Diana confixum sagittis existimarunt, vt ait Apollodorus libro. 1. Neque vero ipsius solum Orionis magna fuit arrogantia, sed etiam Side eius vxor dicitur ausa fuisse cum Iunone de forma contendere, quare ad inferos fuit ab illa deiecta. Scripsit Nicander in Theriacis scorpium immissum Orioni à Diana, quia peplum Dianæ etiam apprehendere, cum illam violare niteretur, ausus sit impuris manibus, vt patet ex his:

τὸν δὲ χαλαζήεντα κόρη Τιτηνὶς ἀνῆκε
Σκορπίον ἐκ κέντροιο τεθηγμένον, ἦμος ἐπέχρα
Βοιωτῷ τεύχουσα κακὸν μόρον ὠρίωνι.
ἀχράντων ὅτε χερσὶ θεῆς ἐδράξατο πέπλων,
αὐτὰρ ὅγε στιβαροῖο κατὰ σφυρὸν ἤλασεν ἴχνευς
Σκόρπιος ἀπροΐδης ὀλίγῳ ὑπὸ λᾶϊ λοχήσας.
Grandine signatum Titanis at inde puella
Scorpion immisit, qui cuspide surgat acuta,
Bœoto vt meditata necem fuit Orioni.
Impuris ausus manibus quia prendere peplum
Ille Deæ est. talum percussit scorpius illi,
Sub paruo lapide occultus vestigia propter.

Atque scorpij idcirco forma ad sempiternam memoriam dicitur fuisse inter sydera relata. Orionem non fuisse postea inter sydera relatum, sed fictum id & excogitatum fuisse ad alicuius gratiam, testatur Pausanias in Bœoticis, qui sepulchrũ fuisse Orionis apud Tanagræos memoriæ prodidit. Hæc tot fabulosa de Orione ab antiquis sunt tradita: è quibus sententiam illorum eliciamus.

¶ *Orion fuit Neptuni & Iouis & Apollinis filius*, ex horum semine nimirum in pellem bouis incluso natus. Quid hoc est monstri Dij boni? an potest vnus esse multorum parentum filius? hæc in elementorũ generatione vera esse possunt, cum omnia sint in omnibus. Est enim mare, in quo semen includitur taurus, tum ob fremitum tum etiam ob impetum, cum à ventis incitatur: atque illud manifestius est semen omnium elementorum, cum manifestius aqua ob calorem solis mutationem patiatur. Excitat igitur vis Apollinis vapores ex aqua, eosque extenuans non sine quodam spiritu innato in aera extollit: atque quod Iupiter aer, Neptunus in aqua diffusus sit spiritus, & δυὼ ἀμιζώσα patuit. Horum igitur trium Deorum viribus commistis, gignitur vẽtorum & pluuiarum & tonitruum materia, quæ Orion dicta est. Cum vero subtilior aquæ pars, quæ extenuatur, supernatet, dixerũt Orionem à patre impetrasse, vt super aquas incederet. Vbi materia illa extenuata in aera dilatatũ & diffunditur, dictus est Oriõ venisse in Chiũ, qui locus à fundendo nominatur: nam χέειν fundere significat. At cum ibi Aeropen violare conetur, extra regionem eijcitur priuatus lumine, quia necesse est eos vapores per aera pertransire, & ad summam partem accedere, per quem locũ dif fusa materia primam vim ignis quodammodo labefactari sentit. Est enim omnium quæ mouentur motu non naturali, vis maxima in principio, at in fine minima, cum illa sensim in itinere deficiat. Excipitur Orion benigne à Vulcano, & ad solem profectus pristinæ sanitati restitutus inde in Chium reuertitur. Hoc sane nihil aliud est, quam circularis elementorum, & mutua inter se generatio & corruptio. Fabulantur hunc à Diana sagittis cæsum, quod illam attingere ausus sit, quia cum vapores ad supremam partem aeris ascenderint, ita vt lunam videātur nobis aut solem attingere, lunæ vis hos congregat & in imbres aut ventos conuertit, & ita suis sagittis cædit ac deorsum mittit, cuius lunæ vis est tanquam fermentum in his rebus faciendis. Dixerunt postea Orionem occisum fuisse & in cœleste signum conuersum, quoniam sub Orionis exortum frequentes fiunt pluuię & vēti, & tonitrua. Hoc signum, quia ita formatum est, vt stricto gladio in taurum insurgat, & propinquas Pleiades insequatur, dictus est obuius factus Pleiadibus in earum amorem incidisse, ac illas persecutus fuisse: quæ quidem Pleiades dictæ sunt ἀπὸ τοῦ πλειῶνος ab anno scilicet, cum suis ortib. æstatis & hyemis initium significent. Cum vero Orion oppositum habeat scorpionem, videtur semper illum fugere ex eodem hemisphærio, quare de illo fabula cōficta est. Atq; tot breuiter ea sunt, quæ pertinent ad physicam rationem. Cum multa passum fuisse propter libidinem dixerint Orionem antiqui, significare voluerunt nihil illegitimum non fore calamitosum. Alij inuisam esse Diis immortalibus & iniucūdam omnem arrogantiam per hanc fabulam significari maluerūt, cum soli Deo, siqua in re præstiterimus, honor & gloria pro illa præstantia à nobis tribuēda sit. Nam idcirco Deorum iussu à scorpione ictus interiit Orion, quod Diis etiam præsentibus gloriaretur, quod nulla esset adeo immanis fera, quæ illum posset deuitare. At nunc de Arione dicamus.

De Arione. Cap. XIIII.

ARion patria Methymnæus, quibus ortus sit parentibus, non constat, quos ego sane obscurissimos fuisse crediderim: quippe cum solus fortunæ euentus, & ars recte pulsandæ citharæ Arionem ipsum illustrauerint. nonnulli tamen hunc Neptuni filium ex Oncæa nympha satum arbitrati sunt. Alii ex Autoloe, alii è terra genitum maluerunt. Floruit autem Arion quo tempore Periander Corinthi imperauit, vt ait Herodotus in Clio. Scribit hunc Herodotus primum Corinthi apud Periandrum tyrannum diu fuisse, ac postea cupiuisse in Italiam & in Siciliam nauigare, vbi cum ingētem vim pecuniarum meruisset ob artis suæ præstantiam, tum rursus optauit Corinthum redire. Hic cum esset Tarenti nullis nautis se suaque committere, quàm Corinthiis maluit: mercatus est igitur atque conuenit dę naulo cum hominibus Corinthiis. quos cum sibi insidias struere plurimum à terra distantes persensisset, vt ipso cæso pecunia tutò potirentur, rogauit vt liceret saltem cygnorum more sibi funebre carmen canere, hisque pecuniam profudit, vt ea ratione experiretur, an animos illorum placare posset. Illi igitur his minime persuasi, iusserunt vt vel se ipsum occideret, quò sepulturam consequeretur, vel in mare quàm citissime desiliret. At Arion ita spe frustratus, cum sentiret illos nulla cantus suauitate deliniri, vbi legem Orthiam cecinisset, se cum toto apparatu, quem cantaturus susceperat, in mare de prora deiecit: deinde nautæ Corinthum adierunt. Dicuntur delphines hunc in Tænarum exposuisse, quos, dum ferretur, suauitate cantus pro mercede demulcebat. Atqui rem totam nō minus luculenter expresit Ouidius libro secundo Fastorum, quam Plutarchus etiam in conuiuio, vt est in his carminibus:

Quod

Quod mare non nouit? quæ nescit Ariona tellus?
Carmine currentes ille tenebat aquas.
Sæpe sequens agnam lupus est a voce retentus,
Sæpe auidum fugiens restitit agna lupum.
Sæpe canes, leporesque vna iacuere sub vmbra:
Et stetit in saxo proxima cerua leæ.
Et sine lite loquax cum Palladis alite cornix
Sedit, & accipitri iuncta columba fuit.
Cynthia sæpe tuis fertur vocalis Arion,
Tanquam fraternis obstupuisse modis.
Nomen Arionium Siculas impleuerat vrbes,
Captaque erat Lyricis Ausonis ora sonis.
Inde domum repetens puppim conscendit Arion;
Atque ita quæsitas arte ferebat opes.
Forsitan infelix ventosque, vndasque timebas.
At tibi naue tua tutius æquor erat.
Nanque gubernator districto constitit ense,
Cæteraque armata conscia turba manu.
Ille metu pauidus mortem non deprecor inquit.
Sed liceat sumpta pauca referre lyra.
Dant veniam, ridentque moram, capit ille coronam,
Quæ posset crines Phœbe decere tuos.
Induerat Tyrio distinctam murice pallam.
Reddidit icta suos pollice chorda sonos.
Flebilibus numeris veluti canentia dura
Traiectus penna tempora cantat olor.
Protinus in medias ornatus desilit vndas.
Spargitur impulsa cærula puppis aqua.
Inde (fide maius) tergo delphina recuruo
Se memorant oneri supposuisse nouo.
Ille sedet, citharamque tenet, preciumque vehendi
Cantat, & æquoreas carmine mulcet aquas.

Arion igitur cum eo apparatu Corinthum profectus rem totam Periandro aperuit, qui cum prius non credidisset, Arionem dedit in custodias, nautasque ad se aduocatos, quid audissent, de Arione percunctatus est. cum illi dicerent eum esse incolumem in Italia, quodque illum Tarenti reliquissent, accersitus est illuc Arion qualis in mare desilierat, tum obmutuerunt nautæ, neque facinus negare quidem ausi sunt, quare vltimo supplicio fuerunt affecti. fuit eximius omnino citharœdus Arion, ac poeta nobilis dithyrambicus nemini mortalium secundus eo tempore in arte recte pulsandæ citharæ, ac neque Philoxeno quidem Cytherio, cuius nomē celeberrimum fuit ob hanc ipsum artem, vlla re inferior, quem cyclicos choros primum omnium inuenisse scripsit Hellanicus in Cranaicis, & Dicæarchus atque Demachus in libro de Dionysiacis certaminibus, quamuis Antipater & Euphronius in suis commentarijs inuentum illud Lago Hermioneo tribuerint. fabulati sunt præterea antiqui delphinū illum, qui seruauit Arionem, ad perpetuam illius beneficentiæ memoriam inter sydera fuisse relatum, vt ait Ouid. ibidem;

Dij pia facta vident, astris delphina recepit
Iupiter, & stellas iussit habere nouem.

Alij tamen maluerunt delphinum inter sydera fuisse relatum, quia Neptuno cō ciliaris Amphitriten, at Hermippus quia dux in honorem Apollinis fuerit Cretensibus in Delphos. Lucianus in dialogis marinorum Deorum eam pecuniam Corinthi illum comparasse inquit, cum esset apud Periandrum: atque nauiganti ad Methymnæos in patriam, istud contigisse. atque tot ab antiquis dicta fuerunt de Arione: quæ quod fabulosa sint, nemini obscurum est. Nam quæ de delphinis dixerunt antiqui, quod homines ab iis seruati fuerint, somniis simillima ego esse censeo, quippe cum sit eadem semper animalium natura, neque tamen quisquam ab illis ad hæc vsque tempora seruatus narretur à delphinis: & tamen infinitus propè est numerus eorum, qui in mari perierunt. at cum in mare se præcipitasset, magis probabile est natantem & vestibus sustentatum Arionem à nautis Tænariis fuisse exceptum, & in naui cui picti fuissent vtrinque in prora delphines in Tænarum fuisse portatum, vt scriptum reliquit Antimenides in primo libro historiarum.

¶ Verum vt sententiam tandem antiquorum ex his exprimamus, significare voluerunt per hanc fabulam omnium scelerum Deos esse vltores: quippe cum animalia quoque rationis expertia & vocis, soleant aliquando Diis ita volentibus esse sceleratorum accusatores, & innocentibus hominibus opem ferre: omneque beneficium Diis gratum contingere, quod in virum bonum confertur. at de Arione satis, nunc de Amphione dicamus.

De Amphione. Cap. XV.

AMphionem etiam citharædum non solum musicæ artis peritia, sed etiam fortunæ inconstantia, & calamitatum cumulus illustrauit. fabulantur hunc & Zethum eius fratrem fuisse Iouis & Antiopes filios: nam Antiope filia Nyctei & Androthoes à Ioue in satyrum conuerso compressa fuit, atque grauida facta Nyctei patris minis territa in Sicyonem ad Epopeum profugit, vbi cum Zethum & Amphionem peperisset, illos dedit in Cithæronem cuidam bubulco alendos. Nycteus grauiter ferens filiæ fugam, cum hortatus fuisset Lycum fratrem negotium ne negligeret, moritur. at Lycus cum delecta manu militum repentino aduentu Epopeum trucidauit vrbe potitus, captiuamque reduxit Antiopen, quam Dirce vxori in custodias dedit. nec multo post collecta pastorum manu cum cognouissent ex alumno qui essent Zethus & Amphion ipsum patruum & Dircen ceperunt & ipsi repentino aduentu, Dirceque crudeliter agresti tauro alligatam laniari studentes laniata moniti sunt à Mercurio vt Lycum imperare permitterent, vt scriptum fuit à Nicocrate in rebus Cypriis. sic autem de illa Antiope quod odio esset patri meminit Apollonius libro quarto:

> οἷα μὲν Ἀντιόπην εὐώπιδα μήσατο νυκτεύς
> Oderat Antiopen sic lapso tempore Nycteus.

Alii crediderunt Antiopen Amphionis matrem filiam fuisse Asopi, vt scripsit Apollonius libro primo:

> Ἐν δ' ἔσαν Ἀντιόπης Ἀσωπίδος υἷε δύω
> Ἀμφίων καὶ Ζῆθος ἀπύργωτος δ' ἔτι Θήβη
> κεῖτο πέλας.
> Zethus & Amphion aderant duo pignora clara
> Asopi Antiopes: nondum turrita manebant
> Mœnia Thebarum.

Diophanes libro primo Ponticarum historiarum vbi scripsit de Antiope matre Aeetæ, Amphionem & Zethum non Iouis, sed Theoboontis filios fuisse inquit, quod etiam testatur Zez. hist. 13. chil. primæ. Epimenides Corcyræus Amphionem

Agethi scripsit tractandis lyræ fidibus Mercurio vsum fuisse magistro, atque adeo admirabilem fuisse illius cantum, vt feræ & saxa illum sequerentur, non minus quam Orpheum Calliopes filium, vt ait Pausanias in Bœoticis: nam hanc etiam lyram à Musis primum accepisse scriptum reliquit Antimenides libro primo historiarum, & Pherecydes libro decimo. At vero Dioscorides Sicyonius ab Apolline lyram illi datam fuisse memorat. Hanc autem celebritatem nominis in musicis consecutus est Amphion quod ob affinitatem cum Tantalo modulos edoctus fuit à Lydis, primusq; tres chordas addidit tetrachordo à superioribus musicis inuento, vt ait in libro primo de Musica Aristocles. nam ferunt hunc neten chordam ante portam postea Thebanam ipsum inuenisse, vnde porta nomen sortita fuit. dicuntur Zethus & Amphion antequam Thebæ conderentur, exiguum Thespiensium pagum Etresim vocatum habitasse, vt testatur Strabo libro nono. Enimuero cum Amphion & Zethus suspectas haberent vires Phlegyarum hostium per id tempus, vt ait Pherecydes, Thebas muris ac turribus munierunt, vt essent tutiores ab hostium incursionibus. non enim audebant sine muris ac turribus habitare, vt ait Homerus in Odysseæ libro λ.

τὴν δὲ μετ' ἀντιόπην ἴδον ἀσωποῖο θύγατρα,
ἣ δὴ καὶ διὸς εὔχετ' ἐν ἀγκοίνῃσιν ἰαῦσαι.
καὶ ῥ' ἔχεν δύο παῖδας ἀμφίονά τε ζῆθόν τε
οἳ πρῶτοι θήβης ἕδος ἔκτισαν ἑπταπύλοιο,
πύργωσάν τ', ἐπεὶ οὐ μὲν ἀπύργωτόν γ' ἐδυνάντο
ναιέμεν εὐρύχορον θήβην κρατερώ περ ἐόντε.

Post hanc Antiope Asopi mihi filia visa est:
In Iouis amplexum quæ iactat se isse, gemellos
Et Zethum peperisse, simulque Amphiona clarum
Qui portis septimgeminis, & turribus altis
Cinxerunt Thebas. nec enim sine turribus ausi
Incolere, inuictis quamuis hi viribus essent.

Fabulati sunt igitur saxa sua sponte assiliisse, murumque extructum fuisse dum Amphion lyram suauiter pulsaret, vt ait Horatius in arte poetica:

Dictus & Amphion Thebanæ conditor vrbis
Saxa mouere sono testudinis, & prece blanda
Ducere quo vellet.

Dicitur hæc ciuitas septem habuisse portas, quæ nominabantur: Electris, Prætis, Neitis, Crenæa, Hypsista, Ogygia, Homolois. vocatæ sunt Thebæ vt sensit Zezes à patre conditorum, vel quod magis placet, à Thebe nympha filia Promethei, quæ illis fuit affinitate coniuncta, vt scripsit Pausanias in Bœoticis. inquiunt Thebas, post multas infelices dimicationes, quæ illi ciuitati contigerunt, ab Alexandro Macedoniæ rege euersas fuisse quo tempore Thebani bellum aduersus ipsum Alexandrum in Persas arma parantem susceperunt: quæ ciuitas quoniam per cantum extructa non poterat nisi per cantum euerti, diruta est Ismenia quodam flebiles numeros cum tibia accinēte, vt scriptum fuit à Callisthene. veruntamen idem Alexander, qui iusserat Thebas solo æquari, ad gratiam cuiusdam athletæ, qui ter victor ab illo coronatus fuerat, instaurauit, quod ita significauerat oraculum:

Ἑρμῆς, ἀλκείδης, καὶ ἡ μαντομάχο πολυδεύκης,
οἱ τρεῖς ἀθλήσαντος ἀνακτίσουσι θήβας.

Alcides, Pollux, nymphaque Atlantide cretus,
Mox instaurabunt euersis mœnia Thebis.

Aiunt primum omnium mortalium Amphionē aram dicasse Mercurio, quo l ab eo lyrā accepisset. At quoniā felicitatem æquo animo perferre non minus difficile est, quam aduersus fortunæ euentus, idcirco effectum est vt nimium gloriaretur Amphion ob artis præstantiam, & in Latonam, eiusque filios contumelias coniecerit: quod Dea nulla re hominibus præstaret, atque eius filij rudes habendi sunt & imperiti si secum conferantur, cum ipse multo sit peritior Apolline. Dicunt his contumelijs iratas Deas pestilentiam in domum Amphionis excitasse, qua ipse cum tota familia deletus est. Et Zethus cum mater ipsa genitum ex se filium ob certam noxam peremisset, ægritudine animi contabuit. ¶ Dictus est Amphion Iouis & Antiopes filius, quoniam musica exercitatione conficitur plerunque, atque omnes viri præstantes Iouis filij ab antiquis dicti sunt, vt explicauimus superius. Hunc & Orpheum fuisse Aegyptios, & magorum scientia excelluisse ait Pausanias in posteris Eliacis. aiunt hunc musicæ fuisse peritum, & saxa ac feras, quo vellet, ducere solitum: quoniam per orationis suauitatē duros & agrestes homines mansuefecerit, & ad extruendas ciuitates, ciuitatumque legibus obtemperandum delinierit. At idem qui cæteros ad humanitatem, māsuetudinemque reuocauerat, cum ob felices rerum successus nimium factus fuisset insolens, Deosque vel ipsos paruifaceret, vltimo supplicio affectus est, cum nemo impune Deū aut Dei cultū paruifaciat, nedū contemnat. at nunc de Halcyonib. dicatur.

De Halcyonibus. *Cap.* XVI.

FVit Halcyon Canobes & Mæoli filia, vel Aeoli vt ait Lucianus in Halcyone inscripto dialogo, sicuti testatus fuit Alexander Myndius, fuitq; vxor Ceycis. At Ceyx fuit rex Trachiniorum, qui cum nobilitate, opibus, & forma corporis excelleret, se vel Dijs immortalibus æquare ausus est, & Deorum nominibus appellauit. nam Ceyx seipsum Iouem, Halcyonen appellauit Iunonem. illam arrogantiam Iupiter grauiter ferens, Ceyci Delphos nauiganti adeo sæuam tempestatem immisit, vt Ceyx, & omnes qui cum Ceyce nauigabant, naufragiū passi perierint: sicuti testatur Polyzelus in ijs quæ scripsit de Rhodo. fabulantur postea cadauer agitatum ab vndis ad litus, & ad eam speculam appulsum fuisse, ad quam sæpe veniebat Halcyone prospectura an Ceyx accederet: quo viso illa miserabiliter conquesta dicta est Iouis misericordia in auem sui nominis mutata cum se è specula in mare præcipitasset: tunc etiam Ceyx conuersus est in Cerylum: sic enim mares inter illas volucres nominantur, vt ait Carystius Antigonus. Hoc tamen nonnulli dixerunt factum fuisse luciferi & Thetidis misericordia, at non Iouis. Hāc rem ita breuiter complexus est Euripides in Iphigenia in Tauris:

ὄρνις, ἃ παρὰ τὰς πετρίνας
πόντου δειράδας ἀλκυὼν,
ἔλεγον οἶτον ἀείδεις,
εὐξύνετον ξυνετοῖσι βοάν,
ὅτι πόσιν κελαδεῖς ἀεὶ μολπαῖς.
Saxosa ponti, quæ ad iuga
Auis colis forte Halcyon:
Lugubrem resonans luctum.
Notam prudentibus vocem
Quòd concinis tuis maritum cantibus.

Hæ aues dicuntur esse magnitudine passeris, vt ait Plinius, colore cyaneo, collo gracili ac procero: maresque à fœminis vbi illi consenuerint, gestari super alis. enimuero vbi fuisset Halcyon in auem conuersa, eiusque oua quę continuo pepererat in mari voluerentur, quia maxima orta fuisset tempestas, Iupiter misertus

dies

dies quatuordecim per mediam hyemem illi cõcessit, quibus & parere per tranquillitatem maris & excludere posset: quos dies Halcyonios vel Halcyonidas, vt aiunt Græci, vocarunt, de his ita scripsit Theocritus in Cerealia celebrantibus:

χ' ἀλκυόνες σορεσεῦντι τὰ κύματα, τὴν τε θάλασσαν,
τόν τε νότον, τόν τ' εὖρον, ὃς ἔσχατα φυκία κινεῖ,
Ἀλκυόνες γλαυκαῖς νηρῆσι ταί τε μάλιστα
Ὀρνίθων ἐφίλαθεν, ὅσαις τέπερ ἐξ ἁλὸς ἄγρα.
Halcyones sternunt spumantes marmoris vndas,
Atque Eurum, atque Notum, qui extremas suscitat algas.
Halcyones, supra volucres Nereides almæ
Quas dilexerunt, quibus est ex æquore præda.

Dictæ fuerunt Halcyones quòd in mari pariant, cum ἅλς sit mare, ac κύειν parere. Inquiunt Halcyones circa conuersiones solis hybernas nidulari, nidumque mirabili structura componere ad formam piscatoriæ nassæ: tanta vero duritie, vt neque ferro, neque saxis pertundi posit, quem conficiunt ex acicularum spinis, quas belonas vocant, idque facere cum primum grauitatem ventris sibi adesse senserint. vbi absolutus nidus perfectusq; fuerit, illum in mare demittunt, vt explorent an satisfciat ex aliqua parte: atque huic os miro artificio ad sui corporis magnitudinem tantum relinquunt, vt scripsit Solensis Clearchus in eo libro, quem scripsit de Torpedine pisce, & Plutarchus in libello de amore parentum erga filios. dicuntur inter has aues esse adeo salaces mares, vt senescentes vel in ipso coitu moriantur, vt scripsit idem Clearchus in Terrore, & Isacius in Lycophronem. Neque tamen prætermittendum est illud, quod scriptum est ab Hegesandro de Halcyonibus in suis commentarijs, Halcyones fuisse gigantis Alcyonei filias, quæ post patris mortem se in mare deiecerint, & ab Amphitrite sint in aues sui nominis conuersæ, vt patet in his: Ἀλκυονίδες τοῦ γίγαντος θυγατέρες ἦσαν φθονία. ἄνθη, μεθώνη. ἀλκίππα, παλλήνη. δρίμω. ἀστερίη. αὗται μετὰ τὴν τοῦ πατρὸς τελευτὴν ἀπὸ καναστραίου, ὅ ἐστιν ἄκρον τῆς πελλήνης ἔρριψαν αὑτὰς εἰς τὴν θάλασσαν, ἀμφιτρίτη δ' αὐτὰς ὄρνιθας ἐποίησε, καὶ ἀπὸ τοῦ πατρὸς ἀλκυόνες ἐκλήθησαν. Alcyoneo filiæ fuerunt giganti, Phthonia, Anthe, Methone, Alcippa, Palene, Drimo, Asteria. Quæ post patris interitum è Canastræo, quod est Pellenes promontorium, sese in mare præcipitarunt. Amphitrite vero has in aues vertit, & Alcyones de patris nomine appellauit.

¶ Hæc ea sunt, quæ fabulose de Halcyonibus memorantur ab antiquis. Quæ dicta sunt de auibus, tanquam de natura auium illarum sunt intelligenda: quia spectant ad illarum consuetudinem. quæ de diebus Halcyonijs, non valde sunt admirabilia: quod per solstitiorum tempus nullæ propè fiant aeris mutationes. Omnia enim cum ad summum peruenerint, languidiora sunt, atque aliquãtulum cessant: quod patet in sagittis & lapidibus in altum aera coniectis, cum inde alterius motus capiant initium. Ad deprimendum igitur mortalium arrogantiam dictus est Ceyx in eam calamitatem incidisse, cum tantam felicitatem æquo animo ferre non diutius posset. Nam sæpius temerarios & potentes homines ob temeritatem Deus de pristina felicitate deiecit, prudentesque & mansuetos homines supra cæteros omnes extulit. Hanc igitur fabulam effinxerunt antiqui, ne nimis præsentibus opibus, aut nobilitate, aut viribus, aut forma corporis gloriaremur, cum omnia nobis data hæc mutuò sint à Deo bonorum omniũ autore: atque vt omnes intelligerent nullam felicitatem esse tantam aut tam firmam, quam Deus, si propter peccata voluerit, non citissime posit labefactare, & funditus euertere. At nunc de Asopo dicamus.

De Asopo, Cap. XVI.

At vero Asopus amnis, cuius filiam Aeginam Iupiter rapuit, fuit Oceani & Tethyos filius, vt sensit Acusilaus, alij Neptuni & Perus, vt ait Atheniensis Apollodorus libro. 3. Biblyothecæ. At Nicanor Samius in libro secundo de fluminibus Iouis & Clymenes filium fuisse dixit. Sesosthenes autem lib. nono rerum Ibericarum Himeri & Cleodices filium fuisse tradidit. Paus. in Corinthiacis Neptuni & Ceclusæ filium fuisse creditum memorat. Phanodemus in rebus Atticis Salaminis & cuiusdam Panopei. Hunc maior scriptorum pars patria fuisse Thebanum vxoremque duxisse Metopen Ladonis filiam asserunt, de qua Pelaguntem, Ismenumque suscepit, & filias viginti inter quas fuit Thespia, Peroe, Thebe, quæ vrbi nomens dedit, & Combe chalcis cognomento quæ prior eream armaturam inuenit in vrbe Eubææ, quæ ab illa Chalcis vocata est. Salamin, Platea, Harpine, Corcyra, Aegina, quæ insulis nomina dederunt, cum altera Cheria, altera Oenone prius diceretur. Ismene, Antiope, Aeroe, Cleone, Nemea, quam cum Iupiter deperiret, promisit quidquid illa optaret se esse daturum, atque ea dicitur perpetuam virginitatem expetiuisse. Tanagra, Sinope, quæ multis vrbibus vel ipsæ vel filij nomina dederunt, nam de Corcyra non modo vocata est prius Cheria, deportata illuc à Neptuno, sed etiam natus Phæax à quo Phæacia dicta. de Sinope non parua est controuersia, sed tamen plerique affirmant illam raptam fuisse ab Apolline, & in Pontum deportatam, e quo Syrum peperit, qui Syriæ nomen dedit, vt ait Philostephanus. At Dionysius in situ orbis à Ioue raptam fuisse Sinopen ita scripsit;

ὅς ποτ' ἀλωμένην Ἀσωπίδα δέκτο Σινώπην.
καί μιν ἀνηχεμένην σφατέρῃ παρενάσσατο χώρῃ
Ζηνὸς ἐφημοσυνῃσιν· ὁ γὰρ φιλότητος ἐραννῆς
ἰχανόων, πατρὸς ἀπενόσφισεν οὐκ ἐθέλουσαν.
Errantem cepit qui Asopida namque Sinopen,
Quam tristem in regione sua sopiuit, vt illum
Iupiter admonuit correptus amore puellę.
Inuitam idcirco e patriis hanc ceperat agris.

Alij tamen, inter quos fuit Andro Teius, vnam fuisse ex Amazonibus Sinopem tradiderunt, alij Martis & Parnassæ, alii Martis & Aeginæ filiam. Fuit etiam Aegina, quam Iupiter rapuit, Asopi filia. quam cum studiosè quæreret Asopus, neque vspiam inuenirer, a Sisypho pacta mercede vt perennem aquam in Acrocorintho pro indicio obtineret, inuenit. Eius indicij pœnas apud inferos luere Sisyphum nonnulli tradiderunt, atque Asopum ipsum cum Iouem insequeretur fulmine percussum fuisse, vt ait Callimachus. Posidippus in libro de Diis & heroibus Thespiam Asopi filiam quoque fuisse scripsit, cui tria munera Apollo concessit, vt ciuitas Bœotiæ apud montem Heliconem de eius nomine diceretur, vt virgo inter sydera in cœlo esset, & vt vaticinaretur. Fuit enim Asopus Thebanorum fluuius, qui suos fontes habuit in Arethyræa, Trachiniamque Scolum vocatam præterfluebat, qui cum fulmine ictus fuisset remissus est in sua fluenta, & diu postea carbones deuehere sueuit, vt ait Apollod. lib. tertio. Ab hoc fluuio regio vniuersa in agro Thebano iuxta Cithæronem montem Asopia vocata fuit, vt est apud Stra. libro nono. Pausanias scripsit in Corinthiacis Asopum amnem in finibus Pliasiorum suos ortus habuisse, qui per Sicyoniorum agrum lapsus in mare intrat iuxta Corinthum. Atqui cum multi fuerint Asopi, rationi conuenit & varias regiones, & varios ortus illis fuisse assignatos. At finxerunt antiqui Asopum fuisse hominem, cui actiones istas tribuerunt. Alii hominem fuisse

vere crediderunt, qui, quoniam terram fonte excauans Asopi fluuij fontes repe-
rissei, obtinuit vt fluuius de suo nomine diceretur. ¶ Aiunt hunc fuisse Iouis, vel Neptuni, vel Oceani filium, quod ex aere in aqua verso oriantur flumina, vt ait Aristo. in Meteor. vel quòd mare principium est omnium fluuiorum. Huius filiæ multæ dicuntur, quæ sunt vel riui, vel aquarum proprietates, quæ multa nomina sortitæ sunt. Fabulantur illum rapta filia fuisse fulmine percussum cum Iouem insequeretur, quia siccitas cœli & calor iam riuos exiccauerunt, & cum ipse fluuius extenuatus in vapores verteretur, Iouem insequebatur, & ob calorem prope exiccatus fulmine dicitur percussus. Fuit enim maxima siccitas aliquando in agro Thebano & in Aegina, quare locus datus est fabulæ. At nunc de Deucalione dicamus.

De Deucalione. Cap. XVII.

DEucalionis diluuium, & aquarum copia, quæ fuerit, nemini obscura est; at cur illud diluuium ita factum sit, pauci omnino tradiderunt, sed nos vt in cæteris consueuimus, hoc etiam explicemus. Fuit Deucalion Promethei filius, vt scripsit libro 3. Apollonius;

ἔνθα προμηθεὺς
ἰαπετιονίδης ἀγαθὸν τέκε δευκαλίωνα.
hic namque Prometheus
Filius Iapeti clarum edit Deucalionem.

At Hom. lib. 5. Iliad. Deucalionem Minois filium fuisse inquit in his;

Μίνως δ' αὖ τέκετ' ἀμύμονα δευκαλίωνα.
Edidit hinc Minos præclarum Deucalionem.

Herodotus vero Promethei & Clymenes filium fuisse scripsit, Hesiod. Promethei & Pandoræ, quod etiam Strabo testatur libro nono. Alij Minois, & Pasiphaes, alii Asterii & Cretæ. Hi enim Minois recensentur; Castreus, Deucalion, Glaucus, Androgeus ab Apollodoro, filiæ Hecale, Xenodice, Ariadna, Phædra. Istud autem accidit, vt varij parentes Deucalionis dicantur fuisse, non solum quod ob antiquitatem rei dissentiunt scriptores, sed etiam quia diuersi fuerunt Deucaliones, cum tamen omnia de Promethei filio dicantur. Hic habitauit in Cydno Locridis, vt ait Strabo lib 9. vbi planties fuit fertilissima inter Cydnum & Opuntem, vt ait Apollon. lib. 3.

ἔστι τις αἰπεινοῖσι περίδρομος οὔρεσι γαῖα,
πάμπαν ἐΰρρηνός τε καὶ εὔβοτος ἔνθα προμηθεὺς
ἰαπετιονίδης ἀγαθὸν τέκε δευκαλίωνα.
Est tellus quædam circundata montibus altis
Irrigua atque ferax herbarum. hic namque Prometheus
Filius Iapeti clarum edit Deucalionem

Lucianus in Dea Syria Deucalionem Scytham fuisse inquit illum sub quo fuit diluuium, his verbis; οἱ μὲν ὦν πολλοὶ δευκαλίωνα τὸν σκύθεα τὸ ἱρὸν εἵσασθαι λέγουσι, τοῦτον δευκαλίωνα, ἐπὶ τοῦ τὸ πολλὸν ὕδωρ ἐγένετο. Multi sane Scytham Deucalionem sacellum hoc erexisse inquiunt, eum inquam Deucalionem cuius tempore multa fuit inundatio. At Paus. in Atticis Iouis Olympij templum fuisse vetustissimum Athenis scribit à Deucalione extructum, & ipsum Deucalionem habitasse Athenis, cuius etiam sepulchrum fuit Athenis non longe ab illo templo. Hunc imperasse Thessaliæ constat, quem etiam Regem ita appellauit Herodo. in Clio; ἐπὶ μὲν γὰρ δευκαλίωνος βασιλῆος, οἴκεε τὴν φθιῶτιν. Tempore Regis Deucalionis Phthiotim habitabat. Hic Pyrrham habuit vxo-

rem

rem Pandoræ & Epimethei filiam, vt ait Proclus, de cuius nomine vocata fuit Thessalia primum Pyrrha, vt testatur in his carminibus Cretensis Rhianus;

Πύρραν δή ποτε τήν γε παλαιότεροι καλέεσκον
Πύρρης Δευκαλίωνος ἀπ' ἀρχαίης ἀλόχοιο
Αἱμονίην δ' ἐξαῦτις ἀφ' αἵμονος. ὅν ῥα πελασγὸς
Γείνατο φέρτατον υἱόν· ὁ δ' αὖ τίκε θεσσαλὸν αἵμων.
τοῦ δ' ἄπο Θεσσαλίην λαοὶ μετονόμαξαντο.

Hanc Pyrrham dixere patres de nomine Pyrrhæ,
Vxor prisca fuit quæ magni Deucalionis.
Aemonia est & rursus ab Aemone dicta Pelasgi,
Quem clarum genuit natum, hic at Thessalonæmum;
A quo Thessalici populi sunt inde vocati.

Dictus est Deucalion Hellenem, qui nomen dedit Græciæ, filium habuisse, & Protogeniam è Pyrrha & Amphictyonem, & Melantho, cuius ex Neptuno filius Delphus Delphis nomen dedit, vt scripsit Euphorion. Atqui multi fuerunt Deucaliones, vt constat ex antiquorum scriptorum testimonijs. vnus Promethei & Clymenes, alius Minois & Pasiphaes, vt ait Pherecydes. alius Abantis & Asopiæ, vt scripsit in primo rerum Arcadicarum Aristippus. alius Haliphronis & Iophossæ nymphæ filius, de quo mentionem fecit Hellanicus. alius Asterij & Cretæ Halymonis filiæ, quæ Cretæ nomen putatur dedisse, de quo mentionem fecit Apollodorus Cyzicenus. alius rursus Promethei & Pandoræ, de quo dictum fuit, ad quem omnia propè cæterorum facta referuntur. habuit filiam præterea Protogeniam e Pyrrha & Hæmonem a quo Hæmonia, & Melanthiam. Memoriæ prodidit Andro Teius magnam sceleratorum hominum frequentiam fuisse Deucalionis tempore, cum frequentes omnino essent homines vbique, Est enim illa consuetudo, vt cum difficilius in magna multitudine viuatur, difficultas victus & astutiores, & peiores homines efficiat. Nam fames neque Deorum religionē, neque maiestatem legum, neque autoritatem principum veretur, quare omnia scelerum genera per annonæ difficultatem oriuntur. Hinc nascitur Deorum indignatio, & acerbitas bellorum, qualia fuerunt Iouis consilio & Oedipodis & Priami tempore cum vniuersus prope terrarum orbis iis bellis exarserit. Inde Iouis eiusdem consilio grauissimæ exortæ sunt pestilentiæ ad delendas sceleratas nationes, quare Furiæ solio Iouis assidere dictæ sunt. Est enim eadem ciuitatem, quæ corporum etiam singulorum hominum natura; vt cum multis malis hominibus, tanquam noxijs humoribus, repletæ fuerint, diuina ita statuente prouidentia per aliquas calamitates expurgentur; cum nihil humanum in summo virtice diu consistere possit, & proxima sit semper peccatorum eximiæ magnitudini diuina vltio. Quòd autem maxima esset perditorum hominum multitudo, ita significauit Ouidius lib. 1. Metam.

Occidit vna domus, sed non domus vna perire
Digna fuit. qua terra patet, fera regnat Erinnys.
In facinus iurasse putes.

At vero Deucalion vir bonus & pius habitus est, qui Deorum etiam immortalium primus templa ædificauit, & ciuitates condidit, vt ait Apollonius lib. 3.

Ἰαπετιονίδης ἀγαθὸν τέκε Δευκαλίωνα.
ὃς πρῶτος ποίησε πόλεις, καὶ ἐδείματο νηοὺς
ἀθανάτοις, πρῶτος δὲ καὶ ἀνθρώποισι βασίλευσεν.

Filius Iapeti clarum edit Deucalionem.
Condidit hic primus vrbes ac templa Deorum.
Mortales inter primus regnauit & idem.

Cum

Cum igitur vitæ integritate, & sanctitate, & erga Deos immortales reuerentia Deucalion & Pyrrha cæteris hominibus præstarent, de quibus ita scripsit Ouidius libro primo;

Non illo melior quisquam, nec amantior æqui
Vir fuit, aut illa reuerentior vlla Deorum.

In quadam arca, vel monitus fuerat a Prometheo rebus necessarijs eo comportatis seruati fuerunt, quam Lucianus in Timone κιβώτιον appellauit, at Adro Teius λάρνακα, vnde Parnassus mõs, quod illuc scapha illa appulerit Larnassus antea dicebatur; deinde mutata prima litera nominatus est Parnassus. Cum terra multos dies sub aquis latuisset, vt experiretur an aquæ decreuissent, & an longe abesset à terra Deucalion, columbam quandam quam secum habebat dicitur emisisse, vt testatur Plutarchus in libello de industria animalium. Id cum sæpius fecisset, eaque citissima eo reuolasset, quia non habebat vbi consisteret, intelligebat Deucalion aquas nondum satis decreuisse, verum cum auolasset denique, neque amplius rediisset, intellexit siccum iam alicubi esse terræ solum, & id non longe abesse quare Deucalion eo cum scapha traiecit, quo egressus cum Pyrrha Themidis oraculum, quæ tunc responsa dabat, adiuit sciscitaturus quo pacto, si ita Diis placeret, posset humanum genus reparari, quod quidam apud Cephissum amnem accidisse memoriæ prodiderunt. Id autem responsum tulerunt vt velatis capitibus ossa matris post se iacerent, quibus diu cogitatis partim difficillimum, cum omnia limo obducta essent, partim etiam impium Deæ responsum visum est, si etiã mortuorum ossa, quæ vbi essent, nescirent, effodere & mouere iuberentur. At venit in mentem denique Deucalioni communem omnium matrem & altricem esse terram, cuius ossa iure saxa dici ob duritiem possent. sic autem rem expresit Ouid. lib. I.

Atquqe ita, si precibus, dixerunt, numina iustis
Victa remollescunt, si flectitur ira Deorum,
Dic Themi, qua generis damnum reparabile nostri
Arte sit, & mersis fer opem mitissima rebus.
Mota dea est: sortemque dedit. discedite templo,
Et velate caput, cinctasque resoluite vestes;
Ossaque post tergum magnæ iactate parentis.
Obstupuere diu, rupitque silentia voce
Pyrrha prior, iussisque Deæ parere recusat.
Detque sibi veniam pauido rogat ore, pauetque
Lædere iactatis maternas ossibus vmbras.

Nam cum illa audiuisset Deucalion statim postea subiunxit;

Magna parens terra est, lapides in corpore terræ
Ossa reor dici. iacere hos post terga iubemur.

Verũ hanc rẽ breuissime cõplexus est Iuuenalis in prima satyra his carminibus;

Ex quo Deucalion nimbis tollentibus æquor
Nauigio montem ascendit, sortesque poposcit,
Paulatimque anima caluerunt mollia saxa,
Et maribus nudas ostendit Pyrrha puellas.

Quod ipsum ita declararunt fabulatores, cum populi laï dicti sint a Græcis, & Laus lapis vt est in his;

ἐκ δὲ λίθων ἐγένοντο βροτοὶ, λαοὶ δὲ καλεῦνται.
E saxis homines nati, Laique vocantur.

Arrhianus tamen in libro secundo rerum Bithynicarum Deucalionem in arcem, locumque eminentiorem tunc Argi confugisse inquit ex illo diluuio, quare post illam inundationem Ioui Aphesio liberatori scilicet aram erexisse, qui locus ... stes Nemea a pabulo pecudum, quæ frequentes sibi pascebantur, fuit nominat[illegible]. Nec me præterit in eo Iouis olympij templo, quod fuit apud Athenienses, fuisse quandam voraginem ad cubiti fere altitudinem, in quem hiatum aquas delapsas fuisse memorant per Deucalionis eluuionem, in quem etiam quotannis polentam cum melle & farina triticea porricere consueuerunt. post illam inundationem, vt ait Thrasibulus in historia, sumptis ijs qui erant superstites Dodonam habitauit, quam regionem ita ab vna Oceanidum appellauit, vt scripsit in suis commentariis etiam Acestodorus. Memoriæ proditum est tamen a Pausania in rebus Atticis Megarum Iouis & vnius Sithinidum nympharum filium in Geraniæ verticem diluuium effugisse, cum mons nondum illud nomen haberet, nam cum Megarus gruum interuolantium vocem secutus illuc aduentasset, quia grus geranos a Græcis diceretur, montem Geraniam nominauit. ¶ Hæc illa sunt, quæ de Deucalione memorantur ab antiquis. nunc cur ita ficta fuerint, inuestigemus. Deucalion fuit vir bonus & iustus & pius, qui ob æquitatem religionemque suam, non solum Promethei siue prudentiæ filius fuit creditus, sed etiam ab aquarum impetu Deo protegente seruatus, cum nefarij omnes vno tempore perijssent. est enim initiũ sapientiæ timor domini, quare fuit prudentiæ filius Deucalion. cum viros bonos mergi omnino non patiatur Deus, quos fluctuare patitur, idcirco in arca seruatus Deucalion, & Pyrrha eam tempestatem euaserunt. at cũ rursus rudes homines, & religionis cultusque Deorum ignari nascerentur, dicti sunt lapides, qui a Deucalione ad potiorem vitam, & a Pyrrha informari fuerũt, in homines conuersi. Hæc igitur fabula ad probitatem, & ad cultum Deorum homines adhortabatur, quæ excepta est vt mihi quidem videtur, è sacris litis, at nunc de Ione dicamus.

De Ione siue Iside, *Cap.* XVIII.

FVit Io, quæ Iunonis Zelotypia in candidam vaccam conuersa est, vt scriptũ fuit à Cecrope, Argi & Ismenes Asopi filia, vt vero ab Acesodoro Neptuni & Halirrhoës, quam tamen Acusilaus Pirenes filiam putauit, quæ fuerit Iunonis sacerdos, vt scripsit Apollodorus lib. 2. biblyothecæ. communior tamẽ fuit scriptorum sententia, quòd ea fuerit Inachi fluuii filia, vt scripsit Ouidius libro primo Metamoph.

> Inachus vnus abest, imoque reconditus antro
> Fletibus auget aquas; natamque miserrimus Io
> Luget vt amissam.

Qui Iunonis sacerdotem fuisse dixerunt Ionem, illam vaccam a Iunone conuersam fuisse tradiderunt, vbi illam a Ioue vitiatam comperisset. tum verò iurauit Iupiter se minime cum illa fuisse congressum. Hanc tamẽ Iunp a Ioue munus poposcit, & Argo Arestoris filio, vt ait Myrleanus Asclepiades, vel Terræ, vt sensit Acusilaus, seruandam tradidit, qui eam in monte Mycenæo ad oliuam quandam alligauit. Scriptum reliquit Andrætas Tenedius in nauigatione Propontidis Ionem, non modo non fuisse perfunctam Iunonis sacerdotio, vt nonnulli putarunt, sed etiam fuisse quoddam scortum, quę veneficijs Iouem in amorem irretire niteretur, vt est etiam apud enarratorem Theocriti, ad quam rem Iyngis Echus vel potius Suadelę & Panos filię opera vsa fuit. illa re cognita Iynx in auem sui nominis a Iunone fuit conuersa, quam etiam auem vtilem esse veneficijs arbitrantur, quæ quoniam caudam semper mouet, dicta est a latinis motacilla. Est autem auis exigua, pennasque habet pictas, collum longum pro corporis

poris magnitudine, linguam exertam plerunque, frequenterque & ipsa conuertitur, & collum conuertit. Hanc capientes veneficæ mulieres ceteræ rotæ annexã super carbonibus cum quibusdam execrationibus torrent & comburunt, at non nullæ veneficæ non totam, sed intima tantum illius ei rotæ alligant: hactenus Andreas. Fabulantur hanc datam fuisse Iasoni à Venere quo tempore nauigauit in Colchos, vt Medeam in amorem sui posset allicere. Ionem igitur Iyngis artificio adductus Iupiter in nebula, vt lateret, compresit; quod cum sensisset Iuno Zelotypia capta eo accesit; at Iupiter id sentiẽs Ionem in vaccam candidam mutauit, vt omnem suspicionẽ Iunoni leuaret hac arte, cũ vero Iuno illam vaccam vidisset, donum a Ioue postulauit, at veritus Iupiter ne, si illam negauisset, dolus pateret, quamuis inuitus, tamen largitus est. cum vero diu sub Argi custodia, qui centum habebat oculos, asseruata fuisset, Iupiter tandem illius misertus mandauit Mercurio vt raptam Ionem, vel interfecto Argo abduceret: tum Mercurius sumpta pastoris forma conatus est cum fistula per soni suauitatem Argum in somnum inducere, quem etiam virga tactum sopiuit. deinde cum vaccam rapere vellet, Argus ab Hierace iuuene imprudente fuit excitatus. cum vero rem tegere amplius Mercurius non posset, Argum saxo occidit. atque Hieracem in auem sui nominis mutauit, quæ à latinis accipiter dicitur. Illa re valde commota Iuno primum Argum in pauonem cum totidem oculis in pennis nũc etiam apparentibus mutauit, deinde oestrum vaccæ immisit, quo illa grauissime exagitata est, vt testatur Virg. lib. 3. Georg.

> Hoc quondam monstro horribiles exercuit iras
> Inachiæ Iuno pestem meditata iuuencæ.

Hæc igitur furore vexata primum mare, quod ab ipsa Ionium vocatum est, dicitur tranasse; quod Theopompus tamen non ab ea, sed ab Ionio viro Illyrico, dictum putauit, veluti Archidamus ab Ionibus ibi in traiectu maris immersis. Postea vero montem Hæmum per Illyridem profecta transcendit, sinumque Thracium traiecit, qui ab ea postea vocatus est Bosporus. nam duo fuerunt Bospori, Cimmerius & Thracius. Hæc loca fuisse ita ab illa nominata significauit Prometheus apud Aeschylum, vbi omnia euentura Ioni puellæ vaticinatur, inter quæ hæc etiam sunt;

> Σαφῶς ἐπίςασ', ἰόνιος κληθήσεται
> τῆς σῆς πορείας μνῆμα τοῖς πᾶσι βροτοῖς.
> Scias aperte, Ionius vocabitur
> Tuæ viæ monumentum is omnibus viris.

& id;

> Ἔςαι δὲ θνητοῖς εἰσαεὶ λόγος μέγας
> τῆς σῆς πορείας, βόσπορος δ' ἐπώνυμος.
> Semper viros inter vigebit de tuo
> Cursu loquela; & Bosporus cognomine.

In Scythiam vero profecta multa deinde Europæ & Asiæ maria tranauit, atque in Aegyptum tandem peruenit, vt ait Ouid. lib. 1. Metam. quare cum tot labores sibi esse exantlandos ab illo percepisset antea è Prometheo, in desperationem prope adducta est: quare ita secum inquit;

> τί δῆτ' ἐμοὶ ζῆν κέρδος, ἀλλ' οὐκ ἐν τάχει
> ἔρριψ' ἐμαυτὴν τῆσδ' ἀπὸ στύφλου πέτρας;
> ὅπως πέδῳ σκήψασα τῶν πάντων πόνων
> ἀπαλλάγην. κρεῖσσον γὰρ εἰς ἅπαξ θανεῖν,
> ἢ τὰς ἁπάσας ἡμέρας πάσχειν κακῶς.
> Quid vita lucri est? ipsa nec citissime
> Hac de petra præceps iacio me per Deum?

Vt

Vt omnibus finem feram laboribus.
Multo magis semel iuuaret emori,
Quam viuere in dies acerbè singulos.

Cum igitur venisset in Aegyptum ad Nili ripas, dicitur Io priorem hominis formam recuperasse, vt significauit Theocritus his versibus in Europa:

Θηεῦντο δ' ποντοπόρον βοῦν.
Ἔνθ' ἦν Ζεὺς ἐπαφώμενος ἠρέμα χειρὶ θεείῃ
Πόρτιος Ἰναχίης καλλίστην ἔπλεον ὄρω παρὰ Νείλῳ
Ἐκ βοὸς εὐκεράοιο πάλιν μετάμειβε γυναῖκα.
Fluctiuagamque bouem spectabant in maris vndis.
Iupiter hic aderat, niueæ qui terga iuuencæ
Tractabat dextra. septemflui ad ostia Nili
De boue cornuta facta est mox fœmina pulchra.

Atqui scripsit Aeschylus in Prometheo, quod Ioue attrectante tergus huiusce Iuuencæ priorem formam Io recuperauit. Scriptum reliquit Apollodorus in libro de Dijs, quod istud ipsum contigit iuxta Iopen ciuitatem, quæ ita vocata fuit ab ipsa Ione, cum Argum diuina ope superasset: Ἰόπη δὲ πόλις καλεῖται, ἐπεὶ ἐκεῖ ἡ Ἰὼ τὸν Ἄργον νικήσασα, γέγονεν ἄνθρωπος. vocata fuit Iope ciuitas, φ ibi post Argum diuina ope superatum, Io facta est homo. Scripsit Apollodorus Ionem pristina forma recuperata ad Nili fluenta Epaphum è Iouis congressu peperisse, quem Iuno Curetibus occultandum tradidit. id cum resciuisset Iupiter, fertur Curetes interfecisse, quo tempore Io profecta est in Syriam ad filium inuestigandum, quo inuento in Aegyptum rediit. Strabo tamen lib. 10. antrum quoddam in Eubœa fuisse scribit in litore maris Aegei, quod vocabatur aula bouis, vbi Io dicta est Epaphum peperisse. post partum igitur Dea facta fuisse dicitur, & ab Aegyptiis Isidis nomine culta, & tempestatibus ac nauigantibus præfecta, vt testatur Lucianus in Dialogo Zephyri & Noti. Hæc illa sunt quæ de Ione Inachi filia fabulosè dicta sunt ab antiquis scriptoribus. memoriæ prodidit Herodotus in Clio raptam fuisse Ionem a Phœnicibus, & in Aegyptum deportatam, quod scriptum fuit etiam ab Ephoro, & a Phœnicibus vulgo creditũ est. at longe alia fuit Persarum sententia, quippe qui putarint, quòd vbi Io Argis fuit compressa a quodam nauclero nauis Phœniciæ, parentes verita, quia cognouisset se ferre in vtero, cum Phœnicibus lubens in Aegyptum nauigarit. Quod autem bos facta mare tranauerit, id falsum omnino esse creditur, sed datũ fuisse fabulæ locum, quia in naui, quæ priorem partem bouis pictam haberet in prora, nauigarit. cum igitur in illa naui mare illud, quod Asiam ab Europa discriminat, cuius in litore extructum est Byzantium, traiecisset, locus dictus fuit Bosporus, quia bos illac incesserit. Alij crediderunt tumultuarias nauiculas ab accolis, qui vellent traiicere, fuisse factas, quæ quoniam a bobus traherentur, locus fuerit ita appellatus. Alij maluerunt appellatum fuisse Bosporum ab eo tauro, quẽ Rex Aegyptiorum pro Ione misit ad Inachum. cum vero mortuus fuisset, hunc ostendentes circumtulerunt, quoniam illud animal non erat antea notum, neque visum in Græcia, vt ait Sosiphanes in Meleagro. cum vero apparuisset longe existentibus supra vndas natans taurus ille, quod erat super tabulatum, sinus ille ab incessu bouis, dictus fuit Bosporus. fingebatur vero Isidis statua cornuta, quæ ex palmarum foliis habebat calciamenta, cum luna sit palmarum fertilitatis causa. Huic fœminæ victimæ, vitulæ scilicet erant consecratæ, sicut scripsit Herodotus in Euterpe: τὰς δὲ θηλέας οὔ σφι ἔξεστι θύειν, ἀλλὰ ἱραί εἰσι τῆς Ἴσιος· τὸ γὰρ τῆς Ἴσιος ἄγαλμα ἐὸν γυναικήιον, βούκερών ἐστι, κατάπερ Ἕλληνες τὴν Ἰοῦν γράφουσι. fœminas illis sacrificare non licet, quæ consecratæ sunt Isidi. nã Isidis

statua

statua cum sit muliebris, habet bouis cornua: cuiusmodi Græci Ionem fingunt. Inquiunt postea Epaphum Aegypti imperium adeptum vrbem Memphim ædificasse, matremq; post mortem Isidis nomine coli imperasse. atque hæc illa sunt, quæ attinent ad historicam expositionem. ¶ Quod ad Physicam spectat, Io modo luna dicta est, modo credita est terra. nam dicitur Io fuisse Argi & Ismenes filia, vel Neptuni, vel Inachi fluuij, vel aquæ omnino, quum terræ solum Io crederetur. nam terra procul existentibus videtur paulatim ex vndis exoriri. Hanc Iupiter compressit in nebula, cum Iupiter nimirum æthereus calor intelligatur, per quem vapores è terra assidue exurgunt. fabulantur Ionem in vaccam mutatam fuisse animal fertilitatis terræ studiosum, cuius omnis industria sit in colendis agris, ob vbertatem ipsius terræ. nam cum Iuno accessit, mitior calor scilicet aeris, tum Iupiter illam vaccam concessit, cum neque ob nimium calorem assiduum, vt neque ob frigus terra fiat ferax. Iuno Argo, *cui centum erant oculi, illam* seruandam concessit, quia cęlum cui plurimæ sunt stellæ tanquam oculi, assidue terram intuetur, & ob suum cursum tempora assidue varians plurimum adiuuat ad fertilitatem. *Harum stellarum siue horum oculorum altera pars dormit, altera vigilat*, quia semper dimidium cœli videtur sole illustrari, cum dimidium stellas frequentes ostentet: atque stellæ quæ solis lumine obscurantur, dicuntur dormire. At cur Iupiter Argum occidere Mercurio imperauit? quia ratio plurimum potest in agricultura. Hæc vacca cæso Argo dicitur liberata fuisse, totumque ferè terrarum orbem peragrasse, & omnia tranasse maria: quia prudentia & industria agricolarum videtur aeris etiam bonitatem aut fortunæ malitiam superare. cum tellus colonorum industria maximè fiat fertilis. Hæc ipsa ratio agriculturæ in omnes terras didita tandem peruenit in Aegyptum, quæ tellus, quoniam ob suam fertilitatem ac bonitatem maxime patefaciat vim naturæ & feracitatem, dicta est vacca primam formam ibi recuperasse. Ad hos cum Isis transfretasset mulier omnino formosissima suæ ætatis ab Api Aegyptiorum Rege vxor ducta est: quam dicunt nonnulli Mercurium cæso Argo sene prudentissimo Argiuorum rege, vt ipse imperio potiretur, pulsum è Græcia, cum res parum feliciter illi successissent, comitatum fuisse. Ibi cum Isis agriculturam, atque multas res humanæ vitæ perutiles Aegyptijs ostendisset, pro Dea culta est, & diuini honores illi fuerunt *instituti*. *Enimuero ego fabulam hanc vni*uersam ad lunæ cursum potius accommodādam putauerim: quam dixerunt esse Inachi vel Neptuni filiam, cum luna sensim humectet nocturno lumine, vt ait Ptolemæus in Almagesto. Hanc dixerunt filiam Inachi à Ioue fuisse compressam in nebula, cum Iupiter etiam sol aliquando sit: etenim in horum planetarum coniunctionibus nubes aut nebulæ plerunque gignuntur. Mox ob accedentem Iunonem Io in vaccam mutatur, quia semper ferè die tertio saltem à coniunctione luna exit cornuta, vaccæque cornua imitatur. Nam nisi ante diem quartum illa se è nubibus explicauerit, puriorique aeri obtulerit, pluuiæ assidue prope in vniuersum mensem significantur. Hanc exeuntem à coniunctione & è nubibus egressam excipit Iuno & Argo seruandam tradit, quia illa cæteris omnibus stellis est inferior, à quibus despicitur. Occiditur Argus Iouis iussu, & vacca ab Argo liberatur, quia sole lumen & vires lunæ impartiente, illa omnium stellarum vires superat, magisque conspicuæ sunt lunæ, quàm stellarum omnium aliarum vires & actiones in humanis corporibus: quas exercet luna vbi aliquantulum excreuerit. Hæc Io dicta est orbem terrarum peragrasse, & modo in Scythiam, *quæ regio est ad septentrionem, modo in Aegyptum* peruagata, quia cum luna velocissima sit, mariaque omnia secū trahat, tum modo ad septentrionem, modo ad austrum declinat ab ecliptica. Ibi versa est in Deam, quā cor nutam finxerunt, cum primam formam recuperasset: quoniam primi omnium mortalium Aegyptii cum oculos in cœlum sustulissent, vidissentque cœlum, solem, lunam, astra perpetuo motu moueri, & plurimum rebus humanis prodesse, à perpetuo cursu Deos vocarunt, atq; solem & lunã præcipue diuinis honoribus coluerunt, vt testatur Eusebius lib. 2. præp. euang. & Plat. in Cratylo. Alii fabulam hanc ad humanam vitam, moresque mortalium exprimendos retorserunt: dixeruntque Iouem esse hominum parum cordatorum animas: quę primum cum Ione coniunctæ in nebula, & è cœlo in hæc corpora tenebrarum plena delapsæ, in belluas vertuntur, neque cupiunt aut diuinitatem summi Dei, aut acceptam im mortalitatem speculari. Sic vero mutatæ donantur Iunoni, quoniam auaritia & omnium libidinum cumulus homines inuadit, quæ multo etiã plures sunt, quàm oculi Argi. paulopost cũ maturior ætas aduenerit, mittitur à Ioue Mercurius qui Argum occidat, quoniam ratio libidines denique refrænat, estque omnium voluptatum satietas. Deinde oestrus à Iunone im mittitur, qui stimulus est conscientiæ, & rerum præteritarum, ætatisque inutiliter transactæ recordatio. Hæc facit vt intelligamus nos antea toto cœlo, vt aiunt, aberrasse, & vt prudentiores facti pristinam hominum formam resumamus, ac Dii immortales denique per sanctitatem vitæ, & innocentiã, & iustitiam, & humanitatem in omnes viros bonos efficiamur. Atque de Ione satis, nunc de Vesta dicamus.

De Vesta. *Cap.* XIX.

NEque vero Isis solum, sed etiam Vesta ab antiquis terra credita est, quam Saturni & Rheæ filiam esse crediderunt antiqui, vt testatur Diodorus Siculus, & Orpheus in his:

ἑςία εὐδυνάτοιο κρόνου θύγατερ βασίλεια.
Filia Saturni Vesta ò Regina potentis.

Et libro sexto Fastorum:

Ex ope Iunonem memorant, Cereremque creatas
Semine Saturni, tertia Vesta fuit.

Quidam, inter quos fuit Posidonius, in libris, quibus titulus erat de Heroibus & dæmonibus, senserunt duas fuisse Vestas, alteram Saturni matrem, quæ vocata fuit etiam Pales, alteram filiam, quæ semper virgo fuit credita. Sed quoniam ad vnum nomen omnia referuntur, nulla habita nominum differentia, quid de Vesta senserint antiqui breuiter explicabimus. Dixerunt igitur Vestam esse domorum omnium seruatricem, cui rerum omnium primitiæ offerebantur, vt testatur Homerus in hymno:

ἑςίη ἣ πάντων ἐν δώμασιν ὑψηλοῖσιν
ἀθανάτων τε θεῶν, χαμαὶ ἐρχομένων τ' ἀνθρώπων
ἕδρην ἀΐδιον ἔλαχε πρεσβηΐδα τιμήν.
κύκλον ἔχουσα γέρας καὶ τιμὴν οὐ γὰρ ἄτερ σοῦ
εἰλαπίναι θνητοῖσιν ἵν' οὐ πρώτῃ, πυματίῃ τε
ἑςίῃ ἀρχόμενος σπένδει μελιηδέα οἶνον.
Vesta Deumque hominumque domos Dea quæ colis altas,
Perpetuamque tenes sedem, quæ semper honorem:
Præmia cui data sunt ingentia. te sine nulli
Mortales vnquam celebrant conuiuia læti,
Ni Vestæ primum libent prædulcia vina.

Nam cũ Vesta Saturni filia prima domos extruere inuenisset, intra domos vbiq; pinge-

pingebatur, quo & domos seruaret, & custos esset habitantium, vt testatur his Possidonius in Heroibus & Dæmonibus: ἡ γὰρ ἑστία κρόνου θυγάτηρ τὴν οἰκίαν κατ' ἀρχὰς εὗρεν, ἣν τοῦ εὑρήματος ἕνεκεν ἐντὸς τῶν οἴκων ἔγγραφον, ἵνα καὶ τούτους σώζοιεν, καὶ φύλαξ εἴη τῶν ἐνοικούντων. Vesta sane Saturni filia domũ primũ inuenit, quam ea inuentionis causa intra domos pingere consueuerant, vt & has seruaret, & custos esset in illis habitantium. Fuit hac ipsa de causa domus etiam Vesta siue ἑστία vocata, vt ait Euripides in Medea:

ἣν ἐγὼ σέβω
Μάλιστα πάντων, καὶ συνεργὸν εἱλόμην
ἑκάτην, μυχοῖς ναίουσαν ἑστίας ἐμῆς.
hanc ego colo
Præ cæteris Hecaten, mihi, quam ferre opem
Legi meæ Vestæ colit namque intima.

Mos autem fuit in omnibus sacrificijs vt primitiæ Vestæ offerrentur, vt dictum est: cuius consuetudinis causam huiusmodi adduxit Aristocritus libro secundo: μετὰ γὰρ τὸ κωλυθῆναι τὴν τῶν τιτάνων ἀρχὴν, τὸν δία δεξάμενον τὴν βασιλείαν ἐπιτρέπειν ἑστίᾳ λαβεῖν ὅ, τι βούλοιτο, τὴν δὲ, πρῶτον μὲν παρθενίαν αἰτεῖσθαι. μετὰ δὲ παρθενίαν ἀπαρχὰς θυομένων αὐτῇ νέμεσθαι πρώτῃ παρὰ τῶν ἀνθρώπων, καὶ μετὰ ταῦτα οὕτω νενόμισαι ἐν τοῖς ἱεροῖς τὰς ἀπαρχὰς ἁπάντων τῶν θυομένων πρώτῃ δοῦναι ἑστίῃ. Nam postea quam deiecti sunt Titanes, ac vetiti ne susciperent imperium, Iupiterq; illud cepisset, optionem dedit Vestæ quod vellet capiendi. Hanc primum virginitatem postulasse inquiunt, & post illam, vt primitiæ omnium, quæ sacrificarentur, sibi offerrentur ab hominibus. Ita vero postea sancitum est in sacris, vt primum omnium quæ sacrificabãtur, primitias Vestæ offerrent. Istud ipsum innuit etiam Aristoph. in Vespis: ἀλλ' ἵνα
ἀφ' ἑστίας ἀρχόμενος ἐπιτρίψω τινά.
A Vesta incipiens vt contundam quempiam.

Fingebatur Vesta esse mulier, quæ sedens coronaretur, circa quam essent multiplicia plantarum blandientiumque animalium genera, vt inquit Hecatæus Milesius in Genealogijs. Enimuero cum duæ essent Vestæ, per antiquiorem Saturni matrem Terram, at per Iuniorem ignem purum ætheris significarunt, vt testatur Ouidius libro sexto Fastorum:

Vesta eadem est: & terra, subest vigil ignis vtrique
Significat sedem terra focusque suam.

Cum igitur æternus sit ignis æthereus, iure optimo Vesta æterna vocata fuit vt est apud Horatium libro tertio Carminum: quam Homerus etiam domos altas Deorum, & perpetuas sedes habere dixit in hymnis. At Orpheus mediam regionem ignis perpetui in his:

ἑστία εὐδυνάτοιο χρόνου θύγατερ βασίλεια,
ἣ μέσον οἶκον ἔχεις πυρὸς ἀενάοιο μεγίστου.
Filia Saturni Vesta ô Regina potentis,
Quæ colis ætheræ medium regionis, & ignis.

Atquecum ara esset erecta in Prytanio, in qua perpetuus & inextinctus ignis asseruabatur, arã illã Pollux Vestam appellauit in his: ἐφ' ὧν δὲ θύομεν, ἢ πῦρ ἀνακαίομεν, βωμὸς, θυμιατήριον, ἑστία· ἔνιοι γὰρ οὕτως ὠνομάκασιν. οὕτω δ' ἂν κυριώτατα καλοίης τὴν ἐν πρυτανείῳ, ἐφ' ἧς τὸ πῦρ τὸ ἄσβεστον ἀνάπτεται. Super quibus sacrificamus aut ignẽ accendimus, altare, acerra, Vesta: nonnulli. n. sic appellarunt. Sic sane aptissime illam, quæ est in Prytanio, vocaueris, super qua ignis ille perpetuus ardere solet. At Ouidius libro sexto Fastorum: flammam ipsam Vestam fuisse appellatam sensit, vt patet in his:

Nec tu aliud Vestam, quam viuam intellige flammam:
Nataque de flamma corpora nulla vides.

Hanc Deam ignem fuisse vt vel ab initio Romæ præcipua religione cultam, argumento sunt illa, quæ ad Vestalium perpetuam virginitatem pertinebāt: quæ, cum omnibus notisſima ſint, minime nunc explicabo. Cum altera harum Vestarum Saturni fuisset mater, merito vocata fuit antiqua & cana, vt eſt in libro nono Aeneidos apud Virgilium:

Assaracique larem, & canæ penetralia Veſtæ.

¶ Hanc terram omnino fuisse testatur Plutarc. dec. 8. Sympo. probl. quippe cum inquiat mensas antiquorum fuisse rotundas ad similitudinem terræ: quæ cū victum nobis tanquam terra præberent, vocatæ ſunt Veſtæ. Sed illud etiam manifestius, vt ego quidem arbitror, declarauit Plato in Timæo, cum Deos omnes, elementa ſcilicet, ac vires cœlorum commoueri faciat, ſolamque terram in medio horum immobilem consiſtere, vt patet ex his: ὁ μὲν δὴ μέγας ἡγεμὼν ἐν οὐρανῷ Ζεὺς ἐλαύνων πτηνὸν ἅρμα, πρῶτος πορεύεται διακοσμῶν πάντα καὶ ἐπιμελούμενος. τῷ δ' ἕπεται στρατιὰ θεῶν καὶ δαιμόνων κατὰ δώδεκα μέρη κεκοσμημένη. μένει δὲ ἑστία ἐν θεῶν οἴκῳ μόνη. Magnus ſane dux in cœlo Iupiter currum agens volucrem, primus incedit omnia coordinans & curans. Hunc ſequitur Deorum dæmonumque exercitus in duodecim partes diſtributus: at Veſta ſola manet in Deorum domo. Nam cum Iupiter ſupremus ſit Deus, Dij dæmonesque reliqui planetæ ſunt, & corpora cœleſtia, ac elementa, quæ intra duodecim partes ſignifeři omnia continentur. Cum vero primum mobile corpus omnia reliqua ſecum trahat, idcirco dicti ſunt Dij ac dæmones volucrem currum ſequi, quorum eſt nō paruus exercitus. At ſola ex ijs, qui Dij habiti ſunt, domum immobilis ſeruat Veſtā, cum illa terra ſit, vt Euripides in his ſignificauit:

καὶ γαῖα μῆτερ· ἑστίαν δέ σ' οἱ σοφοὶ
βροτῶν καλοῦσιν ἡμένην ἐν αἰθέρι.
Parensque terra, quam vocant Veſtam viri
Præſtantiores conſidentem in æthere.

Nam terra ſola ex omnibus naturalibus corporibus immobilis exiſtens in medio totius orbis ſublimis, tanquam in aere, conſiſtit: neque in aliquam mūdi partem magis declinat: quare iure inquit Ouid. lib. 6. Faſt.

Terra pilæ ſimilis nullo fulcimine nixa
Aere ſubiecto tam graue pendet onus.
Ipſa volubilitas libratum ſuſtinet orbem
Quique premat partes, angulus omnis abeſt.

Cum enim tantundem vndique diſtet à cœlo, dicta eſt ſedere in æthere, & nulla re ſuffulta ſuſtineri. Huic tanquam dæmoni ſummæ patri ignis præfecto in ſacrificiis litabatur odoribus. At cum antiquior Veſta terra eſſe putaretur, flores vtpote illorum feraci matri, offerrebantur, & far, vt eſt apud Virgil. lib. quinto

Hæc memorans, cinerem, & ſopitos ſuſcitat ignes,
Pergameumque larem, & canæ penetralia Veſtæ
Farre pio, & plena ſupplex veneratur acerra.

Veſtam omnino Plotinus, alijque complures, animam terræ eſſe voluerunt, quæ Ceres etiam aliquando fuit nominata. alij Veſtam eſſe crediderunt, inter quos fuerunt Platonici, οὐσίαν ſeparatarum formarum, & rerum diuinarum ſolidum fundamentum: idcirco in omnium Deorum ſacrificijs Veſtæ primitiæ offerri ab antiquis ſolebant. Credita fuit altera Veſta Saturni mater, quia cum nondum exiſteret tempus, in confuſa mundi mole terra latuerit: altera filia, quia poſt cœlum & tempus elementorū corpora ſummus opifex architectatus eſt Deus. Cum

terra

erra igitur esset omnium prope corporum naturalium fundamentum, merito mater Deorum etiam fuit ab antiquis appellata, vt testatur Strab. lib. 10. hanc conuiuiorum præfectam, & omnium sacrorum primitias capere solitam dixerunt, quia sine terræ muneribus. vel sine calore è cœlo, nulla res nasci potest conuiuijs apta, quæ cum omnia ad sacrificia munera producat, merito omnium illorum primitias capere credita est. Atque quid Vesta sit, & quod fuerit an atiquis culta, cum omnia elementa, elementorumque vires diuinis nominibus ab antiquis nominarentur, qui nihil Deo vacare putarunt, iam satis explicatum fuit. At nunc de Iride dicatur.

De Iride. *Cap. XX.*

IRis fuit Thaumantis & Electræ filia, sororque Harpyiarum, veluti testatus est Hesiodus in Theogonia in his;

θαύμας δ' ὠκεανοῦ βαθυῤῥόταο θύγατρα
ἠγάγετ' ἠλέκτρην. ἡ δ' ὠκεῖαν τέκεν ἶριν,
ἠϋκόμους θ' ἁρπυίας ἀελλώτ' ὠκυπέτην τε.
Oceano natam Thaumas, qu. litora pulsat
Vxorem Electram duxit, mox edidit Irim
Illa viro, Harpyiasque & Aello Ocypetenque.

Fuit Iris Iunonis existimata diligentissima ministra, vt ait Callimachus in lauacrum Deli his carminibus;

τῇ ἰκέλη θαύμαντος ὑπὸ θρόνον ἵζετο κούρη.
κεῖνα δ' οὐδέποτε σφετέρης ἐπιλήθεται ἕδρης.
οὐδ' ὅτε οἱ ληθαῖον ἐπὶ πτερὸν ὕπνος ἐρείσει.
ἀλλ' αὐτοῦ μεγάλοιο ποτὶ γλωχῖνα θρόνοιο,
τυτθὸν ἀποκλίνασα καρήατα λέχριος εὕδει.
οὐδέποτε ζώνην ἀναλύεται, οὐδὲ ταχείας
ἐνδρομίδας, μή οἱ καὶ ἀφνίδιον ἔπος εἴπῃ
Δέσποτις.
Subq,ue Thono sedet huic similis Thaumante puella
Edita, quæ sedem non nunquam deserit illam.
Non vbi lethæas somnus circumiacit alas.
Ast vbi deflectens ceruicem flexa parumper
Illa throni magni fulcris accumbit inhærens.
Soluitur haud zona huic, volucris nec calceus vnquam,
Ne Dea forte tibi tradat mandata repente.

Nam profecto Iris fungebatur eodem munere apud Iunonem, quo fungi sollitus fuit Mercurius apud Iouem, cum huius ministræ esset munus quoscunque vellet Iuno arcessere atque aduocare, sicuti demonstrauit Apollonius Rhodius lib. 4. Argon. cum ita scribat;

ἶρι φίλη, νῦν εἴ ποτ' ἐμὰς ἐτέλεσσας ἐφετμάς,
εἰ δ' ἄγε λαιψηροῖσι μετοιχομένη πτερύγεσσι
δεῦρο θέτιν μοι ἄνωχθι μολεῖν ἁλὸς ἐξ ἀνιοῦσαν.
Iri veni dilecta mihi, mea iussa per auras,
Si optatis vnquam fauisti sedula nostris,
Ad Thetidem defer, veniat cita de maris vndis,

Huic iniunctum est munus etiam vt lectum Iunonis sterneret vt ait Theocritus in Encomio Ptolemæi;

ἐν δὲ λέχος στόρνυσιν ἰαύειν ζηνὶ καὶ ἥρῃ.
χεῖρας φοιβήσασα μύρο̨ις ἔτι παρθένος ἶρις.

Iunoni atque Ioui lectum substernere virgo
Vnguentis perfusa manus solet Iris odoris.

Maxime denique omnium Dearum seruitio, & in omnibus rebus Iridis Iuno vtebatur, quippe cum vel ab inferis reuersam Iunonem ab Iride lustrari faciat Ouidius libro quarto mutationum in his:

Læta redit Iuno: quam cœlum intrare parantem
Roratis lustrauit aquis Thaumantias Iris.

Valerius Flaccus tamen Iridem Iouis etiam nuntiam facit in his libro quarto Argonauticorum:

Ille Dearum
Fletibus, & magno Phœbi commotus honore
Velocem roseis demittit nubibus Irim.

Et Ho 8. Ilia. Ἶριν δ' ὤτρυνε χρυσόπτερον ἀγγελέουσαν.

Auratis alis est Iris nuntia missa.

Crediderunt præterea antiqui nullam animam muliebrem posse ex his humanis corporibus absolui, nisi Iridis beneficio ex his molestissimis ac blandissimis vinculis Iunonis iussu solueretur, sicuti Mercurius ipse Iouis mandato mares homines è corporeis carceribus liberare putabatur. Quare vt alia complura scite ac præclare Virg. pro institutis priscæ theologiæ non introducit Mercurium, sed Iridem in libro quarto Aeneidos Didus animam ex ipso corpore euocantem Iouis iussu, sed Iunonis, cum ita inquiat:

Ergo Iris roseis per cœlum roscida pennis
Mille trahit varios aduerso sole colores,
Deuolat, & supra caput astitit: hunc ego Diti
Sacrum iussa fero, teque isto corpore soluo.

Nam Iridem sicuti Mercurium alatam finxerunt antiqui ad exprimendam eius velocitatem, fuerũt etiam quidam qui illam fabulati sint taurino capite flumina sorbere consueuisse. Neque plura his ferè memoriæ prodita esse de Iride ab antiquis recordamur. at nunc quid sub his ambagibus verborum memoria dignum contineretur inquiramus. ¶ Iridem Thaumantis & Electræ filiam fuisse tradiderunt, quia Thaumas sit Ponti filius, Electra vero cœli siue sol, nam id nomen serenitatem significat. est enim ἥλιος sol, αἴθριος serenus. nascitur igitur Iris ex aqua & serenitate, è refractione radiorum scilicet vt voluit Aristoteles in metheorologicis. sapienter sanè dictum est ab antiquis quod Iris sedeat sub throno Iunonis, quia gignatur in parte aeris interiore, hoc est infra nubes. nam illius arcus cœlestis quæ Iris nuncupatur, radius solis cauæ nubi immissus causa est: qui in ipsum solem acie repulsa refringitur. Sic enim nubes arcum illum cœlestem efficere putantur, quod in alia parte sint tumidiores, in alia crassiores ac densiores quam solem possint transmittere, ac in alia imbecilliores quam possint excludere. Sic igitur per hanc ipsam inæquabilitatem cum ipsa vmbra atq; lux commisceatur, exprimitur illa varietas mirabilis, quæ Thaumãtis dicitur filia siue admirationis, cũ θαυμάζειν sit admirari. nã certe quidẽ omnia intuemur per lineas rectas, vel reflexas, quæ aliquãdo refringunt vt aiunt optici, quæ lineæ tantum corporis expertes intelligũtur sola mente & cogitatione perceptæ. videmus rectã quæ sunt in aere nullo oblato impedimẽto, vel post gẽmas lucidas, vel cornu perspicuũ, si subtilissima sit materia, aut cætera hmõi. flectunt remi in aqua ob materiã densiorẽ. refracta videmus vti specularia. Finxerũt antiqui illã esse Iunonis nuntiã & Harpyiarũ siue ventorũ sororẽ, vt diximus, qm certissima sint illa signa futurorũ ventorum aut imbriũ aut serenitatis, quæ Iridẽ sequi cõsueuerũt: quare Virg. inter signa pluuiarũ Iridis quoq; signa annumerauit, cũ ita scripserit de illa lib. 1. Georg. Et bibit ingẽs Arcus. & Val. Flac. arcũ celestẽ serenitatis indicẽ esse scripsit in li. 1. arg.

Emi-

Emicuit reserata dies, cœlumque resoluit
Arcus, & in summos redierunt nubila montes.

Constat.n.ex humore & densitate aeris vti dicebã, inquam sole incidente gignĩ illa varietas colorum, cuius aeris prima pars è regione solis sita apparet rubicũda cũ radijs penetretũ. at nigrior pars est, qm̃ obscurior ac dẽsior aer nõ ita potest à sole penetrari, sic viror obscurior rubicũdo colore gignĩ è mistura minoris luminis maiorũq; tenebrarũ. Dixerunt quidã etiã, per noctẽ fieri Iridẽ in nubib. ob lumẽ lunæ, sed hoc raro potest cõtingere, quia nõ est diuturnũ plenilunĩu, atq; ꝙ lumẽ ipsius lumine solis sit multo debilius. At.n.de Iridis causa dissentiunt plurimũ inter se sapiẽtes. qm̃ Arist. totã Iridis obseruationẽ ac naturã ad opticã rationẽ perduxit, nihilq; esse reipsa, neq; alicubi illos colores cõsistere existimauit: cũ tñ Metrodorus de Iride differẽs illã euenire re ipsa voluerit, at non tm̃ apparentẽ esse, vbi nubes dẽsata fuerit, aduersus solẽ. Tunc.n cũ incidat sol in nubes fit cyanea, ille credidit, propter mistionẽ: at rubicundũ illud fit ꝙ opponatẽ directe ipsi splẽdori. quod interius est, albũ vr̃, atq; hoc solis lumẽ esse censuit. At.n. pleriq; antiquorũ non modo dissentiunt de Iride, sed & de visu quomodo fiat: & de lineis aduisum spectãtib. alij siquidẽ visum fieri per emissas, alij per receptas formas ab oculis tradiderũt. alij per vtrũq;. Ac rursus alij per receptã, alij per emissam lucẽ: inter quos fuit Heliod. Laryssæus, qui ita scripsit in opticis: ὅτι μὲν οὖν προβολῆς τινὸς ἀφ' ἡμῶν ἐπιβάλλομεν τοῖς ὁρωμένοις, δηλοῖ καὶ τὸ τῶν ὀφθαλμῶν σχῆμα οὐ κοῖλον οὐδὲ πρὸς ὑποδοχήν τινος πεποιημένον, ὥσπερ τὰ τῶν ἄλλων αἰσθητηρίων, ἀλλὰ σφαιροειδὲς ὑπάρχον. ὅτι δὲ τοῦτο τὸ προβαλλόμενον ἀφ' ἡμῶν φῶς ἐστιν αἱ τ' ἀπολαμπουσαι τῶν ὀμμάτων δηλοῦσι μαρμαρυγαί, καὶ τὸ τινὰς νύκτωρ ὁρᾶν οὐδὲν τοῦ ἔξωθεν προσδεομένου φωτός, ὥσπερ οὐδὲ τὰ νυκτίνομα τῶν ζώων, οἷος ἐκεῖνος ὁ τιβέριος γέγονεν ὁ ῥωμαίων βασιλεύς. τῶν δὲ νυκτινόμων ζώων τὰ ὄμματα καὶ ἐκλάμποντα φαίνεται νύκτωρ δίκην πυρός. Nam sanè quod e nobis formas quasdam emittamus in res visas, declarat vel ipsa forma oculorum, cum non sit concaua, neq; suapte natura ad aliquid excipiendum facta: sicut est aliorum sensuum, sed circularis & rotunda. Quod autem illud quod emittitur lux est, indicio sunt splendores ex oculis enitentes, & quod quædam noctu cernunt nulla alia externa luce indigentia, sicuti neque animalia, quæ nocturnum victum quærunt, qualis fuit is Romanorum imperator Tiberius. Atqui oculi nocturnorum quorundam animalium emicant per noctem tanquam ignis. Deinde alij visum fieri per pyramidem siue conum inquiunt, cuius cuspis sit in oculo, basis in re visa, vt sensit Euclides in secunda hypothesi rerum Opticarum. est autem conus pyramis rotunda vt ait Apollonius Pergeus in lib. 1. Conorum. & Vitellio lib. 4 Opticorũ. Alij istud fieri per triangulum, alij per quartam partem circuli arbitrati sunt. ac rursus visum alij facile terminari si corpus solidum sese cito opponat dixerunt, at si non possit visus ad obiectam aliquam rem peruenire, aut si res visa non cõsistat, vt accidit in profunditatibus obscurarum altitudinũ, quarum pars ima videri non possit, vel vt accidit in fluminibus velocissimis, vbi radij visus citissime deferuntur, aut etiam siquis in orbem cito vel diu rotetur, vertigines inde nasci inquiũt, quod etiam scriptum reliquit Theophrastus in lib. τῶν ἰλύγγων siue de virginibus. nam nõ modo aer in paniculis circa cerebrum patitur agitationem molestam per eum motum, sed radij etiam visus maxime exagitantur, cum non possint persistere. Visus præterea siue radij ex oculis emissi si in corpus transparens, siue quodam tenus penetrabile vel læue, quodam modo incidat, quod tamen habeat aliquam densitatem, cum non possit integer ad extremum peruenire, aut prorsus penetrare, refringitur, quia non videat oppositam superficiem sine refractione: atque inde efficitur vt redundent imagines, sicut fieri apparet in speculis, aut in aquis habentibus obiectam superficiem paulo obscuriorem. Enimuero tanta vis est rerum visarum aliquando, vt colorem infundere videantur & luci & visui, à quibus refringuntur radij visus siue reflectuntur. Nam vt ait in Opticis idem Larissæus εἰ γὰρ ἀνίσχων ὁ ἥλιος ἢ δυόμενος διά τινος ἐρυθροῦ διαλάμπει νέφους, ὁρᾶν ἐστιν ἅπαντα φοινικᾶ καὶ γῆν καὶ θάλασσαν καὶ ἁπλῶς ὅσα ἂν καταλάμπει. τούτοις δὴ παραπλήσια καὶ παρὰ τὴν ἡμετέραν ὄψιν ἐστὶ θεωρῆσαι. ὁποῖον γὰρ ἂν τύχοι τὸ τοῦ διαφανοῦς χρῶμα, τοιουτέχρουν καὶ τὸ δι' αὐτοῦ φαινόμενον δόξειεν ἂν ὁρᾶν. Si enim sol consurgens vel decedens per aliquam rubram nubem enituerit, licet omnia rubra intueri, terram ac mare scilicet, atque omnia, vt vno verbo dicam, quæ illustrantur. Hisce consimilia & per aspectum solent nostrum euenire: nam qualis color rei diaphanes siue transapparentis fuerit, talem rem ipsam per illam visam cõtingit videri. Eiusdem enim coloris omnia apparebunt, cuius coloris fuerit speculum per quod illa videbuntur. Hinc effectum est vt quidam seipsa colores inesse Iridi, at non per opticam rationem apparere crediderint, aut per apparentes colores, qui redundent è lucidi & obscuri mistionem secundum magis & minus, vt videtur sensisse Aristoteles in libris Metæorologicis. manifestum est autem quod vbi duæ, vel plures Irides apparuerint futurarum pluuiarum copiam significant, quare ita de illa scripsit Aratus insignis aquarum & ventorum:

ἢ δίδυμη ἔζωσε διὰ μέγαν οὐρανὸν ἶρις.
Et gemina cælum cum zona cinxerit Iris.

Nam vbi paruus fuerit humentis aeris ac vaporum concursus, vna tantum Iris producitur: at vbi multa fuerit & copiosa pluuiarum materia condensata, post primam formatam Iridem altera efficitur, quæ circumsistat priorem, cingatque cælum persimili ambitu. Quod autem illud muneris iniunctum Iridi putaretur vt morientes mulieres Iunonis iussu à languoribus liberaret, id nihil aliud meo quidem iudicio significat, quam illud quod à physicis dictum est, quia tempora pluuiosa & nimis humida maxime obsunt mulieribus, cum sicca supra modum viris obsint, qui ad iustam ætatem peruenerunt. Cum enim in elementorum, qualitatumque siue temperamentorum symmetria vniuersa vita animantium consistat, frigida ac nimis humida tempora obsunt illis, qui vel ad caloris mediocritatem nondum peruenerunt, vel iam vergunt ad eius inopiam, cum superuacaneos humores ob temporis & temperamenti maliciam non possint concoquere. Propter excessum etiam non Iunonis, sed Iouis, hoc est nimij caloris iussu finxerunt Mercurium animas virorum ad inferos comitari ac deducere. Atqui nec illud quidem prætermittendum in hoc loco duxerim, quod fingebantur animæ mortalium ex hisce corporibus Dearum iussu solui, non autem sponte sua discedere. Hoc enim idcirco dictum fuit, quoniam cum prædia ac iumenta Dei simus, vt ita dicam, & vere diuina animalia, nata Dei iussu ad cultum religionis, ad perfruendum Dei liberalitate, ad cognoscendam Dei naturam diuinam, ad orbis totius ornamentum, ad bene agendum, ad felicitatem per virtutes post mortem nobis comparandam, non licet immature nos ipsos interficere, quod Deo molestissimum est, sed expectare Dei voluntatem. Quis enim æquo animo ferret si sua prædia arbores ac segetes, quas produxissent, deuastarent? aut quis non succenseret si illa irata domino pertæsaque fertilitatis, nihil producerent, aut seipsa destruerent? quis in ea si posset non acerbissime animaduerteret? Debent igitur animæ mortalium tandiu detineri in his corporibus, quibus fuerunt à Deo alligatæ, quandiu illi, qui eas vinxit, ita detinere aut coercere placuerit, neque inde nisi iussu ipsius Dei soluendæ sunt. ac de Iride satis, nunc dicatur de Alpheo.

De

De Alpheo. Cap. XXI.

DE Alpheo, quem alij hominem, alij fluuium fuisse crediderunt, cuius fontes est, ut aiunt, apud Aseam pagum Arcadiæ, nihil prope certi habemus vel quis fuerit, vel quibus parentibus sit natus, nisi quod eum alii Thermodontis & nymphæ cuiusdam Amazonis, alij Partheniæ fuisse filium tradunt. quidam aurigam fuisse Pelopis putarunt, alij cuiusdam ducis insignis, cuius virtus post Leonidam in Thermopylis enituerit: atque hi omnes fere post mortem in fluuium sui nominis mutatum fuisse memorarunt. Alij præterea fabulantur Alpheum virum fuisse mirifice venationibus deditum, qui aliquando in Arethusæ venantis & ipsius amorem inciderit: illam cum Alpheus in matrimonium postulasset, atque ea constantissime recusaret eius nuptias, in Ortygiam transmisit non procul à Syracusis, atque ibi in fontem sui nominis conuersa fuisse dicitur, vbi Dianam, cuius erat comes, precata fuisset vti nuptias illas quoquo pacto deuitare posset, vt testatur Ouidius libro quinto suarum mutationum in his carminibus:

Fessa labore fugæ fer opem, deprehendimur inquam
Armigeræ Diana tuæ: cui sæpe dedisti
Ferre tuos arcus, inclusaque tela pharetra. & paulo post:
In latices mutor. sed enim cognoscit amatas
Amnis aquas: positoque viri quod sumpserat ore
Vertitur in proprias quo se mihi misceat vndas.

Illud cum grauissime tulisset Alpheus, Arethusam scilicet in fontem sui nomini Deæ misericordia & nutu fuisse conuersam, desiderij amorisque eius impatiens dicitur & ipse Deos precatus fuisse vt tantam animi molestiam aliqua ratione vitare posset, quare in fluuium sui nominis & ipse fuit conuersus, qui post illam mutationem etiam dictus est vel ipsum fontem amare, quippe cum subter mare, vt aiunt, delapsus vel Syracusas vsque decurrat, vbi postmodo emergens cum Arethusa fonte commiscetur, vt patet ex his:

Trinacriam supra medio iacet insula ponto
Ortygiam dicunt, vbi cana fluenta refundit
Alpheus, Siculæ hinc Arethusæ & iungitur vndæ.

Alii dixerunt Alpheum amauisse Dianam, eamque insecutum fuisse ad Ortygiam vsque, vbi cum cessauisset, templum Dianæ cognomento Alpheæ fuit erectum ad perpetuam deuitati periculi memoriam. Alii tradiderunt Alpheum vnum fuisse ex iis, qui genus ducerent à sole, qui cum Cercapho fratre vbi contenderet de virtute, illum interfecit, à pastoribusque exagitatus se in Nyctimum fluuium desperatione captus præcipitauit, qui ab illo postmodo vocatus est Alpheus, cuius rei testis est Agathocles Milesius in secundo de fluminibus, & Agatho Samius. Fuerunt tamen nonnulli, qui semper fluuium, at non hominem fuisse Alpheum putauerint. atqui Strabo libro sexto Geographiæ multis verbis contendit aduersus Timæum philosophum ac Pindarum fieri non posse vt aqua Alphei fluminis per quosdam hiatus decurrens impermista cum Arethusa deniq; cõmisceatur, quoniam inquit illum os habere palàm in mare irrumpens, neque esse quidquam alueo vicinum quod illum absorbeat. Id autẽ fortasse videri posset absurdum, nisi illud & ea ex oraculo Apollinis carmina confirmarent, quod post paulo dicetur, & alii fluuii ingẽtes istud ipsum facere comperirentur. nã fama est Nilũ paludem quandã ingredi solitum tanq̃ è continẽte, terraq; elapsum per Aethiopiã inferiorẽ decucurrisse in Aegyptũ, atq; in mare illud, q ad Pharũ est erupisse. sic enim memorauit Nicanor Samius in lib. 2. de fluminib. & ij qui supra Syenẽ ꝓfecti sunt ad Meroë. In Hebræorũ finib. ꝑterea fluuius ille q. Iordanis appel-

appellatus fuit, dictus est in Tyberiadẽ stagnum ingredi solitus, atq; inde emergens subire alterum stagnum, quod mare mortuum nuncupatur, ac rursus emergens per quoddam spatium denique in paludem absorptus omnino euanescit; & Pyramus decurrens per Cataoniam habet fontes in media planitie: est autem fossa satis ampla, per quam aqua defluit limpida delata clam sub terra per magnum spatium, ac rursus erumpit in apertum mox per Taurum montem penetrat ac defluit tanta profunditate & angustia, vt canis ibi possit transilire. inde tantum cœni trahit, vt traditum sit hoc ab oraculo:

ἔσσεται ἐσσομένοις, ὅτε πύραμος ἀργυροδίνης
ἠϊόνα προχέων ἱερὴν ἐς κύπρον ἵκηται
Tempus erit niueis cũ labens Pyramus vndis
Litora producet in Cyprum deinde sacratam.

Et Orontes defluens è Mesopotamia mox sub terrã occultatur, tum rursus erumpit apud Apamenen, atque ita profluit in mare Seleuciæ vt ait Chrysippus libro secundo rerum Scythicarũ. Narrantur in Mycale monte fontes fuisse in Ionia cuiusdam fluminis, quod erat Alphei persimile, nam illud in medium mare præterlapsum rursus erumpere solebat propè portum in Branchidis, cui portui nomen fuit Panormo, vt ait Timagetus in libro secundo de portubus. Melas fluius item magnus quidem ac solus è cunctis Græciæ fluminibus à fonte nauigiorum patiens, & tanquam Nilus incrementum per solstitium æstiuum accipiens, non lõge excurrens maxima ex parte in occultos lacus extinguitur, & exiguam sui partem cum Cephiso amne commiscet, vt ait Plutarchus in vita Syllæ. cum tanta varietas cursuum fluuiorum memoretur in varijs locis, quid mirum est illud quoque Alpheo flumini contingere potuisse, cum multi scriptores illud etiam affirmarint? atqui Alphei fluminis hic fuisse ortus & cursus narratur ab antiquis. dictus est Alpheus fluuius non procul à Phylace Spartæ loco suos habere ortus, vbi caput est eius fluminis, qui locus Symbola fuit appellatus, qui agrũ Tegeatarum à finibus Lacedæmonum discerminat. Sunt autem dicta Symbola, quoniam συμβάλλειν congredi conferreque significat, quod in eũdem fere locum fluuius Ladon ex agro Clitoriorum, & Erymanthus è monte Erymantho defluẽs, & Helisson decurrens per agrum & per vrbem Megalopolim, & Brentheates per agrum defluens Malopolitanorum, & Gortynius Gortynam vrbem alluens, & Phagus ex agro Melænensi & Celadon in ipsum Alpheum illaberentur. dictus est nasci è pago Asco, vbi & Eurota. Fuit autem semper credita peculiaris quædam Alphei cursus natura, vt is modo sub terram sese occultaret, modo ex occultis cauernis, vt dicebamus, in lucem erumperet, idque faceret sæpius, donec cum Arethusæ aqua commisceretur, quæ res dedit locum fabulæ, quòd Alpheus vel fluuius factus incredibili Arethusæ desiderio conflagraret. nam, vt fama est, cũ primum è Phylace Symbolisque emanauit sese in agrum Tegeatarum abscondit, postea in Asæum erumpens cum aqua Eurotæ communi alueo per spatium viginti stadiorum deferebatur. Tum rursus in cuniculum quendam ingressi delabebantur sub terrã, donec erumperet Eurotas in agrũ Laconicum: at Alpheus in fines Megalopolitanorum, vbi Arcades fontes fuerant appellati. Inde vero Pisæum agrum Olympiamque præterlabens prorumpebat in nauale Eleorum supra Cyllenen, mareque intrabat Adriaticum. Illud autem tantis aquarum viribus agebatur, vt neque Adriaticum quidem posset violentum eius cursum retardare, quo minus pelagus internatans & sua aqua, & proprio nomine seruato ad Ortygiam insulam perueniret, fontique Arethusę admisceretur, vti scripsit Nicanor in libro tertio de fluminibus. Tradiderunt præterea ipsam Arethusam hunc ipsum habere cursum solitam, vt sub aquis marinis lapsa nullis salsis aquis ad miadmiſceretur, ad cuius naturam alludens Virg. ait in Gallo:

> Sic tibi cum fluctus ſubterlabere Sicanos
> Doris amara ſuam non intermiſceat vndam.

Mirifice dicta eſt eſſe accommodata aqua Alphei fluminis ad educandos oleaſtros, neque illud ſane incredibile eſt, quoniam varia fuit ſemper fluuiorum diuerſorum natura ad varia herbarum, animalium, arborumque genera producenda & educanda. Enimuero vt piſcium varietatem mirabilitatemque auium circa illos verſantium prætermittam, Alphei propria planta fuit oleaſter, ſicuti fluuij Acherontis peculiaris arbos populus alba eſſe dicebatur, vt Aſopus in agro Bœotorum iuncum educabat inſignis magnitudinis, vt Mæander dictus eſt feliciſsime producere & alere myricas, vtque Galliæ ciſalpinæ Padi alumna dicta eſt egregie nigra populus. Credita eſt aqua fluuij Alphei fuiſſe ſacrificijs accommodatiſsima, quoniam Alpheus amnis eſſet gratiſsimus Ioui. Nam cum die decimonono februarij cinerem è Prytanio quotannis aruſpices deportarent ad arā Iouis olympij, illoque cinere aqua Alphei fluminis diluto aram Iouis oblinirent de more, ait poſtea ſancitum legibus ſacrificiorum nequa aqua præter quā Alphei fluminis ad eum vſum introduceretur, vt ſcripſit Porphyrius in libro primo de ſacrificijs, quare ex eo tātum luto diutius ſeruatum fuit vt tectorium aræ ſuperinduceretur. Iure optimo deinde introductus fuit Alpheus in illum ſacrorum vſum, quoniam vim quandam præcipuam purgando ille fluuius creditus eſt habere, vnde etiam nomen obtinuit. nam cum eius aquæ irrigatio maculas purget, quas Alphos nominarunt vt ait Strabo libro octauo, atque vocatus eſt Alpheus à ſanandis impetiginibus, cum prius Arigec vocaretur. Hunc fluuium nonnulli pro Deo coluerunt, cui & ſtatuam & communem aram cum Diana erexerunt, quod etiam Acheluo & Cephiſo fluminibus contigit, quibus aræ fuerunt erectæ, ſicuti memoriæ proditum eſt à Pauſ. in rebus Atticis. conſecuta fuit etiā ipſa Arethuſa poſt modum diuinos honores, vt ait Nicanor Samius in libro tertio de fluminibus: ſiquidem mos fuit Aegienſium, qui populi fuerunt Achaiæ liba ſumpta ex ara Salutis in mare porricere, quæ ſe mittere Arethuſę Syracuſas teſtarentur, vt ait Melanthes in libro de ſacrificijs. ¶ Hæc illa ſunt ferè omnia, quæ de Alpheo fluuio memoratu digna tradita ſunt ab antiquis ſcriptoribus. atqui ſæpius explicatum fuit a nobis ſuperius quòd antiqui ſub fabularum integmentis naturæ arcana occultarunt, quodque per has ambages verborum naturam & vires elementorum ac rerum omnium explicabant, quæ illis tantum erant manifeſta, qui facti eſſent horum myſteriorum participes. Præterea vt res diuinas ſe ſemper habere ante oculos vulgus arbitraretur, montes & flumina & fontes & maria partim magnos Deos eſſe tradiderunt, partim quandam continere intra ſe occultam diuinitatem, quæ poſſe humanorum factorum eſſe teſtis. Et quoniam non animi ſolum, ſed etiam corporis munditiee Deo gratiſsima exiſtimanda eſt, idcirco aquam illam, quæ præcipuam vim haberet purgandi, & ſacrificijs eſſe accommodatam ſanxerunt, & fluuium ipſum, qui huiuſmodi aquā hominibus in vſus illos ſuppeditaret, exiſtimauerunt eſſe Ioui amiciſsimum atque acceptiſsimum. alij diuinam vim animorum noſtrorum, virtutiſque naturam per huiuſmodi fabulam explicarunt, quippe quòd ſicuti materia appetit formam, vt ſuum proprium bonum, quòd ipſa per ſe inutilis eſt & ocioſa apparet, ſic anima noſtra virtutem tanquam formam ſuam expetit. Hæc cauſa eſt cur Alpheus fingebatur ſequi Arethuſam, cum ἄλφος ſit macula vt dictum eſt, ſiue imperfectio, & Ἀρετὴ virtus à Græcis nominetur. ac de Alpheo ſatis, nūc Inacho dicamus.

De Inacho. Cap. XXII.

INachus autem filius fuisse dicitur Eurydamantis & Dorycles nymphæ, cum tamen quidam Iphinoen eius matrem nominatam fuisse maluerint. Alij Oeneum patrem Inachi fuisse putarunt, quare fuit Oenides ab Hesiodo in sacro sermone ita appellatus:

ἴναχος οἰνείδης κρηνίδη πολὺ φίλτατον ὕδωρ.

Inachus Oenides cœlo gratissimum amnis.

Hic primus omnium mortalium Argiuis imperasse dicitur, vxoremque habuisse Antiopen vt quidam putarunt, vt vero alij maluerunt, Colaxen; de qua Phoroneum ac Mycalen filiam suscepit, quæ fuit postea vxor Arestoris, vti scriptum est à Pausania in rebus Corinthiacis. Habuit præterea filiam Philodicen, quæ ex Leucippo Phebam genuit & Ilairam, vt traditum est à Timageto. celeberrimum est præterea, quòd Io illa quæ prius in vaccam, deinde in deam Isidem cõuersa fuit, erat eiusdem Inachi filia. nam fama est quòd Inachus quo tempore Argiuis imperauit, fluuium Amphilochum prius vocatum ampliore alueo locupletauit, cum is propter repentinos imbres solito alueo minime contentus sæpe in planitiem irrumperet, ac aliquando multa Argiuorum ædificia ac segetes secum rapiens deuolueret. cum postmodum fluuium alueus caperet, neque damna Argiuis inferret vocatus est Inachus de nomine benefici principis, quem ille Iunoni consecrauit, vt ait idem Pausanias. Neque enim consentit rationi quòd Io fluuij potius, quam hominis fuisset filia, qui sic Inachus vocaretur. Memoriæ proditum est ab antiquis, quòd Inachus fluuius suos ortus ac fontes habuit in monte Artemisio ex fonte Lyrceo vocato, minime dubios, cuius dicebatur illa esse natura vt parua vsitata adesset illi aquarum copia, at facillime per imbres ita excresceret, vt bonam partem Argiuæ regionis inundaret, cum tamen per æstatẽ esset propè siccus. Istam autem aquarum penuriam Inacho contigisse illa de causa fabulantur, quia Inachus cum Phoroneo, Cephiso, & Asterione iudex Argiuorum de regione inter Neptunum ac Iunonem contendentes, delectus regionem adiudicasset Iunoni. nam cum Iuno agrum Argiuorum ad se pertinere, sibique iure consecratum censeri debere diceret, Neptunus eum ad se spectare propter aquarum copiam, quæ regionem inundabant, eamque faciebant fertilissimam, contendit. At enim cum ab hæsitantibus diu iudicibus sententia postea pro Iunone lata fuisset, agerque Argiuus Iunoni adiudicatus, fama est iratum Neptunum omnem aquarum copiam illis fluminibus iudicibus ademisse, quare nisi per æstatem cælestibus pluuijs iuuarentur omnem prorsus aquam vna cum suis nominibus amisissent. contra vero quo tempore ager Argiuus Iunoni fuit adiudicatus, dicitur maxima pars agri immissis aquis à Neptuno fuisse inundata, vt ita sciretur plusne Iuno an Neptunus regioni posset nocere. Sed tamen postea precante Iunone vt illam aquam ex agro Argiuo deduceret, vix illud denique impetratum est, atque Argiui in eo loco ipso, per quem aqua refluxit, templum magnificum Neptuni cognomento Prosclystij siue inundantis ex voto erexerunt publico sumptu, cum statua Graniani Sicyonij artificis è marmore Pentelico, cũ columnis viginti & octo, quarum epistylia erant alternè Dorici & Corinthiaci operis, vt scripsit Hermippus in libro secundo de magnificentia templorum & sacris regum donarijs. Hecatæus Inachum fuisse fluuium Amphilochorum scripsit è Lachmo defluentem, è quo erumperet Aeas, qui fuit diuersus ab Inacho Argolico. Dictus autem fuit Amphilochus ab Amphilocho Argiuorum rege, quem fama est fluuium austrum versus è Lachmo fluere solitum Argos irrumpentem, cum Aeas occasum versus illaberetur in sinum Adriaticum. Neque

que tamen me præterit fuisse nonnullos qui Argos vrbem Amphilochium nominarint, cuiusce rei causa narratur huiusmodi. Post Epigonorũ expeditionem aduersus Thebanos Alcmæon fuit in Aetoliam à Diomede accersitus, atque Alcmæonis opera & auxiliis Diomedes Aetoliam & Acarnaniam facile subiugauit postea vero Diomede ab Agamemnone ad bellũ Troianũ accersito, antequã Argos ciuitas extaret, mansit Alcmæon quidẽ in Acarnania, atque Argos ibi cõdidit, quã de sui fratris nomine appellauit Amphilochiũ, cuius in caput forte saxũ deuolutũ illũ occidit, dũ instaret in altera parte vrbis ędificationi. Sic vrbs Amphilochiũ dicta est vbi Amphilochus ex vulnere decessisset post die quarto. Huic cũ Inachus successisset, q\[uod] vrbs recẽs adhuc multis colonis nõ esset plena, nõ satis celebre nomẽ obtinuit, quoniã liberius homines in agris vitã degerẽt At Phoroneus ipsius Inachi filius animum adiecit ad vrbẽ locupletãdã, vt q\[ui] dispersos in agris Argiuos, seorsũq; habitãtes in vnius ciuitatis ius ac męnia cõpulit, & aliud præterea oppidũ condidit, quod ab ipso Phoronicũ fuit vocatũ. Sed. n. cũ Amphilochiũ multitudine ciuiũ breui fuisset oppletũ, opulentissimęq; & florẽtissimæ vrbis satis honesta principia accepisset, illi nomẽ mutauit, & ex Argo nepote nato è Phoronei filia ciuitatẽ Argos noĩauit. nã cũ paulo ante mortuus fuisset Inachus in Inacho fluuio de se noĩato sepultus fuit, cum sibi magnificũ sepulcrũ ibi sub aquis extruxisset, Neq; mirũ est nomina fluuiorũ & cursum sæpius fuisse mutatũ, quãdo vel ipsa aqua fluminum aliquando pene defecerit, vt testatur Lucianus ita in Charonte, καὶ πόλεις ὥσπερ ἄνθρωποι, καὶ τὸ παραδοξότερον, ποταμοὶ ὅλοι, ἰνάχου οὖν οὐδὲ τάφος ἐν ἄργει ἔτι καταλείπεται. atque vrbes tanquã homines. & quod magis est admirabile, vel vniuersi fluuii euanescunt: Inachi enim nullum Argis extat monumentum aut vestigium. tanta vis est temporum. Sed de fabulosis aut historicis hactenus. ¶ Ego sane quid aliud per hanc fabulam vellent exprimere antiqui non reperio, nisi vellent exprimere physicam fluuiorum & aeris naturam: nam quid est aliud Iunonem ac Neptunum de regione contendere, nisi tantum esse aquarum aërisque beneficium ad fertilitatem regionis, vt verum maius sit, non facile posit diiudicari? Delecti sunt fluuii iudices, quoniã iudicium illud non facile est cuiquam, nisi fluminibus, qui ipsi norunt quanta sit suarum aquarum bonitas, hoc est rerum physicarum peritis ingeniis. Sed vt sunt pleræque res huamanæ, quæ bonæ creduntur, hæc eadem res, quæ salutem & fertilitatem regionibus afferre consueuit, si citra vel vltra modum sit, omnem salubritatem infestat atque euertit. Inde effectũ esse dicitur vt indignatus Neptunus modo regionem inundarit, modo omnem fere aquam fluminibus ademerit. Idem est enim aquarum vsus regionibus, qui est vini hominibus ac reliquarum epularum. nam cum vinum vtile sit moderatum bibentibus, eius nimia copia incredibile est quantum obsit, tanquam intima corporis inundãs ac pene suffocãs, & vim naturalẽ exurens aut extinguẽs: quare vt fluuii ferũt per inũdationes herbarũ semina, si aqua sit cum terra cõmista accedẽte calore, vt sensit Theophrastus in 3. lib. plantarum, sic multa morborum & ægritudinum semina nascũtur per nimiã inundationẽ vini, si calor naturalis nõ posit copiã cõcoquere. Sed oĩum difficillimũ est diiudicare plusne bonitas aeris, an copia bonarũ aquarũ cõferat regionib. quare iudices ancipites aliquãdiu fuerũt. Ego tamẽ cẽsuerim, quoniã vsus aeris tã perpetuus est, tã vtilis, tã necessarius, vt sine illo viuere neq; tantillũ posimus, cuius in primis eximia bonitas ac tẽperies est requirẽda, sapiẽtissime dictũ fuisse ab antiqs in regione Argiuorũ adiudicãda præferẽdã fuisse Iunonẽ, quã aera esse superius à nobis explicatũ fuit. Atqui sine fluminib. vel irrigatione agrorũ vel solis imbribus cęlestib. aut ẽt rorib. aliquãdo cõtẽti esse possunt agri ad fertilitatẽ & ad sanitatẽ colonorũ, at sine aeris bonitate nullũ oppidũ, nulla

ciui-

ciuitas, nulla regio est habitabilis, aut magnopere à sanæ mitēs homib. expetēda Eius rei sunt argumentum paludes, aut agri paludibus propinqui, in quibus inco lumitas colonorum aut proximè habitantium non solet esse diuturna, vel si opti mo illi prius fuerint naturali temperamento, qui illuc accesserint, cum multę quo tidie fiant accolentium animalium ægritudines. Hæc ipsa causa fuit vt arbitror cur Iuno precibus à Neptuno vix impetrarit vt aquas post inundationes ex Argiuorum regione deduceret. nam post illuuiones agrorum non facile recuperatur salubritas regionis, & id fit præsertim si multa flumina in eam regionem defluxerint. at quoniam homines res diuinas perraro ritè iudicare possunt, non semel pœna suæ arrogantiæ deterriti sunt ab ipsis Deorum rebus iudicandis, quibus parere tantum conuenit, & obseruari, at non etiam iudicare. inde fabulati sunt antiqui fluminibus iudicibus aquam fuisse à Neptuno ademptam. Sic Paris temerarius iudex patrię suæ incendium & minas vniuersæ Asiæ adiudicauit. Sic Midas sibi mutationem aurium tantum, at alij per hanc temeritatem in montes, in flumina, in belluas sunt mutati, quos longum esse referre. Reliqua, quæ sunt ad fabulæ ipsius ornamenta adhibita, non sunt omnia vtilia naturalibus ac philosophicis rationibus, quia solent nonnulla ad rerum primariarum probabilitatem & exornationem confingi. vt enim in fertilissimo agro fieri non potest nulla vt herba nascatur inutilis, sic in optimis pulcherrimisque figmentis antiquorũ non possunt omnia ad certam mortalium vtilitatem perduci, sed quædam ad voluptatem, quædam ad probabilitatem ficta fuisse sunt existimanda. Quòd si quis putet se posse hæc ad meliorem partum perducere, melioresque explicationes inuenire, debet hanc vtilitatem cum posteris communicare, omnes enim ad cæterorum quoque commoda nati sumus, ac iubemur à Deo illud talentum exercere pro viribus, quod nobis à diuina clementia consitum est. at de Inacho satis, nunc dicatur Europa.

De Europa. Cap. XXIII.

DIcitur Europa fuisse Agenoris Phœnicum regis & Meliæ nymphæ filia, quæ Cadmum ac Thasum fratres habuerit. Thasus deinde nomen dedit illis Thasiis, qui Tyrum ad Phœniciam incoluerunt. sorores Europæ fuerunt Electra & Taygete, & fratres præterea Cilix à quo Cilicia, & Phœnix, a quo Phœnicia fuit dicta. Alii tamen hos è diuersis matribus natos esse arbitrati sunt, siquidem Cadmum Pherecydes lib. 4 hystoriarum ex Argenore & Argiope Nili fluuii filia natum esse tradidit, at è Damno filia Beli Phœnicem & Isæam Aegypti vxorum, qui Aegypto nomen dedit, & Meliam vxorem Danai natos esse memorat. Europam tanta corporis præstantia atque pulchritudine fuisse narrant, vt omnes suæ tempestatis mulieres facile antecelleret. Hanc vbi Iupiter summopere deperiret, dicitur in candidum ac pulcherrimum taurum esse conuersus, atque ad litus maris descendisse, quo Europa cum sociis virginibus aliquando adire consueuerat. Huius tauri miram quandam & inusitatam pulchritudinem Europa admirata dicitur seorsum a socijs ad eum spectandum primum accessisse, deinde etiam liberius manibus contrectasse, ac denique ipsum taurum tanquã equum ludendo conscendisse, a quo per dolum dicta est fuisse super mare in Cretam vsque deportata, vti scriptum est ab Ouidio in tertio libro mutatorum in his;

> Iamque Deus posita fallacis imagine tauri
> Se confessus erat, Dictæaque rura tenebat.

Fabulantur Iouem vbi sese quis esset Deus pristina forma recepta confessus fuisset, ad præclari huiusce facinoris memoriam sempiternam inter sidera tauri imaginem

ginem collocasse vt scriptum fuit ab Hyg ino in fabulis astrorum. Aiunt Agenorem tam grauiter casum Europæ tulisse cum illa nullibi inueniretur, quod raptam à piratis esse arbitraretur, vt accitis Cadmo & Thaso filiis classem instruxerit, quam bifariam diuisam illis dedit. Iussit Thasum cum altera parte classis omnes regiones Phœniciæ finitimas, atque omnes portus diligentissime inuestigare: cum altera parte Cadmum vel ad longinquas maris Syrij terras accurrere, atque fugientes piratas comprehendere, siqui forte Europam auferrent : neque prius redirent, quam asportarent Europam. Sed enim cum Thasus nullibi illam inueniret celerrima ac diligentissima nauigatione vsus, nullumque vestigium omnino eius ablatæ repertum fuisset, dictus est in insulam maris Aegæi, quam olim Platen vocarunt, aduentasse Thraciæ finitimam, oppidumque ibi condidisse, quod Thasum de suo noíe appellauit, à quo vniuersa postmodo insula vocata fuit Thasus, vbi habitare decreuit cum illis Phænicibus, qui ipsum secuti fuerant in naui ad recuperandam sororem. Cadmus item vbi frustra sororis fugam & ipse diligenter terra marique frustra inuestigasset, tandem desperata eius salute vel libertate vel inuentione ad oraculum confugit vt scilcitaretur quo nam pacto illam posset inuenire: aut consilium caperet quid sibi in illa difficultate rerum esset agendum. responsum est à Deo quod ibi habitare oporteret, vt ait Musæus in Titanographia, & Callimachus de habitatis insulis, vbi bos ipsa quieuisset, quam habuisset ducem itineris. Europam autem ipsam non esse humanarum virium aut humani ingenij inuenire. Mox vbi bos apud Thurium fontẽ apparuisset, qui locus fuit à boue ita vocatus, cum Phœnices Thur vaccam appellarent, id nõ procul à Cephiso flumine contigit, vti bos humi decumbens conquiesceret. Cadmus igitur ibi habitare decreuit, vrbemque ibi condidit, quam Bœotiam vocauit vt ait Nicander in libro de Europa, & Callimachus in conditis insulis, & habitatis vrbibus, & earũ nominibus, & Ouid. in 3. mutationum. Cadmus vbi sacrificia de more antiquorum Dijs patriis eius loci esset facturus, antequam fundamenta vrbis iaceret, quo ipsos Deos benignos in posterum placatosque haberet, iussit ministros aquam sibi è proximo fonte afferre, quem fontem Aretiaden nominabant. Verum cum non procul ab eo fonte draco insignis magnitudinis in spelunca quadam lateret Martis & Veneris filius, vt quidam crediderunt, inter quos fuit Apollodorus Cyrenaicus in libro de Diis, & Lysimachus, qui multa de Europa scripsit in libro quarto rerum Thebanarum, & de Cadmo ad vrbem Thebanam profecto, dicuntur missi aquatum ministri fuisse ab illo dracone deuorati. Cum frustra Cadmus diutissime aquatum missos expectasset, atque ægerrime ferret illorum tarditatem, dictus est & ipse illuc ad fontem fuisse profectus, ac inuentum draconem palpitantia adhuc cruenta ministrorum corpora vorantem non procul ab Homoloide tunc vocata porta Thebana occidisse. Illud cum euenisset eo pacto Mars, vel, vt aliis magis placuit, Pallas iussit Cadmum seminare alteram partem dentium exemptorum ex ore serpentis: è quibus satis fabulantur natos esse homines permultos, qui sese mutuis vulneribus ingenio atque artificio Cadmi trucidarunt. Pherecydes scriptum reliquit libro quinto historiarũ Martem ac Palladem dimidium illorum dentium eius draconis dedisse Cadmo, cum dimidium reseruatum sit postea Aeetę regi Colchorũ. Tunc aiunt Martem imperasse vti Cadmus eos dentes sereret, è quibus armati homines nati sunt pugnaturi cum Cadmo in vltionem draconis Martis filii ab illo trucidati. Pallas Cadmi miserta dicitur illum monuisse vt lapide clam vnum eorum percuteret. Ille, qui percussus fuit, cum illam iniuriam non aliunde natam esse arbitraretur, quã ab vno fratrũ, vt sunt homines bellicosi ad omnẽ iniuriã armis vindicandã prõpti, obliterata omnis humanitatis & affinitatis memoria, leuissime ad-

uersus

uersus illũ, quem putauit iniuriũ, irruit, illumq; trucidauit. mox ceteris illã iniustam cædem vindicantibus, atque aliis contra tanquã illegitime iniurias passum defendentibus, omnes demum sunt mutuis vulneribus confossi, atque ad vnum in illo certamine ceciderunt, præter Vdæum, Pelorem, Chthorium, Echionem, & Hypernorem, qui soli quinque superfuerunt ex illis multis hominibus. Cadmus postmodo his sibi conciliatis opera illorum vsus est in multis rebus, quæ ita breuiter declarauit Apollonius Rhod. libro 3. argonaut.

πόρε δέ σφιν ἰοῦσιν
χείων αἰήτης χαλεποὺς ἐς ἄεθλον ὀδόντας
Ἀονίοιο δράκοντος, ὃν ὠγυγίῃ ἐνὶ θήβῃ
κάδμος ὅτ' εὐρώπην διζήμενος εἰσαφίκανε
πέφνεν ἀρητιάδῃ κρήνῃ ἐπίουρον ἐόντα
ἔνθα καὶ ἐννάσθη πομπῇ βοός, ἥν οἱ ἀπόλλων
ὤπασε μαντοσύνῃσι προηγήτειρον ὁδοῖο.

venienientibus illis
Rex Aeeta feros dedit in certamina dentes
Aonii serpentis. eum namque ære cecidit
Europam quærens Cadmus, cum mænia Thebas
Ogygias petiit seruantem, vbi nascitur vnda
Fontis Aretiadæ. ductu bouis ille quieuit
Hic primum, dedit esse ducem quam clarus Apollo.

Vbi hæc ita contigissent, ac Agenor neque filiam neque filios reduces amplius videre potuisset, credita est Europa in deorum numerum relata, vt ait Lucianus in Dea Syria: quamobrem ad Agenoris ipsius consolationem, vt fama est, Phænices illam templis & altaribus & propriis sacerdotibus decorarunt, sacrumque putatum sermonem de illa vulgarunt, quod Iupiter in taurum versus, vt diximus, illam in Cretam abstulerit. præterea Sidonii numismata cum fœmina tauri dorso insidente ac mare transfretante cuderunt in eius honorem. Memoriæ proditum fuit etiam Carneum fuisse Iouis ... huius Europæ filium, quem ab Apolline & Latona fuisse educatum memorarunt. Huic fratrem Leotychidem nonnulli adiunxerunt, sororesque Hydarnim, Limeram, & Alageniam, qui omnes postea nomina ciuitatibus dederunt, vt scripsit Eudoxus in ambitu terræ. atque illa hactenus explicata fuerunt, quæ de Europa & Cadmo fabulose memoriæ prodita sunt ab antiquis: nũc q̃d per hæc significare voluerint, perquiramus.

¶ Scriptum reliquit Herodotus in primo libro suarum historiarum Cretenses homines audita insigni Europæ pulchritudine ad eam rapiendam suo regi cõcendisse, quorum tamen nomina ignorari inquit, vt est in his μετὰ δὲ ταῦτα ἑλλήνων τινὰς, οὐ γὰρ ἔχουσι τοὔνομα ἀπηλήσασθαι, φασὶ τῆς φοινίκης εἰς τύρον προσχόντας ἁρπάσαι τοῦ βασιλῆος θυγατέρα εὐρώπην· εἴησαν δ' ἂν οὗτοι κρῆτες. Postea vero nonnullos è Græcis, non tamen nomina proferre possunt, in Tyrum classe delatos fuisse memorant, atque Europam regis Phæniciæ filiam rapuisse, fuerunt autem isti viri Cretenses. Circumferũtur illa de tauro memoriæ prodita fabuloseque conficta, quod in prora eius nauigii, quo vecta est Europa, taurus esset depictus, vti traditum est ab Agatharchide Cnidio in rebus Europicis. nam non solum in numismatis, sed etiam in picturis domesticis & in nauigiis iumentorum imagines antiqui pingere consueuerunt, quare Pistricem & centaurum, & chimeram naues appellauit Virgilius ab illis formis animalium, quæ in proris erant picta vt est lib. 5. & nomen pecuniæ atque peculii inde apud latinos manauit. Ego non nihil præterea ad animorum moderationẽ pertinens sub hoc huiusce fabulæ inuolucro cõtineri crediderim præter historicam explicationem, quã

do

do vel ipsum Deorum regem creditum Iouem propter lasciuiam in animal turpe se mutauisse tradiderunt ad posteros. Nã significare volebant nullã esse turpitudinẽ, in quam libido & effrænata quædam Veneris titillatio non impellat, nisi quis prudentia & ratione moderationem adhibeat, vnde præclare dictum est ab Euripide in Medea, ingens malum mortalibus esse amorem, vt est in hoc versu:

φεῦ, φεῦ, βροτοῖς ἔρωτες ὡς κακὸν μέγα.
Heu, heu, viris ingens vt est amor malum.

Sapientissime igitur in Pythagorista scripsit Aristophon amorem de cœlo in terras ad homines multo Dijs imprudẽtiores esse detrusum, quoniã esset ibi autor multorum malorum, & multarum calamitatum fundamentum, cum discordias & inimicitias inter Deos sereret, vt est in his:

εἶτ' οὐ δικαίως ἐστ' ἀπεψηφισμένος
ὑπὸ τῶν θεῶν τῶν δώδεκ' εἰκότως ἔρως;
ἐτάραττε κἀκείνους γὰρ ἐμβάλλων στάσεις,
ὅτ' ἦν μετ' αὐτῶν· ὡς δὲ λίαν ἦν θρασὺς,
καὶ σοβαρὸς, ἀποκόψαντες αὐτοῦ τὰ πτερὰ
ἵνα μὴ πέτηται πρὸς τὸν οὐρανὸν πάλιν,
δεῦρ' αὐτὸν ἐφυγάδευσαν ὡς ἡμᾶς κάτω.
τὰς δὲ πτέρυγας ἃς εἶχε τῇ νίκῃ φορεῖν
ἔδωκαν περιφανὲς σκῦλον ἀπὸ τῶν πολεμίων.
Reiectus est nunquid Deorum calculis
E' cætu amor decem duorumque omnia
Turbabat ille: bella litesque intulit
Vbi esset vná, quod foret valde insolens:
Huic arroganti alas ciderunt Dei
Volare rursus ne valeret ad polum.
Profugum dorsumque expulerunt ad viros
Alas dedere, quas habebat, posset vt
Exuuias referre victor ex hostibus.

Nam duo sunt periculosi maxime scopuli, in quos deuitandum est ne humana vita illabatur, ira scilicet, & ingens rei alicuius amor ac desiderium, quando vterq; horum affectuum potest quemuis, nisi moderatus existat, in apertissimam perniciem, tãquam in duos marinos scopulos Scyllam & Charybdim, impellere, atque illidere. nam sicut tanta vis est iræ, vt vel in res anima sensuque carentes excitet, & in ferrea artis instrumenta inflammet, si opus artis parum feliciter ob imperitiam succedat, & ad contumelias lapidi vel ferro vel ligno dicendas, nihil ijs ipsis rebus homines prudentiores, sic amor facit, cum sit quoddam animi deliriũ, si immoderatus existat, vt neq; nobilitatẽ maiorum, neq; maiestatẽ imperij tantilli faciant pleriq;, neq; intelligatur his morib. agitatos cæteris omnib. derisum & contẽptũ iri. nam sic virtus, & illa animi diuinitas, quæ rerum omniũ preciosissima est & Deo gratissima contaminatur & conculcatur, captiuaq; ab amore, quo libuerit trahitur. Facit enim amor vt turpia, deformia, tristia, damnosa, lætissima, vtilia, pulchra, honesta atq; laudabilia videantur. quare non minus illi qui amet, quàm ebrio & insano illud conuenit, quod est in Oreste Euripidis:

μέν', ὦ ταλαίπωρ', ἀτρέμας σοῖς ἐν δεμνίοις,
ὁρᾷς γὰρ οὐδὲν, ὡς δοκεῖς σαφ' εἰδέναι.
Iace silens tuo miselle in lectulo,
Nihil vides vere, vt videris cernere.

Indè fingitur Iupiter ipse in taurum animal lasciuum ac furibundum esse conuersus, cum vellent antiqui amoris insolentiam & obscænitatem per hæc patefacere.

nam omnia prope bella, deuastationes regnorum, euersiones ciuitatum, incendia prouinciarum descripta à poetis, omniaque hominum deliria, propter lascíuos amores, & immoderatam libidinem euenerunt. Præclare igitur ac sapienter suauissimus poeta Euripides in Hippolyto Coronifero ita scripsit, vbi quot mala in humanam vitam per mulieres irrumpant, considerasset:

ὦ Ζεῦ, τί δὴ κίβδηλον ἀνθρώποις κακὸν
Γυναῖκας εἰς φῶς ἡλίου κατῴκισας;
εἰ γὰρ βρότειον ἤθελες σπεῖραι γένος,
οὐκ ἐκ γυναικῶν χρῆν παρασχέσθαι τόδε.
Ἀλλ' ἀντιθέντας σοῖσιν ἐν ναοῖς βροτοὺς
ἢ χαλκὸν ἢ σίδηρον, ἢ χρυσοῦ βάρος,
παίδων πρίασθαι σπέρμα τοῦ τιμήματος
τῆς ἀξίας ἕκαστον ἐν δὲ δώμασι
Ναίειν ἐλευθέροισι θηλειῶν ἄτερ.
O Iupiter quid hoc mali? mortalibus
Cur protulisti fęminas olim viris?
Virile seminare si velles genus,
Non id decebat fœminas producere:
Sed in tuis templis viros deponere
Ferrum, vel æs, puri vel auri pondera,
Et filiorum sic referre semina
Pro precio mox singulos: in ædibus
Mox liberos sic esse procul à fœminis.

Et iucundus Mænander in Tibicina siue ἀρρηφόρος

Οὐ γαμεῖς ἐὰν νοῦν ἔχεις τοῦτον καταλιπὼν τὸν βίον.
Γεγάμηκα γὰρ αὐτὸς, διὰ τοῦτο σοι παραινῶ μὴ γαμεῖν.
Δεδογμένον τὸ πρᾶγμ' ἀνερρίφθω κύβος.
Πέραινε σωθείης δὲ νῦν ἀληθινῶν.
εἰς πέλαγος αὐτὸν ἐμβαλλεῖς γὰρ πραγμάτων
οὐ λιβυκὸν, οὐδ' αἰγαῖον οὗ τῶν τριάκοντ' οὐκ ἀπόλλυται
τρία πλοιάρια. γήμας δ' οὐδὲ εἷς σέσωσθ' ὅλως,
Mentem si habes, nullam capesse coniugem
Vitam relinquens hanc. ego duxi prius,
Quare tibi suadebo ne ducas. mihi
Decreta res, & iacta prorsus alea est.
Seruaberis sic, perge, te credis freto
Magno negotiorum, at non illi Libyco
Ponto, vel Aegæo, perire vbi solent
E' nauibus triginta tres haud sæpius.
Est nemo sospes coniugem qui duxerit.

Atqui si res altius consideretur, vereor ne omnis illa reprehensio fœminarum in ipsos viros redũdet, quia nullũ malum cõmittitur à solis fęminis. cum omniũ malorum ac scelerũ vel adiutores & socios, vel consultores viros habuerint. nihil est igit' quod sua demẽtia à viris in mulieres reijciat. nã fęminæ animalia imperfecta vt plerique appellant, non sunt à perfectis viris ad omnia flagitia adiuuandæ aut etiam impellendæ: sed potius admonendæ, atque à conceptis in animo erroribus salubri consilio retrahendæ. habent fœminę verecundiam quandam à natura insitam, magis quàm viri & timorem & imbecillitatem ingenij ac corporis ad res perficiendas, quib. magis ab omni turpitudine deterrentur. & sane facilius est mulieres quàm viros intra honestatis terminos coercere. oportet infelicium mulier-

cularum

cularum misereri, quæ tot incommoda vere patiuntur, quæ memorantur ab omnium prope poetarum suauissimo, vt mihi quidem videtur, Euripide his versib.

πάντων δ᾽ ὅσ᾽ ἔστ᾽ ἔμψυχα καὶ γνώμην ἔχει,
γυναῖκές ἐσμεν ἀθλιώτατον φυτόν.
Ἃς πρῶτα μὲν δεῖ χρημάτων ὑπερβολῇ
πόσιν πρίασθαι, δεσπότην τε σώματος
λαβεῖν κακοῦ γὰρ τοῦδ᾽ ἔτ᾽ ἄλγιον κακόν·
κἀν τῷδ᾽ ἀγὼν μέγιστος, ἢ κακὸν λαβεῖν
ἢ χρηστόν, οὐ γὰρ εὐκλεεῖς ἀπαλλαγαὶ
Γυναιξὶν. οὐδ᾽ οἷόν τε ἀνήνασθαι πόσιν.
εἰς καινὰ δ᾽ ἤθη καὶ νόμους ἀφιγμένην,
Δεῖ μάντιν εἶναι. μὴ μαθοῦσαν οἴκοθεν,
ὅτῳ μάλιστα χρήσεται ξυνευνέτῃ.
κἂν μὲν τάδ᾽ ἡμῖν ἐκπονουμέναισιν εὖ
πόσις ξυνοικῇ μὴ βίᾳ φέρων ζυγόν,
ζηλωτὸς αἰών. εἰ δὲ μή, θανεῖν χρεών.
Ἀνὴρ δ᾽ ὅταν τοῖς ἔνδον ἄχθηται ξυνών,
ἔξω μολὼν ἔπαυσε καρδίας χόλον,
ἢ πρὸς φίλων τιν᾽ ἢ πρὸς ἥλικα τραπείς.
ἡμῖν δ᾽ ἀνάγκη πρὸς μίαν ψυχὴν βλέπειν.

Nos fœminæ miserrimæ plantæ sumus
Viuentium, vel mente quæ pollent. prius
Nobis maritos est opus pecunia
Emisse grandi, perpetique corporis
Heros, quid infelicius dici queat?
In hoc labor fit plurimus nobis, bonos
Nanciscier, quod à viro discedere
Sit turpe, nec spreuisse fœminæ licet.
Leges nouas petenti, & hinc domum nouam
Illi fit esse vatem opus. ni sciuerit
Domi marito conuenit quali vtier.
Quod si maritus gaudet illis moribus,
Feratque lætus id iugum, dulcissimum est.
Sin, emori præstaret inde millies.
Aegrè vir ipse cum tulit domestica,
Sedauit iram cordis exiens domo
Petens amicum, vel sodalem quempiam.
Nobis misellis cernere hunc vnum est opus.

Aiunt præterea Cadmum vbi è Phœnicia in Græciā traiecisset, primum detulisse quarundam literarū cognitionem, cum antea res philosophicæ per fabulosas narrationes tantū in manus ad posteros traderētur. Primus idem historiā soluta oratione scribere aggressus est, quod tñ quidā nō Phœnici, sed Milesio Cadmo attribuerunt. Primus hic ærosum lapidē Cadmiam vocatū adinuenit, è quo æs coqui ac fieri cōsueuit, fecitq; æs ipsum purius, cū ante eius tēpora per imperitiā artificū æs multa inutilia cōmista soleret habere. Europa postmodo cōsecuta est à Ioue vt tertia pars orbis de suo nōie diceret, quā ita sitā esse dicūt, vt per fretū columnarū nauigātib. interius in dextra parte sit Africa ad Nili vsq; fluenta. in sinistra Europa ad Tanaim vsq; & Meotidis incolas & Borysthenes, cum vtræq; hæ partes Asia terminētur. est quidem Europa tota habitabilis præter exiguam admodum partē Tanaidis & Meotidis plagæ finitimam, quæ ob ingentem vim frigoris nō com mode habitari potest. Thasus postea Herculem Tyrium esse contendens vbi ad Olympia venisset vt ciuis sui statuam æneam decem cubitorum erigendam curauit super basi ærea, quæ statua læua arcum, dextra clauam tenebat. atque tot de Europa dicta sint, nunc de Penelope disseramus.

De Penelope. Cap. XXIIII.

PEnelope fuit Icarij & Peribææ Naidis filia, quæ prius Arnæa vocabatur, habuitque quinque fratres vt inquit Silenus Chius, in fabulosis historijs, Caunum, Phalerum, Nopsopem, Philemonem, Helorum. fama est Icarium quo tempore gestaret in vtero Peribœa iuisse ad oraculũ propter quędam visa sibi in somnijs, vt sciscitaretur quid vxor esset paritura, ac responsum tulisse huiusmodi:

Αἶχος ἔχει περίβοια, κλέος τ' ἐν γαστρὶ γυναικῶν.
Fœmineum Peribæa decus, Peribæa pudorem
Fert vtero.

Illud cum audiuisset Icarius, neq; recte Dei dictum percepisset, ratus aliquam insignem infamiam in suam familiam ex illa quæ nasceretur redundaturam, continuo natam Arnæam in quadam pelui expositam in mare deiecit, fortunæque ipsius puellæ totũ negotium cõmisit. Hanc puellam Arnæam nominarunt, q̃ eã nollent educare, cum ἀρνεῖσθαι refutare & abnuere significet. ceterũ peluis vbi diutius mirã quandam maris & ventorũ tranquillitatem nacta fuisset, neq; recessisset ab eo loco, vbi primum deposita fuerat, nisi quantũ naturalis marinarum aquarũ refluxus illam sensim detulisset, dicuntur aues quædam ad eius puellæ vagitum aduolasse, quas Meleagridas vocãt, in quas cõuersas Meleagri sorores post diuturnas lacrymas ob impatientiã doloris fabulati sunt, vbi stipes illi coætaneus fuisset in ignẽ coniectus. Has aues arculã ad litus appulisse memorant, cũ parum distaret à litore, ac infantẽ per nõnullos dies educauisse. Illud miraculũ ab incolis eius loci deprehẽsum ac Icario narratũ ita misericordia puellæ eius animũ cõmouit adhortãte & impellẽte præcipuè Peribęa, vt ad mare ipse profectus inuentã peluim cũ auib. nutricib. domũ detulerit. Illæ igitur aues cũ Penelopes per illud tẽpus à Græcis dicerentũ, nã penelope est gallinarũ genus, quas nũc Indicas vocãt, mox deposito priore Arnææ nomine filiã Penelopen vocauit, vt testatus est Herodorus in ijs quæ scripsit de Perseo & Andromeda. postmodo cũ ad nubilẽ ætatẽ accessisset Penelope, tãta corporis pulchritudine, tantaq; morũ elegãtia fuisse dr̃, vt mirificos amores in animis iuuenũ excitaret. multi igit̃ è principib. Græcarũ ciuitatũ illã in matrimonium petierũt. Sed cũ oraculi adhuc memor Icarius eã nemini cuperet in matrimonio collocare, nisi præstãtissimo viro, qui posset & prudentia & virtute filiæ suæ desiderijs moderari, quæ hactenus omnẽ honestatẽ illæsam & integerrimã seruasset, proposuit cursus certamẽ in via Aphetaide illa de causa vocata apud Lacedæmonios, nõ procul à Carnei Apollinis sacello. Nã cũ ibi è carcerib. proci emissi fuissent, Aphera via vocata fuit, quia ἀφεῖναι sit dimittere. In ijs ludis victorẽ declaratũ fuisse Vlyssem memorat Paul. in reb. Laconicis, quare illi præmiũ cursus, vt aiunt promissum, datæ sunt Penelopes nuptię, quare Vlysses simulacrum Mineruæ dicauit, quã nominauit Celeutheam. Post ea multis precib. ac pollicitationib. ferẽ Icarius tentasse Vlyssis animũ vt mallet apud se Lacedæmone, q̃ in Ithaca habitare, ibiq; habere suetũ domicilium, ea spes vbi ipsum Icariũ fefellisset, neq; posset id Vlysi vllis rationib. persuadere, sese conuertit ad expugnandum animũ filiæ, eamq; orare cępit ne se in extrema senectute mortua iam Peribæa in assiduis lacrymis diuturnoq; luctu solum domi desereret, quæ preces patris irritæ fuerunt apud filiam quoque. Aiunt tamen Vlyssem vel senis misericordia commotum vel importunitate optionem dedisse Penelope vtrum mallet

eligen-

eligendi, vellet ne esse Lacedęmone apud patrem, vel secum in Ithacam illo relicto concedere. at illa dicitur nihil neque patri Icario, neque Vlysi respondisse, sed in curru velata facie. in quo erat, perstitisse. Illud vbi percepisset Icarius, q̄ maritum sequi mallet, quod dicere puderet, permisit vt cum viro abiret in Ithacam. Postea cum Thelemachum filium ex illa suscepisset Vlysses, protractus fuit ad bellum Troianum, vt dictum est in Vlysse. Illo autem tempore, quo abfuit Vlysses ex Ithaca dicitur Penelope integerrime seruasse pudicitiā per viginti annos, quæ post quam omnes heroes è bello Troiano euersa & succensa iam Troia domum rediissent, (nam post decennij bellum Troianum, decennium errauit Vlysses,) dicitur à multis principibus propinquarum ciuitatum rursus fuisse sollicitata vt ad secundas nuptias transiret, quod iam mortuum esse Vlyssem arbitrarentur. Ad eam rē maxime illam impellebat sumptuū domesticorum magnitudo, quod ex ipsius Penelopes prouentib. viuebant, semperque illius fiebat minor res domestica. hoc incommodum videbatur vna illa ratione deuitatura, si cuipiā illorum nupsisset. At Penelope spem illorum fallebat per dolum, quibus promiserat se statim atque inceptam telam texuisset, non amplius Vlyssem expectaturam, sed vnum esse illorum capturam maritum. Istud autem faciebat, quia cognoscebat petulātiam & temeritatem superborum iuuenū, qui nisi ita spe delusi fuissent, vel vniuersas Penelopes facultates breui dissipassent, vel in illam violenti irruissent. Sed enim cum tantundem operis per noctem demoliretur, quantū per diem texuisset, ita illorū expectationem in aduentum vsque Vlysis denique protraxit, à quo domum reuerso omnes illi proci fuerunt artificiose trucidati. Inquiunt præterea non procul à Ladę stadio vocato in agro Orchomeniorum Penelopen filium Vlysi, vbi reuersus fuit a bello Troiano, peperisse, quem propter operam patris egregie in illa expeditione nauatam, Ptoliporthum, hoc est vrbiū populatorem siue euersorem nominauit. Fuit Mantinensium sermo præterea, vt ait Pausanias in rebus Arcadicis, Penelopen fuisse ab Vlysse illo crimine damnatam exactamque domo, quod procos vltro allexisset & inuitasset, quæ in Spartam prius se contulit, & nec à patre vt iam mortuo ibi accepta, nec ab affinibus, coacta fuit se inde recipere in Mantineam, vbi etiam illam decessisse, sepultamque fuisse inquiūt non procul à Ladæ stadio, & à templo Dianæ. Hæc illa sunt fere omnia, quæ de Penelope memorantur ab antiquis. Ferunt Icarium puellam idcirco proiecisse, quoniam credidisset oraculum significare aliquam insignem turpitudinem aut dedecus & infamiam mulierum illam futuram, quamuis longe diuersa esset oraculi sententia, quod dicebat illum honestissimum pudorem & verecundiam muliebrem, quæ in honestissimis matronis requiritur, futuram in ea quæ nasceretur, atque gloriam futuram ingentem sexui muliebri. alii tamē & honestissimam mulierem fuisse Dido contendunt, & infamem Penelopen, quæ cum omnibus procis concubuerit, ac Pana genuerit, sed pro studiis in se scriptorum fuisse vel bonas, vel malas creditas. sed tamen de Penelopes bonitate crebrior sententia inualuit, de qua ita scripsit Eubulus in Chrysilla:

ἀ ζεῦ πολυτίμητ' εἶτ' ἐγώ ποτε κακῶς
ἐρῶ γυναῖκας, νὴ Δί' ἀπολοίμην, ἄρα
πάντων ἄριςον κτημάτων. εἰδ' ἐγίνετο
κακὴ γυνὴ μήδεια, πηνελόπεια δὲ
μέγα πρᾶγμ' ἐρεῖ τις ὡς κλυταιμνήςρα κακὴ,
Ἄλκηςιν αντέθηκα χρηςήν.
O Iupiter prudens, ego dicam male
De fęminis? ô per Iouem perdar prius.
Est omnium res optima ipsa fœmina.

Medea praua est, Penelopen statim feres
Bonum quid esse. mox Clytemnestræ malæ,
Repugnat Alcestis.

Neque mirum est statim natam Penelopen in eas calamitates incidisse, quando nemo prope sapiens aut fortis est idem fortunatus. est enim semper atrocissimum certamen virtuti cum fortuna, vnde etiam Herculem & cæteros insignis virtutis heroas ac bonos viros antiqui calamitosos fuisse finxerũt. & profectò calamitates sunt donum Dei, maius fortasse omnibus commodis, & clarissima opportunitas ac facultas à Deo oblata ostentandæ exercendęque fortitudinis. Inde Semiramis omnium mulierum clarissima, quas scimus ingenio & prudentia valuisse eandem prope fortunam experta est, quam Penelope ab auibus educata. & Danae cum filio in arcam ligneam inclusa atque in mare deiecta, mox à Deo seruata fuisse dicitur, cum reipsa nemo vir bonus à Deo in rebus arduis deseratur, qui ad ipsum mentem synceram conuerterit. Fuerunt multi alij, quos longum esset recensere, qui infantes feris proiecti responsa Deorum non fefellerunt, sed contra ab ipsis feris educati, ac non solum liberati sunt. Dicuntur propositæ nuptiæ Penelopes victoribus cursus pro prisca consuetudine formosissimarum mulierum, vel quod ita pro oraculorum responsis procos a nuptijs quarundam mulierum deterrerent per pericula victis imminentia, vt Atalantæ & Hippodamiæ, vel quod res egregias censerent non debere nisi virtuti & strenuitati proponi, cum ignauiæ & socordiæ & desidiæ solæ ærumnæ propositæ sint, cum verissimum sit illud Hesiodi dictum in operibus & diebus quod

Αἰεὶ δ' ἀμβολιεργὸς ἀνὴρ ἄτῃσι παλαίει.
Aerumnis tardus semper luctatur, inersque.

Enimuero cum Vlyssem prudentiam esse constet, iure illi in matrimonium dederunt Penelopen, quam pro continentia & pudicitia celebrarunt. Hæc tanta continentia fuisse dicitur, vt, cum Troia multis vndique accitis ex Asia auxilijs obsidionem Græcorum decẽnium tulerit, Dijs quoque ipsis hinc inde rem iuuantibus, & tantundem spatium temporis Vlysses post bellum errarit, neque precibus, neque minis neque importunitate procorum potuerit expugnari: sed multa arte fefellerit. Est enim difficilius animum virtute & temperantia recte munitum ad aliquam turpitudinem impellere, quam Troiam expugnare, aut munitissimum oppidum in deditionem compellere, cum nullæ machinæ sint, quę possint expugnare virtutem. Non enim credibile est virtutem Penelopes decantatam fuisse ab antiquis, nisi præclarum quoddam ad virtutem exemplar vitæ Penelopes institutũ fuisset. Illa quæ tradita sunt alibi de Penelope, quod cum omnibus procis cõgressa Pana Deum pepererit, fabulosa sunt, plurimumque à veritate dissidentia, cum neque multos habeant testes, neque rationi conueniat vt è semine plurimorum mulier possit concipere, quia vterus vbi concepit primum ita clauditur nihil vt egredi vel ingredi possit. Per illa igitur quæ de continentia Penelopes dicta sunt, cæteras mulieres antiqui hortabantur ad temperantiam & continentiam, & honestatem, vt illæsam fidem seruarent maritis, quam promisissent, ne cederent libidinosorum blanditijs, ne censerent quidquam esse præclarius quàm aduersus illecebras inuictas consistere. Quod autem texenda tela illam procos delusisse tradiderunt, significabant nihil esse periculosius otiosa vita, cum negotiantes prauæ cogitationes, illecebræque voluptatum non tam facile capiant. est enim otium si non parens, at certe alumnum omnis libidinis, omnisque insolentiæ. atque tot de Penelope, nunc de Andromeda dicamus.

De

De Andromeda. Cap. XXV.

ANdromedæ exemplum demonstrauit, quam calamitosum sit esse affinem contemnentium Dei obseruantiam, quam celeberrimam fecit vitæ periculum, in quod incidit non sua, sed matris temeritate fęminæ arrogãtissimæ, quæ sese vel Deabus ipsis pulchritudine præstare ausa est profiteri. non enim modo periculosum est ac difficultatum plenum esse coniunctos affinitate cum illis qui Dei cultum & iustitiam paruifaciunt, verum etiam calamitosum plerunque Dei contemptoribus esse amicos. Dicitur Andrŏmeda fuisse Cephei Aethiopum regis & Cassiopes filia, virgo sanè egregia, & omnibus animi atque corporis dotibus ornatissima, ac digna quæ è melioribus parentibus nata esset. ferunt enim Cassiopen adeo forma corporis præstitisse, qua cæteras omnes mulieres anteiret, vt ausa sit vel ipsam Iunonem in contentionem & certamen de pulchritudine prouocare. Iuno tantam huiusce mulieris temeritatem ægre ferens, cum prius illi patefecisset omnem humanam præstantiam pulchritudinis eximiam esse turpitudinem, si cum rebus diuinis conferatur, dicitur rogasse Neptunum vt eius reginæ temeritatem reprimeret, suamque iniuriam vlcisceretur. at Silenus Chius in fabulosis historijs non cum Iunone illam cõtendisse inquit, sed cum nymphis Nereidibus. Neptunus igitur illa mulieris arrogantia commotus dictus est in Cephei & Cassiopes regionem cete tantæ magnitudinis, tamque formidabile monstrum immisisse, vt omnes agros deuastaret, & ædificia funditus demoliretur, à qua peste neque ciuitates quidem erant satis munitæ, cum illas etiam vastitate corporis & ingenti mole opprimeret ac prosterneret. tanta calamitate perculsus animoque consternatus Cepheus oraculum consuluit, sciscitatusque est qua de causa id tantum malorum ac difficultatum eueniret, & quo pacto tanto periculo liberari posset. responsum post facta sacrificia de more consulentium tulit non prius cessaturam illam calamitatem, quam Cassiopeæ arrogãtia excitasset, quàm vnicam filiam, quam habebat, Andromedam illi monstro marino vorandam exposuisset, quod factum est ad Ioppen. Cepheus illo responso accepto apud vrbem Aethiopiæ Ioppen vocatam filiam Andromedam ferreis vinculis ligatam exposuit. accidit per illud tempus vt Perseus cum Medusæ capite illac iter faceret, qui virginis innocentis misertus eam soluit, atque in eodem loco vnà cum Andromeda cete expectauit, vt scripsit Aristides & Libanius, atque aduentantis monstri partem in saxum conuertit ostenso capite gorgonis, partem ipse ferro obtruncauit. Perseus deinde sic liberatam Andromedam insigni virtute vxorem cepit, atque in Seriphum secum asportauit. Fuerunt etiam qui dixerint Perseum ex illa filiam Persen nominatam suscepisse, quã apud auum Cepheum reliquerit. Nam vbi Perseus sensit sibi insidias parari à Phineo Cephei fratre, qui arbitraretur se habiturum vxorem Andromedam si Perseum obtruncasset, Perseus fecit vt Phineus etiam viso Medusæ capite cõtinuo in saxum verteretur: deinde Argos cum Andromeda & Danae matre profectus ibi ad extremum vsq; vitæ suæ [illegible] habitauit. Hæc sunt quæ de Andromeda memoriæ prodita sunt ab antiquis, nunc cur ita ficta fuerint perquiramus. ¶ Si quis diligenter perpendat quæ scripta sunt à nobis in hac ipsa narratione de Andromeda, nihil aliud inueniet in illis cõtineri, nisi antiquorum adhortationem ad pietatem & ad animi moderationem amplexandam. Nam cum Dei præclara munera nesciret æquo animo ferre Cassiope, ausa est vel cum Deab. bonorum omnium autoribus cõtendere, & sese vel illis propter ea bona anteferre, quæ bona per illorum liberalitatem & magnificẽtiam acceperat. Sed tantam hominum dementiam vel arrogantiam non impune patitur Deus iustus iudex omnium scelerum, cui sordida sunt omnia mortalia vel clarissima si careant bonitate & iustitia, audeantque cum diuinis conferri. Sic igitur vbi formam corporis Iuno Casiopeæ eripuisset immisit etiam illam calamitatem in regionem Aegyptiorum siue Aethiopum. Et q̃uis pœna sceleratorũ coniunctos aliquando vexet pro flagitijs, tamen nõ patitur Deus viros bonos perire, quos vexari sinit, cum semper sit innocentiæ in periculis positæ defensor. Inde fabulati sunt Andromedam in summo capitis periculo positam propter maternam temeritatem tandem Deorum immortalium beneficio Perseum illuc aduertentium non solum fuisse liberatam, sed etiam ad maiorem felicitatem prouectam, cum calamitatem patienter tolerasset. non potuit ager Aethiopum, populique subditi vitare monstri deuastationem, quo cęso ad pristinam felicitatem redierunt, quia cum peccauerint reges aduersus Dei cultum non modo ipsi, sed etiam populi ac subditæ illis nationes eiusdem impietatis vel asseclæ vel fautores vnà cum ipsis regibus diuinitus afflictantur. cum etiam semper Deus iustissimas causas habeat animaduersionis propter infinita prope multorum peccata. nam nullum scelus relinquitur impunitum, quod ab ipso autore per penitentiam non punitum fuerit. Nam vel exteræ nationes impulsu Dei in iniustos reges insurgunt, vel populi aduersus iniquos magistratus, vel alius magistratus in alium, cum Deo commercium sit cum sola iustitia, quæ sola etiam est anima ciuitatum, firmumq; vinculum rerum publicarum ac regnorum omnium. Neq; debet quisquam hanc tantam, tam admirabilem fabularum varietatem antiquarum frustra excogitatam fuisse ab antiquis existimare, vel in manus ad posteros transmissam, quoniam quæ insulse prodeunt breuissimam vitam sortiuntur: at quæ sapienter prodita sunt, illa non facile vi temporis infringuntur aut debilitantur. inde effectum est vt fabulæ quæ ad corrigendos informandosque mores hominum sunt confictæ ad hanc vsq; ætatem nostram penetrarint sine controuersia, cum reliquæ philosophandi rationes propter ciuiles discordias, siue digladiantium inter se philosophantium contentiones sint explosæ, vel certe frequentes mutationes acceperint?

NATALIS COMITIS MYTHOLOGIAE,

LIBER NONVS.

Quàm sapienter religionem, & sacerdotum honores, & inferorum locum introduxerint antiqui.

SED antequam ad reliqua procedamus, cum multa ab antiquis ad vitam mortalium sapienter gubernandam fuerint excogitata Illustrissime Ioãnes Baptista Campeggi, me operæ precium facturum esse arbitror si demonstrauero omnem antiquorum religionem ad metum Deorum in animis hominum imprimendum fuisse inuentam. Nam cum turba fœminarum, imperitorumque multitudo rationes philosophicas minime possent imbibere, neque per eas ad religionem, & fidem, & sanctitatem facile inuitari, Deorum metu & timore opus fuit, quæ certe sine fabularum, rerumque admirabilium figmentis in animis hominum imprimi non poterant. Hæc igitur causa fuit cur fulmen Ioui & Aegidem attribuerint antiqui pro armis, & tridentem Neptuno, & sagittas Cupidini, & faces Erynnibus vltricibus scelerum, & Palladi dracones, & Dijs cęteris arma diuersa concesserint. Sed quoniam quæ excogitata fuerunt, rudia planè primum, & inutilia fortasse ad hoc efficiendum videbantur, neque obstinatos illos homines esse oportebat, qui primam rudem religionem acciperent, postea recẽtiorum Deorum multitudo introducta fuit: & cum his recentiores leges, & non idem ritus sacrorum: quippe cum antiquas leges à Dijs recentibus conculcatas fuisse dicat Aeschylus in Eumenidibus. Fuerunt autem recentiores Dij crediti Iupiter in primis, qui omnia priscorum Deorum iura, & omnes leges antiquauit: tum Hercules, & Dionysus, & omnis illa infinita prope Deorum turba, qui ab ipso Ioue postea manarunt. Post hos Deos etiam hominibus diuini honores sunt habiti post mortem, atque illorum nonnullis vrbes etiam dicatæ: sicuti in Chersonneso Eleus Protesilao, Lebadea Bœotiæ Trophonio, templum Amphiarao in Oropia. Atque vt hominum inuenta sibi grata esse Dij certissimis argumentis illi confirmarent, multa miracula è rebus sibi sacratis contingere voluerunt, quod statua Liberi patris visa ab hominibus profanis illos in insaniam verteret, quod siquis neglecta religione in lucum Eumenidum apud Athenienses ingressus esset, furore agebatur. in aream Iouis Lycæi impuris ingressis omnino intra annũ mori necesse fuit. cui rei & illud accessit miraculum, quod si vel homines vel belluæ illuc intrarent, nullam reddebant corporis vmbram: quod quauis & diei & anni parte fiebat. His de causis magna accessit autoritas auspicijs, augurijs, vaticinijs, & omnibus diuinationibus, quæ ad religionem spectabant: quale fuit illud quod fiebat apud Achiuos ante Cereris templum: nam speculum fuit pertenui funiculo suspensum, & ad aquam fontis ibi existentis demissum: in quo ægri peractis prius sacrificijs de more eius loci, vel certam sanitatem, vel certissimam mortem ex offerentibus sese in speculo imaginibus intuebantur, id vero non nisi ad com-

proban-

probandam illam religionem ab impuris dæmonibus efficiebatur. atque infinita prope miracula variis in locis contigisse antiquæ & nuper nascentis religionis tẽpore memoratur. Ita vero effectum est, vt magna reuerentia & sacrificiis, ac religioni deorum, & sacerdotibus ipsis accesserit: cum sacerdotes è nobilissimis tantum familiis eligerentur, & omnibus publicis consiliis interessent apud Græcos: nam tanquam Diis præsentibus, quibus nihil ignotum existimare debemus, ita præsentibus sacerdotibus, Mantibus scilicet apud Athenienses, at Auguribus regi apud Lacedæmonios assidentibus, omnia publica proponebantur consilia. Neque ante vel publica vel priuata negotia magni ponderis vlla post consultationẽ aggrediebantur, quam oraculum Delphicum, aut Ammonium, aut Dodonæum, aut aliquo pacto Deorum ipsorum voluntatem consuluissent. Sic sequentibus postea temporibus fuit in more positum, deinde legibus etiam confirmatum, vt senatus legitime non nisi in templis Deorum, aut in locis sacris posset haberi: tanquam omnium quæ agerentur, ac dicerentur, & conscientiæ æquitatisque suæ testes deos ipsos facerent. Postea vero sapientissimi legum ciuilium latores singuli varios Deos suarum legum autores introduxerunt, cum lex omnis leuis sit & inanis habita, quæ Deorum immortalium consensum non haberet. Inde cœpit prisca antiquorum theologia studia, mentesque hominum ad se allicere, quam totam tamen in corporum naturalium consideratione zeno & Cleanthes & Chrysippus philosophi consistere crediderunt. At non penitus à rebus diuinis, quamuis certa & legitima via eo non accedebatur, erat remota contemplatio antiquorum, neque inutilis plane erat illa inuestigatio. Non enim animorum solum ingeniorumque nostrorum quasi naturale quoddam pabulum inuenimus considerationem Deorum, rerumque diuinarum cognitionem, dum naturam Dei perscrutamur: sed etiam erigimur quodammodo, elatiores fieri nobis videmur, supera & cœlestia cogitantes, humana, vt exigua & minima & futilia paruifacimus, viri que boni efficimur. Nam contemptis rebus humanis, affectibusque animorum & cupiditatibus conculcatis quid reliquum esse potest in nobis improbitatis? aut quis patet his motibus inter rerum diuinarum inuestigationem locus? Neque vero corpora solum naturalia pro Diis culta fuerunt ab antiquis, vt luna, sol, terra, ignis, aqua, venti, qui omnes pro Dijs diuinos honores obtinuerunt, vt & Herodotus in Clio, & Plato in Cratylo testantur, & nos superius demonstrauimus; sed etiam, vt certa moderatione animorum nostrorum motus temperarentur, nihilque crederetur sine Deo auspice & moderatore fieri, singuli prope animorum motus pro Diis quoque diuinis honoribus culti sunt: nam & ara Misericordiæ fuit apud Athenienses: apud quos illi numini, quia magna momenta in tota hominum vita, casuumque varietate habeat, præcipuus quidam honos habebatur, tum Pudoris, & Famæ & Alacritatis aræ, & Bonæ Valetudinis erectæ sunt: & Somnia, Pertinacia, Gratiæ, Fraus, Miseriæ, Querela, Amor, Dolus, Motus, Labor, Inuidentia, Fatum, Senectus, Mors, Tenebræ pro Diis habitæ. Necessitatem præterea magnam Deam vocauit Callimachus in hymnis, & Fortuna rebus omnibus dominari credita, & Spem ac Timorem graues Deos ita vocauit Theognis:

Ἐλπὶς καὶ κίνδυνος ἐν ἀνθρώποισιν ὁμοῖοι,
οὗτοι γὰρ χαλεποὶ δαίμονες ἀμφότεροι.

Spesque Timorque pares mortales inter, & iidem
Infestant animos, numen vtrunque graue.

Nam cum superiores motus animorum diuinos esse significarent, & Mentis, Fidei, Pietatis, Virtutis fana fuerint erecta, non ne hoc palam indicarunt, Deos omnia prospicere, & viros bonos quam maxime ad integritatem ac beneficentiam oportere animos suos accommodare? Atqui cum mundum totum Deum esse

dicerent,

dicerent, nihil omnino putabant diuina præsentia Deorum carere posse, cũ multitudo rerum omnium quæ agerentur & dicerentur, & cogitarentur Deos ipsos testes esset habitura: quare nemini scelerato esse impune licuit. Neque vllus fuit ex hac tanta Deorum multitudine, cui mortalium sapientia, probitas, iustitia, integritas, fides, temperantia non esset grata: quare præclare traditum est à sapientibus duas esse vias animarum è corporibus excedentium Qui enim se humanis vitiis contaminassent, seque totos libidinibus addixissent, quib. cæci se domesticis turpitudinibus ac flagitiis inquinassent: vel qui fraudes inexpiabiles in administrandis rebus patriæ suæ concepissent, iis deuium quoddam iter fuisse seclusum à Deorum concilio tradiderunt, atque hi nunquam ad Deos ipsos postea peruenire poterant. Qui vero multa quidem, at expiabilia peccata commisissent, sordibusque humanæ fœcis fuissent inquinati, illis post certum temporis spatium ad Deorum concilium accedere licebat, vbi omnes illas sordes abluissent: cum nihil nisi purum & simplex ad Deos peruenire posset. Qui vero se integros castosque seruassent per totam vitam, quibusque fuisset quam minima cum corporibus contagio, & qui in his corporibus Deorũ vitam fuissent pro viribus imitati, his facilem patere reditum ad Deos, vnde discesserant, tradiderunt antiqui. Quare cum sceleribus ingentia supplicia, virtuti magna præmia proponerentur, cumque omnium negotiorum cogitationumque suarum Deos testes habere singulos dicerent, atqui poterant homines vel nolentes ad probitatem impelli pauidi & ob Deorum præsentiam demissi? at nunc de Vlysse iam dicamus.

De Vlysse. Cap. I.

Vlysses, de quo tam multa, tamque mirabilia scribuntur à poetis, & ab omnium poetarum principe Homero præcipue, natus est in Bœotia vt sensit Lycophron, vt vero alii in Ithaca parentibus Laerte & Anticlea, de qua ita meminit Hom. libro λ. Odiss.

> ἦλθε δ' ἐπὶ ψυχὴ μητρὸς κατατεθνηυίης
> Αὐτολύκου θυγάτηρ μεγαλήτορος Ἀντίκλεια,
> τὴν ζωὴν κατέλειπον ἰὼν εἰς Ἴλιον ἱρήν.
> Atque anima accessit defunctæ matris eodem.
> Natæ magnanimo Autolyco claræ Anticleæ:
> Quam viuam liqui petii cum Pergama sacra.

Silenus autem Chius scriptum reliquit lib. 2. fabulosarum historiarum Vlyssem vocatum fuisse, quoniam natus sit quo tempore Anticlea prægnans iter faceret, ad Neritumque Ithacæ montem contenderet propter difficultatem itineris. nã cum magnus imber decidisset, illa in via lapsa cecidit ac peperit. alii tamẽ ab ira populorum aduersus Autolycum nominatũ fuisse Vlyssem maluerunt. Hic vbi nauigandum esset ad bellum Troianum cum cæteris Heroibus, se insanum esse simulauit ob eximium amorem, quo vxorem Penelopen Icari filiam, vt aiunt prosequebatur. Iunctis itaque duobus inter se longe diuersis animalibus litus aratro proscindere cœpit, salemque pro seminibus spargere. At Palamedes eius astutia cognita cum aperire & retegere illius consilium niteretur, Telemachum Vlyssis filium infantem, quem vnicum Vlysses habebat, ante aratrum in sulco deposuit. Vlysses facinus conspicatus ne filium læderet, aratrum subleuauit. ac retinuit animalia. cognitum fuit eo pacto simulatam fuisse ab Vlysse illam insaniam, at non vere esse mente captum. quare ad bellum Troianum cum cæteris Heroibus classe necessario deuectus egregiam operam Græcis in eo bello nauauit. Primum enim fuit autor vt Achilles inter filias Lycomedis virginali habitu indutus atq; ita latens ad bellum protraheretur. Nam fama est Vlyssem cum audiuisset per exploratorem quendam Asium nomine Achillem ibi latere, sumpto mercatoris habitu externi multa vænalia attulisse ad Lycomedis filias maiori ex parte muliebria instrumenta. inter cęteras merces, quas Vlysses exposuit, erant pugiones & gladii quidam perornati. his allectus Achilles relictis muliebribus instrumentis ad hæc contemplanda & pertractanda se contulit, qua ratione differre à muliebribus ingeniis ac vir esse imberbis inter mulieres cognitus est ab Vlysse, quamuis se fœminam esse per muliebres vestes mentitus esset. deinde sagittas Philoctetæ, quas ille ab Hercule acceperat, & de Pelopis ossibus vnum ad Troianum bellum afferri oportere docuit, sine quibus Troia capi minime poterat, vt monuerat oraculum. Cineres Laomedontis clam è Scæa porta rapuit. Palladiũ cæsis arcis custodib. sustulit. Explorator cum Diomede missus Rhæso Thraciæ rege cæso abduxit equos, ante quam Xanthi aquam bibissent. Hæc autem omnia nisi fierent, Troia omnino erat inexpugnabilis. Post mortem Achillis de armis eius cum Aiace contendit, atque Vlysses contra fortitudinem Aiacis multa vi eloquentiæ demonstrauit ciuitates sapientia potius hostium, quam vi armorum, & firmitate corporis euerti debellarique posse, quare finxerunt etiam robustissimũ Aiacem facile insaniuisse, quia pleraque quamuis robusta corpora tamen nó multum valent ingenio, vel potius parum distant ab insania. Aiax igitur huius eloquẽtia & rerum gloria sapienter gestarum victus circa diluculum se ipsum confodit, vt ait is qui res Cyprias conscripsit. atque cum paruus esset Vlysses, magnus tamẽ erat Aiax, sed in proceris magnisque corporibus tenuis est plerumque sapientia, vt quorum virtus latius sit diffusa, in paruis nimia sæpe calliditas, quare mediocritas magnis est laudabilis. de his igitur iure potest dici quod:

> Maior in exiguo regnabat corpore virtus.
>
> Non est in tanto corpore mica salis.

Multa sunt denique & alia ab eodem Heroe in illo bello, quæ callide excogitata fuisse commemorantur, quæ nunc omittenda duxi. atque illa tantum percurram, quæ non ad subiugandam aliquam Asiæ partem, quod quidem non valde gloriosum est cuiquam, pręsertim si id fiat per multas plurimorum manus: neq; ad occupandum attinent imperium Troianorum, sed ad seipsum, quod multo præclarius est, vincendum, & ad componendos animi motus, & ad mẽtem suam rationi, prudentiæque legibus subiiciendam, fuerunt ab antiquis memoriæ prodita. Capta igitur Troia cum in patriam nauigaret Vlysses, ad litus Ciconum, qui fuerunt asperrimi Thraciæ populi tempestate delatus ibique Ismarum, quam ciuitatem Maroneam postea vocarunt populatus, erat inde abnauigaturus, atque non consulentibus amicis die postera irruentibus Ciconibus cum duodecim nauibus, quas habebat, multis è suis in prælio aduersus irruentes Ciconas desideratis soluere tandem ab illo litore coactus est. Atque cum magno negotio postea terram attigisset, ibi biduum commoratur, tertiaque die nauigatione prospera vsus patriam fere attigerat. Sed à Maleo promontorio depulsus decimo die rursus in Aphricam magna tempestate delatus ad Lotophagorum regionem appulit: ibi cum socii eius lotorum fructus gustassent patriæ obliti ad naues minime reuerterunt. Inde vero fertur delatus fuisse in Siciliam, vbi Polyphemi antrum cum duodecim sociis intrauit, quem Polyphemum postea liberioribus poculis inuitatum, cum in profundum somnum deflexum videret, qui iam sex socios Vlyssis deuorasset, obcæcauit: & vnicum oculum, quem is habebat, accenso titione exussit: tum pellibus ouium indutus cum superstitibus sex sociis ex antro inter oues mirifice clam elapsus est. è Sicilia deinde ad insulã Aeoliam delatus ventos in vtrem inclusos, præter Zephyrum, omnes accepit ab Aeolo: nam is è Sicilia & ab Aeo-

liis

ijs insulis in Ithacam nauigantibus magnopere est vtilis: At cum sociorum auaritia, qui thesaurum in vtrem inclusum credebant, reclusisset vtrem, reflantibus ventis acerbissime ad Aeoliam insulam denuo repellitur. Hic rursus cum frustra Aeoli munus id repeteret repulsam passus, cum acerbissimis contumeliis tanquã diis inuisus ex insula sic ab Aeolo repellitur.

> ἔῤῥ' ἐκ νήσου θᾶσσον ἐλέγχιστε ζώντων
> Ἔῤῥ' ἐπεὶ ἀθανάτοισιν ἀπεχθόμενος τόδ' ἱκάνεις.
> Ocyus esto procul viuentum pessime: cede,
> Cede procul, superis inuisus fluctibus erras.

Tum vero ad Lęstrygonas immanissimos Campaniæ populos Neptuni filios creditos accedit. Atque cum Læstrygones humanis carnibus vescerentur, nonnullis è suis amissis, mox ad Aeæam insulam cursum tenuit, quo in loco Circe venefica mulier, quæque plurimum magicis artibus posset, Solis filia credita habitabat. Hæc etiam nonnullos è sociis Vlyssis exploratum qui nam insulam incolerent missos, in belluas conuertit. Ad hanc Vlysses intrepidus accessit sumpto pharmaco, quod sibi Mercurius aduersus veneficia dederat: quam stricto gladio socios primæ formæ coegit restituere. cum hac postea annum versatus filium suscepit Telegonũ & Ardeam filiam, quæ postea in Italiam delata vrbi Ardeæ nomẽ dedit, sicuti ex Ausone suscepto è Calypso vocata fuit Ausonia. Mox ad inferos descendit, vt è vate Tiresia quæ sibi agenda forent, perdisceret: vnde reuersus columnam Plutoni ac Prosepinæ consecrauit, mox ad insulam Sirenum delatus aures sociorũ cera illitas obturauit, seque ad malũ nauis alligari iussit, ne suauitate cãtus victus perimeret. Deinde Scyllã & Charybdim pertransiens non sine aliqua sociorũ iactura in Siciliã rursus peruenit, vbi Solis filiæ paternos greges custodiebãt. Hic monuit socios ne Solis greges læderẽt, sed ipso dormiente fame coacti, iamdiu. n. permagnã annonæ penuriam plurimũ passi fuerãt nauigantes, plura animalia è gregib. ceciderũt: quod scelus tantũ omnes naufragium passi morte postea luerunt. At Vlysses expers eius sceleris arrepto malo nauis nouem dies in mari fuit ab vndis & vẽtis agitatus: ac tandem ad Ogygiam insulam delatus, & à Calypsone nympha in hospitiũ acceptus, septẽ annos cũ illa versatus est, atq; ex eius congressu filios etiam suscepit. Inde cum rate denique vectus fuisset ita Diis iubentibus, cũ non procul abesset à Phęacia, ratis etiam frangitur, quoniã Neptunus propter casum Polyphemi filii grauissimã tempestatẽ illi immisit. Huius miserta Leucothoe tabulã subiecit, cui innixus Vlysses in portũ Phęacũ adnatauit, nudusq; inter frondes arborum ibi se occultauit. Cum vero vestes postmodo à Nausicaa filia Alcinoi accepisset, Palladis opera ad Areten Alcinoi coniugẽ perductus est, a qua nauib. & sociis dono acceptis in Ithacã cũ munerib. dormiẽs exponitur. Hic à Pallade excitatus sumpto mẽdici habitu, vti Pallas monuerat, ad suos rediuit, domumque suam lasciuis ac sceleratis procis expurgauit. post reditũ Vlyssis à Troia longe diuersus fuit sermo mortaliũ, siquidẽ alii Penelopẽ illi filiũ peperisse inquiũt, q̃ deuicta Troia Ptoliporthus fuit appellat9 ad memoriã paternæ virtutis, cũ illud nomẽ populatorẽ vrbis significet: alii dixerũt ab Vlysse fuisse illo crimine damnatam, q̃ procos vltro inuitasset, ac domo eiectam prius Spartam, deinde Mantineã illã adiuisse, vbi vitã concluserit. Hæc autem omnia ita sunt à poetis decãtata, vt vel solũ Homeri poema nobis possit esse testimonio ita se habere, q̃ hactenus de Vlysse dicta sũt. Pind. tñ in Nemeis multo plura decãtata fuisse scribit de Vlysse, q̃ reipsa gesta fuerint, cũ poetã beneuolũ & amicũ sit nact9. at alii aiũt Vlyssẽ fuisse à Telemacho occisũ, quẽ susceperat è Circe, q̃ ẽt vetitus à custodiis ad patrẽ accedere, quosdã è custodibus trucidauit, & mox patrem ipsum incognitum lãcea transfixit, cui alligauerat in summa parte os turturis marinæ, cui frequentibus somniis & auguriis fuerat prædictum fore vt à filio sibi caueret, velut ait Dictys Cretensis in lib. 7. belli Troiani.

¶ At nunc cur hæc ita fuerint ficta, perquiramus. Atque illud esto primum, quod si quis diligentius consideret illa, quæ memoriæ prodita sunt de Vlysse, is intelliget vniuersam hominum vitam in his fabulis expressam fuisse, & præclara sub his præcepta contineri, quæ spectent plurimum ad animos nostros in omnes fortunæ euentus ad sapientiam informandos. Quis est enim Vlysses? an non sapientia, quæ inuicta per omnia pericula intrepide pertransit? aut qui sunt Vlyssis socii? non ne animorum nostrorum motus? Cur igitur multos è suis sociis in præliis aduersus Ciconas ad radices Ismari montis amisit? cur multi fuerũt à Læstrygonibus absumpti? cur nonnulli à Cyclope vorati? cur alii à Scylla & Charybdi grauissimis monstris absorpti? Quoniam multi vel ira, vel doloribus vincuntur, vel rebus aduersis ita infringuntur, atque consternantur, animoque deficiunt, aut ad piorum locum, tanquam in patriam, peruenire non possint. Nam cum pars animæ nostræ altera rationi pareat, altera ad illam surda sit omnino, merito illos socios Vlyssi iniunxerunt. Alii contra non cedunt quidem difficultatibus, aduersus quarum molem inuicti persistũt, sed inter Phæacum delitias, aut inter fructum Lotophagorum suauitatem, aut per iucundissima Circes pocula, aut cantus Sirenum, propriam salutem neglexerunt. Quare non pauciores inter delitias aut voluptates, quam inter grauissima pericula socios Vlysses desiderauit. Quanta sit autem vis voluptatum, quamque pernitiosa mortalibus, declarauit exemplum Polyphemi: quippe cum vel tanta moles Cyclopis fuerit per vini suauitatem oppressa. Cum demonstrarent rursus poetæ diuinam bonitatem omnibus patere eius auxilium implorantibus, dixerunt illum ventos in vtrem inclusos ab Aeolo accepisse, quæ tamen neglecta semel, postea non foret ita facilis & omnibus obuia, illum ad Aeolum reuersum repulsam passum fuisse inquiũt. Deinde ostendunt auaritiam sociorum Vlyssis, qui vtrem recluserunt multorum & laborum & calamitatum fuisse originem. Ibidem quam necessaria sit Imperatoris vigilantia ostenditur, cum neque tantillum quidem ab administratione rerũ ad communem omnium salutem pertinentium, recedere liceat. Quamuis plerisque non ad publicam, sed ad propriam vtilitatẽ, res publicas gubernare nũc mos est: qui neglecto humanitatis & æquitatis iure illud tantum quod sibi conferat, legitimum esse arbitrantur. Deinde significatum fuit per hæc viro bono necessariam esse omnino prudentiam, & rerum futurarum quasi diuinationem quandã, & præcognitionem, cum sciscitatum de rebus futuris vel inferos adierit. At vero non sufficere vires humanas ad superanda pericula, vel titillationes voluptatum, ad quas obstupescit humanum ingenium, facile monere potest Mercurii munus, quod datum est Vlyssi aduersus omnia veneficia. Cur inter suauissimos Sirenũ cantus vel aures obturari, vel ad malum alligari conuenit? quia aduersus illegitimarum voluptatum illecebras vel surdos esse, vel rationi firmissime alligatum obtemperare omnino opus est. Cur socii naui igne fulminis cœlestis conflagrante vbi Solis greges mactauissent, eo Deo neglecto in mari perierũt, ac solus Vlysses euasit? quia nemo impune denique religionem paruifacit, cũ innocẽtes semper Deus protegat & adiuuet. Hic idem modo nudus & ad litus eiectus inter frõdes latuit, modo auri & argenti diues multis acceptis sociis & muneribus in patriam dormiens exponitur ob fortunæ vicissitudines, quas virum sapientẽ æquo animo perferre opus est. Hic idem sumpto mendici habitu consilio Palladis post omnes procos cæsos tranquillus in patria fuit, quoniam viri boni, & mali eũdem habent ortum, & exitum vitæ, omnes enim mendici & nudi nascũtur ac moriuntur. In illo igitur habitu superatis denique & extinctis libidinis, voluptatumque

omnium

omnium stimulis, qui proci sunt animæ nostræ, in patria, in piorum locis, in Deorum concilio felicissime viuimus. Quare, siquis vel illa monstra, quæ dicit Vlysses, alicubi extitisse credat, vel si extitissent tam dispersa, ad illa omnia Vlyssem fuisse delatum, is nimium rerum antiquarum scriptoribus pro quadam simplicitate credit, & à veritate omnino valde delirat. Sin hæc omnia ad mores, vitamque mortalium recte instituendam excogitata putet, mecum plane sentit: cum omnia hæc ad omnes fortunæ euentus sapienter ferendos non mediocriter pertineant. Dicta est Minerua Vlyssi omnem deformitatem abstulisse, vt ait Plutarchus in Synopsi, quia sapientia omnia corporis vitia deleat. Atque de Vlysse ita breuiter, nunc de Oreste dicatur.

De Oreste. *Cap.* II.

ORestes autem fuit Clytemnestræ & eius Agamemnonis filius, qui summus Imperator fuit Græcorum, vbi Græci ad Troiam militarent, quem alii dicunt in conuiuio cum domum post id bellum rediisset, alii in balneo vna cum nonnullis viris illustribus, per insidias Aegisthi fuisse cæsum. Ferunt Orestem paruulum domi cum matre relictum fuisse, quo tempore Agamemnon ad bellum Troianum nauigauit, vbi cantorem custodem & admonitorem Clytemnestræ reliquit. At Aegisthus Clytemnestræ desiderio captus cantore clam per insidias in insula deserta obtruncato, illa denique potitus est. Hic idem Aegisthus Agamemnone patre Orestis cæso filium quoque erat occisurus, nisi is ab Electra sorore admonitus insidias sibi parari ab Aegistho, fuga sibi salutẽ cõparasset. Alii dicũt Arsinoen nutricem cęso patre rapuisse Orestem, eumque seruasse cum esset trium annorum vt inquit Herodorus in Pelopeia. Pherecydes sensit Orestem à Laodamia nutrice subtractum fuisse furori, crudelitatique Aegisthi, sed filiũ Laodamiæ pro Oreste fuisse ab illo trucidatum. Profugit igitur Orestes ad Strophiũ principem Phocensium, qui sororem Agamemnonis in matrimonium du erat, vbi ad duodecim annos commoratus, cum iam ad robustiorem ętatem peruenisset, & paternæ cædis memor, & acceptæ ab Aegistho iniuriæ non oblitus, tanquã nuntius mortis Orestis ad Clytemnestram matrem admittitur: atque Electra conscia, quæ data fuerat in matrimonium cuidam agricolæ, ne possent qui ex illa nascerentur ad regnum aspirare, matrem & Aegisthum eodem ferro obtruncauit in paternæ cædis vltionem. Atque hoc factum fuit in quodam sacello Palladis, quod fuit extra vrbem, cum adulteri pro morte Orestis Diis gratias agerent, vt magno periculo liberati, qua de causa Ioui liberatori sacrificabant. Nam cum sororis marito, eiusque coniunctis armatis templi aditum Orestes occlusisset, ipseque ingressus cum paucis sua manu ambos confodit & trucidauit. Id autem factum est ab Oreste non sine oraculi iussu, vt ait Eurip. in Oreste his carminib.

> φοίβου δ᾽ ἀδικίαν μὲν τί δεῖ κατηγορεῖν;
> πείθει ὀρέστην μητέρ᾽, ἥσφ᾽ ἐγεί᾽ ατο
> κτεῖναι, πρὸς οὐχ ἅπαντας εὔκλειαν φέρον,
> Quid est opus narrare Phębi iniurias:
> Matrem hic Oresti suadet illum quæ edidit
> Mactare: magnam quo refert infamiam.

Fuerunt tamen qui dixerint Orestem non fuisse per id tempus apud Stropphiũ, sed dum exularet à patria è regno paterno eiectus, Argis primum potitum fuisse, deinde cum magna Arcadum manu Phocensium auxiliis fretum Spartæ regnum occupasse, cui Lacedæmonii haud quaquam inuiti paruerunt, qui Tyndari nepotem multo digniorem putarunt, cui parerent, quam Nicostratum aut Megapengapenthem quos Menelaus è quadam serua susceperat. His addiderunt Hermionen Menelai filiam nupsisse Oresti, de qua natus est filius Sisamenus, qui patri Oresti in regnum successit, vt ait Pausa. in Corinthiacis. Narrant Oresti post illam cædem diem dictam fuisse apud Areopagitas, vt sensit Nymphodorus ab Erynnibus vltricibus scelerum: vt vero Dionysiocles, à Tyndaro patre Clytemnestræ: vt vero Amorgius Simonides, ab Erigone Aegisthi & Clytemnestræ filia: in quo iudicio cum par esset vtrinque suffragiorum numerus inuentus, absolutus fuit. Eo iudicio absolutus Orestes Areæ Mineruæ aram erexit quam ita cognomento appellauit, quia ἀρᾶσθαι sit precari, quod preces eius audierit. Nam eo insectantibus Erynnibus è patria ad id iudicium compulsus fuerat, quo tempore Demophon Athenis regnabat, cum enim nescio quo animi stimulo ob cõscientiã comissi facinoris vexaretur, è patria ad Messeniam primum profugit, qui locus distabat fere septem stadiis à Megalopoli, ad quam vrbem vbi peruenisset, mox Orestia fuit appellata vti scripsit Acesodorus libro secundo de vrbibus. Alii dicunt Oresten. Thraciæ vrbem ab ipso Oreste conditam & appellatam fuisse, quæ postea vocata fuit Adrianopolis: Atque ibi primum furiis correptus fuit, vt ait in Arcadicis Pausanias. Alii dicunt Orestem sibi manus alterius digitum hic abrosisse impatientem furoris, vbi nigræ Furiæ sibi obuiæ primum fuerunt, quæ adeso digito mox sibi albæ visæ sunt, quare ad se ipsum rediit. Quidam apud Trazenios diu mansisse tabernaculum vocatum Orestis tradiderunt, quod erat insigne ædificium apud illos, in quo loco cum parua esset cella ante id tempus, illum consistere Træzenii iusserunt antequam materni sanguinis maculas expiationibus elueret: quo etiam in loco dum rite expiaretur, solebant cum illo epulari, qui præerant illis lustrationibus. Mansit postea consuetudo apud Træzenios vt posteri illorum præfectorum in eodem loco statis diebus cænitarent: eius autem expiationibus & laurum adhibitam fuisse, & alia lustrationum genera, & aquam ex Hippocrene fonte, scripsit Melanthes in libro primo sacrificiorum. Habuerunt enim ipsi quoque Træzenii Hippocrenen fontem, de quo longe alius est sermo, atque de Hippocrene fonte Bæotorum. Hic in Macedoniam profectus oppidum condidit, quod vocatum fuit Argos Oresticum, & vniuersa regio Orestias, vt testatus est Strabo lib. septimo. Narrant Orestem Athenas per id tempus venisse, quo Lenæa Liberi patris sacrificia celebrabant, quæ scripsit Apollodorus Anthesteria fuisse antiquitus appellata, quasi floralia dixerim. Cum igitur inter sacrificia non admitteretur, vtpote cæde matris pollutus, dicitur Paudion hoc excogitasse: cum choam vini, (est autem illud mensuræ nomen apud Athenienses) dari singulis conuiuis iussisset, imperauit singulis vt suum biberent, neq; alii de suo cuipiam infunderent, ne ex eodem cratere biberet Orestes, è quo initiati essent, neque ex eorũ vino: neq; rursus grauiter ferret, quod ipse solus seorsum ab aliis biberet. Atque inde Choum solemnitas manasse eo ritu credita est. Neque vero istud ipsum sine oraculi monitu factũ fuit, q. scrisit Eurip. in Iphigenia in Tauris.

πρῶτα μὲν οὐδεὶς ξένων
ἑκὼν ἐδέξαθ' ὡς θεοῖς στυγούμενον
οἱ δ' ἔσχον αἰδῶ. ξένια μονοτραπέζά μοι
παρέσχον οἶκον, ὄντες ἐν ταυτῷ στέγει
Σιγῇ δ' ἐτεκτήναν τ' ἀπὸ φθεγκτόν μ', ὅπως
δωτὸς γενοίμην, πώματός τ' αὐτοῦ δίχα.

Primumque nullus hospitum
Me cepit, inuisum velut Deis virum.
Qui me colebant, hi mihi hospitalia
Parare soli dona, mensam vna in domo.

Silentio præbere cuncta, quo forem
Nec particeps consilij ipse, nec poculi.

Enimuero cum postea oraculum sciscitatus esset Orestes, quo pacto posset ab eo furore liberari, responsum tulit illud fieri non posse, nisi in Tauricam regionẽ Scytharum profectus Palladis statuam, quam illi eximiè colebant, abstulisset in Græciam, sororemque Iphigeniam recuperaret, & in fluuio ablueretur, qui confunderetur cum septem fluminib. Ille diu anceps peruenit in fines Rheginorum atq; in inuento ibi flumine sese abluit. Mox in Siciliam Syracusas traijciens fertur cum è Taurica rediret templum ibi erexisse, & simulacrum Deæ cõsecrasse, quã Fascelitim nominarunt, quia illam imaginem intra fascem lignorum occultauerit Orestes, cum esset illam è Taurica exportaturus. idq; priusquã statuã auferret, vbi primum in Tauricã accessit. Eo igitur cũ accessisset in vincula à pastorib. cũ Pylade coniectus, (nam Pyladẽ Strophii Phocensis filiũ, cum quo fuit à teneris educatus, omnium profectionũ, periculorumq; sociũ fidissimum habuit.) ad Thoantẽ regionis regem deducitur, vt de more eius gentis pro victima illi Deæ mactaretũ: deinde ad Iphigeniã ad templum missi cum statua per noctẽ conscensa nauicula omnes aufugiunt. Sed antequã inde soluerent Orestes comã lugubrem in Tauris deposuit, quem ritũ postea detulit in Cataoniã, vt scriptum reliquit Phanodemus in lib. 7. rerum Atticarũ, & Strabo lib. 12. Alii tamen voluerũt Orestem comam deposuisse antequam ad iudicium Areopagitarum accessisset. Cum vero rediisset Athenas, Electrã sororem Pyladę in matrimoniũ collocauit, è qua Pylades postea Medontem & Strophiũ filios suscepit, vt scripsit Hellanicus Lesbius in 1. lib. rerũ Aeolicarum, & Isacius in Lycophronem. quidã præter Iphigeniam & Electrã sorores illi addiderũt Chrysothemim & Laodicen, & Ipgianassam. Fuerũt qui nõ procul à Megalopoli Orestem sanitati restitutũ crediderint, in loco quem Acen vocarunt & Tonstrinam, vbi comã totondit. Alii istud ipsum iuxta Gytheum saxum contigisse memorant, quod ociosum vocarunt: super quo vbi sedisset Orestes, fuit ab insania liberatus, vt ait Nymphodorus Syracusius in περίπλῳ siue nauigatione, & Pausanias in Laconicis. Alii tradiderunt illud iuxta Amanum montem contigisse, vnde etiam mons ipse nomen acceperit, cum prius Melanthius diceretur, vt ait Plutarchus in libro de fluminibus. Nam vbi profugientes è Tauris tempestate delati fuerunt in partem eius regionis, quæ Seleucia dicebatur, & ad Antiochiam, montemque Melanthium, ibi tandem dicitur Orestes fuisse liberatus à furore Erinnyum, vti scripsit in suis historiis Thrax Eumolpus. Alii Palladis consilio Orestem Argos adiisse, & Erinnyas placasse inquiunt, quare ibi eius insaniam placatis Eumenidib. desiisse. Cum igitur Athenas rediisset sanitati restitutus, sorore data Pyladæ socio, Neoptolemo Achillis cæso, Hermionẽ vxorem duxit, de qua suscepit Tisamenum: vel, vt scripsit Isacius, ex Erigone Aegisthi filia vxore ducta Penthilum genuit, habitanitq; Arcadiæ vrbem Orestiam, vbi à serpente ictus extremum vitæ suæ diem conclusit: cuius sepulchrum fuit apud Thyreates, vt scripsit Pausanias in Arcadicis. Huic tanquam Deo postea solennis ritus apud Trœzenios fuit institutus, vt, cum Orestes in cella quadam antequam expiaretur consistere iuberetur, cum quo epulati sunt qui lustrationi illi præfuerũt: ad eius rei sempiternam memoriam, illarum posteri statis diebus in eodem loco cœnitarent. vbi vero defossa fuerunt illa piacula laurum natam postea fuisse memorant. Sequentibus temporibus cum bellum grauissimum inter Tegeates atque Lacedæmonios exarsisset, multis cladibus affectis Lacedæmoniis responsum est ab oraculo præsentes calamitates cessaturas, si ventos & percutientem ac repercussum, hominumque pernitiem omnem remouẽtes, ossa Orestis inuenissent. Lichas igitur Lacedæmonius cum Tegeam peruenisset, erant enim tunc fœderis iure omnia pacata in ciuitatibus, atque fabri ærarij officinam esse ingressus ibi inueniri posse ossa Orestis in memoriam ve nis, quia ventos folles oraculum appellasset: percutientem, malleum: repercussum, incudem: hominum pernitiem, ferrum, quo in prælijs cædendis hominibus vsi fuissent. atque sepulta fuisse postea Orestis ossa memorant iuxta Parcarum fanum in sepulchro Agamemnonis, vbi iussi sunt Tegeatæ ab oraculo illa sepelire, vt ait Pausanias in Laconicis.

¶ Atque hæc illa sunt, quæ de Oreste ab antiquis memorantur. Quod hæc ad historicam narrationem referenda sint omnia prope, nemini dubium esse arbitror. at quod ita fuerit Orestes à furijs exagitatus ob parricidium, quod vel iussu oraculi commiserat, illud solum nobis est considerandum. Dicunt huic visas fuisse Furias, quæ ardentes faces assidue illius oculis obijcerent, à quibus semper terrore horribili afficiebatur, per quas neque diurno neque nocturno tempore quiescere licebat. hanc animi molestiam, atque adeo hunc mentis furorem, conscientiæ stimulos fuisse constat, quibus scelerum flagitiorumque sibi conscij homines exagitantur: cum nihil magis animum assidue torqueat, quam præteritorum flagitiorum memoria, quod ita testatur Cicero in Oratione pro Roscio Amerino: Nolite putare quemadmodum in fabulis sæpenumero videtis, eos, qui aliquid impie scelerateque commiserint, agitari, & perterreri Furiarum tædis ardentibus. sua quemque fraus, & suus error maxime vexat: suum quemque scelus agitat amentiaque afficit, suæ malæ cogitationes, conscientiæque animi terrent. Hæ sunt impijs assidue domesticæque Furiæ, quæ noctes diesque pœnas præteritorum peccatorum à consceleratissimis hominibus repetunt. Nam cum nihil magis quàm præteritorum scelerum recordatio animum infestet, tum nihil magis hominum quieti, & tranquillitati confert, quam integritatis opinio, & nullius fraudis sibi esse cōscium: quod per hanc fabulam antiqui significarunt. at nunc de Chimæra dicamus.

De Chimæra. Cap. IIII.

CHimæra monstrum illud celeberrimum apud antiquos, Echidnæ ac Typhonis filia fuisse dicitur, vt scripsit Hesiodus in Deorum ortu, vbi loquitur de Echidna in his:

ἡ δὲ χίμαιραν ἔτικτε πνέουσαν ἀμαιμάχετον πῦρ,
Δεινήν τε μεγάλην τε ποδώκεά τε κρατερήν τε.
τῆς δ' ἦν τρεῖς κεφαλαί· μία μὲν χαροποῖο λέοντος,
ἡ δὲ χιμαίρης· ἡ δ' ὄφιος κρατεροῖο δράκοντος.
πρόσθε λέων, ὄπιθεν δὲ δράκων, μέσση δὲ χίμαιρα,
Δεινὸν ἀποπνείουσα πυρὸς μένος αἰθομένοιο.
Tum parit indomitas spirantem ex ore Chimæram
Flammas, ingentem, celerem, fortemque grauemque.
Huic tria erant capita: primum fuit acre leonis,
Ast aliud capræ, atque aliud caput inde chelydri.
Prima leo, postrema draco, media inde capella,
Quæ grauiter patulis spirabat naribus ignem.

Fabulantur hanc Chimæram Amisodari studio fuisse educatam, vti scripsit Apollodorus lib. 2 Bybliothecæ. hoc monstrum trium fuisse diuersarum formarum, & è superioribus patuit, & Homerus ita expressit lib ζ. Iliad.

πρῶτον μὲν ῥα χίμαιραν ἀμαιμακέτην ἐκέλευσε
πεφνέμεν· ἡ δ' ἄρ' ἔην θεῖον γένος, οὐδ' ἀνθρώπων.
πρόσθε λέων, ὄπιθεν δὲ δράκων, μέσση δὲ χίμαιρα.

Δεινὸν

Δεινὸν ἀποπνείουσα πυρὸς μένος αἰθομένοιο.
Horrendam primum iubet obtruncare Chimæram,
Cui genus haud mortale fuit de stirpe virorum.
Prima leo, postrema draco, media inde capella,
Quæ grauiter patulis spirabat naribus ignem.

Cum ignem igitur ex ore & naribus expiraret, fabulati sunt Bellerophontem ad hanc occidendam missum fuisse, qui conscēdens equum Pegasum alatum natum è Neptuno & Medusa, illam sagittis transfixit, vt scripsit Apollodorus libro secundo. quamuis aliter alij sentiant, vt dicetur postea hanc in Lycia habitasse memorant, quo etiam in loco nata est. neque his plura de Chimæra memoriæ prodita sunt. Nunc veritatem inquiramus. Scriptum fuit à Charystio in historicis commentarijs tres populos à Bellerophonte fuisse victos, quod etiam significatum per triplicem Chimæræ formam fuisse ait Zezes histo. 149. chilia. 7. Alcimus in rebus Siculis, & Syracusius Nymphodorus Chimęram *Lyciæ* montem esse dixerunt, in quo ignis nasceretur. eius in summa parte leones dicti sunt habitasse, in medio erant vberrima & amænissima pascua, ad radices serpentes complures, quæ res locum dedit fabulæ, quod Chimæra monstrum esset è tribus tam diuersis animalibus compositum, cuius caput & pectus vertex scilicet esset leonis, ignē que efflaret ex ore: atque ita venter erat capræ, cauda vero draconis. Hunc locum Bellerophontes Glauci filius cum fecisset habitabilem, dictus est monstrum illud sagittis confecisse. Plutarchus in libro de claris mulieribus Chimæram mōtem quendam fuisse ait sonitus horrendos & incendia emittere solitum, quibus ager finitimus infestatus nec arbores nec fruges produceret. at Bellerophonte iubente rescindi partem, quæ erat planissima, compositum fuisse, consopitumque sonitum & magnum adhibitum regioni remedium. Scriptum fuit à Theopompo libro septimo rerum Philippicarum, Chimæram non sagittis fuisse trāsfixam, sed hasta petitam fuisse, quæ plumbum haberet in summa parte collocatum: quā partem hastæ cum Bellerophon in os Chimæræ intrusisset, plumbum igne colliquefactum in ventrem Chimæræ defluxit, & illi combussit omnia intestina, qua re mortua est. ¶Scripsit Agatharchides Gnidius libro tertio rerum Asiaticarum Chimæram mulierem fuisse Amisodari, qui imperauit *Lyciæ*, quæ duos fratres haberet Leonem & Draconem. hi cum *Lyciæ* loca incursionibus & insidijs opportuna cum magna manu iuuenum occupassent, adeuntes ea loca obtruncabant. ob concordiam igitur fratrum & sororis corpus vnum tria habere illa capita fabulati sunt. Hos Bellerophontes vi superauit, & in seruitutem redegit: quare dictus est plumbum in os intrusisse: quod etiam testatur Isacius in Lycophronem. Nicander Colophonius fluuiorum naturam ac torrentum præcipue per hæc figmenta significari voluit: cum dixerit Chimæram tria habuisse capita, & triplicem corporis formam: primum caput fuit leonis, vltimum draconis, at medium capræ, quoniam ex hybernis imbribus, aquarumque abundantia fiunt fluuij quidam, qui dicuntur χείμαῤῥοι per hyemem fluentes scilicet, qui sunt tanquam leones feroces & indomiti, omniaque obuia secum trahūt. cum igitur omnia rapiant & strepitum edentes quasi rugiant, leonum primam partem habere dicti sunt: cum præcipue terram quasi vnguibus effodiant, qua iter sunt habituri. At pars media capra est dicta, quoniam aqua huiusmodi proxima quæque carpit: vltima pars est serpens, quia obliquus & contortus est omnium fluuiorum, tanquam serpentum & viperarum cursus. Hoc monstrum horrificum Bellerophontes Pegaso inuectus, solis calor scilicet interemit, quia cum cessat pluuiarum copia per æstatem, tunc exiccantur torrentes. Nam Bellerophon & Pegasus idem sunt re ipsa, vis solis scilicet, quæ variis nomib. appellatur: neque quidquam prohibet eundem solem diuersis nominibus pro varijs actionibus appellari. Neque enim fieri potuit naturæ ductu vt tam deforme monstrum alicubi nasceretur, vt ait Lucretius libro quinto:

> Qui fieri potuit triplici cum corpore vt vna
> Prima leo, postrema draco, media ipsa Chimæra,
> Ore foras acrem flaret de corpore flammam?

Ego sane per hanc fabulam nos ab ira, turpissima omnium monstrorum reuocari crediderim: cum ira, tanquam leones furibundos faciat, quæ ex ebulliente sanguine circa cor excitatur, oculosque rubro colore tãquam flammis perfundit. Huius media pars est capra, infestum plantis animal, quoniam maxime infesta est facultatibus ira, cum nullam neque vtilitatis, neque honoris rationem habeat ira. vt autem significarent antiqui omnium vitiorum maxime molestam esse iram, quę pro viribus ab omnibus deuitanda est, neque huic motui obnoxios esse amplectendos, huic monstro partem extremam draconis attribuerunt. Non minus enim cauendus ac fugiendus est is viro prudenti, qui quò tulerit vis iræ & impetus feratur, quàm draconum & crudelissimarum viperarum cõsuetudo. Sic enim refrænandam esse iram antiqui nobis significarũt, aut futurum esse vt nullam hominum nisi stultissimorum amicitiam comparemus. Alij vim rhetoricæ facultatis sub hac fabula contineri arbitrati sunt, qui proœmiorum naturam acrem esse voluerunt, mediceque intumescere: medium orationis carpere, & sublimia sectari propter necessaria sapientiæ studia: at extremam partem se tanquam anguem ad mediũ reflecti summatim repetendũ, virusq; habere & acrimoniã, quæ excitet animos auditorũ in aduersarios, at de Chimæra satis. nũc de Bellerophõte dicaſ.

De Bellerophonte: Cap. IIII.

Dicitur is Bellerophon, qui Chimæram interemit, patria fuisse Corinthius, & Glauci eius filius, qui natus fuit è Sisypho, vt testatus est Dioxippus Corinthius libro secũdo de rebus patriis, & Pausanias in Corinthiacis, qui Bellerophon Hipponus antea dicebatur. Hic vbi Bellerum Corinthium, vel, vt maluit Phœnix Colophonius, Deliadem proprium fratrem, vel vt Philemon putauit, Pirenen, vt vero Dorotheus Sidonius, Alcimenen, interemisset, non solum nomen, sed patriam etiam mutauit. Argos igitur profugus adiens à Prœto perhumaniter expiatur, & in hospitium capitur. Deinde paucis interiectis diebus Antea, vel, vt alij maluerunt, Sthenobœa Prœti vxor incredibili amore Bellerophontis capitur: quem cum nullis blanditijs posset ad adulterium allicere, apud Prœtum tentatæ pudicitiæ accusauit. At Prœtus hunc ipse quidem iure antiquæ consuetudinis interficere noluit: quoniam fuit antiquorum consuetudo vt neminem occiderent, quicum edissent, nisi istud accidisset inconsulto: sed ad Iobatem generum suum in Lyciam misit occidendum, literasque dedit obsignatas, in quibus criminatio continebatur. Subiuit eandem fortunam Hippolytus propter amores nouercæ, & Peleus propter Cretheim Hippolyti filiam, qui tamen ambo post calamitates iniquè acceptas Deorum misericordia pristinæ incolumitati sunt restituti. Hippolytum, notius est quàm indigeat explicatione, fuisse in vitam ab inferis reuocatum, sic enim plerique fabulati sunt. Peleus ob amores Cretheis vxoris Acasti, quia noluisset illi ad turpitudinem parere, accusatus apud Acastum tentatæ pudicitiæ in deserta Pelei montis deductus est, atque arbori nudus alligatus vt à feris syluestribus voraretur. dicunt Deos innocentiæ misertos Vulcanum ad Peleum soluendum misisse, atque ensem illi insuper donasse quo feras irruentes posset trucidare. sic igitur solutus iuit in Thessaliam, Acastum què ipsum & vniuersam Iolcum debellauit vt inquit Hellanicus Lesbius in rebus Thessalicis.

Cum

Cum vero sollennitas quædam per illud tempus in Lycia celebraretur, fuit ab Iobate per nouem dies admissus in conuiuium, ac decimo tandem die Iobates literas à socero aperuit. enimuero cum illam consuetudinem Iobates etiam seruaret, hunc quidem ipse interficere noluit, sed imperauit vt Chimæram, & Solymos, & Aamazones occideret, quę omnia testatus est his versib. Hom. lib ζ Iliad.

τῷ δὲ γυνὴ Προίτου ἐπεμήνατο δῖ' Ἄντεια
κρυπταδίῃ φιλότητι μιγήμεναι· ἀλλὰ τὸν, οὔτι
πεῖθ' ἀγαθὰ φρονέοντα δαΐφρονα Βελλεροφόντην.
ἡ δὲ ψευσαμένη. Προῖτον βασιλῆα προσηύδα.
τεθναίης ὦ Προῖτ', ἢ κάκτανε Βελλεροφόντην,
ὅς μ' ἔθελεν φιλότητι μιγήμεναι οὐκ ἐθελούσῃ.
ὣς φάτο τὸν δ' ἄνακτα χόλος λάβεν, οἷον ἄκουσε.
κτεῖναι μέν ῥ' ἀλέεινε σεβάσσατο γὰρ τόγε θυμῷ.
πέμπε δέ μιν Λυκίηνδε, πόρεν δ' ὅγε σήματα λυγρὰ,
γράψας ἐν πίνακι πτυκτῷ θυμοφθόρα πολλά.
δεῖξαι δ' ἠνώγει ᾧ πενθερῷ, ὄφρ' ἀπόλοιτο.
αὐτὰρ ὅ, βῆ Λυκίηνδε θεῶν ὑπ' ἀμύμονι πομπῇ.
ἀλλ', ὅτε δὴ Λυκίην ἷξεν, Ξάνθόν τε ῥέοντα,
προφρονέως μιν τῖεν ἄναξ Λυκίης εὐρείης.
ἐννῆμαρ ξείνισσε, καὶ ἐννέα βοῦς ἱέρευσεν.
ἀλλ' ὅτε δὴ δεκάτη ἐφάνη ῥοδοδάκτυλος ἠὼς
καὶ τότε μιν ἐρέεινε, καὶ ᾔτεε σῆματ' ἰδέσθαι,
ὅττι ῥά οἱ γαμβροῖο παρὰ Προίτοιο φέροιτο.
Occultoque vxor Prœti mox carpitur igni,
Clam petit amplexum illius: sed pectora casta
Flectere non potuit prudentis Bellerophontis:
Hinc tulit ad Regem mendacia callida Prœtum.
Prœte precor pereas, ni cædes Bellerophontem:
Qui vim ferre mihi, & lectum turpare iugalem
Tentauit. Regem auditæ mouere querelæ.
Cędem deuitat tamen hanc, mens horret ab illa:
In Lyciam ad generum mittens sed tristia scripta
Huic arcana dedit, luat vt pro crimine pœnas.
Tempore quo Lyciam petiit sed forte Deorum
Festa celebrabant Lycii solennia. Rex hunc
Vt primum Lyciam petiit, Xanthumque fluentum,
Excipit hospitio peregrinum rite diebus
Ille nouem, totidemque boues mactauit ad aras:
Aurora vt decimo conspersit lumine terras,
Quid peteret rogat hunc, soceri tum scripta resignat.

Deinde sequuntur Iobatæ iussa, qui ad prædicta pericula Bellerophontem ire imperauit. Erat enim adeo terribilis chimæra, quæ flammas euomebat, vt proxima quæque combureret, ac igni deuastaret, & pecora interficeret. At vero Dei cognita illius innocentia, eius miserti, Pegasum alatum equum, natum e Neptuno & Medusa, vel, vt alii maluerunt, è sanguine Medusæ, dum eius caput à Perseo cæderetur, illi dederũt. quem equũ vbi Bargyllus comes vellet capere calce ictus interiit, atque Bargyllis Cariæ oppido nomen imposuit. dicunt Mineruam Chalinitiden siue frænatricem cognomento maxime omnium Deorum opem innocentiæ Bellerophontis tulisse, quippe quæ prius domitum & fræno assuetum Pegasum illi tradiderit. Eo equo vectus Bellerophon primum chimæram occidit, deinde Solymos & Amazonas debellauit. Hunc ab illis rebus gestis redeuntem & exultantem multi è Lycijs in insidijs collocati repente adoriuntur, quibus omnibus profligatis cum Bellerophon incolumis ad Iobatem reuertisset, eius virtutem & fortitudinem admiratus Iobates Philonoen filiam in matrimonium illi dedit, cumque generum sibi asciuit, è qua Bellerophon Isandrum, & Laodamiam, & Hippolochum suscepit, quamuis alij è diuersis mulieribus hos susceptos voluerunt: His rebus cognitis cum innocentia Bellerophontis postea omnibus patuisset, illam infamiam non ferens Præti vxor sumpta cicuta sibi mortem consciuit. At Iobates postea decedens successorem etiam regni Bellerophontem instituit. Sed Bellerophon, quale est ingenium plerisque mortalium, tanta rerum gestarum felicitate nimium elatus in cœlum quoque ascendere super equo Pegaso voluit; quam arrogãtiam Iupiter omnis temeritatis grauissimus vindex deprimẽdam esse ratus, œstrum illi equo immisit, quare Bellerophon præceps in terram deturbatur. Cum in Aleiam Ciliciæ planitiem is cecidisset, cæcusque factus fuisset, tamdiu errauit per illam planitiem, quãdiu vixit, donec inedia denique fuit absumptus ac victus penuria, cum nullam neque domum, neque hominem reperisset. at Pegasus nunc sublimis, nunc depressus per aera volans in cœlum denique redijt in Iouis præsepe, quæ stellæ sunt ita vocatæ, quod cum vidisset Aurora hunc impetrauit à Ioue, vt ab eo vecta quotidianum cursum conficeret. Sed de fabulosis hactenus. ¶ Hanc fabulam alij ad historiam, alij ad physicã, alij ad ethicam explicationem traduxerunt. Quæ ad historiam spectant, ea per se patent, nisi quod Pegasus nauis fuerit ita dicta ἀπὸ τοῦ πηγνῦσθαι, à compingendo scilicet. Fuerunt qui Bellerophontem nihil aliud esse putauerint, quàm humorem motu solis eleuatum: quoniam aere vi solis agitato pars grauior sublata paulopost rursus deorsum demittitur, atq; cogitur, quæ cum feratur deorsum & coaguletur, Pegasus dicta fuit. Cum vero pars subtilior ad regionem ignis feratur, sic illa pars crassior dicta fuit à Ioue deorsum detrusa fuisse: atq; cũ Pegaso ex aqua ob motum cœli diurnum sublato Aurora oriatur, dies dictus est, vt sensui magis patet, at non Bellerophon, à Pegaso equo portari. Alij generationem elementorũ cum alia sursum, alia deorsum ferantur, vt leuia sunt aut grauia, per hæc significari maluerunt. Alij vitæ humanæ rationem prope omnem sub hac fabula contineri tradiderunt: nam neque aduersis rebus nimis tristari, neque prosperis & felicibus nimis gloriari aut extolli conuenit, quoniam horum omnium denique moderatorem Deum esse experimur. Is enim pro sua singulari clementia & calamitatibus inique circumuentos adiuuat, quod accidit, dum calamitosus esset, Bellerophonti, & nimis elatos animos deprimit, quare præceps idem postea dicitur de cœlo detrusus. Alij mallunt Chimæram fuisse Lyciorum ducem rei bellicæ peritissimum, sed immani crudelitate, qui cum piraticam exerceret, vehereturq; in naui, cuius prora leonem, puppis draconem haberet, in medio capra esset depicta, quem insecutus Bellerophon cum citissima ac expeditissima naui longa Pegaso vocata interemit, quare datus est locus fabulæ vt ait Plut. in claris mulieribus. at Lucianus in astrologia sensit animum Bellerophontis ad sublimium rerum speculationem elatum equum fuisse creditum alatum, atque ita rem fabulis inuolutã. Alij ad astronomicas rationes hæc ipsa, quæ de physicis dicta sunt, transtulerunt, eaque fieri [illegible]quiunt pro viribus astrorum, quas cum prior Bellerophon deprehendisset, dictus est in cœlum ascendisse. Alij dixerunt Bellerophontem à Pegaso alato vectum chimæram interemisse, quia is celerem prior inuenit & frænum, vt ait Pindari interpres: sicuti bigarũ inuentor fuit Castor, quadrigas Erichthonius Atheniensis inuenit. Dictus est is equus alatus, vt voluerunt quidam nauigium, cum ille prior omnium inuenerit nauigare classe, atque ordinem classis

instruen-

instruendæ, cum vela & remi alæ sint nauigiorum. Hic igitur nauali prælio Solymis populis bellicosis superatis, quos leonibus similes dixerunt poetæ, Amazonibus arma intulit, quas per loca difficilia & montosa peragrantes captas vocarũt: Insidias porro quas Iobates è lectissimis iuuenib. illi parauerat redeunti, caudam serpentis vocarunt. At de Bellerophonte satis, nunc de Rhea dicamus.

De Rhea. Cap. V.

RHeam scripsit Hesiodus in Theogonia Terræ & Cœli fuisse filiam, cum ita de filijs Terræ loquitur:

οὐρανῷ εὐνηθεῖσα τεκ' ὠκεανὸν βαθυδίνην.
κοῖόν τε, κρεῖόν τε, ὑπερίονά τε ἰαπετόν τε.
θεῖαν τε, ῥεῖαν τε, θέμιν τε, μνημοσύνην τε.
Oceanum peperit Cœlo coniuncta profundum,
Cæumque, Creumque, Hyperionaque, Iapetumque,
Thiamque, Rheamque, Themimque, Mnemosynenque.

At Orpheus in hymnis Rheam primam omnium à Deo factam fuisse inquit quẽ Protogonum appellat. cum ita inquiat:

πότνα ῥέα, θύγατερ πολυμόρφου πρωτογόνοιο.
O Rhea Protogni genitoris filia summi.

Quæ cum fuisset postea Saturni vxor credita, ita de illa scripsit idem Orpheus:

πάντιμ' ἀγλαόμορφε, χρόνου σύλλεκτρε μάκαιρα.
Saturni felix coniux, cui splendida forma est.

Ex hac idem poeta terram, & mare, & cœlum, & ventos genitos fuisse tradidit, quæ Deorum & hominum parens appellata est, vt patet in his carminibus eiusdem Orphei:

μήτηρ μέν τε θεῶν, ἠδὲ θνητῶν ἀνθρώπων
ἐκ σοῦ γὰρ καὶ γαῖα, καὶ οὐρανὸς εὐρὺς ὕπερθεν,
καὶ πόντος, πνοιαί τε, φιλόδρομε, ἀερόμορφε.
Mater Diuorum pariter, materque virorum.
Ex te terra parens frugum, cœlumque profundum,
Et mare cum ventis, veloci percita cursu.

Hanc ipsam Iouis fuisse matrem testatur Callimachus ita in hymno in Iouem:

ἐν δέ σε παρρασίῃ ῥεῖη τέκεν, ἧχι μάλιστα
ἔσκεν ὄρος θάμνοισι περισκεπές.
Nam te in Parrhasia peperit Rhea, sunt vbi colles
Arboribus tecti frondosis.

Fabulati sunt hanc Deorum matrem à quatuor leonibus in curru vehi solitam, & corona turrita coronari, cuius manib. sceptrum addiderunt, & sacerdotes tympana æraque pulsabant, & Corybantes armati circumstabant incedentem, circa quam erant feræ permultæ, quarum mater credita est, vt inquit Lucretius libro tertio:

Quare magna Deum mater, materque ferarum,
Et nostri genitrix hæc dicta est corporis vna.
Hanc veteres Graium docti cecinere poetæ
Sedibus in curru bijugos agitare leones.

Hanc Deam primam fuisse crediderunt, quæ vrbes condiderit, & turres ad defensionem excogitarit, quare ita scripsit Virgilius libro decimo:

Alma parens Idæa Deum, cui Didyma cordi
Turrigenæque vrbes, bijugique ad fræna leones.

Tympanum illi præterea tribuerunt, quod pulsabatur in sacris, & à castratis sacerdoribus colebatur cum magno tibiarum cornicinumque strepitu. Illud autem factum fuit ob Atyos memoriam Phrygij pueri, qui cum à Rhea amaretur, neque tamen eius desiderio vellet satisfacere, perpetuam virginitatem se seruaturum pollicitus est. At cum eam non seruasset, à Rhea in furorem percitus se ipsum castrauit, atque sacerdotem illi Deæ, cui fidem violauerat, dicauit. Alij dicunt Atym fuisse eius Deæ sacerdotem ab illa Dea sacrificijs præfectum illa lege vt perpetuam castitatem seruaret. sed postea promissi parum memor Sāgaritidem nympham compressit, è qua Lydum, qui Lydiæ nomen dedit, & Tyrrhenum à quo vocata est Tyrrhenia, suscepit, vt ait Dorotheus Corinthius in historijs. at Dea irata furorem immisit Atyi, qui sibi testes execuit, violentas etiam manus iugulo illaturus, nisi Dea miserta in pinum arborem sibi consecratam conuertisset. alij tamen ex Hercule & Iole Tyrrhenum & Atym prædictum esse natos maluerunt, vt scripsit Sostratus in secundo introductionis historiæ fabulosæ, quare non mirū est si propter antiquitatem suscepti argumenti vel ego quoque ipse à me dissentio, cum variorum scriptorum opiniones in varijs locis sim secutus. Inde vero mā sit ea consuetudo, vt a Gallis vocatis sacerdotibus muliebri habitu indutis Rhea coleretur, vt testatur Lucianus in Dea Syria: quam idcirco quòd vterentur tympanis in eius sacris, ita de illa scripsit Orpheus in hymnis:

τυμπανόδουπε, φιλοιςρομανὲς, χαλκέκροτε. κούρη
Tympana quam mulcent, tinnitusque æris acuti.

Sic & Ouidius libro primo de Ponto:

Ante Deum matrem cornu tibicen adunco
Cum canit: exiguæ quis stipis æra neget?

Huic Deæ pinus arbor sacrata fuit, quod in eam arborem denique Atym ab illa amatum, mutatum fuisse credunt, vt testatur Ouidius libro decimo Metamorpho. in his:

Et succincta comas, hirsutaque vertice pinus,
Grata Deum matri. siquidem Cybeleius Atys
Exuit hac hominem, truncoque indurui tillo.

At enim pinu postea coronatis sacerdotibus sacrificare mos fuit per aliquod tempus. alij fabulati sunt Iouem per somnum in terram semen profudisse, ex quo terræ conceptu Genium humana figura sed ambiguo sexu prodijsse in lucem Agdistem appellatum, cui Dij virilem partem execuerunt, e qua deiecta nata est amygdalus, cuius fructus decerpens Sāgarij fluminis filia in sinu abdidit, at illis euanescentibus puella grauida facta mox enixa est puerum, qui cum depositus fuisset in sylua, & à capra educatus forma creuit multo humana præstātiore. eius amore miro captus est Agdistis cum adoleuisset, qui cum Pesinuntis regis filiam esset ducturus a superueniente Agdiste tantus furor immissus, est vt non Attes solum, sed etiam socer sibi pudenda præciderint, quare Rhea ob formam illum sibi sacerdotem gallum asciuit, vt ait Pausanias in rebus Athyorum. Huiusce Deæ famuli & Curetes & Corybantes vocati sunt: nam cum insaniam, ac belluinam quādam rabiem imitarentur, vocati sunt Corybantes à iacendis capitibus insanorum more. Hi dicti sunt etiam Galli, a Gallo fluuio Phrygiæ, cuius hausta aqua vertebantur in furorem, atque testa se castrabant. Quamuis alij ita vocatos censuerint, quia dæmones essent, qui furorem immitterent. Fiebant autem huius Deæ sacrificia die nono lunæ vt innuit Nicander in Alexipharm: cum magna uociferatione:

ἥ ἅτε κερνοφόρος ζάκορος βωμίστρια ῥείης
εἰνάδι λεωφόροισιν ἐνιχρίμπτουσα κελεύθοις,
μακρὸν ἐπεμβοάᾳ γλώσσῃ θρόον, οἱ δὲ, τρέουσαι.

Idaim

ἰδαίῃς ῥιγηλὸν ὅτ' εἰσαΐωσιν ὑλαγμόν.
Vtque Rheæ matris olim diuina sacerdos
Ipsa vijs lunæ iam nona luce propinquat,
Clamoremque altum tollit: per deuia cuncti
Diffugiunt, postquam ceperunt auribus ipsos
Ideæ matris horrendos forte vlulatus.

Quo tempore cum Deæ imagine asino imposita sacerdotes obire vicos mendicantes consueuerunt cum tympano illi Deæ sacrato, quo metu ac reuerentia Deę quasi præsentis vel a nolentib. extorquerent victui necessaria, cum imaginem seu tũ famis voces, ac sitis, vt patet in iã'bis fabulosis Gabrię, qui ita scripsit per iocũ:

Γάλλοις ἀγύρταις εἰς τὸ κοινὸν ἐπράθη
ὄνος τις οὐκ εὔμοιρος ἀλλὰ δυσδαίμων.
ὅστις φέροι πτωχοῖσι καὶ πανούργοισι
Πεινῆς σάκος, δίψασε, καὶ κακῆς τέχνης.
οὗτοι δὲ κύκλῳ πᾶσαν ἐξ ἔθους κώμην
περιϊόντες ἔλεγον· τίς γὰρ ἀγροίκων
οὐκ οἶδεν Ἄττιν λευκὸν ὡς ἐπηρώθη;
τίς οὐκ ἀπαρχὰς ὀσπρίων τε καὶ σίτων,
Ἁγνῷ φέρων δίδωσι τυμπάνῳ Ῥείης;
Communis emptus est asellus à gallis
Præstigiatoribus miser, parum felix.
Scutum vt ferat famis sitisque mendicis
His, & dolosis, artis & malæ vasa.
Villas vagantes quaslibet velut mos est
Dixere: rusticus quis est lateat læsus
Quem pulcher Attis, atque vt est is excisus?
Quis tritici, leguminumque non Rheæ
Det tympano puro, primitias præbens?

Fuit enim antiquorum consuetudo sacerdotum multorum vt per vicos vagarentur, ac victum in honorem quorundam Deorum colligerent à Cleobulo Lindio primum instituta cum victus è templo non suppeteret, qualis fuit mos etiam Coronistarum vocatorum sacerdotum, de quo ita mentionem fecit Phænix Colophonius poeta Iambicus in his:

ἐσθλοί κορώνῃ χεῖρα πρόσδοτε κριτῶν
τῇ παιδὶ τοῦ Ἀπόλλωνος, ἢ λέχος πυρῶν,
ἢ ἄρτον· ἢ ἥμαιθον, ἢ ὅτι τις χρῄζει
δότ' ὦ γαθοὶ τῶν ἕκαστος τις ἐν χεροῖν ἔχει
κορώνῃ, καὶ ἄλλα λήψεται χόνδρον.
φιλεῖ γὰρ αὕτη πάγχυ ταῦτα δαίνυσθαι.
ὁ νῦν ἅλας δοὺς, αὖθι κηρίον δώσει.
ὦ παῖ κορώνην κλεινὲ πλοῦτος ἤκουσε
καὶ τῇ κορώνῃ παρθένος φέρει σῦκα.
θεοὶ γένοιτο μετάπεμπτος ἡ κόρη,
κ' ἀφνειὸν ἄνδρα κ' ὀνομαστὸν ἐξεύροι.
καὶ τῷ γέροντι πατρὶ κοῦρον εἰς χεῖρας.
καὶ μητρὶ κούρην εἰς τὰ γοῦνα κατθείη
θάλος τρέφειν γυναῖκα τοῖς κασιγνήτοις
Ἐγὼ δ' ὅκου πόδες φέρουσιν ὀφθαλμοὺς
Ἀμοίβομαι μούσαισι πρὸς θύρας ᾄδων,
καὶ δόντι καὶ μὴ δόντι πλείονα τῶνγε.

In

In quibus iambis patet quod vagantes illi sacerdotes fingebant Deam hisce muneribus vesci, quæ suis sacerdotib. offereb:ntur, cum ipsi præterea pro salute & incolumnitate illorum precarentur, à quibus munera ipsi Deę fuissent oblata. atq; non solum triticum vel hordeum, vel cæteras huiusmodi fruges colligebant, sed quodcunque illis commodum humanæ vitæ offerebatur, quorum carminum hæc est sententia:

Boni Coronæ tradite hordei manum,
Vel tritici puellæ Apollinis sacri.
Panemue, seu merum, quod aut cuiuis placet.
Date ò boni quod quilibet manu tenet
Vestrum Coronæ. nam salem & chondrum capit.
Libenter illa prorsus hisce vescitur.
Ceram dabit rursus salem qui nunc dedit.
Puer Coronam clare Plutus audiit.
Ficus Coronæ virgo multas attulit.
Dei: sit illa mox petenda ab omnibus,
Et splendidum inueniat virum atque diuitem.
Mox filium patri seni det in manus,
Matris puella ludat inter & genua,
Simul sororemque educet cum fratribus.
Ego pedes quo conferunt me & lumina
Cedo, atque Musis ad fores idem cano
Non dantibus, vel plura dantibus simul.

Vocabantur autem Matragyrtæ sacerdotes illi, qui in honorem Matris deum cō similiter pecuniam in templis colligebant, vel ad singulas domos accedētes quod innuit Ouid. in primo lib. de Ponto:

Et quis ita est audax, vt limine cogat abire
Iactantem Pharia tinnula sistra manu?

Significat vel nomen ipsum quod in honorem matris deum colligebāt, cū Μήτηρ matrem, ἀγύρτης præstigiatorem ac mendicum significet, quare inquit Lucianus in Aesculapio & Hercule: σὺ δὲ ῥιζοτόμος εἶ καὶ ἀγύρτης. Tu autem herbarius se & medicus. fecit mentionem de hoc nomine Arist. etiam in tertio libro Rhetoricorum; qui locus cum ante nostram ætatem legeretur deprauatus, Petri Victorii patricii Florentini ac viri clarissimi ingenio est integritati restitutus, vt mihi, cum essem Florentiæ, multis rationibus probarunt viri quidam eximiæ integritatis & eruditionis, atque in primis Vincentius Borghinus, vir omnium quos vnquam cognoui, multiplici rerum cognitione præstantissimus. horum grauium testium autoritate commotus non potui non summopere improbare M. Antonii cuiusdam Maioragii nescio impudentiam ne appellem, an exquisitam ambitionem; qui omni explicatione prope aristotelicæ artis ipsius Victorij scriptis accepta, vt ex iisdē viris illustribus cognoui, ex hac emēdatione elatus, mox alibi in Victorium ipsum non semel insultauit, & per huius loci correctionem viros omnes clarissimos suæ ætatis insectatus est: atque in primis Hermolaum Barbarū virum præstantissimum. Quasi vero maior gloria è maledictis in alios, quā è bonitate splendoreque explicationum possit comparari. Habebat Maioragius ante oculos Primi Comitis affinis sui modestiam & integritatem ad imitādum, qui Primus non solum est ob singularem eruditionem non obscurum Mediolani ornamentum, sed etiam ob bonitatem, & animi moderationem. cæterum quod in templis etiam pecunias colligeret in honorem eiusdem matris Deorum, facile patet ex his carminibus Ouidij:

Ante

Ante Deum matrem cornu tibicen adunco
Cum canit, exiguæ quis stipis æra neget?

Hæc eadem Dea vocata fuit variis nominib. nam & Proserpina, & Isis, & Cybele, & Idæa, & Berecynthia, & Tellus, & Rhea, & Vesta, & Pandora, & Phrygia, Pylena, & Dindymena, & Pensinuntia à locis aliquando vel à causis vocata est. Fertur Rhea vbi Iouem in vtero gestaret, atque Saturni deuitaret prædictam crudelitatem, ad montem Thaumasium Arcadiæ peruenisse, qui mons fuit ab Hoplodamo, aliisque illius sociis gigantibus in auxiliũ accitus, si forte Saturnus illi vim inferre parauisset. Hic autem mons nõ procul distabat à Molosso flumine. Fama est Rheam in parte quadam Lycæi peperisse, atque in hoc mõte deceptum fuisse Saturnum cum lapidem pro filio accepisset, cuius in iugo spelunca fuit quędã, in quam ingredi viris religio prohibebat, cum solis fœminis initiatoris sacris introire fas esset. Testatur Lucianus in Nigrino satis fuisse Phrygiæ tibię sonum ad incitandos ad sacrificia Rheæ sacerdotes, cum illo audito statim in furorem verti soliti essent. Neque vero pinus solum sacrata fuit Deorum matri, vt diximus, sed etiam quercus, vt testatus est Apollodorus lib. 3. de Diis. Et vitis, vt sensit Euphorion, quando quidem eius etiam effigiem è vite facere solebant. Atque Titiæ & Cylleno prius Milesii sacrificare consueuerunt, deinde Deorum matri, cuius Deæ ara frondibus quernis ornabatur, vt testatur Apollon. lib. 1. Argon. in his:

βωμὸν δ' αὖ χέραδος παρενήνεον, ἀμφὶ δὲ φύλλοις
στεψάμενοι δρυΐνοισι θυηπολίης ἐμέλοντο
μητέρα δινδυμίην πολυπότνιαν ἐγκαλέοντες.
ἐνναέτιν φρυγίης τιτίην θ' ἅμα κυλληνόν τε.
οἳ μοῦνοι πολέων μοιρηγέται, ἠδὲ πάρεδροι
μητέρος ἰδαίης κεκλήαται, ὅσσοι ἔασι
δάκτυλοι ἰδαῖοι κρηταέες. οὕς ποτε νύμφη
ἀγχιάλη δικταῖον ἀνὰ σπέος ἀμφοτέρῃσι
δραξαμένη γαίης οἰαξίδος ἐβλάστησε.

Accumulant aræ lapides, quam frondibus ornanĩ
Quernis, & sacris onerantes lancibus aram
Dindymeam matrem placida mox voce vocarunt,
Incola quæ Phrygiæ est: Cyllenumque, Titiamque
Qui soli fatis vrbes, qui regna gubernant:
Matris & Idεæ comites dicuntur: & iidem
Dactyli Idæi Cretes. quos Nympha creauit
Anchiale terram stringens Oeaxidis agri
Ambabus manibus Dictæo proxima colli.

Fuit autem Titias Heros indigena Cretensium, vt sensit Callistratus libro secundo Hæracleæ: quem fabulati sunt Iouis fuisse filium, cum tamen Callimachus in Hecale illum maiorem natu Cimmerii Mariandyni filiorum tradiderit, ob huius felicitatem cum genus illa maxime res suas auxisset, illum postea Heroem fatis vrbium præfectum existimari lege sanxerunt, vt inquit Theophanes, & Promachidas in iis quæ scripsit de Heraclea. ἀπεθεώθη γ' ἂρ ὁ τιτίας ὑπὸ μαριανδυνῶν, δι' ὃν μάλιστα τὸ ἔθνος ἐκεῖνον ηὐξηταί τε καὶ προῆκται πρὸς εὐδαιμονίαν. inter Deos relatus est Titias à Mariandynis, quoniam per illum gens illa maxime aucta est, & ad felicitatem est perducta. atque de Rhea tot dicta sunt.

¶ Nunc sententiam antiquorum ex his eliciamus. Dictum autem fuit modo physicas rationes naturæ & elementorum, modo vitæ recte gubernandæ præcepta sub his fabulis fuisse ab antiquis implicata. sic enim ea quæ dicuntur de Rhea, pertinent ad elementorum naturam. Quod autem Rhea terra sit, vel vis

terræ

terræ quæ ad generationem rerum pertransit, facile patet ex eius parentibus, & ex illis, quæ ita scribuntur ab Apollonio libro 1. Argonaut.

ἔνθεν ἐς αἰεὶ
ῥόμβῳ καὶ τυμπάνῳ ῥείην φρύγες ἱλάσκονται.
ἡ δέ που εὐαγέεσσιν ἐπὶ φρένα θῆκε θυηλαῖς
ἀνταίη δαίμων· τὰ δ' ἐοικότα σήματ' ἔγεντο.
Δένδρεα μὲν καρπὸν χέον ἄσπετον. ἀμφὶ δὲ ποσσὶν
αὐτομάτη φῦε γαῖα τερείνης ἄνθεα ποίης.
θῆρες δ' εἰλυούς τε κατὰ ξυλόχους τε λιπόντες
οὐρῇσιν σαίνοντες ἐπήλυθον.

Tympana cum rhombis adsunt, placatur vt olim
A Phrygibus mater Diuum Rhea cum sibi sacra
Præmissis fieri haud dubiis vult obuia signis.
Arboribus fructus nascuntur: lumina florum
Sub pedibus diuæ effundit mox Dædala tellus.
Iamque feræ in syluis linquentes pignora, caudas
Motantes Diuam mulcent.

Erat enim rhombus rota quædam parua, quam vertentes manu loris pondera ferri aut æris habentibus diuerberabant, vt scripsit Bacchylides, quod fieri consueuisse inquit nequod verbum aut vox molesta inter illa sacra audiretur: ego autē illud fieri magis crediderim, quia terram ventis & imbribus vndique pulsari significarent. enimuero quare terra sit Rhea, & cur in curru vehi fingeretur, & cur turritam gestaret coronam, cur ve haberet Gallos sacerdotes ita patefecit Lucretius lib. 2.

Hanc veteres Graium docti cecinere poetæ
Sedibus in curru biiugos agitare leones
Aeris in spatio magnam pendere docentes
Tellurem, neque posse in terra sistere terram:
Adiunxere feras: quod quamuis effera proles,
Officiis debet molliri victa parentum.
Muralique caput summum cinxere corona,
Eximiis munita locis quod sustinet vrbes.
Quo nunc insigni per magnas didita terras
Horrifice fertur diuinæ matris imago.
Hanc variæ gentes antiquo more sacrorum
Idæam vocitant matrem, Phrygiasque cateruas
Dant comites, quia primum ex illis finibus edunt
Per terrarum orbem fruges cœpisse creari.
Gallos attribuunt, quia numen qui violarint
Matris, & ingrati genitoribus inuenti sint,
Significare volunt indignos esse putandos
Viuam progeniem quod in oras luminis edant.
Tympana tenta sonant palmis & cymbala circum
Concaua, raucisonoque imitantur cornua cantu.
Et Phrygio stimulat numero caua tibia mentes.
Telaque præportant violenti signa furoris,
Ingratos animos atque impia pectora vulgi
Conterrere metu quæ possint numine diuæ.

Hæc Dea vxor Saturni credita est, quoniam mutationibus elementorum tempus adest necessario. Inde vero effectum est vt marinorum omnium, & cœlestiū ac terrestrium Deorum pater Saturnus, ac Rhea mater crediti sint, cum Dii ipsi

vires

vires sint elementorum, vt dictum fuit quæ cum tempore agunt. Nam terram omnium corporum naturalium vinculum & fundamentum antiqui fuisse credi derunt, circa quam frequentiores fierent mutationes ad procreandum. atq; hæc non sine tempore patre. Hãc cum basim elemẽtorum & vinculum esse animad-uerterent, postea accidit Deos ac Deorum vires cognosci, rerumque singularum actiones ab hominibus coli: cum omnia ab vno Deo proficisci minime adhuc in telligerent. Ex hac enim omnia pullulasse ita inquit libro 1. Apollonius:

ἐκ γάρ τῆς ἄνεμοί τε, θάλασσά τε, νηόθι τε χθὼν
πᾶσα πεπείρηται, νιφόεντ' ἕδος Οὐλύμποιο
Ex hac sunt venti, tellus, atque æquora nata
Ventosa, & vasti flammantia sydera mundi.

At vero multo sapientior Orpheus hanc Protogoni, siue solius Dei summi filiam nominauit, cum omnia elementa, omnisque mundi machina a Deo rerum omnium opifice profecta sit. Sed quid opus pluribus? Hanc ipsam Deam terram fuisse aperte declarant illa carmina Demetrii Byzantii, quæ sunt in primo libro suorum poematum hac pacto:

ῥεία θεῶν βασίλισσα, καὶ ἀπάντων γενέτειρα,
Ἄνθεσι καὶ καρποῖς χαίρουσα, φιλόκροτε δαῖμον.
Πηγάων ἀρχή, ποταμῶν ἕδος ἀσφαλὲς αἰεί.
τὴν περίγ' ἐσσυμένως εἰλίσσεται οὐρανὸς ὕψι.
Πάντροφε, παγγενέτορ, πανθελγές, δῖα τιθήνη.
τὴν περὶ μὲν θῆρες σκαίρουσι, καὶ ἄγρια πάντα
Θηρία παρτρέχεται.
Rhea Deum regina, virum prædulcis alumna,
Fructibus & gaudens, strepitu lætissime dæmon.
Fontibus alma parens, fluuijs æternaque sedes,
Quam circum assidue cælum conuoluitur altum:
Omnia fers, mulces, producis, & omnia nutris.
Te circum est semper rapidarum turba ferarum,
Blanditurque suæ placide mulcedine caudæ.

Hanc eandem Deam fuisse aliquando Tellurem vocatam, vel illa argumento esse possunt, quæ ipsi Telluri tribuebantur, & instrumenta, & vires, quæ omnia Tellu-ri, Vestæ, ac Rheæ conueniebant, quæ possumus facile ex his carminibus Alexi-dis perdiscere:

Μῆτερ ἐμὴ γαῖα, φρυγίων θρέπτειρα λεόντων,
ᾗ δὲ μόνοις μύσταις οὐκ ἀπάτητον ὄρος,
Σοὶ τάδε θῆλυς Ἄλεξις ἑῆς οἰστρήματα λύσσης
Ἄνθετο, χαλκοτύπου παυσάμενος μανίης.
κύμβαλά τ' ὀξύφθογγα, βαρυφθόγγων τ' ἀλαλητὸν
Αὐλῶν, οὓς μόσχου λοξὸν ἔκαμψε κέρας.
τύμπανά τ' ἠχήεντα, καὶ αἵματι φοινιχθέντα
φάσγανα, καὶ ξανθάς, τὰς πρὶν ἔσεισε, κόμας.
ἵλαος ὦ δέσποινα, τὸν ἐν νεότητι μανέντα
γηραλέον, προτέρης παῦσον ἀγριοσύνης.
Alma parens tellus, Phrygiorum & alumna leonum,
Soli cultori rite adeunda Dea,
Instrumenta sui dicat ista furoris Alexis.
Libera ab horrisono hæc ipsa furore dicat.
Cymbala sunt, raucoque sono mox tibia: frontis
Lunatæ vituli cornua flexa vide.

Tympa-

Tympana sunt grauiter pulsantia corda: cruenti
Sunt enses: sunt, quas dedicat ille, comæ.
Sat fuit insanus iuuenis: miserere senectæ,
O Dea fac cesset quæsumus ipse furor.

Finxerunt hanc in curru vehi, quia suapte natura terra in aere suspensa videtur cum nulla re fulciatur, neque tamen in aliquam partem magis declinet. Circa hanc feræ sunt, quia omnia animalia ab illa producantur & nutriantur: quæ cum multas ciuitates habeat, merito corona turrita insignitur. Instrumentorum vero strepitus, vim significat ventorum, qui plurimum faciunt, & quasi lenones sunt ad omnia naturę negotia, cum sint frigoris & caloris non leues ministri, & tanquam pluuiarum ac serenitatis vehicula. trahitur à quatuor ferocissimis leonib. eius currus, qui nihil sane sunt aliud, quam ab Oriente & Septentrione, & his à latere regionibus venti. Hi dicuntur illam vehere, quoniam vis generationis plurimum illis adiuuatur. cum vero omnia ex illa fluere, & in ortum deduci appareant, iure Rhea ἀπὸ τοῦ ῥεῖν siue à fluendo dicta est. at nunc de Latona dicatur.

De Latona. Cap. VI.

Fvit autem Latona Cæi ac Phœbes filia, vti testatur Apollodorus libro primo & Hesiod. ita in Theogonia:

φοίβη δ' αὖ κοίου πολυήρατον ἦλθεν ἐς εὐνήν
κυσαμένη δ' ἤπειτα θεὰ θεοῦ ἐν φιλότητι
λητὼ κυανόπεπλον ἐγείνατο μείλιχον αἰεί.
Inde thorum Cæi Phœbe conscendit, & illi
Iuncta in amore Deo Latonam concipit almam.

Sic Ouidius etiam libro sexto mutationum:

Quoque modo audetis genitam Titanida Cæo
Latonam præferre mihi?

Homerus autem hymnicus in hymno in Apollinem Latonam Saturni filiã fuisse scribit hoc pactò:

λητοῖ κυδίστη θύγατερ μεγάλοιο κρόνοιο.
Inclyta Latona, ò Saturni filia magni.

Aiũt quidam, inter quos fuit Hecatæus, in locis Celtica terra superioribus insulã esse Oceani non minorem Sicilia, vrsas versus: quæ ab hominibus habitatur Hyperboreis vocatis, quod longius distet à flatibus Boreæ: quæ fertilis est & abundans rerum omnium, mirificamque habet temperiem, bisq; fructus ferat quotannis, in qua fabulantur natam esse Latonam. Fabulantur hanc compressam fuisse à Ioue ob eximiam pulchritudinem, quam cum in vtero gestare sensisset Iuno, illam depulit è cœlo, iussitque Pythoni serpenti vt illam insequeretur. Deinde terra vniuersa iurare coacta est, quod parturienti Latonę locum non concederet, præter Delum insulam: illa enim cum esset instabilis per illud tempus, sub vndis forte delitescebat: quæ deinde cum tempus pariendi Latonæ aduentasset, vtpote non iurata in Latonam, iussa est à Neptuno consistere, & locum parturienti prębere, vt scripsit Lucianus in dialogo Iridis & Neptuni. Hæc igitur insula in mari Aegeo cum tunc ad recipiendam Latonam emersisset atque apparuisset ex vndis, Delus vocata fuit, quod nomen manifestum & apparens significat. Præclare igitur se habent illa carmina Alphei Mitylenæi, quæ scripta sunt in laudem Deli, quod Apollo & Latona post cœlum hanc vnam insulam patriam suam ex omnibus terris arbitrati sunt, cum ita inquiant:

λητοῦς ὠδίνων ἱερὴ τροφὲ, τὴν, ἀσάλευτον

Αἰγαίῳ

Αἰγαίῳ κρονίδης ὁρμήσατ' ἐν πελάγει,
οὐ νύσε δειλαίην μὰ τεούς, δέσποινα, βοήσω
Δαίμονας, οὐδὲ λόγοις ἕψομαι Ἀντιπάτρου
ὀλβίζω δ' ὅτι φοῖβον ἐδέξαο, καὶ μετ' ὄλυμπον
Ἄρτεμις οὐκ ἄλλην, ἤ σε, λέγει πατρίδα.
Latonæ partus nutrix, quam Iupiter olim
In maris Aegæi ſiſtere iuſsit aquis,
Nulli per ſuperos inſelix eſſe fereris.
Non ego te verbis alloquor Antipatri.
Te voco felicem quod Phæbum ceperis, & quod
Solam te patriam clara Diana vocat.

Quamquam alii maluerunt Latonam ipſam ſub tempus pariendi in cothurnicem verſam in inſulam volauiſſe, & ſub ea forma latuiſſe Iunonem, ad cuius inſulæ, quæ illam acceperit beneficii memoriam perpetuam, inſulam poſtea ortygiam nominauit, cum ſit ὄρτυξ cothurnix apud Græcos. fabulantur tamen alii Aſteriã fuiſſe Latonæ ſororem: quæ, cum Iupiter illam ad congreſſum inſequeretur, fuerit ipſa, at non Latona in cothurnicem conuerſa, & in mare conuolarit. deinde memorant ab illa Aſteriam in inſulam fuiſſe conuerſam, vt ſcripſit Callisthenes in nauigatione. Non igitur mirum eſt, ſi, cum Iupiter Latonam compreſsiſſet, ſoror ſorori locum ad pariendum conceſſerit. Memoriæ proditum eſt à Pauſania in rebus Atticis Latonam antequam pareret zonam apud Halimuſos non procul à mari ſoluiſſe, cum proximum iam eſſet tempus pariendi, qui locus poſtea Zoſter ob illa re fuit appellatus. fuit poſtea in hac inſula vrbs in planitie ędificata, templumque nobiliſsimum Apollinis & Latonæ, cui mons Cynthus erat propinquus, & fluuius Iompus nomine non valde magnus, qui per inſulam fluebat, vt teſtatur Strabo libro decimo. Hanc aiũt apud palmam & oliuam, vt dictũ fuit, peperiſſe, vti teſtatur Euripides in Iphigenia in Tauris hoc pacto,

ποθοῦσ' Ἄρτεμιν λοχείαν
ἃ παρὰ κύνθιον ὄχθον οἰκεῖ,
φοίνικά θ' ἁβροκόμαν,
Δάφναν τ' εὐεργέα, καὶ
γλαυκᾶς θάλλον ἱερὸν ἐλαίας
λατοῦς ὠδῖνας φίλαν.
Cupiens, Dianam parientium fautricem,
Quæ iuxta Cynthium tumulum colens,
Palmamque ſuauiter comatam
Laurumque bene ramoſam, &
Glaucę germen ſacrum oliuæ,
Latonę doloris amicum.

Sed neque tamen in illa inſula cum partum edere potuiſſet, niſi Iunonem armorum Curetum ſtrepitus obtudiſſet, cum aſsidue ſollicita eſſet, & Latonam inſequeretur ne alicubi pareret. Complexa igitur palmam, vt à doloribus ſolueretur, peperit: cum mos ſit parturientium mulierum proxima quæque apprehendere, atque ita nixæ partus doloribus ſoluuntur, Enixa eſt igitur Dianam & Apollinẽ, vt ait in his Orpheus:

εὔτεκνον ζηνὸς γονίμην ὠδῖνα λαχοῦσα,
γειναμένη φοῖβόν τε, καὶ ἄρτεμιν ἰοχέαιραν.
E Ioue quæ quondam es partus ſortita dolores,
De qua ſunt Phœbus ſimul & Diana creati.

Quamuis Herodotus in Euterpe Dionyſi & Iſidis inquit Apollinem & Dianam eſſe

esse filios, at nutricem fuisse Latonam, vt dictum fuit. neque illud est silētio prætermittendum, quod Latona cum propinquaret pariendi tempus, oberraretq; in litore Atticæ nō procul à mari, zonam soluit ob tumorem vētris in loco Zostere ab eo euentu vocato. Sed vt communiorem sententiam sequamur, recens natus Apollo sagittis serpentem illum occidit, qui matrem Latonam ad id vsque tempus insecutus fuerat, vt scripsit Pindarus in Pythiis. atque cum multa de Latona dicta sint superius, eadem repetere ducimus superuacaneum, quare tot de illa in præsenti dicta sufficiant: si tantum hoc addiderimus, quod Phæbus postmodo in Lyciam, Diana in Cretam vbi adoleuissent, in mōtem Dictynnum secesserūt, ac Delum matri habitandam reliquerunt. Nunc autem quid Latonam esse voluerint antiqui perquiramus.

¶ Fuerunt qui Latonam matrem fuisse Apollinis tradiderint, quia suauitas musicæ harmoniæ malorum omnium obliuionem inducat, quæ sunt in hac miserrima & molestiarum plenissima hominum vita. Dicunt Dianam filiā fuisse eiusdem Latonę, quia musica modo ad lenitatem muliebrem animos mortalium inflectat, modo ad fortitudinem erigat & inflammet, strenuosque faciat. Nam memoriæ proditum est Timotheum musicum vbi in conuiuio musica instrumenta apud Macedonem Alexandrum pulsaret, ita eius regis animum inflammasse, vt ad capienda arma è conuiuio exilierit. Deinde cum ab illa tam acri chordarum tractatione ad leniorem modum deuenisset, iterum accubuit Macedo, vt sciptum reliquit Aristoxenus in libro de Tibicinibus. Alii crediderunt Dianam genitam dici à Latona, quoniam venationis etiam exercitatio plurimum conferat ad deponendas & delendas animi molestias. Hanc inquiunt Phœbes & Cœi filiam fuisse, qui Cœus è cœlo natus est, quoniam omnium bonorū pater ac mens diuina omnibus quæ sunt ac vigent suam bonitatem impertit: neque quidquam est boni, quod non à diuina bonitate cælitus proficiscatur: omnium igitur malorum obliuio filia est superni luminis. Hæc malorum obliuio cum plena sit spe & pulchritudine de cœlo adueniente, ab humanis calamitatibus tanquam à serpente, terrore afficitur: veruntamen ope diuina ad partum adiuuatur, ac serpentem denique superat. alii tamen, inter quos fuit Lysimachus Alexandrinus lib. 10. rerum Thebanarum, maluerunt hoc ad mundi procreationem perduci: qui dixerūt sydera & solem vi maxima caloris in superna loca raptum fuisse, vbi primū post chaos rerum informium formæ, ac elementa enituerunt, terra molli adhuc existente, & lutosa, & instabili sede nutāte, cum calor æthereus paulatim conualuisset, ac semina ignea in eam defluxissent: Tunc enim lunam inferiorem locum inter corpora cœlestia occupasse memorant, vt quæ crassiore sit natura. Sic igitur physici Latonam terram esse crediderunt, cui Iuno diu obstitit, ne Phœbus ac Diana nascerentur. atqui Iuno aer est, vt ostendimus, qui humidus supra modū grauisque existens erat impedimēto, quo minus duo lumina viderentur ob densitatem, quasi ne nascerentur: sed vis Neptuni denique concessit, vt terra, quæ prius sub aqua latebat, siccaretur, qua exiccata & apparente ex aquis Latona peperit: nam cessantibus nebulis hæc duo lumina continuo apparuerunt. Quod vero Apollo serpentem, qui matrem insectabatur, sagittis cōfecerit, ita Stoicus Antipater interpretatus est: terræ humidæ & recentis adhuc exhalatio cum esset frequens volubili impetu sursum fereba tur: at cum non apte posset ob copiam digeri, rursus ferebatur deorsum, omniaque putredine corrumpebantur. At illa putredo, cum fiat omnis putredo per calorem non sine humectatione, omnes terrę fructus infestabat, neque quidquam per illam aeris inclementiam nasci poterat. At enim diuina prouidentia tandem factum est, ita statuente Neptuno terra paulatim ficciore facta, soleque vapores iam validiore extenuante, vt pestifera il-

la

la exhalatio astrorum virtuti cesserit: quare dictus est Apollo sagittis serpentem siue putredinem suis radijs illam domuisse. ac de Latona satis, nunc de Curetibus aut Corybantibus dicamus.

De Curetibus siue Corybantibus. Cap. VII.

CVretes autem illi, qui Iouem cum Rhea Saturni patris crudelitati subtraxerunt, eumque in Cretam educandum deportarũt, num dæmones fuerint, an homines dubitari solet: siquidem Hecatæus Milesius in ijs libris, quos de Phoroneo conscripsit, modo ὀρχιστὰς θεοὺς saltatores Deos scilicet, modo παιγνίμονας lusores siue iocosos vocauit. ac vero Menodotus Samius in ijs commentarijs, quos de rebus Sami egregijs conscripsit, κουρῆτας θεοὺς χαλκασπίδας, Curetes æreis scutis armatos Deos appellauit. Heraclides autem Ponticus in rebus Amatorijs non Deos, sed Cretenses homines putauit esse, qui primi omnium mortalium ærea arma in Eubœa induerint, Iouemque nutriuerint, & cum illo postea militauerint, eumque in regnum paternum deduxerint. Fama est Curetes & Corybantes ab Idæis dactylis fuisse genitos, vt memoriæ prodidit in rebus Cretensium Echemenes, qui viros centum in Creta genitos fuisse memorat, atque illos Ideos dactylos fuisse vocatos: à quibus nouem Curetes fuerunt procreati, qui singuli decem viros genuere, quos postea nominarunt Idæos Dactylos, vt ait Strabo libro decimo. Dionysius vero Chalcidicus quindecim illos fuisse scripsit. at Pherecydes quinquaginta & duos, quos etiam ex Apolline & Rhytia nympha natos fuisse tradidit. alij contra è Cabera Prætei filia & Apolline. vocati sunt Idæi ab Ida monte Cretæ vt sensit Hellanicus, vt vero Mnaseas libro primo de Asia à patre Dactylo & à matre Ida. at Posidippus epigrammatum poeta vocatos fuisse Idæos Dactylos putauit, quia in Ida monte Cretæ Rheæ obuij digitos eius attigerint cum illam complecterentur. fuerũt autem præstigiatores Idæi Dactyli, ferrique in varias formas diducendi artifices, aliorumq; metallorum inuentores, vt patet ex his carminibus eius poetæ, qui Phoronidem scripsit:

ἔνθα γόητες
Ἰδαῖοι φρύγες ἄνδρες ὀρέστεροι οἰκί᾽ ἔναιον.
κέλμις δ᾽ αμναμεναύς τε μέγας, καὶ ὑπέρβιος ἄκμων.
εὐπάλαμοι θεράποντες ὀρείης ἀδρηστείης.
οἳ πρῶτοι τέχνην πολυμήτιος ἠφαίστοιο
εὗρον ἐν οὐρείῃσι νάπαις ἰόεντα σίδηρον.
ἐς πῦρ τ᾽ ἤνεγκαν, καὶ ἀριπρεπὲς ἔργον ἔδειξαν.
Præstigiatores homines hic tecta suarum
Idæi coluere Phryges montana domorum.
Celmis, Damnameneus ingens, præsignis & Acmon.
Egregij famuli Adrasteæ, qui prius artem
Vulcani reperere Dei prudentis in altis
Montibus, & ferrum varias docuere figuras
Ignibus impositum.

Eratosthenes in Architectonicos & Scepsius Curetas & Corybantes eosdem esse tradiderunt, quod etiam sensit Orpheus in his:

κουρῆτες, κορύβαντες ἀνάκτορες, εὐδύνατοί τε.
Curetes clari Corybantes regia proles.

Alij Rheæ datos à Titanibus ministros fuisse Corybantes armis instructos è Bactriana inquiunt, alij è Colchis, alij è Phrygia. Fuerunt qui dixerint Telchines nouem fuisse Rhodi comites Rheæ, qui in Cretam accesserint, qui dicti sint Curetes ex quo tempore Iouem educarunt: at Corybantes Solis & Mineruæ filios fuisse dæmones. Quidam Saturni filios eos esse crediderunt, quidam vero Iouis & Halliopes, cum alii Curetes Hecates ministros arbitrarentur. Curetes siue Corybantes in matris Deorum sacrificiis armati saltabant casti & pueri assumpti. Dicti sunt Curetes ἀπὸ τοῦ κορύπτειν, quia caput inter saltandum iactabãt, exercebantque enopliam pyrrhicam saltationem ensibus scuta inter saltandum cum harmonia percutientes. Fuerunt nonnulli, inter quos Callisthenes in primo nauigationis, & Euphorion, qui Dactylos, Idæos, Curetas, Corybantes, Caberos, Telchinas eosdem putarint esse, cum alii cognatos quidem esse inter se, sed paulum differre. Narrant Curetas nonnulli Pleuronium agrum habitasse, qui Cureticus postea ab illis nominatus fuit. Archemachus Euboicus hos Chalcidem inquit incoluisse, qui cum de Lilanto campo dimicarent, atque hostes priorem partem cæsariei horum caperent, cum dabatur facultas, illam capillorum partem totonderunt, & inde a tondendo Curetes sunt nominati. Cum postea in Aetoliam migrassent, & Pleuronis loca trans Acheloum occupassent, intonsa seruantes capita Acarnanes dicti sunt. Alii quia longas stolas gestarent tanquam puellæ, ita nominatos contenderunt. Semus libro septimo eorum quæ erant in Delo, Curetas filios fuisse scribit Danaidis Nymphæ Cressæ, & Apollinis, cum essent Corybantes Apollis & Thaliæ: quare non eosdem fuisse contendit. Apollodorus autẽ Atheniensis lib. 2. Biblyothecæ memoriæ prodidit hos fuisse à Ioue occisos, quia Epaphum, quem pellex Io pepererat, Iunonis hortatu ceperunt occultandum. Hos Curetas memorant spiritu afflatos & Bacchico valde tumultuosa armorum agitatione cum strepitu, fragore, cymbalis, tympanis, tibijs, vociferatione inter sacrificia vti solitos, vt præsentes perterrefacerent, Deæque reuerentia & metu adimplerent. Atqui hunc sacrorum ritum, quem seruabant Curetes in sacris Deæ Rheæ, ita breuiter expresit Lucretius libro secundo:

> Hic armata manus (Curetas nomine Graij
> Quos memorant Phrygios) inter se forte caterua
> Ludunt, in numerumque exultant sanguine læti,
> Terrificas capitum quatientes numine cristas.
> Dictæos referunt Curetas: qui Iouis illum
> Vagitum in Creta quondam occultasse feruntur:
> Cum pueri circum puerum pernice chorea
> Armati in numerum pulsarunt æribus æra.

¶ Atqui rectißime pro antiquorum theologia musica ratio Deorum sacrificijs addita fuit, non solum quia compositos animos sacrificantium, & ad aras Deorum accedentium esse oportere significabant, cum metro compositæ preces domo essent ad altaria afferendæ: (neque enim animus domesticis negotijs implicatus debet ad Deum colendum proficisci, sed omnia negotia pro viribus è memoria obliteranda sunt cum ad aras accedimus.) sed etiam quia, cum Deos corpora cœlestia esse arbitrarentur, è numeris & harmonicis proportionibus Deos ipsos constare putarent. Sic igitur per hymnorum, & instrumentorum, & saltationum rhythmum Deorum naturam imitabantur, & oblectabantur sacrificantes, & dies festos agentes, conuiuijs ac Genio indulgentes, Deorumque ipsorum felicitatem aliquo pacto imitantes, pro viribus proxime ad Deorum immortalium naturam accedebant. Nam cum præclarum Dei opus mundum concentu constare crediderint, omnia musica Dijs grata esse merito existimabant. Orpheus vero cum alios marinos, alios terrestres, alios cœlestes dæmonas è Curetibus appellet, videtur dæmonas tempestaribus præfectos, vel potius ventos ipsos Curetas existimasse, vt apparet ex his carminibus:

χαλκε-

χαλκόκροτοι κουρῆτες, ἀρήϊα τεύχε' ἔχοντες
οὐράνιοι, χθόνιοί τε, καὶ εἰνάλιοι πολύολβοι
ζωογόνοι πνοιαὶ, κόσμου σωτῆρες ἀγαυοί.
Aerea pulſantes Curetes arma marini,
Cœleſtes, ac terreſtres, Mauortia pubes.
Fructiferi venti, qui vaſti mœnia mundi
Seruatis.

Nihil ſane aliud horum ſtrepitus, quam vim ventorum indicabat, qui etiam miniſtri Rheæ dicebantur, quoniam per ventos, vt dictum fuit, & pluuiæ & frigora & omnia denique naturæ opera perficiantur. Nam nullum animal poteſt gigni niſi per ventum ſperma extrudatur, quod ipſum accidit in omnibus plantarum ſeminibus. Quod autem venti ſint Curetes, & quod ijdem & ſalutis & moleſtiarum in naturæ operibus ſint autores, patet ex his Orphei carminibus, quæ pontum etiam ab illis exagitari ſignificant: cum nihil aliud quam venti mare inſeſtet magis:

Δαίμονες ἀθάνατοι τροφέες, καὶ αὐτολετῆρες,
ἠνίκ' ἂν ὁρμαίνοντας χολούμενοι ἀνθρώποισιν.
ὀλλύντες βίον καὶ κτήματα, ἠδὲ καὶ αὐτοὺς
πιμπλάντες. στεναχεῖ δὲ μέγας πόντος βαθυδίνης.
Δένδρεα δ' ὑψικάρηνα ἐκ ῥιζῶν ἐς χθόνα πίπτει.
ἠχὼ δ' οὐρανία κελαδεῖ ῥοιζήμασι φύλλων.
Dæmones æterni, ac perdentes facta virorum,
Cum grauis iratum fluctus vos ſuſcitat: arua
Vaſtantes, frugesque nouas: tum rurſus & arua
Frugibus implentes. per vos mare murmurat alte:
Conuulſæque cadunt plantæ ab radicibus imis.
Et latè reſonat cœleſtis ſibilus auræ.

Nam omnis fertilitatis & ſalutis animalium autores ſunt venti, quare miniſtri terræ merito ab antiquis ſunt crediti. Cum plus conferat ad omnem fertilitatem fæcunditatemque terræ cœleſtis benignitas vt ait Theophraſtus in cauſis plãtarum, quam vniuerſus labor annuus agricolarum. At de Curetibus & Corybantibus ſatis, nunc de Cyclopibus dicamus.

De Cyclopibus. Cap. VIII.

FVerunt autem Cyclopes cœli & Terræ filij, vt ait Heſiodus his carminibus in Theogonia:

Γείνατο δ' αὖ κύκλωπας ὑπέρβιον ἦτορ ἔχοντας
Βρόντην τε, στερόπην τε, καὶ ἄργην ὀβριμόθυμον
οἳ Ζηνὶ βροντήν τ' ἔδοσαν, τεῦξάν τε κεραυνόν.
οἱ δ' ἤτοι τὰ μὲν ἄλλα θεοῖς ἐναλίγκιοι ἦσαν,
μοῦνος δ' ὀφθαλμὸς μέσσῳ ἐνέκειτο μετώπῳ.
κύκλωπες δ' ὄνομ' ἦσαν ἐπώνυμον, οὕνεκ' ἄρα, σφέων
κυκλοτερὴς ὀφθαλμὸς ἕεις ἐνέκειτο μετώποις.
Hæc eadem peperit Cyclopas deinde ſuperbos,
Argem magnanimum, pariter Brontem, Steropenque:
Qui fulmen, tonitrumque Ioui grauia arma parabant.
Cætera Dijs ſimiles fuerant: ſed fronte rotundum
Lumen geſtabant media: hinc ſunt nomen adepti.

Euripides tamen Cyclopas marini Dei hoc eſt Neptuni filios illos nominauit in Cyclopibus cum inquiat:

ἵν' οἱ μονῶπες ποντίου παῖδες θεοῦ
κύκλωπες οἰκοῦσ' ἄντρ' ἔρημ' ἀνδροκτόνοι
τούτων ἑνὸς ληφθέντες, ἐσμὲν ἐν δόμοις
Δοῦλοι, καλοῦσι δ' αὐτὸν ᾧ λατρεύομεν
πολύφημον.
Monoculi vbi Dei marini filij
Cyclopes homicidæ antra deserta incolunt.
Vnius horum nos sumus serui domi.
Illumque cui seruimus ipsi nominant
Polyphemum.

At cum Polyphemus inter hos omnes, qui centum fuisse memorantur, viribus corporis, formæque magnitudine præstaret: non satis constat quibus parentibus ortus fuerit: quippe cum Apollonius libro primo Argonauticorum illum admirabilis magnitudinis Polyphemum Neptuno & Europa Tityi filia natum fuisse inquiat in his carminibus:

ταίναρον αὖτ' ἐπὶ τοῖσι λιπὼν πολύφημος ἵκανε.
τὸν ῥα ποσειδάωνι ποδωκέστατον ἄλλων
εὐρώπη τιτυοῖο μεγασθενέος τέκε κούρη.
κεῖνος ἀνὴρ καὶ πόντου ἐπὶ γλαυκοῖο θέεσκεν
οἴδματος, οὐδὲ θοοὺς βάπτεν πόδας, ἀλλ' ὅσον ἄκροις
ἴχνεσι τεγγόμενος διερῇ πεφόρητο κελεύθῳ.
His actis Polyphemus adest mox Tænaro. at alma
Europa hunc Tityi genuit pulcherrima proles
Neptuno celerem supra omnes, viribus acrem.
Per mare cæruleum tumidis cum tollitur vndis
Curreret, & summas vix tingeret æquore plantas.

Andro vero Teius in Affinitatũ Epitomis & Possidonius Polyphemum patre Elata, at matre Stilbe nympha natum fuisse memorat. Conon in Heraclea Elasi & Amymones Polyphemum filium fuisse tradidit. Homerus in primo Odysseæ Polyphemum Neptuni & Thoosæ nymphæ filium scripsit. Cyclopas autem singulos vnum oculum tantum habuisse in media fronte ita scripsit Apollodorus libro primo: μετὰ τούτους δὲ αὐτῷ τεκνοῖ γῆ κύκλωπας ἄρπην, στερόπην, βρόντην, ὧν ἕκαστος εἶχεν ἕνα ὀφθαλμὸν ἐπὶ τοῦ μετώπου. Post hos tellus è cœlo Cyclopes peperit, Harpen, Steropen, Brontem, quorum singuli vnum oculũ habebant in fronte. Hos in Lipara insula, quæ Meligunis etiam dicta est, habitasse, quæ est vna ex Aeolijs, ita scripsit Callimachus in lauacrum Dianæ:

αὖθι δὲ κύκλωπας μετεκίαθε. τοὺς μὲν ἔτετμε
Νήσῳ ἐνὶ λιπάρῃ νέον, ἀλλὰ τότ' ἔσκεν
οὔνομά οἱ μελιγουνὶς, ἐπ' ἄκμοσιν ἡφαίστοιο
Ἑσταότας περὶ μύδρον, ἐπείγετο γὰρ μέγα ἔργον.
Continuo Cyclopas adit: tunc repperit illos
In Lipara, namque hic habitabant: nomen at illi
Tum Meligunis erat. candentis pondera circum
Hi stabant ferri, Vulcani incudibus amplis
Impositi. nam vrgebat opus prægrande.

Euripides in Cyclope videtur reliquos Cyclopas Polyphemi filios putasse cum ita scribat dicentem Polyphemum:

ἤδη δὲ παῖδας προσνέμοντας εἰσορῶ
ποίμνας.
Custodientes filios cerno greges.

Hunc in spelunca habitare solitum, & oues in Sicilia custodire, magis notum est, quam vt indigeat explicatione, cum in eadem tragædia etiam id scribat Euripides, & Homerus libro primo Odysseæ. Scriptum reliquit Onasus in primo libro rerum Amazonicarum Latonomen Herculis sororem Amphytrionisque & Alcmenæ filiam fuisse Polyphemi vxorem. Erat autem victus Polyphemi, aliorumque cyclopum fructus, quicunque è terra nascebantur, nullisq; vtebantur legibus, vt ait Hom. in libro primo Odyss. quos etiam ἀθέμιστας siue exleges vocat in his. carminibus:

κυκλώπων δ' ἐς γαῖαν ὑπερφιάλων ἀθεμίστων
ἱκόμεθ', οἵ ῥα θεοῖσι πεποιθότες ἀθανάτοισιν
οὔτε φυτεύουσι χερσὶ φυτὸν, οὔτ' ἀρόωσιν.
ἀλλὰ τάγ' ἄσπαρτα, καὶ ἀνήροτα πάντα φύονται,
πυροὶ καὶ κριθαὶ καὶ ἄμπελοι, αἵτε φέρουσιν
οἶνον ἐριστάφυλον καί σφιν διὸς ὄμβρος ἀέξει.
τοῖσιν δ' οὔτ' ἀγοραὶ βουληφόροι, οὔτε θέμιστες.
ἀλλ' οἵδ' ὑψηλῶν ὀρέων ναίουσι κάρηνα
ἐν σπέσσι γλαφυροῖσι θεμιστεύει δὲ ἕκαστος
παίδων ἠδ' ἀλόχων, οὐδ' ἀλλήλων ἀλέγουσιν.
Venimus exlegum ad Cyclocum protinus arua,
Qui superum freti bonitate hud semine iacto
Obuertunt terras, manibus nec germina plantant.
Omnia sponte sua nullis nascuntur aratris
Hordea, frumentumue coactum, ac ipsa racemos
Vinea producit, quos auget Iupiter imbre.
Non fora, non causas norunt, non iura senatus:
Aspera in excelsis habitantes montibus antra,
Et puer, & magnis de rebus iudicat vxor.

Nam primum viuendi genus, quod vrbanitatem quandam videretur continere primi instituerunt Cyclopes: qui cum filiis & vxoribus de rebus vtilibus consultabant. Fuerunt qui dixerint vtile fuisse ciuitates condere, & cum homines in vnum conuenissent leges ferre, atque idcirco horum commodorum autores mirificis laudibus extollunt. Ego contra, nihil magis perniciosum contigisse humano generi hominum censeo, cum commoda illa, quæ cum ciuitatibus excogitata sunt, omnium scelerum causæ fuerint. Satis enim erat homini ad feliciter viuendum Dei cognitio, & lex, quæ pulsari quempiam vetasset, cum auaritia, latrocinia, ignauia, ambitio, bella, Deorum contemptus, & omnia scelera denique cum commodis ciuitatum pullulauerint; quæ nisi introducta fuissent, omnes plantationibus & agriculturæ nunc essemus intenti, felicissimique sine principum auaritia viueremus. Fama est Galateam fuisse amatam à Polyphemo, vt ait Theocritus in Cyclope. Istud autem contigit quia Philoxenus Cytherius cum eo adiisset, templumque vidisset Galateæ à Cyclope erectum, causam ignorans, Polyphemum illam amasse credidit, & idcirco templum illud ei erexisse, vt scripsit Alcimus libro tertio rerum Sicularum, & enarrator Theocriti. Ad huius amoris remedium & fistula, & Musarum cantibus vsus est Polyphemus, vt testatur Theocritus dicitur Polyphemus non modo amasse Galateã, sed & Galatum ex illa suscepisse vt testatus est Bacchylides. cũ quidam Celtum etiam Polyphemi filium fuisse inquiant, à quo dicti sunt Celtæ: & Illyrius, à quo Illyris & Henetus vt quidam voluerunt à quo regio postea Venetia: & Paphlagõ vt ait Dercyllus in lib. de nominib. vrbiũ & locorũ. Hylã prætereà non ab Hercule, sed à Polyphemo fuisse amatũ memorãt, vt ait Socrates in commentariis ad

Llotheum, & Zenodotus in linguis. Dicitur & Tyrinthe vrbs opus fuisse Cyclopum, cuius muri fuerunt è rudibus lapidibus extructi, eratq; illa eorum magnitudo, vt nec minimus quidem eorum vel iumentorum bigis loco moueri posset, vt scriptum reliquit Pauf. in Corinthiacis. quod factum fuit ad Præti gratiam, vt ait Stra. lib. 8. Quidam arbitrati sunt Mycænes etiam muros validissimos extructos fuisse à Cyclopibus, quos Argiui fugatis Mycenæis demoliri nõ potuerunt. Erat autem Polyphemus Cyclopũ princeps homo non solum agrestis & ferus, sed plane inconsideratus, qui cum pecudibus etiam aliquãdo loqueretur, vt testatur Cice. lib. 5. Tusc. disputationum. nam is beatum arietem appellat, ꝙ quã vellet, posset inire, & attingere, cum Cyclops ariete illo nihilo esset prudentior. Quis enim sapiens appellari possit, qui felicitatem humanam in turpissima libidine sitam esse arbitretur? nam qui inter vina, lautioraq; pocula, aut inter immodicum cõmodorum à natura ad conseruanda corpora datorum vsum se felicem censeat, ebrietateque omnium prope facinorum turpissima vincatur, nonne inter belluas potius hic, quàm inter homines est connumerandus? Quid enim deformius dici aut commemorari potest, quam si tantum Polyphemi corpus in spelunca prostratũ, & frusta esorum hominum cum vino eructans, multoque vomitu pectus & barbam detorpatam ac fœdissime olentem, & ipsum Polyphemum inter eum vomitum iacentem videremus? at quantæ vires quam paruis poculis infractæ sunt? neque abhorret sane ab huiusmodi ebrietate & imprudentia, legum, æquitatis, & Deorum contemptio, & impietas omnis illa, quam Homerus illi attribuit:

ὣς ἐφάμην. ὁ δέ μ' αὐτίκ' ἀμείβετο νηλέϊ θυμῷ.
Νήπιος εἰς ὦ ξεῖν', ἢ τηλόθεν εἰλήλουθας,
ὅς με θεοὺς κέλεαι ἢ δειδίμεν, ἢ ἀλέασθαι.
οὐ γὰρ κύκλωπες Διὸς αἰγιόχου ἀλέγουσιν.
οὐδὲ θεῶν μακάρων, ἐπεὶ πολὺ φέρτεροι εἰμέν.
οὐδ' ἂν ἐγὼ Διὸς ἔχθος ἀλευάμενος πεφιδοίμην
οὔτε σεῦ, οὔθ' ἑτάρων, εἰ μὴ θυμός με κελεύει.

Sic ergo: sic contra is. turbato pectore fatur.
Stultus es, aut huc è longinquis finibus erras:
Qui curare Iouemque mones, superosque vereri.
Nec mos Cyclopum est superos curare, Iouemue:
Quod superisque Iouique superno robore præstant.
Nec tibi, vel socijs parcam, magni Iouis iram
Quo vitem: nisi sic animo mihi sederit ipsi.

Atque is, qui nullo rationis ductu, nullaque vel hominum vel Deorum reuerentia moueatur, trahaturue ad æquitatem, quo pacto non tanquam bellua omnem suam felicitatem in ventris voluptate collocauit? at tanta fuit eius Cyclopis arrogantia, vt nulla habitæ beneficentiæ Dei, & benignitatis cęli ratione, se terram ad fertilitatem cogere arbitraretur, tanquam sola humana diligentia sufficeret agris colendis. sic enim gloriatur apud Euripidem:

ἡ γῆ δ' ἀνάγκῃ κἂν θέλῃ, κἂν μὴ θέλῃ,
τίκτουσα ποίαν, τἀμὰ πιαίνει βοτά.
Ἁ' γὼ οὔτινι θύω, πλὴν ἐμοί, θεοῖσι δ' οὔ.
καὶ τῇ μεγίστῃ γαστρὶ τῇδε δαιμόνων.
ὡς τοὐμπιεῖν γε καὶ φαγεῖν τοὐφ' ἡμέραν,
Ζεὺς οὗτος ἀνθρώποισι τοῖσι σώφροσι,
λυπεῖν δὲ μηδὲν αὐτόν. οἱ δὲ τοὺς νόμους
ἔθεντο ποικίλλοντες ἀνθρώπων βίον.
κλαίειν ἄνωγα.

Necesse

Necesse terræ sit, volenti, siue non,
Herbas creare, pinguis vt sit grex meus.
Nulli Deorum, sed mihi quem nutrio.
Et huic Deorum maximo ventri: viris
Vt solus est hic Iupiter prudentibus.
Bibendi edendi hic lex diebus singulis,
Viuendi & vsque suauiter. qui legibus
Ornare vitam protinus mortalium
Voluere, ego valere iussi iamdiu.

Sed tamen tanta hæc arrogantia vltores Deos aliquando experta est. nam cum in profecti illuc Vlyssis socios Polyphemus sæuijsset, ac nonnullos vorasset, illud verum esse, quod ita scribitur à Theognide, expertus est:

οὐδεὶς ἀπω ξεῖνον πολυπαίδη ἐξαπατήσας
οὐδ' ἱκέτην θνητῶν ἀθανάτους ἔλαθε.
Hospes decipiens peregrinos, siue rogantum
Suppliciter vocem, nemo Deos latuit.

Nam profectò ille, qui neque Iouem, neque superos vel tantilli faciebat, qui terræ etiam imperare sibi videbatur, qui nullam curabat cœli clementiam, hic ab homunculo Vlysse, vel oculo, quem vnicum habebat, priuatus est: quare non solum Deorum consilio, sed etiam humanis viribus denique cedant oportet, qui supra humanas facultates temeritate quadam extolluntur. Memoriæ prodidit Apollodorus libro primo Deorum Cyclopes statim natos in tartarum deiectos fuisse, deinde Iouis opera ita precante Tellure, quia victoriam illi aduersus patrem vaticinata esset, è vinculis liberatos, & in lucem reductos cæsa Campe, quæ illos custodiebat. Tunc Cyclopes Plutoni galeam donarunt, quam si quis haberet, à nemine videri poterat. Tonitrua, & fulgura, & fulmina Ioui, quibus omnes mortales perterrefaceret. Tridentem autem Neptuno, quo maria omnia perdomaret. Idcirco crediti sunt ex illo tempore Cyclopes, & inter hos maxime Brontes, Steropes, ac Pyracmon fulmina Ioui in Aetna Siciliæ monte facere, vt ait Virgilius libro octauo:

Ferrum exercebant vasto Cyclopes in antro
Brontesque, Steropesque, & nudus membra Pyracmon.
His informatum manibus iam parte polita
Fulmen erat, toto genitor quæ plurima cœlo
Deijcit in terras: pars imperfecta manebat.
Tres imbris torti radios, tres nubis aquosæ
Addiderant, rutili tres ignis, & alitis Austri.
Fulgores nunc terrificos, sonitumque metumque
Miscebant operi, flammisque sequacibus iram.

Cum igitur Aesculapius fulmine cæsus fuisset, Apollo mortē filij grauiter ferens, fulminis ministros & artifices sagittis confecit, vt est apud Euripidem in Alceste. atque ita scripsit Orpheus in Argonaut.

οὕνεκα τοὶ κύκλωπας ἀμαιμακέτοισιν ὀϊστοῖς
ἐν φθιτοῖσιν ἔτευξ' ἀσκληπιοῖο ἕνεκα λώβης.
Cyclopas quoniam transfixerat ille sagittis,
Aesculapi causa miseri, quæ vulnera fleuit.

¶ Atque hæc illa sunt, quæ de Cyclopibus fabulose memoriæ prodita fuerunt ab antiquis scriptoribus, nunc veritatem ex his exprimamus. omnia autem fabularum figmenta, vt diximus superius, proprium quoddam habent historiæ fundamentum: vt ea quæ dicta sunt de Aeolo, quòd adiacentibus Liparæ insulis imperauerit. Sic Scylla & Charybdis dictæ sunt, non solum illis de causis, quæ commemoratæ sunt, nauigantes absorbere: sed etiam quia piratæ & latrones loca finitima habitarent, qui præternauigantia nauigia prædarentur. Læstrygonas autem & Cyclopas Aetnæ & Leontinis vicina loca incolentes immanes & efferos quosdam homines fuisse memorant, & maleficos, & latrones, & in omnes peregrinos prorsus inhumanos, quare hæc de illis tradita sunt. Veruntamen cum nullum scelus mortalium Deus inultum esse patiatur, vt diutius pœnas daret pro flagitijs & crudelitate Polyphemus, Deus nō immisit consilium Vlysi, vt illum, cum posset, iugularet: nam id quidem breue futurum erat supplicium, sed vt oculo illo amplo, quem vnicum habebat, priuaret. Dictus est autem Cyclops ab oculo circulari. Huic ante illud supplicium eximiam crudelitatem, impietatemque inauditam tribuit poeta, quem facit in amorē prope furiosum, & ebrietate victum, & in omnes voluptates corporis maxime propensum, atque omnino imprudentem: cum nemo malus & prudens vno tempore esse possit. Alij tamen maluerunt fabulam hanc ad physicas rationes traduci, qui dixerunt Cyclopas esse vapores, è quibus fulmina, & fulgura, & tonitrua nascantur. Hi dicuntur fuisse cęli & terræ filij, quoniam vapores è terra, non nisi per calorem cœlestem extolli, atque extenuari in aera possunt. Cum vero multi etiam ex aquis extenuatis oriantur, merito Europæ siue terræ & Neptuni filius dictus est Cyclops Polyphemus. Huic matrē Stilben tribuerunt, quod nomen splendidam significat. alij Thoosam quasi currētem eius matrem dixerunt, quia frequentes & citi ascendunt vapores, quo tempore fieri solent fulmina. dicti sunt habitare Aetnam montem Siciliæ igne abundantem, quoniam non nisi per calores fiunt, cum frigore cogantur, & de cœlo depellantur. Horum tres præcipue dicti sunt Ioui fulmina fabricare Harpes, Brontes, Steropes, quod Harpes ad se rapiat vapores, pro quo alij Pyracmonem substituerunt. Est enim Polyphemus, vt nomen ipsum significat, multus strepitus, siue multus sonitus: at Pyracmon, multus ignis. Nam nisi magna vis ignis, multaque vaporum copia fuerit, fiunt quidem fulgura & tonitrua, at fulmina certe aliquo horum trium ministrorum deficiente fieri vel creari non possunt. at Βροντᾶν tonare significat, vnde dictus est Brontes. Steropes fulgur est, & splendor is, qui fulmina antecedit. cum hæc in aere contingant circa fulmina, hæc fabula de Cyclopibus conficta est ad explicanda illa quæ fiunt in sublimi ab antiquis. est enim idem atque si dixissent: vapores ex aqua & terra virtute caloris cœlestis, solis scilicet extenuati sublimes extolluntur, qui vbi condensantur eliso calore, fiunt tonitrua & fulgura & fulmina, quæ deorsum ab aere supremo, qui Iupiter appellatus est, pelluntur ac deijciuntur. Hi dicuntur fuisse aliquando in tartarum à patre detrusi, & in lucem postea à Ioue reuocati, quoniam calor per hyemem vapores inferius attrahit sub terram, cum vis frigoris illos intra terram coerceat: at Ioue reuocante temperie aeris scilicet è tartaro liberantur, Campe cæsa, siue glacie potius & crusta terræ liquefacta. fabulantur Polyphemum victum fuisse dolo ab Vlysse, cum antea esset omnibus formidabilis, quia prudentia mortalium res arcanas naturæ denudauerit, quæ antequam cognoscantur sunt in maxima admiratione ac metu, quales ferūtur fuisse ecclipses ante Thaletis tempora, qui primus naturam rationemque defectuum solis & lunæ patefecit, animosq; mortalium insigni trepidatione liberauit. At Cyclopibus tamen aram pro mortalium dementia structam fuisse ad quam res diuina fieret, scripsit Pausanias in Corinthiacis, & diuinos honores illis fuisse institutos. Dictus est autem Apollo Cyclopas filij causa occidisse, quoniam vapores per vim solis & coguntur & soluuntur. sunt enim Cyclopes vapores, è quibus fiunt fulmina, & venti, & imbres, ita dicti quod in circulum assidue ferantur. nam modo ascendunt rarefacti per vim solis, modo in plu-

uias

nias condensant,in circulumq; vertuntur in elementa,de quib. ita ait Lucr.lib.3.

> Et primum faciunt ignem se vertere in auras
> Aeris, hinc imbrem gigni, terramque creari
> Ex imbri,rursusque a terra cuncta reuerti:
> Humorem primum,mox aera,deinde calorem.

Ac de Cyclopibus satis,nunc de Lycaone dicamus.

De Lycaone. *Cap.* IX.

NEque vero Lycaon satis commodum pro sua crudelitate vitæ suæ finem cõsecutus fuit. quem tradiderunt fabulæ pro sua feritate ex humana forma in belluam omnium prope ferarũ crudelissimam Deorum immortalium ira versum fuisse. Lycaon fuit eius Pelasgi filius,qui natus est è Ioue ac Niobe,& regnauit in Arcadia:qui cum primum regnare cœpisset, rudes adhuc homines tuguria ad arcendas frigoris & æstus & imbrium & ventorum iniurias ædificare docuit: tunicasque facere instituit è corijs suillis. Deinde à frondium & herbarum & radicum vsu, quibus vel incaute perniciosis aliquando vescebantur pro cibarijs,ad salubriores glandes,& ad eas præcipue quæ de fagis legerentur,diuertit:quare illud dictum est,de Arcadibus ab oraculo:

> Πολλοὶ ἐν Ἀρκαδίῃ βαλανηφάγοι ἄνδρες ἔασι
> Plurimi in Arcadia vescentes glande feroces
> Mortales habitant.

Lycaonis mater fuisse dicitur Melibœa Oceani filia, vt putauit Hesiodus, vel,vt alijs magis placuit,Cyllene nympha, vt scripsit Apollodorus libro tertio. Fertur Lycaon eodem tempore imperasse Arcadibus,quo Cecrops Atheniẽsibus:quem Iupiter in lupum vertisse dicitur, quoniam ad aram Iouis Lycæi infante mactato humanum sanguinem libauerit. Aiunt inter ipsa sacra,antequam ab ara discederetur, illum in lupum fuisse mutatum, sicuti ait in Arcadicis Pausanias. hic in Lycæo monte Lycosuram vrbem condidit & templum in ea quod Iouis Lycæi appellauit,& ludos in eius honorem instituit,quæ vocata sunt Lupercalia. Neque vero solus Lycaon dictus est in illis sacrificijs in lupum fuisse cõuersus, sed etiam alij complures ex omnibus temporibus sequentibus: qui non tamẽ in omne tempus erant mutati, sed decimo tandem anno, nisi interim humanam carnem gustassent,pristinam formam recuperabant. Neque sane mirum est hæc memoriæ prodita fuisse ab antiquis,cum prisci illi homines Deorũ hospites & conuiuæ pro iustitiæ pietatisque meritis effici dicerentur, quare viris bonis & pijs certissima præmia, sceleratis & sontibus ingentia supplicia ex ira Deorum proponebantur. Sed antequam in lupum verteretur ex vxore Atlantis filia, & ex alijs nonnullis multos filios suscepit. quorum hæc sunt nomina: Acacus, Acontes, Aegeon, Ancyor, Archebates, Aliphenus, Amon, Bucolton, Canethus, Carteron, Corethon, Cynethus, Cletor, Caucon, Eleatas, Elisson, Eumon, Euæmon, Eumetes, Genetor, Harpalycus, Heræeus, Harpaleus, Hæmon, Horus, Helix, Leon, Linus, Lycus, Mœnalus, Mecistus, Macareus, Macedon, Macednas, Mantinus, Nyctimus, Opleus, Orchomenus, Peucetius, Polichus, Pallas, Prothous, Physius, Phassus, Phthius, Phineus, Portheus, Phthinus, Plato, Socleus, Stymphalus, Titanas, Thnocus, Tegeus, Trapezus. Nam cum Apollodorus quinquaginta fuisse inquiat, ego tamen multo plures fuisse apud varios scriptores inuenio: quippe cum Callisto etiam,de qua & Ioue natus est Arcas,quem tamen quidam Apollinis filium fuisse mallũt: & Dia,de qua & Apolline natus est Dryops,filiæ fuisse Lycaonis memorantur. Hecatæus Milesius libro secundo Genealogiarum longe aliam tradidit rationẽ cur Lycaon & eius filij fuerint in lupos conuersi,quam explicauit

postea

postea Ouidius: sic enim inquit: πέλασγος ὁ ἦν παῖς διὸς καὶ νιόβης, ᾧ παῖς ἦν λυκάων ἐκ μελιβοίης κέρης, εἴτουν κυλλήνης ὥς φασιν. οὗτος ἔπειτα βασιλεὺς τῶν ἀρκάδων καταστάς. κατὰ χρησμόν τινα ἐκ πολλῶν γάμων πολλοὺς παῖδας λαβὼν, αὐτός ὢν ἀσεβὴς ἀσεβεῖς καὶ τοὺς παῖδας προσέλαβεν, ὧν μαίναλος, θεσπρωτὸς σὺν νυκτίμῳ, καὶ καύκωνι, λύκος, φθῖνος τε καὶ τηλεβόας, αἵμων, μαντίνους, σύμφηλος, κλείτωρ, ὀρχόμενός τε καὶ ἄλλοι οἱ πάντες ἀσεβείᾳ καὶ ὑπερηφανίᾳ ἐνίκων. ὁ δὲ ζεὺς χερνήτῃ εἰκασθεὶς παραγίνεται αὐτοῖς, ὃν αὐτοὶ καλέσαντες ἐπὶ ξένια ἕνα τῶν ἐγχωρίων παιδαρίων σφάξουσι, καὶ τὰ σπλάγχνα συμμίξαντες παρέθεντο τῇ τραπέζῃ. τοῦτο δὲ ζεὺς ἐγνωκὼς καὶ μυσαχθεὶς, τὴν μὲν τράπεζαν ἀνέτρεψεν, ὅθεν ἐκεῖνος ὁ τόπος τραπεζεὺς ἐν ἀρκαδίᾳ, καὶ τραπεζοῦσα πόλις καλεῖται. τῶν δὲ λυκάονος παίδων ὡς ἀσεβησάντων εἰς ξένον μετ᾽ αὐτοῦ λυκάονος τοὺς μὲν εἰς λύκους ἔτρεψε, τοὺς δὲ κεραύνωσε. Pelasgus fuit Iouis & Niobes filius, qui filiũ Lycaonẽ è Melibœa suscepit, vel vt alii putarunt, è Cyllene. Hic postea cum Arcadum imperium adeptus esset ex quodam oraculi responso, multosque filios è variis nuptiis suscepisset, cum esset ipse impius impios quoque filios habuit. inter quos fuit Mænelaus Thesprotusque cum Nyctimo & Caucone Lycus, Menius, Macareus: qui Macareas Arcadiæ vrbem condidit. Mænalus, qui nomen dedit ciuitati Arcadiæ. Melenæus, qui Melænas oppidum condidit nõ procul à Megalopoli. Acontius, qui Acontium oppidum Arcadiæ de se nominauit. Charisius, qui Charisijs, Cynethus, qui Cynethæ nomẽ dedit, & Psophis. Phthinus, Teleboas, Aemon, Mantinus, Stymphelus, Clitor, Orchomenus, & alii. Omnium igitur horum admirabilis erat improbitas, & temeritas, siquidem vel Ioui in pauperem operarium verso, quem ipsi in hospitium inuitauerant, dicũtur vnũ ex infantibus indigenis iugulasse, & eius intestina Ioui cum aliis commista epulanda in mensa apposuisse. Id scelus abhominatus Iupiter mensam quidem subuertit, vnde locus ille in Arcadia vocatus est Mensarius, & Mensaria ciuitas extructa postea: at e Lycaonis filiis vna cum ipso Lycaone, quoniam impie in hospitem egissent, hos quidem fecit lupos, illos percussit fulmine. Sic etiam Callisto Lycaonis filia in vrsam conuersa est, quia cum venaretur cum Diana à Ioue fuit compressa, ne dignosceretur, de qua natus est Arcas. alii putarunt illum quem ferebat in vtero Mercurio datum esse seruandum, ac matrem ad sempiternam memoriam in Iunonis contemptum in vrsam maiorem conuersam nitere inter sidera, quam obtinuit tantum Iuno non posse in vndas descendere à Neptuno fratre. fabulantur etiã Arcadem cum adoleuisset acceptum frumentum à Triptolemo suis populis tradidisse, panem facere docuisse, & quod ab Adrista præterea didicerat demonstrasse, vestium texturam nimirum ac totum lanificium, sicut Pelasgus vbi regnare cepisset rudes homines docuit tuguria ædificare ad frigus, æstum, imbresque arcendos, & facere tunicas è coriis suillis, & vesci glandibus cum prius quibusuis herbis vel perniciosis incautius vescerentur, atque ab hoc Arcades, ab illo Pelasgi populi sunt vocati. atque tantę fuit reuerentiæ apud mortales Arcas, vt cum in Mænalo monte fuisset sepultus, eius ossa iussa sint ex oraculo Delphici Apollinis deportari in Arcadiam vt ait Pausa. in rebus Arcadum. Id cum scribat Paus. in Arcadicis, miratus sum cur dicat vnicam tantum filiam fuisse Lycaoni inter tot mares, quam etiam inquit in gratiam Iunonis fuisse sagittis trãsfixam: cum Dia etiam Dryopis mater filia eius fuerit, vt scripsit Hecatæus.

¶ At cur hæc ficta sunt, & memoriæ prodita, vt ad posteros peruenirent? quia per illa quæ de hominibus fingebantur, significare nobis volebant, quo pacto vel motus animorum essent refrænandi, vel ad humanitatem, & beneficentiam, & Deorum cultum hortabant: & omnino per fabulas de hominibus confictas vitam humanam optimis moribus instituere conabantur. Sic igitur per Lycaonis fabu lam, cum, vel Deos ipsos in hospitium mortalium aliquãdo accedere sumpta pauperum figura dicerent, humanitate aduersus omnes hospites vti oportere significabant: quod siquis parui Deorum prǽsentiam facere videretur, neque moueretur eorum reuerentia, quia Deos nemini infensos esse crederet, hunc ingentibus præmijs & pollicitationibus ad probitatem adhortabantur, cum multa præmia honorifica data sint à Diis, humanis & benignis hospitibus: quale fuit munus Triptolemi. At contra permulta sunt exempla, quæ à crudelitate & perfidia in hospites deterrebant, quod accidit conuiuio Pelopis, & illis qui grauissime ob suam crudelitatem ab Hercule, & ab aliis Deorum filiis sunt oppressi. Quis enim cum videat ex altera parte ingentia supplicia sontibus à Diis irrogari, ex altera laudes & gloriã, & honorifica prǽmia viris bonis esse proposita: supplicia potius elegerit, & se sanę mẽtis esse fateri audeat? At de Lycaone satis, nũc de Pãdione dicamus.

De Pandione. Cap. X.

FVit Pandion illius Erichthonii, qui pulso Amphictyone de regno, Athenis imperauit, & Pasitheæ Naidis Nymphæ filius, vt scripsit Apollodorus libro tertio Biblyothecæ. Hic mortuo patre Erichthonio in regnum successit, quo tempore Ceres & Liber pater in Atticam venerunt. Fertur vir bonus fuisse Pandiõ, sed vna in re parum fortunatus, quod filiam prognem, (nam illam & Philomelã, & geminos Erechtheum ac Butem, è Zeuxippe matris suæ sorore susceperat, vt ait Apollod. libro tertio.) Tereo Martis & Bistonidis filio, quo socio in bello de finibus aduersus Labdacum vsus fuerat, strenuo sanè viro, at nefario, & in libidinem prope furioso, in matrimonium concesserit. Eius enim libido ipsum denique in eam rerum domesticarum difficultatem induxit, vt ipsi in vpupam verti satius fuerit, quam hominem viuere: cum Progne & Philomela & Itys in aues fuerint conuersæ cum summa eius familiæ ignominia & opprobrio, vt ait Horatius libro tertio Carminum:

Nidum ponit, Itym flebiliter gemens
Infelix auis, & Cecropiæ domus
Aeternum opprobrium.

Fuerunt autem Pandiones complures. Dicunt enim quod vbi Boreas Zetem & Calaim ex Orythia procreasset, & Cleopatrã, illa nupsit Phineo, de qua ille Pleuxippum & Pandionem suscepit, quamuis alii eos vocatos fuisse Terymbã & Aspõdum maluerunt. Hi post matris mortem parui adhuc existentes ab Idæa Dardani filia, vel, vt aliis placuit, Idothea nouerca Cadmi sorore lumine capti sunt: de quibus scripsit Apollodorus libro 3. Fuit alius Cecropis & Metiadusæ Eupalami filius: sed reliqui omnes obscuri sunt, cum vnus Erichthonii filius, qui patri in regnum successit ob eam familiæ labem celebratus fuerit à poetis. Hic filios habuit Aegeum, Lycum, Pallantem, Nisum, vt ait Strabo libro nono, qui etiam carmina quædam ad eam rem confirmandam è tympanistis Sophoclis recitauit: in quibus descriptum est, quæ loca singulis filiis pater possidenda tribuerit. Quod autem Aegeus, Pandionis filius patri in regnum successerit, ita scriptum est à Phano demo in libro quinto de rebus Atticis: αἰγεὺς ὁ πανδίονος υἱὸς βασιλεύων ἀθηνῶν γαμεῖ μήταν πρῶτον τὴν ὁπλῆτος δεύτερον χαλκιόπην ῥηξήνορος. Aegeus Pandionis filius cum imperaret Athenis Metam primum Hopletis filiam vxorem duxit: postea Chalciopen secundo natam è Rhexenore. Sic Zezes hist. 14. 25 chil. 7. illi alios mares fuisse inquit:

τῷ βασιλεῖ τῶν ἀθηνῶν πανδίονι τὴν κλῆσιν.
ἄῤῥενες παῖδες ἦσαν τε καὶ θυγατέρες δύο.

Regi

Regi Athenarum nomine Pandioni
Mares erant filii, duæque filiæ.

Hæc cum ita sint, miratus sunt cur scripserit Pausanias in Atticis, Pādionem nullos habuisse filios, qui suas iniurias persquerentur, quas à Rege Thraciæ acceperat: nam si noluisse filios iniurias persequi dixisset, facile illi assentirem. Hæc pauca dicenda duxi de Pandione, cum filiarum fabula superius explicata sit, vt siqua ibi desiderarentur, hinc accipi possent. Atque cur ficta sint hæc, ex illis superioribus arbitror patuisse. At nunc de Erichthonio.

De Erichthonio, *Cap.* VI.

ENimuero dictum est superius, Vulcanum cum arma Iouis, quibus in bello aduersus gigantes vsus est, fabricasset pro laboris diligentiæque mercede obtinuisse, vt Iupiter iuraret per Stygiam paludem quodcunque poposcisset, se illi concessurum. At Vulcanus Mineruæ nuptias, cui Iupiter perpetuam virginitatē concesserat, postulauit: id abnuere quidem non potuit, sed clam Mineruam monuit vt reluctaretur. Cum igitur Mineruam adiisset Vulcanus, dicitur inter luctādum semen profudisse, quod in terram fusum in hominem conuersum est: quare inquit Pausanias in Atticis huic patrem fuisse neminem mortalium, sed quoniam ex terra & contentione sit genitus Vulcani, ita fuisse nominatum. Hunc terrigenam & inter serpentes educatum fuisse scripsit Eurip. in Ione hoc pacto:

προγόνον νόμον σώζουσα, τοῦτε γηγενοῦ,
ἐριχθονίου. κείνῳ γὰρ ἡ Διὸς κόρη
φρουρῶ παραζεύξασα φύλακας σώματος
Διοσσὼ δράκοντε, παρθένοις ἀγραυλίσι
Δίδωσι σώζειν. ὅθεν ἐρεχθείδαις ἐκεῖ
Νόμος τίς ἐστιν, ὄφεσιν χρυσηλάτοις
τρέφειν τέκν'

Seruans auorum legem, & è terra sati
Erichthonii. Iouis puella namque ei
Duos dracones corporis mox addidit
Custodias, deinde seruandum dedit
Atheniensibus puellis. mansit hinc
Mos ille Erechthidis vt ornent filios
Serpentibus aureis.

Alii tamen dictum fuisse volunt non à contentione, quam ἔριν significat, sed ἀπὸ τοῦ ἐρίου à lana scilicet, qua Minerua femur sibi abstersit, cum semine Vulcani inquinata fuerat, in terram coniecta. Inde postea dicti sunt terrigenæ omnes Athenienses. Neque vero Erichthonius solum, sed etiam Erechtheus dictus est: sic enim illum nominauit Home. in Catalogo:

οἳ δ' ἄρ' ἀθήνας εἶχον ἐϋκτίμενον πτολίεθρον,
Δῆμον ἐρεχθῆος μεγαλήτορος, ὅν ποτ' ἀθήνη
Θρέψε διὸς θυγάτηρ. τέκε δὲ ζείδωρος ἄρουρα.

Vrbem præclaram coluerunt isti at Athenas.
Fortis Erichthei populum, quem nutriit olim
Nata Iouis Pallas, peperit quem dædala tellus.

Fabulantur huic crura fuisse anguibus similia, quem recens natum à Minerua susceptum in cistam fuisse absconditum inquiunt. Hanc Aglauro custodiendam commisit: & Hersæ, Pandrosoq; sororibus, easque admonuit ne curiosius quid intus includeretur inspicerent. Fertur Pandrosus quidem paruisse Deæ mandato, at sorores aliæ cista resignata Erichthoniũ inspexerunt, quo viso ita furiis repente perci[illegible]æ sunt, vt se de altissimo & prærupto arcis loco præcipites miserint, vt ait in Atticis Pausanias. Nec defuerunt, qui Vulcani & Athenę Cranai filiæ Erichthonium filium fuisse tradiderint. Scriptum reliquit Apollodorus libro tertio Erichthonium postea fuisse a Minerua in templo educatum, qui cum adoleuisset, regnumque Athenarum accepisset, Mineruæ altricis signum in arce erexit, & Panathenæa solennitatem in honorem Mineruæ instituit, cum tamen non desint, qui a Theseo illa instituta maluerint. Hic ducta Pasithea, siue, vt aliis magis placet, Phrasithea Nympha filium Pandionem qui postea in regnum successit, suscepit: & Orythiam, & Procrim filias. Fuit autem Erichthonius quartus, qui regnauit Athenis, cum primus omnium mortalium Cecrops ex Aegypto profectus vrbem Athenarum condiderit, eamque de nomine Palladis, quæ Sais apud Aegyptios vocabatur, vt ait Charax Mirylenæus, Athenas nominauit. Hunc hominem biformem fuisse fabulati sunt: cum partem corporis inferiorem haberet draconis, superiorem hominis: quod alii ob Aegyptiæ Grecæque linguæ peritiam fictum fuisse arbitrantur: alii quod & prudentia & robore præstaret. Alii quia leges prior tulerit de matrimoniis apud Athenienses, cum nemo patrem antea, sed matrem tantum cognosceret: quia per illum ambos parentes singuli cognoscerent. Ego sane longe diuersam ab his omnibus habeo sententiam, quippe quod putem partim draconem partim hominem fuisse Erichthonium existimatum, quia is vtrunque & seueritatis & clementiæ tempus recte cognouerit. Est enim optimi ac sapientis Imperatoris & humanitatis & asperitatis opportunitatem posse diiudicare: cum aliæ nationes aliis temporibus magis asperitate & metu, aliæ iucunditate magis commode regantur. Hic Erichthonius dictus est ad occultãdam crurum turpitudinem quadrigas excogitasse, quare ita de illo scripsit Virgilius libro tertio Georg.

> Primus Erichthonius currus, & quatuor ausus
> Iungere equos.

Post Cecropem igitur regnauit Athenis Cranaus, cui successit Amphictyon, quem hic de regno deiecit. Fuit alius Erichthonius, de quo meminit Apollodorus libro tertio qui regnauit Troiæ post illum, qui de Astyoche vxore Simoentis filia Troem genuit, vt ait Hom. lib. υ Ilia.

¶ Atque tot dicta sint de Erichthonio fabulose. Illa bre[illegible]es nos faciunt in hoc loco, quæ superius explicata sunt, cum de Vulcano loqueremur, vbi patuit cur e Terra & Vulcano Erichthonius dicatur esse genitus, & quid esset Minerua, quæ perpetuam obtinuisset virginitatem. Hæc igitur purissima pars est ætheris è capite Iouis nata, è qua nulla nascuntur animalia: at Vulcanus impurus est, in materia ignis, siue calor potius, qui generationem adiuuat, & in terram decidens multiplicia gignit animalia: quare eius & terræ filius Erichthonius tam diuersæ formæ dicitur fuisse. Atqui furorem immissum fuisse sororibus Pandrosi dixerunt idcirco, quod non paruerint Deæ monitis: quare significabatur contra Deorum mandata non conferre esse curiosos, cum multis mortalibus id sæpius calamitosum fuerit. nam multi quia consiliorum secretiorum essent cõscii vel hominum, nedum deorum per insidias clam de medio fuerunt sublati. at de Achille nunc pauca dicamus.

De Achille. Cap. XII.

Explicata fuerunt suo loco illa omnia prope, quæ pertinebant ad Thetidis nuptias: & ꝙ illa à Peleo in matrimoniũ ducta præter cæteros filios Achillem etiam illi genuit. cum vero per noctem sub igne filios Thetis occultaret, vt quod mortale illis esset ita eximeret, filii reliqui omnes mortui sunt; at Achilles per diem ambrosia perunctus, & per noctem sub igne occultatus, dicitur aliquandiu perdurasse, donec à Peleo deprehensa illa irata se in numerum Nereidum receperit. Hanc rem ita attigit Apollonius libro quarto argonaut.

χωσαμένη Ἀχιλῆος ἀγαυοῦ νηπιάχοντος.
ἡ μὲν γὰρ βροτέας αἰεὶ περὶ σάρκας ἔδαιεν
νύκτα διὰ μέσσην φλογμῷ πυρὸς, ἤματα δ' αὖτε
Ἀμβροσίῃ χρίεσκε τέρεν δέμας, ὄφρα πέλοιτο
Ἀθάνατος, καὶ οἱ συγερὸν χροῒ γῆρας ἀλάλκοι.
Αὐτὰρ ὅγ' ἐξ εὐνῆς ἀναπάλμενος εἰσενόησε
παῖδα φίλον σπαίροντα διὰ φλογὸς, ἧκε δ' ἀϋτὴν
Σμερδαλέην ἐσιδὼν μέγα νήπιος· ἡ δ' ἀΐουσα
τὸν μὲν ἄρ' ἁρπάγδην χαμάδις βάλε κεκληγῶτα.
Αὐτὴ δὲ πνοιῇ ἰκέλη δέμας ἠΰτ' ὄνειρος
Βῆ ῥ' ἴμεν ἐκ μεγάροιο θοῶς, καὶ ἐσήλατο πόντον
χωσαμένη.
Irata infantis causa narratur Achillis.
Vrere mortales nocturno tempore carnes
Consuerat flammis, vngebat luce diurna
Ambrosia tenerum corpus, quo quidquid adesset
Mortale eximeret, tristemque arceretque senectam.
Ast hic è lecto vt surgens cognouit, in igne
Vidit vt infantem trepidantem, protinus inde
Clamorem horrendum tollit demens. dea paruum
Ponit humi puerum raptim, atque irata refugit
Par leuibus ventis, volucrique simillima somno,
Effugiensque domo in pelagi se condidit vndas.

Sic igitur Achilles ab igne seruatus Pyrisous primum vocatus est: atque cum labrum tamen exustum fuisset, quod cum lingeret infans, ambrosia nō erat perunctum, dictus est postea Achilles: Alii in lebetem bullientis aquæ infantes ab ea iaci solitos inquiunt, vt experiretur an mortales geniti fuissent. Achillis tamen matre Dorion & Chalcidicus Dionysius non Thetim Nerei, sed Chironis filiā fuisse voluerunt. Daimachus contra Alexandrinus in libro secundo Redituum Achillem Caloes nymphæ filium fuisse sensit. Scriptum fuit ab Apollodoro lib. 3. Achillem à Peleo susceptum deportatum fuisse ad Chironem, quem ille amātissime educauit, atque leonum visceribus illum nutriuit, aprorumque & vrsorū medullis, lactis prorsus ignarum vt est in his versibus Euphorionis,

Ἐς φθίην χιλοῖο κατήϊε πάμπαν ἄπαστος.
τοὔνεκα μυρμιδόνες μιν ἀχιλλέα φημίξαντο.
Nescius omnino lactis Phthiam petit, illum
Quare Myrmidones dixerunt nomine Achillem.

Quod autem Achilles, à iustissimo Centaurorum Chirone educatus sit, ita testatur Euripidis Iphigenia in Aulide:

ἔστιν μὲν οὖν, ἵν' ἡδὺ, μὴ λίαν φρονεῖν.
ἔστιν δὲ χὤπου χρήσιμον, γνώμην ἔχειν.
ἐγὼ δ' ἐν ἀνδρὸς εὐσεβεστάτου τραφεὶς
χείρωνος, ἔμαθον τοὺς τρόπους ἁπλοῦς ἔχειν.
Quandoque dulce sit parum dignoscere.
Quandoque confert plurimum dignoscere.

Ego

Ego viro a pio educatus sum puer
Chirone, mores simplices tantum imbibi.

Fama est Achillem a Chirone auo eruditum fuisse, a quo præter citharæ pulsandæ artem, & vsum herbarum, peritiam venandi & iaculandi & artis medicę, leges æquitatis & prudentiæ edoctus fuit. sicuti traditum est a Staphylo in libro tertio rerum Thessalicarũ. Idem cum annum ætatis suę nonum expleuisset, pronuntiassetque Calchas vates Troiam sine Achille capi non posse, quia responsum tulisset a matre sibi in eo bello, quod aduersus Troianos gereretur, esse moriendum, puellari habitu indutus in Scyron, quæ vna est è Cycladibus insulis, inter filias Lycomedis se abdidit, vt lateret duces Græcorum, qui ad Troiam erãt militaturi, vna igitur illarum puellarum Deidamia nomine clam ab illo vitiata Pyrrhum filium illi progenuit: Hic tamen inter puellas ab Vlysse cognitus eius expeditionis laborẽ ac periculum deuitare non potuit. Thetis igitur cognita necessitate filii dicitur ad Vulcanum accessisse vt arma insuperabilia, & quæ nulla vi humana possent penetrari Achilli fabricaret, vt traditum est à Phylarcho in rebus fabulosis. illa fecit Vulcanus, sed non prius se daturum inquit, quam cum illa cõgressus fuerit. dicta est Thetis annuisse eius desiderio, sed non prius illud esse faciendum quam experta esset an arma conuenirent Achilli. mox acceptis armis ex composito, iisque induta dicta est aufugisse, & ita claudum Vulcanum delusisse; At vero cum datum fuisset Græcis responsum illum primum omnium Græcorum esse moriturum, qui prior è naui in littus Troianum exiliisset, prior exiliit Protesilaus, quare prior omnium cæsus est ab Hectore. Id cum cognouisset Achilles vltimus è sua naui exiliit in littus, quod cum magno impetu fecisset, terramq; pedibus vehementer percussisset, aqua e terra manare incępit, atque fons ibi natus est: vt in his significauit Antimachus:

ἔμφαδ' ἀπ' ἠπείροιο μελαίνης ὑψόσ' ἀερθεὶς
πηλείδης, ἀπόρουσεν ἐλαφρὸς ἠΰτε κίρκος.
τοῦ δ' ἔμπροσθε ποδῶν κρήνη γένετ' ἀενάουσα.
Continuo velut accipiter nigrantis Achilles
Desilit in terræ dorsum sublimis; at illi
Ante pedes fluxit vitrea fons lympidus vnda.

Hic igitur post multas res ad Troiam præclaræ gestas, quas Homerus recensuit, Polyxenæ Priami filiæ amore captus significauit Priamo per nuntios se pro Troia pugnaturum, si sibi puella concederetur. Tum Priamus eam se daturum esse pollicitus est, qui cum illa de causa in templum Thymbræi Apollinis conuenissent, Paris clam ex insidiis illum sagitta transfixit, quare vltimum vitæ suæ diem ita per dolum conclusit. eius corpus non prius deditum est Græcis, quam recepissent illa ipsa munera, quæ pro redimendo Hectore data fuerant, hoc est tantum auri pondus, quantum esset pondus Hectoris mortui cadaueris. Propter huius præclari Herois mortẽ dictæ sunt Musæ & Nymphæ omnes fleuisse, quod ita significauit Lycophron in Alexandra:

αὖτις τὸν ἀντίποινον ἐγχέας ἶσον
παντόλιον σταθμοῖσι τηλαυγῆ μύδρον,
κρατῆρα βάκχου δύσεται κεκλαυσμένος
νύμφαισιν, αἷ φίλαντο Σιφύρου γάνος.
Λειβηθρίαν ὕπερθε Πιμπλείας σκοπήν.
ὁ νεκροπέρνας ὅς περὶ δειμαίνων πότμον
καὶ θηλυώδη μορφὴ σώματι λήσεται πέπλον
Δῶας παρ' ἱστοῖς κερκίδος ψαύσας κρότων
ἀγάλλοισθος ἐς γλῶ δυσμαχῶν ῥίψας πάθα.

Rursus redempto pro altero cadauere
Par pondus auri splendidi Pactolii
Ferent. Sed is cetera Bacchi mortuus
Persusus inibit lacrymis Libethridum
Pimplæ incolunt quæ verticem à nymphis simul
Sororibus, Baphyri aquas amantibus.
Atque ille cædis præscius fatum timens,
Feret puellæ vestibus sese indui:
Texetque telas pectine arguto leues,
Saltabit hostium in solum idem vltimus.

Vocata est insula Borysthenis Achillea, q Achilles ibi fuerit sepultus, à quo etiam inuentum est myriophyllum, quod Achilleum vocarunt. Nam ossa Achillis & Antiochi in aureo vase, quod largitus fuit Thetidi Bacchus cum fugeret impetũ Lycurgi, recondita fuisse, memorant. Fabulati sunt antiqui præterea Medeam nupsisse Achilli, vbi ille in campos Elysios post mortem descendisset, sicuti memoriæ prodidit Ibycus. Dictus est Achilles à Chirone semihomine fuisse educatus, quia ratio & vis ad principem æque pertineat. dictus est item à Musis fuisse deploratus, quia cum musicis instrumentis eius pompa funebris ducta est: cum vero mare per idem tempus forte vētis intumuisset, longeq; strepitus vndarum exaudiretur vt ait Isacius, datus est locus fabulæ, quod nymphę eius cędem grauiter conquestæ sunt. ¶ Neque enim est sanæ mentis ea propter Achillem contigisse credere, cum elementa minime sint de singulorum nostrorum vel morte vel ortu solicita. Dictus est inter filias Lycomedis muliebri habitu indutus latuisse, quia cum Deidemiam eius regis filiam cepisset in matrimonium, ita nouis nuptiis delectabatur, vt maiorem temporis partem cum sponsa esset intra Lycomedis parietes, & in thalamo lateret. Hic idem Heros cum fortissimus esset omnium Grçcorum non prius vinci potuit vel à fortissimis hostibus, quam volupta tis desiderio & libidine irretitus, ab imbelli & timidissimo omnium prope Troianorum Paride vulneratus fuit. per hæc igitur significare voluerunt antiqui maxime omnium rerum formidādas esse viris fortibus voluptatum illecebras, quę grauissimæ sunt omnibus & perniciosæ denique aduersariæ. at nunc de Ganymede dicamus.

De Ganymede. Cap. XIII.

GAnymedes autem qui ab aquila raptus, & in cœlũ ad Iouem portatus fuit, vt illi potum pro Hebe Iunonis filia ministraret, dicitur fuisse Trois Troianorum Regis filius. Hic cum esset eximię & prope inauditæ pulchritudinis, ob eam dignius habitus est, non qui ad libidinem, vt crediderunt plerique raperetũ, sed qui pocula Ioui ministraret, vt scripsit Homerus libro υ. Iliadis:

τρωὸς δ' αὖ τρεῖς παῖδες ἀμύμονες ἐξεγένοντο
ἶλός τ' ἀσσάρακός τε, καὶ ἀντίθεος γανυμήδης.
ὃς δὴ κάλλιστος γένετο θνητῶν ἀνθρώπων.
τὸν καὶ ἀνηρείψαντο θεοὶ Διὶ οἰνοχοεύειν,
κάλλεος εἵνεκα οἷο, ἵν' ἀθανάτοισι μετείη.
Hinc Troë nati pueri tres esse feruntur:
Ilus, & Assaracus, pulcherrimus & Ganymedes:
Inter mortales cui præstantissima forma.
Quem superi rapuere, Ioui quo pocula magno
Præbeat ob formam, cum Diis & transigat æuum.

Apollo-

Apollonius vero Rhodius libro tertio Argonauticorum non vt esset Iouis pincerna, sed vt consuetudine Deorum frueretur ob formam raptum fuisse Ganymedem scribere videtur, cum inquiat:

εὗρε δὲ τόνγ' ἀπάνευθε διὸς θαλερῇ ἐν ἀλωῇ.
οὐκ οἶον μετὰ καὶ γανυμήδεα. τὸν ῥά ποτε ζεὺς
οὐρανῷ ἐγκατένασσεν ἐφέστιον ἀθανάτοισι
Hunc Iouis in molli se iunctum repperit aula
Non solum: simul & Ganymedem. Iupiter illum
In cœlum rapuit cum Dijs vt transigat æuum.

Fuit autem raptus ex Harpagia, qui locus fuit in agri Priapeni & Cyziceni finibus, qui ab ea re nomen obtinuit, vt ait Strabo libro 13. alij circa Dardanium promontorium illud accidisse inquiunt, quod Virgilius factum in Ida monte Phrygiæ dum venaretur ita commemorat lib. 5. Aeneid.

Intextusque puer frondosa regius Ida
Veloces iaculo ceruos, cursuque fatigat
Acer, anhelanti similis: quem præpes ab Ida
Sublimem pedibus rapuit Iouis armiger vncis.

Fama est autem aquilam quod faustum augurium Ioui in bello aduersus Titanas attulisset, armaque pugnanti ministrasset, Iouis auem fuisse existimatam: atque illi datum fuisse imperium in cæteras aues, cum ita scribat Horatius libro quarto carminum, cum illius præcipue singularem diligentiam in rapiendo Ganymede expertus fuisset.

Qualem ministrum fulminis alitem
Cui rex Deorum regnum in aues vagas
Permisit, expertus fidelem
Iupiter in Ganymede flauo.

Alij tradiderunt Iouem in aquilam versum ad ipsum Ganymedem conuolasse, & illum in cœlum asportasse, vt patet ex his carminibus:

Αὐτὸς ὁ ζεὺς ἦλθεν ἐπ' ἀντίθεον γανυμήδην.
κύκνος ἐπὶ ξανθὴν μητέρα τῆς ἑλένης.
Ipse aquila ad pulchrum Ganymedem Iupiter olim,
Ad matremque Helenæ deinde volauit olor.

Fuerunt qui non a Ioue, neque ab aquila, neque à Diis raptum fuisse Ganymedem tradiderunt, sed à Minoe ad concubitum: inter quos fuit Echemenes Cyprius. ¶ Hæc illa sunt, quæ de Ganymede ab antiquis fabulose dicta fuerunt: quæ quidem falsa esse omnibus perspicuum est. Alij vero inter quos fuit Xenophon, vt scripsit in Symposio, Ganymedem propter animi pulchritudinem & prudentiam potius, quam propter formam corporis, in cœlum ascitum esse voluerunt. nam hi dictum fuisse Ganymedem putarunt non à γάνυμι, quod conuiuari & genio indulgere significat: sed potius ab his dictionibus in vnum compositis ad præstantiam prudentiæ & consilij exprimendam ἀγαν, & νύ. & Μήδεα. nam illæ cum intensionem & incrementum significent, extrema est consilium. Enimuero diuinum quidpiam sub hac fabula cõtineri ita inquit Cicero libro primo Tusculanarum Disputationũ: Nec Homerum audio, qui Ganymedẽ à Dijs raptum ait propter formam vt Ioui pocula ministraret: Non iusta causa, cur Laomedonti tanta fieret iniuria. Fingebat hæc Homerus & humana ad Deos transferebat. Quidam ad solatium coniunctorum ipsi Ganymedi hanc fabulam fictam esse crediderunt, cum is clam raptus fuisset inter venandum: atq; illis persuasum deniq; Ganymedem inter sydera relatum esse, & in id signũ quod dicitur Aquarius. Ego sane longe aliter sentio, neque puto diuina ad nos deferenda fuisse, sed humana potius vtiliter ad Deorum naturam oportere conferri. Nam quid aliud per hanc fabulam demonstrabant sapientes, quàm prudẽtem virum à Deo amari, & illum solum proxime accedere ad diuinam naturam? est enim Ganymedes anima hominum, quàm, vt diximus, ob eximiam prudentiam Deus ad se rapit, cum stulti neque sibi, neque cæteris quidem sint vtiles. Illa vero anima pulcherrima est, quæ minimum sit humanis sordibus, aut flagitijs corporis contaminata: quam Deus diligens ad se rapit. Nam cum nihil sit inter mortalia, quod propius quam sapientia ad summi Dei naturam accedat, quod per Ganymedem in cœlum raptum significabant antiqui, non possum non summopere improbare quorundam stultitiam, qui obscœna quædam, & neque brutis ipsis sine pudore iniungenda, per hanc fabulam intellexetũt, nimirum Ganymedem raptum fuisse ad stuprum, quasi aliquod incitamentum necessarium esset mortalibus ad tam nefandum, tamque impurum vitium. Sed tamen sapientioribus hæc aliter sese habere credita sunt, & ad honestam interpretationem retorta, atq; ad exemplum virtutis ad posteros transmissa. Quid enim aliud est pocula Ioui ministrare, quam Deum mirifice delectari officijs sapientiæ, quæ ab anima virorum sapientum procedant? Semper bonitas diuina sitit, hoc est mirum in modum cupit nos esse sapientes: quales cum fuerimus proxime ad eius naturam per charitatem & innocentiam accedemus, suauissima pocula nectaris altissimo Deo ministrabimus, neque quidquam rursus homini iucundius ipsa sapientia potest contingere: quippe quod per illam viuentes prope Dij efficimur, atque ex his corporum mortalium sordibus ad cœlestia extollimur, quam ob rem præclare se habent illa Ptolemæi carmina:

οἶδ' ὅτι θνατὸς ἐγὼ, καὶ ἐφάμερος· ἀλλ' ὅταν ἄστρων
 Μαστεύω πυκινὰς ἀμφιδρόμους ἕλικας,
οὐκέτ' ἐπιψαύω ποσὶ γαίης, ἀλλὰ παρ' αὐτῷ
 Ζηνὶ διοτρεφέος πίμπλαμαι ἀμβροσίης.
Noui ego mortalis quod sum, sed sidera quando
 Suspicio, æthereas lustroque mente domos,
Iam pede non videor mihi terram tangere, magno
 Cum Ioue sed vesci nectare & ambrosia.

Huic tantam corporis pulchritudinem tribuerunt, non solum quia vir sapiens caret sordibus animi, verum etiam, quia vt ait Plato, tanta est pulchritudo sapientiæ, vt si oculis cerni posset, mirificos amores sui excitaret in animis hominum. dicitur ab aquila raptus in cœlum fuisse propter perspicacitatem: atque ab ipso Ioue aquila, quod adiutor sit Deus ad sapientiam. sic igitur cum dicerent viros bonos, & prudentes, & integerrimos poetæ diuinam bonitatem ad se rapere, fabulam de Ganymede finxerunt, quare vtilius nos ad diuina transtulerunt sapientes, quam diuina ad nos deduxissent. at de Ganymede satis, nunc de Harmonia dicamus.

De Harmonia & Cadmo. Cap. XIIII.

HArmonia vero quibus orta sit, non parua est dubitatio, siquidem Diodorus lib ζ illam Electræ & Iouis filiam fuisse inquit. At Hesiodus in Theogonia illam ex adulterio Martis & Veneris natam fuisse memorat in his:

 αὐτὰρ Ἄρηϊ
ῥινοτόρῳ Κυθέρεια Φόβον καὶ Δεῖμον ἔτικτεν
Δεινοὺς οἵ τ' ἀνδρῶν πυκινὰς κλονέουσι φάλαγγας,
ἐν πολέμῳ κρυόεντι, σὺν Ἄρηϊ πτολιπόρθῳ.

Ἁρμο-

Ἁρμονίην θ' ἣν κάδμος ὑπέρθυμος θέτ' ἄκοιτιν.
Marti clypeos atque arma secanti
Alma Venus peperit Pallorem, vnaque Timorem.
Qui dare terga virum armatas iussere phalangas
In bello tristi, quam Cadmus duxit, at inde
Harmoniam peperit Marti Cytherea decoram.

Hæc igitur vbi adoleuisset Cadmo Thebanorum Regi viro sane præclaro, & ob multas difficultates, quas superauit, illustri, à Ioue in matrimonium data fuit, de quo hæc pauca, ex ijs multis, quæ de illo memorantur, colligere placuit. aiunt dona data esse sponsæ à Dijs per nuptias, cum Ceres frumenti fructum largita sit, Mercurius lyram, Pallas monile & peplum & tibias Electra sacra magnæ matris & cymbala & tympana, in quibus nuptijs Apollo cum cithara cecinit Musæ tibias inflarunt, ac Dij reliqui multa dona sua dederunt. Hic vbi Iupiter Europam suam sororem rapuisset, è qua in Cretam deportata Sarpedonem, & Minoem, & Rhadamanthum suscepit, iussus est ab Agenore patre sororem inuenire, neq; prius redire domum, quam illam secum adduceret. Atqui cum multas regiones peragrasset, neque tamen illam inuenisset, post mortem Telaphassæ matris Delphos de Europa sciscitaturus oraculum adiuit: cui respõsum est nihil curiosius de Europa esse quærendum, sed vrbem ibi condere oportere, vbi bos defessa humi procubuisset, quam habuisset viæ ducem. Hic igitur per agrum Phocensium iter faciens bouem ex armento Pelagontis obuiam habuit, quæ Bæotia peragrata vbi conditæ fuerunt Thebæ humi procubuit. Tum bouem Palladi mactaturus socios aquatum ad Dircen fontem misit: cum vero ibi draco natus è Marte fontem seruaret, Seriphum & Daileontem Cadmi amicos interemit, tum ipse Cadmus eò profectus ad fontem draconem trucidauit. Fabulati sunt quidam inter quos fuit Archelaus lib. 9. de fluminibus Cadmum post cęsum draconem inuenisse aquam ob timorem serpentis prope veneno infectã, quare regionem lustrauisse dũ fontem quæreret. vbi ad antrum Corcyræum peruenisset dicitur factum esse Palladis consilio vt pedem in limo impressserit, vnde fluuius scatuit, quem post bouem immolatum, Pedem Cadmi nominarunt. At vero coactus est Cadmus eius dentes exertos serere, quod fecit consilio Mineruæ, è quibus nati sunt armati homines, qui erant cum illo pro patre pugnaturi, sed Cadmus lapidem, quem à Minerua acceperat, inter illos iaciens, omne certamen à se inter illos diuertit, atque omnes mutuis vulneribus natiuorum armorum se vicissim confecerunt. Illi de causa coactus fuit Cadmus mercenarius annum Marti seruire, qui annus eius temporis octo ex his nostris annis constabat. Post id tempus fabulantur Mineruam regiam Cadmi multis ornamentis præclare comparasse, cui Iupiter etiam Martis filiam & Veneris dedit in matrimonium Harmoniam, ad quas nuptias Dij omnes relicto cœlo dicuntur aduentasse: quo tempore fama est inter alia præclara Deorum munera peplum & monile admirabilis pulchritudinis, quod fuit Vulcani opus, à Cadmo donatum fuisse sponsæ. Cadmus ex illa suscepit postea Ino, Semelen, Agauen, Antonoen, & Polydorum. Scriptum reliquit Pherecydes præterea Harmoniæ Martisque filias fuisse Amazones, vt testatur Apollonius etiam libro secundo Argonauticorum:

οὐ γὰρ ἀμαζονίδες μάλ' ἐπητέες, οὐδὲ θέμιστας
τίουσαι πεδίον δοιάντιον ἀμφινέμοντο.
ἀλλ' ὕβρις στονόεσσα, καὶ ἄρεος ἔργα μέμηλε.
Δὴ γὰρ καὶ γενεὴν ἔσαν ἄρεος ἁρμονίης τε
Νύμφης ἥ τ' ἄρηϊ φιλοπτολέμους τέκε κούρας.
Sed neque Amazonides faciles, nec iura colentes,

Hinc tenuere procul Dœantia protinus arua.
His bellum cordi fuit, his & prælia Martis.
Iure quidem: Harmonia quod Nympha & Marte feruntur
Patre satæ: hæc peperit Mauortia pignora patri.

Cadmus post multas filiarum nepotumque suorum calamitates subrogato in regnum Pentheo Agaues & Echionis filio relictis Thebis ad Encheliéles cum Harmonia coniuge commigrauit. Illi cum ab Illyrijs bello infestarentur responsum tulerunt futuram penes ipsos victoriam, si Cadmum & Harmoniam duces haberent: nam Cadmus & Harmonia apud Drilonis ripas habitabant, qui Illyrios à Liburnis disterminat, vt scripsit in his Metrodorus in commentario de consuetudine: δρίλων δὲ καὶ νάρων ποταμοὶ ἰλλυριῶν, οἳ διαχωρίζουσι τοὺς ἰλλυριοὺς καὶ λιβύρνους, ἐνταῦθα γὰρ ᾤκησαν ὁ κάδμος καὶ ἡ ἁρμονία, οἳ καὶ εἰς ὄφεις μετεβλήθησαν. Sunt autem Drilo & Naro Illyriorum fluuij, qui Illyrios Liburnosque disterminant. Hoc in loco Cadmus & Harmonia habitarunt illi, qui sunt in angues conuersi, qui oraculi autoritatem secuti eos duces illius expeditionis aduersus Illyrios deligunt. Sic igitur Cadmus Illyriorum regno potitus aliquandiu feliciter egit, deinde paulopost in draconem & ipse & vxor mutati apud oppidum Illyrij Encleas nomine dicuntur à Ioue in campos Elysios demissi fuisse, de qua mutatione quod apud Illyrios cōtigerit, ita meminit Dionysius in libro de situ Orbis:

ἐπὶ δ' ἄσπετον ὁλκὸν ἄγουσα
ἰλλυρικῆς περὶ χέρσον ἑλίσσεται ἄχρι κολώνης,
εὑρίοντ' ἠλιβάτων, τὰ κεραύνια κικλήσκουσι.
κείνοις δ' ἂν περὶ κόλπον ἴδοις ἐρικυδέα τύμβον
τύμβον, ὃν ἁρμονίης κάδμοιό τε φῆμις ἐνίσπει.
κεῖθι γὰρ εἰς ὀφίων σκολιὸν δέμας ἠλλάξαντο,
ὁππότ' ἀπ' ἰσμηνοῦ λιπαρὸν μετὰ γῆρας ἵκοντο.

ingentia pondera voluens
Illyricis terris deuoluitur vsque Colonam,
Collesque apricos, quos alta Ceraunia dicunt.
His celebrem tumulum terris, antrumque videbis,
Antrum, quod Cadmi dixerunt, Harmoniæque
Namque hic serpentes atri facti esse feruntur
Vt texere caput cani, turpisque senecta.

Sic Nicander in Theriacis:

ἔριν θ' ἣν ἔθρεψε δρίλων καὶ νάρονος ὄχθη,
Σιδονίου κάδμοιο θεμείλιον ἁρμονίης τε.
ἔνθα δύω δασπλῆτε νομὸν στείβουσι δράκοντε.

Irimque, hanc Drilon aluit, & Naronis vnda
Sidonij Cadmi monumentum hoc, Harmoniæque.
Hic duo terribiles fremuerunt nempe dracones.

Atque tot de Cadmo & Harmonia fabulose dicta fuerunt. Maior harum rerum gestarum pars ad historiam transferenda est: non enim à tauro Europa asportata fuit in Cretam, sed nauigio quodam Cretenses illam rapientes è Phœnicia in patriam deportarunt. Cum vero illi nauigio esset præfectus Taurus quidam Gnosius, qui illam rapuit è Sarapia Phœniciæ ciuitate, quæ sita fuit inter Sidonem & Tyrum, locus datus est fabulæ, quod rapta fuit, & à Tauro in Cretam deportata, vt scripsit Echemenes in rebus Cretensibus. ¶ Quod missus ad Europam quærendam Cadmus draconem ad fontem Dircen occidisset, illud quid é fabulosum esse dixerunt, sed aiūt latronem ab ipso Cadmo cæsum, qui peregrinis in ijs locis insidiaretur, & iam nonnullos è Cadmi socijs ceciderat. Dictus est eius draconis dentes

dentes seminasse, cum asseclæ & socii illius latronis duce cæso dissipati sint. Nihil autem horum factum est sine Mineruæ consilio, quia cum omnibus in rebus, tum in militaribus præcipue necessaria est hominis prudentia, & Dei optimi auxilium. Quod autem lapidem inter natos homines armatos iecerit, quare inter illos bellum exortum est: futuras contentiones Thebanorum significat, post Thebarum mœnia ædificata: nam eius vrbis imperium magnum bellum inter Thebanos postea excitauit. præter illud quod leues iniuriæ solent aliquando excitare magna bellorum incendia: Harmonia dicta est Veneris & Martis filia, quoniam vis musicæ non solum erigit animos iacentes, & calamitatum miseriarumque humanarum cumulis oppressos, suauitateque quadam perfundit, sed etiam ad bellum viriles animos inflammat, cum musica multæ nationes ante bellum vsæ sint, atque nunc etiam nonnullus est vsus musicorum instrumentorum, quibus milites ad prælium incitentur. Hæc causa fuit cur his parentibus Harmonia nata dicatur. Qui Electræ & Iouis filiam crediderunt. Harmoniam esse putarunt eam, quam Pythagorici in motibus sphærarum, corporumque cœlestium fieri crediderunt. quod autem ad mores pertinet, significabant antiqui, dum sumus in hac miserrima vita omnium laborum ac molestiarum plenissima, fortitudine & prudentia vti oportere, quod omnium humanarum actionum statutus est finis, neque vnquam Deus viris bonis & fortibus solet deesse, cum senem Cadmum & Harmoniam Iupiter post omnes molestias ad Elysios campos demiserit. At nunc de Mida dicamus.

De Mida, *Cap.* XV.

FVit autem Midas Phrygiæ Rex Gordiæ filius, qui omnium Regum suæ tempestatis fuit ditissimus. Fabulantur ad hunc aliquando Silenum Bacchi comitem captiuum ob ebrietatem, cum iter facere cum Baccho non potuisset, adductum fuisse: quem ille perhumaniter tractauit. Tum Bacchus ad eum requirendum reuersus cognita Midæ liberalitate & humanitate ab incolis eius regionis, ipse etiam hospes ad Midam proficiscitur, a quo perbenigne acceptus illi proposuit vt quidquid optaret, expeteret, quod esset statim voti compos futurus. At Midas pro dementia, quæ solicitat animos mortalium, summam felicitatem ratus in multis possidendis, expetiuit vt quidquid contingeret continuo aurum fieret: quam fabulam explicauit Ouidius libro vndecimo Metamorph. Cum postea cibaria etiam, quibus vesceretur, contacta repente fierent aurea, pœnitentia captus est suæ petitionis: atque nisi Deus fuisset illi benignus ea molestia subleuãdo, omnino inedia mori necesse fuisset. Orauit igitur eundem Deum cum satis aptas pœnas suæ stultitię dedisset, vt hoc munus auferret: quem aiunt quidam illa de causa inedia mortuum esse, at alii dicunt quod Bacchus respondit illud futurum si se in Pactolo flumine lauisset; quare lotus ibi illa molestia liberatus est: ac fluuius ex illo tempore aureis arenis fluere cæpit, quod ita testatur Ouid.

Rex iussæ succedit aquæ, vis aurea tinxit
Flumen. & humano de corpore cessit in amnem.
Nunc quoque iam veteris percepto semine venæ
Arua rigent auro madidis pallentia glebis.
Ille perosus opes syluasque & rura colebat,
Panaque montanis habitantem semper in antris.

Eo igitur morbo liberatus Midas cum se rus contulisset, syluasque semper fere ab hominum frequentia longinquas incoleret, iudex & ipse & Tmolus mõs inter Phœbũ & Pana pastorum Deũ, de arte musica cõtendẽtes delectus est. Eius certaminis Tmolus Phœbum victorem, at Midas Pana suo iudicio pronuntiauit, quare indignatus Phœbus aures asini Midæ, vt qui de arte musica iudicare non posset, adhibuit, cum rudis homo plane parum iudicio valeret, & tamen iudicare non detrectasset. Id autem ita explicauit Ouidius:

Pana iubet Tmolus citharæ submittere cannas.
Iudicium, sanctique placet sententia montis
Omnibus: arguitur tamen, atque iniusta vocatur
Vnius sermone Midæ. Nec Delius aures
Humanas patitur stolidas retinere figuram.
Sed trahit in spatium, villisque albentibus implet.
Instabilesque illas facit, & dat posse moueri.
Cætera sunt hominis, partem damnatur in vnam,
Induiturque aures tarde gradientis aselli.

Ita vero scite illas occultabat Midas, vt nemo præter tonsorem rem cognosceret. Sed cum id tonsor tacere non posset terram effodit, ac foueam ingressus pertenui voce ita submurmurauit; auriculas asini Midas Rex habet. Tum fossa illa rursus terra repleta discessit, ibique cannas deinde natas esse fabulati sunt, quæ ita sibilum edentes murmurabant: auriculas asini Midas Rex habet. Atque tot de Mida fabulose fuerunt ab antiquis memoriæ prodita. Ego sane crediderim auarissimum, & opulentissimum omnium suæ tempestatis fuisse Midam, qui vt multas pecunias cumularet, cibis etiam parcissime frueretur, omniaque prope necessaria victui venderet, & in aurum conuerteret. Cum vero aliis in rebus esset plane rudis, neque à belluis eius iudicium differret, fabulati sunt illum aures asini habuisse. alii contra quod acutissime audiret istud fictum fuisse arbitrantur, quod asinus illum sensum omnium prope animalium habeat acutissimum. Alii fictum putarunt, quia multos haberet exploratores. Alii dicunt fuisse imprudentissimum & arrogantissimum omnium principum suæ tempestatis, qui cum parum curaret hominum de se maledicta, & cum pessime audiret à Phrygibus ob malam administrationem, exquisitissimamque auaritiam, cum pecunia esset apud eum omnium controuersiarum iudex aut libido, dictus est asini aures habere, nam solum aurum sibi præ omnibus proposuerat. Alii dicunt, inter quos fuit Callisthenes in nauigatione, & Hecatæus de Hyperboreis, duos colles fuisse in Phrygia, qui aures asini vocarentur, super quibus munitissima oppida condita fuerunt, è quibus latrones complures viatores & peregrinos adoriebantur. His locis cum arma Midas intulisset, ac oppidis per vim potitus fuisset obtruncatis eorum locorum latronibus, dictus est fabulose aures asini habere. Alii voluerunt illum, quia Liberum patrem fefellisset, in asinum fuisse mutatum, sed cum recuperasset pristinam formam, aures tamen non deposuisse. Alii quia Dionysi asinos ac iumenta iniuriis affecerit ab irato Deo illi asini aures fuisse iniunctas maluerunt. ¶ Alii aures asini datas Midæ a Deo fuisse idcirco putarunt, quia omnes arrogantes damnantur ignorantiæ, qui enim se scire omnia vel quæ nescit, arbitratur: is parum idoneus efficitur ad scientiam. Quod si quis diligenter hæc animaduertat, id profecto intelliget, antiquos per hæc ad humanitatem & liberalitatem homines adhortari solitos, cum Deus sibi gratissimam esse in hospites benignitatem ostéderit. iidem postea nos á petendis reb. certis à Deo deterruerunt, cum plerunq; perniciosa expetamus: quare quod nobis conferat à Diis poscendum est, illiq; relinquéda rerum omnium optio. Deinde singulorum vires metiri oportere docuerunt: neq; iudicanda sunt illa, quæ nô recte nouimus, cum temeraria iudicia Dei vindictam in se irritent. Nam qui per inscitiam aut fraudem alterius opes aut dignitatem alteri adiudicauerit, ille priori domino, cui

rapuit,

rapuit, restituere iure æquitatis debet. Quod vero nullum scelus, nullumq; iniquum iudicium diu latere potest, declarauit tonsoris sermo silerio proximus: omnia enim turpia in lucem tempus solet proferre. At nunc de Narcisso dicamus.

De Narcisso. Cap. XVI.

NArcissus autem, quem fabulę in florem sui nominis mutatū fuisse inquiunt, dicitur fuisse amnis Cephisi & Nymphæ Lyriopes filius, vt patet apud Ouid. lib. 3. Metamorph.

Prima fide, vocisque ratæ tentamina sumpsit
Cærula Lyriope. quam quondam flumine curuo
Implicuit, clausæque suis Cephisus in vndis
Vim tulit. enixa est vtero pulcherrima pleno
Infantem nymphe, Iam tum qui posset amari:
Narcissumque vocat. de quo consultus an esset
Tempora maturæ visurus longa senectæ,
Fatidicus vates, si se non nouerit, inquit.

Echo autem capta eius amore illum diu insecuta est sed cum amoris impatiens contabuisset, in solam vocem denique conuertitur. fabulantur hunc, vbi iam excreuisset, corporisq; forma in dies cum tenerioribus annis augesceret, ad fontem quendam purissimum labore venationis & æstu aliquando fatigatum deuenisse: qui cum se ad fontem bibiturus in genua deflexisset manibus in ora fontis firmatis, nondum labris ad aquam fontis admotis suam imaginem in fonte despexit: erat enim eius fontis aqua lympidissima, quæ fundum habebat subnigrum. Tum Narcissus amore ac desiderio suæ imaginis ita captus est, vt cum nullam potiundæ talis formæ sibi spem reliquam esse intelligeret, sui ipsius desiderio tandem paulatim contabuerit, ac Deorum misericordia deniq; in florem sui nominis fuerit conuersus. Dictus fuit autem Narcissus ἀπὸ τοῦ ναρκᾶν à torpendo. s. quia ob id desiderium torpuerit. Is flos Eumenidibus fuit postea consecratus, è quo Deabus illis sacrificantes coronis vtebantur, vt ait Ister in lib. de Coronis. qui tamen fuit etiam Baccho gratus. Scriptū reliquit Phanodemus lib 5. rerum Atticarum coronas è narcisso consecratas fuisse Proserpinæ, quoniam florem illum colligeret cum rapta fuit à Plutone. Memoriæ prodidit Pauf. in Bœoticis in finibus Thespiēsium vicum Hedomacum fuisse, & in eo fontem Narcissum vocatum, in quo se Narcissus vt fama est, inspexerit. Scripsit Euanthes in fabulosis sororem illi gemellam fuisse cum oris forma, tum coma, & vestitu, & omni corporis parte simillem. Hi cum simul venarentur ferunt sororem à puero amatam, qua mortua ille desiderij impatiens dicitur ad fontem venire solitus, vt eius imaginem ibi intueretur. Sed cum id solatium leue videretur, denique magnitudine desiderij deperijt, vel vt alijs magis placuit, se in fontem deiecit ac perijt, ad quem ambo solebant conuenire. At vero hæc falsa esse, & ad Narcisi gratiā ficta testatur Pauf. qui multis annis ante Narcisi tempora raptā fuisse Proserpinam Cereris filiam memorauit. ¶ Hæc fabulose dicta sunt de Narcisso. At quid in hac fabula cōtinetur vitæ humanæ vtile, quod potuerit has ambages ad posteros iure transmittere? in prudentem, & libidinosum, ac facinorosum hominem vltionem sequi significabant, veluti vmbra sequitur corpus: nam tametsi Deus vindictam aliquandiu differt, tamen multo est acrior postea perditis hominibus profligādis. Illud autem tanto fit facilius, quanto maiores facultates aliquis ad res præclare gerendas nactus fuerat. Nam qui nimium forma corporis gloriabatur, & in lasciuiam acuebatur, quo pacto per formam non meruit perire? omnis enim rerum humanarum nimius amor perniciosus est imprudentibus. at nunc de Belidibus dicatur.

De Belidibus. Cap. XVII.

Neque prætermittendæ fuerunt omnino Danai filiæ, quæ illi pœnæ apud inferos dicuntur esse addictæ, vt semper aquam ex amplissimo puteo hauriant: neque tamen vnquam ad oram putei plena cribra possint attrahere. Fuit autem Danaus Beli cognomento prisci filius illius, qui post Apidis mortem Isim vxorem duxit, quo tempore Cecrops Athenis imperauit. Hic vbi pulso Sthenelo Argiuorum Rege Argos occupasset ex Aegypto profectus, quinquaginta filias è varijs mulieribus suscepit, quas ex aui Beli nomine Belidas postea nominarunt. Fama est propter simultatem quandam, quam cum Aegypto fratre habebat Danaus, in Græciam profugisse: quod rara sit affinium & coniunctorum beneuolentia inter principes homines, & ad eandem dignitatem aspirantiũ præsertim. Cum igitur Aegyptus filios quinquaginta haberet, cuperetque fraternam simultatem aliquando compescere, satis aptam opportunitatem fore eius negotij conficiendi existimauit, si, cum totidem haberet filios, illas in matrimonium suis filijs poposcisset. eius igitur preces non aspernatus est Danaus, sed nuptias magnifice parari instituit: verumtamen vel quia non crederet pollicitationibus, vel quia memor adhuc esset acceptæ iniuriæ, vel quia ab vno illorum mortem sibi imminere ab oraculo monitus fuerat, clam singulis dedit pugiones, quibus suos sponsos, vbi dormirent, iugularent. Sortito igitur nuptiæ celebrantur, atque nomina filiorum Aegypti ista fuerunt: Agenor, Aegius, Alcis, Alcmenon, Agaptolemus, Argius, Archelaus, Aegyptus, Arbelus, Bromius, Busiris, Cthonius, Chalcodon, Chætus, Chrysippus, Clitus, Cisseus, Daiphron, Diacorystes, Dorion, Dryas, Enceladus, Euenor, Eurylochus, Eurydamas, Hippodamus, Hippocorystes, Hyperbius, Hippolytus, Hippothous, Hermus, Imbrus, Idmon, Idas, Lixus, Lampus, Lynceus, Lycus, Menachus, Megacles, Oeneus, Periphas, Pandion, Polyctor, Proteus, Peristhenes, Phantes, Potamon, Periphantes, Sthenelus. Filiarum Danai nomina fuerunt: Anexibia, Anthelea, Adiante, Actæa, Adyte, Autonoe, Asteria, Agaue, Automate, Amymone, Bryce, Cercestis, Clite, Calix, Cleopatra, Cleodora, Chrysippe, Callidice, Celæno, Dioxippe, Erato, Euippe, Electra, Eurydice, Euhippe, Glaucippe, Gorge, Glauce, Gorgophone, Hippodice, Hyperipte, Hippodamia, Hippomedusa, Hypermnestra, Iphimedusa, Mnestra, Nelo, Ocypete, Oeme, Pharte, Pirene, Podarce, Pylarge, Rhode, Rhodia, Scæa, Sthenele, Stygne, Theano. omnes igitur patris mandato paruerunt, præter Hypermnestram natu maximam filiarum, quæ Lynceo marito pepercit. reliquæ omnes igitur sponsorum capita abscissa dicuntur in Lerna infodisse, atque eorum corpora ante vrbem humasse, vt scripsit Herodorus in Argonauticis, qui etiam inquit quòd postea Danai filiæ à Mercurio & Pallade Iouis iussu expiatæ fuerunt, quæ omnes in Gymnica certamina productæ vna Hypermnestra excepta, victoribus datæ sunt. fuerunt tamen qui inquiant has nuptias tanto sanguine perfusas antequam Danaus Argos venisset, contigisse, quo tempore Danaus cum fratre Aegypto de regno contenderet. cum igitur Hypermnestræ beneficio Lynceus vnus esset superstes è tot fratribus periculum tantum euadens Lyrceam cõfugit, quod oppidum fuit illis temporibus non procul ab Argis, vt scripsit in Corinthiacis Pausanias. eo igitur in loco face sublata Lynceus signum dedit se euasisse omne periculum, quod ita conuenerat cum Hypermnestra, vt deuitatis Danai insidijs vbi in tutum se recepisset, ita facem sublatam ostentaret. Sic etiam paulo post Hypermnestra vicissim facem è Larissa sustulit, qua significabat se quoque omne periculum euasisse: quare mansit postea consuetudo vt Argiui ad eius rei memoria festum diem & solennitatem quotannis celebrarent, quam Facem vocarunt. Scripsit Apollodorus libro secundo Biblyothecæ Hypermnestram fuisse postea datam vxorem Lynceo. Atqui Herodotus in Euterpe inquit Danai filias primas Thesmophoria sacrificia mulieres Pelasgicas docuisse, quod genus sacrificij, cum fuisset occupata Peloponnesus à Doriensibus, prorsus obsoleuit. At enim Danai filiæ post mortem ob id scelus, quod tam immites aduersus innocentes & affines iuuenes fuissent, illi æterno supplicio fuerunt addictæ apud inferos, vt aquã vase perforato haurire conentur: quibus promissum esse prohibent ab eo labore tum cessandum esse, cum plena cribra è puteo hauserint. de illa pœna ita meminit Horatius libro tertio Carminum:

stetit vrna paulum
Sicca, dum grato Danai puellas
Carmine mulces.

Sic autem Ouidius lib. 4. Metamorph. ab auo Belidas nominans inquit:

Assiduas repetunt, quas perdant Belides vndas.

¶ Atque tot fabulosa de ijs memoriæ prodita sunt: nunc veritatem inquiramus. Has annos esse dixerunt nonnulli, qui assiduis fructibus videntur nos velle locupletare ac saturare, cum tamen tantundem absumatur, quãtum producitur. Sic autem id Lucretius libro tertio explicat:

Deinde animi ingratam naturam pascere semper,
Atque explere bonis rebus, satiareque nunquam.
Quod faciunt nobis annorum tempora, circum
Cum redeunt, fœtusque ferunt, variosque lepores:
Nec tamen explemur vita fructibus vnquam.
Hoc, vt opinor, id est, æuo florente puellas
Quod memorant laticem pertusum congerere in vas,
Quod tamen expleri nulla ratione potestur.

Sic igitur temporum & annorum vicissitudines quidam per hæc significare voluerunt. nonnulli putarunt omnem mortalium vitam in hac fabula contineri, cum omnia quæ agimus frustra à nobis fiant in terris, cum nulla humani roboris vestigia diutius manere possint, sed omnia rursus confundantur. Alij beneficia, quæ in ingratos homines conferuntur, per hæc vana esse indicabant. ego contra per hanc fabulam aliquid gloriosius & humano generi vtilius significari crediderim, filios scilicet tandiu pios & obedientes parentibus esse oportere, quandiu ab humanitate & Deorum immortalium religione ac reuerentia illorum mandata non dissentiant. Quod siquid ab ijs contra religionem, aut summi Dei voluntatem legesque præcipiatur, si contra iustitiam, si contra humanitatem, omnino non sunt audiendi: quare si quis iniqua consulenti pareat aut imperanti, quod deuitare potest, Deorum immortalium animaduersionem ac vindictam omnino fugere non poterit. siquis denique neglecta Dei reuerentia, & viri boni officijs aliquid impurum atque crudele commiserit, ille perpetuis supplicijs post hanc vitam apud inferos discruciabitur. ac de Belidibus quidem satis, nunc de Sphinge dicamus.

De Sphinge. *Cap.* XVIII.

FVit autem Sphinx Echidnæ Typhonisque filia, vt scribit Lasus Hermioneus, quam Iuno irata in agrũ Thebanum immisit. Hæc muliebri facie ac pectore fuisse proditur, pedes & caudam habuisse leonis, pēnas autẽ volucris. At Clearchus caput & manus puellæ, corpus canis, vocẽ hominis caudam draconis, leonis vngues

vngues, alas auis, illam habuisse scripsit. Hæc Sphinx singulis hominibus prætereuntibus in Phyceo colle residens obscura sane ænigmata proponebat, quæ capiebat à Musis: atque quicunque illa soluere nequiuisset, is vnguibus Sphingis laniabatur. Erat autem fato statutum tunc esse Sphingi moriendum, cum quis propositum ænigma soluisset: atque cum multi ab ea laniarentur, pronuntiatum fuit per præconem, quia cupiebant Thebani illa molestia liberari, quod is esset Thebarum regnum capturus, & vxorem Creontis Aemonis filii habiturus, quæ pulcherrima erat omnium mulierum eius ætatis, qui Sphingis ænigma soluisset. Scripsit vero Myrleanus Asclepiades, quod etiam testatur Isacius facillime Sphingem lacerare homines victos cōsueuisse, quippe quæ priores corporis partes haberet leonis, ac vngues gryphi: neque quisquam poterat aufugere, cum alas haberet aquilę, citissimeque ad illos conuolaret, quamuis postremas corporis partes haberet hominis. multa fuerunt ænigmata, & longe diuersa, quæ diuersis nationibus proponebat, sed hoc fere semper proponebatur Thebanis enucleandum, vt scripsit idem Asclepiades:

Ἔστι δίπουν ἐπὶ γῆς, καὶ τετράπον οὗ μία φωνή,
καὶ τρίπον. ἀλλάσσει δὲ βολὴν μόνον, ὅσ' ἐπὶ γαῖαν
Ἑρπετὰ γίνεται, διά τ' αἰθέρα, καὶ κατὰ πόντον.
Ἀλλ' ὁπόταν πλείστοισιν ἐπειγόμενον ποσὶ βαίνῃ,
Ἔνθα τάχος γυίοισιν ἀφαυρότατον πέλει αὐτῶν.

Hoc ænigma cum soluisset Oedipus, regnum & Iocastam matrem Aemonis filii Creontisque vxorem duxit:

Est bipes & quadrupes in terris: solaque vox huic:
Atque tripes. mutat vocem solum, omnia campis,
Inter quæ serpunt, quæ cœlo, & fluctibus errant.
At vbi contendit pedibus iam pluribus, illi
Deficiunt vires, & lentis robora neruis.

Fuit enim Oedipus parricida vti prædictum fuerat ab oraculo. nam cum Laius Thebanorum rex oraculum consuluisset, postquā regnū Thebanum illi fuit delatum post mortem Zethi & Amphionis, gerente in vtero Iocasta vxore, responsum est ab Apolline Delphico illum à filio interfectum iri, quod etiam accidit postea in via Schiste vocata in Phocide. Laius responso territus recens natum plantis pedum transfixis in monte Citherone Platæidis terræ exponi iussit, quem Corinthus & ad Isthmum regio aluit, ac triuiū Phocidis ab ignaro filio paterno sanguine pro responso oraculi fuit pollutum. Significari hominis senescentis naturā per hæc pronuntiauit Oedipus, qui cum baculo indiget vt sustineatur, aut cum infans quatuor pedibus incedit, manibusque vtitur pro pedibus, tunc maxime est inualidus. Cum hæc Sphinx audiuisset, sese de loco præcipiti ac prærupto deiecit, atque Thebani omni periculo fuerunt liberati. Diximus autem superius Oedipodem Laium patrem interemisse, quare Iocastæ nuptiæ & regnum proponebatur ænigma soluenti. Laius enim Thebarū rex vt dictum fuit ducta Iocasta Creontis Deum de prole percunctatus est, responsumq; tulit non sibi conferre habere filios, à quibus ipse trucidandus & domus esset euertenda. oblitus oraculi filium procreauit, & mox recordatus responsi infantem exposuit feris, cui pedes ferro trāsfixit, qui postea à tumore pedum dictus est Oedipus, cum oedin sit intumescere. Hunc familiares vti iussi fuerant non exposuerunt, at donarunt vxori Polybi, quæ filios habere non potuerat. Post cum adoleuisset Laius consuluit Deum de filio exposito. Oedipus cognitis insidiis sibi paratis percunctatus est oraculum de veris parentibus: hi obuii facti cum essent in Phocide Laius superbe de via excedere imperat, Oedipus iratus nescius patrem ipsum in pugna interemit:

emit: quod accidit quo tempore Sphinx nuper immissa erat in agrum Thebanũ. Hæc de Sphinge fabulose dicta sunt. Quod ad veritatem attinet, fertur Sphinx prædatrix fuisse, quæ iuxta Moaben locum, Phyceumque montem rapinas exercuerit, atque ex insidiis erumpens ad hominum prætereuntium perniciem conuolauerit. In eo autem monte in insidiis consedit, donec Oedipus superata loci difficultate cum Corinthiorum exercitu illam superauerit, vt scripsit Strabo libro nono, & Phanodemus libro quinto rerum Atticarum. At idem Strabo memoriæ prodidit mare illud prius, quod est apud Anthedonem, piraticis incursionibus Sphingem infestasse, deinde ad eas terrestres insidias & latrocinia se contulisse. Dicta est ænigmata indissolubilia prope viatoribus proponere, quia ob difficultatem locorum nemo illam vincere poterat ante Oedipodis exercitum, qui omnes illas occultas ambages & locorum difficultates superauit. Alii dicunt illam cum latrocinia exerceret ænigmata captiuis proponere solitam, quæ siquis soluisset, liber cum omnibus suis rebus dimittebatur. Ad huius autem crudelitatem & celeritatem exprimendam, varia diuersorum animalium membra attributa sunt. nam crudelitatem & rapinas significabant vngues leonis aut griphi, Alæ sociorum prædonum erat celeritas. Atque cum vnum esset corpus variæ omnino formę illi tribuebantur commistæ. Philochorus in libro de sacrificiis, Mineruæ consilio edoctum Oedipum inquit societate rapinæ simulata se ad Sphingẽ contulisse: atque, nouis semper socijs Oedipo se addentibus, denique illam cum magna suorum manu oppressisse. Eius Sphingis corpus cum delatum fuisset Thebas asino impositum, Oedipus Rex à Thebanis declaratur, vtpote vir callidus & prudens ac bellicosus, quique posset pro sua prudentia ciuitatem ab hostium iniuriis, si opus esset, defendere. Tum matrem nescius vxorem duxit ¶ Atque tot sunt ea quæ de Sphinge tradita sunt ab antiquis. Ego non solum historicas narrationes sub hac fabula contineri crediderim: nam id quidem ridiculum esset simplices res gestas ita occultare, ne à quouis perciperẽtur, semperque aliquo indigerent Oedipode. Sed istud fiebat, vt dictum est sæpius, quia fabulosæ narrationes vel ab iis cum suauitate imbibuntur, qui à nudis præceptis recte viuendi audiendis abhorrerent. Nam perceptis prius fabulis non minore cum voluptate fortasse explicationes admittebãtur, quam perceptæ fuerunt ipsæ fabulæ. Quod siquis meam sententiam requirat, ego censeo nullas fuisse alias vias iuuentuti faciliores ad philosophiam instituendæ, quam vt fabulas diligenter prius perciperent, deinde vt pręcepta philosophica sub his occultata, aperirentur. Atque per Sphingis fabulam id significatum fuisse ab antiquis sapientibus crediderim, suam fortunam æquo animo cuique esse ferendam: quam tamen vel siquis ægerrime ferat, omnino ferre necesse sit. Nam quid significant alæ? an non fortunæ inconstantiam? aut cur vngues in prædam flexæ illi tribuuntur? non ne quod vndecunque libuerit omnia potest auferre? cur humana est facies? quia humanum est subiici calamitatibus & vicissitudinibus fortunæ. Leonina pars forti animo esse ferenda aduersa significat, quæ vel vi omnino sunt ferenda: siquis enim miserias prudenter sustinere nequiuerit, aut nisi se sapienter inter aduersa custodierit, ille ab ipsa Sphinge crudelissime torquetur, & laniatur. Atque vt summatim dicam, nos monere per hanc fabulam sapientes voluerunt aut prudentia & Mineruæ cõsilio fortunæ iniquitatem esse supernandam: aut si minus istud fecerimus nos ab illa superari oportere. Nam quid agitur in superiore ænigmata? an non de humana imbecillitate, cum nihil nascatur homine debilius aut calamitosius? atque de Sphinge satis, nunc de Nemesi dicamus.

De

De Nemesi. Cap. XIX.

VT autem non solum in aduersis prudentia opus esse, sed etiam in felicibus successibus animi moderatione demonstrarent antiqui, Nemesim Noctis & Oceani filiam vt ait Paus. in Achaicis introduxerunt quamuis alii plures esse Nemeses crediderint, easque coluerint. memoriæ prodidit Apollodorus libro tertio Biblyothecæ Iouem aliquando Nemesis desiderio exarsisse, quæ, cũ eius concubitum vitaret, se in anserem dicitur mutasse: Iupiter vero in cygnum versus sic illam compresit, quæ cum ouum postea peperisset, illud opilioni obuio dedit vt Ledæ seruandum deferret. Id cum in arca seruauisset Læda, dicitur Helena ex illo fuisse nata, quam Læda tanquam ex se genitam educauit: quæ cum adoleuisset, omnesque reliquas mulieres forma corporis & oris elegantia antecelleret, hos procos & peritores habuit, vbi ad nubilem ætatem peruenisset: Antilochum, Agapenorem, Amphilochos duos alterum Amphiarai, alterum Creati filium. Aiacem Oilei, Ascalaphum, alterum Aiacem Telamonis: Diomedem, Eurypylum, Elephenorem, Eumelum, Menelaum, Megetem, Mnestheum, Ialmenum, Leonteum, Machaonem, Polyxenum, Peneleum, Podalirium, Philoctetẽ, Protesialum, Patroclum, Sthenelum, Vlyssem, Thalpium, Schedium, Polypætẽ, Teucrum. Inter quos ne nasceretur distensio ob Helenam, si vni horum coniugi addiceretur, omnes iurare iussi sunt se illum defensurum ab iniuriis cæterorum cuicunque illa obuenisset: propter quam etiam raptam exortum est bellum Troianum. Fuit igitur Nemesis Noctis filia Adrastea etiam vocata, sed non ab Adrastea nutrice Iouis dicta, neque ab Adrasto illo profligato qui solus omni exercitu in bello Thebano amisso, euaserit: pro qua victoria Thebani Nemeseos Adrasteæ sacellum erexerunt. Neque ab Adrasto antiquo illo Rege, qui primus eius templum condidit, vt ait Antimachus poeta in his versibus:

ἔϛι δέ τις νέμεσις μεγάλη θεὸς, ἣ τάδε πάντα
πρὸς μακάρων ἔλαχε, βωμὸν δέ οἱ εἵσατο πρῶτος
ἄδρασος ποταμοῖο παραὶ ῥόον αἰσήποιο.
ἔνθα τετίμηταί τε, καὶ ἀδρήϛεια καλεῖται.

Est Dea, quam Nemesim dicunt: Dea magna, potensque,
Quæ bona cœlestum concessu cuncta Deorum
Possidet, huic primus sacratam condidit aram
Fluminis Aesapi gelidas Adrastus ad vndas.

Hic enim culta est, atque Adrastea vocata, quam etiam opinionem habuit Callisthenes, sed multo melius ἀπὸ τοῦ δρασμοῦ, siue à fuga dicitur, cum litera priuante & impediente illam actionem, cum nemo malus vindictam Dei posit effugere. Hanc Deam alatam sicuti Victoriam & Cupidinem finxerunt, cuius Phidiaca statua fuit apud Athenienses, vt ait Scepsius Demetrius, cuius in capite erat corona in ceruos incisa, cum victoriæ sigillis, quæ leua fraxinum gestabat, ac dextra phialam cum Aethiopibus cælatis: vt scripsit etiam Pausanias in rebus Atticis. hanc deam non solum in ciuitates vniuersas, sed etiam in singulos viros plurimum habere autoritatis crediderunt antiqui, cum ita scribat Diodorus:

Ἀδρήϛειά τε δῖα, καὶ ἰχναίη ποτε φυλάσσοι
παρθένος, ἣ πολλοὺς ψευσαμένη νέμεσις.

Adrastea vtinam te seruet, quæque fefellit
Mortales Nemesis sæpius ipsa viros.

Atque tot breuiter dicta sint de Nemesi ¶ Nunc quid per hæc significent antiqui explicemus. Cum vellent demonstrare sapientes nihil vel optimo Deo gratius, vel hominum vitæ moderatione animi in vtraque fortuna esse vtillius, mul ta vel marina vel terrestria pericula nobis per fabulas proposuerunt, quibus partim deterreremur ab omni turpitudine, partim ad constantiam & patientiam & fortunæ mutationes æquo animo ferendas instrueremur. Cum vero nonnulli miserias & infortunia quidem æquo animo ferant, at contra felicibus rerum successibus nimis extollantur, Deam hanc finxerunt, cuius vnum id erat munus, vt ad deprimendam nimis elatorum animorum temeritatem Iouis nutu præsto esset & ad omnes eos labefactandos, qui plus æquo felicitate aliqua vel honorũ, vel imperii magnitudinis, vel insignium opum, vel rerum huiusmodi, facti essent superbi, conuolaret, vt declarant ea carmina Theæteti:

ἔξεσαν ἀδράςειαν ἀριςώδινες ἀθῆναι,
Δαίμον' ὑπερφιάλοις ἀντίπαλον μερόπων.
Mirat Athenarum clara vrbs olim Adrasteam.
Vindex elatis est nimis illa viris.

Hæc igitur implacabilis aduersus temerarios homines Dea, credita est vna barbaros profligasse & afflixisse ira commota: qui Parium marmor in Marathoniũ agrum iam deportarant, vt ibi trophæum erigerent aduersus Athenienses, cuius opes omnino contemnebant: ex quo lapide Phidias Nemesim incidit, vt ait Pausanias in Atticis, & vt patet ex his carminibus.

καί με λίθον πέρσαι δεῦρ' ἤγαγον, ὄφρα τρόπαιον
σήσωνται νίκας, εἰμὶ δὲ νῦν Νέμεσις.
Α'μφοτέροις δ' ἕστηκα καὶ ἕλλησι τρόπαιον
Νίκας, καὶ πέρσαις τοῦ πολέμου νέμεσις.
Huc saxum Persæ traxerunt me, inde trophæum
Quo fierem: sed nunc facta fui Nemesis.
Erexit Græcis victoria parta trophæum,
In Persas belli facta fui Nemesis:

Hæc sepius arrogantes & superbos duces cum omnibus copiis deleuit, hæc nimis superbas & externorum vires paruifacientes ciuitates funditus euertit. Quare qui sapienter vtramque fortunam ferre potest, illi nulla sunt negotia cum Nemesi: verum cum pauci sint sapientes, neque videant homines nihil non diuinitus fieri: ob inscientiam hominum è Nocte & Oceano nata esse fingitur: cum Oceanus pater sit rerum omnium, vt diximus. Nam ex inscitia & rerum siue opulentiæ abundantia & temeritas & arrogantia & aliorum hominum contemptus nasci solet, ex quo postmodo Dei. vindicta oriatur necesse est, quoniam solum sapientem amat Deus. Nam diuinam potestatem ac iustitiam ipsam Dei, quæ condigna sceleratis supplicia præbeat Nemesim esse sensit Arist. in libro, qui de Mundo inscribitur: νέμεσιν μὲν, ἀπὸ τῆς ἑκάστῳ διανεμήσεως, ἀδράστειαν δὲ ἀναπόδραστον αἰτίαν οὖσαν κατὰ φύσιν. Nemesim quidem appellant, quia singulis distribuat, vt Adrasteam, quod pro vi naturæ nemo hanc causam aufugere valeat. Huic coronam addiderunt, quod omnibus præsit. ceruos habet, quia timidos reddit quos semel percusserit. fraxinum tenet, quia bella ob temeritatem excitet Habet victoriæ sigilla, quia semper vincere soleat. Habet Phialam cum inclusis Aethiopibus, quia neque ad vltimas quidem Aethiopiæ partes & ad Oceanum profugisse confert, vbi Dei ira cõmota fuerit, cum Nemesis in mare etiam & in vltimas orbis partes imperiũ habeat, quod cũ ita sit, non possum non magnopere mirari cur Pausaniæ diligẽtissimo rerũ antiquarũ inuestigatori nõ venerit in mẽtem Aethiopes, ea quã diximus, de causa in Phialã à Nemesi fuisse inclusos. Hãc Iustitiæ filiam nonnulli putarunt, & pennas ob celeritatem addiderunt. & rotam & currum, & gubernaculum, quia per cuncta elementa labens non homines solum, sed etiam elementa iustitia coniuncta teneat, ac seruet. Cum vero plures

Neme-

Nemeses colerent Smyrnæi, plures rationes puniendorum impurorum hominũ diuinitus mitti significarunt, pro varietate peccatorum & arrogantiæ cuiusque. Atque de Nemesi satis, nunc de Momo iam dicamus.

De Momo, *Cap.* XX.

MOmus diligentißimus & perspicacißimus operum omnium contemplator ac reprehensor, & ipse Noctis filius, at Somno patre natus fuisse dicitur, vt tradidit Hesiod. in Theogonia. Fabulati sunt hunc Deum nihil quidem ipsum facere solitum, at cæterorum Deorũ & hominum opera reprehendere: quippe cum iudex etiã inter Deos Neptunum, Vulcanum, Mineruamque de artificio cõtendentes delectus, omnium opera reprehenderit. Nam cum Neptunus taurum effinxisset, Minerua extruxisset domum, Vulcanus hominem formasset, nihil nõ reprehensione dignum inuenit. Cum ad arbitrum enim eius certaminis ventum esset, ille iudex singulorum opus diligentißime inspexit: atque vt ait Lucianus in Nigrino: ἐκεῖνος ἐμέμφετο τοῦ ταύρου τὸν δημιουργὸν θεὸν οὐ προθέντα τῶν ὀφθαλμῶν τὰ κέρατα, Deũ scilicet tauri opificem carpebat, quia cornua ante oculos non præposuisset. vel naturam etiam ipsam accusabat Momus ille Aesopicus, vt ait Aristoteles lib. 3. de partibus animaliũ, quia potius capiti quam harmis cornua taurorum collocasset: nã si addita fuissent harmis cum totum corpus in vulnera incubuisset, videbantur tauri multo maiori vi percussuri. At in Dialogo de Hæresibus testatur idem Lucianus hominem Vulcani fuisse reprehensum, quia prætermissum fuisset illud, quod maxime oĩum erat necessarium. ꝙ artifex scilicet non præuidisset quot doli clam inclusis pectoribus pullularent. Nã multo laudabilius opus futurũ videbatur si fenestratum pectus fuisset, vt sciri posset quid in animo quisq; strueret, & nũ mentiretur, an verum diceret. Domũ Mineruæ reprehendit, vt ait Polycharmus lib. secundo rerum Lyciarum, quia non erat facta trusatilis, quæque posset facile circumagi, si forte malum haberet vicinum Atque omnis Momi autoritas denique & licentia fuit in operibus, laboribusque alienis reprehendendis. Nam idcirco ςύγιος μῶμος Stygius Momus scilicet vocatus est in Epigrammate quodam: quia omnibus & Diis & mortalibus esset odio. Hunc Deum Noctis & somni filium fuisse tradiderunt, quoniam imprudentis est ac desidis, & eius qui iudicare non poßit, quod humanum est peccare aliquãdo ac labi: cum solus Deus perfectus plane sit, ac illius opera omnibus plane numeris absoluta, cum semper aliquid hominum operibus desit. nam illi certe viri boni existimãdi. sunt non qui prorsus integri inueniantur cum nemo is existat, sed qui proprius accesserint ad bonitatem atque integritatem. Per hæc significare voluerunt antiqui, vt fabulosi figmenti sententiam explicem, nihil esse humanum, nullum neque bonum neque malum facinus, quod omnino reprehensione maledicorum & inuidorum carere poßit, cum neque Deus quidem, qui ipse est naturæ fundamentum, optimus ac sapientißimus obtrectatoribus carere potuerit. Per hæc igitur significabant aut maledicorum, & ociosorum nullam omnino viro bono habendam esse rationem, aut nihil gloriosum vel honorificum esse aggrediendum. Nam cum illum miserrimum omnium esse iudicem, qui potius ad vulgi, & imperitæ multitudinis opinionem, quam ad veram probitatis, & integritatis rationem se accommodare studeat, iamdiu omnem vulgi loquacitatẽ & imprudẽtiã cõtẽnẽdã esse decreui. Sẽper. n. præclari, & sapiẽtis hominis esse iudicaui stultorũ & improbißimorũ calumnias magno animo posse paruifacere.

NATALIS COMITIS MYTHOLOGIAE,

LIBER DECIMVS.

Quod omnia philosophorum dogmata sub fabulis continebantur.

MANIFESTVM esse ducimus ex iis, quæ hactennus explicata fuerunt Opt. ac Sapientis. Campeggi, omnia priscorum instituta tum ad cognitionem rerum naturalium, tum etiam ad rectorum morum rationem pertinentia, fuisse ab antiquis sub fabulosis integumentjs occultata. Verumtamẽ non inutile fore arbitramur, si paucis complectamur ea, quæ latius in superioribus libris fuerunt contenta: quippe cum ita fuerint implicata dogmata sapientum sub fabulis, vt neque à mediocriter quidem eruditis facile secerni possent. Nã illa, quæ Aristoteles, &, ante illum, diuinus Plato, de naturæ opificio tradiderunt, quæq; vel Empedocles vel Parmenides, vel Pythagoras, in medium protulerunt, aliique philosophi, aut quæ de moribus singulorum, illa omnia fuisse patuit antiquarum fabularum artificum dogmata, è quibus tantum quisque hauserit, quantum sui ingenii ferret facultas. Significabant enim, vt dictum est, Mundum à Deo fuisse creatum, eumque consistere ex vniuersa materia: quare vnum esse mundum, ac non plures. Tempus natum esse è cœli motu. Cœlos harmoniam musicam, dũ mouentur, pro ratione magnitudinis corporum, efficere. Aetheris sempiternam materiam existere. Elementa esse corruptioni & mutationibus obnoxia secundum partes, cum tamen tota moles ita creata sit à Deo, vt esse posiit sempiterna Hæc omnia anima mundi, siue vis diuina, à corruptione præseruat. Terram esse immobilem, cæteraque omnia perpetuis motibus agitari Elementorum partes inter sese vicissim per calorem ætheris, ac per frigus corrumpi & gigni, omniumque horum frequentiores fieri circa terram mutationes per fabulas innebãt. Grãdines & imbres & fulmina fieri, cæteraque quæ fiunt in sublimi, è vaporibus à sole in sublime elatis. Tum rursus è commistione elementorum & corruptione diuersa gigni animalia, & plantas: quorum omnium autor est sol per moderatum calorem. omnibus animalibus, & è multis principiis compositis, semel esse moriẽdum, cum omne compositum in sua principia solui denique necesse sit. Deinde ad explicandam naturam plantarum & frugum peruentum est. His esse vtiles dixerunt temporum vicissitudines: cum per has modo vires resumere, modo vberes fructus proferre soleant. Deinde animantium omnium generatio vel fit è corruptione, vel coniunctione maris & fœminæ: Vtrisque procreandis & educandis confert cœli clementia: nam ex illa temperie nascitur cupiditas procreandi. Deinde de mutationibus lunæ ac viribus pertractarunt, cuius humor in plenilunio confert parturientibus, & incremento plantarum, & conseruandis animalibus, quæ nata sunt. Atque eiusdem facultatis autorem & principem solem esse dixerunt, quem idcirco & medicæ artis peritum, & sanitatis ac pestilentiæ moderatorem putarunt. Nam cum mediocritas, temperiesque caloris, & grauitas ac magnitudo per illum fiat, merito hæc facultas illi tributa est. Postea demonstrarũt omnia diuina prouidentia gubernari, nihilque esse quod sine Dei auxilio diutius possit consistere. Solem esse Dei ministrum, per quem omnia fiunt, & nascuntur: cũ is misceat elementa, è quorum commistionibus nascuntur omnia. Animas hominum esse immortales, quæ, postquam fuerint his corporibus exolutæ, pro suis meritis vel præmia, vel supplicia sortiantur. Deum adesse vbique hominibus quiduis facientibus. Nemini licere clam esse scelerato. Solam innocentiam intrepidas animas mortuorum ad seuerissimorum iudicum præsentiam deducere. Atque vt summatim complectar, omnem Dei & naturæ diligentiam, quæ ad elementa, vel ad corpora ex his composita, vel ad simplex illud ac diuinum vocatum supernum corpus pertineret, per fabulas explicarunt. Atque eædem fabulæ non minus ad informandos mores conferebant, cum significarent Deorum cultum & religionem à nemine posse impune negligi. omnia diuinæ prouidentiæ esse obnoxia, nihilque carere Dei præsentia. Deum fauere humanę industriæ. Dæmones Dei nuntios nobis semper consulere, atque recta suggerere consilia. Sapientiam rem Deo gratissimam, maximeque à Deo diligi sapientem. omnium scelerum grauissimam esse auaritiam, quæ omnia & humana & diuina iura, cultumque vel ipsius Dei pessundare consueuit: cum nihil sit tam sanctum, quod non auaritia violare soleat. Neminem esse posse auarum, qui idem sit vir bonus. omnibus necessariam esse sapientiam, sed principibus hominibus prælertim. Opum eximiã præstantiam neque vlli vtilem esse, neque necessariam: cum breuis sit omnino fruitio illorum, quæ diuturnis laboribus comparaueris. omnem eximiam opulentiam deuitandam, vt insidiis plenam. Iustissimas esse opes, quæ ex agrorum cultu proueniunt. Naturam paucis esse contentam. fatuos esse, qui plura quam opus habeant, per aliorum iniurias & assiduos labores sibi parare contendant. Nullã esse opum, honorum, libidinum, rerumque huiusmodi satietatem. Ab omni ambitione abstinendum, cum honores qui vel imperitis, vel immeritis deferuntur, & ipsis & iis qui detulerunt, aliquando fiant calamitosi. Nihil esse à Deo petendum proprium, nisi quod videatur illi nobis conferre. omnium mortalium statũ esse inconstantissimum. Neminem impurum posse Dei vltionem deuitare. Legem esse hominum Reginam. Belluarum esse armis, at hominum ratione disceptare. Nemini scelerato confidere oportere. Principum gratiam nulli impuro esse firmam diutius. Qui semel à recto desciuerit, legesque contemnere didicerit, is postea fit ad omne improbitatis genus propensius. Si quis voluptatum imperium semel ęquo animo patiatur, illum postea variarum belluarum ac ferarum formam induere. Neminem posse satis sibi à voluptatibus temperare, nisi diuinam opem implorauerit, & ab illa adiuuetur: quare temperans putandus est Dei amicus. opus esse eximia quadam sapientia vbi quis in aliquam turpem cupiditatem inciderit, vt inde pedem retrahere possit. Animæ partes esse duas, hanc rationi parentem, illam minime audientem rationem: oportereque meliorem deteriori imperare. omnis probitatis esse fundamentum religionem: omnemque beneficentiam esse Deo gratam. Vitam mortalium esse quam plurimis difficultatibus circumuentam, è quibus nisi Dei ope nemo satis sapienter se expedire poterit. Filiis vel ad probitatem vel improbitatem esse acutissimum calcar domestica maiorum exempla. Ebrietatem corpus, & animum inutilem facere rebus omnibus: multaque indecora immoderatum vini vsum sequi solere. Iræ vim plurimum obesse rebus omnibus, nisi moderatio illi adhibeatur: superbiamque & pertinaciam & inuidiam debere rationi & recto consilio obtemperare. omnem arrãogtiam & temeritatem diuinæ naturæ maxime esse aduersariam, quæ tãdẽ à

Deo

Deo deprimitur. Ambitionem maxime animos mortalium infestare. Mortalium superbia & crudelitate Dei iram concitari. omnibus vitijs annexum esse condignum supplicium, neque vllam esse nobilitatem, aut vires, aut diuitias, aut potentiam, quæ posit dignæ pœnæ sceleratum hominem subtrahere: quippe cum vel debilis fortissimum hominem iniquum sæpe profligarit. Animas esse immortales, quæ diutissime posint pœnas dare illorum scelerum, quorum perbreuem voluptatem experiuerint. omnibus esse moriendum, cum somnus nos mortales esse ob quandam mortis similitudinem moneat. omnes post mortem esse iudicandos. Innocentiam esse optimum viaticum omnibus animabus mortuorum ad summi Dei præsentiam. Ita viuendum esse vt recordatio vitæ præteritæ posit nos in morte consolari, at non terrores inijcere. Tortores fore qui commissa peccata nos fateri cogant post mortem. omnia peccata vel esse medicabilia, vel minime. Singulis animabus pro magnitudine peccatorum magnitudinem suppliciorum esse paratam. Non esse curandum quid de nobis dicant homines, sed quod æquum esse videatur faciendum: cum nemo prorsus ex omnibus mortalibus omni ex parte irreprehensibilis existat. Ego sane, cum ista fuerint dogmata sub fabulis antiquorum contenta, illos qui postea philosophi nominati sunt philosophandi initia ab ipsis fabulis cepisse cōtenderim: neque aliud fuisse philosophiam, quam fabularum sensa ab inuolucris, exuuijsque fabularum explicata. Nam cum ab Aegyptijs vniuersa prope philosophia in Græciam primum fuisset deportata, quid prohibet illam per fabulas apud Græcos fuisse per manus traditam? Cum enim inuestigare philosophiam à principio Aegyptij sacerdotes priscis illis temporibus cœpissent, rerumque sacrarum cognitionem illi niterentur apud se retinere, ne traderetur in vulgus: dederunt operam vt aliquas notas inuenirent, sub quibus sapientiæ præcepta, & arcana mysteria sacrorum continerentur, quas hieroglypticas nominarunt. Sunt enim *hiera sacra*: at glypho sculpo. Illud vero admirabile fuit in Græcorum fabulis, quod earum nonnullæ historicam & physicam & ethicam narrationem admittunt, cum aliæ naturalem tantum, aliæ moralem solam contineant. Atque nos in nonnullis omnes has explicationes proponemus, in alijs vel moralem tantum, vel naturalem, cum facile esse vnicuique censeamus hæc omnia pro iudicio colligere. atque primum de Ioue incipiamus.

De Ioue Historice.

HIc Deus habitus fuit, postquam pulso patre de regno ipse imperium suscepit, quia reges antiquitus pro Dijs colebantur, quod inuenta multorum sibi arrogauit: quod humanioris vitæ autor extitit, quod omnia diuina prouidentia gubernari prior demonstrauit, quod homines ad cultum Deorum erexit.

At Physice.

Idem modo aer, modo æther creditus est: modo sol, modo fatum, modo cœlum, modo mundi anima: quæ vbi agit in corpora cœlestia, Iupiter Olympius dicta est: *vbi in vires subterraneas, Iupiter Stygius: vbi in mari, Neptunus.* at castratio Saturni vnum tantum esse mundum & vnum tempus significat, neque posse plures pro[illegible]eari. parentes Iouis Deum denique cuncta genuisse & procreasse significant: cuius affines sunt elementa. Deinde significatur illorum mutua generatio & corruptio secundum partes, cum tota moles sit sempiterna, corporaque cœlestia minime corrumpantur, frequentiorque fiat circa terram mutatio. Tum è motibus cœlorum confici harmoniam innuebant. Elementa rursus neque mares sunt, neque fœminæ, cum tamen vtrorumque fungantur officio omnis autem vis temporis expellitur è regno Iouis, quia post creata à Deo corpora naturalia in elementa sæuitum est tantum à Saturno siue tempore, quod eius vires extra primum, cœlesteque corpus reiectæ sint. atque sub fabulosis de Ioue narrationibus ista rerum physicarum dogmata continentur.

Quæ Ethicè.

In eadem fabula demonstratur omnem diuitiarum amplitudinem, omnemque potentiam esse inuidiosam & insidijs plenam: cum per fraudes etiam & insidias soleat comparari. omne enim diuitiarum immodicarum desiderium æquitatis & religionis cultum, & humanitatis iura facile prosternit: cum tranquillitas animi, & honor, & multorum reuerentia probitatis sint comites. Deinde demõstratur quod principis sapientiam & integritatem omnium rerum bonarum vbertas, ac felicitas demum consequitur. Auaritia postea in omnia penetrare dicitur, eaque esse scelerum omnium fundamentum, neque quidquam magis formidandum illa esse viro bono, cum vix vllus locus auaritiæ sit clausus. Post hæc demonstratur quod is, qui deditus fuerit libidini, facile in omnes brutorum formas mutatur, & ad turpissima quæque prolabitur. patet igitur quod neque nimio diuitiarum desiderio teneri conuenit viro bono, & quod præsentibus vti sapienter oportet, & quod sapientia felicitatis est fundamẽtum, & quod omnis turpitudo fugienda est viro bono: quæ omnia per Iouis figmenta significabant.

De Saturno historice.

Cultus fuit Saturnus vt Deus de multis benemeritus, quod cum in Italiam venisset ad Ianum, & illum & populos Italiæ primus politioris vitæ rationem docuerit, & nummos imprimere inuenerit, & agrorum cultum, & Italos primus plãtationes, insitiones, educationes arborum, fructiferarumque plantarum culturam docuerit. Qui cum esset sapientissimus, ob eius æquitatem & sapientiam dicitur ætas aurea sub illo fuisse, & vberrima terræ feracitas, & summa omnium cõcordia. Non enim legendis, quæ iusta essent, exercebantur homines sub eius imperio, sed potius agendis: cum lex & æquitas foret necessario in animis omnium impressa. Tunc igitur viri boni sine calamitatibus, sine curis, sine ægritudine propter temperantiam viuebant, per iucundissimam senectutem, quam maxime omnium infestat præteritorum peccatorum memoria.

At Physice.

Saturni parentes declarant illum esse tempus, quod natum est ex astrorum cœlique agitatione. Hic partes genitales patri abscidit, quia vnus est æther, vnus mundus, vnum tempus, quod cursum cœli metiatur. Pactiones cum Titane siue sole ita factæ sunt, vt quæ tempore nascerentur, postea omnia interirent: sic enim & elementorum, & procreatorum ex illis corporum generatio & corruptio indicatur, cum nihil nasci possit nisi ex corruptioni obnoxijs principijs: atque hæc sine tempore confici non possunt. Cum vero res absumantur per tempus, & rursus aliæ in absumptarum locum sufficiantur, Saturnum filios edisse finxerunt, & rursus vomuisse: qui deiectus de regno idcirco fuit, quod ætheris natura credita sit immunis ab omni corruptione, cum non sentiat vim temporis, quod inferius extra suum regnum detrusit. Sic igitur corrumpi, vti dicebam, significabant elementa, aut ex ijs composita, quinta vocata οὐσία sit suapte natura sempiterna. Locus elementorum vocatus fuit tartarus, quasi ἀπὸ τῶν ταραχῶν à perturbationibus scilicet, quibus est plenus. Iupiter fratres à paterna voracitate liberauit, quia elementorum materia secundum totum sit sempiterna. Atque hæc dogmata sub hac fabula ad philosophiam spectantia occultabantur.

Nunc

Nunc Ethicè dicamus.

Fuit Saturnus à filio de regno deiectus, quia nullæ sunt opes eximiæ sine maximis periculis & animi perturbationibus: atque omnis iniquitatis denique vindex est Deus. Non offendendos esse parentes postea significabant, cum Iupiter paternam crudelitatem fit imitatus: quia paternæ vel iniquitatis vel probitatis exempla domestica filij plerunque sequuntur. Sic enim vitādam opum eximiam præstantiam, vt neq; tutam neque naturæ necessariam, & ab omni iniuria abstinendum, significabant.

Physice è Cælo.

Cœlus Terræ filius ob mundi procreationem dictus est, quia natus putetur ex informi materia. Hic exectus fuit à Saturno, per quod demonstrabatur quod vnus est æther, neque vllum tempus patietur alterum æthera produci: ac neque alterum tempus è motu cœli gignetur. Mundum igitur vnum tantum esse per hæc quę dicta sunt, significabant non minus quàm philosophi demonstrare postea apertioribus rationibus conati sunt.

E Iunone Physice.

Iuno fuit Saturni filia, quia prius cœlum ab opificè Deo factum est: deinde ex eius cursu natum est tempus, ex illo continuo æther, deinde elementa, quorum supremus est præter Iouem, aer, Iuno scilicet omnis humanæ vitæ moderatrix: per quem imbres & grandines concitantur. Ex aere incalescente nascuntur animalia & plantæ, pro cuius temperie mores plerunque imbibimus. Cum vero ex aqua proxime aer gignatur, nutrita dicitur fuisse ab Oceano & Thetide. Cum in aera vis ætheris ad animalium procreationem agat, vxor est Iouis, cum vertatur in ignem, Vulcanum fertur peperisse. Cum aeris benignitas rebus omnibus nascentibus conferat, coniugijs fuit præfecta. Sic igitur significabant antiqui aeris locum, & vires, & actiones, & è quibus nascatur, in quod elementum proxime vertatur, quod in ipsum agat, ipsumque aera plurimum conferre ad mores singulorum, & ad rerum omnium ortum.

De Hebe Physice.

Hebe igitur merito nata esse dicitur è Iunone, quia omnia cum aeris temperie pubescunt. Hæc ideo soror est Martis, quiapropter fertilitatem regionum, vbertatemque & opulentiam prouinciarum bella plerunque nascuntur: cum nemo prope de loco sterili dimicare soleat. Atque hæc de aeris vi & actione.

At Ethice.

Fuit illa remota à poculis ministrandis Iouis, quia gratia principum est inconstantisima, omnique vel minima de causa aliquando amittitur, quibus haud idem semper, sed aliud alijs temporibus placet, ac pulchrum apparet. Id enim per Hebes res gestas significare volebant.

De Vulno Physice.

Vulcanus vero ex aere natus dicitur, quia extenuatus aer conuertitur in ignem atque sic mutuas elementorum mutationes per huius fabulam significabant. Cum vero ignis esset in materia, deformis esse dicebatur & impurus, quare deiectus est à Iunone, & à Thetide nymphisque marinis exceptus educandus: ex ijs enim natura fulminis, & cœlestium ignium, qui fiunt in nubibus, procreatur. Atque dictus est fulmina Ioui fabricasse, quia vapor ille, è quo eliduntur fulmina, per calorem extollitur & gignitur. Sic enim meteorologica per hanc fabulam docebant. Idem cum Mineruam cuperet, semen in terram deiecit, quia non purus, at turbulentus in materia calor rerum omnium ortum adiuuat.

At nunc Ethice.

Vulcanus ligauit Martem ac Venerem in rete, nempe claudus celerem, & inualidus fortissimum bellorum Deum: quia nullæ vires iniquum hominem possunt à iusta vindicta Dei protegere. Quare per hæc etiam homines hortabantur ad integritatem & ad innocentiam, & ab omni turpitudine reuocabant.

De *Marte Physice.*

Martem nonnulli solem esse voluerunt, qui cum Venere coniunctus superueniente Vulcano præcipue, nihil procreat. Per hæc & vitam & ortum animalium in qualitatum elemētorumq; symmetria consistere demonstrarunt: quippe cum per Martem litigium, per Venerem amicitiam significarent. Per Vulcanum exuperantem aliquam qualitatem. Nihil enim ex vna tantum qualitate elementorū nascitur, neque ex similibus, sed ex his temperatis & modice inter se permistis.

At Ethice.

Mars nascitur è Iunone opulentiæ Dea, quod ex opibus omnis est contentio, cum aliquando causę aliæ iniuriarum palam à principibus fingantur. Nutritus fuit apud barbaras nationes à Thero nutrice, quæ feritas est, quia belluarum magis quam hominum proprium sit armis dimicare, quæ sibi inuicem ratione persuadere non possunt: cum lex hominum regina sola esse debeat, quod honorificētissimum telum sit innocentia & æquitas.

De *Neptuno Physice.*

Neptunus Iouis frater elementum aquæ creditus est. At aliquando tamen vis diuina per aquam diffusa, quæ totam molem à corruptione præseruat: quam animam mundi nonnulli vocarunt. Sic enim non modo mutuam elementorum inter se mutationem, & ex his generationem animalium significabant, sed etiam omnia diuina prouidentia gubernari, & Deum ipsum esse rerum omnium semper & vbique artificem. Hæc vis diuina in æthere Iupiter, in aqua Neptunus, in aere Iuno dicitur. Huius Dei educatio facillimū esse ad motus aquarum elementum indicat, ac maris perturbationem, quod etiam testatur id victimarū genus.

At nunc Ethice.

Enimuero cum omnia fiant diuina prouidentia, nos admonuerunt antiqui per preces Thesei, quibus mortem Hippolyti à Neptuno impetrauit, nihil proprium à Dijs esse optandum, sed quæ conferant tantum: cum multi sibi calamitosa sæpius postulauerint. Cum pulsus sit de cœlo & Laomedonti seruire coactus sit, fortunæ inconstantiam proponebant ante oculos, cum nullus sit tam sublimis ac felix status viri improbi, qui non possit facile labefactari. Postea multas calamitates Neptunus Laomedonti immisit ob neglectam religionem, quare significatur Dei cultum sine maximis calamitatibus non posse prætermitti. Quis enim omnium bonorum autorem Deum, omniumque parentem neglexerit, ac non merito in omnes calamitates prolabetur? qui vero probe sanctèque vixerit, & Deum piè coluerit, hic vnus placatum Deum in omne tempus habere poterit. Hæ fuerunt legitimæ harum fabularum sententiæ.

De Plutone.

Pluto patre Saturno Iouis, Neptunique & Iunonis frater & ipse natus est, post cœlum inimirum ab ipso mundi opifice Deo vna cum cæteris elementis creatus. Hic terra esse creditur, & omnium diuitiarum Deus, cuius pax alumna, quod omnium vbertas è terra proueniat, quam pax alit. Hic idcirco mortuorum est Deus, quod omnia quæ moriuntur in sua principia soluantur, atque in terram manifestius. Sic ostendebantur in ea solui vnumquodque corpus, quibus à natura compositum fuit. Quod autem Pluto terra sit, declarat Proserpinæ fabula: quam rapuit illa de causa Pluto sub terram, quia radices primum plantarum inferius, deinde superius excrescunt: sic modo apud Plutonem, modo apud Iouem est Proserpina. At Ethice.

Per hæc ipsa figmenta rursus ad vitæ tranquillitatem nos hortabantur: quod breuis sit diuitiarum fruitio, cum diuturnis laboribus comparentur. Tum demonstrabant illi opus esse nullam turpitudinem, nullumque dedecus vereri, qui diues esse cupiat, quod idem est atque esse sceleratum. Nam qui equi Plutonem vehebant? Alastor pernitiosus, Orphneus obscurus, Nycteus nocturnus, Aethon ardens: quod crudelitas, & omnis æquitatis obliuio, & recti inscitia diuitiarum desiderium consequuntur, à quibus vehitur.

De Pluto.

Cum vero animus hominum neque possit quiescere, neque vtiliter id facere possit: per Pluti inuentionem homines ad agriculturæ studium adhortabantur, cum dicerent Plutum esse Cereris filium, diuitias terræ scilicet, cum opes iustissimæ è terra nascerentur. cæcus fuisse fingebatur, cum diuitias hominibus nullo delectu impertiret, quia occulta sunt Dei consilia, quæ nemo prorsus humano ingenio potest vel debet inuestigare, sed sua fortuna esse contentus. At vero ne quid temere fieri & sine diuina prouidentia putaretur, maluerunt Deum vel cæcum introducere, quam aliquod facinus Deo omnino teste carere.

De fluminibus inferorum.

Enimuero vt pateret non in vita solum plurimum conferre integritatem & innocentiam ad beate tranquilleque viuendum, sed etiam morientibus gratissimum esse viaticum vitæ præclare transactæ recordationem, terrores & pericula mortuis complura esse tradiderunt, & monstra apud inferos parata, quibus mortui pro magnitudine scelerum torquendi traderētur. Deferebant sceleratos Acherontis fluuii vnda cū strepitu: quia cōscientia, rerumq; turpiter aut crudeliter gestarum memoria sub mortem animum magnopere infestat. Sic igitur significare voluerunt ita vitam nostram oportere componere, vt recordatio præteriti temporis quam maxime in morte animos nostros ob innocentiam & integritatem consoletur, & nos intrepidos ad vel seuerissimorum iudicum præsentiam perducat. At qui fuerit sceleratus & improbus, ille querulus lamentationibus & curis plenus flumina quæ sunt apud inferos traiicit, quæ suis locis fuerunt commemorata. Sunt enim curæ sub mortis tempus animum infestantes sub harum fabularum figmentis expressæ ad deterrendum à flagitiis. At vbi mortui ad illa flumina peruenerint, siqua anima illegitime descenderit, neque iusta consecuta sit, ibi errare diu permittitur antequam traiiciatur: quæcunque vero capta fuerit commissorum peccatorum pœnitentia, omnemq; spem in clementia Dei collocarit, hæc à Charonte traijcitur. Quibus rebus significare voluerunt nos viros bonos pro viribus esse oportere, cum probitatis comes sit vbique lætitia & fidentia, quod vbi vires mortalium attingere non possunt, diuina clementia nihilominus nobis non deerit.

De Cerbero Physice.

Vbi ad inferos animæ descenderint, excipiuntur ab horrendo Cerbero cum lætitia, qui postea volentes exire deterret. hoc nihil aliud quam natura est rerum quæ gaudet ortu singulorum, cum grauiter ferat interitum. Per hæc immortalitatem animarum antiqui ostendebant: nam animas semper fuisse putarunt Pythagorici, quæ de cœlo in hæc corpora, tanquam ad inferos deducerentur: quibus blandiebatur aduentantibus natura, at contra adituras superos reclamat.

at vero Ethice.

Cerberus est auaritia & cupiditas diuitiarum, quæ aduenientibus opibus blanditur, sumptibus vero vel necessarijs tristatur. capita complura sunt Cerberi, cum multa scelera ex vno auaritiæ fonte nascantur. neque vllus esse potest auarus vno tempore & vir bonus, cum inter auaritiam & probitatem magna semper sit contentio.

De Parcis.

At vero Parcas crediderunt antiqui Deas esse potentissimas, quoniam omnia quæ nascerentur, vel fierent, sita essent sub harum potestate: quas Iouis & Themidis filias putarunt, quoniam vel singulis animabus Deus pro prioris vitæ meritis corpora & fortunam traderet, vt sentiebant Pythagorici, vel quia singulis pro dignitate diuina sapientia præmia vel pœnas impartiret: cuiusce diuisionis cum causam prisci ignorarent, omnia fato vel à Parcis gubernari crediderunt: quare sapientiores omnia diuina prouidentia gubernari per ignotas hominibus causas demonstrantes, ea de Parcis tradiderunt.

De iudicibus inferorum.

Neq; vero in hac vita solum, sed etiam post mortẽ singulos à Deo pro dignitate vel bona vel mala obtinere, atq; nihil omnino sine Dei cura perfici, ostẽdentes iudices apud inferos post mortẽ statuerunt, qui singulorũ peccata diligentissime iudicarent. neque enim conueniebat vt animæ vel in corpora pro meritis mitterentur, vel post mortem præmia consequerentur, nisi fuissent prius iudicatæ: quare huic iudicio tres præfecti sunt, qui quoniam omnia scelera vel sanabilia erant, vel insanabilia: sanabiles quidem animas in certum locum, donec maculæ contractæ ex humanis sordibus expurgarentur, deduci iubebant. quæ vero immedicabilia vlcera ex humanarum rerum contagione contraxissent, illæ in profundissimum tartarum deijciebantur. at quæ pie sancteque vixissent per summam innocentiam, quæque ab omni sorde humana procul abesse forent iudicatæ, illæ in loca tum ob fertilitatem rerum omnium, tum ob temperiem cœli perpetuam suauissima deducebantur. His igitur rebus antiqui nos hortabantur ad probitatem, quoniam si quis dum viuit pœnas suorum scelerum deuitauerit, at certe post mortem supplicium deuitare non poterit.

De Eumenidibus

Verum ne quis sua flagitia se occultaturum esse speraret, additæ sunt ministræ

&

& tortores his iudicibus acres & formidabiles furiæ, quas nonnulli Erinnyas appellant: quas conscientiæ stimulos esse diximus, cum ex ijs parentibus, quibus traditum est, natæ dicatur. Nullus enim grauior est tortor, aut magis infestus testis, quam sit sua cuiusque sententia, atque, vt summatim dicam, per hæc significare voluerunt antiqui soli viro bono omnia esse tuta, solamque integritatem & innocentiam homines intrepidos ad omnes fortunæ mutationes perducere. quippe cum vel hæc, vel non valde his dissimilia, impuris hominibus sint expectanda.

De Tartaro.

Animæ igitur sceleratorum multis grauissimisque vitijs contaminatę per hos tortores à iudicibus cognitæ, prædictis furijs in tartarum deducendæ tradebantur: cum is locus esset pœnarum luce omnino carens, multisque plenus perturbationibus, vnde nõ dabatur amplius reditus, quæ quidem præcepta fabularum, nihil prope dissentiunt à veris Christianæ religionis institutis: nisi quod illi sub fabulosis hæc occultarunt, quæ nos habemus aperta & manifesta.

De Hecate.

Cum vellent autem demonstrare omnibus necessario esse moriendum, neque posse quenquam Dei voluntatem effugere, aut ab eo statutum diem præterire, Hecaten Iouis filiam & Asteriæ finxerunt esse: quæ credebatur vis esse per astra descendens & occulte agens diuinitus in corpora hæc inferiora, ab ijs qui Iouem omnia regere putarunt, & omnibus moderari, vnde omnia proficiscerētur. quamuis alij fatorum cuiusque esse ordinem ac vim existimarent, quæ diuinitus in corpora mortalia funderetur: quã, cum nulli esset cognita, Noctis filiam crediderũt.

De Somno.

Enimuero ne obliuisceremur somnum morti esse simillimum, atque omnia quæ dormiunt interire etiam aliquando solere, Somnum Deum esse antiqui tradiderunt Mortis fratrem: atque somnus ille suauissimus dicitur, qui morti sit per quam similis. non enim solum ad recuperandas vires à Deo hunc datum esse animabus dixerunt sapientes, sed etiam vt admoneremur quotidie quod mortuorum sumus imagines.

De Proserpina.

Ad explicandum vero seminum plantarumque omnium naturam Proserpinæ figmenta antiqui introduxerunt: quæ sex menses esset sub terra, & totidem supra terram. Sic enim diffundi virtutem plãtarum. sex menses in ramos ob frigus subterraneum significabãt, cum ab hyemis frigore superiore & circumstante virtus earundem plantarum intra terram includatur. nam sic natura suas vires omnibus animalibus, naturalibusque corporibus impertit, vt alterne exerceãt. quippe cum dies etiam negotijs agendis, nox quietis causa concessa sit.

De Luna.

Lunæ naturam præterea viresque explicantes illam filiam Hyperionis siue solis dixerunt, quia cum corpus sit diaphanes, tanquam speculum lumen à sole acceptum rursus in terras ad nos transfundit. atque eadem de causa solis soror etiã dicta est. per currum celeritatem motus proprij indicarunt ad exprimendam naturam, quia semper vel maior vel minor quotidie fieret. variorũ colorum vestes illi tribuerunt ad explicandas vires. hanc eandem marem & fœminam dixerunt, quia vt fœmina, humorem præbeat vtilem animantium nutrimento, atq; eadem calorem vnà sensim infundat, qui plurimum conferat ad incrementum: nam sine hoc ipso calore inutilis eius opera esset omnino putanda, vt autem quantum possit manifestum fiat, argumento sunt ea, quę pertinent ad partus pręgnantium animalium, quæ vim lunæ perspicue sentiunt, quare Lucina etiam dicta est, quod in lucem animalia educat. Hæc eadem corruptioni etiam plurimum confert, quare maxime in diebus lunæ creticis periclitantur grauiter ægrotantes.

De Diana.

Diana & Phœbus Latonæ ac Iouis filij creduntur, per quam fabulam significare mundi ortum voluerũt, nam cum informis esset prius in vnam molem confusa mundi materia, quia omnia obscura essent & laterent, tenebræ illæ Latona vocatæ sunt. Phębum & Lunam Iupiter euocauit ex his tenebris spiritus domini scilicet, cum dixisset fiat lux: cuius lucis autor est Phœbus & Diana. sic igitur mundi creationem à luce incepisse antiqui significabant. sed de his latius postea suo loco dicemus.

De campis Elysiis.

Sed quoniam explicata sunt supplicia quæ grauissima & sempiterna consceleratis hominibus ab antiquis post mortem proponebantur, vt deterrerentur ab omnibus sceleribus, & ab omni turpitudine, videtur esse necessarium vt quæ præmia viris bonis, quibus allicerentur ad probitatem, fuerint ab ijsdem proposita, perquiramus. Erant igitur ijs insulæ duæ concessæ, ad quas lenes & odoriferi venti, tanquam per incredibilem florum copiam pertransissent, suauiter spirabant. solum pingue, quod omnia sine humana diligentia facile produceret: locus multis semper florum fructuumque suauium generibus abũdabat & plantis domesticis vbique vestiebatur. vineæ singulis mensibus fructum ferebant. aer sincerus & temperatus, qui nullam temporum patiebatur mutationem. nam omnes maligni venti vel prorsus hinc exulabant, vel si peruenirent, prius per inania loca defatigabantur, omnemq; inclementiam exuebant, quam loca illa attingerent. placidissimi imbres hic à Zephyris vel ab Argeste excitabantur, cum plerunque tamen terra ob suam naturæ bonitatem imbribus non egeret. Ibi erat suauissimarum tantum auicularum genus, quæ dulces concentus musicæ symphoniæ non dissimiles passim per totum anni tempus exercerent. ibi cantilenæ erant mirificæ suauitatis, chorosque ducebant virgines cum pueris pulcherrimę, quibus accinebant cum musicis instrumentis peritissimi cantores. Epulæ ibi nascebantur saluberrimæ. nulla sentiebatur ibi senectus, nulla ægritudo, nulla mentis perturbatio, non auri, non diuitiarum cupiditas, non honorum animos beatarum animarum infestabat: omnes priuatam vitam rebus necessarijs contentam vel maximis imperijs anteferendam existimabant. Hic vnusquisque ijsdem studijs exercebatur, quæ viuenti gratissima extitissent.

De Lethe fluuio.

Enimuero quia putabant antiqui philosophi animas hominum esse immortales ac sempiternas, quæ fuit Pythagoræ opinio, & aliorum quorundam, has crediderunt

diderunt pro singulorum meritis, & pro rebus in priore vita gestis semper in noua corpora denuo transmitti: atque hoc ipsum ad inferos mitti esse putabant, in noua corpora redire. At enim non facile adduci poterant animæ, quæ graues molestias & miserias humanas semel expertæ fuerant, vt rursus in hæc corpora redirent, nisi aliquam rationem excogitassent, qua fieret omnium pristinorum incommodorum immemores: idcirco Lethen fluuium ea aqua fluere dixerunt, vt semel epota rerum omnium memoriam omnino obliteraret. Sed enim fluuius ille vbi sit, dubitari posset, quoniam alij apud inferos esse dixerunt, cum Pythagoras tamen è cœlo descendere animas existimauerit. ego sane censeo in circulo lunæ fuisse Lethen collocatam, cum satis aptæ obliuioni vires eius appareant. quippe cum Cancrum cœleste signum portam putauerint per quam animæ hominum ascendant, ac descendant, cum per Capricornum istud ipsum à Dijs fieri creditum sit.

De Penatibus.

Vt autem manifestum fieret omnibus nihil esse quod diuina prouidentia non gubernetur, nostraque omnia semper diuino consilio protegi, cum Dei præsentia nullo in loco carere posimus, non solum Lucinam parturientibus mulieribus statim adesse finxerũt, quæ illas a doloribus solueret, sed statim nati infantes proprios habere dæmonas continuo crediti sunt, quorum auxilio per totam vitam fruerentur. hæc opinio ab illa prisca antiquorum ad nostram vsque ætatem perdurauit: nunc hos nuntios Dei nominant: physici vero Iouem, Iunonem, Mineruam, Vestam hos esse dixerunt, vires elementorum scilicet, cum illis nati continuo perfruamur: atque hos Deos æthera medium, aera imum, & terram, & summam ætheris partem, quæ vis est diuinæ intelligentiæ, quam Mineruam nominarunt. Hæc enim numina domorum priuatarum, & singulorum in ijs habitantium, & vniuersarum ciuitatum curam habere putabantur. Alij Apollinem ac Neptunum Penates solos putantes in idem reciderunt: calorem, tanquam principium à quo fieret opus naturæ: & humorem ex quo fieret, principia ponentes. atque eadem de Laribus dicta sint.

De Genio.

Creditus autem fuit Genius dæmon, non quidem is, per quem viueremus, aut cuius auxilio vbique frueremur, sed is, qui nobis semper bona consilia suggeret, & quem haberemus in tota vita nostra consultorem. Sed cum multa alia quoque Genium proprium, vt plantæ, & animalia, quæ non egent consilio, habere dicantur: videtur probabilior illorum sentẽtia qui occultam vim planetarum, quæ ad omnia hæc pertineret, Genium vocatam fuisse putarunt: quare omnia humana & cœlesti vi occulte gubernari, & nihil diuina virtute vacare tradiderunt.

De Pallade.

Vt vero demonstrarent antiqui non sola vi cœlesti mortalium res gubernari, sed etiam prudentiæ hominum aliquid loci relictum esse, cum Deus diligentes & prudẽtes semper adiuuet, tum sapientiam rem Deo gratissimam esse dixerũt, cum Deus magnopere diligat sapientem. ad hoc autem exprimendum illam Iouis filiam esse dixerunt sine matre, cum solus Deus vere sit sapiens, alij vero similitudine quadam, vt pateret quanta vis esset sapientiæ, illam armatam natam esse finxe-

finxerunt, cum sapiēs nullas neq; fortunæ iniurias, neque humanā iniquitatē magni faciat, sed omnia consilio & patiētia superet, omnemque suā spem in Deo collocarit. & quoniam initium sapientiæ est timor domini. hanc dixerunt antiqui profligauisse impios gigantes, qui neglecto D[illegible]um immortalium cultu in Iouem insurgere conati sunt. omnis .n. sapiētia humana, quæ dissideat à diuina voluntate, inanis est & contemnenda, cum solus vir bonus & amicus Dei sit sapiēs.

De Prometheo.

Enimuero vt demonstrarent omnem humanam prudentiam quæ à diuina voluntate dessentiret esse perniciosam mortalib. & insulsam, Promethei fabulā introduxerunt, quem artes & dolos omnes excogitasse inquiunt, & idcirco grauia supplicia passum fuisse. Hūc aiūt columnæ alligatum fuisse, multaque grauia passum tandem reconciliatum fuisse Ioui, quoniam viris bonis plerunq; pugnandum est cum infortuniis: atque soli prope mali vel fatui sunt fortunati. At cum breuis vita mortalium existat, qui multas molestias æquo animo pertulerit, ille Deo tandem fit amicus. quare per sapientiam Ioui tandem reconciliatus fuit.

De Atlante & Endymione.

Neque tamen putanda sunt omnia, quæ fabulose tradita sunt ab antiquis, ad humanæ vitæ institutionem, vel ad vires naturę exprimendas fuisse conficta: sicuti non necesse est in fertili agro nullam nasci plantam inutilem. Quæ de Atlante igitur & de Endymione prodita sunt memoriæ, illa de viris astronomicæ scientiæ peritis dicta sunt, postea ad illorum gratiam, vt cum suauitate ad posteros trasmitterentur, ita fabulosis narrationibus fuerunt implicata.

De Fortuna.

Neque illa quidem, quæ memoriæ prodita sunt de fortuna, non singulari consilio fuerunt excogitata. quæ quid sit satis explicatum fuit in Physicis ab. Aristot Sed ego, cum omnia diuina prouidentia gubernari putem, nihil fortunæ tribuendum vere sentio; sed nomen ipsum tributum fuisse fortunæ putarim, vt à cogitatione diuinæ potentiæ, cum molestiis, vt sibi videntur, præter dignitatem homines infestantur, deducerentur: atque in fictum nomen suas lamentationes & conuicia coniicerent, quæ leuis & stulta, & cœca, & iniqua vocaretur. cum causæ nescirentur, cur huic res aduersæ fere omnes euenirent, at illi contra nihil non ex sententia succederet.

De Apolline.

Explicatum fuit in superioribus fabulis de mundi principiis, & mutuis elemētorum inter se mutationibus, deque animæ immortalitate, quod illa sempiterna sit in hominibus, quod vnus sit mundus ex vniuersa materia: & quæ sint corruptionis ac generationis elementorū principia: nūc videtur dicendū de iis quæ pertinent ad conseruandas formas singulorum animalium, & compositorum corporum. Est autem omnium horum sol artifex, quem à splendore Phębum nominarunt, nam propter obliquum eius cursum sub signifero circulo omnes & plantæ & animalia modo eius accessu fœtum producunt, modo recessu vires resumunt. Fuit idem medicæ artis peritus, & salubritatis ac pestilentiæ artifex creditus, quoniam vis solis medicinæ confert, cum nimius eius calor sit pestifer omnibus

nibus animantibus. Est .n. omnis animātiū salus in symmetria caloris cōstituta: quare generationis & corruptionis artifex sol est appellādus, vt senlerūt antiqui.

De Aesculapio.

Aesculapium idcirco finxerunt antiqui Phœbi & Coronidis, quam aeris temperamentum esse dicebamus filium, quia nisi solis calor aera purget ac rariorem faciat modice, & nisi humoris vis quædam in ipso aere relinquatur, nulla esse potest salubritas. Fuit igitur Aesculapius aer bene affectus, cuius filia fuit Sanitas aut bona valetudo. Est enim aeris temperies non homini solum, sed etiam cunctis cæteris animalibus, & plantis salubris, quare iure & Solis filium Aesculapium, & salubrem vim de sole animis corporibusque subuenientem dixerunt. Sed quia vis solis assidue commisceat oportet ipsum aera matrem illi Deo mistionem tribuerunt. Per hæc igitur non solum autorem generationis & corruptionis solem significabant antiqui, sed etiam salubritatis: cum mediocritas conseruet, at quod nimium est vel minimum interimat: omnis enim vita animantium & sanitas est in mediocritate, constituta.

De Chirone.

Atque cum in aeris optime affecti natura facultas sit constituta facile conualescendi, accidit aliquando male affecti corporis malignos humores in aliquam partem ipsius corporis debiliorem confluere: quod enim per totum corpus diffusum fuerat à vi naturæ in vnum locum expellitur, Chironem peritum chirurgiæ celebrarunt. Sic enim significabant physicas actiones per has fabulas, quæ spectabant ad conseruanda singula composita corpora naturalia.

De Venere.

Deinde quoniam alia ex animalibus nascuntur è corruptione, alia è coniunctione: quid conferret vtrisque explicarunt. Atque nascentibus quidem ex corruptione mediocritas caloris, & cęli clementia ad educandum necessaria est. illis rursus animalibus, quę generant ex coniunctione maris & fœminæ, per opportuna est aeris temperies. Nam cum semen è subtiliore sanguinis parte secernatur, non ita facile istud fit, nisi sanguis modice incaluerit, quod fit per ver præcipue; est enim verna temperies quasi lena ad procreationē vbiq;. Sic igitur materiam seminis, & aeris clementiam procreandi desiderio necessariam per fabulas antiqui exprimentes, Venerem è genitalibus cœli partibus & ex mari natam fuisse fabulati sunt. Sunt enim genitales partes cœli caloris mediocritas per motum, qui confert animalium generationi.

De Cupidine.

Inde Cupido Veneris filius fuisse dicitur, quoniam ex aere ita affecto corpora & ipsa animalium bene affecta in procreandi cupiditatem sensim illabuntur. Nā tum vigere singula animalia putanda sunt, cum existunt naturæ negotiis habilia: sic igitur antiqui ex optima valetudine & ex aeris temperie nasci animalium fertilitatem tradiderunt per fabulas. At vero quia multa turpia propter libidinem à nonnullis committuntur, ad exprimendam indignitatem eorū, qui nimis ad libidinē sunt propēsi, Cupidini tantū deformitatis, quantū explicatū fuit, tribuerūt.

De

De Gratijs.

Sunt autem argumento illis quæ dicta fuerunt superius, Gratiarum vires & nomina, quæ nihil aliud significabant quam fertilitatem agrorum, frugumque abundantiã, quę pacis beneficio late proueniunt. Has hac ipsa de causa Veneris asseclas esse dixerunt, & Solis Aeglesque filias, cum nihil sine solis clementia fœcundum fieri posit.

De Horis.

Præterea quia nihil satis commode videbatur fieri posse solo naturæ ductu, vel si optimam cœli temperiem consequatur, nisi humana adiuuetur industria, introduxerunt horas antiqui, quæ singulorum diligentiam spectarent, diligentioribusque hominibus fauerent. Nam humanam Industriam nunquam deserit diuina clementia, quare hæ nubes pro arbitrio inducere, & cœlum serenum facere, & tẽporibus moderari creditæ sunt. Per easdẽ Horas rursus improbitatis hominũ sterilitatẽ agrorũ, & omnes diuinitus immissas calamitates esse comites innuebãt.

De Mercurio.

Atque vt intelligeretur à diuina natura res humanas non esse penitus seiunctas, Mercurium tanquam vinculum quoddam intercedere censuerũt, qui Deorum consilia ad homines, hominum ad Deos ipsos asportaret. Id autem fingebatur ab iis, qui quo pacto res humanæ diuinitus gubernarentur, percipere non poterant. Nam Mercurius vis est illa diuina, quæ in mentes hominum diuinitus infunditur, quæque res humanas mirifice in suo ordine componit & conseruat. Tũ rursus, vbi somnia in mentes hominum diuinitus infundi putabantur, aut vbi animæ in corpora nascentium deduci, aut post mortem ad inferos, vis illa diuina Mercurius dicebatur. Illo autẽ nomine vis diuina vocata fuit, quia primus Mercurius vir sapientissimus mundum à Deo creatum fuisse dixerit, & non posse sine diuina prouidentia gubernari, omnemque Deorum cultum inter mortales instituerit, neque vllum fieri posse crediderit sine Deorum nutu ortum & interitum. Nam cum hæc prior homines docuisset, quasi res consiliaque diuina ad nos detulisset, Deorum nuntius creditus est. Quæ pertinent ad vim orationis exprimendam huic Deo dicatę prætermitto, cũ natura ipsius planetæ, suo loco legẽdas

De Pane.

Cum vellent rursus demonstrare antiqui omnia naturalia corpora diuinæ naturæ subiici, & ab illa pro sua voluntate gubernari, Pana Mercurii filium tradiderunt esse. Est autem Pan hæc vniuersa corporum naturalium moles, velut ipsum nomen significat: in qua diuina humanis coniunguntur, quod exprimebant per superiorem formam Panos quæ pulcherrima erat, & Diis simillima: cum inferior magnopere esset deformis ob inferiorum corporum naturalium sordes, quæ sunt tanquam hypostasis naturæ. Reliqua quæ pertinent ad explicandam corporis formam, suo loco legenda relinquimus, vbi late declarata sunt.

De Silenis.

Enimuero non solum rebus humanis præesse Deos statuerunt fabularum inuentores, & sub hisce occultandæ philosophiæ artifices: sed etiam alios ex Diis poten-

potentia & autoritate alii præstare crediderunt, ita vt vnus Iupiter rebus omnibus ac dæmonibus præesset, alii dæmones imperia in certa vel loca vel negotia obtinerent, qui & ipsi alios inferiores dæmones haberent ministros. Sic igitur Sileni Bacchum, vt ministri, sequebantur: qui cum Bacchus esset sol creditus, Sileni vires solis erant animalibus perutiles.

Ethice.

Ebrietatis turpitudinem præterea ante oculos proponentes, Silenum vim scilicet vini & ebrii hominis formã, expresserũt. Illum igitur ventricosum, & senem, & vsque titubantem finxerunt, quod hæc omnia vinum & ebrietas efficiat. Nam qui plus voluptatibus, quam natura postulet, tribuerit, is & in præsenti & in posterum corpus & animum omnibus rebus vel vtilibus vel honorificis inutilem reddit: quare propositis his incommodis maiores per hæc figmenta ab immoderato vini vsu, & ab omni è vino nascente turpitudine deterrebant.

De Faunis.

Vt vero retinerentur homines in officio, omnesque forent probitatis & integritatis studiosi, & Fannos, & Syluanum, & Oreades nymphas antiqui sapientes excogitarunt, qui vbique pastoribus & agricolis præsto essent, agrestiumque calamitates aliquantulum subleuarent: nam cum nihil in agris vel in syluis, vel in densis montium nemoribus non præsente vbique Deo committi liceret, mox additum fuit illi opinioni viros bonos laborantes nullo in loco à diuina clementia negligi, sed vbique subleuari. Quippe cum neque arborum neque pecudum fœtus possent sine diuina custodia conseruari aut augeri.

De Nymphis.

Sed quoniam nulla res est, quæ tota sit vtilis, cum neque ciborum maior pars in vtilitatem corporis conuertatur, neque tota materia aquæ gignendis animalibus sit vtilis, cum alia pars in fœtum, alia in eius nutrimentum absumatur, vt patet in ouis præcipue, vires illas seminis, aut aquæ, ex quibus fit generatio, nympharum nomine appellarunt, quare dictæ sunt nymphæ fructiferæ & homines atque animalia omnia nutrire, & pastorum Deæ, præsidesque pratorum vocatæ sunt. Sic igitur per has materiam propriam singulis rebus naturalibus subiici, significabant.

De Baccho.

Neque ea quidem, quæ de Baccho fingebantur ab antiquis fuerunt à physica consideratione aliena, quando illum à nymphis nutritum dixerunt. cum enim Nymphæ materia sint in rebus naturalibus, illæ formam recipiunt ac fouent: est enim Dionysus virtus solis generationi conferens, quæ vicem maris obtinet in operibus naturę. huic idcirco phallum siue membrum virile dicatum fuisse memorant, & genus id sacrificii, quod vocabant Caniphoria. Ethice.

Deinde mores ebriosorum per hunc Deum exprimentes, ad moderatum vini vsum nos hortabantur, cum proponerent ante oculos quot turpitudines ex ebrietate nascerentur. nam cur Cobali malefici & pernitiosi dæmones Bacchum comitabantur, inter quos Acratus præcipuum locum obtinebat? quia multa sunt flagitia, quę ebrietatem, ac immoderatum bibendi vsum sequuntur. loquacitas nimirum, & temeritas, & impudentia, & in rebus domesticis negligentia, præsentiumque bonorum profusi sumptus, & inimicitiæ, multaque huiusmodi incommo-

da

da cum clamore & strepitu. eadem causa fuit cur eius currum diuersæ feræ crudelissimæ sequerentur.

De Cerere.

Mox ad agrorum cultum mortales adhortabantur, cum Cererem terram esse dicerent, ex qua nascuntur diuitiæ: cum iustissimum sit habitum fœnus illud, quod è terra capitur. terræ enim feracitas è cœli clementia & diligentia hominũ nascitur, quod per Cereris fabulam explicarunt. hæc orbem terrarum peragrauit, quoniam ob signiferi circuli obliquitatem, & ob solis cursum sub eo, variis anni temporibus æstas fit, & segetes ad maturitatem perueniunt.

At Ethice.

Nemo Deos impune contemnit, cum improbitatis comites sint miseriæ: necesse est impium hominem & imprudentem in multa turpia incurrere, quare & pietas in Deos & rebus agendis prudentia, & parsimonia in præsentibus bonis conseruandis necessaria est viro bono.

De Priapo.

Atque quoniam aliquid fieri è nihilo non potest, Priapum semen esse genitale crediderunt: quem Deum idcirco putarunt antiqui, quia diuina potentia plena essent, vt putabant, semina generationis.

De Adoni.

Neque vero simplex erat modus vires solis ostendendi, sed pro arbitrio artificum fabularum. nam modo capitur pro messe vt Proserpina, quæ per quoddam spatium est apud inferos, modo apud superos, modo pro sole: qui eadem ratione modo diuturnior est apud inferos, modo apud superos. hunc aiunt ab apro ictum interiisse, propter horridam vim hyemis, per quam deficiunt pene solis vires. nam dum est in australibus signis, horrida terra fit, & frugibus, vt apparet, inutilis, cum vere omnia reuiuiscant.

De Sole.

Sol quia lucem & vitam denique impertit omnibus animantibus lucis quæstior & autor habitus est vnus, & morborum & salutis moderator, & frugum & rerum omnium copiæ largitor, & Deus denique, cum Dei naturam superiorem his omnibus nondum homines cognoscerent.

De Aristeo.

Aristei vero fabula solis filii post hæc introducta fuit, cum nos ad prudentiam antiqui hortarentur, quæ non mediocre assidue rebus nostris est adiumentum, vitamque facit faciliorem, minusque molestam mortalibus: quippe cum imprudentiæ multæ molestiæ & insuauitates vitæ soleant esse adiunctæ.

De Phaethonte.

Ad explicanda vero illa quæ fiunt virtute solis, excogitata fuit fabula Phaethõtis: cuius error omnia prope humana exussit, quia facta fuit eximia siccitas, & æstus inusitatus, qui per totam æstatem ad medium autumnum perdurauit.

Post

Post illam iam acrem & horridam æstatem, eximios calores ingentia tonitrua necessario sunt consecuta, & fulmina complura, quare dictus est Phaethon fulmine fuisse à Ioue deiectus ad ripas Eridani propter inundationes, quæ temporum inundationes huiusmodi cum pestilentia plerunque sequuntur.

At Ethice.

Monuerunt sapientes preterea sæpius honores, qui ab imperitis rerum gerendarum, expetuntur, nonnunquam & ipsis calamitosos fuisse qui acceperunt, & iis qui concesserũt parum honorificos: nam multis perniciosa fuit ambitio, & honores ac magistratus præter dignitatem concessi.

De Aurora.

Enimuero non solum motus solis, & planetarum nonnullorum, per fabulas expresserunt antiqui, sed etiam cum talia vel talia nobis apparerent sydera illorum vires explicarunt. tum apparentem lucem ante ortum solis cum primum cęlum rubescit, auroram vocarunt, quia sub exortum solis aura lenis plerunque spirare consueuit, quam lucem interiectis surgentibus vaporibus intueamur, rubentem videmus, vnde rosea vocata fuit. Quæ de Memnone tradita sunt memoriæ. cum is orientis regionibus imperauerit, omnia ad historiam spectant.

De Tithono.

Nulla alia de causa fictam fuisse Tithoni fabulam crediderim, quod in cicadam denique fuit mutatus ob longam senectutem, nisi vt ostenderent mortem esse omnium calamitatum ac miseriarum humanarum finem, quæ Deorum immortalium beneficio fit hominibus concessa: quippe cum Tithonus, cui immortalitas Auroræ precibus impetrata fuerat, supplex à Diis petiuerit, vt sibi liceret mori, cum satius esse duceret semel interire, quam semper esse miserum, naturæque difficultatibus infestari.

De Pasiphae

Per Pasiphaes vero fabulam animæ nostræ naturam antiqui ostendebant: est enim anima hominum Minois vxor viri iustissimi, quod omnia nostra negotia debent esse cum ratione coniuncta. vbi vero illegitimarum rerum appetentia inflammata fuerit, aut cupiditate exarserit alicuius turpitudinis, aut ira incaluerit plus æquo, desciueritque aliquo pacto ab ipsa ratione: tum dicitur committere adulteriu[illegible], & cum tauro congredi, ex quo mõstrum parit. nam qui semel leges cõtemnere æquitatemq; didicerit, difficillime postea potest intra iustitiæ clatros coerceri, quare multa postea & perniciosa monstra ex iniqua animi consuetudine nascuntur.

De Circe.

At per Circes fabulam, quæ dictæ est à miscendo, significarunt animalium & plantarum generationem, quod in ea necesse sit humorem à calore misceri: quare mistio hæc solis & humoris filia fingebatur. miscentur enim ab ipsa natura inter se elementa cum aliquid procreant. cum vero sempiterna sit hæc generandi ratio, & elementorum natura, Circen immortalem esse dixerunt. & quoniam vnius corruptio generatio fit alterius, neque vnquam aliud eiusdem formæ ex ipsa corruptione nasci potest, sed longe diuersum, finxerunt hanc posse homines in varias animalium formas mutare. Vlysses ab illa non mutatur, cum anima immortalis existens & ab omni corruptione immunis, non habeat̃ *principia* in quæ dissoluatur, cum diuina quædam facta sit à Deo per se subsistens *οὐσία* siue substantia. per hæc igitur immortalem esse animam significarunt, quamuis corpus multis morbis vexetur, & corruptioni denique sit obnoxium.

Ethice.

Circe libido est, quæ nascitur ex humore & calore in animalibus, hæc titillatio naturæ si nobis dominetur, belluarum vitia in animis nostris imprimit, & pro cuiusque ingenio modo in Venerem impellit, modo ad iram perducit, modo crudelitatis, & improbitatis omnis vim nobis imprimit: quare dicti sunt comites Vlyssis animę motus scilicet in belluas diuersarum formarum conuersi. Sed quoniam adhoc nonnihil impellit vis syderum, dicta est sydera etiam de cœlo deducere. at anima quæ prudens & diuina existit, si modo se colligat, nullis horum motuum capitur: neque tamẽ sine diuina ope hanc tantam voluptatum periculorũq; multitudinem potest superare. hæc enim per hanc fabulam antiqui innuebãt.

De *Medea.*

Medeam rursus effinxerunt Solis filiam, quoniam plurimum possit bene affecti aeris natura, quę prouenit è solis clementia: mores enim & animi motiones corporis temperamentum plerunque consequuntur. cum igitur Medea sit consilium Idyiæ siue cognitionis filia, illa cum vi syderum consentit, quæ etiam deducit de cœlo, quia nemo sapiens iure appellari potest, nisi idem viribus planetarũ moderetur, sibique ipsi imperet. opus est autem viro bono & sapienti cupiditatum fluuios refrænare, multaque efficere quæ vulgo videantur admirabilia. at vero qui libidinis, aut voluptatis alicuius causa, solum verterit, patriamque & parẽtes & coniunctos prodiderit, quæ sunt animæ ratione præditæ consilia, quo pacto non in grauissimas miserias & omnium bonorum iacturã vno tẽpore illabetur? sic igit̃ opus esse prudẽtia demõstrabãt antiqui, & omnes sceleratos esse miseros.

De *Iasone.*

Significabant rursus per Iasonem, quem à iustissimo cẽtaurorum Chirone educatum memorant, & artem medendi edoctum, animo adhibendam esse medicinam, quæ prudentia est, vt viri boni, & fortes, & prudentes efficiamur. hunc sequitur consilium siue Medea omnibus carissimis relictis, quoniam prudentia singula consilia debet antecedere, domanda est pertinacia, & superbia, & inuidia, & ira, qui omnes animorum motus rationi & prudentiæ & medicinæ animorum sunt subiiciendi. quæ nisi subegeris, ipse subigaris necesse est. maxime vero omnium colenda est Deorum immortalium religio, quæ res est omnium virtutum omnisque felicitatis principium. in tot vero labores Iason nauigans incidit, quia prudentia nulla est nisi in difficillimis rebus constituta. qui enim ad multas fortunæ mutationes & vicissitudines intrepidus non existat, hic neque bonus, neque prudens, neque constans iure potest appellari.

De *Phryxo.*

At qui fortunę vicissitudines ferre æquo animo didicerit, cum omnino cuique ferre necesse sit, ille sapiens cum magna sua vtilitate & nõ sine aliqua gloria existimari solet. quam fortunam siquis placide ferre non potuerit, ille tanquã Helle in mare amplissimum miseriarum delabitur ob mollem & muliebrem animum.

mum. Qui vero sapienter rebus præsentibus vti cognouerit, ille proxime ad Deorum immortalium naturam accedere putandus est: sin imprudenter & superbe abutatur, is ex altissimo dignitatis & potentiæ gradu Deorum consilio tandem deijcitur, quoniam superbos & crudeles odit Deus.

De Argo, & Capra cœlesti.

Tantopere gratam esse Dijs omnem mortalium beneficentiam demonstrabant antiqui, vt Iouem vel Capram inter sydera collocasse memorauerint, quod sibi lac præbuerit, & nauim Argon, quia tot heroas incolumes in patriam reuexerit. hanc consilio Palladis factam fuisse inquiunt, vt per hoc significarent omnem beneficentiam, quæ quidem cum ratione suscipitur, gratam esse Dijs immortalibus, maximeque laudabilem: quamuis illa etiam quæ fortuito, aut potius naturæ ductu, quam iudicio fit, non sit reprehendenda.

De Niobe.

Cum per superiora exempla ad beneficentiam & ad liberalitatem nos antiqui adhortarentur, nonnullas postea fabulas inuenerunt, quibus arrogantia & temeritas, & superbia deprimeretur, quo æquo animo omnes fortunæ vicissitudines perferremus. Nam cum nonnullis ob felicitatem amicorum contemptus, & acceptorum à Dijs obliuio, & Deorum ipsorum despicientia in animo oriatur: tunc proxima est Dei vindicta, quæ omnia vel felicissima vno die potest labefactare. Hanc temeritatem deprimentes antiqui, omnemque humanæ felicitatis inconstantiam ante oculos proponentes, Nioben abundantem rebus omnibus felicissime eodem die, & iisdem carentem rursus introduxerunt, quoniam vel Deos ipsos irrisisset. Sic Thamyris cum nimis fuisset arrogans ob poeticæ facultatis peritiam cum Musis certare ausus, satis ingentes suæ temeritatis pœnas dedit. Non enim conuenit rebus aduersis nimis tristari, aut prosperis nimis animo extolli, cum rebus omnibus adhibenda sit moderatio, quia nihil boni habemus, nisi à Deo: Ille enim deposuit potentes de sede, & excitauit humiles. Sic non leue supplicium passus est Marsya, quia vel cum ipso Deo, à quo canendi artem acceperat, de cantu contendere ausus fuit. Sic Arachne etiam fertur in bestiam mutata, quia ausa fuisset cum illa Dea, à qua didicerat texendi artificium, de artificio contendere.

De Ixione.

Tum rursus ad animorum nostrorum tranquillitatem multa fuerunt figmenta ab antiquis sapientibus prudenter excogitata. Non enim solam crudelitatem, & inanem gloriam ob felicitatem præsentem reprehenderunt, hominesque ad liberalitatem adhortati sunt, sed etiam ad expellendam ex animis nostris ambitionem & inuidiam, qui acutissimi sunt & infestissimi animorum nostrorum stimuli, & ad reprimendam libidinem, dixerunt Ixionem ob optatum adulterium de cœlo fuisse ad inferos deiectum, quod nonnulli ad historiam retorserunt. At vero quod fuerit rotæ alligatus, à qua perpetuo circumferretur illud certe ad historiam referri non potest. Cum enim ex aulica familia regis eius, cuius vxorem construprare tentauit, excidisset: Ixion, factus est omnium hominum miserrimus, quia perpetua ambitione & inuidia discruciabatur. Nam qui gloria inani, tanquam imagine virtutis capiuntur, illi nihil syncerum, nihilq; laudabile faciunt, sed multa illegitima & absurda agant necesse est, multisque cupiditatibus, & omnibus animorum affectibus obsequantur. Neque vero ob hos motus animi tantum hęc tradita sunt in fabulis, vt ab ijs abstineamus, sed etiam vt demonstraretur quod nullus status illorum est diuturnus, qui per illegitimas artes ad honorum apicemque gloriæ contenderunt. Nullus enim honor nisi per virtutem teneri potest.

De Sisypho.

Deinde ad deprimendam loquacitatem omnis improbitatis vindicem Deum esse dixerunt, qui solet in illos etiam animaduertere, qui fidem non seruarunt ijs magistratibus ac regibus, à quibus dignitates acceperunt, non enim conuenit res arcanas principum in vulgus proferre. Neq; tamen minus hoc ad illos pertinet, qui magistratus & honores expetunt cum summa animi contentione, & tamen sæpius repulsam patiuntur, qui per hanc fabulam admonebantur nihil esse humano generi calamitosius ambitione. Poterat tamen ad omnia humanæ vitæ studia istud ipsum transferri, quod vbi illa, quæ prius admirabatur, aliquis consecutus fuerit, tum eius rei pertæsus alterius cupiditate capitur.

De Tantalo.

Reuocantur præterea ab auaritia mortales per fabulam Tantali, cum opulenti propter diuitias dici filij Iouis cōsueuerint. at ijdem condemnati sunt apud inferos siti perpetuæ, cum nulla sit vel in maxima diuitiarum copia satietas: quippe cum illarum etiam desiderium vnà cum ipsa copia excrescat.

De Tityo.

Si quis vel viribus corporis, vel nobilitate generis, vel humanis viribus fretus æquitatem, reliquasq; virtutes neglexerit, ille poterit Tityi supplicio ab omni turpitudine deterreri, cum neque tantum quidem corpus, tantaq; proceritas ipsum Tityum protegere à diuina vindicta potuerit. Fuerunt tamen nonnulli qui Tityi fabulam ad segetum naturam retraxerint, vt suo loco dictum fuit.

De Titanibus.

Titanum fabula non quidem ad mores componendos, sed ad naturæ negotia explicanda, cōficta est: qui dicti sunt aduersus Iouem arma cepisse, & rursus ab eo fuisse in tartarum deiecti, quia naturalia corpora corruptioni obnoxia videntur quidem sempiternis illis cœlestibus corporibus se velle æquiparare, cum tamen ad interitum cito prolabantur, quamuis singulæ formæ animantium sint sempiternæ. Has igitur formas siue Titanes patres hominum ac Deorum, & omnium animantium fontem appellarunt. Quidam solem Titana putarunt esse, alij crassiora elementa, quæ ob suam materiam interius detruduntur à vi superna.

De Gigantibus.

Sic etiam Gigantum fabula illorum arrogantiam deprimit, qui confisi magnitudini suarum virium, vel religionem Deorum, vel Deos ipsos paruifaciunt. Nam certe quidem qui plurimum valent viribus, illi minimum pollent ingenio. Hi igitur cum impudentes, & temerarij, & crudeles, & ad omnia flagitia propensi

pensi sint, facile Dei vltionem in se conuertunt, cum nullum scelus denique impune committatur, quare cœlesti fulmine icti sempiternis supplicijs apud inferos, & perpetuis miserijs fuerunt addicti.

De Typhone.

Ad explicandam ventorum quoque naturam, vel incendiorum subterraneorum, non inelegantem fabulam de Typhone antiqui excogitarunt, qui capite illum cœlum pertingere dixerunt, & altera manu orientem, altera occidentem pertingere. Venti enim à superiore aëris parte è nubibus perflare incipiunt, & vel orientem vel occidentem versus latissime perflant. Ad celeritatem ventorum exprimendam totum corpus plumis tectum Typhonis esse dixerunt, cui plura erāt capita propter vires ventorum multiplices, cum enim aliquādo sint noxij, Typhoni viperarum spiras circa crura tribuerunt. Hunc Iupiter compressit, quia cœli & solis temperies his moderatur. Quam tamen fabulam alij ad historiam deduxerunt.

De Paride.

Postea vt non solum à temeritate & arrogantia homines abstinerēt, sed ab omni parum honesto animi impetu, qui se dignos putant, vt cæteris dominentur: Paridem finxerunt pro libidine opes ingentes, & sapientiam Dearum neglexisse: atque illud iudicium obstinatè à suis postea defensum vniuersum Asiæ imperium funditus euertisse. Sic igitur ad imperatorias virtutes homines per hanc fabulam adhortabantur, ad temperantiam scilicet, & sapientiam, & Deorum metum, cum neq; nobilitas, neq; vires, neq; opes dignæ sint imperio, si sapientia, & ijs virtutibus, quæ necessariæ sunt, cæteris imperaturis careant. Quis enim vel improbo vel stulto iudicio diu lætari poterit, aut cui non vel sua scelera tandem molesta sunt? ne igitur temeraria iudicia fierent, & vt quantæ calamitatis autor sit libidinosus & dolosus iudex ciuitatibus admoneremur, hæc ficta sunt ab antiquis.

De Actæone.

Atq; cum ad beneficentiam & liberalitatem & humanitatem nos sapientes per superiores fabulas adhortarentur, omniumq; scelerum fundamētum esse obliuionem acceptorum beneficiorum existimarent, significabant per Actæonis fabulam non in quosuis, sed in viros bonos tantum beneficia conferri conuenire: quia quę ingratis fiunt hominibus, non solum amittuntur, sed absumuntur vires quæ viris bonis adiuuandis forent opportunæ. Ne igitur honori, facultatibus, vitæq; nostrę insidiatores nostris sumptibus aleremus, & vt prudētiores essemus omnes in conferendis pro viribus nostris beneficijs, hac fabula admonebamur. Significant præterea deuitādam esse omnibus curiositatem, & earum rerum studium, quæ nihil ad nos pertinent, quoniam multis perniciosa fuit arcanorum consiliorum principum cognitio.

De Hercule.

Vt autem demonstrarent sapientiam esse donum Dei, nullamque virtutem esse sine diuina voluntate, Herculem, quæ fortitudo est, & probitas, & animi magnitudo in omnibus vitijs profligandis, voluptatibusque conculcandis, Iouis filium finxerunt, proxime enim ad diuinam naturam vel viuentes accedit, qui per summam integritatem & beneficentiam in omnes cum summa omnium laude suam ætatem transigunt. vt autem ad hoc incitemur, non erit inutile alienæ virtutis exemplum, atque in primis superbia, & ira, & arrogantia, & animi furor monstra grauissima placanda sunt, omnis crudelitas ex animo tollenda, omnes illegitimi animi motus reprimendi, omnis voluptas parum honesta auertenda, auaritia præterea, rapinæ, latrocinia viro bono fugienda. subleuandi inique oppressi, intemperantia omnis & libido extinguenda, ad quam si quis vel paululum conniueat, ab appetentia tanquam rapidissimo fluuio deferetur ad multa turpia & viro bono plane indecora. Atque cum voluptatum omnium finis sit dolor & miseriæ, siquis neglecta virtute & animi constantia ad has prolabatur, is sentiet demum quàm miserum sit turpibus cupiditatibus inseruire.

De Acheloo.

Neque elementorum solum procreationem inter se mutuam, aut animalium, aut ventorum ex vaporibus, aut fulminum per fabulas significabant antiqui, sed etiam fluuiorum ortum, & rerum singularum generationem. Quare Acheloum Oceani filium dixerunt, cum ex oceano omnis etiam aquæ dulcis natura originẽ capiat. Quamuis senserunt alij postea ex aere in aquam verso flumina generari.

De Apro Calydonio.

At vero non vnum exemplum, sed plura fabularum nos ad Deorum cultum inuitabant, propositis etiam grauissimis supplicijs illis, qui religionem neglexissent. Sic igitur Cyclops, quia Iouem contemneret ab Vlysse obcæcatus fuit, & aper Calydonius regionem late deuastauit Aetolorum, quia Oeneus Dianæ cultum neglexisset. Nam cum nulla calamitas sine Deorum consilio & prouidentia contingat, tum nihil certe sit horum, nisi propter hominum improbitatem. Nam propter peccata veniunt aduersa.

De Centauris.

Ad reprimẽdam autem temeritatem impurorum & sceleratorum hominum, qui libidine & cupiditate ad quæuis turpia feruntur, quæ incommoda passi sint Centauri per res eorum gestas explicarunt. Nam qui vino immoderatius vsus fuerit, qui impuris cupiditatibus obtemperarit, qui manus in res alienas violenter iniecerit, qui temperantia & æquitate in rebus omnibus vti oportere non cognouerit, hic per summum dedecus patriam, facultates, penates, liberos, vxorem relinquere cogitur, & extorris ac inops inter ignotos denique vitam degit.

De Harpyis.

Neq; per Typhona solum vim vẽtorum antiqui explicare nitebantur, sed etiã per fabulam Harpyiarum. nam sicuti fluuiorum, fontium, imbriumq; natura per Naiades ac nymphas, per Iouem vis ignea, & pars aeris superior, per Neptunum aqua: per Vestam terra, per Iunonem inferior aeris pars, sic per Harpyias vis & natura ventorum significata est ab antiquis. fuerunt enim filiæ Thaumantis & sorores Iridis, quoniam imbres & nubes & venti ex eadem materia è vaporibus scilicet procreantur. At Ethicè.

Significabant præterea per hanc fabulam auaritiam & immoderatum opũ desiderium tanquam graue supplicium mortalibus esse immissum Deorum cõsilio. nam

vel

vel sibi ipsi, vel cæteris hominibus auarum crudelem esse necesse est, quod in comparandis opibus auarus per multorum iniurias accumulat, aut sibi detrahit necessaria. cur enim oculis captus fuit Phineus, cui Harpyiæ epulas surripiebant? quia non videbat humanam conditionem vitæ intra angustissimos terminos includi, paucisque esse contentam. atque id etiam confirmatur per Harpyiarum formam.

De Hesperidibus.

Hesperidum fabula excogitata fuit ab antiquis ad rerum astronomicarum rationem explicandam, per quam & orizontis obliquitatem significabant, quæ erat omnibus hominibus, præterquam habitantibus sub æquinoctiali, & sydera solis lumine per diem occultari: at Herculem tamen perceptam siderum etiã illorum, quæ occultabantur, cognitionem in Græciam detulisse. quod quidam ad studium auarorum transferendum censuerunt.

De Atalanta.

Vt vero ante oculos mortalium proponerent quantopere insaniunt illi, qui voluptatum ductu se trahi patiuntur, Atalantam per summum capitis discrimen à nonnullis petitam fuisse dixerunt. Est enim voluptas Atalanta, quam nõ per pauca vitæ pericula expetimus. Hanc vbi quis consecutus fuerit nulla habita vel Deorum vel legum reuerentia, non amplius is humanam formam animi retinebit, sed in teterrimam belluam vertetur.

De Theseo.

Altera ex parte difficultates & labores complures humanam vitam circumsistere, quas res, nemo superare poterit nisi optimis & firmissimis sapientiæ institutis confirmatus: ad quod significandum Theseum tradiderunt multos latrones & crudelissimos tyrannos obtruncasse, ac labyrinthi fraudes aperuisse. erat enim labyrinthus vita hominum multis difficultatibus implicita, cum semper grauiores aliæ ex aliis oriantur, è quibus nemo nisi per singularem prudentiam & fortitudinem & constantiam se explicare poterit. has ipsas difficultates intra se continet ambitio, & auaritia, & libido, & omnia scelera, in quæ siquis semel ingrediatur, haud facile exitum inueniet. si quis vero singulari prudentia nõ existat, is labyrinthum scelerum aut cupiditatum semel ingressus ante ibi emoritur, quam se expedire possit. quam turpium enim rerum voluptas sit parens, & quam calamitosarum, argumento fuit Terei libido.

De Medusa.

Vt quantopere opus sit constantia aduersus voluptates demonstrarent sapientes, Medusam omnium mulierum pulcherrimam effinxerunt, ob apparentem & ad se allicientem suauitatem. sed omnes ab illa in lapides conuerti dixerunt à quibus visa fuisset, cum vel Mineruæ templum violasset, quia voluptatibus dediti omnem deorum cultum paruifaciunt, omnisque humanitatis & officii iura conculcare pedibus consueuerunt, omnibusque honorificis rebus fiunt inutiles. alii superbiam & arrogantiam per hanc fabulam deprimendam putabãt, quia cum dea certasset Medusa de capillorum pulchritudine, qui enim illis vitiis laborant, & homines & Deos paruifaciunt. sic igitur refrænãdam libidinem, & temeri tatem & arrogantiam esse ad mone bant, quia horum vitiorum Deus est grauissimus vltor. nam non modo capillos Medusa amisit, sed etiam Deorum consilio & opera missus fuit Perseus ad eam occidendam.

De Gorgonibus.

Quoniam vero duæ dicuntur esse facultates animæ nostræ, altera rationis particeps, altera sine ratione: quæ rationis est compos, seniores natæ Grææ dictæ sunt ab antiquis, prudentia scilicet, quæ in rebus difficillimis præcipue, & in rebus publicis est necessaria. at sorores harum sunt Gorgones voluptates dictæ, quæ homines implicant ac perimunt, à quibus Perseus sine Græarum auxilio se explicare non potuisset. cum enim ratio & cupiditas ex eodem animo nascantur, cupiditas rationi pareat necesse est, quare dictus est Perseus siue prudentia capto Græarum oculo, consilio & auxilio Palladis illas superasse.

at Physice.

Dicuntur Gorgones esse aquæ maris filiæ, à tremitu dictæ. ad has sol diuinæ mentis minister contendit, idque Mineruæ consilio, quia omnes actiones naturæ fiunt pro diuina sapientia, cum Deus & natura nihil frustra agant. ob motus celeritatem huic nympharum volucres calceos tribuerunt, quia per omnia penetret. cum extenuet vapores ita vt videri non possint, habere dictus est galeam Plutonis, & ensem Mercurij. Medusam mortalem occidit Perseus, quia subtiliorem tantum aquæ partem attrahit, quæ supernatat, quæque habilis est ad mutationem. cum vero admirabilis sit sapientia Dei, qui vires has soli attribuit, attonitus prope sit ad reliqua hæc humana negotia, qui cognitione & mente in hæc arcana naturæ opera penetrare valeat. nam reliqua neque tantilli quidem faciet.

De Sirenibus.

Cum nobis vitandam esse desidiam per hanc fabulam, omnemque in rebus gerendis negligentiam antiqui significarent, hanc per Sirenum suauitatem cantilenæ omnes ad se allicere demonstrabant, & in summam capitis discrimen denique inducere. alij voluptates esse intellexerunt, quæ patre taurino Acheloo scilicet natæ sunt. cum vero partim essent belluæ, partim virgines, duplicem animæ facultatem ostendebant rationi parentem scilicet, & rursus appetentem. nam qui paret rationi, homo est: qui non paret, bellua: neque quidpiam aliud vere hominem facit. vnusquisque nostrum merito inclusas habet Sirenes, cum animus diuersis motibus agitetur. si quis igitur illegitimos motus secutus fuerit, hic in extremas miserias denique inducitur: quare aures ad harum cantus sunt obturandæ. quidam adulatores esse sirenes putarunt, qua peste nulla est neq; humano generi perniciosior, neque suauior.

De Orphee.

Celebratus fuit Orpheus à poetis non solum quidem ob poeticæ facultatis præstantiam, sed multo magis ob iustitiam & æquitatem, qua non solum in cæteros homines, sed in seipsum vsus fuit. nam placatis inferis animi perturbationibus scilicet, iustitiam siue Eurydicem in lucem extraxit. at si quis fuerit paulo negligentior in seruanda æquitate, rursus eodem relabitur, vnde fuerat profectus. vt igitur moderationem animi motibus adhibeamus hæc ita conficta fuerant.

De

De Musis.

Cum vellent Pythagorici demonstrare omnia cœlestia corpora musicam harmoniam efficere,& sonos varios pro magnitudine sphærarum,aut pro celeritate, musarum nomina introduxerunt:atque ad planetarum imitationem musicis instrumentis septem chordas primum accommodarunt, quibus deinde additę fuerunt. Sic igitur musicam diuinam scientiam Pythagoras significauit,qua possent animi mortalium ab impuris cupiditatibus refrænari,& mores componi. Quod diuinorum illorum corporum animæ poeticæ facultati præessent,id plane significabat res humanas à mente diuina, cœlestibusque corporibus gubernari: atque omnem in quauis facultate præstantiam ad homines cælitus demitti.

De Dædalo.

Per Dædali vero fabulam significabant omnes iniquos esse calamitosos, nulli scelerato putandam firmam esse iusti principis amicitiam. mediocritatem tutius expeti, quam ardua quæque & sublimia, quia summæ præstantiæ coniunctæ sunt ingentes calamitates & pericula. nam mediocritas neq; valde inuidiosa est, neque contemnenda.

De Pelope.

Voluptatum naturam periculis & calamitatibus plenam exprimentes antiqui Pelopem cum Hippodamia de nuptijs curruli cursu certantem introduxere, ita tamen vt si vinceretur,vltimo afficeretur supplicio. Quod tamen certamen ad vniuersam mortalium vitam miseriarum, contentionum, periculorumque plenissimum potest referri. nam eximia quadam fortitudine & sapientia opus est ad deuitandas tot miserias,quæ vitam mortalium circumsistũt,aut ad tot difficultates fortiter sustinendas, quas nisi vincamus, nos ab illis vinci omnino necesse est.

De Perseo.

Cum vellent demonstrare antiqui quãta vis esset auaritiæ, nullumque locum esse satis munitum aduersus largitiones,aurum de cœlo in gremium Danaes ad illam contra instituta patris vitiandam finxerunt. Hæc Perseum postea peperit, qui Medusam obtruncauit, vt diximus,cum ratio sit, quæ omnes illegitimas voluptates infringit. neque tamen illud sine Dei auxilio facit,quia nemo bonus est, nisi Deus illi ad hoc ipsum opus tulerit,cuius semper auxilium est implorandum.

De Oceano.

Vbi superioris partis elementorum, ac virtutes solis per fabulas expressissent antiqui, moribusq; animam hominũ optimis pro viribus informassent, & eorum quæ in aere gignuntur naturam declarassent,mox ad aquarum naturam explicãdam accesserunt: dixeruntque oceanum vniuersarum aquarum patrem fuisse ab optimo & sapientissimo opifice Deo creatum,quem è terra vndique iussit recedere. Sic igitur bonitas diuina cuncta commiscens ad ortum excitauit, vt dixerunt sapientes. dictus est pater idem rerum, quod imbres & fluuij ex oceano procreantur,atque ex ijs omnia plantarum animaliumque genera. Deinde cum reperta sit nauigatio,significarunt in ea opus esse singulari prudentia, quare dixerunt Prometheum amicissimum fuisse oceani. non enim solum scopuli vitandi sunt,sed tempestates etiam præuidendæ.

De Tritone.

Tritones vero nulla alia de causa fuerunt introducti ab antiquis, nisi vt demonstrarent nullum locum Deo vacare, sed vbique & præsto esse aduocantibus, & facile de conscceleratis pœnas sumere.

De Ino & Palæmone.

Neque tempestates quidem sine Deorum consilio contingere nauigantibus existimabant, quando Leucotheam siue Ino, quæ aurora est, & Palæmonem nauigantium tempestatibus præesse voluerunt. nam cum venti mare inuadant, dicti sunt se in mare præcipitasse. at Ethice.

Cum homines adhortarentur ad beneficentiam, Inus exemplum in medium attulerunt, quæ etsi grauissima pericula ob liberalitatem, qua vsa est in Bacchum pertulit, tamen in summam felicitatem denique peruenit. nam pro rebus bene gestis solet Deus calamitates in summam felicitatem conuertere.

De Nereo.

Vt autem prudentiam omnibus in rebus vtilem esse ostenderent, & nauigationibus præcipue necessariam ob multa quæ nauigantibus eueniunt aduersa, Nereum siue nauigandi peritiam filium oceani & Tethyos esse dixerūt. qui Nereus, quoniam sapientis est ad multas opportunitates se accommodare, dicitur in varias formas se vertere solitus. Ne quis igitur ob inclementiam Deorum potius, quam ob suam ipsius inscitiam, se naufragium pati, aut perire arbitretur, hæc de ipso Nereo & Nereidibus confixerunt. Non enim accusanda est diuina clementia, si quis temeritate imprudentiaque sua fretus se in grauissima pericula intruserit, cum Deus prudentes tantum & diligentes, vbi vires desunt humanæ, adiuuare soleat.

De Proteo.

Cum adhortarentur autem ad prudentiam, quæ necessaria est ciuitatibus, & amicitijs conseruandis Proteum non solum virum bonum, sed etiam in omnes formas se vertentem, vt Nereum, introduxerunt. Nam sane viro prudenti non solum moribus animi moderari ratione & consilio necesse est, sed etiam ad omnes fortunę euentus, & ad omnes temporum vel personarum opportunitates animum suum accommodare. Id qui facere potest, nostris præcipue temporibus plurimum gratia & opibus valet. Sed ego, (sic enim meum est ingenium) nunquam prudens in hoc genere existimabor, quia non patitur Genius cuipiam adulari, neque possum cum nebulonibus, quorum magna est & latronum multitudo, conuenire. Non tamen illum vitupero, qui id facere possit, cum præsens opportunitas illa postulauerit: nam cum stultis ridendum est. Hanc ipsam prudentiam necessariam magis ciuitatum præfectis, quàm priuatis, iudico: quoniam alteris vt omnium sint exemplar, alteris ad honestatem tantum se accommodare opus est. Sic igitur significatur prudenter cedendum esse tempori, & rebus ac personis pro dignitate tribuendum.

De Castore & Polluce.

Neque vero flammas illas sine Deo apparere crediderunt, quæ nauigantium antennis, vel carchesijs insiderent per tempestatis tempora: quæ, vt suo loco di-

ctum

ctum fuit,modo certam tranquillitatem prædicerent,modo portenderent pernitiem nauigantibus.

De Aeolo.

Aeolus ventorum,tempestatumque Deus creditus est, non solum quia signis obseruatis ventura multo ante prę licebat,sed etiam quod irę moderaretur,eamque pro opportunitate negotiorum, cum res ita postularet, simulare cognouerit. Nam vel ex hac ipsa morum varietate nomen illud obtinuit. His præterea accedebat, quod nihil omnino carere moderatore poterat: quando vel leuissimi venti suum habebant gubernatorem ac Deum.

De Scylla.

Atque; vt paucis complectar, illud tandem demonstrarunt antiqui, quod in Ethicis scribit Aristoteles,virtutem esse mediam inter duo extrema,quorum extremorum vtrunq; est vitium. Nam cum ex altera parte Scylla,ex altera Charybdis grauissima monstra in Siculo mari nauigantibus sint deuitanda, mediumque iter inter vtrunque tenendum,is tandem incolumis euadit, qui neutram in partem magis declinauerit. Cum enim vita mortalium sit tãquam longa nauigatio, in qua permultæ occurrunt difficultates, multæq; variorum monstrorum illecebræ,neque difficultatibus,neq; illecebris cedendum est:sed omnibus moderatio adhibenda: cum neque assiduam seueritatem, neque assiduam mollitiem vita hominis possit perferre.

De Orione.

Tum rursus vt explicarent antiqui generationem elementorum, & ventorum, & eorum, quæ fiunt in sublimibus, Orionem trium patrum filium introduxerunt: est enim Orion ventorum & pluuiarum & fulminum ac tonitruum materia. Nam rerum omnium semina in mari continentur, quia sunt elementa omnia in omnibus, manifestius autem in mari, quod aqua magis sensu percipiatur, cum accipit mutationem. Vis Apollinis vapores ex aqua excitat, eosque extenuans non sine quodam spiritu innato, in aera extollit. Iupiter, quod aer sit, patuit. Vt vero supernatantem materiam esse demonstrarent, Orionem imeetrasse à patre fabulati sunt, vt super aquas incederet. Hæc materia in aera diffunditur: atque cum Orion ibi conetur Aeropen violare extra regionem eijcitur priuatus lumine,necesse est enim vapores per aera pertransire,& ad summam partem accedere, per quem locum diffusa & dilatata materia imbrium & cæterorum ignis primam vim sentit paulatim deficere. Sic igitur ad significandum circularem elemeptorum motum & generationem hunc excipi à Vulcano dixerunt,& ad solem proficisci,mox reuerti in Chium:quia vapores per calorem attracti sursum feruntur: mox ab antiperistasi siue à circumstanti frigore in suprema,ad quam peruenire possunt,aeris regione rursus coacti in pluuias funduntur,quod quoniam fit per vires lunæ, fabulati sunt Orionem ausum fuisse Dianam attingere, & idcirco sagittis ab illa fuisse confossum. Videntur enim nobis vapores lunam attingere, cuius vis est tanquam fermentum in pluuijs concitandis, & cogendis vaporibus, veluti reliqui planetæ vim eius adiuuant aut impediunt. Quod autem Orion materia credita sit imbrium, vel illud est argumento;quod cum in signum cœleste versus dicatur, nunc etiam suo exortu frequentissimas pluuias concitat, & ventos, & tonitrua, & fulmina.

At

At Ethice.

Grauissimas calamitates passus est idcirco Orion, quia nemini non calamitosa libido, & illegitimarum rerum cupiditas, esse potest. Deinde ad deprimendam omnem mortalem arrogantiam, quia si neminem habes te in aliqua re præstantiorem, cæterosque mortales aliqua re longo interuallo superes, at Deum habes, qui te longo spatio relinquat, omnesque vires humanas antecellat.

De Arione.

Enimuero ne quis sua flagitia occultari posse diutius arbitraretur, cum turpe quidpiam patrasset, Arionis fabulam excogitarunt antiqui: vt significarent vel volucres cœli, vel feras syluestres, vel pisces maris certissimos testes fore aliquando nostrorum scelerum: si homines vel defuerint, vel nos noluerint accusare, & laborãtibus viris bonis opē ferre. cum Dii sint scelerū omniū vltores & vindices.

De Amphione.

Merito itaque Amphion vltimo supplicio ab Apolline Latonæ filio affectus fuit, quia nimium ob lyræ pulsandæ peritiam gloriaretur. Nam Latonam Latonæque filios contumeliis affecit, quod Dea nulla re hominibus præstaret, cum rudes & imperitos haberet filios, si secum conferantur. At Diis, quibus inuisa est omnis mortalium arrogantia, temeritatem Amphionis minime ferentes, illum grauissimis domesticis calamitatibus addixerunt. Quare siquid præclarum habemus, per quod excellamus, id totum à diuina bonitate nos habere putādū est.

De Halcyonibus.

Sic Ceyx maritus Halcyonis Rex Trachiniorum cum forma corporis, opibus, nobilitate cæteros homines antecellere sibi videretur, iam non amplius se parem esse mortalibus arbitratus est: quare se Iouem, vxorem Iunonem appellauit. tantam arrogantiam hominis non ferens Deus sæuam tempestatem nauigãti Ceyci immisit, quæ illum submersit, quare patuit, quæ sublimia sunt, & in altissimo fortunæ gradu collocata, citissime posse diuina potentia euerti, cum quis paulo feliciorem fortunam ęquo animo ferre non poterit.

De Deucalione.

At prudentes & innocentes & pios homines & certam moderationē animi in rebus omnibus adhibentes, Deus ab imminētibus periculis subtrahit: quare Deucalionē prudentiæ siue Promethei filiū in arca seruatū fuisse inquiūt per diluuiū.

De Ione.

Ionis contra fabulam præterea introduxerunt cū natura terræ exprimerent; quod in medio aquarū vndique consistat, quod vapores assidue ex illa exurgunt, quod fertilissima est omnis generis frugum & animalium, & rerum prope innumerabilium. Quod temperatum calorem illa cupiat. quod cęlo vndique tegitur, quod altera pars semper solis lumine illustratur, cum altera vicissim noctem habeat. Deinde ostendebant terram fieri feracem agricolarum industria, vbi cœli clementia aliquantulum deficeret. Alii ad lunæ congressus cum sole & ad totam

natu-

naturam lunæ fabulam traduxerunt: qui dicunt in planetarum congressibus nubes aut nebulas gigni, die tertio deinde fere semper à coniūctione cornutam exire, omnibus aliis stellis esse inferiorem. Mox sole lumen & vires impatiente, illa omnium stellarum vires exuperat: cuius vires magis conspicuæ sunt in humanis corporibus, quas exercet luna cum aliquātulum excreuerit. Cum vero luna velocissima sit omnium planetarum, fingitur orbem terrarum peragrasse, cum eadē modo ad meridiem, modo ad septentionem declinet à signifero circulo.

Ethice.

Io anima dicitur impurorum hominum, quæ è cœlo in hoc corpus tenebrarum & caliginis plenum delapsa est. mox in belluam vertitur, neque cupit diuinitatem aut immortalitatem speculari. Illa donatur Iunoni ita conuersa, tāquam opum desiderio. Argi vero oculi sunt libidines, asilus conscientiæ stimulus, rerūq; præteritarum recordatio: hic facit vt exagitati animi molestiis nos errasse sentiamus, & pristinam hominum formam resumamus, ac Dii immortales denique per sanctitatem vitę & innocentiam, & iustitiam, & humanitatem in omnes viros bonos efficiamur: si Deus optimus hunc asilum nobis immittere voluerit, quod vt faciat assidue rogandus est.

De Vesta.

Cum vellent significare terram esse tanquam mundi stabilimentum ac firmamentum corporum naturalium, vnde omnia quæ nascerentur initium caperēt, Vestam omnium Deorum matrem appellarunt: quamobrem omnium sacrificiorum primitias illi primæ obtulerunt. quod autem omnia elementa Deorum nominibus appellarentur, iam explicatum est.

De Iride.

Iridem dixerunt antiqui nasci è filia Oceani & sole, quia sine pluuia non fit, aut sine sole intra nubes: quæ cum sit nuntia Iunonis & soror Harpyiarum, indicium est mutationum aeris futurarum & ventorum aut serenitatis nuntia. Certissima enim signa iridem sequuntur. dicitur eadem animas mulierum è corporibus euocare solita, quia animæ mortalium inclusæ sunt in his corporibus, quas non licet eiicere nisi ad dei nutum, cum nemo vitæ suæ iure esse possit arbiter: quod quique sumus diuina dei vel prædia vel iumenta.

De Alpheo.

Per Alphei autem fluminis fabulam significarūt antiqui quod animus noster virtutem suapte natura expetat, quare cum Alpheus fluuius esset purgandis maculis accommodatus, dictus est sequi Arethusam. nam animæ multis vitiorum, voluptatumque maculis contaminatæ non sunt ad virtutem propensę, sed quasi brutorum in hominum corporibus viuunt.

De Inacho.

Sic per Inachi fabulam fluuiorum & aeris naturam explicarunt, cum difficillimum sit iudicium plusne aeris vis an aquarum conferat regioni: nam vbi alterum horum parum bonum fuerit, locus non est habitabilis. aeris tamen naturā videtur magis spectanda, vt cuius vsus sit frequentior, quæ etiam causa fuit, vt

Inachus

Inachus sit in contentione inferior Iunone iudicatus.

De Europa.

Memoriæ prodiderunt antiqui Iouem sub tauri forma Europam rapuisse ac vitiasse, vt ostenderent quam decora sit moderatio in omnibus illecebris voluptatum, quippe cum tanta sit vis libidinis, nisi quis sibi à turpibus temperet, vt coegerit vel Iouem ipsum turpissimum fieri animal & prope in Venerem furibundum.

De Penelope

Penelopes exemplo nimirum cæterarum fœminarum virtutes excitabantur, & continentia, & patientia in rebus difficillimis, & conseruatio rerum domesticarum, & in omnibus denique prudentia: quam idcirco Vlysis siue rationis vxorem finxerunt. est enim multo difficilius animum bene temperantia & virtute communitum expugnare, siue ad aliquam turpitudinem impellere, quam sit expugnare Troiam, quare finxerunt ipsam vrbem decennium pertulisse obsidionē, & Penelopen neque per viginti quidem annos expugnari potuisse. hanc igitur tā quam singulare exemplar virtutum omnium multis præconiis antiqui celebrarunt ad imitandum: cum multis artibus & vanis pollicitationibus procos fefellerit, quos tamen vi domo eiicere nullo pacto poterat, vel si voluisset.

De Andromeda.

Per Andromedam vero adhortabantur posteros antiqui ad pietatem, animique moderationem, cum omnia quæ habemus bona sint à clementia & bonitate Dei immortalis accepta, quæ quidem data sunt ad nostram, cęterorumque hominum commoditatem, at non ad opprimendos imbecilliores. Quod siquis ob aliquam præstantiam nimis elatus fuerit, nimisque arroganter illa vtatur, huius vindicem esse eundem Deum mox sentit, cum numen vel illi ipsi arroganti, vel posteris adimat, quod benigne concesserat. atque propter regum vel maiorum grauissima peccata, vel totæ vrbes aliquādo, vel totæ familiæ funditus euertūtur.

De Vlysse.

Vlyssem autem, tanquam effigiem & picturam in qua cernerentur humanæ vitæ perturbationes, introduxerunt antiqui, nam cum ex altera parte difficultates & labores, ex altera voluptates ac suauitates nos circunsistant, sicuti dictum est cum de Scylla loqueremur, is demum solus sapiens existimandus est, qui ab vtrisque se cum summa laude, omniumque hominum admiratione explicauerit. Per Vlysis igitur figmenta prosperam & aduersam fortunam, difficultates & suauitates vitæ sapienter, & cum quadam animi moderatione perferri oportere significabant.

De Oreste.

Atque vt omnibus manifestum esset nihil magis hominum vitam infestare, quam grauissimorum scelerum conscientiam, & suppliciorum expectationem, visas fuisse assidue furias Oresti, quæ armatæ facibus ardentibus illum semper infestarent memoriæ prodiderunt. Nihil enim magis molestum est, aut ad perturbādum animum concitatius, quam recordatio præteritorum scelerum: nihilque contra magis confert ad quietem & animi tranquillitatem, quam integritatis & innocentiæ opinio.

De

De Chimæra.

Per Chimæræ autem fabulam naturam fluuiorum & torrentum præcipue significarunt: qui ob imbres hybernos, aquarumque copiam, perpetuo prope violentoque cursu delabuntur, huntque tanquam leones indomiti & effrænes, cum vero proxima quæque carpant, similes capris habiti sunt. at cum sinuosis & reflexis sępius alueis ferantur in morem viperarum, dicti sunt extremam partem habere serpentum. Hoc monstrum Bellerophontes Pegaso inuectus interemit quia calor solis per æstatem pluuiarum copiam non ita frequenter cogi patitur, quare torrentes exiccantur. At Ethice.

Per hanc eandem fabulam nos antiqui ab ira omnium monstrorum turpissima, proposita ita turpitudine eius reuocabant. nam furibundos illos facit, qui illi motui animi exagitantur oculosque rubro colore perfundit, quare flammas expirare Chimæra dicta est. nullum est vitium magis vel honori, vel vitæ mortalium vel facultatibus infestum, quam ira, quæ omnia vno tempore euertit, nisi ratio illi moderetur. qui sint huic vitio dediti, non minus à nostra consuetudine auertędi sunt ac deuitandi, quam teterrimi & maxime perniciosi serpentes.

De Bellerophonte.

Finxerunt præterea Bellerophōtem humorem esse motu solis eleuatum: quoniam aere vi solis humectato pars leuior sursum elata paulo post deorsum demittitur, atque cogitur. cum vero pars subtilior ad ignis regionem feratur, pars illa grauior à Ioue deorsum demittitur, quare à Pegaso deiectus fuit Bellerophō. alii hoc ad totam elementorum naturam, circularemque motum generationis transtulerunt. At Ethice.

Sapienter esse humanam vitam transigendam demonstrabant. quia neque aduersis nimis tristari, neque felicibus rebus nimis gloriari opus est: quibus omnibus adhibenda est animi moderatio, & diuina clementia non minus in prosperis quam in aduersis imploranda. qui enim per felicitatem Deum sibi conciliarit, is siquid aduersi postea contingat, eum iam placatum & adiutorem consequetur. At si quis nimium felicitate rerum præsentium efferatur, neque moderatione vti cognouerit, ille ab omnium scelerum, omnisque arrogātiæ vindice Deo de summa felicitate deiicitur.

De Rhea.

Ad exprimendam vero terræ naturam, multa fuerunt ab antiquis de Rhea, deq; eius sacrificiorum ritibus memorię prodita. est autem Rhea vis terræ, quæ ad rerum generationem pertinet. atque lora quæ ferri & æris ponderibus rotam pulsabant, hanc ventis, & imbribus, & grandine, & omnibus quæ de cœlo decidunt pulsari significabant. Hæc dicta est in aere pendere, nullamque in partem magis deuergere, quam turrita corona insignitā idcirco in curru vehi finxerunt. vocata est omnium deorum mater, quia, vt diximus, omnium corporum naturalium sit sedes & fundamentum, circa quam & ex qua omnis fit animalium generatio, & elementorum fere mutationes. atque harum mutationum celeritati plurimum confert ventorum natura, qui ministri sunt frigoris & caloris: nam omnis vis naturæ plurimum ab illis adiuuatur.

De Latona.

Neque vero simplex de mundi ortu explicatio per fabulas excogitata est ab antiquis: quippe cum ex informi materia, quam chaos appellabant, natum esse

primum

primum Solem ac Lunam crediderint. nam Latona dicta est chaos, quod omnia naturalia corpora in ea permista & confusa latuisse credita fuerint: alii dixerũt Latonam esse terram, cui Iuno obstitit ne pareret Phœbum ac Dianam, ob frequẽtes vapores, qui mundo recente adhuc cõtigerunt, quibus Solem ac Lunam occultari diu accidit. cum vero ita frequentes nebulæ contingant sole inualescente præcipue, pestifer fit aer, multiq; grauissimi morbi animalia & plantas infestat at vbi sol iustas vires assumpserit, tunc cessant illi morbi ob aerem digestum, omnisque vis pestilentiæ, nisi si qua fiat è contagione, euanescit. Sic enim Apollo est dictus serpentem sagittis interfecisse.

De Curetibus & Corybantibus.

Quod autem venti terræ, rerumque omnium generationi plurimum conferant, patuit vel ex eo, quod Curetes ac Corybantes, qui venti erant, matris Deũ ministros esse tradiderũt, quod per eorum strepitum significabatur. per hos enim non modo pluuiæ & frigora fiunt, sed omnia naturæ opera, neque vllum est vel plantæ vel animalis semen quod ventosum non sit & per ventum extrudatur, cũ fit generationi proximum. sic igitur venti dicebantur salutis animalium autores, generationi rerum præfecti, & mari imperare, quod significabatur per Curetes & Corybantes.

De Cyclopibus.

Tum rursus eorum, quæ fiunt in sublimi materiam, naturamque explicantes Cyclopum fabulam effinxerunt: dixerunt enim Cyclopas esse vapores, è quibus fulmina, & fulgura, & tonitrua nascerentur ac fierent. neque vero vapores illi, nisi per calorem solis in aera possunt extenuari, qui partim è mari partim è terra extrahuntur. fiunt autem frequentes vapores eo tempore, quo fieri solent fulmina, hi postea in sublimi vi lunæ condensati, à superiore frigore detruduntur.

At Ethice.

Cyclopas impios, & deorum cultum contemnentes faciunt, & in omne genus crudelitatis ac feritatis propensos: & eorum principem Polyphemum præcipue, qui nihil honestum, nisi quod ventri placeret, nihil pium, nihil sanctum existimabat. Sed cum improbitas omnis Deos vindices habeat, temeritatis crudelitatisque suæ condignas pœnas persoluit in omne vitæ tempus. Is enim vino facile victus fuit, qui omnem Deorum immortalium potentiam antea minime formidauerat.

De Lycaone.

Sic igitur multis rationibus ad probitatem & ad humanitatem erga hospites antiqui nos adhortabantur, quod etiam fecerunt per fabulam Lycaonis. Nam vt hospitũ præsentia vnumquemq; ad humanitatem incitaret, Deos etiã finxerunt ad homines in hospitium aliquando accessisse: atque ingentibus suppliciis Deorum consilio illi affecti memorantur, qui crudelitate in hospites vsi fuissent. illique rursus honorifica & vtilissima præmia reportarunt, qui per humani & benigni aduersus hospites extitissent.

De Ganymede.

Ganymedem fuisse à Ioue amatum omnes antiqui consentiunt, at cur fabulose dicatur in cœlum asportatus, nemo probabilem rationem explicauit, ex iis omnibus scriptoribus, quorum monumẽta ad ætatem nostram peruenerũt. Ego sane significare voluisse antiquos per hanc fabulam crediderim, virum pruden-

tem,

tem, & qui recto consilio polleat, proxime ad Deorum immortalium naturam accedere. Nam vel nomen ipsum Ganymedis significat, virum consilio præstantem, quem ob eximiam prudentiam Deus ad se rapit, cum stulti neque sibi, neque ceteris quidem hominibus sint vtiles. Dictus est Ganymedes pulcherrimus, quod anima prudentis hominis nullis prope sordibus humanis sit contaminata: quæ cum talis existat, facile ad Iouem rapitur.

De Harmonia & Cadmo.

Enimuero vt cunctis hominibus fieret manifestũ quod necessaria est prudentia in rebus omnibus, ea finxerunt antiqui, quæ de Cadmo fabulati sunt. Is enim Mineruæ consilio serpentem ad fontem Dircen occidit, & dentes seminauit, latronem scilicet cum sociis, quia maxime rerum omnium necessaria est prudentia imperatoris in rebus militaribus, quæ tamen omnis inanis est, nisi Dei optimi auxilium illi accesserit. at vero Harmonia Iouis & Electræ filia dicitur, quod illam in motibus sphærarum inesse arbitrabantur, vti dictum fuit.

De Mida.

Neque vero vno tantum exemplo, vt humanitate aduersus hospites vteremur, hortabantur antiqui: quando Midæ etiam facinus, qui Silenum perbenigne tractauit, ita celebratur. is enim suæ liberalitatis ergo magnum accepisset præmium, si tam prudens fuisset petendo & eligendo præmio ac dono Dei, quam liberalis fuerat in hospitẽ. Sed nihil certum petẽdum est à Diis, quia sæpius perniciosa petuntur à precantibus. temere nihil iudicandum monemur per hãc ipsam fabulam, quoniam vel temerarium, vel stultum, vel dolosum iudicium non patitur Deus diutius esse inultum.

De Narcisso.

Vt autem temperantes, & prudentes & viri boni essemus, nullum esse facinorosum hominem impune tradiderunt antiqui. nam tametsi Deus aliquandiu differt vindictam, tamen multo grauiorem illam postea concitat, quod per Narcissi fabulam explicatur. si quis enim nimis vel forma corporis, vel opum magnitudine, vel nobilitate generis, vel viribus glorietur ac efferatur, neque cognoscat se largiente Deo hæc omnia habere, ille ob suam imprudentiam hæc sibi facit perniciosa, non minus quam male affectus ægrotantis stomachus, cui vel optimi cibi fiunt noxii ob digerendi debilitatem.

De Belidibus.

Ad educationem vero liberorũ Belidum exemplum pertinet, nam neque parentes quidpiam liberis contra humanitatem, iusque naturę, & deorum religionem debent imperare: ne paterno consilio imprbi esse consuescant: neque liberi crudelia & impia & inhumana parentum mandata exequi. sin autem magis paterna, quam diuina reuerentia teneantur, Deum denique sentient esse grauissimũ impurorũ & conscaeleratorum hominum vindicẽ. nemo enim malus est impune.

De Sphinge.

Quæ autem dicta sunt de Sphinge, hortabantur vnumquemque ad fortunam suam æquo animo ferendam, cum omnis humanæ vitæ status sit inconstãs, cum humanum sit calamitatibus subiici, cum vel volenti, vel inuito fortunam ferre omnino necesse sit. atque, vt summatim dicam, necesse est vnicuique vel suam sapienter fortunam perferre, vel omnino si quis illam ferendo vincere non poterit, ab illa denique superari, & in extremas miserias incidere.

De

De Nemesi.

Enimuero cũ vellent demonstrare antiqui sapientes nihil Deo gratius esse, vel vitæ hominũ vtilius quam in vtraq; fortuna animi moderationẽ, multas fabulas finxerunt, quibus ad miserias & calamitates fortiter perferendas nos hortarentur. Sed quia nonnulli æquo animo aduersa tulissent, at felicia & prospera ferre nescirent, Nemesim Iustitiæ filiam introduxerunt grauissimam Deam, quæ de illis supplicium sumeret, qui nimis elati aliquo felici rerum successum non mediocriter extollerentur, fierentque cæteris hominibus intolerabiles. Nam hanc Deorum iussu quam citissime ad superborum pœnas conuolare finxerunt.

De Momo.

Denique nemini esse grauiter ferendum aiebant siquis vel illa quæ humaniter, quę prudenter, quæ pie & secundum leges fecerimus, carpserit: quando neque Deus quidem placet omnibus, cum neque ipse quidem Momi reprehensione carere potuerit. Non esse curandum quid homines imprudentes de nobis loquantur, cum nobis multorum recte factorum fuerimus conscii. Enimuero siquam vtilitatem studiosi homines ex hisce meis laboribus percipient, primum gratias agere debebunt summo Deo nostro Iesu Christo, à quo omnia recta procedunt consilia, cuius ope & impulsu, vt arbitror, omnes prope antiquę religionis fallacias & vana mysteria patefeci. Deinde gratias agere debent nonnullis viris illustrib. inter quos principem locum obtinet vir clarissimus & optimus Renaldus FERRERIVS comitiorum Parisiensium Præses omnibus egregiis animi dotibus ornatissimus: & Valerius Faenzus Quæsitor prauitatis hæreticæ apud Venetos prudentissimus: quorum autoritas plurimum me impulit, vt ista ipsa ederem ad omnium commoditatem, quæ mihi per vniuersum prope vitæ meæ cursum ad facilitatem memorum studiorum mihi comparaueram. Fateor illud ingenue, quod nisi me tantorum virorum autoritas commouisset, nunquam eram ista in lucem emissurus: tum vt maleuolorum calumnias deuitarem, tum etiam vt meis his laboribus aliquid adiungerem: quid enim prohibet hæc fieri posse à me indies meliora? sed tantorum virorum voluntati non parere nefas putaui. plurimum igitur gaudeo me tantum opus ad bonorum gratiam absoluisse, in quo prę sertim patefactum est, illa quæ fuerant ab antiquis sapientibus ad probitatem excogitata, non prorsus abhorrere ab integritate & sanctitate Christianæ religionis Nam facile est ex ipsa fabularum vniuersitate iudicare, diuinas leges, quæ sanctis illis patribus diuinitus traditæ sunt ante Christi aduentum, sub fabularum inuolucris ab antiquis Græcis fuisse occultatas. Quis enim constanter negare possit leges illas quæ datę sunt Hebręis sanctis hominibus primum ad sacerdotes in Aegyptum, deinde ex Agypto in Græciam commigrasse? Cum pręsertim omnis Græcorum theologia & philosophia occulte sub fabulis antiquitus ab Aegyptiis capta tradaretũ. Nam tametsi conscleratorum vel hominum vel dæmonum consilio, aut imperitorum veritatis vitio res postea fuit in populorum pernitiem cõuersa, qui res non satis cognitas coluerunt: tamen hæc ipsa dogmata fuerunt à sapientibus primum ad sanctitatem, ad religionem ac Dei cultum, ad probitatem, fidem, iustitiam, innocentiam tradita. Atque hæc illa sunt, quæ nos pro nostri ingenii viribus colligere diuturnis laboribus studuimus, quæque sub fabulis antiqui sapientes significabant.

NATALIS COMITIS DE VENATIONE

LIBER PRIMVS

VENATVM canimus fraudes, & montibus altis
Dispersas gentes hominumq; canumque labores.
Coniugia, & veneris stimulos, dulcesque Hymenæos.
Et mores, odiumq;, & agrestis tempora partus.
Tu magni, tu nata Iouis Cytherea pharetram
Quæ capis interdum nato, fessumque repenti
In gremio refoues, & amanti gaudia præstas
Dum pia diua ferum facilem prece reddis amorẽ.
Nunc Paphon, Idaliumq; tuum, nũc alta Cythera
Linquito: nunc mecum venias ad lustra ferarum
Dum canimus thalamos: nam certo tempore cuique
Inspiras tacitè blandum per pectora amorem.
Tu quoque venantum quæ fortunata virorum
Vota facis, syluis errans & retia curas,
Dic age venantes homines, roburque ferarum,
Quo se defendunt fugientes tristia fata.
Dic genus acre canum, variorum robur equorum.
Consilia alta virum, vestigi lucra reperti.
Dic odia inter se, & duri certamina Martis.
Tuque ades, & facilis cœptis illabere nostris,
Magnanimi proles Francisci, clara propago
Roboris, eximiè quo Petri cardine valuæ
Vertuntur. non ingenijs tu cedis auitis.
Virtutis fautor, recti defensor, & æqui.
Da facilem cursum, & felicem porrige dextram,
Dum rate tranquillum, ventisq; fauentibus æquor
Sulcamus, mandidasque vias Aquilone secundo.
Namque potes: tibi regna patẽt Neptunia, & altũ
Aeriæ regionis iter, terræque iacentis.
Multiplici petitur certamine turba ferarum
Quæ mare, quæ terras habitãt, quæq; ætheris oras.
Ventosum quæcunq; fretum, atq; humentia regna
Percurrunt, rete, & duris capiuntur ab hamis.
Sunt quibus obscuram fert impia fuscina mortẽ.
At volucres, volucres sylua, campoque sequuntur,
Pernitiemque ferunt miseris, captasque trucidant.
Hinc & odorisequi discurrunt æquora campi
Lata canes auibusq; necem, mortemq; petentes.
Exitiumue ferunt his denso retia filo,
Et consanguineum melli viscum, altaque chorda.
Et quæ præterea captantia multa volucres
Inuenit mortale genus per rura volantes.
Quis tamen heu diuum, quę sanguinis ista cupido
Armauit feritate viros, insuetaque corda?
Vicimus en feritate feras, leuitate volucres.
Et nihil est tutum cœloue mariue relictum.
Iam nihil est quo non penetrauerit impia ventris
Ingluuies. alius saltus indagine cingit.
Ast alius lato committit prælia campo.
Sanguine cæsarum gaudens maduisse ferarum.
Quod sequeretur eum è cunctis animalibus vnum
Inuentum, sceleris que comes, cædisque nefandæ.
Hoc docet & dominos vestigia cæca ferarum,
Atq; ad lustra trahit, vocat in certamen & ambos.
Interdum aut ipsum campo pugnauit aperto.
Et querimur si nos inuadit sæpe petita
Mille dolis fera, crudeles diuosque vocamus?
Haud equidem credo quin sint primordia belli
Hinc exhausta. viris miseris hinc impia cædes,
Atque cadaueribus campi sternuntur, aprica
Planitie cæsorum alti cumulantur acerui.
Veris vbi aduentum mollis cantauit hirundo,
Et Zephyrus Boream gelidum legauit ad axem,
Nauita cum primis scindit freta lata carinis,
Prætendens leuibus volitantia carbasa ventis,
Tempora tota die sunt venatoribus apta.
Nam neque tunc horrent torpẽtia frigora brumæ.
Nec nimio vruntur florentia prata calore.
Tum facile est reperire feras, quas vndique mollis
Cogit amor. cunctæ stimulis agitantur amorum.
Et studio cunctæ sobolis, generisque parandi.
Nil adeo est immane, ferum nil saltibus errat.
Vt blando victum non & mitescat amore.
Sic natura dedit. nam quo breuioribus vlla
Clauduntur vitæ spatijs, numerosior illa
Hoc reparat proles. est vnica machina mundi
Perpetua. Et multos viuendo præterit annos
Phęnix, quæ sola reparatur denique prole.
Hinc querulis volucrum complẽtur vocibus arua.

Hinc syluæ resonant, hinc purgatissimus æther.
Nec prius hinc saltus, ignotaue rura petamus,
Quam fuerit notum quæ venatoribus arma
Conueniant, queis dextra viris armetur, & ipsæ
Queis sine non potuere feræ cædique capique.
In primis laquei, pedicæ, longumque panagrum
Adsint, & falx, & lato venabula ferro.
His addas amenta, leuis cum robore pennæ.
Pugnaces arcus, vallos, furcasque bicornes.
Atque lagobolion, tum dextra flexile vimen.
Et quodcunque genus retis venantibus aptum.
Viginti valli, trigintaue retia firment.
Sit retis duplex illis mensura: feraci
Cassibus adueniat lectum Carthagine linum.
Phasidis aut campis rapidi mittatur aquosis.
Anulus hinc casses suspensos plurimus ipsos
Contineat: præda vt concurrant retia capta.
At si vallorum fuerit minor vllus, in altis
Hunc poteris dorsis elatæ figere terræ.
Hinc atque inde canes teneant qui retia seruant.
Vltima, dextra quibus iaculis armetur acutis.
Omnia nec nostro comprendi carmine possunt.
Retia non eadem cunctis animalibus apta.
Sunt diuersa viris pariter piscantibus illa,
Et varijs confecta modis. nec casse in eodem
Cum cephalo saltat thynnus, cancrique marini.
Non illo trahitur vitulus, quo sepia rete.
Nec cum passeribus veniunt ad litora cuncti.
Adde quod & plumbum suspendit retibus imis
Piscator, quod vallus abest, qui mergat, in vnda.
In summis retinetur aquis à subere retis
Altera pars. hominum valuit solertia tantum
Vt velut in terra, tensos in fluctibus altis
Firmarint casses spumantis in agmina ponti.
Contra venanti non vlla penuria terræ est.
Retia nec plumbum, nec suber molle requirunt.
Sed firmæ fixis vallis, furcisque tenentur.
Commoda nec duræ desunt anteridis. ipsis
Aucupibus pariter non desunt vimina longa.
Nec furcæ virides, natiuo aut cortice valli.
Hæc vbi parta, canes quæruntur cursibus acres,
Quique probi generis sint, in certamina fortes.
Nunc age quæ paruo catulo sit cura legendo,
Quis color, & species, quæ forma in corpore toto
Conueniat, referam: color est deterrimus albo.
Nec placeat niueis maculis signatus & atris.
Aut longis nimium villis, fuscoue colore.
Sit torua facie, cilio sint lumina nigro.
Os habeat latum, quos & dixere caninos
Quatuor huic valido spectentur robore dentes.
Lumina magna placent, & pectora lata, caputque
Grande satis, collum longum, villosaque cauda
Ipsa decet, latique humeri, sint fortia crura.
Crassa magis sint ipsa tamen postrema, micanti
Sint aures tenues, patulis & naribus efflet.
His animaduersis nimium nec crassa legantur
Membra, nec in tenui quærantur corpore vires.
Hæc catuli species, hæc laudatissima forma,
Quæ præ se fert sæuitiem: hoc est aptior vrsis
Quo magis accedet, fueritque simillima toruis.
Cæcropius catulus est quem dixere parhippum.
Indicus, Argolicus, Thrax, & Cretensis, Alanus:
Celticus, Arcadicus, Spartanus, Thessalus, atque
Corsus, & Ausonius, Bretreus, Amorgus, Iberus,
Incola arundiferi Nili, quem Caria nutrit.
Castorides venatori gratissima turba,
Magnetes, gregibus custodia fida Molossus.
Sunt quos diaponos dicunt, venantibus apti:
Tu quos ad studium venandi legeris, & quos
Dixeris hinc comites cursus, cædisque ferarum
Quære mares: maribus maior vis est, animusque.
Et melius tolerare valent certamina longa.
Præcipuum hinc inde à teneris impende laborem,
Vt suescant pugnare feris hi cernere adultos.
Et videant cornu, & voci parere vocantum.
Cum Phœbe decies nitidum compleuerit orbem,
Paulatim suescant cursus tolerare laborem.
Fit facile à teneris quod primum discitur annis.
Et nihil est quod plus lo... a assuetudine possit.
Nec nulla hinc merces sequitur te digna laborum
In loca dura canes si duxeris, aspera montis
Per iuga syluestri populo vix peruia, sæpe.
Scilicet hinc vngues solidæ, corpusque labori
Aptius est paruo, magnum quod pertulit ante.
Magna laboranti frustra sunt præmia parta.
Inde vbi creuerunt, maturaque venerit ætas,
Quos legis armento clauis armentur acutis.
At quos venandi studio delegeris, apri
Fulmineum vt vitent dentem, morsusq; ferarum,
His face diploides, quas molli vellere comple.
Sed neque dura nimis collum collaria cingant,
Lataue. stelmoniæ catulis, & lora parentur.
Ast vbi iam boreas inuadit frigidus arua,
Et glacialis hyems currentia flumina sistit,
Arcendæ à plantis concretæ frigore crustæ,
Atque armandus erit pes, ne mala frigora lædant,
Et tellus concreta gelu, spinæque rigentes.
His actis, quoniam labuntur tempora vitæ, &
Optima quæque dies, subit improuisa senectus,
Et morbus rapit, & sæuæ inclementia mortis,

Est

Est proles reparanda tibi, pecus omne nouandum
Dum licet: hoc studium viuentia cuncta requirũt.
Nam pater omnipotens qui nutu regna gubernat
Cœlorum, & terras, & strati marmoris vndam,
Haud facilem cursum miseris mortalibus æui
Esse dedit, varijs torpentia pectora curis
Mouit, & ingenium fecere incommoda cautum.
Vere nouo poscunt genitalia semina terræ.
Vere magis teneri curatur vulnus amoris.
Conuen.unt veneris captæ dulcedine gentes
Squammigeræ, totus pontus tum feruet amore.
Impia tum posito mitescunt ora veneno.
Vere sonant syluæ volucrum concentibus altæ.
Et totus feruet veneris dulcedine mundus.
Candida tum quærit cornutum bucula taurum.
Atque inter flores iungunt sua rostra columbæ.
Vere feræ, & catulis veneris sunt gaudia curæ.
Tum cuicunque canum studium, cui Delia curæ
Castra sequi, canibus subijt iam cura parandis.
Veloces celeri iungantur, fortibus acres.
Fortibus eximij nascuntur: Alanus iberæ,
Cares Threiciæ nymphæ iungatur, & Arcas
Elæis: gens vna tamen felicior vna
Nascitur ex specie. ponantur nomina cuique
Certa cani, teneatque ad summum syllaba bina.
Protinus vt noscat voces, & verba vocantum.
Præterea multum refert, cum venerit hora
Lucinæ, & partus tenues in luminis auras
Ediderit connixa parens, plena vbera matris
Siccent neç primum lactentes ora bouino,
Aut ouium imbuti tibi sint, vel lacte capellæ.
Natura, & mos nutricis cum lacte bibuntur.
Ceruarum siccent, damarumue vbera, matris
Copia si desit, vel toruæ dura leænæ.
In melius vertenda tibi est natura: videmus
Sponte sua res in peius ruere, arbuta Bacchi,
Si desit cultus, si laxis palmes habenis
Huc, i luc eat, & nulli sit cura colono,
Nil feret, aut paruis fiet labrusca racemis.
Hoc quoque venantes primum monuisse sagaces
Profuerit, catulos sectari montibus altis
Ne vulpem patiantur, eos à cursibus illis
Continuo reuocent, ne spinæ corpora lædant.
Sed iam cura canũ cadere, & succedere equorũ
Incipit, hos etiam vocat in sua Delia castra.
Capreolos, lepores, ceruos, damasque volantes
Sæpe necesse sequi spatiosa per æquora campi.
At natura viris pariter velocibus esse
Non dedit. ingenio quibus est prudentia maior,
Idcirco quæruntur equi qui cursibus acres,
Qui gyris apti sint, in certamina fortes.
Nũc age quæ species referam, quæ forma legẽdis
Præpetibus quæritur equis. quæ prima iubemus
Grande satis corpus sit: membra rotunda, caputq;
Exiguum, densis velentur copora setis.
Os mediocre, breues aures, naresque patentes:
Nec placet hirsutum cilium nimis, alba nimis ve
Lumina, nec latebris veluti latitantia, frons sit
Lata, solum firmo pulset grauis vngula cornu.
Sed neque dura nimis placeat, nam scinditur æstu
Quæ tenera est, facili pariter consumitur vsu.
Sit longum corpus, & densum, pectora lata.
Per lumbos duplex & agatur spina: natesque
Sint pingues, sit densa iuba, & decumbat in harmo
Dextro, compositum crus. omnes flectere nodos
Possit: velocique fuga præuertere ventos.
Cauda decet crassa, & setis densissima longis.
Est albo color haud aptus, candore niuali
Aptus equus, pariter *maculis signatus amænis.*
Omnibus est aptus color hic qui purus, & ipsa
In specie syncerus adest, maculæque nitentes:
Optimus Armenius pullus, Tyrrhenus, Achiuus:
Arcadicus, Maurus, Siculus, Thrax, Magnes, Iberus
Sarmaticus, Lybicus, Cretensis, Erembus, Epeius.
Celticus, Ioniusque, Epirique incola campi.
Denique quã variũ genus est mortale, & equorum
Progenies, tamen in quauis virtute videbis
Præstantes specie, nulla est ita prouida tellus
Vt non triste ferat quid, non ita perfidus vllus
Vt non quid pariat mortalibus vtile campus.
Cernis vt vrtica, & spinis paliurus acutis,
Purpureęque rosæ surgant, violisque propinqui.
Quod superest, semper quando velocior est mas
Quare mares. arcenda procul tibi fœmina solis
Saltibus, eius odor patulis si naribus hæsit,
Discurrunt veneris capti dulcedine campos.
Intempestiuis hinnitibus intonat æther.
Cõcussæque tremũt sylue, nemus omne remugit
Nil calcar, nil fræna iuuant, nil sæua morantur
Verbera, nil alti montes, nil fluminis vndæ.
Quo Deus acer agit, stimuloque potentior omni
Huc fugiunt, huc fert animus, huc cæca voluptas.
Excutiunt equites, syluasque ferasque relinquũt.
Velocique fuga superant plana æquora campi.
Quod si forte tenent equites sua fræna, regũtque,
Diffugit tamen hinnitu perterrita dama,
Et quæcunque feræ syluas, montesque pererrant
Capadoces dicuntur equi præstare superbis
Cursibus, atque animis. veniunt venantibus vsu,
Militibusque feris, [illegible] ndentibus ęre cateruis.

Præterea iuuenes quos sua Delia castra
Eligit, haud nimium pingues, tenuesue legemus,
Nec venatori spargantur tempora canis.
Sæpe feras per densa sequi virgulta necesse, est,
Sublimē vel scādere equum, aut decernere ferro,
Tardior in pugnas pinguis, cursusque laborem,
Fert ęgre senior, cursumque & prælia longa.
Non audit voces horum Dictynna precantum.
Sunt tres bellantum species, tria castra parantur.
Hæc regit immanis Mauors, quique impius ære,
Stultos armauitque homines, & strauit in aruis.
Militiam iuuenis petit & tua castra Cupido.
Hunc armas precibus, lacrymis, donisque, querelis
Tertia venantum curæ tibi Delia castra.
Retibus hos armas, ferro diua nitenti.
Canus non gratus primis, non ille secundis
Accipitur castris, reiectus & ille supremis.
Quod si consilium senibus, si plurima rerum
Visarum memori desit prudentia menti,
Jam nihilum quod restet erit: sunt fabula vana,
Quid ve aliud quam pōdus iners, & inutile terrę?
Dicendum & quæ sint vestes venatibus aptæ
Nec decorat tantum vestis gestamen honestæ
Qua pro quisque suo vestitur munere, quantum
Muneribus sumptis prodest, rebusque gerendis
Conueniunt longę vestes qui publica tractant
Munia, consulto iuris, populumque regenti.
Conueniunt succincta viris venantibus ipsa
Pallia, ne rapiant spinæ, aut virgulta morentur
Currentes. rapido resonent neu flamine venti.
Profuit & nudis pedibus vestigia quæri
Cæca feræ, ne fracta sonent arentia ligna
Sub solea, moneantque ferassua linquere lustra:
Scilicet aduentasse viros, mortemque parari.
Semina tum credis scopulis arentibus æstu.
Læua canes ducat longis, firmisque ligatos
Loris: ne intempestiui certamina tentent
Sed tamen hos facile & possis immittere viso
Continuo lepori, nec vincula stricta retardent.
Venantis lato teneat venabula ferro
Dextera: venantes taceant hominesque canesque
Hæc suescant catuli præstare silentia parui.
Quod superest celeris catuli cui credita cura,
Nutriat illecebris hunc, & sibi iungat amore.
Sic facile & noto domino parere iubenti
Disceret, acceptisque sequi vestigia signis.
Nam neque dificile est natura cum sit amicus
Conciliare tibi catulum, custodia fida,
Inconcussus amor canis est per tempora multa.
Pyrrhus inauditum catuli testatur amorem:
Cuius (vti fama est) dominus cum forte iaceret
Insidiis cæsus, stabat lacrymabile corpus
Obseruans, non ille cibi, non fontis amore
Abduci poterat, cupiens miserabilis vsque,
Vsque querebatur dominum, lacrymasse putares.
Leniter interdum vultum lambebat, & ora.
Tum rursus lacrymans dominū, residēsq; vocabat.
Quę res vt Pyrrhi regis peruenit ad auras,
Indoluit: miratus enim quo vinculo amoris
Sint homini deuincta canum fidissima corda.
Nec visum est audisse satis, sed cernere coram
Rem voluit, cupiens vlciscier impia facta.
Nullus at in totis reperitur denique castris,
Qui fuerit cædis, qui tanti criminis autor.
Inde canis domini tumulato funere regem
Multa gemens sequitur, lætatur tempore nullo.
Non ille illecebris, non blanda voce mouetur.
Sollicitant curæ domini languentia corda.
Pectora non capiunt noctu, non luce quietem.
Pluribus exactis Pyrrhus per castra diebus
Ibat, vt instructas acies, vt viseret agmen,
Admiranda cano: sed priscis cognita sęclis,
Forte canis nouit dominum qui nocte cecidit,
Autoremque necis. latratu concitus alto
Hunc accusabat cædis, solumque petebat.
In pœnas poscebat eum Pyrrhumque vocabat
Queis poterat signis: hunc aspiciebat, & inde
In domini autorem cædis latrabat. aperte
Vt scirent omnes domini quia funeris autor.
Tum rapitur miles manibus post terga reuinctis,
Ducitur irati mox ad tentoria regis.
Hic gaudere canis posito mœrore, bonumque
Blanditiis multis regem mulcere, proteruus
Vt daret emeritas miles pro crimine pœnas.
Intulit huic mortem quod non sperauerat vnum
Cognita res tandem. nec possunt impia facta
Delituisse diu. testatur Capparus olim
Actæi templi custos, rigidusque satelles.
Nam fuerat Phæbo, nymphaque Coronide nato
Sacratum templum, sacrata in Palladis vrbe.
Argenti diues, donatæ vestis, & auri.
Multaque vestibat muros votiua tabella.
Huc ęgri soliti qui conualuere medelis
Munera ferre deo, conspersa cruore iuuenci
Vsque tepebat humus, semperque calentia thure
Structa Deo centum stabant altaria circum.
Cuncta sacerdotum seruabat munera cura.
Hos latuit, vigilis quanta est solertia furis,
Munera multa virum rapiens fur, visa relictis
Quæ preciosa magis, argenti pondus & auri

Arte

Arte laborati. custodes non tamen omnes
Et latuit, vigil vnus erat custodia semper
Fida canis, cui Capparo erat nomen. deus illi
Diuino aflatu seu mouit prouida corda,
Seu res quæque suas animalia cuncta tuentur,
Huic nostro, nostræque obnoxia curæ.
Nostra putamus enim tutelæ credita nostræ.
Nescio quo templi seu res seruabat amore,
Acueluti illius cuperet dispendia, furem
Pone secutus eum est, vllo non inde timore,
Blanditiis ue minis ve potest diuellier vnquam.
Quod latuisse viros seruantes nouerat. illum
Sæpe canem saxis petiit fur, sæpe latendo
Fallere crediderat, sed nulla denique fraude
Decepisse valet, semper comitatur euntem,
Hunc accusabat latratibus, vsque petebat
Quæ cepit dominos latitans de diuite templo
Blanditiis alios mulcebat, non secus ac si
Auxilium peteret. quæ res vt venit ad aures
Actæi populi, multis narrata sequentis
Forma canis, multi magnis mittuntur Athenis.
Munera raptori rapiunt, furemque reducunt,
Tum gaudere canis partis quæ amiserat ante
Et rursus petiit templi sibi limina nota.
Fur dedit emeritas tanto pro crimine pœnas.
Tantus amor canibus, tanta est custodia rerum.
Decreuere canem patres per tempora cuncta
Nutriri laute, merces hæc vna laborum
Digna canis, tanto sed non & commoda facto.
Possem multa canum variorum exempla referre,
Ni pigeat studium paruarum noscere rerum.
Nec paruæ canibus curæ est custodibus ipsis
Et res, & dominus: testatur vertagus acer
Nam solis agris, & solis saltibus errat,
Atque capit quodcūque potest, prædāq; reportat
Hinc domino: nullo tardatur munere, nullis.
Blanditiis capitur. sua pignora cara putares
Nutrire, est tantæ domini custodia curæ.
Multa exempla canum sunt priscis cognita sæclis.
His tamē haud nostris multo peiora diebus.
Sed res in peius tendunt, sunt deteriores
Quam fuerint hodie. nummorum sola libido
Nunc omnes complet libros: nil inclyta facta
Curantur, nil egregium committere chartis
Mos est. obscuris voluntur cuncta tenebris.
Quid nisi mollitiem nostram, lucrumq; minores,
Qua ratione legent mercator iunxit aceruos?
Quot nam Bergnus ait, latoque Bocatius ore,
Quæ foret æterna cęlari nocte decorum?
Sed reuocant Dryades, syluarum numina cæca
Errantes ad lustra petunt, atque antra relicta
Sacrati nemoris, viridans vbi populus illa
Alta tegens ramis prædulci murmurat aura.

Nunc quo conueniat venari tempore, vel qua
Parte anni, lucisque mihi narrate Camenę,
Nauita veliuolæ cum pandit carbasa puppis,
Et secat hyberno posito freta lata tumultu,
Tempora tota die sunt venatoribus apta.
Lumine cum primo Phœbus lustrauerit orbem,
Iamq; parentur equi, casses, hominesque, canesq;
Lataque rura petant quærentes lustra ferarum.
Mox vbi sol medium cœli conscenderit altus,
Et paribus spatiis Eoæ litora terræ,
Occiduasque domos distantes viderit, & cum
Significans gregibus pastor florentia rura
Liquerit, & natis referent plena vbera matres,
Tempus gramineis est prandia sumere mensis.
Sunt vbi labentes fluuii, fontesque perennes.
Vmbrosi nemoris natiui pumicis antra.
Vel quercus sacrata Ioui, vel grata Coronę
Populus Herculeę & ridentia marmora muscę.
Venantes homines sequitur iucunda voluptas
Plurima, nec sudore minor. de rupe ruentem
Nunc aprum cernunt, nunc alta rupe morantem
Prospectant ceruum. venator cominus illum
Mirantem cædit, catulos vel pone timentem
Retibus implicuit, ferroque obtruncat acuto.
Ipsa fames iucunda venit venantibus. vllas
Delitias non expectant, quas improba ventris
Ingluuies reperit. contenti simpliciori
Sunt mensa. nec fæmineus syluestria luxus
Ingreditur. carpunt alto quæ plurima monte
Nascuntur, quę sylua tulit. si lumina quando
Arrepit somnus fessis medicina laborum,
Inuitant volucrum cantus, dulcesque susurri.
Et Zephyro quæ sylua tremit iactata sereno.
Nec desunt herbæ molles gratissima strata.
Inuidiosa toris, auratis, murice tinctis.
Post vbi graminea fessus requieueris vmbra,
Et sol de medio cœli descenderit altus,
Lata per arua canes rursus vestigia quęrant.
Donec in Oceanum flammatos lurida solis
Præcipitarit equos nox: primaque duxerit astra.
Mox vbi iam primum cuculus cantauerit æstum,
Et querulis late resonabunt arua cicadis,
Sub lucem tremulis etiam splendentibus astris
Iam petere arua canes celeres, saltusque iubemus
Immodici interdum delent vestigia rores.
Plurimus & grauidis diffusus nubibus imber.
Aut grauis arboribus incumbens flamine ventus.

Hoc l huic monuisse prius, ne forte Dianam
Incuses delecta petens vestigia frustra.
Aestate inuenies vestigia recta ferarum,
Quæ fuerant olim vernis obliqua diebus.
Cum syluis agitabat Amor, Venerisque Cupido:
Sol vbi flammiuomus consperget lumine campos,
Excutient matutinas & gramina guttas,
Cum grauis incumbit campis arentibus æstus,
Linquendi saltus, & limina nota petenda.
Inuisa est adeo canibus velocibus æstas.
Impediunt herbæ currentes, & premit æstus.
Vt ver est homini, canibusque sagacibus aptum.
Nā neq; tū nimius calor, aut noua gramina tardāt.
Interdum rapiunt vestigia floris odores.
Cum repetunt armenta nemus, cum pascua læta,
Area nec Cereris grauiter gemit vsta calore,
Rusticus aduentos paleas sed iactat inanes,
Mitior est terris solis calor. arua iubentur
Rursus adire viri venantes, atque canum vis.
Ast vbi Libra diem paribus diuiserit horis,
Et noctem, vel dira Nepæ cum surget ab vndis
Stella, coronatus pomis Autumnus apricis
Collibus insidens pluuium spectabit ad Austrum,
Quantuscunque dies est venatoribus aptus.
Nam queq; tunc æstus, lædunt hominesq; canesq;
Currentes, nimium nec gramina longa retardant.
Non hyemis glacies concreta fluminis vnda.
Est eadem ratio venandi cum legit vuas
Rusticus, eque fauis liquentia mella premuntur,
Cum trudunt nudos spumantia labra racemos,
Fructilegique virent solertis tecta coloni,
Quæ fuit ante: grauis cum primum inuisa colubrę
Candida venit auis, tellusq; nouatur aratro.
Hoc etiam meminisse iuuat. cum candida Phœbe
E regione videt fratrem, cum distat vtrinque
Pene æquo spatio pulsantibus æthera flammis,
Non adeò redolent vestigia cæca ferarum.
Cum vitream glaciem turgētia flumina trudūt:
Et pontem concreta gelu dant ante carinis
Sulcata, aggeribus niueis latet abdita tellus,
Pars media est lucis duris venantibus apta.
Phœbus vbi primum liquidis extollitur vndis
Celiuagis vel demit equis iuga flammea, frigus
Ferre graue est. coit vnda prius resoluta tepenti
Si qua calore fuit solis cum sydera surgunt.
Et noua lux actæ sapiet mala frigora noctis,
Interdum rapiunt imbres vestigia densi.
Munc glacies concreta, niues, gelidæque pruinæ.
Sunt hyemis longi tractus quos noctibus errant
Per nemora alta feræ. sed iam demittere vela
Tempus adest primum demensis nauibus æquor.

NATALIS COMITIS
DE VENATIONE
LIBER SECVNDVS

HACTENVS arma, canes, homines, & robur equorum.
Nunc Veneris stimulos, sæuique Cupidinis ignes,
Tempora Lucinæ, venantum furta canemus.
Hæc quoque respicias Francisci nobile germen
Roboris, Ausoniæ decus insuperabile Iuli.
Eia age rumpe moras: ventis impleto secundis
Carbasa, da pelagi tranquillos currere fluctus.
Syluarum, nemorumque Deæ, lucique sacrati
Cura quibus Dryades secretos pandite saltus.
Quam varia Oceani proles sub fluctibus altis,
Quantaq; turbat aquas moles, erratq; per vndas,
Tam varium, tantumq; genus super æquore terræ
Cernitur est varijs diuisum piscibus æquor.
Fluctibus hic summis, ast hic versatur in imis.
Oceanus piscem tulit hunc, tulit algifer illum
Adria. nonne vides diuisas aeris oras?
In summum volucris volat hæc, volat altera in imum.
Vtque cupit colles saxosos altera vitis,
Altera amat pinguem, lætaturque vbere campi.
Sic quoque diuisus varijs animalibus orbis.
Florida fert magnos elephantos India, tigres
Armenia. atque alibi nascuntur dira leonum
Semina. sunt oryges alibi, sunt dorcades illic.

Deni-

Denique nec passim celeres nascuntur forci,
Nec varijs panthera notis, mimusque pithecus.
Non vna atque eadem fert omnia gramina tellus.
Quæ mare, quæ terras habitāt, quæq; ætheris oras,
Plura viris ignota, virum solertia longa
Quam norit. nā quis species, vel nomina quæ sint
Noscere?at pridem desunt sua nomina multis,
Quod noua nascuntur semper terraque marique.
Nec maiora freti voluuntur monstra baratro,
Quam quæ terra tulit: conuolui marmor ab imo
Credas, quum vasto se voluunt corpore cete.
Cete Atlantiaci fastus, & gloria fluctus.
Frondosos nutare putes cum vertice montes,
Quum vasto incedunt elephantes corpore magni.
Sed tamen & tanta hæc moles, hæc corpora tanta,
Magnanimo rerum domino vincuntur amore.
Cum niueo cerasi vestitur planta colore,
Et teneræ erumpunt viridi de cortice gemmæ,
Cumque nouis violis redolent florentia rura,
Dispulit & nubes hybernas mitior aura,
Quatuor exactis lustris labentibus annis
Concipit ingentes elephas in pectore flammas.
Non tamen vt pugnet reliquis: huic alma decorū
Ingenium natura dedit, nec gloria digna
Creditur his super occidi, vel cædere victos.
Et quantum humanum genus est virtutis, & æqui
Seruator, tantum capitur virtutis amore.
Nullus adulterium committit. fœmina masque
Secedunt thalami cum venit tempus ab omni
Agmine, quinque dies simul hi, solique morantur.
Post vbi sexta diem patefecit clara serenum
Memnonis exoriens mater, stellasque fugauit,
Fontanis purgantur aquis, vel flumine viuo.
Nec prius hinc socios, & sueta armenta requirunt.
Tanta pudicitiæ cura est animalibus istis.
Exactis pariunt annis hinc parua duobus
Pignora, quod spatium partus Lucina moratur.
Aethiopi, Mauro pariter nascuntur, & Indo.
Sed tamen hos reliquis maiores India nutrit.
Tristantur rapto parto lætantur honore
Corda elephantorum studijs obnoxia nostris.
Multiplici petitur certamine gens elephantum.
Namque alij circum fossis, atque aggere cingunt.
Aggeribus clausos longa obsidione fatigant.
Ac veluti clausi muris, & turribus altis,
Quos victus tandem penuria vicit, & hostis,
Sunt faciles, fastumq; ferunt, subduntque potenti.
Sic hi vincuntur studioque fameque sitique.
Venantur sic quos cupiunt in Martia castra.
Ascendunt alij domitos, & fræna reponunt.
Hinc nemora alta petunt: armento quē procul esse
Norunt, hunc loris domitant, & verbere multo.
Donec defessus iaceat prostratus arena.
Tum domitum credunt cum cepit gramina primū
Humana porrecta manu. nec mitior vlla est
Humano generi fera, si quem nouerit esse
Fraude procul. sunt qui foueis venentur, & alte
De fossis puteis, à tergo hinc agmine multo
Venator premit. vt norunt armenta elephantum
Succurrunt lapso. saxis atque vndique ramis
Congestis replent foueas, redimuntq; cadentem.
Vsque adeo ingenium mite est elephantibus, alter
Fraterno alterius damno vt succurrat amore.
Sunt gemini exerti dentes. promuscide longa
Prosternit plantas altas, fructus legit ore.
Cauda breuis magno pro corpore: protinus ipsa
Parua . . rent nodis, facilique volumine crura.
Forte caput, paruæque aures, nec lumina quanta
Hoc tantum poscat corpus, sint grandia quamuis.
Nigra cutis. tergus vix est penetrabile ferro.
Huic paulò villis est venter mollior atris.
Incumbens tereti palmæ, fagoue virenti,
Decerpit tacite blandum per pectora somnum.
Hæc quoque venandi ratio est, ea planta secatur.
Huic cadit incumbens elephas, qua vincitur arte.
Sed neq; mox facile est præ magno pondere strato
Surgere humo. siue hoc monocampti tibia cruris,
Siue pes horrendis armis spoliatus, & vngue,
Integra vix quino signatur limite planta.
Nam quibus ingenium prudens natura negauit,
Tradidit his vngues, dentes, aut cornua dura.
Læui radices conuellit robore dentis.
At dextri venatoresque ferasque trucidat.
Sæpius hi terra vescuntur, sæpe lapillis.
Paruorum senibus mira est custodia: flumen
Tranantes primi iuuenes queis corpora parua
Ingrediuntur aquas, seniorum flumina mole,
Ne nimium crescant, iuuenes mergantur in vndis.
Flumine digressis senior præcedit, & agmen
Extremum claudit quicunque ætate secundus.
Omnibus est spatium longum, longissima vitæ
Tempora, viginti bis dicunt viuere lustra.
Carniuoris color est idem, mens impia sæuis
Atque cruenta lupis. imitantur lumina flammas.
Nocte procul cernes radiantis lampadis instar.
Forma refert catulum, nares, & gressus, & vngues.
Horridior tamen aspectus, speciesque tremenda.
Forma Lycaonios, & terga horrentia setis
Nunc etiam referunt animos, atque impia corda.
Perfusi pecudum cæsarum sanguine gaudent.

Et cum prætereunt currentia flumina multi
Fortior est reliquis dux, caudam mordicus illi
Pone sequens tenet ore, lupis hic omnibus ordo.
Viuere Niliacis nulli dicuntur in oris,
Montibus aut Aphris, qui sunt dicuntur inertes,
Et parui, tanti patria est, primique penates.
Scilicet & multum refert ad corpora, vires,
Et mores, genitale solum quæ sydera spectet.
Est coitus meta his bis sex concessa dierum.
Ver vbi dispellit nubes, & purior æther
Deducit sine fece dies, in pectore flammas
Concipiunt, & more canum iunguntur, in vnum
Conueniunt quos cogit amor, ventrisque cupido.
Heu male tum solis erratur saltibus, vnam
Multa lupā sequitur turba, hinc fera prælia miscēt.
Prælia dura super veneris dulcedine: victi
Vel fundunt dulces animas, victoribus vltro
Vel cedunt, cunctis est vincere certa voluntas.
Cernis vti tauri pugnantes sanguine fuso
Membra lauent, semperq; magis pulsantibus ardēt
Fluctibus irarum, carpit formosa iuuenca
Interea gramen, miseros nec spectat amantes.
Tertius interdum potitur certantibus illis
Bellorum causa. sic hi dum prælia miscent,
Hic fruitur felix horum mercede laborum.
Qualis capreoli venatio, & ipsa luporum.
Fert balista necem. saltus hi rete coronant
Incultos, casses nequeunt vbi tendere, ramis,
Arboribusque vias densant, vt peruia nulli
Pars ea sit. latos saltus indagine cingunt,
Discurrunt nemora alta canes, hominesque: ferarū
Si qua fugit, plantæ catuli ducuntur odore.
Et cogunt in rete, ferit qui retia seruat.
Structaque syluarum ramis magalia linquit.
Cæduntur miseri, nec spes datur vlla salutis,
Parcere quòd nullis didicerunt ante. rigentes
Interdum pugnant canibus, laniantque vicissim.
Et rapido quærunt extremam dente salutem.
Sic vbi planities complerur qui oppida cingunt
Hostibus, atque acies longam traxere coronam,
Mœnibus inclusi sperant fera fata: sed armis
Nituntur decorare prius post funera mortem.
Sæuorum species dicuntur quinque luporum.
Est ingens horror canibus si pellibus horum
Indutus plantas cedas. vocem his rapit horror,
Vt rapuere prius visis mortalibus ante.
Præterea colli si fiant tympana pelle,
Cætera cuncta silent ingenti victa sonore.
Pascitur eoi simul incola psitacus arui.
Nescio quo feruore lupis deuinctus amoris.
Par numerus canibus catulorū, & tempora partū
Nascuntur cæci, vomitumque cientia carpunt
Gramina. vescuntur terra, cum tollitur vndis
Scorpius, & lucem rapuit mortalibus almam
Præcipiti labens curru Phaetontius heros,
Tempora Lucinæ veniunt his. pondus in alta
Deponunt ventris sylua, cæcisque latebris.
Fœmina bisquinis vterum gestare diebus
Insuper & binis fertur. quo tempore quondam
Fugit hyperboreis in Delum splendida Phœbi
Mater, & ignotam sumpsit mutata figuram.
Thessala terra lupos, & diuitis insula Cretæ
Ferre negant, vti fama refert, triginta diebus
Bis actis alij referunt hos edere partus.
Haud thoes pariter celeres, & cursibus acres:
Sunt breuiora quibus crura, exporrectaque cauda.
Longius & corpus: thoas natura negauit
Veloces numero fœtus æquare priores.
Nunc duo, nunc tres, ad summū sed quatuor ed[illegible]
Retibus impliciti supremam dente salutem
Experiuntur & hi. nulla in discrimine vitæ
Ponuntur, mortis duros vt vellere nodos
Vnguibus, ingenio, morsu, pede, viribus, arte,
Non tentent. grauiora pati nec morte putarunt
Cætera quæ capiunt pugnando fortiter hosti
Vulnera, creduntur sæuæ medicamina mortis.
Est vbi temperies cœli iucunda, virorum
Ni cadat insidijs lupus, huic sunt tempora vitæ
Longa: octo fertur viuendo vincere lustra.
Humano generi natura thoes amici.
Admiranda quibus data sunt obliuia rerum.
Est quando diuersa feris natura, puellæ
Pandite Orestiades, iam vestros pandite saltus
Et nemorum secreta mihi, collesque supinos,
Et varios campi aprici narrate colonos.
His magis hirsutæ multo nascuntur hyænæ
Aphrorum terris: catulis inimica propago.
Magnanimo pariter gens hæc inuisa leoni.
Flectitur in medio villosi tergoris, arcta
His porrecta caput coniungit spina: nigranti
Limite villorum tergus vestitur vtrinque.
Sunt magis hirsutæ cum spicea protulit æstas
Crine coronato paleis flauentia serta.
Noctiuagæ color est oculis incertus hyenæ.
Mille refert varios acies inspecta colores.
Qualis vbi aduerso radiantis lumine solis
Gutta micat nubes inter, cum labitur imber
Sed nondum venit ad terram sub nubibus atris;
Huic sol exoriens noctem, tenebrasque reducit.
Astra diem referunt nigro surgentia cęlo.

Fœmina

Fœmina præterea, masque idem creditur esse.
Sic fertur vulgo, sed non & posse videtur
Sic fieri ratione. feruntur prouida mater
Quæ gignit natura marisque, & fœminæ amore.
Hoc generare modo possunt generata vicissim.
Atque ideo perfecta ferunt, quæ sponte videmus,
Et nullis vinclis, & nullo fœdere nasci
Coniugij sed corruptis consurgere rebus,
Imperfecta lines surgunt in luminis auras.
Quod reparare genus nequeunt exorta vicissim.
Hæc non natura fieri surgentia nullo
Coniugij vinclo dicendum: ast accidit illud.
Alituum, pecudumque genus, quæ fluctib. errant,
Omnia permisto sexus sunt semine nata.
Præterea natura facit quod præstat, inersque
Nil agit: & finem cunctarum sedula rerum
Prospicit. hoc fecit, melius fecisse quod hoc est.
Commoda, & vtilitas, rerum sic esse necesse,
Alma tibi fines rebus natura creandis.
Sincerumque cupis cunctis animalibus ortum.
At confusa magis si hoc concedatur hyænis
Dicenda es. binæ coeant si tempore eodem
(Nam neque concipiunt ex sese, & posse fateri
Absurdum: vt nascantur equi de flamine venti.
Perdices pariant audita voce mariti.)
Altera pars sexus iunctis cessabit vtrique
At neque natura est illis sic esse necesse.
Diuisum genus est. valeant mendacia vulgi.
Aequora cum primas patiuntur strata carinas,
Et ver depellit nubes, cœlumque serenat,
Flammatis telis cunctæ feriuntur amoris,
Atque mares plures vnam sectantur hyænam.
Imperitat gregibus mas, paruaq; pignora castrat,
Ne comites habeat veneris, materque tuetur.
Ast ubi iam sextus mensis præteruolat alis
Præpetibus, partum expectat Lucina recentem,
Hinc duo, tres raro partu nascuntur eodem.
At paritura parens nemorum in secreta recedit.
Sint vt ab insidiis partus hominumque ferarũque
Abditi: & incursus fugiant, mortisque ruinam.
Luce latens sua lustra fouet, sua pignora parua
Nocte cibum quærit dum carpunt cætera somnũ.
Ast vbi quæruntur canibus venantibus, ingens
Si fit turba canum cursu petiere salutem.
Res vtcunque tulit fugiunt, nec lumina cernunt.
In cassesque cadunt, ferro venator acuto
Irruit, obtruncatque trementia pectora telo.
At si nec canibus multis in rete premantur,
Nec timeant magnos strepitus hominũq; canũq;
A tergo, & possint campo committere aperto
Prælia, quid valeant coram fecisse periclum,
Tristibus auspiciis occurrit primus, & atris.
Experietur enim quantos in pectore fluctus
Irarum voluat, rabies sit qualis hyænæ.
Viuere lustra feræ septem dicuntur & istæ:
Suspendunt alii vitreis in vasibus alte
Humanum stercus, quod lati vulneris illi
Est medicina feræ: sed ne contingere possit,
Hæc sperans semper præsentem posse medelam
Nancisci, moritur decepta cupidine: & alto
Qui grauis ingreditur per pectora læsa dolore,
Post vbi iam fueris cursu, longoque labore
Defessus, solisque calor premet arua, iacenti
Præbebunt molles vmbras virgulta, perennes
Arboris haud deerunt vmbræ, vel pumicis antra
Natiui, rapiet partum spelunca calorem.
Quin etiam vitreus fugiens per gramina riuus
Murmura grata ciet, placidumq; vocãtia somnum.
Adde quod & poteris gratum reperire lauacrum,
Et pacare sitim. nam gaudia multa sequuntur
Venantes homines, quæ nullo dicere versu est.
Nec lepores nostro fugietis carmine molles,
Fœcundumque genus, veluti sub tecta columbæ,
Quæ paritis toties, quoties venere calendæ.
Plurima planta quibus secta est animalia, cæcos
Emittunt catulos tenues in luminis auras.
Hoc vitium lepori facilis natura negauit.
Vna negat lepores tellus prudentis Vlyssi.
Sunt multæ leporum species, qui collibus errant
Appennine tuis, summumque vagãtur Amanum,
Creduntur niuibus pasci, niueus color illis
Est quia. cærulea glacies quo tempore primum
Liquitur, & gelidæ labuntur montibus vndæ,
Paulatim color est illis rubicundus. in illum
Vertitur hic candor, vix credas esse priores.
Nũc duo, nũc tres, interdum quoq; quatuor edũt
Et nemorum secreta petunt, virgultaque densa,
Ingeniosa cohors leporum: sed murmure paruo
Terrentur, facilem capiunt per membra timorem:
Interdum rapidis tolerare sonantia ventis
In syluis folia haud possunt, ob murmura frondis
Corripuere fugam, defesso corpore tandem
Quæ fugere diu patiuntur murmura tuto.
Sanguinis aerij tulit hoc natura, videmus
Quæ cursu leuiora, timent magis omnia, motus
Concipit aerius faciles in pectore sanguis.
Cernis vt immodicas pernices pectore cerui
Concipiant furias cursus, fluuiosque rapaces
Continuo tranent. nec tantum lustra morantur,
Nec syluæ, vel prolis amor, fontisque nitentis,
Quan-

Quātū pulsat inerstimor hos,clamorq; sequentū.
Hoc,vt fama refert,horrescens murmura frondis,
Ceperunt animal furiæ,tua munera questum
Alma parens Natura,nihil quod reperit vsquam
Tristius,& tantum capiens per membra timorem.
Multa voluntati placuit sententia, vel se
Præcipitare iugis,alto vel mergere fluctu.
Cum vitrei peteret currentis fluminis vndam,
Protinus insiluit flumen perterrita rana.
Inde lepus didicit tranquillo pectore sortem
Ferre suam, tenuitq; metum quem ceperat ante.
Propterea tam tempestas,& tempora nobis,
Ventorumque dies seruandi,& sydera cœli,
Quam freta qui sulcat ratibus spumantia pandis,
Ventosasque vias currit, nauemque gubernat,
Sydera cuncta notat, venturaque tempora discit,
Nunc spectat geminos Hœdos,claramq; Coronā,
Et nunc Arcturum,nunc te formosa Celeno.
Nunc pluuias Hyadas, nūc spectat Oriona clarū.
Nec solum quoniam strepitus,clamorque secūdus
Venantum facile inde premunt in retia ceruos,
Sed quia si fiant aduersis flatibus auræ,
Naribus accipiunt præsensi retis odorem.
Occidua si forte plaga,qua nocte rubentes
Præcipitat Phœbus currus, orbemque relinquit,
Aphricus aspirat, venator Cærciæ in oras.
At si spirarint æstiuo cardine Cauri,
Et leuis Agrestes, Vulturni regna petantur.
Quem latet aduersum Boreæ te flatibus Auster?
Retibus & canibus leporum timidissima turba
Capta perit,venantur aues,est plurima læti
Lis via, nec podest Spartanæ more sagittæ
Aufugere, & rapidos cursu præuertere ventos.
Lætantur venatorum exultantia corda
Cursibus vt longis,& decertatur aperta
Planitie,clamore canes & voce sequentum
Quisque iuuat,sequiturque simul clamore secūdo
Ille canes cupere fere,& decernere cursu,
Quoque valent animo leporem cepere fugacem.
Tantus amor lepores venandi,gaudia tanta.
Hic mens,hic animus, hic est & tota voluntas.
Reponunt reliquis vna hæc solatia cunctis.
Exiguo primum venandi captus amore
Mox neque sponte valet diuelli, linquere non est
Venandi studium facile,hunc tot vincula nectūt.
Sunt parui lepores,auris longissima,quæque
Promittat magnum corpus, quæ fortia membra
Forma breuis capitis,fulgentia lumina,sed quæ
Nunquam claudantur somno: timor vsque ferarū
Sollicitat,vigilique occurunt semper amores.
Nec gens in syluis errat fœcundior vlla.
Nanque parit catulos,& eodem tempore villis
Indutos vtero gestat,partusque recenti
Coniugio incœpti grauida formantur in aluo.
Sunt genus ambignū lepores,trochus,acris hyæna.
Quod tria naturam dicuntur habere duorum.
Præterea leporis villosum lingua palatum
Lambit,& hoc vni tribuit natura,decemque
Annorum spatii conclusa est limite vita.
Castorides leporem celeres sectentur aperta
Planitie.hæ duris veniunt venantibus vsu.
Plurimus Hispani,Balearisque incola ruris
Huic aures similis dasipus,corpusque caputque
Crura tamē breuiora, minus timet, & minus illo
Velox,antra colit,fossique foramina ruris.
Huic balista necem fert,hunc viuerra necatum
Sedula fert epulum domino, prædamq; reportat:
Quid tibi commemorem versu generosa leonū
Semina,quos Nilus vitreo complectitur amne?
Et quos parte alia claudunt Acheloides vndæ?
Assyriæ fuluus campis est incola terræ
Cui iuba fulua tegit collum,cui plurimus harmos
Villus habet,natura mari quod præstitit vni.
Grandius Armenio collum, Parthoque leoni.
Latius est tempus,radiantia lumina fulgent.
Est adeo aspectu clarus Felicia rura
Quem genuere,ferax & campus pauit Erembus.
At plures Libyes siccis nascuntur in agris,
Exiguis & colla iubis velantur,& atro
Membra colore rigent,sed multo robore præstāt.
Præterea sunt certa cibis,& certa labori
Tempora,nec cunctis epulas sumpsere diebus.
Hic vbi comprendit nox , & sol linquit in æquor
Aufugiens, rapiensque diem mortalibus almum,
Fortia decerpunt placidam per membra quietem.
Prima vbi temperies clarum patefecit Olympum
Regia progenies domino feruntur amore,
Concipiuntque nouas insueto pectore flammas.
Sæuities insueta capit syluestria corda,
Cum rabies,flammæque domāt,& feruor amoris
Hinc vbi floriferum ver frigora prima fugarit,
Et glacies resoluta fluet deuicta tepore ,
Cum Cynosura freto quæ nūquam mergitur alto
Custodem cecidisse maris lætabitur vndis,
Expectat partum facilis Lucina leænæ
Nunc duo,nunc tres,nūc vnum, nūc quatuor edit
Sunt & qui Assyrias primo quinque edere partu,
Quatuor inde ferant partu peperisse secundo.
Atque vnum numero sic semper abesse priori,
Donec sit ventum ad nihilum tum ducere vitam
Feli-

Felicem, sobolisque procul, partusque dolore.
Quæ furiæ rapuere mares, quo tempore blandus
Pectora fixit Amor iaculis. post fœmina partum
Concipit, & toto nil est crudelius orbe.
Ingredier scymnus fertur sex mensibus actis.
Debile principium regi natura leoni
Præstitit, id paruum capiũt ingentia cuncta.
Nunc vbi stant ædes atque alta palatia Romæ,
Pastorum tuguri congestum cespite culmen
Vix pluuias arcebat aquas, dominoque bouique
Qui fluit Eridanus lata celeberrimus vnda
Fluminibus multis auctus prorumpit in æquor.
Nil quod non fuerit paruum, grãde esse videmus.
Maturi exiliunt scintillæ ex osse leonis.
Durities tanta est. flammis terretur & iras
Horret apri, quarum fluctus in pectore voluit.
Nec tantum armatas hominũ timet ille cateruas,
Inuisos galli quantum sub lumina cantus.
Est quadruplex ratio vincẽdi dura leonum
Robora, nam ferro indutæ vicere phalanges,
Cominus & lato sumpserunt prælia campo.
Tum nemus omne sonat magno clangore tubarũ,
Latratuque canum, respondet vocibus æther.
Ecce leo veniens rugitu terrritat hostem,
Irarum magnos voluens in pectore fluctus.
Vnguibus exertis expectat prælia. magnas
Lumina significant iras, & cauda leonis.
Tristibus auguriis occursit primus, & atris.
Tabifica lacerat quod dura contigit vngue.
Sed tamen indutus ferro venator aperte
In pectus telo expectat fera bella parato.
Concidit interdum victor, & victus vterque.
Sanguinolenta venit victoria parta duobus.
Vincitur interdum canibus vis magna leonis,
Et telo, plures in retia cedere cogunt.
Nec fortis quamuis valuit contendere multis.
Sunt & qui effodiant fossas, atque aggere cingant
Neu sit conspicuus dolus, hinc & vepribus, illinc
Obturent saxis. medio statuere columnam,
Suspenduntq; agnum tum matris ad vbere raptũ,
Hic quà currentes fluuios adiere leones.
Ille vocat crebris balatibus, hique potenti
Robore confisi superant molimina saltu.
Prima fuit priscis venatio cognita fossæ.
Tunc hi decepti foueam labuntur in altam.
Hic celeres nascuntur equi, quà labitur vnda
Euphratis, virides & texit arundine ripas,
Qui soli faciem regis spectare leonis
Audent, nec domino soli certare verentur.
His eques instruitur. venantes retia tendunt
In lunæ formam cum primis cornibus orbem
Visit, & Oceano tollit clarissima currum.
Extremæ retis partes sunt cura duobus.
Tertius in mediis, atque inter vtrumque locatur.
Accensis facibus pedites armantur, & omnis
Sylua sonat strepitu armorum, & clãgore tubarũ.
Scuta tenent læuis, quatientes illa sequuntur
Inter se pedites, strepitu fera concita, & igne
Non audet cedens oculos attollere contra:
Hinc equites clamore leues in retia pellunt.
Tum vero ingentes voluunt in pectore flammas,
Atque indignantur secum fera corda leonum,
Sternere quod paruum non audent viribus hostẽ
Eximiis, partis quod non gaudere trophæis.
Vltra Aequatorem gens est asperrima bello
Piscibus & premitur geminis, & flatibus Austri
Pene quater paribus spatiis diuisa dies est,
Noxque, semel cœli dum Phœbus perficit orbem.
Hæc genus insuetum venandi reperit. omnes
Vellere membra tegunt, & stricto sune ligantur
Quatuor, aut sex: hinc armantur casside dura,
Vt vix cernantur labra, & caua lumina, nares.
Suspendunt hastæ scutum, religantque sonorum:
Tum sic instructi speluncam protinus hostis,
Cæcaque lustra petunt. hic scutum concutit vnus.
Ecce ruit rabido ore leo, scutoque cientem
Sternit humi furiis accensus. vellera mordens
Dentibus infremuit: tum scutum concutit alter
A tergo, primum linquens, rapit ille secundum.
Sæpius hoc faciunt donec sit membra labore
Defessus, tunc ille iacet certaminis impos
Stratus humi, manibusque virũ vincitur anhelans.
Vincere triginta viuendo lustra feruntur.
Quis primus pugnare feris hominumne deumne
Cominus est ausus? vatum mihi pandite Diuæ,
Inter mortales primus syluestria Perseus
Agmina de lustris pepulit, ferroque cecidit.
Quid referam Lędę pueros? hic reperit arcus,
Et cursu domitare feras inuenit equorum.
Ille canes primus docuit vestigia caute,
Atque feris homines crudo decernere cæstu.
Hyppolitus laqueos, pedicas, & retia primus,
Et docuit primus latos circundare saltus.
At si quæ insidiæ syluestri tempore genti
Noctis erunt, has venator monstrauit Orion:
Quis furor hic tantus, vel quæ fiducia mentis,
Vnde necesse mori, vel forti vincere dextra
Quod lacrymis victor, precibus nec flectitur vllis,
Compulit audaces homines decernere primum?
Quid? non ne & superos, cęlũq; petiuimus ipsum?

Ful-

Fulmina nil terrent, quo vasto concita motu
Terra tremit, vallisque sono concussa remugit.
Hic adiit manes, & nigri tartara ditis.
Ille penetrauit fluctus, atque ima profundi
Omnia, & Oceani patris secreta retexit.
Nec satis immensi mortali machina mundi
Visa est. quæ nescit, quæ ve intentata reliquit,
Quid loquar Armeniæ tigres? rapidissima ples
Nec te prætereo quæ forti nasceris Indo.
Corpora quanta lupis. rapidæ sed forma leænæ
Corporis est propior: flammantia lumina cernes,
Et fuluis maculis corpus signatur, & albis
Nare tenus, fera non hac est formosior vlla,
Inter quæ syluas habitant, & montibus errant.
Et qualis volucres inter data forma pauoni,
Tigribus est species inter syluestria cuncta.
Carnosum satis est corpus, maculosaque cauda
Longa, fuga posset celeres præuertere ventos.
Namque feris cunctis tigris velocior vna est.
Fœmina quod fertur species hæc tota, putanda
Fabula, semotum vera à ratione videtur.
Quod raro videre mares, hinc fabula sumpta est.
Diffugiunt venatores hi: fœmina natos
Direptos cursu sequitur cum sentit ademptos.
Quatuor, aut partu catulos sex edit eodem.
Fœmineo super hic raro mas pugnat amore.
Tempore quæ verno coeunt, quæ sola vagantur,
Partibus haud coeunt eiusdem sæpius anni,
Pauca mouent Matris certamina propter morem.
Nunc age quæ ratio capiendæ tigridis, & quis
Sit dolus, & quanto natos sectetur amore
Carmen erit nobis: faueas tu Delia: læuo
Quæ portas humero suspensam diua pharetram,
Dum nemorum secreta cano, lucique sacrati.
Cum liquit catulos per syluam pabula quærens
Venator rigidus caute petit antra relicta,
Tigridis absentis partus rapit, atque paratum
Scandit equum celerem, pulsat trepidátia magnus
Corda pauor. securus enim quis talibus ausit?
Aufugit arrepto properans ad littora cursu.
Ecce venit quæ mater iit, nunc orba rediuit,
Vt nouit deserta domus penetralia natis,
Incipit hæc mœstam lacrymabilis inde querelam
Qualis vbi nati miratur lumina mater
Defuncti, niueasque manus, & pallida membra
Singula quæ tangit digitis, atque irrigat imbre.
Qualis vbi cepit, populaturque ignibus hostis.
Mœnia, conuoluitque fremens incendia ventus,
Conqueritur mater, stringitque ad pectora natos,
Coniugiique faces odit, tristesque Hymenæos.
Inuisa est Lucina, fera est & pronuba Iuno.
Tantus amor prolis syluestribus esse colonis
Dicitur. haud homini tantum sunt pignora curæ
Philtra feris, auibus, pariter serpentibus atris
In natos natura dedit, pelagique colonis.
Hoc facit vt nigris crocitans perterrita pennis
Horreat arrectis, crepitansque feratur in hostem,
Torua leæna virum spernat venabula terræ
Defixis oculis, nitidoque hastilia ferro.
Scilicet hæc mens est illis, hæc certa voluntas,
Vel cum pignoribus victas occumbere charis.
Vel seruare simul pugnando fortiter hosti.
Naribus hinc vbi venantum percepit odorem,
Pugnatura ruit mater velocior Euro,
Qualis vbi neruo Tyrio compulsa sagitta
Viribus eximiis stridetque volatque per auras.
Fur vbi comprensus matris cursu, iacit vnum
Qui minor è catulis, & qui deformior. illa
Corripiens ad tecta refert, iterumque reuersa
Prosequitur furem, speculum iacit ille rotundum.
Illa suæ primum lætatur imagine formæ,
Atque aliquem credit natorum. fraudibus istis
Mox decepta dolet, sequitur furiata. secundum
Inueniens speculum simili deluditur arte.
Sępius id faciens donec sit litora ventum,
Apta fugæ præstat raptori tempora. ponti
Expectans venatorem stat littore puppis.
Protinus ingresso soluunt à littore funem.
Atque ratem conto trudũt, curruntque per æquor.
Hinc vbi peruenit fluctus, & litora mater,
Ventoso aspiciens fugientia pignora ponto,
Nautas incusat. sunt litora plena querelis.
Et quam cygnorum circa Aphrica litora ponti
Lugubris fertur cantus sua fata canentum,
Tigridis Hyrcanæ tam vox est flebilis orbe.
Sunt qui direptis catulis quoque retia tendant
Matribus, implicitas ob pignora rapta sequentes
Obtruncent ferro. feritas est tanta virorum.
Heu date mortales veniam, date matris amori,
Et miseram deflere suum concedite casum.
Hic veluti ceruos sylua venatur in alta,
Et canibus sociis, & strictis cominus armis.
Octo prætereunt, vt fama est, lustra, secundi
Deponunt venti, patuit iam meta laboris.

NATALIS

NATALIS COMITIS
DE VENATIONE
LIBER TERTIVS.

VNC leuis Eois ventus spirauit ab oris,
Exoriturq; dies reserato clarus Olympo.
Soluerat rem, date vela, citi considite transtris.
Terga silent tranquilla freti, vocat vnda carinas.
Nunc age cur tanto partus sectentur amore,
Quæque suos, cur sit cunctis animalibus vnum
Seruandæ sobilis studiũ, atque amor omnibus idẽ
Versibus expediam. tu nostri carminis autor,
Tu qui prima mei merito, qui summa laboris
Porrige felicem dextram, pelagique patentes
Pande vias, ratibusque auras immitte secundas.
Quę ratione carent, facilis natura gubernat.
Hinc amor, hinc odiũ. cupiũt bona quæq;, malũq;
Diffugiunt, hinc lucra petũt, & commoda cuncta.
Omnibus hinc iactura grauis. grauiora putamus
Damna pati, cum grata magis res perdita cessit.
Gratius at vita nil est, vitamque videmur
Viuere per nostros post impia fata nepotes.
Adde quod est finis cunctorum semina, & horum
Nascuntur causa flores, frons, caulis. in annum
Seu viuant plantæ, seu viuant sæcula multa,
Omnibus est vnus generandi semina finis.
Tum quoq; cuncta vigent animalia cum sibi prolẽ
Persimilem reparare valent. si pignora demas,
Demitur his finis. frustra vixisse videntur.
Respuit hunc penitus natura prouida finem.
Et vacuum nil esse cupit, frustraue paratum.
Sed reuocãt syluę, strepitu nemus omne remugit.
Ad diuas vertor gaudentes cæde ferarum.
Nunc vrsi partus, formam, moresq; canemus.
Horrendam faciem præ se fert: est color ater.
Et corpus totum denso velamine nigret.
Sunt nigræ nares. latum caput, horrida flammas
Lumina diffundunt, quinis armantur acutis
Vnguibus huic plantæ, mortem pellentibus armis.
Horrendum rugit, correpta cupidine amoris
Fęmina, post partum furit haud post tẽpore lõgo.
Et quinos catulos vno dat fæmina partu.
Sed parit interdum binos: nunc edidit vnum.
Postrati iunguntur humi quo tempore primum
Sydera Calistus pelago demersa profundo
Conduntur, sylueque virent, aperitur & annus.
Cum primũ tumuit rapidis Aquilonibus æquor,
Syluaque tristatur desolatissima lapsis
Frondibus, & virgulta comas iecere virentes,
Antra petunt ambo nemoris secreta propinqui,
Atque latent gelidas hyemes. hic fœmina paruos
Interea peperit catulos, pinguescit vterque.
Nascitur vrsorum de formis partus, & ante
Parua caro, cattoque minor, vix eminet vnguis.
Cætera lambentis formantur membra parentis
Lingua, nascuntur paulatim lumina, paruos
Sic lambunt vitulos olim sua pignora vaccæ.
Tempore non alio piscis qui dicitur Arctos,
Ni pariat verno, propter cognomina, partus
Edidit, in gelidas hyemes & distulit horam.
Postubi fugerunt torpentia frigora brumæ,
Et religata ratis compleтur pondere mercis,
Fœmina speluncam liquit, multo ante maritus.
Viscera quo laxentur aron per rura requirunt.
Pluribus Italiæ nascuntur partibus vrsi.
Tertia pars mundi quos Aphrica tota negauit.
Armeniam, Tigrimque tenet villosa iuuentus.
Nunc quæ venandi ratio sit percipe paucis,
Quis dolus, incultos certamina quanta per agros
Sit cum gente fera. catulo sint quanta pericla
Parta virum studiis. nemorum secreta vagatur,
Naribus ad terram vestigi quærit odorem.
Atque feræ percurrit iter, nec sistitur ante
Quam dominos ad lustra trahat se pone sequẽti
Venator rigidus telis tum prouocat hostem.
Ille fremens grauiter de lustro prosilit, at ni
Venator catulum properantem vinciat: vnguis
Sentiet vrsorum quam sit trepidanda petenti.
Venator læua catulum trahit: ac super harmo
Stricta tenet dextro lato venabula ferro.
Ad socios redeunt dominusque canisque latentes,
Insidiasque parant omnes, & retia tendunt.

Retis

Retis habet partes hominum custodia tensi
Supremas, alii seruant in limine portas
Atque manu iuuenum laqueũ fert quisq; sinistra.
Hunc volucrum pennis ornant, quo territus vrsus
Aufugiat ponunt in primis agmina valuis,
Insidias ramis, frondosaque arbore velant
Tũ clãgore tubæ reboat nemus omne propinquũ.
Concussaque tremunt syluæ, tellusque remugit.
Qualis, vbi armorum splendor squallentia cõplet
Arua, micat tellus non vno lumine solis.
Fit strepitus, clangore tubæ quum castra mouent,
Atq; equites instructus eques vocat, agmẽ & agmẽ
Ecce vrsus sonitu syluarum concitus exit,
Horrendumque fremit, rugitibus intonat æther.
Turba ruit iuuenum passim clamore secundo.
Et terrent manum strepitu, & clangore tubarum.
Ille vbi planitiem vel campum est nactus apertũ
Territus insidiis fugit, & clamore, tubisque
Et laqueis multis paulatim in retia cedit.
Exiliunt quorum sunt retia tradita curæ,
Et quacunque valent capientes summa plagarũ.
Implicuere feram: quæ dentibus, vnguibus, atque
Tum sæuit totis animis, tum fundit habenas
Irarum laxas, vruntur pectora flammis.
Cædere quis vinctum nescit? cadit ille sagittis
Qui victurus erat triginta illæsus in annos.
Sunt qui non dubitent in apetro prælia campo
Sumere cum populo syluestri cominus armis,
Alter in aduersos hostes ruit, ille salute,
Proque suis pugnat thalamis, patrioque recessu.
Alter pro ingluuie, vastaque voragine ventris
Non patitur vulgus syluis errare ferarum.
Vnguibus ergo visus venanti occurrit acutis
Vincere vel certus, vel certam occumbre mortem
Contra venator cui fortiter obtulit arma
In pectus, nil horrescens ardentia frontis
Lumina: crudelis furias signantia cordis.
Concidit interdum venator victus, & vngue
Membra lacer, prostrata iacent venabula terræ
Concidit interdum telo fera cæsa potenti.
Vincere vel vinci magna est dementia. cœlo
Qui seruat volucres delapsas nulla per agros
Prælia committit, nullum subit ille periclum.
Sunt arma accipiter, casses, sunt vimina, viscum
Noctua, quæ nescis promittant quanta pericla
Aucupibus, volucres homini quam bella pararint
Sanguinolenta feræ, quis cum pugnare necesse est.
Vrsorum nullus defuncta in corpora sæuit,
Idcirco venatores iam robore victi
Decubuere solo strati, flatuque retento
Deuitant furiasque feræ, mortisque pericla.
Nec te caudati taceo gens mima pitheci.
Est horum triplex species, tibi simia cauda
De fuit, Aethiopum syluis erratis in altis.
Est color his flauumque inter, fuscumq;, virorum
Omnibus & studiis imitantur plurima facta.
Ambabus capiunt manibus quod ieceris. ipso
Visu mortales imitantur lumina, nigret
His cilium, latæque vngues, est indice planta,
Et totidem distincta notis: his mollior auris.
Rettulit humanam speciem qui de tibus orde.
Vt dicas olim humano de semine natas.
Pignora bina ferunt paleæ quo tempore primum
Surgentem ad Zephyrum vacuæ iactantur & arua
Pressa calore gemunt. coeunt quia tempore veris.
Hunc amat egregie natorum, inuisus at ille est
Matri, nec facile est huius cognoscere causas.
Vngula secta quibus plures vno edere partu
Concessit natura, canis quod monstrat, & vrsus:
Quinque decemque suam vitã traducit in annos
Quamuis mortales imitatur, at ipse pithecus
Fallitur arte tamen, nec discit fingere fraudes.
Præparat ante dolos venator, & arte cothurnos
Vincla pedum, insuetis cæcæ molimina fraudis.
Hinc nemus ingreditur ꝙ simia multa frequẽtat.
Aucupibus non frutices, & gurgitis vndæ
Piscanti, nouit saltus venator, & arua
Induit inde sedens allatis crura cothurnis.
Deserit hic alios. veluti se flumiuis vnda
Abluerit manibus iunctis & lumina, & ora,
Sic haurire putes lympham de vase iacenti,
Hinc abit. at nostras cupiens imitarier artes
Simia, pro lymphis flauentem nacta liquorem,
Vincta pedes geminos, hinc viscolumnia claudit.
Infelix animal quod se virtute, dolis ve
Aequiparare cupit mortalibus, his dedit vnis
Ingenium velox diuino semine natis
Maximus ille opifex, qui nutu temperat orbem.
Et quantum superi præstant mortalibus ipsi,
Tantum mortales præstant animalibus ipsi.
Est etiam proles parui dicenda sciuri
Monticolæ, qui tega tergit mollissima cauda.
Cum grauis incumbit terris arentibus æstus,
Hinc quoque nomẽ habet. villorũ suma nigrescũt
Cætera punico paulum rubuere colore.
Lumina bina micant geminos imitata pyropos.
At niueus ventris color est, similisque pithecis
Iacta tenet manibus residens, & purgat inani.
In quinas discecta notas est planta, nec arma,
Retia nec quærit venatio tura sciuri,

Et

Et gliris, tamen humana quo fallitur arte
Quisque horum nobis dicendum carmine, quādo
In syluis posuere domos, & montibus altis.
Ver vbi dispellit nubes, cęlumque serenat,
Et vernis gelidæ cesserunt solibus auræ,
Concipit ingentes in paruo pectore flammas,
Et grauibus passim furiis agitatur amoris.
Mergitur Oceano cum primum Gnosius ardor,
Et matutinus campum repetiuit arator,
Quatuor hinc catuli tenues in luminis auras
Nascuntur, sunt fossa domus his arboris antra,
Non tamen huc podest fugisse Cupidinis ignes.
Nec paruo natos mater sectatur amore,
Pabula quæ tulit his primum corrodit, & illos
Edocet, hinc tempestates prædiscere cęli
Possumus, exigui seruantes facta sciuri.
Nanque solet qua parte ferox spirauerit aura,
Qua surgent imbres stipare foramina plantæ,
Parte alia plantę fuerant quæ clausa recludit.
Aduerso quæras hoc ipsa foramina vento.
Nil adeo natura tulit, nil sedula paruum
Vt non ingenio valeat, vel viribus vllis.
Hinc venatori facilis captura, virentes
Ascendit plantas, ponitque foraminis ori
Prætensos laqueos, nec prælia dura requirit.
Non opus est lato committere prælia campo.
Nec veniunt vsu valli, venabula, falces.
Est tamen & plantæ qui lignum cædat, & antra
Falce secet, totamque domū populetur, & omnes
Diripiat catulos paruos simul, atque parentem.
Nec glires alia cpiuntur fraude, domusque
Est simili constructa modo, locus vnus, & idem
Est cibus ambobus. hyberni frigoris iram
Quisque latet: glires hyberno tempore somnus
Semper habet. capiunt longā per membra quietē
Et quantum dapibus pinguescunt cætera lautis,
Hyberno tantum pinguescunt tempore glires.
Ast vbi iam vernis arrident floribus arua,
Frigidus & syluis Aquilo diffugit ad Arctos,
Deserit hos tandem somnus simul, atque senecta.
Ac veluti exuuias veteres cum frigida primum
Vipera deponit latebris. antroque relicto,
Tum coeunt cum pressa gemunt feruoribus arua:
Tū pariūt grauis autumnum quum diffugit æstas.
Glis sextum vitæ viuendo præterit annum.
Ingenii tantum tribuit natura, parentes
Annosos vt alant moti pietate vicissim,
Huic caput est similis spinis armatus echinus.
Ora suem referunt, niueusque sub ilia venter.
Cætera membra feræ spinis armantur acutis.
Cum cernit venatores collectus in orbem
Substitit: errantes creditque latere morando.
Nec celer est adeo; vires cognoscere cunctis
Donauit natura suas animalibus alma.
Ast vbi nulla datur tandem spes certa salutis.
Mingit in horrentes spinas quia credidit, illas
Se propter quæri. vacui seruantur & illa
Vrina, hanc reperit venator prouidus artem.
Eripit interdum mentem mortalibus horror
Improuisus, & his fallendi subtrahit arma
Frigidus in syluis Aquilo cum murmurat, auras
Diffugiunt, latebrasque petunt, sunt pręscia corda.
Idcirco stellas cœli, ventosque iubemus
Discere venantem, furentis nescius auræ
Ne frustra in syluis erret, dum quærit echinos.
Italia nascuntur, habet simul Apher, & Indus.
Corporibus rigidis mira est prudentia paruis.
Vndique diripiunt fructus, hyemique [illegible]
Pomorum super hi cumulos se sæpe [illegible],
Inde domum redeunt onerati tergora pomis.
Hi quoque flammati telis feriuntur amoris.
Nil latebræ, nil spina iuuat, nil tergoris horror,
Lucida ab Oceano cum surgit stella Leonis,
Et sol clarus equis roseis iuga prima reponit,
Cernitur exiguus in syluis partus Echini,
Atque duos pariunt, vel tres: at tempora vitæ
Longæ si quæras in sextum prorogat annum.
Non eris indictus versu fere bubale nostro.
Bubale frigentis Scythicæ fide incola terræ.
Corpora quanta boui. splendentia lumina. fuscus
Est color, atque caput telis armatur acutis.
Altera ramorum pars tergus spectat, & alte
Natiuis frons armatur pungentibus armis.
Hunc venatores tendentes retia, magnis.
A tergo in casses tensos clamoribus vrgent.
Ast alius pugnat sumptis huic cominus armis
Et ferro, & canibus cadit auxiliaribus vrus.
Pluribus est alii circundant curribus illos,
Arboribusque locos, quibus hic versatur: & inde
Ingenti clamore canes, hominesque sequuntur.
Purpureas alius vestes indutus, & illi
Qui magis inuisus color est occurrit. in ictus
Ecce ruit pronis iratus cornibus vrus,
Et quoniam tanta est furiarum copia, nullis
Viribus vt valeat venator sistere contra:
Deligit ante locum, ramosæque arboris ipso
Protegitur dorso pronis in vulnera telis.
Bubalus irarum fusis huc fertur habenis.
Nec cernit plantam, furor ingens lumina velat.
Arboris infixis dorso mox cornibus, arma

Is

Is ſentit venatoris quam fortia.tandem
Cōcidit,atque animam dulci cū ſanguine fundit.
Hunc ſi quis vinctum ſuetis abducere ſyluis
Conetur, patriam vt mutet, priſcosque penates,
Irritus ille labor,ni vincula dura morentur
Protinus in patriam rediit. mora nulla retardat
Nec tanti vmbroſæ ſyluę,nec paſcua læta,
Frondoſi montes, natiui flumina fontis,
Deſerat vt charam patriam,& ſua luſtra relinquat
Nec ſolum patriæ terræ mortalibus ipſis
Eſt innatus amor:volucres,& plurima ponti
Ad ſuetas redicre domos ni vincla morentur.
In patriis mallunt mediocria pabula campis,
Quam largos alibi fructus,atque vbere cornu.
Cum reſoluta fluit glacies,& montibus altis,
De niue manantes riui labuntur in imos
Planitie campos,ſtimulis agitantur amoris.
Tum vero incipiunt maribus certamina,.totis
Pugnatur campis.rapidas extinguere flammas
Dum cupiunt,& riualis præponitur alter.
Non aliter quam ſit tauri per florea prata
Frontibus oppoſitis pugnent ſpectante iuuenca.
Exoriente die vt clarum Delphina videbis
Expectat partus harum Lucina ferarum.
Nunc duo,nuc vnum pariunt,hos viuere luſtra
Quinque ſuæ referunt longiſsima tempora vitæ.
Quis neſcit paruoſ fętus rapuiſſe ferarum
Tutius? hæc ratio communis pignora matri
Subtraxiſſe dolo ſeruata temporis hora.
Hyſtrice nil ſyluis errat,¦nil naſcitur vſquam
Quod magis horrendū.ſpinoſa eſt & prope nares.
Sic vt chinus & hæc telis armatur acutis.
Vngula ſecta pedum,nigreſcunt lumina,cauda
Exigua eſt.ſonuere feræ currentia ſpinis
Tergora:qualis vbi ſternit,ſata pinguia grando.
Qualis & armorum ſtrepitus cum mēbra nitenti
Indutæ ferro procedunt ordine turmæ.
Corpora quanta lupis,paulo ve minora.feraci
Aphrorum regione ſimul naſcuntur,& Indi.
In venatores ſpinas iaculatur acutas,
Inque canes qui luſtra petunt.ſunt tēpora partus,
Et Veneris ſtimuli paribus diuiſa dierum
Limitibus:numerus prolis,tempusque latendi.
Sed ne mēbra canum feriātur ab hyſtrice,fraudes
Inueniunt venatores,& prælia magna
Diuertunt alio à canibus,nam nuda teguntur
Corpora velleribus bibulis. quæ dura morantur
Spicula,tum caſſesque parant,ferroque ſequuntur
In tenſos:cornuque ſono,& clamore fatigant.
Aſt alius ſtrictis huic pugnat comminus armis.
Nil adeò natura ferum,nil ſedula fecit
Horrendum, quod ſit duris mortalibus horror.
Armeniæ tigres tentauimus, atque leones,
Aethiopumq; Arabūq; feros domitare dracones.
Sed nec vtrinque tibi prodeſt caput amphisbæna
Lætiferum monſtrare,virum ſolertia vicit
Omnia,nil terrent morſus, nil ſæua venena.
Dipſada nec tanti facimus:crudelior omni
Cum ſit, nonne vltro quæſiuimus aſpidis ictum?
Duritie ferrum ſuperauimus,æquora noſtris
Mandatis parent:alio turgentia curſum
Flumina diuertunt,vincuntur & obijce fluctus.
Quid?non ſaxoſos montes proſtrauimus? orbis
Nec ſatis eſt totus,cœlum quoq; adiuimus ipſum:
Tartara nunc etiam ſeruant veſtigia noſtra.
Nil nos exertos dentes curauimus apri,
Præcipitis carpit ſomnos qui margine rupis.
Ora,pedes,oculos,aureſque ſimillimus,atque
Crura ſuis cicuris,horrentia tergora ſetis.
Horridus aſpectus,vox horrida.prominet illi
Dens vtrinque potens velocis fulminis inſtar:
Cum tellus primum vernis ſe floribus ornat,
Et pateſacta ſilent ceſſantibus æquora ventis,
In pugnas blandis ſtimulis agitantur amoris.
Et prius obducunt immundo tergora limo.
Solibus obdurant,limoſo tergore plantas
Sæpe fricant.coſtas ad vulnera ſæua parantes.
Arrectis ineunt ſetis certamina dorſo.
Ore cient ſpumas.ingentem ſpiritus iram
Significat,flatusque frequens,pulſoque timore
Solus amor veneris,ſola inſatiata cupido
Sollicitat mentem ſtimulis: domat effera corda.
Sunt & qui referant hos primum menſe decembri
Concipere & furias,ſentire & vulnera amoris.
Accidit hoc etiam ſolis ſylueſtribus apris
Quod victore cadit,paribus ni iungitur illi
Fœmina connubijs,plagis lacerata cruentis.
Tales ſunt mores diſperſis montibus altis
Gentibus, vſquadeo ſtimulis agitantur amoris.
Quis nisi te dominum vitæ, mortisque fatetur
Magne amor,& regū & populorum maxime princeps?
Lumina tu claudis mortalib.omnia vincis
Fuluus aper porcæ cicuri coniungitur,inde
Hibrides exurgunt diuerſis patribus ortæ:
Conueniunt nigræ veſtes venantibus apros,
Villoſæque.feræ referentes corpora forma.
Tempora Lucinæ,numerusque,& tempora partus
Pene eadem ſuibus.pellunt in rete repertos
Robora magna canum,ſyluis hominesq; ſequētes.
Interdum rapuere canes hos morſibus.atque

A dex-

Adextra læuam tenuere tenaciter aurem.
Ecce ruit rigidus quatiens venabula dextra
Venator, tepido capitiui sanguine ferrum
Tingit apri, multusque scatet de vulnere sanguis.
At si fulmineis tetigit vos dentibus idem
Impia corda canes luitis pro crimine pęnas
Indicus est catulus venanti commodus aprum.
Gnosius, & Locro missus, pariterque Lacænus.
Retia prætendunt alii, saltusque patentes
Inde viris, canibusque feris, hinc rete coronant.
Ecce canis lustris quærens hic suscitat. aprum,
Hic ceruum, magno latratu in retia cogunt.
Interdum in venatorem, fert impetus aprum,
Declinans nitidum parat hic in vulnera ferrum.
Nil timet actus aper furiis venabula, cursum
Ni timeant aurita feræ, venator, aperque
Conciderent, fieretq; necis communis vtrique
Copia. si primo fixus non concidit ictu.
Nullaque sit rursus feriendi oblata facultas,
Sed tamen instet aper, stratus tellure iacendo
Venator vitat mortem. timor inuenit artem.
At quos in casses pepulit studiosa sequentum
Turba canum, ferro cædit qui retia seruat
Retibus implicitos, tot sunt venantibus artes.
Te quoque cerue fugax syluarũq; incola, plãtas
Cornibus arboreis qui imitaris versibus edam.
Nanque vbi prædurus maturam rusticus vuam
Colligit, & delapsa iacent in gramine poma,
Quæque sub arboribus ramosis poma parentum,
Poma decus nemorum, syluarum gloria poma.
Frigidus Oceani cum primum mergitur vndis
Arcturus, cerui blando capiuntur amore.
Nunc has, nunc illas adeunt, nec fœdera certa
Coniugii retinere valent, solis ve morari.
Pectoribus tantæ flammæ voluuntur amorum
Post vbi sub noctem Phœbo propiore micante
Pleiades fugient mortales sydera septem.
Tempus adest ceruis maturos edere partus.
Vnum, sæpe duos pariunt vbi nota viarum
Sint loca: vel facto mortales tramite sæpe
Prætereant, nulla vt syluestris bellua cernat
Infelix animal ceruus minus esse rapacem,
Rursus & infelix hominem qui credis agresti,
Tertio & infelix turba, catulosque timentes
Quo fugitis? vel cuius opem vesana iuuentus
Imploratis? ea est fiducia digna fauore.
Nec prius ipsa marem pateretur fœmina qnam se
Purgarit seselis noto medicamine. ceruo
Vngula fissa pedum, ramosaque cornua frontis.
Sed tamen Illyricis esse vngula Pæonijsque
Integra narratur: pallentes ruminat herbas.
Cætera membra boui, aut paruo propiora iuueco
Longius os isti, sinuosaque crura, leuique
Apta fugæ. cauda exigua est. color ipse colori
Proximus est cineris. facilis captura. stupore
Correptus miratur equum taurumue, sequente.
A tergo venatores non prospicit. arcus
Oblitusque sui miratur sæpe minantes.
Cornibus armatur trepidandis, cornibus illum
Quis tamen aspexit pugnantem? in retia pellit
Turba canum. ceruis maribus sunt cornua solis
In fluuios saliunt si qua conceditur, aut se
In tergum versi pedibus calcare petentes
Quærunt hi catulos, ceruis solertia tanta est.
Hoc faciunt vbi turba frequẽs conuenit in vnum
Idcirco venatores pro viribus arcent
A turba, retrahuntque canes, ferroque nitenti
Diuisos cædunt canibus sternentibus illos.
Indicus est aptus catulus, Locrensis, Iberus.
Ceruorum quærat vestigia cæca Molossus.
Conueniunt vestes virides quærentibus illos
Hi causis latuere tribus: quum cornua inermem
Liquerunt delapsa. cadunt nanque illa quotãnis
Aut vbi pinguescunt nimium latuisse feruntur
Aut vbi post venerem fodientes naribus arua.
Nigrescunt, hircum & redolent. cœlestibus ante
Quam repetant armẽta luũt sese imbribus omnes
Puniceæ gentes illos petiere sagittis.
Ast alius lato ferro pugnauit aperte.
Vulneribus captis nota est medicina: sagittæ
Exiliunt si dictami decerpserit herbam
Ast vbi decubuere solo serpentibus atris
Hostibus, interdum ceruis pugnare necesse est.
Conueniunt acies Libycæ: (nam plurima campis
Nascitur his serpens) aures hæ, tergora cerui
Inuadunt aliç, grauiter gemit ille dolore.
Nunc hunc, nunc illum currens sub dẽtibus hostẽ
In geminas scindit partes. domat vnguibus illũ:
Ast vbi peruenit currentia flumina cursu,
Fęmina cancrorum studiose carcinas, ipsi
Quæritur: illorum sola hæc medicina laborum.
Cum tranant fluuios imponit clunibus alter
Alterius caput. & fesso succedit eorum
Qui prior fuerit natu, atque ætate priori.
Dicuntur cerui viginti viuere lustra.
Non tamen & partus breue tempus, & incremẽtũ
Quod fertur sobolis paruæ, sic arguit esse.
Nam crescunt tarde viuentia tempora multa.
Quod solidis constant, & densis partibus illa.
Hinc quoque dura magis, rapido nec peruia soli.

Frigoribus facile non hæc penetruntur acerbis.
Est prope currentis Colchorum Phasidis vndã
Non huic absimilis, si desit barba nigella
Tragelaphus. speciem quod cerui præstat, & hirci
Nomen habet. villis nigrescunt mollibus harmi
Cętera persimili caute venaberis arte.
Non tamen expectes vt te miretur, & arcum.
Non ita corripiunt istum miracula rerum.
Pandite Orestiades capreas in montibus altis
Errantes, trinumque genus, prolemque trisomẽ.
Sunt capreæ, rupicareæ, sunt ibices acres.
Igneus est ollis color, atque ingentia frontis
Cornua, sunt vngues fissæ sunt cætera quales
Quæ sub custode arrepunt virgulta capella.
Cursibus ast habiles aspectu dixeris istas
Esse magis, grato pinguntur membra colore.
Et magis in pugnam sunt fortes cornibus istæ
Dorcades, atque vna viuunt, stabulantur & vna.
Insidiis capreæ celeres, atque arte petuntur.
Nam quis eas cursu sequeretur? rupibus illas
Præcipites veluti saxis pendere videbis.
Adde, quod est mirum, saliunt in cornua rupem
Montis in oppositam, tormento vt spicula pulsa.
Quod si præcipites ceciderunt vallis in ima
Et spatii desint saltu sua robora neruis,
Nil patiuntur, eæ catulos se pone sequentes
Præcipites traxere, canes venator ab illis
Idcirco retrahit, quæritque has vincere fraude.
Quo non protrahitur pellis robusta leonis,
Est vulpis iungenda, facit solertia vires.
Post frutices cautus venator delitet, illas
Errantes petiit celeris munimine pennæ.
Aut leuiter syluis errans has seruat, & inter
Pascendum celeri iaculo percussit. at illæ
Currentes syluis tellurem sanguine signant.
Postera cum Phœbo stellas oriente fugauit
Aurora, ingreditur syluas venator, iterque
Sanguine signatum spectat, capreasque requirit.
Inuenit inde procul gelida tellure iacentes.
Nec tamen his nullum naturæ munere donum
Concessum quo facta leuent, medicamina quærũt
Vulneris illati dictamum nobile gramen.
Has si quis canibus sociis in montibus altis
Insequitur cursu, mox rupibus arceat, illuc
Vertentes. ducibus victoria prima putatur
Præripuisse ocos aptos. qui Dorcada cursu
Insequitur, caueat studio deserta sequentum
Protinus enoluas ne magnas pectore fraudes.
Temporibus pluuiis illam vesica fatigat
Plena, rapit vires currenti. temporis horam
Nacta breuem dorcas fit cursibus aptior, atque
Continuo reparat vires, nec vincitur inde.
Caprarum numerus partus, & tempora vitę,
Lucinæ, venerisque dies sunt omnibus istis.
Alpibus hæc currunt altis, syluisque niuosis.
Quid loquar ægastros dispersos mõtibus altis.
Aut ouium syluestre genus? natura benigna
Plurima quæ terras habitant animalia, & herbas,
Syluestri rursus reparauit sedula prole.
Hinc suibus con fertur aper. quis nescit onagrum.
Cui conferre decet? bobusque simillimus vrus.
Menthastro menthæ similes, oleaster oliuæ.
Mandragoræque viris, sirenumq; humida proles,
Atq; hominum syluestre genus. spectatur in vndis
Scorpius, in terris, est rursus scorpius herba.
Sectatur mira ægaster pietate parentes.
Sectantur pietate senes quod pignora primum.
Hisce ferunt epulas, & summis flumina labris.
Atque cutem lingunt senibus, patresque decorãt.
Quod si pulsa canum vi est lapsa in retia mater,
Continuo natos capies. non funeris ipsi,
Non cædis tanta cura est, quam pignora matri.
Et nati venatores, mortis ve pericla
Nõ horrent tantum, quantum sine cedere matre.
Capreolis cerui color est, aspectus, & ora.
Nec facile à ceruo primum noscuntur inermi.
Os tamen est ceruis oblongius, & magis illi
Crescunt, nec tantum capiunt miracula rerum.
Non sic ad dominos fugiunt, nec tempora vitæ
Clauduntur paribus spatiis. numerosior istis
Est soboles. quæ plura ferunt breuiore fluentis
Limite clauduntur vitæ. numerosa negatur
Cui proles. multis huic vita rependitur annis.
In lunam venatores his retia tendunt,
Aut quæ forma loci magis est his apta parari.
A tergo clamore canes, hominesque sequuntur
In casses. si rete videt mox transilit illud
Capreolus. venatores hoc rete iubemus
Tendere sublime: hoc & custodire sagaces.
Præterea multum refert quum coeperis, ipso
Ne in cursu cesses, & præstes tempora fraudi.
Est mora consiliis aptissima, perfice tandem
Continuo consulta: facit solertia vires.
Euricetos ceruos imitatur corpore toto.
Sed tamen erumpunt armatæ cornua frontis
Altius huic. reliquis sunt cornua dura rotunda
Gentibus in syluis sparsis, & montibus altis
Ast huic lata tamen tribuerunt cornua nomen.
Aethiopum terris pariter nascuntur, & Indis.
Hæc venerem vernis repetunt armenta diebus.

Non

Non altæ syluæ, vel latæ fluminis vndæ,
Præcipites rupes tardant, vallesque profundæ.
Non nemus vmbrosum, vel ramis arbor opacis
Hos cælare valent, magno excutiuntur amore.
Post vbi cum Phœbus nocturnas dispulit vmbras
Nascitur Idæum signum, Lucina tenellos
Expectat catulos in strati graminis herbam:
Nunc duo, nunc & tres partu nascuntur eodem.
Hæc socijs canibus quærunt animalia, & alto
In casses strepitu cogunt hominesque canesque
Sunt & qui ferro pungent, & cominus armis
Fortiter audaci committant pectore pugnam.
Surripiunt alij catulos, quæ captio cunctis
Communis, veluti pullos rapuisse volucri.
Nec te prætereo vulpes villosa, feroxque,
Subdola, sæua, rapax, inuentrix mille dolorum.
Corpore quot pili, totidem sunt pectore fraudes.
Nec color est idem villorum. summa rubescunt,
Ima nigrent. venter niueus. sese illa colore
Tam vario pandit, nulla deluditur arte.
Incertus color est oculis. vestigia cauda
Verrit quam corpus poscat maiore, domosque
Defossas habitat, neu sint penetralia furi,
Neue feris canibus, vel agresti peruia genti.
Quin etiam venatorum fallantur vt arte
Insidiæ, & certa porta haud capiantur, earum
Sunt totidem portæ quot diuitis hostia Nili.
Nec cum vulpe canis bellum sine sanguine sumit.
Tam variæ fraudes sunt, tantæ in corpore vires.
Præuidet insidias, & soluit retia morsu.
Hoc mox in casses lapsam vel cædere ferro
Conuenit, aut subito fugiet. mora rebus abesto.
Vix homines multi, catulique in retia cogunt.
Nunc huc, nunc illuc fugitans ambage sequentes
Decipit, & catulis currentibus illa recedit.
Vincitur his tandem vi, quos deceperat arte.
Cum viridis studium patefecit terra coloni,
Et violæque ebulumque virent, cæloque sereno
Hybernam Zephyrus glaciem cum frigore pellit,
Continuo vulpes flammis capiuntur amoris.
Nil valet ars, veneris nulla vitare sagittas
Fraude valet, æstus, cum primum pomifer annus
Dispulit, & grauidæ liuent in collibus vuæ,
Expectat partus facilis Lucina. sed vrsi
More parit catulos informes quatuor, illos
Lambendo trahit in formã. latet abdita prægnans.
Nunc age qua fraude miseras, quaq; arte volucres
Decipiat, referam. Boreas cum frigidus arua
Inuadit, spoliatque nemus, syluasque virentes
Frondibus, & cunctis desunt sua pabula sueta
Syluicolis, prostrata iacet tellure supina.
Defunctam credunt volucres: huc plurima turba
Aeriæ gentis properant, quibus illa dolose
Implumes rapuit natos, lacerare paratæ.
Omnibus est vlciscendi sua damna cupido.
Sed nimium faciles, & credula turba volucres,
Fraus ignota quibus vulpis, non vlla putandum
Facta carere doli s. capiendi vt visa facultas
Arripit improuisa, auidamque recondit in aluum.
Quod superest saturæ defossum condidit, illud
Mox repetit ieiuna fames cum dura coegit.

NATALIS COMITIS
DE VENATIONE
LIBER QVARTVS

QVAM varium genus alma tulit natura animantum,
Tam varium posuit fugiẽdi pectore mortem
Consilium: concessa feris sunt omnibus arma.
Hinc timidus leuitate lepus, hinc vnguibus vrsi,
Robore dentis aper, præduris cornibus vri
Armantur, pelluntque suis pro viribus hostem.
Quis te magna parens rerum natura creatrix
Comprendat? superas humanum callida sensum
Ingenij sine fine, tua est prudentia nullo
Limite clausa. patet multo quæsita labore
Vix quota pars rerũ. nam cur magnete propinquũ
Attrahitur ferrum? ne dicam singula, nil est
Simpliciter notum. cum tellus perstet, at vnda
Cur magis ima petit leuior, grauiore petente.
Ima magis tellus immergi debuit vndis.
Nunc tamen è terra tumidum decurrit in æquor

Flumen,& oceani claudunt ur litore fluctus.
Add. quod & mundi miracula tanta tulisti,
Tam varius spectatur opus, satis esse putandum
Vt sit mirari, vesania reddere causas.
Multa tamen loquimur capti dulcedine facti
Diua tui, Bromio velu i cui corda calescunt,
De primis rerum causis iam disserit: illum
Plena docet cratera deos,& sydera mundi.
Somnia sunt hominum sapientia,fictaq; monstra.
Hinc quod Pythagoras sapientis nomina primus
Spreuerit,& se scire nihil quod dixerit alter.
Quis genus innumerũ lapidũ, quis gramina nouit
Omnia? quis plantas? vel quæ voluuntur in imo
Monstra freto,quis quot volucres nascũtur vbiq; ?
Quę mare,quę terras,nemora aut vmbrosa vagan
Sed rursus luci sacri,syluæque virentes, (tur?
Ad diuas vertor gaudentes cæde ferarum.
Terga notis varijs Indo signantur Iorco,
Et qualis pardus maculis signatur amęnis.
Corpore prægrandis,ceruoque simillimus alto.
Vere coit,geminosque parit. venantur iorcos
Qua ceruos ratione, canes in retia cogunt.
Tempora sunt vitæ spatio conclusa minori.
Nec simul hos armant ramosæ cornua frontis.
Cornua sunt quamuis hostes depellere prompta.
Non adeo mirantur,eos venator vt arcum
Mirantes feriat rapidæ mox cuspide pennæ.
Nunc age quæ species,veneris sit quanta cupido,
Quis color,& quo se defendunt robore pardi,
Carmen erit nobis,carmen concedite Musæ:
Tu nemorum tu diua faue cui retia curæ,
Quæque cothurnata incedis succincta pharetra,
Virginibus Tyrijs, nunc & comitata Lacænis.
Est pardi Libyci duplex genus:hoc minus,illud
Grandius, ambobusque pares in corpore vires.
Cauda minor magnis, at paruis grandior, vno
Noscuntur signo. flammas imitata micantes
Lumina sub ciliis fulgent lampyridis instar.
At subter pallent,armantur robore dentis,
Vnguibus & rapidis:cum toto corpore crura
Conueniunt. sunt terga notis signata, colorque
Cæruleum,nigrumque inter color. ocyus aura
Currit,& est fortis dura in certamina Martis.
Iamque vbi nauigijs felicior incidit aura,
Labitur & glacies,Zephyrique tepore solutus
Monte fluit riuus vitrea pellucidus vnda,
Conueniunt pardi: venerisque cupidine capti
Pectore concipiunt flammas,furor omnibus idem.
Mox vbi Libra diem paribus diuiserit horis,
Et noctem. vel clara freto Cratea Coronæ
Sydera consurgent, campis autumnus apricis
Cum ponit folia à primis exusta pruinis,
Expectat partus facilis Lucina recentes.
Sunt herbæ virides prostrata cubilia partu.
Sunt nemorum secreta domus,thalamiq; superbi.
Nulla obstetricis merces mæotra parantur.
Talia nubigregi sunt natæ fœdera patris.
Enixæ cibus est simplex, & qui fuit ante.
Sunt haustæ potus vndæ de flumine viuo.
Delitias odore feræ simul æquore vectas
Litore ab Eoo merces, & solis ab ortu.
Ipsa suo nutrit quos edidit vbere mater.
Nullaque nutrices expectant præmia lactis.
Non hæ sunt merces in syluis,nulla ferarum
Quæsiuit precio dulces contemnere natos.
Nulla adeò feritate suos armatur,& ira
Oderit vt catulos,nascuntur quatuor vnà.
Interdum geminos catulos dat fœmina, vel tres.
Quæ nunc in syluis errat, quæ montibus altis
Pardalis, & denso vestitur tergora villo,
Vitisatoris erat nutrix. huic præbuit Ino
Vbera,formidans magnam Iouis altitonantis
Vxorem, pariterque timens hæc Penthea regem.
Penthea Echionium qui patris sacra profanus.
Orgia spreuit:& hinc soluit pro crimine pœnas.
Hunc hederæ texit ramis, hunc texit Agaue,
Autonoeque soror. simulantes mystica circum
Cymbala pulsantes,& tympana multa, sonorę
Vagitus texere nurus infantis,& arcam
Aoniæ magna matres cinxere corona.
Inque manus tradunt alijs dimittere campis.
Protinus Aonij rapidis spumantia ventis
Ad maris vndisoni venerunt litora matres.
Hic reperere senem cui victus litora circum.
Qui quondam tremula captabat arundine pisces.
Sed tamen ex longo piscatus tempore lintrem
Emerat,hoc vnum longis quæsiuerat annis,
Et laceros casses,quos tunc sarcire madentes
Cęperat: at reliqua in natorũ absumpserat vsum.
Hunc matres orare senem traducere cunctæ.
Ille lubens, veneratus enim quæ credidit esse
Sacra deum, conto subigit de litore cymbam,
Oppositis cupiens matres has reddere terris.
Cum medij nauis sulcaret tergora ponti,
Atque ab vtroque pari distarent litore tractu,
Serpere cœperunt hederæ tabulata virentes:
Et similax,apiumque comis frondescere adultis.
Sic fertur. stupuit miraclis nauita tantis.
Diriguere comæ,concussit protinus ingens
Membra tremor,liquit faciem formidine sanguis.

Puppis

Puppis ad Euboicas currens allabitur oras.
Fertur Aristeus hic antrum coluisse virorum
Qui genus indocile, & viuentum more ferarum
Glandibus,& baccis,pomis syluestribus,& quæ
Sylua tulit cultu nullius iussa coloni,
Edocuit primus teneras armenta per herbas
Pascere:& è quercu fumis pellentibus actas
Claudere apes vacuo sub cortice,primus oliuum
Exprimere ex oleæ fructu,lac cogier idem.
Nutrijt hic Bacchum miro deuinctus amore,
Euboicas inter nymphas,Dryadasque puellas,
Aoniasque nurus multos feliciter annos.
Has inter ferulam ludendo forte cecidit,
Et ferro lapides ictu percussit eodem,
Exiluit vini dulcis de vulnere riuus.
Hinc lacerauit ouis frustatim viscera,tabo
Inficiente solum,canis albentia setis.
Membraque iecit humi,rursus mirabile dictu
Diuisæ pecudis coierunt membra repente.
Et virides herbas decerpsit pabula nota.
Iam vaga per vastas penetrarat plurima terras
Fama dei,qui multa viris monstrabat,& vrbes
Lustrando virtute sua compleuerat orbem.
Denique Thebarum populos peruenit,& omnes
Occurrunt matres Cadmeides. impius vnus
Inuentus Pentheus. captus formidine patris
Imperat hic socijs hunc arctis nectere vinclis.
Inuasere deum multi,multique sequentes
Percutiunt saxis matres,rapiuntque coronas
Compositas hederæ ramis, & cuncta profanant.
Tum pater immanem te fecit Penthea taurum.
Pardalis in speciem matres mutauit,& illas
Vnguibus horrendis, & dentibus armat acutis.
Discerpsere feræ taurum, regemque profanum,
Esse dei quoniam sic illis visa voluntas.
Nunc etiam Bacchi lætantur munere vino.
Et procul arboribus densis, antroue rubentem
Venantes fontem fingunt,& flumina vino
Inficiunt veteri, potant cum flumine somnum
Pardi, nec procul hinc in strato gramine molli
Decumbunt,funes,& vincla tenacia nectunt
Venantes, facilemque parant his pocula prædam:
Bacche ferox hominũ domitor,domitorq; ferarũ,
Nec solum Tanaim,gentemque binominis Istri,
Bistoniosque sinus, Eoæ & litora terræ
Vicisti, atque Arabas syluarum thure superbos.
Tu pandis secreta:patent tibi cuncta,animosque
Attrahis illecebris,homines dulcedine torques.
Tu grauis interpres linguarum,auiumq; peritus.
Tu pacem,tu bella geris.cratere rubenti
Tu domitas Lapithas:per te Iouis altitonantis
De manibus concussa cadunt feta fulmina frustra.
Sermones hominum claudis, litesque deorum.
Venandi est eadem ratio pardum, atque leonem.
Fossa minor pardis.hos suspendere columnæ
Venantes catulum:stat quernea fixa columna.
Si quis forte lupos fouea venabitur,anser
Aptus erit:sapiunt vni non cuncta palato.
Queis gaudent epulis animalia cuncta trahuntur:
Et tigris fouea capitur delapsa repente.
Desertis Libyæ gentes nascuntur in oris:
Quæ maculis atris signantur tergora,pardo
Iuncta leæna tulit:referunt matremque patremq;:
Nec simplex species, retinent hinc nomina mista.
Venandi est eadem ratio quæ patribus ipsis.
Aethiopum terris speciem monstrare cameli,
Et pardi,cernes animalia mista:cameli
Hinc nomen commune tenent, & pardalis acris.
Forma, genusque feris tribuerunt nomina multis
Diuersis.sed leucrocutæ quia multa sequuntur,
Nullius certe illorum sunt nomen adeptæ.
Quid loquar Assyrij Libani,aut spumãtis Oron(tis
Syluestres acies?quid gentes versib. Aphras?
Est varijs panthera notis signata, colorque
Est fuscus.varijs maculis sunt tergora picta.
Quod si non alium monstrarent terga colorem
Pardus erat panthera,color distinxit vtrunque.
Quatuor in medio tumuerunt vbera ventre.
Concipiunt totidem catulos sub tempora brumæ.
Vbera bina dedit prudens natura animantum
Soliparis, illa & diuersa in parte locauit.
Inter crura iacent capris,& pectore summo
Dependent homini,melius sic esse putauit.
Viuere tot possunt,partuque feruntur eodem.
Quatuor inde quibus sunt vbera, quatuor edunt.
Aut peperisse valent quibus vbera plurima longo
Sunt sub ventre,ferunt plures & fœtibus æquant
Mammarum numerum, ne quid sit inane paratũ.
Protulit & pueros vno tres fœmina partu,
Sed tribus immanes secuerunt stamina Parcæ.
Altera tres peperit pueros, atque insuper vnum.
Quatuor his sed mox secuerunt fila sorores.
Viuunt qui gemini partu nascuntur eodem.
Quod superest catuli pellunt in retia, magnis
Hinc homines atq; inde canes clamoribus vrgent
Venantur pariter fossis,& fraudibus istas.
Hoc tamen admonitos venantes esse iubemus,
Singula ne referam duri certamina Martis,
Quæ cornu,quæ dẽte feræ,quæ armant & vngue,
Sæpe ruunt contra venantem fortiter hostem.
Omni-

Omnibus eſt ratio communis ſternere ferro
Lata per arua feras,& d. certare viciſsim.
Naſcitur Aethiopum campis, vbi terra colonos
Vſta refert nigros,animal:cui linea tergus
Plurima diſtinxit varium.nigrantibus albæ
Sunt miſtæ iuuenum maculæ: ſenioribus atrum
Eſt tergus,vario pinguntur colla colore.
Omnibus eſt villus longus,eſt plurima cauda.
Ore refert vulpem.ſunt paruæ protinus aures.
Longius eſt à quo collum,caput eſt breue,plantæ
In quinas diſecta notas eſt vngula·pars eſt
Poſtera ſublimis,depreſsi corporis harmi.
Non bene cõpoſitum corpus,nec mẽbra videntur
Apta fugæ.cattum referunt ſed cætera.tempus
Lucinæ,venerisque dies,tempusque ferendi
Eſt ambobus idem.ſunt vulpis corpora quanta.
Aethiopum cattis feritas eſt mira, tenellos
Namque vorant catulos ambo,materque paterq;.
Idcirco rapiunt hos matris ab vbere, matri
Supponunt alij,ſæpe vbera fœmina præbet
Aethiopum. natura dedit pro corpore tantam
Sæuitiem,morem corpus, formæque ſequuntur.
Hanc laquei cepere feram, pedicæque tenaces.
In caſſes alij cogunt,qui retia ſeruant
Continuo implicuere feram.ſe dentibus illa
Defendit, pellitque ſuis pro viribus hoſtem.
Eſt locus & cauda,& villis huic obſitus albis,
Podicis inferiorque loco,quo parcius alba
Excrementa fluunt redolentia,cepimus illa
Inter delitias:hominum dementia tanta eſt.
Nec te prætereo Phrygiæ gens incola terræ
Quæque Lycaonijs erras in montibus,& quæ
Degeneras aſinis proles ſylueſtris onagri.
Corporis aſpectus iucundus, lumina clara.
Longa auris,velox,color eſt argenteus illi.
Nigra tamen ſummo percurrit linea tergo.
Cingitur hæc circum niueis vtrinque coronis.
Huic breuius corpus,firmiſsimaque vngula,multis
Coniugibus gaudens vnus præcedit onagrum.
Et duo nunc peperit,nunc fœmina protulit vnum.
Vxorum ſe pone mares in paſcua ducunt
Armenta,& ſyluis paſcuntur,montis opaci
Culmine.cum viridis iecerunt pabuli amorem,
Ad liquidos fontes ducunt,vel flumina turmas.
Protinus antra petunt ducente armenta marito,
Lumina paulatim cum ſomnus repit.& ipſa
Pignoribus paruis præbetur cura parente.
Prætereunt ſex luſtra.deum tot tempora vitæ
Munere ſunt conceſſa,canes in retia cogunt.
Venandi ratio ſimplex ſylueſtris onagri.
Proijcit in faciem lapides hominumq; canumque
Sectantum pedibus poſtremis bellua currens.
Præbuit ingenij tantum natura,p. ricla
Ingenio vt ſuperent cauto quibus arma negantur.
Sunt qui prætendant laqueos vbi ſtricta viarum
Sint loca:vel pedicas multis ſylueſtribus.illis
Errantum ſyluis armenta repente tenentur.
Mirantur,nullumque vident, vincloque tenaci
Occumbunt, ſeſe cupientia ſoluere, mortem,
Colla quibus retinentur.ea falluntur & arte.
Teque veneniferæ reſ. ram mus incola Ponti
Vulpe minor,villisque nigris,acieque nigranti
Luminis.& terram deſpectas ſæpius.ipſa
Sub tellure lates fugiens mala frigora brumæ.
Vere vbi frondeſcunt ſyluæ,tellusque vireſcit,
Et Boream, frigusque tepens iam diſpulit aura,
Concipiunt mures villoſo in pectore flammas.
Tres pariunt fœtus,aut quatuor aſtra leonis
Cum pelago tolluntur, equis & Phœbus anhelis
Deſerere incœpit torrentia ſydera mundum.
Retibus implicitos capiunt, laqueisue vagantes.
Illorum nil arma timet venator, & ipſi
Securi catuli latratu in retia pellunt.
Huic etiam muri proprium quod ruminat herbas
Stratus humi,veluti vaccæ,ceruique fugaces.
Eſt prope Gangaridas extremæ litora terræ
Indorum regione ferax locus: vber & arui
Mirandum.bis terra ferax, bis poma quotannis
Aurea ſub plantis ſternuntur,bis ſata meſſor
Colligit,& liuent in apricis collibus vuæ.
Huc dulces auræ aſpirant,hic plurima cęli
Temperies,hinc æſtus abeſt,ſolesque maligni.
Nec rapidis flammis exurit Sirius agros.
Nec deſunt liquidi fontes, nec fluctus aquarum.
Naſcitur hic animal nigranti tergore,quantus
Eſt ceruus, ſolipesque,ferox, & forma iuuencum
Ipſa refert,ceruumque caput. fortiſsima cornu
Armatur frons nigranti,quo territat hoſtem.
Sæpe veneniferæ veniunt ad flumina gentes,
Inficiuntque vadum tabo,tetrisque venenis.
Attingit fluuium veniens hæc bellua cornu,
Quo virus fugit,& fluctus purgantur aquarum.
Hinc quoque ſyluicolis reliquis eſt purior vnda.
Virginis amplexum cupijt fera bellua(nam ſic
Fama refert.)ſomnumq; capit,placidamq; quietẽ
Virginis in gremio optatæ ſomnoque ſoluta
Funibus inuenit ſe ſe,vinclisque ligatam.
Seu natura dedit ſecreti ſemina amoris
Virginis,atque feræ eſt atrox innata cupido.
Siue alia eſt ratio,tamen hæc adducitur arte.

Nec

Nec mirum: mulieris amor te simius ingens
Sollicitat quando, dominæque calescis amore.
Prætendunt alij laqueos, & retia, pellunt
Ingenti clamore, negant gens plurima viuam
Posse capi: solum tribuit cui nomina cornu.
 Cur Getulus oryx cornu cum mõstret acutum
Vnum, diuersum nomen sortitus ab illo est?
Corpora sunt niueo, vernique infecta colore
Lactis, vtrinque genæ nigrent. sunt pinguia dorso
Tergora, sublimi nigrescit cuspide acutum
Cornu: præduro penetrat quod robore cuncta.
Quantaque capreolis orygi sunt corpora. planta
In binas discecta notas. in cursibus acer.
In caput huic vni villorum vertitur ordo.
Non ille horrendis vrsis, non ille leonum
Terretur furijs. si quando in prælia ventum est,
Expectat cornu furias in vulnera prono.
Non huic occurret venator corpore sicco.
Idcirco admonitos venantes esse iubemus,
Vincere, vel certam cedendo occumbere mortem
Hisce necesse feris. non mulcent dulcia verba
Syluestres animos. nullusque admittitur illis
Orator, laxis furiæque vagantur habenis.
Vt grauis Aeolio cum ventus prosilit antro
Totus in arua ruens, & syluas sternit opacas.
Flaminibus rapidis immensus murmurat æther.
Tum neque veliuolæ puppes, neque nubila cœli
Contra stare valent, conuolens omnia secum
Viribus Hippotadæ nullis frænatur, & illum
Non tenet imperium regis, nil audit, at vnus
Est cordi fragor, & strages, & murmur, & ira.
Concipiunt veneris flammas, quo tempore primũ
Arboreis late sternuntur frondibus arua.
Hinc vnum pariunt catulum, cum septimus exit
A coitu mensis. dicuntur viuere lustra
Octo. canesque hominesque vrgent in retia tensa.
Prælia vel sumpsit campo venator aperto.
Indutus ferro nitido, spolijsque superbis.
 At binis lustris clauduntur tempora vitæ.
Qui capræ villo est, campisque vagatur Iberis
Musmoni. & auerso decerpit gramina sole.
Quod capræ totidemque parit. venatio duplex.
Aut balista necem fert, aut in rete canum vis
Impellit, magnisque viri clamoribus vrgent.
 Hic prope Riphæos montes vbi sydera nanquã
Merguntur, furias quia mobilis Amphitrites
Formidant, sex sunt noctes, sex tempora lucis
Perpetuos menses. cœperunt esse tenebræ
Cum redit à Libra non recto tramite Phœbus.
Donec ad æquantem redeat sol tempore veris
Circlum, tunc illis cępit lucescere primum,
Dum redit in Libram quæ ducit tempora noctis.
Nascitur hic animal mira virtute, virentem,
Et nunc in niueum mutauit terga colorem,
Atque trahit quemcunque cupit. sic decipit ipsos
Venantum visus. & qualis in æquore fertur
Polypus, aut piscatorem cum sæpia vitat:
Talis & ipsius varij natura tarandi est.
Corpora quanta bouis, ramoseque cornua frontis.
Vrsorum villus, pauloue oblungior. vnguis
In geminas discecta notas, in retia cogunt
Venantes, alius ferro decertat acuto.
Sollicitant veneris flammæ quo tempore primum
Pleiades liquidis oriuntur fluctibus, at cum
Nonus præteriit mensis, sunt tempora partus.
Quot vaccæ totidem pariter pariuntque feruntq;.
 Est penes Indorum montes virtute Lycaon
Hic simili. sunt quanta lupis huic corpora: sed si
Labantur ceruice iubæ, teneatque colorem
Natiuum, lupus acer erit. hunc pone sequentes
Corripiunt catuli morsu, ferit ille vicissim.
 Rhinoceros solis Indorum nascitur agris.
Credere si libeat famæ, mas dicitur esse
Hæc species tota, & paulum flauentia terga
Purpureis signata notis. insurgit acutum
Nare super cornu quo marmora sciẽderet: atq; ęo
Non oryge est adeo maiori corpore, quamuis
Horrida non vitet grandis certamina barri.
In geminas discecta notas est vngula plantæ;
Et binos catulos edit, quo tempore frondes
Pallescunt glacialis hyems quas læsit. amoris
Corripitur flammis quum finit Aquarius annum.
Retibus implicitus ferro obtruncatur acuto.
Inde canes atque inde viri clamoribus vrgent.
Nulla adeo truculenta fera est: nil saltibus errat,
Intrepido insuetas hominum quod pectore voces
Audiat. aut illis immensi conditor orbis
Semina diuinæ vocis dedit, vndique syluis
Quo fugere feræ, syluestrisque agmina gentis:
Seu magis horrendum cunctis animalibus vnus
Est homo, sæuitiem tantamque ostendit imago.
Seu potius coram regem spectare verentur.
Omnibus hic vnus dominatur, & omnia vincit.
Omnia diffugiunt sæuam pro robore mortem.
 Hinc cute sublata plagas à corpore taxus
Arcet, & in fossas gaudet penetrare cauernas.
Corporis est species felis, cinerique propinquas
Nec maior vulpe est, diuisaque planta, gemellos
Fœmina sæpe parit, nunc tres, cum pomifer annus
Venit, & Autumnus pallentes frigore frondes

Decu-

Decutit: arboribus nundatur brachia longis.
Trux animal pedicis capitur, laqueoque tenaci.
Atque canis rapidi laceratur morsibus. Illi
Si canis occurrat solus, certamine victus
Sanguinolentus abit detrectans prælia dura.
Nec te Pæonius catulus, Phrygius ve bonase
Impune insequitur: quamuis sint cornua in orbem
Inter se reflexa, feręque incommoda pugnæ.
Corporis est species tauros imitata bonasi.
Demissæ per colla iubæ, flauus color illis,
Atque tenus pendent oculorum. flaua bonasi
Corporis est species. venantes vincere cursu
Quærit, & hac vna trepidans sibi consuli arte.
Ast alia est ratio catulos. se pone sequentes.
Fallendi, exurit villos his stercore tacto.
Sæpe etiam venatores hac decipit arte.
Stercore quod tactū est comburitur, id velut ignis
Cuncta vorat, talis sed vis est nulla quieto.
Hinc homines, atque inde canes in retę bonasum
Compellunt. similis ingenti cætera tauro
Hic vbi Sauromatis clarus conuoluitur anguis:
Fluminis in morem & binas amplectitur Arctos
In syluis syluestre genus spectatur equorum.
Aethiopes referunt exertis dentibus illos
Armari: Aethiopum pariter nascuntur in agris.
Vngula fissa pedum, ceruoque simillima fuscus
Est color. egregieque pedum sectatur odores
Naribus. hi iunguntur equi quo tempore primū
Exoritur cœleste caput super equora Tauri
Tum pariunt quam clara freto se stella Leonis
Cælat, & Oceano primum demergitur alto.
Gentibus his durus venator pugnat acuto
Nunc ferro, & victos latis obtruncat in aruis,
Nunc capit insidiis. est tutior hęc via fraudis.
Dum licet insidiis, stultum est decernere ferro.
Venator catulos hippagri hac decipit arte.
Nam leporem tellurere trahit syluestris ab antro
Matris, odoratis ducens vestigia signis:
Cum satis erratum est, fossa telluere recondit.
Tum leporis magno catuli ducuntur odore.
Atque omnes errare vias, & quærere caute
Fert animus, studium præceps, & tota voluntas,
Per syluas, & per virgulta virentia quærunt.
Denique cum leporem fossum tellure sub ima
Norunt, hic prædam cupientes vsque morantur.
Nec facile hinc pelles, & pulsi sæpe recurrunt.
Quærentes prædam prædę portantur, & illos
Venator capit, atque domum redit acer onustus.
At non huic simili capiuntur fraude bisontes.
Qui regione Getæ nascuntur, in arbore viuum
Supendunt catulum, latratibus ille bisontem
Aduocat. accurrit ad voces protinus ille.
Hunc balista petit, ferro hic decertat acuto.
Vulneribus multis fossus cadit arboris altæ
Sub ramis. & amore cibi discedere tardus
Emoritur: veluti pantheras pardalianches,
Humanum stercus cupientes enecat ardore
Sunt & qui cogant in retia tensa sequentes.
Forma refert ceruum. medio sed frontis acutum
Ostendit cornu, longis nigrantia setis
Dependent per colla iubæ. cum terra calores
Perpetitur solis domino capiuntur Amore.
Tum pariunt resoluta fluit. quum montibus altis
In vallem glacies, extremis cana pruinis
Sed tamen est tellus, primæ violæque rubescunt.
Sed neque prætereo te fluminis accola vasti
Quod septem portis, tumidū prorūpit in æquor
Ichneumon. villus niger est & plurima cauda.
Corpora parua, dolusque ingēs in corpore paruo.
Insidiis crocodile suis cadis. impia fata i
Huic pedicæ, laqueique ferunt, cassesque, canesq;.
Fert cunctis cædem iaculum: si corpora ferrum
Opportuna petat, certamque ferentia mortem
Nec procul hinc chaus quē dicūt nomine signis
Pardorum, cui forma lupi, squallentibus agris
Errat, & huic pene est mons, & natura luporum
Pro regione tamen blando capiunt amore,
Temperieque loci: vernis armenta diebus,
Hic vbi temperies cœli, ventusque benignus:
Partibus æstiuis cum primum mitior annus
Efficitur, flatusque tepens aspirat, & auræ,
Ast vbi vix glacis tardo resoluta calore
Aestatis rapidæ delapsa est vallibus imis,
Tardius hic veneris capiūt aīalia flāmę. (lynces
Quid loquar aut damas timidos, aut carmine
Aethiopum? gemina est species. quæ grādior ipsos
Sectatur ceruos, orygesque. at præda minori
Sunt lepores timidi. color est huic corporis ater.
Et variis maculosa notis sunt tergora picta.
Est caput exiguum. flammantia lumina torquet.
Vt dicas hominem talem sumpsisse figuram.
Maiori croceæ maculæ, rutilæque minori.
Cum profugæ redeunt volucres regionibus illis,
Et fugiunt hyberna procul quum nubila cœli,
Tum male desertis Libyes erratur in aruis.
Dum rabies fera corda domat, dū vulnera amoris
Membra lupum sæuum referunt, animusq; leonē.
Venandi ratio, partus, & tempora vitæ
Vix differre lupis creduntur, territa dama
Corripitur catulis per rura sequentibus. illam

Vel

Vel pauor in casses pellit. sunt corpora quanta
Virgulta, & montis carpentis summa capellæ.
Venandi est eadem ratio. diuersa caprarum est
Syluicolum species: hæc torto nomina cornu
Sumpsit, at hæc lato. pygargus clunibus albis.
Versibus haud nostris indictus pontice castor
Aufugies rapido morsu genitalia quamuis
Membra seces. totum redimasque à funere corpus,
Parte data, sedas cursum, furiasque sequentum.
Corpora quanta canis sunt castoris, armaque dentes.
Cauda refert piscem, quæ gaudet fluminis vnda.
Horrendus cuius morsus secat omnia: fuscus
Est color, & pars est totius plurima venter.
Hunc homines clamore cient, cursuque sequuntur.
Hunc capiunt laqueis tensis piscosa secundum
Flumina: cum primo pallescunt frigore frondes
Cernuntur catuli. cum clari tollitur vndis
Delphini signum, veneris capiuntur amore.
Cætera tu simili caute venaberis arte.
Nam neque cuncta meo comprendi carmine possunt,
Quæ syluis densis, quæ latè montibus errant
Frondosis, nec nota suis regionibus vlla.
Tam variæ formæ, diuersaque corpora passim
Nascuntur, tam multa refert in luminis auras
Tellus vsque nouum campis nascatur vt Aphris,
Ne dicam toto quod semper nascitur orbe.
Venantem sequitur maior sudore voluptas,
Deliciæque virum. natura discere cuncti
Optamus, semperque noui quid discimus ex his.
Adde quod & validum longa assuetudine corpus
Concipit ingentes vires. fit visus acutus,
Auditusque celer. sic corpora sana parantur.
Militiæ propior venatio, iussa facessit
Venator caute, seruatoque ordine perstat
Militiæ non ille timet, sed fortiter hostem
Expectat strictis armis. syluasque peraltas
Cedentes acies sequitur, quoque cedere doctus.
Nouit & accessus hostis dormire peritus
Res vtcunque tulit. magni credenda futuri
Signa ducis mala posse pati, quia multa necesse est.
Quis primus tulit ista viris? hominumne Deumne
Ingenijs inuenta? dedit quis commoda tanta?
Delia Phillyridem primum Chirona fugaces
In sparsos per tuta greges, syluaque vagantes
Armauit, fecitque vias in commoda tanta.
Salue magne parens, venandi magne repertor.
Herbarum, cytharæque potens, cœlique perite.
Tu patriæ defensores, regesque parasti
Magnanimos. orbis terræ, rerumque potitæ
Venantes primi posuerunt mœnia Romæ.

Argolicique duces, & decantata iuuentus
Troiana, his primis aptarunt corpora bellis.
Tu Leonarde mihi bellorum maxime scriptor
Testis ades, reges qui magnos legibus ornas
Militiæ, clarosque duces, & munera nosti
Nunc quoque venandi studium est hoc regibus vnum
Commune. hæc res est venatio regia, magna
Nobilibus cunctis simul, & iucunda voluptas.
Cum foret herba thorus primis mortalibus, antra
Frigida & arboribus intexta palatia, potum
Prosilientis aquæ riuus prælucidus vnda
Præberet, victumque Ioui sacrata Molosso
Quercus, sanguineoque rubentes cortice Baccæ,
Achrades, atque alta prostrata sub arbore poma,
Et genus humanum sæuarum more ferarum
Viueret, erupit venatio. cædere fossas
Illapsas saxis primum, mox vrere flammis
Inuenere feras, non vsus æris habebant.
Nulla metallorum sceleratum viserat orbem
Vena, nec ingenti diues cumulabat aceruo.
Horrida sub terris argenti pestis, & auri,
Dormibat tuto, haud curis obnoxia nostris.
Seu voluit Fortuna potens, atque inuida rebus
Tranquillis, quæ cuncta mouet, quæ turbine versat,
Siue aliquis superum furijs accensus & ira,
Humanis rebus meditans incommoda tanta,
Ostenditque auri venas, Erebumque retexit.
In varias æris massas traxere figuras.
Aere feræ primum spoliarunt viscera pelle.
Tum tepido primum maduerunt sanguine dentes.
Pellibus induti tolerabant frigora brumæ.
Nam neque tum Phrygiæ vestes, scrutulataue nostram
Luxuriem orat, nec pictas viserat aulas
Attalicum, viridis vestibat limina ramus.
Vtile principium sumpsit venatica primum
Res, epulus lautas homini, vestesque parauit.
Nos quibus est victus, & vestis cultior vsus,
Ingredimur syluas capti dulcedine facti,
Venantes quoniam sequitur iucunda voluptas.

TABVLA

TABVLA
RERVM MEMORABILIVM
QVAE IN MYTHOLOGICIS LIBRIS CONTINENTVR.

TABVLA

præ-

TABVLA

munus

T A B V L A

Atha-

TABVLA

coro-

TABVLA

Belli

TABVLA

TABVLA

coro-

laby-

diui-

Fign-

TABVLA

H

trif

TABVLA

Hype-

TABVLA

iuran-

libyæ

ritus

no-

TABVLA

buca

moralata

Oce-

sacro-

TABVLA

pluto-

TABVLA

Rheæ

cum

TABVLA

syba-

Victi-

præ-

TABVLA

Errores, quod vitari non omnino possunt, lapsos ita corrigito

pagina 4. lin. 1. cæcitas Thamyris, & supplicium Marsyæ
8 21 parsimoniæ, auaritia.
13 17 vt sis, quarum.
145 38 territant.
169 28 vbi redij.
172 10 dormiuisse.
173 15 præbet.
175 44 Hararum:
181 32 mittit.
184 18 cithara
186 9 modi.
197 11 absurdum.
141 illis.
200 3 oceani.
208 26 implicat indomitis.
272 27 amorem.
329 7 iniuriam sibi heri. inquit
339 21 ipsum tamen Iasionem
384 35 alii dicunt proprio desiderio esse impulsas vt parentem
395 29 immolasse
407 49 & aduertere pro dele adhęrere
433 10 illagensis
438 13 populari.
460 38 Lepreo.
461 39 bouem in epulas.
461 49 vniuersam.
474 37 est enim & amara & grauiter olens illa herba.
499 34 victæ.
515 35 quoque
529 50 rem diuinam
531 24 attulissent.
544 31 falsa profunda.
570 31 contra stare valent:
572 32 ab Hercule ob iram
599 43 vertiginibus.
600 35 quidem.
603 5 non incredibile.
668 34 carmen est.
Hic Etenim culta est atque Adrastea vocata.
705 1 Venantum.

FINIS

Registrum.

ABCDEFGHIKLMNOPQRSTVXYZ Aa Bb Cc Dd Ee Ff Gg Hh Ii Kk Ll Mm Nn Oo Pp Qq Rr Sf Tt Vu Xx Yy Zz Aaa Bbb Ccc

Omnes sunt quaterniones præter Zz qui est duernio.

www.ingramcontent.com/pod-product-compliance
Lightning Source LLC
Chambersburg PA
CBHW060540280326
41932CB00011B/1355

9782012753051